2015年
广西壮族自治区1%人口抽样调查资料

广西壮族自治区统计局　编

中国统计出版社
China Statistics Press

图书在版编目（CIP）数据

2015 年广西壮族自治区 1%人口抽样调查资料 / 广西壮族自治区统计局编. -- 北京 : 中国统计出版社, 2016.12

ISBN 978-7-5037-8054-7

Ⅰ. ①2… Ⅱ. ①广… Ⅲ. ①人口调查－抽样调查统计－统计资料－广西－2015 Ⅳ. ①C924.256.7

中国版本图书馆 CIP 数据核字(2016)第 268118 号

2015 年广西壮族自治区 1%人口抽样调查资料

编　　者/广西壮族自治区统计局　编
责任编辑/郭　栋
封面设计/李　静
出版发行/中国统计出版社
通信地址/北京市丰台区西三环南路甲 6 号　邮政编码/100073
电　　话/邮购（010）63376909　书店（010）68783171
网　　址/http://www.zgtjcbs.com
印　　刷/河北鑫宏源印刷包装有限责任公司
经　　销/新华书店
开　　本/880×1230mm　1/16
字　　数/1808 千字
印　　张/56.5
版　　别/2016 年 12 月第 1 版
版　　次/2016 年 12 月第 1 次印刷
定　　价/380.00 元

本书附同版本 CD-ROM 一张，光盘内容以书面文字为准。
如有印装错误，本社发行部负责调换。

《2015 年广西壮族自治区 1%人口抽样调查资料》

编辑委员会和编辑工作人员

编辑说明

根据《全国人口普查条例》和《广西壮族自治区人民政府办公厅关于做好 2015 年我区 1%人口抽样调查工作的通知》，以 2015 年 11 月 1 日零时为标准时点进行了全国 1%人口抽样调查。在自治区党委和自治区人民政府的正确领导下，在地方各级人民政府的精心组织和调查对象的支持配合下，经过广大调查工作人员的艰苦努力，调查取得了圆满成功，获得了丰富翔实的资料。为了满足社会各界的需要，现将计算机详细汇总的数据资料编辑出版。资料的有关情况说明如下:

一、广西 2015 年全国 1%人口抽样调查以全区为总体，以各地级市为子总体，采取分层、二阶段、概率比例、整群抽样方法，在全区 14 个地级市、111 个县（市、区）中，抽取了 1103 个乡（镇、街道)，2320 个村（居）委会的 2320 个调查小区。共调查登记常住人口 59.7 万人，占全区常住人口的 1.24%。

二、本资料设有概要、民族、年龄、教育、就业、婚姻、家庭、生育、老年人口、死亡、住房、迁移和户口登记地共十二卷，反映了广西当前人口和住房的各种结构情况。同时，为帮助读者更好地使用本资料，我们将《2015 年全国 1%人口抽样调查方案》、调查表、填表说明等技术文件作为附录一并刊印。

三、本资料中各卷数据均为抽样调查的样本数据，未作总体推算，请读者使用数据时注意。

四、这次调查采取了不等比例的抽样方法，但经过加权处理后，本资料中各地区的数据已经按全区统一的抽样比换算，可以直接对比。

五、根据事后质量抽查，这次调查全国的总人口漏登率为 0.54%，总体质量较高。但有些指标（如出生人口、死亡人口和分年龄妇女生育率）现场登记难度较大，漏登率要相对高一些，请读者使用相关数据时，应考虑不同指标登记误差因素的影响。

六、城市、镇和乡村是按照 2008 年国家统计局《统计上划分城乡的规定》划分的。

七、这次调查对部分特殊人群（如全户外出人口、全户户口寄挂人口等）仅登记了姓名、性别、年龄、民族、受教育程度等个人基本信息，因此，有关住房结构、就业、婚姻等方面的数据并不是全口径数据，请读者在使用时予以注意。

八、由于加权运算后对数字采取四舍五入处理，汇总表分项数据之和与合计数存在很小差别，并不影响数据的使用。

九、本资料中部分相对数由于单位取舍问题而产生的计算误差，均未做机械调整。

十、本资料中空项表示无数字或数字很小。

目 录

第一卷 概要

第二卷 民族

第三卷 年龄

第四卷 受教育程度

第五卷　就业

第六卷　婚姻

第七卷 家庭

第八卷 生育

第九卷 老年人口

第十卷 死亡

第十一卷 住房

第十二卷 迁移和户口登记地

附　录

1 概要

1-1 各地区户数、人口数和性别比

单位：户、人

地区	户数			人口数			
	合计	家庭户	集体户	合计	男	女	性别比(女=100)
全 区	**167714**	**161758**	**5957**	**597005**	**306592**	**290413**	**105.57**
南宁市	**27235**	**25533**	**1702**	**87898**	**45427**	**42470**	**106.96**
兴宁区	1771	1686	85	5218	2704	2514	107.58
青秀区	3256	2652	604	10931	5091	5840	87.16
江南区	2267	2204	63	7345	3874	3471	111.60
西乡塘区	5142	4640	502	15534	8122	7411	109.59
良庆区	1426	1271	155	4779	2506	2273	110.23
邕宁区	950	950		3349	1766	1583	111.59
武鸣县	2163	2158	5	6747	3461	3286	105.32
隆安县	1110	1110		3750	1963	1787	109.81
马山县	1488	1484	4	4905	2593	2312	112.14
上林县	1323	1288	36	4356	2244	2112	106.27
宾阳县	3049	2866	183	10051	5521	4529	121.89
横县	3291	3224	67	10933	5582	5351	104.33
柳州市	**14898**	**14570**	**328**	**47757**	**24332**	**23425**	**103.87**
城中区	757	605	152	2463	1011	1452	69.66
鱼峰区	1946	1869	77	5735	2937	2798	104.97
柳南区	2323	2275	48	6174	3219	2955	108.94
柳北区	1921	1892	29	5304	2651	2652	99.96
柳江县	1882	1879	4	7176	3722	3454	107.77
柳城县	1326	1322	4	4411	2255	2156	104.61
鹿寨县	1167	1167		4141	2101	2040	102.99
融安县	1128	1128		3557	1811	1746	103.74
融水苗族自治县	1410	1402	8	5028	2657	2371	112.03
三江侗族自治县	1038	1032	6	3769	1967	1801	109.22
桂林市	**19351**	**18056**	**1295**	**63857**	**31030**	**32827**	**94.53**
秀峰区	656	584	73	2089	1057	1033	102.31
叠彩区	734	734		2144	1024	1120	91.40
象山区	1187	1179	8	3424	1678	1746	96.12
七星区	1455	1017	439	4629	1469	3160	46.48
雁山区	626	203	423	3261	1591	1670	95.29
临桂区	1640	1584	56	5708	2921	2787	104.81
阳朔县	986	986		3436	1758	1678	104.80
灵川县	1479	1230	249	5085	2018	3067	65.79
全州县	2749	2735	14	7950	4047	3902	103.72
兴安县	1325	1322	3	4114	2056	2058	99.92
永福县	933	930	3	2924	1550	1374	112.75
灌阳县	941	937	4	2896	1536	1360	112.91
龙胜各族自治县	645	645		1928	977	951	102.68
资源县	572	572		1842	937	906	103.43
平乐县	1281	1257	24	5003	2593	2410	107.57
荔浦县	1251	1251		4320	2214	2106	105.16
恭城瑶族自治县	889	889		3103	1605	1498	107.13

1-1 续表 1

单位：户、人

地 区	家庭户人口				集体户人口				平均家庭户规模（人/户）
	合计	男	女	性别比（女=100）	合计	男	女	性别比（女=100）	
全 区	**567364**	**292590**	**274774**	**106.48**	**29641**	**14002**	**15639**	**89.53**	**3.51**
南宁市	**81759**	**42403**	**39355**	**107.75**	**6139**	**3024**	**3115**	**97.08**	**3.20**
兴宁区	4949	2559	2390	107.08	270	146	124	117.15	2.94
青秀区	8154	4100	4054	101.13	2777	991	1786	55.46	3.07
江南区	7181	3851	3331	115.61	164	23	140	16.52	3.26
西乡塘区	13890	7098	6792	104.50	1644	1025	619	165.51	2.99
良庆区	4239	2182	2057	106.08	540	323	216	149.68	3.33
邕宁区	3349	1766	1583	111.59					3.53
武鸣县	6730	3461	3269	105.87	17		17		3.12
隆安县	3750	1963	1787	109.81					3.38
马山县	4896	2584	2312	111.77	9	9			3.30
上林县	4261	2208	2052	107.59	95	36	59	60.56	3.31
宾阳县	9605	5076	4529	112.06	446	446			3.35
横县	10754	5556	5198	106.88	179	26	153	17.33	3.34
柳州市	**46545**	**23827**	**22717**	**104.89**	**1212**	**505**	**708**	**71.29**	**3.19**
城中区	1819	889	930	95.66	645	122	522	23.40	3.01
鱼峰区	5514	2795	2719	102.81	222	142	79	179.00	2.95
柳南区	6057	3123	2934	106.44	117	96	21	461.82	2.66
柳北区	5208	2619	2590	101.12	95	33	63	51.98	2.75
柳江县	7163	3709	3454	107.39	13	13			3.81
柳城县	4380	2232	2148	103.93	31	23	8	288.37	3.31
鹿寨县	4141	2101	2040	102.99					3.55
融安县	3557	1811	1746	103.74					3.15
融水苗族自治县	4997	2631	2367	111.15	31	26	5	548.51	3.56
三江侗族自治县	3710	1918	1792	107.05	59	49	10	515.83	3.60
桂林市	**57843**	**29272**	**28571**	**102.45**	**6014**	**1758**	**4256**	**41.32**	**3.20**
秀峰区	1786	895	891	100.37	303	162	141	114.54	3.06
叠彩区	2144	1024	1120	91.40					2.92
象山区	3412	1678	1733	96.83	13		13		2.89
七星区	3143	1469	1674	87.73	1486		1486		3.09
雁山区	723	377	347	108.66	2538	1215	1323	91.79	3.56
临桂区	5585	2849	2735	104.16	123	72	52	138.93	3.53
阳朔县	3436	1758	1678	104.80					3.48
灵川县	4058	2018	2040	98.93	1028		1028		3.30
全州县	7936	4041	3896	103.73	13	6	7	95.42	2.90
兴安县	4102	2052	2050	100.12	12	4	8	47.39	3.10
永福县	2917	1542	1374	112.21	7	7			3.14
灌阳县	2888	1536	1352	113.63	9		9		3.08
龙胜各族自治县	1928	977	951	102.68					2.99
资源县	1842	937	906	103.43					3.22
平乐县	4520	2300	2220	103.59	483	293	190	154.04	3.60
荔浦县	4320	2214	2106	105.16					3.45
恭城瑶族自治县	3103	1605	1498	107.13					3.49

1-1 续表 2 单位：户、人

地 区	户数			人口数			
	合计	家庭户	集体户	合计	男	女	性别比(女=100)
梧州市	**10295**	**10119**	**176**	**37282**	**19130**	**18152**	**105.39**
万秀区	1348	1345	3	3772	1868	1904	98.11
长洲区	770	769	2	2395	1210	1186	102.00
龙圩区	983	983		3368	1822	1546	117.82
苍梧县	1068	1068		3943	2078	1864	111.50
藤县	2796	2772	24	10551	5528	5023	110.06
蒙山县	709	707	2	2407	1245	1162	107.13
岑溪市	2620	2475	146	10845	5379	5466	98.40
北海市	**5165**	**4865**	**301**	**20265**	**10323**	**9942**	**103.84**
海城区	1424	1180	244	5072	2475	2597	95.27
银海区	607	573	34	2305	1197	1108	108.07
铁山港区	485	485		1806	939	867	108.31
合浦县	2649	2626	23	11082	5712	5369	106.39
防城港市	**2961**	**2738**	**223**	**11861**	**6482**	**5378**	**120.53**
港口区	651	495	156	2615	1504	1111	135.33
防城区	1154	1134	20	4660	2475	2185	113.30
上思县	669	644	25	2632	1433	1199	119.55
东兴市	487	465	22	1954	1071	884	121.12
钦州市	**9963**	**9765**	**198**	**39427**	**20951**	**18476**	**113.40**
钦南区	1762	1618	145	7122	3819	3303	115.63
钦北区	2071	2049	22	8435	4543	3893	116.69
灵山县	3553	3535	18	14673	7730	6943	111.33
浦北县	2576	2563	13	9197	4860	4337	112.05
贵港市	**14163**	**13785**	**378**	**53116**	**27777**	**25340**	**109.62**
港北区	1894	1874	20	7279	3711	3568	104.03
港南区	1751	1678	73	7145	3653	3491	104.64
覃塘区	1366	1344	22	5371	2865	2507	114.27
平南县	4344	4090	254	14583	7741	6842	113.14
桂平市	4808	4798	10	18738	9807	8932	109.79
玉林市	**16832**	**16407**	**426**	**70008**	**36438**	**33570**	**108.54**
玉州区	2506	2149	357	9518	4905	4613	106.33
福绵区	1061	1061		4755	2566	2189	117.21
容县	2185	2178	7	7951	4109	3842	106.97
陆川县	2509	2505	4	9475	4868	4607	105.67
博白县	3619	3591	28	17080	8842	8238	107.33
兴业县	1760	1760		7004	3719	3285	113.20
北流市	3192	3162	30	14224	7429	6796	109.31

1-1 续表 3

单位：户、人

地 区	家庭户人口				集体户人口				平均家庭户规模（人/户）
	合计	男	女	性别比（女=100）	合计	男	女	性别比（女=100）	
梧州市	**35391**	**18370**	**17021**	**107.92**	**1891**	**760**	**1131**	**67.25**	**3.50**
万秀区	3766	1862	1904	97.79	6	6			2.80
长洲区	2391	1207	1184	101.97	4	2	2	122.66	3.11
龙圩区	3368	1822	1546	117.82					3.43
苍梧县	3943	2078	1864	111.50					3.69
藤县	10396	5433	4963	109.47	155	95	60	158.87	3.75
蒙山县	2401	1243	1158	107.30	6	2	4	56.39	3.39
岑溪市	9125	4724	4401	107.33	1720	655	1065	61.48	3.69
北海市	**18952**	**9713**	**9239**	**105.13**	**1313**	**610**	**703**	**86.85**	**3.90**
海城区	3929	1972	1957	100.81	1143	502	641	78.35	3.33
银海区	2202	1125	1078	104.36	103	73	30	240.38	3.84
铁山港区	1806	939	867	108.31					3.72
合浦县	11014	5677	5337	106.35	67	36	32	112.53	4.19
防城港市	**10654**	**5646**	**5008**	**112.74**	**1206**	**836**	**370**	**225.93**	**3.89**
港口区	1759	902	857	105.35	856	601	255	236.20	3.55
防城区	4592	2421	2171	111.48	67	54	13	415.77	4.05
上思县	2516	1379	1138	121.20	116	54	61	88.87	3.91
东兴市	1787	944	843	112.07	168	126	41	305.87	3.84
钦州市	**38453**	**20312**	**18141**	**111.97**	**974**	**639**	**335**	**190.90**	**3.94**
钦南区	6510	3366	3144	107.06	612	453	159	284.97	4.02
钦北区	8380	4487	3893	115.26	56	56			4.09
灵山县	14425	7639	6785	112.59	248	90	158	57.29	4.08
浦北县	9139	4820	4319	111.60	58	40	18	220.90	3.57
贵港市	**50725**	**26425**	**24301**	**108.74**	**2391**	**1352**	**1039**	**130.12**	**3.68**
港北区	7160	3630	3530	102.83	119	81	38	216.21	3.82
港南区	6087	3183	2904	109.60	1057	470	587	80.09	3.63
覃塘区	4971	2519	2452	102.72	400	346	55	630.80	3.70
平南县	13819	7313	6506	112.40	763	428	335	127.49	3.38
桂平市	18688	9780	8908	109.79	51	27	24	112.76	3.89
玉林市	**67958**	**35309**	**32649**	**108.15**	**2050**	**1129**	**921**	**122.62**	**4.14**
玉州区	8078	4120	3958	104.11	1439	784	655	119.75	3.76
福绵区	4755	2566	2189	117.21					4.48
容县	7928	4086	3842	106.35	24	24			3.64
陆川县	9471	4868	4603	105.77	4		4		3.78
博白县	16666	8603	8063	106.69	414	239	175	137.04	4.64
兴业县	7004	3719	3285	113.20					3.98
北流市	14055	7347	6709	109.51	169	82	87	94.04	4.44

1-1 续表 4 单位：户、人

地 区	户数			人口数			
	合计	家庭户	集体户	合计	男	女	性别比(女=100)
百色市	**12624**	**12336**	**288**	**44578**	**22875**	**21703**	**105.40**
右江区	1383	1306	76	4906	2539	2366	107.30
田阳县	1279	1250	29	4082	2059	2023	101.77
田东县	1426	1421	5	4518	2273	2245	101.23
平果县	1546	1467	79	5646	2911	2735	106.43
德保县	1099	1085	15	3792	1988	1804	110.17
靖西县	1788	1775	13	6356	3323	3033	109.58
那坡县	517	513	4	1924	982	942	104.19
凌云县	579	577	2	2341	1214	1127	107.72
乐业县	488	484	4	1872	956	916	104.27
田林县	754	746	8	2861	1417	1443	98.20
西林县	424	420	4	1748	905	843	107.39
隆林各族自治县	1341	1292	49	4531	2308	2224	103.78
贺州市	**6471**	**6409**	**62**	**24616**	**12668**	**11948**	**106.03**
八步区	2095	2074	21	7751	3869	3882	99.68
平桂管理区	1221	1217	4	4917	2546	2371	107.39
昭平县	1205	1193	12	4277	2245	2032	110.47
钟山县	1063	1059	4	4435	2335	2100	111.15
富川瑶族自治县	886	866	20	3236	1674	1563	107.09
河池市	**12432**	**12193**	**240**	**43795**	**22517**	**21278**	**105.82**
金城江区	1369	1270	99	4652	2664	1988	133.98
南丹县	944	926	18	3561	1873	1688	110.92
天峨县	514	511	3	1937	1000	937	106.62
凤山县	574	574		2025	1028	997	103.05
东兰县	810	777	33	2981	1351	1630	82.85
罗城仫佬族自治县	1155	1149	7	3841	1963	1878	104.49
环江毛南族自治县	1089	1081	7	3397	1695	1702	99.57
巴马瑶族自治县	746	733	12	2955	1544	1411	109.46
都安瑶族自治县	1896	1882	14	6512	3282	3230	101.62
大化瑶族自治县	1232	1211	21	4791	2545	2245	113.36
宜州市	2105	2079	26	7143	3573	3570	100.08
来宾市	**7674**	**7557**	**117**	**26785**	**13760**	**13025**	**105.65**
兴宾区	3288	3250	38	11612	6002	5610	107.00
忻城县	1200	1180	20	3969	1971	1998	98.62
象州县	1045	1032	13	3584	1858	1726	107.69
武宣县	1229	1194	35	4634	2425	2209	109.81
金秀瑶族自治县	461	455	7	1575	792	783	101.19
合山市	451	448	3	1411	711	700	101.64
崇左市	**7651**	**7426**	**224**	**25760**	**12880**	**12880**	**100.00**
江州区	1244	1095	149	4793	1899	2894	65.61
扶绥县	1404	1395	9	4666	2565	2101	122.05
宁明县	1251	1244	7	4234	2278	1955	116.52
龙州县	843	837	6	2733	1373	1360	100.91
大新县	1196	1189	8	3776	1878	1898	98.94
天等县	1227	1218	9	4072	2087	1985	105.10
凭祥市	486	449	37	1487	801	686	116.75

1-1 续表 5

单位：户、人

地区	家庭户人口				集体户人口				平均家庭户规模（人/户）
	合计	男	女	性别比（女=100）	合计	男	女	性别比（女=100）	
百色市	**43084**	**21967**	**21117**	**104.03**	**1494**	**908**	**586**	**154.93**	**3.49**
右江区	4640	2319	2321	99.93	265	220	45	484.10	3.55
田阳县	3829	1906	1923	99.14	253	152	100	152.17	3.06
田东县	4475	2246	2229	100.78	44	27	17	161.24	3.15
平果县	5375	2773	2602	106.57	271	138	133	103.72	3.66
德保县	3702	1941	1761	110.22	90	47	43	108.11	3.41
靖西县	6230	3244	2986	108.64	126	79	47	169.98	3.51
那坡县	1913	978	935	104.53	11	4	7	58.85	3.73
凌云县	2322	1200	1122	106.92	19	14	5	290.01	4.03
乐业县	1863	951	912	104.27	8	4	4	104.08	3.85
田林县	2781	1387	1394	99.55	80	30	50	60.33	3.73
西林县	1738	895	843	106.18	10	10			4.14
隆林各族自治县	4214	2126	2088	101.79	317	182	135	134.51	3.26
贺州市	**24338**	**12469**	**11869**	**105.06**	**279**	**199**	**79**	**250.97**	**3.80**
八步区	7699	3845	3854	99.76	52	24	28	88.44	3.71
平桂管理区	4884	2519	2366	106.46	32	27	5	550.20	4.01
昭平县	4217	2207	2010	109.79	60	38	22	172.74	3.53
钟山县	4350	2267	2083	108.84	85	67	17	389.13	4.11
富川瑶族自治县	3187	1632	1555	104.89	49	42	7	567.92	3.68
河池市	**41351**	**20937**	**20415**	**102.56**	**2444**	**1580**	**864**	**182.93**	**3.39**
金城江区	3846	1944	1902	102.22	807	720	87	830.93	3.03
南丹县	3444	1782	1661	107.28	117	90	27	336.24	3.72
天峨县	1929	994	935	106.36	8	5	3	204.55	3.77
凤山县	2025	1028	997	103.05					3.53
东兰县	2481	1304	1177	110.78	500	47	453	10.27	3.19
罗城仫佬族自治县	3696	1851	1844	100.39	145	111	34	328.04	3.22
环江毛南族自治县	3381	1695	1685	100.57	17		17		3.13
巴马瑶族自治县	2757	1401	1356	103.34	198	143	55	260.57	3.76
都安瑶族自治县	6460	3245	3215	100.92	52	37	15	254.41	3.43
大化瑶族自治县	4413	2247	2166	103.71	378	299	79	378.19	3.64
宜州市	6920	3445	3475	99.14	223	128	95	134.13	3.33
来宾市	**26077**	**13327**	**12750**	**104.53**	**708**	**433**	**275**	**157.48**	**3.45**
兴宾区	11429	5881	5548	106.02	183	121	62	195.11	3.52
忻城县	3855	1937	1918	100.96	113	34	80	42.20	3.27
象州县	3543	1840	1703	108.04	41	18	23	81.28	3.44
武宣县	4331	2210	2121	104.20	304	216	88	244.98	3.63
金秀瑶族自治县	1530	763	768	99.34	44	29	15	196.55	3.37
合山市	1388	696	692	100.62	22	15	8	194.65	3.10
崇左市	**24234**	**12612**	**11621**	**108.53**	**1526**	**267**	**1259**	**21.22**	**3.26**
江州区	3643	1899	1744	108.84	1150		1150		3.33
扶绥县	4630	2535	2095	121.04	36	29	7	442.82	3.32
宁明县	4198	2249	1950	115.33	35	30	6	537.68	3.38
龙州县	2720	1368	1352	101.24	13	4	9	49.98	3.25
大新县	3677	1838	1839	99.92	98	40	58	68.19	3.09
天等县	4008	2035	1974	103.10	64	52	12	437.87	3.29
凭祥市	1357	689	668	103.09	130	112	18	626.05	3.02

1-1a 各地区户数、人口数和性别比(城市)

单位：户、人

地 区	户数			人口数			
	合计	家庭户	集体户	合计	男	女	性别比(女=100)
全 区	**38743**	**35397**	**3345**	**125174**	**61613**	**63561**	**96.94**
南宁市	**11560**	**10264**	**1296**	**35473**	**17786**	**17688**	**100.55**
兴宁区	1477	1392	85	4100	2116	1984	106.63
青秀区	2865	2261	604	9564	4361	5203	83.82
江南区	1605	1551	54	4853	2495	2358	105.82
西乡塘区	4491	3989	502	13371	6943	6427	108.03
良庆区	852	800	52	2732	1419	1313	108.11
邕宁区	271	271		854	451	403	111.98
武鸣县							
隆安县							
马山县							
上林县							
宾阳县							
横县							
柳州市	**6538**	**6236**	**302**	**18545**	**9208**	**9337**	**98.62**
城中区	752	600	152	2448	1004	1444	69.55
鱼峰区	1889	1812	77	5492	2813	2680	104.96
柳南区	2092	2048	44	5590	2894	2695	107.39
柳北区	1805	1776	29	5015	2497	2518	99.16
柳江县							
柳城县							
鹿寨县							
融安县							
融水苗族自治县							
三江侗族自治县							
桂林市	**4406**	**3807**	**598**	**13354**	**5748**	**7606**	**75.57**
秀峰区	656	584	73	2089	1057	1033	102.31
叠彩区	687	687		1929	913	1017	89.77
象山区	1185	1178	8	3420	1676	1744	96.13
七星区	1335	896	439	4245	1272	2973	42.78
雁山区	48	20	28	116	77	39	195.60
临桂区	494	443	51	1554	754	800	94.20
阳朔县							
灵川县							
全州县							
兴安县							
永福县							
灌阳县							
龙胜各族自治县							
资源县							
平乐县							
荔浦县							
恭城瑶族自治县							

1-1a　续表 1　　　　单位：户、人

地　区	家庭户人口				集体户人口				平均家庭户规模（人/户）
	合计	男	女	性别比（女=100）	合计	男	女	性别比（女=100）	
全　区	**111742**	**56340**	**55403**	**101.69**	**13432**	**5274**	**8158**	**64.64**	**3.16**
南宁市	**30507**	**15525**	**14982**	**103.63**	**4966**	**2261**	**2706**	**83.55**	**2.97**
兴宁区	3830	1970	1860	105.92	270	146	124	117.15	2.75
青秀区	6787	3370	3416	98.65	2777	991	1786	55.46	3.00
江南区	4718	2495	2223	112.27	135		135		3.04
西乡塘区	11727	5919	5808	101.91	1644	1025	619	165.51	2.94
良庆区	2591	1319	1272	103.73	141	100	41	244.50	3.24
邕宁区	854	451	403	111.98					3.15
武鸣县									
隆安县									
马山县									
上林县									
宾阳县									
横县									
柳州市	**17475**	**8819**	**8656**	**101.89**	**1069**	**389**	**681**	**57.08**	**2.80**
城中区	1803	882	921	95.73	645	122	522	23.40	3.00
鱼峰区	5271	2670	2600	102.69	222	142	79	179.00	2.91
柳南区	5482	2803	2679	104.62	108	92	16	565.00	2.68
柳北区	4920	2464	2456	100.37	95	33	63	51.98	2.77
柳江县									
柳城县									
鹿寨县									
融安县									
融水苗族自治县									
三江侗族自治县									
桂林市	**11389**	**5480**	**5909**	**92.73**	**1965**	**268**	**1696**	**15.81**	**2.99**
秀峰区	1786	895	891	100.37	303	162	141	114.54	3.06
叠彩区	1929	913	1017	89.77					2.81
象山区	3407	1676	1731	96.84	13		13		2.89
七星区	2759	1272	1487	85.53	1486		1486		3.08
雁山区	58	28	30	94.69	58	48	9	520.61	2.88
临桂区	1449	696	753	92.39	105	58	47	123.25	3.27
阳朔县									
灵川县									
全州县									
兴安县									
永福县									
灌阳县									
龙胜各族自治县									
资源县									
平乐县									
荔浦县									
恭城瑶族自治县									

1-1a　续表 2　　　　单位：户、人

地　区	户数			人口数			
	合计	家庭户	集体户	合计	男	女	性别比(女=100)
梧州市	**2934**	**2925**	**9**	**9196**	**4605**	**4591**	**100.31**
万秀区	1182	1179	3	3177	1568	1609	97.40
长洲区	666	664	2	2052	1017	1035	98.32
龙圩区	407	407		1418	721	697	103.57
苍梧县							
藤县							
蒙山县							
岑溪市	680	675	4	2549	1299	1250	103.89
北海市	**1715**	**1442**	**273**	**6066**	**3012**	**3054**	**98.63**
海城区	1365	1120	244	4892	2386	2505	95.25
银海区	281	252	29	924	493	432	114.12
铁山港区	70	70		250	133	117	113.96
合浦县							
防城港市	**825**	**777**	**48**	**3184**	**1646**	**1538**	**107.06**
港口区	249	219	29	878	453	425	106.63
防城区	358	344	13	1452	747	705	105.86
上思县							
东兴市	219	213	6	854	446	407	109.56
钦州市	**992**	**967**	**26**	**3555**	**1823**	**1732**	**105.27**
钦南区	603	594	10	2218	1117	1101	101.48
钦北区	389	373	16	1338	706	631	111.87
灵山县							
浦北县							
贵港市	**2403**	**2355**	**48**	**8699**	**4486**	**4212**	**106.51**
港北区	1232	1215	17	4520	2298	2221	103.47
港南区	274	257	17	1008	517	491	105.35
覃塘区	290	280	9	1109	603	506	119.07
平南县							
桂平市	607	602	5	2062	1068	994	107.47
玉林市	**2743**	**2360**	**383**	**10798**	**5555**	**5243**	**105.96**
玉州区	1906	1553	353	7042	3617	3425	105.60
福绵区	122	122		572	314	258	122.01
容县							
陆川县							
博白县							
兴业县							
北流市	714	684	30	3184	1624	1560	104.10

1-1a　续表 3　　　　　　　　　　　　　　　　　　　　　　单位：户、人

地　区	家庭户人口				集体户人口				平均家庭户规模（人/户）
	合计	男	女	性别比（女=100）	合计	男	女	性别比（女=100）	
梧州市	**9167**	**4597**	**4570**	**100.60**	**29**	**8**	**21**	**38.66**	**3.13**
万秀区	3171	1562	1609	97.03	6	6			2.69
长洲区	2048	1015	1033	98.28	4	2	2	122.66	3.08
龙圩区	1418	721	697	103.57					3.49
苍梧县									
藤县									
蒙山县									
岑溪市	2529	1299	1231	105.54	19		19		3.75
北海市	**4849**	**2452**	**2396**	**102.35**	**1217**	**560**	**658**	**85.10**	**3.36**
海城区	3749	1884	1865	101.06	1143	502	641	78.35	3.35
银海区	850	435	415	104.88	74	58	17	342.21	3.37
铁山港区	250	133	117	113.96					3.58
合浦县									
防城港市	**2983**	**1532**	**1450**	**105.66**	**201**	**114**	**87**	**130.21**	**3.84**
港口区	750	390	360	108.34	128	63	65	97.12	3.42
防城区	1397	705	692	101.85	55	42	13	318.71	4.06
上思县									
东兴市	835	437	398	109.86	19	9	10	97.16	3.92
钦州市	**3491**	**1778**	**1713**	**103.80**	**64**	**45**	**19**	**237.32**	**3.61**
钦南区	2188	1106	1082	102.26	30	11	19	57.00	3.69
钦北区	1303	672	631	106.43	34	34			3.49
灵山县									
浦北县									
贵港市	**8332**	**4217**	**4115**	**102.50**	**366**	**269**	**97**	**275.92**	**3.54**
港北区	4411	2222	2189	101.51	108	76	32	237.23	3.63
港南区	920	465	454	102.32	88	52	36	143.46	3.57
覃塘区	960	483	477	101.30	149	120	29	409.22	3.43
平南县									
桂平市	2041	1047	994	105.32	21	21			3.39
玉林市	**9193**	**4692**	**4501**	**104.26**	**1605**	**863**	**742**	**116.28**	**3.90**
玉州区	5606	2836	2770	102.37	1436	781	655	119.23	3.61
福绵区	572	314	258	122.01					4.68
容县									
陆川县									
博白县									
兴业县									
北流市	3015	1542	1473	104.70	169	82	87	94.04	4.41

1-1a 续表 4

单位：户、人

地 区	户 数			人口数			
	合计	家庭户	集体户	合计	男	女	性别比（女=100）
百色市	**890**	**813**	**76**	**2986**	**1578**	**1408**	**112.02**
右江区	890	813	76	2986	1578	1408	112.02
田阳县							
田东县							
平果县							
德保县							
靖西县							
那坡县							
凌云县							
乐业县							
田林县							
西林县							
隆林各族自治县							
贺州市	**834**	**811**	**23**	**3058**	**1550**	**1508**	**102.76**
八步区	552	531	21	1840	914	926	98.74
平桂管理区	282	280	2	1218	636	583	109.15
昭平县							
钟山县							
富川瑶族自治县							
河池市	**1329**	**1257**	**72**	**4371**	**2195**	**2176**	**100.88**
金城江区	793	747	46	2407	1187	1219	97.39
南丹县							
天峨县							
凤山县							
东兰县							
罗城仫佬族自治县							
环江毛南族自治县							
巴马瑶族自治县							
都安瑶族自治县							
大化瑶族自治县							
宜州市	536	510	26	1964	1008	957	105.33
来宾市	**912**	**882**	**29**	**3136**	**1616**	**1520**	**106.27**
兴宾区	715	687	28	2587	1349	1238	108.99
忻城县							
象州县							
武宣县							
金秀瑶族自治县							
合山市	197	195	2	549	266	282	94.35
崇左市	**662**	**501**	**161**	**2753**	**805**	**1948**	**41.31**
江州区	433	284	149	2002	434	1568	27.70
扶绥县							
宁明县							
龙州县							
大新县							
天等县							
凭祥市	229	217	12	751	371	380	97.43

1-1a 续表 5, 单位：户、人

地 区	家庭户人口				集体户人口				平均家庭户规模（人/户）
	合计	男	女	性别比（女=100）	合计	男	女	性别比（女=100）	
百色市	**2721**	**1358**	**1363**	**99.62**	**265**	**220**	**45**	**484.10**	**3.35**
右江区	2721	1358	1363	99.62	265	220	45	484.10	3.35
田阳县									
田东县									
平果县									
德保县									
靖西县									
那坡县									
凌云县									
乐业县									
田林县									
西林县									
隆林各族自治县									
贺州市	**3002**	**1521**	**1481**	**102.72**	**57**	**29**	**28**	**105.04**	**3.70**
八步区	1788	890	898	99.06	52	24	28	88.44	3.37
平桂管理区	1214	631	583	108.36	5	5			4.34
昭平县									
钟山县									
富川瑶族自治县									
河池市	**4028**	**2014**	**2013**	**100.04**	**343**	**181**	**162**	**111.37**	**3.20**
金城江区	2287	1135	1152	98.46	120	53	67	78.96	3.06
南丹县									
天峨县									
凤山县									
东兰县									
罗城仫佬族自治县									
环江毛南族自治县									
巴马瑶族自治县									
都安瑶族自治县									
大化瑶族自治县									
宜州市	1741	880	861	102.14	223	128	95	134.13	3.41
来宾市	**3049**	**1576**	**1473**	**106.99**	**87**	**40**	**47**	**83.91**	**3.46**
兴宾区	2506	1309	1197	109.43	81	40	41	96.07	3.65
忻城县									
象州县									
武宣县									
金秀瑶族自治县									
合山市	543	266	276	96.39	6		6		2.78
崇左市	**1558**	**777**	**781**	**99.53**	**1195**	**28**	**1168**	**2.38**	**3.11**
江州区	853	434	418	103.81	1150		1150		3.00
扶绥县									
宁明县									
龙州县									
大新县									
天等县									
凭祥市	705	343	362	94.58	46	28	18	155.14	3.25

1-1b 各地区户数、人口数和性别比(镇)

单位：户、人

地 区	户数			人口数			
	合计	家庭户	集体户	合计	男	女	性别比(女=100)
全 区	**41002**	**38826**	**2176**	**153160**	**79175**	**73985**	**107.01**
南宁市	**5073**	**4775**	**297**	**16657**	**8784**	**7873**	**111.57**
兴宁区	67	67		256	129	127	101.98
青秀区	126	126		469	250	220	113.58
江南区	214	205	9	870	497	373	133.13
西乡塘区	146	146		476	260	216	120.78
良庆区	89	89		313	166	148	112.23
邕宁区	71	71		284	147	137	107.56
武鸣县	861	856	5	2702	1344	1358	98.98
隆安县	326	326		992	510	482	105.68
马山县	302	298	4	1110	546	564	96.79
上林县	461	426	36	1290	635	655	97.00
宾阳县	1257	1074	183	4005	2352	1653	142.35
横县	1153	1092	61	3890	1948	1942	100.31
柳州市	**3150**	**3131**	**20**	**10559**	**5438**	**5120**	**106.21**
城中区							
鱼峰区							
柳南区	225	221	4	563	314	250	125.55
柳北区							
柳江县	849	845	4	3127	1594	1533	104.00
柳城县	531	527	4	1635	837	798	104.93
鹿寨县	480	480		1789	889	900	98.80
融安县	394	394		1194	602	592	101.59
融水苗族自治县	440	432	8	1449	779	670	116.30
三江侗族自治县	231	231		802	424	378	112.14
桂林市	**4882**	**4203**	**678**	**17550**	**8289**	**9261**	**89.51**
秀峰区							
叠彩区							
象山区							
七星区	86	86		245	129	116	110.76
雁山区	442	47	395	2641	1252	1389	90.12
临桂区	148	148		531	273	258	106.03
阳朔县	319	319		1087	549	538	102.00
灵川县	777	528	249	2559	741	1817	40.78
全州县	750	750		2141	1069	1072	99.68
兴安县	424	421	3	1391	684	708	96.59
永福县	256	253	3	807	406	401	101.04
灌阳县	272	268	4	894	483	412	117.21
龙胜各族自治县	171	171		556	283	273	103.73
资源县	162	162		497	254	243	104.44
平乐县	352	328	24	1640	872	768	113.54
荔浦县	504	504		1797	899	898	100.01
恭城瑶族自治县	219	219		764	397	367	108.24

1-1b 续表 1 单位：户、人

地　　区	家庭户人口				集体户人口				平均家庭户规模（人/户）
	合计	男	女	性别比（女=100）	合计	男	女	性别比（女=100）	
全　区	**139958**	**72584**	**67374**	**107.73**	**13202**	**6591**	**6611**	**99.69**	**3.60**
南宁市	**15915**	**8257**	**7659**	**107.81**	**741**	**527**	**214**	**245.75**	**3.33**
兴宁区	256	129	127	101.98					3.79
青秀区	469	250	220	113.58					3.72
江南区	842	474	368	128.69	28	23	5	451.42	4.11
西乡塘区	476	260	216	120.78					3.27
良庆区	313	166	148	112.23					3.52
邕宁区	284	147	137	107.56					4.02
武鸣县	2685	1344	1341	100.24	17		17		3.14
隆安县	992	510	482	105.68					3.05
马山县	1101	537	564	95.25	9	9			3.70
上林县	1195	599	596	100.61	95	36	59	60.56	2.81
宾阳县	3559	1907	1653	115.39	446	446			3.31
横县	3743	1934	1809	106.93	147	14	133	10.29	3.43
柳州市	**10475**	**5372**	**5103**	**105.27**	**84**	**67**	**17**	**384.37**	**3.35**
城中区									
鱼峰区									
柳南区	554	309	245	126.06	9	5	5	98.22	2.51
柳北区									
柳江县	3114	1581	1533	103.16	13	13			3.69
柳城县	1604	814	790	103.09	31	23	8	288.37	3.04
鹿寨县	1789	889	900	98.80					3.73
融安县	1194	602	592	101.59					3.03
融水苗族自治县	1418	753	665	113.19	31	26	5	548.51	3.28
三江侗族自治县	802	424	378	112.14					3.46
桂林市	**13531**	**6819**	**6713**	**101.58**	**4018**	**1470**	**2548**	**57.70**	**3.22**
秀峰区									
叠彩区									
象山区									
七星区	245	129	116	110.76					2.83
雁山区	161	86	75	114.17	2480	1166	1314	88.75	3.44
临桂区	531	273	258	106.03					3.58
阳朔县	1087	549	538	102.00					3.41
灵川县	1531	741	790	93.82	1028		1028		2.90
全州县	2141	1069	1072	99.68					2.85
兴安县	1379	680	700	97.15	12	4	8	47.39	3.28
永福县	800	398	401	99.18	7	7			3.16
灌阳县	886	483	403	119.69	9		9		3.31
龙胜各族自治县	556	283	273	103.73					3.26
资源县	497	254	243	104.44					3.07
平乐县	1158	579	578	100.23	483	293	190	154.04	3.53
荔浦县	1797	899	898	100.01					3.56
恭城瑶族自治县	764	397	367	108.24					3.49

1-1b 续表 2 单位：户、人

地 区	户数			人口数			
	合计	家庭户	集体户	合计	男	女	性别比（女=100）
梧州市	**2136**	**1969**	**167**	**9323**	**4680**	**4643**	**100.80**
万秀区	36	36		161	81	79	102.72
长洲区							
龙圩区							
苍梧县	300	300		1099	600	499	120.27
藤县	973	949	24	4040	2136	1904	112.15
蒙山县	265	264	2	805	407	398	102.31
岑溪市	562	420	141	3218	1456	1762	82.59
北海市	**1339**	**1317**	**22**	**5193**	**2634**	**2560**	**102.89**
海城区	53	53		148	72	77	93.74
银海区	132	130	2	606	308	298	103.29
铁山港区	75	75		274	132	143	92.25
合浦县	1079	1059	20	4165	2122	2042	103.92
防城港市	**810**	**671**	**140**	**3383**	**1937**	**1446**	**134.01**
港口区	278	162	116	1311	829	482	171.82
防城区	209	209		858	471	387	121.77
上思县	206	183	24	812	427	385	110.80
东兴市	117	117		402	211	191	110.17
钦州市	**2698**	**2558**	**141**	**10545**	**5730**	**4816**	**118.97**
钦南区	460	335	125	1947	1160	787	147.35
钦北区	532	525	6	2189	1185	1003	118.11
灵山县	979	979		3877	2044	1833	111.50
浦北县	728	719	9	2532	1340	1192	112.45
贵港市	**4069**	**3754**	**315**	**15640**	**8272**	**7369**	**112.26**
港北区	201	201		749	379	371	102.18
港南区	326	270	56	2020	970	1050	92.42
覃塘区	300	300		1111	571	540	105.68
平南县	1920	1666	254	6454	3514	2940	119.54
桂平市	1321	1316	5	5305	2837	2468	114.97
玉林市	**4858**	**4823**	**35**	**21141**	**11133**	**10007**	**111.25**
玉州区	120	120		432	238	194	123.05
福绵区	263	263		1088	580	508	114.22
容县	809	802	7	3055	1581	1473	107.32
陆川县	932	932		3752	1920	1832	104.85
博白县	1243	1215	28	6108	3264	2844	114.75
兴业县	603	603		2435	1272	1163	109.36
北流市	887	887		4271	2277	1993	114.24

1-1b 续表 3

单位：户、人

地　区	家庭户人口				集体户人口				平均家庭户规模（人/户）
	合计	男	女	性别比（女=100）	合计	男	女	性别比（女=100）	
梧州市	**7462**	**3928**	**3534**	**111.15**	**1861**	**752**	**1109**	**67.80**	**3.79**
万秀区	161	81	79	102.72					4.45
长洲区									
龙圩区									
苍梧县	1099	600	499	120.27					3.67
藤县	3885	2041	1845	110.63	155	95	60	158.87	4.09
蒙山县	799	405	394	102.76	6	2	4	56.39	3.03
岑溪市	1518	801	717	111.70	1700	655	1045	62.63	3.61
北海市	**5120**	**2599**	**2520**	**103.14**	**74**	**34**	**39**	**87.24**	**3.89**
海城区	148	72	77	93.74					2.81
银海区	589	302	287	105.30	17	6	11	50.97	4.54
铁山港区	274	132	143	92.25					3.64
合浦县	4108	2094	2014	103.96	57	29	28	101.35	3.88
防城港市	**2606**	**1386**	**1220**	**113.67**	**777**	**551**	**226**	**243.79**	**3.89**
港口区	626	319	307	103.85	685	510	175	290.99	3.86
防城区	858	471	387	121.77					4.11
上思县	720	385	334	115.32	92	41	51	81.10	3.94
东兴市	402	211	191	110.17					3.43
钦州市	**9933**	**5268**	**4666**	**112.91**	**612**	**462**	**150**	**307.32**	**3.88**
钦南区	1388	740	647	114.40	559	419	140	299.73	4.14
钦北区	2167	1164	1003	115.98	21	21			4.13
灵山县	3877	2044	1833	111.50					3.96
浦北县	2501	1320	1182	111.66	31	21	10	202.96	3.48
贵港市	**13878**	**7420**	**6458**	**114.89**	**1762**	**852**	**910**	**93.55**	**3.70**
港北区	749	379	371	102.18					3.72
港南区	1051	552	499	110.64	969	418	551	75.93	3.89
覃塘区	1111	571	540	105.68					3.70
平南县	5691	3087	2604	118.51	763	428	335	127.49	3.41
桂平市	5276	2832	2444	115.86	30	6	24	23.45	4.01
玉林市	**20703**	**10870**	**9833**	**110.55**	**437**	**263**	**175**	**150.54**	**4.29**
玉州区	432	238	194	123.05					3.59
福绵区	1088	580	508	114.22					4.14
容县	3031	1558	1473	105.72	24	24			3.78
陆川县	3752	1920	1832	104.85					4.02
博白县	5694	3025	2670	113.29	414	239	175	137.04	4.69
兴业县	2435	1272	1163	109.36					4.03
北流市	4271	2277	1993	114.24					4.82

1-1b 续表 4

单位：户、人

地 区	户 数			人口数			
	合计	家庭户	集体户	合计	男	女	性别比（女=100）
百色市	**3349**	**3221**	**128**	**11531**	**5925**	**5605**	**105.72**
右江区							
田阳县	423	420	3	1390	699	691	101.26
田东县	554	549	5	1611	835	776	107.56
平果县	759	684	75	2592	1338	1254	106.74
德保县	276	261	15	897	441	457	96.45
靖西县	393	384	10	1607	862	745	115.69
那坡县	134	130	4	462	242	219	110.43
凌云县	130	130		504	253	251	100.52
乐业县	121	117	4	450	228	222	102.33
田林县	188	180	8	640	303	337	89.92
西林县	133	130	4	481	250	231	108.31
隆林各族自治县	237	237		897	475	422	112.62
贺州市	**1832**	**1796**	**37**	**7043**	**3617**	**3426**	**105.57**
八步区	424	424		1610	807	803	100.61
平桂管理区	248	248		936	475	462	102.79
昭平县	455	443	12	1720	876	844	103.72
钟山县	391	386	4	1611	862	749	115.14
富川瑶族自治县	314	293	20	1166	597	569	105.00
河池市	**2761**	**2675**	**86**	**10446**	**5308**	**5138**	**103.31**
金城江区	147	147		382	187	194	96.40
南丹县	414	396	18	1517	795	722	110.20
天峨县	183	183		668	346	322	107.45
凤山县	130	130		450	230	220	104.78
东兰县	135	108	27	801	194	608	31.86
罗城仫佬族自治县	310	307	3	1136	602	533	112.92
环江毛南族自治县	300	293	7	961	497	465	106.86
巴马瑶族自治县	155	145	11	773	436	337	129.08
都安瑶族自治县	503	500	4	1725	879	846	103.83
大化瑶族自治县	314	297	17	1403	816	587	138.94
宜州市	170	170		631	327	304	107.67
来宾市	**2018**	**1968**	**50**	**7380**	**3775**	**3606**	**104.70**
兴宾区	591	591		2252	1137	1115	102.00
忻城县	314	311	2	1123	544	579	94.00
象州县	390	383	7	1282	655	627	104.52
武宣县	456	422	35	1829	984	845	116.51
金秀瑶族自治县	149	144	5	534	265	269	98.55
合山市	118	116	2	359	188	171	110.47
崇左市	**2026**	**1966**	**60**	**6769**	**3653**	**3117**	**117.20**
江州区	159	159		579	299	281	106.44
扶绥县	541	532	9	1839	1069	770	138.82
宁明县	332	325	7	1110	576	535	107.60
龙州县	294	288	6	926	465	462	100.64
大新县	290	282	8	1003	496	507	97.74
天等县	290	283	6	1004	544	460	118.11
凭祥市	121	96	24	307	205	102	201.79

1-1b 续表 5

单位：户、人

地 区	家庭户人口				集体户人口				平均家庭户规模（人/户）
	合计	男	女	性别比（女=100）	合计	男	女	性别比（女=100）	
百色市	**10903**	**5590**	**5314**	**105.20**	**627**	**336**	**292**	**115.09**	**3.39**
右江区									
田阳县	1362	679	682	99.51	28	20	8	248.12	3.24
田东县	1567	808	759	106.38	44	27	17	161.24	2.85
平果县	2329	1208	1121	107.74	263	131	133	98.33	3.41
德保县	808	394	414	95.24	90	47	43	108.11	3.09
靖西县	1515	799	715	111.78	92	63	30	209.42	3.95
那坡县	450	238	212	112.13	11	4	7	58.85	3.47
凌云县	504	253	251	100.52					3.86
乐业县	442	223	218	102.30	8	4	4	104.08	3.77
田林县	560	273	287	95.04	80	30	50	60.33	3.12
西林县	471	240	231	103.86	10	10			3.63
隆林各族自治县	897	475	422	112.62					3.79
贺州市	**6849**	**3469**	**3379**	**102.67**	**194**	**148**	**47**	**315.36**	**3.81**
八步区	1610	807	803	100.61					3.80
平桂管理区	936	475	462	102.79					3.77
昭平县	1660	838	822	101.87	60	38	22	172.74	3.74
钟山县	1526	795	731	108.65	85	67	17	389.13	3.95
富川瑶族自治县	1116	555	561	98.89	49	42	7	567.92	3.80
河池市	**9168**	**4680**	**4488**	**104.27**	**1278**	**628**	**650**	**96.69**	**3.43**
金城江区	382	187	194	96.40					2.59
南丹县	1400	705	695	101.46	117	90	27	336.24	3.54
天峨县	668	346	322	107.45					3.66
凤山县	450	230	220	104.78					3.46
东兰县	347	180	168	106.97	454	14	440	3.21	3.22
罗城仫佬族自治县	998	499	500	99.80	138	104	34	306.41	3.25
环江毛南族自治县	944	497	448	110.89	17		17		3.22
巴马瑶族自治县	582	299	282	105.94	191	136	55	248.17	4.02
都安瑶族自治县	1713	871	842	103.50	12	7	5	163.83	3.43
大化瑶族自治县	1053	539	514	104.86	350	277	73	379.14	3.54
宜州市	631	327	304	107.67					3.72
来宾市	**6973**	**3510**	**3464**	**101.34**	**407**	**265**	**142**	**186.56**	**3.54**
兴宾区	2252	1137	1115	102.00					3.81
忻城县	1100	544	556	97.90	23		23		3.53
象州县	1257	646	611	105.67	25	9	16	60.02	3.28
武宣县	1526	769	757	101.57	304	216	88	244.98	3.62
金秀瑶族自治县	495	240	255	93.97	39	25	14	184.69	3.45
合山市	342	174	169	102.76	16	15	2	906.88	2.94
崇左市	**6441**	**3416**	**3026**	**112.90**	**328**	**237**	**91**	**260.43**	**3.28**
江州区	579	299	281	106.44					3.65
扶绥县	1803	1040	764	136.20	36	29	7	442.82	3.39
宁明县	1075	546	529	103.11	35	30	6	537.68	3.31
龙州县	913	460	453	101.61	13	4	9	49.98	3.17
大新县	905	456	449	101.58	98	40	58	68.19	3.20
天等县	943	494	449	110.17	61	50	12	418.28	3.33
凭祥市	223	121	102	118.87	84	84			2.31

1-1c 各地区户数、人口数和性别比(乡村)

单位：户、人

地 区	户数			人口数			
	合计	家庭户	集体户	合计	男	女	性别比(女=100)
全 区	**87970**	**87535**	**435**	**318671**	**165804**	**152867**	**108.46**
南宁市	**10603**	**10494**	**109**	**35767**	**18858**	**16909**	**111.52**
兴宁区	226	226		863	460	403	114.02
青秀区	265	265		898	480	418	114.85
江南区	449	449		1622	882	740	119.15
西乡塘区	505	505		1687	919	769	119.52
良庆区	485	382	103	1734	921	813	113.28
邕宁区	608	608		2211	1168	1043	111.96
武鸣县	1302	1302		4046	2117	1928	109.80
隆安县	785	785		2758	1453	1305	111.34
马山县	1186	1186		3795	2047	1748	117.10
上林县	862	862		3066	1609	1457	110.44
宾阳县	1791	1791		6046	3169	2877	110.14
横县	2138	2132	6	7043	3634	3409	106.62
柳州市	**5210**	**5203**	**6**	**18654**	**9686**	**8968**	**108.00**
城中区	5	5		16	7	8	88.22
鱼峰区	57	57		243	125	118	105.34
柳南区	6	6		21	11	10	113.86
柳北区	116	116		288	154	134	114.91
柳江县	1034	1034		4048	2128	1921	110.77
柳城县	795	795		2776	1418	1358	104.42
鹿寨县	687	687		2352	1212	1140	106.30
融安县	734	734		2363	1209	1154	104.84
融水苗族自治县	970	970		3579	1878	1702	110.35
三江侗族自治县	806	800	6	2967	1544	1423	108.45
桂林市	**10064**	**10045**	**18**	**32953**	**16993**	**15960**	**106.47**
秀峰区							
叠彩区	48	48		214	111	103	107.51
象山区	1	1		5	2	3	92.11
七星区	34	34		139	68	71	96.30
雁山区	136	136		504	262	241	108.68
临桂区	998	993	5	3623	1894	1729	109.53
阳朔县	668	668		2349	1210	1140	106.12
灵川县	702	702		2527	1277	1250	102.15
全州县	1999	1985	14	5809	2979	2830	105.25
兴安县	901	901		2723	1373	1350	101.66
永福县	677	677		2117	1144	973	117.58
灌阳县	669	669		2002	1053	948	111.05
龙胜各族自治县	474	474		1372	694	678	102.27
资源县	410	410		1346	683	663	103.06
平乐县	929	929		3362	1720	1642	104.78
荔浦县	747	747		2523	1316	1207	108.99
恭城瑶族自治县	671	671		2339	1208	1131	106.77

1-1c 续表 1

单位：户、人

地 区	家庭户人口				集体户人口				平均家庭户规模（人/户）
	合计	男	女	性别比（女=100）	合计	男	女	性别比（女=100）	
全 区	**315664**	**163667**	**151997**	**107.68**	**3007**	**2137**	**870**	**245.68**	**3.61**
南宁市	**35336**	**18621**	**16715**	**111.41**	**431**	**236**	**195**	**121.38**	**3.37**
兴宁区	863	460	403	114.02					3.82
青秀区	898	480	418	114.85					3.39
江南区	1622	882	740	119.15					3.61
西乡塘区	1687	919	769	119.52					3.34
良庆区	1335	697	638	109.35	399	224	175	127.60	3.49
邕宁区	2211	1168	1043	111.96					3.63
武鸣县	4046	2117	1928	109.80					3.11
隆安县	2758	1453	1305	111.34					3.52
马山县	3795	2047	1748	117.10					3.20
上林县	3066	1609	1457	110.44					3.56
宾阳县	6046	3169	2877	110.14					3.37
横县	7011	3622	3389	106.86	32	13	19	65.42	3.29
柳州市	**18595**	**9636**	**8958**	**107.57**	**59**	**49**	**10**	**515.83**	**3.57**
城中区	16	7	8	88.22					3.35
鱼峰区	243	125	118	105.34					4.27
柳南区	21	11	10	113.86					3.46
柳北区	288	154	134	114.91					2.48
柳江县	4048	2128	1921	110.77					3.92
柳城县	2776	1418	1358	104.42					3.49
鹿寨县	2352	1212	1140	106.30					3.42
融安县	2363	1209	1154	104.84					3.22
融水苗族自治县	3579	1878	1702	110.35					3.69
三江侗族自治县	2908	1494	1414	105.69	59	49	10	515.83	3.63
桂林市	**32922**	**16973**	**15949**	**106.42**	**31**	**20**	**11**	**178.64**	**3.28**
秀峰区									
叠彩区	214	111	103	107.51					4.49
象山区	5	2	3	92.11					3.89
七星区	139	68	71	96.30					4.04
雁山区	504	262	241	108.68					3.71
临桂区	3605	1880	1724	109.03	18	14	5	301.36	3.63
阳朔县	2349	1210	1140	106.12					3.52
灵川县	2527	1277	1250	102.15					3.60
全州县	5796	2972	2823	105.27	13	6	7	95.42	2.92
兴安县	2723	1373	1350	101.66					3.02
永福县	2117	1144	973	117.58					3.13
灌阳县	2002	1053	948	111.05					2.99
龙胜各族自治县	1372	694	678	102.27					2.89
资源县	1346	683	663	103.06					3.28
平乐县	3362	1720	1642	104.78					3.62
荔浦县	2523	1316	1207	108.99					3.38
恭城瑶族自治县	2339	1208	1131	106.77					3.49

1-1c 续表 2

单位：户、人

地 区	户数			人口数			
	合计	家庭户	集体户	合计	男	女	性别比 (女=100)
梧州市	**5225**	**5225**		**18763**	**9845**	**8918**	**110.39**
万秀区	129	129		434	219	215	101.69
长洲区	105	105		343	192	151	127.18
龙圩区	577	577		1950	1101	850	129.50
苍梧县	769	769		2844	1479	1365	108.29
藤县	1823	1823		6511	3392	3119	108.78
蒙山县	444	444		1602	838	764	109.64
岑溪市	1379	1379		5078	2624	2453	106.96
北海市	**2111**	**2105**	**6**	**9006**	**4678**	**4328**	**108.08**
海城区	7	7		32	16	15	106.33
银海区	193	191	2	775	397	378	104.92
铁山港区	340	340		1282	674	608	111.00
合浦县	1570	1567	3	6917	3590	3327	107.91
防城港市	**1325**	**1290**	**35**	**5294**	**2899**	**2395**	**121.04**
港口区	125	113	11	426	222	204	108.84
防城区	587	581	6	2350	1257	1092	115.09
上思县	463	461	1	1820	1006	814	123.68
东兴市	151	135	16	699	413	285	144.98
钦州市	**6272**	**6241**	**32**	**25326**	**13399**	**11928**	**112.33**
钦南区	699	689	10	2957	1542	1415	108.99
钦北区	1151	1151		4909	2651	2258	117.41
灵山县	2575	2557	18	10796	5686	5110	111.27
浦北县	1848	1844	4	6665	3520	3145	111.90
贵港市	**7690**	**7675**	**15**	**28777**	**15019**	**13759**	**109.16**
港北区	460	458	3	2010	1034	976	106.01
港南区	1151	1151		4117	2166	1951	111.04
覃塘区	776	764	12	3151	1691	1460	115.78
平南县	2424	2424		8128	4226	3902	108.32
桂平市	2879	2879		11371	5901	5470	107.88
玉林市	**9232**	**9224**	**8**	**38069**	**19749**	**18320**	**107.80**
玉州区	479	476	3	2044	1050	994	105.60
福绵区	676	676		3095	1671	1424	117.40
容县	1377	1377		4896	2528	2368	106.74
陆川县	1577	1572	4	5723	2948	2775	106.21
博白县	2376	2376		10972	5578	5394	103.42
兴业县	1156	1156		4570	2447	2123	115.30
北流市	1591	1591		6769	3527	3242	108.78

1-1c 续表 3 单位：户、人

地　　区	家庭户人口				集体户人口				平均家庭户规模（人/户）
	合计	男	女	性别比（女=100）	合计	男	女	性别比（女=100）	
梧州市	**18763**	**9845**	**8918**	**110.39**					**3.59**
万秀区	434	219	215	101.69					3.36
长洲区	343	192	151	127.18					3.28
龙圩区	1950	1101	850	129.50					3.38
苍梧县	2844	1479	1365	108.29					3.70
藤县	6511	3392	3119	108.78					3.57
蒙山县	1602	838	764	109.64					3.61
岑溪市	5078	2624	2453	106.96					3.68
北海市	**8984**	**4661**	**4322**	**107.84**	**22**	**16**	**6**	**285.63**	**4.27**
海城区	32	16	15	106.33					4.49
银海区	763	387	376	103.08	12	9	2	398.63	4.00
铁山港区	1282	674	608	111.00					3.77
合浦县	6906	3583	3323	107.81	10	7	3	206.49	4.41
防城港市	**5066**	**2728**	**2339**	**116.64**	**228**	**172**	**57**	**302.28**	**3.93**
港口区	383	193	189	102.08	43	29	15	196.61	3.37
防城区	2337	1245	1092	113.93	13	13			4.02
上思县	1796	993	803	123.64	24	13	10	126.71	3.90
东兴市	550	296	253	116.97	149	117	32	368.53	4.08
钦州市	**25029**	**13266**	**11762**	**112.79**	**298**	**132**	**165**	**79.82**	**4.01**
钦南区	2934	1519	1415	107.37	23	23			4.26
钦北区	4909	2651	2258	117.41					4.27
灵山县	10547	5595	4952	112.99	248	90	158	57.29	4.13
浦北县	6638	3501	3137	111.58	27	19	8	244.90	3.60
贵港市	**28515**	**14787**	**13727**	**107.72**	**263**	**231**	**31**	**741.88**	**3.72**
港北区	1999	1029	970	106.07	11	5	6	96.63	4.37
港南区	4117	2166	1951	111.04					3.58
覃塘区	2900	1465	1435	102.09	252	226	26	884.10	3.80
平南县	8128	4226	3902	108.32					3.35
桂平市	11371	5901	5470	107.88					3.95
玉林市	**38062**	**19746**	**18316**	**107.81**	**8**	**3**	**4**	**81.71**	**4.13**
玉州区	2041	1046	994	105.26	3	3			4.29
福绵区	3095	1671	1424	117.40					4.58
容县	4896	2528	2368	106.74					3.56
陆川县	5719	2948	2771	106.37	4		4		3.64
博白县	10972	5578	5394	103.42					4.62
兴业县	4570	2447	2123	115.30					3.95
北流市	6769	3527	3242	108.78					4.25

1-1c 续表 4

单位：户、人

地 区	户数			人口数			
	合计	家庭户	集体户	合计	男	女	性别比(女=100)
百色市	**8385**	**8302**	**83**	**30061**	**15372**	**14689**	**104.65**
右江区	493	493		1920	962	958	100.37
田阳县	855	830	25	2692	1360	1333	102.03
田东县	872	872		2908	1438	1469	97.88
平果县	787	783	4	3054	1573	1481	106.16
德保县	823	823		2895	1547	1347	114.82
靖西县	1395	1391	3	4749	2461	2288	107.59
那坡县	383	383		1463	740	723	102.30
凌云县	449	446	2	1837	962	876	109.79
乐业县	367	367		1422	728	694	104.90
田林县	566	566		2221	1114	1106	100.73
西林县	291	291		1267	655	612	107.05
隆林各族自治县	1104	1056	49	3634	1833	1802	101.71
贺州市	**3804**	**3802**	**2**	**14515**	**7501**	**7014**	**106.95**
八步区	1119	1119		4301	2148	2153	99.73
平桂管理区	691	688	2	2762	1436	1327	108.22
昭平县	750	750		2557	1369	1188	115.27
钟山县	672	672		2824	1472	1352	108.94
富川瑶族自治县	573	573		2071	1077	994	108.28
河池市	**8342**	**8260**	**82**	**28978**	**15013**	**13964**	**107.51**
金城江区	428	375	53	1864	1289	575	224.31
南丹县	530	530		2044	1078	967	111.45
天峨县	331	328	3	1269	654	616	106.19
凤山县	444	444		1575	797	777	102.56
东兰县	676	669	7	2179	1157	1022	113.16
罗城仫佬族自治县	845	842	4	2705	1360	1345	101.15
环江毛南族自治县	788	788		2436	1199	1238	96.83
巴马瑶族自治县	590	589	2	2182	1108	1073	103.29
都安瑶族自治县	1392	1382	10	4787	2403	2383	100.83
大化瑶族自治县	918	914	4	3388	1730	1658	104.31
宜州市	1399	1399		4549	2238	2310	96.90
来宾市	**4744**	**4708**	**37**	**16269**	**8370**	**7899**	**105.96**
兴宾区	1982	1972	10	6773	3516	3257	107.96
忻城县	887	868	18	2845	1426	1419	100.51
象州县	655	648	7	2302	1203	1099	109.50
武宣县	773	773		2805	1441	1364	105.66
金秀瑶族自治县	312	311	1	1041	527	514	102.58
合山市	136	136		503	256	247	103.89
崇左市	**4962**	**4960**	**2**	**16237**	**8422**	**7815**	**107.77**
江州区	653	653		2211	1166	1045	111.50
扶绥县	863	863		2827	1495	1331	112.35
宁明县	919	919		3123	1703	1420	119.88
龙州县	548	548		1807	908	899	101.05
大新县	906	906		2773	1382	1391	99.38
天等县	937	935	2	3068	1543	1525	101.17
凭祥市	136	136		429	225	204	110.37

1-1c 续表 5 单位：户、人

地　　区	家庭户人口				集体户人口				平均家庭户规模（人/户）
	合计	男	女	性别比（女=100）	合计	男	女	性别比（女=100）	
百色市	**29460**	**15020**	**14440**	**104.01**	**602**	**352**	**249**	**141.52**	**3.55**
右江区	1920	962	958	100.37					3.89
田阳县	2468	1227	1241	98.94	224	132	92	143.70	2.97
田东县	2908	1438	1469	97.88					3.33
平果县	3047	1565	1481	105.68	7	7			3.89
德保县	2895	1547	1347	114.82					3.52
靖西县	4716	2445	2271	107.65	34	17	17	99.82	3.39
那坡县	1463	740	723	102.30					3.82
凌云县	1818	947	871	108.77	19	14	5	290.01	4.07
乐业县	1422	728	694	104.90					3.87
田林县	2221	1114	1106	100.73					3.92
西林县	1267	655	612	107.05					4.36
隆林各族自治县	3317	1651	1666	99.05	317	182	135	134.51	3.14
贺州市	**14487**	**7479**	**7009**	**106.70**	**28**	**23**	**5**	**457.56**	**3.81**
八步区	4301	2148	2153	99.73					3.84
平桂管理区	2734	1413	1322	106.91	28	23	5	457.56	3.97
昭平县	2557	1369	1188	115.27					3.41
钟山县	2824	1472	1352	108.94					4.20
富川瑶族自治县	2071	1077	994	108.28					3.61
河池市	**28156**	**14243**	**13913**	**102.37**	**822**	**771**	**51**	**1498.26**	**3.41**
金城江区	1177	622	555	112.05	687	667	20	3386.44	3.14
南丹县	2044	1078	967	111.45					3.86
天峨县	1262	648	613	105.78	8	5	3	204.55	3.84
凤山县	1575	797	777	102.56					3.55
东兰县	2134	1125	1009	111.42	45	32	13	247.33	3.19
罗城仫佬族自治县	2698	1353	1345	100.60	7	7			3.21
环江毛南族自治县	2436	1199	1238	96.83					3.09
巴马瑶族自治县	2175	1102	1073	102.65	7	7			3.69
都安瑶族自治县	4747	2374	2373	100.01	40	30	10	295.22	3.43
大化瑶族自治县	3360	1708	1652	103.35	28	22	6	366.62	3.68
宜州市	4549	2238	2310	96.90					3.25
来宾市	**16055**	**8241**	**7813**	**105.48**	**214**	**128**	**86**	**149.85**	**3.41**
兴宾区	6670	3435	3236	106.14	102	81	21	391.55	3.38
忻城县	2755	1393	1362	102.21	90	34	57	59.38	3.17
象州县	2286	1194	1092	109.36	16	9	7	130.54	3.53
武宣县	2805	1441	1364	105.66					3.63
金秀瑶族自治县	1035	523	512	102.01	6	4	1	310.64	3.33
合山市	503	256	247	103.89					3.70
崇左市	**16235**	**8420**	**7815**	**107.74**	**2**	**2**			**3.27**
江州区	2211	1166	1045	111.50					3.39
扶绥县	2827	1495	1331	112.35					3.27
宁明县	3123	1703	1420	119.88					3.40
龙州县	1807	908	899	101.05					3.30
大新县	2773	1382	1391	99.38					3.06
天等县	3065	1540	1525	101.02	2	2			3.28
凭祥市	429	225	204	110.37					3.16

1-2 各地区分性别、户口登记状况的人口

单位：人

地区	人口数			居住本乡、镇、街道，户口在本乡、镇、街道		
	合计	男	女	小计	男	女
全 区	**597005**	**306592**	**290413**	**506795**	**262734**	**244061**
南宁市	**87898**	**45427**	**42470**	**67080**	**34735**	**32344**
兴宁区	5218	2704	2514	2936	1477	1459
青秀区	10931	5091	5840	6569	3110	3459
江南区	7345	3874	3471	5177	2769	2408
西乡塘区	15534	8122	7411	8957	4575	4382
良庆区	4779	2506	2273	2940	1542	1398
邕宁区	3349	1766	1583	3138	1672	1466
武鸣县	6747	3461	3286	6504	3378	3126
隆安县	3750	1963	1787	3400	1794	1606
马山县	4905	2593	2312	4708	2490	2218
上林县	4356	2244	2112	3690	1935	1754
宾阳县	10051	5521	4529	8993	4745	4249
横县	10933	5582	5351	10068	5249	4819
柳州市	**47757**	**24332**	**23425**	**35209**	**18196**	**17013**
城中区	2463	1011	1452	1115	545	570
鱼峰区	5735	2937	2798	3194	1599	1595
柳南区	6174	3219	2955	2835	1453	1382
柳北区	5304	2651	2652	2996	1523	1474
柳江县	7176	3722	3454	5598	2908	2690
柳城县	4411	2255	2156	4024	2111	1914
鹿寨县	4141	2101	2040	3755	1953	1802
融安县	3557	1811	1746	3181	1650	1530
融水苗族自治县	5028	2657	2371	4985	2626	2359
三江侗族自治县	3769	1967	1801	3526	1828	1698
桂林市	**63857**	**31030**	**32827**	**50473**	**25676**	**24797**
秀峰区	2089	1057	1033	1034	491	543
叠彩区	2144	1024	1120	1527	742	785
象山区	3424	1678	1746	2604	1271	1333
七星区	4629	1469	3160	2451	1122	1329
雁山区	3261	1591	1670	682	343	340
临桂区	5708	2921	2787	4862	2508	2354
阳朔县	3436	1758	1678	3211	1665	1546
灵川县	5085	2018	3067	3094	1527	1567
全州县	7950	4047	3902	7215	3692	3523
兴安县	4114	2056	2058	3761	1896	1865
永福县	2924	1550	1374	2726	1454	1272
灌阳县	2896	1536	1360	2734	1453	1281
龙胜各族自治县	1928	977	951	1674	855	819
资源县	1842	937	906	1682	875	806
平乐县	5003	2593	2410	4297	2192	2104
荔浦县	4320	2214	2106	3989	2059	1929
恭城瑶族自治县	3103	1605	1498	2933	1530	1403

1-2 续表 1

单位：人

地　区	居住本乡、镇、街道，户口在外乡、镇、街道，离开户口登记地半年以上			居住本乡、镇、街道，户口待定			原住本乡、镇、街道，现在国外工作学习		
	小计	男	女	小计	男	女	小计	男	女
全　区	**85534**	**41511**	**44023**	**4288**	**2199**	**2089**	**388**	**148**	**240**
南宁市	**20227**	**10393**	**9834**	**484**	**235**	**250**	**106**	**64**	**42**
兴宁区	2245	1206	1039	37	22	15	1		1
青秀区	4319	1967	2352	36	11	25	7	3	5
江南区	2098	1061	1037	68	43	26	1	1	
西乡塘区	6470	3492	2978	90	47	43	17	8	9
良庆区	1814	952	862	25	12	14			
邕宁区	156	69	86	55	25	30			
武鸣县	208	72	135	25	7	18	10	4	7
隆安县	279	125	154	23	11	12	49	33	15
马山县	176	94	82	19	7	12	1	1	
上林县	641	295	346	10	4	6	15	10	6
宾阳县	1016	765	251	37	7	30	5	5	
横县	807	294	513	58	39	19			
柳州市	**12302**	**6009**	**6293**	**230**	**121**	**108**	**17**	**6**	**11**
城中区	1338	462	876	8	4	4	3		2
鱼峰区	2506	1321	1186	28	15	13	7	2	4
柳南区	3304	1748	1556	34	17	17	1	1	
柳北区	2274	1111	1163	33	18	15			
柳江县	1553	803	750	24	12	13	1		1
柳城县	371	138	233	16	6	9			
鹿寨县	353	127	226	31	20	12	2	1	1
融安县	359	158	201	16	2	14	1		1
融水苗族自治县	10	5	4	31	24	7	2	1	1
三江侗族自治县	236	136	100	7	3	4			
桂林市	**13008**	**5175**	**7832**	**341**	**170**	**171**	**35**	**9**	**26**
秀峰区	1042	560	482	8	5	4	5	1	4
叠彩区	608	276	331	8	6	2	1		1
象山区	784	389	395	25	16	9	11	2	9
七星区	2156	335	1821	22	12	10			
雁山区	2575	1247	1328	3	1	1	1		1
临桂区	794	383	411	52	30	22			
阳朔县	214	91	123	10	1	8	1	1	
灵川县	1951	468	1483	38	22	17	3	1	1
全州县	694	338	356	38	17	22	2		2
兴安县	324	143	181	28	16	12	1	1	
永福县	185	92	93	11	4	8	2		2
灌阳县	163	83	80						
龙胜各族自治县	214	107	107	38	14	24	1		1
资源县	150	57	93	9	4	6	1		1
平乐县	678	391	287	27	8	19	1	1	
荔浦县	311	141	170	20	14	6			
恭城瑶族自治县	163	72	91	3	3	1	4	1	3

1-2 续表 2

单位：人

地 区	人口数			居住本乡、镇、街道，户口在本乡、镇、街道		
	合计	男	女	小计	男	女
梧州市	**37282**	**19130**	**18152**	**34424**	**17905**	**16519**
万秀区	3772	1868	1904	3000	1510	1490
长洲区	2395	1210	1186	1877	951	925
龙圩区	3368	1822	1546	3178	1735	1443
苍梧县	3943	2078	1864	3887	2066	1821
藤县	10551	5528	5023	9927	5305	4622
蒙山县	2407	1245	1162	2215	1161	1054
岑溪市	10845	5379	5466	10340	5178	5163
北海市	**20265**	**10323**	**9942**	**15794**	**8167**	**7627**
海城区	5072	2475	2597	2623	1313	1310
银海区	2305	1197	1108	1464	745	719
铁山港区	1806	939	867	1674	877	797
合浦县	11082	5712	5369	10033	5232	4801
防城港市	**11861**	**6482**	**5378**	**9318**	**5034**	**4284**
港口区	2615	1504	1111	1621	846	775
防城区	4660	2475	2185	3937	2122	1815
上思县	2632	1433	1199	2292	1279	1013
东兴市	1954	1071	884	1468	788	680
钦州市	**39427**	**20951**	**18476**	**34927**	**18779**	**16148**
钦南区	7122	3819	3303	5120	2741	2379
钦北区	8435	4543	3893	7549	4112	3437
灵山县	14673	7730	6943	13562	7252	6311
浦北县	9197	4860	4337	8695	4674	4022
贵港市	**53116**	**27777**	**25340**	**48977**	**25521**	**23456**
港北区	7279	3711	3568	6195	3174	3021
港南区	7145	3653	3491	6062	3076	2985
覃塘区	5371	2865	2507	4868	2480	2388
平南县	14583	7741	6842	14056	7465	6591
桂平市	18738	9807	8932	17796	9325	8471
玉林市	**70008**	**36438**	**33570**	**63980**	**33520**	**30460**
玉州区	9518	4905	4613	6803	3498	3306
福绵区	4755	2566	2189	4706	2542	2163
容县	7951	4109	3842	7363	3858	3505
陆川县	9475	4868	4607	8832	4580	4252
博白县	17080	8842	8238	16471	8543	7928
兴业县	7004	3719	3285	6888	3664	3224
北流市	14224	7429	6796	12917	6835	6082

1-2 续表 3

单位：人

地 区	居住本乡、镇、街道，户口在外乡、镇、街道，离开户口登记地半年以上			居住本乡、镇、街道，户口待定			原住本乡、镇、街道，现在国外工作学习		
	小计	男	女	小计	男	女	小计	男	女
梧州市	**2621**	**1129**	**1492**	**233**	**94**	**139**	**5**	**2**	**2**
万秀区	753	351	403	16	7	9	3	1	2
长洲区	506	250	256	12	7	5	1	1	
龙圩区	183	85	98	8	3	5			
苍梧县	34	2	32	20	9	11	1	1	
藤县	494	173	321	131	51	80			
蒙山县	170	75	95	22	9	13			
岑溪市	480	193	287	24	8	16			
北海市	**3742**	**1634**	**2107**	**727**	**521**	**206**	**2**	**1**	**1**
海城区	1820	681	1139	628	480	148	1	1	1
银海区	822	446	376	18	6	12	1		
铁山港区	123	57	66	8	5	3			
合浦县	976	450	526	72	30	43			
防城港市	**2385**	**1378**	**1007**	**156**	**69**	**87**	**2**	**1**	**1**
港口区	980	652	329	13	6	7			
防城区	657	326	331	66	28	38	1		1
上思县	286	128	159	54	27	27			
东兴市	462	273	189	23	9	15	1	1	
钦州市	**3966**	**1930**	**2037**	**502**	**225**	**276**	**32**	**18**	**14**
钦南区	1932	1046	886	67	30	37	2	1	1
钦北区	722	353	369	163	77	86	1	1	
灵山县	890	377	514	192	86	106	28	16	13
浦北县	421	153	268	80	33	47	1		1
贵港市	**3902**	**2142**	**1760**	**226**	**108**	**118**	**12**	**6**	**6**
港北区	1037	509	529	47	29	18			
港南区	1058	564	495	20	11	10	4	2	2
覃塘区	488	378	110	14	5	9	1	1	
平南县	468	250	218	54	23	31	5	2	3
桂平市	851	441	409	90	40	50	2		2
玉林市	**5675**	**2740**	**2935**	**331**	**165**	**167**	**21**	**13**	**8**
玉州区	2684	1397	1287	30	10	20			
福绵区	37	15	22	12	9	3			
容县	536	221	314	46	27	19	7	3	3
陆川县	603	269	334	40	19	20			
博白县	576	283	293	27	12	15	6	4	2
兴业县	88	38	50	29	17	12			
北流市	1152	518	634	147	70	77	8	6	3

1-2 续表 4

单位：人

地 区	人口数			居住本乡、镇、街道，户口在本乡、镇、街道		
	合计	男	女	小计	男	女
百色市	**44578**	**22875**	**21703**	**40022**	**20597**	**19425**
右江区	4906	2539	2366	3646	1840	1806
田阳县	4082	2059	2023	3757	1905	1852
田东县	4518	2273	2245	4044	2055	1989
平果县	5646	2911	2735	4857	2527	2330
德保县	3792	1988	1804	3479	1844	1635
靖西县	6356	3323	3033	6155	3222	2933
那坡县	1924	982	942	1787	920	867
凌云县	2341	1214	1127	2271	1179	1091
乐业县	1872	956	916	1814	939	875
田林县	2861	1417	1443	2689	1339	1350
西林县	1748	905	843	1591	826	765
隆林各族自治县	4531	2308	2224	3934	2002	1932
贺州市	**24616**	**12668**	**11948**	**22899**	**11855**	**11044**
八步区	7751	3869	3882	7051	3580	3470
平桂管理区	4917	2546	2371	4587	2378	2210
昭平县	4277	2245	2032	4025	2115	1910
钟山县	4435	2335	2100	4243	2227	2016
富川瑶族自治县	3236	1674	1563	2992	1554	1438
河池市	**43795**	**22517**	**21278**	**38211**	**19541**	**18670**
金城江区	4652	2664	1988	3201	1659	1542
南丹县	3561	1873	1688	3253	1714	1539
天峨县	1937	1000	937	1736	915	821
凤山县	2025	1028	997	1896	963	933
东兰县	2981	1351	1630	2408	1251	1156
罗城仫佬族自治县	3841	1963	1878	3470	1763	1707
环江毛南族自治县	3397	1695	1702	3086	1534	1552
巴马瑶族自治县	2955	1544	1411	2637	1353	1283
都安瑶族自治县	6512	3282	3230	5799	2919	2881
大化瑶族自治县	4791	2545	2245	4327	2243	2083
宜州市	7143	3573	3570	6399	3227	3172
来宾市	**26785**	**13760**	**13025**	**23289**	**12003**	**11287**
兴宾区	11612	6002	5610	9749	5062	4687
忻城县	3969	1971	1998	3737	1882	1855
象州县	3584	1858	1726	3153	1643	1510
武宣县	4634	2425	2209	4011	2071	1940
金秀瑶族自治县	1575	792	783	1385	703	682
合山市	1411	711	700	1254	642	612
崇左市	**25760**	**12880**	**12880**	**22191**	**11205**	**10987**
江州区	4793	1899	2894	3850	1721	2129
扶绥县	4666	2565	2101	4027	2132	1895
宁明县	4234	2278	1955	3894	2116	1778
龙州县	2733	1373	1360	2326	1173	1152
大新县	3776	1878	1898	3520	1742	1778
天等县	4072	2087	1985	3501	1770	1731
凭祥市	1487	801	686	1074	550	524

1-2 续表 5

单位：人

地　　区	居住本乡、镇、街道，户口在外乡、镇、街道，离开户口登记地半年以上			居住本乡、镇、街道，户口待定			原住本乡、镇、街道，现在国外工作学习		
	小计	男	女	小计	男	女	小计	男	女
百色市	**4238**	**2121**	**2117**	**310**	**152**	**158**	**7**	**5**	**2**
右江区	1217	676	541	43	23	19			
田阳县	286	131	155	36	20	16	4	3	1
田东县	439	202	237	35	16	19			
平果县	773	376	397	16	8	8			
德保县	296	138	158	15	5	10	2	1	1
靖西县	182	87	95	18	14	5	1	1	
那坡县	128	57	72	10	5	4			
凌云县	58	30	28	13	5	8			
乐业县	35	7	28	23	10	13			
田林县	151	69	82	21	10	11			
西林县	146	72	74	12	8	4	1		1
隆林各族自治县	528	277	251	69	28	41			
贺州市	**1547**	**742**	**805**	**166**	**68**	**98**	**5**	**4**	**1**
八步区	624	258	366	74	30	44	2	1	1
平桂管理区	285	152	132	45	16	29			
昭平县	243	126	117	9	4	5			
钟山县	172	96	77	18	11	7	1	1	
富川瑶族自治县	223	110	112	20	7	12	1	1	
河池市	**5304**	**2833**	**2472**	**266**	**131**	**135**	**13**	**12**	**2**
金城江区	1438	998	440	10	5	5	3	2	1
南丹县	295	156	140	12	3	10			
天峨县	179	74	105	21	9	12	1	1	
凤山县	121	61	60	7	3	4	1	1	
东兰县	554	91	463	18	8	10	1		1
罗城仫佬族自治县	345	189	156	26	11	15			
环江毛南族自治县	294	147	146	17	13	4	1	1	
巴马瑶族自治县	290	178	113	28	13	15			
都安瑶族自治县	654	328	326	53	29	23	6	6	
大化瑶族自治县	453	296	157	10	4	5	1	1	
宜州市	680	313	367	65	33	31			
来宾市	**3283**	**1672**	**1611**	**206**	**81**	**125**	**7**	**4**	**3**
兴宾区	1736	892	844	125	47	78	2	2	
忻城县	211	79	132	19	8	11	1	1	1
象州县	416	209	207	16	6	10			
武宣县	590	341	249	31	13	19	2	1	1
金秀瑶族自治县	182	87	95	7	2	5	1		1
合山市	148	64	85	8	6	3			
崇左市	**3334**	**1613**	**1721**	**110**	**58**	**52**	**125**	**4**	**121**
江州区	811	171	640	14	7	7	118		118
扶绥县	611	421	191	26	12	14	1		1
宁明县	324	155	169	16	7	9			
龙州县	391	188	203	17	12	5			
大新县	247	130	118	8	6	2	1		1
天等县	544	301	244	23	13	10	4	3	1
凭祥市	405	249	157	7	1	5	1	1	

1-2a 各地区分性别、户口登记状况的人口(城市)

单位：人

地 区	人口数			居住本乡、镇、街道，户口在本乡、镇、街道		
	合计	男	女	小计	男	女
全 区	**125174**	**61613**	**63561**	**75254**	**37408**	**37846**
南宁市	**35473**	**17786**	**17688**	**18646**	**9163**	**9483**
兴宁区	4100	2116	1984	1838	900	938
青秀区	9564	4361	5203	5214	2382	2832
江南区	4853	2495	2358	2845	1480	1365
西乡塘区	13371	6943	6427	6838	3410	3428
良庆区	2732	1419	1313	1189	603	586
邕宁区	854	451	403	723	388	335
武鸣县						
隆安县						
马山县						
上林县						
宾阳县						
横县						
柳州市	**18545**	**9208**	**9337**	**9485**	**4771**	**4714**
城中区	2448	1004	1444	1100	538	562
鱼峰区	5492	2813	2680	2952	1476	1476
柳南区	5590	2894	2695	2693	1385	1309
柳北区	5015	2497	2518	2740	1373	1367
柳江县						
柳城县						
鹿寨县						
融安县						
融水苗族自治县						
三江侗族自治县						
桂林市	**13354**	**5748**	**7606**	**7892**	**3727**	**4165**
秀峰区	2089	1057	1033	1034	491	543
叠彩区	1929	913	1017	1314	631	683
象山区	3420	1676	1744	2599	1268	1330
七星区	4245	1272	2973	2090	939	1151
雁山区	116	77	39	44	22	22
临桂区	1554	754	800	811	375	436
阳朔县						
灵川县						
全州县						
兴安县						
永福县						
灌阳县						
龙胜各族自治县						
资源县						
平乐县						
荔浦县						
恭城瑶族自治县						

1−2a 续表 1

单位：人

地 区	居住本乡、镇、街道，户口在外乡、镇、街道，离开户口登记地半年以上			居住本乡、镇、街道，户口待定			原住本乡、镇、街道，现在国外工作学习		
	小计	男	女	小计	男	女	小计	男	女
全 区	**48304**	**23290**	**25014**	**1435**	**892**	**543**	**181**	**23**	**158**
南宁市	**16583**	**8500**	**8083**	**222**	**113**	**110**	**22**	**9**	**13**
兴宁区	2226	1195	1030	35	20	15	1		1
青秀区	4313	1965	2347	32	11	21	5	3	3
江南区	1954	982	972	53	32	21	1	1	
西乡塘区	6434	3486	2947	85	42	43	14	5	9
良庆区	1527	808	719	16	8	8			
邕宁区	131	63	67	1		1			
武鸣县									
隆安县									
马山县									
上林县									
宾阳县									
横县									
柳州市	**8947**	**4381**	**4567**	**101**	**52**	**49**	**10**	**4**	**7**
城中区	1337	461	876	8	4	4	3		2
鱼峰区	2505	1320	1186	28	15	13	7	2	4
柳南区	2863	1493	1370	32	15	17	1	1	
柳北区	2243	1106	1136	33	18	15			
柳江县									
柳城县									
鹿寨县									
融安县									
融水苗族自治县									
三江侗族自治县									
桂林市	**5345**	**1959**	**3385**	**100**	**59**	**41**	**17**	**3**	**14**
秀峰区	1042	560	482	8	5	4	5	1	4
叠彩区	606	276	331	8	6	2	1		1
象山区	784	389	395	25	16	9	11	2	9
七星区	2135	323	1812	21	10	10			
雁山区	72	55	17						
临桂区	705	357	349	38	22	16			
阳朔县									
灵川县									
全州县									
兴安县									
永福县									
灌阳县									
龙胜各族自治县									
资源县									
平乐县									
荔浦县									
恭城瑶族自治县									

1-2a 续表 2

单位：人

地 区	人口数			居住本乡、镇、街道，户口在本乡、镇、街道		
	合计	男	女	小计	男	女
梧州市	**9196**	**4605**	**4591**	**7499**	**3802**	**3697**
万秀区	3177	1568	1609	2429	1223	1206
长洲区	2052	1017	1035	1538	760	778
龙圩区	1418	721	697	1235	636	599
苍梧县						
藤县						
蒙山县						
岑溪市	2549	1299	1250	2297	1182	1114
北海市	**6066**	**3012**	**3054**	**2997**	**1510**	**1488**
海城区	4892	2386	2505	2445	1225	1220
银海区	924	493	432	372	190	181
铁山港区	250	133	117	181	94	87
合浦县						
防城港市	**3184**	**1646**	**1538**	**2073**	**1064**	**1008**
港口区	878	453	425	492	249	243
防城区	1452	747	705	969	492	477
上思县						
东兴市	854	446	407	611	324	288
钦州市	**3555**	**1823**	**1732**	**2005**	**1047**	**958**
钦南区	2218	1117	1101	1190	613	577
钦北区	1338	706	631	815	434	381
灵山县						
浦北县						
贵港市	**8699**	**4486**	**4212**	**6457**	**3304**	**3153**
港北区	4520	2298	2221	3492	1789	1703
港南区	1008	517	491	411	201	210
覃塘区	1109	603	506	942	481	461
平南县						
桂平市	2062	1068	994	1612	833	779
玉林市	**10798**	**5555**	**5243**	**7338**	**3797**	**3541**
玉州区	7042	3617	3425	4540	2315	2225
福绵区	572	314	258	564	312	252
容县						
陆川县						
博白县						
兴业县						
北流市	3184	1624	1560	2234	1170	1064

1-2a 续表 3 单位：人

地 区	居住本乡、镇、街道，户口在外乡、镇、街道，离开户口登记地半年以上			居住本乡、镇、街道，户口待定			原住本乡、镇、街道，现在国外工作学习		
	小计	男	女	小计	男	女	小计	男	女
梧州市	**1660**	**785**	**875**	**34**	**18**	**16**	**4**	**1**	**2**
万秀区	730	337	393	15	7	8	3	1	2
长洲区	501	249	252	12	7	5	1	1	
龙圩区	179	85	95	4	1	3			
苍梧县									
藤县									
蒙山县									
岑溪市	249	114	135	3	3	1			
北海市	**2435**	**1019**	**1416**	**633**	**483**	**149**	**1**	**1**	**1**
海城区	1818	681	1137	628	480	148	1	1	1
银海区	548	299	249	5	3	1			
铁山港区	69	39	30						
合浦县									
防城港市	**1088**	**572**	**515**	**24**	**10**	**14**			
港口区	380	202	179	6	3	3			
防城区	473	252	221	9	3	7			
上思县									
东兴市	234	118	116	8	4	4			
钦州市	**1434**	**715**	**719**	**114**	**59**	**54**	**2**	**2**	**1**
钦南区	1012	497	515	15	6	8	1	1	1
钦北区	422	218	204	99	53	46	1	1	
灵山县									
浦北县									
贵港市	**2186**	**1154**	**1031**	**56**	**28**	**28**			
港北区	990	486	504	38	23	14			
港南区	593	315	279	3	1	2			
覃塘区	162	121	42	5	1	4			
平南县									
桂平市	440	232	207	11	3	8			
玉林市	**3376**	**1723**	**1653**	**83**	**35**	**47**	**1**		**1**
玉州区	2479	1294	1185	23	8	14			
福绵区	6		6	2	2				
容县									
陆川县									
博白县									
兴业县									
北流市	891	429	462	58	25	33	1		1

1-2a 续表 4

单位：人

地 区	人口数			居住本乡、镇、街道，户口在本乡、镇、街道		
	合计	男	女	小计	男	女
百色市	**2986**	**1578**	**1408**	**1797**	**903**	**893**
右江区	2986	1578	1408	1797	903	893
田阳县						
田东县						
平果县						
德保县						
靖西县						
那坡县						
凌云县						
乐业县						
田林县						
西林县						
隆林各族自治县						
贺州市	**3058**	**1550**	**1508**	**2613**	**1339**	**1274**
八步区	1840	914	926	1441	728	714
平桂管理区	1218	636	583	1172	611	561
昭平县						
钟山县						
富川瑶族自治县						
河池市	**4371**	**2195**	**2176**	**3154**	**1607**	**1547**
金城江区	2407	1187	1219	1701	866	834
南丹县						
天峨县						
凤山县						
东兰县						
罗城仫佬族自治县						
环江毛南族自治县						
巴马瑶族自治县						
都安瑶族自治县						
大化瑶族自治县						
宜州市	1964	1008	957	1453	740	713
来宾市	**3136**	**1616**	**1520**	**1653**	**832**	**820**
兴宾区	2587	1349	1238	1165	591	574
忻城县						
象州县						
武宣县						
金秀瑶族自治县						
合山市	549	266	282	487	242	246
崇左市	**2753**	**805**	**1948**	**1645**	**542**	**1103**
江州区	2002	434	1568	1107	275	832
扶绥县						
宁明县						
龙州县						
大新县						
天等县						
凭祥市	751	371	380	539	267	271

1-2a 续表 5　　　　单位：人

地　区	居住本乡、镇、街道，户口在外乡、镇、街道，离开户口登记地半年以上			居住本乡、镇、街道，户口待定			原住本乡、镇、街道，现在国外工作学习		
	小计	男	女	小计	男	女	小计	男	女
百色市	**1169**	**662**	**507**	**21**	**12**	**8**			
右江区	1169	662	507	21	12	8			
田阳县									
田东县									
平果县									
德保县									
靖西县									
那坡县									
凌云县									
乐业县									
田林县									
西林县									
隆林各族自治县									
贺州市	**437**	**208**	**229**	**6**	**2**	**4**	**2**	**1**	**1**
八步区	392	183	209	5	2	2	2	1	1
平桂管理区	45	25	20	2		2			
昭平县									
钟山县									
富川瑶族自治县									
河池市	**1194**	**579**	**615**	**22**	**10**	**12**	**1**		**1**
金城江区	698	317	381	7	4	3	1		1
南丹县									
天峨县									
凤山县									
东兰县									
罗城仫佬族自治县									
环江毛南族自治县									
巴马瑶族自治县									
都安瑶族自治县									
大化瑶族自治县									
宜州市	496	262	235	15	6	10			
来宾市	**1469**	**773**	**696**	**12**	**8**	**4**	**2**	**2**	
兴宾区	1411	751	660	9	6	3	2	2	
忻城县									
象州县									
武宣县									
金秀瑶族自治县									
合山市	59	22	36	3	2				
崇左市	**981**	**260**	**721**	**9**	**3**	**6**	**119**		**118**
江州区	774	158	616	4	2	3	118		118
扶绥县									
宁明县									
龙州县									
大新县									
天等县									
凭祥市	207	102	105	4	1	3	1		

1-2b 各地区分性别、户口登记状况的人口(镇)

单位：人

地区	人口数			居住本乡、镇、街道，户口在本乡、镇、街道		
	合计	男	女	小计	男	女
全 区	**153160**	**79175**	**73985**	**124842**	**64922**	**59920**
南宁市	**16657**	**8784**	**7873**	**13960**	**7260**	**6699**
兴宁区	256	129	127	239	120	119
青秀区	469	250	220	469	250	220
江南区	870	497	373	746	417	329
西乡塘区	476	260	216	474	260	214
良庆区	313	166	148	306	161	145
邕宁区	284	147	137	283	147	136
武鸣县	2702	1344	1358	2542	1288	1254
隆安县	992	510	482	835	444	391
马山县	1110	546	564	978	473	505
上林县	1290	635	655	790	406	383
宾阳县	4005	2352	1653	3090	1625	1465
横县	3890	1948	1942	3207	1669	1537
柳州市	**10559**	**5438**	**5120**	**7938**	**4102**	**3836**
城中区						
鱼峰区						
柳南区	563	314	250	132	64	68
柳北区						
柳江县	3127	1594	1533	1869	946	923
柳城县	1635	837	798	1396	733	664
鹿寨县	1789	889	900	1590	815	775
融安县	1194	602	592	903	458	445
融水苗族自治县	1449	779	670	1425	759	666
三江侗族自治县	802	424	378	622	327	295
桂林市	**17550**	**8289**	**9261**	**11229**	**5640**	**5589**
秀峰区						
叠彩区						
象山区						
七星区	245	129	116	223	115	108
雁山区	2641	1252	1389	172	77	94
临桂区	531	273	258	524	271	252
阳朔县	1087	549	538	898	465	434
灵川县	2559	741	1817	760	338	421
全州县	2141	1069	1072	1908	960	948
兴安县	1391	684	708	1111	547	564
永福县	807	406	401	675	336	339
灌阳县	894	483	412	788	429	359
龙胜各族自治县	556	283	273	391	196	195
资源县	497	254	243	389	205	185
平乐县	1640	872	768	1026	496	530
荔浦县	1797	899	898	1669	838	831
恭城瑶族自治县	764	397	367	695	366	329

1-2b 续表 1

单位：人

地 区	居住本乡、镇、街道，户口在外乡、镇、街道，离开户口登记地半年以上			居住本乡、镇、街道，户口待定			原住本乡、镇、街道，现在国外工作学习		
	小计	男	女	小计	男	女	小计	男	女
全 区	**27308**	**13735**	**13573**	**955**	**491**	**464**	**55**	**27**	**28**
南宁市	**2634**	**1486**	**1149**	**52**	**32**	**20**	**11**	**6**	**5**
兴宁区	16	9	7						
青秀区									
江南区	119	75	44	6	6				
西乡塘区	2		2						
良庆区	6	4	2	1		1			
邕宁区	1		1						
武鸣县	146	51	95	5	2	3	9	4	5
隆安县	154	65	89	3	1	2			
马山县	132	73	59						
上林县	499	228	272				1	1	
宾阳县	906	724	182	7	2	5	1	1	
横县	653	257	395	30	21	9			
柳州市	**2542**	**1296**	**1246**	**75**	**39**	**36**	**3**	**1**	**2**
城中区									
鱼峰区									
柳南区	430	248	181	1	1				
柳北区									
柳江县	1240	642	598	17	7	11	1		1
柳城县	233	104	129	5		5			
鹿寨县	186	67	119	12	6	6	1	1	
融安县	281	141	140	10	2	7			
融水苗族自治县				23	20	3	1		1
三江侗族自治县	172	93	79	7	3	4			
桂林市	**6265**	**2620**	**3645**	**55**	**29**	**26**	**1**		**1**
秀峰区									
叠彩区									
象山区									
七星区	21	12	9	1	1				
雁山区	2470	1175	1295						
临桂区	5	1	5	2	1	1			
阳朔县	183	83	101	5	1	4			
灵川县	1778	392	1386	21	10	10			
全州县	230	108	122	3		3			
兴安县	274	133	141	6	4	2			
永福县	127	67	60	3	2	1	1		1
灌阳县	107	54	53						
龙胜各族自治县	161	85	76	4	2	2			
资源县	107	49	58						
平乐县	614	376	238						
荔浦县	120	55	65	9	6	2			
恭城瑶族自治县	68	30	38	1	1				

1-2b 续表 2

单位：人

地区	人口数			居住本乡、镇、街道，户口在本乡、镇、街道		
	合计	男	女	小计	男	女
梧州市	**9323**	**4680**	**4643**	**8623**	**4365**	**4259**
万秀区	161	81	79	139	69	70
长洲区						
龙圩区						
苍梧县	1099	600	499	1091	599	492
藤县	4040	2136	1904	3686	1971	1715
蒙山县	805	407	398	664	339	326
岑溪市	3218	1456	1762	3042	1386	1656
北海市	**5193**	**2634**	**2560**	**4152**	**2130**	**2022**
海城区	148	72	77	146	71	75
银海区	606	308	298	371	185	185
铁山港区	274	132	143	262	129	134
合浦县	4165	2122	2042	3373	1745	1628
防城港市	**3383**	**1937**	**1446**	**2531**	**1368**	**1163**
港口区	1311	829	482	826	437	389
防城区	858	471	387	787	438	349
上思县	812	427	385	587	316	271
东兴市	402	211	191	331	177	154
钦州市	**10545**	**5730**	**4816**	**8693**	**4675**	**4018**
钦南区	1947	1160	787	1193	653	539
钦北区	2189	1185	1003	1988	1082	906
灵山县	3877	2044	1833	3193	1696	1498
浦北县	2532	1340	1192	2319	1244	1074
贵港市	**15640**	**8272**	**7369**	**14655**	**7744**	**6911**
港北区	749	379	371	702	356	347
港南区	2020	970	1050	1598	745	852
覃塘区	1111	571	540	1078	552	526
平南县	6454	3514	2940	6083	3302	2781
桂平市	5305	2837	2468	5194	2790	2405
玉林市	**21141**	**11133**	**10007**	**19308**	**10246**	**9062**
玉州区	432	238	194	263	154	108
福绵区	1088	580	508	1082	579	504
容县	3055	1581	1473	2590	1358	1232
陆川县	3752	1920	1832	3371	1736	1635
博白县	6108	3264	2844	5594	2990	2604
兴业县	2435	1272	1163	2364	1236	1127
北流市	4271	2277	1993	4044	2193	1852

1-2b 续表 3

单位：人

地　区	居住本乡、镇、街道，户口在外乡、镇、街道，离开户口登记地半年以上			居住本乡、镇、街道，户口待定			原住本乡、镇、街道，现在国外工作学习		
	小计	男	女	小计	男	女	小计	男	女
梧州市	**663**	**293**	**370**	**36**	**22**	**14**			
万秀区	21	12	9	1		1			
长洲区									
龙圩区									
苍梧县	8	1	7						
藤县	328	147	181	26	18	9			
蒙山县	131	64	68	9	5	5			
岑溪市	176	69	106						
北海市	**984**	**478**	**506**	**56**	**25**	**32**	**1**		
海城区	3	1	2						
银海区	224	121	103	10	1	9	1		
铁山港区	11	2	9	1	1				
合浦县	746	355	391	45	22	23			
防城港市	**828**	**560**	**268**	**23**	**9**	**14**	**1**		**1**
港口区	480	389	91	5	2	2			
防城区	62	32	30	9	1	7	1		1
上思县	219	106	113	5	4	1			
东兴市	66	32	34	5	2	3			
钦州市	**1655**	**959**	**695**	**176**	**85**	**90**	**22**	**10**	**13**
钦南区	748	503	245	6	3	3	1	1	
钦北区	189	97	92	12	6	5			
灵山县	521	269	252	142	70	72	21	9	12
浦北县	197	91	106	16	6	11	1		1
贵港市	**927**	**492**	**435**	**56**	**33**	**22**	**2**	**2**	
港北区	41	20	21	6	3	3			
港南区	411	216	195	12	9	3			
覃塘区	29	19	11	4	1	3			
平南县	353	204	149	16	7	9	2	2	
桂平市	92	34	58	19	14	5			
玉林市	**1720**	**830**	**890**	**110**	**57**	**53**	**3**	**1**	**2**
玉州区	167	83	84	2	1	1			
福绵区	2		2	4	2	3			
容县	449	210	239	15	12	3	1	1	
陆川县	356	172	184	25	12	13			
博白县	504	269	235	8	5	3	2		2
兴业县	65	31	33	6	4	2			
北流市	177	64	113	50	21	29			

1-2b 续表 4

单位：人

地 区	人口数			居住本乡、镇、街道，户口在本乡、镇、街道		
	合计	男	女	小计	男	女
百色市	**11531**	**5925**	**5605**	**8950**	**4655**	**4295**
右江区						
田阳县	1390	699	691	1119	567	553
田东县	1611	835	776	1195	626	568
平果县	2592	1338	1254	1829	966	862
德保县	897	441	457	618	306	312
靖西县	1607	862	745	1432	772	660
那坡县	462	242	219	340	188	152
凌云县	504	253	251	470	235	235
乐业县	450	228	222	435	222	213
田林县	640	303	337	503	238	265
西林县	481	250	231	338	177	161
隆林各族自治县	897	475	422	672	358	314
贺州市	**7043**	**3617**	**3426**	**6295**	**3223**	**3071**
八步区	1610	807	803	1452	737	715
平桂管理区	936	475	462	896	462	434
昭平县	1720	876	844	1503	756	747
钟山县	1611	862	749	1461	770	691
富川瑶族自治县	1166	597	569	982	498	483
河池市	**10446**	**5308**	**5138**	**7883**	**4086**	**3796**
金城江区	382	187	194	322	160	162
南丹县	1517	795	722	1230	644	586
天峨县	668	346	322	527	282	245
凤山县	450	230	220	374	194	180
东兰县	801	194	608	287	121	167
罗城仫佬族自治县	1136	602	533	914	456	458
环江毛南族自治县	961	497	465	785	407	379
巴马瑶族自治县	773	436	337	489	263	226
都安瑶族自治县	1725	879	846	1329	691	638
大化瑶族自治县	1403	816	587	1009	543	466
宜州市	631	327	304	616	326	290
来宾市	**7380**	**3775**	**3606**	**5909**	**3001**	**2907**
兴宾区	2252	1137	1115	2023	1032	990
忻城县	1123	544	579	955	475	480
象州县	1282	655	627	975	496	478
武宣县	1829	984	845	1277	650	627
金秀瑶族自治县	534	265	269	372	184	189
合山市	359	188	171	307	165	143
崇左市	**6769**	**3653**	**3117**	**4717**	**2425**	**2292**
江州区	579	299	281	562	291	271
扶绥县	1839	1069	770	1334	701	633
宁明县	1110	576	535	825	425	400
龙州县	926	465	462	621	314	307
大新县	1003	496	507	783	380	402
天等县	1004	544	460	476	252	224
凭祥市	307	205	102	116	62	54

1-2b 续表 5　　　　单位：人

地　区	居住本乡、镇、街道，户口在外乡、镇、街道，离开户口登记地半年以上			居住本乡、镇、街道，户口待定			原住本乡、镇、街道，现在国外工作学习		
	小计	男	女	小计	男	女	小计	男	女
百色市	**2503**	**1223**	**1279**	**73**	**44**	**29**	**5**	**3**	**2**
右江区									
田阳县	262	126	136	6	5	1	3	2	1
田东县	405	197	208	11	11				
平果县	757	371	387	6	1	5			
德保县	274	132	142	4	2	2	2	1	1
靖西县	162	80	82	13	11	3			
那坡县	119	53	66	2	1	1			
凌云县	29	15	14	5	3	2			
乐业县	12	5	7	4	1	3			
田林县	129	61	68	8	4	5			
西林县	140	71	69	2	2		1		1
隆林各族自治县	213	113	101	12	4	8			
贺州市	**683**	**367**	**316**	**65**	**26**	**39**	**1**	**1**	
八步区	142	62	79	16	8	8			
平桂管理区	11	3	8	30	10	20			
昭平县	214	119	95	3	1	2			
钟山县	147	91	57	1	1	1	1	1	
富川瑶族自治县	169	93	77	15	6	9			
河池市	**2500**	**1191**	**1308**	**61**	**28**	**33**	**3**	**3**	
金城江区	59	27	32						
南丹县	284	151	133	3		3			
天峨县	139	63	76	1	1	1	1	1	
凤山县	74	36	39	2	1	1			
东兰县	510	71	439	4	2	2			
罗城仫佬族自治县	216	144	72	5	2	3			
环江毛南族自治县	175	89	86	1	1				
巴马瑶族自治县	266	164	102	18	9	9			
都安瑶族自治县	369	175	194	27	12	14	1	1	
大化瑶族自治县	393	272	121				1	1	
宜州市	15	1	13						
来宾市	**1400**	**736**	**664**	**71**	**37**	**33**	**1**		**1**
兴宾区	190	83	107	40	22	18			
忻城县	162	66	96	6	3	3	1		1
象州县	303	157	146	5	2	3			
武宣县	538	328	210	14	7	7	1		1
金秀瑶族自治县	159	80	79	3	1	2			
合山市	49	22	27	3	2	1			
崇左市	**2004**	**1203**	**801**	**47**	**24**	**23**	**1**		**1**
江州区	15	7	8	3	2	2			
扶绥县	496	366	131	9	3	6			
宁明县	275	145	130	11	6	5			
龙州县	297	146	151	7	4	3			
大新县	218	115	103	2	1	1	1		1
天等县	515	284	231	13	8	5			
凭祥市	189	142	46	1		1			

1-2c 各地区分性别、户口登记状况的人口(乡村)

单位：人

地区	人口数			居住本乡、镇、街道，户口在本乡、镇、街道		
	合计	男	女	小计	男	女
全 区	**318671**	**165804**	**152867**	**306699**	**160404**	**146295**
南宁市	**35767**	**18858**	**16909**	**34474**	**18311**	**16162**
兴宁区	863	460	403	859	457	402
青秀区	898	480	418	886	478	408
江南区	1622	882	740	1586	872	714
西乡塘区	1687	919	769	1644	904	740
良庆区	1734	921	813	1445	778	667
邕宁区	2211	1168	1043	2132	1137	996
武鸣县	4046	2117	1928	3962	2090	1872
隆安县	2758	1453	1305	2565	1350	1215
马山县	3795	2047	1748	3730	2017	1713
上林县	3066	1609	1457	2900	1529	1371
宾阳县	6046	3169	2877	5903	3120	2783
横县	7043	3634	3409	6861	3580	3281
柳州市	**18654**	**9686**	**8968**	**17785**	**9322**	**8462**
城中区	16	7	8	15	7	8
鱼峰区	243	125	118	242	123	118
柳南区	21	11	10	10	5	5
柳北区	288	154	134	257	149	107
柳江县	4048	2128	1921	3728	1962	1767
柳城县	2776	1418	1358	2628	1378	1250
鹿寨县	2352	1212	1140	2165	1138	1027
融安县	2363	1209	1154	2278	1192	1086
融水苗族自治县	3579	1878	1702	3560	1867	1693
三江侗族自治县	2967	1544	1423	2903	1501	1402
桂林市	**32953**	**16993**	**15960**	**31351**	**16309**	**15042**
秀峰区						
叠彩区	214	111	103	213	110	103
象山区	5	2	3	5	2	3
七星区	139	68	71	138	68	70
雁山区	504	262	241	466	243	223
临桂区	3623	1894	1729	3527	1861	1666
阳朔县	2349	1210	1140	2313	1200	1112
灵川县	2527	1277	1250	2334	1189	1145
全州县	5809	2979	2830	5307	2732	2575
兴安县	2723	1373	1350	2649	1349	1300
永福县	2117	1144	973	2050	1118	932
灌阳县	2002	1053	948	1946	1024	921
龙胜各族自治县	1372	694	678	1283	660	623
资源县	1346	683	663	1292	671	621
平乐县	3362	1720	1642	3270	1696	1575
荔浦县	2523	1316	1207	2320	1222	1098
恭城瑶族自治县	2339	1208	1131	2238	1164	1074

1-2c 续表 1

单位：人

地　　区	居住本乡、镇、街道，户口在外乡、镇、街道，离开户口登记地半年以上			居住本乡、镇、街道，户口待定			原住本乡、镇、街道，现在国外工作学习		
	小计	男	女	小计	男	女	小计	男	女
全　区	**9922**	**4486**	**5436**	**1897**	**816**	**1082**	**152**	**98**	**54**
南宁市	**1009**	**407**	**602**	**210**	**90**	**120**	**74**	**49**	**25**
兴宁区	3	1	1	1	1				
青秀区	6	2	4	4		4	2		2
江南区	26	5	21	9	5	5			
西乡塘区	34	6	29	6	6		3	3	
良庆区	281	140	141	9	4	5			
邕宁区	24	6	18	54	25	29			
武鸣县	61	21	40	21	6	15	2		2
隆安县	124	60	64	20	10	11	49	33	15
马山县	44	22	23	19	7	12	1	1	
上林县	141	67	74	10	4	6	14	8	6
宾阳县	109	41	69	30	5	25	3	3	
横县	154	37	118	27	18	10			
柳州市	**812**	**332**	**480**	**53**	**30**	**23**	**4**	**1**	**2**
城中区	1								
鱼峰区	1	1							
柳南区	11	6	5						
柳北区	32	5	27						
柳江县	313	161	152	7	5	2			
柳城县	138	34	104	11	6	4			
鹿寨县	167	60	106	20	14	6	1		1
融安县	77	17	60	7		7	1		1
融水苗族自治县	10	5	4	8	4	4	1	1	
三江侗族自治县	64	43	21						
桂林市	**1398**	**596**	**802**	**187**	**82**	**105**	**17**	**6**	**11**
秀峰区									
叠彩区	1	1	1						
象山区									
七星区	1		1						
雁山区	34	18	16	3	1	1	1		1
临桂区	83	26	58	13	7	6			
阳朔县	31	8	23	5		5	1	1	
灵川县	173	76	97	17	11	6	3	1	1
全州县	464	230	234	36	17	19	2		2
兴安县	50	10	40	22	12	10	1	1	
永福县	58	25	33	8	1	7	1		1
灌阳县	56	29	27						
龙胜各族自治县	53	22	32	34	12	22	1		1
资源县	43	8	35	9	4	6	1		1
平乐县	64	15	48	27	8	19	1	1	
荔浦县	192	87	105	11	8	4			
恭城瑶族自治县	95	42	54	3	2	1	4	1	3

1-2c 续表 2

单位：人

地 区	人口数			居住本乡、镇、街道，户口在本乡、镇、街道		
	合计	男	女	小计	男	女
梧州市	**18763**	**9845**	**8918**	**18302**	**9739**	**8563**
万秀区	434	219	215	432	217	215
长洲区	343	192	151	339	191	148
龙圩区	1950	1101	850	1943	1099	844
苍梧县	2844	1479	1365	2796	1467	1329
藤县	6511	3392	3119	6241	3334	2907
蒙山县	1602	838	764	1550	822	728
岑溪市	5078	2624	2453	5001	2609	2392
北海市	**9006**	**4678**	**4328**	**8645**	**4527**	**4118**
海城区	32	16	15	32	16	15
银海区	775	397	378	722	369	353
铁山港区	1282	674	608	1231	654	577
合浦县	6917	3590	3327	6660	3487	3173
防城港市	**5294**	**2899**	**2395**	**4715**	**2603**	**2112**
港口区	426	222	204	303	161	143
防城区	2350	1257	1092	2181	1192	989
上思县	1820	1006	814	1705	962	742
东兴市	699	413	285	526	288	238
钦州市	**25326**	**13399**	**11928**	**24229**	**13056**	**11173**
钦南区	2957	1542	1415	2738	1475	1263
钦北区	4909	2651	2258	4746	2596	2150
灵山县	10796	5686	5110	10369	5556	4813
浦北县	6665	3520	3145	6377	3430	2947
贵港市	**28777**	**15019**	**13759**	**27865**	**14473**	**13392**
港北区	2010	1034	976	2001	1029	972
港南区	4117	2166	1951	4053	2130	1923
覃塘区	3151	1691	1460	2848	1448	1401
平南县	8128	4226	3902	7973	4164	3810
桂平市	11371	5901	5470	10990	5703	5287
玉林市	**38069**	**19749**	**18320**	**37334**	**19477**	**17857**
玉州区	2044	1050	994	2001	1029	972
福绵区	3095	1671	1424	3059	1651	1408
容县	4896	2528	2368	4773	2499	2273
陆川县	5723	2948	2775	5461	2844	2617
博白县	10972	5578	5394	10877	5553	5324
兴业县	4570	2447	2123	4524	2428	2097
北流市	6769	3527	3242	6639	3473	3166

1-2c 续表 3

单位：人

地　　区	居住本乡、镇、街道，户口在外乡、镇、街道，离开户口登记地半年以上			居住本乡、镇、街道，户口待定			原住本乡、镇、街道，现在国外工作学习		
	小计	男	女	小计	男	女	小计	男	女
梧州市	**298**	**51**	**246**	**163**	**54**	**109**	**1**	**1**	
万秀区	2	2	1						
长洲区	5	1	4						
龙圩区	4		4	4	2	2			
苍梧县	26	1	25	20	9	11	1	1	
藤县	166	26	140	105	33	71			
蒙山县	39	11	28	13	4	9			
岑溪市	56	10	46	21	5	16			
北海市	**323**	**137**	**185**	**38**	**13**	**25**			
海城区									
银海区	50	26	24	3	1	2			
铁山港区	43	16	27	8	4	3			
合浦县	230	95	134	27	7	20			
防城港市	**469**	**246**	**224**	**109**	**50**	**59**	**1**	**1**	
港口区	120	61	59	3	1	2			
防城区	121	41	79	48	24	24			
上思县	67	21	46	48	23	25			
东兴市	161	122	39	10	3	8	1	1	
钦州市	**877**	**255**	**622**	**212**	**81**	**132**	**8**	**6**	**1**
钦南区	173	46	126	47	21	26			
钦北区	111	38	73	53	17	35			
灵山县	369	108	261	50	16	34	8	6	1
浦北县	225	63	162	63	27	36			
贵港市	**790**	**496**	**294**	**114**	**46**	**67**	**9**	**3**	**6**
港北区	6	3	3	3	2	1			
港南区	54	33	21	6	1	5	4	2	2
覃塘区	296	239	58	6	4	2	1	1	
平南县	114	46	68	38	17	22	3		3
桂平市	319	176	143	60	22	37	2		2
玉林市	**579**	**187**	**392**	**139**	**73**	**66**	**17**	**12**	**5**
玉州区	38	20	18	5	1	4			
福绵区	30	15	15	6	5	1			
容县	87	11	75	31	15	16	6	2	3
陆川县	247	96	151	15	8	8			
博白县	71	13	58	19	7	12	4	4	
兴业县	23	7	16	23	13	10			
北流市	84	25	59	39	23	16	7	6	1

1-2c 续表 4

单位：人

地 区	人口数			居住本乡、镇、街道，户口在本乡、镇、街道		
	合计	男	女	小计	男	女
百色市	**30061**	**15372**	**14689**	**29276**	**15038**	**14237**
右江区	1920	962	958	1849	937	912
田阳县	2692	1360	1333	2637	1338	1299
田东县	2908	1438	1469	2849	1428	1421
平果县	3054	1573	1481	3028	1560	1468
德保县	2895	1547	1347	2861	1538	1324
靖西县	4749	2461	2288	4723	2450	2273
那坡县	1463	740	723	1446	731	715
凌云县	1837	962	876	1800	944	856
乐业县	1422	728	694	1379	717	662
田林县	2221	1114	1106	2186	1101	1086
西林县	1267	655	612	1252	649	603
隆林各族自治县	3634	1833	1802	3263	1644	1618
贺州市	**14515**	**7501**	**7014**	**13991**	**7292**	**6699**
八步区	4301	2148	2153	4157	2115	2042
平桂管理区	2762	1436	1327	2520	1305	1215
昭平县	2557	1369	1188	2522	1359	1162
钟山县	2824	1472	1352	2782	1457	1325
富川瑶族自治县	2071	1077	994	2011	1056	955
河池市	**28978**	**15013**	**13964**	**27175**	**13848**	**13327**
金城江区	1864	1289	575	1178	632	546
南丹县	2044	1078	967	2023	1070	953
天峨县	1269	654	616	1209	634	576
凤山县	1575	797	777	1522	769	753
东兰县	2179	1157	1022	2120	1131	990
罗城仫佬族自治县	2705	1360	1345	2555	1306	1249
环江毛南族自治县	2436	1199	1238	2300	1127	1173
巴马瑶族自治县	2182	1108	1073	2148	1091	1057
都安瑶族自治县	4787	2403	2383	4470	2228	2242
大化瑶族自治县	3388	1730	1658	3318	1700	1618
宜州市	4549	2238	2310	4330	2160	2170
来宾市	**16269**	**8370**	**7899**	**15728**	**8169**	**7559**
兴宾区	6773	3516	3257	6561	3439	3123
忻城县	2845	1426	1419	2782	1407	1375
象州县	2302	1203	1099	2178	1147	1031
武宣县	2805	1441	1364	2734	1421	1313
金秀瑶族自治县	1041	527	514	1012	519	493
合山市	503	256	247	460	236	224
崇左市	**16237**	**8422**	**7815**	**15829**	**8238**	**7591**
江州区	2211	1166	1045	2182	1156	1026
扶绥县	2827	1495	1331	2694	1431	1262
宁明县	3123	1703	1420	3069	1691	1378
龙州县	1807	908	899	1704	859	845
大新县	2773	1382	1391	2737	1362	1375
天等县	3068	1543	1525	3025	1518	1507
凭祥市	429	225	204	418	221	198

1-2c 续表 5 单位：人

地 区	居住本乡、镇、街道，户口在外乡、镇、街道，离开户口登记地半年以上			居住本乡、镇、街道，户口待定			原住本乡、镇、街道，现在国外工作学习		
	小计	男	女	小计	男	女	小计	男	女
百色市	**567**	**235**	**331**	**217**	**96**	**121**	**2**	**2**	
右江区	49	14	35	22	11	11			
田阳县	24	5	19	30	16	15	1	1	
田东县	34	4	30	24	6	19			
平果县	15	5	10	10	7	3			
德保县	22	6	15	11	3	9			
靖西县	20	7	13	5	3	2	1	1	
那坡县	9	3	5	7	5	3			
凌云县	29	15	14	8	2	6			
乐业县	24	2	21	19	9	10			
田林县	21	7	14	13	6	7			
西林县	6	1	5	9	5	4			
隆林各族自治县	315	164	150	57	24	33			
贺州市	**427**	**167**	**260**	**95**	**40**	**55**	**2**	**2**	
八步区	90	13	78	54	20	34			
平桂管理区	229	125	104	13	6	7			
昭平县	29	7	22	6	2	4			
钟山县	25	5	20	17	10	7	1	1	
富川瑶族自治县	54	18	36	5	1	4	1	1	
河池市	**1610**	**1063**	**548**	**183**	**94**	**89**	**10**	**9**	**1**
金城江区	681	654	27	3	1	2	2	2	
南丹县	12	5	7	9	3	7			
天峨县	40	11	29	20	9	11			
凤山县	46	25	21	5	2	3	1	1	
东兰县	44	20	24	14	6	8	1		1
罗城仫佬族自治县	129	45	84	21	9	12			
环江毛南族自治县	119	59	60	16	12	4	1	1	
巴马瑶族自治县	24	14	10	10	4	6			
都安瑶族自治县	286	154	132	26	17	9	4	4	
大化瑶族自治县	60	25	35	10	4	5			
宜州市	169	51	119	50	28	22			
来宾市	**414**	**163**	**251**	**123**	**36**	**87**	**4**	**2**	**2**
兴宾区	135	58	77	76	19	57			
忻城县	50	13	36	13	5	8	1	1	
象州县	113	52	61	11	4	7			
武宣县	52	13	39	17	6	11	2	1	1
金秀瑶族自治县	23	7	17	4	1	3	1		1
合山市	41	19	22	2	1	1			
崇左市	**349**	**150**	**199**	**55**	**32**	**23**	**5**	**3**	**2**
江州区	22	6	16	7	4	3			
扶绥县	115	55	60	17	9	8	1		1
宁明县	49	11	39	4	1	3			
龙州县	94	42	52	9	7	2			
大新县	30	15	15	6	5	1			
天等县	30	17	13	10	5	5	4	3	1
凭祥市	10	4	5	1		1			

1-3 各地区分性别、年龄的人口

单位：人

地区	人口数			0岁			1-4岁		
	合计	男	女	小计	男	女	小计	男	女
全 区	**597005**	**306592**	**290413**	**8330**	**4591**	**3739**	**40142**	**21819**	**18324**
南宁市	**87898**	**45427**	**42470**	**1137**	**642**	**495**	**5119**	**2813**	**2306**
兴宁区	5218	2704	2514	64	39	25	256	142	115
青秀区	10931	5091	5840	77	39	38	469	260	209
江南区	7345	3874	3471	89	55	34	450	262	188
西乡塘区	15534	8122	7411	186	106	80	811	427	383
良庆区	4779	2506	2273	72	38	33	312	184	128
邕宁区	3349	1766	1583	52	32	20	179	109	70
武鸣县	6747	3461	3286	101	60	40	330	174	156
隆安县	3750	1963	1787	48	27	21	249	134	115
马山县	4905	2593	2312	60	30	30	337	189	147
上林县	4356	2244	2112	64	32	32	244	144	100
宾阳县	10051	5521	4529	142	79	64	590	306	285
横县	10933	5582	5351	182	104	78	890	482	408
柳州市	**47757**	**24332**	**23425**	**627**	**329**	**299**	**2686**	**1416**	**1270**
城中区	2463	1011	1452	26	13	13	101	51	50
鱼峰区	5735	2937	2798	65	36	29	339	182	158
柳南区	6174	3219	2955	62	26	35	362	212	150
柳北区	5304	2651	2652	69	36	33	274	130	145
柳江县	7176	3722	3454	99	48	51	370	179	191
柳城县	4411	2255	2156	65	32	33	263	147	116
鹿寨县	4141	2101	2040	69	40	28	271	149	123
融安县	3557	1811	1746	47	29	18	179	88	92
融水苗族自治县	5028	2657	2371	64	35	29	252	138	114
三江侗族自治县	3769	1967	1801	62	33	30	273	141	132
桂林市	**63857**	**31030**	**32827**	**830**	**458**	**372**	**3512**	**1867**	**1645**
秀峰区	2089	1057	1033	24	14	9	123	70	53
叠彩区	2144	1024	1120	27	16	11	118	57	61
象山区	3424	1678	1746	50	29	21	166	93	73
七星区	4629	1469	3160	61	34	27	211	96	114
雁山区	3261	1591	1670	10	6	4	46	25	22
临桂区	5708	2921	2787	91	58	33	412	214	198
阳朔县	3436	1758	1678	56	32	25	203	103	100
灵川县	5085	2018	3067	67	33	35	218	118	100
全州县	7950	4047	3902	81	31	49	467	237	229
兴安县	4114	2056	2058	55	32	24	244	133	111
永福县	2924	1550	1374	43	28	15	169	86	82
灌阳县	2896	1536	1360	24	13	11	124	71	52
龙胜各族自治县	1928	977	951	33	19	14	104	49	55
资源县	1842	937	906	32	17	16	145	86	59
平乐县	5003	2593	2410	80	40	40	339	189	149
荔浦县	4320	2214	2106	56	35	21	236	139	97
恭城瑶族自治县	3103	1605	1498	39	20	19	188	100	88

1-3 续表 1 单位：人

地 区	5-9岁			10-14岁			15-19岁			20-24岁		
	小计	男	女	小计	男	女	小计	男	女	小计	男	女
全 区	**43896**	**23761**	**20135**	**42701**	**22773**	**19929**	**33397**	**17861**	**15536**	**38004**	**18100**	**19904**
南宁市	**5340**	**3011**	**2329**	**5034**	**2807**	**2227**	**4808**	**2754**	**2054**	**5993**	**2815**	**3179**
兴宁区	232	129	103	216	114	102	157	103	54	244	134	110
青秀区	397	246	151	449	255	193	1468	901	567	1354	207	1148
江南区	361	213	148	372	216	156	344	142	203	433	244	189
西乡塘区	740	415	324	699	420	279	486	270	216	1341	736	605
良庆区	369	204	165	297	173	125	187	102	84	225	123	102
邕宁区	251	149	102	228	113	115	215	116	99	183	103	80
武鸣县	336	179	157	360	197	163	284	170	114	269	154	115
隆安县	318	172	145	280	145	135	115	75	40	146	96	50
马山县	419	217	201	352	188	163	292	165	127	239	138	101
上林县	346	202	144	337	180	157	233	103	130	188	89	99
宾阳县	662	379	283	660	366	294	543	317	226	806	489	316
横县	911	506	405	785	439	346	484	290	194	565	301	264
柳州市	**2814**	**1486**	**1328**	**2678**	**1396**	**1282**	**1684**	**872**	**812**	**2827**	**1309**	**1518**
城中区	85	43	42	106	58	48	158	31	128	499	74	425
鱼峰区	317	153	164	254	120	134	145	91	54	332	198	134
柳南区	290	156	135	331	175	156	152	93	59	328	209	119
柳北区	240	139	101	247	130	117	145	87	58	219	94	124
柳江县	401	209	192	317	170	147	267	151	117	492	255	237
柳城县	244	123	121	278	151	127	149	77	72	172	87	85
鹿寨县	291	150	141	242	118	124	130	66	65	180	89	91
融安县	204	99	105	219	115	104	132	57	75	157	84	73
融水苗族自治县	380	212	168	354	184	169	238	127	111	238	111	127
三江侗族自治县	360	202	158	330	174	156	168	93	75	210	106	104
桂林市	**3771**	**1967**	**1803**	**2992**	**1540**	**1452**	**2749**	**1251**	**1498**	**6936**	**2414**	**4522**
秀峰区	78	42	36	74	46	28	331	177	153	79	40	39
叠彩区	87	39	48	92	44	48	54	32	22	70	31	39
象山区	155	80	74	169	99	71	82	47	35	130	69	60
七星区	171	90	81	125	55	70	238	40	198	1405	57	1348
雁山区	39	19	20	29	19	10	155	44	111	2381	1153	1227
临桂区	421	219	202	309	158	151	200	101	99	316	153	162
阳朔县	213	108	105	158	80	78	137	77	61	189	99	90
灵川县	252	131	121	150	79	71	313	55	259	993	92	902
全州县	599	314	285	497	255	241	281	178	102	285	158	127
兴安县	263	132	131	181	92	89	114	49	66	132	70	62
永福县	211	116	95	168	92	76	107	47	60	121	60	60
灌阳县	220	115	104	178	101	76	157	98	59	179	106	73
龙胜各族自治县	116	70	46	117	44	72	39	22	17	46	19	27
资源县	137	85	52	113	59	53	71	36	34	64	22	42
平乐县	381	180	201	279	137	141	189	106	84	240	128	112
荔浦县	217	106	111	179	90	88	157	78	79	176	89	88
恭城瑶族自治县	213	120	93	176	90	87	125	65	60	131	65	66

1-3 续表 2

单位：人

地区	25-29岁			30-34岁			35-39岁			40-44岁		
	小计	男	女	小计	男	女	小计	男	女	小计	男	女
全 区	**50228**	**25310**	**24918**	**48263**	**24427**	**23836**	**44524**	**23322**	**21202**	**46028**	**24120**	**21908**
南宁市	**8418**	**4192**	**4227**	**8509**	**4306**	**4203**	**7197**	**3697**	**3499**	**7191**	**3792**	**3400**
兴宁区	614	285	329	670	333	338	552	286	266	461	252	209
青秀区	976	433	544	1012	454	558	823	374	449	874	416	458
江南区	744	387	356	861	450	411	680	361	319	688	361	327
西乡塘区	2075	1058	1017	1858	945	913	1428	733	695	1186	658	527
良庆区	466	211	255	596	289	307	617	328	289	443	259	183
邕宁区	292	155	137	291	149	142	264	139	125	278	150	128
武鸣县	557	254	303	565	285	281	461	230	231	586	303	283
隆安县	261	130	132	290	151	139	312	171	141	302	158	144
马山县	359	196	163	413	229	184	327	185	143	420	231	190
上林县	292	137	155	342	162	181	320	174	147	373	191	182
宾阳县	940	585	355	713	415	298	687	358	329	805	443	362
横县	843	361	481	896	445	451	725	358	367	776	369	407
柳州市	**4389**	**2227**	**2162**	**4231**	**2095**	**2136**	**4112**	**2161**	**1951**	**4389**	**2315**	**2074**
城中区	258	139	119	222	106	117	195	97	98	168	90	78
鱼峰区	559	277	282	571	272	299	586	303	283	540	276	265
柳南区	678	362	316	561	269	292	583	303	280	682	344	337
柳北区	508	231	277	451	200	251	565	293	271	616	327	288
柳江县	828	415	413	797	425	372	581	308	274	576	314	262
柳城县	307	153	155	369	190	179	355	192	163	383	190	193
鹿寨县	339	182	157	346	157	189	334	172	162	344	177	167
融安县	290	135	154	268	138	130	249	118	131	292	159	133
融水苗族自治县	374	192	182	379	205	175	380	218	163	457	254	203
三江侗族自治县	248	141	107	267	135	132	283	156	127	330	183	148
桂林市	**4508**	**2135**	**2374**	**4980**	**2493**	**2487**	**4481**	**2371**	**2110**	**4886**	**2567**	**2320**
秀峰区	173	88	85	168	73	95	128	66	63	156	74	82
叠彩区	182	84	98	195	94	101	164	88	75	181	83	98
象山区	294	126	169	317	155	161	351	163	188	343	172	171
七星区	360	145	215	330	157	173	273	128	145	304	145	159
雁山区	89	53	36	74	43	31	62	37	25	64	31	33
临桂区	509	246	263	519	262	257	396	212	184	435	243	192
阳朔县	217	96	120	304	158	147	245	124	121	332	190	142
灵川县	348	167	182	415	185	230	326	169	157	301	163	138
全州县	425	203	222	581	289	292	602	335	267	611	317	294
兴安县	343	147	197	362	194	168	319	180	140	323	165	158
永福县	188	94	94	205	103	102	245	141	104	251	149	102
灌阳县	199	113	86	244	138	106	165	85	80	206	90	116
龙胜各族自治县	92	42	50	129	62	66	131	75	57	170	90	80
资源县	136	64	72	146	59	88	120	59	61	164	91	73
平乐县	443	212	231	382	200	182	387	215	173	422	225	197
荔浦县	313	151	161	359	193	165	334	172	162	365	191	173
恭城瑶族自治县	195	104	91	250	128	123	232	123	109	258	146	113

1-3 续表 3

单位：人

地区	45-49岁			50-54岁			55-59岁			60-64岁		
	小计	男	女	小计	男	女	小计	男	女	小计	男	女
全区	**46624**	**24639**	**21985**	**40149**	**20883**	**19266**	**28792**	**14615**	**14177**	**27640**	**13752**	**13888**
南宁市	**6733**	**3596**	**3137**	**5850**	**3074**	**2776**	**4410**	**2201**	**2209**	**4015**	**2048**	**1967**
兴宁区	435	231	204	352	190	162	263	119	143	249	124	125
青秀区	793	397	396	671	367	304	453	218	235	365	190	175
江南区	562	308	254	523	269	254	374	189	185	333	178	155
西乡塘区	1038	533	505	960	479	481	858	423	435	771	414	357
良庆区	280	155	125	246	127	119	169	77	91	174	81	92
邕宁区	228	124	104	236	120	115	147	71	76	197	98	99
武鸣县	622	321	300	547	290	257	421	213	208	422	215	207
隆安县	318	174	144	251	132	119	202	100	102	192	91	101
马山县	357	194	163	318	180	138	209	100	109	219	114	105
上林县	320	197	123	297	162	136	223	112	111	227	116	111
宾阳县	890	488	402	758	409	349	484	272	212	380	186	194
横县	890	473	418	691	348	343	607	306	302	485	241	245
柳州市	**4332**	**2278**	**2053**	**3497**	**1862**	**1635**	**2422**	**1250**	**1172**	**2348**	**1164**	**1184**
城中区	163	82	81	153	74	79	110	56	54	77	38	39
鱼峰区	507	266	241	426	229	197	321	164	157	274	133	140
柳南区	589	293	296	447	238	209	302	154	149	308	162	146
柳北区	529	270	259	372	195	178	245	120	125	264	121	143
柳江县	624	322	302	517	285	232	392	202	190	335	166	169
柳城县	401	216	185	353	178	175	275	138	137	255	130	125
鹿寨县	336	189	147	343	185	158	227	125	102	238	107	131
融安县	315	183	132	288	153	135	225	117	108	220	112	108
融水苗族自治县	524	283	241	365	202	163	218	122	96	207	109	98
三江侗族自治县	344	173	171	234	124	110	108	53	55	171	86	85
桂林市	**5247**	**2753**	**2494**	**4653**	**2398**	**2255**	**3604**	**1794**	**1811**	**3730**	**1807**	**1923**
秀峰区	170	81	89	177	92	85	126	59	66	110	55	55
叠彩区	210	99	111	175	80	94	156	77	79	149	81	69
象山区	321	148	173	278	132	146	219	103	116	217	101	115
七星区	270	121	149	215	100	115	186	81	105	184	95	89
雁山区	84	52	32	62	33	29	37	20	17	44	20	23
临桂区	475	250	225	376	204	172	292	154	137	315	159	157
阳朔县	328	181	147	258	137	121	171	89	82	221	102	119
灵川县	337	172	165	356	181	175	243	135	107	241	105	136
全州县	662	360	302	658	329	329	623	305	317	564	256	308
兴安县	319	148	171	357	184	172	263	134	129	327	140	188
永福县	279	170	109	208	108	100	163	83	81	177	107	70
灌阳县	278	142	136	250	124	126	183	87	96	180	89	91
龙胜各族自治县	195	110	85	175	97	79	143	68	75	145	77	68
资源县	154	80	75	128	69	59	107	53	54	111	54	58
平乐县	420	253	167	319	169	150	261	128	134	309	151	158
荔浦县	432	222	209	422	236	186	274	143	131	262	127	135
恭城瑶族自治县	315	165	150	240	124	116	159	75	84	174	89	85

1-3 续表 4

单位：人

地 区	65-69岁			70-74岁			75-79岁			80-84岁		
	小计	男	女	小计	男	女	小计	男	女	小计	男	女
全 区	**19819**	**9916**	**9903**	**14943**	**6955**	**7988**	**11347**	**5053**	**6294**	**7328**	**3028**	**4300**
南宁市	**3003**	**1496**	**1507**	**2130**	**968**	**1162**	**1592**	**696**	**896**	**865**	**340**	**524**
兴宁区	201	113	88	100	50	49	77	31	45	49	19	30
青秀区	237	109	128	226	87	139	166	80	86	80	39	41
江南区	187	96	91	130	53	77	115	48	67	59	24	35
西乡塘区	461	228	233	269	129	140	208	91	117	93	32	60
良庆区	155	79	76	83	38	45	43	17	26	29	13	16
邕宁区	106	52	54	78	34	44	65	26	39	39	17	21
武鸣县	284	153	130	230	103	127	202	103	99	104	41	63
隆安县	179	81	98	121	59	62	87	41	47	40	16	24
马山县	188	86	101	157	64	93	114	42	71	71	24	47
上林县	205	109	97	155	66	90	90	40	50	58	20	38
宾阳县	366	170	196	267	121	146	185	79	106	115	49	66
横县	435	220	215	313	164	149	241	98	143	129	46	82
柳州市	**1674**	**814**	**860**	**1186**	**562**	**624**	**875**	**402**	**473**	**636**	**273**	**364**
城中区	48	21	28	39	20	19	25	9	16	16	6	10
鱼峰区	225	102	123	103	57	46	92	38	53	52	27	25
柳南区	208	99	108	95	41	53	91	40	51	60	29	31
柳北区	204	102	102	139	71	68	112	57	56	75	35	40
柳江县	193	103	90	155	77	78	103	48	55	94	38	56
柳城县	174	81	93	136	58	77	97	46	51	83	42	41
鹿寨县	176	94	83	106	47	59	81	37	44	56	14	41
融安县	147	78	69	128	58	69	94	41	53	62	25	37
融水苗族自治县	183	83	100	178	78	100	113	52	61	79	37	42
三江侗族自治县	115	51	64	109	55	55	67	34	33	59	20	39
桂林市	**2476**	**1234**	**1241**	**1671**	**801**	**870**	**1319**	**600**	**719**	**884**	**359**	**525**
秀峰区	63	30	33	45	21	24	42	19	23	16	6	9
叠彩区	90	41	49	57	22	35	69	27	42	42	20	22
象山区	149	77	72	66	33	32	60	30	30	35	11	24
七星区	111	45	65	67	31	36	55	23	33	35	12	23
雁山区	24	14	10	24	10	14	10	6	5	14	4	11
临桂区	245	124	121	169	73	97	103	51	52	71	27	45
阳朔县	149	80	69	93	41	52	79	32	47	50	15	34
灵川县	184	107	78	117	42	75	121	48	73	68	29	39
全州县	349	160	189	228	116	112	220	101	119	128	67	61
兴安县	195	105	89	131	70	61	86	43	44	64	27	37
永福县	132	56	76	82	43	39	56	26	31	65	23	42
灌阳县	122	58	64	83	49	34	47	27	20	34	17	17
龙胜各族自治县	117	56	62	64	35	30	47	19	28	37	12	25
资源县	56	30	26	62	33	29	45	19	27	28	11	17
平乐县	202	103	99	142	72	70	76	35	41	71	27	43
荔浦县	139	75	64	121	55	67	138	59	79	76	30	46
恭城瑶族自治县	148	72	75	117	54	63	64	36	28	51	21	29

1-3 续表 5 单位：人

地区	85-89岁			90-94岁			95-99岁			100岁及以上		
	小计	男	女	小计	男	女	小计	男	女	小计	男	女
全 区	**3370**	**1223**	**2147**	**1128**	**355**	**773**	**285**	**77**	**208**	**66**	**11**	**54**
南宁市	**397**	**137**	**261**	**118**	**38**	**79**	**37**	**6**	**31**	**2**		**2**
兴宁区	14	7	6	12	3	9	3		3			
青秀区	33	17	17	3	1	1	3		3			
江南区	29	13	16	6	4	2	3		3			
西乡塘区	51	14	37	8	5	3	7	3	3			
良庆区	14	6	8	4	1	3						
邕宁区	15	4	11	5	3	2	1	1				
武鸣县	52	15	37	13	1	12	3		3			
隆安县	22	4	18	13	4	9	2	2	1			
马山县	35	15	20	12	5	7	6		6	1		1
上林县	17	4	13	19	3	16	3		3	1		1
宾阳县	49	11	37	5		5	4		4			
横县	67	26	41	16	7	9	2		2			
柳州市	**248**	**88**	**160**	**81**	**27**	**54**	**16**	**7**	**9**	**5**		**5**
城中区	11	4	8	2	1	1						
鱼峰区	17	7	10	9	4	5	1	1				
柳南区	31	10	22	14	5	10				1		1
柳北区	18	9	9	9	4	6	1	1		1		1
柳江县	22	6	16	9	2	7	1		1			
柳城县	35	17	17	14	3	11	5	3	2			
鹿寨县	25	3	22	5	1	4	3		3			
融安县	29	13	17	9	6	3	1		1	1		1
融水苗族自治县	36	12	24	6	1	5	1	1		1		1
三江侗族自治县	23	8	16	4	1	4	3	1	2			
桂林市	**466**	**172**	**293**	**116**	**40**	**76**	**31**	**8**	**23**	**14**	**1**	**12**
秀峰区	5	2	4	1		1	1	1				
叠彩区	19	6	13	5	2	3	2	1	1	1		1
象山区	20	8	11	3		3						
七星区	21	7	13	4	3	1	2	1	1			
雁山区	10	3	7	2		2	1		1	1		1
临桂区	33	11	23	15	2	13				4		4
阳朔县	24	11	13	5	1	4	3	2	1			
灵川县	29	7	22	5		5						
全州县	58	25	33	23	11	13	6		6	4		4
兴安县	29	10	19	6	4	3	1		1			
永福县	44	16	29	9	2	6	1		1			
灌阳县	18	7	10	6	3	3	1	1				
龙胜各族自治县	21	9	13	6	2	4						
资源县	14	8	6	4	2	2	3	1	2	1		1
平乐县	51	21	30	6	1	5	4	1	3			
荔浦县	52	20	32	9	3	6	3		3	1		1
恭城瑶族自治县	18	3	15	7	3	4	3		3	1	1	

1-3 续表 6

单位：人

地 区	人口数			0岁			1-4岁		
	合计	男	女	小计	男	女	小计	男	女
梧州市	**37282**	**19130**	**18152**	**593**	**326**	**267**	**2753**	**1512**	**1242**
万秀区	3772	1868	1904	44	24	20	208	112	96
长洲区	2395	1210	1186	40	25	15	177	102	75
龙圩区	3368	1822	1546	46	22	23	268	148	120
苍梧县	3943	2078	1864	68	37	31	308	171	137
藤县	10551	5528	5023	223	117	106	854	457	397
蒙山县	2407	1245	1162	30	15	15	188	101	88
岑溪市	10845	5379	5466	143	85	58	750	421	329
北海市	**20265**	**10323**	**9942**	**274**	**158**	**116**	**1181**	**663**	**518**
海城区	5072	2475	2597	65	35	30	231	121	110
银海区	2305	1197	1108	24	13	12	141	72	69
铁山港区	1806	939	867	36	20	16	133	79	53
合浦县	11082	5712	5369	149	90	59	676	390	286
防城港市	**11861**	**6482**	**5378**	**182**	**101**	**81**	**919**	**513**	**406**
港口区	2615	1504	1111	33	15	18	148	79	68
防城区	4660	2475	2185	93	53	40	440	242	198
上思县	2632	1433	1199	28	19	9	167	96	71
东兴市	1954	1071	884	27	14	13	165	96	69
钦州市	**39427**	**20951**	**18476**	**615**	**326**	**289**	**3114**	**1685**	**1429**
钦南区	7122	3819	3303	110	52	58	571	299	271
钦北区	8435	4543	3893	125	81	43	720	384	335
灵山县	14673	7730	6943	227	118	109	1055	562	493
浦北县	9197	4860	4337	154	75	79	769	440	329
贵港市	**53116**	**27777**	**25340**	**728**	**417**	**311**	**3604**	**1970**	**1635**
港北区	7279	3711	3568	94	39	55	509	271	238
港南区	7145	3653	3491	91	46	45	437	248	188
覃塘区	5371	2865	2507	95	52	42	378	205	174
平南县	14583	7741	6842	202	136	66	975	535	440
桂平市	18738	9807	8932	246	143	103	1306	711	595
玉林市	**70008**	**36438**	**33570**	**1025**	**583**	**442**	**6220**	**3335**	**2886**
玉州区	9518	4905	4613	106	54	52	676	337	338
福绵区	4755	2566	2189	68	41	27	365	195	170
容县	7951	4109	3842	128	67	62	679	388	291
陆川县	9475	4868	4607	186	114	72	914	484	430
博白县	17080	8842	8238	223	117	106	1838	1028	811
兴业县	7004	3719	3285	86	55	31	424	232	192
北流市	14224	7429	6796	228	134	94	1326	671	654

1-3 续表 7

单位：人

地　区	5-9岁			10-14岁			15-19岁			20-24岁		
	小计	男	女	小计	男	女	小计	男	女	小计	男	女
梧州市	**2746**	**1474**	**1272**	**4434**	**2179**	**2256**	**2444**	**1249**	**1194**	**2215**	**1194**	**1021**
万秀区	171	94	77	170	87	83	108	64	45	162	84	78
长洲区	140	73	67	128	69	60	65	37	28	152	88	64
龙圩区	262	146	116	323	164	159	255	139	116	242	142	100
苍梧县	327	175	153	354	189	165	276	140	136	271	141	129
藤县	843	452	392	949	484	464	687	362	326	670	345	325
蒙山县	168	93	74	171	93	78	118	70	48	118	63	55
岑溪市	834	441	393	2340	1093	1248	935	437	497	601	330	271
北海市	**1246**	**698**	**549**	**1175**	**642**	**533**	**1420**	**913**	**507**	**1628**	**788**	**840**
海城区	210	125	85	210	121	90	607	451	156	438	150	287
银海区	147	86	61	126	68	58	118	61	57	224	136	89
铁山港区	123	68	54	103	57	46	83	45	38	134	71	63
合浦县	767	418	349	736	396	339	612	356	256	831	431	400
防城港市	**889**	**487**	**402**	**950**	**514**	**436**	**513**	**312**	**200**	**694**	**390**	**304**
港口区	134	74	60	341	172	169	104	60	44	141	77	63
防城区	401	209	192	287	157	129	174	108	67	232	129	103
上思县	211	122	89	186	112	75	154	93	60	197	111	86
东兴市	143	81	61	136	73	62	80	51	30	123	72	51
钦州市	**3565**	**1921**	**1644**	**3373**	**1797**	**1576**	**2712**	**1533**	**1179**	**2295**	**1309**	**986**
钦南区	560	307	254	457	247	211	345	199	146	417	246	171
钦北区	834	426	408	675	374	301	472	261	212	437	274	163
灵山县	1322	711	612	1393	731	663	1243	705	538	965	540	426
浦北县	849	478	371	847	446	401	652	368	284	475	248	227
贵港市	**4300**	**2323**	**1977**	**4574**	**2496**	**2079**	**3823**	**2068**	**1755**	**2977**	**1631**	**1346**
港北区	543	279	265	525	283	243	372	204	168	435	216	219
港南区	516	270	247	528	279	249	781	437	344	293	179	114
覃塘区	405	220	186	417	220	197	294	160	134	257	145	113
平南县	1269	694	575	1434	815	619	1013	534	479	805	452	353
桂平市	1566	861	705	1670	899	771	1363	734	630	1187	639	548
玉林市	**6508**	**3529**	**2978**	**5699**	**3203**	**2496**	**4392**	**2530**	**1862**	**3628**	**1967**	**1661**
玉州区	656	355	301	568	310	259	329	197	132	466	259	207
福绵区	444	250	194	338	206	132	253	156	97	294	160	134
容县	703	382	321	677	368	309	526	299	227	338	172	166
陆川县	1001	548	452	857	452	405	627	346	280	477	263	214
博白县	1754	929	826	1549	897	653	1243	696	547	951	471	480
兴业县	572	330	242	581	339	242	486	275	212	372	224	148
北流市	1377	736	641	1129	632	498	928	561	366	730	418	312

1-3 续表 8

单位：人

地 区	25-29岁			30-34岁			35-39岁			40-44岁		
	小计	男	女	小计	男	女	小计	男	女	小计	男	女
梧州市	**2965**	**1479**	**1486**	**2347**	**1135**	**1212**	**2202**	**1111**	**1091**	**2676**	**1346**	**1330**
万秀区	303	141	162	290	133	158	326	167	159	314	156	157
长洲区	243	110	133	186	91	95	199	92	108	213	109	104
龙圩区	247	139	108	229	124	105	218	116	102	238	121	116
苍梧县	295	164	131	184	98	86	172	83	89	305	158	147
藤县	944	480	465	727	361	366	603	321	282	737	380	358
蒙山县	192	101	91	176	80	96	153	68	85	195	108	87
岑溪市	741	344	397	555	247	307	531	264	267	675	314	361
北海市	**2229**	**1025**	**1204**	**1689**	**759**	**930**	**1525**	**739**	**786**	**1476**	**747**	**728**
海城区	626	246	379	449	160	290	427	178	249	395	201	194
银海区	306	153	152	191	96	95	181	86	95	173	91	82
铁山港区	177	90	87	142	72	71	110	61	49	118	61	57
合浦县	1121	536	585	907	432	474	806	413	392	789	395	395
防城港市	**1182**	**653**	**529**	**1158**	**642**	**516**	**932**	**523**	**409**	**875**	**493**	**382**
港口区	322	187	135	291	182	109	218	137	80	214	139	75
防城区	447	244	203	460	252	208	338	183	156	291	154	137
上思县	214	111	103	232	122	110	214	114	100	199	108	91
东兴市	199	111	88	175	85	89	162	89	73	171	92	79
钦州市	**3403**	**1831**	**1571**	**2952**	**1596**	**1356**	**2628**	**1378**	**1250**	**2653**	**1436**	**1217**
钦南区	864	436	428	651	358	293	564	293	271	579	329	250
钦北区	734	429	306	691	398	293	559	301	258	535	284	251
灵山县	1131	608	523	1037	554	484	997	534	463	964	510	454
浦北县	673	358	314	573	287	286	508	249	259	575	312	263
贵港市	**4603**	**2474**	**2129**	**3923**	**2084**	**1840**	**3957**	**2059**	**1898**	**3810**	**1881**	**1928**
港北区	743	409	334	571	277	293	625	331	295	584	298	286
港南区	719	390	329	547	264	283	538	240	298	520	232	288
覃塘区	541	299	243	384	215	169	418	250	168	389	203	185
平南县	1060	581	479	992	564	428	1015	513	502	1005	503	502
桂平市	1539	795	744	1429	763	666	1361	725	635	1311	645	667
玉林市	**6034**	**3058**	**2976**	**5427**	**2650**	**2777**	**4506**	**2304**	**2202**	**4822**	**2373**	**2449**
玉州区	1022	532	491	877	448	428	822	436	386	802	411	391
福绵区	454	243	211	424	236	188	293	150	143	314	159	156
容县	540	263	277	509	245	264	495	239	256	571	275	296
陆川县	767	358	409	723	330	393	612	314	297	605	305	300
博白县	1360	660	700	1182	547	635	990	492	497	1073	526	547
兴业县	533	303	230	516	251	265	441	225	216	546	266	280
北流市	1358	700	658	1196	592	604	854	448	406	912	433	479

1-3 续表 9 单位：人

地区	45-49岁			50-54岁			55-59岁			60-64岁		
	小计	男	女	小计	男	女	小计	男	女	小计	男	女
梧州市	**2860**	**1512**	**1347**	**2280**	**1207**	**1073**	**1613**	**850**	**762**	**1573**	**831**	**741**
万秀区	319	157	162	296	138	158	248	117	131	264	125	140
长洲区	217	101	116	194	104	91	118	57	62	104	51	52
龙圩区	256	140	116	184	111	73	126	63	63	151	83	68
苍梧县	323	174	148	300	158	142	168	100	68	187	101	86
藤县	805	442	363	606	319	287	441	239	202	442	260	182
蒙山县	230	124	106	170	87	83	118	61	57	110	54	56
岑溪市	710	374	337	530	291	239	394	214	179	314	157	158
北海市	**1396**	**702**	**694**	**1395**	**688**	**708**	**965**	**499**	**466**	**854**	**413**	**441**
海城区	340	163	177	345	175	170	211	112	99	170	78	92
银海区	165	85	80	149	76	73	111	55	56	85	43	42
铁山港区	129	61	69	130	65	65	96	50	45	79	38	41
合浦县	762	393	368	771	372	399	547	282	265	521	254	267
防城港市	**885**	**482**	**403**	**796**	**426**	**370**	**519**	**261**	**258**	**451**	**236**	**215**
港口区	204	126	78	166	100	66	87	48	39	75	41	34
防城区	309	156	152	310	155	155	228	103	126	213	105	107
上思县	202	108	93	200	104	95	124	66	58	101	53	47
东兴市	171	91	80	120	67	53	80	44	36	62	36	26
钦州市	**2651**	**1384**	**1267**	**2537**	**1257**	**1280**	**1846**	**946**	**900**	**1668**	**818**	**850**
钦南区	479	268	210	402	208	194	285	141	144	259	128	131
钦北区	497	266	231	589	278	310	461	241	220	376	183	193
灵山县	1055	539	516	908	452	456	634	328	306	588	280	308
浦北县	620	311	310	638	319	319	466	236	230	445	227	218
贵港市	**3933**	**2029**	**1904**	**3359**	**1680**	**1679**	**2324**	**1194**	**1130**	**2306**	**1152**	**1154**
港北区	595	293	302	460	232	228	303	148	155	295	152	143
港南区	515	242	273	466	237	228	295	149	146	332	171	160
覃塘区	437	235	202	370	188	182	254	134	119	245	121	124
平南县	998	544	454	918	466	452	654	322	332	715	338	377
桂平市	1388	716	672	1145	558	587	819	441	378	719	369	350
玉林市	**4943**	**2529**	**2414**	**4361**	**2234**	**2128**	**3209**	**1570**	**1639**	**3034**	**1544**	**1490**
玉州区	842	415	427	671	352	319	420	203	217	483	229	254
福绵区	295	151	144	313	166	147	214	101	113	231	125	107
容县	650	343	306	538	271	267	362	185	177	362	188	174
陆川县	588	295	293	512	258	254	403	188	216	367	185	182
博白县	1080	565	515	989	518	472	779	356	423	680	342	338
兴业县	615	322	293	487	258	228	332	173	159	286	164	122
北流市	874	437	437	851	410	440	699	365	334	625	313	312

1-3 续表 10

单位：人

地区	65-69岁			70-74岁			75-79岁			80-84岁		
	小计	男	女	小计	男	女	小计	男	女	小计	男	女
梧州市	**1069**	**573**	**495**	**921**	**449**	**473**	**764**	**363**	**401**	**518**	**240**	**278**
万秀区	201	104	98	126	66	60	103	43	60	77	44	33
长洲区	69	35	35	51	23	28	57	26	31	24	13	12
龙圩区	106	58	49	71	35	36	70	35	35	47	23	24
苍梧县	119	66	53	118	52	66	80	41	39	58	21	37
藤县	245	141	104	277	135	143	238	123	116	170	82	88
蒙山县	93	48	45	78	39	39	40	16	23	35	14	22
岑溪市	235	122	113	200	99	100	176	79	97	107	44	63
北海市	**560**	**310**	**250**	**419**	**204**	**215**	**373**	**174**	**198**	**264**	**116**	**148**
海城区	129	66	63	81	37	44	67	31	36	41	16	25
银海区	53	27	26	36	18	19	34	15	19	24	11	14
铁山港区	54	29	25	52	25	28	47	21	26	32	16	16
合浦县	323	188	136	249	124	125	224	108	117	167	73	94
防城港市	**293**	**156**	**137**	**236**	**120**	**116**	**169**	**89**	**80**	**125**	**50**	**75**
港口区	40	21	19	37	18	20	26	15	11	17	7	10
防城区	148	83	65	114	62	52	73	37	36	61	26	35
上思县	67	36	31	53	22	31	40	21	19	25	8	17
东兴市	38	17	22	31	18	13	31	17	13	22	9	13
钦州市	**1158**	**641**	**517**	**832**	**422**	**410**	**671**	**325**	**346**	**449**	**221**	**228**
钦南区	179	106	74	141	75	66	120	63	58	86	46	40
钦北区	248	130	118	169	92	77	146	61	85	94	43	51
灵山县	417	219	198	284	139	145	223	108	115	135	62	73
浦北县	314	186	127	238	117	122	181	93	88	134	69	65
贵港市	**1744**	**908**	**836**	**1191**	**585**	**606**	**897**	**397**	**500**	**610**	**282**	**329**
港北区	226	109	117	151	69	81	110	55	54	80	29	52
港南区	230	123	107	134	62	72	85	38	47	69	35	34
覃塘区	161	89	72	129	62	67	90	38	52	52	17	35
平南县	502	254	249	392	203	189	296	127	169	192	94	97
桂平市	625	334	291	385	188	197	317	139	178	218	107	111
玉林市	**2022**	**1056**	**966**	**1606**	**806**	**800**	**1246**	**589**	**657**	**836**	**387**	**449**
玉州区	287	140	147	209	95	114	145	69	76	98	49	50
福绵区	155	86	69	117	58	58	102	53	49	52	19	33
容县	278	142	136	248	119	129	165	83	83	112	51	61
陆川县	274	141	134	202	118	84	177	85	92	116	55	61
博白县	411	222	188	340	165	175	301	154	147	193	100	94
兴业县	233	109	124	195	88	107	136	46	90	105	46	59
北流市	384	216	168	296	164	132	220	99	121	159	69	90

1-3 续表 11

单位：人

地　区	85-89岁			90-94岁			95-99岁			100岁及以上		
	小计	男	女	小计	男	女	小计	男	女	小计	男	女
梧州市	**213**	**72**	**141**	**77**	**25**	**51**	**16**	**3**	**13**	**3**		**3**
万秀区	28	8	20	11	4	7	2	1	1	1		1
长洲区	12	5	7	5	1	4	1		1			
龙圩区	22	9	14	7	3	4	1		1			
苍梧县	13	3	10	14	5	9	3		3			
藤县	68	22	46	15	6	9	4	1	2	1		1
蒙山县	18	8	11	7	2	4	1		1			
岑溪市	50	18	33	18	4	14	5	1	4			
北海市	**133**	**58**	**75**	**46**	**18**	**28**	**12**	**6**	**6**	**4**	**3**	**1**
海城区	18	6	12	8	2	6	3	1	2			
银海区	10	5	6	3	2	2	1		1			
铁山港区	19	8	11	7		6	1		1	1		
合浦县	86	39	47	28	14	14	8	6	2	3	3	
防城港市	**61**	**24**	**37**	**26**	**10**	**16**	**4**	**1**	**4**	**1**		**1**
港口区	10	3	7	7	2	5						
防城区	27	13	13	11	5	6	2		2	1		1
上思县	14	5	9	3	1	2	1		1			
东兴市	11	4	7	6	3	4	1		1			
钦州市	**208**	**87**	**121**	**78**	**30**	**47**	**17**	**6**	**11**	**3**	**1**	**2**
钦南区	37	10	27	10	5	5	4	3	1			
钦北区	45	22	23	25	13	11	4	1	4	1		1
灵山县	68	23	44	19	7	13	7	2	5			
浦北县	58	32	26	23	5	18	2	1	1	2	1	1
贵港市	**291**	**103**	**188**	**119**	**37**	**82**	**30**	**6**	**24**	**13**		**13**
港北区	41	12	28	14	4	9	2	1	1	1		1
港南区	34	7	27	13	5	8	2	1	2	2		2
覃塘区	37	9	28	12	3	10	4	1	4	1		1
平南县	98	51	47	34	11	22	8	2	6	3		3
桂平市	81	24	57	47	14	32	13	1	12	6		6
玉林市	**345**	**151**	**194**	**115**	**32**	**83**	**22**	**4**	**18**	**8**	**4**	**4**
玉州区	26	12	14	10	2	8	1		1	1		1
福绵区	22	11	11	7	2	5	1		1			
容县	52	27	26	16	4	12	3	1	2			
陆川县	42	21	21	24	10	14	1		1	1		1
博白县	103	45	58	29	8	22	4	1	3	5	4	1
兴业县	39	12	27	14	1	13	4		4			
北流市	60	23	36	14	5	9	8	1	6			

1-3 续表 12

单位：人

地 区	人口数			0岁			1-4岁		
	合计	男	女	小计	男	女	小计	男	女
百色市	**44578**	**22875**	**21703**	**513**	**266**	**247**	**2591**	**1439**	**1152**
右江区	4906	2539	2366	53	28	26	298	142	156
田阳县	4082	2059	2023	57	33	24	228	109	120
田东县	4518	2273	2245	62	36	26	262	141	121
平果县	5646	2911	2735	57	28	29	343	211	132
德保县	3792	1988	1804	41	17	24	158	92	66
靖西县	6356	3323	3033	50	28	22	368	221	147
那坡县	1924	982	942	25	14	11	130	77	53
凌云县	2341	1214	1127	29	12	17	123	71	52
乐业县	1872	956	916	26	13	13	120	66	54
田林县	2861	1417	1443	35	20	15	142	71	71
西林县	1748	905	843	23	13	10	99	53	45
隆林各族自治县	4531	2308	2224	54	24	30	320	184	136
贺州市	**24616**	**12668**	**11948**	**423**	**242**	**181**	**1990**	**1086**	**904**
八步区	7751	3869	3882	158	83	75	696	372	324
平桂管理区	4917	2546	2371	92	54	38	336	183	153
昭平县	4277	2245	2032	63	36	26	332	177	155
钟山县	4435	2335	2100	62	42	20	341	195	146
富川瑶族自治县	3236	1674	1563	48	27	21	285	159	126
河池市	**43795**	**22517**	**21278**	**651**	**342**	**308**	**2973**	**1634**	**1339**
金城江区	4652	2664	1988	42	29	13	240	123	117
南丹县	3561	1873	1688	53	34	18	234	127	107
天峨县	1937	1000	937	17	8	9	111	70	40
凤山县	2025	1028	997	35	21	13	146	70	76
东兰县	2981	1351	1630	37	17	20	162	99	63
罗城仫佬族自治县	3841	1963	1878	67	32	35	259	132	127
环江毛南族自治县	3397	1695	1702	62	35	27	264	145	119
巴马瑶族自治县	2955	1544	1411	54	29	25	226	126	100
都安瑶族自治县	6512	3282	3230	106	49	57	524	302	221
大化瑶族自治县	4791	2545	2245	60	28	32	324	181	143
宜州市	7143	3573	3570	119	59	59	485	259	226
来宾市	**26785**	**13760**	**13025**	**397**	**206**	**191**	**1951**	**1022**	**929**
兴宾区	11612	6002	5610	180	91	89	881	499	382
忻城县	3969	1971	1998	64	32	32	279	130	149
象州县	3584	1858	1726	46	25	21	221	115	106
武宣县	4634	2425	2209	66	36	30	386	183	203
金秀瑶族自治县	1575	792	783	19	10	10	101	53	48
合山市	1411	711	700	22	13	9	83	43	41
崇左市	**25760**	**12880**	**12880**	**335**	**195**	**140**	**1529**	**867**	**662**
江州区	4793	1899	2894	49	27	22	225	137	89
扶绥县	4666	2565	2101	67	36	30	249	148	101
宁明县	4234	2278	1955	66	38	28	284	166	118
龙州县	2733	1373	1360	25	16	9	135	67	68
大新县	3776	1878	1898	61	39	23	246	131	115
天等县	4072	2087	1985	48	30	18	288	166	123
凭祥市	1487	801	686	19	9	10	102	52	50

1-3 续表 13 单位：人

地 区	5-9岁			10-14岁			15-19岁			20-24岁		
	小计	男	女	小计	男	女	小计	男	女	小计	男	女
百色市	**3338**	**1827**	**1511**	**3250**	**1710**	**1540**	**2479**	**1354**	**1126**	**2284**	**1163**	**1121**
右江区	309	171	138	252	130	122	168	93	75	227	114	114
田阳县	347	177	169	228	106	122	119	64	55	136	70	66
田东县	330	190	140	275	140	135	204	112	93	172	83	89
平果县	384	217	167	366	191	175	301	163	138	347	191	156
德保县	274	158	117	275	142	133	204	113	92	167	91	76
靖西县	494	265	229	520	263	257	433	230	203	302	148	154
那坡县	146	79	66	151	85	66	81	45	35	99	41	58
凌云县	156	90	65	191	115	75	210	117	93	178	95	83
乐业县	146	73	73	177	101	76	180	102	78	129	68	61
田林县	202	106	96	235	116	120	176	92	84	143	67	76
西林县	132	72	60	137	80	57	113	62	51	132	74	58
隆林各族自治县	419	228	191	444	241	203	289	161	129	252	121	131
贺州市	**2053**	**1062**	**991**	**1686**	**873**	**813**	**1247**	**653**	**594**	**1611**	**837**	**775**
八步区	615	311	304	525	264	261	416	208	208	479	246	233
平桂管理区	391	207	184	325	172	152	257	136	121	370	189	181
昭平县	378	198	180	340	172	168	185	105	80	273	148	125
钟山县	396	210	186	333	171	163	256	130	126	310	158	152
富川瑶族自治县	274	136	137	163	94	69	133	74	59	180	96	84
河池市	**3495**	**1918**	**1578**	**3278**	**1737**	**1541**	**2540**	**1167**	**1373**	**2028**	**1078**	**951**
金城江区	230	124	106	262	146	116	152	78	74	271	177	94
南丹县	305	164	141	278	149	129	189	109	80	208	120	89
天峨县	168	100	67	225	122	103	147	83	64	89	45	44
凤山县	171	101	70	156	87	69	137	74	64	123	56	67
东兰县	225	142	83	233	125	109	542	76	465	111	53	57
罗城仫佬族自治县	293	169	123	227	118	109	149	74	75	162	81	81
环江毛南族自治县	272	138	134	219	120	99	120	68	52	113	49	64
巴马瑶族自治县	251	142	110	254	135	119	162	92	70	141	75	67
都安瑶族自治县	651	331	320	607	308	299	390	209	181	300	152	149
大化瑶族自治县	417	220	197	370	200	170	249	134	115	273	151	122
宜州市	512	287	225	447	226	221	303	169	134	236	119	117
来宾市	**2055**	**1078**	**977**	**1892**	**943**	**949**	**1028**	**539**	**488**	**1275**	**668**	**607**
兴宾区	979	513	467	936	461	476	434	232	201	578	314	264
忻城县	302	159	143	228	114	113	133	66	66	158	75	83
象州县	239	131	109	222	115	107	155	76	79	158	85	73
武宣县	357	187	170	350	178	172	213	112	101	229	127	102
金秀瑶族自治县	92	43	48	88	41	47	55	29	26	81	40	41
合山市	86	45	40	68	34	34	38	24	14	71	27	44
崇左市	**1775**	**980**	**795**	**1685**	**936**	**749**	**1560**	**666**	**894**	**1612**	**538**	**1074**
江州区	247	136	111	225	130	95	636	67	570	768	81	687
扶绥县	307	162	144	317	188	129	388	313	75	178	92	86
宁明县	348	191	157	330	160	170	156	92	65	192	120	72
龙州县	127	72	55	156	78	78	75	38	37	163	80	83
大新县	281	160	121	242	140	102	118	56	62	92	38	54
天等县	385	215	169	344	201	143	149	78	72	129	77	52
凭祥市	81	43	38	72	38	34	37	22	15	90	51	39

1-3 续表 14 单位：人

地区	25-29岁			30-34岁			35-39岁			40-44岁		
	小计	男	女	小计	男	女	小计	男	女	小计	男	女
百色市	**3332**	**1635**	**1697**	**3769**	**1868**	**1901**	**3796**	**2067**	**1729**	**3722**	**1984**	**1738**
右江区	408	196	213	536	267	268	474	273	201	456	248	208
田阳县	234	120	115	299	151	148	355	186	169	352	195	157
田东县	291	126	165	387	176	211	444	238	206	378	208	171
平果县	492	249	243	509	243	266	442	228	214	491	268	223
德保县	236	120	115	309	146	163	343	195	148	329	169	160
靖西县	398	214	184	455	239	215	465	254	211	517	279	238
那坡县	136	65	71	198	97	100	199	105	94	140	76	64
凌云县	194	96	97	185	94	91	200	108	92	194	100	94
乐业县	164	81	84	133	69	64	149	73	76	142	75	67
田林县	246	126	120	243	114	130	227	127	100	241	121	120
西林县	181	87	94	151	80	70	134	76	58	157	84	74
隆林各族自治县	351	157	194	365	190	175	364	203	161	324	159	164
贺州市	**2182**	**1092**	**1090**	**1796**	**932**	**863**	**1555**	**832**	**723**	**1714**	**905**	**808**
八步区	647	316	331	546	261	285	475	234	241	530	283	246
平桂管理区	487	255	232	437	232	205	342	179	163	319	161	157
昭平县	334	162	172	272	138	134	247	145	102	332	177	155
钟山县	425	223	202	312	170	142	288	171	117	297	160	137
富川瑶族自治县	290	137	153	228	131	97	203	103	100	237	123	113
河池市	**3219**	**1602**	**1617**	**3602**	**1891**	**1711**	**3593**	**1909**	**1684**	**3565**	**1976**	**1590**
金城江区	424	240	183	424	254	170	523	302	221	514	323	191
南丹县	268	149	118	289	159	130	293	164	128	312	160	152
天峨县	100	44	56	169	79	90	170	96	74	173	93	80
凤山县	146	75	71	185	92	93	157	82	74	170	87	83
东兰县	171	86	84	208	102	106	203	111	92	182	99	83
罗城仫佬族自治县	319	145	173	308	158	150	274	150	124	330	176	155
环江毛南族自治县	228	97	131	254	131	123	288	139	148	245	136	109
巴马瑶族自治县	235	114	121	248	135	113	239	133	106	224	130	94
都安瑶族自治县	424	210	214	483	252	231	462	235	227	475	247	228
大化瑶族自治县	424	230	194	448	245	203	422	230	192	382	219	164
宜州市	482	212	270	586	285	301	565	267	298	558	307	252
来宾市	**2042**	**1020**	**1022**	**2024**	**1015**	**1009**	**2051**	**1100**	**951**	**2236**	**1214**	**1022**
兴宾区	888	448	439	794	398	397	948	515	432	975	532	443
忻城县	253	126	127	249	115	135	250	123	127	323	168	155
象州县	282	130	152	329	165	164	290	163	127	313	171	141
武宣县	358	186	172	390	210	180	322	175	147	364	208	156
金秀瑶族自治县	140	66	74	137	67	70	108	54	54	145	75	70
合山市	122	64	58	124	61	63	134	71	63	117	59	58
崇左市	**1722**	**887**	**835**	**1856**	**961**	**895**	**1990**	**1071**	**919**	**2013**	**1092**	**920**
江州区	273	137	136	313	155	158	388	208	180	343	199	144
扶绥县	353	187	165	386	206	180	352	197	155	335	171	164
宁明县	285	161	125	312	181	131	352	208	143	338	188	150
龙州县	206	89	116	233	118	116	217	117	100	251	143	108
大新县	178	84	95	220	109	110	293	140	153	311	164	147
天等县	255	125	130	262	126	136	257	134	122	277	140	136
凭祥市	171	104	67	130	67	63	131	66	64	158	88	70

1-3 续表 15

单位：人

地 区	45-49岁			50-54岁			55-59岁			60-64岁		
	小计	男	女	小计	男	女	小计	男	女	小计	男	女
百色市	**3807**	**2032**	**1775**	**3044**	**1629**	**1416**	**2036**	**1060**	**976**	**1976**	**950**	**1025**
右江区	402	227	175	386	215	171	236	121	116	245	122	123
田阳县	409	226	183	334	182	152	231	132	100	235	119	116
田东县	395	214	181	293	148	145	251	134	118	256	107	148
平果县	572	286	286	399	219	180	224	116	108	224	106	119
德保县	309	176	133	261	153	108	167	97	71	178	89	89
靖西县	474	260	214	411	239	172	316	164	153	315	162	154
那坡县	171	96	75	113	59	55	78	39	39	68	30	38
凌云县	175	96	78	126	54	72	90	42	47	92	41	51
乐业县	151	73	78	97	44	53	55	27	28	49	27	23
田林县	261	128	133	216	114	102	135	69	66	105	49	57
西林县	156	79	77	110	51	59	61	26	35	56	29	27
隆林各族自治县	331	170	160	299	153	146	190	94	95	151	70	81
贺州市	**1926**	**1030**	**896**	**1711**	**870**	**842**	**1159**	**585**	**575**	**1137**	**563**	**574**
八步区	576	292	283	554	287	267	388	186	203	397	188	209
平桂管理区	380	202	178	327	170	157	211	106	106	202	100	102
昭平县	374	220	154	304	155	149	184	101	83	195	99	96
钟山县	321	171	150	287	141	146	192	104	88	195	98	97
富川瑶族自治县	276	146	131	239	117	123	183	88	95	147	78	70
河池市	**3448**	**1941**	**1508**	**2837**	**1524**	**1314**	**2038**	**1041**	**998**	**1917**	**904**	**1013**
金城江区	436	293	142	334	187	147	203	116	88	208	109	99
南丹县	312	147	165	240	137	103	128	61	68	121	59	63
天峨县	154	84	69	86	42	44	71	36	35	62	29	33
凤山县	134	71	63	102	52	50	71	31	40	81	38	43
东兰县	191	101	90	139	82	57	105	53	52	122	48	74
罗城仫佬族自治县	321	182	140	256	143	113	201	97	104	175	83	92
环江毛南族自治县	276	148	128	278	148	131	172	87	85	158	80	78
巴马瑶族自治县	209	121	88	166	80	86	143	68	76	111	53	58
都安瑶族自治县	429	236	193	389	198	191	314	166	148	275	125	150
大化瑶族自治县	357	204	153	271	151	120	196	100	96	179	89	89
宜州市	629	352	276	576	304	272	434	226	208	424	189	235
来宾市	**2281**	**1228**	**1053**	**1891**	**1023**	**868**	**1268**	**676**	**591**	**1323**	**661**	**663**
兴宾区	905	493	412	780	407	373	493	262	230	497	240	256
忻城县	400	207	193	333	184	148	224	122	101	206	111	95
象州县	312	168	144	241	134	107	160	86	74	216	110	106
武宣县	398	221	177	307	172	135	242	131	111	229	110	119
金秀瑶族自治县	153	80	73	125	68	56	72	42	30	89	46	43
合山市	114	60	54	107	58	49	77	33	45	87	44	43
崇左市	**2182**	**1144**	**1038**	**1935**	**1011**	**924**	**1377**	**688**	**689**	**1309**	**660**	**649**
江州区	311	158	152	247	126	122	166	76	89	168	88	80
扶绥县	393	203	190	346	183	163	255	135	120	239	127	113
宁明县	377	205	172	314	164	150	220	111	109	214	106	108
龙州县	280	144	135	251	135	116	182	92	89	128	67	61
大新县	342	180	162	327	163	164	251	125	127	265	127	138
天等县	325	166	159	336	179	156	230	108	122	240	119	121
凭祥市	155	88	67	114	61	52	74	41	32	55	27	28

1-3 续表 16

单位：人

地区	65-69岁			70-74岁			75-79岁			80-84岁		
	小计	男	女	小计	男	女	小计	男	女	小计	男	女
百色市	**1618**	**722**	**896**	**1307**	**552**	**755**	**885**	**352**	**532**	**503**	**172**	**331**
右江区	148	65	83	126	51	74	96	42	53	53	22	31
田阳县	167	67	100	147	56	91	106	41	66	57	14	43
田东县	215	107	108	137	59	78	77	29	48	54	21	33
平果县	180	71	109	135	64	72	98	38	60	45	15	30
德保县	180	84	96	168	72	96	88	39	49	61	21	40
靖西县	289	140	149	250	108	143	144	56	88	88	33	55
那坡县	62	26	36	51	22	29	42	14	28	23	6	16
凌云县	69	29	40	47	19	28	42	19	23	24	9	15
乐业县	56	23	34	43	20	23	33	14	19	14	4	10
田林县	73	39	34	68	26	42	54	19	35	42	12	30
西林县	37	13	24	29	11	19	23	6	16	10	6	5
隆林各族自治县	142	58	84	105	44	61	81	34	47	34	10	23
贺州市	**756**	**384**	**372**	**604**	**290**	**313**	**473**	**195**	**278**	**343**	**138**	**204**
八步区	264	133	131	192	93	99	122	51	72	107	43	64
平桂管理区	115	59	57	96	46	50	106	43	62	74	28	46
昭平县	141	72	68	124	62	62	88	35	53	55	22	32
钟山县	124	59	65	104	49	55	84	37	47	65	28	37
富川瑶族自治县	111	61	51	88	40	48	74	30	44	42	17	25
河池市	**1482**	**692**	**790**	**1265**	**512**	**753**	**927**	**373**	**554**	**542**	**171**	**370**
金城江区	131	54	77	120	54	66	83	38	46	33	10	23
南丹县	118	59	59	99	36	62	67	27	40	29	8	21
天峨县	55	22	33	56	21	36	46	16	30	27	6	21
凤山县	80	39	41	52	20	32	42	17	25	20	6	14
东兰县	129	63	65	106	48	58	63	25	37	32	13	19
罗城仫佬族自治县	150	72	78	152	60	92	100	49	50	59	27	32
环江毛南族自治县	141	69	72	106	40	66	98	40	59	66	18	47
巴马瑶族自治县	88	37	51	87	33	53	51	20	31	38	13	25
都安瑶族自治县	194	82	112	188	83	105	147	56	92	73	23	50
大化瑶族自治县	141	67	74	108	40	68	81	29	52	48	15	32
宜州市	256	128	128	191	77	114	148	56	92	117	32	84
来宾市	**971**	**464**	**507**	**795**	**367**	**428**	**613**	**275**	**338**	**410**	**161**	**249**
兴宾区	436	202	234	331	147	183	273	125	148	177	72	104
忻城县	162	78	84	157	62	95	121	60	61	69	25	45
象州县	141	70	71	100	54	46	73	30	42	55	21	34
武宣县	121	63	59	114	55	59	85	31	54	68	28	40
金秀瑶族自治县	53	25	28	51	29	22	29	13	16	22	8	14
合山市	56	27	30	42	20	23	32	16	16	19	8	11
崇左市	**994**	**463**	**531**	**781**	**318**	**463**	**544**	**222**	**322**	**342**	**116**	**225**
江州区	150	70	80	119	49	70	92	37	55	39	13	26
扶绥县	177	86	91	137	63	74	88	40	48	56	18	38
宁明县	176	81	94	110	45	65	77	30	47	52	22	30
龙州县	101	48	53	89	31	59	63	20	43	37	13	25
大新县	167	75	93	156	66	90	108	46	62	71	20	50
天等县	180	82	99	147	56	91	95	41	55	77	27	50
凭祥市	43	22	21	21	8	13	20	8	12	8	3	5

1-3 续表 17

单位：人

地　区	85-89岁			90-94岁			95-99岁			100岁及以上		
	小计	男	女	小计	男	女	小计	男	女	小计	男	女
百色市	**226**	**66**	**159**	**75**	**18**	**56**	**23**	**9**	**15**	**5**		**5**
右江区	25	10	16	6	2	4	1	1				
田阳县	27	9	17	11	2	9	1		1			
田东县	26	4	23	5	1	4	4		4			
平果县	22	4	18	9	1	7	3	2	1	2		2
德保县	27	8	19	13	4	9	2	1	1	1		1
靖西县	42	14	28	16	6	10	8	2	6			
那坡县	9	3	5	2		2	2	1	1			
凌云县	14	4	10	4		4	1	1				
乐业县	6	3	3	2	1	1	1		1			
田林县	8	1	7	6	1	5	1	1				
西林县	6	2	4	1	1	1	1		1			
隆林各族自治县	15	5	10	1		1				1		1
贺州市	**176**	**74**	**101**	**59**	**17**	**42**	**14**	**6**	**8**	**3**		**3**
八步区	49	13	35	12	4	8	4	2	2	2		2
平桂管理区	36	18	18	12	5	7	3	1	1			
昭平县	39	15	23	15	3	12	3	1	3	1		1
钟山县	27	12	15	11	4	8	4	2	2			
富川瑶族自治县	26	15	10	8	1	7	1	1				
河池市	**270**	**71**	**199**	**91**	**26**	**65**	**29**	**8**	**21**	**4**	**1**	**3**
金城江区	19	7	11	2		2				1		1
南丹县	11	2	9	6	1	5	2		2			
天峨县	8	3	5	2		2	2		2			
凤山县	12	5	7	4	1	3	2	1	1			
东兰县	14	2	12	4	3	1	2		2	1		1
罗城仫佬族自治县	29	11	18	8	4	4	1		1	1	1	
环江毛南族自治县	28	3	25	9	3	6	1	1				
巴马瑶族自治县	17	2	15	9	4	5	2	1	1			
都安瑶族自治县	51	11	41	19	5	14	9	4	5			
大化瑶族自治县	20	8	12	16	4	12	4		4	1		1
宜州市	60	16	43	13	2	12	3	2	2			
来宾市	**189**	**74**	**115**	**73**	**20**	**53**	**16**	**4**	**12**	**2**		**2**
兴宾区	80	33	46	37	13	24	11	3	7			
忻城县	43	12	31	16	3	13	1		1	1		1
象州县	26	11	15	4		4	1		1			
武宣县	21	11	10	12	3	9	2		2			
金秀瑶族自治县	11	2	9	2		2						
合山市	8	5	4	2	1		1		1			
崇左市	**147**	**44**	**102**	**55**	**15**	**39**	**17**	**3**	**14**	**2**	**1**	**1**
江州区	23	3	20	7	1	6	4	1	3			
扶绥县	26	7	19	13	2	10	4		4			
宁明县	20	7	13	7	2	5	3		3			
龙州县	10	2	8	2	1	1	1	1	1			
大新县	34	12	22	11	4	7	2		2	2	1	1
天等县	30	12	18	14	5	9	3	1	2			
凭祥市	4	1	2	1		1						

1-3a 各地区分性别、年龄的人口(城市)

单位：人

地　区	人口数			0岁			1-4岁		
	合计	男	女	小计	男	女	小计	男	女
全　区	**125174**	**61613**	**63561**	**1570**	**859**	**710**	**7512**	**3988**	**3524**
南宁市	**35473**	**17786**	**17688**	**397**	**229**	**169**	**1812**	**977**	**836**
兴宁区	4100	2116	1984	48	30	18	193	109	84
青秀区	9564	4361	5203	70	35	35	407	214	193
江南区	4853	2495	2358	54	35	19	263	143	121
西乡塘区	13371	6943	6427	163	93	70	719	378	342
良庆区	2732	1419	1313	48	29	19	183	103	81
邕宁区	854	451	403	15	6	9	46	30	16
武鸣县									
隆安县									
马山县									
上林县									
宾阳县									
横县									
柳州市	**18545**	**9208**	**9337**	**195**	**99**	**96**	**1001**	**533**	**468**
城中区	2448	1004	1444	26	13	13	100	50	50
鱼峰区	5492	2813	2680	58	36	22	326	177	149
柳南区	5590	2894	2695	55	22	33	313	181	132
柳北区	5015	2497	2518	56	28	28	262	125	137
柳江县									
柳城县									
鹿寨县									
融安县									
融水苗族自治县									
三江侗族自治县									
桂林市	**13354**	**5748**	**7606**	**177**	**99**	**78**	**712**	**362**	**350**
秀峰区	2089	1057	1033	24	14	9	123	70	53
叠彩区	1929	913	1017	22	12	10	104	49	55
象山区	3420	1676	1744	50	29	21	166	93	73
七星区	4245	1272	2973	56	31	26	190	85	105
雁山区	116	77	39				2	1	1
临桂区	1554	754	800	24	13	11	128	65	64
阳朔县									
灵川县									
全州县									
兴安县									
永福县									
灌阳县									
龙胜各族自治县									
资源县									
平乐县									
荔浦县									
恭城瑶族自治县									

1-3a 续表 1 单位：人

地区	5-9岁			10-14岁			15-19岁			20-24岁		
	小计	男	女	小计	男	女	小计	男	女	小计	男	女
全　区	**6397**	**3505**	**2891**	**5955**	**3292**	**2663**	**6209**	**3210**	**2999**	**9950**	**3530**	**6420**
南宁市	**1520**	**874**	**646**	**1451**	**838**	**613**	**2157**	**1236**	**921**	**3169**	**1177**	**1992**
兴宁区	159	87	72	141	79	62	111	75	37	202	104	98
青秀区	309	200	109	353	199	154	1391	855	537	1292	177	1114
江南区	213	133	81	203	118	85	221	64	157	276	147	129
西乡塘区	588	320	268	555	329	226	335	186	149	1229	655	574
良庆区	200	106	94	148	86	62	75	40	35	138	71	67
邕宁区	50	28	21	51	28	23	24	17	7	33	23	11
武鸣县												
隆安县												
马山县												
上林县												
宾阳县												
横县												
柳州市	**871**	**458**	**412**	**876**	**452**	**424**	**561**	**271**	**290**	**1324**	**544**	**780**
城中区	85	42	42	105	58	48	158	30	127	499	74	424
鱼峰区	302	148	154	242	114	128	134	83	51	319	190	129
柳南区	255	137	118	302	158	144	135	79	56	299	189	110
柳北区	229	131	98	226	122	104	134	78	56	208	91	117
柳江县												
柳城县												
鹿寨县												
融安县												
融水苗族自治县												
三江侗族自治县												
桂林市	**575**	**284**	**291**	**523**	**277**	**246**	**735**	**311**	**425**	**1754**	**229**	**1525**
秀峰区	78	42	36	74	46	28	331	177	153	79	40	39
叠彩区	77	35	42	88	42	45	45	26	19	58	25	32
象山区	154	80	74	169	99	70	82	47	35	129	69	60
七星区	151	80	71	109	45	64	226	31	195	1396	52	1344
雁山区	1		1	1		1				5	3	2
临桂区	113	46	67	82	45	36	52	30	23	87	40	48
阳朔县												
灵川县												
全州县												
兴安县												
永福县												
灌阳县												
龙胜各族自治县												
资源县												
平乐县												
荔浦县												
恭城瑶族自治县												

1-3a 续表 2

单位：人

地 区	25-29岁			30-34岁			35-39岁			40-44岁		
	小计	男	女	小计	男	女	小计	男	女	小计	男	女
全 区	**13414**	**6459**	**6955**	**12244**	**5831**	**6413**	**11532**	**5855**	**5678**	**10975**	**5638**	**5338**
南宁市	**4219**	**2045**	**2174**	**4199**	**2034**	**2165**	**3456**	**1743**	**1713**	**2946**	**1559**	**1387**
兴宁区	515	239	277	548	269	279	439	226	213	363	193	170
青秀区	822	352	470	910	395	514	751	339	412	767	365	403
江南区	547	283	264	598	292	307	498	258	240	461	245	216
西乡塘区	1972	1001	971	1690	868	821	1241	637	604	970	533	438
良庆区	285	122	163	365	169	196	433	231	201	300	180	120
邕宁区	78	47	31	89	40	48	94	52	42	84	44	40
武鸣县												
隆安县												
马山县												
上林县												
宾阳县												
横县												
柳州市	**1881**	**945**	**936**	**1682**	**779**	**904**	**1844**	**955**	**889**	**1891**	**976**	**915**
城中区	256	138	118	221	105	115	194	97	97	167	89	78
鱼峰区	532	264	269	546	256	290	572	296	276	517	261	256
柳南区	603	321	281	481	226	255	526	275	251	622	316	307
柳北区	490	222	268	435	192	243	552	287	265	585	310	274
柳江县												
柳城县												
鹿寨县												
融安县												
融水苗族自治县												
三江侗族自治县												
桂林市	**1179**	**512**	**668**	**1146**	**542**	**604**	**1046**	**514**	**532**	**1075**	**522**	**553**
秀峰区	173	88	85	168	73	95	128	66	63	156	74	82
叠彩区	159	72	87	175	82	93	152	83	69	164	75	89
象山区	294	126	168	316	155	161	351	163	188	343	172	170
七星区	329	131	198	294	140	154	242	110	132	275	130	146
雁山区	22	18	4	7	6	2	10	8	2	11	6	6
临桂区	201	77	124	185	86	99	163	85	79	125	66	59
阳朔县												
灵川县												
全州县												
兴安县												
永福县												
灌阳县												
龙胜各族自治县												
资源县												
平乐县												
荔浦县												
恭城瑶族自治县												

1-3a 续表 3

单位：人

地区	45-49岁			50-54岁			55-59岁			60-64岁		
	小计	男	女	小计	男	女	小计	男	女	小计	男	女
全 区	**9795**	**4964**	**4831**	**8391**	**4288**	**4103**	**5954**	**2903**	**3051**	**5594**	**2795**	**2799**
南宁市	**2417**	**1246**	**1172**	**2189**	**1131**	**1058**	**1690**	**810**	**880**	**1522**	**794**	**728**
兴宁区	338	177	162	285	159	126	214	94	120	187	98	89
青秀区	657	325	332	559	303	256	366	172	194	307	154	153
江南区	380	197	183	320	157	163	243	126	117	228	124	103
西乡塘区	830	431	399	824	405	419	746	361	384	670	356	314
良庆区	150	82	67	131	73	58	85	38	47	77	39	38
邕宁区	62	34	28	70	35	35	37	19	18	53	23	30
武鸣县												
隆安县												
马山县												
上林县												
宾阳县												
横县												
柳州市	**1662**	**842**	**820**	**1321**	**689**	**631**	**921**	**460**	**462**	**883**	**435**	**448**
城中区	161	81	80	151	73	78	109	55	54	77	38	39
鱼峰区	490	258	232	410	221	189	298	152	146	264	130	134
柳南区	528	256	272	409	218	191	287	147	140	295	155	139
柳北区	483	247	236	351	178	173	227	106	122	247	112	135
柳江县												
柳城县												
鹿寨县												
融安县												
融水苗族自治县												
三江侗族自治县												
桂林市	**1059**	**505**	**554**	**887**	**435**	**452**	**702**	**327**	**374**	**663**	**336**	**327**
秀峰区	170	81	89	177	92	85	126	59	66	110	55	55
叠彩区	192	87	105	155	73	82	144	70	74	139	75	64
象山区	320	148	172	278	132	146	219	103	116	217	101	115
七星区	244	111	133	189	88	101	152	67	85	142	73	69
雁山区	25	18	7	12	9	3	3	1	2	7	3	4
临桂区	108	60	48	76	41	35	58	28	30	49	29	20
阳朔县												
灵川县												
全州县												
兴安县												
永福县												
灌阳县												
龙胜各族自治县												
资源县												
平乐县												
荔浦县												
恭城瑶族自治县												

1-3a 续表 4

单位：人

地　区	65-69岁			70-74岁			75-79岁			80-84岁		
	小计	男	女	小计	男	女	小计	男	女	小计	男	女
全　区	**3671**	**1827**	**1844**	**2258**	**1044**	**1213**	**1904**	**849**	**1055**	**1168**	**520**	**648**
南宁市	**907**	**467**	**440**	**569**	**252**	**317**	**457**	**208**	**250**	**241**	**103**	**138**
兴宁区	149	86	63	71	38	33	70	29	41	42	17	25
青秀区	194	94	100	178	66	112	130	63	67	68	37	32
江南区	123	68	55	77	34	44	75	36	39	41	20	21
西乡塘区	360	179	181	199	98	101	154	71	84	74	24	49
良庆区	60	29	30	30	12	17	11	4	7	7	2	5
邕宁区	22	11	11	14	4	10	16	4	12	10	4	6
武鸣县												
隆安县												
马山县												
上林县												
宾阳县												
横县												
柳州市	**659**	**313**	**346**	**366**	**185**	**181**	**306**	**136**	**170**	**190**	**92**	**99**
城中区	48	21	27	38	19	19	24	9	15	16	6	10
鱼峰区	216	98	119	100	56	44	88	35	53	48	26	22
柳南区	200	96	104	92	40	52	89	39	50	58	28	30
柳北区	195	99	96	136	70	66	104	53	51	69	32	37
柳江县												
柳城县												
鹿寨县												
融安县												
融水苗族自治县												
三江侗族自治县												
桂林市	**422**	**201**	**221**	**240**	**107**	**132**	**236**	**100**	**136**	**135**	**53**	**83**
秀峰区	63	30	33	45	21	24	42	19	23	16	6	9
叠彩区	85	39	46	49	18	31	60	22	38	37	18	19
象山区	149	77	72	66	33	32	60	30	30	35	11	24
七星区	86	33	54	55	25	30	50	20	30	31	9	21
雁山区	4	4	1	1		1				2	1	2
临桂区	34	19	15	23	9	14	24	9	16	15	7	8
阳朔县												
灵川县												
全州县												
兴安县												
永福县												
灌阳县												
龙胜各族自治县												
资源县												
平乐县												
荔浦县												
恭城瑶族自治县												

1-3a 续表 5

单位：人

地区	85-89岁			90-94岁			95-99岁			100岁及以上		
	小计	男	女	小计	男	女	小计	男	女	小计	男	女
全 区	**472**	**183**	**289**	**166**	**61**	**105**	**34**	**12**	**23**	**8**		**8**
南宁市	**113**	**47**	**66**	**30**	**14**	**15**	**11**	**2**	**9**			
兴宁区	10	5	5	11	3	8	3		3			
青秀区	30	15	15	1	1		1		1			
江南区	24	12	12	6	4	2	1		1			
西乡塘区	38	11	26	8	5	3	5	2	3			
良庆区	8	4	4	1		1						
邕宁区	4		4	2	1	1						
武鸣县												
隆安县												
马山县												
上林县												
宾阳县												
横县												
柳州市	**74**	**29**	**45**	**32**	**13**	**20**	**2**	**2**		**2**		**2**
城中区	11	4	8	2	1	1						
鱼峰区	17	7	10	9	4	5	1	1				
柳南区	29	10	19	13	3	10				1		1
柳北区	17	9	8	8	4	4	1	1		1		1
柳江县												
柳城县												
鹿寨县												
融安县												
融水苗族自治县												
三江侗族自治县												
桂林市	**66**	**24**	**42**	**16**	**5**	**10**	**5**	**3**	**2**	**2**		**2**
秀峰区	5	2	4	1		1	1	1				
叠彩区	17	5	12	5	2	3	2	1	1	1		1
象山区	20	8	11	3		3						
七星区	20	7	13	4	3	1	2	1	1			
雁山区	2	1	1									
临桂区	3	2	1	3		3				1		1
阳朔县												
灵川县												
全州县												
兴安县												
永福县												
灌阳县												
龙胜各族自治县												
资源县												
平乐县												
荔浦县												
恭城瑶族自治县												

1-3a 续表 6 单位：人

地区	人口数			0岁			1-4岁		
	合计	男	女	小计	男	女	小计	男	女
梧州市	**9196**	**4605**	**4591**	**164**	**93**	**71**	**674**	**380**	**294**
万秀区	3177	1568	1609	34	21	13	167	89	78
长洲区	2052	1017	1035	36	23	14	136	76	60
龙圩区	1418	721	697	32	14	18	138	77	61
苍梧县									
藤县									
蒙山县									
岑溪市	2549	1299	1250	63	36	26	233	138	95
北海市	**6066**	**3012**	**3054**	**73**	**42**	**32**	**289**	**152**	**137**
海城区	4892	2386	2505	60	33	27	215	115	100
银海区	924	493	432	10	6	4	56	26	30
铁山港区	250	133	117	4	3	1	18	11	7
合浦县									
防城港市	**3184**	**1646**	**1538**	**46**	**26**	**20**	**288**	**157**	**131**
港口区	878	453	425	14	8	6	63	30	32
防城区	1452	747	705	20	11	9	141	75	66
上思县									
东兴市	854	446	407	11	6	5	85	52	33
钦州市	**3555**	**1823**	**1732**	**52**	**27**	**25**	**320**	**174**	**147**
钦南区	2218	1117	1101	29	14	16	191	103	88
钦北区	1338	706	631	23	13	9	129	71	59
灵山县									
浦北县									
贵港市	**8699**	**4486**	**4212**	**135**	**61**	**74**	**591**	**316**	**275**
港北区	4520	2298	2221	68	29	39	309	167	142
港南区	1008	517	491	19	8	11	63	39	24
覃塘区	1109	603	506	19	9	10	84	41	44
平南县									
桂平市	2062	1068	994	29	15	15	134	70	65
玉林市	**10798**	**5555**	**5243**	**115**	**60**	**56**	**775**	**386**	**390**
玉州区	7042	3617	3425	75	36	39	487	244	244
福绵区	572	314	258	6	4	2	52	27	25
容县									
陆川县									
博白县									
兴业县									
北流市	3184	1624	1560	35	20	15	236	115	122

1-3a 续表 7 单位：人

地 区	5-9岁			10-14岁			15-19岁			20-24岁		
	小计	男	女	小计	男	女	小计	男	女	小计	男	女
梧州市	**558**	**308**	**250**	**550**	**290**	**260**	**318**	**182**	**136**	**449**	**241**	**208**
万秀区	128	72	56	136	71	65	75	45	29	129	62	67
长洲区	112	58	55	99	47	52	58	33	25	123	70	53
龙圩区	99	59	40	138	65	73	63	34	29	64	33	32
苍梧县												
藤县												
蒙山县												
岑溪市	218	120	99	177	107	70	121	69	52	132	76	56
北海市	**269**	**165**	**104**	**250**	**144**	**106**	**628**	**463**	**165**	**513**	**200**	**314**
海城区	201	120	81	202	117	85	604	449	155	429	145	284
银海区	51	34	16	44	26	18	19	11	8	65	42	23
铁山港区	17	10	8	4	2	2	5	3	2	19	12	7
合浦县												
防城港市	**223**	**121**	**102**	**174**	**98**	**76**	**93**	**61**	**32**	**171**	**96**	**75**
港口区	58	32	26	36	18	18	26	16	9	47	24	23
防城区	96	51	45	79	48	31	39	27	12	74	45	30
上思县												
东兴市	69	38	31	60	32	28	28	18	10	49	27	23
钦州市	**242**	**135**	**107**	**209**	**116**	**93**	**123**	**75**	**48**	**174**	**97**	**76**
钦南区	153	82	71	138	74	63	85	50	35	107	59	47
钦北区	89	54	35	71	42	29	38	24	14	67	38	29
灵山县												
浦北县												
贵港市	**536**	**281**	**255**	**533**	**303**	**230**	**316**	**179**	**136**	**481**	**245**	**236**
港北区	275	144	131	271	145	125	167	96	72	269	129	140
港南区	60	34	26	47	28	19	31	16	16	42	26	15
覃塘区	63	33	30	77	38	39	42	22	20	77	45	31
平南县												
桂平市	137	70	67	139	93	46	76	46	29	94	45	49
玉林市	**726**	**409**	**316**	**579**	**337**	**242**	**328**	**197**	**131**	**553**	**307**	**245**
玉州区	442	245	197	382	213	169	191	112	79	349	192	156
福绵区	59	39	20	32	24	8	16	9	6	23	13	10
容县												
陆川县												
博白县												
兴业县												
北流市	224	125	99	166	100	66	121	76	45	181	102	79

1-3a 续表 8

单位：人

地 区	25-29岁			30-34岁			35-39岁			40-44岁		
	小计	男	女	小计	男	女	小计	男	女	小计	男	女
梧州市	**824**	**373**	**451**	**757**	**340**	**416**	**776**	**382**	**393**	**807**	**389**	**418**
万秀区	245	110	135	255	117	138	278	143	136	272	132	140
长洲区	217	97	119	173	83	90	186	84	101	193	97	96
龙圩区	97	45	52	103	48	55	101	50	51	134	63	71
苍梧县												
藤县												
蒙山县												
岑溪市	264	120	145	227	92	134	210	105	105	209	97	111
北海市	**782**	**329**	**453**	**546**	**209**	**337**	**514**	**221**	**292**	**469**	**242**	**228**
海城区	603	235	368	433	152	281	416	171	245	384	196	189
银海区	153	82	71	90	46	44	79	39	41	73	39	34
铁山港区	26	12	14	22	11	12	18	12	6	12	7	5
合浦县												
防城港市	**381**	**179**	**202**	**360**	**183**	**178**	**286**	**148**	**138**	**254**	**130**	**123**
港口区	112	48	64	124	64	59	87	48	39	81	45	36
防城区	177	85	92	151	81	70	122	60	62	94	48	46
上思县												
东兴市	93	47	45	86	38	48	77	40	37	79	37	42
钦州市	**419**	**195**	**224**	**375**	**196**	**179**	**337**	**164**	**173**	**302**	**152**	**150**
钦南区	235	96	139	226	114	111	211	104	108	179	90	89
钦北区	184	99	85	149	81	68	126	60	65	123	62	61
灵山县												
浦北县												
贵港市	**1008**	**538**	**470**	**711**	**353**	**358**	**801**	**429**	**372**	**802**	**389**	**413**
港北区	519	280	239	383	182	202	410	219	191	420	206	214
港南区	163	75	88	76	38	38	71	34	37	99	49	50
覃塘区	147	92	55	87	49	38	112	66	47	106	58	48
平南县												
桂平市	180	92	88	164	85	79	208	111	97	176	76	101
玉林市	**1246**	**639**	**607**	**1026**	**502**	**524**	**937**	**495**	**442**	**888**	**454**	**434**
玉州区	810	424	387	654	327	327	636	338	297	615	317	298
福绵区	67	36	30	63	35	27	36	17	19	38	19	19
容县												
陆川县												
博白县												
兴业县												
北流市	369	179	190	310	140	169	265	139	125	234	118	117

1-3a　续表 9　　　　单位：人

地　　区	45-49岁			50-54岁			55-59岁			60-64岁		
	小计	男	女	小计	男	女	小计	男	女	小计	男	女
梧州市	**778**	**389**	**389**	**655**	**335**	**319**	**474**	**227**	**247**	**455**	**212**	**244**
万秀区	272	132	140	253	118	135	229	109	120	227	110	117
长洲区	186	90	97	165	88	77	105	49	55	87	40	48
龙圩区	116	66	50	93	55	38	53	25	28	55	26	29
苍梧县												
藤县												
蒙山县												
岑溪市	204	101	103	143	74	69	88	44	44	86	36	50
北海市	**413**	**201**	**213**	**424**	**214**	**210**	**267**	**138**	**130**	**211**	**102**	**110**
海城区	331	160	171	330	166	164	194	103	91	160	74	86
银海区	68	35	32	75	39	36	51	22	29	39	22	17
铁山港区	15	6	9	19	9	10	22	12	10	13	6	7
合浦县												
防城港市	**244**	**127**	**118**	**203**	**101**	**102**	**138**	**66**	**73**	**118**	**58**	**60**
港口区	71	39	32	54	28	25	36	18	18	29	14	15
防城区	102	49	53	100	46	53	69	31	38	67	31	36
上思县												
东兴市	71	39	33	50	27	23	33	17	16	22	13	9
钦州市	**278**	**142**	**136**	**222**	**107**	**114**	**143**	**72**	**72**	**121**	**53**	**67**
钦南区	183	92	91	134	69	65	91	43	48	81	37	45
钦北区	95	49	46	88	38	50	52	29	23	39	16	23
灵山县												
浦北县												
贵港市	**752**	**376**	**376**	**654**	**343**	**311**	**366**	**186**	**180**	**353**	**185**	**168**
港北区	387	194	192	311	153	158	193	99	95	185	94	91
港南区	94	50	44	90	49	41	38	17	21	39	18	21
覃塘区	87	43	44	66	39	27	39	21	18	37	19	18
平南县												
桂平市	184	89	96	187	102	85	95	49	46	92	54	37
玉林市	**908**	**439**	**469**	**769**	**385**	**384**	**525**	**250**	**275**	**570**	**287**	**283**
玉州区	637	308	329	523	271	252	310	147	163	366	176	190
福绵区	25	13	11	40	15	25	32	16	16	29	17	12
容县												
陆川县												
博白县												
兴业县												
北流市	246	117	129	205	99	106	183	87	96	175	94	82

1-3a 续表 10

单位：人

地区	65-69岁			70-74岁			75-79岁			80-84岁		
	小计	男	女	小计	男	女	小计	男	女	小计	男	女
梧州市	**336**	**178**	**158**	**216**	**104**	**113**	**187**	**82**	**105**	**146**	**76**	**70**
万秀区	175	91	84	113	59	55	88	38	50	68	40	28
长洲区	64	34	31	37	17	20	37	16	21	21	10	10
龙圩区	35	19	16	30	14	16	28	11	17	29	13	16
苍梧县												
藤县												
蒙山县												
岑溪市	62	34	27	36	15	21	34	16	18	29	14	15
北海市	**152**	**76**	**76**	**88**	**41**	**47**	**89**	**40**	**49**	**49**	**21**	**28**
海城区	123	62	61	76	34	42	64	29	34	38	15	23
银海区	18	9	9	9	5	4	13	5	8	8	4	4
铁山港区	11	5	5	3	2	1	13	5	7	3	2	2
合浦县												
防城港市	**79**	**43**	**36**	**45**	**20**	**25**	**36**	**17**	**19**	**26**	**9**	**17**
港口区	17	10	7	11	5	6	6	3	3	4	2	2
防城区	49	28	21	26	11	15	22	11	11	17	5	11
上思县												
东兴市	13	6	7	9	4	4	8	3	4	5	2	3
钦州市	**83**	**39**	**44**	**54**	**27**	**27**	**49**	**25**	**25**	**36**	**20**	**16**
钦南区	57	29	27	38	18	19	40	21	19	28	16	12
钦北区	26	10	16	16	8	8	9	3	6	8	4	4
灵山县												
浦北县												
贵港市	**249**	**124**	**125**	**150**	**71**	**80**	**131**	**62**	**70**	**81**	**28**	**53**
港北区	130	64	67	89	43	46	68	32	37	38	14	24
港南区	34	17	17	15	10	5	13	7	6	10	3	7
覃塘区	21	11	9	21	8	13	11	3	8	7	4	3
平南县												
桂平市	64	32	32	25	11	15	39	20	19	27	8	19
玉林市	**311**	**156**	**155**	**218**	**105**	**112**	**164**	**76**	**88**	**114**	**57**	**57**
玉州区	205	99	106	148	71	77	109	50	59	78	38	39
福绵区	20	10	10	16	9	7	7	4	3	9	5	4
容县												
陆川县												
博白县												
兴业县												
北流市	86	47	39	53	25	28	48	22	26	28	14	14

1-3a 续表 11

单位：人

地　区	85-89岁			90-94岁			95-99岁			100岁及以上		
	小计	男	女	小计	男	女	小计	男	女	小计	男	女
梧州市	**45**	**15**	**30**	**23**	**8**	**14**	**4**	**1**	**3**	**1**		**1**
万秀区	24	7	16	7	2	5	1		1	1		1
长洲区	12	5	7	3	1	2	1		1			
龙圩区	6	2	4	3	3							
苍梧县												
藤县												
蒙山县												
岑溪市	3	1	2	9	2	7	2	1	1			
北海市	**25**	**10**	**15**	**10**	**2**	**8**	**3**	**1**	**2**			
海城区	17	6	11	8	2	6	3	1	2			
银海区	3	1	2	1		1						
铁山港区	5	3	2	1		1						
合浦县												
防城港市	**10**	**4**	**6**	**8**	**2**	**6**						
港口区	2		2	2		2						
防城区	5	4	2	2	1	2						
上思县												
东兴市	3	1	3	3	1	2						
钦州市	**11**	**4**	**7**	**6**	**4**	**2**						
钦南区	8	3	5	5	3	2						
钦北区	3	2	2	1	1							
灵山县												
浦北县												
贵港市	**30**	**10**	**21**	**12**	**4**	**8**	**3**	**1**	**2**	**1**		**1**
港北区	18	6	13	7	3	4	1	1				
港南区	2	1	2							1		1
覃塘区	2	1	1	2	1	1	1	1	1	1		1
平南县												
桂平市	8	3	5	3		3	1		1			
玉林市	**30**	**13**	**17**	**14**	**3**	**11**	**3**		**3**			
玉州区	16	7	9	8	1	7	1		1			
福绵区				2	1	2						
容县												
陆川县												
博白县												
兴业县												
北流市	14	6	8	4	1	2	2		2			

1-3a 续表 12

单位：人

地 区	人口数			0岁			1-4岁		
	合计	男	女	小计	男	女	小计	男	女
百色市	**2986**	**1578**	**1408**	**36**	**18**	**19**	**198**	**93**	**104**
右江区	2986	1578	1408	36	18	19	198	93	104
田阳县									
田东县									
平果县									
德保县									
靖西县									
那坡县									
凌云县									
乐业县									
田林县									
西林县									
隆林各族自治县									
贺州市	**3058**	**1550**	**1508**	**48**	**28**	**20**	**249**	**138**	**111**
八步区	1840	914	926	25	14	11	156	86	70
平桂管理区	1218	636	583	22	14	8	94	52	42
昭平县									
钟山县									
富川瑶族自治县									
河池市	**4371**	**2195**	**2176**	**55**	**36**	**19**	**283**	**135**	**148**
金城江区	2407	1187	1219	29	21	8	160	77	83
南丹县									
天峨县									
凤山县									
东兰县									
罗城仫佬族自治县									
环江毛南族自治县									
巴马瑶族自治县									
都安瑶族自治县									
大化瑶族自治县									
宜州市	1964	1008	957	27	15	11	123	59	64
来宾市	**3136**	**1616**	**1520**	**51**	**33**	**18**	**212**	**123**	**89**
兴宾区	2587	1349	1238	45	28	17	180	106	75
忻城县									
象州县									
武宣县									
金秀瑶族自治县									
合山市	549	266	282	6	4	1	32	17	14
崇左市	**2753**	**805**	**1948**	**24**	**10**	**14**	**107**	**62**	**46**
江州区	2002	434	1568	17	8	10	48	34	15
扶绥县									
宁明县									
龙州县									
大新县									
天等县									
凭祥市	751	371	380	7	2	4	59	28	31

1-3a 续表 13

单位：人

地 区	5-9岁			10-14岁			15-19岁			20-24岁		
	小计	男	女	小计	男	女	小计	男	女	小计	男	女
百色市	**170**	**92**	**78**	**140**	**79**	**61**	**78**	**44**	**34**	**121**	**69**	**51**
右江区	170	92	78	140	79	61	78	44	34	121	69	51
田阳县												
田东县												
平果县												
德保县												
靖西县												
那坡县												
凌云县												
乐业县												
田林县												
西林县												
隆林各族自治县												
贺州市	**179**	**97**	**82**	**115**	**65**	**51**	**76**	**43**	**33**	**197**	**105**	**93**
八步区	84	44	40	57	34	23	44	24	20	108	60	48
平桂管理区	95	53	42	58	31	28	32	20	13	89	45	45
昭平县												
钟山县												
富川瑶族自治县												
河池市	**234**	**125**	**110**	**263**	**142**	**121**	**133**	**67**	**66**	**185**	**104**	**81**
金城江区	130	65	65	165	90	74	76	36	40	106	59	48
南丹县												
天峨县												
凤山县												
东兰县												
罗城仫佬族自治县												
环江毛南族自治县												
巴马瑶族自治县												
都安瑶族自治县												
大化瑶族自治县												
宜州市	105	60	45	98	52	47	57	30	26	79	45	33
来宾市	**220**	**115**	**105**	**220**	**113**	**107**	**106**	**61**	**44**	**154**	**71**	**83**
兴宾区	189	97	92	192	100	91	96	55	41	129	63	66
忻城县												
象州县												
武宣县												
金秀瑶族自治县												
合山市	32	18	13	28	13	15	10	6	4	25	8	17
崇左市	**75**	**41**	**34**	**71**	**37**	**33**	**558**	**20**	**538**	**705**	**45**	**660**
江州区	39	21	18	39	22	17	541	10	531	659	22	637
扶绥县												
宁明县												
龙州县												
大新县												
天等县												
凭祥市	36	20	17	32	15	17	17	10	7	46	23	23

1-3a 续表 14

单位：人

地区	25-29岁			30-34岁			35-39岁			40-44岁		
	小计	男	女	小计	男	女	小计	男	女	小计	男	女
百色市	**271**	**132**	**139**	**340**	**159**	**182**	**323**	**191**	**133**	**307**	**164**	**143**
右江区	271	132	139	340	159	182	323	191	133	307	164	143
田阳县												
田东县												
平果县												
德保县												
靖西县												
那坡县												
凌云县												
乐业县												
田林县												
西林县												
隆林各族自治县												
贺州市	**394**	**199**	**195**	**288**	**142**	**146**	**224**	**120**	**103**	**206**	**105**	**101**
八步区	246	117	129	184	87	97	126	70	55	125	62	63
平桂管理区	148	82	66	104	55	49	98	50	48	82	44	38
昭平县												
钟山县												
富川瑶族自治县												
河池市	**388**	**159**	**229**	**409**	**210**	**199**	**483**	**225**	**259**	**462**	**256**	**206**
金城江区	204	87	117	206	97	109	274	121	153	271	149	122
南丹县												
天峨县												
凤山县												
东兰县												
罗城仫佬族自治县												
环江毛南族自治县												
巴马瑶族自治县												
都安瑶族自治县												
大化瑶族自治县												
宜州市	184	72	112	203	113	90	209	103	105	191	107	85
来宾市	**254**	**132**	**122**	**259**	**115**	**144**	**337**	**188**	**149**	**385**	**203**	**182**
兴宾区	214	110	103	210	95	116	277	154	123	336	181	155
忻城县												
象州县												
武宣县												
金秀瑶族自治县												
合山市	40	21	19	49	20	29	61	35	26	49	22	27
崇左市	**167**	**82**	**85**	**146**	**68**	**78**	**169**	**79**	**89**	**181**	**96**	**84**
江州区	87	40	47	77	38	39	97	49	47	88	47	41
扶绥县												
宁明县												
龙州县												
大新县												
天等县												
凭祥市	79	41	38	69	30	39	72	30	42	93	50	43

1-3a 续表 15

单位：人

地区	45-49岁			50-54岁			55-59岁			60-64岁		
	小计	男	女	小计	男	女	小计	男	女	小计	男	女
百色市	**241**	**149**	**93**	**233**	**139**	**93**	**139**	**68**	**71**	**142**	**76**	**66**
右江区	241	149	93	233	139	93	139	68	71	142	76	66
田阳县												
田东县												
平果县												
德保县												
靖西县												
那坡县												
凌云县												
乐业县												
田林县												
西林县												
隆林各族自治县												
贺州市	**226**	**103**	**122**	**247**	**118**	**129**	**175**	**86**	**88**	**169**	**85**	**84**
八步区	123	54	70	171	77	95	118	61	57	112	56	57
平桂管理区	102	50	53	75	41	34	57	26	31	57	29	28
昭平县												
钟山县												
富川瑶族自治县												
河池市	**423**	**239**	**185**	**284**	**135**	**149**	**205**	**109**	**96**	**206**	**89**	**118**
金城江区	188	113	75	150	62	87	103	53	51	119	56	63
南丹县												
天峨县												
凤山县												
东兰县												
罗城仫佬族自治县												
环江毛南族自治县												
巴马瑶族自治县												
都安瑶族自治县												
大化瑶族自治县												
宜州市	235	126	110	135	73	62	102	57	45	87	32	55
来宾市	**246**	**131**	**115**	**184**	**98**	**86**	**122**	**60**	**62**	**115**	**50**	**65**
兴宾区	204	109	95	146	80	66	89	46	43	74	33	42
忻城县												
象州县												
武宣县												
金秀瑶族自治县												
合山市	42	22	20	38	18	20	33	14	19	41	18	23
崇左市	**147**	**77**	**70**	**120**	**57**	**63**	**85**	**44**	**41**	**65**	**33**	**33**
江州区	69	34	35	69	33	36	45	21	23	37	19	19
扶绥县												
宁明县												
龙州县												
大新县												
天等县												
凭祥市	78	43	35	51	24	27	40	23	18	28	14	14

1-3a 续表 16 单位：人

地 区	65-69岁			70-74岁			75-79岁			80-84岁		
	小计	男	女	小计	男	女	小计	男	女	小计	男	女
百色市	**85**	**35**	**50**	**67**	**26**	**41**	**49**	**21**	**28**	**33**	**15**	**18**
右江区	85	35	50	67	26	41	49	21	28	33	15	18
田阳县												
田东县												
平果县												
德保县												
靖西县												
那坡县												
凌云县												
乐业县												
田林县												
西林县												
隆林各族自治县												
贺州市	**104**	**49**	**54**	**54**	**26**	**29**	**42**	**19**	**23**	**40**	**14**	**25**
八步区	68	34	35	38	18	20	14	9	6	23	7	15
平桂管理区	35	16	19	16	8	9	27	10	17	17	7	10
昭平县												
钟山县												
富川瑶族自治县												
河池市	**133**	**68**	**64**	**85**	**42**	**44**	**81**	**32**	**49**	**31**	**12**	**20**
金城江区	80	32	48	64	34	31	47	21	27	20	8	12
南丹县												
天峨县												
凤山县												
东兰县												
罗城仫佬族自治县												
环江毛南族自治县												
巴马瑶族自治县												
都安瑶族自治县												
大化瑶族自治县												
宜州市	53	37	16	21	8	13	34	12	22	12	3	8
来宾市	**101**	**52**	**49**	**70**	**25**	**45**	**48**	**21**	**26**	**33**	**15**	**17**
兴宾区	77	39	38	53	19	34	36	16	20	25	13	12
忻城县												
象州县												
武宣县												
金秀瑶族自治县												
合山市	24	13	11	17	7	11	12	5	6	7	2	5
崇左市	**51**	**24**	**26**	**35**	**13**	**22**	**29**	**11**	**18**	**13**	**5**	**8**
江州区	30	15	15	25	9	17	23	10	13	8	3	5
扶绥县												
宁明县												
龙州县												
大新县												
天等县												
凭祥市	21	9	11	10	5	5	6	1	5	5	2	3

1-3a 续表 17

单位：人

地　区	85-89岁			90-94岁			95-99岁			100岁及以上		
	小计	男	女	小计	男	女	小计	男	女	小计	男	女
百色市	**10**	**6**	**4**	**3**	**2**	**1**						
右江区	10	6	4	3	2	1						
田阳县												
田东县												
平果县												
德保县												
靖西县												
那坡县												
凌云县												
乐业县												
田林县												
西林县												
隆林各族自治县												
贺州市	**16**	**4**	**12**	**6**	**3**	**3**	**2**	**1**	**1**	**2**		**2**
八步区	9	1	9	5	2	3	2	1	1	2		2
平桂管理区	7	3	4	1	1	1						
昭平县												
钟山县												
富川瑶族自治县												
河池市	**22**	**10**	**12**	**2**		**2**						
金城江区	14	6	7									
南丹县												
天峨县												
凤山县												
东兰县												
罗城仫佬族自治县												
环江毛南族自治县												
巴马瑶族自治县												
都安瑶族自治县												
大化瑶族自治县												
宜州市	8	3	5	2		2						
来宾市	**12**	**6**	**6**	**5**	**1**	**4**	**1**		**1**			
兴宾区	9	5	5	5	1	4						
忻城县												
象州县												
武宣县												
金秀瑶族自治县												
合山市	2	1	1				1		1			
崇左市	**7**	**1**	**6**									
江州区	5	1	4									
扶绥县												
宁明县												
龙州县												
大新县												
天等县												
凭祥市	2		1									

1-3b 各地区分性别、年龄的人口(镇)

单位：人

地区	人口数			0岁			1-4岁		
	合计	男	女	小计	男	女	小计	男	女
全 区	**153160**	**79175**	**73985**	**2167**	**1175**	**992**	**10953**	**6005**	**4949**
南宁市	**16657**	**8784**	**7873**	**233**	**122**	**110**	**1119**	**592**	**527**
兴宁区	256	129	127	1	1		16	8	7
青秀区	469	250	220	5	2	3	23	17	7
江南区	870	497	373	17	12	6	90	61	29
西乡塘区	476	260	216	6	4	2	18	10	8
良庆区	313	166	148	5	2	3	20	12	8
邕宁区	284	147	137	6	3	3	20	8	13
武鸣县	2702	1344	1358	36	16	20	143	70	73
隆安县	992	510	482	10	7	3	65	33	32
马山县	1110	546	564	13	5	8	84	50	34
上林县	1290	635	655	9	1	8	69	42	27
宾阳县	4005	2352	1653	53	26	26	212	116	96
横县	3890	1948	1942	71	44	28	358	164	194
柳州市	**10559**	**5438**	**5120**	**165**	**79**	**86**	**643**	**332**	**311**
城中区									
鱼峰区									
柳南区	563	314	250	7	4	3	48	30	18
柳北区									
柳江县	3127	1594	1533	47	23	24	204	100	104
柳城县	1635	837	798	22	12	10	93	52	41
鹿寨县	1789	889	900	37	17	19	109	57	52
融安县	1194	602	592	18	8	10	68	25	43
融水苗族自治县	1449	779	670	20	10	10	62	34	28
三江侗族自治县	802	424	378	15	5	10	59	33	26
桂林市	**17550**	**8289**	**9261**	**197**	**100**	**97**	**901**	**490**	**411**
秀峰区									
叠彩区									
象山区									
七星区	245	129	116	1	1		12	6	5
雁山区	2641	1252	1389	2	2		9	5	4
临桂区	531	273	258	7	5	2	43	21	22
阳朔县	1087	549	538	16	9	7	85	42	43
灵川县	2559	741	1817	31	17	14	85	44	41
全州县	2141	1069	1072	22		22	135	73	62
兴安县	1391	684	708	17	10	8	92	49	42
永福县	807	406	401	15	10	4	54	25	29
灌阳县	894	483	412	9	4	5	55	30	25
龙胜各族自治县	556	283	273	8	4	4	38	19	19
资源县	497	254	243	9	5	5	62	40	22
平乐县	1640	872	768	19	9	10	88	48	40
荔浦县	1797	899	898	28	16	12	105	67	38
恭城瑶族自治县	764	397	367	11	8	3	39	20	19

1-3b 续表 1

单位：人

地　区	5-9岁			10-14岁			15-19岁			20-24岁		
	小计	男	女	小计	男	女	小计	男	女	小计	男	女
全　区	**9756**	**5291**	**4465**	**11184**	**5920**	**5265**	**6707**	**3525**	**3182**	**10910**	**5436**	**5473**
南宁市	**964**	**544**	**420**	**959**	**546**	**414**	**547**	**297**	**250**	**968**	**565**	**403**
兴宁区	8	5	3	24	12	13	8	4	4	18	13	5
青秀区	23	12	11	34	20	14	17	7	11	26	15	11
江南区	62	37	24	33	20	13	26	17	9	65	45	20
西乡塘区	25	9	16	41	29	11	32	17	15	22	16	6
良庆区	20	12	7	19	11	9	4	4		15	6	8
邕宁区	17	9	8	13	10	4	14	8	6	14	6	8
武鸣县	104	61	43	141	82	60	69	37	31	70	38	32
隆安县	64	36	29	69	34	35	19	13	6	26	18	9
马山县	84	42	42	74	36	38	35	16	18	45	25	20
上林县	90	48	42	84	42	42	63	18	45	50	17	33
宾阳县	189	101	88	202	117	86	160	96	65	378	256	121
横县	278	171	107	224	133	92	99	60	39	238	110	128
柳州市	**609**	**301**	**308**	**573**	**309**	**264**	**265**	**156**	**108**	**481**	**256**	**225**
城中区												
鱼峰区												
柳南区	34	18	16	28	16	12	16	13	3	28	20	8
柳北区												
柳江县	178	90	88	154	88	66	79	46	33	167	83	84
柳城县	88	39	49	83	44	39	44	24	21	63	34	29
鹿寨县	114	49	65	93	47	46	35	23	12	70	38	32
融安县	62	31	31	70	32	38	26	13	13	47	26	21
融水苗族自治县	87	47	40	88	49	39	41	24	16	67	35	32
三江侗族自治县	46	27	19	58	34	24	23	12	11	40	20	20
桂林市	**803**	**431**	**372**	**648**	**327**	**321**	**672**	**232**	**440**	**3754**	**1443**	**2310**
秀峰区												
叠彩区												
象山区												
七星区	8	5	3	3	2	1	5	5		3	1	2
雁山区	7	4	3	10	7	3	131	28	103	2345	1133	1212
临桂区	26	17	9	21	9	12	14	9	5	33	17	16
阳朔县	61	37	24	43	21	22	21	11	11	57	34	23
灵川县	92	46	46	60	27	32	227	20	207	889	32	857
全州县	140	76	63	124	64	59	47	27	19	69	39	30
兴安县	86	40	46	74	36	38	31	16	15	40	23	17
永福县	53	25	29	37	21	15	18	10	8	30	15	15
灌阳县	62	41	21	55	35	19	28	16	12	56	35	21
龙胜各族自治县	30	15	15	22	10	12	7	5	2	17	9	8
资源县	25	19	6	24	13	11	12	6	6	11	2	8
平乐县	88	45	43	55	21	34	48	32	16	99	53	45
荔浦县	78	34	44	76	37	39	54	30	23	68	29	39
恭城瑶族自治县	47	27	20	46	23	23	30	16	13	39	20	18

1-3b 续表 2

单位：人

地 区	25-29岁			30-34岁			35-39岁			40-44岁		
	小计	男	女	小计	男	女	小计	男	女	小计	男	女
全 区	**14508**	**7516**	**6993**	**12895**	**6644**	**6251**	**12222**	**6319**	**5904**	**12521**	**6556**	**5965**
南宁市	**1678**	**852**	**826**	**1591**	**870**	**721**	**1425**	**723**	**702**	**1540**	**834**	**706**
兴宁区	22	11	11	13	6	6	18	6	12	36	19	17
青秀区	57	31	26	30	22	9	34	15	19	41	25	16
江南区	93	49	44	123	81	42	62	35	27	64	36	28
西乡塘区	20	9	11	42	19	23	50	28	21	55	39	16
良庆区	43	25	17	37	22	15	36	19	17	13	6	7
邕宁区	38	19	19	29	14	15	12	9	4	21	9	12
武鸣县	248	101	147	237	119	118	225	101	124	268	134	134
隆安县	71	36	35	74	35	39	97	48	49	107	54	53
马山县	96	47	50	101	51	49	95	47	48	112	55	57
上林县	78	34	45	129	53	77	148	74	74	176	94	82
宾阳县	494	331	163	339	231	108	292	163	129	362	213	149
横县	417	159	258	437	217	220	355	178	177	284	150	133
柳州市	**1063**	**545**	**518**	**1002**	**491**	**511**	**999**	**522**	**477**	**993**	**531**	**462**
城中区												
鱼峰区												
柳南区	74	40	34	79	42	37	55	27	28	58	28	30
柳北区												
柳江县	363	177	185	361	187	174	308	156	153	278	150	129
柳城县	118	61	57	120	60	60	139	78	61	148	78	71
鹿寨县	166	90	77	163	66	97	160	88	72	175	85	90
融安县	118	58	60	86	41	45	114	59	54	112	63	49
融水苗族自治县	147	73	74	121	61	60	149	77	72	142	80	62
三江侗族自治县	78	46	32	72	34	38	75	38	37	80	48	32
桂林市	**1212**	**574**	**638**	**1269**	**618**	**651**	**1227**	**631**	**596**	**1329**	**694**	**635**
秀峰区												
叠彩区												
象山区												
七星区	21	11	11	25	12	12	17	13	5	15	8	7
雁山区	30	17	13	12	7	5	16	9	7	15	7	8
临桂区	39	20	18	44	23	21	23	11	12	36	18	18
阳朔县	73	32	41	108	57	51	100	49	51	125	68	57
灵川县	146	67	79	155	62	92	164	83	81	126	69	57
全州县	120	58	62	189	88	101	153	77	75	196	99	97
兴安县	127	53	74	121	65	56	139	66	73	143	73	70
永福县	66	35	32	75	32	43	80	42	38	60	35	26
灌阳县	68	39	29	94	47	47	69	39	31	67	29	38
龙胜各族自治县	38	17	21	52	24	29	53	28	24	62	31	32
资源县	59	26	33	54	23	31	30	15	15	49	25	25
平乐县	215	96	120	139	74	65	164	93	71	191	105	86
荔浦县	154	73	81	141	73	67	154	77	77	171	88	84
恭城瑶族自治县	56	30	26	61	30	30	66	28	38	72	40	32

1-3b 续表 3　　　　单位：人

地　区	45-49岁			50-54岁			55-59岁			60-64岁		
	小计	男	女	小计	男	女	小计	男	女	小计	男	女
全　区	**12480**	**6550**	**5930**	**10429**	**5436**	**4993**	**7095**	**3629**	**3466**	**6442**	**3161**	**3281**
南宁市	**1459**	**781**	**678**	**1143**	**620**	**523**	**817**	**417**	**400**	**744**	**355**	**389**
兴宁区	36	19	17	17	8	9	8	5	3	11	4	7
青秀区	58	35	23	42	24	18	18	10	8	12	4	8
江南区	51	22	29	68	37	30	45	19	26	27	10	16
西乡塘区	42	14	28	42	22	20	21	13	8	14	8	6
良庆区	21	11	10	26	12	14	15	6	9	15	8	7
邕宁区	19	10	8	17	8	9	13	10	3	21	11	9
武鸣县	267	140	127	224	115	109	165	89	76	188	92	96
隆安县	108	56	52	74	38	36	50	27	23	44	21	23
马山县	83	43	40	64	33	31	53	23	30	59	29	30
上林县	104	67	37	76	45	31	49	24	25	60	27	33
宾阳县	387	220	167	292	166	126	183	104	78	143	70	73
横县	284	145	139	200	112	88	197	87	110	152	71	81
柳州市	**1012**	**527**	**485**	**821**	**437**	**383**	**516**	**266**	**250**	**473**	**240**	**233**
城中区												
鱼峰区												
柳南区	59	36	23	36	19	17	14	6	7	12	6	6
柳北区												
柳江县	274	132	143	232	124	108	148	71	77	136	68	68
柳城县	147	75	72	149	72	77	107	58	49	100	55	45
鹿寨县	161	84	78	135	72	63	92	48	44	90	40	50
融安县	117	60	57	113	64	50	63	34	29	54	25	29
融水苗族自治县	165	94	70	111	63	48	69	38	30	47	29	18
三江侗族自治县	88	46	42	44	24	20	24	10	14	33	18	15
桂林市	**1286**	**672**	**614**	**1181**	**623**	**558**	**819**	**416**	**403**	**794**	**363**	**431**
秀峰区												
叠彩区												
象山区												
七星区	16	6	10	23	9	14	29	12	18	36	21	15
雁山区	16	10	6	10	5	5	8	5	3	3	1	1
临桂区	60	32	28	42	25	17	38	19	19	37	20	17
阳朔县	98	55	43	82	42	40	51	28	23	60	19	41
灵川县	112	55	57	126	70	56	67	35	32	67	26	41
全州县	190	98	93	201	95	106	172	93	79	166	81	85
兴安县	103	41	63	117	68	48	76	37	39	92	32	60
永福县	74	42	32	64	28	36	51	25	26	43	21	22
灌阳县	92	43	49	70	36	34	55	27	28	47	25	22
龙胜各族自治县	51	27	24	46	25	21	36	20	16	30	17	13
资源县	35	19	16	33	17	15	29	14	15	23	12	11
平乐县	174	111	63	123	69	54	76	40	37	51	25	26
荔浦县	162	81	81	177	97	81	104	52	52	108	48	59
恭城瑶族自治县	104	53	51	67	37	30	26	10	16	31	16	16

1-3b 续表 4 单位：人

地区	65-69岁			70-74岁			75-79岁			80-84岁		
	小计	男	女	小计	男	女	小计	男	女	小计	男	女
全 区	**4527**	**2302**	**2226**	**3275**	**1566**	**1708**	**2413**	**1098**	**1315**	**1594**	**669**	**926**
南宁市	**560**	**272**	**289**	**422**	**197**	**225**	**236**	**122**	**114**	**138**	**42**	**96**
兴宁区	11	5	6	5	1	4	1		1	3	1	2
青秀区	20	7	14	11	3	8	8	3	6	6		6
江南区	16	6	10	12	5	7	6	2	4	7	2	5
西乡塘区	18	10	8	15	8	7	7	3	3	5		5
良庆区	12	5	7	3	2	2	4	1	3	4	2	2
邕宁区	10	4	6	6	4	3	4	3	2	5	3	3
武鸣县	114	60	54	80	35	45	69	43	26	23	9	14
隆安县	40	17	23	39	22	17	15	7	8	13	6	7
马山县	42	18	24	33	13	20	12	2	9	13	3	10
上林县	37	21	16	27	10	17	21	12	10	8	4	4
宾阳县	123	61	61	94	40	54	55	29	27	32	11	21
横县	118	58	60	97	55	41	33	18	15	18	2	16
柳州市	**357**	**181**	**177**	**214**	**98**	**116**	**177**	**83**	**94**	**135**	**61**	**75**
城中区												
鱼峰区												
柳南区	7	3	4	2	1	1	1	1		2	1	1
柳北区												
柳江县	76	42	34	48	20	28	38	20	18	29	16	13
柳城县	69	28	41	48	18	29	43	18	24	36	19	16
鹿寨县	86	47	39	40	18	21	31	14	16	24	7	18
融安县	40	23	17	31	16	15	27	11	16	20	8	12
融水苗族自治县	53	26	27	29	15	14	24	12	12	19	8	11
三江侗族自治县	26	12	15	17	9	8	13	6	7	6	2	4
桂林市	**547**	**279**	**268**	**331**	**157**	**173**	**279**	**123**	**156**	**172**	**70**	**102**
秀峰区												
叠彩区												
象山区												
七星区	19	10	8	6	4	2	3	2	1	3	1	2
雁山区	7	3	4	6	2	4	5	2	3	6	2	4
临桂区	20	8	12	19	8	11	9	5	4	9	3	7
阳朔县	50	25	24	18	8	10	20	9	10	9	2	7
灵川县	65	35	30	58	21	37	52	18	35	23	10	13
全州县	94	46	48	35	21	14	45	14	31	23	11	12
兴安县	62	37	25	33	16	17	15	9	6	15	10	5
永福县	37	18	18	20	12	8	10	5	6	14	5	9
灌阳县	32	15	17	17	9	9	14	10	4	2	2	
龙胜各族自治县	22	12	10	12	8	4	12	4	8	12	4	8
资源县	14	4	10	12	5	6	8	4	4	5	3	3
平乐县	34	18	16	27	13	14	21	10	11	19	6	13
荔浦县	72	38	34	46	18	28	49	23	26	26	9	16
恭城瑶族自治县	20	10	10	20	12	8	16	9	7	5	2	3

1-3b 续表 5

单位：人

地 区	85-89岁			90-94岁			95-99岁			100岁及以上		
	小计	男	女	小计	男	女	小计	男	女	小计	男	女
全 区	**735**	**266**	**469**	**268**	**88**	**179**	**58**	**17**	**41**	**20**	**7**	**14**
南宁市	**81**	**23**	**58**	**26**	**8**	**18**	**7**	**2**	**5**	**1**		**1**
兴宁区												
青秀区	1		1	1		1						
江南区	2		2									
西乡塘区	2		2				2	2				
良庆区	2	1	1									
邕宁区	2	1	1									
武鸣县	22	4	18	6		6	3		3			
隆安县	3	1	2	1	1	1	1	1				
马山县	8	5	3	2	1	1	1		1			
上林县	4		4	5	2	3				1		1
宾阳县	13	2	10	2		2	1		1			
横县	23	10	13	7	3	3						
柳州市	**42**	**17**	**25**	**12**	**4**	**8**	**4**	**1**	**3**	**1**		**1**
城中区												
鱼峰区												
柳南区	2		2	1	1							
柳北区												
柳江县	5	2	3	1		1						
柳城县	13	7	5	4	1	3	1	1				
鹿寨县	5		5	2		2	1		1			
融安县	7	4	3	2	1	1	1		1			
融水苗族自治县	7	3	4	1	1	1				1		1
三江侗族自治县	3	1	2				1		1			
桂林市	**99**	**37**	**62**	**22**	**8**	**14**	**7**		**7**	**3**	**1**	**2**
秀峰区												
叠彩区												
象山区												
七星区												
雁山区	2	1	2				1		1	1		1
临桂区	9	3	6	2	1	1				1		1
阳朔县	7	1	6	2		2						
灵川县	13	4	9	3		3						
全州县	21	9	12	2		2						
兴安县	5	3	3	1	1		1		1			
永福县	6	1	5									
灌阳县				1		1						
龙胜各族自治县	5	3	2	2	1	1						
资源县	4	3	1									
平乐县	7	3	4	1	1							
荔浦县	19	7	12	3	1	2	3		3			
恭城瑶族自治县	1		1	5	3	2	2		2	1	1	

1-3b 续表 6 单位：人

地区	人口数			0岁			1-4岁		
	合计	男	女	小计	男	女	小计	男	女
梧州市	**9323**	**4680**	**4643**	**121**	**72**	**49**	**623**	**346**	**277**
万秀区	161	81	79	3		3	10	7	3
长洲区									
龙圩区									
苍梧县	1099	600	499	17	12	4	103	61	42
藤县	4040	2136	1904	74	44	30	306	165	141
蒙山县	805	407	398	9	4	5	70	37	34
岑溪市	3218	1456	1762	19	13	7	134	77	57
北海市	**5193**	**2634**	**2560**	**76**	**40**	**36**	**348**	**201**	**147**
海城区	148	72	77	5	2	3	14	5	8
银海区	606	308	298	5	1	4	41	22	20
铁山港区	274	132	143	8	3	5	29	16	13
合浦县	4165	2122	2042	59	34	24	264	158	106
防城港市	**3383**	**1937**	**1446**	**47**	**23**	**24**	**239**	**136**	**103**
港口区	1311	829	482	12	5	6	56	33	23
防城区	858	471	387	24	12	12	90	53	37
上思县	812	427	385	7	5	2	60	34	26
东兴市	402	211	191	4	1	3	33	17	16
钦州市	**10545**	**5730**	**4816**	**155**	**76**	**79**	**849**	**445**	**404**
钦南区	1947	1160	787	20	11	9	126	64	62
钦北区	2189	1185	1003	32	22	10	176	86	89
灵山县	3877	2044	1833	63	29	35	323	167	156
浦北县	2532	1340	1192	40	15	25	225	129	96
贵港市	**15640**	**8272**	**7369**	**226**	**140**	**86**	**1080**	**622**	**459**
港北区	749	379	371	5	3	2	56	31	25
港南区	2020	970	1050	22	14	8	79	47	32
覃塘区	1111	571	540	24	15	10	120	67	53
平南县	6454	3514	2940	86	59	28	427	257	170
桂平市	5305	2837	2468	89	50	39	398	220	178
玉林市	**21141**	**11133**	**10007**	**333**	**180**	**153**	**2052**	**1139**	**913**
玉州区	432	238	194	6	2	4	39	25	13
福绵区	1088	580	508	16	10	6	78	44	34
容县	3055	1581	1473	46	21	25	263	144	119
陆川县	3752	1920	1832	70	38	32	329	166	163
博白县	6108	3264	2844	76	38	38	697	405	292
兴业县	2435	1272	1163	32	21	10	191	108	83
北流市	4271	2277	1993	88	49	39	455	246	208

1-3b 续表 7 单位：人

地区	5-9岁			10-14岁			15-19岁			20-24岁		
	小计	男	女	小计	男	女	小计	男	女	小计	男	女
梧州市	**500**	**264**	**236**	**2060**	**913**	**1147**	**584**	**261**	**323**	**501**	**283**	**218**
万秀区	8	4	4	10	5	5	8	3	4	10	8	3
长洲区												
龙圩区												
苍梧县	84	42	42	92	50	42	44	27	18	68	39	29
藤县	240	130	110	295	156	140	181	97	84	295	165	130
蒙山县	53	31	22	57	29	27	28	15	14	31	18	13
岑溪市	115	57	58	1606	673	933	322	120	202	97	53	44
北海市	**302**	**165**	**136**	**304**	**154**	**150**	**173**	**96**	**77**	**338**	**191**	**147**
海城区	7	3	3	6	2	4	2	1		7	4	3
银海区	37	19	17	33	18	16	48	23	25	91	57	35
铁山港区	22	12	10	15	8	7	7	5	2	14	5	9
合浦县	236	130	106	249	126	124	116	67	49	226	126	100
防城港市	**214**	**117**	**96**	**418**	**218**	**200**	**127**	**79**	**49**	**178**	**101**	**77**
港口区	48	25	23	285	144	141	61	35	26	57	35	22
防城区	75	40	36	53	30	23	26	18	8	39	20	19
上思县	65	37	29	56	32	24	28	18	10	60	32	28
东兴市	25	16	9	24	12	11	12	8	4	22	14	8
钦州市	**769**	**416**	**353**	**709**	**400**	**308**	**377**	**232**	**146**	**574**	**345**	**228**
钦南区	111	65	46	83	51	32	59	39	20	134	86	48
钦北区	211	107	104	160	88	73	78	46	32	111	70	42
灵山县	285	163	123	286	165	121	138	84	54	187	111	76
浦北县	161	81	80	180	97	82	103	63	40	141	78	63
贵港市	**1075**	**560**	**515**	**1283**	**688**	**595**	**1120**	**644**	**476**	**842**	**476**	**367**
港北区	63	29	34	51	25	26	34	20	15	45	25	20
港南区	76	35	41	163	80	83	437	240	197	59	36	23
覃塘区	90	54	36	79	42	37	44	22	22	46	25	21
平南县	469	248	221	538	312	226	328	190	139	365	219	146
桂平市	377	194	183	453	229	223	277	174	103	327	170	157
玉林市	**1767**	**997**	**770**	**1573**	**923**	**650**	**937**	**584**	**353**	**1093**	**590**	**503**
玉州区	27	13	13	20	11	9	12	5	7	17	10	7
福绵区	85	49	36	69	37	31	47	31	16	84	44	40
容县	244	139	105	228	127	101	111	66	45	120	60	60
陆川县	297	167	129	279	165	114	192	124	68	224	126	98
博白县	554	315	239	451	271	180	268	175	93	340	177	163
兴业县	176	100	76	166	96	71	93	53	39	97	55	42
北流市	385	213	173	361	217	144	215	130	85	211	118	93

1-3b 续表 8

单位：人

地 区	25-29岁			30-34岁			35-39岁			40-44岁		
	小计	男	女	小计	男	女	小计	男	女	小计	男	女
梧州市	**837**	**435**	**401**	**599**	**304**	**295**	**529**	**263**	**266**	**598**	**306**	**292**
万秀区	20	12	8	8	4	5	15	6	9	16	8	8
长洲区												
龙圩区												
苍梧县	110	62	48	75	42	33	66	34	32	86	49	37
藤县	521	263	258	375	192	182	295	148	147	311	161	150
蒙山县	62	30	31	53	24	29	63	26	36	74	39	35
岑溪市	124	68	56	88	41	46	90	48	41	110	48	62
北海市	**558**	**268**	**289**	**423**	**194**	**229**	**413**	**209**	**203**	**415**	**209**	**206**
海城区	19	9	10	13	6	7	9	6	3	7	3	4
银海区	72	35	37	39	18	21	43	17	26	48	25	24
铁山港区	24	9	15	26	13	13	24	13	10	19	10	9
合浦县	443	215	228	346	158	188	337	173	164	340	170	169
防城港市	**350**	**217**	**134**	**334**	**206**	**128**	**286**	**176**	**110**	**239**	**153**	**87**
港口区	152	106	45	131	98	33	107	78	29	105	77	27
防城区	89	55	34	73	40	33	60	38	22	51	30	21
上思县	71	33	37	96	50	46	87	44	43	53	28	24
东兴市	39	22	17	35	18	17	32	15	16	31	17	14
钦州市	**1290**	**714**	**576**	**923**	**521**	**402**	**852**	**469**	**383**	**831**	**475**	**356**
钦南区	402	226	176	198	128	70	176	107	68	205	131	75
钦北区	219	135	83	195	114	81	155	88	67	128	73	56
灵山县	423	212	211	347	186	161	334	180	154	295	158	136
浦北县	246	141	105	184	94	90	187	93	94	203	114	89
贵港市	**1436**	**798**	**638**	**1284**	**714**	**570**	**1195**	**598**	**597**	**1145**	**545**	**600**
港北区	92	52	39	69	36	33	42	19	23	42	21	21
港南区	219	128	92	197	81	116	208	72	136	165	53	112
覃塘区	101	50	51	80	37	43	68	40	28	73	33	39
平南县	514	299	215	496	302	194	479	245	233	511	249	262
桂平市	510	269	241	442	258	185	399	222	177	354	189	165
玉林市	**2072**	**1096**	**976**	**1698**	**824**	**874**	**1510**	**771**	**739**	**1563**	**755**	**809**
玉州区	47	28	19	47	28	19	41	23	18	42	22	19
福绵区	108	61	47	91	45	46	84	42	42	83	41	42
容县	250	136	114	233	115	119	246	119	127	256	131	125
陆川县	383	176	207	296	134	162	304	148	156	298	144	155
博白县	611	322	289	451	214	236	404	211	193	379	184	195
兴业县	248	136	112	198	96	101	177	92	86	195	94	101
北流市	426	238	188	383	191	192	254	137	117	310	139	171

1-3b 续表 9　　单位：人

地区	45-49岁			50-54岁			55-59岁			60-64岁		
	小计	男	女	小计	男	女	小计	男	女	小计	男	女
梧州市	**662**	**349**	**313**	**497**	**263**	**235**	**307**	**170**	**137**	**297**	**161**	**136**
万秀区	13	7	6	14	7	7	4	1	4	8	3	4
长洲区												
龙圩区												
苍梧县	84	39	45	86	47	39	41	23	18	54	33	21
藤县	342	190	152	232	125	107	139	74	65	140	79	61
蒙山县	86	44	42	66	34	33	38	20	17	40	19	21
岑溪市	137	69	68	100	51	49	86	52	34	56	27	29
北海市	**382**	**187**	**194**	**407**	**205**	**202**	**272**	**138**	**134**	**231**	**108**	**123**
海城区	7	3	5	12	7	5	16	8	8	8	3	5
银海区	38	19	19	33	17	16	23	12	12	19	10	9
铁山港区	20	10	10	15	8	7	11	5	5	10	4	6
合浦县	317	156	161	346	173	174	222	113	109	194	92	102
防城港市	**264**	**153**	**110**	**227**	**129**	**98**	**121**	**60**	**61**	**120**	**64**	**56**
港口区	100	71	30	81	57	24	34	22	12	25	14	11
防城区	65	34	31	59	30	29	39	15	24	44	24	19
上思县	60	32	27	56	28	28	31	15	16	34	16	18
东兴市	39	17	22	31	14	17	17	9	9	17	10	8
钦州市	**701**	**372**	**330**	**765**	**388**	**377**	**515**	**261**	**254**	**433**	**206**	**227**
钦南区	130	85	45	104	57	47	53	26	28	50	27	24
钦北区	117	56	61	188	91	97	140	75	65	95	46	49
灵山县	252	133	119	273	131	141	188	93	95	186	82	104
浦北县	202	97	105	200	109	91	134	68	66	102	51	51
贵港市	**1195**	**611**	**584**	**995**	**503**	**492**	**715**	**358**	**357**	**696**	**333**	**363**
港北区	71	33	37	55	26	29	40	18	22	29	15	13
港南区	112	44	68	86	41	45	60	32	28	58	32	26
覃塘区	91	47	44	81	40	41	64	34	30	60	26	34
平南县	514	286	228	445	222	222	314	149	165	327	150	177
桂平市	408	202	207	329	174	154	237	124	113	222	110	112
玉林市	**1573**	**820**	**753**	**1332**	**655**	**677**	**971**	**487**	**483**	**894**	**448**	**445**
玉州区	43	23	20	30	15	14	17	8	9	21	12	10
福绵区	81	45	36	70	40	30	46	20	26	54	28	26
容县	260	138	122	200	92	108	142	71	70	152	78	74
陆川县	258	123	135	227	110	117	149	73	76	135	67	68
博白县	443	225	218	392	209	183	316	150	166	245	127	118
兴业县	212	113	100	174	85	90	135	75	60	107	52	55
北流市	275	152	123	239	104	135	166	90	76	180	85	95

1-3b 续表 10

单位：人

地 区	65-69岁			70-74岁			75-79岁			80-84岁		
	小计	男	女	小计	男	女	小计	男	女	小计	男	女
梧州市	**176**	**98**	**78**	**163**	**78**	**85**	**120**	**60**	**59**	**87**	**35**	**52**
万秀区	5	2	3	2	1	1	4	1	3	1	1	
长洲区												
龙圩区												
苍梧县	30	18	12	19	7	12	13	6	7	16	5	11
藤县	83	49	34	80	35	45	65	36	28	39	19	20
蒙山县	25	13	11	21	11	10	13	6	6	13	5	8
岑溪市	34	16	18	40	23	17	26	10	15	17	5	13
北海市	**171**	**91**	**81**	**127**	**61**	**66**	**124**	**55**	**68**	**77**	**38**	**40**
海城区	5	3	2	4	3	1	3	1	2	2	1	2
银海区	12	5	6	8	4	5	6	2	3	6	2	4
铁山港区	10	5	5	5	1	5	5	1	4	8	3	5
合浦县	145	77	68	109	54	56	110	51	59	61	32	29
防城港市	**64**	**33**	**31**	**56**	**29**	**27**	**46**	**26**	**20**	**32**	**12**	**20**
港口区	13	8	5	16	7	9	12	6	6	10	4	5
防城区	21	10	11	18	11	8	13	7	6	11	4	8
上思县	20	10	9	13	6	7	9	5	5	4	2	2
东兴市	11	4	7	9	5	3	12	8	4	6	2	4
钦州市	**292**	**162**	**129**	**215**	**112**	**103**	**134**	**60**	**74**	**97**	**44**	**53**
钦南区	36	23	12	25	19	6	16	7	9	14	8	7
钦北区	59	30	29	46	24	22	29	12	17	27	13	14
灵山县	117	65	52	80	41	39	49	24	25	30	11	20
浦北县	80	44	36	64	28	36	40	18	22	25	13	12
贵港市	**480**	**251**	**229**	**326**	**181**	**145**	**215**	**99**	**116**	**198**	**101**	**97**
港北区	23	11	12	15	7	7	5	3	2	7	2	5
港南区	25	13	13	19	9	10	11	6	5	11	5	6
覃塘区	33	17	16	22	11	10	10	4	6	18	7	11
平南县	219	115	104	152	84	68	120	56	64	95	43	52
桂平市	180	95	85	119	69	50	69	29	39	66	44	23
玉林市	**561**	**302**	**259**	**439**	**213**	**225**	**358**	**173**	**185**	**256**	**120**	**137**
玉州区	8	5	3	4	2	2	6	2	4	2	2	
福绵区	31	15	16	29	12	17	18	11	7	12	3	9
容县	96	51	45	85	38	47	57	30	27	47	22	25
陆川县	102	55	47	76	37	39	60	28	32	50	28	22
博白县	140	75	65	104	48	56	110	61	49	66	31	34
兴业县	84	45	40	54	24	30	40	12	28	33	12	21
北流市	100	57	43	87	52	35	67	29	38	47	22	26

1-3b 续表 11

单位：人

地 区	85-89岁			90-94岁			95-99岁			100岁及以上		
	小计	男	女	小计	男	女	小计	男	女	小计	男	女
梧州市	**41**	**13**	**29**	**17**	**3**	**13**	**4**	**2**	**2**			
万秀区	1		1	1	1		1	1				
长洲区												
龙圩区												
苍梧县	4	1	3	6	2	4	1		1			
藤县	19	5	14	5		5	2	1	1			
蒙山县	3	1	2	1	1	1						
岑溪市	15	6	9	3		3						
北海市	**34**	**12**	**22**	**16**	**7**	**9**	**2**	**2**	**1**	**2**	**2**	
海城区	1		1									
银海区	3	2	1	1			1		1			
铁山港区	3	1	2	1		1						
合浦县	26	10	17	14	6	8	2	2		2	2	
防城港市	**15**	**5**	**10**	**4**	**2**	**2**	**2**		**2**			
港口区	3	1	2	2	1	1						
防城区	7	2	4	1		1	1		1			
上思县	2		2									
东兴市	3	1	2	1	1							
钦州市	**45**	**23**	**23**	**17**	**6**	**11**	**2**	**1**	**1**			
钦南区	4	1	3									
钦北区	17	8	9	5	3	3	1		1			
灵山县	15	8	7	6	2	4	1	1				
浦北县	10	6	4	6	1	5						
贵港市	**85**	**36**	**49**	**35**	**12**	**23**	**5**	**1**	**4**	**7**		**7**
港北区	6	2	4	1		1						
港南区	8	2	6	3	2	2				1		1
覃塘区	6	1	4	3		3						
平南县	37	22	15	15	6	9	1		1	2		2
桂平市	28	9	19	14	4	9	4	1	3	4		4
玉林市	**111**	**42**	**69**	**38**	**11**	**27**	**6**	**1**	**5**	**3**	**3**	
玉州区	2		2	2	1	1						
福绵区	2	1	2	1		1						
容县	18	5	13	1		1	1		1			
陆川县	17	9	8	7	3	4						
博白县	39	16	23	17	5	11	3	1	1	3	3	
兴业县	14	3	10	7		7	2		2			
北流市	18	7	12	4	1	2	1		1			

1-3b 续表 12 单位：人

地 区	人口数			0岁			1-4岁		
	合计	男	女	小计	男	女	小计	男	女
百色市	**11531**	**5925**	**5605**	**136**	**73**	**63**	**687**	**396**	**291**
右江区									
田阳县	1390	699	691	21	11	10	82	38	44
田东县	1611	835	776	21	14	8	84	52	32
平果县	2592	1338	1254	22	8	14	153	99	54
德保县	897	441	457	11	6	5	39	22	17
靖西县	1607	862	745	12	6	5	98	56	42
那坡县	462	242	219	6	3	3	28	17	10
凌云县	504	253	251	10	6	4	31	18	13
乐业县	450	228	222	7	4	3	27	14	12
田林县	640	303	337	10	5	5	35	16	19
西林县	481	250	231	6	4	2	37	17	20
隆林各族自治县	897	475	422	11	5	5	72	45	27
贺州市	**7043**	**3617**	**3426**	**121**	**69**	**52**	**604**	**323**	**280**
八步区	1610	807	803	39	21	18	170	89	81
平桂管理区	936	475	462	20	10	10	54	29	26
昭平县	1720	876	844	26	15	11	145	73	71
钟山县	1611	862	749	15	10	5	129	75	54
富川瑶族自治县	1166	597	569	21	13	8	105	56	49
河池市	**10446**	**5308**	**5138**	**149**	**82**	**67**	**787**	**455**	**332**
金城江区	382	187	194	2	1	1	20	12	8
南丹县	1517	795	722	22	14	7	97	55	42
天峨县	668	346	322	7	4	3	47	28	19
凤山县	450	230	220	6	4	3	37	19	18
东兰县	801	194	608	7	3	4	30	14	16
罗城仫佬族自治县	1136	602	533	12	5	7	85	48	36
环江毛南族自治县	961	497	465	16	8	7	85	49	36
巴马瑶族自治县	773	436	337	17	11	6	66	35	31
都安瑶族自治县	1725	879	846	34	19	15	167	110	57
大化瑶族自治县	1403	816	587	19	7	12	99	60	39
宜州市	631	327	304	8	6	3	55	27	28
来宾市	**7380**	**3775**	**3606**	**111**	**56**	**55**	**590**	**295**	**296**
兴宾区	2252	1137	1115	45	22	24	217	109	108
忻城县	1123	544	579	15	9	6	98	48	49
象州县	1282	655	627	14	5	9	81	43	39
武宣县	1829	984	845	25	15	10	140	67	72
金秀瑶族自治县	534	265	269	7	3	3	36	17	19
合山市	359	188	171	4	2	2	19	9	9
崇左市	**6769**	**3653**	**3117**	**95**	**60**	**35**	**431**	**233**	**198**
江州区	579	299	281	6	4	2	43	26	17
扶绥县	1839	1069	770	25	14	11	107	62	45
宁明县	1110	576	535	20	15	5	79	41	39
龙州县	926	465	462	12	8	4	62	30	33
大新县	1003	496	507	19	11	8	68	33	35
天等县	1004	544	460	11	6	5	53	32	21
凭祥市	307	205	102	3	2		18	10	8

1-3b 续表 13

单位：人

地 区	5-9岁			10-14岁			15-19岁			20-24岁		
	小计	男	女	小计	男	女	小计	男	女	小计	男	女
百色市	**710**	**398**	**313**	**663**	**374**	**289**	**394**	**221**	**173**	**559**	**287**	**272**
右江区												
田阳县	94	45	48	60	34	26	22	10	13	47	22	25
田东县	89	51	38	69	41	27	42	23	20	68	35	33
平果县	162	96	67	160	94	66	92	52	40	138	75	63
德保县	48	25	23	44	24	20	23	9	15	41	21	20
靖西县	94	59	34	111	59	52	76	49	27	63	33	30
那坡县	38	23	15	35	21	14	12	6	6	19	8	10
凌云县	23	10	13	33	19	14	21	12	8	36	17	18
乐业县	32	16	16	28	15	13	20	12	8	35	18	17
田林县	31	17	15	22	12	10	38	19	19	31	12	19
西林县	28	14	14	29	19	10	16	9	6	28	17	11
隆林各族自治县	71	42	29	72	35	37	32	20	12	54	29	25
贺州市	**495**	**254**	**241**	**443**	**234**	**209**	**238**	**126**	**112**	**516**	**280**	**237**
八步区	106	55	51	108	54	54	55	29	26	121	67	54
平桂管理区	73	41	32	69	36	33	38	19	18	74	42	32
昭平县	132	64	68	110	56	54	46	26	20	118	58	60
钟山县	109	58	51	100	58	42	64	31	33	132	72	60
富川瑶族自治县	74	35	39	56	30	26	35	20	15	73	41	31
河池市	**692**	**389**	**304**	**678**	**365**	**312**	**678**	**159**	**518**	**470**	**264**	**206**
金城江区	30	19	11	24	13	11	11	5	6	16	10	7
南丹县	96	47	49	98	50	48	50	31	19	98	64	35
天峨县	49	34	15	71	37	34	26	15	11	30	15	15
凤山县	35	21	14	31	17	14	12	8	4	23	11	12
东兰县	26	16	10	39	12	27	410	3	407	36	16	20
罗城仫佬族自治县	72	41	31	49	27	22	22	12	10	48	29	19
环江毛南族自治县	62	32	31	65	41	23	21	15	6	28	12	16
巴马瑶族自治县	45	25	20	39	24	14	19	12	7	47	30	17
都安瑶族自治县	140	72	68	140	71	69	62	35	27	60	30	29
大化瑶族自治县	96	53	42	74	44	30	31	17	13	69	42	27
宜州市	41	29	12	49	29	21	14	6	8	15	6	10
来宾市	**478**	**259**	**219**	**430**	**216**	**214**	**212**	**117**	**94**	**370**	**207**	**163**
兴宾区	167	92	75	139	66	73	53	32	21	133	79	54
忻城县	77	39	38	63	31	31	36	14	22	42	16	26
象州县	74	44	29	66	35	31	40	25	15	66	37	29
武宣县	118	62	56	121	62	60	62	33	29	88	55	33
金秀瑶族自治县	26	13	13	25	12	13	14	10	4	30	16	14
合山市	16	8	8	17	10	7	7	5	3	11	4	7
崇左市	**378**	**196**	**182**	**443**	**252**	**191**	**383**	**320**	**63**	**266**	**148**	**117**
江州区	39	20	20	44	26	18	12	6	5	26	14	12
扶绥县	91	44	48	141	83	58	274	258	16	58	26	32
宁明县	67	36	31	65	28	38	33	19	14	45	26	19
龙州县	36	17	18	47	26	21	14	7	7	54	30	25
大新县	66	31	35	62	39	23	18	11	8	22	9	14
天等县	69	43	27	73	45	28	25	13	12	40	27	12
凭祥市	11	6	5	10	5	5	7	5	2	21	17	4

1-3b 续表 14 单位：人

地 区	25-29岁			30-34岁			35-39岁			40-44岁		
	小计	男	女	小计	男	女	小计	男	女	小计	男	女
百色市	**1077**	**545**	**532**	**1109**	**540**	**569**	**1114**	**573**	**541**	**1049**	**535**	**514**
右江区												
田阳县	110	58	52	144	74	70	152	81	71	127	72	55
田东县	148	73	75	142	68	74	173	81	92	141	80	61
平果县	238	119	119	255	119	136	215	108	107	250	127	124
德保县	62	30	33	89	31	58	97	61	36	86	27	59
靖西县	131	68	62	135	71	64	149	81	67	163	81	82
那坡县	34	21	13	57	24	33	63	29	34	40	22	18
凌云县	56	27	29	49	25	24	46	22	24	38	19	19
乐业县	65	33	32	37	19	19	38	18	20	25	12	13
田林县	67	33	34	50	25	25	50	24	26	59	30	29
西林县	58	27	31	48	24	23	39	20	19	52	29	23
隆林各族自治县	109	56	52	103	60	42	93	50	43	68	37	31
贺州市	**720**	**353**	**367**	**514**	**264**	**250**	**466**	**250**	**216**	**578**	**305**	**273**
八步区	130	59	72	104	48	56	99	46	53	116	64	52
平桂管理区	95	43	52	83	43	40	64	32	32	82	39	43
昭平县	160	75	85	122	55	67	121	73	48	162	83	79
钟山县	209	115	94	113	65	48	106	61	45	126	72	55
富川瑶族自治县	127	61	66	91	53	38	76	38	38	93	48	45
河池市	**893**	**445**	**449**	**929**	**489**	**441**	**934**	**487**	**448**	**949**	**512**	**438**
金城江区	38	9	28	31	11	20	43	18	25	44	26	19
南丹县	127	70	56	140	73	66	134	73	62	135	71	64
天峨县	38	15	23	79	37	42	70	40	31	64	31	33
凤山县	37	18	19	53	26	27	51	23	28	45	25	20
东兰县	35	22	13	33	16	17	28	15	14	31	14	16
罗城仫佬族自治县	118	64	54	97	53	45	99	51	48	113	58	55
环江毛南族自治县	69	29	40	71	36	36	95	42	53	86	37	49
巴马瑶族自治县	89	40	49	77	46	31	85	53	31	81	54	28
都安瑶族自治县	142	67	74	147	72	75	132	63	69	151	78	73
大化瑶族自治县	159	89	69	149	96	53	153	87	66	151	92	59
宜州市	43	20	23	51	23	28	44	22	21	48	26	22
来宾市	**735**	**360**	**375**	**639**	**310**	**329**	**596**	**307**	**289**	**640**	**348**	**292**
兴宾区	244	111	133	173	86	87	174	93	81	146	82	64
忻城县	92	47	46	88	41	47	94	42	52	103	50	53
象州县	125	55	70	123	56	68	111	58	53	125	64	61
武宣县	188	105	84	178	89	88	139	78	62	177	106	71
金秀瑶族自治县	56	27	29	50	23	27	45	20	25	64	33	31
合山市	29	15	14	28	15	13	32	16	16	25	13	12
崇左市	**588**	**315**	**273**	**580**	**299**	**282**	**677**	**340**	**337**	**650**	**354**	**296**
江州区	59	34	25	59	26	33	62	32	30	45	28	17
扶绥县	139	75	64	137	76	61	140	70	70	137	70	66
宁明县	79	42	37	92	49	44	126	64	62	121	64	57
龙州县	86	34	52	81	40	41	76	41	35	93	52	41
大新县	61	30	31	86	35	51	130	59	71	113	58	55
天等县	103	52	50	95	54	41	113	58	55	108	59	49
凭祥市	62	47	15	30	20	10	30	17	12	33	21	11

1-3b 续表 15

单位：人

地区	45-49岁			50-54岁			55-59岁			60-64岁		
	小计	男	女	小计	男	女	小计	男	女	小计	男	女
百色市	**1110**	**569**	**541**	**847**	**443**	**404**	**588**	**308**	**280**	**481**	**238**	**243**
右江区												
田阳县	155	81	73	115	60	55	65	31	35	76	34	41
田东县	167	87	80	129	68	62	98	56	42	69	31	38
平果县	285	139	146	178	97	81	122	60	63	104	52	51
德保县	79	45	33	83	46	37	46	28	19	48	22	26
靖西县	122	66	57	128	71	57	101	55	46	66	41	25
那坡县	40	24	16	23	12	12	25	13	12	13	6	7
凌云县	43	23	20	31	13	18	26	13	12	20	9	11
乐业县	43	22	21	27	13	14	21	12	9	13	6	7
田林县	74	31	43	59	27	32	34	17	17	20	11	9
西林县	39	23	16	34	14	20	20	11	9	18	8	9
隆林各族自治县	64	28	36	39	21	17	29	13	16	34	17	18
贺州市	**623**	**324**	**299**	**497**	**252**	**245**	**320**	**159**	**161**	**260**	**128**	**132**
八步区	149	72	78	122	70	52	71	29	42	56	27	28
平桂管理区	78	38	39	56	33	24	34	16	19	34	15	19
昭平县	156	90	65	125	62	63	78	42	36	62	30	31
钟山县	129	64	65	113	52	61	71	39	33	62	32	31
富川瑶族自治县	111	59	52	81	36	45	65	33	33	46	23	22
河池市	**920**	**510**	**409**	**706**	**379**	**327**	**433**	**224**	**209**	**381**	**190**	**191**
金城江区	38	21	17	37	21	16	11	7	4	16	9	7
南丹县	166	76	89	123	66	57	62	29	33	48	27	20
天峨县	60	33	27	25	13	12	26	13	13	25	10	15
凤山县	32	17	15	22	12	10	21	9	12	13	7	6
东兰县	36	18	18	27	15	11	13	8	5	17	7	10
罗城仫佬族自治县	113	62	51	94	56	38	50	23	27	41	19	22
环江毛南族自治县	78	40	39	87	50	37	54	29	25	41	27	14
巴马瑶族自治县	68	47	21	38	15	23	31	15	16	27	14	13
都安瑶族自治县	142	80	62	112	50	62	60	33	27	73	31	42
大化瑶族自治县	129	79	50	93	59	34	54	31	23	46	24	22
宜州市	57	38	19	48	21	27	49	27	23	35	16	19
来宾市	**701**	**367**	**334**	**543**	**290**	**253**	**369**	**196**	**173**	**320**	**158**	**162**
兴宾区	179	88	91	155	77	78	110	58	51	91	39	52
忻城县	111	59	53	85	45	40	56	29	26	54	27	27
象州县	131	68	63	96	52	44	60	31	29	58	31	27
武宣县	196	109	87	127	72	55	98	53	45	66	34	32
金秀瑶族自治县	52	25	26	46	24	22	25	14	11	22	11	11
合山市	33	18	15	34	20	14	20	10	10	29	15	14
崇左市	**593**	**307**	**286**	**470**	**250**	**220**	**334**	**170**	**164**	**317**	**168**	**150**
江州区	42	22	20	34	17	17	25	10	15	22	14	8
扶绥县	143	61	82	119	64	54	90	50	40	77	41	36
宁明县	108	57	51	81	45	36	53	27	26	51	25	26
龙州县	92	50	42	74	38	36	64	34	31	49	26	23
大新县	89	51	38	71	32	40	50	27	23	67	34	33
天等县	86	44	43	60	34	27	44	18	26	45	24	21
凭祥市	33	23	10	31	20	10	8	6	2	6	3	3

1-3b 续表 16

单位：人

地 区	65-69岁			70-74岁			75-79岁			80-84岁		
	小计	男	女	小计	男	女	小计	男	女	小计	男	女
百色市	**398**	**180**	**218**	**269**	**121**	**148**	**192**	**73**	**119**	**94**	**35**	**59**
右江区												
田阳县	48	20	28	27	13	14	29	11	18	10	2	8
田东县	78	36	42	48	23	26	22	6	15	14	9	5
平果县	86	33	53	58	30	28	43	19	24	16	8	7
德保县	38	18	20	28	13	14	20	8	12	9	2	7
靖西县	58	32	26	49	16	33	26	7	19	18	5	12
那坡县	12	6	6	5	3	2	8	3	5	3	1	3
凌云县	16	9	7	12	5	7	8	4	4	4	1	3
乐业县	14	7	7	7	3	3	7	2	5	1	1	
田林县	16	8	8	18	8	11	9	5	5	13	3	10
西林县	11	3	9	6	4	2	8	3	5	4	3	1
隆林各族自治县	21	7	14	11	4	7	12	5	7	2	1	1
贺州市	**194**	**96**	**97**	**174**	**88**	**86**	**122**	**52**	**70**	**92**	**36**	**56**
八步区	55	27	28	45	26	19	26	11	14	24	8	15
平桂管理区	24	12	12	23	13	11	15	7	8	10	3	7
昭平县	42	22	20	45	22	23	32	12	21	20	9	12
钟山县	39	19	20	32	14	17	25	10	14	23	9	14
富川瑶族自治县	33	16	17	28	12	16	24	11	12	15	7	8
河池市	**302**	**147**	**155**	**216**	**91**	**125**	**174**	**70**	**105**	**82**	**29**	**52**
金城江区	11	5	6	5	1	4	2		2	2		2
南丹县	41	19	22	37	13	24	26	11	15	9	3	5
天峨县	17	10	8	11	3	8	12	5	7	5	1	4
凤山县	13	7	6	9	4	5	4	1	3	3	1	2
东兰县	14	8	6	9	4	5	5	1	3	4		3
罗城仫佬族自治县	40	21	19	34	14	20	29	11	18	8	5	3
环江毛南族自治县	35	17	19	23	13	10	23	12	11	11	4	7
巴马瑶族自治县	14	5	9	10	3	6	11	4	7	5	1	4
都安瑶族自治县	60	25	35	39	19	20	34	13	21	12	4	8
大化瑶族自治县	30	14	15	23	10	14	15	5	10	10	4	6
宜州市	26	15	12	15	6	9	14	6	8	12	5	7
来宾市	**202**	**104**	**98**	**170**	**74**	**96**	**130**	**59**	**72**	**82**	**28**	**55**
兴宾区	67	33	34	53	25	27	50	23	28	32	9	23
忻城县	30	17	14	27	9	17	22	12	11	16	6	11
象州县	41	21	20	30	15	15	18	6	12	12	4	8
武宣县	26	15	10	38	13	25	22	9	13	14	5	9
金秀瑶族自治县	15	7	8	9	4	5	7	4	3	2	1	1
合山市	23	10	13	13	7	7	10	5	5	6	3	3
崇左市	**222**	**105**	**117**	**153**	**66**	**86**	**107**	**43**	**64**	**51**	**17**	**34**
江州区	18	6	13	22	9	14	14	6	8	2	1	1
扶绥县	62	31	31	40	21	20	32	13	19	15	5	10
宁明县	37	19	18	23	9	14	16	7	9	9	3	6
龙州县	30	13	17	23	8	15	18	7	11	9	3	6
大新县	40	19	21	20	10	9	13	4	9	8	3	5
天等县	33	17	16	23	9	14	12	5	7	8	2	6
凭祥市	2	1	1	1			2	1	1			

1-3b 续表 17　　单位：人

地　区	85-89岁			90-94岁			95-99岁			100岁及以上		
	小计	男	女	小计	男	女	小计	男	女	小计	男	女
百色市	**29**	**5**	**24**	**19**	**8**	**10**	**4**	**1**	**3**	**1**		**1**
右江区												
田阳县	5	2	3	2		2	1		1			
田东县	5		5	1	1		1		1			
平果县	4		4	6	1	5	2	1	1	1		1
德保县	4	1	3	2	2							
靖西县	4	2	2	5	3	2						
那坡县	1		1	1		1						
凌云县	2		2									
乐业县	2		1	1	1							
田林县	1		1	2	1	1						
西林县	1											
隆林各族自治县	1		1									
贺州市	**48**	**20**	**28**	**16**	**4**	**12**	**3**	**1**	**2**	**1**		**1**
八步区	10	4	7	3		3						
平桂管理区	6	3	4	3	1	2	1	1				
昭平县	13	6	8	5	1	3	1		1	1		1
钟山县	8	3	5	4	2	2	2	1	1			
富川瑶族自治县	10	5	5	2		2						
河池市	**48**	**13**	**35**	**20**	**7**	**13**	**4**	**1**	**3**	**1**	**1**	
金城江区	2	1	1									
南丹县	5	1	5	3	1	2	1		1			
天峨县	4	2	2				1		1			
凤山县	2		2	1		1						
东兰县	2		2									
罗城仫佬族自治县	6	2	5	5	2	3				1	1	
环江毛南族自治县	6	2	4	3	2	1						
巴马瑶族自治县	4		3									
都安瑶族自治县	11	2	9	4	2	2	2	1	1			
大化瑶族自治县	3	2	1	1		1						
宜州市	2	1	1	2		2						
来宾市	**39**	**16**	**23**	**16**	**6**	**11**	**5**	**2**	**3**	**1**		**1**
兴宾区	14	6	8	7	4	3	5	2	3			
忻城县	9	2	7	3	1	3						
象州县	8	4	4	2		2						
武宣县	4	2	1	4	1	2						
金秀瑶族自治县	2		2	1		1						
合山市	3	2	1									
崇左市	**17**	**4**	**12**	**11**	**4**	**7**	**3**	**1**	**2**			
江州区	1		1	1		1	1		1			
扶绥县	8	2	6	4	2	2						
宁明县	3		3	3		3						
龙州县	3	1	2	1	1	1	1		1			
大新县				1	1							
天等县	2	1	1	1	1	1	1	1				
凭祥市												

1-3c 各地区分性别、年龄的人口(乡村)

单位：人

地 区	人口数			0岁			1-4岁		
	合计	男	女	小计	男	女	小计	男	女
全 区	**318671**	**165804**	**152867**	**4593**	**2556**	**2036**	**21677**	**11826**	**9851**
南宁市	**35767**	**18858**	**16909**	**506**	**290**	**216**	**2188**	**1244**	**943**
兴宁区	863	460	403	15	8	7	48	24	24
青秀区	898	480	418	2	2		39	29	10
江南区	1622	882	740	18	8	10	97	58	38
西乡塘区	1687	919	769	17	8	8	73	40	34
良庆区	1734	921	813	19	8	12	109	70	39
邕宁区	2211	1168	1043	31	23	8	112	71	41
武鸣县	4046	2117	1928	65	45	20	187	104	83
隆安县	2758	1453	1305	38	20	18	184	101	83
马山县	3795	2047	1748	47	25	22	253	139	114
上林县	3066	1609	1457	55	31	24	175	102	73
宾阳县	6046	3169	2877	89	52	37	379	189	189
横县	7043	3634	3409	111	60	50	533	318	215
柳州市	**18654**	**9686**	**8968**	**266**	**150**	**117**	**1043**	**551**	**491**
城中区	16	7	8				1	1	
鱼峰区	243	125	118	6		6	14	5	8
柳南区	21	11	10				1		1
柳北区	288	154	134	12	8	5	12	5	8
柳江县	4048	2128	1921	52	25	27	166	79	87
柳城县	2776	1418	1358	42	20	22	171	95	76
鹿寨县	2352	1212	1140	32	23	9	162	92	71
融安县	2363	1209	1154	29	21	8	112	63	49
融水苗族自治县	3579	1878	1702	44	25	19	190	104	86
三江侗族自治县	2967	1544	1423	47	28	19	213	108	105
桂林市	**32953**	**16993**	**15960**	**457**	**260**	**197**	**1899**	**1015**	**884**
秀峰区									
叠彩区	214	111	103	4	4	1	15	8	7
象山区	5	2	3						
七星区	139	68	71	4	2	1	9	5	4
雁山区	504	262	241	8	4	4	35	18	17
临桂区	3623	1894	1729	60	40	19	240	128	112
阳朔县	2349	1210	1140	40	23	17	118	61	57
灵川县	2527	1277	1250	37	16	21	133	74	59
全州县	5809	2979	2830	58	31	27	332	165	168
兴安县	2723	1373	1350	38	22	16	152	84	68
永福县	2117	1144	973	29	18	10	115	62	53
灌阳县	2002	1053	948	14	9	6	69	41	28
龙胜各族自治县	1372	694	678	24	15	9	66	30	36
资源县	1346	683	663	23	12	11	83	46	38
平乐县	3362	1720	1642	61	31	30	250	141	109
荔浦县	2523	1316	1207	28	19	9	130	72	59
恭城瑶族自治县	2339	1208	1131	28	12	16	149	80	69

1-3c 续表 1 单位：人

地 区	5-9岁			10-14岁			15-19岁			20-24岁		
	小计	男	女	小计	男	女	小计	男	女	小计	男	女
全 区	**27743**	**14965**	**12779**	**25562**	**13561**	**12001**	**20481**	**11126**	**9355**	**17144**	**9134**	**8011**
南宁市	**2857**	**1593**	**1264**	**2624**	**1423**	**1201**	**2104**	**1221**	**882**	**1857**	**1073**	**784**
兴宁区	65	37	28	50	24	27	37	25	13	24	17	6
青秀区	65	34	31	62	36	26	60	40	20	36	14	22
江南区	86	43	43	135	77	58	98	61	36	93	52	41
西乡塘区	127	87	40	104	62	42	119	67	52	90	66	25
良庆区	149	85	63	130	76	54	107	58	49	73	45	27
邕宁区	184	111	73	164	75	89	177	91	86	135	74	61
武鸣县	232	118	114	219	115	103	215	133	82	199	116	83
隆安县	253	137	117	211	111	100	96	62	33	120	79	41
马山县	334	175	159	278	152	126	257	148	109	194	113	81
上林县	256	154	102	253	138	115	170	84	85	139	73	66
宾阳县	473	278	195	457	249	208	382	221	162	428	233	195
横县	633	334	298	561	306	255	386	230	155	327	191	136
柳州市	**1334**	**726**	**608**	**1229**	**635**	**594**	**858**	**445**	**413**	**1021**	**509**	**512**
城中区	1			1			1					
鱼峰区	15	5	10	11	6	6	10	8	2	13	8	5
柳南区	1	1	1	1	1	1	1	1		1	1	
柳北区	11	8	3	21	8	13	10	8	2	11	3	8
柳江县	223	119	104	163	82	82	188	104	83	326	172	154
柳城县	156	84	72	195	107	87	104	53	51	109	54	56
鹿寨县	177	100	77	149	72	77	95	42	53	110	51	59
融安县	142	68	74	149	83	66	106	44	61	110	58	52
融水苗族自治县	293	165	128	266	136	130	198	103	95	171	76	95
三江侗族自治县	314	175	139	272	140	131	145	81	64	170	86	84
桂林市	**2393**	**1253**	**1140**	**1821**	**936**	**885**	**1342**	**709**	**634**	**1428**	**742**	**686**
秀峰区												
叠彩区	10	4	6	5	2	2	9	6	3	12	6	6
象山区												
七星区	13	5	7	13	8	5	7	4	3	6	4	2
雁山区	30	15	15	18	12	6	23	16	7	31	17	14
临桂区	282	156	126	206	103	103	134	62	72	196	97	99
阳朔县	152	71	81	115	59	56	116	66	50	132	65	67
灵川县	160	85	75	91	51	39	87	35	52	104	60	44
全州县	459	237	222	373	191	182	234	151	83	217	120	97
兴安县	177	92	85	107	56	51	84	33	51	91	47	44
永福县	158	91	66	132	71	61	89	37	52	91	45	46
灌阳县	157	74	83	123	66	57	129	82	48	123	71	52
龙胜各族自治县	86	54	32	94	34	60	32	18	15	29	11	18
资源县	112	66	46	89	46	42	58	30	28	53	20	33
平乐县	293	135	158	224	116	108	141	73	68	141	74	67
荔浦县	139	72	66	103	54	49	103	48	56	108	60	49
恭城瑶族自治县	166	93	73	130	67	64	95	48	47	92	45	48

1-3c 续表 2

单位：人

地 区	25-29岁			30-34岁			35-39岁			40-44岁		
	小计	男	女	小计	男	女	小计	男	女	小计	男	女
全 区	**22306**	**11335**	**10971**	**23124**	**11952**	**11172**	**20769**	**11149**	**9620**	**22533**	**11927**	**10605**
南宁市	**2522**	**1295**	**1226**	**2719**	**1402**	**1317**	**2316**	**1232**	**1084**	**2706**	**1399**	**1307**
兴宁区	76	35	41	109	57	53	95	54	41	61	40	21
青秀区	97	49	48	72	37	35	37	21	17	65	26	39
江南区	104	55	49	139	77	62	120	68	52	163	80	83
西乡塘区	83	47	36	127	57	69	138	68	70	161	87	74
良庆区	139	64	75	195	99	97	149	78	71	130	74	56
邕宁区	177	89	88	173	95	78	157	79	78	173	98	75
武鸣县	309	154	155	328	165	163	236	129	107	318	169	149
隆安县	190	94	96	216	116	100	215	123	91	195	104	91
马山县	262	149	113	312	178	135	232	138	95	308	175	133
上林县	213	104	110	213	109	104	172	100	73	197	97	100
宾阳县	446	254	192	373	184	190	395	195	200	443	230	213
横县	426	202	223	459	228	231	370	180	190	492	219	273
柳州市	**1445**	**737**	**708**	**1547**	**825**	**722**	**1268**	**684**	**585**	**1504**	**807**	**697**
城中区	2	1	1	2	1	1	1		1	1		1
鱼峰区	26	13	13	25	16	9	14	8	7	23	15	9
柳南区	1	1	1	1	1		2	1	1	2	1	1
柳北区	18	9	9	16	8	8	13	6	6	31	17	14
柳江县	466	238	228	436	238	198	273	152	121	298	164	134
柳城县	190	92	98	248	129	119	216	114	102	235	113	122
鹿寨县	173	93	80	183	91	92	174	84	90	169	92	76
融安县	172	78	94	182	96	85	136	59	76	180	96	84
融水苗族自治县	227	119	108	258	144	114	232	141	91	314	173	141
三江侗族自治县	171	95	75	195	101	94	208	118	90	250	134	116
桂林市	**2117**	**1049**	**1068**	**2565**	**1333**	**1232**	**2208**	**1227**	**981**	**2482**	**1350**	**1131**
秀峰区												
叠彩区	22	12	11	20	12	8	12	6	6	17	8	9
象山区												
七星区	10	3	6	11	5	6	14	6	8	14	8	6
雁山区	38	18	20	55	30	25	37	20	17	37	18	19
临桂区	269	149	121	290	153	137	210	116	93	274	159	115
阳朔县	144	64	79	197	101	96	144	74	70	207	123	85
灵川县	203	100	103	260	123	137	162	86	76	175	95	81
全州县	306	145	161	392	201	191	449	258	191	414	217	197
兴安县	216	94	123	241	129	111	180	114	67	180	92	88
永福县	122	59	62	129	70	59	165	99	66	191	114	76
灌阳县	131	74	57	150	91	59	96	47	49	139	61	78
龙胜各族自治县	54	25	29	76	39	38	79	47	32	107	59	48
资源县	78	38	40	92	36	57	90	44	46	115	67	49
平乐县	228	116	111	243	126	117	224	122	102	231	120	111
荔浦县	159	78	81	218	120	98	181	95	86	194	104	90
恭城瑶族自治县	138	73	65	190	98	92	166	95	72	187	106	81

1-3c 续表 3

单位：人

地 区	45-49岁			50-54岁			55-59岁			60-64岁		
	小计	男	女	小计	男	女	小计	男	女	小计	男	女
全 区	**24349**	**13126**	**11223**	**21329**	**11159**	**10170**	**15743**	**8083**	**7660**	**15604**	**7795**	**7809**
南宁市	**2856**	**1569**	**1288**	**2519**	**1323**	**1196**	**1903**	**974**	**929**	**1749**	**899**	**850**
兴宁区	61	35	26	50	23	26	40	20	20	52	22	29
青秀区	78	38	40	70	40	30	70	37	33	47	32	14
江南区	131	90	41	136	75	60	86	44	42	79	43	36
西乡塘区	166	88	78	94	52	42	91	48	43	87	50	37
良庆区	109	62	48	89	42	47	69	34	36	81	34	47
邕宁区	147	80	68	149	77	71	97	43	54	123	63	59
武鸣县	354	181	173	323	175	147	257	124	133	234	123	111
隆安县	209	118	92	177	94	83	153	73	80	148	70	78
马山县	274	151	123	254	147	107	156	77	78	160	85	75
上林县	216	130	86	222	117	104	174	88	86	167	90	78
宾阳县	503	269	234	466	243	223	302	168	134	237	116	121
横县	606	328	279	491	235	255	410	219	191	334	170	164
柳州市	**1658**	**909**	**749**	**1356**	**736**	**620**	**984**	**524**	**460**	**993**	**489**	**504**
城中区	2	1	1	2	1	1	1	1				
鱼峰区	17	8	8	16	8	7	23	12	11	10	3	6
柳南区	2	1	1	2	1	1	2	1	1	1	1	
柳北区	46	23	23	21	17	5	17	14	3	17	9	8
柳江县	350	190	160	285	161	124	244	131	113	199	98	101
柳城县	254	141	113	204	106	98	168	80	88	154	75	80
鹿寨县	174	105	69	208	113	95	135	77	58	147	67	81
融安县	198	123	75	175	90	85	161	83	79	165	87	78
融水苗族自治县	360	189	170	254	139	115	149	84	65	160	80	80
三江侗族自治县	256	127	128	190	100	90	84	43	41	138	68	70
桂林市	**2902**	**1576**	**1326**	**2586**	**1341**	**1245**	**2084**	**1050**	**1034**	**2273**	**1108**	**1165**
秀峰区												
叠彩区	19	12	6	19	7	12	12	7	5	10	6	4
象山区	1											
七星区	10	5	6	3	3	1	5	2	2	6	2	5
雁山区	43	24	19	40	19	21	26	15	12	34	16	18
临桂区	307	158	149	258	139	119	195	108	87	230	109	120
阳朔县	230	126	104	176	95	81	121	61	59	161	83	77
灵川县	225	117	108	230	111	119	175	100	75	174	79	94
全州县	471	262	209	457	233	223	451	213	238	399	175	223
兴安县	216	107	108	240	116	124	187	97	90	235	107	128
永福县	205	128	77	144	79	64	112	58	54	134	87	47
灌阳县	186	98	87	180	89	92	128	60	68	132	64	69
龙胜各族自治县	144	82	62	129	72	58	107	48	59	115	61	55
资源县	119	61	59	96	52	44	78	39	39	88	41	47
平乐县	246	142	104	195	99	96	185	88	97	258	126	132
荔浦县	270	141	129	245	140	105	170	91	79	154	78	76
恭城瑶族自治县	211	112	99	173	88	86	133	65	68	143	73	70

1-3c 续表 4 单位：人

地 区	65-69岁			70-74岁			75-79岁			80-84岁		
	小计	男	女	小计	男	女	小计	男	女	小计	男	女
全 区	**11620**	**5787**	**5833**	**9411**	**4345**	**5066**	**7030**	**3106**	**3923**	**4565**	**1839**	**2726**
南宁市	**1535**	**757**	**778**	**1139**	**519**	**620**	**899**	**366**	**532**	**485**	**195**	**291**
兴宁区	40	21	19	24	12	12	5	3	3	4	1	3
青秀区	23	8	15	37	18	19	27	14	13	6	2	4
江南区	49	23	26	41	14	26	34	10	24	11	2	10
西乡塘区	83	40	43	54	22	32	47	17	30	14	8	6
良庆区	83	45	38	50	24	26	28	12	16	19	10	9
邕宁区	74	37	37	58	26	32	44	19	25	23	11	12
武鸣县	170	94	76	150	69	81	134	60	73	80	32	49
隆安县	139	64	75	82	37	46	72	34	39	27	10	17
马山县	146	68	78	124	51	73	102	40	62	57	20	37
上林县	168	88	81	129	56	73	69	28	40	50	16	33
宾阳县	244	109	135	173	81	92	130	50	79	83	37	45
横县	317	162	155	216	108	108	208	80	128	111	45	66
柳州市	**658**	**320**	**337**	**606**	**279**	**327**	**393**	**183**	**209**	**310**	**120**	**190**
城中区												
鱼峰区	9	4	4	3	1	2	3	3		4	1	3
柳南区	1			1			1					
柳北区	9	3	6	3	2	2	8	3	5	6	3	3
柳江县	117	61	57	107	57	49	65	28	37	65	22	43
柳城县	105	53	52	88	40	48	55	28	27	47	22	25
鹿寨县	90	47	43	66	28	38	51	23	28	31	8	24
融安县	107	55	52	97	42	55	68	30	37	43	17	25
融水苗族自治县	131	58	73	149	63	86	89	40	50	60	29	31
三江侗族自治县	88	39	49	92	45	47	53	28	26	53	18	35
桂林市	**1506**	**754**	**753**	**1101**	**536**	**565**	**804**	**377**	**427**	**577**	**236**	**341**
秀峰区												
叠彩区	5	2	3	8	4	5	9	4	5	5	1	4
象山区												
七星区	5	2	3	5	2	4	2	1	1	1	1	
雁山区	13	7	5	18	8	10	5	3	1	6	1	5
临桂区	191	98	94	127	55	72	70	38	33	47	17	30
阳朔县	100	55	45	75	33	41	60	23	37	40	13	27
灵川县	119	72	48	59	21	38	69	31	38	46	19	27
全州县	255	114	140	193	95	98	175	87	88	105	56	49
兴安县	133	69	64	97	54	44	71	34	37	48	17	32
永福县	95	38	57	62	31	31	46	21	25	51	19	32
灌阳县	90	43	46	66	41	25	33	18	15	32	15	17
龙胜各族自治县	95	43	51	52	27	25	35	15	20	25	8	17
资源县	42	26	16	51	28	23	37	15	23	23	9	14
平乐县	168	85	83	116	59	56	55	25	30	52	21	31
荔浦县	67	36	31	75	36	39	90	36	53	50	20	30
恭城瑶族自治县	127	62	65	97	42	55	47	27	21	45	19	26

1-3c 续表 5

单位：人

地 区	85-89岁			90-94岁			95-99岁			100岁及以上		
	小计	男	女	小计	男	女	小计	男	女	小计	男	女
全 区	**2163**	**774**	**1389**	**694**	**206**	**488**	**193**	**48**	**145**	**37**	**5**	**33**
南宁市	**203**	**66**	**136**	**62**	**16**	**46**	**19**	**2**	**17**	**1**		**1**
兴宁区	4	2	1	1		1						
青秀区	2	2					2		2			
江南区	3	2	2				2		2			
西乡塘区	11	3	9									
良庆区	4	1	3	3	1	2						
邕宁区	9	3	6	3	2	1	1	1				
武鸣县	30	11	19	7	1	6						
隆安县	19	3	16	12	3	9	2	1	1			
马山县	27	10	17	10	4	6	5		5	1		1
上林县	13	4	9	14	1	12	3		3			
宾阳县	36	9	27	3		3	3		3			
横县	44	16	28	9	3	6	2		2			
柳州市	**132**	**42**	**90**	**37**	**11**	**27**	**10**	**4**	**6**	**1**		**1**
城中区												
鱼峰区												
柳南区												
柳北区	2		2	2		2						
柳江县	17	4	13	8	2	6	1		1			
柳城县	22	10	12	9	2	7	4	2	2			
鹿寨县	20	3	17	3	1	2	2		2			
融安县	23	9	14	7	5	2				1		1
融水苗族自治县	29	9	20	4		4	1	1				
三江侗族自治县	20	7	13	4	1	4	2	1	1			
桂林市	**301**	**111**	**189**	**79**	**27**	**52**	**19**	**5**	**14**	**9**		**9**
秀峰区												
叠彩区	2	1	1									
象山区												
七星区	1		1									
雁山区	7	2	5	2		2						
临桂区	22	7	16	11	1	10				3		3
阳朔县	17	10	7	3	1	2	3	2	1			
灵川县	16	3	13	2		2						
全州县	37	16	21	21	11	10	6		6	4		4
兴安县	23	7	17	5	3	3						
永福县	39	15	24	9	2	6	1		1			
灌阳县	18	7	10	5	3	2	1	1				
龙胜各族自治县	16	5	11	4	1	3						
资源县	10	5	5	4	2	2	3	1	2	1		1
平乐县	43	18	26	5		5	4	1	3			
荔浦县	32	13	19	6	2	4				1		1
恭城瑶族自治县	17	3	14	2		2	1		1			

1-3c 续表 6

单位：人

地 区	人口数			0岁			1-4岁		
	合计	男	女	小计	男	女	小计	男	女
梧州市	**18763**	**9845**	**8918**	**308**	**160**	**148**	**1457**	**785**	**671**
万秀区	434	219	215	8	3	4	31	16	15
长洲区	343	192	151	4	2	1	41	26	15
龙圩区	1950	1101	850	14	8	6	130	71	59
苍梧县	2844	1479	1365	52	25	26	205	110	95
藤县	6511	3392	3119	149	73	76	548	291	257
蒙山县	1602	838	764	21	11	9	118	64	54
岑溪市	5078	2624	2453	60	36	24	384	206	178
北海市	**9006**	**4678**	**4328**	**125**	**76**	**49**	**543**	**310**	**234**
海城区	32	16	15				2	1	1
银海区	775	397	378	10	5	5	44	24	20
铁山港区	1282	674	608	25	15	10	86	52	34
合浦县	6917	3590	3327	90	56	34	412	233	179
防城港市	**5294**	**2899**	**2395**	**89**	**52**	**37**	**392**	**220**	**173**
港口区	426	222	204	7	2	6	29	16	13
防城区	2350	1257	1092	49	29	19	208	114	95
上思县	1820	1006	814	21	14	7	107	62	45
东兴市	699	413	285	12	6	5	47	27	20
钦州市	**25326**	**13399**	**11928**	**408**	**223**	**185**	**1944**	**1066**	**878**
钦南区	2957	1542	1415	61	27	34	254	133	121
钦北区	4909	2651	2258	70	47	24	415	227	188
灵山县	10796	5686	5110	164	89	74	732	395	337
浦北县	6665	3520	3145	113	60	54	544	311	233
贵港市	**28777**	**15019**	**13759**	**367**	**217**	**150**	**1933**	**1032**	**901**
港北区	2010	1034	976	22	7	15	143	73	70
港南区	4117	2166	1951	50	24	26	294	162	132
覃塘区	3151	1691	1460	51	29	23	174	98	77
平南县	8128	4226	3902	115	77	38	548	278	270
桂平市	11371	5901	5470	128	79	49	774	421	353
玉林市	**38069**	**19749**	**18320**	**576**	**343**	**233**	**3393**	**1810**	**1583**
玉州区	2044	1050	994	25	16	9	150	68	82
福绵区	3095	1671	1424	46	27	19	234	123	112
容县	4896	2528	2368	83	45	37	415	244	171
陆川县	5723	2948	2775	116	76	40	585	318	267
博白县	10972	5578	5394	147	79	68	1141	622	519
兴业县	4570	2447	2123	55	34	20	232	124	109
北流市	6769	3527	3242	105	66	39	635	311	324

1-3c 续表 7

单位：人

地 区	5-9岁			10-14岁			15-19岁			20-24岁		
	小计	男	女	小计	男	女	小计	男	女	小计	男	女
梧州市	**1688**	**902**	**786**	**1824**	**976**	**848**	**1543**	**806**	**736**	**1265**	**669**	**596**
万秀区	35	18	17	24	11	12	26	15	11	22	14	8
长洲区	28	15	13	30	22	8	7	4	3	28	18	11
龙圩区	163	87	76	185	99	86	192	105	87	177	109	68
苍梧县	243	132	111	261	139	123	231	113	118	203	102	101
藤县	603	322	281	653	329	325	506	265	241	375	180	195
蒙山县	114	63	52	114	64	51	89	55	34	87	45	42
岑溪市	501	265	236	557	312	244	491	249	243	373	201	171
北海市	**676**	**368**	**308**	**622**	**344**	**277**	**620**	**353**	**266**	**777**	**398**	**379**
海城区	2	1	1	2	1	1	2	1	1	2	1	1
银海区	59	32	27	49	25	24	51	27	24	68	37	31
铁山港区	83	46	37	85	48	37	71	37	33	101	54	47
合浦县	531	289	242	486	271	216	496	289	208	606	305	300
防城港市	**452**	**248**	**204**	**358**	**198**	**160**	**292**	**172**	**120**	**345**	**193**	**152**
港口区	28	17	12	21	11	10	18	9	8	36	18	19
防城区	230	119	111	155	80	75	109	63	46	119	65	55
上思县	145	85	60	130	79	51	125	75	50	137	79	58
东兴市	49	28	21	52	28	23	40	24	16	52	32	20
钦州市	**2554**	**1370**	**1184**	**2455**	**1280**	**1174**	**2211**	**1227**	**985**	**1548**	**866**	**681**
钦南区	296	160	136	236	122	115	201	109	91	177	101	76
钦北区	533	265	268	443	244	199	357	191	166	259	166	92
灵山县	1037	548	489	1108	566	542	1105	621	483	778	429	349
浦北县	688	397	291	668	349	319	549	305	244	334	170	164
贵港市	**2690**	**1481**	**1208**	**2758**	**1504**	**1254**	**2387**	**1244**	**1142**	**1654**	**910**	**743**
港北区	206	105	101	204	112	91	171	89	82	121	62	59
港南区	380	200	179	318	172	146	312	181	131	192	117	75
覃塘区	253	133	120	262	141	121	208	116	92	135	75	60
平南县	800	446	354	896	502	394	685	344	341	440	233	207
桂平市	1052	597	454	1078	577	501	1011	514	497	766	424	342
玉林市	**4015**	**2123**	**1892**	**3547**	**1944**	**1604**	**3127**	**1749**	**1378**	**1983**	**1071**	**912**
玉州区	188	97	91	166	85	81	126	80	46	100	57	43
福绵区	299	161	139	238	145	93	190	115	75	187	104	84
容县	460	244	216	449	241	208	416	234	182	218	112	106
陆川县	704	381	323	578	287	291	435	222	213	253	136	117
博白县	1200	613	587	1098	626	472	975	521	454	611	294	317
兴业县	396	229	167	415	244	171	394	221	172	275	169	106
北流市	767	398	369	603	315	287	591	355	235	338	198	140

1-3c 续表 8

单位：人

地 区	25-29岁			30-34岁			35-39岁			40-44岁		
	小计	男	女	小计	男	女	小计	男	女	小计	男	女
梧州市	**1305**	**671**	**634**	**991**	**490**	**500**	**897**	**465**	**432**	**1271**	**652**	**619**
万秀区	37	18	19	28	12	16	32	18	14	26	16	10
长洲区	26	13	13	13	8	5	14	7	6	20	12	7
龙圩区	150	94	56	126	76	50	117	66	51	104	59	45
苍梧县	185	102	83	109	56	53	106	49	57	219	109	110
藤县	424	217	207	352	169	183	307	173	135	426	218	207
蒙山县	130	71	59	123	56	67	90	42	48	121	69	52
岑溪市	353	156	197	240	114	127	231	110	121	357	169	188
北海市	**889**	**428**	**461**	**720**	**356**	**364**	**598**	**308**	**291**	**592**	**297**	**295**
海城区	4	2	2	3	2	2	2	1	1	3	1	2
银海区	81	36	44	62	32	30	59	30	29	52	27	25
铁山港区	127	69	59	94	48	46	69	36	33	87	45	43
合浦县	678	321	357	561	275	287	469	241	228	450	224	226
防城港市	**451**	**257**	**194**	**463**	**253**	**210**	**360**	**199**	**161**	**382**	**210**	**172**
港口区	58	32	26	36	19	17	24	12	12	28	16	12
防城区	181	104	76	237	132	105	156	84	71	146	76	70
上思县	144	77	66	136	72	64	128	70	57	147	80	67
东兴市	68	42	26	54	30	24	53	33	20	61	38	24
钦州市	**1694**	**922**	**772**	**1655**	**880**	**775**	**1439**	**745**	**694**	**1519**	**808**	**711**
钦南区	227	114	114	228	116	112	177	82	95	194	108	86
钦北区	332	195	137	347	203	144	278	153	125	284	150	134
灵山县	708	397	312	691	368	323	663	353	309	669	352	317
浦北县	426	217	209	389	193	196	321	156	165	372	198	173
贵港市	**2158**	**1138**	**1020**	**1928**	**1016**	**912**	**1961**	**1032**	**929**	**1863**	**947**	**916**
港北区	132	77	55	119	60	59	174	93	81	122	71	51
港南区	337	188	149	274	145	129	259	134	125	256	130	126
覃塘区	293	157	137	217	129	88	237	144	94	210	112	98
平南县	547	283	264	496	262	235	537	268	269	494	254	240
桂平市	849	434	415	822	421	402	754	393	361	781	380	401
玉林市	**2716**	**1323**	**1393**	**2703**	**1323**	**1380**	**2059**	**1039**	**1021**	**2371**	**1164**	**1207**
玉州区	165	80	85	175	93	82	146	75	71	145	71	74
福绵区	280	146	134	271	156	115	173	91	82	193	99	95
容县	290	127	163	276	130	145	249	120	129	314	143	171
陆川县	384	182	202	428	197	231	308	167	141	306	161	145
博白县	749	338	411	732	333	399	586	281	304	694	342	352
兴业县	285	167	118	319	155	164	264	133	131	351	172	179
北流市	563	282	280	503	260	243	335	171	164	367	177	191

1-3c 续表 9

单位：人

地区	45-49岁			50-54岁			55-59岁			60-64岁		
	小计	男	女	小计	男	女	小计	男	女	小计	男	女
梧州市	**1420**	**774**	**646**	**1128**	**609**	**519**	**832**	**454**	**378**	**820**	**458**	**362**
万秀区	34	18	16	29	14	15	15	8	7	30	11	19
长洲区	30	11	20	29	16	13	14	7	6	16	11	5
龙圩区	140	74	66	91	56	35	72	37	35	96	57	38
苍梧县	239	136	103	214	111	103	127	77	50	133	68	65
藤县	463	252	211	374	194	180	303	165	138	302	181	121
蒙山县	144	80	64	104	53	51	80	40	40	71	36	35
岑溪市	370	204	166	287	166	122	220	119	102	173	94	79
北海市	**601**	**314**	**287**	**565**	**269**	**296**	**425**	**223**	**202**	**412**	**202**	**209**
海城区	2	1	1	3	2	2	2	1	1	1	1	1
银海区	60	31	29	41	20	21	36	21	16	27	12	15
铁山港区	95	45	50	96	48	48	62	32	30	56	28	28
合浦县	445	237	207	424	199	225	325	169	156	327	162	165
防城港市	**377**	**202**	**175**	**366**	**197**	**170**	**261**	**135**	**125**	**213**	**114**	**99**
港口区	33	17	16	32	15	17	17	9	9	21	13	7
防城区	141	73	68	152	79	73	120	57	63	103	50	52
上思县	142	76	66	144	77	67	93	51	42	66	37	29
东兴市	61	36	25	39	26	13	30	18	11	23	13	9
钦州市	**1672**	**870**	**802**	**1551**	**762**	**789**	**1187**	**613**	**575**	**1114**	**559**	**555**
钦南区	166	91	75	165	82	83	141	73	68	127	64	63
钦北区	285	160	125	313	149	163	269	137	132	242	121	121
灵山县	803	406	397	635	321	314	446	235	211	402	198	204
浦北县	418	213	205	438	210	228	332	168	164	343	176	167
贵港市	**1985**	**1042**	**944**	**1710**	**834**	**876**	**1243**	**650**	**593**	**1257**	**634**	**623**
港北区	138	65	72	94	53	41	70	31	39	81	43	39
港南区	309	148	160	290	147	143	197	100	97	235	121	113
覃塘区	260	145	115	223	108	115	150	79	71	148	76	71
平南县	484	258	226	474	244	230	340	173	167	388	188	200
桂平市	795	425	370	630	282	348	486	267	219	405	205	200
玉林市	**2462**	**1270**	**1192**	**2261**	**1194**	**1067**	**1714**	**833**	**881**	**1570**	**809**	**761**
玉州区	161	84	78	118	66	53	93	48	45	95	41	55
福绵区	189	93	96	203	111	92	136	64	71	149	80	69
容县	389	205	184	338	179	159	220	114	107	210	110	100
陆川县	330	172	158	285	148	137	255	115	139	232	118	114
博白县	637	340	297	598	309	289	463	206	257	434	215	219
兴业县	403	210	193	312	174	139	197	98	99	179	112	68
北流市	353	168	185	407	207	199	350	188	162	270	134	136

1-3c 续表 10 单位：人

地 区	65-69岁			70-74岁			75-79岁			80-84岁		
	小计	男	女	小计	男	女	小计	男	女	小计	男	女
梧州市	**556**	**297**	**259**	**542**	**267**	**275**	**458**	**221**	**237**	**285**	**129**	**156**
万秀区	21	10	11	11	6	5	11	4	7	8	4	5
长洲区	5	1	4	14	6	8	20	10	11	4	2	1
龙圩区	72	39	32	41	21	19	42	23	19	18	10	8
苍梧县	89	48	41	99	45	54	67	34	33	41	15	26
藤县	162	92	70	197	100	97	174	86	87	131	63	68
蒙山县	68	34	34	57	28	30	27	10	17	22	9	13
岑溪市	139	72	67	124	61	62	117	53	64	62	26	36
北海市	**237**	**143**	**93**	**203**	**102**	**101**	**160**	**79**	**81**	**137**	**57**	**80**
海城区	1	1		1								
银海区	24	13	11	19	9	10	15	8	8	11	5	6
铁山港区	34	19	15	44	22	22	30	15	15	21	11	10
合浦县	178	111	67	140	71	69	114	56	58	106	41	65
防城港市	**150**	**81**	**70**	**134**	**71**	**64**	**87**	**46**	**41**	**68**	**29**	**39**
港口区	11	3	7	10	5	5	7	5	2	3	1	2
防城区	78	45	33	70	41	30	38	19	19	33	17	16
上思县	47	26	22	39	16	24	31	16	15	21	6	15
东兴市	14	6	8	14	9	5	11	6	5	11	5	6
钦州市	**783**	**439**	**344**	**563**	**283**	**280**	**487**	**240**	**247**	**317**	**157**	**160**
钦南区	86	53	34	79	38	41	64	35	30	44	23	22
钦北区	163	89	73	107	60	47	107	45	62	58	26	32
灵山县	300	154	146	204	97	106	175	85	90	105	52	53
浦北县	234	143	91	174	88	86	141	75	66	109	56	53
贵港市	**1015**	**533**	**482**	**714**	**333**	**381**	**551**	**237**	**314**	**331**	**153**	**178**
港北区	73	34	38	47	19	28	36	20	16	35	13	22
港南区	171	93	77	100	44	57	61	25	36	48	26	21
覃塘区	107	60	47	86	43	43	69	31	38	27	7	20
平南县	283	138	145	240	119	121	176	71	105	97	51	46
桂平市	381	207	174	240	108	132	209	90	119	125	55	69
玉林市	**1150**	**598**	**551**	**949**	**487**	**462**	**725**	**340**	**384**	**466**	**210**	**255**
玉州区	74	37	38	57	22	35	30	17	13	19	8	11
福绵区	103	61	43	71	36	35	77	38	39	31	11	21
容县	182	91	91	163	81	82	108	53	55	65	29	36
陆川县	172	86	86	126	80	45	117	57	60	66	27	39
博白县	270	147	123	236	117	119	191	93	98	128	68	60
兴业县	149	64	84	141	64	77	96	34	61	72	34	39
北流市	198	112	86	156	87	69	105	48	57	84	33	51

1-3c 续表 11

单位：人

地　区	85-89岁			90-94岁			95-99岁			100岁及以上		
	小计	男	女	小计	男	女	小计	男	女	小计	男	女
梧州市	**127**	**44**	**82**	**37**	**14**	**23**	**8**		**8**	**2**		**2**
万秀区	4	1	3	3	1	2	1		1	1		1
长洲区				1		1						
龙圩区	17	7	10	4	1	4	1		1			
苍梧县	9	2	7	9	3	6	2		2			
藤县	49	17	33	10	6	4	1		1	1		1
蒙山县	16	7	9	5	2	4	1		1			
岑溪市	32	11	21	5	1	4	3		3			
北海市	**74**	**36**	**38**	**20**	**9**	**12**	**7**	**4**	**3**	**2**	**1**	**1**
海城区												
银海区	4	2	2	2	1	1						
铁山港区	10	4	6	5		5	1		1	1		
合浦县	60	29	30	14	7	6	6	4	2	1	1	
防城港市	**36**	**15**	**20**	**15**	**7**	**8**	**2**	**1**	**2**	**1**		**1**
港口区	4	1	3	2	1	1						
防城区	15	7	7	8	4	4	1		1	1		1
上思县	12	5	7	3	1	2	1					
东兴市	5	2	3	2	1	1						
钦州市	**151**	**60**	**91**	**55**	**21**	**34**	**16**	**5**	**10**	**3**	**1**	**2**
钦南区	25	7	19	6	3	3	4	3	1			
钦北区	25	12	13	19	10	9	3	1	3	1		1
灵山县	53	15	37	13	5	9	6	1	5			
浦北县	48	26	22	17	4	13	2	1	1	2	1	1
贵港市	**176**	**57**	**118**	**72**	**21**	**51**	**22**	**4**	**18**	**4**		**4**
港北区	16	5	12	6	1	5	2	1	1	1		1
港南区	24	4	20	10	3	7	2	1	2			
覃塘区	30	7	23	7	2	5	3		3	1		1
平南县	61	30	31	19	6	14	7	2	5	1		1
桂平市	45	12	33	30	10	20	8		8	2		2
玉林市	**204**	**97**	**107**	**63**	**18**	**44**	**12**	**2**	**10**	**5**	**1**	**4**
玉州区	8	5	3							1		1
福绵区	20	10	10	4	2	3	1		1			
容县	34	21	13	15	4	11	2	1	1			
陆川县	25	12	13	17	7	10	1		1	1		1
博白县	64	29	35	13	3	10	1		1	3	1	1
兴业县	26	9	17	7	1	6	2		2			
北流市	27	11	17	7	3	4	4	1	3			

1-3c　续表 12　　　　单位：人

地　区	人口数			0岁			1-4岁		
	合计	男	女	小计	男	女	小计	男	女
百色市	**30061**	**15372**	**14689**	**340**	**175**	**165**	**1706**	**950**	**757**
右江区	1920	962	958	17	10	7	101	49	52
田阳县	2692	1360	1333	36	22	14	146	70	76
田东县	2908	1438	1469	41	23	18	177	89	88
平果县	3054	1573	1481	35	20	15	189	112	77
德保县	2895	1547	1347	31	11	19	118	70	48
靖西县	4749	2461	2288	38	21	17	270	165	105
那坡县	1463	740	723	19	11	8	103	60	43
凌云县	1837	962	876	19	6	13	92	52	39
乐业县	1422	728	694	19	9	10	94	51	42
田林县	2221	1114	1106	25	14	11	108	56	52
西林县	1267	655	612	17	9	8	62	36	26
隆林各族自治县	3634	1833	1802	43	19	25	247	139	108
贺州市	**14515**	**7501**	**7014**	**254**	**145**	**109**	**1137**	**624**	**513**
八步区	4301	2148	2153	94	49	45	370	197	173
平桂管理区	2762	1436	1327	50	29	20	188	102	86
昭平县	2557	1369	1188	37	21	16	188	104	84
钟山县	2824	1472	1352	47	32	15	212	120	92
富川瑶族自治县	2071	1077	994	27	14	13	180	102	77
河池市	**28978**	**15013**	**13964**	**446**	**224**	**222**	**1903**	**1044**	**859**
金城江区	1864	1289	575	11	7	4	60	35	25
南丹县	2044	1078	967	31	20	11	137	72	64
天峨县	1269	654	616	9	4	6	64	43	21
凤山县	1575	797	777	28	18	11	109	52	57
东兰县	2179	1157	1022	30	14	16	132	85	47
罗城仫佬族自治县	2705	1360	1345	56	27	28	174	83	91
环江毛南族自治县	2436	1199	1238	47	27	20	178	96	83
巴马瑶族自治县	2182	1108	1073	37	19	18	159	91	69
都安瑶族自治县	4787	2403	2383	73	30	42	357	193	164
大化瑶族自治县	3388	1730	1658	41	20	21	225	121	104
宜州市	4549	2238	2310	84	38	45	307	173	134
来宾市	**16269**	**8370**	**7899**	**235**	**117**	**118**	**1148**	**605**	**544**
兴宾区	6773	3516	3257	90	41	49	484	284	199
忻城县	2845	1426	1419	48	22	26	181	81	100
象州县	2302	1203	1099	33	20	12	139	72	68
武宣县	2805	1441	1364	40	21	20	246	115	131
金秀瑶族自治县	1041	527	514	13	7	6	65	36	29
合山市	503	256	247	11	6	5	33	16	17
崇左市	**16237**	**8422**	**7815**	**215**	**124**	**91**	**991**	**572**	**419**
江州区	2211	1166	1045	26	15	11	134	77	57
扶绥县	2827	1495	1331	42	22	20	142	86	56
宁明县	3123	1703	1420	46	24	23	205	126	79
龙州县	1807	908	899	13	8	5	73	38	35
大新县	2773	1382	1391	43	28	15	177	98	79
天等县	3068	1543	1525	36	23	13	236	134	102
凭祥市	429	225	204	9	4	5	25	14	11

1-3c 续表 13

单位：人

地区	5-9岁			10-14岁			15-19岁			20-24岁		
	小计	男	女	小计	男	女	小计	男	女	小计	男	女
百色市	**2458**	**1338**	**1120**	**2447**	**1257**	**1190**	**2007**	**1088**	**919**	**1604**	**806**	**798**
右江区	139	79	60	111	51	60	90	49	41	107	44	62
田阳县	253	132	121	168	72	97	97	54	42	89	48	41
田东县	241	139	102	206	98	107	162	89	73	105	48	56
平果县	222	122	100	206	97	109	209	111	98	209	116	93
德保县	226	133	94	231	118	114	181	104	77	126	70	56
靖西县	400	205	195	409	204	205	357	181	176	238	114	124
那坡县	108	56	52	116	64	52	69	39	29	80	32	48
凌云县	132	80	52	158	96	61	190	105	85	142	78	64
乐业县	114	57	57	148	86	62	160	90	71	94	50	44
田林县	170	89	81	213	104	109	137	73	65	113	55	58
西林县	104	58	46	108	61	47	98	53	45	104	58	46
隆林各族自治县	348	186	162	373	206	166	258	141	117	197	92	105
贺州市	**1379**	**711**	**668**	**1128**	**574**	**553**	**933**	**484**	**449**	**897**	**452**	**445**
八步区	424	211	213	360	176	184	317	155	162	250	119	131
平桂管理区	223	113	110	198	106	92	187	97	90	207	103	104
昭平县	246	134	112	230	115	114	139	79	60	155	90	65
钟山县	287	152	135	234	113	121	192	99	93	178	86	92
富川瑶族自治县	199	101	98	107	64	43	98	54	43	107	55	53
河池市	**2569**	**1404**	**1165**	**2337**	**1230**	**1108**	**1729**	**941**	**788**	**1373**	**710**	**664**
金城江区	71	40	31	73	42	31	64	37	27	148	109	39
南丹县	209	117	92	180	99	81	139	78	61	110	56	54
天峨县	119	67	52	154	85	69	121	68	53	59	30	29
凤山县	136	80	55	124	70	54	126	66	60	100	45	55
东兰县	199	126	73	194	113	81	131	73	58	75	37	37
罗城仫佬族自治县	221	129	92	178	91	87	127	62	65	115	53	62
环江毛南族自治县	210	106	104	154	79	75	99	53	46	85	38	48
巴马瑶族自治县	206	117	90	215	111	104	143	80	63	95	45	50
都安瑶族自治县	511	259	252	467	237	230	328	174	154	241	121	119
大化瑶族自治县	321	167	155	296	156	140	218	117	101	204	109	96
宜州市	367	198	168	300	146	154	233	132	100	142	68	74
来宾市	**1357**	**704**	**653**	**1242**	**614**	**628**	**710**	**360**	**350**	**751**	**390**	**361**
兴宾区	624	324	299	606	294	311	285	145	139	317	172	145
忻城县	224	120	105	165	83	82	97	53	44	116	59	57
象州县	166	86	80	156	80	76	115	51	64	91	47	44
武宣县	240	125	114	229	116	112	152	79	72	141	72	69
金秀瑶族自治县	65	30	36	63	29	34	41	19	22	51	25	27
合山市	38	19	19	23	11	12	21	13	8	35	15	20
崇左市	**1322**	**743**	**579**	**1172**	**646**	**525**	**619**	**326**	**293**	**642**	**345**	**297**
江州区	169	95	73	142	82	59	84	50	34	84	45	38
扶绥县	216	119	97	176	105	71	114	54	60	120	66	54
宁明县	281	155	126	265	133	132	124	73	51	147	94	53
龙州县	91	54	37	109	53	56	61	31	30	109	50	59
大新县	216	129	87	180	100	79	100	45	54	69	29	41
天等县	316	173	143	270	155	115	124	64	60	89	50	40
凭祥市	34	18	16	30	18	12	13	8	5	23	11	12

1-3c 续表 14 单位：人

地区	25-29岁			30-34岁			35-39岁			40-44岁		
	小计	男	女	小计	男	女	小计	男	女	小计	男	女
百色市	**1983**	**958**	**1026**	**2321**	**1169**	**1151**	**2359**	**1303**	**1056**	**2366**	**1285**	**1081**
右江区	137	63	74	196	109	87	151	83	68	149	85	65
田阳县	125	62	63	156	78	78	204	105	98	226	124	102
田东县	143	52	91	245	108	137	271	158	114	237	128	109
平果县	254	129	125	254	124	130	227	120	106	241	142	99
德保县	174	91	83	220	115	105	246	135	111	243	142	101
靖西县	268	145	122	320	168	151	317	173	143	354	198	156
那坡县	102	44	58	141	73	68	137	76	61	100	54	46
凌云县	138	70	68	136	70	66	154	86	68	156	80	75
乐业县	99	47	52	95	50	45	111	55	56	117	63	54
田林县	178	93	86	193	88	105	177	103	74	182	92	90
西林县	123	60	63	103	56	47	95	56	39	105	55	50
隆林各族自治县	242	101	141	263	130	133	271	153	118	256	122	133
贺州市	**1068**	**540**	**528**	**993**	**526**	**467**	**865**	**462**	**403**	**930**	**495**	**435**
八步区	271	140	130	258	127	131	250	118	132	289	158	131
平桂管理区	244	130	115	250	134	116	180	97	83	156	79	77
昭平县	174	87	87	150	83	67	126	72	54	170	94	76
钟山县	216	107	109	199	105	93	182	110	72	170	89	82
富川瑶族自治县	163	76	87	137	78	59	127	66	62	144	75	69
河池市	**1937**	**998**	**939**	**2263**	**1192**	**1071**	**2176**	**1198**	**978**	**2154**	**1208**	**946**
金城江区	182	144	38	187	146	41	206	163	43	199	148	51
南丹县	141	79	62	149	85	64	158	91	67	177	89	88
天峨县	62	29	33	91	43	48	100	57	43	109	62	47
凤山县	109	57	53	132	66	66	106	59	47	125	63	63
东兰县	136	64	72	174	86	89	174	96	78	152	85	67
罗城仫佬族自治县	201	81	120	210	105	106	174	98	76	217	118	99
环江毛南族自治县	159	68	91	183	95	88	193	97	96	158	98	60
巴马瑶族自治县	146	74	71	171	89	81	154	80	74	142	76	66
都安瑶族自治县	282	142	140	336	180	156	329	171	158	324	169	155
大化瑶族自治县	265	140	125	300	149	150	269	143	125	231	127	104
宜州市	255	120	135	331	148	183	312	141	171	319	174	145
来宾市	**1054**	**529**	**525**	**1126**	**590**	**536**	**1118**	**605**	**513**	**1211**	**663**	**548**
兴宾区	430	226	203	411	217	194	497	269	228	493	269	224
忻城县	160	79	81	162	74	88	156	81	75	220	118	102
象州县	156	75	81	206	110	96	179	104	75	187	107	80
武宣县	170	81	89	212	121	92	182	97	85	187	103	85
金秀瑶族自治县	85	39	45	87	44	44	62	34	28	81	42	39
合山市	53	27	25	47	26	21	42	20	21	42	24	19
崇左市	**967**	**491**	**476**	**1130**	**595**	**535**	**1144**	**651**	**493**	**1182**	**642**	**540**
江州区	127	63	64	177	91	85	230	127	103	210	124	86
扶绥县	213	112	101	249	130	119	212	127	85	198	100	98
宁明县	207	118	88	220	132	88	225	144	81	217	123	93
龙州县	120	56	64	152	77	75	141	77	65	158	91	67
大新县	117	54	63	134	75	59	163	81	82	198	106	92
天等县	153	73	80	167	72	95	143	76	67	169	81	88
凭祥市	30	15	15	31	17	14	29	19	10	33	17	16

1-3c 续表 15

单位：人

地 区	45-49岁			50-54岁			55-59岁			60-64岁		
	小计	男	女	小计	男	女	小计	男	女	小计	男	女
百色市	**2455**	**1314**	**1141**	**1965**	**1046**	**919**	**1309**	**685**	**625**	**1352**	**636**	**716**
右江区	161	78	83	153	75	78	98	53	45	103	46	57
田阳县	254	145	110	220	122	97	166	101	65	159	85	74
田东县	228	127	101	163	80	83	153	78	76	187	77	110
平果县	287	147	140	221	121	99	102	56	46	120	53	67
德保县	231	131	99	178	107	71	121	69	52	130	67	63
靖西县	352	194	157	283	168	116	215	109	107	249	120	129
那坡县	131	72	59	90	47	43	53	26	27	55	24	31
凌云县	132	73	59	95	41	54	64	29	35	73	32	40
乐业县	108	52	57	69	30	39	34	16	19	36	20	16
田林县	187	97	91	157	87	70	101	52	49	85	38	47
西林县	117	56	61	76	37	39	41	16	26	38	21	17
隆林各族自治县	267	143	124	260	132	129	161	82	79	117	53	64
贺州市	**1078**	**603**	**475**	**968**	**500**	**468**	**665**	**340**	**325**	**708**	**350**	**358**
八步区	303	167	136	261	141	120	199	96	104	229	105	124
平桂管理区	199	114	86	196	96	99	120	64	56	111	56	56
昭平县	218	129	89	179	93	85	106	59	47	133	69	64
钟山县	192	107	85	174	89	85	121	65	56	133	67	66
富川瑶族自治县	166	87	79	158	81	77	118	56	63	102	54	47
河池市	**2106**	**1192**	**914**	**1847**	**1010**	**837**	**1400**	**707**	**693**	**1329**	**625**	**704**
金城江区	210	160	50	147	104	44	89	56	33	73	44	30
南丹县	146	71	75	117	71	46	66	31	35	74	32	42
天峨县	94	52	42	61	29	32	45	23	22	37	19	18
凤山县	102	54	48	81	40	40	49	22	27	68	32	37
东兰县	156	84	72	113	67	45	92	45	47	105	42	63
罗城仫佬族自治县	209	120	89	162	87	76	150	74	77	133	64	69
环江毛南族自治县	197	108	89	191	98	93	118	59	59	117	53	64
巴马瑶族自治县	141	74	67	128	65	63	112	52	59	84	40	44
都安瑶族自治县	287	156	131	277	149	128	254	133	121	203	95	108
大化瑶族自治县	228	125	103	177	92	85	142	69	72	133	65	68
宜州市	336	189	147	393	210	183	282	142	140	302	141	161
来宾市	**1335**	**731**	**604**	**1164**	**635**	**529**	**777**	**421**	**356**	**888**	**452**	**436**
兴宾区	523	296	227	478	250	229	294	158	136	332	169	163
忻城县	288	148	140	247	139	108	168	93	75	152	84	68
象州县	181	100	81	145	82	63	99	55	45	158	78	79
武宣县	202	113	90	179	100	80	144	78	66	163	76	87
金秀瑶族自治县	101	54	47	79	45	35	48	29	19	67	35	32
合山市	39	20	19	35	20	15	25	9	15	18	11	7
崇左市	**1442**	**760**	**682**	**1344**	**704**	**640**	**959**	**474**	**485**	**927**	**460**	**466**
江州区	200	103	97	144	76	68	96	45	51	108	56	53
扶绥县	251	142	108	227	119	108	165	85	80	162	86	77
宁明县	269	148	121	233	118	114	167	84	83	164	81	82
龙州县	187	94	93	176	97	80	117	59	59	79	41	38
大新县	253	129	124	256	131	125	201	98	103	198	93	105
天等县	238	122	116	275	145	130	187	90	97	195	94	100
凭祥市	44	22	22	32	17	15	25	13	12	21	10	11

1-3c 续表 16

单位: 人

地 区	65-69岁			70-74岁			75-79岁			80-84岁		
	小计	男	女	小计	男	女	小计	男	女	小计	男	女
百色市	**1135**	**507**	**628**	**971**	**404**	**567**	**643**	**258**	**385**	**376**	**122**	**254**
右江区	63	30	33	59	25	34	46	21	25	20	7	13
田阳县	119	47	72	120	43	77	77	29	48	47	13	35
田东县	137	71	66	89	36	52	55	23	33	40	12	28
平果县	95	39	56	78	34	44	55	19	36	29	6	23
德保县	142	66	77	140	58	82	68	31	36	52	19	33
靖西县	231	108	123	201	92	109	118	49	69	70	28	42
那坡县	50	20	30	46	19	27	34	11	23	19	6	13
凌云县	53	20	33	35	14	21	34	16	19	20	8	12
乐业县	42	16	26	37	17	19	25	12	13	12	3	9
田林县	57	31	26	50	19	31	45	14	31	29	9	20
西林县	26	10	15	23	6	17	15	3	12	6	3	4
隆林各族自治县	121	51	71	94	40	54	70	30	40	32	9	22
贺州市	**458**	**239**	**220**	**376**	**177**	**199**	**310**	**125**	**185**	**211**	**88**	**123**
八步区	140	73	68	109	49	60	82	31	52	60	27	33
平桂管理区	56	31	25	56	25	31	63	26	37	48	19	29
昭平县	99	50	49	79	40	39	56	24	32	34	14	21
钟山县	85	40	45	73	35	38	59	27	32	42	18	23
富川瑶族自治县	79	45	33	59	28	31	50	18	32	27	10	17
河池市	**1047**	**477**	**571**	**964**	**380**	**584**	**671**	**271**	**400**	**429**	**131**	**298**
金城江区	40	17	23	51	20	31	34	17	17	11	2	9
南丹县	76	40	36	61	23	38	42	16	26	20	5	16
天峨县	38	13	25	45	17	28	34	11	23	22	5	17
凤山县	67	32	35	43	16	27	38	16	22	17	5	12
东兰县	114	55	59	97	44	54	58	24	34	28	12	15
罗城仫佬族自治县	110	50	59	118	46	72	71	38	33	51	22	29
环江毛南族自治县	105	52	53	83	27	56	75	28	47	55	14	40
巴马瑶族自治县	74	31	43	77	30	47	40	16	24	32	11	21
都安瑶族自治县	133	56	77	149	63	86	113	42	71	61	19	42
大化瑶族自治县	112	53	59	84	30	54	67	25	42	38	11	27
宜州市	177	76	100	155	63	92	100	38	62	94	24	69
来宾市	**668**	**308**	**359**	**555**	**268**	**288**	**435**	**195**	**240**	**295**	**118**	**177**
兴宾区	292	129	163	225	103	122	187	87	100	119	50	70
忻城县	132	61	71	130	52	78	98	48	50	53	19	34
象州县	101	49	51	70	39	32	54	24	30	43	17	26
武宣县	96	47	48	76	42	34	63	22	41	54	23	31
金秀瑶族自治县	38	18	20	42	25	17	22	9	13	20	7	13
合山市	9	3	6	12	6	5	11	5	6	6	2	3
崇左市	**721**	**334**	**387**	**593**	**239**	**354**	**408**	**168**	**240**	**278**	**95**	**183**
江州区	101	49	52	72	32	40	55	21	34	29	9	20
扶绥县	115	55	59	97	42	54	56	26	30	41	12	29
宁明县	139	62	77	87	36	51	61	24	38	43	19	24
龙州县	71	35	36	66	23	44	46	13	32	28	10	19
大新县	127	55	72	137	56	81	95	42	53	63	18	46
天等县	148	65	83	124	47	77	83	35	47	70	25	44
凭祥市	21	11	9	11	3	8	12	6	6	3	1	2

1-3c 续表 17 单位：人

地　区	85-89岁			90-94岁			95-99岁			100岁及以上		
	小计	男	女	小计	男	女	小计	男	女	小计	男	女
百色市	**187**	**55**	**132**	**53**	**8**	**45**	**19**	**7**	**11**	**3**		**3**
右江区	15	4	11	3		3	1	1				
田阳县	22	7	15	9	2	7						
田东县	21	4	17	4		4	3		3			
平果县	18	4	14	2		2	1	1		1		1
德保县	23	7	15	11	2	9	2	1	1	1		1
靖西县	38	12	26	11	4	8	8	2	6			
那坡县	8	3	5	1		1	2	1	1			
凌云县	12	4	7	4		4	1	1				
乐业县	4	3	2	1	1	1	1		1			
田林县	7	1	6	4		4	1	1				
西林县	5	1	4	1	1	1	1		1			
隆林各族自治县	14	5	9	1		1				1		1
贺州市	**112**	**51**	**61**	**38**	**11**	**27**	**9**	**4**	**5**			
八步区	29	9	20	5	2	3	2	1	1			
平桂管理区	23	12	10	8	4	4	2	1	1			
昭平县	25	10	15	11	2	9	3	1	2			
钟山县	20	9	10	8	2	6	2	1	1			
富川瑶族自治县	15	10	5	7	1	5	1	1				
河池市	**199**	**48**	**152**	**69**	**19**	**50**	**25**	**7**	**18**	**4**		**3**
金城江区	3		3	2		2				1		1
南丹县	6	2	4	2		2	2		2			
天峨县	4	1	3	2		2	2		2			
凤山县	10	5	5	3	1	2	2	1	1			
东兰县	12	2	10	4	3	1	2		2	1		1
罗城仫佬族自治县	23	9	14	3	2	1	1		1			
环江毛南族自治县	22	1	21	6	1	5	1	1				
巴马瑶族自治县	14	2	12	9	4	5	1	1	1			
都安瑶族自治县	40	9	31	15	3	12	7	3	4			
大化瑶族自治县	17	6	11	15	4	11	4		4	1		1
宜州市	49	12	38	9	2	7	3	2	2			
来宾市	**138**	**52**	**86**	**51**	**13**	**38**	**10**	**1**	**9**	**1**		**1**
兴宾区	56	22	34	25	8	17	6	1	5			
忻城县	34	10	24	12	2	10	1		1	1		1
象州县	18	7	11	3		3	1		1			
武宣县	18	9	9	8	2	7	2		2			
金秀瑶族自治县	9	2	7	2		1						
合山市	3	1	2	1	1							
崇左市	**123**	**39**	**84**	**43**	**11**	**32**	**15**	**2**	**12**	**2**	**1**	**1**
江州区	16	2	14	5	1	4	2	1	1			
扶绥县	18	5	13	9	1	8	4		4			
宁明县	17	7	11	4	2	3	3		3			
龙州县	7	1	6	1	1	1	1	1				
大新县	34	12	22	10	4	7	2		2	2	1	1
天等县	28	11	17	13	4	9	3	1	2			
凭祥市	2	1	1									

1-4 各地区分性别、受教育程度的6岁及以上人口

单位：人

地 区	6岁及以上人口			未上过学			小 学		
	合计	男	女	小计	男	女	小计	男	女
全 区	**539512**	**275279**	**264233**	**26097**	**6656**	**19441**	**168354**	**81610**	**86744**
南宁市	**80534**	**41343**	**39191**	**2392**	**535**	**1857**	**18414**	**8807**	**9606**
兴宁区	4847	2492	2355	105	24	81	860	385	475
青秀区	10302	4749	5553	71	14	57	1091	515	576
江南区	6740	3519	3221	122	29	93	1290	642	648
西乡塘区	14380	7494	6886	147	29	118	2142	1001	1141
良庆区	4321	2236	2084	99	26	73	987	469	517
邕宁区	3070	1599	1471	133	42	90	975	457	518
武鸣县	6262	3199	3063	229	42	187	1393	665	728
隆安县	3380	1759	1621	222	68	154	1148	526	622
马山县	4421	2331	2090	347	63	283	1648	853	795
上林县	3979	2025	1953	136	30	105	1121	523	597
宾阳县	9179	5054	4125	297	62	236	2661	1245	1416
横县	9653	4884	4769	485	106	380	3099	1526	1572
柳州市	**43878**	**22287**	**21591**	**2156**	**540**	**1616**	**11954**	**5935**	**6019**
城中区	2319	939	1380	16	3	14	223	104	119
鱼峰区	5264	2690	2574	82	25	58	923	428	494
柳南区	5688	2951	2737	95	26	69	968	463	505
柳北区	4907	2451	2456	80	20	60	752	365	387
柳江县	6612	3454	3158	350	82	268	1728	870	857
柳城县	4027	2044	1984	210	35	176	1298	639	659
鹿寨县	3743	1876	1867	176	47	129	1334	621	713
融安县	3288	1669	1619	120	17	103	1316	628	688
融水苗族自治县	4643	2451	2192	622	155	467	1978	1104	874
三江侗族自治县	3387	1764	1624	404	131	273	1435	712	723
桂林市	**58699**	**28281**	**30418**	**2868**	**742**	**2126**	**16620**	**7979**	**8641**
秀峰区	1924	964	959	30	7	23	225	102	123
叠彩区	1981	945	1036	34	1	33	271	114	157
象山区	3173	1540	1633	46	6	40	452	192	259
七星区	4314	1316	2998	85	14	70	560	236	324
雁山区	3197	1555	1641	59	10	48	257	129	128
临桂区	5117	2596	2521	495	91	404	1833	940	892
阳朔县	3136	1606	1530	245	64	180	1119	578	541
灵川县	4738	1833	2905	128	31	98	980	442	538
全州县	7284	3723	3561	390	120	270	2535	1173	1362
兴安县	3763	1864	1899	155	49	106	1075	502	573
永福县	2665	1408	1257	234	50	184	1197	670	526
灌阳县	2705	1426	1279	143	74	69	901	418	483
龙胜各族自治县	1764	895	870	153	38	115	731	380	351
资源县	1628	812	816	114	28	86	609	282	327
平乐县	4493	2325	2168	418	118	300	1577	762	815
荔浦县	3977	2011	1966	97	27	70	1095	486	609
恭城瑶族自治县	2838	1459	1379	43	14	29	1201	569	632

1-4 续表 1

单位：人

地区	初中			普通高中			中职		
	小计	男	女	小计	男	女	小计	男	女
全 区	**221724**	**121580**	**100143**	**50310**	**28511**	**21799**	**23350**	**13124**	**10226**
南宁市	**32373**	**17814**	**14559**	**8559**	**4850**	**3710**	**5486**	**3185**	**2302**
兴宁区	1853	1042	810	848	467	381	373	186	187
青秀区	1919	962	957	907	454	453	1408	1039	370
江南区	2965	1636	1329	890	472	417	525	223	302
西乡塘区	4636	2448	2187	2122	1155	967	1609	852	758
良庆区	1860	999	861	594	328	265	269	133	136
邕宁区	1405	773	632	304	189	116	125	71	54
武鸣县	3213	1716	1497	543	323	220	312	179	133
隆安县	1565	891	674	260	172	89	70	35	35
马山县	1843	1044	800	358	238	120	86	48	38
上林县	1826	1010	816	322	158	165	151	72	79
宾阳县	4733	2816	1917	770	489	280	329	211	118
横县	4554	2477	2077	642	405	237	227	136	92
柳州市	**17959**	**9586**	**8372**	**3694**	**2000**	**1694**	**3013**	**1697**	**1317**
城中区	496	232	264	216	102	113	189	92	97
鱼峰区	2159	1090	1069	690	364	326	551	301	250
柳南区	2271	1138	1133	728	377	351	675	404	271
柳北区	1843	912	931	719	372	347	593	328	265
柳江县	3233	1791	1442	436	245	191	379	211	168
柳城县	2120	1131	989	188	116	72	125	74	51
鹿寨县	1733	943	791	189	99	90	167	89	77
融安县	1437	797	639	183	107	76	89	46	43
融水苗族自治县	1518	889	629	209	129	80	138	77	60
三江侗族自治县	1150	664	486	137	89	48	109	75	35
桂林市	**21233**	**11520**	**9713**	**6014**	**3363**	**2651**	**2118**	**1031**	**1087**
秀峰区	466	239	227	603	300	303	117	55	63
叠彩区	655	315	340	378	188	189	153	83	70
象山区	909	431	478	655	334	321	288	137	151
七星区	948	464	485	395	207	188	241	115	126
雁山区	286	178	108	60	39	22	21	11	9
临桂区	1815	1042	773	482	275	207	165	83	81
阳朔县	1281	731	551	277	126	151	70	39	31
灵川县	1717	903	815	359	181	178	197	109	88
全州县	3026	1636	1390	794	491	302	182	111	72
兴安县	1787	908	879	417	254	163	101	41	60
永福县	896	500	397	174	103	70	48	26	22
灌阳县	1203	663	540	314	199	115	41	17	25
龙胜各族自治县	626	343	283	106	63	43	65	26	39
资源县	563	315	248	164	102	61	46	18	28
平乐县	1770	1053	718	295	183	112	177	73	104
荔浦县	2110	1153	957	389	225	164	118	46	73
恭城瑶族自治县	1174	647	527	153	93	60	88	42	46

1-4 续表 2

单位：人

地 区	大学专科			大学本科			研究生		
	小计	男	女	小计	男	女	小计	男	女
全 区	**26092**	**13303**	**12789**	**22608**	**9947**	**12661**	**977**	**546**	**430**
南宁市	**6986**	**3247**	**3739**	**5783**	**2614**	**3169**	**540**	**291**	**249**
兴宁区	535	256	278	258	121	137	17	11	5
青秀区	1992	661	1331	2650	948	1702	265	157	108
江南区	593	316	277	342	195	147	13	6	6
西乡塘区	1981	1083	898	1526	827	699	216	98	117
良庆区	349	189	161	154	86	68	9	6	3
邕宁区	76	40	37	50	27	24	1	1	
武鸣县	314	156	158	252	116	136	6	1	4
隆安县	87	51	36	26	15	11	1	1	
马山县	98	63	35	41	23	17	1		1
上林县	253	133	121	167	100	68	2		2
宾阳县	288	171	117	99	58	41	2	2	
横县	419	128	291	218	99	120	9	7	2
柳州市	**2768**	**1476**	**1292**	**2242**	**1002**	**1240**	**93**	**51**	**42**
城中区	385	216	169	775	179	596	19	11	8
鱼峰区	498	275	223	348	200	148	14	8	6
柳南区	567	300	267	364	228	135	22	15	7
柳北区	554	272	282	346	175	171	20	7	13
柳江县	336	178	158	149	75	74	2	1	1
柳城县	60	38	22	23	10	12	4	1	2
鹿寨县	89	44	45	50	29	21	4	3	2
融安县	104	55	49	41	19	22			
融水苗族自治县	97	56	41	78	41	37	4	1	2
三江侗族自治县	79	42	37	71	47	23	3	3	
桂林市	**3373**	**1426**	**1947**	**6368**	**2166**	**4202**	**105**	**54**	**51**
秀峰区	218	116	102	244	133	111	20	12	8
叠彩区	312	153	159	163	82	81	15	9	7
象山区	469	240	229	324	191	133	31	8	23
七星区	349	145	204	1725	128	1597	11	7	4
雁山区	562	14	549	1945	1170	775	7	4	3
临桂区	165	82	83	160	79	81	3	3	
阳朔县	81	37	44	63	32	31			
灵川县	194	96	99	1159	69	1090	3	3	
全州县	219	120	99	138	73	65			
兴安县	152	77	75	72	31	40	4	2	2
永福县	77	41	35	39	17	21	1		1
灌阳县	66	40	26	38	16	22			
龙胜各族自治县	59	30	29	23	15	8			
资源县	67	35	32	61	27	34	4	4	
平乐县	171	98	73	82	37	45	1	1	
荔浦县	113	48	65	54	26	28	1		1
恭城瑶族自治县	99	54	45	77	39	39	2	1	1

1-4 续表 3 单位：人

地区	6岁及以上人口			未上过学			小学		
	合计	男	女	小计	男	女	小计	男	女
梧州市	**33382**	**16998**	**16384**	**1098**	**331**	**768**	**11231**	**5409**	**5822**
万秀区	3489	1714	1775	45	11	34	691	290	401
长洲区	2146	1065	1081	50	15	35	508	230	279
龙圩区	3007	1627	1379	70	24	46	1224	605	619
苍梧县	3511	1838	1674	136	25	111	1583	751	832
藤县	9295	4855	4440	386	114	272	3767	1860	1907
蒙山县	2153	1109	1045	108	35	73	709	340	370
岑溪市	9781	4790	4991	303	107	197	2748	1334	1414
北海市	**18536**	**9345**	**9191**	**722**	**203**	**519**	**4151**	**1984**	**2167**
海城区	4728	2292	2436	74	19	54	592	279	313
银海区	2105	1091	1014	125	38	88	485	239	246
铁山港区	1605	822	783	96	23	72	439	212	227
合浦县	10097	5140	4957	427	123	304	2635	1254	1382
防城港市	**10550**	**5747**	**4802**	**559**	**176**	**383**	**2660**	**1294**	**1366**
港口区	2406	1393	1013	100	28	71	368	173	195
防城区	4029	2124	1905	258	86	172	1210	569	641
上思县	2384	1288	1096	115	35	80	594	307	287
东兴市	1730	943	788	87	27	59	487	244	243
钦州市	**34959**	**18537**	**16421**	**1853**	**557**	**1296**	**13269**	**6758**	**6511**
钦南区	6313	3395	2918	292	58	234	1897	965	933
钦北区	7414	3996	3418	489	151	338	2855	1488	1368
灵山县	13139	6917	6222	686	228	458	5474	2782	2692
浦北县	8093	4229	3864	386	120	266	3043	1524	1519
贵港市	**47921**	**24903**	**23018**	**1728**	**466**	**1262**	**15398**	**7454**	**7945**
港北区	6573	3340	3233	209	43	166	1725	769	957
港南区	6499	3296	3204	187	41	147	1750	798	952
覃塘区	4809	2551	2258	198	47	151	1676	819	857
平南县	13158	6929	6229	420	133	288	4673	2341	2332
桂平市	16881	8787	8094	713	203	511	5574	2726	2847
玉林市	**61374**	**31798**	**29576**	**1797**	**603**	**1195**	**20073**	**9993**	**10080**
玉州区	8613	4450	4162	174	69	105	1746	847	900
福绵区	4214	2268	1946	131	44	87	1408	733	675
容县	7022	3586	3436	230	63	167	2610	1322	1287
陆川县	8146	4144	4003	191	62	129	2664	1355	1309
博白县	14629	7510	7120	511	184	327	5537	2710	2827
兴业县	6368	3360	3008	260	66	193	1960	963	997
北流市	12382	6481	5901	300	114	186	4147	2064	2084

1-4 续表 4

单位：人

地 区	初中			普通高中			中职		
	小计	男	女	小计	男	女	小计	男	女
梧州市	**14942**	**7829**	**7113**	**2719**	**1569**	**1151**	**1227**	**667**	**560**
万秀区	1281	624	657	553	290	263	381	216	165
长洲区	689	346	343	314	165	149	212	106	106
龙圩区	1303	768	535	193	113	80	70	36	34
苍梧县	1449	851	599	149	93	56	83	56	26
藤县	3777	2077	1699	674	395	279	214	118	96
蒙山县	997	553	444	145	79	66	62	32	30
岑溪市	5446	2609	2836	691	434	257	206	104	103
北海市	**7667**	**3852**	**3815**	**2616**	**1406**	**1210**	**1535**	**929**	**606**
海城区	1391	525	866	873	422	451	952	611	341
银海区	837	447	389	248	134	114	117	64	53
铁山港区	815	448	367	152	91	61	34	13	22
合浦县	4624	2431	2192	1343	759	584	432	241	190
防城港市	**4849**	**2750**	**2099**	**1161**	**755**	**406**	**513**	**302**	**211**
港口区	1118	662	456	376	264	112	161	91	71
防城区	1776	982	794	354	228	126	149	92	58
上思县	1195	668	527	213	129	85	133	80	53
东兴市	759	438	321	217	134	84	69	40	29
钦州市	**13846**	**7820**	**6026**	**2896**	**1717**	**1179**	**1301**	**708**	**592**
钦南区	2264	1283	982	698	438	260	451	251	200
钦北区	2911	1722	1189	590	334	256	230	108	122
灵山县	5312	2964	2348	912	526	385	345	202	143
浦北县	3359	1851	1507	696	418	278	275	148	128
贵港市	**22087**	**12021**	**10065**	**5277**	**3113**	**2164**	**1112**	**598**	**513**
港北区	2750	1502	1249	834	477	357	341	175	167
港南区	2965	1520	1445	1173	691	483	148	86	62
覃塘区	2262	1287	975	332	215	117	134	81	53
平南县	6081	3342	2739	1317	760	557	173	81	92
桂平市	8028	4371	3657	1621	971	650	315	176	139
玉林市	**27887**	**14690**	**13198**	**6185**	**3558**	**2628**	**2032**	**1076**	**957**
玉州区	3531	1861	1670	1401	730	670	625	327	298
福绵区	2085	1153	932	385	217	168	124	80	44
容县	2910	1511	1400	577	331	246	287	151	136
陆川县	3560	1747	1813	1099	655	444	198	86	112
博白县	6490	3400	3090	1259	751	508	319	165	154
兴业县	3249	1799	1450	491	306	185	204	111	93
北流市	6063	3219	2844	974	567	407	275	157	119

1-4 续表 5 单位：人

地　区	大学专科			大学本科			研究生		
	小计	男	女	小计	男	女	小计	男	女
梧州市	**1216**	**681**	**535**	**920**	**497**	**423**	**28**	**15**	**14**
万秀区	337	174	164	194	106	88	7	3	4
长洲区	214	115	100	149	83	67	9	6	3
龙圩区	83	50	33	61	31	30	2		2
苍梧县	53	30	23	56	30	27	1	1	
藤县	300	190	110	178	101	77			
蒙山县	74	42	32	56	28	29	1		1
岑溪市	154	80	74	225	119	106	9	4	5
北海市	**1109**	**575**	**534**	**719**	**387**	**333**	**17**	**8**	**9**
海城区	482	246	237	355	184	171	9	5	4
银海区	196	110	85	94	56	38	3	2	1
铁山港区	44	21	23	25	14	11			
合浦县	386	197	189	245	133	112	5	1	4
防城港市	**529**	**311**	**218**	**274**	**156**	**117**	**6**	**3**	**3**
港口区	168	106	62	111	67	45	3	2	2
防城区	174	107	67	106	59	46	2	1	1
上思县	106	55	51	27	13	13	1	1	
东兴市	81	43	38	30	17	13			
钦州市	**1203**	**662**	**540**	**579**	**305**	**274**	**12**	**10**	**2**
钦南区	471	269	201	233	126	107	8	6	2
钦北区	250	143	106	87	48	38	2	2	
灵山县	251	133	118	158	82	77	1	1	
浦北县	232	117	115	102	49	52	1	1	
贵港市	**1447**	**781**	**667**	**855**	**459**	**397**	**17**	**11**	**6**
港北区	462	244	218	246	127	119	6	4	2
港南区	163	98	65	112	63	49	1		1
覃塘区	129	69	59	78	32	45			
平南县	321	175	146	167	91	76	6	6	
桂平市	373	194	179	253	145	108	4	1	3
玉林市	**2264**	**1263**	**1001**	**1099**	**592**	**507**	**36**	**24**	**11**
玉州区	752	403	350	369	205	164	15	10	5
福绵区	59	28	31	22	14	8			
容县	207	106	102	195	99	97	6	4	2
陆川县	297	164	133	136	75	62	1		1
博白县	345	216	128	159	74	85	8	8	
兴业县	150	83	68	53	31	22	1	1	
北流市	454	264	190	164	95	69	4	1	3

1-4 续表 6

单位：人

地 区	6岁及以上人口			未上过学			小 学		
	合计	男	女	小计	男	女	小计	男	女
百色市	**40867**	**20833**	**20034**	**3586**	**837**	**2749**	**15768**	**7609**	**8159**
右江区	4489	2336	2153	192	45	147	1346	646	700
田阳县	3731	1879	1852	269	46	223	1550	711	839
田东县	4117	2055	2062	264	51	213	1655	806	849
平果县	5178	2639	2539	265	51	215	1668	789	879
德保县	3555	1852	1703	213	60	152	1423	692	731
靖西县	5852	3020	2832	384	111	274	2363	1115	1248
那坡县	1744	877	867	156	29	127	844	420	424
凌云县	2166	1119	1047	299	57	242	900	469	432
乐业县	1699	863	836	190	48	142	663	304	359
田林县	2648	1307	1340	292	65	227	1032	479	553
西林县	1606	828	777	256	60	196	711	373	338
隆林各族自治县	4083	2057	2026	805	214	591	1612	806	806
贺州市	**21758**	**11102**	**10656**	**1275**	**308**	**967**	**8135**	**3858**	**4278**
八步区	6753	3345	3408	334	59	275	2484	1142	1342
平桂管理区	4416	2271	2145	233	75	158	1464	706	758
昭平县	3795	1984	1811	199	54	145	1387	657	729
钟山县	3946	2051	1895	263	60	203	1710	852	859
富川瑶族自治县	2848	1451	1397	246	59	187	1091	501	590
河池市	**39498**	**20160**	**19337**	**3500**	**784**	**2716**	**14856**	**7175**	**7681**
金城江区	4325	2486	1838	136	32	104	1091	504	587
南丹县	3218	1682	1536	281	83	198	1281	582	699
天峨县	1782	903	879	239	50	189	744	368	376
凤山县	1811	919	893	213	39	174	727	353	374
东兰县	2743	1210	1533	353	96	256	849	452	397
罗城仫佬族自治县	3447	1752	1695	286	52	234	1490	744	745
环江毛南族自治县	3015	1483	1533	314	70	244	1085	541	543
巴马瑶族自治县	2622	1360	1263	384	84	300	1013	511	502
都安瑶族自治县	5750	2873	2877	394	86	308	2354	1146	1208
大化瑶族自治县	4324	2291	2033	333	70	263	1885	906	979
宜州市	6460	3202	3258	568	122	446	2339	1067	1271
来宾市	**24001**	**12299**	**11702**	**1174**	**286**	**889**	**8107**	**3727**	**4380**
兴宾区	10343	5296	5047	497	116	381	3717	1632	2084
忻城县	3554	1771	1783	251	47	204	1249	578	671
象州县	3270	1695	1574	153	38	115	1136	571	565
武宣县	4109	2170	1939	141	51	90	1205	571	634
金秀瑶族自治县	1436	720	717	69	16	54	464	216	248
合山市	1290	648	642	62	16	46	336	160	176
崇左市	**23555**	**11646**	**11909**	**1388**	**288**	**1100**	**7718**	**3629**	**4089**
江州区	4471	1711	2760	174	30	144	1044	488	555
扶绥县	4293	2356	1937	202	49	154	1318	637	681
宁明县	3813	2041	1772	230	46	184	1412	672	739
龙州县	2554	1280	1274	203	36	167	842	376	466
大新县	3410	1675	1734	297	60	237	1193	551	642
天等县	3665	1852	1813	240	59	181	1541	729	812
凭祥市	1349	731	618	42	9	33	367	174	194

1-4 续表 7

单位：人

地区	初中			普通高中			中职		
	小计	男	女	小计	男	女	小计	男	女
百色市	**14766**	**8501**	**6266**	**2633**	**1586**	**1046**	**1611**	**917**	**694**
右江区	1873	1041	832	326	194	132	324	176	147
田阳县	1361	773	588	227	149	79	147	90	57
田东县	1326	714	612	356	208	149	198	110	88
平果县	2162	1173	989	451	272	179	265	164	102
德保县	1454	832	622	183	104	80	93	56	37
靖西县	2493	1450	1043	312	175	137	127	72	55
那坡县	494	282	212	92	60	33	59	31	28
凌云县	613	379	234	178	113	65	82	52	30
乐业县	584	368	216	129	75	54	57	27	29
田林县	969	566	403	134	78	56	83	46	37
西林县	443	287	156	77	45	32	54	36	18
隆林各族自治县	994	635	359	166	114	52	122	57	65
贺州市	**9091**	**5120**	**3970**	**1587**	**908**	**679**	**634**	**318**	**315**
八步区	2761	1514	1247	526	288	239	265	125	140
平桂管理区	2087	1137	950	391	214	177	103	53	50
昭平县	1686	958	728	217	138	79	102	55	47
钟山县	1445	842	603	262	151	111	85	49	36
富川瑶族自治县	1111	669	442	190	116	74	79	37	42
河池市	**14654**	**8576**	**6079**	**3074**	**1619**	**1455**	**1061**	**638**	**424**
金城江区	1853	1191	662	430	266	164	250	140	110
南丹县	1236	751	485	174	112	61	114	78	36
天峨县	546	327	219	92	56	36	46	33	13
凤山县	552	347	205	141	80	61	39	18	21
东兰县	766	448	318	585	96	489	42	23	19
罗城仫佬族自治县	1322	756	566	201	118	83	53	32	21
环江毛南族自治县	1299	703	596	160	96	64	58	36	22
巴马瑶族自治县	906	559	347	157	97	60	56	36	20
都安瑶族自治县	2260	1213	1048	389	236	154	107	63	43
大化瑶族自治县	1399	831	568	292	188	104	127	92	35
宜州市	2515	1450	1065	455	276	179	168	86	81
来宾市	**10997**	**6145**	**4852**	**1620**	**984**	**636**	**798**	**449**	**348**
兴宾区	4633	2649	1985	664	422	241	320	187	133
忻城县	1529	864	664	204	121	83	123	53	71
象州县	1507	820	687	215	119	97	105	62	43
武宣县	2128	1174	955	295	186	108	138	86	52
金秀瑶族自治县	632	341	291	104	62	42	44	23	21
合山市	567	297	270	138	74	64	68	39	29
崇左市	**9373**	**5356**	**4017**	**2274**	**1082**	**1192**	**910**	**609**	**301**
江州区	1588	892	696	788	167	621	116	64	52
扶绥县	1877	1052	825	358	218	140	370	316	54
宁明县	1727	1043	685	248	160	88	75	46	29
龙州县	1037	613	423	217	120	97	73	39	34
大新县	1321	739	583	225	142	82	151	68	83
天等县	1292	701	591	288	178	110	75	49	26
凭祥市	530	316	214	151	97	54	49	27	22

1-4 续表 8 单位：人

地 区	大学专科			大学本科			研究生		
	小计	男	女	小计	男	女	小计	男	女
百色市	**1563**	**862**	**701**	**907**	**500**	**407**	**33**	**20**	**13**
右江区	233	131	102	179	91	88	17	12	6
田阳县	100	66	34	75	44	31	1		1
田东县	208	114	94	106	50	56	3	1	1
平果县	253	132	121	113	59	54	1		1
德保县	118	70	49	68	37	31	2	1	2
靖西县	117	59	57	56	38	18			
那坡县	63	37	26	34	18	15	2	1	1
凌云县	67	38	29	27	12	15			
乐业县	54	27	26	22	13	9			
田林县	93	47	46	42	25	17	2	2	1
西林县	45	19	26	18	9	10	1		1
隆林各族自治县	212	122	89	168	104	64	3	3	
贺州市	**593**	**323**	**270**	**402**	**237**	**166**	**41**	**30**	**11**
八步区	198	104	94	151	90	61	34	24	10
平桂管理区	88	54	35	47	29	18	2	2	
昭平县	115	70	45	89	51	38	1	1	
钟山县	105	50	55	72	44	29	3	3	1
富川瑶族自治县	87	45	42	43	23	20	1	1	
河池市	**1409**	**812**	**597**	**913**	**540**	**373**	**30**	**17**	**13**
金城江区	355	223	132	204	126	79	6	5	1
南丹县	81	50	31	51	26	25			
天峨县	62	38	24	52	30	22	1	1	1
凤山县	100	57	44	38	24	14	2	1	
东兰县	81	54	28	66	41	25	1	1	
罗城仫佬族自治县	69	38	31	26	12	15			
环江毛南族自治县	78	25	52	22	11	11			
巴马瑶族自治县	70	45	24	35	25	10	2	2	
都安瑶族自治县	153	82	71	92	47	45			
大化瑶族自治县	170	115	55	110	82	28	8	8	1
宜州市	190	86	104	217	115	102	10		10
来宾市	**841**	**460**	**381**	**454**	**241**	**213**	**10**	**7**	**3**
兴宾区	338	189	150	171	100	72	2	1	1
忻城县	123	67	56	71	37	34	4	3	1
象州县	99	60	40	51	24	27	2	1	1
武宣县	109	56	52	93	45	47	1	1	
金秀瑶族自治县	79	37	42	42	24	18	1		1
合山市	93	51	42	26	11	15			
崇左市	**790**	**423**	**367**	**1093**	**253**	**840**	**9**	**5**	**4**
江州区	93	45	47	668	24	644	1	1	
扶绥县	106	49	57	61	35	26	1	1	
宁明县	88	54	34	32	18	14	1	1	
龙州县	109	61	48	72	33	39	1		1
大新县	154	77	77	64	37	28	4	2	2
天等县	138	82	56	90	53	36	1	1	1
凭祥市	102	54	48	106	53	53	1	1	

1-4a 各地区分性别、受教育程度的6岁及以上人口(城市)

单位：人

地　区	6岁及以上人口			未上过学			小　学		
	合计	男	女	小计	男	女	小计	男	女
全　区	**114782**	**56046**	**58735**	**1996**	**518**	**1477**	**19045**	**8924**	**10121**
南宁市	**32947**	**16401**	**16547**	**348**	**85**	**263**	**3876**	**1835**	**2041**
兴宁区	3824	1955	1868	81	20	61	557	255	302
青秀区	9019	4077	4941	43	14	29	764	361	403
江南区	4494	2293	2201	48	15	33	605	304	301
西乡塘区	12360	6399	5961	100	17	83	1377	656	721
良庆区	2470	1268	1202	56	16	40	407	186	220
邕宁区	780	408	373	20	3	17	166	73	93
武鸣县									
隆安县									
马山县									
上林县									
宾阳县									
横县									
柳州市	**17164**	**8481**	**8683**	**236**	**64**	**172**	**2642**	**1254**	**1388**
城中区	2304	932	1372	15	2	13	219	102	116
鱼峰区	5044	2572	2473	77	25	52	878	407	472
柳南区	5169	2665	2504	80	19	61	844	409	435
柳北区	4647	2312	2335	64	18	46	700	336	364
柳江县									
柳城县									
鹿寨县									
融安县									
融水苗族自治县									
三江侗族自治县									
桂林市	**12334**	**5224**	**7110**	**206**	**33**	**172**	**1766**	**744**	**1021**
秀峰区	1924	964	959	30	7	23	225	102	123
叠彩区	1786	846	940	28		28	221	91	131
象山区	3169	1538	1631	45	6	39	450	192	258
七星区	3962	1137	2824	70	13	57	494	203	290
雁山区	114	76	38	1	1		28	13	15
临桂区	1380	662	718	32	7	25	348	143	204
阳朔县									
灵川县									
全州县									
兴安县									
永福县									
灌阳县									
龙胜各族自治县									
资源县									
平乐县									
荔浦县									
恭城瑶族自治县									

1-4a 续表 1

单位：人

地 区	初 中			普通高中			中 职		
	小计	男	女	小计	男	女	小计	男	女
全 区	**37281**	**18784**	**18497**	**17858**	**9169**	**8689**	**11404**	**6342**	**5062**
南宁市	**9009**	**4646**	**4363**	**4897**	**2585**	**2313**	**4006**	**2340**	**1667**
兴宁区	1307	725	582	785	431	354	334	162	172
青秀区	1103	527	576	816	386	431	1400	1033	367
江南区	1701	891	810	725	371	354	496	208	288
西乡塘区	3724	1885	1839	1990	1077	914	1516	798	718
良庆区	813	423	390	489	261	228	225	116	109
邕宁区	360	194	166	91	59	33	35	23	12
武鸣县									
隆安县									
马山县									
上林县									
宾阳县									
横县									
柳州市	**6177**	**3048**	**3129**	**2294**	**1174**	**1120**	**1944**	**1080**	**864**
城中区	489	229	260	214	102	113	187	91	96
鱼峰区	2012	1011	1001	673	350	324	545	297	248
柳南区	1999	990	1009	703	361	342	622	365	257
柳北区	1677	818	859	703	362	341	589	326	263
柳江县									
柳城县									
鹿寨县									
融安县									
融水苗族自治县									
三江侗族自治县									
桂林市	**3213**	**1585**	**1628**	**2165**	**1088**	**1077**	**884**	**431**	**453**
秀峰区	466	239	227	603	300	303	117	55	63
叠彩区	539	253	286	368	182	186	150	81	69
象山区	907	430	477	655	334	321	288	137	151
七星区	826	405	422	323	165	158	215	103	112
雁山区	41	30	11	22	14	8	8	4	4
临桂区	434	228	206	194	94	101	105	51	54
阳朔县									
灵川县									
全州县									
兴安县									
永福县									
灌阳县									
龙胜各族自治县									
资源县									
平乐县									
荔浦县									
恭城瑶族自治县									

1-4a 续表 2

单位：人

地 区	大学专科			大学本科			研究生		
	小计	男	女	小计	男	女	小计	男	女
全 区	**13532**	**6747**	**6785**	**12857**	**5123**	**7734**	**808**	**438**	**370**
南宁市	**5380**	**2453**	**2927**	**4911**	**2177**	**2733**	**520**	**280**	**240**
兴宁区	506	238	268	238	113	124	17	11	5
青秀区	1986	657	1329	2642	943	1698	265	157	108
江南区	573	308	266	333	189	144	13	6	6
西乡塘区	1933	1046	887	1503	822	682	216	98	117
良庆区	324	175	149	148	85	63	9	6	3
邕宁区	59	29	30	47	24	23	1	1	
武鸣县									
隆安县									
马山县									
上林县									
宾阳县									
横县									
柳州市	**1972**	**1043**	**929**	**1824**	**777**	**1047**	**76**	**42**	**35**
城中区	385	216	169	774	179	596	19	11	8
鱼峰区	497	275	222	348	200	148	14	8	6
柳南区	543	282	261	355	224	132	22	15	7
柳北区	548	270	278	346	175	171	20	7	13
柳江县									
柳城县									
鹿寨县									
融安县									
融水苗族自治县									
三江侗族自治县									
桂林市	**1458**	**713**	**745**	**2563**	**592**	**1971**	**80**	**37**	**43**
秀峰区	218	116	102	244	133	111	20	12	8
叠彩区	305	150	155	159	81	78	15	9	7
象山区	469	240	229	324	191	133	31	8	23
七星区	323	128	195	1699	114	1585	11	7	4
雁山区	8	8		6	6				
临桂区	135	71	64	131	67	63	2	2	
阳朔县									
灵川县									
全州县									
兴安县									
永福县									
灌阳县									
龙胜各族自治县									
资源县									
平乐县									
荔浦县									
恭城瑶族自治县									

1-4a 续表 3

单位：人

地 区	6岁及以上人口			未上过学			小 学		
	合计	男	女	小计	男	女	小计	男	女
梧州市	**8243**	**4072**	**4171**	**142**	**40**	**102**	**1934**	**896**	**1038**
万秀区	2952	1442	1509	24	8	16	538	218	320
长洲区	1855	905	949	45	14	31	330	138	192
龙圩区	1226	620	607	27	5	22	505	246	259
苍梧县									
藤县									
蒙山县									
岑溪市	2210	1104	1106	46	13	33	562	295	267
北海市	**5641**	**2780**	**2861**	**105**	**29**	**76**	**737**	**360**	**377**
海城区	4570	2213	2357	62	17	45	559	269	291
银海区	847	451	395	33	11	22	135	72	63
铁山港区	224	116	108	11	2	9	43	19	23
合浦县									
防城港市	**2796**	**1433**	**1363**	**106**	**32**	**75**	**551**	**257**	**295**
港口区	791	410	381	19	6	12	112	54	58
防城区	1264	644	620	59	16	43	241	110	132
上思县									
东兴市	741	379	362	29	9	20	198	93	105
钦州市	**3139**	**1599**	**1539**	**103**	**33**	**70**	**717**	**357**	**360**
钦南区	1969	986	983	49	10	40	470	229	241
钦北区	1170	614	556	54	23	30	247	128	119
灵山县									
浦北县									
贵港市	**7867**	**4039**	**3828**	**198**	**47**	**151**	**1679**	**777**	**903**
港北区	4089	2067	2021	86	17	69	807	344	463
港南区	915	464	451	28	5	23	191	92	99
覃塘区	991	542	449	44	15	29	293	144	149
平南县									
桂平市	1872	965	907	40	10	30	387	196	192
玉林市	**9782**	**5039**	**4742**	**199**	**87**	**112**	**1985**	**971**	**1014**
玉州区	6412	3301	3111	132	52	80	1113	545	568
福绵区	499	271	229	11	5	6	145	79	66
容县									
陆川县									
博白县									
兴业县									
北流市	2870	1467	1403	56	30	26	727	348	379

1-4a 续表 4

单位：人

地　　区	初　中			普通高中			中　职		
	小计	男	女	小计	男	女	小计	男	女
梧州市	**2955**	**1433**	**1523**	**1206**	**638**	**568**	**716**	**375**	**341**
万秀区	1021	492	529	511	263	248	346	194	152
长洲区	591	288	303	305	156	149	212	106	106
龙圩区	392	204	189	120	61	58	58	31	26
苍梧县									
藤县									
蒙山县									
岑溪市	951	449	502	270	158	112	101	44	57
北海市	**1732**	**700**	**1032**	**1034**	**512**	**522**	**1031**	**653**	**378**
海城区	1327	491	835	840	400	440	943	605	339
银海区	314	161	153	149	84	65	77	43	35
铁山港区	91	48	43	45	29	17	10	6	5
合浦县									
防城港市	**1028**	**502**	**526**	**502**	**307**	**195**	**179**	**95**	**84**
港口区	266	125	140	165	98	68	71	36	35
防城区	489	236	254	199	126	73	79	45	35
上思县									
东兴市	273	141	132	137	83	54	29	15	14
钦州市	**971**	**513**	**458**	**465**	**258**	**208**	**314**	**138**	**176**
钦南区	620	313	307	276	157	119	195	91	104
钦北区	351	200	151	189	100	89	119	47	72
灵山县									
浦北县									
贵港市	**3019**	**1591**	**1428**	**1297**	**739**	**558**	**530**	**284**	**246**
港北区	1577	842	735	663	372	292	290	145	145
港南区	309	157	152	210	119	92	43	22	21
覃塘区	336	187	149	102	73	29	99	62	38
平南县									
桂平市	797	405	392	321	175	146	98	56	42
玉林市	**3837**	**1999**	**1838**	**1693**	**866**	**827**	**689**	**357**	**332**
玉州区	2470	1283	1187	1227	631	595	533	273	259
福绵区	273	153	120	53	25	28	11	7	4
容县									
陆川县									
博白县									
兴业县									
北流市	1095	564	531	413	210	203	145	77	68

1-4a 续表 5　　　　单位：人

地 区	大学专科			大学本科			研究生		
	小计	男	女	小计	男	女	小计	男	女
梧州市	**724**	**385**	**339**	**541**	**291**	**251**	**24**	**13**	**11**
万秀区	321	164	157	185	100	85	6	3	3
长洲区	214	115	100	148	83	65	9	6	3
龙圩区	71	44	27	53	28	25	2		2
苍梧县									
藤县									
蒙山县									
岑溪市	117	62	55	156	79	76	7	4	4
北海市	**571**	**295**	**275**	**419**	**223**	**196**	**12**	**7**	**5**
海城区	476	243	233	354	184	170	9	5	4
银海区	79	45	34	57	34	22	3	2	1
铁山港区	16	7	8	8	5	3			
合浦县									
防城港市	**252**	**143**	**110**	**172**	**95**	**77**	**5**	**2**	**2**
港口区	79	44	35	76	45	31	3	2	1
防城区	119	72	47	75	39	36	2	1	1
上思县									
东兴市	54	27	28	21	11	10			
钦州市	**406**	**218**	**188**	**156**	**79**	**78**	**7**	**5**	**2**
钦南区	243	126	117	111	57	54	5	3	2
钦北区	163	92	70	46	22	24	2	2	
灵山县									
浦北县									
贵港市	**709**	**380**	**329**	**426**	**216**	**210**	**9**	**4**	**4**
港北区	428	225	203	232	119	112	5	3	2
港南区	66	35	31	66	34	32	1		1
覃塘区	65	41	24	52	21	32			
平南县									
桂平市	149	80	70	76	43	34	3	1	1
玉林市	**977**	**533**	**443**	**390**	**218**	**172**	**12**	**7**	**6**
玉州区	639	349	290	290	163	127	10	5	4
福绵区	4	2	2	2		2			
容县									
陆川县									
博白县									
兴业县									
北流市	334	182	151	98	55	43	3	1	1

1-4a 续表 6

单位：人

地 区	6岁及以上人口			未上过学			小 学		
	合计	男	女	小计	男	女	小计	男	女
百色市	**2709**	**1444**	**1265**	**63**	**15**	**48**	**655**	**328**	**327**
右江区	2709	1444	1265	63	15	48	655	328	327
田阳县									
田东县									
平果县									
德保县									
靖西县									
那坡县									
凌云县									
乐业县									
田林县									
西林县									
隆林各族自治县									
贺州市	**2724**	**1365**	**1359**	**54**	**11**	**43**	**588**	**274**	**314**
八步区	1639	805	834	24	4	20	249	111	138
平桂管理区	1085	560	525	30	7	23	339	163	176
昭平县									
钟山县									
富川瑶族自治县									
河池市	**3995**	**2003**	**1992**	**91**	**20**	**71**	**948**	**424**	**524**
金城江区	2193	1077	1116	41	8	33	554	239	315
南丹县									
天峨县									
凤山县									
东兰县									
罗城仫佬族自治县									
环江毛南族自治县									
巴马瑶族自治县									
都安瑶族自治县									
大化瑶族自治县									
宜州市	1802	926	876	50	12	38	394	185	209
来宾市	**2837**	**1441**	**1396**	**113**	**18**	**95**	**714**	**335**	**378**
兴宾区	2332	1200	1132	82	12	71	596	284	312
忻城县									
象州县									
武宣县									
金秀瑶族自治县									
合山市	505	241	264	31	6	25	117	51	66
崇左市	**2605**	**725**	**1880**	**32**	**4**	**28**	**254**	**112**	**142**
江州区	1928	390	1538	21	2	19	138	60	77
扶绥县									
宁明县									
龙州县									
大新县									
天等县									
凭祥市	677	335	341	10	2	8	117	52	65

1-4a 续表 7 单位：人

地 区	初 中			普通高中			中 职		
	小计	男	女	小计	男	女	小计	男	女
百色市	**1081**	**589**	**492**	**249**	**149**	**101**	**278**	**149**	**129**
右江区	1081	589	492	249	149	101	278	149	129
田阳县									
田东县									
平果县									
德保县									
靖西县									
那坡县									
凌云县									
乐业县									
田林县									
西林县									
隆林各族自治县									
贺州市	**1070**	**536**	**534**	**485**	**258**	**227**	**186**	**94**	**92**
八步区	599	279	320	324	173	151	133	62	71
平桂管理区	471	257	214	161	85	76	53	32	22
昭平县									
钟山县									
富川瑶族自治县									
河池市	**1568**	**813**	**755**	**429**	**231**	**198**	**312**	**169**	**143**
金城江区	851	431	420	244	122	122	203	111	92
南丹县									
天峨县									
凤山县									
东兰县									
罗城仫佬族自治县									
环江毛南族自治县									
巴马瑶族自治县									
都安瑶族自治县									
大化瑶族自治县									
宜州市	717	383	334	186	109	76	109	58	51
来宾市	**1081**	**560**	**521**	**391**	**235**	**156**	**216**	**114**	**102**
兴宾区	926	481	446	299	188	111	170	89	81
忻城县									
象州县									
武宣县									
金秀瑶族自治县									
合山市	155	79	76	92	47	44	45	25	20
崇左市	**538**	**269**	**270**	**749**	**129**	**620**	**121**	**64**	**57**
江州区	305	146	159	669	91	578	78	39	38
扶绥县									
宁明县									
龙州县									
大新县									
天等县									
凭祥市	233	122	111	81	38	42	43	24	19

1-4a 续表 8

单位：人

地区	大学专科			大学本科			研究生		
	小计	男	女	小计	男	女	小计	男	女
百色市	**195**	**113**	**82**	**170**	**89**	**81**	**17**	**12**	**6**
右江区	195	113	82	170	89	81	17	12	6
田阳县									
田东县									
平果县									
德保县									
靖西县									
那坡县									
凌云县									
乐业县									
田林县									
西林县									
隆林各族自治县									
贺州市	**171**	**89**	**81**	**137**	**80**	**58**	**33**	**24**	**9**
八步区	148	77	70	130	75	55	33	24	9
平桂管理区	23	12	11	7	4	2			
昭平县									
钟山县									
富川瑶族自治县									
河池市	**347**	**179**	**169**	**290**	**165**	**125**	**9**	**2**	**7**
金城江区	193	103	91	103	61	42	3	2	1
南丹县									
天峨县									
凤山县									
东兰县									
罗城仫佬族自治县									
环江毛南族自治县									
巴马瑶族自治县									
都安瑶族自治县									
大化瑶族自治县									
宜州市	154	76	78	187	103	84	6		6
来宾市	**215**	**121**	**94**	**106**	**58**	**48**	**2**	**1**	**1**
兴宾区	159	92	67	97	54	43	2	1	1
忻城县									
象州县									
武宣县									
金秀瑶族自治县									
合山市	56	29	27	9	3	5			
崇左市	**156**	**82**	**74**	**752**	**64**	**688**	**2**	**2**	
江州区	66	35	32	650	15	635	1	1	
扶绥县									
宁明县									
龙州县									
大新县									
天等县									
凭祥市	89	47	43	102	49	53	1	1	

1-4b 各地区分性别、受教育程度的6岁及以上人口(镇)

单位：人

地 区	6岁及以上人口			未上过学			小 学		
	合计	男	女	小计	男	女	小计	男	女
全 区	**138035**	**70899**	**67136**	**4423**	**1097**	**3327**	**36123**	**17107**	**19017**
南宁市	**15099**	**7944**	**7155**	**413**	**78**	**335**	**3501**	**1661**	**1840**
兴宁区	238	119	119	1		1	44	18	26
青秀区	435	226	209	11		11	78	26	52
江南区	753	419	334	20	5	15	166	71	95
西乡塘区	449	245	204	15	3	12	189	96	93
良庆区	282	147	135	3	2	1	82	39	43
邕宁区	253	134	119	7	2	4	63	30	32
武鸣县	2505	1248	1257	45	8	37	392	186	206
隆安县	902	463	438	40	12	28	243	113	130
马山县	994	482	512	48	7	40	254	109	145
上林县	1192	583	609	24	5	19	194	88	107
宾阳县	3695	2180	1515	84	13	71	856	397	459
横县	3403	1698	1705	115	20	95	939	487	451
柳州市	**9623**	**4962**	**4661**	**280**	**57**	**222**	**2544**	**1195**	**1349**
城中区									
鱼峰区									
柳南区	500	275	225	13	6	7	118	51	67
柳北区									
柳江县	2828	1447	1381	29	10	19	421	194	227
柳城县	1505	765	740	78	14	64	512	250	262
鹿寨县	1626	807	818	46	12	34	469	208	261
融安县	1095	560	535	29	3	26	359	177	183
融水苗族自治县	1350	727	623	68	11	57	458	228	230
三江侗族自治县	719	380	339	16	1	15	207	87	120
桂林市	**16288**	**7611**	**8677**	**464**	**119**	**346**	**3234**	**1521**	**1713**
秀峰区									
叠彩区									
象山区									
七星区	229	119	110	2		2	17	6	12
雁山区	2629	1245	1384	21	4	18	48	27	21
临桂区	473	243	230	53	3	51	170	91	79
阳朔县	975	489	486	65	12	53	323	172	152
灵川县	2420	673	1747	29	1	28	268	120	148
全州县	1959	986	974	73	25	48	500	215	285
兴安县	1269	618	651	15	3	13	324	150	173
永福县	726	363	364	16	2	15	213	89	124
灌阳县	815	439	376	49	29	19	218	114	104
龙胜各族自治县	501	256	245	21	5	15	138	74	64
资源县	418	203	215	5	3	3	92	37	55
平乐县	1516	807	709	70	21	49	342	166	176
荔浦县	1650	806	843	34	8	26	392	174	217
恭城瑶族自治县	707	364	343	10	4	6	189	85	104

1-4b 续表 1 单位：人

地　区	初　中			普通高中			中　职		
	小计	男	女	小计	男	女	小计	男	女
全　区	**59578**	**32080**	**27498**	**15142**	**8806**	**6336**	**6593**	**3709**	**2884**
南宁市	**7103**	**4037**	**3066**	**1504**	**869**	**635**	**720**	**401**	**319**
兴宁区	98	46	52	33	19	14	15	10	5
青秀区	306	172	134	39	28	11			
江南区	465	282	182	76	49	27	20	9	11
西乡塘区	193	124	69	21	10	11	23	9	13
良庆区	164	84	80	25	18	7	3	3	1
邕宁区	152	83	69	25	15	11	5	3	2
武鸣县	1190	624	566	287	149	139	138	69	69
隆安县	358	193	165	145	86	59	42	20	22
马山县	456	223	233	101	62	39	38	20	19
上林县	393	198	196	161	70	91	72	34	39
宾阳县	1882	1223	659	368	233	136	228	146	82
横县	1446	785	661	221	131	91	135	78	57
柳州市	**4389**	**2349**	**2040**	**769**	**443**	**325**	**681**	**392**	**289**
城中区									
鱼峰区									
柳南区	262	142	120	23	15	8	51	38	13
柳北区									
柳江县	1400	700	700	292	161	131	259	152	108
柳城县	675	359	317	93	58	34	77	43	34
鹿寨县	762	405	358	88	40	48	136	71	65
融安县	451	247	205	90	50	40	54	28	26
融水苗族自治县	494	305	190	125	77	48	58	29	30
三江侗族自治县	344	192	151	57	41	16	45	31	14
桂林市	**4890**	**2559**	**2331**	**1827**	**1035**	**792**	**750**	**332**	**418**
秀峰区									
叠彩区									
象山区									
七星区	70	32	38	66	39	27	24	11	13
雁山区	54	35	19	14	9	5	3	2	2
临桂区	196	114	82	45	29	16	4	3	1
阳朔县	345	179	166	126	63	63	36	18	18
灵川县	407	193	214	255	127	128	154	84	70
全州县	662	342	320	397	230	168	91	40	51
兴安县	460	220	239	202	115	87	75	29	46
永福县	295	157	138	85	52	33	26	13	13
灌阳县	370	199	171	104	61	43	21	9	12
龙胜各族自治县	159	80	78	59	35	24	50	22	28
资源县	140	68	72	61	35	26	24	5	19
平乐县	617	365	252	142	87	55	139	56	83
荔浦县	858	435	423	196	110	87	64	27	37
恭城瑶族自治县	258	139	120	74	43	30	37	13	24

1-4b 续表 2

单位：人

地 区	大学专科			大学本科			研究生		
	小计	男	女	小计	男	女	小计	男	女
全 区	**8497**	**4347**	**4150**	**7558**	**3675**	**3883**	**119**	**78**	**41**
南宁市	**1134**	**534**	**600**	**712**	**357**	**355**	**13**	**7**	**5**
兴宁区	26	17	9	20	7	13			
青秀区									
江南区	5	1	4	2	2				
西乡塘区	5	3	2	3		3			
良庆区	2	1	2	1		1			
邕宁区				1		1			
武鸣县	232	111	120	217	98	119	3	1	1
隆安县	52	28	24	21	10	10	1	1	
马山县	71	47	24	25	13	11			
上林县	198	104	94	148	85	62	2		2
宾阳县	203	124	79	73	45	28			
横县	338	97	241	201	95	106	7	5	2
柳州市	**618**	**342**	**275**	**332**	**176**	**155**	**11**	**6**	**5**
城中区									
鱼峰区									
柳南区	24	18	6	8	4	4			
柳北区									
柳江县	292	157	136	134	72	62	1	1	
柳城县	45	29	16	22	10	11	4	1	2
鹿寨县	71	40	31	49	29	19	4	3	2
融安县	84	43	40	27	12	15			
融水苗族自治县	69	38	31	75	38	37	2	1	1
三江侗族自治县	34	18	16	17	10	7			
桂林市	**1547**	**554**	**992**	**3554**	**1476**	**2078**	**22**	**14**	**8**
秀峰区									
叠彩区									
象山区									
七星区	25	17	8	25	13	11			
雁山区	547	1	546	1935	1164	772	6	3	3
临桂区	3	1	2	1	1	1			
阳朔县	42	22	21	37	24	13			
灵川县	168	86	82	1137	59	1078	3	3	
全州县	156	95	61	80	40	40			
兴安县	126	69	58	63	30	33	4	2	2
永福县	57	34	24	32	16	16	1		1
灌阳县	35	19	16	18	8	10			
龙胜各族自治县	56	27	29	19	12	7			
资源县	49	28	22	42	23	19	4	4	
平乐县	141	79	62	63	32	31	1	1	
荔浦县	67	35	33	38	18	19	1		1
恭城瑶族自治县	73	43	30	64	36	28	2	1	1

1-4b 续表 3

单位：人

地　　区	6岁及以上人口			未上过学			小　学		
	合计	男	女	小计	男	女	小计	男	女
梧州市	**8478**	**4207**	**4271**	**162**	**37**	**125**	**2267**	**1036**	**1232**
万秀区	145	75	71	3	1	2	22	11	11
长洲区									
龙圩区									
苍梧县	965	516	449	32	7	26	341	147	194
藤县	3610	1900	1710	71	15	56	1219	564	655
蒙山县	715	361	354	29	10	19	183	87	96
岑溪市	3041	1355	1686	26	5	21	502	226	276
北海市	**4711**	**2361**	**2351**	**196**	**57**	**139**	**952**	**428**	**523**
海城区	128	64	65	10	2	8	27	8	19
银海区	553	280	272	54	17	37	130	62	67
铁山港区	230	109	121	24	6	18	52	27	25
合浦县	3800	1907	1893	107	31	76	743	331	412
防城港市	**3046**	**1749**	**1297**	**128**	**40**	**88**	**577**	**275**	**303**
港口区	1234	786	448	59	19	40	154	75	79
防城区	726	396	331	28	11	17	190	78	113
上思县	725	378	348	17	3	13	139	77	62
东兴市	360	190	171	24	7	17	94	45	49
钦州市	**9385**	**5132**	**4253**	**419**	**135**	**284**	**2576**	**1311**	**1265**
钦南区	1778	1072	706	63	13	50	392	200	191
钦北区	1941	1063	878	127	38	89	673	343	330
灵山县	3434	1820	1614	139	53	86	973	511	461
浦北县	2232	1178	1054	90	31	60	539	257	282
贵港市	**14119**	**7387**	**6733**	**352**	**101**	**251**	**4179**	**1983**	**2196**
港北区	675	338	337	13	4	9	232	102	130
港南区	1906	904	1002	25	6	19	308	120	188
覃塘区	949	479	470	37	9	28	341	167	174
平南县	5843	3139	2703	131	49	82	1919	938	981
桂平市	4748	2527	2221	147	34	113	1378	656	722
玉林市	**18382**	**9611**	**8771**	**408**	**129**	**279**	**5405**	**2706**	**2699**
玉州区	378	207	171	3	1	2	55	28	28
福绵区	976	516	460	27	10	18	322	160	162
容县	2702	1396	1306	49	17	32	813	431	382
陆川县	3290	1678	1612	39	15	24	773	399	374
博白县	5217	2748	2470	143	49	94	1660	797	863
兴业县	2170	1120	1049	46	6	39	529	253	276
北流市	3648	1946	1702	101	30	71	1253	639	615

1-4b 续表 4 单位：人

地区	初中			普通高中			中职		
	小计	男	女	小计	男	女	小计	男	女
梧州市	**4674**	**2300**	**2374**	**571**	**360**	**211**	**256**	**144**	**112**
万秀区	62	28	34	22	12	9	23	14	9
长洲区									
龙圩区									
苍梧县	445	261	185	52	38	14	43	33	10
藤县	1556	860	696	289	180	110	119	62	57
蒙山县	277	145	132	77	38	38	46	22	23
岑溪市	2334	1007	1327	132	91	41	25	12	12
北海市	**1800**	**897**	**903**	**890**	**491**	**399**	**284**	**164**	**120**
海城区	57	31	25	24	17	7	7	5	2
银海区	199	108	90	44	20	24	13	6	7
铁山港区	114	54	61	27	18	9	7	2	5
合浦县	1430	704	727	795	437	358	258	152	106
防城港市	**1568**	**933**	**635**	**330**	**240**	**90**	**205**	**119**	**86**
港口区	708	452	256	168	142	26	72	46	26
防城区	378	220	158	55	37	18	30	22	8
上思县	313	164	149	71	40	31	87	43	44
东兴市	169	98	72	36	20	16	17	8	8
钦州市	**3916**	**2191**	**1725**	**1128**	**709**	**419**	**475**	**284**	**191**
钦南区	589	367	222	285	200	85	153	109	43
钦北区	885	508	377	152	105	46	43	24	20
灵山县	1492	797	694	396	232	164	150	76	74
浦北县	951	519	432	296	172	123	129	75	54
贵港市	**6884**	**3704**	**3180**	**1982**	**1180**	**802**	**210**	**128**	**82**
港北区	337	178	159	55	35	20	15	7	8
港南区	875	387	488	630	346	284	28	17	11
覃塘区	471	245	227	69	40	29	10	6	3
平南县	2652	1478	1174	777	471	306	90	47	43
桂平市	2549	1416	1133	451	287	164	67	51	16
玉林市	**8497**	**4454**	**4043**	**2117**	**1288**	**829**	**661**	**332**	**329**
玉州区	150	92	58	30	16	14	22	11	12
福绵区	467	253	214	109	60	48	34	25	9
容县	1095	553	541	305	173	131	141	68	73
陆川县	1482	706	776	594	359	236	106	43	63
博白县	2217	1186	1030	653	411	241	204	111	92
兴业县	1136	608	528	216	126	90	104	45	58
北流市	1951	1056	895	211	142	69	51	29	22

1-4b 续表 5 单位：人

地区	大学专科			大学本科			研究生		
	小计	男	女	小计	男	女	小计	男	女
梧州市	**338**	**216**	**122**	**208**	**113**	**95**			
万秀区	11	6	5	4	3	1			
长洲区									
龙圩区									
苍梧县	33	20	13	19	10	9			
藤县	226	150	76	128	68	60			
蒙山县	59	34	25	44	24	20			
岑溪市	10	6	3	13	8	5			
北海市	**370**	**201**	**169**	**217**	**122**	**95**	**3**	**1**	**2**
海城区	4	1	2	1		1			
银海区	92	55	37	21	12	9			
铁山港区	2	1	1	4	3	2			
合浦县	273	144	129	191	108	83	3	1	2
防城港市	**176**	**104**	**71**	**61**	**37**	**24**	**1**	**1**	**1**
港口区	55	39	16	16	12	4	1		1
防城区	27	16	11	18	12	6			
上思县	79	40	39	20	9	11	1	1	
东兴市	14	9	6	6	3	3			
钦州市	**560**	**325**	**235**	**306**	**173**	**133**	**4**	**4**	
钦南区	185	118	67	110	63	47	3	3	
钦北区	38	26	12	23	18	5			
灵山县	175	93	82	109	56	53	1	1	
浦北县	163	88	74	65	36	29			
贵港市	**321**	**185**	**137**	**184**	**101**	**83**	**6**	**4**	**1**
港北区	18	9	8	3	2	1	1	1	
港南区	29	23	6	12	5	7			
覃塘区	13	6	7	7	5	2			
平南县	185	100	85	84	52	32	4	4	
桂平市	77	46	31	78	37	41	1		1
玉林市	**809**	**438**	**371**	**467**	**249**	**218**	**18**	**15**	**3**
玉州区	56	27	28	57	29	29	5	4	1
福绵区	13	6	8	4	1	3			
容县	164	81	84	132	70	62	4	3	1
陆川县	201	108	94	94	49	45	1		1
博白县	227	130	97	107	55	52	7	7	
兴业县	96	53	43	43	27	16	1	1	
北流市	51	33	18	29	18	12			

1-4b 续表 6

单位：人

地区	6岁及以上人口			未上过学			小学		
	合计	男	女	小计	男	女	小计	男	女
百色市	**10574**	**5384**	**5190**	**443**	**88**	**355**	**2898**	**1328**	**1570**
右江区									
田阳县	1260	637	623	40	3	38	351	158	193
田东县	1483	757	726	39	10	29	341	145	196
平果县	2396	1222	1174	85	15	70	577	295	282
德保县	842	409	433	15	3	12	187	75	112
靖西县	1480	787	693	52	16	36	396	187	209
那坡县	422	219	203	15	2	14	145	64	81
凌云县	458	227	231	5	1	5	147	56	91
乐业县	413	208	204	27	4	23	126	50	76
田林县	590	278	312	49	11	39	130	50	80
西林县	434	227	207	24	3	21	155	79	76
隆林各族自治县	796	412	383	91	22	70	343	170	173
贺州市	**6206**	**3165**	**3041**	**320**	**74**	**246**	**1998**	**922**	**1075**
八步区	1376	688	688	61	12	49	529	240	289
平桂管理区	849	429	420	55	19	37	274	134	139
昭平县	1520	773	747	59	14	46	406	181	226
钟山县	1440	760	680	73	19	54	483	234	249
富川瑶族自治县	1022	516	506	71	11	60	305	133	172
河池市	**9367**	**4683**	**4684**	**460**	**98**	**361**	**2781**	**1283**	**1499**
金城江区	354	172	182	8	1	7	97	42	55
南丹县	1382	717	665	64	13	52	434	181	253
天峨县	603	306	297	50	9	40	216	106	110
凤山县	398	203	195	21	1	19	89	41	48
东兰县	761	174	587	16	2	14	87	40	47
罗城仫佬族自治县	1019	535	485	48	7	41	311	139	172
环江毛南族自治县	848	432	416	57	13	44	253	134	119
巴马瑶族自治县	681	384	297	44	4	39	187	96	91
都安瑶族自治县	1495	735	760	34	8	26	574	261	314
大化瑶族自治县	1270	739	531	69	19	49	338	153	184
宜州市	556	287	270	50	21	29	195	90	105
来宾市	**6583**	**3375**	**3208**	**217**	**52**	**166**	**1826**	**862**	**964**
兴宾区	1958	991	967	90	17	74	623	271	352
忻城县	990	475	515	29	6	23	248	103	145
象州县	1176	600	576	41	11	30	359	185	174
武宣县	1642	892	750	39	12	27	407	214	193
金秀瑶族自治县	485	241	244	11	2	9	88	36	52
合山市	333	176	157	7	3	3	100	53	48
崇左市	**6174**	**3329**	**2845**	**161**	**31**	**130**	**1385**	**597**	**788**
江州区	525	267	258	19	1	18	138	57	81
扶绥县	1693	985	708	41	8	32	355	154	201
宁明县	997	515	482	32	8	24	213	87	125
龙州县	847	426	421	46	8	38	212	88	124
大新县	901	447	454	4	1	3	201	87	114
天等县	928	498	430	16	4	12	198	90	108
凭祥市	283	191	92	5	2	2	69	34	35

1-4b 续表 7 单位：人

地 区	初 中			普通高中			中 职		
	小计	男	女	小计	男	女	小计	男	女
百色市	**4162**	**2253**	**1909**	**1015**	**592**	**424**	**776**	**425**	**351**
右江区									
田阳县	566	302	264	108	65	43	82	48	34
田东县	461	260	201	193	111	82	162	81	81
平果县	1020	508	511	227	131	95	222	134	87
德保县	331	158	173	86	46	40	65	35	30
靖西县	747	420	327	131	72	59	62	34	28
那坡县	105	58	46	45	32	13	33	17	16
凌云县	163	92	70	79	46	33	27	13	15
乐业县	154	98	56	33	21	12	27	11	16
田林县	222	117	105	48	25	23	44	22	21
西林县	163	97	66	34	19	14	27	16	11
隆林各族自治县	231	143	88	32	23	9	26	14	12
贺州市	**2701**	**1482**	**1219**	**515**	**305**	**209**	**229**	**118**	**111**
八步区	603	331	272	87	52	35	59	26	32
平桂管理区	427	224	202	64	34	30	9	4	5
昭平县	700	367	333	118	78	40	73	41	32
钟山县	572	323	249	145	83	63	39	25	14
富川瑶族自治县	400	238	162	100	58	42	50	22	28
河池市	**3540**	**1978**	**1562**	**1148**	**458**	**690**	**396**	**256**	**140**
金城江区	62	35	27	35	15	21	21	12	9
南丹县	567	319	248	114	77	37	96	64	32
天峨县	195	107	87	34	19	15	26	17	9
凤山县	122	63	59	45	27	18	21	10	10
东兰县	113	64	49	460	19	441	15	6	9
罗城仫佬族自治县	479	281	198	82	53	30	32	19	13
环江毛南族自治县	409	219	190	41	27	14	25	18	7
巴马瑶族自治县	297	184	114	67	44	24	34	21	13
都安瑶族自治县	624	321	303	88	54	33	35	21	14
大化瑶族自治县	418	241	177	147	104	43	84	63	21
宜州市	254	144	110	35	20	14	7	5	2
来宾市	**3082**	**1656**	**1426**	**498**	**297**	**201**	**334**	**172**	**162**
兴宾区	1090	621	469	68	42	25	39	20	19
忻城县	415	215	200	66	37	30	81	30	51
象州县	517	260	258	84	48	36	67	35	32
武宣县	739	397	342	191	119	72	98	61	37
金秀瑶族自治县	183	95	88	60	36	25	32	16	16
合山市	139	69	69	29	16	13	17	10	7
崇左市	**2370**	**1286**	**1085**	**849**	**537**	**312**	**616**	**441**	**174**
江州区	303	171	132	32	20	12	14	8	6
扶绥县	641	340	300	188	115	72	331	296	36
宁明县	438	228	210	163	102	61	54	34	20
龙州县	301	178	123	113	61	52	47	23	24
大新县	269	135	134	118	75	44	108	44	65
天等县	283	137	146	179	117	62	58	36	22
凭祥市	136	97	39	56	48	9	3	1	2

1-4b 续表 8 单位：人

地 区	大学专科			大学本科			研究生		
	小计	男	女	小计	男	女	小计	男	女
百色市	**837**	**449**	**388**	**430**	**244**	**187**	**12**	**5**	**7**
右江区									
田阳县	74	42	33	37	20	17	1		1
田东县	190	104	86	94	44	50	3	1	1
平果县	190	100	90	76	38	38	1		1
德保县	95	57	38	61	36	25	2	1	2
靖西县	51	25	27	41	33	8			
那坡县	51	30	21	28	15	13	2	1	1
凌云县	30	16	14	6	3	3			
乐业县	35	18	17	12	8	4			
田林县	63	30	33	32	21	11	2	2	1
西林县	20	8	12	11	5	5	1		1
隆林各族自治县	39	21	18	33	20	13			
贺州市	**262**	**149**	**113**	**176**	**110**	**66**	**5**	**3**	**2**
八步区	25	17	9	11	9	2	1		1
平桂管理区	15	10	5	6	4	2			
昭平县	85	47	38	76	45	31	1	1	
钟山县	73	39	34	53	35	17	3	3	1
富川瑶族自治县	65	37	28	30	17	14			
河池市	**627**	**357**	**270**	**404**	**243**	**161**	**11**	**9**	**2**
金城江区	67	38	29	64	30	33			
南丹县	71	43	27	37	21	16			
天峨县	47	28	19	35	20	15	1	1	1
凤山县	76	45	32	23	14	9	1		
东兰县	31	20	11	37	22	15	1	1	
罗城仫佬族自治县	48	26	22	18	9	8			
环江毛南族自治县	53	16	38	10	5	5			
巴马瑶族自治县	35	23	13	16	12	4			
都安瑶族自治县	76	40	35	63	30	34			
大化瑶族自治县	114	75	38	93	75	17	7	7	
宜州市	8	3	6	8	4	4			
来宾市	**383**	**210**	**173**	**236**	**123**	**114**	**6**	**4**	**2**
兴宾区	32	15	17	15	5	10			
忻城县	90	51	40	59	32	27	2	2	1
象州县	70	44	27	36	17	19	2	1	1
武宣县	92	50	43	74	39	35	1	1	
金秀瑶族自治县	70	34	36	40	23	17	1		1
合山市	28	17	11	12	7	5			
崇左市	**515**	**283**	**233**	**271**	**150**	**120**	**7**	**4**	**3**
江州区	15	7	7	5	3	1			
扶绥县	82	39	43	55	32	23	1	1	
宁明县	73	44	30	22	11	11	1	1	
龙州县	78	45	33	51	22	28			
大新县	139	71	67	58	34	24	4	2	2
天等县	117	70	48	75	44	31	1	1	1
凭祥市	11	6	5	4	4				

1-4c 各地区分性别、受教育程度的6岁及以上人口(乡村)

单位：人

地　　区	6岁及以上人口			未上过学			小　学		
	合计	男	女	小计	男	女	小计	男	女
全　区	**286695**	**148333**	**138362**	**19678**	**5041**	**14637**	**113185**	**55579**	**57606**
南宁市	**32488**	**16999**	**15489**	**1631**	**372**	**1259**	**11037**	**5312**	**5726**
兴宁区	786	418	367	23	4	19	259	112	147
青秀区	849	445	404	17		17	249	128	121
江南区	1493	807	685	54	10	45	519	267	252
西乡塘区	1571	850	721	32	9	23	576	249	327
良庆区	1569	822	747	40	8	32	498	244	254
邕宁区	2036	1057	979	106	36	69	746	353	393
武鸣县	3757	1951	1806	184	34	150	1001	479	522
隆安县	2479	1296	1182	182	56	126	905	414	491
马山县	3428	1849	1578	299	56	243	1394	744	650
上林县	2787	1442	1344	112	25	87	926	436	491
宾阳县	5484	2874	2611	213	48	164	1805	848	957
横县	6251	3186	3065	370	86	284	2160	1039	1121
柳州市	**17091**	**8844**	**8247**	**1640**	**418**	**1221**	**6768**	**3486**	**3282**
城中区	15	7	8	1		1	4	2	2
鱼峰区	219	118	101	5		5	44	21	23
柳南区	19	10	9	1	1		6	2	3
柳北区	260	138	122	16	2	14	52	30	22
柳江县	3783	2007	1777	321	72	249	1306	676	630
柳城县	2522	1278	1244	133	21	112	786	389	397
鹿寨县	2118	1069	1049	130	35	95	865	413	452
融安县	2193	1108	1084	90	14	76	956	451	505
融水苗族自治县	3293	1725	1569	554	144	410	1520	875	645
三江侗族自治县	2668	1384	1284	388	130	258	1228	625	603
桂林市	**30077**	**15446**	**14631**	**2198**	**590**	**1608**	**11620**	**5713**	**5907**
秀峰区									
叠彩区	195	99	96	6	1	5	50	23	27
象山区	4	2	2	1		1	2	1	1
七星区	123	60	63	12	1	11	49	27	22
雁山区	454	235	220	37	6	31	181	89	92
临桂区	3264	1691	1573	410	82	328	1315	706	609
阳朔县	2162	1117	1044	180	52	127	796	406	390
灵川县	2318	1160	1158	99	29	70	712	322	390
全州县	5325	2738	2587	317	95	222	2035	958	1077
兴安县	2494	1246	1248	139	46	93	752	352	400
永福县	1939	1045	893	218	49	169	984	581	403
灌阳县	1891	987	903	95	45	50	683	304	379
龙胜各族自治县	1263	639	624	132	32	100	594	306	288
资源县	1211	609	601	109	25	83	517	245	272
平乐县	2977	1519	1459	348	97	251	1235	597	639
荔浦县	2328	1204	1123	63	19	44	703	312	391
恭城瑶族自治县	2131	1095	1036	33	10	23	1013	485	528

1-4c 续表 1 单位：人

地 区	初中			普通高中			中职		
	小计	男	女	小计	男	女	小计	男	女
全 区	**124864**	**70716**	**54149**	**17310**	**10536**	**6774**	**5353**	**3073**	**2280**
南宁市	**16261**	**9131**	**7129**	**2158**	**1396**	**762**	**760**	**444**	**316**
兴宁区	448	271	177	29	16	14	23	14	10
青秀区	510	263	247	51	40	11	8	6	2
江南区	800	463	337	89	52	37	10	6	3
西乡塘区	719	439	279	111	68	42	71	45	26
良庆区	883	492	391	80	50	30	41	15	26
邕宁区	892	495	397	188	115	72	85	44	41
武鸣县	2023	1092	932	256	174	81	174	109	64
隆安县	1207	698	509	115	85	30	28	15	13
马山县	1387	820	567	257	176	81	47	28	19
上林县	1432	812	620	162	88	74	79	39	41
宾阳县	2852	1594	1258	401	257	145	102	65	36
横县	3108	1692	1416	421	274	146	92	58	34
柳州市	**7392**	**4189**	**3203**	**631**	**383**	**249**	**389**	**226**	**163**
城中区	6	3	3	1	1	1	2	1	1
鱼峰区	147	79	68	16	14	2	5	3	2
柳南区	9	5	4	1	1		2	1	1
柳北区	167	94	73	16	10	6	3	2	2
柳江县	1832	1091	742	144	85	59	119	59	60
柳城县	1444	772	672	95	58	38	48	31	17
鹿寨县	971	538	433	101	59	42	30	18	12
融安县	985	550	435	92	56	36	35	18	17
融水苗族自治县	1023	584	439	84	51	33	79	49	31
三江侗族自治县	806	472	334	80	48	32	65	44	21
桂林市	**13130**	**7375**	**5755**	**2022**	**1240**	**782**	**484**	**268**	**217**
秀峰区									
叠彩区	116	62	54	9	6	3	2	2	1
象山区	2	1	1						
七星区	52	27	25	6	3	3	1	1	1
雁山区	190	112	78	24	15	9	9	5	3
临桂区	1185	700	485	242	152	90	56	29	27
阳朔县	936	551	385	151	63	88	34	21	13
灵川县	1311	710	601	104	54	50	42	25	18
全州县	2364	1294	1070	396	262	135	92	71	21
兴安县	1327	688	640	215	138	77	26	12	14
永福县	601	343	258	89	52	37	21	12	9
灌阳县	833	464	369	209	138	71	20	8	12
龙胜各族自治县	467	263	205	47	28	19	16	4	11
资源县	423	247	176	103	68	35	22	13	10
平乐县	1154	688	466	154	96	58	38	17	21
荔浦县	1252	719	534	192	115	77	55	19	36
恭城瑶族自治县	916	508	408	79	49	30	51	29	22

1-4c　续表 2　　　　　　　　　　　　　　　　　　　　　　　　　　　　　　单位：人

地　区	大学专科			大学本科			研究生		
	小计	男	女	小计	男	女	小计	男	女
全　区	**4063**	**2209**	**1854**	**2193**	**1149**	**1044**	**49**	**30**	**19**
南宁市	**472**	**260**	**212**	**160**	**79**	**81**	**8**	**4**	**4**
兴宁区	3	1	1						
青秀区	6	4	2	8	4	4			
江南区	14	6	8	6	3	3			
西乡塘区	43	35	9	20	5	14			
良庆区	23	12	10	5	1	4			
邕宁区	18	11	7	2	2				
武鸣县	83	45	38	35	18	17	3		3
隆安县	35	24	11	5	4	1			
马山县	27	16	11	16	10	6	1		1
上林县	55	28	27	20	14	6			
宾阳县	85	47	37	26	13	13	2	2	
横县	81	31	50	17	4	13	2	2	
柳州市	**178**	**91**	**87**	**87**	**49**	**38**	**6**	**3**	**3**
城中区									
鱼峰区	1		1						
柳南区	1								
柳北区	6	2	5						
柳江县	44	22	22	15	2	13	1		1
柳城县	15	8	6	1		1			
鹿寨县	18	5	14	1		1			
融安县	20	12	8	13	7	7			
融水苗族自治县	28	18	10	3	3		1		1
三江侗族自治县	45	24	21	53	37	16	3	3	
桂林市	**369**	**159**	**209**	**251**	**98**	**153**	**3**	**3**	
秀峰区									
叠彩区	7	3	4	4	2	2			
象山区									
七星区	1		1	2	1	1			
雁山区	8	5	3	4	1	3	1	1	
临桂区	27	10	17	28	11	17	1	1	
阳朔县	38	15	23	26	8	18			
灵川县	26	10	16	22	10	13			
全州县	63	25	38	58	33	25			
兴安县	26	9	17	9	1	7			
永福县	20	8	12	6	1	5			
灌阳县	31	21	10	20	8	12			
龙胜各族自治县	3	3		4	3	1			
资源县	18	7	10	19	4	15			
平乐县	30	19	11	19	5	14			
荔浦县	46	14	32	16	8	9			
恭城瑶族自治县	27	12	15	13	3	11			

1-4c 续表 3

单位：人

地 区	6岁及以上人口			未上过学			小 学		
	合计	男	女	小计	男	女	小计	男	女
梧州市	**16662**	**8719**	**7943**	**795**	**254**	**541**	**7030**	**3477**	**3552**
万秀区	392	197	195	18	2	16	131	61	70
长洲区	291	160	131	5	1	4	179	92	87
龙圩区	1780	1008	773	43	19	24	720	360	360
苍梧县	2546	1321	1224	104	18	86	1243	604	638
藤县	5685	2955	2730	315	99	216	2547	1295	1252
蒙山县	1438	748	691	78	25	54	526	253	273
岑溪市	4529	2330	2199	231	89	142	1684	813	871
北海市	**8183**	**4203**	**3980**	**420**	**117**	**303**	**2462**	**1196**	**1267**
海城区	29	15	14	2	1	1	6	3	3
银海区	705	359	346	38	10	28	220	105	115
铁山港区	1151	596	555	61	15	46	344	166	178
合浦县	6297	3233	3064	319	92	228	1892	922	970
防城港市	**4708**	**2566**	**2142**	**325**	**104**	**221**	**1531**	**763**	**768**
港口区	382	198	184	22	3	19	102	44	58
防城区	2039	1084	955	171	59	112	779	382	396
上思县	1659	910	748	99	31	67	455	230	225
东兴市	629	374	254	34	12	22	195	106	89
钦州市	**22435**	**11806**	**10629**	**1331**	**389**	**942**	**9977**	**5091**	**4886**
钦南区	2566	1337	1229	180	35	144	1036	535	500
钦北区	4302	2319	1983	308	89	219	1936	1017	919
灵山县	9705	5098	4608	547	175	372	4501	2271	2231
浦北县	5861	3052	2810	296	90	206	2504	1268	1237
贵港市	**25935**	**13477**	**12457**	**1177**	**318**	**860**	**9540**	**4694**	**4846**
港北区	1809	934	875	109	22	87	686	323	363
港南区	3679	1928	1750	134	30	105	1250	586	665
覃塘区	2869	1530	1339	118	23	94	1042	508	534
平南县	7316	3790	3526	290	84	206	2754	1403	1350
桂平市	10262	5295	4967	527	159	368	3808	1874	1933
玉林市	**33211**	**17147**	**16063**	**1190**	**386**	**804**	**12683**	**6315**	**6367**
玉州区	1822	942	880	39	16	23	578	274	304
福绵区	2739	1481	1258	93	29	64	942	494	448
容县	4320	2190	2130	180	45	135	1797	892	905
陆川县	4857	2465	2391	153	48	105	1891	955	935
博白县	9412	4762	4650	368	135	233	3878	1913	1964
兴业县	4198	2240	1959	214	60	154	1431	710	721
北流市	5863	3067	2796	143	54	89	2167	1077	1090

1-4c 续表 4

单位：人

地 区	初 中			普通高中			中 职		
	小计	男	女	小计	男	女	小计	男	女
梧州市	**7312**	**4096**	**3216**	**942**	**570**	**372**	**255**	**148**	**107**
万秀区	199	104	94	21	15	6	12	8	4
长洲区	97	58	39	9	9				
龙圩区	910	564	346	74	52	22	13	5	8
苍梧县	1004	590	414	97	55	42	40	23	17
藤县	2220	1217	1003	385	215	170	94	55	39
蒙山县	720	408	312	69	41	28	16	10	7
岑溪市	2161	1154	1007	289	184	104	81	47	33
北海市	**4135**	**2255**	**1880**	**692**	**403**	**289**	**220**	**112**	**108**
海城区	8	3	5	9	6	4	2	2	
银海区	324	178	146	55	30	24	27	16	11
铁山港区	610	346	264	79	45	35	17	5	12
合浦县	3193	1728	1466	549	322	226	174	89	84
防城港市	**2252**	**1315**	**937**	**329**	**208**	**121**	**129**	**88**	**41**
港口区	144	85	60	42	24	18	19	9	10
防城区	909	527	382	100	65	35	40	25	15
上思县	882	504	378	143	89	54	46	36	10
东兴市	317	200	117	44	30	14	24	17	7
钦州市	**8958**	**5116**	**3842**	**1302**	**750**	**553**	**512**	**286**	**226**
钦南区	1055	603	453	137	81	56	104	51	53
钦北区	1675	1014	661	250	129	121	67	37	30
灵山县	3820	2167	1653	516	294	222	195	126	69
浦北县	2408	1332	1075	400	246	154	146	73	74
贵港市	**12183**	**6726**	**5457**	**1998**	**1194**	**804**	**372**	**186**	**186**
港北区	836	482	354	115	69	46	36	23	13
港南区	1781	975	806	333	226	107	78	47	31
覃塘区	1455	856	599	161	101	59	25	13	12
平南县	3429	1864	1565	540	289	251	83	34	49
桂平市	4682	2550	2133	850	509	341	150	69	81
玉林市	**15553**	**8236**	**7317**	**2375**	**1403**	**972**	**683**	**387**	**296**
玉州区	911	486	425	144	82	62	70	43	27
福绵区	1345	747	598	223	132	91	79	48	32
容县	1816	957	858	272	158	115	147	83	63
陆川县	2078	1042	1037	504	296	208	92	43	49
博白县	4273	2214	2060	606	340	266	115	53	62
兴业县	2113	1191	921	275	180	95	100	66	34
北流市	3017	1599	1418	350	216	135	79	51	28

1-4c 续表 5 单位：人

地 区	大学专科			大学本科			研究生		
	小计	男	女	小计	男	女	小计	男	女
梧州市	**154**	**80**	**74**	**170**	**93**	**77**	**4**	**1**	**2**
万秀区	5	4	1	6	3	3	1		1
长洲区				1		1			
龙圩区	12	6	7	8	3	6			
苍梧县	20	10	10	38	20	18	1	1	
藤县	74	40	34	49	33	16			
蒙山县	16	9	7	12	4	9	1		1
岑溪市	27	12	15	56	31	24	1		1
北海市	**168**	**79**	**89**	**83**	**41**	**42**	**2**		**2**
海城区	2	1	1						
银海区	25	11	14	16	10	7			
铁山港区	27	13	14	12	6	6			
合浦县	113	54	60	54	25	29	2		2
防城港市	**101**	**64**	**37**	**41**	**24**	**17**			
港口区	34	23	11	19	10	9			
防城区	28	18	10	13	8	5			
上思县	27	15	12	6	4	2			
东兴市	12	8	5	3	2	1			
钦州市	**236**	**119**	**117**	**117**	**53**	**63**	**1**	**1**	
钦南区	43	26	17	12	6	6			
钦北区	49	25	24	18	8	10			
灵山县	76	40	36	49	25	24			
浦北县	69	29	40	37	13	23	1	1	
贵港市	**417**	**216**	**201**	**245**	**141**	**104**	**2**	**2**	
港北区	16	10	7	11	6	5			
港南区	68	40	28	34	24	9			
覃塘区	50	22	28	18	6	12			
平南县	136	75	61	83	39	44	2	2	
桂平市	147	69	78	99	66	34			
玉林市	**479**	**292**	**187**	**243**	**126**	**117**	**5**	**3**	**3**
玉州区	58	27	31	22	14	8			
福绵区	41	19	22	16	12	4			
容县	43	25	18	63	29	35	2	1	1
陆川县	96	57	39	43	26	17			
博白县	117	86	31	52	20	33	1	1	
兴业县	54	29	25	11	4	6			
北流市	69	49	20	37	22	15	2		2

1-4c 续表 6 单位：人

地 区	6岁及以上人口			未上过学			小 学		
	合计	男	女	小计	男	女	小计	男	女
百色市	**27584**	**14005**	**13579**	**3080**	**734**	**2346**	**12215**	**5953**	**6262**
右江区	1780	892	888	129	30	99	691	318	373
田阳县	2471	1243	1228	229	44	185	1198	553	645
田东县	2633	1298	1336	225	41	184	1314	661	653
平果县	2782	1417	1365	181	36	145	1091	494	597
德保县	2713	1443	1270	198	58	140	1236	617	619
靖西县	4372	2233	2139	333	95	238	1967	928	1039
那坡县	1321	658	663	141	27	114	699	356	343
凌云县	1708	892	816	294	56	237	753	413	340
乐业县	1286	654	631	163	44	119	537	254	283
田林县	2057	1029	1028	243	54	188	902	429	473
西林县	1172	601	571	232	57	175	556	294	263
隆林各族自治县	3287	1644	1643	714	193	521	1269	636	633
贺州市	**12828**	**6572**	**6256**	**901**	**222**	**678**	**5550**	**2662**	**2888**
八步区	3738	1852	1886	249	43	207	1706	791	915
平桂管理区	2483	1283	1200	147	50	98	851	409	443
昭平县	2275	1211	1064	140	41	99	980	477	503
钟山县	2506	1291	1215	190	41	148	1227	618	610
富川瑶族自治县	1826	935	891	174	48	127	786	368	418
河池市	**26136**	**13475**	**12661**	**2949**	**666**	**2283**	**11127**	**5468**	**5659**
金城江区	1777	1237	540	87	23	64	439	222	217
南丹县	1836	965	871	217	70	147	847	401	445
天峨县	1179	596	582	189	41	148	528	263	266
凤山县	1413	716	697	192	38	154	637	312	326
东兰县	1982	1036	946	337	95	242	762	411	350
罗城仫佬族自治县	2428	1218	1210	238	45	192	1179	605	574
环江毛南族自治县	2168	1051	1117	257	57	200	832	407	424
巴马瑶族自治县	1942	976	966	340	80	260	826	416	410
都安瑶族自治县	4255	2138	2117	360	78	282	1780	885	895
大化瑶族自治县	3054	1552	1502	264	51	213	1547	753	795
宜州市	4102	1990	2112	468	89	379	1750	793	957
来宾市	**14582**	**7483**	**7099**	**844**	**216**	**628**	**5567**	**2530**	**3037**
兴宾区	6053	3105	2948	325	88	237	2497	1077	1420
忻城县	2564	1296	1269	222	41	181	1001	475	526
象州县	2094	1096	999	112	27	85	778	386	391
武宣县	2467	1278	1189	102	39	62	797	357	441
金秀瑶族自治县	951	478	473	59	14	45	376	180	196
合山市	452	231	221	24	7	18	118	56	62
崇左市	**14776**	**7591**	**7185**	**1195**	**253**	**942**	**6078**	**2920**	**3158**
江州区	2018	1055	963	134	27	107	768	371	396
扶绥县	2600	1370	1229	162	40	121	964	484	480
宁明县	2817	1526	1290	198	39	159	1199	585	614
龙州县	1707	854	853	157	28	129	631	288	342
大新县	2509	1228	1281	294	59	235	992	464	527
天等县	2738	1354	1384	224	55	169	1344	639	705
凭祥市	389	204	185	27	5	22	182	88	94

1-4c 续表 7 单位：人

地区	初中			普通高中			中职		
	小计	男	女	小计	男	女	小计	男	女
百色市	**9523**	**5659**	**3865**	**1368**	**846**	**522**	**556**	**342**	**214**
右江区	792	452	340	76	46	31	46	27	19
田阳县	796	471	324	119	84	35	65	42	23
田东县	865	455	410	163	96	67	36	29	7
平果县	1143	665	478	224	141	84	43	29	14
德保县	1123	675	448	97	58	39	28	21	7
靖西县	1746	1030	716	181	103	78	65	38	28
那坡县	389	224	166	47	27	20	27	14	12
凌云县	450	287	163	99	67	32	54	39	15
乐业县	430	270	160	96	55	42	30	17	13
田林县	747	448	299	86	53	33	40	24	16
西林县	280	190	90	44	26	18	27	20	7
隆林各族自治县	763	492	271	135	92	43	96	43	53
贺州市	**5320**	**3102**	**2218**	**587**	**345**	**242**	**218**	**107**	**112**
八步区	1560	904	656	115	62	53	73	36	37
平桂管理区	1189	656	533	166	95	71	41	18	24
昭平县	986	591	395	99	60	38	29	14	15
钟山县	873	519	354	117	69	48	46	24	22
富川瑶族自治县	711	431	280	90	58	32	29	15	14
河池市	**9546**	**5784**	**3762**	**1497**	**930**	**567**	**353**	**213**	**140**
金城江区	940	726	214	150	129	21	26	18	8
南丹县	669	432	237	60	36	24	18	14	4
天峨县	352	220	132	58	37	21	20	16	4
凤山县	430	284	146	96	52	44	18	8	10
东兰县	653	384	270	125	77	48	27	17	10
罗城仫佬族自治县	842	475	368	118	65	53	21	13	9
环江毛南族自治县	890	484	407	118	68	50	34	18	15
巴马瑶族自治县	608	375	234	90	54	36	22	14	8
都安瑶族自治县	1636	892	744	302	181	120	71	42	29
大化瑶族自治县	980	590	390	145	84	61	42	29	14
宜州市	1544	924	620	235	146	88	52	24	28
来宾市	**6834**	**3929**	**2904**	**730**	**451**	**279**	**249**	**164**	**85**
兴宾区	2617	1547	1070	296	192	104	110	78	32
忻城县	1114	650	465	138	84	54	43	23	20
象州县	990	561	429	131	70	61	38	27	11
武宣县	1389	776	613	104	68	36	41	25	16
金秀瑶族自治县	449	246	203	44	27	18	12	7	5
合山市	274	149	125	17	11	6	5	4	1
崇左市	**6464**	**3802**	**2662**	**676**	**416**	**260**	**173**	**104**	**69**
江州区	980	575	405	87	56	31	24	16	8
扶绥县	1237	711	525	170	102	68	39	20	18
宁明县	1289	815	475	85	58	27	21	12	9
龙州县	736	435	300	104	59	45	26	16	10
大新县	1053	604	449	107	68	39	43	24	18
天等县	1009	564	444	109	61	48	18	13	5
凭祥市	161	97	64	14	11	3	3	2	1

1-4c 续表 8 单位：人

地 区	大学专科			大学本科			研究生		
	小计	男	女	小计	男	女	小计	男	女
百色市	**531**	**300**	**231**	**307**	**167**	**139**	**3**	**3**	
右江区	38	18	20	9	2	7			
田阳县	25	24	1	38	24	14			
田东县	18	10	8	12	6	6			
平果县	64	32	32	37	21	16			
德保县	24	13	11	7	1	6			
靖西县	65	34	31	15	5	10			
那坡县	12	7	5	6	3	3			
凌云县	38	22	16	21	8	12			
乐业县	19	10	9	11	5	5			
田林县	30	17	13	10	4	6			
西林县	25	11	14	7	3	4			
隆林各族自治县	173	101	71	135	84	51	3	3	
贺州市	**160**	**84**	**75**	**89**	**47**	**42**	**3**	**3**	
八步区	25	10	15	10	6	4			
平桂管理区	51	32	19	34	21	13	2	2	
昭平县	29	22	7	12	5	7			
钟山县	33	12	21	20	9	11			
富川瑶族自治县	22	8	14	13	6	7	1	1	
河池市	**435**	**276**	**159**	**218**	**132**	**87**	**10**	**6**	**4**
金城江区	94	82	13	37	34	3	3	3	
南丹县	11	7	4	14	5	9			
天峨县	15	10	6	16	10	6			
凤山县	24	12	12	15	10	5	1	1	
东兰县	50	33	17	29	19	9			
罗城仫佬族自治县	21	12	9	9	2	6			
环江毛南族自治县	24	9	15	12	7	5			
巴马瑶族自治县	35	23	12	19	13	6	2	2	
都安瑶族自治县	77	42	36	28	18	11			
大化瑶族自治县	57	39	17	18	7	11	1	1	1
宜州市	27	7	20	22	7	15	4		4
来宾市	**244**	**129**	**115**	**112**	**61**	**51**	**2**	**2**	
兴宾区	147	82	65	59	41	19			
忻城县	33	17	16	12	5	7	2	2	
象州县	29	16	13	15	7	8			
武宣县	16	7	10	18	6	12			
金秀瑶族自治县	9	4	6	2	1	1			
合山市	8	4	4	5		4			
崇左市	**119**	**59**	**60**	**70**	**38**	**32**	**1**		**1**
江州区	11	3	8	14	6	8			
扶绥县	24	10	14	5	3	3			
宁明县	15	11	4	10	7	3			
龙州县	31	16	15	21	11	11	1		1
大新县	15	6	9	6	3	3			
天等县	20	12	8	14	9	5			
凭祥市	2	1	1						

1-5 各地区分性别的15岁及以上文盲人口

单位：人、%

地 区	15岁及以上人口			文盲人口			文盲人口占15岁及以上人口比重		
	合计	男	女	合计	男	女	合计	男	女
全 区	**461936**	**233649**	**228287**	**21512**	**4681**	**16832**	**4.66**	**2.00**	**7.37**
南宁市	**71268**	**36155**	**35113**	**2121**	**407**	**1714**	**2.98**	**1.13**	**4.88**
兴宁区	4450	2280	2170	76	13	63	1.71	0.57	2.91
青秀区	9539	4291	5248	52		52	0.54		0.98
江南区	6073	3129	2945	92	18	74	1.52	0.58	2.51
西乡塘区	13098	6754	6344	132	20	113	1.01	0.29	1.78
良庆区	3728	1907	1822	69	14	55	1.85	0.74	3.01
邕宁区	2639	1363	1275	97	21	76	3.69	1.55	5.97
武鸣县	5621	2851	2770	190	23	167	3.39	0.82	6.02
隆安县	2855	1484	1371	189	52	136	6.60	3.53	9.92
马山县	3738	1968	1770	323	58	265	8.64	2.96	14.95
上林县	3364	1685	1680	112	23	89	3.33	1.37	5.30
宾阳县	7997	4392	3605	258	40	218	3.23	0.92	6.05
横县	8164	4052	4113	531	123	408	6.50	3.04	9.91
柳州市	**38952**	**19706**	**19246**	**1816**	**397**	**1419**	**4.66**	**2.02**	**7.37**
城中区	2145	846	1299	12	1	11	0.56	0.09	0.87
鱼峰区	4760	2446	2314	51	11	40	1.06	0.44	1.72
柳南区	5129	2651	2478	48	9	39	0.94	0.33	1.59
柳北区	4473	2216	2257	54	7	48	1.22	0.31	2.11
柳江县	5988	3116	2872	324	73	251	5.40	2.34	8.73
柳城县	3561	1802	1759	190	28	162	5.34	1.57	9.19
鹿寨县	3268	1644	1624	107	25	82	3.27	1.54	5.03
融安县	2907	1480	1427	105	11	94	3.61	0.75	6.58
融水苗族自治县	3978	2087	1891	578	132	447	14.54	6.30	23.62
三江侗族自治县	2744	1418	1326	347	101	246	12.65	7.12	18.56
桂林市	**52752**	**25198**	**27554**	**2346**	**523**	**1823**	**4.45**	**2.08**	**6.62**
秀峰区	1791	885	906	24	5	19	1.32	0.53	2.09
叠彩区	1820	867	953	28		28	1.52		2.90
象山区	2884	1377	1507	39	2	37	1.36	0.15	2.45
七星区	4060	1192	2868	75	10	65	1.85	0.82	2.27
雁山区	3138	1523	1614	45	6	39	1.44	0.42	2.41
临桂区	4476	2272	2203	431	70	361	9.64	3.10	16.38
阳朔县	2805	1435	1370	192	43	148	6.84	3.03	10.84
灵川县	4398	1657	2741	112	28	84	2.55	1.70	3.06
全州县	6307	3210	3097	297	75	221	4.70	2.34	7.15
兴安县	3371	1668	1703	130	41	88	3.85	2.48	5.19
永福县	2333	1227	1106	225	46	179	9.64	3.75	16.17
灌阳县	2352	1235	1117	113	52	61	4.80	4.17	5.49
龙胜各族自治县	1559	795	764	131	30	101	8.38	3.76	13.19
资源县	1415	690	725	104	22	82	7.34	3.13	11.35
平乐县	3924	2046	1879	306	76	231	7.81	3.70	12.28
荔浦县	3633	1844	1789	73	13	60	2.02	0.69	3.38
恭城瑶族自治县	2487	1274	1212	22	4	18	0.90	0.33	1.50

1-5 续表 1 单位：人、%

地 区	15岁及以上人口			文盲人口			文盲人口占15岁及以上人口比重		
	合计	男	女	合计	男	女	合计	男	女
梧州市	**26755**	**13640**	**13115**	**801**	**183**	**618**	**2.99**	**1.34**	**4.71**
万秀区	3179	1551	1628	33	4	28	1.03	0.29	1.75
长洲区	1910	941	969	31	6	25	1.61	0.63	2.57
龙圩区	2470	1342	1128	35	7	28	1.41	0.52	2.47
苍梧县	2885	1506	1379	130	18	112	4.50	1.19	8.11
藤县	7682	4018	3664	299	85	214	3.89	2.11	5.85
蒙山县	1851	943	908	77	19	58	4.15	1.99	6.40
岑溪市	6777	3339	3438	196	44	152	2.89	1.31	4.43
北海市	**16388**	**8163**	**8226**	**582**	**132**	**450**	**3.55**	**1.61**	**5.47**
海城区	4355	2073	2283	58	11	47	1.33	0.52	2.06
银海区	1867	959	908	101	27	75	5.43	2.77	8.23
铁山港区	1412	714	698	81	17	64	5.73	2.37	9.17
合浦县	8754	4418	4337	342	77	265	3.91	1.75	6.10
防城港市	**8921**	**4868**	**4053**	**436**	**112**	**324**	**4.89**	**2.31**	**7.98**
港口区	1959	1164	795	84	20	64	4.29	1.75	8.01
防城区	3439	1814	1625	182	48	134	5.28	2.62	8.25
上思县	2040	1084	956	104	27	77	5.11	2.52	8.04
东兴市	1484	806	678	66	17	49	4.46	2.13	7.23
钦州市	**28760**	**15222**	**13538**	**1512**	**401**	**1111**	**5.26**	**2.64**	**8.20**
钦南区	5423	2914	2509	253	46	208	4.67	1.57	8.28
钦北区	6083	3277	2806	388	98	290	6.38	3.00	10.32
灵山县	10676	5609	5066	533	168	366	5.00	2.99	7.22
浦北县	6578	3421	3157	337	89	248	5.12	2.61	7.85
贵港市	**39909**	**20571**	**19338**	**1312**	**290**	**1022**	**3.29**	**1.41**	**5.29**
港北区	5607	2840	2767	174	29	145	3.09	1.02	5.23
港南区	5573	2810	2763	128	13	115	2.30	0.48	4.15
覃塘区	4076	2167	1908	154	31	123	3.78	1.44	6.43
平南县	10702	5561	5141	253	65	188	2.36	1.17	3.65
桂平市	13951	7193	6758	604	152	452	4.33	2.11	6.69
玉林市	**50556**	**25788**	**24768**	**1341**	**380**	**962**	**2.65**	**1.47**	**3.88**
玉州区	7511	3848	3663	147	54	93	1.96	1.40	2.55
福绵区	3541	1875	1667	100	30	70	2.82	1.58	4.22
容县	5764	2905	2859	146	26	119	2.53	0.91	4.18
陆川县	6518	3270	3247	143	41	101	2.19	1.27	3.12
博白县	11715	5872	5843	400	116	284	3.42	1.98	4.86
兴业县	5341	2763	2579	165	28	136	3.09	1.03	5.29
北流市	10165	5255	4910	241	84	157	2.37	1.60	3.19

1-5 续表 2

单位：人、%

地 区	15岁及以上人口			文盲人口			文盲人口占15岁及以上人口比重		
	合计	男	女	合计	男	女	合计	男	女
百色市	**34887**	**17633**	**17254**	**3208**	**680**	**2528**	**9.20**	**3.86**	**14.65**
右江区	3994	2068	1925	158	28	131	3.97	1.33	6.80
田阳县	3222	1634	1588	226	29	197	7.02	1.75	12.44
田东县	3590	1765	1825	225	40	185	6.27	2.26	10.16
平果县	4496	2264	2232	241	43	198	5.35	1.91	8.85
德保县	3043	1579	1464	165	40	124	5.41	2.56	8.49
靖西县	4924	2547	2377	338	86	252	6.86	3.38	10.59
那坡县	1473	727	746	139	23	116	9.46	3.20	15.56
凌云县	1844	925	918	278	47	232	15.10	5.03	25.25
乐业县	1403	703	701	167	39	128	11.90	5.53	18.29
田林县	2246	1105	1142	284	62	222	12.63	5.59	19.44
西林县	1358	687	671	231	51	179	16.98	7.46	26.74
隆林各族自治县	3294	1630	1664	756	193	563	22.95	11.83	33.85
贺州市	**18464**	**9405**	**9059**	**1054**	**225**	**829**	**5.71**	**2.39**	**9.15**
八步区	5758	2840	2918	286	46	240	4.96	1.61	8.22
平桂管理区	3773	1929	1843	174	53	121	4.61	2.75	6.55
昭平县	3164	1662	1503	154	31	123	4.88	1.89	8.18
钟山县	3303	1717	1586	209	37	172	6.32	2.17	10.82
富川瑶族自治县	2466	1257	1209	231	57	174	9.38	4.56	14.39
河池市	**33398**	**16886**	**16512**	**2924**	**569**	**2355**	**8.75**	**3.37**	**14.26**
金城江区	3879	2243	1636	124	26	98	3.20	1.16	6.01
南丹县	2692	1399	1294	194	51	143	7.22	3.67	11.06
天峨县	1417	699	718	193	36	158	13.65	5.08	21.99
凤山县	1517	748	770	187	32	155	12.33	4.25	20.18
东兰县	2324	968	1356	315	82	233	13.56	8.50	17.18
罗城仫佬族自治县	2995	1511	1484	241	38	203	8.04	2.53	13.65
环江毛南族自治县	2580	1257	1323	243	44	200	9.43	3.47	15.09
巴马瑶族自治县	2169	1112	1058	352	64	289	16.23	5.71	27.29
都安瑶族自治县	4623	2292	2332	330	70	260	7.13	3.06	11.14
大化瑶族自治县	3620	1917	1703	254	40	214	7.01	2.09	12.55
宜州市	5580	2742	2838	489	86	403	8.76	3.14	14.19
来宾市	**20489**	**10510**	**9979**	**851**	**169**	**682**	**4.15**	**1.60**	**6.84**
兴宾区	8635	4439	4196	358	70	288	4.15	1.58	6.87
忻城县	3097	1536	1560	198	35	163	6.39	2.28	10.44
象州县	2855	1473	1383	97	16	80	3.39	1.11	5.81
武宣县	3475	1842	1634	88	25	63	2.52	1.34	3.85
金秀瑶族自治县	1275	645	630	63	12	50	4.91	1.89	7.99
合山市	1152	576	576	48	10	38	4.13	1.73	6.53
崇左市	**20435**	**9902**	**10533**	**1208**	**213**	**995**	**5.91**	**2.15**	**9.44**
江州区	4047	1469	2578	156	25	131	3.85	1.68	5.08
扶绥县	3727	2030	1697	164	30	134	4.41	1.47	7.93
宁明县	3205	1722	1483	187	29	158	5.85	1.70	10.67
龙州县	2290	1140	1151	200	30	171	8.75	2.59	14.85
大新县	2946	1408	1538	267	52	216	9.08	3.66	14.04
天等县	3007	1475	1532	200	43	157	6.63	2.90	10.23
凭祥市	1213	658	555	33	6	28	2.73	0.84	4.98

1-5a 各地区分性别的15岁及以上文盲人口(城市)

单位：人、%

地 区	15岁及以上人口			文盲人口			文盲人口占15岁及以上人口比重		
	合计	男	女	合计	男	女	合计	男	女
全 区	**103741**	**49969**	**53772**	**1487**	**274**	**1213**	**1.43**	**0.55**	**2.26**
南宁市	**30293**	**14868**	**15425**	**266**	**`43**	**223**	**0.88**	**0.29**	**1.45**
兴宁区	3559	1811	1748	62	13	49	1.74	0.72	2.78
青秀区	8425	3713	4712	24		24	0.28		0.50
江南区	4119	2067	2052	30	7	23	0.74	0.35	1.13
西乡塘区	11345	5824	5522	99	15	84	0.87	0.25	1.52
良庆区	2153	1096	1057	35	7	29	1.64	0.61	2.71
邕宁区	692	358	334	16	1	15	2.32	0.26	4.53
武鸣县									
隆安县									
马山县									
上林县									
宾阳县									
横县									
柳州市	**15602**	**7665**	**7937**	**138**	**26**	**113**	**0.89**	**0.33**	**1.42**
城中区	2131	841	1291	11	1	11	0.53	0.08	0.83
鱼峰区	4563	2338	2226	46	11	35	1.01	0.46	1.59
柳南区	4665	2396	2269	41	7	33	0.87	0.31	1.47
柳北区	4242	2091	2151	40	7	33	0.94	0.33	1.54
柳江县									
柳城县									
鹿寨县									
融安县									
融水苗族自治县									
三江侗族自治县									
桂林市	**11367**	**4726**	**6641**	**170**	**20**	**151**	**1.50**	**0.41**	**2.27**
秀峰区	1791	885	906	24	5	19	1.32	0.53	2.09
叠彩区	1639	774	865	23		23	1.41		2.67
象山区	2880	1375	1505	38	2	36	1.34	0.15	2.42
七星区	3738	1031	2707	61	9	52	1.63	0.83	1.93
雁山区	111	76	36						
临桂区	1207	586	622	24	4	20	2.00	0.72	3.21
阳朔县									
灵川县									
全州县									
兴安县									
永福县									
灌阳县									
龙胜各族自治县									
资源县									
平乐县									
荔浦县									
恭城瑶族自治县									

1-5a 续表 1

单位：人、%

地 区	15岁及以上人口			文盲人口			文盲人口占15岁及以上人口比重		
	合计	男	女	合计	男	女	合计	男	女
梧州市	**7250**	**3534**	**3716**	**100**	**17**	**82**	**1.38**	**0.49**	**2.22**
万秀区	2712	1315	1397	17	3	14	0.63	0.25	0.98
长洲区	1669	815	854	28	6	22	1.69	0.73	2.62
龙圩区	1011	507	504	19	2	16	1.87	0.49	3.25
苍梧县									
藤县									
蒙山县									
岑溪市	1858	898	960	36	6	30	1.92	0.64	3.12
北海市	**5185**	**2509**	**2675**	**89**	**16**	**72**	**1.71**	**0.65**	**2.71**
海城区	4213	2001	2212	56	11	46	1.34	0.54	2.07
银海区	764	400	364	24	5	19	3.10	1.22	5.18
铁山港区	207	108	99	9	1	8	4.16	0.71	7.90
合浦县									
防城港市	**2453**	**1245**	**1209**	**67**	**11**	**55**	**2.71**	**0.89**	**4.59**
港口区	708	365	343	9	1	8	1.31	0.39	2.28
防城区	1116	562	555	40	7	33	3.57	1.16	6.02
上思县									
东兴市	629	318	311	17	3	14	2.77	1.01	4.58
钦州市	**2732**	**1371**	**1361**	**75**	**21**	**54**	**2.74**	**1.53**	**3.96**
钦南区	1706	845	862	40	10	30	2.33	1.16	3.47
钦北区	1025	526	499	35	11	24	3.42	2.12	4.80
灵山县									
浦北县									
贵港市	**6904**	**3525**	**3379**	**159**	**27**	**132**	**2.30**	**0.76**	**3.91**
港北区	3597	1813	1784	70	9	61	1.94	0.48	3.43
港南区	818	408	410	24	2	22	2.89	0.49	5.28
覃塘区	866	482	383	37	12	25	4.30	2.55	6.51
平南县									
桂平市	1623	821	802	28	4	24	1.74	0.49	3.03
玉林市	**8602**	**4364**	**4239**	**159**	**60**	**99**	**1.85**	**1.38**	**2.33**
玉州区	5656	2879	2777	115	43	72	2.04	1.51	2.59
福绵区	423	220	204	7	2	5	1.67	1.08	2.31
容县									
陆川县									
博白县									
兴业县									
北流市	2523	1265	1258	37	15	22	1.45	1.16	1.75

1-5a 续表 2

单位：人、%

地　区	15岁及以上人口			文盲人口			文盲人口占15岁及以上人口比重		
	合计	男	女	合计	男	女	合计	男	女
百色市	**2442**	**1296**	**1146**	**47**	**6**	**41**	**1.93**	**0.46**	**3.59**
右江区	2442	1296	1146	47	6	41	1.93	0.46	3.59
田阳县									
田东县									
平果县									
德保县									
靖西县									
那坡县									
凌云县									
乐业县									
田林县									
西林县									
隆林各族自治县									
贺州市	**2467**	**1223**	**1245**	**45**	**5**	**41**	**1.83**	**0.37**	**3.26**
八步区	1519	737	781	22	2	20	1.43	0.26	2.55
平桂管理区	949	485	463	23	3	21	2.46	0.55	4.46
昭平县									
钟山县									
富川瑶族自治县									
河池市	**3535**	**1757**	**1778**	**65**	**9**	**56**	**1.84**	**0.54**	**3.12**
金城江区	1924	935	989	35	6	29	1.80	0.63	2.90
南丹县									
天峨县									
凤山县									
东兰县									
罗城仫佬族自治县									
环江毛南族自治县									
巴马瑶族自治县									
都安瑶族自治县									
大化瑶族自治县									
宜州市	1611	822	789	30	4	27	1.89	0.44	3.40
来宾市	**2432**	**1231**	**1201**	**81**	**10**	**71**	**3.33**	**0.81**	**5.92**
兴宾区	1981	1018	963	52	5	47	2.64	0.53	4.88
忻城县									
象州县									
武宣县									
金秀瑶族自治县									
合山市	451	213	238	29	5	24	6.35	2.13	10.13
崇左市	**2476**	**655**	**1821**	**26**	**3**	**24**	**1.06**	**0.39**	**1.30**
江州区	1859	350	1509	21	2	19	1.12	0.62	1.23
扶绥县									
宁明县									
龙州县									
大新县									
天等县									
凭祥市	617	305	312	5		5	0.88	0.13	1.61

1-5b 各地区分性别的15岁及以上文盲人口(镇)

单位：人、%

地 区	15岁及以上人口			文盲人口			文盲人口占15岁及以上人口比重		
	合计	男	女	合计	男	女	合计	男	女
全 区	**119099**	**60784**	**58315**	**3490**	**702**	**2788**	**2.93**	**1.15**	**4.78**
南宁市	**13382**	**6979**	**6402**	**338**	**48**	**289**	**2.52**	**0.69**	**4.52**
兴宁区	206	102	104	1		1	0.48		0.96
青秀区	384	199	185	11		11	2.88		5.98
江南区	667	366	301	7	1	6	1.09	0.33	2.02
西乡塘区	387	208	178	22	5	17	5.58	2.38	9.32
良庆区	249	129	120	2	1	1	0.68	0.67	0.69
邕宁区	227	117	109	4	1	3	1.56	0.75	2.43
武鸣县	2278	1116	1162	37	1	36	1.63	0.08	3.13
隆安县	783	400	383	34	9	25	4.33	2.16	6.60
马山县	856	413	443	36	7	29	4.26	1.76	6.59
上林县	1038	501	536	16	2	14	1.55	0.43	2.60
宾阳县	3349	1992	1357	77	10	67	2.29	0.51	4.91
横县	2958	1436	1522	91	11	80	3.08	0.78	5.24
柳州市	**8568**	**4417**	**4151**	**211**	**31**	**179**	**2.46**	**0.71**	**4.32**
城中区									
鱼峰区									
柳南区	446	245	201	7	1	6	1.50	0.46	2.76
柳北区									
柳江县	2545	1294	1251	14	3	11	0.56	0.24	0.88
柳城县	1348	690	659	73	14	59	5.39	2.04	8.91
鹿寨县	1436	719	718	28	5	23	1.94	0.71	3.18
融安县	977	506	471	23		23	2.33		4.82
融水苗族自治县	1193	639	553	52	7	45	4.39	1.12	8.15
三江侗族自治县	623	325	298	14	1	13	2.26	0.24	4.47
桂林市	**15001**	**6941**	**8060**	**379**	**84**	**295**	**2.53**	**1.22**	**3.66**
秀峰区									
叠彩区									
象山区									
七星区	221	114	107	2		2	0.97		2.00
雁山区	2613	1234	1379	16	2	14	0.61	0.19	0.99
临桂区	434	221	213	39	3	37	9.10	1.16	17.34
阳朔县	881	440	441	47	6	41	5.35	1.42	9.26
灵川县	2291	607	1685	27	1	25	1.17	0.22	1.51
全州县	1721	855	865	67	18	49	3.89	2.15	5.61
兴安县	1122	549	573	10	3	7	0.88	0.49	1.24
永福县	649	325	324	15	3	12	2.26	0.80	3.74
灌阳县	713	372	341	41	21	19	5.72	5.76	5.67
龙胜各族自治县	458	234	224	18	4	14	3.93	1.86	6.11
资源县	377	177	200	3		3	0.68		1.28
平乐县	1390	749	640	61	16	45	4.42	2.15	7.08
荔浦县	1510	745	764	26	4	22	1.70	0.54	2.83
恭城瑶族自治县	621	319	303	8	2	5	1.26	0.76	1.79

1-5b 续表 1

单位：人、%

地 区	15岁及以上人口			文盲人口			文盲人口占15岁及以上人口比重		
	合计	男	女	合计	男	女	合计	男	女
梧州市	**6018**	**3085**	**2934**	**118**	**20**	**98**	**1.97**	**0.65**	**3.35**
万秀区	130	66	65	1		1	1.11		2.23
长洲区									
龙圩区									
苍梧县	803	435	368	28	5	24	3.53	1.04	6.47
藤县	3125	1641	1484	47	8	39	1.51	0.49	2.62
蒙山县	616	307	309	22	6	16	3.56	2.07	5.03
岑溪市	1344	636	707	20	1	18	1.46	0.18	2.60
北海市	**4164**	**2074**	**2090**	**145**	**29**	**116**	**3.47**	**1.38**	**5.55**
海城区	117	58	58	1		1	1.06		2.12
银海区	490	247	242	47	14	33	9.59	5.52	13.75
铁山港区	201	93	108	24	6	18	12.07	6.72	16.64
合浦县	3356	1675	1681	72	9	63	2.15	0.53	3.77
防城港市	**2465**	**1442**	**1023**	**107**	**29**	**78**	**4.36**	**2.01**	**7.67**
港口区	910	622	288	55	16	38	6.01	2.64	13.28
防城区	615	336	278	17	6	11	2.75	1.64	4.09
上思县	624	319	304	15	2	13	2.45	0.61	4.37
东兴市	316	164	152	20	5	15	6.48	3.08	10.16
钦州市	**8063**	**4391**	**3672**	**319**	**82**	**237**	**3.96**	**1.87**	**6.46**
钦南区	1607	969	638	58	10	48	3.58	1.02	7.48
钦北区	1610	883	727	106	24	82	6.59	2.72	11.29
灵山县	2920	1521	1399	106	37	70	3.64	2.42	4.98
浦北县	1926	1018	908	49	12	38	2.56	1.14	4.15
贵港市	**11976**	**6262**	**5714**	**257**	**63**	**194**	**2.15**	**1.01**	**3.39**
港北区	575	290	284	8	2	6	1.38	0.67	2.10
港南区	1680	794	886	15	2	13	0.90	0.28	1.45
覃塘区	798	394	404	19	2	17	2.39	0.49	4.25
平南县	4933	2639	2295	87	32	55	1.76	1.20	2.39
桂平市	3989	2144	1845	128	26	103	3.22	1.19	5.58
玉林市	**15415**	**7895**	**7521**	**286**	**70**	**216**	**1.86**	**0.89**	**2.87**
玉州区	341	186	155	3	1	2	0.89	0.56	1.29
福绵区	840	439	401	23	7	16	2.78	1.61	4.05
容县	2274	1151	1124	30	7	23	1.31	0.57	2.07
陆川县	2778	1384	1394	29	9	19	1.03	0.66	1.40
博白县	4330	2234	2096	90	27	63	2.07	1.19	3.01
兴业县	1869	947	923	40	4	36	2.13	0.43	3.88
北流市	2982	1553	1429	72	16	56	2.41	1.03	3.90

1-5b 续表 2

单位：人、%

地　区	15岁及以上人口			文盲人口			文盲人口占15岁及以上人口比重		
	合计	男	女	合计	男	女	合计	男	女
百色市	**9334**	**4685**	**4650**	**391**	**70**	**321**	**4.19**	**1.49**	**6.91**
右江区									
田阳县	1133	570	563	35	1	34	3.05	0.16	5.99
田东县	1347	676	671	31	8	23	2.28	1.16	3.41
平果县	2094	1042	1053	76	13	63	3.63	1.24	5.98
德保县	756	364	392	9	1	8	1.13	0.15	2.03
靖西县	1293	682	611	44	11	33	3.42	1.63	5.41
那坡县	356	178	178	12	1	11	3.39	0.34	6.44
凌云县	407	199	208	5	1	4	1.17	0.31	2.00
乐业县	356	178	178	22	2	20	6.14	1.06	11.24
田林县	542	253	288	51	11	40	9.41	4.22	13.97
西林县	381	195	186	22	2	20	5.81	1.21	10.64
隆林各族自治县	671	348	324	85	20	65	12.71	5.77	20.16
贺州市	**5380**	**2737**	**2643**	**256**	**58**	**198**	**4.76**	**2.11**	**7.51**
八步区	1186	588	598	45	8	37	3.83	1.44	6.18
平桂管理区	720	359	361	30	12	17	4.11	3.40	4.82
昭平县	1307	666	641	51	11	40	3.87	1.64	6.20
钟山县	1258	661	597	59	13	46	4.72	1.99	7.74
富川瑶族自治县	909	463	446	71	13	58	7.81	2.80	13.02
河池市	**8140**	**4017**	**4123**	**379**	**64**	**315**	**4.66**	**1.60**	**7.63**
金城江区	307	143	164	8		8	2.69		5.02
南丹县	1205	629	575	48	8	39	3.96	1.30	6.86
天峨县	494	244	251	44	8	35	8.82	3.33	14.15
凤山县	340	170	170	19	1	17	5.51	0.76	10.26
东兰县	699	149	551	13	1	12	1.86	0.55	2.22
罗城仫佬族自治县	919	482	437	43	5	38	4.68	1.00	8.74
环江毛南族自治县	733	366	367	48	10	38	6.53	2.72	10.32
巴马瑶族自治县	606	341	265	45	1	43	7.42	0.43	16.39
都安瑶族自治县	1244	607	637	22	5	18	1.81	0.80	2.76
大化瑶族自治县	1115	651	464	47	9	38	4.19	1.33	8.20
宜州市	477	237	240	43	16	26	8.94	6.84	11.03
来宾市	**5771**	**2949**	**2822**	**158**	**30**	**128**	**2.74**	**1.01**	**4.54**
兴宾区	1684	849	835	72	12	61	4.30	1.36	7.28
忻城县	870	416	454	23	3	20	2.69	0.80	4.42
象州县	1048	528	520	25	5	20	2.41	0.96	3.88
武宣县	1425	778	647	24	6	17	1.66	0.80	2.69
金秀瑶族自治县	440	219	221	9	1	8	2.06	0.66	3.45
合山市	303	158	145	4	2	2	1.34	1.27	1.42
崇左市	**5422**	**2911**	**2511**	**145**	**22**	**123**	**2.68**	**0.76**	**4.91**
江州区	447	223	224	17	1	17	3.87	0.32	7.41
扶绥县	1475	866	610	31	5	26	2.08	0.54	4.28
宁明县	879	457	422	21	2	20	2.44	0.41	4.63
龙州县	769	384	385	58	11	47	7.57	2.86	12.27
大新县	788	381	407	4	1	3	0.45	0.18	0.69
天等县	798	418	380	10	2	8	1.26	0.40	2.21
凭祥市	265	182	84	4	2	3	1.58	0.93	2.99

1-5c 各地区分性别的15岁及以上文盲人口(乡村)

单位：人、%

地　区	15岁及以上人口			文盲人口			文盲人口占15岁及以上人口比重		
	合计	男	女	合计	男	女	合计	男	女
全　区	**239096**	**122895**	**116200**	**16536**	**3706**	**12830**	**6.92**	**3.02**	**11.04**
南宁市	**27593**	**14308**	**13285**	**1517**	**316**	**1202**	**5.50**	**2.21**	**9.04**
兴宁区	685	367	318	14		14	1.98		4.27
青秀区	730	379	351	17		17	2.31		4.81
江南区	1287	695	592	54	10	45	4.23	1.38	7.59
西乡塘区	1366	722	645	12		12	0.87		1.85
良庆区	1327	682	645	32	7	25	2.40	0.97	3.92
邕宁区	1720	888	832	78	19	58	4.51	2.18	7.01
武鸣县	3343	1735	1608	153	23	131	4.58	1.30	8.12
隆安县	2072	1084	988	155	44	111	7.46	4.04	11.21
马山县	2882	1555	1327	286	51	235	9.94	3.28	17.74
上林县	2327	1184	1143	96	21	75	4.13	1.78	6.57
宾阳县	4647	2400	2247	181	30	151	3.90	1.26	6.73
横县	5206	2616	2591	440	112	328	8.44	4.27	12.65
柳州市	**14782**	**7624**	**7158**	**1468**	**340**	**1127**	**9.93**	**4.46**	**15.75**
城中区	14	6	8	1		1	5.05	2.03	7.37
鱼峰区	196	108	88	4		4	2.23		4.96
柳南区	17	9	8	1			4.10	2.77	5.68
柳北区	231	125	105	14		14	6.27		13.74
柳江县	3443	1823	1621	309	70	240	8.99	3.83	14.79
柳城县	2213	1112	1100	117	14	103	5.31	1.29	9.37
鹿寨县	1832	925	906	79	20	59	4.32	2.18	6.50
融安县	1930	974	956	82	11	71	4.27	1.14	7.45
融水苗族自治县	2785	1447	1338	526	124	402	18.88	8.59	30.02
三江侗族自治县	2121	1092	1028	333	100	233	15.70	9.17	22.64
桂林市	**26384**	**13530**	**12853**	**1797**	**419**	**1378**	**6.81**	**3.10**	**10.72**
秀峰区									
叠彩区	181	93	88	5		5	2.50		5.16
象山区	4	2	2	1		1	15.78	3.23	26.49
七星区	100	47	53	12	1	11	11.99	2.61	20.25
雁山区	413	213	200	29	4	25	7.08	1.90	12.61
临桂区	2835	1466	1369	368	64	304	12.97	4.34	22.21
阳朔县	1925	996	929	145	37	108	7.52	3.74	11.58
灵川县	2106	1050	1056	85	27	59	4.06	2.56	5.54
全州县	4586	2355	2232	230	57	173	5.01	2.41	7.74
兴安县	2249	1119	1130	120	39	81	5.33	3.45	7.19
永福县	1684	902	782	210	43	167	12.48	4.82	21.31
灌阳县	1639	864	775	72	30	42	4.40	3.49	5.42
龙胜各族自治县	1101	560	540	113	26	87	10.23	4.55	16.13
资源县	1038	513	525	101	22	80	9.76	4.21	15.18
平乐县	2534	1296	1238	245	59	185	9.66	4.59	14.98
荔浦县	2123	1099	1024	48	9	39	2.24	0.79	3.79
恭城瑶族自治县	1865	956	910	15	2	13	0.78	0.19	1.40

1-5c 续表 1

单位：人、%

地 区	15岁及以上人口			文盲人口			文盲人口占15岁及以上人口比重		
	合计	男	女	合计	男	女	合计	男	女
梧州市	**13487**	**7021**	**6465**	**582**	**145**	**437**	**4.32**	**2.07**	**6.76**
万秀区	337	170	167	14	1	13	4.26	0.65	7.95
长洲区	241	126	115	2		2	1.03		2.17
龙圩区	1459	834	624	16	5	11	1.09	0.54	1.83
苍梧县	2082	1071	1011	102	13	88	4.88	1.26	8.71
藤县	4557	2377	2180	252	77	175	5.53	3.23	8.05
蒙山县	1235	636	598	55	12	43	4.45	1.95	7.11
岑溪市	3576	1805	1771	141	37	104	3.94	2.05	5.87
北海市	**7040**	**3580**	**3460**	**348**	**86**	**262**	**4.95**	**2.42**	**7.57**
海城区	25	13	13				0.37		0.74
银海区	613	311	302	31	8	23	4.99	2.58	7.47
铁山港区	1004	514	490	48	10	38	4.78	1.93	7.77
合浦县	5398	2742	2656	270	69	201	5.00	2.50	7.58
防城港市	**4003**	**2181**	**1821**	**262**	**72**	**190**	**6.54**	**3.32**	**10.41**
港口区	340	177	163	20	3	18	5.89	1.42	10.73
防城区	1708	916	792	125	35	89	7.30	3.88	11.27
上思县	1416	765	651	89	25	64	6.28	3.32	9.76
东兴市	539	324	215	28	9	19	5.25	2.76	9.00
钦州市	**17965**	**9460**	**8506**	**1118**	**298**	**820**	**6.22**	**3.15**	**9.64**
钦南区	2111	1101	1010	156	26	130	7.40	2.37	12.88
钦北区	3448	1868	1580	247	63	184	7.16	3.39	11.63
灵山县	7755	4088	3667	427	131	296	5.51	3.21	8.07
浦北县	4652	2403	2249	288	78	210	6.18	3.23	9.34
贵港市	**21030**	**10785**	**10245**	**896**	**200**	**696**	**4.26**	**1.85**	**6.80**
港北区	1436	737	699	96	18	77	6.67	2.49	11.07
港南区	3075	1608	1467	89	9	80	2.90	0.57	5.46
覃塘区	2411	1291	1120	98	17	81	4.04	1.32	7.19
平南县	5769	2922	2846	166	33	133	2.88	1.13	4.67
桂平市	8338	4227	4112	447	122	325	5.37	2.89	7.91
玉林市	**26538**	**13530**	**13008**	**896**	**249**	**647**	**3.38**	**1.84**	**4.98**
玉州区	1515	783	732	29	9	19	1.90	1.19	2.66
福绵区	2278	1216	1062	70	20	49	3.06	1.66	4.65
容县	3490	1754	1735	116	20	96	3.33	1.14	5.54
陆川县	3740	1886	1854	114	32	82	3.05	1.71	4.42
博白县	7385	3638	3747	311	90	221	4.20	2.46	5.90
兴业县	3472	1816	1656	125	24	101	3.60	1.34	6.08
北流市	4659	2437	2222	132	53	79	2.84	2.19	3.55

1-5c 续表 2　　　　单位：人、%

地　区	15岁及以上人口			文盲人口			文盲人口占15岁及以上人口比重		
	合计	男	女	合计	男	女	合计	男	女
百色市	**23110**	**11652**	**11458**	**2770**	**605**	**2165**	**11.99**	**5.19**	**18.90**
右江区	1551	772	779	111	22	90	7.18	2.79	11.52
田阳县	2089	1064	1025	191	28	164	9.16	2.60	15.98
田东县	2243	1089	1154	194	32	162	8.67	2.95	14.07
平果县	2402	1222	1180	165	30	135	6.86	2.47	11.41
德保县	2287	1215	1073	156	40	116	6.83	3.28	10.84
靖西县	3632	1865	1766	294	75	219	8.09	4.02	12.38
那坡县	1117	549	569	127	23	105	11.40	4.13	18.41
凌云县	1437	727	711	274	46	228	19.04	6.32	32.04
乐业县	1047	524	523	145	37	108	13.86	7.05	20.69
田林县	1704	851	853	233	51	182	13.65	6.00	21.29
西林县	977	492	485	208	49	160	21.34	9.94	32.91
隆林各族自治县	2623	1282	1341	671	173	498	25.57	13.47	37.15
贺州市	**10617**	**5446**	**5171**	**753**	**163**	**590**	**7.09**	**2.98**	**11.41**
八步区	3054	1515	1539	218	35	183	7.15	2.34	11.89
平桂管理区	2104	1085	1019	121	38	83	5.75	3.52	8.12
昭平县	1857	995	862	104	20	83	5.58	2.06	9.65
钟山县	2045	1056	989	149	24	125	7.31	2.28	12.67
富川瑶族自治县	1558	795	763	160	44	116	10.29	5.58	15.20
河池市	**21723**	**11112**	**10611**	**2480**	**495**	**1985**	**11.41**	**4.45**	**18.71**
金城江区	1649	1165	483	82	20	61	4.94	1.72	12.71
南丹县	1488	769	719	147	43	104	9.86	5.61	14.42
天峨县	923	455	467	150	27	122	16.24	6.02	26.20
凤山县	1177	578	599	168	31	138	14.30	5.28	23.00
东兰县	1624	819	805	302	81	221	18.60	9.94	27.41
罗城仫佬族自治县	2076	1029	1047	198	33	164	9.53	3.25	15.70
环江毛南族自治县	1847	891	956	196	34	162	10.58	3.77	16.93
巴马瑶族自治县	1564	771	792	307	62	245	19.65	8.05	30.94
都安瑶族自治县	3379	1685	1694	307	65	242	9.10	3.87	14.29
大化瑶族自治县	2505	1266	1239	207	31	176	8.27	2.48	14.18
宜州市	3491	1682	1809	416	66	350	11.91	3.94	19.33
来宾市	**12286**	**6330**	**5956**	**612**	**129**	**483**	**4.98**	**2.04**	**8.11**
兴宾区	4970	2572	2398	233	53	180	4.70	2.07	7.52
忻城县	2226	1120	1106	174	32	143	7.84	2.83	12.91
象州县	1808	945	863	71	11	60	3.96	1.20	6.97
武宣县	2050	1063	987	64	18	46	3.13	1.74	4.62
金秀瑶族自治县	834	425	409	53	11	43	6.41	2.53	10.45
合山市	398	205	193	15	3	11	3.74	1.67	5.93
崇左市	**12538**	**6336**	**6201**	**1037**	**189**	**848**	**8.27**	**2.98**	**13.68**
江州区	1741	895	845	118	22	96	6.76	2.44	11.34
扶绥县	2251	1164	1087	134	25	108	5.94	2.17	9.97
宁明县	2326	1265	1061	166	27	139	7.14	2.17	13.06
龙州县	1521	756	765	142	19	124	9.35	2.46	16.15
大新县	2158	1027	1131	264	51	213	12.23	4.95	18.85
天等县	2210	1057	1153	189	41	148	8.58	3.89	12.87
凭祥市	331	172	159	24	3	20	7.11	2.01	12.60

1-6 各地区分性别、婚姻状况的人口

单位：人

地 区	合 计			未 婚		
	合计	男	女	小计	男	女
全 区	**461303**	**233319**	**227984**	**103651**	**62737**	**40914**
南宁市	**71205**	**36119**	**35085**	**17081**	**10045**	**7036**
兴宁区	4443	2275	2168	991	580	411
青秀区	9531	4287	5244	3629	1518	2112
江南区	6073	3129	2945	1323	796	528
西乡塘区	13079	6744	6335	3431	2037	1394
良庆区	3713	1899	1814	662	434	228
邕宁区	2639	1363	1275	649	422	226
武鸣县	5621	2851	2770	1004	665	339
隆安县	2855	1484	1371	500	376	124
马山县	3734	1965	1769	859	609	251
上林县	3357	1680	1677	664	392	272
宾阳县	7994	4390	3605	1936	1271	665
横县	8164	4052	4113	1433	947	486
柳州市	**38872**	**19669**	**19203**	**7711**	**4745**	**2965**
城中区	2134	842	1292	849	223	625
鱼峰区	4757	2445	2312	921	602	319
柳南区	5122	2647	2475	906	619	286
柳北区	4465	2213	2252	737	411	325
柳江县	5988	3116	2872	1443	916	527
柳城县	3557	1800	1757	522	378	144
鹿寨县	3220	1621	1599	545	389	156
融安县	2907	1480	1427	542	350	192
融水苗族自治县	3978	2087	1891	786	539	247
三江侗族自治县	2744	1418	1326	461	318	143
桂林市	**52729**	**25189**	**27540**	**13133**	**6505**	**6628**
秀峰区	1787	883	904	521	294	227
叠彩区	1820	867	953	291	163	128
象山区	2871	1371	1500	460	262	198
七星区	4060	1192	2868	1909	243	1666
雁山区	3138	1523	1614	2610	1260	1350
临桂区	4476	2272	2203	846	533	313
阳朔县	2805	1435	1370	520	359	161
灵川县	4398	1657	2741	1581	361	1220
全州县	6307	3210	3097	999	723	276
兴安县	3370	1668	1702	480	305	175
永福县	2333	1227	1106	430	299	132
灌阳县	2352	1235	1117	482	337	145
龙胜各族自治县	1556	793	763	160	129	31
资源县	1415	690	725	189	119	70
平乐县	3922	2046	1877	673	442	231
荔浦县	3633	1844	1789	576	397	180
恭城瑶族自治县	2487	1274	1212	404	278	126

1-6 续表 1

单位：人

地区	有配偶			离婚			丧偶		
	小计	男	女	小计	男	女	小计	男	女
全区	**321334**	**158593**	**162741**	**6802**	**4062**	**2740**	**29517**	**7927**	**21589**
南宁市	**49127**	**24532**	**24596**	**1081**	**572**	**509**	**3915**	**970**	**2945**
兴宁区	3158	1627	1531	97	35	62	197	33	164
青秀区	5466	2639	2827	140	65	75	295	65	231
江南区	4374	2208	2166	84	46	38	292	79	212
西乡塘区	8927	4524	4403	234	94	140	488	90	398
良庆区	2895	1417	1478	26	15	11	130	33	97
邕宁区	1788	878	910	22	17	5	180	46	133
武鸣县	4116	2017	2099	79	50	29	422	118	304
隆安县	2076	1019	1057	48	27	21	232	62	169
马山县	2432	1194	1238	84	59	25	359	103	255
上林县	2388	1202	1187	41	18	23	264	69	195
宾阳县	5476	2933	2544	109	79	30	473	107	365
横县	6031	2875	3156	116	68	49	585	162	422
柳州市	**27885**	**13798**	**14087**	**1033**	**554**	**479**	**2244**	**572**	**1672**
城中区	1182	590	592	45	21	25	58	8	50
鱼峰区	3483	1725	1757	169	81	89	184	37	147
柳南区	3780	1891	1890	206	92	115	230	46	185
柳北区	3335	1686	1649	163	65	99	230	50	179
柳江县	4135	2050	2085	127	77	51	282	74	209
柳城县	2689	1295	1394	94	55	39	252	71	180
鹿寨县	2321	1117	1204	97	58	39	257	57	200
融安县	2109	1028	1080	59	46	13	197	56	141
融水苗族自治县	2789	1398	1391	45	37	8	358	113	245
三江侗族自治县	2061	1017	1045	26	22	3	195	60	135
桂林市	**35201**	**17282**	**17919**	**970**	**533**	**437**	**3426**	**869**	**2557**
秀峰区	1133	551	581	53	21	32	80	17	63
叠彩区	1336	661	675	75	25	50	117	18	99
象山区	2149	1042	1108	129	44	86	132	24	108
七星区	1921	897	1024	75	27	47	155	25	130
雁山区	483	254	229	5	4	1	40	6	34
临桂区	3225	1596	1629	87	60	27	317	83	235
阳朔县	2058	1008	1050	48	20	28	179	48	131
灵川县	2486	1208	1279	63	40	23	267	48	219
全州县	4728	2304	2425	74	46	28	505	137	368
兴安县	2555	1247	1308	48	27	21	287	88	198
永福县	1674	847	826	43	35	8	186	46	140
灌阳县	1712	835	877	17	9	8	141	55	86
龙胜各族自治县	1185	590	595	40	32	9	171	42	128
资源县	1107	531	576	19	12	7	100	28	72
平乐县	2901	1475	1426	56	40	16	293	88	205
荔浦县	2667	1306	1362	107	71	36	282	71	211
恭城瑶族自治县	1880	930	949	30	21	9	173	46	127

1-6 续表 2 单位：人

地 区	合 计			未 婚		
	合计	男	女	小计	男	女
梧州市	**26679**	**13597**	**13082**	**6563**	**4054**	**2509**
万秀区	3174	1549	1625	536	320	216
长洲区	1910	941	969	350	209	140
龙圩区	2463	1338	1125	702	474	228
苍梧县	2837	1477	1360	729	489	240
藤县	7670	4012	3658	2010	1288	722
蒙山县	1850	942	908	342	227	115
岑溪市	6776	3339	3437	1895	1047	848
北海市	**16383**	**8161**	**8222**	**4192**	**2539**	**1653**
海城区	4352	2071	2281	1442	813	630
银海区	1866	958	908	483	293	190
铁山港区	1412	714	698	278	180	98
合浦县	8753	4418	4336	1989	1254	735
防城港市	**8912**	**4862**	**4049**	**1851**	**1285**	**565**
港口区	1959	1164	795	445	297	148
防城区	3438	1814	1624	644	472	172
上思县	2039	1084	956	481	326	154
东兴市	1476	801	675	281	189	92
钦州市	**28720**	**15197**	**13522**	**6976**	**4590**	**2386**
钦南区	5413	2908	2505	1173	745	428
钦北区	6070	3268	2801	1464	1030	434
灵山县	10658	5600	5058	2888	1836	1052
浦北县	6578	3421	3157	1451	979	472
贵港市	**39903**	**20568**	**19335**	**9971**	**6183**	**3788**
港北区	5607	2840	2767	1255	768	486
港南区	5573	2810	2763	1459	912	547
覃塘区	4071	2166	1905	755	469	286
平南县	10702	5561	5141	2663	1696	967
桂平市	13949	7191	6758	3840	2338	1502
玉林市	**50417**	**25727**	**24690**	**10853**	**6986**	**3867**
玉州区	7410	3807	3602	1372	877	495
福绵区	3505	1855	1650	792	549	243
容县	5763	2904	2859	1172	759	413
陆川县	6518	3270	3247	1502	911	592
博白县	11715	5872	5843	2527	1575	951
兴业县	5341	2763	2579	1234	816	418
北流市	10165	5255	4910	2255	1500	755

1-6 续表 3

单位：人

地　区	有配偶			离　婚			丧　偶		
	小计	男	女	小计	男	女	小计	男	女
梧州市	**17949**	**8715**	**9234**	**459**	**305**	**154**	**1708**	**523**	**1185**
万秀区	2283	1116	1167	132	61	70	223	51	171
长洲区	1421	692	729	38	17	20	102	22	80
龙圩区	1557	780	777	40	32	9	164	53	111
苍梧县	1901	915	986	15	14	1	192	60	133
藤县	5094	2466	2628	97	83	14	469	175	295
蒙山县	1333	642	691	39	28	11	135	44	91
岑溪市	4360	2104	2256	98	70	28	423	118	305
北海市	**11192**	**5315**	**5876**	**204**	**102**	**102**	**795**	**204**	**591**
海城区	2672	1203	1469	72	26	46	165	29	136
银海区	1301	643	657	15	7	8	67	15	52
铁山港区	1027	502	525	13	9	4	95	23	71
合浦县	6192	2967	3225	103	60	44	468	137	331
防城港市	**6476**	**3372**	**3105**	**141**	**79**	**62**	**444**	**126**	**318**
港口区	1412	831	581	39	22	17	63	14	49
防城区	2558	1265	1294	48	27	21	187	50	138
上思县	1399	692	707	31	21	10	129	45	84
东兴市	1107	585	523	23	10	13	65	17	47
钦州市	**19807**	**9908**	**9898**	**274**	**196**	**77**	**1664**	**503**	**1161**
钦南区	3971	2077	1893	56	31	25	214	54	159
钦北区	4148	2076	2072	51	42	9	407	121	286
灵山县	7096	3529	3567	91	66	25	583	169	414
浦北县	4591	2226	2365	75	57	18	461	159	302
贵港市	**27163**	**13420**	**13743**	**399**	**275**	**124**	**2370**	**691**	**1680**
港北区	4010	1970	2040	62	36	26	281	66	215
港南区	3801	1789	2012	39	28	11	274	81	193
覃塘区	3003	1582	1421	48	37	11	266	78	188
平南县	7212	3566	3645	104	76	28	724	223	501
桂平市	9137	4513	4624	147	98	49	825	242	583
玉林市	**36205**	**17585**	**18620**	**494**	**323**	**171**	**2864**	**833**	**2031**
玉州区	5649	2831	2819	73	27	46	316	73	243
福绵区	2486	1221	1265	36	32	4	192	54	138
容县	4077	1967	2110	94	62	31	421	116	304
陆川县	4535	2183	2352	78	54	24	402	122	280
博白县	8505	4036	4469	71	51	20	612	210	402
兴业县	3699	1819	1880	35	32	4	373	95	277
北流市	7254	3528	3725	107	65	42	550	163	387

1-6 续表 4 单位：人

地 区	合 计			未 婚		
	合计	男	女	小计	男	女
百色市	**34844**	**17611**	**17233**	**6692**	**4340**	**2352**
右江区	3994	2068	1925	671	434	237
田阳县	3198	1621	1577	473	344	129
田东县	3589	1765	1824	534	347	188
平果县	4496	2264	2232	956	600	356
德保县	3043	1579	1464	673	465	208
靖西县	4908	2539	2369	1140	739	401
那坡县	1473	727	746	240	152	89
凌云县	1844	925	918	439	264	174
乐业县	1403	703	701	317	195	121
田林县	2246	1105	1142	410	254	155
西林县	1358	687	671	273	180	93
隆林各族自治县	3292	1629	1663	566	365	201
贺州市	**18461**	**9404**	**9057**	**4001**	**2539**	**1462**
八步区	5755	2839	2916	1153	718	435
平桂管理区	3773	1929	1843	886	537	349
昭平县	3164	1662	1503	706	476	230
钟山县	3303	1717	1586	856	534	322
富川瑶族自治县	2466	1257	1209	400	274	126
河池市	**33367**	**16868**	**16499**	**6491**	**4088**	**2404**
金城江区	3873	2239	1635	665	428	237
南丹县	2674	1389	1284	531	368	163
天峨县	1417	699	718	256	166	90
凤山县	1517	748	770	297	188	109
东兰县	2324	968	1356	761	238	523
罗城仫佬族自治县	2992	1510	1482	501	325	177
环江毛南族自治县	2580	1257	1323	426	304	122
巴马瑶族自治县	2169	1112	1058	398	268	130
都安瑶族自治县	4623	2292	2332	972	649	323
大化瑶族自治县	3620	1917	1703	819	552	267
宜州市	5576	2738	2838	865	602	262
来宾市	**20414**	**10461**	**9953**	**3599**	**2478**	**1121**
兴宾区	8613	4423	4191	1510	1012	498
忻城县	3061	1516	1545	489	349	140
象州县	2851	1470	1382	522	360	162
武宣县	3463	1834	1629	651	466	185
金秀瑶族自治县	1274	644	630	223	154	69
合山市	1151	575	576	204	137	67
崇左市	**20398**	**9883**	**10515**	**4537**	**2360**	**2177**
江州区	4045	1467	2578	1641	337	1304
扶绥县	3722	2028	1694	923	718	204
宁明县	3191	1715	1476	567	412	155
龙州县	2279	1133	1146	409	251	158
大新县	2942	1407	1535	340	214	125
天等县	3006	1475	1531	423	261	162
凭祥市	1213	658	555	235	166	69

1-6 续表 5 单位：人

地　区	有配偶			离　婚			丧　偶		
	小计	男	女	小计	男	女	小计	男	女
百色市	**24926**	**12243**	**12683**	**466**	**316**	**149**	**2760**	**712**	**2049**
右江区	3043	1540	1504	51	35	17	229	60	168
田阳县	2328	1166	1161	57	31	26	341	80	261
田东县	2744	1336	1408	40	23	17	271	60	211
平果县	3165	1536	1629	76	58	18	299	69	229
德保县	2053	1007	1046	27	17	10	290	89	201
靖西县	3260	1616	1644	58	46	13	449	138	311
那坡县	1073	527	546	24	13	11	136	35	101
凌云县	1241	612	629	16	8	8	148	41	107
乐业县	986	471	514	17	14	3	84	22	62
田林县	1631	784	847	28	18	10	177	48	129
西林县	983	480	503	26	17	9	76	10	66
隆林各族自治县	2419	1168	1251	45	36	9	262	60	202
贺州市	**12851**	**6307**	**6544**	**277**	**185**	**91**	**1331**	**373**	**959**
八步区	4056	1952	2104	114	67	47	431	101	330
平桂管理区	2578	1271	1307	48	38	10	260	83	177
昭平县	2188	1101	1087	43	30	14	227	56	172
钟山县	2150	1067	1082	45	34	11	252	82	171
富川瑶族自治县	1880	916	964	26	16	10	160	51	109
河池市	**23625**	**11826**	**11799**	**451**	**280**	**171**	**2800**	**675**	**2125**
金城江区	2953	1730	1223	70	45	25	185	35	150
南丹县	1900	951	949	40	31	9	204	40	163
天峨县	1016	494	522	19	9	11	125	30	96
凤山县	1085	518	567	18	11	7	118	31	87
东兰县	1351	663	688	12	8	4	200	59	142
罗城仫佬族自治县	2173	1065	1109	58	40	18	259	81	178
环江毛南族自治县	1839	863	976	42	26	16	273	64	209
巴马瑶族自治县	1540	769	771	29	20	10	202	56	147
都安瑶族自治县	3111	1495	1615	42	24	18	498	123	375
大化瑶族自治县	2471	1270	1201	39	23	15	291	71	220
宜州市	4187	2008	2179	81	43	39	443	85	359
来宾市	**14982**	**7361**	**7621**	**336**	**201**	**136**	**1497**	**421**	**1075**
兴宾区	6357	3142	3215	111	72	39	634	196	438
忻城县	2223	1057	1166	41	26	15	308	84	224
象州县	2091	1022	1068	64	40	24	175	47	128
武宣县	2561	1294	1267	47	30	17	204	44	160
金秀瑶族自治县	927	447	480	38	16	22	86	27	59
合山市	823	399	424	36	16	20	89	23	65
崇左市	**13945**	**6929**	**7016**	**219**	**140**	**79**	**1698**	**455**	**1243**
江州区	2120	1049	1071	38	26	12	246	56	190
扶绥县	2489	1212	1277	48	32	16	262	65	197
宁明县	2316	1188	1129	46	31	15	262	84	178
龙州县	1662	830	832	26	12	13	183	40	143
大新县	2243	1077	1166	22	17	5	337	98	238
天等县	2206	1100	1106	21	13	8	356	101	256
凭祥市	908	473	436	18	8	9	52	12	41

1-6a 各地区分性别、婚姻状况的人口(城市)

单位：人

地 区	合 计			未 婚		
	合计	男	女	小计	男	女
全 区	**103522**	**49872**	**53649**	**25151**	**12436**	**12716**
南宁市	**30246**	**14844**	**15402**	**8595**	**4326**	**4270**
兴宁区	3552	1806	1746	803	436	367
青秀区	8417	3709	4708	3358	1354	2004
江南区	4119	2067	2052	890	472	418
西乡塘区	11326	5814	5512	3055	1762	1293
良庆区	2140	1090	1050	356	209	147
邕宁区	692	358	334	133	92	41
武鸣县						
隆安县						
马山县						
上林县						
宾阳县						
横县						
柳州市	**15574**	**7653**	**7921**	**3259**	**1738**	**1521**
城中区	2121	836	1285	846	222	624
鱼峰区	4560	2337	2224	877	567	310
柳南区	4659	2393	2266	828	557	271
柳北区	4234	2087	2147	709	392	316
柳江县						
柳城县						
鹿寨县						
融安县						
融水苗族自治县						
三江侗族自治县						
桂林市	**11350**	**4719**	**6631**	**3373**	**1046**	**2327**
秀峰区	1787	883	904	521	294	227
叠彩区	1639	774	865	254	139	115
象山区	2867	1369	1498	459	262	198
七星区	3738	1031	2707	1849	198	1651
雁山区	111	76	36	19	16	4
临桂区	1207	586	622	271	137	133
阳朔县						
灵川县						
全州县						
兴安县						
永福县						
灌阳县						
龙胜各族自治县						
资源县						
平乐县						
荔浦县						
恭城瑶族自治县						

1-6a　续表 1　　　　单位：人

地　区	有配偶			离　婚			丧　偶		
	小计	男	女	小计	男	女	小计	男	女
全　区	**71943**	**35647**	**36296**	**2288**	**950**	**1337**	**4140**	**839**	**3301**
南宁市	**20184**	**10134**	**10050**	**522**	**200**	**322**	**945**	**184**	**761**
兴宁区	2518	1315	1203	85	28	58	145	27	118
青秀区	4765	2286	2479	113	42	72	180	27	153
江南区	2994	1510	1484	76	38	38	160	48	112
西乡塘区	7678	3906	3772	222	82	140	372	64	307
良庆区	1729	868	861	15	5	10	40	8	32
邕宁区	500	250	250	10	6	4	48	10	38
武鸣县									
隆安县									
马山县									
上林县									
宾阳县									
横县									
柳州市	**11108**	**5542**	**5567**	**561**	**245**	**316**	**645**	**128**	**517**
城中区	1172	586	586	45	21	25	57	8	50
鱼峰区	3349	1659	1690	165	78	88	169	33	136
柳南区	3433	1712	1722	188	82	105	209	42	168
柳北区	3153	1585	1569	163	65	99	209	46	163
柳江县									
柳城县									
鹿寨县									
融安县									
融水苗族自治县									
三江侗族自治县									
桂林市	**7103**	**3449**	**3655**	**355**	**129**	**226**	**519**	**96**	**423**
秀峰区	1133	551	581	53	21	32	80	17	63
叠彩区	1203	595	608	75	25	50	107	16	92
象山区	2146	1040	1106	129	44	86	132	24	108
七星区	1685	787	899	66	24	42	139	22	116
雁山区	87	59	28				5	1	4
临桂区	849	417	432	32	16	16	55	15	40
阳朔县									
灵川县									
全州县									
兴安县									
永福县									
灌阳县									
龙胜各族自治县									
资源县									
平乐县									
荔浦县									
恭城瑶族自治县									

1-6a 续表 2 单位：人

地 区	合 计			未 婚		
	合计	男	女	小计	男	女
梧州市	**7242**	**3530**	**3712**	**1286**	**754**	**532**
万秀区	2706	1313	1394	446	258	188
长洲区	1669	815	854	310	177	133
龙圩区	1009	505	503	172	117	55
苍梧县						
藤县						
蒙山县						
岑溪市	1858	898	960	358	202	156
北海市	**5181**	**2508**	**2673**	**1620**	**931**	**690**
海城区	4210	2000	2210	1424	800	624
银海区	764	400	364	157	104	53
铁山港区	207	108	99	39	26	13
合浦县						
防城港市	**2446**	**1241**	**1205**	**472**	**305**	**167**
港口区	708	365	343	150	90	59
防城区	1116	562	555	204	140	64
上思县						
东兴市	622	314	308	118	74	44
钦州市	**2730**	**1370**	**1360**	**484**	**290**	**194**
钦南区	1705	844	861	284	160	124
钦北区	1025	526	499	200	130	70
灵山县						
浦北县						
贵港市	**6904**	**3525**	**3379**	**1334**	**822**	**512**
港北区	3597	1813	1784	720	438	282
港南区	818	408	410	130	71	59
覃塘区	866	482	383	188	126	62
平南县						
桂平市	1623	821	802	296	187	109
玉林市	**8503**	**4326**	**4177**	**1492**	**946**	**546**
玉州区	5557	2842	2716	971	605	366
福绵区	422	219	203	67	49	18
容县						
陆川县						
博白县						
兴业县						
北流市	2523	1265	1258	454	292	161

1-6a 续表3 单位：人

地区	有配偶			离婚			丧偶		
	小计	男	女	小计	男	女	小计	男	女
梧州市	**5319**	**2582**	**2737**	**206**	**91**	**115**	**430**	**103**	**327**
万秀区	1946	956	990	124	55	70	190	44	146
长洲区	1244	608	636	34	13	20	82	16	66
龙圩区	752	362	390	15	9	7	69	17	52
苍梧县									
藤县									
蒙山县									
岑溪市	1377	656	721	33	15	18	90	25	65
北海市	**3285**	**1511**	**1774**	**80**	**30**	**50**	**195**	**35**	**160**
海城区	2556	1145	1411	72	26	46	157	28	129
银海区	577	289	287	5	3	3	25	4	21
铁山港区	153	77	76	2	2	1	12	3	9
合浦县									
防城港市	**1845**	**905**	**939**	**47**	**20**	**27**	**82**	**10**	**72**
港口区	519	260	259	22	12	10	18	3	15
防城区	847	410	438	18	6	12	47	5	42
上思县									
东兴市	478	235	243	8	3	5	18	2	16
钦州市	**2122**	**1049**	**1074**	**32**	**13**	**19**	**92**	**18**	**73**
钦南区	1327	657	670	26	12	14	68	15	53
钦北区	796	392	404	5	1	4	24	3	20
灵山县									
浦北县									
贵港市	**5163**	**2590**	**2573**	**110**	**50**	**60**	**296**	**63**	**234**
港北区	2671	1316	1355	39	17	21	167	41	126
港南区	656	329	327	10	6	4	23	2	20
覃塘区	621	327	294	21	19	2	36	11	26
平南县									
桂平市	1216	618	598	40	8	32	70	8	62
玉林市	**6556**	**3262**	**3294**	**111**	**35**	**76**	**343**	**82**	**261**
玉州区	4306	2169	2137	66	21	44	214	46	168
福绵区	325	159	166	2	2		27	9	19
容县									
陆川县									
博白县									
兴业县									
北流市	1925	934	991	43	11	32	101	27	74

1-6a 续表 4 单位：人

地 区	合 计			未 婚		
	合计	男	女	小计	男	女
百色市	**2442**	**1296**	**1146**	**385**	**255**	**131**
右江区	2442	1296	1146	385	255	131
田阳县						
田东县						
平果县						
德保县						
靖西县						
那坡县						
凌云县						
乐业县						
田林县						
西林县						
隆林各族自治县						
贺州市	**2465**	**1222**	**1243**	**501**	**290**	**211**
八步区	1516	736	780	320	179	141
平桂管理区	949	485	463	181	111	70
昭平县						
钟山县						
富川瑶族自治县						
河池市	**3532**	**1755**	**1777**	**593**	**364**	**230**
金城江区	1921	933	988	331	199	131
南丹县						
天峨县						
凤山县						
东兰县						
罗城仫佬族自治县						
环江毛南族自治县						
巴马瑶族自治县						
都安瑶族自治县						
大化瑶族自治县						
宜州市	1611	822	789	263	164	98
来宾市	**2431**	**1230**	**1201**	**392**	**239**	**153**
兴宾区	1980	1017	963	332	206	126
忻城县						
象州县						
武宣县						
金秀瑶族自治县						
合山市	451	213	238	60	33	26
崇左市	**2476**	**655**	**1821**	**1362**	**131**	**1232**
江州区	1859	350	1509	1246	64	1182
扶绥县						
宁明县						
龙州县						
大新县						
天等县						
凭祥市	617	305	312	117	66	50

1-6a 续表 5 单位：人

地区	有配偶			离婚			丧偶		
	小计	男	女	小计	男	女	小计	男	女
百色市	**1916**	**994**	**922**	**34**	**21**	**14**	**106**	**27**	**80**
右江区	1916	994	922	34	21	14	106	27	80
田阳县									
田东县									
平果县									
德保县									
靖西县									
那坡县									
凌云县									
乐业县									
田林县									
西林县									
隆林各族自治县									
贺州市	**1762**	**873**	**889**	**64**	**31**	**32**	**137**	**27**	**111**
八步区	1073	527	545	48	20	29	75	10	64
平桂管理区	690	346	344	16	12	4	62	16	46
昭平县									
钟山县									
富川瑶族自治县									
河池市	**2690**	**1314**	**1375**	**88**	**46**	**42**	**162**	**31**	**131**
金城江区	1436	682	755	56	33	24	98	20	78
南丹县									
天峨县									
凤山县									
东兰县									
罗城仫佬族自治县									
环江毛南族自治县									
巴马瑶族自治县									
都安瑶族自治县									
大化瑶族自治县									
宜州市	1254	633	621	31	13	18	64	12	52
来宾市	**1862**	**936**	**926**	**59**	**31**	**29**	**117**	**24**	**93**
兴宾区	1526	768	757	43	25	18	79	18	61
忻城县									
象州县									
武宣县									
金秀瑶族自治县									
合山市	337	168	169	17	6	11	38	6	32
崇左市	**1025**	**505**	**521**	**18**	**8**	**10**	**71**	**12**	**59**
江州区	560	274	286	7	4	3	47	8	39
扶绥县									
宁明县									
龙州县									
大新县									
天等县									
凭祥市	465	231	235	11	4	7	24	4	20

1-6b 各地区分性别、婚姻状况的人口(镇)

单位：人

地 区	合 计			未 婚		
	合计	男	女	小计	男	女
全 区	**118957**	**60703**	**58255**	**25885**	**15474**	**10411**
南宁市	**13381**	**6978**	**6402**	**2567**	**1604**	**963**
兴宁区	206	102	104	34	25	10
青秀区	384	199	185	93	55	38
江南区	667	366	301	141	103	38
西乡塘区	387	208	178	62	42	19
良庆区	249	129	120	48	36	12
邕宁区	227	117	109	43	25	18
武鸣县	2278	1116	1162	369	214	155
隆安县	783	400	383	106	75	31
马山县	856	413	443	139	92	47
上林县	1038	501	536	160	61	99
宾阳县	3348	1991	1357	825	575	249
横县	2958	1436	1522	549	302	247
柳州市	**8562**	**4413**	**4149**	**1361**	**925**	**436**
城中区						
鱼峰区						
柳南区	446	245	201	74	60	14
柳北区						
柳江县	2545	1294	1251	432	280	152
柳城县	1348	690	659	211	158	53
鹿寨县	1430	714	716	187	141	47
融安县	977	506	471	146	92	54
融水苗族自治县	1193	639	553	221	138	83
三江侗族自治县	623	325	298	89	56	33
桂林市	**14998**	**6940**	**8059**	**5128**	**2193**	**2935**
秀峰区						
叠彩区						
象山区						
七星区	221	114	107	42	33	9
雁山区	2613	1234	1379	2498	1177	1321
临桂区	434	221	213	59	39	20
阳朔县	881	440	441	141	106	35
灵川县	2291	607	1685	1193	96	1097
全州县	1721	855	865	193	125	68
兴安县	1122	549	573	134	79	54
永福县	649	325	324	90	54	36
灌阳县	713	372	341	120	84	35
龙胜各族自治县	455	233	223	39	29	11
资源县	377	177	200	43	20	23
平乐县	1390	749	640	249	143	105
荔浦县	1510	745	764	229	148	81
恭城瑶族自治县	621	319	303	99	59	40

1-6b 续表 1

单位：人

地 区	有配偶			离 婚			丧 偶		
	小计	男	女	小计	男	女	小计	男	女
全 区	**84959**	**42652**	**42308**	**1734**	**985**	**749**	**6379**	**1591**	**4787**
南宁市	**9839**	**5078**	**4761**	**223**	**124**	**99**	**752**	**172**	**580**
兴宁区	157	77	80	4	1	3	11		11
青秀区	242	124	119	19	18	1	30	3	27
江南区	475	253	222				52	11	41
西乡塘区	300	156	144	3	3		22	7	15
良庆区	186	88	98	2	2		14	3	11
邕宁区	166	85	82	4	3	1	14	5	9
武鸣县	1727	849	878	40	22	19	141	31	110
隆安县	598	300	298	27	10	17	52	14	37
马山县	611	293	318	27	16	11	79	11	68
上林县	804	423	381	19	8	11	54	10	45
宾阳县	2343	1368	974	48	28	20	133	19	113
横县	2230	1063	1167	29	14	16	151	58	93
柳州市	**6560**	**3266**	**3294**	**200**	**114**	**86**	**441**	**109**	**333**
城中区									
鱼峰区									
柳南区	335	173	162	18	9	9	19	3	16
柳北区									
柳江县	1991	977	1014	49	23	26	72	13	59
柳城县	985	479	506	44	22	23	107	30	77
鹿寨县	1101	526	575	41	27	14	100	20	80
融安县	754	380	373	25	17	7	52	16	36
融水苗族自治县	891	472	419	14	10	4	67	20	47
三江侗族自治县	502	257	245	8	6	2	23	6	17
桂林市	**8965**	**4475**	**4490**	**240**	**121**	**119**	**666**	**151**	**515**
秀峰区									
叠彩区									
象山区									
七星区	163	77	85	8	3	4	10	1	8
雁山区	106	55	51	1	1		8	1	8
临桂区	326	165	161	4	3	1	45	14	31
阳朔县	642	307	334	33	14	19	65	12	53
灵川县	981	491	489	28	15	13	90	5	85
全州县	1404	691	713	41	17	24	83	23	61
兴安县	917	448	470	16	6	10	56	16	39
永福县	518	265	253	4	1	3	37	6	31
灌阳县	561	274	286	3	1	2	29	12	17
龙胜各族自治县	371	184	187	12	7	5	33	13	20
资源县	308	153	155	5	1	4	21	3	18
平乐县	1078	587	491	17	9	8	47	10	37
荔浦县	1109	535	574	58	38	20	114	24	89
恭城瑶族自治县	483	242	240	11	6	5	29	11	17

1-6b 续表 2 单位：人

地区	合计			未婚		
	合计	男	女	小计	男	女
梧州市	**5969**	**3056**	**2913**	**1581**	**925**	**656**
万秀区	130	66	65	19	13	6
长洲区						
龙圩区						
苍梧县	755	406	349	171	121	50
藤县	3125	1641	1484	841	523	318
蒙山县	616	307	309	88	56	32
岑溪市	1343	636	706	462	212	250
北海市	**4163**	**2074**	**2090**	**830**	**510**	**320**
海城区	117	58	58	13	9	3
银海区	489	247	242	179	103	76
铁山港区	201	93	108	26	16	10
合浦县	3356	1675	1681	612	382	231
防城港市	**2465**	**1442**	**1023**	**505**	**360**	**145**
港口区	910	622	288	209	154	56
防城区	615	336	278	103	78	25
上思县	624	319	304	138	87	51
东兴市	316	164	152	55	42	13
钦州市	**8049**	**4384**	**3665**	**1733**	**1162**	**571**
钦南区	1607	969	638	447	286	161
钦北区	1607	881	726	351	271	80
灵山县	2909	1515	1394	565	351	214
浦北县	1926	1018	908	370	254	116
贵港市	**11976**	**6262**	**5714**	**3078**	**1989**	**1089**
港北区	575	290	284	150	92	58
港南区	1680	794	886	646	400	246
覃塘区	798	394	404	119	79	40
平南县	4933	2639	2295	1144	770	374
桂平市	3989	2144	1845	1020	648	371
玉林市	**15383**	**7878**	**7506**	**2837**	**1891**	**946**
玉州区	341	186	155	68	44	23
福绵区	810	423	386	188	130	58
容县	2274	1150	1124	358	235	123
陆川县	2778	1384	1394	573	355	219
博白县	4330	2234	2096	738	500	238
兴业县	1869	947	923	313	214	99
北流市	2982	1553	1429	599	413	185

1-6b 续表 3 单位：人

地　区	有配偶			离　婚			丧　偶		
	小计	男	女	小计	男	女	小计	男	女
梧州市	**3990**	**1977**	**2014**	**80**	**59**	**21**	**318**	**95**	**222**
万秀区	100	48	52	4	3	1	7	2	6
长洲区									
龙圩区									
苍梧县	541	275	266	3	3		39	6	33
藤县	2093	1035	1058	35	28	7	156	54	101
蒙山县	474	229	245	17	10	8	38	12	25
岑溪市	782	389	393	21	15	6	78	21	57
北海市	**3058**	**1481**	**1577**	**68**	**33**	**35**	**208**	**50**	**158**
海城区	97	49	48				7	1	6
银海区	288	138	150	7	3	4	16	4	12
铁山港区	154	73	82	2	2		19	2	17
合浦县	2518	1222	1296	60	28	31	166	43	123
防城港市	**1814**	**1035**	**779**	**35**	**19**	**16**	**111**	**27**	**84**
港口区	656	452	204	14	8	7	31	9	22
防城区	475	248	227	7	4	4	29	6	23
上思县	446	219	227	9	6	3	31	8	23
东兴市	237	116	121	4	2	2	21	4	16
钦州市	**5826**	**3066**	**2760**	**82**	**48**	**34**	**408**	**108**	**299**
钦南区	1118	670	448	14	7	7	28	7	22
钦北区	1115	556	558	15	15		127	39	87
灵山县	2160	1117	1043	35	17	19	148	30	117
浦北县	1433	723	711	18	9	9	105	32	73
贵港市	**8142**	**3989**	**4153**	**116**	**84**	**31**	**640**	**199**	**441**
港北区	387	191	196	8	4	3	30	4	26
港南区	979	375	604	11	7	4	44	12	32
覃塘区	614	291	323	4	3	1	62	21	41
平南县	3442	1745	1697	52	35	18	296	89	207
桂平市	2721	1387	1334	41	35	6	208	74	134
玉林市	**11635**	**5691**	**5945**	**144**	**88**	**56**	**767**	**208**	**559**
玉州区	259	136	123	1		1	13	6	7
福绵区	574	282	292	6	3	2	42	9	33
容县	1726	853	873	47	24	23	142	38	104
陆川县	2049	972	1077	32	19	13	124	39	85
博白县	3388	1665	1723	21	13	8	183	57	127
兴业县	1430	698	732	11	8	3	116	26	90
北流市	2209	1086	1124	27	20	6	147	34	114

1-6b 续表 4

单位：人

地 区	合 计			未 婚		
	合计	男	女	小计	男	女
百色市	**9317**	**4676**	**4641**	**1588**	**1011**	**577**
右江区						
田阳县	1126	567	559	149	109	39
田东县	1346	676	670	198	124	74
平果县	2094	1042	1053	368	225	143
德保县	756	364	392	123	73	50
靖西县	1283	676	606	283	188	95
那坡县	356	178	178	40	27	13
凌云县	407	199	208	84	47	37
乐业县	356	178	178	73	43	30
田林县	542	253	288	110	62	48
西林县	381	195	186	70	44	26
隆林各族自治县	671	348	324	91	67	23
贺州市	**5380**	**2737**	**2643**	**1099**	**680**	**419**
八步区	1186	588	598	201	130	71
平桂管理区	720	359	361	183	106	76
昭平县	1307	666	641	245	148	96
钟山县	1258	661	597	325	198	127
富川瑶族自治县	909	463	446	145	98	48
河池市	**8139**	**4017**	**4122**	**1573**	**807**	**766**
金城江区	307	143	164	56	26	30
南丹县	1204	629	574	208	150	58
天峨县	494	244	251	60	40	20
凤山县	340	170	170	44	27	17
东兰县	699	149	551	465	38	428
罗城仫佬族自治县	919	482	437	138	91	47
环江毛南族自治县	733	366	367	87	67	20
巴马瑶族自治县	606	341	265	79	60	18
都安瑶族自治县	1244	607	637	186	130	57
大化瑶族自治县	1115	651	464	194	145	49
宜州市	477	237	240	56	34	22
来宾市	**5756**	**2939**	**2818**	**967**	**647**	**320**
兴宾区	1672	840	831	269	181	88
忻城县	870	415	454	134	76	58
象州县	1047	528	520	176	118	58
武宣县	1425	778	647	263	184	78
金秀瑶族自治县	440	219	221	68	46	23
合山市	303	158	145	56	42	14
崇左市	**5417**	**2908**	**2510**	**1038**	**771**	**267**
江州区	447	223	224	76	46	30
扶绥县	1475	866	610	454	384	70
宁明县	879	457	422	140	93	47
龙州县	765	381	384	116	70	46
大新县	788	381	407	73	42	31
天等县	798	418	380	108	68	40
凭祥市	265	182	84	71	67	4

1-6b 续表 5 单位：人

地 区	有配偶			离 婚			丧 偶		
	小计	男	女	小计	男	女	小计	男	女
百色市	**6963**	**3436**	**3528**	**169**	**101**	**68**	**597**	**129**	**468**
右江区									
田阳县	857	426	432	29	14	15	91	18	73
田东县	1045	525	520	30	15	15	74	13	61
平果县	1581	769	812	26	21	6	119	27	92
德保县	567	273	294	14	7	7	51	10	42
靖西县	878	446	431	20	13	7	102	29	72
那坡县	283	141	142	11	5	6	22	5	17
凌云县	285	143	142	4	2	2	33	7	26
乐业县	263	129	135	3	3		17	4	13
田林县	389	178	211	10	6	4	33	7	26
西林县	279	141	138	10	7	3	22	3	19
隆林各族自治县	536	265	270	11	10	2	34	5	28
贺州市	**3840**	**1917**	**1923**	**82**	**48**	**34**	**359**	**92**	**267**
八步区	871	423	447	21	15	6	94	20	74
平桂管理区	472	226	246	13	10	2	53	16	37
昭平县	969	493	476	19	7	11	74	17	57
钟山县	828	428	400	19	11	8	86	24	61
富川瑶族自治县	700	346	354	11	4	6	52	14	38
河池市	**5976**	**3051**	**2925**	**108**	**57**	**51**	**482**	**103**	**379**
金城江区	239	116	123	1	1		11		11
南丹县	893	454	439	20	12	8	82	14	69
天峨县	399	195	204	10	4	6	25	5	20
凤山县	276	136	140	6	4	2	14	3	11
东兰县	217	108	109	1		1	16	2	13
罗城仫佬族自治县	696	362	334	18	8	9	68	21	47
环江毛南族自治县	592	282	310	5	2	3	49	15	34
巴马瑶族自治县	488	269	219	12	6	6	27	5	22
都安瑶族自治县	934	445	489	16	11	5	108	22	86
大化瑶族自治县	853	487	366	13	7	6	55	12	43
宜州市	388	197	191	6	2	4	27	3	23
来宾市	**4340**	**2153**	**2187**	**113**	**54**	**59**	**336**	**85**	**252**
兴宾区	1260	615	645	19	9	10	124	35	89
忻城县	661	317	345	14	8	6	60	14	46
象州县	795	384	411	25	13	12	51	13	38
武宣县	1068	565	503	31	16	15	63	13	50
金秀瑶族自治县	341	169	172	16	4	13	14	1	13
合山市	215	104	111	8	3	4	24	9	16
崇左市	**4011**	**2038**	**1973**	**74**	**34**	**40**	**294**	**65**	**230**
江州区	325	164	160	10	7	3	37	6	31
扶绥县	936	462	474	19	7	12	67	13	54
宁明县	673	347	327	17	8	9	48	10	39
龙州县	592	298	294	13	5	8	44	8	36
大新县	662	319	343	4	2	2	49	18	31
天等县	640	337	303	8	4	4	43	9	34
凭祥市	183	111	72	3	1	2	8	2	6

1-6c 各地区分性别、婚姻状况的人口(乡村)

单位：人

地 区	合 计			未 婚		
	合计	男	女	小计	男	女
全 区	**238824**	**122744**	**116080**	**52614**	**34827**	**17787**
南宁市	**27578**	**14297**	**13280**	**5918**	**4116**	**1803**
兴宁区	685	367	318	154	119	34
青秀区	730	379	351	179	109	70
江南区	1287	695	592	292	221	71
西乡塘区	1366	722	645	314	232	82
良庆区	1324	680	644	259	189	70
邕宁区	1720	888	832	473	305	168
武鸣县	3343	1735	1608	635	451	184
隆安县	2072	1084	988	393	301	92
马山县	2879	1553	1326	720	516	204
上林县	2320	1179	1141	504	331	173
宾阳县	4646	2398	2247	1111	695	416
横县	5206	2616	2591	884	645	239
柳州市	**14736**	**7603**	**7133**	**3090**	**2082**	**1008**
城中区	14	6	8	3	1	2
鱼峰区	196	108	88	44	35	9
柳南区	17	9	8	3	2	1
柳北区	231	125	105	28	19	9
柳江县	3443	1823	1621	1011	636	375
柳城县	2209	1110	1098	310	219	91
鹿寨县	1790	907	883	358	249	109
融安县	1930	974	956	396	258	138
融水苗族自治县	2785	1447	1338	565	401	164
三江侗族自治县	2121	1092	1028	372	262	110
桂林市	**26381**	**13530**	**12850**	**4632**	**3266**	**1366**
秀峰区						
叠彩区	181	93	88	37	24	13
象山区	4	2	2	1		
七星区	100	47	53	19	12	7
雁山区	413	213	200	93	67	26
临桂区	2835	1466	1369	516	356	159
阳朔县	1925	996	929	379	253	126
灵川县	2106	1050	1056	389	265	123
全州县	4586	2355	2232	807	599	208
兴安县	2248	1119	1129	347	226	121
永福县	1684	902	782	340	245	95
灌阳县	1639	864	775	362	252	110
龙胜各族自治县	1101	560	540	121	101	20
资源县	1038	513	525	146	99	47
平乐县	2533	1296	1237	425	299	125
荔浦县	2123	1099	1024	347	248	99
恭城瑶族自治县	1865	956	910	305	219	86

1-6c 续表 1 单位：人

地区	有配偶			离婚			丧偶		
	小计	男	女	小计	男	女	小计	男	女
全区	**164432**	**80294**	**84137**	**2781**	**2126**	**654**	**18998**	**5497**	**13501**
南宁市	**19105**	**9320**	**9785**	**336**	**248**	**89**	**2218**	**614**	**1604**
兴宁区	482	235	247	8	7	1	41	6	35
青秀区	459	230	229	8	6	2	84	34	50
江南区	906	445	461	8	8		80	21	60
西乡塘区	949	462	487	8	8		95	19	75
良庆区	980	461	519	9	8	1	76	22	54
邕宁区	1121	544	578	8	8		117	31	86
武鸣县	2389	1168	1221	39	29	10	281	88	193
隆安县	1478	719	759	21	17	5	180	48	132
马山县	1821	902	920	57	43	15	280	92	187
上林县	1584	779	806	21	10	12	210	60	150
宾阳县	3134	1564	1570	61	51	10	340	88	252
横县	3801	1812	1989	87	54	33	434	105	329
柳州市	**10217**	**4991**	**5226**	**271**	**194**	**77**	**1158**	**336**	**822**
城中区	10	4	6				1		1
鱼峰区	133	66	68	4	3	1	15	4	11
柳南区	12	6	6				1	1	1
柳北区	182	102	80				21	5	16
柳江县	2144	1073	1071	78	54	24	210	61	150
柳城县	1704	816	888	50	34	16	145	41	103
鹿寨县	1220	590	629	55	31	25	157	37	120
融安县	1355	648	707	35	29	6	145	40	105
融水苗族自治县	1898	926	972	31	27	4	291	93	198
三江侗族自治县	1559	759	800	17	17	1	172	54	118
桂林市	**19133**	**9358**	**9774**	**375**	**283**	**92**	**2241**	**623**	**1619**
秀峰区									
叠彩区	133	66	67	1	1		10	2	8
象山区	3	1	2						
七星区	73	33	40	1		1	7	2	5
雁山区	290	140	149	4	3	1	26	3	23
临桂区	2050	1015	1036	51	42	10	217	53	164
阳朔县	1417	701	716	15	6	9	114	36	78
灵川县	1506	717	789	36	26	10	176	43	134
全州县	3325	1613	1712	33	29	4	422	114	308
兴安县	1637	799	838	32	22	10	231	72	159
永福县	1155	582	573	39	34	5	149	41	109
灌阳县	1151	560	591	13	8	6	112	43	69
龙胜各族自治县	814	406	408	28	24	4	138	29	108
资源县	799	378	421	14	11	3	80	25	54
平乐县	1823	888	935	39	31	8	246	78	168
荔浦县	1559	771	788	49	34	15	169	46	122
恭城瑶族自治县	1397	688	709	19	15	4	144	34	110

1-6c 续表 2

单位：人

地 区	合 计			未 婚		
	合计	男	女	小计	男	女
梧州市	**13468**	**7011**	**6457**	**3696**	**2375**	**1321**
万秀区	337	170	167	71	49	22
长洲区	241	126	115	40	32	7
龙圩区	1454	833	621	529	356	173
苍梧县	2082	1071	1011	558	368	190
藤县	4545	2371	2174	1169	765	404
蒙山县	1233	635	598	254	171	83
岑溪市	3576	1805	1771	1075	633	442
北海市	**7038**	**3579**	**3459**	**1742**	**1099**	**644**
海城区	25	13	13	6	3	2
银海区	612	311	302	147	86	62
铁山港区	1004	514	490	213	138	75
合浦县	5397	2742	2654	1377	872	505
防城港市	**4001**	**2180**	**1821**	**873**	**620**	**253**
港口区	340	177	163	86	53	33
防城区	1707	916	791	337	254	83
上思县	1416	764	651	343	240	103
东兴市	538	323	215	108	74	34
钦州市	**17940**	**9443**	**8497**	**4758**	**3138**	**1620**
钦南区	2102	1095	1007	442	299	143
钦北区	3437	1861	1576	912	629	284
灵山县	7750	4085	3665	2322	1485	838
浦北县	4652	2403	2249	1081	725	356
贵港市	**21024**	**10782**	**10242**	**5559**	**3372**	**2187**
港北区	1436	737	699	384	238	146
港南区	3075	1608	1467	683	440	243
覃塘区	2407	1290	1117	448	265	184
平南县	5769	2922	2846	1519	926	593
桂平市	8337	4225	4112	2523	1502	1021
玉林市	**26531**	**13524**	**13007**	**6524**	**4149**	**2375**
玉州区	1511	780	732	333	227	105
福绵区	2274	1213	1061	536	370	166
容县	3490	1754	1735	814	524	290
陆川县	3740	1886	1854	929	556	373
博白县	7385	3638	3747	1789	1075	713
兴业县	3472	1816	1656	921	602	319
北流市	4659	2437	2222	1202	794	408

1-6c 续表 3

单位：人

地区	有配偶			离婚			丧偶		
	小计	男	女	小计	男	女	小计	男	女
梧州市	**8640**	**4156**	**4484**	**172**	**155**	**17**	**960**	**325**	**635**
万秀区	236	112	125	4	4		25	5	20
长洲区	177	84	93	4	4		20	6	14
龙圩区	805	418	387	25	23	2	95	36	59
苍梧县	1360	639	720	12	11	1	153	53	100
藤县	3001	1431	1570	61	54	7	314	120	193
蒙山县	860	413	447	22	19	3	98	32	65
岑溪市	2201	1059	1142	45	41	4	255	72	183
北海市	**4848**	**2323**	**2525**	**55**	**38**	**17**	**392**	**119**	**273**
海城区	19	9	9				1		1
银海区	436	216	220	3	2	1	26	7	19
铁山港区	719	352	367	8	6	3	63	18	45
合浦县	3674	1745	1929	44	31	13	302	94	208
防城港市	**2818**	**1431**	**1386**	**59**	**39**	**20**	**251**	**89**	**162**
港口区	237	119	119	3	3		14	3	12
防城区	1235	607	629	23	17	6	112	39	73
上思县	952	473	480	22	15	7	98	37	61
东兴市	393	234	159	11	5	6	26	11	16
钦州市	**11858**	**5794**	**6064**	**160**	**136**	**24**	**1164**	**376**	**788**
钦南区	1526	751	776	16	12	4	117	33	85
钦北区	2237	1128	1110	31	26	5	256	79	178
灵山县	4936	2412	2524	56	49	7	435	138	297
浦北县	3158	1503	1655	57	48	9	356	127	229
贵港市	**13857**	**6841**	**7017**	**173**	**140**	**33**	**1434**	**429**	**1005**
港北区	953	464	489	15	15	1	83	20	63
港南区	2167	1085	1082	18	15	3	207	67	140
覃塘区	1768	963	805	23	15	8	168	47	121
平南县	3769	1821	1949	52	41	10	429	134	294
桂平市	5200	2508	2693	65	54	11	548	161	387
玉林市	**18014**	**8632**	**9382**	**239**	**200**	**39**	**1754**	**543**	**1211**
玉州区	1084	526	558	6	6		88	21	68
福绵区	1587	780	807	28	26	2	123	37	86
容县	2351	1114	1237	46	38	8	279	78	200
陆川县	2486	1212	1274	47	35	12	278	83	195
博白县	5118	2372	2746	50	38	12	428	153	275
兴业县	2270	1121	1148	24	23	1	257	69	188
北流市	3119	1508	1611	38	33	4	301	102	199

1-6c 续表 4

单位：人

地 区	合计			未婚		
	合计	男	女	小计	男	女
百色市	**23085**	**11639**	**11446**	**4719**	**3075**	**1644**
右江区	1551	772	779	285	179	106
田阳县	2073	1054	1018	324	235	89
田东县	2243	1089	1154	337	223	114
平果县	2402	1222	1180	588	375	213
德保县	2287	1215	1073	550	392	158
靖西县	3625	1862	1762	857	551	306
那坡县	1117	549	569	201	125	76
凌云县	1437	727	711	354	217	137
乐业县	1047	524	523	244	152	92
田林县	1704	851	853	300	192	108
西林县	977	492	485	204	137	67
隆林各族自治县	2621	1281	1340	476	298	178
贺州市	**10616**	**5446**	**5170**	**2401**	**1569**	**832**
八步区	3053	1515	1538	633	409	223
平桂管理区	2104	1085	1019	522	319	203
昭平县	1857	995	862	461	327	133
钟山县	2045	1056	989	530	336	194
富川瑶族自治县	1558	795	763	255	177	79
河池市	**21696**	**11096**	**10600**	**4325**	**2917**	**1408**
金城江区	1646	1163	482	279	203	76
南丹县	1470	760	710	322	218	104
天峨县	923	455	467	196	126	70
凤山县	1177	578	599	253	161	92
东兰县	1624	819	805	295	200	95
罗城仫佬族自治县	2073	1028	1044	364	234	129
环江毛南族自治县	1847	891	956	339	237	102
巴马瑶族自治县	1564	771	792	319	208	112
都安瑶族自治县	3379	1685	1694	786	520	267
大化瑶族自治县	2505	1266	1239	626	407	219
宜州市	3488	1679	1809	546	404	142
来宾市	**12227**	**6293**	**5934**	**2241**	**1592**	**649**
兴宾区	4962	2565	2397	909	626	284
忻城县	2191	1100	1091	354	272	82
象州县	1804	942	862	346	242	103
武宣县	2038	1056	983	388	281	107
金秀瑶族自治县	834	425	409	155	109	46
合山市	397	204	193	88	62	26
崇左市	**12504**	**6321**	**6184**	**2136**	**1458**	**678**
江州区	1738	894	844	320	227	93
扶绥县	2247	1162	1084	468	334	134
宁明县	2312	1258	1054	427	319	108
龙州县	1514	752	762	293	181	112
大新县	2153	1025	1128	267	172	94
天等县	2209	1057	1152	315	193	122
凭祥市	331	172	159	47	32	15

1-6c 续表 5

单位：人

地　区	有配偶			离　婚			丧　偶		
	小计	男	女	小计	男	女	小计	男	女
百色市	**16046**	**7813**	**8233**	**262**	**194**	**68**	**2058**	**556**	**1501**
右江区	1127	546	581	17	14	3	122	34	89
田阳县	1470	741	729	29	18	11	250	61	188
田东县	1699	811	889	10	9	2	197	47	150
平果县	1584	767	817	49	37	12	180	42	137
德保县	1486	734	752	13	10	3	238	79	159
靖西县	2383	1170	1212	38	33	5	347	109	239
那坡县	790	386	404	13	8	5	114	30	84
凌云县	956	469	487	12	6	6	115	34	81
乐业县	722	343	380	14	11	3	67	18	49
田林县	1242	606	636	18	12	6	145	41	103
西林县	704	339	365	15	10	5	54	6	47
隆林各族自治县	1883	902	981	33	27	7	229	55	174
贺州市	**7249**	**3517**	**3732**	**131**	**106**	**25**	**835**	**254**	**581**
八步区	2113	1001	1111	45	33	12	262	71	191
平桂管理区	1416	699	717	20	16	4	145	51	94
昭平县	1219	607	612	24	22	2	153	39	115
钟山县	1322	640	682	26	23	3	167	57	109
富川瑶族自治县	1179	569	610	15	12	4	108	37	71
河池市	**14960**	**7461**	**7499**	**255**	**177**	**78**	**2156**	**541**	**1616**
金城江区	1277	933	344	13	12	1	76	15	61
南丹县	1006	496	510	20	19	1	121	27	95
天峨县	617	299	318	10	5	5	100	25	75
凤山县	809	382	427	12	8	5	103	28	75
东兰县	1134	555	579	10	7	3	185	56	128
罗城仫佬族自治县	1477	703	775	40	31	9	191	60	131
环江毛南族自治县	1247	581	666	37	24	13	225	49	175
巴马瑶族自治县	1052	500	553	17	14	3	175	50	125
都安瑶族自治县	2176	1050	1126	26	13	12	391	102	289
大化瑶族自治县	1618	784	834	25	16	9	236	59	177
宜州市	2545	1178	1367	44	27	17	353	70	283
来宾市	**8779**	**4272**	**4508**	**164**	**117**	**47**	**1043**	**313**	**731**
兴宾区	3572	1759	1813	49	38	11	431	143	288
忻城县	1561	740	821	27	18	9	248	70	179
象州县	1295	638	657	39	27	12	124	34	90
武宣县	1493	730	764	15	14	2	141	31	110
金秀瑶族自治县	586	278	308	21	12	9	72	26	46
合山市	271	127	145	11	7	4	26	9	18
崇左市	**8908**	**4386**	**4523**	**127**	**98**	**29**	**1333**	**379**	**954**
江州区	1235	610	625	21	15	6	163	42	121
扶绥县	1553	750	803	30	25	5	195	53	143
宁明县	1643	841	802	29	23	5	214	75	139
龙州县	1070	532	538	12	7	5	139	32	107
大新县	1581	758	823	18	15	3	288	80	208
天等县	1566	764	803	14	9	5	314	92	222
凭祥市	260	131	129	3	3	1	21	6	15

1-7 各地区分性别、月份的出生人口
(2014.11.1-2015.10.31)

单位：人

地 区	出生人口			2014年11月			2014年12月		
	合计	男	女	合计	男	女	合计	男	女
全 区	**8341**	**4599**	**3742**	**946**	**494**	**452**	**912**	**512**	**399**
南宁市	**1137**	**642**	**495**	**127**	**68**	**59**	**142**	**85**	**57**
兴宁区	64	39	25	10	5	5	12	8	4
青秀区	77	39	38	2	2		7	5	2
江南区	89	55	34	10	6	4	12	5	8
西乡塘区	186	106	80	20	12	8	24	16	8
良庆区	72	38	33	8	3	5	6	1	5
邕宁区	52	32	20	6	4	2	6	6	
武鸣县	101	60	40	19	13	6	16	10	6
隆安县	48	27	21	7	4	4	4	4	
马山县	60	30	30	4	1	2	9	2	6
上林县	64	32	32	4	3	1	3	1	1
宾阳县	142	79	64	22	9	14	31	19	12
横县	182	104	78	16	8	8	14	8	6
柳州市	**627**	**329**	**299**	**71**	**34**	**36**	**57**	**31**	**26**
城中区	26	13	13	2	2		5	2	3
鱼峰区	65	36	29	7	4	4	5	4	1
柳南区	62	26	35	9	5	4	8	3	5
柳北区	69	36	33	12	5	7	1	1	
柳江县	99	48	51	12	5	8	11	5	6
柳城县	65	32	33	3		3	5	3	1
鹿寨县	69	40	28	9	6	3	7	3	3
融安县	47	29	18	2	1	1	5	5	
融水苗族自治县	64	35	29	6	4	3	7	3	4
三江侗族自治县	62	33	30	7	3	5	4	2	2
桂林市	**832**	**460**	**372**	**93**	**40**	**53**	**66**	**35**	**32**
秀峰区	24	14	9	1		1	1	1	
叠彩区	27	16	11	4	3	1	3	1	2
象山区	50	29	21	3	1	1	4	1	3
七星区	61	34	27	9	4	5	1		1
雁山区	10	6	4	1		1	2	2	
临桂区	91	58	33	10	7	4	7	4	3
阳朔县	56	32	25	6	2	4	4	4	
灵川县	67	33	35	8	1	6	12	4	8
全州县	81	31	49	10	2	8	4		4
兴安县	57	33	24	11	3	8	5	5	
永福县	43	28	15	1	1		5	4	1
灌阳县	24	13	11	2	1	1	3	2	1
龙胜各族自治县	33	19	14	7	3	4	2	1	1
资源县	32	17	16	4	2	2	4	1	3
平乐县	80	40	40	9	4	5	2	2	
荔浦县	56	35	21	4	3	1	5	1	4
恭城瑶族自治县	39	20	19	4	2	2	2	2	1

1-7　续表 1　　　　单位：人

地　区	2015年01月			2015年02月			2015年03月		
	合计	男	女	合计	男	女	合计	男	女
全　区	**716**	**392**	**324**	**651**	**350**	**300**	**666**	**378**	**288**
南宁市	**103**	**55**	**48**	**82**	**47**	**35**	**104**	**52**	**52**
兴宁区	4	2	1	5	5		5	4	1
青秀区	5	2	3	7	3	3	13	3	10
江南区	10	6	5	4	1	3	6	5	1
西乡塘区	21	17	4	5	2	3	22	10	12
良庆区	10	5	5	11	7	4	3	2	1
邕宁区	3	2	1	5	3	1	3	2	1
武鸣县	7	3	4	12	6	6	1		1
隆安县	5	3	3	3	2	1	5	3	3
马山县	5	2	2	10	5	5	4	1	2
上林县	3	1	1	6	6		11	4	7
宾阳县	11	6	4	6	3	3	14	8	6
横县	20	6	14	10	4	6	16	10	6
柳州市	**61**	**36**	**25**	**49**	**23**	**26**	**46**	**25**	**21**
城中区	4	3	1	2	1	1	2	1	2
鱼峰区	1	1		9	4	5	9	4	5
柳南区	12	5	7	4		4	4	1	3
柳北区	8	4	4	8	5	3			
柳江县	7	2	4	6	3	2	6	2	3
柳城县	12	8	3	2	2		6	2	3
鹿寨县	7	5	1	7	3	4	5	3	2
融安县	3	2	1	6	2	4	5	4	1
融水苗族自治县	4	2	2	1	1		4	2	1
三江侗族自治县	3	2	1	4	1	3	6	5	1
桂林市	**76**	**39**	**37**	**65**	**30**	**35**	**60**	**38**	**22**
秀峰区	3	1	2				1	1	
叠彩区	5	3	2	2	1	1	1		1
象山区	6	1	5	5	4	1	6	3	4
七星区	5	4	1	4	2	3	7	2	5
雁山区	1	1							
临桂区	7	1	6	7	2	5	4	4	
阳朔县	5	1	3	6	5	1	5	4	1
灵川县	6	4	2	3	2	1	4	2	2
全州县	8	6	2	7	2	5	8	4	4
兴安县	6	4	3	4	1	3	1	1	
永福县	3	3		7	2	5	3		3
灌阳县	1		1	4	2	1	3	3	
龙胜各族自治县	1	1		4	2	1			
资源县	3		3	2	1	1	4	4	
平乐县	3		3	3	2	2	7	6	1
荔浦县	5	2	2	2		2	5	5	
恭城瑶族自治县	8	6	2	5	3	2	1		1

1-7 续表 2

单位：人

地　区	2015年04月			2015年05月			2015年06月		
	合计	男	女	合计	男	女	合计	男	女
全　区	**683**	**377**	**307**	**696**	**376**	**320**	**599**	**333**	**266**
南宁市	**100**	**60**	**40**	**72**	**42**	**31**	**73**	**37**	**36**
兴宁区	2	1	1	2	1	1	2	1	1
青秀区	3	2	2	8	3	5	3	3	
江南区	10	7	3	7	6	2	3	3	
西乡塘区	21	12	9	8	4	4	13	5	8
良庆区	3	2	1	6	5	1	4	2	2
邕宁区	5	2	2	3		3	1	1	
武鸣县	10	7	3	8	3	5	3	1	2
隆安县	6	4	3	3	2	1	6	3	4
马山县	4	1	2	5	4	1	4	1	2
上林县	7	3	4	7	6	1	6	1	4
宾阳县	15	10	4	7	4	3	11	8	3
横县	14	8	6	8	4	4	18	8	10
柳州市	**58**	**39**	**20**	**51**	**22**	**28**	**50**	**25**	**25**
城中区	2	2	1	5	2	3	2	1	1
鱼峰区	6	5	1	2	1	1	5	4	1
柳南区	5	3	3	1	1		4	1	3
柳北区	7	7		8	3	5	3		3
柳江县	9	5	4	3	3		9	3	6
柳城县	5	2	3	3	2	1	7	1	6
鹿寨县	6	4	2	4	3	1	5	3	2
融安县	7	5	2	5	3	2	1	1	
融水苗族自治县	5	4	1	10	1	9	7	6	1
三江侗族自治县	5	3	2	7	2	6	7	5	3
桂林市	**60**	**35**	**25**	**76**	**40**	**36**	**55**	**38**	**17**
秀峰区	2	1	1	3	1	2	3	3	
叠彩区	1	1		2	1	1	1	1	1
象山区	4	4		4	3	1	1	1	
七星区	8	6	1	5	3	3	2	2	
雁山区							1		1
临桂区	7	4	3	8	7	1	10	8	3
阳朔县	2	1	1	2	1	1	2		2
灵川县	3	3		5	3	2			
全州县	8	4	4	13	2	10	4	4	
兴安县	3	1	1	6	4	1	4	3	1
永福县	1		1	1	1		4	2	1
灌阳县				3	1	1	1	1	
龙胜各族自治县	4	1	2	1	1		2	1	1
资源县	4	2	2	4	1	3	2	1	1
平乐县	6	2	4	10	6	4	6	3	3
荔浦县	4	3	1	6	5	1	7	5	2
恭城瑶族自治县	4	2	2	3		3	3	3	

1-7 续表 3 单位：人

地区	2015年07月			2015年08月			2015年09月			2015年10月		
	合计	男	女	合计	男	女	合计	男	女	合计	男	女
全 区	**614**	**354**	**260**	**698**	**382**	**316**	**617**	**341**	**276**	**544**	**310**	**234**
南宁市	**64**	**38**	**27**	**102**	**52**	**50**	**101**	**66**	**35**	**66**	**40**	**26**
兴宁区	6	3	4	6	4	3	5	4	1	4	1	3
青秀区	2	2		12	5	7	12	5	7	3	3	
江南区	5	3	2	10	4	6	6	6		5	3	2
西乡塘区	15	8	7	12	2	10	14	12	2	13	7	6
良庆区	4	2	2	7	3	4	6	3	3	5	4	1
邕宁区	8	6	2	2		2	8	5	3	2	1	1
武鸣县	6	3	3	8	6	2	7	5	3	3	3	
隆安县	4	3	2	3	1	2				3	2	1
马山县	2		2	4	4		4	2	1	9	6	2
上林县				7	4	3	10	3	7	1		1
宾阳县	3	2	2	14	8	6	6	2	4	1		1
横县	10	8	2	18	12	6	23	20	4	18	10	8
柳州市	**44**	**30**	**14**	**53**	**23**	**30**	**53**	**21**	**32**	**35**	**19**	**16**
城中区				1		1	1	1		2		2
鱼峰区	4	1	2	10	5	5	4	1	2	4	2	1
柳南区	4	3	1	1		1	7	3	4	3	1	1
柳北区	7	4	3	3		3	8	4	4	3	1	1
柳江县	11	9	2	7	1	6	10	4	7	9	5	3
柳城县	2	2		9	3	6	6	2	3	4	2	2
鹿寨县	6	3	3	4	3	1	4	1	3	3	1	2
融安县	4	3	1	1	1		4	1	3	3	1	2
融水苗族自治县	4	4		10	5	5	2	1	1	3	3	
三江侗族自治县	2	1	1	7	5	3	7	4	4	3	2	1
桂林市	**52**	**27**	**25**	**81**	**51**	**29**	**73**	**39**	**33**	**75**	**48**	**28**
秀峰区	2	2		6	4	2	2	1	1	1		1
叠彩区	1	1		2	1	1	3	3				
象山区	4	4		5	4	1	6	4	3	3		3
七星区	5	4	1	4	1	3	4	1	3	7	6	1
雁山区				2	2		3	1	1	1		1
临桂区	3	3		12	6	6	8	8		7	4	3
阳朔县	3	2	1	6	5	1	6	4	2	9	3	6
灵川县	3		3	7	3	4	6	1	5	11	10	1
全州县	7		7	5	2	3				6	4	2
兴安县	4	1	3	4	2	1	4	3	1	6	4	1
永福县	6	6		5	4	1	4	2	1	4	3	1
灌阳县				2	1	1	2		2	2	1	1
龙胜各族自治县	1		1	2	2		5	3	2	2	2	
资源县				3	2	1	1	1		2	1	1
平乐县	9	2	8	8	6	2	9	4	4	9	4	4
荔浦县	1		1	5	5		5	1	4	6	5	1
恭城瑶族自治县	1	1		4	1	3	5	2	4			

1-7 续表 4

单位：人

地 区	出生人口			2014年11月			2014年12月		
	合计	男	女	合计	男	女	合计	男	女
梧州市	**594**	**327**	**267**	**62**	**32**	**31**	**78**	**43**	**35**
万秀区	44	24	20	2	1	1	3	2	1
长洲区	40	25	15	4	3	1	4	3	1
龙圩区	46	22	23	2	1	1	8	5	3
苍梧县	68	37	31	8	5	3	8	6	2
藤县	223	117	106	24	11	13	32	15	17
蒙山县	30	15	15	3	2	1	4	3	1
岑溪市	144	86	58	19	10	10	19	10	10
北海市	**274**	**158**	**116**	**31**	**18**	**13**	**25**	**16**	**9**
海城区	65	35	30	11	6	5	7	3	4
银海区	24	13	12	4	3	1	3	2	1
铁山港区	36	20	16	6	3	3	2	2	
合浦县	149	90	59	11	6	4	13	9	3
防城港市	**183**	**102**	**81**	**22**	**12**	**10**	**19**	**11**	**8**
港口区	33	15	18	5	1	3	3	1	1
防城区	93	53	40	13	9	4	10	5	6
上思县	29	20	9	2		2	2	2	
东兴市	27	14	13	2	2		4	3	1
钦州市	**615**	**326**	**289**	**79**	**42**	**37**	**63**	**37**	**26**
钦南区	110	52	58	17	8	9	9	5	4
钦北区	125	81	43	18	11	8	18	12	5
灵山县	227	118	109	24	11	13	24	12	12
浦北县	154	75	79	20	12	8	12	7	6
贵港市	**729**	**417**	**312**	**102**	**60**	**42**	**98**	**63**	**35**
港北区	95	39	56	13	4	9	9	4	5
港南区	91	46	45	10	4	5	18	10	9
覃塘区	95	52	42	11	5	5	6	5	2
平南县	202	136	66	39	26	13	25	14	10
桂平市	246	143	103	31	21	10	40	31	10
玉林市	**1025**	**583**	**442**	**112**	**55**	**57**	**129**	**77**	**52**
玉州区	106	54	52	11	2	8	10	6	5
福绵区	68	41	27	5	3	3	10	5	5
容县	128	67	62	18	10	8	10	2	8
陆川县	186	114	72	26	15	11	26	16	10
博白县	223	117	106	21	11	10	38	26	12
兴业县	86	55	31	7	2	5	10	7	2
北流市	228	134	94	24	13	11	24	14	10

1-7 续表 5

单位：人

地 区	2015年01月			2015年02月			2015年03月		
	合计	男	女	合计	男	女	合计	男	女
梧州市	**59**	**35**	**24**	**53**	**29**	**24**	**46**	**29**	**17**
万秀区	9	3	6	3	1	2	4	3	1
长洲区	2	1	1	1	1		5	3	2
龙圩区	4	3	1	2		2	2		2
苍梧县	5	3	1	7	3	3	5	1	3
藤县	22	15	7	20	11	9	19	11	8
蒙山县	2	1	1	2	1	1	3	1	1
岑溪市	16	10	7	18	11	7	10	10	
北海市	**25**	**15**	**10**	**32**	**22**	**10**	**15**	**9**	**6**
海城区	6	3	3	8	3	5	3	1	2
银海区	1	1	1	2	1	1	3	2	1
铁山港区	7	4	3	4	1	3	2	1	1
合浦县	11	7	3	18	16	2	7	5	2
防城港市	**12**	**7**	**5**	**17**	**11**	**7**	**15**	**7**	**8**
港口区	1		1	2	1	1	5	2	3
防城区	9	5	4	10	6	4	5	3	2
上思县	1	1		1	1		1	1	1
东兴市	1	1		4	2	1	3	1	2
钦州市	**58**	**30**	**28**	**39**	**23**	**16**	**55**	**32**	**23**
钦南区	6	2	4	4	4		8	6	2
钦北区	15	11	4	12	8	4	11	7	4
灵山县	24	10	14	12	8	4	26	13	12
浦北县	13	8	5	11	3	8	11	5	5
贵港市	**46**	**26**	**19**	**59**	**30**	**29**	**60**	**32**	**28**
港北区	6	2	4	7	4	3	6	3	3
港南区	6	3	4	11	5	5	6	4	3
覃塘区	11	5	5	13	8	5	8	4	4
平南县	10	10		10	4	7	15	12	4
桂平市	13	6	6	18	8	10	24	10	14
玉林市	**79**	**43**	**36**	**86**	**52**	**35**	**80**	**46**	**34**
玉州区	6	1	5	12	6	6	8	6	2
福绵区	4	3	1	4	3	1	6	3	4
容县	11	7	4	11	6	6	8	3	4
陆川县	14	6	7	14	10	4	12	9	4
博白县	15	6	9	18	9	9	13	9	5
兴业县	4	2	2	6	5	1	3	2	1
北流市	24	17	7	21	13	8	29	14	14

1-7 续表 6

单位：人

地 区	2015年04月			2015年05月			2015年06月		
	合计	男	女	合计	男	女	合计	男	女
梧州市	**60**	**26**	**34**	**56**	**30**	**25**	**40**	**24**	**16**
万秀区	5	3	3	5	2	3	2	2	1
长洲区	4	2	2	4	2	1	4	2	2
龙圩区	5	1	4	5	4	1	3		3
苍梧县	11	5	7	3	2	1	5	1	3
藤县	19	8	11	22	11	11	15	11	4
蒙山县	3	1	1	6	2	4	2	1	1
岑溪市	13	7	6	11	7	4	9	7	3
北海市	**16**	**10**	**7**	**25**	**17**	**8**	**15**	**8**	**8**
海城区	3	2	1	6	5	2	5	4	1
银海区	1		1				1		1
铁山港区	3	2	1	1	1		1		
合浦县	9	5	4	17	11	6	8	3	5
防城港市	**12**	**8**	**4**	**14**	**8**	**6**	**16**	**10**	**6**
港口区	3	2		1		1	4	1	2
防城区	5	3	2	7	3	3	7	5	2
上思县	3	2	1	4	4		3	2	1
东兴市	1		1	2	1	1	2	1	1
钦州市	**49**	**29**	**21**	**37**	**15**	**22**	**47**	**22**	**25**
钦南区	3		3	9	5	4	15	5	9
钦北区	14	11	4	6	3	3	5	1	4
灵山县	19	8	11	16	6	10	12	9	3
浦北县	13	10	3	6	1	5	15	7	8
贵港市	**54**	**24**	**30**	**62**	**32**	**30**	**52**	**39**	**13**
港北区	10	2	7	10	4	6	9	7	2
港南区	8	3	4	9	5	4	6	2	4
覃塘区	5	2	3	7	4	3	7	4	3
平南县	5	3	3	16	10	5	17	13	4
桂平市	26	13	13	21	8	13	13	13	
玉林市	**92**	**54**	**38**	**96**	**55**	**41**	**58**	**26**	**31**
玉州区	9	3	6	8	4	4	7	4	2
福绵区	4	4	1	11	7	4	3	1	2
容县	15	9	6	9	5	4	5	2	2
陆川县	17	10	7	17	12	5	14	6	7
博白县	20	12	7	27	10	17	10	3	7
兴业县	10	4	5	10	6	3	5	2	3
北流市	17	11	6	14	10	4	14	7	7

1-7 续表 7 单位：人

地区	2015年07月			2015年08月			2015年09月			2015年10月		
	合计	男	女	合计	男	女	合计	男	女	合计	男	女
梧州市	**40**	**23**	**17**	**37**	**21**	**16**	**34**	**18**	**15**	**29**	**17**	**12**
万秀区	3	1	3	2	2		1	1		3	3	
长洲区	2	2		4	2	2	4	3	1	4	1	3
龙圩区	5	1	4	3	2	1	7	6	1	1		1
苍梧县	6	5	1	3	2	1	5	2	2	3	2	1
藤县	20	12	8	12	5	7	8	1	7	10	7	4
蒙山县	1		1	1	1	1	1		1	2	1	1
岑溪市	3	3		12	7	5	9	5	4	5	3	3
北海市	**19**	**12**	**7**	**28**	**13**	**14**	**21**	**6**	**15**	**21**	**12**	**9**
海城区	5	2	2	6	4	2	4	1	3	3	2	2
银海区	1	1	1	4	1	3	1	1		1	1	
铁山港区				1			3	1	2	4	3	1
合浦县	13	8	4	17	8	8	13	3	9	13	6	6
防城港市	**14**	**7**	**6**	**14**	**7**	**7**	**16**	**8**	**8**	**12**	**6**	**6**
港口区	3	1	1	3	1	1	2	2		2	1	1
防城区	5	3	3	7	4	3	8	3	5	7	4	3
上思县	3	2	1	2	1	1	3	1	1	3	1	1
东兴市	3	1	1	3	1	2	3	2	1			
钦州市	**48**	**24**	**24**	**47**	**17**	**30**	**40**	**20**	**20**	**54**	**36**	**18**
钦南区	13	3	9	11	3	8	8	4	4	9	6	3
钦北区	7	4	3	6	3	3	7	5	2	7	7	
灵山县	19	13	6	18	8	10	11	6	6	22	14	8
浦北县	10	3	6	12	3	9	14	6	8	16	10	6
贵港市	**54**	**34**	**20**	**57**	**38**	**18**	**57**	**31**	**26**	**30**	**8**	**21**
港北区	5	2	3	7	4	3	8	2	6	6	1	5
港南区	6	4	3	5	3	2	4	2	2	2	1	1
覃塘区	3	1	2	10	7	3	8	5	2	8	2	5
平南县	21	17	4	18	14	4	17	10	6	9	3	7
桂平市	19	11	8	16	10	6	21	11	10	5	2	3
玉林市	**74**	**43**	**32**	**101**	**57**	**44**	**57**	**33**	**24**	**61**	**42**	**19**
玉州区	13	7	6	10	5	6	7	6	1	5	3	1
福绵区	3	1	2	8	3	5	4	4		6	6	
容县	10	6	4	15	8	7	6	2	3	11	7	4
陆川县	19	11	8	14	9	5	9	6	2	4	2	1
博白县	15	7	8	22	10	12	16	9	7	8	5	3
兴业县	3	3		11	10	1	7	3	4	10	7	2
北流市	11	7	4	21	13	8	9	3	6	19	11	7

1-7　续表 8　　　　单位：人

地　区	出生人口			2014年11月			2014年12月		
	合计	男	女	合计	男	女	合计	男	女
百色市	**515**	**268**	**247**	**47**	**26**	**21**	**52**	**23**	**29**
右江区	53	28	26	4	1	3	4	3	1
田阳县	57	33	24	3	2	1	2	1	1
田东县	64	38	26	3	3		7	1	6
平果县	57	28	29	6	2	3	2	1	1
德保县	41	17	24	4	1	2	6	2	4
靖西县	50	28	22	5	3	2	7	2	5
那坡县	25	14	11	5	4	1	2	1	1
凌云县	29	12	17	4	1	2	4	1	2
乐业县	26	14	13	2	1	1	3	1	2
田林县	35	20	15	1	1		1		1
西林县	23	13	10	4	2	2	2	2	1
隆林各族自治县	54	24	30	7	3	4	11	6	5
贺州市	**424**	**243**	**181**	**48**	**31**	**17**	**52**	**30**	**22**
八步区	158	83	75	8	7	1	22	11	11
平桂管理区	92	54	38	12	8	5	7	5	2
昭平县	64	37	26	10	4	6	8	5	3
钟山县	62	42	20	10	7	3	10	7	3
富川瑶族自治县	48	27	21	8	5	3	4	1	2
河池市	**651**	**343**	**308**	**77**	**34**	**43**	**57**	**25**	**32**
金城江区	42	29	13	6	3	3	3	2	1
南丹县	53	35	18	9	7	2	2	1	1
天峨县	17	8	9	1	1		2	1	1
凤山县	35	21	13	4	1	3	1		1
东兰县	37	17	20	8	5	3	6	4	2
罗城仫佬族自治县	67	32	35	8	3	4	4	1	3
环江毛南族自治县	62	35	27	5	3	1	8	2	5
巴马瑶族自治县	54	29	25	8	4	4	3	2	1
都安瑶族自治县	106	49	57	18	4	13	6	2	5
大化瑶族自治县	60	28	32	4	1	3	10	4	6
宜州市	119	59	59	8	1	7	12	5	6
来宾市	**401**	**207**	**193**	**33**	**16**	**17**	**40**	**17**	**23**
兴宾区	184	92	91	6	4	1	17	5	12
忻城县	64	32	32	8	4	4	8	2	6
象州县	47	25	21	9	3	6	5	2	3
武宣县	66	36	30	7	3	4	5	3	1
金秀瑶族自治县	19	10	10	3	2		2	1	
合山市	22	13	9	2		2	3	3	1
崇左市	**335**	**195**	**140**	**42**	**26**	**16**	**34**	**21**	**13**
江州区	49	27	22	7	4	3	2	1	1
扶绥县	67	36	30	6	2	4	8	5	4
宁明县	66	38	28	6	5	1	11	8	3
龙州县	25	16	9	2	1	1	2	2	
大新县	61	39	23	11	5	6	4	3	2
天等县	48	30	18	9	7	1	4	2	2
凭祥市	19	9	10	2	1	1	4	2	2

1-7 续表 9 单位：人

地　区	2015年01月			2015年02月			2015年03月		
	合计	男	女	合计	男	女	合计	男	女
百色市	**49**	**28**	**22**	**38**	**23**	**15**	**34**	**16**	**18**
右江区	4	4		3	2	1	2		2
田阳县	3	3		4	3	1	2	2	
田东县	7	7		3	1	1	4	1	3
平果县	12	2	10	3	3		5	3	2
德保县	2	1	2	4	3	2	3	2	1
靖西县	5	1	4	5	4	1	4	2	2
那坡县	2	1	1	2		2	2	1	1
凌云县	2	1	1	1		1	1	1	1
乐业县	2	2	1	3	2	1	4	1	3
田林县	4	2	2	3	2	2	2	2	1
西林县	2	1	1	3	3	1	2	1	1
隆林各族自治县	3	2	1	2		2	2		2
贺州市	**29**	**16**	**13**	**24**	**10**	**14**	**35**	**22**	**13**
八步区	10	4	6	10	1	9	11	9	3
平桂管理区	7	5	2	6	4	2	8	5	3
昭平县	4	2	2	3	2	1	6	2	4
钟山县	4	3	1	3	2	1	5	3	1
富川瑶族自治县	4	2	1	2	1	1	5	3	2
河池市	**58**	**27**	**31**	**42**	**17**	**24**	**57**	**37**	**20**
金城江区	6	4	2	1		1	3	3	
南丹县	6	3	2	6	3	3	4	3	1
天峨县	1	1	1	1	1		1	1	
凤山县	5	3	2	2	1	1	4	3	1
东兰县	2		2	3	1	2	2	2	
罗城仫佬族自治县	3	1	2	5	1	4	2	1	1
环江毛南族自治县	7	3	3	4	1	3	7	4	2
巴马瑶族自治县	5	2	4	6	4	2	3	1	2
都安瑶族自治县	13	6	8	7	4	3	13	8	4
大化瑶族自治县	5	1	4	2	1	2	9	5	4
宜州市	5	3	1	5	1	3	11	6	5
来宾市	**36**	**18**	**18**	**34**	**16**	**18**	**31**	**19**	**12**
兴宾区	19	8	10	18	11	8	15	8	7
忻城县	3	2	1	5	1	4	5	4	1
象州县	4	3	2	3	1	2	2	1	1
武宣县	6	3	3	6	2	3	7	4	3
金秀瑶族自治县	2		2	1		1	1	1	
合山市	2	1		1		1	1	1	
崇左市	**24**	**16**	**8**	**31**	**18**	**13**	**28**	**15**	**13**
江州区	6	3	2	7	5	2	1		1
扶绥县	3	3		6	4	3	6	3	3
宁明县	3	1	2	7	3	3	6	3	3
龙州县	1		1	3	2	1	2	2	
大新县	4	3	1	3	2	2	6	3	3
天等县	6	4	2	3	1	2	6	3	3
凭祥市	2	1		1	1		2	1	

1-7 续表 10　　　　单位：人

地 区	2015年04月			2015年05月			2015年06月		
	合计	男	女	合计	男	女	合计	男	女
百色市	**41**	**21**	**20**	**40**	**22**	**19**	**41**	**21**	**20**
右江区	1		1	4	3	1	2	2	
田阳县	8	6	2	1		1	5	3	2
田东县	1		1	6	4	2	10	6	4
平果县	7	1	6	6	3	2	3	3	
德保县	2	1	1	4	1	2	5	2	4
靖西县	4	3	1	4	2	2	2	1	1
那坡县	1		1	2	1	1	1	1	
凌云县	3	2	1	2	1	1	1		1
乐业县	2		2	2	1	1	1	1	
田林县	3	2	1	3	1	2	2		2
西林县	2	2	1				2	1	1
隆林各族自治县	6	4	2	6	3	3	5	1	4
贺州市	**27**	**13**	**14**	**45**	**25**	**20**	**38**	**19**	**19**
八步区	8	3	5	20	10	11	16	8	8
平桂管理区	3	2	1	9	5	3	10	4	6
昭平县	5	2	2	6	4	2	3	2	2
钟山县	5	3	2	3	1	2	6	3	3
富川瑶族自治县	6	3	3	6	4	2	4	2	1
河池市	**49**	**25**	**23**	**66**	**35**	**31**	**66**	**37**	**29**
金城江区	1	1		3	3		2	1	1
南丹县	2	2		3	3	1	7	4	3
天峨县	2		2	1	1		1		1
凤山县	3	2	1	4	3	1	3	1	2
东兰县	3	1	2	2	1	1	3	1	2
罗城仫佬族自治县	9	5	3	7	5	1	11	5	5
环江毛南族自治县	7	3	3	4	2	2	6	3	3
巴马瑶族自治县	3	3		4	1	3	6	4	3
都安瑶族自治县	8	2	7	10	7	3	8	6	3
大化瑶族自治县	2	2		6	2	4	4	4	1
宜州市	9	4	5	22	7	15	15	8	7
来宾市	**37**	**20**	**16**	**36**	**20**	**17**	**25**	**11**	**14**
兴宾区	19	8	11	22	12	10	11	4	7
忻城县	3	2	1	4	2	2	5	2	2
象州县	3	3		3	2	1	4	2	2
武宣县	8	6	2	2	1	2	2	1	2
金秀瑶族自治县	2	1	1	3	1	1	1	1	
合山市	3	1	2	2	1	1	2	1	1
崇左市	**28**	**14**	**15**	**21**	**14**	**7**	**24**	**16**	**7**
江州区	6	2	5	1	1		6	4	2
扶绥县	5	4	1	4	3	1	5	3	2
宁明县	6	2	3	2	2		5	3	3
龙州县	2	1	1	3	2	1	3	2	1
大新县	4	3	2	6	3	3	3	3	
天等县	4	2	2	4	3	2	3	2	1
凭祥市	2		1	2		1			

1-7 续表 11 单位：人

地 区	2015年07月			2015年08月			2015年09月			2015年10月		
	合计	男	女	合计	男	女	合计	男	女	合计	男	女
百色市	**45**	**20**	**26**	**47**	**30**	**17**	**38**	**22**	**16**	**43**	**18**	**25**
右江区	4		4	7	5	2	8	5	3	9	2	7
田阳县	12	4	8	7	2	4	3	2	1	6	3	2
田东县	4	3	1	4	1	3	9	6	3	4	3	2
平果县	5	2	2	3	3					4	2	2
德保县	1	1	1	2	2		2		2	5	2	4
靖西县	3	2	1	1	1		5	4	1	4	2	2
那坡县	1	1	1	2	1	1	2	2		2	1	1
凌云县	2	1	1	5	2	3	2	1	1	1		1
乐业县	4	2	2	3	2	1	1	1	1			
田林县	5	3	2	5	5		2	1	2	3	2	2
西林县	2	1	1	2		2	1	1	1	1		1
隆林各族自治县	2		2	5	4	1	2		2	3	1	2
贺州市	**37**	**25**	**12**	**33**	**21**	**12**	**26**	**15**	**11**	**30**	**17**	**13**
八步区	15	9	6	12	5	6	14	9	5	12	7	5
平桂管理区	8	5	3	7	5	3	4	1	3	9	5	5
昭平县	5	4	1	5	5		4	2	1	5	3	2
钟山县	5	5	1	7	5	3	2	2		1	1	1
富川瑶族自治县	4	2	1	1	1	1	3	1	1	3	1	1
河池市	**58**	**39**	**19**	**39**	**21**	**18**	**50**	**31**	**19**	**32**	**15**	**17**
金城江区	5	5		2		2	6	4	2	4	3	1
南丹县	4	3	1	2	1	2	4	3	1	3	2	2
天峨县	2		2	2	1	1	3	1	2	1		1
凤山县	2	1	1	4	2	2	1	1		2	2	
东兰县	3	1	2	2	1	1	1	1		4	1	3
罗城仫佬族自治县	8	3	4	2	1	1	8	3	4	2	1	1
环江毛南族自治县	7	6	1	3	3		3	1	2	2	2	
巴马瑶族自治县	4	3	1	3	3		4	1	3	5	2	3
都安瑶族自治县	7	1	6	4	3	2	10	7	3	2		2
大化瑶族自治县	6	3	3	1		1	5	4	1	4	1	3
宜州市	13	13		12	5	7	5	3	2	2	2	
来宾市	**37**	**16**	**21**	**33**	**14**	**19**	**28**	**19**	**10**	**30**	**22**	**8**
兴宾区	21	10	11	12	3	9	10	7	3	14	11	3
忻城县	6	1	5	8	4	4	5	4	1	6	4	2
象州县	2	1	1	4	4		4	1	3	4	2	2
武宣县	5	2	2	6	2	4	7	5	2	5	4	1
金秀瑶族自治县	2		2	1		1	1		1	1	1	
合山市	1	1		2	1	1	2	2				
崇左市	**27**	**18**	**10**	**26**	**16**	**10**	**24**	**12**	**12**	**25**	**10**	**15**
江州区	4	3	1	3	2	1	4	2	2	2		2
扶绥县	6	3	4	8	4	5	3	2	1	7	3	5
宁明县	7	4	3	3	3		7	3	3	5	2	3
龙州县	2	1	1	1		1	3	1	1	1	1	1
大新县	1	1		9	7	2	4	3	2	6	4	2
天等县	5	4	1	2	1	1	1		1	1		1
凭祥市	1	1					2		2	1		1

1-7a 各地区分性别、月份的出生人口 (2014.11.1-2015.10.31)(城市)

单位：人

地 区	出生人口			2014年11月			2014年12月		
	合计	男	女	合计	男	女	合计	男	女
全 区	**1570**	**859**	**711**	**173**	**86**	**87**	**169**	**92**	**76**
南宁市	397	229	169	45	23	22	49	30	20
柳州市	195	99	96	28	15	13	19	9	9
桂林市	177	99	78	19	10	9	8	2	6
梧州市	164	93	71	20	9	10	25	15	10
北海市	73	42	32	12	8	4	8	4	4
防城港市	46	26	20	4	3	1	7	3	4
钦州市	52	27	25	8	4	4	5	4	1
贵港市	136	61	75	14	6	7	13	7	6
玉林市	115	60	56	9	1	7	13	8	5
百色市	36	18	19	3		3	1	1	
贺州市	48	28	20	3	2	1	7	2	5
河池市	55	36	19	5	2	3	5	2	3
来宾市	51	33	18	1	1		6	2	3
崇左市	24	10	14	3	1	2	3	1	1

1-7a 续表 1

单位：人

地 区	2015年01月			2015年02月			2015年03月		
	合计	男	女	合计	男	女	合计	男	女
全 区	**157**	**83**	**74**	**132**	**78**	**54**	**133**	**68**	**65**
南宁市	40	25	15	23	16	7	38	16	22
柳州市	22	14	9	18	10	8	14	6	8
桂林市	21	8	13	15	8	7	15	5	10
梧州市	19	9	11	11	6	5	14	11	4
北海市	6	3	3	8	3	5	5	2	3
防城港市	4	2	2	3	3	1	3	2	1
钦州市	4	2	2	3	2	1	6	4	2
贵港市	7	2	5	17	9	8	9	2	7
玉林市	9	1	8	15	10	5	13	8	5
百色市	2	2		2	1	1	1		1
贺州市	6	5	1	4	2	2	2	1	1
河池市	8	4	3	1	1		5	5	
来宾市	5	4	1	8	6	3	7	6	1
崇左市	3	2	2	3	1	2			

1-7a　续表 2　　　　　　　　　　　　　　　　　　　　单位：人

地　区	2015年04月			2015年05月			2015年06月		
	合计	男	女	合计	男	女	合计	男	女
全　区	**124**	**76**	**48**	**127**	**66**	**62**	**94**	**54**	**39**
南宁市	36	23	13	28	17	12	19	10	9
柳州市	16	12	5	13	4	8	13	6	7
桂林市	16	12	4	14	7	7	6	6	
梧州市	15	8	6	13	8	5	13	8	5
北海市	4	3	1	5	4	2	4	4	
防城港市	3	3		3	1	2	5	1	3
钦州市	1	1		5	3	3	5	1	5
贵港市	15	4	11	9	4	5	11	9	2
玉林市	6	3	2	10	4	6	3	1	2
百色市	1		1	4	3	1	1	1	
贺州市	1	1		7	5	2	4	2	2
河池市	1	1		8	2	6	5	4	1
来宾市	4	3	2	7	4	3	1	1	
崇左市	4	1	3	1	1		1		1

1-7a　续表 3　　　　　　　　　　　　　　　　　　　　单位：人

地　区	2015年07月			2015年08月			2015年09月			2015年10月		
	合计	男	女	合计	男	女	合计	男	女	合计	男	女
全　区	**123**	**75**	**48**	**126**	**59**	**67**	**121**	**75**	**46**	**92**	**47**	**44**
南宁市	28	19	10	36	16	20	33	21	12	20	12	8
柳州市	10	5	5	13	5	8	18	9	9	11	5	5
桂林市	13	12	1	22	11	11	18	12	6	8	5	3
梧州市	9	4	5	8	6	3	9	6	3	8	4	4
北海市	4	3	2	8	4	4	3		3	4	2	2
防城港市	4	1	3	2		1	5	4	1	4	2	1
钦州市	4	3	1	5	1	4	2		2	4	3	1
贵港市	10	6	4	12	6	6	8	3	5	10	2	9
玉林市	15	7	7	9	4	5	6	5	1	8	7	1
百色市	3		3	4	4		5	3	2	8	2	6
贺州市	7	3	4	1	1	1	3	3		2	1	1
河池市	9	9		2		2	6	5	1	1	1	
来宾市	4	2	2	3	1	2	2	2		2	1	1
崇左市	4	3	1				1		1	1		1

1-7b 各地区分性别、月份的出生人口 (2014.11.1-2015.10.31)(镇)

单位：人

地 区	出生人口			2014年11月			2014年12月		
	合计	男	女	合计	男	女	合计	男	女
全 区	**2171**	**1177**	**995**	**257**	**136**	**122**	**238**	**134**	**104**
南宁市	233	122	110	34	18	16	26	14	11
柳州市	165	79	86	13	6	7	15	7	7
桂林市	197	100	97	19	5	14	22	10	11
梧州市	121	72	49	14	10	4	22	11	11
北海市	76	40	36	10	4	6	3	1	2
防城港市	48	24	24	6	3	3	4	3	2
钦州市	155	76	79	19	10	10	19	11	8
贵港市	226	140	86	32	22	10	33	25	8
玉林市	333	180	153	49	24	25	45	26	19
百色市	136	73	63	8	5	3	10	3	6
贺州市	121	69	52	12	9	3	12	8	4
河池市	149	82	67	18	9	9	9	4	5
来宾市	115	57	57	11	6	5	8	3	5
崇左市	95	60	35	11	4	7	10	7	3

1-7b 续表 1

单位：人

地 区	2015年01月			2015年02月			2015年03月		
	合计	男	女	合计	男	女	合计	男	女
全 区	**176**	**97**	**79**	**187**	**91**	**95**	**165**	**90**	**75**
南宁市	22	9	13	20	7	13	17	8	9
柳州市	16	9	7	15	6	9	17	9	8
桂林市	16	9	7	19	10	10	14	11	3
梧州市	13	9	4	13	5	8	13	9	4
北海市	10	6	3	8	5	3	3	1	1
防城港市	2	1		6	3	2	5	1	4
钦州市	9	4	5	11	8	3	12	6	6
贵港市	14	8	6	19	9	10	14	7	8
玉林市	20	12	9	27	13	13	20	9	11
百色市	11	3	8	7	4	3	10	7	3
贺州市	8	5	3	8	5	4	8	4	4
河池市	15	8	7	16	7	10	14	11	3
来宾市	13	8	5	11	5	6	12	5	6
崇左市	6	4	2	7	5	2	7	2	5

1-7b 续表 2

单位：人

地 区	2015年04月			2015年05月			2015年06月		
	合计	男	女	合计	男	女	合计	男	女
全 区	**181**	**102**	**80**	**195**	**100**	**95**	**155**	**84**	**71**
南宁市	22	18	4	19	6	13	17	6	11
柳州市	12	8	4	15	7	8	16	7	9
桂林市	11	4	7	22	9	13	10	7	3
梧州市	11	5	6	6	3	3	9	8	2
北海市	4	1	2	9	5	4	3		3
防城港市	3	2	1	5	3	2	4	3	1
钦州市	8	5	3	14	5	10	10	5	6
贵港市	18	10	9	23	15	9	15	12	3
玉林市	32	18	14	28	16	12	17	4	13
百色市	17	11	5	15	8	7	9	5	4
贺州市	13	4	9	9	6	4	16	9	7
河池市	12	3	8	11	9	2	14	9	5
来宾市	10	6	4	11	5	6	6	2	4
崇左市	9	6	3	5	4	1	9	7	2

1-7b 续表 3

单位：人

地 区	2015年07月			2015年08月			2015年09月			2015年10月		
	合计	男	女	合计	男	女	合计	男	女	合计	男	女
全 区	**140**	**79**	**61**	**177**	**110**	**67**	**141**	**71**	**70**	**159**	**82**	**77**
南宁市	5	3	2	22	16	6	17	12	5	11	5	6
柳州市	14	10	4	9	3	6	15	6	10	8	2	5
桂林市	10	3	7	21	13	8	15	7	9	17	12	5
梧州市	5	5		5	2	3	1		1	9	4	4
北海市	5	2	3	8	5	3	3	2	1	11	6	5
防城港市	2		1	5	3	2	5	2	3	2		2
钦州市	14	5	9	9	5	4	9	3	6	19	10	10
贵港市	12	11	2	16	12	4	17	8	10	12	4	8
玉林市	22	14	8	35	21	14	16	7	9	22	16	6
百色市	12	4	7	15	9	6	10	7	3	13	6	7
贺州市	10	7	4	8	6	2	5	2	4	11	6	5
河池市	14	8	6	10	7	3	8	5	3	8	2	7
来宾市	7	2	5	8	3	5	10	7	3	7	5	2
崇左市	9	6	2	7	6	1	9	5	4	8	4	4

1-7c 各地区分性别、月份的出生人口 (2014.11.1-2015.10.31)(乡村)

单位：人

地 区	出生人口			2014年11月			2014年12月		
	合计	男	女	合计	男	女	合计	男	女
全 区	**4599**	**2563**	**2036**	**515**	**272**	**243**	**505**	**286**	**219**
南宁市	506	290	216	47	26	21	67	41	26
柳州市	266	150	117	29	13	16	23	14	9
桂林市	458	261	197	54	25	29	36	22	14
梧州市	309	161	148	29	12	16	31	17	14
北海市	125	76	49	9	5	4	14	11	3
防城港市	89	52	37	12	7	5	8	5	3
钦州市	408	223	185	51	29	23	39	22	17
贵港市	367	217	150	56	32	24	52	31	21
玉林市	576	343	233	54	30	24	70	43	27
百色市	342	177	165	35	20	15	41	18	23
贺州市	255	146	109	33	20	13	33	20	13
河池市	447	225	222	54	23	31	43	18	25
来宾市	235	117	118	21	9	12	27	12	15
崇左市	215	124	91	29	21	8	21	13	8

1-7c 续表 1

单位：人

地 区	2015年01月			2015年02月			2015年03月		
	合计	男	女	合计	男	女	合计	男	女
全 区	**383**	**212**	**171**	**332**	**181**	**151**	**368**	**220**	**149**
南宁市	41	21	20	39	24	14	49	28	21
柳州市	22	13	9	16	8	8	16	10	6
桂林市	39	22	17	31	13	18	31	22	9
梧州市	27	18	9	29	18	11	19	9	10
北海市	9	5	4	16	13	2	8	6	2
防城港市	7	4	3	8	5	4	6	4	2
钦州市	45	24	20	25	13	12	37	21	16
贵港市	24	15	9	23	12	11	36	24	13
玉林市	49	30	19	45	28	17	47	29	18
百色市	36	23	13	29	18	11	24	9	14
贺州市	15	6	8	12	4	8	25	16	9
河池市	36	14	21	24	10	15	38	21	17
来宾市	18	6	12	14	5	9	12	8	5
崇左市	14	10	4	22	12	10	20	12	8

1-7c 续表 2

单位：人

地 区	2015年04月			2015年05月			2015年06月		
	合计	男	女	合计	男	女	合计	男	女
全 区	**378**	**199**	**178**	**374**	**210**	**164**	**350**	**194**	**156**
南宁市	42	19	23	25	19	6	37	21	16
柳州市	30	19	11	23	11	11	21	12	8
桂林市	33	19	14	40	24	16	39	25	14
梧州市	35	13	22	36	19	17	17	8	9
北海市	8	5	3	10	8	2	8	4	4
防城港市	6	3	3	7	4	2	7	5	2
钦州市	40	22	18	17	7	10	31	16	15
贵港市	20	10	10	29	13	17	26	18	7
玉林市	54	32	22	58	36	22	37	21	17
百色市	24	10	14	21	11	10	31	14	16
贺州市	12	8	5	29	14	14	19	8	10
河池市	36	21	15	47	24	24	47	24	22
来宾市	23	12	11	18	10	7	17	8	10
崇左市	16	7	9	15	9	6	14	9	5

1-7c 续表 3

单位：人

地 区	2015年07月			2015年08月			2015年09月			2015年10月		
	合计	男	女	合计	男	女	合计	男	女	合计	男	女
全 区	**351**	**199**	**152**	**395**	**213**	**182**	**356**	**195**	**160**	**293**	**180**	**113**
南宁市	31	16	15	44	21	23	51	33	19	35	23	12
柳州市	19	15	4	31	15	16	19	7	13	17	12	5
桂林市	29	12	17	38	27	10	39	20	19	50	31	19
梧州市	26	14	12	24	13	11	25	13	12	12	8	4
北海市	10	7	3	12	4	8	14	4	11	7	3	3
防城港市	8	6	2	8	4	4	6	2	4	6	4	2
钦州市	31	16	15	33	11	21	29	17	12	31	23	8
贵港市	32	18	14	29	20	8	31	20	11	8	3	5
玉林市	38	22	16	57	33	25	35	21	14	30	18	12
百色市	31	15	15	28	17	11	23	12	11	21	10	11
贺州市	20	15	5	24	15	9	17	10	8	17	10	7
河池市	36	22	13	28	14	14	36	21	15	23	13	10
来宾市	26	12	14	22	9	12	16	10	7	21	16	5
崇左市	15	9	6	20	10	10	14	7	7	16	6	10

1-8 各地区分性别、月份的死亡人口
(2014.11.1-2015.10.31)

单位：人

地 区	死亡人口			2014年11月			2014年12月		
	合计	男	女	合计	男	女	合计	男	女
全 区	**3141**	**1883**	**1259**	**279**	**169**	**110**	**248**	**146**	**102**
南宁市	**469**	**294**	**175**	**54**	**36**	**18**	**36**	**20**	**15**
兴宁区	29	20	9	3	3		7	6	1
青秀区	39	22	17	4	2	1	5		5
江南区	40	25	15	4	4		4	2	3
西乡塘区	76	54	22	10	10		2		2
良庆区	19	13	6	3	3		2	2	
邕宁区	18	9	9						
武鸣县	43	21	22	4	4		3	1	1
隆安县	20	14	5	1	1		1	1	
马山县	28	17	11	2	1	1			
上林县	28	17	11	3	1	1	3	3	
宾阳县	62	35	28	8	2	6	5	2	3
横县	67	47	20	12	4	8	4	4	
柳州市	**224**	**120**	**104**	**17**	**7**	**10**	**21**	**9**	**12**
城中区	2	1	1				1	1	
鱼峰区	26	13	12	1		1	1	1	
柳南区	24	15	9	2		2	1		1
柳北区	21	12	9	1		1	2		2
柳江县	20	13	8	2	2				
柳城县	34	17	17	3	1	2	6	2	3
鹿寨县	25	12	13	2	1	1	1		1
融安县	24	12	12	2	1	1	5	2	3
融水苗族自治县	34	17	17	2	1	1	3	2	1
三江侗族自治县	15	7	7				1	1	
桂林市	**382**	**223**	**159**	**29**	**18**	**11**	**29**	**21**	**8**
秀峰区	9	6	3	2	2		1		1
叠彩区	19	9	10	1	1		1		1
象山区	15	9	6				1	1	
七星区	18	13	6	1	1				
雁山区	4	2	2	1	1				
临桂区	36	14	22	1		1	3	1	2
阳朔县	26	14	12	1		1			
灵川县	15	9	6	1	1		1	1	
全州县	46	28	17	4	4		9	6	2
兴安县	27	18	8	2	2		6	6	
永福县	23	14	9	1		1			
灌阳县	15	7	8				1	1	
龙胜各族自治县	26	15	11	3		3			
资源县	9	6	3	3	2	1			
平乐县	31	16	16	2		2	2	2	
荔浦县	34	23	11	3	2	1	5	2	2
恭城瑶族自治县	28	20	8	3	2	1			

1-8 续表 1

单位：人

地 区	2015年01月			2015年02月			2015年03月		
	合计	男	女	合计	男	女	合计	男	女
全 区	**215**	**124**	**92**	**220**	**152**	**69**	**272**	**160**	**113**
南宁市	**34**	**21**	**13**	**28**	**20**	**8**	**35**	**20**	**15**
兴宁区	1		1	2	1	1	1	1	
青秀区	3	3					5	4	1
江南区	2	2		4	3	2	1		1
西乡塘区	5	5		4	2	2	10	7	3
良庆区				2	1	1	1	1	
邕宁区	2	1	1				1		1
武鸣县	3	1	1	1	1				
隆安县	1	1		2	1	1	1		1
马山县	2	1	1	1	1				
上林县	4	3	1	3	1	1	3	3	
宾阳县	6	3	3	7	7		8	3	5
横县	4		4	2	2		4	2	2
柳州市	**21**	**12**	**9**	**17**	**9**	**8**	**16**	**9**	**7**
城中区				1	1				
鱼峰区	1	1		1	1		6	3	2
柳南区	6	5	1	2	2		1		1
柳北区	2	1	1				2	1	1
柳江县							1		1
柳城县				4	1	2	2	2	
鹿寨县	1	1		4	1	3	1	1	
融安县	5	3	2	2	1	1	1		1
融水苗族自治县	6	1	4				1	1	
三江侗族自治县				4	2	2			
桂林市	**35**	**22**	**13**	**28**	**16**	**12**	**33**	**15**	**18**
秀峰区				1	1				
叠彩区	3	2	2	1	1		1		1
象山区	3	2	1	2	1	1			
七星区	7	5	2	1	1		1		1
雁山区									
临桂区				1		1	6	1	4
阳朔县	4	1	2	4	2	1	2	2	
灵川县	1		1				3	1	1
全州县	2	2		4		4	4	4	
兴安县	2		2	2	1	1	5	2	3
永福县	4	2	1				4	3	1
灌阳县				2		2	2	1	1
龙胜各族自治县	3	1	1	1	1		3		3
资源县	1	1					1		1
平乐县				3	3				
荔浦县	3	3							
恭城瑶族自治县	2	2		5	4	1	2		2

1-8 续表 2

单位：人

地 区	2015年04月			2015年05月			2015年06月		
	合计	男	女	合计	男	女	合计	男	女
全 区	**230**	**119**	**111**	**297**	**193**	**104**	**272**	**151**	**121**
南宁市	**22**	**15**	**7**	**53**	**39**	**14**	**52**	**22**	**30**
兴宁区	2	1	1	2	1	1	4	2	1
青秀区				7	7		7	1	6
江南区	2		2	5	5		3		3
西乡塘区	5	5		4	2	2	16	11	5
良庆区	3	1	2	3	2	1	2	1	1
邕宁区							3	3	
武鸣县	1	1		11	4	7	7	1	6
隆安县	1		1	3	3		2	1	1
马山县							4	1	2
上林县	3	1	1				3		3
宾阳县	3	3		6	3	3			
横县	2	2		12	12		2		2
柳州市	**16**	**10**	**6**	**16**	**9**	**7**	**22**	**12**	**9**
城中区									
鱼峰区	2	1	1	1		1			
柳南区	2	2		1		1	3	2	1
柳北区				2	2		4	2	1
柳江县	2	2		4	3	1	4	2	2
柳城县	1		1	3	1	2	2	2	
鹿寨县	1	1		1	1		3	2	1
融安县	1		1	1		1	1	1	
融水苗族自治县	4	1	2	1	1		3		3
三江侗族自治县	3	2	1				1		1
桂林市	**38**	**15**	**22**	**28**	**21**	**7**	**27**	**14**	**13**
秀峰区	1		1	1	1		1		1
叠彩区	3	2	1	2	1	1	3	1	2
象山区	1	1		1		1			
七星区				2	2				
雁山区				2	1	1			
临桂区	6	2	4	1		1	3		3
阳朔县	4	4		3	2	1	1		1
灵川县	1		1						
全州县	4	2	2	3	3		2	2	
兴安县				2	2		3	2	2
永福县	1		1				4	3	1
灌阳县	3	1	2				1	1	
龙胜各族自治县	4	1	3	2	2				
资源县				1	1		1	1	
平乐县	4		4	5	3	2	3	2	2
荔浦县	3	1	2	3	3		1	1	
恭城瑶族自治县	1	1		1	1		3	2	2

1-8 续表 3 单位：人

地 区	2015年07月			2015年08月			2015年09月			2015年10月		
	合计	男	女	合计	男	女	合计	男	女	合计	男	女
全 区	**240**	**143**	**97**	**268**	**158**	**110**	**254**	**152**	**101**	**346**	**216**	**130**
南宁市	**35**	**22**	**13**	**30**	**17**	**13**	**32**	**19**	**12**	**60**	**42**	**17**
兴宁区	1	1		2	1	1	2	1	1	1	1	
青秀区	1		1	2		2	1	1		3	3	
江南区	4	3	1	5	5		1	1		5	1	4
西乡塘区	7	5	2	2		2	2		2	10	6	4
良庆区	1		1	2	1	1	1	1		1	1	
邕宁区				3	1	2	3	1	2	5	2	2
武鸣县	1		1	1		1	1	1		7	4	3
隆安县				2	2		2	2		5	4	2
马山县	6	2	4	5	2	2	4	4		4	4	
上林县	1		1				1	1		4	3	1
宾阳县	8	7	1	2	1	1	5	1	3	5	3	2
横县	4	4		4	4		8	4	4	10	10	
柳州市	**18**	**6**	**12**	**22**	**10**	**12**	**13**	**8**	**4**	**27**	**18**	**9**
城中区							1		1			
鱼峰区	3	1	2	2		2	2	2		4	2	2
柳南区	1	1		3	2	1						
柳北区	2		2				1	1		4	4	
柳江县				2	1	1	1	1		3	1	2
柳城县	1		1	6	2	3	3	2	1	2	2	
鹿寨县	3	1	2	3	1	2	1	1		3	1	2
融安县	3	3					1		1	2	1	1
融水苗族自治县	3		3	3	3		2	1	1	6	4	1
三江侗族自治县	2		2	2		2				3	3	
桂林市	**25**	**15**	**10**	**38**	**23**	**16**	**34**	**21**	**13**	**37**	**22**	**15**
秀峰区				2	1	1	1	1		1	1	
叠彩区				4	1	3						
象山区	2	2		2	1	1	1		1			
七星区							3	2	1	2	1	1
雁山区				1		1	1	1				
临桂区	4	2	1	5	3	2				5	4	1
阳朔县				1		1	2	1	1	3	1	2
灵川县	3	1	1	3	3					3	1	1
全州县	4		4	2	2		5	2	3	2		2
兴安县				3	2	2	3	3		1	1	
永福县	3	1	1	5	4	1				1	1	
灌阳县	2	1	1	2	1	1						
龙胜各族自治县	3	3		3	3		3	1	1	1	1	
资源县										2	1	1
平乐县				2		2	6	3	3	5	3	2
荔浦县	2	2		1	1		6	5	1	6	1	5
恭城瑶族自治县	2	2		3	2	1	4	2	2	4	4	

1-8 续表 4

单位：人

地 区	死亡人口			2014年11月			2014年12月		
	合计	男	女	合计	男	女	合计	男	女
梧州市	**197**	**104**	**93**	**15**	**8**	**7**	**16**	**8**	**8**
万秀区	17	8	9	1		1			
长洲区	6	3	3						
龙圩区	14	8	6	2	1	1			
苍梧县	27	16	11	3	1	2			
藤县	68	37	31	5	4	1	9	5	4
蒙山县	15	12	3				1	1	
岑溪市	51	21	30	4	1	3	5	1	4
北海市	**72**	**48**	**24**	**4**	**3**	**1**	**3**	**2**	
海城区	18	13	5	2	2				
银海区	8	4	4	1	1		1		
铁山港区	7	3	4						
合浦县	40	28	11	1		1	2	2	
防城港市	**51**	**31**	**20**	**2**	**2**		**4**	**3**	**1**
港口区	9	4	5	1	1		1	1	
防城区	27	18	10	1	1		1	1	1
上思县	10	7	3				1	1	
东兴市	5	2	2						
钦州市	**174**	**121**	**53**	**16**	**13**	**3**	**18**	**13**	**5**
钦南区	28	19	9	2	1	1	2	2	
钦北区	34	26	8	2	2		5	3	2
灵山县	52	38	14	7	6	1	4	1	3
浦北县	59	39	21	6	5	1	7	7	
贵港市	**253**	**151**	**102**	**18**	**13**	**5**	**18**	**13**	**5**
港北区	21	11	9	2	2	1	1		1
港南区	25	13	12	2	2		1		1
覃塘区	25	18	7	2	1	1	3	2	1
平南县	91	53	38	5	3	2	4	2	1
桂平市	91	56	34	6	6		10	8	2
玉林市	**340**	**217**	**123**	**40**	**21**	**18**	**22**	**11**	**12**
玉州区	32	19	13	5	3	2	1		1
福绵区	24	16	9	2	1	1			
容县	48	32	16	3	2	1	1	1	
陆川县	43	28	15	10	5	5	6	2	4
博白县	65	41	24	9	4	4	6	3	3
兴业县	34	19	15	1		1			
北流市	93	62	31	10	5	4	8	4	4

1-8 续表 5

单位：人

地　区	2015年01月			2015年02月			2015年03月		
	合计	男	女	合计	男	女	合计	男	女
梧州市	**19**	**5**	**14**	**14**	**9**	**5**	**18**	**12**	**6**
万秀区	2	1	1	1	1		1	1	
长洲区				1	1				
龙圩区				2	1	1			
苍梧县	1		1				2	2	
藤县	5	3	3	4	3	1	9	5	4
蒙山县	3	2	1	2	1	1	1	1	
岑溪市	8		8	5	3	3	4	3	1
北海市	**2**	**1**	**1**	**8**	**6**	**3**	**8**	**6**	**3**
海城区	1		1	1	1		1	1	1
银海区				1			1	1	
铁山港区				1	1				
合浦县	1	1		5	3	2	6	4	2
防城港市	**7**	**3**	**4**	**3**	**2**	**1**	**5**	**4**	**2**
港口区	1		1	1			1		1
防城区	5	2	3	1	1		4	3	1
上思县	1	1							
东兴市				1		1			
钦州市	**8**	**7**	**1**	**9**	**7**	**2**	**15**	**9**	**6**
钦南区	2	1	1	2	1	1	1	1	
钦北区	3	3		3	3		5	3	2
灵山县	2	2		2	2		2	1	1
浦北县	1	1		2	1	1	7	4	3
贵港市	**9**	**6**	**3**	**9**	**8**	**1**	**24**	**15**	**10**
港北区	1	1	1	1	1		2	2	
港南区				3	2	1	4	2	3
覃塘区	2	1	1	1	1		3	2	1
平南县	1	1		4	4		11	6	5
桂平市	5	3	2	1	1		5	3	2
玉林市	**14**	**6**	**8**	**26**	**19**	**6**	**34**	**23**	**11**
玉州区	4	1	3	6	4	2	2	2	
福绵区	1	1		2		2	3	1	2
容县	1		1	5	3	1	2	1	1
陆川县	1		1				8	7	1
博白县	2		2	5	5		6	6	
兴业县	1		1	3	3		6	3	2
北流市	4	4		5	4	1	7	3	4

1-8 续表 6

单位：人

地 区	2015年04月			2015年05月			2015年06月		
	合计	男	女	合计	男	女	合计	男	女
梧州市	**20**	**11**	**9**	**20**	**11**	**9**	**12**	**5**	**7**
万秀区	1	1		3	2	2	2	1	1
长洲区	1	1	1	1		1			
龙圩区	3	1	2	1	1				
苍梧县	2	1	1	6	1	4			
藤县	4	1	3	8	5	3	5	3	3
蒙山县	1	1		1	1				
岑溪市	8	5	3	1	1		5	1	4
北海市	**3**	**2**	**1**	**8**	**6**	**3**	**10**	**5**	**5**
海城区	1		1	2	2		2	1	1
银海区				1	1		1		1
铁山港区							2		1
合浦县	2	2		4	2	2	5	3	2
防城港市	**5**	**3**	**2**	**5**	**3**	**2**	**3**	**2**	**1**
港口区	1		1	1	1	1	1		
防城区	3	1	1	2	1	1	1	1	
上思县	1	1		1	1		1	1	
东兴市									
钦州市	**7**	**5**	**2**	**12**	**10**	**2**	**19**	**14**	**5**
钦南区	1		1	4	3	1	4	4	
钦北区	1	1		2	2		6	4	2
灵山县	2	2		4	4		1	1	
浦北县	3	2	1	2	1	1	9	6	3
贵港市	**19**	**6**	**13**	**26**	**15**	**10**	**27**	**15**	**13**
港北区	1	1	1	5	3	2	2	1	1
港南区	3	1	2	4	3	1	1		1
覃塘区	2	2	1	2	1	1	1	1	
平南县	5	1	4	9	4	5	14	7	6
桂平市	8	2	6	6	5	1	9	5	5
玉林市	**23**	**13**	**10**	**28**	**19**	**9**	**30**	**20**	**10**
玉州区	2	1	1				4	2	2
福绵区	2	1	1	7	5	2	1		1
容县	6	4	1	2	1	1	6	3	2
陆川县	1	1		3	3		2	2	
博白县	6	3	3	3	2	1	6	6	
兴业县	2	1	1	2	1	1	6	3	3
北流市	4	1	2	12	8	4	4	2	1

1-8 续表 7

单位：人

地区	2015年07月			2015年08月			2015年09月			2015年10月		
	合计	男	女	合计	男	女	合计	男	女	合计	男	女
梧州市	**19**	**11**	**8**	**13**	**10**	**4**	**13**	**7**	**7**	**17**	**8**	**9**
万秀区	2		2	3	2	1	1		1	3	1	2
长洲区	1	1		1		1				2	1	2
龙圩区	2	2		3	3		1		1	1		1
苍梧县	1	1		2	2		2	2		7	4	2
藤县	7	3	4	4	3	1	6	3	3	1		1
蒙山县	1	1					1	1	1	3	3	
岑溪市	6	4	2	1		1	3	1	1			
北海市	**5**	**3**	**2**	**5**	**4**	**1**	**6**	**5**		**9**	**5**	**4**
海城区	2	1	1	1	1		1	1		2	2	
银海区	1			1	1							
铁山港区							1	1		2		2
合浦县	2	2		2	2		3	3		5	3	2
防城港市	**1**	**1**		**5**	**3**	**2**	**2**	**1**	**1**	**9**	**5**	**4**
港口区				1						2	1	
防城区	1	1		3	2	1	1	1		5	2	3
上思县							1		1	2	2	
东兴市				1						1		1
钦州市	**15**	**6**	**8**	**20**	**12**	**8**	**17**	**12**	**5**	**17**	**12**	**4**
钦南区	3	2	1	1	1	1	4	2	2	2	1	1
钦北区	2	2		3	2	1	3	1	2	2	2	
灵山县	3	1	2	11	8	3	4	3	1	8	6	2
浦北县	7	1	6	5	2	3	6	6		5	3	1
贵港市	**20**	**15**	**5**	**34**	**17**	**17**	**17**	**9**	**8**	**31**	**19**	**12**
港北区	1	1		1		1	2		2	2	1	1
港南区	1		1	5	3	3	1		1	2	2	
覃塘区	2	2		3	2	1	1	1	1	3	2	1
平南县	6	5	1	7	3	5	10	5	5	15	11	4
桂平市	11	8	3	18	10	8	3	3		9	3	6
玉林市	**25**	**20**	**4**	**32**	**23**	**9**	**31**	**16**	**15**	**37**	**26**	**11**
玉州区	2	2		1	1		1		1	2	2	
福绵区	3	3		2	1	1	1	1		3	3	
容县	2	2		9	6	3	3	1	2	7	6	1
陆川县	3	2	1	6	5	1	2		2			
博白县	10	7	3	3	1	2	3		3	7	4	3
兴业县	1	1		4	3	1	7	3	3	1		1
北流市	3	3		6	5	1	13	11	3	17	11	5

1-8　续表 8　　　　单位：人

地　区	死亡人口			2014年11月			2014年12月		
	合计	男	女	合计	男	女	合计	男	女
百色市	**289**	**175**	**114**	**23**	**14**	**8**	**28**	**14**	**14**
右江区	24	12	13	3	2	1	2		2
田阳县	35	29	7	5	3	2	4	3	1
田东县	39	20	19	1		1	3	1	1
平果县	33	20	12				2	1	1
德保县	20	12	8	1	1		5	4	1
靖西县	49	32	17	2	1	1	4	1	3
那坡县	16	7	9	1		1	1	1	1
凌云县	14	9	5				1	1	
乐业县	3	2	1	1		1	1	1	
田林县	23	12	11	3	3		1		1
西林县	7	4	3				1	1	1
隆林各族自治县	25	16	9	4	3	1	3	1	2
贺州市	**120**	**69**	**51**	**7**	**4**	**4**	**10**	**6**	**4**
八步区	50	25	25	4	2	2	6	3	3
平桂管理区	28	19	8	1		1	1	1	
昭平县	17	11	6	1	1		1	1	
钟山县	16	9	7				2	1	1
富川瑶族自治县	9	5	4	2	1	1			
河池市	**254**	**149**	**105**	**35**	**19**	**16**	**23**	**15**	**7**
金城江区	16	9	8				3	2	1
南丹县	26	17	8				2	2	
天峨县	9	4	5	1		1	2	1	1
凤山县	7	4	4						
东兰县	12	7	5						
罗城仫佬族自治县	32	18	14	7	4	3	3	2	1
环江毛南族自治县	22	11	11	3		3	1	1	
巴马瑶族自治县	19	11	8	3	2	1	1	1	
都安瑶族自治县	53	33	20	10	8	3	7	4	3
大化瑶族自治县	21	13	8	4	2	2			
宜州市	36	23	13	7	3	4	4	3	1
来宾市	**160**	**89**	**70**	**8**	**6**	**2**	**10**	**6**	**4**
兴宾区	60	33	26	2	2		4	1	3
忻城县	33	13	20	3	1	1	4	3	1
象州县	21	12	9						
武宣县	25	17	8	1	1		1	1	
金秀瑶族自治县	12	8	4	1	1		1		1
合山市	9	6	3	2	1				
崇左市	**156**	**89**	**67**	**11**	**6**	**5**	**10**	**5**	**5**
江州区	15	9	5	2		2	1	1	
扶绥县	22	11	11	1		1	2		2
宁明县	33	18	15	3	2	1	3	2	1
龙州县	23	12	12	1	1		2	1	1
大新县	31	15	15	2	1	1	1	1	
天等县	26	20	6	2	2		1	1	1
凭祥市	7	5	3				1	1	

1-8 续表 9 单位：人

地　区	2015年01月			2015年02月			2015年03月		
	合计	男	女	合计	男	女	合计	男	女
百色市	**23**	**17**	**5**	**28**	**20**	**9**	**17**	**12**	**5**
右江区	2	1	1				2	2	
田阳县	1	1		1	1		3	3	
田东县	9	7	1	3	1	1			
平果县				2	2		1	1	
德保县	1		1	1	1	1	1		1
靖西县	2	2		11	9	2	3	2	1
那坡县	1	1		1	1	1	1	1	
凌云县	3	2	1	2	1	1	1	1	1
乐业县				1	1		1	1	
田林县	2	1	2	2	1	1	1	1	
西林县	1	1		1		1	1		1
隆林各族自治县	1	1		3	2	1	1		1
贺州市	**2**	**2**		**6**	**4**	**1**	**12**	**9**	**3**
八步区				1	1		6	5	2
平桂管理区	1	1		3	3		1	1	
昭平县							2	2	
钟山县	1	1		1		1	2	1	1
富川瑶族自治县	1	1		1	1	1	1	1	
河池市	**15**	**6**	**9**	**21**	**14**	**6**	**30**	**16**	**14**
金城江区	1		1	1	1		1		1
南丹县	1		1	2	2		1	1	1
天峨县				1		1	2	1	1
凤山县	1	1		1	1		2	1	1
东兰县	2	1	1	4	3	1	2	1	1
罗城仫佬族自治县	1	1		2	1	1	5	2	2
环江毛南族自治县	2		2	3	2	1	2	1	1
巴马瑶族自治县	1		1	2	1	1	2	1	1
都安瑶族自治县	5	2	3	2		2	9	6	3
大化瑶族自治县	2	1	1	1	1		2	1	1
宜州市				2	2		3	2	1
来宾市	**15**	**9**	**6**	**11**	**9**	**2**	**14**	**6**	**8**
兴宾区	7	4	3	3	3		3	1	2
忻城县	2		2	2	2		2	1	1
象州县	2	2		3	1	1	2		2
武宣县	3	2	1	2	2		4	3	1
金秀瑶族自治县	1	1					1		
合山市				1			2	1	1
崇左市	**12**	**6**	**6**	**12**	**8**	**4**	**11**	**5**	**6**
江州区	1	1		2	2	1			
扶绥县				1	1		4	3	2
宁明县	4	1	3	2	2	1	3	2	1
龙州县	3	1	1	1	1	1	1	1	
大新县	3	2	1	2	1	1	2		2
天等县	2	1	1	3	2	1	1		1
凭祥市									

1-8 续表 10 单位：人

地 区	2015年04月			2015年05月			2015年06月		
	合计	男	女	合计	男	女	合计	男	女
百色市	**24**	**14**	**10**	**34**	**24**	**11**	**16**	**10**	**6**
右江区	1	1		2	2				
田阳县				4	4		3	3	
田东县	3		3	1		1	3	3	
平果县	1		1	10	7	3	1		1
德保县	3	2	1	2	1	1	1	1	
靖西县	5	5		5	4	1	3	1	2
那坡县	1	1	1	1	1	1	1	1	
凌云县				1	1		1		1
乐业县				1		1			
田林县	6	3	3	2	2	1	2		2
西林县	1	1					1	1	
隆林各族自治县	2	1	1	4	2	2	1	1	
贺州市	**11**	**6**	**6**	**13**	**8**	**6**	**11**	**6**	**4**
八步区	6	3	4	5	3	3	3	1	2
平桂管理区	1	1		2	1	1	5	3	2
昭平县	3	2	1	3	2	1	1	1	
钟山县	1		1				2	1	1
富川瑶族自治县				3	1	1			
河池市	**13**	**4**	**9**	**21**	**12**	**8**	**25**	**16**	**9**
金城江区							3	2	1
南丹县	3	3	1	4	3	1	4	3	1
天峨县	1	1					2	1	1
凤山县	1		1						
东兰县				1	1		1		1
罗城仫佬族自治县				2	1	1	1	1	
环江毛南族自治县				1		1	1	1	
巴马瑶族自治县	3	1	2	2	1	1	2	1	1
都安瑶族自治县	3		3	3	2	2	6	5	2
大化瑶族自治县	1		1	2	1	1	1	1	1
宜州市	2		2	6	4	2	4	2	2
来宾市	**17**	**8**	**9**	**13**	**6**	**8**	**7**	**3**	**4**
兴宾区	6	4	3	5	2	3	2	1	1
忻城县	5	1	4	3	1	2	4	1	3
象州县	2	2		2	1	1	1	1	
武宣县	2	1	2	2	2				
金秀瑶族自治县				1	1				
合山市	2	1	1						
崇左市	**13**	**7**	**6**	**18**	**10**	**8**	**11**	**6**	**5**
江州区	2	1	1	1	1		1	1	
扶绥县				4	3	1	1		1
宁明县	4	2	2	3	2	2	3	2	1
龙州县	1		1	3	1	1	3	1	1
大新县	3	2	2	3	1	2	1		1
天等县	3	2	1	4	3	1	2	1	1
凭祥市				2		2			

1-8 续表 11

单位：人

地区	2015年07月			2015年08月			2015年09月			2015年10月		
	合计	男	女	合计	男	女	合计	男	女	合计	男	女
百色市	**26**	**13**	**13**	**22**	**13**	**10**	**23**	**16**	**8**	**23**	**9**	**14**
右江区	2		2	4	3	1	3	1	2	4		4
田阳县	4	3	1	2	2		4	3	1	1		1
田东县	4	1	3	4	1	3	1	1		6	3	3
平果县	2		2	6	3	2	6	6		1		1
德保县	1	1					1	1		2	1	1
靖西县	4	2	2	2	1	1	5	2	3	2	1	1
那坡县	2	1	1	2		2				1		1
凌云县	1	1		1	1		2	1	1	1	1	
乐业县										1	1	
田林县	2	1	1	1	1					1		1
西林县	1	1		1		1				1	1	1
隆林各族自治县	3	2	1				1	1		2	2	
贺州市	**12**	**7**	**5**	**5**	**3**	**2**	**17**	**8**	**9**	**13**	**7**	**7**
八步区	5	3	2				7	3	4	8	3	5
平桂管理区	2	1	1	3	2	1	3	2	1	3	2	1
昭平县	4	3	2	1		1	2	1	1	1		1
钟山县	1	1		1	1		5	2	3	2	2	
富川瑶族自治县				1	1		1		1			
河池市	**12**	**4**	**7**	**18**	**10**	**8**	**19**	**12**	**7**	**23**	**18**	**5**
金城江区	2	1	1	1		1	3	1	2	2	2	
南丹县	1	1	1	3	2	1	2		2	2	2	1
天峨县							1		1			
凤山县	1		1	1	1					1	1	
东兰县				1	1		1		1			
罗城仫佬族自治县	3	1	2	3	1	2	2	2		2	1	1
环江毛南族自治县	2	1	1	3	2	1				2	2	
巴马瑶族自治县				2	1	1	2	2	1	2	2	1
都安瑶族自治县	1		1				3	3		4	4	
大化瑶族自治县	1	1		2	2	1	3	2	1	2	1	1
宜州市				1	1		2	2		6	4	1
来宾市	**14**	**8**	**6**	**11**	**7**	**5**	**16**	**9**	**7**	**24**	**13**	**11**
兴宾区	7	3	5	7	3	4	3	3		10	7	3
忻城县	1	1		1	1		6	2	3	2		2
象州县	3	1	1				2	2		3	2	1
武宣县	2	2		1	1		3	1	2	6	3	2
金秀瑶族自治县	1	1		1	1		1			2	1	1
合山市	1	1								1		
崇左市	**14**	**10**	**4**	**11**	**7**	**5**	**15**	**9**	**6**	**18**	**10**	**8**
江州区	2	2					2	2		2	1	2
扶绥县	1	1		4	2	2	3	2	1	2		2
宁明县	1	1		2	2		3	1	3	2	1	1
龙州县	4	2	2	2	1	1	3	1	1	1		1
大新县	4	3	2	1		1	3	3	1	6	3	2
天等县	1	1		1	1		1	1		5	4	1
凭祥市				2	1	1						

1-8a 各地区分性别、月份的死亡人口(2014.11.1-2015.10.31)(城市)

单位：人

地 区	死亡人口			2014年11月			2014年12月		
	合计	男	女	合计	男	女	合计	男	女
全 区	**466**	**282**	**184**	**46**	**32**	**14**	**35**	**11**	**24**
南宁市	147	98	49	16	15	1	13	4	8
柳州市	70	42	28	5		5	5	2	4
桂林市	60	34	25	4	4		5	1	4
梧州市	26	11	16	1		1	1		1
北海市	19	13	6	2	2				
防城港市	14	9	5	1	1		1		1
钦州市	7	6	1						
贵港市	23	12	11	3	2	1	1		1
玉林市	52	30	22	6	3	3	1		1
百色市	13	6	7	2	1	1	2		2
贺州市	14	7	7	4	2	2	3	2	1
河池市	13	9	5	1	1		3	1	2
来宾市	4	2	1				1	1	
崇左市	5	4							

1-8a 续表 1

单位：人

地 区	2015年01月			2015年02月			2015年03月		
	合计	男	女	合计	男	女	合计	男	女
全 区	**47**	**31**	**16**	**35**	**25**	**10**	**34**	**25**	**10**
南宁市	11	9	2	9	6	3	12	11	1
柳州市	9	7	2	4	4		9	5	5
桂林市	11	8	3	5	4	1	2		2
梧州市	2	1	1	1	1	1	1	1	
北海市	1		1	2	1		2	1	1
防城港市	2	1	1	1		1	2	1	1
钦州市	2	2							
贵港市	1	1	1	1	1		2	2	
玉林市	4	2	2	10	6	4	3	3	
百色市	1		1				1	1	
贺州市				1	1				
河池市	1		1						
来宾市	1	1							
崇左市				1	1				

1-8a 续表 2 单位：人

地 区	2015年04月			2015年05月			2015年06月		
	合计	男	女	合计	男	女	合计	男	女
全 区	**28**	**18**	**10**	**41**	**28**	**14**	**47**	**27**	**21**
南宁市	8	7	1	12	10	3	21	11	9
柳州市	3	3		5	2	2	7	5	2
桂林市	4	3	1	6	4	2	4	1	3
梧州市	3	1	1	4	2	2	2	1	1
北海市	1		1	2	2		2	1	1
防城港市	2	1	1	1			1	1	
钦州市				2	2		1	1	
贵港市	2	1	1	4	2	1	3	2	1
玉林市	5	1	4	4	2	2	6	3	2
百色市				1	1				
贺州市				1	1		1		1
河池市									
来宾市							1		1
崇左市							1	1	

1-8a 续表 3 单位：人

地 区	2015年07月			2015年08月			2015年09月			2015年10月		
	合计	男	女	合计	男	女	合计	男	女	合计	男	女
全 区	**33**	**21**	**12**	**37**	**18**	**18**	**30**	**16**	**14**	**52**	**29**	**23**
南宁市	12	9	3	7	2	5	9	4	5	17	10	7
柳州市	4	2	2	6	2	3	4	3	1	8	6	2
桂林市	2	2		9	3	6	4	2	2	3	2	1
梧州市	3	2	2	4	3	1	1		1	4	1	4
北海市	2	1	1	1	1		1	1		2	2	
防城港市							1	1		3	1	1
钦州市				1	1	1	1		1	1	1	
贵港市	1	1		1	1	1	1		1	4	1	3
玉林市	3	3		4	2	1	4	2	2	1	1	
百色市	1		1	2	2		2	1	1	2		2
贺州市	2		2							4	2	2
河池市	2	1	1	1	1		2	1	1	3	3	
来宾市												
崇左市							1	1				

1-8b 各地区分性别、月份的死亡人口 (2014.11.1-2015.10.31)(镇)

单位：人

地 区	死亡人口			2014年11月			2014年12月		
	合计	男	女	合计	男	女	合计	男	女
全 区	**610**	**366**	**243**	**49**	**23**	**26**	**45**	**30**	**15**
南宁市	66	39	27	4	3	1			
柳州市	44	20	24	3	1	2	7	3	4
桂林市	53	33	20	5	3	2	3	2	1
梧州市	40	22	18	3		3	2	1	1
北海市	14	9	5	1		1			
防城港市	14	8	7				2	2	
钦州市	42	32	10	3	3		4	3	1
贵港市	80	45	35	3	1	1	3	3	1
玉林市	88	58	30	12	6	7	7	4	4
百色市	47	31	16	5	2	2	6	5	1
贺州市	24	12	12	1		1	1		1
河池市	44	25	19	6	2	4	4	4	
来宾市	32	20	12	1	1	1	3	1	1
崇左市	21	11	10	1		1	2	2	

1-8b 续表 1

单位：人

地 区	2015年01月			2015年02月			2015年03月		
	合计	男	女	合计	男	女	合计	男	女
全 区	**36**	**23**	**13**	**39**	**26**	**13**	**51**	**35**	**15**
南宁市	4	1	3	6	5	1	4	2	1
柳州市	1	1		7	2	5	1	1	
桂林市	4	4		2	1	1	2	1	1
梧州市	4	2	2	4	3	1	4	4	
北海市				4	3	1	1	1	
防城港市	3	1	2	1	1		1	1	
钦州市	2	2		1	1		5	4	1
贵港市	1	1		4	4		10	6	4
玉林市	6	2	3	2	2		8	6	2
百色市	3	3		5	3	1	1	1	
贺州市				1		1	2	2	
河池市	4	3	1	1		1	5	2	3
来宾市	2	1	1				5	3	2
崇左市	1	1	1	2	2	1	3	1	2

1-8b 续表 2

单位：人

地 区	2015年04月			2015年05月			2015年06月		
	合计	男	女	合计	男	女	合计	男	女
全 区	**43**	**20**	**22**	**67**	**48**	**19**	**45**	**27**	**18**
南宁市	3	1	2	11	7	4	8	4	4
柳州市	3	2	2	3	2	1	2	1	1
桂林市	6	3	3	6	6	1	1		1
梧州市	1	1		6	4	2	4	1	2
北海市	1	1		1	1		2	1	1
防城港市	1		1	2	1	1			
钦州市	2	2		6	6		3	2	1
贵港市	5		5	9	6	3	12	8	4
玉林市	5	3	1	11	8	3	6	4	2
百色市	5	2	3	3	1	1	2	1	1
贺州市	3	1	2	1	1		2	2	
河池市	2	1	1	3	1	2	2	2	
来宾市	5	3	2	1	1		2	1	1
崇左市				3	2	1	1	1	

1-8b 续表 3

单位：人

地 区	2015年07月			2015年08月			2015年09月			2015年10月		
	合计	男	女	合计	男	女	合计	男	女	合计	男	女
全 区	**57**	**31**	**26**	**54**	**28**	**26**	**57**	**39**	**18**	**70**	**37**	**33**
南宁市	9	3	6	7	5	2	3	3		6	4	2
柳州市	4	1	3	6	3	3	3	3		3	1	2
桂林市	5	3	1	2	2		8	5	4	8	2	5
梧州市	5	1	4	3	1	2	2	2		2	2	
北海市				1	1		1	1		2		2
防城港市	1	1		2	1	1	1	1	1	2	1	1
钦州市	5	1	4	6	3	3	2	2		5	4	1
贵港市	7	4	3	8	2	6	8	4	4	12	6	6
玉林市	6	6		8	5	3	8	6	2	10	7	2
百色市	5	3	2	2	2		8	7	1	4	1	3
贺州市	4	3	1	2	1	1	5	2	3	3	1	2
河池市	3	1	2	4	2	2	3	2	1	7	4	3
来宾市	4	3		2		2	2	1	1	4	3	1
崇左市	1	1		1	1	1	2	1	1	3	1	2

1-8c 各地区分性别、月份的死亡人口 (2014.11.1-2015.10.31)(乡村)

单位：人

地 区	死亡人口			2014年11月			2014年12月		
	合计	男	女	合计	男	女	合计	男	女
全 区	**2066**	**1235**	**831**	**184**	**114**	**70**	**167**	**105**	**62**
南宁市	256	157	99	34	18	16	23	16	7
柳州市	110	58	52	9	6	3	9	4	4
桂林市	269	156	113	20	11	9	21	18	3
梧州市	131	71	59	11	8	3	12	7	5
北海市	39	26	13				3	2	
防城港市	23	15	8	1	1		1	1	
钦州市	125	84	41	13	10	3	14	10	4
贵港市	150	94	56	12	10	2	14	10	4
玉林市	200	129	71	21	12	9	14	7	7
百色市	229	138	90	16	11	5	20	9	11
贺州市	82	50	32	3	1	2	6	4	2
河池市	197	116	82	28	15	13	15	10	5
来宾市	123	67	57	7	5	1	6	3	3
崇左市	131	74	57	10	6	4	8	3	5

1-8c 续表 1

单位：人

地 区	2015年01月			2015年02月			2015年03月		
	合计	男	女	合计	男	女	合计	男	女
全 区	**133**	**69**	**63**	**147**	**101**	**46**	**187**	**100**	**88**
南宁市	18	10	8	13	9	4	19	7	12
柳州市	11	4	6	6	3	3	6	4	2
桂林市	20	10	9	21	11	10	29	13	16
梧州市	13	2	11	9	6	3	13	7	6
北海市	1	1		3	1	2	6	4	2
防城港市	2	1	1	1	1		2	1	1
钦州市	4	3	1	8	6	2	11	5	5
贵港市	6	4	2	5	4	1	13	7	6
玉林市	4	1	3	14	12	2	23	14	9
百色市	19	15	4	24	16	7	15	10	5
贺州市	2	2		4	4	1	10	7	3
河池市	10	3	7	20	14	6	25	13	12
来宾市	12	7	5	10	8	2	8	3	6
崇左市	10	5	6	9	6	3	8	4	3

1-8c 续表 2

单位：人

地　区	2015年04月			2015年05月			2015年06月		
	合计	男	女	合计	男	女	合计	男	女
全　区	**160**	**80**	**79**	**189**	**118**	**71**	**179**	**97**	**82**
南宁市	11	7	4	29	22	7	23	7	16
柳州市	9	5	5	8	5	3	12	7	6
桂林市	27	9	18	15	11	4	23	13	9
梧州市	16	8	8	11	6	5	7	3	4
北海市	1	1		4	2	3	6	3	3
防城港市	2	1		3	2	1	2	2	
钦州市	6	3	2	4	2	2	16	12	4
贵港市	13	5	7	14	7	6	13	5	8
玉林市	13	9	5	13	9	4	18	13	6
百色市	19	12	8	31	22	9	15	9	6
贺州市	8	5	3	11	6	6	8	4	4
河池市	11	4	7	18	11	7	23	15	9
来宾市	11	5	7	12	5	8	4	2	2
崇左市	13	7	6	15	8	7	9	4	5

1-8c 续表 3

单位：人

地　区	2015年07月			2015年08月			2015年09月			2015年10月		
	合计	男	女	合计	男	女	合计	男	女	合计	男	女
全　区	**151**	**92**	**59**	**177**	**112**	**66**	**167**	**97**	**70**	**224**	**150**	**75**
南宁市	14	10	4	16	10	6	20	12	7	37	29	8
柳州市	9	3	6	10	5	5	6	2	3	16	12	5
桂林市	18	10	8	27	17	10	22	14	8	26	18	8
梧州市	11	8	3	6	6		11	5	6	10	5	5
北海市	3	3		3	3		3	3		6	3	2
防城港市	1	1		3	2	1				5	3	2
钦州市	10	5	5	13	9	5	14	10	4	11	8	3
贵港市	13	10	3	25	14	11	8	5	3	16	12	3
玉林市	16	11	4	20	16	5	18	8	10	26	17	8
百色市	20	10	10	18	8	10	14	8	6	18	9	9
贺州市	7	4	2	4	3	1	11	5	6	7	5	2
河池市	7	3	5	13	7	6	14	9	5	12	10	2
来宾市	10	5	6	10	6	3	13	8	5	20	10	10
崇左市	13	9	4	10	6	4	12	7	5	15	9	6

1-9 各地区家庭户的住房间数和面积

地 区	户 数（户）	人 数（人）	平均每户住房间数（间/户）	人均住房建筑面积（平方米/人）	人 均住房间数（间/人）
全 区	**158892**	**560791**	**4.24**	**35.66**	**1.20**
南宁市	**25064**	**80759**	**3.98**	**38.01**	**1.24**
兴宁区	1639	4880	3.11	31.02	1.04
青秀区	2609	8073	4.08	42.96	1.32
江南区	2189	7133	3.66	32.69	1.12
西乡塘区	4616	13829	2.82	31.11	0.94
良庆区	1263	4216	3.30	32.14	0.99
邕宁区	950	3349	4.64	28.89	1.32
武鸣县	2148	6716	4.69	50.48	1.50
隆安县	1097	3710	4.04	36.63	1.20
马山县	1472	4880	3.38	38.21	1.02
上林县	1148	4025	4.28	32.91	1.22
宾阳县	2857	9590	4.72	43.60	1.40
横县	3076	10357	5.38	44.81	1.60
柳州市	**14307**	**46029**	**3.29**	**32.44**	**1.02**
城中区	595	1802	2.69	33.18	0.89
鱼峰区	1848	5469	2.70	30.14	0.91
柳南区	2252	6004	2.37	26.22	0.89
柳北区	1875	5161	2.66	27.49	0.97
柳江县	1775	7036	4.25	34.77	1.07
柳城县	1313	4357	3.85	37.40	1.16
鹿寨县	1142	4071	4.30	37.53	1.21
融安县	1121	3542	3.56	35.35	1.13
融水苗族自治县	1382	4957	3.63	29.74	1.01
三江侗族自治县	1003	3631	3.62	37.60	1.00
桂林市	**17967**	**57639**	**4.15**	**38.11**	**1.30**
秀峰区	582	1782	3.18	39.75	1.04
叠彩区	734	2144	2.78	31.70	0.95
象山区	1169	3392	3.19	35.30	1.10
七星区	1015	3138	4.23	37.18	1.37
雁山区	195	709	4.55	40.70	1.25
临桂区	1584	5585	4.10	31.83	1.16
阳朔县	979	3420	4.96	38.58	1.42
灵川县	1229	4057	3.40	37.08	1.03
全州县	2731	7927	4.64	37.86	1.60
兴安县	1317	4097	4.11	38.56	1.32
永福县	899	2827	3.80	36.16	1.21
灌阳县	936	2887	4.91	36.36	1.59
龙胜各族自治县	642	1913	4.35	42.69	1.46
资源县	568	1835	3.98	41.37	1.23
平乐县	1248	4508	5.08	47.90	1.40
荔浦县	1250	4317	4.16	42.21	1.21
恭城瑶族自治县	889	3102	4.10	35.94	1.17

1-9 续表 1

地　　区	户 数 (户)	人 数 (人)	平均每户 住房间数 (间/户)	人均住房 建筑面积 (平方米/人)	人　　均 住房间数 (间/人)
梧州市	**9935**	**34960**	**4.99**	**34.86**	**1.42**
万秀区	1341	3753	2.85	31.06	1.02
长洲区	763	2381	4.20	42.18	1.35
龙圩区	978	3357	4.45	30.69	1.30
苍梧县	1036	3857	6.24	39.36	1.68
藤县	2687	10212	5.29	34.43	1.39
蒙山县	690	2365	5.25	36.16	1.53
岑溪市	2441	9036	5.68	34.29	1.54
北海市	**4663**	**18414**	**4.03**	**33.42**	**1.02**
海城区	1085	3708	3.50	36.24	1.03
银海区	570	2196	3.59	35.04	0.93
铁山港区	483	1802	4.20	39.32	1.13
合浦县	2524	10707	4.33	31.11	1.02
防城港市	**2682**	**10510**	**4.09**	**35.34**	**1.04**
港口区	474	1709	3.86	36.58	1.07
防城区	1119	4530	4.11	34.90	1.01
上思县	636	2506	4.08	28.81	1.04
东兴市	453	1764	4.29	44.59	1.10
钦州市	**9470**	**37753**	**4.65**	**31.42**	**1.17**
钦南区	1563	6333	4.22	32.99	1.04
钦北区	1965	8166	4.80	31.90	1.15
灵山县	3389	14133	4.84	29.42	1.16
浦北县	2553	9121	4.54	33.00	1.27
贵港市	**13541**	**50146**	**4.94**	**36.94**	**1.33**
港北区	1841	7023	4.57	38.07	1.20
港南区	1673	6074	4.74	36.92	1.31
覃塘区	1304	4910	5.35	38.07	1.42
平南县	4043	13749	4.73	41.67	1.39
桂平市	4681	18391	5.24	32.67	1.33
玉林市	**16170**	**67300**	**5.05**	**30.52**	**1.21**
玉州区	2044	7808	4.43	37.35	1.16
福绵区	1050	4706	5.31	28.21	1.18
容县	2156	7879	4.78	33.44	1.31
陆川县	2504	9469	4.79	29.91	1.27
博白县	3535	16472	5.54	27.80	1.19
兴业县	1730	6928	4.63	31.67	1.16
北流市	3153	14037	5.45	28.91	1.22

1-9 续表 2

地 区	户 数 (户)	人 数 (人)	平均每户住房间数 (间/户)	人均住房建筑面积 (平方米/人)	人 均 住房间数 (间/人)
百色市	**12072**	**42552**	**3.70**	**34.19**	**1.05**
右江区	1278	4567	3.61	31.45	1.01
田阳县	1229	3791	3.31	34.83	1.07
田东县	1355	4400	3.37	39.03	1.04
平果县	1461	5355	3.54	35.44	0.97
德保县	1022	3546	3.73	38.27	1.07
靖西县	1762	6204	3.44	35.69	0.98
那坡县	511	1910	3.80	40.55	1.02
凌云县	576	2322	3.92	24.20	0.97
乐业县	470	1844	4.05	27.63	1.03
田林县	740	2772	3.92	29.12	1.05
西林县	396	1673	4.18	25.77	0.99
隆林各族自治县	1272	4169	4.52	36.45	1.38
贺州市	**6346**	**24193**	**5.07**	**39.76**	**1.33**
八步区	2047	7642	5.17	43.05	1.38
平桂管理区	1215	4879	5.10	35.57	1.27
昭平县	1175	4175	4.64	40.71	1.31
钟山县	1056	4343	5.12	34.40	1.24
富川瑶族自治县	854	3155	5.34	44.40	1.45
河池市	**11948**	**40742**	**3.75**	**37.48**	**1.10**
金城江区	1245	3783	3.16	33.83	1.04
南丹县	878	3321	4.18	30.09	1.10
天峨县	507	1916	4.13	36.70	1.09
凤山县	564	1995	3.71	38.76	1.05
东兰县	767	2463	3.90	50.00	1.21
罗城仫佬族自治县	1120	3629	4.13	35.44	1.27
环江毛南族自治县	1070	3354	3.85	36.86	1.23
巴马瑶族自治县	721	2725	3.93	38.04	1.04
都安瑶族自治县	1855	6382	3.33	38.58	0.97
大化瑶族自治县	1171	4317	2.96	29.96	0.80
宜州市	2051	6856	4.32	43.32	1.29
来宾市	**7389**	**25725**	**4.45**	**40.37**	**1.28**
兴宾区	3165	11260	4.62	39.62	1.30
忻城县	1158	3812	4.11	42.23	1.25
象州县	1022	3524	4.65	40.96	1.35
武宣县	1180	4295	4.78	42.25	1.31
金秀瑶族自治县	446	1513	4.05	43.35	1.20
合山市	418	1322	3.17	30.38	1.00
崇左市	**7339**	**24069**	**3.42**	**39.76**	**1.04**
江州区	1091	3635	3.69	41.51	1.11
扶绥县	1387	4616	3.26	35.57	0.98
宁明县	1227	4161	3.53	38.75	1.04
龙州县	788	2636	3.09	35.29	0.92
大新县	1183	3667	3.58	50.07	1.16
天等县	1214	3998	3.34	35.93	1.01
凭祥市	448	1354	3.37	44.47	1.12

1-9a 各地区家庭户的住房间数和面积(城市)

地　区	户数(户)	人数(人)	平均每户住房间数(间/户)	人均住房建筑面积(平方米/人)	人均住房间数(间/人)
全　区	**34683**	**110007**	**3.40**	**34.94**	**1.07**
南宁市	**10137**	**30251**	**2.97**	**32.28**	**0.99**
兴宁区	1346	3764	2.71	29.37	0.97
青秀区	2218	6706	3.61	41.79	1.20
江南区	1542	4688	2.90	29.48	0.95
西乡塘区	3965	11666	2.64	30.17	0.90
良庆区	794	2573	2.93	27.78	0.90
邕宁区	271	854	4.28	28.10	1.36
武鸣县					
隆安县					
马山县					
上林县					
宾阳县					
横县					
柳州市	**6177**	**17354**	**2.53**	**28.11**	**0.90**
城中区	590	1786	2.67	32.87	0.88
鱼峰区	1791	5226	2.60	29.85	0.89
柳南区	2035	5460	2.40	26.63	0.89
柳北区	1761	4882	2.56	26.14	0.92
柳江县					
柳城县					
鹿寨县					
融安县					
融水苗族自治县					
三江侗族自治县					
桂林市	**3787**	**11350**	**3.33**	**35.63**	**1.11**
秀峰区	582	1782	3.18	39.75	1.04
叠彩区	687	1929	2.57	29.67	0.91
象山区	1168	3387	3.19	35.30	1.10
七星区	894	2755	4.32	39.24	1.40
雁山区	13	47	5.35	74.94	1.53
临桂区	443	1449	3.01	31.10	0.92
阳朔县					
灵川县					
全州县					
兴安县					
永福县					
灌阳县					
龙胜各族自治县					
资源县					
平乐县					
荔浦县					
恭城瑶族自治县					

1-9a 续表 1

地　区	户　数 (户)	人　数 (人)	平均每户 住房间数 (间/户)	人均住房 建筑面积 (平方米/人)	人　均 住房间数 (间/人)
梧州市	**2899**	**9095**	**3.59**	**33.51**	**1.14**
万秀区	1176	3166	2.47	27.27	0.92
长洲区	658	2038	3.89	43.12	1.26
龙圩区	404	1414	4.50	32.65	1.29
苍梧县					
藤县					
蒙山县					
岑溪市	660	2478	4.72	34.06	1.26
北海市	**1347**	**4629**	**3.53**	**38.34**	**1.03**
海城区	1026	3531	3.52	36.25	1.02
银海区	251	848	3.36	43.53	1.00
铁山港区	70	250	4.26	50.20	1.19
合浦县					
防城港市	**757**	**2911**	**4.20**	**43.89**	**1.09**
港口区	219	749	3.61	39.17	1.06
防城区	333	1343	4.51	43.57	1.12
上思县					
东兴市	205	819	4.33	48.73	1.08
钦州市	**896**	**3287**	**4.25**	**41.31**	**1.16**
钦南区	574	2118	4.22	42.24	1.14
钦北区	322	1169	4.32	39.62	1.19
灵山县					
浦北县					
贵港市	**2273**	**8093**	**4.51**	**42.95**	**1.27**
港北区	1182	4274	4.47	42.82	1.24
港南区	256	917	4.43	39.99	1.24
覃塘区	245	909	5.07	42.86	1.37
平南县					
桂平市	590	1992	4.38	44.63	1.30
玉林市	**2254**	**8921**	**4.54**	**35.54**	**1.15**
玉州区	1448	5335	4.29	40.08	1.16
福绵区	121	571	5.11	28.38	1.09
容县					
陆川县					
博白县					
兴业县					
北流市	684	3015	4.97	28.85	1.13

1-9a 续表 2

地 区	户 数 (户)	人 数 (人)	平均每户住房间数 (间/户)	人均住房建筑面积 (平方米/人)	人 均住房间数 (间/人)
百色市	**787**	**2653**	**3.20**	**34.43**	**0.95**
右江区	787	2653	3.20	34.43	0.95
田阳县					
田东县					
平果县					
德保县					
靖西县					
那坡县					
凌云县					
乐业县					
田林县					
西林县					
隆林各族自治县					
贺州市	**804**	**2993**	**4.79**	**37.81**	**1.29**
八步区	524	1780	4.15	37.38	1.22
平桂管理区	280	1214	6.00	38.45	1.38
昭平县					
钟山县					
富川瑶族自治县					
河池市	**1229**	**3957**	**3.56**	**38.39**	**1.11**
金城江区	725	2227	2.88	30.08	0.94
南丹县					
天峨县					
凤山县					
东兰县					
罗城仫佬族自治县					
环江毛南族自治县					
巴马瑶族自治县					
都安瑶族自治县					
大化瑶族自治县					
宜州市	504	1730	4.55	49.08	1.33
来宾市	**837**	**2957**	**5.38**	**49.65**	**1.52**
兴宾区	642	2415	6.06	51.95	1.61
忻城县					
象州县					
武宣县					
金秀瑶族自治县					
合山市	194	541	3.12	39.37	1.12
崇左市	**500**	**1555**	**3.28**	**39.26**	**1.06**
江州区	283	851	3.22	38.47	1.07
扶绥县					
宁明县					
龙州县					
大新县					
天等县					
凭祥市	217	704	3.36	40.21	1.04

1-9b 各地区家庭户的住房间数和面积(镇)

地 区	户 数 (户)	人 数 (人)	平均每户 住房间数 (间/户)	人均住房 建筑面积 (平方米/人)	人 均 住房间数 (间/人)
全 区	**37533**	**136881**	**4.46**	**38.78**	**1.22**
南宁市	**4465**	**15221**	**4.58**	**44.19**	**1.34**
兴宁区	67	256	5.45	59.08	1.44
青秀区	126	469	6.40	50.03	1.72
江南区	198	824	8.36	46.09	2.02
西乡塘区	146	476	2.98	26.54	0.91
良庆区	89	313	2.92	30.66	0.83
邕宁区	71	284	4.05	23.19	1.01
武鸣县	846	2671	4.11	42.54	1.30
隆安县	313	951	3.08	32.68	1.01
马山县	297	1100	4.19	56.38	1.13
上林县	291	968	3.16	32.17	0.95
宾阳县	1072	3557	4.19	46.97	1.26
横县	949	3352	5.82	48.42	1.65
柳州市	**3055**	**10293**	**3.96**	**40.79**	**1.18**
城中区					
鱼峰区					
柳南区	214	533	2.07	21.83	0.83
柳北区					
柳江县	827	3072	4.89	43.55	1.32
柳城县	526	1602	3.28	38.26	1.08
鹿寨县	472	1777	4.23	39.90	1.12
融安县	392	1186	3.70	47.28	1.22
融水苗族自治县	412	1378	3.83	36.71	1.14
三江侗族自治县	211	745	4.09	47.81	1.16
桂林市	**4164**	**13414**	**4.00**	**40.35**	**1.24**
秀峰区					
叠彩区					
象山区					
七星区	86	245	2.51	20.77	0.88
雁山区	47	161	6.05	51.45	1.76
临桂区	148	531	4.92	49.78	1.38
阳朔县	319	1087	3.83	29.95	1.12
灵川县	528	1531	2.59	32.39	0.89
全州县	748	2136	3.44	30.99	1.20
兴安县	419	1377	4.92	48.29	1.50
永福县	222	709	4.07	50.54	1.27
灌阳县	268	886	5.09	35.03	1.54
龙胜各族自治县	167	541	4.01	36.89	1.24
资源县	162	497	3.02	31.00	0.98
平乐县	327	1153	5.10	65.25	1.45
荔浦县	504	1797	4.34	42.71	1.22
恭城瑶族自治县	219	764	4.15	42.41	1.19

1-9b 续表 1

地　　区	户　数 （户）	人　数 （人）	平均每户 住房间数 （间/户）	人均住房 建筑面积 （平方米/人）	人　　均 住房间数 （间/人）
梧州市	**1883**	**7238**	**5.49**	**38.73**	**1.43**
万秀区	35	153	5.72	55.98	1.29
长洲区					
龙圩区					
苍梧县	275	1030	6.33	44.63	1.69
藤县	903	3772	4.94	33.56	1.18
蒙山县	263	798	4.17	44.67	1.37
岑溪市	407	1485	6.96	42.79	1.91
北海市	**1222**	**4835**	**4.21**	**35.70**	**1.06**
海城区	52	145	2.84	33.05	1.02
银海区	129	589	3.20	24.15	0.70
铁山港区	75	274	3.88	29.54	1.07
合浦县	966	3827	4.44	38.01	1.12
防城港市	**645**	**2551**	**3.84**	**33.95**	**0.97**
港口区	141	579	4.49	37.14	1.10
防城区	207	854	3.77	33.06	0.92
上思县	181	718	3.65	27.37	0.92
东兴市	116	400	3.47	43.03	1.00
钦州市	**2407**	**9610**	**4.77**	**37.10**	**1.19**
钦南区	315	1321	3.94	29.63	0.94
钦北区	503	2113	5.09	41.60	1.21
灵山县	871	3678	4.69	33.34	1.11
浦北县	717	2499	5.00	42.78	1.43
贵港市	**3733**	**13848**	**5.30**	**38.91**	**1.43**
港北区	201	749	4.23	27.76	1.14
港南区	267	1041	5.48	35.71	1.40
覃塘区	300	1111	5.99	42.84	1.62
平南县	1649	5672	4.94	45.48	1.44
桂平市	1315	5275	5.73	33.22	1.43
玉林市	**4707**	**20351**	**5.25**	**31.22**	**1.21**
玉州区	120	432	4.20	36.54	1.17
福绵区	255	1050	4.71	29.96	1.14
容县	783	2991	5.28	41.94	1.38
陆川县	932	3752	5.00	29.36	1.24
博白县	1160	5506	5.53	27.97	1.16
兴业县	573	2358	4.60	34.30	1.12
北流市	883	4262	5.86	27.60	1.21

1-9b 续表 2

地区	户数（户）	人数（人）	平均每户住房间数（间/户）	人均住房建筑面积（平方米/人）	人均住房间数（间/人）
百色市	**3035**	**10540**	**3.63**	**38.45**	**1.05**
右江区					
田阳县	415	1350	3.29	35.10	1.01
田东县	485	1497	3.76	49.38	1.22
平果县	678	2308	3.70	44.70	1.09
德保县	198	651	3.57	48.03	1.09
靖西县	374	1497	3.36	29.40	0.84
那坡县	129	447	3.16	45.03	0.91
凌云县	130	504	4.41	29.03	1.14
乐业县	106	428	4.39	33.37	1.09
田林县	176	555	3.40	34.95	1.08
西林县	105	406	4.35	28.14	1.13
隆林各族自治县	237	897	3.62	28.56	0.96
贺州市	**1756**	**6752**	**5.21**	**44.00**	**1.36**
八步区	409	1572	5.17	49.76	1.35
平桂管理区	248	936	4.78	35.02	1.27
昭平县	431	1634	5.49	49.55	1.45
钟山县	386	1526	4.76	33.92	1.21
富川瑶族自治县	281	1084	5.84	49.25	1.51
河池市	**2594**	**8963**	**3.97**	**40.35**	**1.15**
金城江区	147	382	2.07	28.51	0.80
南丹县	370	1333	4.77	37.14	1.32
天峨县	178	655	4.06	44.46	1.10
凤山县	125	431	3.82	36.13	1.10
东兰县	108	347	4.85	77.11	1.51
罗城仫佬族自治县	282	939	4.53	30.56	1.36
环江毛南族自治县	284	927	3.29	29.73	1.01
巴马瑶族自治县	137	561	4.42	44.80	1.08
都安瑶族自治县	500	1713	3.80	51.40	1.11
大化瑶族自治县	294	1044	3.89	36.69	1.09
宜州市	170	631	3.83	34.92	1.03
来宾市	**1914**	**6849**	**4.25**	**43.50**	**1.19**
兴宾区	584	2239	4.29	37.83	1.12
忻城县	310	1099	4.30	48.21	1.22
象州县	379	1245	4.05	41.40	1.23
武宣县	415	1506	4.71	49.60	1.30
金秀瑶族自治县	138	482	4.47	60.19	1.28
合山市	88	279	2.15	18.13	0.68
崇左市	**1953**	**6416**	**2.97**	**37.68**	**0.90**
江州区	159	579	3.68	43.52	1.01
扶绥县	529	1798	3.08	29.53	0.90
宁明县	324	1074	3.03	47.17	0.91
龙州县	283	902	2.82	39.11	0.89
大新县	282	905	2.63	36.38	0.82
天等县	281	935	2.79	32.07	0.84
凭祥市	96	223	2.96	65.66	1.28

1-9c 各地区家庭户的住房间数和面积(乡村)

地　区	户　数 (户)	人　数 (人)	平均每户 住房间数 (间/户)	人均住房 建筑面积 (平方米/人)	人　均 住房间数 (间/人)
全　区	**86677**	**313904**	**4.48**	**34.55**	**1.24**
南宁市	**10463**	**35287**	**4.71**	**40.27**	**1.40**
兴宁区	225	860	4.82	29.94	1.26
青秀区	265	898	6.91	47.98	2.04
江南区	449	1622	4.18	35.16	1.16
西乡塘区	505	1687	4.22	38.85	1.27
良庆区	379	1330	4.16	40.90	1.19
邕宁区	608	2211	4.86	29.93	1.34
武鸣县	1302	4046	5.06	55.73	1.63
隆安县	785	2758	4.42	37.99	1.26
马山县	1176	3780	3.17	32.93	0.99
上林县	856	3057	4.67	33.14	1.31
宾阳县	1785	6033	5.03	41.61	1.49
横县	2128	7005	5.18	43.08	1.57
柳州市	**5075**	**18382**	**3.82**	**31.86**	**1.05**
城中区	5	15	5.97	68.98	1.80
鱼峰区	57	243	5.92	36.34	1.39
柳南区	3	11	3.87	35.21	1.05
柳北区	115	279	4.25	51.02	1.75
柳江县	948	3963	3.69	27.96	0.88
柳城县	787	2755	4.23	36.89	1.21
鹿寨县	669	2294	4.36	35.70	1.27
融安县	729	2356	3.49	29.35	1.08
融水苗族自治县	970	3579	3.55	27.05	0.96
三江侗族自治县	793	2886	3.50	34.96	0.96
桂林市	**10017**	**32876**	**4.53**	**38.06**	**1.38**
秀峰区					
叠彩区	48	214	5.75	49.90	1.28
象山区	1	5	4.52	36.31	1.16
七星区	34	139	6.10	25.27	1.51
雁山区	135	502	3.96	34.08	1.07
临桂区	993	3605	4.46	29.48	1.23
阳朔县	661	2333	5.50	42.59	1.56
灵川县	701	2526	4.02	39.92	1.12
全州县	1983	5791	5.09	40.39	1.74
兴安县	898	2720	3.74	33.64	1.23
永福县	677	2117	3.71	31.34	1.19
灌阳县	668	2001	4.84	36.96	1.62
龙胜各族自治县	474	1372	4.48	44.98	1.55
资源县	406	1338	4.37	45.21	1.33
平乐县	921	3355	5.07	41.94	1.39
荔浦县	746	2520	4.04	41.86	1.20
恭城瑶族自治县	670	2338	4.09	33.83	1.17

1-9c 续表 1

地 区	户 数（户）	人 数（人）	平均每户住房间数（间/户）	人均住房建筑面积（平方米/人）	人均住房间数（间/人）
梧州市	**5153**	**18627**	**5.59**	**34.02**	**1.55**
万秀区	129	434	5.59	49.91	1.67
长洲区	105	343	6.14	36.63	1.87
龙圩区	574	1943	4.41	29.26	1.30
苍梧县	760	2827	6.21	37.45	1.67
藤县	1785	6440	5.47	34.94	1.51
蒙山县	427	1567	5.91	31.83	1.61
岑溪市	1374	5072	5.77	31.92	1.56
北海市	**2094**	**8950**	**4.26**	**29.64**	**1.00**
海城区	7	32	6.55	49.75	1.46
银海区	190	760	4.16	34.00	1.04
铁山港区	338	1278	4.26	39.30	1.13
合浦县	1558	6880	4.26	27.27	0.96
防城港市	**1280**	**5048**	**4.14**	**31.12**	**1.05**
港口区	113	381	3.54	30.62	1.05
防城区	579	2333	4.00	30.57	0.99
上思县	456	1788	4.25	29.39	1.08
东兴市	133	545	4.93	39.50	1.20
钦州市	**6167**	**24855**	**4.66**	**27.91**	**1.16**
钦南区	674	2894	4.35	27.75	1.01
钦北区	1139	4884	4.81	25.86	1.12
灵山县	2518	10455	4.89	28.03	1.18
浦北县	1836	6622	4.36	29.31	1.21
贵港市	**7535**	**28206**	**4.90**	**34.24**	**1.31**
港北区	458	1999	4.98	31.77	1.14
港南区	1150	4116	4.64	36.55	1.30
覃塘区	759	2889	5.19	34.73	1.36
平南县	2393	8077	4.58	39.00	1.36
桂平市	2776	11125	5.19	30.26	1.29
玉林市	**9210**	**38028**	**5.08**	**28.97**	**1.23**
玉州区	476	2041	4.94	30.39	1.15
福绵区	673	3085	5.57	27.58	1.22
容县	1373	4888	4.50	28.24	1.26
陆川县	1571	5717	4.67	30.26	1.28
博白县	2375	10966	5.54	27.72	1.20
兴业县	1156	4570	4.64	30.31	1.18
北流市	1585	6760	5.43	29.76	1.27

1-9c 续表 2

地　区	户　数 (户)	人　数 (人)	平均每户 住房间数 (间/户)	人均住房 建筑面积 (平方米/人)	人　均 住房间数 (间/人)
百色市	**8250**	**29359**	**3.78**	**32.63**	**1.06**
右江区	491	1914	4.26	27.33	1.09
田阳县	814	2441	3.33	34.68	1.11
田东县	869	2903	3.15	33.70	0.94
平果县	783	3047	3.40	28.42	0.87
德保县	823	2895	3.77	36.08	1.07
靖西县	1387	4707	3.46	37.69	1.02
那坡县	382	1462	4.02	39.18	1.05
凌云县	446	1818	3.78	22.86	0.93
乐业县	364	1416	3.96	25.89	1.02
田林县	564	2217	4.08	27.65	1.04
西林县	291	1267	4.12	25.01	0.94
隆林各族自治县	1036	3272	4.72	38.62	1.49
贺州市	**3785**	**14448**	**5.07**	**38.18**	**1.33**
八步区	1113	4291	5.65	42.94	1.47
平桂管理区	686	2729	4.84	34.47	1.22
昭平县	744	2540	4.15	35.02	1.21
钟山县	670	2817	5.33	34.66	1.27
富川瑶族自治县	573	2071	5.10	41.87	1.41
河池市	**8124**	**27822**	**3.71**	**36.43**	**1.08**
金城江区	372	1174	4.14	42.69	1.31
南丹县	508	1989	3.74	25.37	0.96
天峨县	328	1262	4.17	32.68	1.09
凤山县	439	1564	3.68	39.49	1.03
东兰县	659	2116	3.74	45.55	1.16
罗城仫佬族自治县	837	2690	3.99	37.14	1.24
环江毛南族自治县	786	2428	4.06	39.58	1.31
巴马瑶族自治县	584	2164	3.82	36.29	1.03
都安瑶族自治县	1355	4669	3.16	33.87	0.92
大化瑶族自治县	878	3272	2.65	27.81	0.71
宜州市	1377	4495	4.29	42.27	1.31
来宾市	**4638**	**15919**	**4.37**	**37.30**	**1.27**
兴宾区	1938	6606	4.24	35.71	1.24
忻城县	848	2713	4.04	39.81	1.26
象州县	643	2278	5.00	40.73	1.41
武宣县	765	2789	4.82	38.28	1.32
金秀瑶族自治县	309	1032	3.86	35.49	1.16
合山市	135	502	3.91	27.48	1.05
崇左市	**4886**	**16098**	**3.62**	**40.63**	**1.10**
江州区	649	2205	3.90	42.16	1.15
扶绥县	859	2818	3.37	39.42	1.03
宁明县	904	3086	3.71	35.82	1.09
龙州县	505	1734	3.24	33.31	0.94
大新县	900	2763	3.88	54.55	1.27
天等县	933	3064	3.50	37.11	1.07
凭祥市	135	428	3.67	40.45	1.16

2

民族

2-1 全区分民族人口及比重

单位：人、%

民族	人口数	男	女	占总人口比重
总计	**597005**	**306592**	**290413**	**100.00**
汉族	375448	193865	181584	62.89
回族	408	205	202	0.07
苗族	6095	3069	3026	1.02
彝族	146	76	71	0.02
壮族	187670	95633	92037	31.44
侗族	3602	1822	1780	0.60
瑶族	19519	9975	9545	3.27
水族	101	56	44	0.02
毛南族	837	392	445	0.14
仫佬族	1895	933	963	0.32
仡佬族	98	38	60	0.02
京族	304	156	148	0.05
其他民族	795	329	469	0.13

2-2 各地区分性别的民族人口

单位：人

地 区	人口数			汉 族		
	合计	男	女	小计	男	女
全 区	**597005**	**306592**	**290413**	**375448**	**193865**	**181584**
南宁市	**87898**	**45427**	**42470**	**41937**	**21834**	**20103**
兴宁区	5218	2704	2514	2680	1376	1304
青秀区	10931	5091	5840	6810	3017	3793
江南区	7345	3874	3471	4754	2665	2089
西乡塘区	15534	8122	7411	9018	4729	4289
良庆区	4779	2506	2273	1154	622	532
邕宁区	3349	1766	1583	109	43	66
武鸣县	6747	3461	3286	1054	521	533
隆安县	3750	1963	1787	44	21	23
马山县	4905	2593	2312	720	413	307
上林县	4356	2244	2112	1040	566	473
宾阳县	10051	5521	4529	8384	4731	3653
横县	10933	5582	5351	6169	3130	3039
柳州市	**47757**	**24332**	**23425**	**23377**	**11997**	**11379**
城中区	2463	1011	1452	1842	747	1095
鱼峰区	5735	2937	2798	3697	1866	1831
柳南区	6174	3219	2955	4059	2132	1927
柳北区	5304	2651	2652	3873	1973	1899
柳江县	7176	3722	3454	2265	1207	1058
柳城县	4411	2255	2156	1570	829	741
鹿寨县	4141	2101	2040	2014	1056	959
融安县	3557	1811	1746	2263	1191	1072
融水苗族自治县	5028	2657	2371	1230	675	554
三江侗族自治县	3769	1967	1801	565	320	244
桂林市	**63857**	**31030**	**32827**	**53655**	**26201**	**27455**
秀峰区	2089	1057	1033	1891	957	934
叠彩区	2144	1024	1120	1984	954	1030
象山区	3424	1678	1746	3153	1553	1600
七星区	4629	1469	3160	3887	1364	2523
雁山区	3261	1591	1670	2695	1293	1402
临桂区	5708	2921	2787	5266	2716	2550
阳朔县	3436	1758	1678	2768	1366	1402
灵川县	5085	2018	3067	4578	1875	2702
全州县	7950	4047	3902	7871	4023	3848
兴安县	4114	2056	2058	4029	2022	2007
永福县	2924	1550	1374	2469	1301	1168
灌阳县	2896	1536	1360	2491	1338	1154
龙胜各族自治县	1928	977	951	378	197	181
资源县	1842	937	906	1360	687	674
平乐县	5003	2593	2410	3838	1991	1847
荔浦县	4320	2214	2106	3668	1878	1790
恭城瑶族自治县	3103	1605	1498	1329	685	644

2-2 续表 1

单位：人

地 区	回 族			苗 族			彝 族		
	小计	男	女	小计	男	女	小计	男	女
全 区	**408**	**205**	**202**	**6095**	**3069**	**3026**	**146**	**76**	**71**
南宁市	**61**	**29**	**33**	**121**	**42**	**79**	**28**	**15**	**13**
兴宁区	10	3	6	12	5	7			
青秀区	19	10	9	54	14	39	13	6	7
江南区	4	2	2	17	6	10			
西乡塘区	22	7	15	21	5	16	2	2	
良庆区	1	1		5	2	3	1		1
邕宁区				1		1	1		1
武鸣县							3	1	2
隆安县				1	1				
马山县									
上林县				1	1				
宾阳县	5	5		9	7	3	8	6	2
横县									
柳州市	**59**	**33**	**26**	**2865**	**1445**	**1420**	**8**	**5**	**3**
城中区	10	7	3	40	20	20	2		2
鱼峰区	15	11	4	54	25	29			
柳南区	14	7	7	42	19	23			
柳北区	18	7	11	78	41	37	6	5	1
柳江县				32	15	17			
柳城县				32	11	21			
鹿寨县	2	1	1	9	3	7			
融安县				113	45	67			
融水苗族自治县				1534	794	740			
三江侗族自治县				931	472	459			
桂林市	**219**	**100**	**119**	**741**	**366**	**375**	**6**	**4**	**3**
秀峰区	39	19	20	32	18	14			
叠彩区	16	6	11	10	3	6			
象山区	34	20	13	12	4	8			
七星区	23	7	16	23	3	20			
雁山区	5	2	3	21	16	5	5	3	2
临桂区	23	12	11	14	4	10	2	1	1
阳朔县	7	1	5	1		1			
灵川县	36	17	19	14	2	12			
全州县	5	2	2	2		2			
兴安县				8	5	4			
永福县	28	12	16	6	1	5			
灌阳县				1		1			
龙胜各族自治县				250	129	121			
资源县				334	178	156			
平乐县	1		1	2	2				
荔浦县	1	1		7		7			
恭城瑶族自治县	2		2	1		1			

2-2 续表 2

单位：人

地 区	壮族			侗族			瑶族		
	小计	男	女	小计	男	女	小计	男	女
全 区	**187670**	**95633**	**92037**	**3602**	**1822**	**1780**	**19519**	**9975**	**9545**
南宁市	**43909**	**22590**	**21319**	**80**	**38**	**42**	**1473**	**751**	**722**
兴宁区	2430	1277	1153	5	3	2	55	28	27
青秀区	3700	1891	1809	37	14	23	178	80	98
江南区	2494	1164	1330	8	4	4	38	20	18
西乡塘区	5981	3107	2874	26	15	11	392	229	164
良庆区	3574	1862	1712	3	1	2	29	12	18
邕宁区	3233	1722	1511				1		1
武鸣县	5671	2931	2740	1	1		16	5	11
隆安县	3702	1939	1763				3	1	2
马山县	3889	2032	1857				294	148	147
上林县	2869	1448	1421				443	227	216
宾阳县	1629	767	862				7	2	5
横县	4737	2449	2288				16		16
柳州市	**16481**	**8277**	**8205**	**2714**	**1400**	**1314**	**1842**	**981**	**861**
城中区	477	202	275	26	11	15	36	13	23
鱼峰区	1777	942	835	50	25	25	81	41	40
柳南区	1821	932	889	88	54	35	61	30	30
柳北区	1174	543	630	36	16	20	70	40	30
柳江县	4796	2462	2335	18	9	9	38	17	21
柳城县	2704	1375	1329	29	6	23	14	9	5
鹿寨县	2052	1021	1031	14	5	9	40	13	28
融安县	862	432	430	251	117	134	46	16	30
融水苗族自治县	742	344	398	228	129	99	1241	682	559
三江侗族自治县	77	23	54	1972	1027	945	216	120	95
桂林市	**3653**	**1564**	**2089**	**661**	**323**	**338**	**4730**	**2405**	**2326**
秀峰区	77	39	39	4	1	3	34	16	18
叠彩区	77	37	40	6	3	3	43	17	25
象山区	137	57	80	15	7	8	51	23	28
七星区	562	58	504	13	4	10	92	23	68
雁山区	435	238	197	15	4	12	43	18	25
临桂区	135	54	81	16	3	13	243	127	116
阳朔县	599	352	247	2		2	50	32	18
灵川县	254	44	210	27	1	25	150	77	74
全州县	41	13	27				30	9	21
兴安县	31	10	20	1		1	41	18	23
永福县	372	221	151	13	6	7	32	9	23
灌阳县	9	2	7				392	196	197
龙胜各族自治县	201	90	111	535	287	248	562	275	287
资源县	9	3	7	3	3		136	66	69
平乐县	161	55	106	3		3	989	544	445
荔浦县	476	262	214	3	2	1	160	70	90
恭城瑶族自治县	78	28	50	4	2	1	1682	885	797

2-2 续表 3

单位：人

地 区	水族			毛南族			仫佬族		
	小计	男	女	小计	男	女	小计	男	女
全 区	**101**	**56**	**44**	**837**	**392**	**445**	**1895**	**933**	**963**
南宁市	**3**	**2**	**1**	**29**	**12**	**17**	**90**	**43**	**47**
兴宁区				1		1	11	3	7
青秀区				12	3	9	28	17	11
江南区				10	7	2	8	4	4
西乡塘区				5	2	3	32	15	16
良庆区	3	2	1				4	2	2
邕宁区				1		1			
武鸣县									
隆安县									
马山县									
上林县							1		1
宾阳县							1	1	
横县							6		6
柳州市	**19**	**11**	**8**	**31**	**17**	**15**	**257**	**119**	**138**
城中区				1	1	1	14	7	7
鱼峰区				4	2	2	47	22	25
柳南区	1		1	10	4	6	49	28	20
柳北区	2	2		6	5	1	29	12	17
柳江县	1		1	3	2	1	15	4	10
柳城县	1	1					51	19	32
鹿寨县							8	2	6
融安县							15	7	8
融水苗族自治县	8	4	4	6	3	3	29	18	11
三江侗族自治县	5	3	2						
桂林市	**1**		**1**	**25**	**3**	**21**	**20**	**11**	**8**
秀峰区				2	2	1			
叠彩区									
象山区							2	1	1
七星区				8		8	4	1	4
雁山区									
临桂区				1		1	3	2	1
阳朔县							3	3	
灵川县				10	1	9			
全州县									
兴安县							5	1	3
永福县	1		1	1		1			
灌阳县									
龙胜各族自治县									
资源县									
平乐县									
荔浦县									
恭城瑶族自治县				1	1	1	3	3	

2-2 续表 4

单位：人

地　区	仡佬族			京族			其他民族		
	小计	男	女	小计	男	女	小计	男	女
全　区	**98**	**38**	**60**	**304**	**156**	**148**	**795**	**329**	**469**
南宁市	**1**		**1**	**7**	**3**	**4**	**154**	**69**	**84**
兴宁区	1		1				12	8	4
青秀区				6	3	3	73	36	35
江南区							10	1	9
西乡塘区							34	12	23
良庆区				1		1	4	1	3
邕宁区							2	1	1
武鸣县							1	1	
隆安县							1	1	
马山县							1		1
上林县							1	1	
宾阳县							7	2	5
横县							5	3	2
柳州市	**6**		**6**	**7**	**2**	**5**	**87**	**41**	**44**
城中区							13	4	9
鱼峰区	4		4	1	1		2		2
柳南区	1		1	2		2	23	11	12
柳北区				4	1	2	8	5	3
柳江县							7	5	2
柳城县							9	4	4
鹿寨县							1	1	
融安县	1		1				6	2	4
融水苗族自治县							10	6	3
三江侗族自治县							3	2	2
桂林市	**5**		**5**	**7**	**3**	**4**	**100**	**34**	**65**
秀峰区							8	5	2
叠彩区							6	2	4
象山区							10	5	5
七星区							15	8	7
雁山区				6	3	3	27	9	18
临桂区							4	2	2
阳朔县							4	2	2
灵川县							12		12
全州县									
兴安县									
永福县							2		2
灌阳县							2		2
龙胜各族自治县							2		2
资源县									
平乐县	5		5				4		4
荔浦县				1		1	1		1
恭城瑶族自治县							3	1	2

2-2 续表 5

单位：人

地 区	人口数			汉 族		
	合计	男	女	小计	男	女
梧州市	**37282**	**19130**	**18152**	**36609**	**18814**	**17795**
万秀区	3772	1868	1904	3689	1826	1863
长洲区	2395	1210	1186	2347	1184	1163
龙圩区	3368	1822	1546	3356	1816	1540
苍梧县	3943	2078	1864	3930	2074	1856
藤县	10551	5528	5023	10485	5512	4973
蒙山县	2407	1245	1162	1995	1029	967
岑溪市	10845	5379	5466	10807	5374	5433
北海市	**20265**	**10323**	**9942**	**20072**	**10261**	**9811**
海城区	5072	2475	2597	4987	2450	2538
银海区	2305	1197	1108	2251	1169	1082
铁山港区	1806	939	867	1801	939	862
合浦县	11082	5712	5369	11032	5704	5329
防城港市	**11861**	**6482**	**5378**	**7007**	**3804**	**3203**
港口区	2615	1504	1111	2226	1258	968
防城区	4660	2475	2185	3210	1691	1520
上思县	2632	1433	1199	162	82	81
东兴市	1954	1071	884	1408	774	634
钦州市	**39427**	**20951**	**18476**	**34404**	**18244**	**16160**
钦南区	7122	3819	3303	6236	3366	2869
钦北区	8435	4543	3893	4506	2328	2178
灵山县	14673	7730	6943	14501	7691	6810
浦北县	9197	4860	4337	9161	4858	4303
贵港市	**53116**	**27777**	**25340**	**46108**	**24182**	**21926**
港北区	7279	3711	3568	4907	2503	2404
港南区	7145	3653	3491	7054	3632	3422
覃塘区	5371	2865	2507	2737	1501	1236
平南县	14583	7741	6842	13623	7251	6373
桂平市	18738	9807	8932	17787	9295	8492
玉林市	**70008**	**36438**	**33570**	**69683**	**36337**	**33346**
玉州区	9518	4905	4613	9408	4839	4569
福绵区	4755	2566	2189	4731	2563	2168
容县	7951	4109	3842	7896	4101	3795
陆川县	9475	4868	4607	9449	4860	4589
博白县	17080	8842	8238	17031	8838	8193
兴业县	7004	3719	3285	6965	3708	3256
北流市	14224	7429	6796	14203	7427	6776

2-2 续表 6

单位：人

地区	回族			苗族			彝族		
	小计	男	女	小计	男	女	小计	男	女
梧州市	**3**	**2**	**1**	**5**	**3**	**2**	**1**		**1**
万秀区	3	1	1	3	2	1			
长洲区				1	1				
龙圩区									
苍梧县									
藤县				1		1	1		1
蒙山县									
岑溪市									
北海市	**2**	**2**		**16**	**5**	**11**	**4**	**1**	**3**
海城区				9	1	7	2		2
银海区	2	2		5	2	3	2	1	1
铁山港区									
合浦县				2	1	1			
防城港市	**2**	**2**	**1**	**19**	**11**	**8**	**1**		**1**
港口区	2	1	1	2	1	2			
防城区	1	1		3		3	1		1
上思县				2	1				
东兴市				12	10	3			
钦州市				**12**	**4**	**8**	**10**	**8**	**2**
钦南区				3	2	1	3	3	
钦北区				6	1	5	3	1	2
灵山县				1	1		5	5	
浦北县				2		2			
贵港市	**1**		**1**	**36**	**14**	**21**			
港北区	1		1	6	2	5			
港南区									
覃塘区				11	10	1			
平南县				16	3	13			
桂平市				3		3			
玉林市	**18**	**14**	**4**	**14**	**3**	**11**	**3**		**3**
玉州区	13	13		1		1	2		2
福绵区									
容县				1		1			
陆川县	1		1	3	1	1			
博白县	1		1	7	2	6			
兴业县				1		1	1		1
北流市	2	1	1	1		1			

2-2 续表 7

单位：人

地　区	壮 族			侗 族			瑶 族		
	小计	男	女	小计	男	女	小计	男	女
梧州市	**232**	**99**	**133**	**8**	**3**	**5**	**392**	**201**	**191**
万秀区	58	31	26	3	1	1	14	5	9
长洲区	31	15	15	3	1	1	11	6	5
龙圩区	9	5	4				3	1	2
苍梧县	1		1				7	4	3
藤县	19		19	1		1	33	12	21
蒙山县	96	44	52				314	173	142
岑溪市	18	3	16	1		1	9		9
北海市	**118**	**37**	**80**	**8**	**1**	**6**	**13**	**1**	**12**
海城区	46	16	30	3		3	10	1	10
银海区	27	14	13	2		2	1		
铁山港区	3		3						
合浦县	42	7	35	3	1	2	2		2
防城港市	**4181**	**2317**	**1864**	**9**	**5**	**4**	**330**	**180**	**151**
港口区	334	217	118	3	2	1	29	16	13
防城区	1150	620	530	4	2	2	219	128	92
上思县	2427	1338	1089	1	1		34	12	22
东兴市	269	142	127	1	1	1	49	24	25
钦州市	**4899**	**2668**	**2231**	**7**	**4**	**3**	**64**	**18**	**45**
钦南区	841	434	406	2	2		27	11	16
钦北区	3888	2204	1684	4	2	2	18	4	14
灵山县	145	28	117	1		1	11	4	6
浦北县	24	2	23				8		8
贵港市	**6091**	**3104**	**2987**	**7**	**1**	**6**	**834**	**456**	**378**
港北区	2336	1193	1143				15	8	7
港南区	82	20	62	2		2	5	1	4
覃塘区	2600	1341	1259				12	3	9
平南县	152	47	105	6	1	5	780	438	342
桂平市	921	503	418				22	7	15
玉林市	**214**	**58**	**157**	**6**	**3**	**2**	**31**	**14**	**17**
玉州区	67	37	30	1	1		19	9	10
福绵区	21	2	19				3	1	2
容县	41	5	36				5	3	2
陆川县	15	4	11				1		1
博白县	32	2	31				1		1
兴业县	26	8	18	3	2	1			
北流市	12		12	1		1	1		1

2-2 续表 8

单位：人

地 区	水族			毛南族			仫佬族		
	小计	男	女	小计	男	女	小计	男	女
梧州市				**1**		**1**	**4**	**1**	**4**
万秀区							1	1	
长洲区									
龙圩区									
苍梧县				1		1	1		1
藤县									
蒙山县							1		1
岑溪市							1		1
北海市	**1**	**1**	**1**	**1**		**1**			
海城区	1	1	1						
银海区									
铁山港区				1		1			
合浦县									
防城港市	**4**	**3**	**2**						
港口区									
防城区	4	3	1						
上思县									
东兴市									
钦州市	**4**	**1**	**3**				**2**		**2**
钦南区							1		1
钦北区	3	1	2						
灵山县	1		1				1		1
浦北县									
贵港市				**2**	**1**	**1**	**1**		**1**
港北区				2	1	1	1		1
港南区									
覃塘区									
平南县									
桂平市									
玉林市	**2**	**2**		**1**		**1**	**8**		**8**
玉州区	2	2							
福绵区									
容县									
陆川县							2		2
博白县							1		1
兴业县				1		1	5		5
北流市									

2-2 续表 9

单位：人

地 区	仡佬族			京族			其他民族		
	小计	男	女	小计	男	女	小计	男	女
梧州市	**2**		**2**				**21**	**7**	**15**
万秀区							2		2
长洲区							1	1	1
龙圩区									
苍梧县	2		2						
藤县							9	3	6
蒙山县							1		1
岑溪市							8	3	5
北海市	**1**	**1**					**20**	**9**	**11**
海城区							9	4	5
银海区	1	1					10	5	5
铁山港区									
合浦县							1		1
防城港市				**276**	**145**	**131**	**27**	**14**	**14**
港口区				11	4	7	6	3	2
防城区				52	24	28	15	8	7
上思县				2		2	3		3
东兴市				211	117	93	4	3	1
钦州市	**1**		**1**	**3**	**1**	**2**	**18**		**18**
钦南区				1	1	1	8		8
钦北区	1		1	1	1	1	3		3
灵山县							6		6
浦北县							1		1
贵港市	**1**		**1**				**34**	**18**	**16**
港北区							9	4	6
港南区							2	1	1
覃塘区	1		1				12	10	2
平南县							6	1	5
桂平市							6	2	4
玉林市	**1**		**1**	**1**		**1**	**21**	**5**	**15**
玉州区							2	2	
福绵区							1		1
容县	1		1				6		6
陆川县							3	3	
博白县							5		5
兴业县				1		1	1		1
北流市							3		3

2-2 续表 10　　单位：人

地区	人口数			汉族		
	合计	男	女	小计	男	女
百色市	**44578**	**22875**	**21703**	**6221**	**3250**	**2971**
右江区	4906	2539	2366	1064	582	482
田阳县	4082	2059	2023	284	161	123
田东县	4518	2273	2245	599	311	288
平果县	5646	2911	2735	132	58	74
德保县	3792	1988	1804	98	56	42
靖西县	6356	3323	3033	25	7	18
那坡县	1924	982	942	39	19	20
凌云县	2341	1214	1127	924	483	441
乐业县	1872	956	916	1251	639	612
田林县	2861	1417	1443	555	285	270
西林县	1748	905	843	181	98	82
隆林各族自治县	4531	2308	2224	1069	549	520
贺州市	**24616**	**12668**	**11948**	**20361**	**10440**	**9921**
八步区	7751	3869	3882	7031	3488	3543
平桂管理区	4917	2546	2371	4293	2199	2094
昭平县	4277	2245	2032	3983	2095	1888
钟山县	4435	2335	2100	3844	2034	1809
富川瑶族自治县	3236	1674	1563	1210	624	586
河池市	**43795**	**22517**	**21278**	**7208**	**3813**	**3396**
金城江区	4652	2664	1988	996	576	420
南丹县	3561	1873	1688	1045	574	471
天峨县	1937	1000	937	596	303	293
凤山县	2025	1028	997	1199	614	585
东兰县	2981	1351	1630	276	142	134
罗城仫佬族自治县	3841	1963	1878	1125	569	555
环江毛南族自治县	3397	1695	1702	156	61	95
巴马瑶族自治县	2955	1544	1411	239	135	104
都安瑶族自治县	6512	3282	3230	137	63	75
大化瑶族自治县	4791	2545	2245	360	208	152
宜州市	7143	3573	3570	1079	568	511
来宾市	**26785**	**13760**	**13025**	**6087**	**3314**	**2773**
兴宾区	11612	6002	5610	1803	930	873
忻城县	3969	1971	1998	270	135	136
象州县	3584	1858	1726	1457	848	609
武宣县	4634	2425	2209	1850	1040	810
金秀瑶族自治县	1575	792	783	314	160	154
合山市	1411	711	700	393	202	191
崇左市	**25760**	**12880**	**12880**	**2720**	**1375**	**1345**
江州区	4793	1899	2894	966	357	609
扶绥县	4666	2565	2101	565	330	235
宁明县	4234	2278	1955	651	374	277
龙州县	2733	1373	1360	94	52	43
大新县	3776	1878	1898	60	34	26
天等县	4072	2087	1985	13	5	8
凭祥市	1487	801	686	371	224	147

2-2 续表 11

单位：人

地 区	回 族			苗 族			彝 族		
	小计	男	女	小计	男	女	小计	男	女
百色市				**1731**	**900**	**831**	**72**	**39**	**33**
右江区				2	2				
田阳县									
田东县				3	1	1			
平果县				2	1	1			
德保县				1		1	1		1
靖西县									
那坡县				3	1	2	8	4	4
凌云县									
乐业县				1	1	1			
田林县				5	2	2	1	1	
西林县				180	95	85	4	1	3
隆林各族自治县				1535	797	738	58	33	26
贺州市	**31**	**21**	**10**	**13**	**6**	**7**	**2**	**1**	**1**
八步区				2	1	1			
平桂管理区				4	1	3			
昭平县	2	2	1	4	1	3			
钟山县				3	3		1	1	1
富川瑶族自治县	29	19	10				1		1
河池市	**7**	**2**	**5**	**448**	**245**	**203**	**3**	**1**	**3**
金城江区	3	2	1	20	9	11			
南丹县	1		1	267	152	115	2	1	1
天峨县				6		6			
凤山县									
东兰县									
罗城仫佬族自治县				27	13	14			
环江毛南族自治县	1		1	97	54	43			
巴马瑶族自治县									
都安瑶族自治县				3		3			
大化瑶族自治县				10	9	1			
宜州市	1		1	17	9	8	2		2
来宾市				**62**	**19**	**43**	**6**	**2**	**4**
兴宾区				29	8	22	2	2	
忻城县				17	6	11	1		1
象州县				6	1	5	1		1
武宣县				3		3	1		1
金秀瑶族自治县				3	2	1			
合山市				4	2	2	2		1
崇左市	**4**	**1**	**3**	**13**	**6**	**7**	**1**		**1**
江州区	3		3	8	3	5			
扶绥县				1	1				
宁明县							1		1
龙州县				3	2	1			
大新县	1	1		2	1	1			
天等县									
凭祥市									

2-2 续表 12

单位：人

地 区	壮族			侗族			瑶族		
	小计	男	女	小计	男	女	小计	男	女
百色市	**34722**	**17779**	**16943**	**5**		**5**	**1666**	**842**	**824**
右江区	3580	1824	1756	3		3	242	124	118
田阳县	3776	1888	1888				21	10	11
田东县	3893	1950	1943	1		1	9	3	6
平果县	5108	2656	2452				399	193	205
德保县	3685	1930	1755	1		1	3		3
靖西县	6328	3315	3013						
那坡县	1869	954	914				5	3	2
凌云县	916	468	448				499	263	236
乐业县	610	312	298				4	2	2
田林县	2182	1079	1103				101	46	54
西林县	994	513	482				374	194	180
隆林各族自治县	1779	889	891				10	4	5
贺州市	**1081**	**604**	**477**	**7**	**5**	**2**	**3093**	**1578**	**1515**
八步区	433	244	190	1	1		275	134	141
平桂管理区	309	180	130	4	2	2	299	161	139
昭平县	82	41	41	2	2		202	103	98
钟山县	232	133	99				349	160	189
富川瑶族自治县	24	7	17				1968	1021	947
河池市	**29640**	**15167**	**14473**	**51**	**25**	**27**	**4065**	**2081**	**1984**
金城江区	3337	1894	1443	5	4	1	167	108	59
南丹县	1713	889	824	1		1	383	186	197
天峨县	1169	611	558	18	10	8	138	73	65
凤山县	818	411	407				5	1	4
东兰县	2544	1127	1417	1	1		156	79	77
罗城仫佬族自治县	1479	775	705	10	3	6	30	10	21
环江毛南族自治县	2433	1243	1189	7	1	6	18	6	12
巴马瑶族自治县	2362	1226	1136				350	181	168
都安瑶族自治县	5084	2530	2554				1267	682	585
大化瑶族自治县	3224	1722	1502	1	1		1191	603	588
宜州市	5477	2740	2737	9	5	4	360	151	210
来宾市	**19600**	**9921**	**9679**	**30**	**13**	**17**	**860**	**425**	**434**
兴宾区	9621	4995	4626	11	9	3	101	44	57
忻城县	3569	1773	1796	3	1	3	51	23	29
象州县	2048	980	1068	14	4	10	38	17	21
武宣县	2770	1385	1385	1		1	7	1	6
金秀瑶族自治县	683	336	347				570	291	279
合山市	910	452	458	1		1	93	50	43
崇左市	**22850**	**11449**	**11401**	**9**		**9**	**125**	**41**	**84**
江州区	3692	1514	2178	8		8	95	24	71
扶绥县	4091	2230	1861				6	3	3
宁明县	3574	1901	1673				5	2	3
龙州县	2633	1319	1315				1		1
大新县	3707	1841	1867	1		1	5	2	3
天等县	4059	2082	1977						
凭祥市	1092	562	530	1			14	10	4

2-2 续表 13

单位：人

地 区	水族			毛南族			仫佬族		
	小计	男	女	小计	男	女	小计	男	女
百色市							**10**	**5**	**5**
右江区							5	4	1
田阳县									
田东县									
平果县									
德保县							1		1
靖西县									
那坡县									
凌云县									
乐业县									
田林县									
西林县							3		3
隆林各族自治县									
贺州市	**1**		**1**				**4**	**3**	**1**
八步区	1		1						
平桂管理区							2	2	
昭平县									
钟山县									
富川瑶族自治县							1	1	1
河池市	**62**	**37**	**25**	**737**	**357**	**380**	**1385**	**699**	**686**
金城江区	12	9	3	45	28	17	40	14	27
南丹县	5	2	3	17	5	12	11	6	4
天峨县				1		1	2	1	1
凤山县	1		1						
东兰县							1		1
罗城仫佬族自治县				1		1	1162	593	570
环江毛南族自治县	22	13	9	654	315	339	3		3
巴马瑶族自治县				2	2		1		1
都安瑶族自治县	3	1	2	9	3	6	4	2	2
大化瑶族自治县				1	1	1	3	3	
宜州市	18	11	7	8	4	4	158	81	77
来宾市	**4**	**1**	**3**	**8**	**3**	**6**	**99**	**50**	**50**
兴宾区	3		3	4	1	3	22	7	15
忻城县				2	1	1	54	32	22
象州县	1	1		1		1	15	7	8
武宣县				1		1	1		1
金秀瑶族自治县									
合山市				1	1		6	4	2
崇左市				**2**		**2**	**15**	**1**	**14**
江州区				2		2	13		13
扶绥县							1	1	
宁明县									
龙州县									
大新县									
天等县									
凭祥市							2	1	1

2-2 续表 14

单位：人

地 区	仡佬族			京族			其他民族		
	小计	男	女	小计	男	女	小计	男	女
百色市	**77**	**36**	**40**				**71**	**22**	**49**
右江区	3		3				7	4	5
田阳县							1		1
田东县							11	5	5
平果县							5	2	2
德保县							2	2	1
靖西县							3	1	2
那坡县									
凌云县							3		3
乐业县							4	1	4
田林县							17	4	13
西林县	2	1	1				10	3	8
隆林各族自治县	72	35	36				8	1	7
贺州市	**1**		**1**				**19**	**8**	**11**
八步区							5		5
平桂管理区							3	1	2
昭平县							3	2	1
钟山县							5	4	2
富川瑶族自治县	1		1				3	2	2
河池市	**3**	**1**	**2**				**179**	**86**	**94**
金城江区	2	1	1				25	20	5
南丹县							112	53	59
天峨县							7	3	5
凤山县							2	1	2
东兰县							3	2	1
罗城仫佬族自治县	1		1				5		5
环江毛南族自治县							6	1	5
巴马瑶族自治县							1		1
都安瑶族自治县							4	2	2
大化瑶族自治县							2		2
宜州市							14	4	9
来宾市							**29**	**10**	**17**
兴宾区							18	9	9
忻城县							1		1
象州县							4	1	3
武宣县							2		2
金秀瑶族自治县							1	1	
合山市							1	1	
崇左市				**3**	**1**	**2**	**14**	**4**	**9**
江州区							5		5
扶绥县							2		2
宁明县							3	2	1
龙州县							2	1	1
大新县							1		1
天等县									
凭祥市				3	1	2	3	2	

2-3 全区分民族、性别、受教育程度的6岁及以上人口

单位：人

民族	6岁及以上人口			未上过学			小学		
	合计	男	女	小计	男	女	小计	男	女
总计	**539512**	**275279**	**264233**	**26097**	**6656**	**19441**	**168354**	**81610**	**86744**
汉族	339194	174179	165016	12796	3491	9306	100267	49027	51239
回族	380	189	191	18	14	4	54	30	24
苗族	5425	2703	2722	1096	318	778	2260	1215	1046
彝族	120	65	55	14	5	9	37	23	15
壮族	170276	86091	84186	10200	2314	7886	56072	26597	29475
侗族	3255	1618	1638	219	54	165	1205	577	627
瑶族	17261	8774	8487	1509	411	1098	7363	3655	3708
水族	87	49	38	5		5	27	14	12
毛南族	710	318	392	42	7	35	284	120	164
仫佬族	1655	800	856	105	20	85	533	248	285
仡佬族	88	34	55	22	9	13	30	11	19
京族	262	133	130	17	2	15	76	37	40
其他民族	715	289	428	52	11	40	134	49	85

2-3　续表 1　　　　单位：人

民　族	初　中			普通高中			中　职		
	小计	男	女	小计	男	女	小计	男	女
总　计	**221724**	**121580**	**100143**	**50310**	**28511**	**21799**	**23350**	**13124**	**10226**
汉　族	141673	76897	64776	35277	20150	15126	15299	8458	6840
回　族	94	42	52	52	25	26	25	13	12
苗　族	1378	799	578	202	117	85	151	83	68
彝　族	33	19	14	7	2	4	7	5	2
壮　族	70442	39272	31170	13324	7361	5963	7045	4123	2922
侗　族	1220	651	569	152	85	67	148	93	55
瑶　族	5634	3261	2373	987	598	389	531	269	262
水　族	28	15	13	8	7	2	5	3	2
毛南族	247	132	114	48	28	20	19	11	8
仫佬族	611	334	276	137	71	66	71	40	31
仡佬族	22	8	14	5		5	1	1	
京　族	89	49	40	33	18	15	10	5	5
其他民族	238	93	145	67	39	28	34	18	17

2-3 续表 2

单位：人

民族	大学专科			大学本科			研究生		
	小计	男	女	小计	男	女	小计	男	女
总 计	**26092**	**13303**	**12789**	**22608**	**9947**	**12661**	**977**	**546**	**430**
汉 族	17573	8919	8655	15615	6839	8775	695	397	298
回 族	69	29	39	64	32	32	5	4	1
苗 族	167	84	83	160	81	79	10	4	5
彝 族	7	1	7	16	11	5			
壮 族	7241	3750	3491	5737	2559	3178	217	116	101
侗 族	147	80	67	157	72	85	7	5	2
瑶 族	658	330	328	551	235	316	27	14	13
水 族	5	3	2	9	7	2	1	1	
毛南族	32	12	20	39	7	32			
仫佬族	103	51	52	90	33	57	5	2	3
仡佬族	5	4	1	3	1	2			
京 族	20	13	7	14	7	7	3	1	1
其他民族	52	20	32	128	53	76	7	3	4

3 年龄

3-1 全区分年龄、性别的人口

单位：人、%

年 龄	人口数			占总人口比重			性别比
	合计	男	女	合计	男	女	(女=100)
总 计	**597005**	**306592**	**290413**	**100.00**	**51.35**	**48.65**	**105.57**
0-4	**48472**	**26409**	**22063**	**8.12**	**4.42**	**3.70**	**119.70**
0	8330	4591	3739	1.40	0.77	0.63	122.78
1	9220	5134	4086	1.54	0.86	0.68	125.64
2	10030	5430	4601	1.68	0.91	0.77	118.02
3	11009	5958	5051	1.84	1.00	0.85	117.97
4	9883	5297	4586	1.66	0.89	0.77	115.50
5-9	**43896**	**23761**	**20135**	**7.35**	**3.98**	**3.37**	**118.01**
5	9021	4904	4117	1.51	0.82	0.69	119.09
6	9185	5098	4086	1.54	0.85	0.68	124.76
7	8859	4760	4099	1.48	0.80	0.69	116.12
8	8329	4389	3940	1.40	0.74	0.66	111.41
9	8503	4610	3892	1.42	0.77	0.65	118.44
10-14	**42701**	**22773**	**19929**	**7.15**	**3.81**	**3.34**	**114.27**
10	8468	4543	3925	1.42	0.76	0.66	115.72
11	8471	4539	3932	1.42	0.76	0.66	115.44
12	8368	4562	3806	1.40	0.76	0.64	119.85
13	8369	4518	3851	1.40	0.76	0.65	117.30
14	9025	4612	4414	1.51	0.77	0.74	104.48
15-19	**33397**	**17861**	**15536**	**5.59**	**2.99**	**2.60**	**114.97**
15	7684	4311	3373	1.29	0.72	0.56	127.83
16	6997	4008	2989	1.17	0.67	0.50	134.09
17	6696	3628	3068	1.12	0.61	0.51	118.22
18	6009	3055	2953	1.01	0.51	0.49	103.46
19	6012	2859	3153	1.01	0.48	0.53	90.68
20-24	**38004**	**18100**	**19904**	**6.37**	**3.03**	**3.33**	**90.94**
20	7807	3324	4482	1.31	0.56	0.75	74.17
21	7835	3497	4338	1.31	0.59	0.73	80.61
22	7559	3654	3906	1.27	0.61	0.65	93.55
23	7673	3917	3757	1.29	0.66	0.63	104.26
24	7130	3708	3422	1.19	0.62	0.57	108.37
25-29	**50228**	**25310**	**24918**	**8.41**	**4.24**	**4.17**	**101.57**
25	9497	4799	4698	1.59	0.80	0.79	102.14
26	9513	4749	4764	1.59	0.80	0.80	99.68
27	9829	4928	4901	1.65	0.83	0.82	100.55
28	10724	5461	5263	1.80	0.91	0.88	103.76
29	10665	5373	5292	1.79	0.90	0.89	101.54

3-1 续表 1

单位：人、%

年 龄	人口数			占总人口比重			性别比
	合计	男	女	合计	男	女	(女=100)
30-34	**48263**	**24427**	**23836**	**8.08**	**4.09**	**3.99**	**102.48**
30	10685	5394	5291	1.79	0.90	0.89	101.95
31	10124	5036	5088	1.70	0.84	0.85	98.98
32	8759	4412	4347	1.47	0.74	0.73	101.50
33	9686	4930	4756	1.62	0.83	0.80	103.65
34	9010	4656	4354	1.51	0.78	0.73	106.93
35-39	**44524**	**23322**	**21202**	**7.46**	**3.91**	**3.55**	**110.00**
35	9383	4853	4530	1.57	0.81	0.76	107.14
36	9306	4859	4446	1.56	0.81	0.74	109.30
37	8841	4563	4278	1.48	0.76	0.72	106.66
38	7902	4252	3650	1.32	0.71	0.61	116.51
39	9093	4795	4298	1.52	0.80	0.72	111.55
40-44	**46028**	**24120**	**21908**	**7.71**	**4.04**	**3.67**	**110.10**
40	9302	4856	4446	1.56	0.81	0.74	109.21
41	9665	5031	4634	1.62	0.84	0.78	108.59
42	9035	4807	4228	1.51	0.81	0.71	113.69
43	9096	4708	4388	1.52	0.79	0.73	107.31
44	8931	4718	4213	1.50	0.79	0.71	112.00
45-49	**46624**	**24639**	**21985**	**7.81**	**4.13**	**3.68**	**112.07**
45	9557	5079	4478	1.60	0.85	0.75	113.42
46	9319	4955	4364	1.56	0.83	0.73	113.55
47	10137	5369	4768	1.70	0.90	0.80	112.59
48	8034	4276	3759	1.35	0.72	0.63	113.75
49	9576	4961	4616	1.60	0.83	0.77	107.47
50-54	**40149**	**20883**	**19266**	**6.73**	**3.50**	**3.23**	**108.39**
50	9441	5036	4405	1.58	0.84	0.74	114.32
51	9005	4508	4497	1.51	0.76	0.75	100.23
52	10057	5255	4802	1.68	0.88	0.80	109.44
53	7773	4100	3673	1.30	0.69	0.62	111.62
54	3872	1984	1888	0.65	0.33	0.32	105.06
55-59	**28792**	**14615**	**14177**	**4.82**	**2.45**	**2.37**	**103.09**
55	4834	2329	2505	0.81	0.39	0.42	92.99
56	4643	2366	2277	0.78	0.40	0.38	103.91
57	6701	3431	3270	1.12	0.57	0.55	104.92
58	6680	3509	3171	1.12	0.59	0.53	110.65
59	5935	2980	2955	0.99	0.50	0.49	100.87
60-64	**27640**	**13752**	**13888**	**4.63**	**2.30**	**2.33**	**99.02**
60	5864	2935	2929	0.98	0.49	0.49	100.21
61	5977	2952	3025	1.00	0.49	0.51	97.61
62	5622	2788	2834	0.94	0.47	0.47	98.34
63	5651	2823	2829	0.95	0.47	0.47	99.78
64	4525	2254	2271	0.76	0.38	0.38	99.26

3-1 续表 2

单位：人、%

年 龄	人口数			占总人口比重			性别比
	合计	男	女	合计	男	女	(女=100)
65-69	**19819**	**9916**	**9903**	**3.32**	**1.66**	**1.66**	**100.12**
65	4948	2408	2540	0.83	0.40	0.43	94.82
66	4796	2524	2272	0.80	0.42	0.38	111.11
67	3661	1821	1839	0.61	0.31	0.31	99.03
68	3246	1658	1588	0.54	0.28	0.27	104.41
69	3168	1503	1664	0.53	0.25	0.28	90.34
70-74	**14943**	**6955**	**7988**	**2.50**	**1.17**	**1.34**	**87.07**
70	3209	1483	1726	0.54	0.25	0.29	85.91
71	3135	1514	1620	0.53	0.25	0.27	93.44
72	3024	1363	1661	0.51	0.23	0.28	82.07
73	2762	1281	1481	0.46	0.21	0.25	86.47
74	2814	1314	1500	0.47	0.22	0.25	87.65
75-79	**11347**	**5053**	**6294**	**1.90**	**0.85**	**1.05**	**80.29**
75	2643	1203	1441	0.44	0.20	0.24	83.47
76	2173	986	1188	0.36	0.17	0.20	82.97
77	2353	1040	1313	0.39	0.17	0.22	79.19
78	2173	968	1205	0.36	0.16	0.20	80.31
79	2005	858	1147	0.34	0.14	0.19	74.77
80-84	**7328**	**3028**	**4300**	**1.23**	**0.51**	**0.72**	**70.42**
80	1863	780	1083	0.31	0.13	0.18	72.05
81	1531	631	900	0.26	0.11	0.15	70.07
82	1496	670	826	0.25	0.11	0.14	81.08
83	1285	485	799	0.22	0.08	0.13	60.71
84	1153	462	691	0.19	0.08	0.12	66.82
85-89	**3370**	**1223**	**2147**	**0.56**	**0.20**	**0.36**	**56.97**
85	995	396	600	0.17	0.07	0.10	65.93
86	732	250	482	0.12	0.04	0.08	51.79
87	668	239	429	0.11	0.04	0.07	55.76
88	580	210	370	0.10	0.04	0.06	56.91
89	395	128	266	0.07	0.02	0.04	48.17
90-94	**1128**	**355**	**773**	**0.19**	**0.06**	**0.13**	**46.00**
90	357	115	243	0.06	0.02	0.04	47.30
91	250	86	164	0.04	0.01	0.03	52.10
92	212	58	154	0.04	0.01	0.03	37.81
93	159	58	101	0.03	0.01	0.02	57.44
94	150	39	111	0.03	0.01	0.02	35.05
95-99	**285**	**77**	**208**	**0.05**	**0.01**	**0.03**	**36.87**
95	115	31	84	0.02	0.01	0.01	36.58
96	66	19	47	0.01		0.01	41.28
97	42	12	30	0.01			42.15
98	33	9	24	0.01			36.47
99	29	5	24				22.97
100及以上	**66**	**11**	**54**	**0.01**		**0.01**	**21.09**

3-1a 全区分年龄、性别的人口(城市)

单位：人、%

年 龄	人口数			占总人口比重			性别比
	合计	男	女	合计	男	女	(女=100)
总 计	**125174**	**61613**	**63561**	**100.00**	**49.22**	**50.78**	**96.94**
0-4	**9082**	**4847**	**4235**	**7.26**	**3.87**	**3.38**	**114.45**
0	1570	859	710	1.25	0.69	0.57	120.95
1	1760	951	809	1.41	0.76	0.65	117.64
2	1850	958	892	1.48	0.77	0.71	107.39
3	2152	1122	1030	1.72	0.90	0.82	108.99
4	1750	956	794	1.40	0.76	0.63	120.42
5-9	**6397**	**3505**	**2891**	**5.11**	**2.80**	**2.31**	**121.24**
5	1310	720	591	1.05	0.58	0.47	121.88
6	1383	765	617	1.10	0.61	0.49	123.95
7	1348	748	600	1.08	0.60	0.48	124.49
8	1217	646	571	0.97	0.52	0.46	113.27
9	1139	626	512	0.91	0.50	0.41	122.27
10-14	**5955**	**3292**	**2663**	**4.76**	**2.63**	**2.13**	**123.61**
10	1296	701	595	1.04	0.56	0.48	117.93
11	1177	663	514	0.94	0.53	0.41	128.97
12	1175	640	535	0.94	0.51	0.43	119.52
13	1128	641	487	0.90	0.51	0.39	131.59
14	1179	647	532	0.94	0.52	0.42	121.62
15-19	**6209**	**3210**	**2999**	**4.96**	**2.56**	**2.40**	**107.04**
15	1050	683	367	0.84	0.55	0.29	186.16
16	1430	996	434	1.14	0.80	0.35	229.70
17	1350	723	628	1.08	0.58	0.50	115.21
18	1122	443	679	0.90	0.35	0.54	65.25
19	1257	365	892	1.00	0.29	0.71	40.93
20-24	**9950**	**3530**	**6420**	**7.95**	**2.82**	**5.13**	**54.98**
20	2222	574	1648	1.77	0.46	1.32	34.84
21	2164	613	1551	1.73	0.49	1.24	39.52
22	1976	659	1317	1.58	0.53	1.05	50.00
23	1913	870	1043	1.53	0.70	0.83	83.45
24	1675	814	861	1.34	0.65	0.69	94.54
25-29	**13414**	**6459**	**6955**	**10.72**	**5.16**	**5.56**	**92.87**
25	2505	1248	1257	2.00	1.00	1.00	99.27
26	2554	1260	1295	2.04	1.01	1.03	97.28
27	2682	1301	1381	2.14	1.04	1.10	94.16
28	2836	1367	1469	2.27	1.09	1.17	93.04
29	2836	1284	1552	2.27	1.03	1.24	82.71

3-1a 续表 1

单位：人、%

年 龄	人口数			占总人口比重			性别比
	合计	男	女	合计	男	女	（女=100）
30-34	**12244**	**5831**	**6413**	**9.78**	**4.66**	**5.12**	**90.93**
30	2641	1264	1377	2.11	1.01	1.10	91.75
31	2528	1181	1347	2.02	0.94	1.08	87.69
32	2154	1024	1131	1.72	0.82	0.90	90.50
33	2581	1234	1347	2.06	0.99	1.08	91.59
34	2339	1129	1210	1.87	0.90	0.97	93.27
35-39	**11532**	**5855**	**5678**	**9.21**	**4.68**	**4.54**	**103.11**
35	2492	1288	1204	1.99	1.03	0.96	106.93
36	2457	1248	1209	1.96	1.00	0.97	103.26
37	2250	1116	1134	1.80	0.89	0.91	98.36
38	2053	1091	962	1.64	0.87	0.77	113.46
39	2281	1112	1169	1.82	0.89	0.93	95.13
40-44	**10975**	**5638**	**5338**	**8.77**	**4.50**	**4.26**	**105.62**
40	2257	1147	1110	1.80	0.92	0.89	103.34
41	2347	1194	1153	1.87	0.95	0.92	103.52
42	2213	1154	1058	1.77	0.92	0.85	109.07
43	2143	1129	1014	1.71	0.90	0.81	111.33
44	2016	1014	1002	1.61	0.81	0.80	101.16
45-49	**9795**	**4964**	**4831**	**7.83**	**3.97**	**3.86**	**102.75**
45	2255	1193	1062	1.80	0.95	0.85	112.36
46	1983	981	1002	1.58	0.78	0.80	97.91
47	2112	1080	1033	1.69	0.86	0.82	104.57
48	1589	785	803	1.27	0.63	0.64	97.78
49	1856	925	932	1.48	0.74	0.74	99.25
50-54	**8391**	**4288**	**4103**	**6.70**	**3.43**	**3.28**	**104.52**
50	1944	1043	902	1.55	0.83	0.72	115.63
51	1887	941	946	1.51	0.75	0.76	99.46
52	2125	1090	1035	1.70	0.87	0.83	105.29
53	1604	802	802	1.28	0.64	0.64	99.98
54	831	413	418	0.66	0.33	0.33	98.77
55-59	**5954**	**2903**	**3051**	**4.76**	**2.32**	**2.44**	**95.15**
55	1050	488	563	0.84	0.39	0.45	86.72
56	1013	509	503	0.81	0.41	0.40	101.17
57	1336	654	682	1.07	0.52	0.54	95.95
58	1316	674	643	1.05	0.54	0.51	104.82
59	1239	578	661	0.99	0.46	0.53	87.50
60-64	**5594**	**2795**	**2799**	**4.47**	**2.23**	**2.24**	**99.88**
60	1232	613	619	0.98	0.49	0.49	99.16
61	1216	612	604	0.97	0.49	0.48	101.41
62	1172	564	608	0.94	0.45	0.49	92.69
63	1080	539	541	0.86	0.43	0.43	99.72
64	894	467	427	0.71	0.37	0.34	109.18

3-1a 续表 2　　单位：人、%

年 龄	人口数			占总人口比重			性别比
	合计	男	女	合计	男	女	(女=100)
65-69	**3671**	**1827**	**1844**	**2.93**	**1.46**	**1.47**	**99.04**
65	991	481	510	0.79	0.38	0.41	94.41
66	871	450	422	0.70	0.36	0.34	106.63
67	677	335	342	0.54	0.27	0.27	97.89
68	581	289	291	0.46	0.23	0.23	99.44
69	551	271	280	0.44	0.22	0.22	96.99
70-74	**2258**	**1044**	**1213**	**1.80**	**0.83**	**0.97**	**86.08**
70	492	227	265	0.39	0.18	0.21	85.65
71	451	224	228	0.36	0.18	0.18	98.14
72	469	221	248	0.37	0.18	0.20	88.95
73	431	192	239	0.34	0.15	0.19	80.09
74	415	182	234	0.33	0.15	0.19	77.86
75-79	**1904**	**849**	**1055**	**1.52**	**0.68**	**0.84**	**80.52**
75	422	207	215	0.34	0.17	0.17	96.59
76	387	170	217	0.31	0.14	0.17	78.43
77	388	164	224	0.31	0.13	0.18	72.91
78	369	170	199	0.30	0.14	0.16	85.58
79	338	138	200	0.27	0.11	0.16	69.02
80-84	**1168**	**520**	**648**	**0.93**	**0.42**	**0.52**	**80.26**
80	295	118	177	0.24	0.09	0.14	66.69
81	235	99	136	0.19	0.08	0.11	73.31
82	244	126	118	0.19	0.10	0.09	106.74
83	219	91	128	0.18	0.07	0.10	71.48
84	175	85	89	0.14	0.07	0.07	95.26
85-89	**472**	**183**	**289**	**0.38**	**0.15**	**0.23**	**63.24**
85	152	76	76	0.12	0.06	0.06	100.44
86	101	41	60	0.08	0.03	0.05	67.33
87	91	28	63	0.07	0.02	0.05	44.78
88	77	21	56	0.06	0.02	0.04	36.96
89	52	17	34	0.04	0.01	0.03	50.82
90-94	**166**	**61**	**105**	**0.13**	**0.05**	**0.08**	**58.14**
90	50	24	26	0.04	0.02	0.02	90.73
91	36	12	25	0.03	0.01	0.02	47.28
92	38	10	28	0.03	0.01	0.02	34.60
93	21	12	9	0.02	0.01	0.01	131.88
94	21	4	17	0.02		0.01	24.85
95-99	**34**	**12**	**23**	**0.03**	**0.01**	**0.02**	**50.28**
95	14	6	8	0.01		0.01	71.65
96	9	3	6	0.01			50.32
97	3	1	2				49.79
98	5	1	4				26.45
99	3	1	3				24.39
100及以上	**8**		**8**	**0.01**		**0.01**	

3-1b 全区分年龄、性别的人口(镇)

单位：人、%

年 龄	人口数			占总人口比重			性别比
	合计	男	女	合计	男	女	(女=100)
总 计	**153160**	**79175**	**73985**	**100.00**	**51.69**	**48.31**	**107.01**
0-4	**13121**	**7180**	**5941**	**8.57**	**4.69**	**3.88**	**120.85**
0	2167	1175	992	1.42	0.77	0.65	118.40
1	2518	1429	1089	1.64	0.93	0.71	131.24
2	2807	1555	1252	1.83	1.02	0.82	124.26
3	2990	1627	1364	1.95	1.06	0.89	119.29
4	2638	1394	1244	1.72	0.91	0.81	112.01
5-9	**9756**	**5291**	**4465**	**6.37**	**3.45**	**2.92**	**118.50**
5	2004	1096	908	1.31	0.72	0.59	120.62
6	2050	1126	924	1.34	0.74	0.60	121.88
7	1980	1060	920	1.29	0.69	0.60	115.17
8	1878	985	893	1.23	0.64	0.58	110.37
9	1843	1024	819	1.20	0.67	0.53	124.95
10-14	**11184**	**5920**	**5265**	**7.30**	**3.86**	**3.44**	**112.44**
10	1936	1056	880	1.26	0.69	0.57	119.99
11	1919	1042	877	1.25	0.68	0.57	118.87
12	2049	1106	944	1.34	0.72	0.62	117.18
13	2384	1289	1095	1.56	0.84	0.72	117.71
14	2896	1426	1469	1.89	0.93	0.96	97.10
15-19	**6707**	**3525**	**3182**	**4.38**	**2.30**	**2.08**	**110.79**
15	1740	911	829	1.14	0.59	0.54	109.85
16	1460	797	663	0.95	0.52	0.43	120.23
17	1215	664	551	0.79	0.43	0.36	120.49
18	1061	594	467	0.69	0.39	0.30	127.33
19	1230	559	672	0.80	0.36	0.44	83.17
20-24	**10910**	**5436**	**5473**	**7.12**	**3.55**	**3.57**	**99.32**
20	2274	961	1313	1.48	0.63	0.86	73.16
21	2568	1199	1369	1.68	0.78	0.89	87.62
22	2239	1245	994	1.46	0.81	0.65	125.27
23	1990	1046	944	1.30	0.68	0.62	110.75
24	1839	986	853	1.20	0.64	0.56	115.49
25-29	**14508**	**7516**	**6993**	**9.47**	**4.91**	**4.57**	**107.48**
25	2611	1361	1250	1.70	0.89	0.82	108.82
26	2750	1375	1374	1.80	0.90	0.90	100.08
27	2809	1458	1351	1.83	0.95	0.88	107.87
28	3193	1688	1505	2.08	1.10	0.98	112.18
29	3146	1634	1512	2.05	1.07	0.99	108.06

3-1b 续表 1 单位：人、%

年 龄	人口数			占总人口比重			性别比
	合计	男	女	合计	男	女	(女=100)
30-34	**12895**	**6644**	**6251**	**8.42**	**4.34**	**4.08**	**106.29**
30	2965	1528	1437	1.94	1.00	0.94	106.33
31	2655	1351	1304	1.73	0.88	0.85	103.63
32	2378	1217	1161	1.55	0.79	0.76	104.89
33	2581	1356	1225	1.68	0.89	0.80	110.69
34	2317	1192	1125	1.51	0.78	0.73	105.99
35-39	**12222**	**6319**	**5904**	**7.98**	**4.13**	**3.85**	**107.03**
35	2481	1245	1236	1.62	0.81	0.81	100.74
36	2551	1308	1244	1.67	0.85	0.81	105.16
37	2519	1281	1237	1.64	0.84	0.81	103.56
38	2198	1178	1020	1.43	0.77	0.67	115.46
39	2474	1307	1167	1.62	0.85	0.76	112.00
40-44	**12521**	**6556**	**5965**	**8.17**	**4.28**	**3.89**	**109.90**
40	2659	1382	1277	1.74	0.90	0.83	108.24
41	2639	1358	1281	1.72	0.89	0.84	106.00
42	2404	1288	1116	1.57	0.84	0.73	115.44
43	2428	1247	1181	1.59	0.81	0.77	105.57
44	2389	1280	1109	1.56	0.84	0.72	115.36
45-49	**12480**	**6550**	**5930**	**8.15**	**4.28**	**3.87**	**110.44**
45	2576	1361	1214	1.68	0.89	0.79	112.09
46	2486	1326	1160	1.62	0.87	0.76	114.29
47	2774	1442	1332	1.81	0.94	0.87	108.27
48	2119	1144	975	1.38	0.75	0.64	117.29
49	2525	1276	1249	1.65	0.83	0.82	102.23
50-54	**10429**	**5436**	**4993**	**6.81**	**3.55**	**3.26**	**108.88**
50	2495	1293	1202	1.63	0.84	0.78	107.59
51	2319	1170	1149	1.51	0.76	0.75	101.78
52	2623	1376	1248	1.71	0.90	0.81	110.26
53	1986	1088	898	1.30	0.71	0.59	121.17
54	1006	510	496	0.66	0.33	0.32	102.72
55-59	**7095**	**3629**	**3466**	**4.63**	**2.37**	**2.26**	**104.72**
55	1210	572	638	0.79	0.37	0.42	89.74
56	1146	578	568	0.75	0.38	0.37	101.82
57	1704	878	825	1.11	0.57	0.54	106.42
58	1613	856	757	1.05	0.56	0.49	113.14
59	1422	744	678	0.93	0.49	0.44	109.75
60-64	**6442**	**3161**	**3281**	**4.21**	**2.06**	**2.14**	**96.36**
60	1393	682	710	0.91	0.45	0.46	96.05
61	1448	709	739	0.95	0.46	0.48	95.92
62	1301	639	662	0.85	0.42	0.43	96.49
63	1293	643	650	0.84	0.42	0.42	98.87
64	1007	488	519	0.66	0.32	0.34	94.10

3-1b 续表 2

单位：人、%

年 龄	人口数			占总人口比重			性别比
	合计	男	女	合计	男	女	(女=100)
65-69	**4527**	**2302**	**2226**	**2.96**	**1.50**	**1.45**	**103.41**
65	1150	579	571	0.75	0.38	0.37	101.32
66	1120	592	528	0.73	0.39	0.35	111.99
67	826	418	408	0.54	0.27	0.27	102.40
68	745	391	355	0.49	0.26	0.23	110.18
69	686	323	364	0.45	0.21	0.24	88.73
70-74	**3275**	**1566**	**1708**	**2.14**	**1.02**	**1.12**	**91.69**
70	794	385	409	0.52	0.25	0.27	94.24
71	666	335	331	0.43	0.22	0.22	101.05
72	631	283	347	0.41	0.19	0.23	81.62
73	610	276	334	0.40	0.18	0.22	82.62
74	573	287	287	0.37	0.19	0.19	99.99
75-79	**2413**	**1098**	**1315**	**1.58**	**0.72**	**0.86**	**83.44**
75	584	268	316	0.38	0.18	0.21	84.95
76	449	203	246	0.29	0.13	0.16	82.27
77	508	237	271	0.33	0.15	0.18	87.38
78	479	225	254	0.31	0.15	0.17	88.38
79	394	165	228	0.26	0.11	0.15	72.46
80-84	**1594**	**669**	**926**	**1.04**	**0.44**	**0.60**	**72.24**
80	418	182	236	0.27	0.12	0.15	77.33
81	320	132	188	0.21	0.09	0.12	70.09
82	309	149	160	0.20	0.10	0.10	92.90
83	290	107	183	0.19	0.07	0.12	58.27
84	257	99	158	0.17	0.06	0.10	62.52
85-89	**735**	**266**	**469**	**0.48**	**0.17**	**0.31**	**56.74**
85	221	76	144	0.14	0.05	0.09	53.02
86	145	50	95	0.09	0.03	0.06	51.95
87	163	58	104	0.11	0.04	0.07	55.88
88	120	50	69	0.08	0.03	0.05	72.76
89	87	31	56	0.06	0.02	0.04	56.32
90-94	**268**	**88**	**179**	**0.17**	**0.06**	**0.12**	**49.26**
90	88	24	65	0.06	0.02	0.04	36.64
91	53	19	34	0.03	0.01	0.02	56.82
92	42	16	26	0.03	0.01	0.02	61.74
93	46	16	29	0.03	0.01	0.02	54.90
94	39	13	25	0.03	0.01	0.02	51.90
95-99	**58**	**17**	**41**	**0.04**	**0.01**	**0.03**	**42.08**
95	25	9	16	0.02	0.01	0.01	56.11
96	17	5	13	0.01		0.01	36.06
97	6	2	4				53.73
98	7	2	5				30.04
99	3		3				
100及以上	**20**	**7**	**14**	**0.01**		**0.01**	**48.63**

3-1c 全区分年龄、性别的人口(乡村)

单位：人、%

年 龄	人口数			占总人口比重			性别比
	合计	男	女	合计	男	女	(女=100)
总 计	**318671**	**165804**	**152867**	**100.00**	**52.03**	**47.97**	**108.46**
0-4	**26270**	**14383**	**11887**	**8.24**	**4.51**	**3.73**	**120.99**
0	4593	2556	2036	1.44	0.80	0.64	125.54
1	4942	2754	2189	1.55	0.86	0.69	125.81
2	5373	2916	2457	1.69	0.92	0.77	118.71
3	5866	3209	2657	1.84	1.01	0.83	120.77
4	5495	2947	2548	1.72	0.92	0.80	115.66
5-9	**27743**	**14965**	**12779**	**8.71**	**4.70**	**4.01**	**117.11**
5	5706	3088	2618	1.79	0.97	0.82	117.93
6	5751	3207	2545	1.80	1.01	0.80	126.01
7	5531	2952	2578	1.74	0.93	0.81	114.52
8	5234	2757	2476	1.64	0.87	0.78	111.35
9	5522	2961	2561	1.73	0.93	0.80	115.60
10-14	**25562**	**13561**	**12001**	**8.02**	**4.26**	**3.77**	**113.00**
10	5236	2785	2451	1.64	0.87	0.77	113.66
11	5376	2834	2541	1.69	0.89	0.80	111.52
12	5143	2816	2327	1.61	0.88	0.73	121.01
13	4857	2588	2269	1.52	0.81	0.71	114.04
14	4951	2538	2413	1.55	0.80	0.76	105.20
15-19	**20481**	**11126**	**9355**	**6.43**	**3.49**	**2.94**	**118.93**
15	4894	2718	2177	1.54	0.85	0.68	124.85
16	4106	2214	1892	1.29	0.69	0.59	117.03
17	4130	2241	1890	1.30	0.70	0.59	118.56
18	3825	2018	1807	1.20	0.63	0.57	111.65
19	3525	1935	1589	1.11	0.61	0.50	121.79
20-24	**17144**	**9134**	**8011**	**5.38**	**2.87**	**2.51**	**114.02**
20	3311	1790	1522	1.04	0.56	0.48	117.61
21	3103	1685	1418	0.97	0.53	0.45	118.81
22	3344	1750	1594	1.05	0.55	0.50	109.78
23	3770	2000	1769	1.18	0.63	0.56	113.06
24	3616	1909	1707	1.13	0.60	0.54	111.79
25-29	**22306**	**11335**	**10971**	**7.00**	**3.56**	**3.44**	**103.32**
25	4381	2190	2191	1.37	0.69	0.69	99.98
26	4209	2114	2095	1.32	0.66	0.66	100.91
27	4338	2170	2168	1.36	0.68	0.68	100.05
28	4695	2406	2289	1.47	0.76	0.72	105.09
29	4683	2455	2227	1.47	0.77	0.70	110.23

3-1c 续表 1

单位：人、%

年 龄	人口数			占总人口比重			性别比
	合计	男	女	合计	男	女	(女=100)
30-34	**23124**	**11952**	**11172**	**7.26**	**3.75**	**3.51**	**106.98**
30	5079	2602	2476	1.59	0.82	0.78	105.08
31	4941	2504	2437	1.55	0.79	0.76	102.73
32	4226	2171	2055	1.33	0.68	0.64	105.64
33	4524	2340	2184	1.42	0.73	0.69	107.13
34	4354	2335	2019	1.37	0.73	0.63	115.63
35-39	**20769**	**11149**	**9620**	**6.52**	**3.50**	**3.02**	**115.89**
35	4410	2320	2090	1.38	0.73	0.66	111.03
36	4298	2304	1994	1.35	0.72	0.63	115.54
37	4072	2166	1907	1.28	0.68	0.60	113.60
38	3652	1984	1668	1.15	0.62	0.52	118.92
39	4338	2375	1962	1.36	0.75	0.62	121.06
40-44	**22533**	**11927**	**10605**	**7.07**	**3.74**	**3.33**	**112.46**
40	4386	2327	2059	1.38	0.73	0.65	112.98
41	4679	2480	2199	1.47	0.78	0.69	112.75
42	4417	2364	2053	1.39	0.74	0.64	115.12
43	4525	2332	2192	1.42	0.73	0.69	106.38
44	4525	2424	2101	1.42	0.76	0.66	115.39
45-49	**24349**	**13126**	**11223**	**7.64**	**4.12**	**3.52**	**116.95**
45	4726	2525	2202	1.48	0.79	0.69	114.66
46	4850	2648	2202	1.52	0.83	0.69	120.28
47	5251	2847	2404	1.65	0.89	0.75	118.44
48	4326	2346	1980	1.36	0.74	0.62	118.49
49	5195	2760	2436	1.63	0.87	0.76	113.30
50-54	**21329**	**11159**	**10170**	**6.69**	**3.50**	**3.19**	**109.72**
50	5001	2700	2301	1.57	0.85	0.72	117.33
51	4800	2397	2402	1.51	0.75	0.75	99.79
52	5309	2790	2519	1.67	0.88	0.79	110.73
53	4183	2210	1973	1.31	0.69	0.62	112.01
54	2035	1061	974	0.64	0.33	0.31	108.96
55-59	**15743**	**8083**	**7660**	**4.94**	**2.54**	**2.40**	**105.52**
55	2573	1269	1304	0.81	0.40	0.41	97.28
56	2484	1278	1206	0.78	0.40	0.38	106.04
57	3661	1898	1763	1.15	0.60	0.55	107.69
58	3751	1979	1772	1.18	0.62	0.56	111.70
59	3274	1658	1616	1.03	0.52	0.51	102.61
60-64	**15604**	**7795**	**7809**	**4.90**	**2.45**	**2.45**	**99.83**
60	3240	1639	1600	1.02	0.51	0.50	102.46
61	3313	1631	1682	1.04	0.51	0.53	96.98
62	3148	1585	1564	0.99	0.50	0.49	101.33
63	3278	1641	1638	1.03	0.51	0.51	100.16
64	2624	1299	1325	0.82	0.41	0.42	98.08

3-1c 续表 2

单位：人、%

年 龄	人口数			占总人口比重			性别比
	合计	男	女	合计	男	女	(女=100)
65-69	**11620**	**5787**	**5833**	**3.65**	**1.82**	**1.83**	**99.22**
65	2807	1348	1459	0.88	0.42	0.46	92.41
66	2805	1483	1322	0.88	0.47	0.41	112.19
67	2158	1069	1089	0.68	0.34	0.34	98.13
68	1920	978	942	0.60	0.31	0.30	103.77
69	1931	910	1021	0.61	0.29	0.32	89.10
70-74	**9411**	**4345**	**5066**	**2.95**	**1.36**	**1.59**	**85.75**
70	1923	871	1052	0.60	0.27	0.33	82.74
71	2017	956	1061	0.63	0.30	0.33	90.06
72	1925	859	1066	0.60	0.27	0.33	80.61
73	1720	813	907	0.54	0.26	0.28	89.57
74	1825	846	979	0.57	0.27	0.31	86.37
75-79	**7030**	**3106**	**3923**	**2.21**	**0.97**	**1.23**	**79.17**
75	1637	727	910	0.51	0.23	0.29	79.86
76	1338	613	725	0.42	0.19	0.23	84.56
77	1457	639	818	0.46	0.20	0.26	78.21
78	1325	573	752	0.42	0.18	0.24	76.19
79	1273	554	719	0.40	0.17	0.23	77.10
80-84	**4565**	**1839**	**2726**	**1.43**	**0.58**	**0.86**	**67.47**
80	1149	480	670	0.36	0.15	0.21	71.61
81	976	399	576	0.31	0.13	0.18	69.30
82	943	395	548	0.30	0.12	0.17	72.11
83	775	287	488	0.24	0.09	0.15	58.80
84	722	278	444	0.23	0.09	0.14	62.62
85-89	**2163**	**774**	**1389**	**0.68**	**0.24**	**0.44**	**55.73**
85	623	243	380	0.20	0.08	0.12	63.95
86	486	160	326	0.15	0.05	0.10	48.88
87	414	153	262	0.13	0.05	0.08	58.35
88	384	139	244	0.12	0.04	0.08	57.00
89	256	80	176	0.08	0.02	0.06	45.09
90-94	**694**	**206**	**488**	**0.22**	**0.06**	**0.15**	**42.19**
90	220	67	152	0.07	0.02	0.05	44.37
91	161	55	106	0.05	0.02	0.03	51.72
92	131	32	99	0.04	0.01	0.03	32.43
93	93	30	63	0.03	0.01	0.02	48.09
94	90	21	69	0.03	0.01	0.02	31.34
95-99	**193**	**48**	**145**	**0.06**	**0.02**	**0.05**	**33.29**
95	77	16	61	0.02	0.01	0.02	26.85
96	41	12	29	0.01		0.01	41.77
97	33	9	23	0.01		0.01	39.55
98	20	6	14	0.01			41.87
99	23	5	18	0.01		0.01	26.53
100及以上	**37**	**5**	**33**	**0.01**		**0.01**	**14.80**

3-2 各地区人口年龄构成和抚养比(一)

单位：人、%

地区	人口数				占总人口比重				抚养比		
	合计	0-14岁	15-59岁	60岁及以上	合计	0-14岁	15-59岁	60岁及以上	总抚养比	少儿抚养比	老年抚养比
全　区	**597005**	**135069**	**376010**	**85926**	**100.00**	**22.62**	**62.98**	**14.39**	**58.77**	**35.92**	**22.85**
南宁市	**87898**	**16630**	**59110**	**12158**	**100.00**	**18.92**	**67.25**	**13.83**	**48.70**	**28.13**	**20.57**
兴宁区	5218	768	3747	704	100.00	14.72	71.80	13.48	39.28	20.50	18.78
青秀区	10931	1392	8425	1114	100.00	12.73	77.08	10.19	29.74	16.52	13.22
江南区	7345	1271	5210	864	100.00	17.31	70.93	11.76	40.99	24.41	16.58
西乡塘区	15534	2435	11231	1867	100.00	15.68	72.30	12.02	38.31	21.68	16.62
良庆区	4779	1051	3227	501	100.00	21.98	67.53	10.48	48.07	32.55	15.52
邕宁区	3349	711	2134	505	100.00	21.22	63.71	15.08	56.97	33.30	23.66
武鸣县	6747	1126	4312	1309	100.00	16.69	63.91	19.40	56.48	26.12	30.36
隆安县	3750	895	2198	657	100.00	23.86	58.61	17.53	70.63	40.72	29.91
马山县	4905	1167	2935	803	100.00	23.79	59.84	16.37	67.10	39.75	27.35
上林县	4356	991	2589	776	100.00	22.75	59.44	17.81	68.24	38.28	29.95
宾阳县	10051	2054	6625	1372	100.00	20.44	65.92	13.65	51.70	31.00	20.70
横县	10933	2768	6477	1688	100.00	25.32	59.24	15.44	68.80	42.74	26.06
柳州市	**47757**	**8805**	**31881**	**7071**	**100.00**	**18.44**	**66.76**	**14.81**	**49.80**	**27.62**	**22.18**
城中区	2463	318	1927	218	100.00	12.93	78.20	8.87	27.87	16.53	11.34
鱼峰区	5735	975	3986	774	100.00	17.01	69.50	13.49	43.88	24.47	19.41
柳南区	6174	1045	4321	808	100.00	16.92	69.99	13.09	42.87	24.17	18.70
柳北区	5304	831	3648	824	100.00	15.67	68.79	15.54	45.37	22.77	22.60
柳江县	7176	1187	5076	912	100.00	16.55	70.74	12.71	41.36	23.39	17.97
柳城县	4411	850	2763	798	100.00	19.27	62.64	18.09	59.63	30.76	28.87
鹿寨县	4141	873	2578	690	100.00	21.09	62.25	16.66	60.64	33.88	26.76
融安县	3557	650	2216	691	100.00	18.27	62.29	19.43	60.53	29.33	31.20
融水苗族自治县	5028	1050	3174	804	100.00	20.89	63.12	15.99	58.42	33.09	25.33
三江侗族自治县	3769	1025	2192	551	100.00	27.20	58.17	14.63	71.91	46.75	25.16
桂林市	**63857**	**11105**	**42046**	**10706**	**100.00**	**17.39**	**65.84**	**16.77**	**51.87**	**26.41**	**25.46**
秀峰区	2089	298	1508	282	100.00	14.28	72.20	13.52	38.50	19.77	18.73
叠彩区	2144	324	1386	434	100.00	15.11	64.64	20.25	54.70	23.37	31.33
象山区	3424	540	2335	550	100.00	15.78	68.17	16.05	46.69	23.15	23.54
七星区	4629	569	3581	479	100.00	12.28	77.36	10.36	29.27	15.88	13.39
雁山区	3261	124	3007	131	100.00	3.79	92.20	4.00	8.46	4.12	4.34
临桂区	5708	1232	3518	958	100.00	21.59	61.63	16.78	62.26	35.03	27.22
阳朔县	3436	631	2181	624	100.00	18.36	63.47	18.17	57.55	28.92	28.63
灵川县	5085	688	3632	765	100.00	13.53	71.43	15.05	40.00	18.94	21.06
全州县	7950	1642	4726	1581	100.00	20.66	59.45	19.88	68.19	34.75	33.45
兴安县	4114	743	2532	839	100.00	18.06	61.55	20.40	62.48	29.34	33.14
永福县	2924	591	1766	567	100.00	20.21	60.41	19.39	65.55	33.46	32.09
灌阳县	2896	544	1862	490	100.00	18.79	64.28	16.93	55.56	29.23	26.33
龙胜各族自治县	1928	370	1121	438	100.00	19.17	58.11	22.71	72.08	33.00	39.09
资源县	1842	427	1091	325	100.00	23.18	59.20	17.62	68.92	39.15	29.77
平乐县	5003	1079	3063	861	100.00	21.56	61.24	17.20	63.30	35.21	28.09
荔浦县	4320	687	2832	801	100.00	15.90	65.55	18.55	52.56	24.26	28.30
恭城瑶族自治县	3103	616	1905	581	100.00	19.86	61.41	18.73	62.85	32.35	30.51

3-2 续表 1

单位：人、%

地　区	人口数				占总人口比重				抚养比		
	合计	0-14岁	15-59岁	60岁及以上	合计	0-14岁	15-59岁	60岁及以上	总抚养比	少儿抚养比	老年抚养比
梧州市	**37282**	**10527**	**21601**	**5154**	**100.00**	**28.24**	**57.94**	**13.82**	**72.59**	**48.73**	**23.86**
万秀区	3772	593	2365	814	100.00	15.72	62.70	21.57	59.48	25.08	34.40
长洲区	2395	485	1587	323	100.00	20.26	66.25	13.49	50.93	30.57	20.36
龙圩区	3368	899	1994	476	100.00	26.67	59.21	14.12	68.90	45.05	23.85
苍梧县	3943	1057	2293	593	100.00	26.82	58.15	15.03	71.96	46.11	25.84
藤县	10551	2869	6221	1461	100.00	27.19	58.96	13.85	69.61	46.12	23.49
蒙山县	2407	556	1469	382	100.00	23.11	61.00	15.89	63.93	37.89	26.04
岑溪市	10845	4067	5672	1105	100.00	37.50	52.30	10.19	91.20	71.71	19.49
北海市	**20265**	**3877**	**13723**	**2665**	**100.00**	**19.13**	**67.72**	**13.15**	**47.67**	**28.25**	**19.42**
海城区	5072	717	3838	517	100.00	14.13	75.67	10.20	32.14	18.67	13.47
银海区	2305	438	1619	247	100.00	19.01	70.25	10.73	42.34	27.06	15.28
铁山港区	1806	395	1120	292	100.00	21.85	62.01	16.15	61.27	35.23	26.04
合浦县	11082	2327	7146	1609	100.00	21.00	64.48	14.52	55.08	32.57	22.51
防城港市	**11861**	**2940**	**7554**	**1367**	**100.00**	**24.79**	**63.69**	**11.53**	**57.02**	**38.92**	**18.10**
港口区	2615	656	1746	212	100.00	25.10	66.79	8.11	49.73	37.59	12.14
防城区	4660	1221	2790	649	100.00	26.20	59.87	13.92	67.02	43.76	23.26
上思县	2632	592	1736	303	100.00	22.50	65.97	11.53	51.59	34.11	17.48
东兴市	1954	470	1281	203	100.00	24.07	65.55	10.38	52.55	36.72	15.84
钦州市	**39427**	**10667**	**23676**	**5084**	**100.00**	**27.05**	**60.05**	**12.89**	**66.52**	**45.05**	**21.47**
钦南区	7122	1698	4587	837	100.00	23.85	64.41	11.75	55.27	37.03	18.24
钦北区	8435	2353	4975	1108	100.00	27.89	58.98	13.13	69.55	47.29	22.26
灵山县	14673	3997	8934	1742	100.00	27.24	60.89	11.87	64.24	44.74	19.50
浦北县	9197	2619	5181	1398	100.00	28.47	56.33	15.20	77.53	50.55	26.98
贵港市	**53116**	**13207**	**32709**	**7201**	**100.00**	**24.86**	**61.58**	**13.56**	**62.39**	**40.38**	**22.02**
港北区	7279	1672	4688	919	100.00	22.97	64.41	12.63	55.26	35.66	19.61
港南区	7145	1571	4673	900	100.00	21.99	65.41	12.60	52.88	33.63	19.26
覃塘区	5371	1296	3344	731	100.00	24.12	62.26	13.62	60.61	38.74	21.87
平南县	14583	3880	8462	2241	100.00	26.61	58.03	15.37	72.34	45.86	26.48
桂平市	18738	4788	11541	2410	100.00	25.55	61.59	12.86	62.36	41.48	20.88
玉林市	**70008**	**19452**	**41324**	**9232**	**100.00**	**27.79**	**59.03**	**13.19**	**69.41**	**47.07**	**22.34**
玉州区	9518	2006	6251	1260	100.00	21.08	65.68	13.24	52.25	32.10	20.16
福绵区	4755	1214	2855	686	100.00	25.53	60.05	14.43	66.54	42.52	24.02
容县	7951	2187	4528	1237	100.00	27.51	56.94	15.55	75.62	48.31	27.31
陆川县	9475	2957	5313	1204	100.00	31.21	56.08	12.71	78.32	55.65	22.67
博白县	17080	5365	9648	2067	100.00	31.41	56.49	12.10	77.03	55.61	21.42
兴业县	7004	1663	4328	1013	100.00	23.74	61.79	14.47	61.84	38.42	23.41
北流市	14224	4060	8400	1765	100.00	28.54	59.05	12.41	69.34	48.33	21.01

3-2 续表 2

单位：人、%

地 区	人口数				占总人口比重				抚养比		
	合计	0-14岁	15-59岁	60岁及以上	合计	0-14岁	15-59岁	60岁及以上	总抚养比	少儿抚养比	老年抚养比
百色市	**44578**	**9691**	**28269**	**6617**	**100.00**	**21.74**	**63.42**	**14.84**	**57.69**	**34.28**	**23.41**
右江区	4906	912	3294	699	100.00	18.59	67.15	14.25	48.91	27.69	21.22
田阳县	4082	860	2471	751	100.00	21.07	60.53	18.40	65.21	34.81	30.39
田东县	4518	928	2816	774	100.00	20.54	62.32	17.14	60.47	32.97	27.50
平果县	5646	1150	3777	719	100.00	20.37	66.90	12.73	49.47	30.45	19.02
德保县	3792	749	2326	717	100.00	19.75	61.34	18.92	63.04	32.20	30.84
靖西县	6356	1432	3772	1153	100.00	22.53	59.34	18.14	68.53	37.97	30.56
那坡县	1924	451	1216	258	100.00	23.45	63.16	13.39	58.32	37.12	21.20
凌云县	2341	498	1551	293	100.00	21.26	66.23	12.51	50.98	32.09	18.89
乐业县	1872	469	1199	204	100.00	25.04	64.06	10.90	56.09	39.08	17.01
田林县	2861	615	1889	358	100.00	21.48	66.02	12.50	51.47	32.54	18.93
西林县	1748	391	1195	162	100.00	22.35	68.37	9.29	46.27	32.69	13.58
隆林各族自治县	4531	1237	2764	530	100.00	27.30	61.01	11.69	63.91	44.75	19.16
贺州市	**24616**	**6152**	**14902**	**3563**	**100.00**	**24.99**	**60.54**	**14.47**	**65.19**	**41.28**	**23.91**
八步区	7751	1993	4609	1149	100.00	25.71	59.47	14.82	68.16	43.23	24.93
平桂管理区	4917	1144	3130	643	100.00	23.27	63.65	13.07	57.10	36.56	20.54
昭平县	4277	1113	2504	660	100.00	26.02	58.54	15.44	70.81	44.44	26.37
钟山县	4435	1132	2689	614	100.00	25.53	60.63	13.84	64.94	42.11	22.83
富川瑶族自治县	3236	770	1970	497	100.00	23.79	60.86	15.35	64.30	39.09	25.22
河池市	**43795**	**10397**	**26872**	**6526**	**100.00**	**23.74**	**61.36**	**14.90**	**62.97**	**38.69**	**24.28**
金城江区	4652	773	3281	598	100.00	16.62	70.53	12.85	41.79	23.57	18.22
南丹县	3561	869	2238	454	100.00	24.39	62.85	12.75	59.10	38.81	20.29
天峨县	1937	520	1159	258	100.00	26.84	59.83	13.33	67.13	44.86	22.27
凤山县	2025	508	1225	292	100.00	25.07	60.49	14.44	65.31	41.44	23.87
东兰县	2981	657	1852	472	100.00	22.05	62.12	15.83	60.97	35.49	25.48
罗城仫佬族自治县	3841	846	2320	675	100.00	22.01	60.41	17.58	65.54	36.44	29.09
环江毛南族自治县	3397	817	1974	607	100.00	24.05	58.10	17.85	72.13	41.40	30.73
巴马瑶族自治县	2955	785	1767	403	100.00	26.57	59.80	13.63	67.22	44.43	22.79
都安瑶族自治县	6512	1889	3667	957	100.00	29.00	56.30	14.69	77.61	51.51	26.09
大化瑶族自治县	4791	1170	3022	598	100.00	24.43	63.08	12.49	58.52	38.72	19.80
宜州市	7143	1564	4368	1212	100.00	21.89	61.14	16.97	63.55	35.80	27.75
来宾市	**26785**	**6296**	**16097**	**4392**	**100.00**	**23.50**	**60.10**	**16.40**	**66.40**	**39.11**	**27.29**
兴宾区	11612	2977	6795	1841	100.00	25.64	58.51	15.85	70.90	43.81	27.09
忻城县	3969	872	2322	775	100.00	21.97	58.50	19.53	70.95	37.56	33.39
象州县	3584	729	2239	617	100.00	20.33	62.45	17.21	60.12	32.56	27.56
武宣县	4634	1159	2823	652	100.00	25.01	60.91	14.08	64.16	41.06	23.11
金秀瑶族自治县	1575	300	1016	259	100.00	19.06	64.49	16.45	55.07	29.56	25.51
合山市	1411	259	904	248	100.00	18.35	64.06	17.59	56.10	28.64	27.46
崇左市	**25760**	**5324**	**16246**	**4189**	**100.00**	**20.67**	**63.07**	**16.26**	**58.56**	**32.77**	**25.79**
江州区	4793	746	3446	601	100.00	15.56	71.91	12.53	39.06	21.64	17.42
扶绥县	4666	939	2985	741	100.00	20.13	63.99	15.89	56.28	31.46	24.83
宁明县	4234	1028	2546	659	100.00	24.29	60.14	15.57	66.27	40.39	25.88
龙州县	2733	443	1858	432	100.00	16.21	67.97	15.82	47.12	23.84	23.27
大新县	3776	830	2131	815	100.00	21.98	56.45	21.58	77.16	38.93	38.23
天等县	4072	1065	2219	788	100.00	26.15	54.50	19.36	83.50	47.98	35.52
凭祥市	1487	274	1060	153	100	18.41	71.28	10.31	40.29	25.82	14.47

3-2a 各地区人口年龄构成和抚养比(一)(城市)

单位：人、%

地　区	人口数				占总人口比重				抚养比		
	合计	0-14岁	15-59岁	60岁及以上	合计	0-14岁	15-59岁	60岁及以上	总抚养比	少儿抚养比	老年抚养比
全　区	**125174**	**21433**	**88464**	**15277**	**100.00**	**17.12**	**70.67**	**12.20**	**41.50**	**24.23**	**17.27**
南宁市	**35473**	**5180**	**26443**	**3850**	**100.00**	**14.60**	**74.54**	**10.85**	**34.15**	**19.59**	**14.56**
兴宁区	4100	541	3016	542	100.00	13.20	73.58	13.23	35.92	17.93	17.98
青秀区	9564	1139	7515	910	100.00	11.91	78.58	9.51	27.27	15.16	12.11
江南区	4853	734	3544	576	100.00	15.12	73.02	11.86	36.95	20.71	16.24
西乡塘区	13371	2025	9837	1509	100.00	15.15	73.57	11.28	35.93	20.59	15.34
良庆区	2732	579	1960	193	100.00	21.20	71.74	7.06	39.39	29.55	9.84
邕宁区	854	162	571	121	100.00	18.97	66.85	14.18	49.60	28.38	21.21
武鸣县											
隆安县											
马山县											
上林县											
宾阳县											
横县											
柳州市	**18545**	**2943**	**13087**	**2515**	**100.00**	**15.87**	**70.57**	**13.56**	**41.70**	**22.48**	**19.22**
城中区	2448	316	1915	217	100.00	12.92	78.23	8.85	27.83	16.52	11.32
鱼峰区	5492	929	3819	745	100.00	16.91	69.53	13.56	43.82	24.32	19.50
柳南区	5590	924	3889	777	100.00	16.53	69.57	13.89	43.74	23.76	19.97
柳北区	5015	773	3465	777	100.00	15.42	69.08	15.50	44.75	22.32	22.43
柳江县											
柳城县											
鹿寨县											
融安县											
融水苗族自治县											
三江侗族自治县											
桂林市	**13354**	**1986**	**9583**	**1784**	**100.00**	**14.88**	**71.76**	**13.36**	**39.35**	**20.73**	**18.62**
秀峰区	2089	298	1508	282	100.00	14.28	72.20	13.52	38.50	19.77	18.73
叠彩区	1929	291	1244	394	100.00	15.06	64.50	20.44	55.05	23.36	31.69
象山区	3420	539	2331	549	100.00	15.77	68.18	16.05	46.67	23.13	23.54
七星区	4245	507	3347	391	100.00	11.94	78.85	9.21	26.82	15.14	11.68
雁山区	116	5	96	16	100.00	4.01	82.57	13.42	21.11	4.86	16.25
临桂区	1554	347	1056	152	100.00	22.32	67.91	9.77	47.25	32.87	14.38
阳朔县											
灵川县											
全州县											
兴安县											
永福县											
灌阳县											
龙胜各族自治县											
资源县											
平乐县											
荔浦县											
恭城瑶族自治县											

3-2a 续表 1 单位：人、%

地区	人口数				占总人口比重				抚养比		
	合计	0-14岁	15-59岁	60岁及以上	合计	0-14岁	15-59岁	60岁及以上	总抚养比	少儿抚养比	老年抚养比
梧州市	**9196**	**1946**	**5837**	**1413**	**100.00**	**21.16**	**63.47**	**15.37**	**57.55**	**33.34**	**24.21**
万秀区	3177	465	2008	704	100.00	14.65	63.20	22.15	58.23	23.18	35.05
长洲区	2052	383	1406	263	100.00	18.66	68.52	12.82	45.93	27.23	18.70
龙圩区	1418	407	825	186	100.00	28.68	58.20	13.12	71.81	49.28	22.53
苍梧县											
藤县											
蒙山县											
岑溪市	2549	691	1597	261	100.00	27.10	62.67	10.23	59.56	43.24	16.32
北海市	**6066**	**881**	**4557**	**628**	**100.00**	**14.53**	**75.12**	**10.35**	**33.12**	**19.34**	**13.78**
海城区	4892	678	3725	488	100.00	13.87	76.15	9.99	31.33	18.21	13.11
银海区	924	160	674	91	100.00	17.33	72.87	9.80	37.23	23.78	13.45
铁山港区	250	43	158	49	100.00	17.12	63.42	19.46	57.67	26.99	30.68
合浦县											
防城港市	**3184**	**730**	**2131**	**322**	**100.00**	**22.94**	**66.94**	**10.11**	**49.38**	**34.27**	**15.11**
港口区	878	170	636	72	100.00	19.36	72.43	8.21	38.07	26.73	11.34
防城区	1452	335	929	187	100.00	23.11	63.99	12.91	56.28	36.11	20.17
上思县											
东兴市	854	225	566	63	100.00	26.34	66.33	7.33	50.75	39.71	11.04
钦州市	**3555**	**824**	**2372**	**360**	**100.00**	**23.17**	**66.72**	**10.11**	**49.88**	**34.72**	**15.16**
钦南区	2218	512	1450	256	100.00	23.07	65.40	11.53	52.90	35.27	17.63
钦北区	1338	312	922	104	100.00	23.33	68.90	7.77	45.14	33.87	11.27
灵山县											
浦北县											
贵港市	**8699**	**1795**	**5891**	**1012**	**100.00**	**20.64**	**67.72**	**11.64**	**47.66**	**30.47**	**17.19**
港北区	4520	923	3059	537	100.00	20.42	67.69	11.89	47.73	30.16	17.57
港南区	1008	190	704	114	100.00	18.82	69.86	11.31	43.13	26.94	16.19
覃塘区	1109	243	763	102	100.00	21.92	68.84	9.23	45.26	31.85	13.41
平南县											
桂平市	2062	439	1364	259	100.00	21.31	66.15	12.54	51.17	32.21	18.96
玉林市	**10798**	**2196**	**7179**	**1423**	**100.00**	**20.33**	**66.48**	**13.18**	**50.41**	**30.59**	**19.83**
玉州区	7042	1386	4725	930	100.00	19.68	67.11	13.21	49.02	29.33	19.69
福绵区	572	149	340	83	100.00	25.99	59.47	14.54	68.14	43.69	24.45
容县											
陆川县											
博白县											
兴业县											
北流市	3184	661	2114	410	100.00	20.76	66.37	12.87	50.67	31.28	19.39

3-2a 续表 2

单位：人、%

地区	人口数				占总人口比重				抚养比		
	合计	0-14岁	15-59岁	60岁及以上	合计	0-14岁	15-59岁	60岁及以上	总抚养比	少儿抚养比	老年抚养比
百色市	**2986**	**544**	**2053**	**389**	**100.00**	**18.21**	**68.75**	**13.04**	**45.45**	**26.48**	**18.96**
右江区	2986	544	2053	389	100.00	18.21	68.75	13.04	45.45	26.48	18.96
田阳县											
田东县											
平果县											
德保县											
靖西县											
那坡县											
凌云县											
乐业县											
田林县											
西林县											
隆林各族自治县											
贺州市	**3058**	**591**	**2033**	**434**	**100.00**	**19.33**	**66.48**	**14.19**	**50.43**	**29.08**	**21.35**
八步区	1840	321	1245	274	100.00	17.47	67.65	14.88	47.82	25.82	22.00
平桂管理区	1218	270	788	160	100.00	22.14	64.71	13.15	54.55	34.22	20.33
昭平县											
钟山县											
富川瑶族自治县											
河池市	**4371**	**836**	**2974**	**561**	**100.00**	**19.12**	**68.04**	**12.84**	**46.98**	**28.11**	**18.87**
金城江区	2407	483	1579	344	100.00	20.07	65.63	14.30	52.37	30.58	21.79
南丹县											
天峨县											
凤山县											
东兰县											
罗城仫佬族自治县											
环江毛南族自治县											
巴马瑶族自治县											
都安瑶族自治县											
大化瑶族自治县											
宜州市	1964	353	1394	217	100.00	17.96	70.99	11.05	40.87	25.31	15.57
来宾市	**3136**	**704**	**2048**	**384**	**100.00**	**22.44**	**65.30**	**12.26**	**53.14**	**34.37**	**18.77**
兴宾区	2587	606	1701	280	100.00	23.44	65.75	10.81	52.09	35.65	16.45
忻城县											
象州县											
武宣县											
金秀瑶族自治县											
合山市	549	97	347	105	100.00	17.75	63.19	19.06	58.26	28.10	30.16
崇左市	**2753**	**277**	**2276**	**200**	**100.00**	**10.07**	**82.68**	**7.25**	**20.95**	**12.18**	**8.77**
江州区	2002	143	1731	128	100.00	7.15	86.44	6.40	15.69	8.28	7.41
扶绥县											
宁明县											
龙州县											
大新县											
天等县											
凭祥市	751	134	545	71	100	17.86	72.64	9.50	37.67	24.59	13.08

3-2b 各地区人口年龄构成和抚养比(一)(镇)

单位：人、%

地　区	人口数				占总人口比重				抚养比		
	合计	0-14岁	15-59岁	60岁及以上	合计	0-14岁	15-59岁	60岁及以上	总抚养比	少儿抚养比	老年抚养比
全　区	**153160**	**34061**	**99768**	**19332**	**100.00**	**22.24**	**65.14**	**12.62**	**53.52**	**34.14**	**19.38**
南宁市	**16657**	**3275**	**11166**	**2216**	**100.00**	**19.66**	**67.03**	**13.30**	**49.18**	**29.33**	**19.85**
兴宁区	256	49	176	30	100.00	19.24	68.90	11.86	45.14	27.92	17.22
青秀区	469	85	324	60	100.00	18.17	69.03	12.80	44.86	26.32	18.54
江南区	870	203	597	70	100.00	23.31	68.64	8.05	45.69	33.96	11.73
西乡塘区	476	89	325	62	100.00	18.74	68.23	13.03	46.56	27.47	19.09
良庆区	313	64	209	41	100.00	20.46	66.59	12.95	50.18	30.73	19.46
邕宁区	284	57	179	48	100.00	20.22	62.83	16.95	59.17	32.18	26.98
武鸣县	2702	424	1773	504	100.00	15.70	65.63	18.67	52.37	23.92	28.45
隆安县	992	209	627	156	100.00	21.06	63.22	15.72	58.19	33.32	24.87
马山县	1110	254	685	171	100.00	22.91	61.71	15.38	62.06	37.13	24.93
上林县	1290	252	874	164	100.00	19.57	67.75	12.68	47.61	28.89	18.72
宾阳县	4005	656	2886	463	100.00	16.37	72.07	11.56	38.75	22.71	16.04
横县	3890	931	2511	447	100.00	23.95	64.56	11.49	54.90	37.09	17.80
柳州市	**10559**	**1991**	**7152**	**1416**	**100.00**	**18.85**	**67.74**	**13.41**	**47.63**	**27.83**	**19.80**
城中区											
鱼峰区											
柳南区	563	117	418	29	100.00	20.73	74.19	5.09	34.79	27.94	6.86
柳北区											
柳江县	3127	583	2211	333	100.00	18.63	70.71	10.66	41.42	26.35	15.08
柳城县	1635	286	1035	313	100.00	17.52	63.32	19.16	57.94	27.67	30.27
鹿寨县	1789	353	1158	279	100.00	19.72	64.70	15.58	54.56	30.48	24.08
融安县	1194	217	796	181	100.00	18.19	66.67	15.15	49.99	27.28	22.72
融水苗族自治县	1449	256	1011	181	100.00	17.69	69.80	12.51	43.27	25.34	17.92
三江侗族自治县	802	179	523	100	100.00	22.29	65.26	12.45	53.22	34.15	19.07
桂林市	**17550**	**2549**	**12748**	**2253**	**100.00**	**14.52**	**72.64**	**12.84**	**37.67**	**19.99**	**17.68**
秀峰区											
叠彩区											
象山区											
七星区	245	24	154	68	100.00	9.60	62.81	27.59	59.20	15.28	43.93
雁山区	2641	28	2582	31	100.00	1.06	97.76	1.17	2.29	1.09	1.20
临桂区	531	97	329	105	100.00	18.33	61.93	19.74	61.47	29.60	31.87
阳朔县	1087	206	715	166	100.00	18.95	65.76	15.28	52.06	28.82	23.24
灵川县	2559	267	2011	280	100.00	10.45	78.59	10.96	27.24	13.29	13.94
全州县	2141	420	1335	385	100.00	19.62	62.38	18.00	60.32	31.45	28.86
兴安县	1391	269	897	225	100.00	19.33	64.48	16.19	55.08	29.97	25.10
永福县	807	158	519	130	100.00	19.58	64.35	16.07	55.39	30.42	24.96
灌阳县	894	181	599	114	100.00	20.26	66.98	12.76	49.29	30.24	19.05
龙胜各族自治县	556	98	362	96	100.00	17.69	65.04	17.27	53.76	27.20	26.56
资源县	497	120	311	65	100.00	24.11	62.71	13.18	59.46	38.44	21.01
平乐县	1640	251	1230	160	100.00	15.28	74.97	9.75	33.38	20.38	13.00
荔浦县	1797	287	1184	326	100.00	15.99	65.88	18.13	51.78	24.27	27.51
恭城瑶族自治县	764	142	519	102	100.00	18.64	68.02	13.33	47.01	27.41	19.60

3-2b 续表 1 单位：人、%

地 区	人口数				占总人口比重				抚养比		
	合计	0-14岁	15-59岁	60岁及以上	合计	0-14岁	15-59岁	60岁及以上	总抚养比	少儿抚养比	老年抚养比
梧州市	**9323**	**3305**	**5114**	**905**	**100.00**	**35.45**	**54.85**	**9.70**	**82.32**	**64.62**	**17.69**
万秀区	161	30	109	21	100.00	18.96	67.80	13.24	47.50	27.97	19.53
长洲区											
龙圩区											
苍梧县	1099	296	660	143	100.00	26.91	60.11	12.98	66.36	44.77	21.59
藤县	4040	915	2691	434	100.00	22.65	66.61	10.74	50.14	34.01	16.13
蒙山县	805	189	501	115	100.00	23.44	62.22	14.34	60.72	37.68	23.05
岑溪市	3218	1874	1152	191	100.00	58.25	35.80	5.95	179.31	162.69	16.62
北海市	**5193**	**1030**	**3379**	**785**	**100.00**	**19.82**	**65.07**	**15.11**	**53.69**	**30.47**	**23.22**
海城区	148	32	92	25	100.00	21.37	61.99	16.65	61.33	34.47	26.86
银海区	606	116	436	54	100.00	19.16	71.95	8.89	38.99	26.64	12.36
铁山港区	274	73	159	42	100.00	26.76	58.05	15.20	72.28	46.09	26.18
合浦县	4165	808	2692	664	100.00	19.41	64.64	15.95	54.71	30.03	24.68
防城港市	**3383**	**918**	**2126**	**339**	**100.00**	**27.13**	**62.86**	**10.01**	**59.09**	**43.16**	**15.93**
港口区	1311	401	828	82	100.00	30.56	63.20	6.25	58.24	48.35	9.88
防城区	858	243	501	114	100.00	28.36	58.34	13.30	71.41	48.61	22.80
上思县	812	188	540	83	100.00	23.19	66.54	10.27	50.29	34.85	15.44
东兴市	402	86	257	59	100.00	21.31	63.96	14.73	56.35	33.32	23.04
钦州市	**10545**	**2482**	**6828**	**1235**	**100.00**	**23.54**	**64.75**	**11.71**	**54.45**	**36.36**	**18.09**
钦南区	1947	340	1461	145	100.00	17.48	75.06	7.47	33.23	23.28	9.95
钦北区	2189	579	1330	279	100.00	26.46	60.78	12.76	64.53	43.53	21.00
灵山县	3877	957	2437	484	100.00	24.68	62.84	12.47	59.12	39.28	19.85
浦北县	2532	606	1600	327	100.00	23.93	63.17	12.91	58.32	37.88	20.43
贵港市	**15640**	**3664**	**9928**	**2048**	**100.00**	**23.43**	**63.48**	**13.09**	**57.53**	**36.91**	**20.63**
港北区	749	175	489	85	100.00	23.33	65.33	11.35	53.08	35.71	17.37
港南区	2020	340	1543	137	100.00	16.84	76.40	6.77	30.90	22.04	8.86
覃塘区	1111	313	647	151	100.00	28.14	58.24	13.62	71.69	48.31	23.38
平南县	6454	1521	3965	968	100.00	23.56	61.44	15.00	62.77	38.35	24.41
桂平市	5305	1316	3283	707	100.00	24.80	61.88	13.32	61.62	40.09	21.53
玉林市	**21141**	**5725**	**12749**	**2666**	**100.00**	**27.08**	**60.31**	**12.61**	**65.82**	**44.91**	**20.91**
玉州区	432	91	296	45	100.00	21.05	68.48	10.47	46.02	30.73	15.29
福绵区	1088	248	694	146	100.00	22.78	63.78	13.44	56.80	35.72	21.08
容县	3055	780	1818	457	100.00	25.55	59.51	14.95	68.05	42.93	25.12
陆川县	3752	974	2330	448	100.00	25.96	62.11	11.93	61.01	41.80	19.21
博白县	6108	1778	3604	726	100.00	29.11	59.01	11.88	69.47	49.34	20.14
兴业县	2435	565	1528	341	100.00	23.22	62.78	14.00	59.29	36.99	22.31
北流市	4271	1289	2479	503	100.00	30.17	58.04	11.79	72.30	51.99	20.31

3-2b 续表 2

单位：人、%

地 区	人口数				占总人口比重				抚养比		
	合计	0-14岁	15-59岁	60岁及以上	合计	0-14岁	15-59岁	60岁及以上	总抚养比	少儿抚养比	老年抚养比
百色市	**11531**	**2196**	**7847**	**1487**	**100.00**	**19.05**	**68.05**	**12.90**	**46.94**	**27.99**	**18.95**
右江区											
田阳县	1390	257	935	197	100.00	18.50	67.30	14.20	48.58	27.49	21.10
田东县	1611	264	1109	238	100.00	16.37	68.83	14.80	45.28	23.78	21.51
平果县	2592	498	1774	320	100.00	19.20	68.44	12.36	46.12	28.06	18.06
德保县	897	142	607	149	100.00	15.80	67.65	16.55	47.83	23.36	24.47
靖西县	1607	314	1067	225	100.00	19.57	66.42	14.01	50.55	29.46	21.09
那坡县	462	106	313	43	100.00	22.93	67.78	9.28	47.53	33.83	13.69
凌云县	504	97	345	62	100.00	19.33	68.37	12.30	46.27	28.28	17.99
乐业县	450	94	311	45	100.00	20.94	69.05	10.01	44.82	30.32	14.50
田林县	640	98	462	79	100.00	15.37	72.25	12.38	38.41	21.27	17.14
西林县	481	100	333	48	100.00	20.76	69.31	9.93	44.28	29.95	14.33
隆林各族自治县	897	226	591	80	100.00	25.17	65.85	8.97	51.85	38.23	13.63
贺州市	**7043**	**1663**	**4472**	**908**	**100.00**	**23.61**	**63.49**	**12.90**	**57.49**	**37.18**	**20.31**
八步区	1610	424	967	219	100.00	26.33	60.06	13.61	66.50	43.84	22.66
平桂管理区	936	216	603	117	100.00	23.12	64.42	12.46	55.23	35.89	19.34
昭平县	1720	413	1087	220	100.00	24.01	63.18	12.81	58.29	38.01	20.28
钟山县	1611	353	1064	194	100.00	21.89	66.05	12.06	51.39	33.14	18.26
富川瑶族自治县	1166	257	751	158	100.00	22.03	64.42	13.54	55.22	34.20	21.02
河池市	**10446**	**2306**	**6913**	**1227**	**100.00**	**22.08**	**66.18**	**11.75**	**51.11**	**33.36**	**17.75**
金城江区	382	75	269	37	100.00	19.71	70.55	9.75	41.75	27.94	13.82
南丹县	1517	312	1034	170	100.00	20.57	68.20	11.22	46.63	30.17	16.46
天峨县	668	173	418	76	100.00	25.96	62.64	11.39	59.63	41.44	18.19
凤山县	450	110	296	45	100.00	24.45	65.65	9.90	52.33	37.25	15.08
东兰县	801	102	649	50	100.00	12.73	81.00	6.27	23.46	15.71	7.75
罗城仫佬族自治县	1136	216	755	165	100.00	19.06	66.44	14.50	50.51	28.68	21.83
环江毛南族自治县	961	228	590	143	100.00	23.75	61.41	14.84	62.84	38.67	24.17
巴马瑶族自治县	773	167	535	71	100.00	21.61	69.22	9.18	44.47	31.21	13.25
都安瑶族自治县	1725	481	1008	236	100.00	27.88	58.43	13.70	71.16	47.71	23.45
大化瑶族自治县	1403	288	988	128	100.00	20.50	70.40	9.10	42.05	29.13	12.93
宜州市	631	153	371	106	100.00	24.31	58.81	16.88	70.04	41.34	28.70
来宾市	**7380**	**1609**	**4805**	**966**	**100.00**	**21.81**	**65.10**	**13.09**	**53.60**	**33.49**	**20.11**
兴宾区	2252	568	1366	318	100.00	25.23	60.65	14.12	64.87	41.59	23.28
忻城县	1123	253	708	162	100.00	22.52	63.03	14.45	58.66	35.74	22.92
象州县	1282	235	879	169	100.00	18.30	68.52	13.18	45.94	26.71	19.24
武宣县	1829	404	1253	173	100.00	22.08	68.48	9.44	46.03	32.24	13.79
金秀瑶族自治县	534	94	381	59	100.00	17.52	71.34	11.14	40.17	24.56	15.61
合山市	359	56	218	84	100.00	15.60	60.85	23.54	64.33	25.64	38.69
崇左市	**6769**	**1348**	**4541**	**881**	**100.00**	**19.91**	**67.09**	**13.01**	**49.06**	**29.67**	**19.39**
江州区	579	132	364	83	100.00	22.85	62.83	14.33	59.17	36.37	22.80
扶绥县	1839	364	1237	239	100.00	19.79	67.24	12.98	48.73	29.43	19.30
宁明县	1110	231	738	141	100.00	20.84	66.46	12.70	50.47	31.37	19.11
龙州县	926	157	635	134	100.00	16.96	68.58	14.46	45.82	24.72	21.09
大新县	1003	215	641	148	100.00	21.40	63.87	14.73	56.56	33.50	23.06
天等县	1004	207	673	124	100.00	20.57	67.04	12.39	49.16	30.68	18.48
凭祥市	307	42	254	12	100	13.55	82.62	3.82	21.03	16.40	4.63

3-2c 各地区人口年龄构成和抚养比(一)(乡村)

单位：人、%

地　区	人口数				占总人口比重				抚养比		
	合计	0-14岁	15-59岁	60岁及以上	合计	0-14岁	15-59岁	60岁及以上	总抚养比	少儿抚养比	老年抚养比
全　区	**318671**	**79575**	**187778**	**51318**	**100.00**	**24.97**	**58.93**	**16.10**	**69.71**	**42.38**	**27.33**
南宁市	**35767**	**8174**	**21501**	**6092**	**100.00**	**22.85**	**60.11**	**17.03**	**66.35**	**38.02**	**28.33**
兴宁区	863	178	554	131	100.00	20.63	64.20	15.18	55.77	32.13	23.64
青秀区	898	168	586	144	100.00	18.66	65.30	16.03	53.13	28.58	24.55
江南区	1622	335	1069	218	100.00	20.65	65.90	13.46	51.75	31.33	20.42
西乡塘区	1687	321	1070	296	100.00	19.02	63.40	17.57	57.72	30.00	27.72
良庆区	1734	407	1059	268	100.00	23.49	61.08	15.43	63.72	38.45	25.27
邕宁区	2211	491	1384	336	100.00	22.21	62.61	15.18	59.72	35.48	24.24
武鸣县	4046	702	2539	805	100.00	17.36	62.75	19.89	59.36	27.67	31.69
隆安县	2758	686	1571	501	100.00	24.87	56.95	18.18	75.59	43.67	31.92
马山县	3795	913	2250	632	100.00	24.05	59.30	16.65	68.63	40.55	28.08
上林县	3066	739	1715	612	100.00	24.10	55.94	19.96	78.75	43.07	35.68
宾阳县	6046	1398	3739	909	100.00	23.13	61.84	15.03	61.70	37.40	24.30
横县	7043	1837	3966	1241	100.00	26.08	56.31	17.61	77.60	46.32	31.28
柳州市	**18654**	**3872**	**11642**	**3140**	**100.00**	**20.76**	**62.41**	**16.83**	**60.23**	**33.26**	**26.97**
城中区	16	2	12	2	100.00	13.77	74.89	11.34	33.53	18.39	15.14
鱼峰区	243	47	167	29	100.00	19.18	68.90	11.92	45.13	27.83	17.30
柳南区	21	4	14	3	100.00	17.58	69.01	13.40	44.90	25.47	19.42
柳北区	288	57	184	47	100.00	19.93	63.69	16.37	57.01	31.30	25.71
柳江县	4048	605	2865	579	100.00	14.94	70.77	14.29	41.31	21.11	20.20
柳城县	2776	564	1728	484	100.00	20.30	62.25	17.45	60.64	32.61	28.03
鹿寨县	2352	520	1420	411	100.00	22.13	60.39	17.48	65.59	36.64	28.95
融安县	2363	433	1420	510	100.00	18.32	60.08	21.60	66.44	30.48	35.95
融水苗族自治县	3579	794	2163	623	100.00	22.18	60.42	17.40	65.50	36.71	28.79
三江侗族自治县	2967	846	1669	452	100.00	28.52	56.25	15.23	77.77	50.70	27.07
桂林市	**32953**	**6570**	**19715**	**6669**	**100.00**	**19.94**	**59.83**	**20.24**	**67.15**	**33.32**	**33.83**
秀峰区											
叠彩区	214	33	141	40	100.00	15.51	65.93	18.56	51.67	23.52	28.15
象山区	5	1	3	1	100.00	22.02	64.49	13.49	55.06	34.14	20.92
七星区	139	38	79	21	100.00	27.73	57.29	14.98	74.56	48.41	26.15
雁山区	504	91	329	84	100.00	18.06	65.26	16.68	53.22	27.67	25.56
临桂区	3623	788	2134	701	100.00	21.76	58.89	19.35	69.80	36.94	32.86
阳朔县	2349	425	1466	458	100.00	18.08	62.41	19.51	60.22	28.97	31.25
灵川县	2527	421	1622	485	100.00	16.64	64.17	19.18	55.83	25.94	29.89
全州县	5809	1222	3391	1195	100.00	21.04	58.38	20.58	71.30	36.05	35.25
兴安县	2723	474	1635	614	100.00	17.41	60.05	22.55	66.54	28.99	37.55
永福县	2117	433	1247	437	100.00	20.45	58.90	20.65	69.78	34.72	35.06
灌阳县	2002	363	1263	376	100.00	18.13	63.08	18.79	58.54	28.75	29.79
龙胜各族自治县	1372	271	759	342	100.00	19.78	55.30	24.92	80.82	35.76	45.06
资源县	1346	307	779	259	100.00	22.83	57.90	19.26	72.70	39.43	33.27
平乐县	3362	828	1834	701	100.00	24.63	54.53	20.84	83.37	45.16	38.21
荔浦县	2523	400	1648	476	100.00	15.84	65.31	18.85	53.12	24.25	28.87
恭城瑶族自治县	2339	474	1386	479	100.00	20.26	59.25	20.49	68.79	34.20	34.59

3-2c 续表 1

单位：人、%

地　区	人口数				占总人口比重				抚养比		
	合计	0-14岁	15-59岁	60岁及以上	合计	0-14岁	15-59岁	60岁及以上	总抚养比	少儿抚养比	老年抚养比
梧州市	**18763**	**5276**	**10651**	**2836**	**100.00**	**28.12**	**56.76**	**15.12**	**76.17**	**49.54**	**26.63**
万秀区	434	97	248	89	100.00	22.40	57.19	20.41	74.86	39.18	35.69
长洲区	343	102	181	60	100.00	29.79	52.69	17.52	89.77	56.53	33.25
龙圩区	1950	492	1169	290	100.00	25.21	59.94	14.85	66.84	42.07	24.77
苍梧县	2844	762	1632	450	100.00	26.78	57.40	15.82	74.22	46.65	27.57
藤县	6511	1954	3530	1027	100.00	30.01	54.22	15.78	84.45	55.35	29.10
蒙山县	1602	368	968	267	100.00	22.95	60.39	16.66	65.59	38.00	27.59
岑溪市	5078	1502	2922	653	100.00	29.58	57.55	12.87	73.76	51.40	22.36
北海市	**9006**	**1966**	**5787**	**1253**	**100.00**	**21.83**	**64.26**	**13.91**	**55.61**	**33.97**	**21.64**
海城区	32	6	21	4	100.00	20.34	67.17	12.49	48.87	30.28	18.59
银海区	775	162	510	103	100.00	20.90	65.81	13.29	51.95	31.76	20.19
铁山港区	1282	278	802	201	100.00	21.72	62.58	15.70	59.79	34.70	25.09
合浦县	6917	1519	4454	944	100.00	21.96	64.39	13.65	55.31	34.10	21.21
防城港市	**5294**	**1292**	**3296**	**707**	**100.00**	**24.40**	**62.26**	**13.35**	**60.63**	**39.19**	**21.44**
港口区	426	86	282	58	100.00	20.17	66.20	13.63	51.06	30.47	20.59
防城区	2350	642	1360	347	100.00	27.33	57.89	14.78	72.73	47.20	25.53
上思县	1820	404	1196	220	100.00	22.19	65.72	12.09	52.17	33.77	18.40
东兴市	699	160	458	81	100.00	22.88	65.51	11.61	52.65	34.93	17.72
钦州市	**25326**	**7361**	**14477**	**3489**	**100.00**	**29.06**	**57.16**	**13.78**	**74.95**	**50.85**	**24.10**
钦南区	2957	846	1675	436	100.00	28.63	56.65	14.73	76.54	50.54	26.00
钦北区	4909	1461	2723	724	100.00	29.77	55.47	14.76	80.26	53.66	26.60
灵山县	10796	3040	6497	1258	100.00	28.16	60.18	11.66	66.16	46.79	19.37
浦北县	6665	2013	3581	1071	100.00	30.20	53.73	16.07	86.11	56.21	29.90
贵港市	**28777**	**7747**	**16889**	**4141**	**100.00**	**26.92**	**58.69**	**14.39**	**70.39**	**45.87**	**24.52**
港北区	2010	574	1139	297	100.00	28.57	56.68	14.76	76.44	50.40	26.04
港南区	4117	1042	2426	649	100.00	25.30	58.93	15.77	69.71	42.94	26.77
覃塘区	3151	740	1934	478	100.00	23.48	61.36	15.16	62.97	38.26	24.70
平南县	8128	2359	4496	1273	100.00	29.03	55.32	15.66	80.78	52.48	28.30
桂平市	11371	3032	6894	1444	100.00	26.67	60.63	12.70	64.93	43.98	20.95
玉林市	**38069**	**11531**	**21395**	**5143**	**100.00**	**30.29**	**56.20**	**13.51**	**77.93**	**53.89**	**24.04**
玉州区	2044	529	1230	285	100.00	25.90	60.18	13.92	66.18	43.05	23.13
福绵区	3095	817	1821	456	100.00	26.41	58.84	14.75	69.96	44.89	25.07
容县	4896	1407	2710	780	100.00	28.73	55.34	15.93	80.69	51.91	28.78
陆川县	5723	1983	2983	757	100.00	34.65	52.13	13.22	91.85	66.48	25.37
博白县	10972	3587	6044	1341	100.00	32.69	55.08	12.22	81.54	59.35	22.19
兴业县	4570	1098	2800	672	100.00	24.02	61.27	14.71	63.22	39.21	24.02
北流市	6769	2110	3808	852	100.00	31.17	56.25	12.58	77.77	55.40	22.36

3-2c 续表 2

单位：人、%

地区	人口数				占总人口比重				抚养比		
	合计	0-14岁	15-59岁	60岁及以上	合计	0-14岁	15-59岁	60岁及以上	总抚养比	少儿抚养比	老年抚养比
百色市	**30061**	**6951**	**18369**	**4741**	**100.00**	**23.12**	**61.11**	**15.77**	**63.65**	**37.84**	**25.81**
右江区	1920	368	1241	310	100.00	19.19	64.67	16.14	54.64	29.67	24.96
田阳县	2692	603	1535	554	100.00	22.40	57.04	20.56	75.33	39.28	36.05
田东县	2908	665	1707	536	100.00	22.86	58.71	18.43	70.33	38.93	31.40
平果县	3054	652	2003	398	100.00	21.36	65.60	13.04	52.44	32.56	19.87
德保县	2895	607	1719	569	100.00	20.97	59.38	19.65	68.41	35.32	33.09
靖西县	4749	1117	2704	928	100.00	23.53	56.94	19.53	75.62	41.32	34.30
那坡县	1463	345	903	215	100.00	23.61	61.70	14.68	62.06	38.26	23.80
凌云县	1837	400	1206	231	100.00	21.78	65.65	12.57	52.33	33.18	19.15
乐业县	1422	374	888	159	100.00	26.34	62.48	11.18	60.04	42.15	17.89
田林县	2221	516	1426	278	100.00	23.24	64.22	12.53	55.71	36.19	19.51
西林县	1267	291	862	115	100.00	22.95	68.01	9.04	47.04	33.75	13.29
隆林各族自治县	3634	1011	2174	449	100.00	27.83	59.81	12.36	67.19	46.52	20.67
贺州市	**14515**	**3898**	**8397**	**2221**	**100.00**	**26.85**	**57.85**	**15.30**	**72.87**	**46.42**	**26.45**
八步区	4301	1247	2398	656	100.00	29.00	55.74	15.25	79.40	52.03	27.37
平桂管理区	2762	658	1738	366	100.00	23.82	62.93	13.25	58.90	37.85	21.05
昭平县	2557	700	1417	440	100.00	27.37	55.43	17.21	80.42	49.37	31.04
钟山县	2824	780	1625	420	100.00	27.60	57.53	14.86	73.81	47.98	25.83
富川瑶族自治县	2071	513	1219	339	100.00	24.78	58.86	16.36	69.90	42.10	27.80
河池市	**28978**	**7255**	**16986**	**4737**	**100.00**	**25.04**	**58.62**	**16.35**	**70.60**	**42.71**	**27.89**
金城江区	1864	215	1432	216	100.00	11.54	76.85	11.61	30.12	15.02	15.11
南丹县	2044	557	1204	284	100.00	27.23	58.88	13.89	69.82	46.24	23.59
天峨县	1269	347	741	182	100.00	27.30	58.35	14.35	71.37	46.78	24.58
凤山县	1575	397	929	248	100.00	25.24	59.02	15.74	69.43	42.77	26.67
东兰县	2179	555	1203	422	100.00	25.48	55.18	19.34	81.22	46.17	35.05
罗城仫佬族自治县	2705	629	1566	510	100.00	23.26	57.88	18.87	72.78	40.18	32.60
环江毛南族自治县	2436	589	1384	464	100.00	24.17	56.79	19.04	76.09	42.56	33.53
巴马瑶族自治县	2182	618	1232	332	100.00	28.33	56.46	15.20	77.10	50.18	26.93
都安瑶族自治县	4787	1408	2659	720	100.00	29.41	55.54	15.05	80.05	52.95	27.10
大化瑶族自治县	3388	883	2035	471	100.00	26.05	60.05	13.89	66.52	43.38	23.13
宜州市	4549	1057	2603	889	100.00	23.25	57.22	19.54	74.77	40.62	34.14
来宾市	**16269**	**3983**	**9244**	**3042**	**100.00**	**24.48**	**56.82**	**18.70**	**75.99**	**43.08**	**32.90**
兴宾区	6773	1802	3728	1243	100.00	26.61	55.04	18.35	81.70	48.35	33.34
忻城县	2845	619	1614	613	100.00	21.75	56.71	21.54	76.34	38.36	37.98
象州县	2302	494	1360	448	100.00	21.47	59.07	19.46	69.28	36.34	32.94
武宣县	2805	755	1570	480	100.00	26.92	55.98	17.10	78.63	48.08	30.54
金秀瑶族自治县	1041	207	635	200	100.00	19.85	60.97	19.18	64.01	32.56	31.45
合山市	503	105	339	59	100.00	20.95	67.30	11.75	48.58	31.13	17.45
崇左市	**16237**	**3699**	**9428**	**3109**	**100.00**	**22.78**	**58.07**	**19.15**	**72.22**	**39.24**	**32.98**
江州区	2211	470	1351	389	100.00	21.27	61.13	17.61	63.59	34.79	28.80
扶绥县	2827	575	1749	503	100.00	20.35	61.87	17.78	61.63	32.89	28.74
宁明县	3123	797	1808	518	100.00	25.52	57.90	16.59	72.72	44.07	28.65
龙州县	1807	286	1223	298	100.00	15.82	67.66	16.52	47.79	23.38	24.41
大新县	2773	615	1491	667	100.00	22.18	53.76	24.06	86.01	41.26	44.75
天等县	3068	858	1546	664	100.00	27.97	50.39	21.64	98.45	55.51	42.94
凭祥市	429	98	261	70	100	22.84	60.78	16.39	64.54	37.58	26.96

3-3 各地区人口年龄构成和抚养比(二)

单位：人、%

地 区	人口数				占总人口比重				抚养比		
	合计	0-14岁	15-64岁	65岁及以上	合计	0-14岁	15-64岁	65岁及以上	总抚养比	少儿抚养比	老年抚养比
全 区	**597005**	**135069**	**403649**	**58287**	**100.00**	**22.62**	**67.61**	**9.76**	**47.90**	**33.46**	**14.44**
南宁市	**87898**	**16630**	**63124**	**8144**	**100.00**	**18.92**	**71.82**	**9.26**	**39.25**	**26.34**	**12.90**
兴宁区	5218	768	3996	455	100.00	14.72	76.57	8.71	30.60	19.22	11.37
青秀区	10931	1392	8791	749	100.00	12.73	80.42	6.85	24.35	15.84	8.52
江南区	7345	1271	5543	530	100.00	17.31	75.47	7.22	32.51	22.94	9.57
西乡塘区	15534	2435	12002	1096	100.00	15.68	77.27	7.05	29.42	20.29	9.13
良庆区	4779	1051	3401	327	100.00	21.98	71.17	6.85	40.52	30.89	9.63
邕宁区	3349	711	2330	308	100.00	21.22	69.58	9.20	43.72	30.49	13.23
武鸣县	6747	1126	4734	887	100.00	16.69	70.15	13.15	42.54	23.80	18.75
隆安县	3750	895	2390	465	100.00	23.86	63.73	12.41	56.91	37.44	19.46
马山县	4905	1167	3154	584	100.00	23.79	64.31	11.90	55.50	36.99	18.51
上林县	4356	991	2816	549	100.00	22.75	64.65	12.59	54.68	35.20	19.48
宾阳县	10051	2054	7005	992	100.00	20.44	69.70	9.87	43.48	29.32	14.16
横县	10933	2768	6962	1202	100.00	25.32	63.68	11.00	57.03	39.76	17.27
柳州市	**47757**	**8805**	**34230**	**4722**	**100.00**	**18.44**	**71.67**	**9.89**	**39.52**	**25.72**	**13.80**
城中区	2463	318	2004	141	100.00	12.93	81.35	5.72	22.93	15.89	7.04
鱼峰区	5735	975	4260	500	100.00	17.01	74.28	8.71	34.63	22.90	11.73
柳南区	6174	1045	4629	500	100.00	16.92	74.98	8.10	33.37	22.57	10.81
柳北区	5304	831	3912	560	100.00	15.67	73.77	10.57	35.56	21.24	14.32
柳江县	7176	1187	5411	577	100.00	16.55	75.41	8.04	32.60	21.94	10.66
柳城县	4411	850	3018	543	100.00	19.27	68.42	12.31	46.15	28.16	17.99
鹿寨县	4141	873	2816	452	100.00	21.09	67.99	10.92	47.07	31.02	16.06
融安县	3557	650	2435	472	100.00	18.27	68.47	13.26	46.05	26.69	19.37
融水苗族自治县	5028	1050	3381	597	100.00	20.89	67.24	11.88	48.73	31.07	17.66
三江侗族自治县	3769	1025	2363	380	100.00	27.20	62.71	10.09	59.46	43.37	16.09
桂林市	**63857**	**11105**	**45776**	**6976**	**100.00**	**17.39**	**71.68**	**10.93**	**39.50**	**24.26**	**15.24**
秀峰区	2089	298	1619	172	100.00	14.28	77.47	8.25	29.08	18.43	10.65
叠彩区	2144	324	1535	285	100.00	15.11	71.61	13.28	39.64	21.10	18.55
象山区	3424	540	2551	333	100.00	15.78	74.50	9.72	34.22	21.18	13.04
七星区	4629	569	3764	296	100.00	12.28	81.33	6.39	22.96	15.10	7.85
雁山区	3261	124	3051	87	100.00	3.79	93.54	2.67	6.91	4.06	2.85
临桂区	5708	1232	3833	642	100.00	21.59	67.16	11.25	48.90	32.15	16.75
阳朔县	3436	631	2402	404	100.00	18.36	69.90	11.75	43.07	26.26	16.81
灵川县	5085	688	3873	525	100.00	13.53	76.16	10.31	31.30	17.76	13.54
全州县	7950	1642	5291	1017	100.00	20.66	66.55	12.79	50.26	31.04	19.21
兴安县	4114	743	2860	512	100.00	18.06	69.51	12.44	43.87	25.98	17.89
永福县	2924	591	1943	390	100.00	20.21	66.46	13.34	50.48	30.41	20.07
灌阳县	2896	544	2041	311	100.00	18.79	70.48	10.73	41.88	26.66	15.22
龙胜各族自治县	1928	370	1266	293	100.00	19.17	65.65	15.18	52.33	29.21	23.12
资源县	1842	427	1202	213	100.00	23.18	65.25	11.57	53.26	35.52	17.74
平乐县	5003	1079	3372	552	100.00	21.56	67.41	11.03	48.35	31.99	16.37
荔浦县	4320	687	3094	539	100.00	15.90	71.61	12.49	39.64	22.20	17.44
恭城瑶族自治县	3103	616	2079	407	100.00	19.86	67.00	13.13	49.24	29.64	19.60

3-3 续表 1

单位：人、%

地 区	人口数				占总人口比重				抚养比		
	合计	0-14岁	15-64岁	65岁及以上	合计	0-14岁	15-64岁	65岁及以上	总抚养比	少儿抚养比	老年抚养比
梧州市	**37282**	**10527**	**23174**	**3582**	**100.00**	**28.24**	**62.16**	**9.61**	**60.88**	**45.43**	**15.46**
万秀区	3772	593	2630	549	100.00	15.72	69.71	14.57	43.45	22.56	20.90
长洲区	2395	485	1691	220	100.00	20.26	70.58	9.17	41.69	28.70	12.99
龙圩区	3368	899	2145	325	100.00	26.67	63.69	9.64	57.01	41.88	15.13
苍梧县	3943	1057	2480	406	100.00	26.82	62.89	10.29	59.00	42.64	16.36
藤县	10551	2869	6663	1019	100.00	27.19	63.15	9.66	58.35	43.06	15.29
蒙山县	2407	556	1579	272	100.00	23.11	65.59	11.30	52.47	35.24	17.23
岑溪市	10845	4067	5986	791	100.00	37.50	55.20	7.30	81.16	67.94	13.22
北海市	**20265**	**3877**	**14577**	**1811**	**100.00**	**19.13**	**71.93**	**8.94**	**39.02**	**26.59**	**12.42**
海城区	5072	717	4008	347	100.00	14.13	79.02	6.85	26.55	17.88	8.67
银海区	2305	438	1704	163	100.00	19.01	73.93	7.06	35.26	25.71	9.54
铁山港区	1806	395	1199	213	100.00	21.85	66.36	11.79	50.69	32.92	17.77
合浦县	11082	2327	7666	1088	100.00	21.00	69.18	9.82	44.55	30.36	14.19
防城港市	**11861**	**2940**	**8005**	**916**	**100.00**	**24.79**	**67.49**	**7.72**	**48.17**	**36.73**	**11.44**
港口区	2615	656	1822	137	100.00	25.10	69.66	5.23	43.55	36.04	7.51
防城区	4660	1221	3003	436	100.00	26.20	64.44	9.35	55.17	40.66	14.52
上思县	2632	592	1837	203	100.00	22.50	69.80	7.70	43.27	32.24	11.04
东兴市	1954	470	1343	141	100.00	24.07	68.73	7.20	45.49	35.02	10.47
钦州市	**39427**	**10667**	**25345**	**3416**	**100.00**	**27.05**	**64.28**	**8.66**	**55.57**	**42.09**	**13.48**
钦南区	7122	1698	4846	578	100.00	23.85	68.04	8.11	46.97	35.05	11.92
钦北区	8435	2353	5352	731	100.00	27.89	63.44	8.67	57.63	43.96	13.67
灵山县	14673	3997	9522	1154	100.00	27.24	64.89	7.87	54.10	41.98	12.12
浦北县	9197	2619	5626	952	100.00	28.47	61.17	10.36	63.48	46.55	16.93
贵港市	**53116**	**13207**	**35014**	**4895**	**100.00**	**24.86**	**65.92**	**9.22**	**51.70**	**37.72**	**13.98**
港北区	7279	1672	4983	624	100.00	22.97	68.46	8.57	46.07	33.55	12.52
港南区	7145	1571	5005	568	100.00	21.99	70.05	7.96	42.75	31.40	11.36
覃塘区	5371	1296	3590	486	100.00	24.12	66.83	9.05	49.64	36.10	13.54
平南县	14583	3880	9177	1525	100.00	26.61	62.93	10.46	58.90	42.28	16.62
桂平市	18738	4788	12260	1691	100.00	25.55	65.43	9.02	52.84	39.05	13.79
玉林市	**70008**	**19452**	**44358**	**6198**	**100.00**	**27.79**	**63.36**	**8.85**	**57.83**	**43.85**	**13.97**
玉州区	9518	2006	6734	777	100.00	21.08	70.75	8.17	41.34	29.79	11.54
福绵区	4755	1214	3087	455	100.00	25.53	64.91	9.56	54.07	39.33	14.73
容县	7951	2187	4889	875	100.00	27.51	61.49	11.00	62.63	44.73	17.89
陆川县	9475	2957	5681	837	100.00	31.21	59.95	8.84	66.79	52.06	14.74
博白县	17080	5365	10328	1387	100.00	31.41	60.47	8.12	65.38	51.95	13.43
兴业县	7004	1663	4614	727	100.00	23.74	65.87	10.38	51.80	36.04	15.76
北流市	14224	4060	9025	1140	100.00	28.54	63.45	8.01	57.61	44.98	12.63

3-3　续表 2　　单位：人、%

地　区	人口数				占总人口比重				抚养比		
	合计	0-14岁	15-64岁	65岁及以上	合计	0-14岁	15-64岁	65岁及以上	总抚养比	少儿抚养比	老年抚养比
百色市	**44578**	**9691**	**30245**	**4642**	**100.00**	**21.74**	**67.85**	**10.41**	**47.39**	**32.04**	**15.35**
右江区	4906	912	3539	454	100.00	18.59	72.15	9.26	38.60	25.77	12.83
田阳县	4082	860	2705	516	100.00	21.07	66.28	12.65	50.88	31.79	19.09
田东县	4518	928	3071	519	100.00	20.54	67.98	11.48	47.10	30.22	16.88
平果县	5646	1150	4002	494	100.00	20.37	70.88	8.75	41.09	28.74	12.35
德保县	3792	749	2504	539	100.00	19.75	66.03	14.22	51.45	29.91	21.54
靖西县	6356	1432	4087	837	100.00	22.53	64.30	13.17	55.52	35.04	20.49
那坡县	1924	451	1284	189	100.00	23.45	66.71	9.84	49.90	35.15	14.75
凌云县	2341	498	1643	201	100.00	21.26	70.18	8.56	42.49	30.29	12.20
乐业县	1872	469	1249	155	100.00	25.04	66.71	8.25	49.91	37.53	12.37
田林县	2861	615	1994	252	100.00	21.48	69.70	8.81	43.46	30.82	12.64
西林县	1748	391	1251	106	100.00	22.35	71.57	6.08	39.72	31.22	8.50
隆林各族自治县	4531	1237	2915	379	100.00	27.30	64.33	8.36	55.44	42.43	13.00
贺州市	**24616**	**6152**	**16038**	**2426**	**100.00**	**24.99**	**65.15**	**9.86**	**53.49**	**38.36**	**15.13**
八步区	7751	1993	5006	752	100.00	25.71	64.59	9.70	54.83	39.81	15.02
平桂管理区	4917	1144	3332	441	100.00	23.27	67.76	8.97	47.58	34.34	13.23
昭平县	4277	1113	2699	465	100.00	26.02	63.10	10.88	58.47	41.23	17.24
钟山县	4435	1132	2884	419	100.00	25.53	65.03	9.44	53.78	39.26	14.52
富川瑶族自治县	3236	770	2117	349	100.00	23.79	65.42	10.79	52.87	36.37	16.50
河池市	**43795**	**10397**	**28789**	**4609**	**100.00**	**23.74**	**65.74**	**10.52**	**52.12**	**36.11**	**16.01**
金城江区	4652	773	3490	389	100.00	16.62	75.01	8.37	33.32	22.16	11.15
南丹县	3561	869	2360	333	100.00	24.39	66.26	9.34	50.91	36.81	14.10
天峨县	1937	520	1221	196	100.00	26.84	63.04	10.12	58.62	42.57	16.05
凤山县	2025	508	1306	211	100.00	25.07	64.51	10.42	55.02	38.86	16.16
东兰县	2981	657	1974	350	100.00	22.05	66.21	11.75	51.05	33.30	17.74
罗城仫佬族自治县	3841	846	2495	500	100.00	22.01	64.96	13.02	53.93	33.89	20.04
环江毛南族自治县	3397	817	2132	449	100.00	24.05	62.75	13.20	59.37	38.33	21.04
巴马瑶族自治县	2955	785	1878	292	100.00	26.57	63.56	9.87	57.33	41.81	15.52
都安瑶族自治县	6512	1889	3942	682	100.00	29.00	60.53	10.47	65.21	47.92	17.29
大化瑶族自治县	4791	1170	3201	420	100.00	24.43	66.81	8.76	49.67	36.56	13.11
宜州市	7143	1564	4791	789	100.00	21.89	67.07	11.04	49.09	32.63	16.46
来宾市	**26785**	**6296**	**17420**	**3069**	**100.00**	**23.50**	**65.04**	**11.46**	**53.76**	**36.14**	**17.62**
兴宾区	11612	2977	7291	1344	100.00	25.64	62.79	11.57	59.26	40.83	18.43
忻城县	3969	872	2527	569	100.00	21.97	63.68	14.34	57.02	34.50	22.52
象州县	3584	729	2454	401	100.00	20.33	68.48	11.19	46.03	29.70	16.34
武宣县	4634	1159	3052	424	100.00	25.01	65.85	9.14	51.87	37.98	13.89
金秀瑶族自治县	1575	300	1105	170	100.00	19.06	70.14	10.79	42.56	27.18	15.39
合山市	1411	259	991	161	100.00	18.35	70.25	11.41	42.35	26.12	16.24
崇左市	**25760**	**5324**	**17555**	**2880**	**100.00**	**20.67**	**68.15**	**11.18**	**46.74**	**30.33**	**16.41**
江州区	4793	746	3614	433	100.00	15.56	75.41	9.03	32.60	20.63	11.97
扶绥县	4666	939	3225	502	100.00	20.13	69.12	10.75	44.68	29.12	15.56
宁明县	4234	1028	2761	445	100.00	24.29	65.21	10.50	53.36	37.25	16.11
龙州县	2733	443	1986	304	100.00	16.21	72.65	11.14	37.64	22.31	15.33
大新县	3776	830	2396	550	100.00	21.98	63.45	14.57	57.60	34.63	22.96
天等县	4072	1065	2459	548	100.00	26.15	60.39	13.46	65.59	43.30	22.29
凭祥市	1487	274	1115	98	100.00	18.41	74.97	6.62	33.39	24.55	8.83

3-3a 各地区人口年龄构成和抚养比(二)(城市)

单位：人、%

地 区	人口数				占总人口比重				抚养比		
	合计	0-14岁	15-64岁	65岁及以上	合计	0-14岁	15-64岁	65岁及以上	总抚养比	少儿抚养比	老年抚养比
全 区	**125174**	**21433**	**94058**	**9683**	**100.00**	**17.12**	**75.14**	**7.74**	**33.08**	**22.79**	**10.29**
南宁市	**35473**	**5180**	**27965**	**2328**	**100.00**	**14.60**	**78.83**	**6.56**	**26.85**	**18.53**	**8.33**
兴宁区	4100	541	3203	356	100.00	13.20	78.13	8.67	27.99	16.89	11.10
青秀区	9564	1139	7821	603	100.00	11.91	81.78	6.31	22.28	14.56	7.71
江南区	4853	734	3772	348	100.00	15.12	77.72	7.16	28.67	19.46	9.22
西乡塘区	13371	2025	10507	839	100.00	15.15	78.58	6.27	27.26	19.28	7.98
良庆区	2732	579	2037	116	100.00	21.20	74.56	4.24	34.11	28.43	5.68
邕宁区	854	162	624	68	100.00	18.97	73.09	7.94	36.82	25.96	10.86
武鸣县											
隆安县											
马山县											
上林县											
宾阳县											
横县											
柳州市	**18545**	**2943**	**13970**	**1632**	**100.00**	**15.87**	**75.33**	**8.80**	**32.75**	**21.06**	**11.68**
城中区	2448	316	1992	140	100.00	12.92	81.38	5.70	22.88	15.88	7.00
鱼峰区	5492	929	4083	480	100.00	16.91	74.34	8.75	34.51	22.75	11.77
柳南区	5590	924	4183	482	100.00	16.53	74.84	8.62	33.61	22.09	11.52
柳北区	5015	773	3712	530	100.00	15.42	74.00	10.57	35.13	20.84	14.29
柳江县											
柳城县											
鹿寨县											
融安县											
融水苗族自治县											
三江侗族自治县											
桂林市	**13354**	**1986**	**10246**	**1121**	**100.00**	**14.88**	**76.73**	**8.40**	**30.33**	**19.39**	**10.94**
秀峰区	2089	298	1619	172	100.00	14.28	77.47	8.25	29.08	18.43	10.65
叠彩区	1929	291	1384	255	100.00	15.06	71.71	13.22	39.44	21.01	18.44
象山区	3420	539	2548	332	100.00	15.77	74.51	9.72	34.21	21.17	13.04
七星区	4245	507	3489	250	100.00	11.94	82.19	5.88	21.68	14.52	7.15
雁山区	116	5	102	9	100.00	4.01	88.23	7.76	13.35	4.55	8.80
临桂区	1554	347	1105	103	100.00	22.32	71.08	6.60	40.69	31.40	9.29
阳朔县											
灵川县											
全州县											
兴安县											
永福县											
灌阳县											
龙胜各族自治县											
资源县											
平乐县											
荔浦县											
恭城瑶族自治县											

3-3a 续表 1

单位：人、%

地 区	人口数				占总人口比重				抚养比		
	合计	0-14岁	15-64岁	65岁及以上	合计	0-14岁	15-64岁	65岁及以上	总抚养比	少儿抚养比	老年抚养比
梧州市	**9196**	**1946**	**6292**	**958**	**100.00**	**21.16**	**68.42**	**10.42**	**46.15**	**30.92**	**15.23**
万秀区	3177	465	2235	477	100.00	14.65	70.34	15.01	42.16	20.82	21.34
长洲区	2052	383	1493	175	100.00	18.66	72.79	8.55	37.39	25.64	11.75
龙圩区	1418	407	881	131	100.00	28.68	62.10	9.22	61.04	46.19	14.85
苍梧县											
藤县											
蒙山县											
岑溪市	2549	691	1683	175	100.00	27.10	66.03	6.86	51.44	41.04	10.40
北海市	**6066**	**881**	**4768**	**416**	**100.00**	**14.53**	**78.61**	**6.86**	**27.21**	**18.48**	**8.73**
海城区	4892	678	3885	328	100.00	13.87	79.42	6.71	25.92	17.46	8.46
银海区	924	160	712	52	100.00	17.33	77.05	5.62	29.78	22.49	7.29
铁山港区	250	43	171	36	100.00	17.12	68.55	14.34	45.89	24.97	20.92
合浦县											
防城港市	**3184**	**730**	**2249**	**204**	**100.00**	**22.94**	**70.65**	**6.41**	**41.55**	**32.47**	**9.07**
港口区	878	170	665	43	100.00	19.36	75.75	4.89	32.01	25.56	6.45
防城区	1452	335	996	121	100.00	23.11	68.57	8.33	45.84	33.70	12.14
上思县											
东兴市	854	225	589	40	100.00	26.34	68.94	4.72	45.06	38.21	6.85
钦州市	**3555**	**824**	**2493**	**239**	**100.00**	**23.17**	**70.12**	**6.72**	**42.62**	**33.04**	**9.58**
钦南区	2218	512	1532	174	100.00	23.07	69.07	7.86	44.77	33.39	11.38
钦北区	1338	312	961	64	100.00	23.33	71.85	4.82	39.19	32.48	6.71
灵山县											
浦北县											
贵港市	**8699**	**1795**	**6244**	**659**	**100.00**	**20.64**	**71.78**	**7.58**	**39.31**	**28.75**	**10.56**
港北区	4520	923	3244	352	100.00	20.42	71.78	7.80	39.31	28.44	10.86
港南区	1008	190	743	75	100.00	18.82	73.75	7.43	35.59	25.52	10.07
覃塘区	1109	243	801	65	100.00	21.92	72.20	5.88	38.50	30.36	8.14
平南县											
桂平市	2062	439	1456	167	100.00	21.31	70.60	8.10	41.65	30.18	11.47
玉林市	**10798**	**2196**	**7749**	**853**	**100.00**	**20.33**	**71.76**	**7.90**	**39.35**	**28.33**	**11.01**
玉州区	7042	1386	5091	564	100.00	19.68	72.31	8.01	38.30	27.22	11.08
福绵区	572	149	369	55	100.00	25.99	64.48	9.53	55.08	40.30	14.78
容县											
陆川县											
博白县											
兴业县											
北流市	3184	661	2289	234	100.00	20.76	71.88	7.36	39.13	28.88	10.24

3-3a 续表 2

单位：人、%

地 区	人口数				占总人口比重				抚养比		
	合计	0-14岁	15-64岁	65岁及以 上	合计	0-14岁	15-64岁	65岁及以 上	总抚养比	少 儿 抚养比	老 年 抚养比
百色市	**2986**	**544**	**2195**	**247**	**100.00**	**18.21**	**73.51**	**8.28**	**36.03**	**24.77**	**11.26**
右江区	2986	544	2195	247	100.00	18.21	73.51	8.28	36.03	24.77	11.26
田阳县											
田东县											
平果县											
德保县											
靖西县											
那坡县											
凌云县											
乐业县											
田林县											
西林县											
隆林各族自治县											
贺州市	**3058**	**591**	**2202**	**265**	**100.00**	**19.33**	**72.00**	**8.67**	**38.88**	**26.84**	**12.04**
八步区	1840	321	1357	161	100.00	17.47	73.76	8.78	35.58	23.68	11.90
平桂管理区	1218	270	845	104	100.00	22.14	69.36	8.50	44.18	31.92	12.26
昭平县											
钟山县											
富川瑶族自治县											
河池市	**4371**	**836**	**3180**	**355**	**100.00**	**19.12**	**72.76**	**8.12**	**37.44**	**26.29**	**11.15**
金城江区	2407	483	1699	225	100.00	20.07	70.58	9.35	41.69	28.44	13.25
南丹县											
天峨县											
凤山县											
东兰县											
罗城仫佬族自治县											
环江毛南族自治县											
巴马瑶族自治县											
都安瑶族自治县											
大化瑶族自治县											
宜州市	1964	353	1482	130	100.00	17.96	75.43	6.60	32.57	23.82	8.75
来宾市	**3136**	**704**	**2163**	**269**	**100.00**	**22.44**	**68.97**	**8.59**	**45.00**	**32.54**	**12.46**
兴宾区	2587	606	1775	205	100.00	23.44	68.62	7.94	45.72	34.15	11.57
忻城县											
象州县											
武宣县											
金秀瑶族自治县											
合山市	549	97	387	64	100.00	17.75	70.58	11.66	41.68	25.15	16.53
崇左市	**2753**	**277**	**2342**	**134**	**100.00**	**10.07**	**85.04**	**4.88**	**17.59**	**11.85**	**5.74**
江州区	2002	143	1768	91	100.00	7.15	88.31	4.54	13.24	8.10	5.14
扶绥县											
宁明县											
龙州县											
大新县											
天等县											
凭祥市	751	134	573	44	100.00	17.86	76.34	5.80	30.99	23.40	7.59

3-3b 各地区人口年龄构成和抚养比(二)(镇)

单位：人、%

地 区	人口数				占总人口比重				抚养比		
	合计	0-14岁	15-64岁	65岁及以上	合计	0-14岁	15-64岁	65岁及以上	总抚养比	少儿抚养比	老年抚养比
全 区	**153160**	**34061**	**106209**	**12890**	**100.00**	**22.24**	**69.35**	**8.42**	**44.21**	**32.07**	**12.14**
南宁市	**16657**	**3275**	**11910**	**1472**	**100.00**	**19.66**	**71.50**	**8.84**	**39.86**	**27.50**	**12.36**
兴宁区	256	49	187	20	100.00	19.24	73.02	7.74	36.94	26.34	10.60
青秀区	469	85	336	48	100.00	18.17	71.58	10.25	39.71	25.39	14.32
江南区	870	203	624	43	100.00	23.31	71.71	4.98	39.45	32.51	6.94
西乡塘区	476	89	339	48	100.00	18.74	71.24	10.02	40.38	26.31	14.07
良庆区	313	64	224	25	100.00	20.46	71.41	8.13	40.04	28.65	11.38
邕宁区	284	57	199	28	100.00	20.22	70.09	9.69	42.67	28.85	13.82
武鸣县	2702	424	1961	317	100.00	15.70	72.59	11.72	37.77	21.63	16.14
隆安县	992	209	671	112	100.00	21.06	67.63	11.31	47.86	31.14	16.72
马山县	1110	254	744	112	100.00	22.91	67.02	10.07	49.20	34.18	15.02
上林县	1290	252	934	104	100.00	19.57	72.36	8.07	38.20	27.04	11.15
宾阳县	4005	656	3029	320	100.00	16.37	75.63	8.00	32.22	21.64	10.58
横县	3890	931	2663	295	100.00	23.95	68.46	7.59	46.08	34.98	11.09
柳州市	**10559**	**1991**	**7625**	**943**	**100.00**	**18.85**	**72.22**	**8.93**	**38.47**	**26.11**	**12.37**
城中区											
鱼峰区											
柳南区	563	117	430	16	100.00	20.73	76.40	2.87	30.88	27.13	3.75
柳北区											
柳江县	3127	583	2347	197	100.00	18.63	75.06	6.31	33.23	24.82	8.41
柳城县	1635	286	1135	213	100.00	17.52	69.45	13.03	43.98	25.23	18.76
鹿寨县	1789	353	1248	188	100.00	19.72	69.75	10.53	43.37	28.28	15.09
融安县	1194	217	850	127	100.00	18.19	71.20	10.61	40.45	25.54	14.91
融水苗族自治县	1449	256	1058	135	100.00	17.69	73.02	9.29	36.95	24.23	12.72
三江侗族自治县	802	179	556	67	100.00	22.29	69.39	8.33	44.12	32.12	12.00
桂林市	**17550**	**2549**	**13542**	**1459**	**100.00**	**14.52**	**77.16**	**8.32**	**29.60**	**18.82**	**10.78**
秀峰区											
叠彩区											
象山区											
七星区	245	24	190	32	100.00	9.60	77.47	12.94	29.09	12.39	16.70
雁山区	2641	28	2585	28	100.00	1.06	97.87	1.06	2.17	1.09	1.08
临桂区	531	97	365	68	100.00	18.33	68.84	12.83	45.27	26.63	18.64
阳朔县	1087	206	775	106	100.00	18.95	71.30	9.75	40.26	26.58	13.67
灵川县	2559	267	2078	213	100.00	10.45	81.21	8.34	23.13	12.86	10.27
全州县	2141	420	1501	220	100.00	19.62	70.12	10.26	42.62	27.98	14.64
兴安县	1391	269	989	133	100.00	19.33	71.12	9.55	40.61	27.18	13.44
永福县	807	158	562	87	100.00	19.58	69.67	10.75	43.53	28.10	15.43
灌阳县	894	181	646	67	100.00	20.26	72.25	7.49	38.41	28.04	10.37
龙胜各族自治县	556	98	392	66	100.00	17.69	70.46	11.85	41.92	25.11	16.81
资源县	497	120	335	42	100.00	24.11	67.43	8.46	48.31	35.76	12.55
平乐县	1640	251	1280	109	100.00	15.28	78.06	6.66	28.10	19.57	8.53
荔浦县	1797	287	1292	218	100.00	15.99	71.88	12.13	39.11	22.24	16.87
恭城瑶族自治县	764	142	551	71	100.00	18.64	72.10	9.25	38.69	25.86	12.83

3-3b 续表 1

单位：人、%

地区	人口数				占总人口比重				抚养比		
	合计	0-14岁	15-64岁	65岁及以上	合计	0-14岁	15-64岁	65岁及以上	总抚养比	少儿抚养比	老年抚养比
梧州市	**9323**	**3305**	**5411**	**608**	**100.00**	**35.45**	**58.03**	**6.52**	**72.31**	**61.08**	**11.23**
万秀区	161	30	117	14	100.00	18.96	72.53	8.51	37.87	26.14	11.73
长洲区											
龙圩区											
苍梧县	1099	296	714	89	100.00	26.91	65.02	8.07	53.81	41.39	12.41
藤县	4040	915	2831	294	100.00	22.65	70.08	7.27	42.70	32.33	10.37
蒙山县	805	189	541	76	100.00	23.44	67.13	9.43	48.97	34.92	14.05
岑溪市	3218	1874	1208	136	100.00	58.25	37.53	4.22	166.45	155.20	11.25
北海市	**5193**	**1030**	**3610**	**554**	**100.00**	**19.82**	**69.51**	**10.66**	**43.86**	**28.52**	**15.34**
海城区	148	32	100	16	100.00	21.37	67.68	10.95	47.74	31.57	16.18
银海区	606	116	455	35	100.00	19.16	75.03	5.80	33.27	25.54	7.73
铁山港区	274	73	169	32	100.00	26.76	61.61	11.63	62.31	43.43	18.88
合浦县	4165	808	2886	470	100.00	19.41	69.30	11.30	44.31	28.01	16.30
防城港市	**3383**	**918**	**2247**	**218**	**100.00**	**27.13**	**66.42**	**6.45**	**50.56**	**40.85**	**9.71**
港口区	1311	401	854	57	100.00	30.56	65.12	4.32	53.56	46.92	6.64
防城区	858	243	544	71	100.00	28.36	63.42	8.22	57.68	44.71	12.96
上思县	812	188	574	49	100.00	23.19	70.75	6.05	41.33	32.78	8.56
东兴市	402	86	275	42	100.00	21.31	68.27	10.42	46.47	31.21	15.26
钦州市	**10545**	**2482**	**7261**	**802**	**100.00**	**23.54**	**68.85**	**7.61**	**45.24**	**34.19**	**11.05**
钦南区	1947	340	1512	95	100.00	17.48	77.64	4.89	28.81	22.51	6.30
钦北区	2189	579	1425	184	100.00	26.46	65.13	8.41	53.54	40.62	12.92
灵山县	3877	957	2622	298	100.00	24.68	67.63	7.69	47.86	36.50	11.37
浦北县	2532	606	1702	225	100.00	23.93	67.19	8.88	48.83	35.61	13.22
贵港市	**15640**	**3664**	**10624**	**1352**	**100.00**	**23.43**	**67.93**	**8.64**	**47.21**	**34.49**	**12.72**
港北区	749	175	518	56	100.00	23.33	69.14	7.53	44.63	33.73	10.89
港南区	2020	340	1601	79	100.00	16.84	79.27	3.90	26.16	21.24	4.92
覃塘区	1111	313	708	91	100.00	28.14	63.68	8.18	57.02	44.19	12.84
平南县	6454	1521	4292	641	100.00	23.56	66.51	9.93	50.36	35.43	14.93
桂平市	5305	1316	3505	484	100.00	24.80	66.06	9.13	51.37	37.54	13.82
玉林市	**21141**	**5725**	**13643**	**1772**	**100.00**	**27.08**	**64.53**	**8.38**	**54.96**	**41.97**	**12.99**
玉州区	432	91	317	24	100.00	21.05	73.40	5.56	36.25	28.68	7.57
福绵区	1088	248	748	93	100.00	22.78	68.69	8.53	45.57	33.16	12.41
容县	3055	780	1969	305	100.00	25.55	64.47	9.99	55.12	39.63	15.49
陆川县	3752	974	2466	312	100.00	25.96	65.72	8.32	52.17	39.50	12.66
博白县	6108	1778	3850	480	100.00	29.11	63.02	7.86	58.67	46.19	12.48
兴业县	2435	565	1635	234	100.00	23.22	67.15	9.63	48.91	34.58	14.33
北流市	4271	1289	2659	324	100.00	30.17	62.25	7.58	60.64	48.47	12.17

3-3b 续表 2

单位：人、%

地 区	人口数				占总人口比重				抚养比		
	合计	0-14岁	15-64岁	65岁及以上	合计	0-14岁	15-64岁	65岁及以上	总抚养比	少儿抚养比	老年抚养比
百色市	**11531**	**2196**	**8328**	**1006**	**100.00**	**19.05**	**72.23**	**8.72**	**38.45**	**26.37**	**12.08**
右江区											
田阳县	1390	257	1011	122	100.00	18.50	72.73	8.77	37.49	25.43	12.05
田东县	1611	264	1177	170	100.00	16.37	73.09	10.54	36.81	22.39	14.42
平果县	2592	498	1878	216	100.00	19.20	72.45	8.35	38.03	26.51	11.52
德保县	897	142	655	100	100.00	15.80	73.04	11.17	36.92	21.63	15.29
靖西县	1607	314	1133	159	100.00	19.57	70.53	9.90	41.78	27.74	14.03
那坡县	462	106	326	30	100.00	22.93	70.65	6.42	41.55	32.46	9.09
凌云县	504	97	364	42	100.00	19.33	72.30	8.37	38.31	26.74	11.57
乐业县	450	94	324	32	100.00	20.94	72.04	7.03	38.82	29.06	9.76
田林县	640	98	483	59	100.00	15.37	75.44	9.19	32.56	20.37	12.19
西林县	481	100	351	30	100.00	20.76	72.97	6.27	37.04	28.45	8.60
隆林各族自治县	897	226	625	46	100.00	25.17	69.67	5.16	43.54	36.13	7.41
贺州市	**7043**	**1663**	**4732**	**648**	**100.00**	**23.61**	**67.18**	**9.21**	**48.85**	**35.14**	**13.71**
八步区	1610	424	1023	163	100.00	26.33	63.52	10.15	57.42	41.45	15.98
平桂管理区	936	216	637	82	100.00	23.12	68.07	8.81	46.90	33.96	12.94
昭平县	1720	413	1149	159	100.00	24.01	66.77	9.22	49.78	35.97	13.81
钟山县	1611	353	1126	132	100.00	21.89	69.93	8.18	42.99	31.30	11.70
富川瑶族自治县	1166	257	796	112	100.00	22.03	68.33	9.64	46.35	32.24	14.10
河池市	**10446**	**2306**	**7294**	**846**	**100.00**	**22.08**	**69.82**	**8.10**	**43.22**	**31.62**	**11.60**
金城江区	382	75	285	21	100.00	19.71	74.71	5.59	33.86	26.38	7.48
南丹县	1517	312	1082	123	100.00	20.57	71.34	8.09	40.17	28.84	11.33
天峨县	668	173	443	51	100.00	25.96	66.41	7.63	50.58	39.09	11.49
凤山县	450	110	309	32	100.00	24.45	68.53	7.02	45.92	35.68	10.24
东兰县	801	102	666	34	100.00	12.73	83.08	4.19	20.37	15.32	5.05
罗城仫佬族自治县	1136	216	796	123	100.00	19.06	70.09	10.85	42.68	27.19	15.49
环江毛南族自治县	961	228	632	101	100.00	23.75	65.71	10.55	52.20	36.14	16.05
巴马瑶族自治县	773	167	562	44	100.00	21.61	72.73	5.67	37.50	29.71	7.79
都安瑶族自治县	1725	481	1080	164	100.00	27.88	62.63	9.49	59.66	44.51	15.15
大化瑶族自治县	1403	288	1033	82	100.00	20.50	73.65	5.85	35.78	27.84	7.94
宜州市	631	153	406	72	100.00	24.31	64.31	11.38	55.49	37.80	17.69
来宾市	**7380**	**1609**	**5125**	**646**	**100.00**	**21.81**	**69.44**	**8.75**	**44.00**	**31.40**	**12.60**
兴宾区	2252	568	1457	227	100.00	25.23	64.68	10.10	54.61	39.00	15.61
忻城县	1123	253	762	108	100.00	22.52	67.86	9.61	47.36	33.19	14.17
象州县	1282	235	937	111	100.00	18.30	73.05	8.65	36.90	25.05	11.84
武宣县	1829	404	1318	107	100.00	22.08	72.07	5.85	38.76	30.64	8.12
金秀瑶族自治县	534	94	403	37	100.00	17.52	75.52	6.96	32.41	23.20	9.21
合山市	359	56	248	55	100.00	15.60	68.98	15.42	44.97	22.62	22.35
崇左市	**6769**	**1348**	**4859**	**563**	**100.00**	**19.91**	**71.77**	**8.32**	**39.33**	**27.74**	**11.59**
江州区	579	132	386	61	100.00	22.85	66.64	10.51	50.05	34.28	15.77
扶绥县	1839	364	1314	161	100.00	19.79	71.44	8.78	39.98	27.70	12.29
宁明县	1110	231	789	90	100.00	20.84	71.02	8.13	40.80	29.35	11.45
龙州县	926	157	684	85	100.00	16.96	73.91	9.14	35.30	22.94	12.36
大新县	1003	215	707	81	100.00	21.40	70.53	8.07	41.78	30.34	11.43
天等县	1004	207	719	79	100.00	20.57	71.55	7.88	39.76	28.74	11.02
凭祥市	307	42	260	6	100.00	13.55	84.56	1.88	18.25	16.03	2.23

3-3c 各地区人口年龄构成和抚养比(二)(乡村)

单位：人、%

地　　区	人口数				占总人口比重				抚养比		
	合计	0-14岁	15-64岁	65岁及以　上	合计	0-14岁	15-64岁	65岁及以　上	总抚养比	少　儿抚养比	老　年抚养比
全　区	**318671**	**79575**	**203382**	**35714**	**100.00**	**24.97**	**63.82**	**11.21**	**56.69**	**39.13**	**17.56**
南宁市	**35767**	**8174**	**23250**	**4343**	**100.00**	**22.85**	**65.00**	**12.14**	**53.84**	**35.16**	**18.68**
兴宁区	863	178	606	79	100.00	20.63	70.20	9.18	42.45	29.38	13.07
青秀区	898	168	633	97	100.00	18.66	70.51	10.83	41.83	26.47	15.36
江南区	1622	335	1147	140	100.00	20.65	70.75	8.61	41.35	29.18	12.16
西乡塘区	1687	321	1157	209	100.00	19.02	68.57	12.41	45.83	27.74	18.09
良庆区	1734	407	1140	186	100.00	23.49	65.77	10.74	52.05	35.71	16.34
邕宁区	2211	491	1507	213	100.00	22.21	68.16	9.63	46.71	32.59	14.13
武鸣县	4046	702	2772	571	100.00	17.36	68.53	14.11	45.92	25.33	20.59
隆安县	2758	686	1719	353	100.00	24.87	62.33	12.80	60.44	39.90	20.54
马山县	3795	913	2410	472	100.00	24.05	63.52	12.44	57.44	37.86	19.58
上林县	3066	739	1882	444	100.00	24.10	61.41	14.50	62.85	39.24	23.61
宾阳县	6046	1398	3976	671	100.00	23.13	65.76	11.11	52.06	35.17	16.89
横县	7043	1837	4300	907	100.00	26.08	61.05	12.87	63.81	42.72	21.09
柳州市	**18654**	**3872**	**12635**	**2147**	**100.00**	**20.76**	**67.73**	**11.51**	**47.64**	**30.64**	**16.99**
城中区	16	2	12	2	100.00	13.77	76.81	9.41	30.18	17.93	12.26
鱼峰区	243	47	177	19	100.00	19.18	72.85	7.97	37.27	26.32	10.94
柳南区	21	4	15	2	100.00	17.58	72.93	9.49	37.13	24.11	13.02
柳北区	288	57	201	30	100.00	19.93	69.63	10.44	43.61	28.63	14.99
柳江县	4048	605	3064	379	100.00	14.94	75.69	9.37	32.13	19.74	12.38
柳城县	2776	564	1883	330	100.00	20.30	67.81	11.89	47.46	29.93	17.53
鹿寨县	2352	520	1568	264	100.00	22.13	66.66	11.21	50.02	33.20	16.82
融安县	2363	433	1585	345	100.00	18.32	67.09	14.60	49.06	27.30	21.76
融水苗族自治县	3579	794	2323	463	100.00	22.18	64.90	12.92	54.09	34.18	19.91
三江侗族自治县	2967	846	1807	314	100.00	28.52	60.91	10.57	64.18	46.83	17.35
桂林市	**32953**	**6570**	**21988**	**4396**	**100.00**	**19.94**	**66.72**	**13.34**	**49.87**	**29.88**	**19.99**
秀峰区											
叠彩区	214	33	151	30	100.00	15.51	70.68	13.81	41.48	21.94	19.53
象山区	5	1	3		100.00	22.02	68.82	9.16	45.30	31.99	13.31
七星区	139	38	86	14	100.00	27.73	61.95	10.31	61.42	44.77	16.65
雁山区	504	91	363	50	100.00	18.06	72.02	9.92	38.85	25.07	13.78
临桂区	3623	788	2363	471	100.00	21.76	65.23	13.01	53.30	33.35	19.95
阳朔县	2349	425	1627	298	100.00	18.08	69.25	12.67	44.40	26.11	18.30
灵川县	2527	421	1795	311	100.00	16.64	71.04	12.31	40.77	23.43	17.33
全州县	5809	1222	3789	797	100.00	21.04	65.24	13.72	53.28	32.26	21.03
兴安县	2723	474	1870	379	100.00	17.41	68.68	13.91	45.60	25.34	20.25
永福县	2117	433	1381	303	100.00	20.45	65.23	14.32	53.30	31.35	21.95
灌阳县	2002	363	1395	244	100.00	18.13	69.69	12.17	43.48	26.02	17.46
龙胜各族自治县	1372	271	874	227	100.00	19.78	63.69	16.53	57.00	31.05	25.95
资源县	1346	307	867	171	100.00	22.83	64.44	12.72	55.17	35.43	19.74
平乐县	3362	828	2092	443	100.00	24.63	62.21	13.16	60.75	39.59	21.16
荔浦县	2523	400	1802	322	100.00	15.84	71.42	12.74	40.02	22.18	17.85
恭城瑶族自治县	2339	474	1529	337	100.00	20.26	65.34	14.40	53.04	31.01	22.04

3-3c 续表 1

单位：人、%

地　区	人口数				占总人口比重				抚养比		
	合计	0-14岁	15-64岁	65岁及以上	合计	0-14岁	15-64岁	65岁及以上	总抚养比	少儿抚养比	老年抚养比
梧州市	**18763**	**5276**	**11471**	**2016**	**100.00**	**28.12**	**61.14**	**10.74**	**63.57**	**46.00**	**17.57**
万秀区	434	97	278	59	100.00	22.40	64.04	13.56	56.16	34.99	21.18
长洲区	343	102	197	44	100.00	29.79	57.36	12.85	74.33	51.93	22.40
龙圩区	1950	492	1265	194	100.00	25.21	64.85	9.94	54.21	38.88	15.32
苍梧县	2844	762	1765	317	100.00	26.78	62.07	11.15	61.11	43.14	17.96
藤县	6511	1954	3832	725	100.00	30.01	58.85	11.14	69.91	50.99	18.93
蒙山县	1602	368	1038	196	100.00	22.95	64.81	12.24	54.30	35.41	18.89
岑溪市	5078	1502	3095	480	100.00	29.58	60.96	9.46	64.04	48.52	15.52
北海市	**9006**	**1966**	**6199**	**841**	**100.00**	**21.83**	**68.83**	**9.34**	**45.28**	**31.71**	**13.57**
海城区	32	6	23	3	100.00	20.34	71.31	8.35	40.24	28.53	11.71
银海区	775	162	537	76	100.00	20.90	69.35	9.75	44.19	30.14	14.06
铁山港区	1282	278	858	145	100.00	21.72	66.95	11.33	49.36	32.43	16.93
合浦县	6917	1519	4780	618	100.00	21.96	69.11	8.93	44.69	31.77	12.92
防城港市	**5294**	**1292**	**3509**	**494**	**100.00**	**24.40**	**66.27**	**9.33**	**50.89**	**36.82**	**14.07**
港口区	426	86	303	37	100.00	20.17	71.08	8.75	40.68	28.37	12.30
防城区	2350	642	1463	244	100.00	27.33	62.27	10.40	60.59	43.88	16.71
上思县	1820	404	1263	154	100.00	22.19	69.37	8.44	44.16	31.99	12.16
东兴市	699	160	480	58	100.00	22.88	68.75	8.37	45.46	33.28	12.18
钦州市	**25326**	**7361**	**15591**	**2375**	**100.00**	**29.06**	**61.56**	**9.38**	**62.44**	**47.21**	**15.23**
钦南区	2957	846	1802	308	100.00	28.63	60.95	10.42	64.07	46.97	17.10
钦北区	4909	1461	2965	483	100.00	29.77	60.40	9.83	65.57	49.29	16.28
灵山县	10796	3040	6899	856	100.00	28.16	63.91	7.93	56.47	44.07	12.41
浦北县	6665	2013	3924	728	100.00	30.20	58.88	10.92	69.84	51.29	18.54
贵港市	**28777**	**7747**	**18146**	**2884**	**100.00**	**26.92**	**63.06**	**10.02**	**58.59**	**42.70**	**15.89**
港北区	2010	574	1221	215	100.00	28.57	60.73	10.71	64.67	47.04	17.63
港南区	4117	1042	2660	415	100.00	25.30	64.62	10.08	54.75	39.15	15.60
覃塘区	3151	740	2081	330	100.00	23.48	66.04	10.48	51.42	35.55	15.86
平南县	8128	2359	4885	884	100.00	29.03	60.09	10.88	66.41	48.30	18.10
桂平市	11371	3032	7299	1039	100.00	26.67	64.19	9.14	55.79	41.54	14.24
玉林市	**38069**	**11531**	**22966**	**3573**	**100.00**	**30.29**	**60.33**	**9.38**	**65.77**	**50.21**	**15.56**
玉州区	2044	529	1326	189	100.00	25.90	64.85	9.25	54.21	39.95	14.26
福绵区	3095	817	1970	307	100.00	26.41	63.65	9.93	57.10	41.49	15.61
容县	4896	1407	2920	570	100.00	28.73	59.63	11.64	67.69	48.18	19.51
陆川县	5723	1983	3215	525	100.00	34.65	56.18	9.17	78.01	61.68	16.33
博白县	10972	3587	6478	907	100.00	32.69	59.04	8.26	69.37	55.37	14.00
兴业县	4570	1098	2979	493	100.00	24.02	65.19	10.79	53.39	36.85	16.55
北流市	6769	2110	4078	582	100.00	31.17	60.24	8.59	66.00	51.74	14.26

3-3c 续表 2

单位：人、%

地区	人口数				占总人口比重				抚养比		
	合计	0-14岁	15-64岁	65岁及以上	合计	0-14岁	15-64岁	65岁及以上	总抚养比	少儿抚养比	老年抚养比
百色市	**30061**	**6951**	**19722**	**3389**	**100.00**	**23.12**	**65.60**	**11.27**	**52.43**	**35.25**	**17.18**
右江区	1920	368	1344	207	100.00	19.19	70.03	10.78	42.80	27.40	15.40
田阳县	2692	603	1695	395	100.00	22.40	62.94	14.66	58.88	35.59	23.29
田东县	2908	665	1894	349	100.00	22.86	65.15	11.99	53.50	35.08	18.41
平果县	3054	652	2124	278	100.00	21.36	69.54	9.10	43.80	30.72	13.08
德保县	2895	607	1848	439	100.00	20.97	63.86	15.17	56.60	32.84	23.76
靖西县	4749	1117	2953	678	100.00	23.53	62.19	14.28	60.80	37.83	22.96
那坡县	1463	345	958	160	100.00	23.61	65.47	10.92	52.74	36.06	16.68
凌云县	1837	400	1279	158	100.00	21.78	69.60	8.62	43.68	31.30	12.38
乐业县	1422	374	924	123	100.00	26.34	65.02	8.64	53.80	40.51	13.29
田林县	2221	516	1511	193	100.00	23.24	68.05	8.70	46.95	34.16	12.79
西林县	1267	291	900	76	100.00	22.95	71.04	6.01	40.76	32.31	8.46
隆林各族自治县	3634	1011	2290	333	100.00	27.83	63.02	9.16	58.68	44.15	14.53
贺州市	**14515**	**3898**	**9104**	**1513**	**100.00**	**26.85**	**62.72**	**10.42**	**59.43**	**42.81**	**16.62**
八步区	4301	1247	2626	427	100.00	29.00	61.07	9.93	63.76	47.50	16.26
平桂管理区	2762	658	1849	255	100.00	23.82	66.95	9.23	49.36	35.58	13.78
昭平县	2557	700	1551	307	100.00	27.37	60.64	11.99	64.91	45.13	19.78
钟山县	2824	780	1757	287	100.00	27.60	62.23	10.17	60.70	44.36	16.34
富川瑶族自治县	2071	513	1321	237	100.00	24.78	63.77	11.45	56.80	38.85	17.95
河池市	**28978**	**7255**	**18315**	**3408**	**100.00**	**25.04**	**63.20**	**11.76**	**58.22**	**39.61**	**18.61**
金城江区	1864	215	1506	143	100.00	11.54	80.79	7.67	23.78	14.29	9.49
南丹县	2044	557	1278	210	100.00	27.23	62.50	10.28	60.01	43.56	16.44
天峨县	1269	347	778	145	100.00	27.30	61.27	11.43	63.20	44.55	18.65
凤山县	1575	397	998	179	100.00	25.24	63.36	11.40	57.83	39.84	17.99
东兰县	2179	555	1308	317	100.00	25.48	60.00	14.52	66.66	42.46	24.20
罗城仫佬族自治县	2705	629	1699	377	100.00	23.26	62.81	13.93	59.20	37.02	22.18
环江毛南族自治县	2436	589	1500	347	100.00	24.17	61.58	14.25	62.39	39.25	23.14
巴马瑶族自治县	2182	618	1316	248	100.00	28.33	60.31	11.35	65.80	46.97	18.82
都安瑶族自治县	4787	1408	2861	518	100.00	29.41	59.77	10.82	67.30	49.20	18.10
大化瑶族自治县	3388	883	2168	338	100.00	26.05	63.98	9.97	56.30	40.72	15.58
宜州市	4549	1057	2904	587	100.00	23.25	63.85	12.91	56.62	36.41	20.22
来宾市	**16269**	**3983**	**10133**	**2154**	**100.00**	**24.48**	**62.28**	**13.24**	**60.56**	**39.30**	**21.25**
兴宾区	6773	1802	4059	911	100.00	26.61	59.94	13.45	66.85	44.40	22.44
忻城县	2845	619	1765	461	100.00	21.75	62.03	16.21	61.20	35.07	26.13
象州县	2302	494	1518	290	100.00	21.47	65.93	12.60	51.68	32.56	19.11
武宣县	2805	755	1733	317	100.00	26.92	61.79	11.29	61.84	43.57	18.27
金秀瑶族自治县	1041	207	701	133	100.00	19.85	67.39	12.76	48.40	29.46	18.94
合山市	503	105	356	42	100.00	20.95	70.79	8.26	41.27	29.60	11.67
崇左市	**16237**	**3699**	**10355**	**2183**	**100.00**	**22.78**	**63.77**	**13.44**	**56.81**	**35.73**	**21.08**
江州区	2211	470	1460	281	100.00	21.27	66.03	12.70	51.44	32.20	19.24
扶绥县	2827	575	1911	340	100.00	20.35	67.61	12.04	47.91	30.10	17.81
宁明县	3123	797	1972	354	100.00	25.52	63.14	11.35	58.38	40.41	17.97
龙州县	1807	286	1301	220	100.00	15.82	72.01	12.17	38.87	21.97	16.90
大新县	2773	615	1688	469	100.00	22.18	60.89	16.92	64.22	36.43	27.79
天等县	3068	858	1741	469	100.00	27.97	56.74	15.29	76.25	49.30	26.95
凭祥市	429	98	282	49	100.00	22.84	65.69	11.47	52.22	34.76	17.46

4 受教育程度

4-1 全区分年龄、性别、受教育程度的6岁及以上人口

单位：人

年龄	6岁及以上人口			未上过学			小学		
	合计	男	女	小计	男	女	小计	男	女
总计	**539512**	**275279**	**264233**	**26097**	**6656**	**19441**	**168354**	**81610**	**86744**
6-9	**34875**	**18858**	**16017**	**2437**	**1392**	**1044**	**32438**	**17465**	**14973**
6	9185	5098	4086	2156	1219	938	7028	3880	3149
7	8859	4760	4099	188	112	76	8671	4648	4023
8	8329	4389	3940	57	36	21	8272	4353	3919
9	8503	4610	3892	36	26	10	8467	4584	3882
10-14	**42701**	**22773**	**19929**	**151**	**81**	**70**	**23584**	**12785**	**10799**
10	8468	4543	3925	35	20	15	8264	4427	3836
11	8471	4539	3932	27	16	11	7804	4175	3629
12	8368	4562	3806	24	11	12	5204	2877	2326
13	8369	4518	3851	29	13	16	1751	1001	750
14	9025	4612	4414	38	21	17	561	303	258
15-19	**33397**	**17861**	**15536**	**110**	**57**	**53**	**934**	**551**	**382**
15	7684	4311	3373	21	12	9	152	94	58
16	6997	4008	2989	17	12	5	142	78	64
17	6696	3628	3068	21	12	9	171	112	60
18	6009	3055	2953	26	11	14	207	113	94
19	6012	2859	3153	25	10	14	261	154	107
20-24	**38004**	**18100**	**19904**	**123**	**68**	**55**	**1871**	**1044**	**827**
20	7807	3324	4482	26	14	12	289	171	118
21	7835	3497	4338	28	15	13	326	201	125
22	7559	3654	3906	25	14	12	382	204	177
23	7673	3917	3757	21	12	9	429	228	201
24	7130	3708	3422	24	14	10	445	239	206
25-29	**50228**	**25310**	**24918**	**197**	**96**	**101**	**3580**	**1767**	**1813**
25	9497	4799	4698	41	27	13	589	300	289
26	9513	4749	4764	30	16	14	618	295	323
27	9829	4928	4901	40	15	25	694	346	348
28	10724	5461	5263	45	21	24	841	403	437
29	10665	5373	5292	42	17	25	839	422	416
30-34	**48263**	**24427**	**23836**	**306**	**105**	**201**	**5399**	**2465**	**2935**
30	10685	5394	5291	65	18	47	973	448	525
31	10124	5036	5088	45	22	22	1068	496	572
32	8759	4412	4347	48	15	32	1012	481	530
33	9686	4930	4756	85	26	59	1148	483	665
34	9010	4656	4354	64	24	40	1200	558	642
35-39	**44524**	**23322**	**21202**	**469**	**153**	**316**	**7624**	**3477**	**4147**
35	9383	4853	4530	82	31	51	1288	570	718
36	9306	4859	4446	93	32	61	1469	684	786
37	8841	4563	4278	95	34	61	1513	663	850
38	7902	4252	3650	100	27	73	1514	718	796
39	9093	4795	4298	99	29	70	1840	843	997
40-44	**46028**	**24120**	**21908**	**708**	**198**	**510**	**11054**	**4974**	**6079**
40	9302	4856	4446	120	35	85	1943	906	1037
41	9665	5031	4634	147	40	107	2136	955	1182
42	9035	4807	4228	141	45	96	2203	990	1213
43	9096	4708	4388	138	36	103	2367	1049	1318
44	8931	4718	4213	161	43	119	2405	1074	1331

4-1 续表 1

单位：人

年 龄	初 中			普通高中			中 职		
	小计	男	女	小计	男	女	小计	男	女
总 计	**221724**	**121580**	**100143**	**50310**	**28511**	**21799**	**23350**	**13124**	**10226**
6-9									
6									
7									
8									
9									
10-14	**18513**	**9672**	**8841**	**349**	**166**	**183**	**102**	**68**	**34**
10	169	95	74						
11	640	348	292						
12	3141	1673	1468						
13	6518	3461	3056	53	28	24	18	14	4
14	8046	4095	3951	296	138	158	84	55	30
15-19	**14435**	**8230**	**6205**	**11256**	**5451**	**5805**	**3769**	**2617**	**1152**
15	5411	3022	2389	1422	658	764	659	516	143
16	2852	1622	1230	2738	1331	1407	1182	935	247
17	2077	1225	851	3394	1645	1749	841	559	282
18	1941	1115	826	2449	1186	1263	601	353	248
19	2155	1247	908	1253	631	622	486	254	232
20-24	**15413**	**8426**	**6987**	**3993**	**2216**	**1777**	**3062**	**1637**	**1424**
20	2579	1450	1129	845	466	379	606	316	291
21	2641	1486	1155	700	393	307	556	302	255
22	2984	1640	1344	766	428	338	569	295	274
23	3598	1932	1667	847	480	367	671	373	298
24	3611	1918	1692	835	449	386	659	352	308
25-29	**27203**	**13946**	**13256**	**6109**	**3252**	**2857**	**4026**	**2045**	**1982**
25	4866	2504	2361	1242	658	584	865	461	405
26	5091	2590	2500	1172	634	537	796	400	396
27	5251	2651	2599	1237	637	601	831	440	391
28	5955	3061	2894	1303	698	604	775	403	372
29	6041	3139	2902	1156	625	531	759	341	418
30-34	**28293**	**14467**	**13826**	**4484**	**2521**	**1963**	**2966**	**1433**	**1532**
30	6329	3225	3104	1083	595	488	657	291	366
31	5893	2925	2968	1017	559	457	615	307	308
32	5286	2675	2610	756	413	343	516	261	255
33	5561	2915	2646	865	522	343	610	282	327
34	5225	2727	2498	763	431	332	568	292	276
35-39	**24314**	**13004**	**11310**	**3794**	**2205**	**1589**	**3123**	**1669**	**1454**
35	5325	2777	2548	799	449	349	674	347	327
36	5108	2743	2364	793	463	330	676	340	336
37	4763	2523	2240	796	460	336	642	358	284
38	4212	2300	1912	662	398	264	576	318	258
39	4906	2660	2247	745	436	309	555	306	249
40-44	**24258**	**13155**	**11103**	**3754**	**2259**	**1495**	**2074**	**1135**	**938**
40	4984	2695	2289	790	444	346	476	235	240
41	5245	2821	2424	800	477	323	447	245	202
42	4730	2608	2122	719	454	266	416	232	184
43	4714	2500	2214	718	434	284	399	238	161
44	4585	2530	2055	726	449	276	336	185	151

4-1 续表 2

单位：人

年 龄	大学专科			大学本科			研究生		
	小计	男	女	小计	男	女	小计	男	女
总 计	**26092**	**13303**	**12789**	**22608**	**9947**	**12661**	**977**	**546**	**430**
6-9									
6									
7									
8									
9									
10-14	**1**		**1**	**1**		**1**			
10				1		1			
11									
12									
13	1		1						
14									
15-19	**1499**	**578**	**921**	**1392**	**376**	**1016**	**3**		**3**
15	14	7	7	4	3	1	1		1
16	41	22	19	23	6	17			
17	98	50	48	94	25	69			
18	457	169	288	329	108	221			
19	889	330	559	942	234	708	2		2
20-24	**4896**	**2038**	**2858**	**8563**	**2625**	**5938**	**83**	**46**	**37**
20	1270	431	839	2192	477	1716			
21	1084	413	671	2490	680	1810	9	6	3
22	900	426	475	1921	642	1279	12	5	7
23	868	387	481	1196	482	714	43	23	20
24	773	381	393	764	344	420	18	12	7
25-29	**5290**	**2495**	**2795**	**3642**	**1626**	**2017**	**181**	**84**	**97**
25	1025	480	544	842	355	488	28	13	14
26	1050	494	557	726	300	426	31	20	11
27	1059	504	555	675	313	362	42	22	20
28	1057	522	535	704	339	365	45	14	32
29	1099	495	604	695	320	375	35	15	20
30-34	**3733**	**1901**	**1831**	**2834**	**1427**	**1407**	**249**	**108**	**142**
30	871	453	419	656	340	316	50	23	27
31	812	406	406	619	299	320	56	22	34
32	635	320	314	461	228	233	46	18	28
33	770	383	387	600	299	301	47	21	27
34	644	340	305	497	262	236	49	23	26
35-39	**3042**	**1587**	**1454**	**2015**	**1150**	**866**	**143**	**78**	**65**
35	678	371	307	487	281	206	49	27	22
36	688	331	357	454	256	198	25	11	14
37	606	294	312	401	219	183	25	12	13
38	515	294	221	305	184	120	19	14	5
39	555	297	258	368	209	159	24	14	11
40-44	**2523**	**1397**	**1126**	**1538**	**922**	**616**	**121**	**81**	**40**
40	583	297	286	380	224	156	26	19	7
41	547	294	252	324	183	141	19	17	3
42	516	287	228	280	171	108	30	19	11
43	459	275	185	275	164	111	25	13	12
44	418	243	175	279	180	99	21	13	8

4-1 续表 3

单位：人

年 龄	6岁及以上人口			未上过学			小 学		
	合计	男	女	小计	男	女	小计	男	女
45-49	**46624**	**24639**	**21985**	**1002**	**251**	**752**	**14328**	**6574**	**7754**
45	9557	5079	4478	192	48	144	2714	1290	1423
46	9319	4955	4364	181	48	133	2925	1379	1545
47	10137	5369	4768	220	68	153	3094	1417	1678
48	8034	4276	3759	176	35	141	2546	1182	1364
49	9576	4961	4616	233	52	181	3050	1305	1744
50-54	**40149**	**20883**	**19266**	**1042**	**242**	**800**	**12186**	**5063**	**7123**
50	9441	5036	4405	229	62	167	2927	1288	1640
51	9005	4508	4497	245	47	198	2750	1097	1653
52	10057	5255	4802	239	61	178	2941	1206	1736
53	7773	4100	3673	209	44	165	2340	985	1356
54	3872	1984	1888	120	29	92	1227	488	739
55-59	**28792**	**14615**	**14177**	**1497**	**267**	**1230**	**11045**	**4537**	**6509**
55	4834	2329	2505	182	26	156	1631	613	1018
56	4643	2366	2277	229	33	196	1677	663	1013
57	6701	3431	3270	366	74	292	2614	1103	1511
58	6680	3509	3171	345	58	287	2642	1137	1505
59	5935	2980	2955	376	77	299	2481	1020	1461
60-64	**27640**	**13752**	**13888**	**2450**	**457**	**1993**	**13561**	**5842**	**7720**
60	5864	2935	2929	428	82	347	2638	1097	1541
61	5977	2952	3025	481	94	387	2803	1156	1647
62	5622	2788	2834	496	94	402	2803	1226	1578
63	5651	2823	2829	524	96	428	2950	1280	1671
64	4525	2254	2271	520	92	428	2366	1083	1283
65-69	**19819**	**9916**	**9903**	**2817**	**599**	**2218**	**11146**	**5338**	**5808**
65	4948	2408	2540	586	110	476	2675	1190	1485
66	4796	2524	2272	619	142	477	2750	1365	1385
67	3661	1821	1839	544	117	427	2065	990	1075
68	3246	1658	1588	500	112	388	1843	930	913
69	3168	1503	1664	568	118	450	1813	863	951
70-74	**14943**	**6955**	**7988**	**3436**	**763**	**2673**	**8486**	**4144**	**4342**
70	3209	1483	1726	631	129	503	1872	870	1003
71	3135	1514	1620	678	153	525	1845	941	904
72	3024	1363	1661	720	163	557	1725	808	918
73	2762	1281	1481	679	153	526	1476	727	748
74	2814	1314	1500	729	166	562	1568	798	770
75-79	**11347**	**5053**	**6294**	**3593**	**781**	**2812**	**5867**	**2914**	**2954**
75	2643	1203	1441	738	157	581	1387	678	709
76	2173	986	1188	639	136	503	1131	564	567
77	2353	1040	1313	779	173	606	1197	605	592
78	2173	968	1205	715	156	559	1133	567	566
79	2005	858	1147	722	158	563	1018	499	519
80-84	**7328**	**3028**	**4300**	**3072**	**642**	**2430**	**3409**	**1753**	**1656**
80	1863	780	1083	736	154	582	891	459	433
81	1531	631	900	616	127	489	736	374	362
82	1496	670	826	614	152	462	709	383	326
83	1285	485	799	569	98	470	566	275	290
84	1153	462	691	536	110	426	506	262	244
85及以上	**4849**	**1667**	**3182**	**2687**	**503**	**2184**	**1841**	**919**	**922**

4-1 续表 4 单位：人

年 龄	初 中			普通高中			中 职		
	小计	男	女	小计	男	女	小计	男	女
45-49	**23496**	**13152**	**10344**	**3399**	**2034**	**1365**	**1247**	**686**	**562**
45	4889	2687	2202	739	447	293	309	165	145
46	4612	2583	2029	690	430	260	265	130	136
47	5143	2908	2235	731	411	320	254	153	100
48	4100	2330	1771	560	333	227	178	105	74
49	4751	2643	2108	678	413	265	240	134	107
50-54	**18727**	**10515**	**8212**	**5190**	**3120**	**2070**	**853**	**488**	**365**
50	4634	2661	1973	862	521	341	205	117	87
51	4293	2322	1970	995	579	416	211	122	89
52	4727	2641	2086	1398	861	537	196	106	89
53	3516	2030	1486	1229	728	501	148	88	61
54	1557	860	697	705	431	274	93	55	38
55-59	**10526**	**6231**	**4295**	**4230**	**2638**	**1592**	**544**	**302**	**243**
55	1953	1070	884	820	475	346	74	38	36
56	1696	1011	685	772	490	282	97	56	41
57	2363	1396	967	1022	652	370	131	75	56
58	2449	1519	930	899	569	330	136	71	65
59	2065	1236	830	717	452	264	107	62	45
60-64	**8367**	**5235**	**3132**	**2004**	**1370**	**634**	**554**	**353**	**202**
60	1957	1200	757	515	347	167	154	93	61
61	1905	1181	723	495	323	173	121	80	41
62	1706	1046	660	374	264	110	98	61	38
63	1582	1024	558	374	265	109	107	69	38
64	1217	783	434	246	171	75	74	50	24
65-69	**4198**	**2809**	**1390**	**846**	**604**	**242**	**447**	**297**	**150**
65	1231	789	442	240	181	59	115	68	47
66	1042	744	298	205	142	63	104	69	34
67	730	479	252	166	126	41	92	62	29
68	638	433	205	120	78	42	79	59	20
69	557	364	193	115	78	38	57	38	19
70-74	**2066**	**1382**	**684**	**431**	**308**	**123**	**285**	**181**	**105**
70	501	339	163	91	64	27	61	43	19
71	433	296	137	78	56	22	54	34	20
72	388	258	130	92	71	21	45	25	19
73	400	259	141	91	63	28	68	44	24
74	343	230	113	80	55	25	57	35	22
75-79	**1148**	**796**	**351**	**284**	**213**	**72**	**204**	**152**	**51**
75	301	206	94	92	67	26	52	39	12
76	251	174	77	58	42	16	48	35	13
77	222	145	77	61	48	13	47	32	15
78	198	141	57	43	31	13	28	23	5
79	177	130	46	30	25	4	29	23	6
80-84	**559**	**408**	**151**	**127**	**104**	**23**	**75**	**49**	**27**
80	163	112	51	32	27	5	18	11	7
81	119	83	36	23	17	5	17	11	6
82	109	86	24	29	24	4	19	11	8
83	103	77	26	24	17	7	15	11	4
84	65	50	14	21	19	1	7	5	1
85及以上	**208**	**152**	**56**	**60**	**49**	**11**	**18**	**14**	**5**

4-1 续表 5

单位：人

年 龄	大学专科			大学本科			研究生		
	小计	男	女	小计	男	女	小计	男	女
45-49	**1890**	**1116**	**773**	**1174**	**759**	**415**	**89**	**68**	**21**
45	398	236	162	290	186	104	26	20	5
46	396	234	163	231	138	93	18	13	5
47	423	237	186	257	164	94	15	11	4
48	300	173	128	159	109	51	14	10	4
49	372	237	135	237	163	73	15	13	2
50-54	**1342**	**868**	**474**	**742**	**533**	**208**	**67**	**53**	**13**
50	358	230	128	206	141	65	20	16	4
51	321	200	122	175	132	43	14	8	6
52	338	224	114	200	140	60	18	16	2
53	206	135	71	114	81	32	11	9	2
54	119	79	40	47	39	8	4	3	1
55-59	**666**	**431**	**234**	**255**	**191**	**64**	**27**	**17**	**10**
55	121	72	49	48	36	13	5	1	3
56	117	73	43	52	35	17	4	4	
57	159	96	63	40	32	8	5	2	3
58	145	103	42	57	45	11	7	6	1
59	124	87	37	58	43	15	6	4	3
60-64	**557**	**388**	**169**	**137**	**99**	**39**	**9**	**8**	**1**
60	133	89	44	38	26	12	2	2	
61	132	89	43	37	26	11	3	2	1
62	114	75	39	27	19	8	3	3	
63	93	71	22	20	17	3	1	1	
64	85	64	21	15	11	5	1	1	
65-69	**284**	**207**	**76**	**80**	**61**	**19**	**1**	**1**	
65	81	56	25	20	14	5			
66	53	39	13	25	23	2			
67	52	39	13	12	9	3			
68	55	40	15	11	6	6			
69	43	34	10	13	9	4	1	1	
70-74	**140**	**109**	**30**	**97**	**67**	**30**	**1**		**1**
70	27	24	3	24	16	8	1		1
71	25	18	7	21	15	6			
72	30	23	8	24	16	8			
73	35	27	9	12	8	4			
74	22	18	4	16	12	3			
75-79	**149**	**116**	**33**	**102**	**82**	**20**	**1**	**1**	
75	48	38	10	25	17	9			
76	24	14	11	22	20	2			
77	27	22	5	19	15	4			
78	33	29	5	23	22	1			
79	17	13	3	13	8	5	1	1	
80-84	**57**	**48**	**9**	**27**	**23**	**4**	**2**	**2**	
80	15	10	5	8	7	1			
81	13	12	1	5	5		2	2	
82	9	8	1	7	6	1			
83	5	5		3	2	1			
84	15	12	2	4	3	1			
85及以上	**25**	**23**	**3**	**9**	**7**	**2**			

4-1a 全区分年龄、性别、受教育程度的6岁及以上人口(城市)

单位：人

年 龄	6岁及以上人口			未上过学			小 学		
	合计	男	女	小计	男	女	小计	男	女
总 计	**114782**	**56046**	**58735**	**1996**	**518**	**1477**	**19045**	**8924**	**10121**
6-9	**5086**	**2786**	**2301**	**321**	**199**	**122**	**4765**	**2587**	**2179**
6	1383	765	617	291	178	113	1092	587	505
7	1348	748	600	21	13	8	1327	735	593
8	1217	646	571	7	5	1	1210	641	569
9	1139	626	512	3	3		1135	624	512
10-14	**5955**	**3292**	**2663**	**16**	**10**	**6**	**3177**	**1764**	**1413**
10	1296	701	595	4	3	1	1258	678	580
11	1177	663	514	1	1		1093	612	481
12	1175	640	535	3	2	1	645	363	282
13	1128	641	487	2	2	1	134	85	49
14	1179	647	532	5	2	3	46	26	20
15-19	**6209**	**3210**	**2999**	**13**	**9**	**4**	**32**	**25**	**7**
15	1050	683	367	3	2	1	2	1	1
16	1430	996	434	2	2		8	5	3
17	1350	723	628	6	4	2	10	8	2
18	1122	443	679				7	4	2
19	1257	365	892	1	1	1	7	6	
20-24	**9950**	**3530**	**6420**	**13**	**7**	**7**	**87**	**56**	**31**
20	2222	574	1648				12	10	2
21	2164	613	1551	8	4	3	12	9	3
22	1976	659	1317	3	1	3	17	11	6
23	1913	870	1043	1	1		27	14	12
24	1675	814	861	1		1	19	11	8
25-29	**13414**	**6459**	**6955**	**22**	**16**	**6**	**310**	**189**	**121**
25	2505	1248	1257	7	7		52	33	20
26	2554	1260	1295	3	3	1	60	37	23
27	2682	1301	1381	1	1		46	28	19
28	2836	1367	1469	6	4	2	90	54	36
29	2836	1284	1552	4		4	62	38	24
30-34	**12244**	**5831**	**6413**	**17**	**4**	**13**	**405**	**172**	**233**
30	2641	1264	1377	3		3	74	27	47
31	2528	1181	1347	1	1	1	86	37	49
32	2154	1024	1131	1		1	81	34	48
33	2581	1234	1347	6	3	3	93	40	52
34	2339	1129	1210	5		5	71	33	37
35-39	**11532**	**5855**	**5678**	**18**	**7**	**11**	**681**	**288**	**393**
35	2492	1288	1204	6	3	3	122	40	82
36	2457	1248	1209	5	1	3	113	51	62
37	2250	1116	1134	3	1	2	135	61	74
38	2053	1091	962	1		1	140	73	67
39	2281	1112	1169	3	1	2	171	63	108
40-44	**10975**	**5638**	**5338**	**36**	**12**	**25**	**1034**	**462**	**572**
40	2257	1147	1110	3	1	3	154	68	85
41	2347	1194	1153	5	1	4	197	89	108
42	2213	1154	1058	11	6	5	228	111	117
43	2143	1129	1014	8	1	7	237	101	135
44	2016	1014	1002	9	3	6	219	93	126

4-1a 续表 1　　　　单位：人

年龄	初中			普通高中			中职		
	小计	男	女	小计	男	女	小计	男	女
总计	**37281**	**18784**	**18497**	**17858**	**9169**	**8689**	**11404**	**6342**	**5062**
6-9									
6									
7									
8									
9									
10-14	**2672**	**1467**	**1206**	**62**	**35**	**27**	**28**	**17**	**11**
10	34	20	14						
11	82	50	32						
12	527	275	252						
13	974	547	427	13	5	8	5	3	2
14	1055	574	481	49	30	19	23	14	9
15-19	**1064**	**611**	**453**	**2255**	**978**	**1277**	**1664**	**1331**	**332**
15	465	272	193	233	120	113	343	284	58
16	160	98	62	523	255	267	714	627	87
17	119	73	46	777	341	436	351	276	75
18	127	69	58	523	191	333	154	97	57
19	193	99	94	200	71	129	103	48	55
20-24	**1616**	**855**	**761**	**998**	**517**	**481**	**1273**	**681**	**591**
20	275	148	127	179	92	87	230	112	118
21	251	135	116	169	94	75	224	124	100
22	293	155	138	184	91	93	221	109	112
23	423	224	200	205	106	98	304	178	126
24	373	193	180	261	134	128	294	158	136
25-29	**3932**	**1892**	**2041**	**2169**	**1082**	**1087**	**1971**	**1003**	**967**
25	648	345	304	403	202	201	431	251	179
26	732	373	359	390	214	176	402	201	200
27	763	341	422	454	229	225	400	207	192
28	871	415	455	504	243	262	365	178	187
29	919	418	501	417	194	223	374	165	209
30-34	**4187**	**1981**	**2205**	**1759**	**872**	**887**	**1523**	**699**	**824**
30	874	406	468	398	198	200	321	136	185
31	816	382	434	402	198	204	316	149	166
32	777	372	405	278	134	144	273	124	149
33	887	436	452	367	190	177	318	150	167
34	832	385	447	315	152	163	296	139	157
35-39	**4301**	**2130**	**2171**	**1676**	**896**	**780**	**1662**	**860**	**802**
35	865	449	416	343	185	158	380	186	194
36	876	454	422	359	198	161	345	160	184
37	847	385	462	344	187	157	338	195	143
38	789	394	395	300	168	132	309	167	142
39	925	449	477	331	159	172	291	152	139
40-44	**4527**	**2230**	**2297**	**1783**	**955**	**829**	**1100**	**591**	**509**
40	920	457	464	363	183	179	250	127	123
41	1004	499	505	372	196	176	248	134	114
42	898	448	450	348	193	155	234	121	113
43	871	440	431	354	197	158	202	119	83
44	834	386	448	346	185	161	167	90	77

4-1a 续表 2 单位：人

年 龄	大学专科			大学本科			研究生		
	小计	男	女	小计	男	女	小计	男	女
总 计	**13532**	**6747**	**6785**	**12857**	**5123**	**7734**	**808**	**438**	**370**
6-9									
6									
7									
8									
9									
10-14									
10									
11									
12									
13									
14									
15-19	**548**	**154**	**394**	**634**	**101**	**532**			
15	3	1	1	1	1				
16	8	7	1	15	2	13			
17	38	16	22	51	6	45			
18	181	48	133	130	34	96			
19	318	82	236	436	59	377			
20-24	**1809**	**743**	**1066**	**4087**	**633**	**3454**	**67**	**39**	**28**
20	463	112	352	1062	100	962			
21	316	133	184	1180	110	1070	3	3	
22	327	170	157	920	117	802	11	4	7
23	353	162	191	562	162	400	38	22	16
24	349	166	183	363	143	220	14	9	5
25-29	**2800**	**1312**	**1489**	**2081**	**912**	**1169**	**128**	**53**	**75**
25	497	225	272	453	181	272	14	3	10
26	538	257	281	409	161	248	21	15	6
27	588	293	295	398	184	213	32	18	14
28	558	270	288	408	195	213	34	8	26
29	620	267	352	414	191	223	28	10	18
30-34	**2271**	**1104**	**1167**	**1864**	**907**	**956**	**219**	**91**	**127**
30	533	273	259	399	204	195	40	19	21
31	464	218	246	390	173	217	52	22	30
32	381	189	192	320	156	164	42	14	28
33	477	215	262	397	184	212	37	15	23
34	416	208	208	357	189	168	48	22	26
35-39	**1784**	**901**	**883**	**1291**	**715**	**576**	**120**	**58**	**62**
35	396	218	178	340	188	152	41	19	22
36	436	206	229	301	167	133	24	10	14
37	328	158	171	234	120	114	21	9	12
38	309	163	147	192	118	74	13	9	4
39	315	156	159	224	121	103	21	11	10
40-44	**1394**	**753**	**641**	**996**	**567**	**429**	**103**	**68**	**35**
40	313	163	150	233	133	100	21	16	5
41	302	154	148	201	105	96	18	15	3
42	288	155	134	178	103	75	27	17	10
43	258	148	110	190	110	80	22	12	10
44	232	133	99	193	115	78	16	9	7

4-1a 续表 3

单位：人

年 龄	6岁及以上人口			未上过学			小 学		
	合计	男	女	小计	男	女	小计	男	女
45-49	**9795**	**4964**	**4831**	**46**	**18**	**28**	**1242**	**529**	**713**
45	2255	1193	1062	4	2	2	260	114	146
46	1983	981	1002	7	2	6	263	115	148
47	2112	1080	1033	17	9	8	265	116	148
48	1589	785	803	7	2	4	219	94	125
49	1856	925	932	12	3	9	234	89	145
50-54	**8391**	**4288**	**4103**	**45**	**13**	**32**	**1024**	**424**	**600**
50	1944	1043	902	9	4	5	251	110	141
51	1887	941	946	13	3	10	232	97	136
52	2125	1090	1035	9	2	8	233	89	145
53	1604	802	802	8	2	7	215	95	120
54	831	413	418	5	2	3	92	33	59
55-59	**5954**	**2903**	**3051**	**101**	**15**	**85**	**1015**	**361**	**654**
55	1050	488	563	15	2	13	153	51	101
56	1013	509	503	12	1	12	143	48	95
57	1336	654	682	25	6	19	228	88	139
58	1316	674	643	21	2	19	243	88	155
59	1239	578	661	27	4	22	248	85	163
60-64	**5594**	**2795**	**2799**	**145**	**27**	**118**	**1442**	**550**	**892**
60	1232	613	619	23	6	16	268	104	164
61	1216	612	604	31	6	25	283	105	178
62	1172	564	608	32	6	26	313	110	203
63	1080	539	541	23	2	21	307	112	195
64	894	467	427	37	7	30	270	119	152
65-69	**3671**	**1827**	**1844**	**164**	**23**	**141**	**1330**	**543**	**786**
65	991	481	510	32	6	26	341	130	210
66	871	450	422	36	1	34	325	137	187
67	677	335	342	44	6	38	243	103	139
68	581	289	291	24	7	16	207	82	125
69	551	271	280	29	2	27	215	90	125
70-74	**2258**	**1044**	**1213**	**193**	**37**	**157**	**942**	**362**	**580**
70	492	227	265	39	12	27	211	73	137
71	451	224	228	32	6	27	195	82	112
72	469	221	248	41	5	36	195	83	113
73	431	192	239	36	9	27	172	63	108
74	415	182	234	44	4	40	169	60	109
75-79	**1904**	**849**	**1055**	**308**	**44**	**265**	**762**	**263**	**498**
75	422	207	215	46	5	41	154	60	94
76	387	170	217	62	10	52	147	47	100
77	388	164	224	66	9	56	146	42	104
78	369	170	199	62	9	53	167	64	102
79	338	138	200	72	11	62	149	51	98
80-84	**1168**	**520**	**648**	**280**	**46**	**234**	**510**	**218**	**291**
80	295	118	177	69	10	59	131	42	88
81	235	99	136	51	9	43	98	36	62
82	244	126	118	47	8	39	121	67	55
83	219	91	128	62	10	52	90	39	51
84	175	85	89	50	8	42	70	35	35
85及以上	**681**	**256**	**425**	**258**	**33**	**224**	**289**	**131**	**157**

4-1a 续表 4 单位：人

年龄	初中			普通高中			中职		
	小计	男	女	小计	男	女	小计	男	女
45-49	**4382**	**2125**	**2257**	**1647**	**862**	**785**	**637**	**331**	**306**
45	1008	506	502	376	206	169	172	91	81
46	877	418	460	332	186	146	126	56	70
47	936	462	474	351	168	182	133	78	55
48	725	341	384	284	146	138	81	47	34
49	835	399	436	305	155	150	125	59	66
50-54	**3481**	**1723**	**1759**	**2088**	**1061**	**1027**	**438**	**228**	**210**
50	907	488	419	355	186	169	100	52	48
51	792	373	419	421	210	211	116	64	53
52	875	429	446	539	273	266	103	54	49
53	641	316	325	463	226	237	70	32	38
54	267	116	151	311	167	144	49	26	22
55-59	**2191**	**1095**	**1096**	**1735**	**892**	**843**	**258**	**124**	**134**
55	376	167	209	345	179	166	38	17	21
56	371	196	175	309	163	146	51	24	26
57	493	249	244	404	200	204	60	34	27
58	487	269	218	360	188	171	63	28	35
59	464	214	250	317	162	155	46	21	26
60-64	**2386**	**1251**	**1136**	**840**	**477**	**363**	**281**	**153**	**128**
60	524	255	269	217	125	92	76	43	33
61	508	272	236	215	116	99	57	31	26
62	517	267	250	154	89	65	59	32	26
63	463	247	217	145	84	60	59	30	29
64	374	210	163	109	62	47	30	16	14
65-69	**1265**	**685**	**580**	**405**	**251**	**154**	**253**	**150**	**103**
65	384	201	183	106	71	35	57	27	30
66	303	177	126	98	60	39	56	36	21
67	220	117	103	75	45	30	53	33	20
68	191	102	89	64	35	29	54	37	17
69	168	88	80	62	40	22	32	17	15
70-74	**610**	**335**	**275**	**202**	**127**	**75**	**142**	**66**	**76**
70	140	79	62	45	26	18	26	13	12
71	129	78	51	37	27	10	22	7	15
72	119	60	59	42	28	14	28	14	13
73	110	53	57	43	26	17	38	19	19
74	112	66	46	35	19	15	28	12	16
75-79	**395**	**234**	**161**	**144**	**96**	**49**	**113**	**74**	**39**
75	99	58	41	46	29	17	26	16	10
76	85	50	34	29	20	9	27	16	11
77	87	51	36	32	23	10	26	17	9
78	64	39	25	22	13	9	18	13	5
79	60	35	25	15	12	3	16	12	4
80-84	**207**	**132**	**75**	**62**	**45**	**17**	**53**	**30**	**23**
80	55	36	19	16	11	4	13	7	6
81	46	26	20	12	8	4	14	8	6
82	37	25	11	15	12	3	12	4	8
83	40	24	16	10	5	5	10	7	3
84	29	21	9	9	8	1	4	4	
85及以上	**64**	**38**	**26**	**32**	**23**	**9**	**9**	**4**	**5**

4-1a 续表 5

单位：人

年 龄	大学专科			大学本科			研究生		
	小计	男	女	小计	男	女	小计	男	女
45-49	**965**	**540**	**425**	**803**	**504**	**299**	**73**	**54**	**19**
45	210	125	85	205	133	72	21	15	5
46	206	107	99	156	87	69	15	11	4
47	224	128	96	177	110	67	11	8	3
48	150	76	74	109	70	39	13	9	4
49	176	104	71	156	105	52	14	11	2
50-54	**720**	**426**	**294**	**533**	**365**	**168**	**60**	**47**	**13**
50	172	103	69	131	84	48	19	15	4
51	171	96	75	131	93	37	11	5	6
52	199	128	71	151	102	49	16	14	2
53	113	65	48	83	57	27	11	9	2
54	67	36	31	37	30	7	4	3	1
55-59	**423**	**248**	**176**	**204**	**150**	**53**	**27**	**17**	**10**
55	81	43	37	39	27	12	5	1	3
56	80	44	35	43	29	14	4	4	
57	88	48	39	32	27	6	5	2	3
58	95	61	34	40	31	9	7	6	1
59	80	51	30	50	37	12	6	4	3
60-64	**382**	**255**	**126**	**111**	**76**	**35**	**8**	**8**	**1**
60	88	57	32	34	22	12	2	2	
61	88	60	28	32	21	11	2	1	1
62	76	45	31	20	13	7	3	3	
63	64	47	17	18	16	3	1	1	
64	65	47	18	8	5	3	1	1	
65-69	**187**	**126**	**61**	**67**	**48**	**19**	**1**	**1**	
65	57	36	21	15	9	5			
66	35	22	13	19	17	2			
67	31	20	10	12	9	3			
68	31	22	9	10	5	5			
69	33	25	7	11	8	4	1	1	
70-74	**92**	**63**	**29**	**78**	**56**	**22**			
70	15	12	3	16	11	5			
71	18	11	7	18	12	6			
72	23	15	7	21	15	6			
73	22	14	8	11	7	4			
74	14	10	4	13	10	2			
75-79	**102**	**74**	**28**	**80**	**64**	**16**			
75	33	27	7	19	13	5			
76	20	11	9	17	15	2			
77	18	13	5	13	9	4			
78	18	14	4	19	19				
79	13	9	3	13	8	5			
80-84	**33**	**28**	**4**	**23**	**18**	**4**	**2**	**2**	
80	6	6		6	5	1			
81	9	8	1	3	3		2	2	
82	6	5	1	6	5	1			
83	5	5		3	2	1			
84	7	5	2	4	3	1			
85及以上	**22**	**20**	**2**	**8**	**7**	**2**			

4-1b 全区分年龄、性别、受教育程度的6岁及以上人口(镇)

单位：人

年 龄	6岁及以上人口			未上过学			小 学		
	合计	男	女	小计	男	女	小计	男	女
总 计	**138035**	**70899**	**67136**	**4423**	**1097**	**3327**	**36123**	**17107**	**19017**
6-9	**7751**	**4195**	**3556**	**517**	**288**	**229**	**7234**	**3907**	**3327**
6	2050	1126	924	468	258	210	1583	869	714
7	1980	1060	920	32	22	11	1948	1038	910
8	1878	985	893	8	4	5	1870	982	888
9	1843	1024	819	9	5	4	1834	1019	815
10-14	**11184**	**5920**	**5265**	**32**	**17**	**15**	**5307**	**2928**	**2379**
10	1936	1056	880	7	4	3	1895	1033	862
11	1919	1042	877	3	1	1	1762	962	801
12	2049	1106	944	10	5	5	1197	657	540
13	2384	1289	1095	6	3	4	352	215	137
14	2896	1426	1469	7	4	3	100	61	40
15-19	**6707**	**3525**	**3182**	**16**	**10**	**6**	**104**	**67**	**36**
15	1740	911	829	2	2	1	14	8	6
16	1460	797	663	4	4		14	9	4
17	1215	664	551	4	2	1	20	12	8
18	1061	594	467	3	1	2	23	15	8
19	1230	559	672	3	2	2	34	23	10
20-24	**10910**	**5436**	**5473**	**18**	**11**	**8**	**340**	**207**	**133**
20	2274	961	1313	6	1	5	55	30	25
21	2568	1199	1369	4	2	2	61	39	21
22	2239	1245	994	1	1		73	48	26
23	1990	1046	944	4	3	1	77	48	30
24	1839	986	853	4	4		73	42	31
25-29	**14508**	**7516**	**6993**	**32**	**15**	**17**	**747**	**363**	**384**
25	2611	1361	1250	13	8	5	125	72	53
26	2750	1375	1374	4	2	2	126	58	68
27	2809	1458	1351	4	1	3	158	82	77
28	3193	1688	1505	5	2	3	173	69	104
29	3146	1634	1512	7	3	3	165	82	83
30-34	**12895**	**6644**	**6251**	**45**	**22**	**23**	**1036**	**465**	**571**
30	2965	1528	1437	9	6	4	193	90	103
31	2655	1351	1304	6	2	4	192	82	110
32	2378	1217	1161	7	2	5	199	98	101
33	2581	1356	1225	12	8	5	220	92	128
34	2317	1192	1125	10	5	6	232	104	128
35-39	**12222**	**6319**	**5904**	**59**	**21**	**38**	**1465**	**636**	**830**
35	2481	1245	1236	9	1	7	226	102	124
36	2551	1308	1244	17	7	10	282	136	145
37	2519	1281	1237	13	4	9	273	107	167
38	2198	1178	1020	7	3	4	317	142	175
39	2474	1307	1167	13	5	8	367	149	218
40-44	**12521**	**6556**	**5965**	**96**	**35**	**61**	**2216**	**944**	**1272**
40	2659	1382	1277	19	9	11	389	168	221
41	2639	1358	1281	17	8	9	423	170	253
42	2404	1288	1116	15	6	9	456	203	253
43	2428	1247	1181	21	8	14	452	187	266
44	2389	1280	1109	23	5	18	496	216	280

4-1b 续表 1 单位：人

年 龄	初 中			普通高中			中 职		
	小计	男	女	小计	男	女	小计	男	女
总 计	**59578**	**32080**	**27498**	**15142**	**8806**	**6336**	**6593**	**3709**	**2884**
6-9									
6									
7									
8									
9									
10-14	**5620**	**2861**	**2759**	**182**	**80**	**102**	**41**	**34**	**8**
10	33	19	14						
11	154	79	75						
12	842	444	399						
13	1994	1052	942	21	11	10	10	8	2
14	2596	1267	1330	161	69	91	31	26	6
15-19	**2379**	**1396**	**983**	**2830**	**1336**	**1494**	**621**	**474**	**147**
15	1002	537	465	584	240	344	137	124	12
16	447	268	179	815	365	450	170	144	25
17	294	187	108	725	355	371	136	93	43
18	306	202	104	461	250	211	83	56	27
19	329	201	128	245	127	118	96	56	40
20-24	**3510**	**2006**	**1504**	**1212**	**731**	**481**	**707**	**383**	**324**
20	534	319	215	218	124	94	119	71	48
21	598	351	247	240	150	89	107	53	54
22	706	426	280	224	146	78	150	87	63
23	784	416	369	283	172	111	163	89	74
24	888	494	394	248	139	109	169	83	85
25-29	**7802**	**4164**	**3639**	**1950**	**1100**	**850**	**1178**	**594**	**584**
25	1279	689	590	389	217	172	222	109	113
26	1446	751	695	404	227	177	207	99	109
27	1492	785	707	383	221	162	264	141	123
28	1783	953	830	401	225	176	247	144	102
29	1802	985	817	373	209	164	238	101	137
30-34	**7593**	**3827**	**3766**	**1493**	**917**	**576**	**861**	**438**	**423**
30	1746	883	864	377	230	147	193	100	94
31	1551	765	786	311	181	130	172	92	80
32	1446	717	729	270	163	107	143	78	65
33	1489	767	722	286	189	97	186	87	99
34	1361	695	665	248	154	94	167	81	86
35-39	**6751**	**3478**	**3273**	**1263**	**749**	**515**	**1012**	**520**	**492**
35	1418	692	726	274	149	125	194	96	98
36	1438	738	699	251	141	109	228	113	115
37	1363	704	659	274	164	110	209	107	102
38	1199	638	561	218	134	84	186	98	88
39	1333	707	627	247	160	87	195	106	89
40-44	**6800**	**3548**	**3252**	**1252**	**792**	**460**	**708**	**381**	**327**
40	1453	775	678	286	168	118	153	65	88
41	1467	757	710	264	156	107	147	80	67
42	1287	672	615	231	160	70	131	76	55
43	1332	673	659	231	147	84	146	87	58
44	1260	671	589	241	161	80	131	72	59

4-1b 续表 2

单位：人

年 龄	大学专科			大学本科			研究生		
	小计	男	女	小计	男	女	小计	男	女
总 计	**8497**	**4347**	**4150**	**7558**	**3675**	**3883**	**119**	**78**	**41**
6-9									
6									
7									
8									
9									
10-14	**1**		**1**	**1**		**1**			
10				1		1			
11									
12									
13	1		1						
14									
15-19	**344**	**129**	**216**	**413**	**113**	**300**			
15				1		1			
16	9	5	4	2	1	1			
17	20	11	8	16	4	12			
18	95	38	56	91	32	58			
19	221	74	147	303	75	228			
20-24	**1624**	**572**	**1052**	**3487**	**1522**	**1965**	**11**	**5**	**6**
20	434	135	299	907	279	628			
21	430	118	312	1123	483	640	6	3	3
22	283	110	173	801	427	374	1	1	
23	249	103	146	427	214	213	3	1	1
24	228	106	122	228	117	110	2		2
25-29	**1668**	**782**	**886**	**1098**	**480**	**618**	**34**	**19**	**15**
25	316	158	159	258	102	157	8	6	2
26	335	139	196	221	99	122	8	2	5
27	309	140	168	193	84	109	7	3	4
28	356	180	177	222	111	111	6	3	3
29	352	165	186	205	85	120	4	4	1
30-34	**1074**	**569**	**505**	**771**	**393**	**378**	**21**	**12**	**9**
30	240	122	118	199	95	104	6	3	4
31	241	130	112	178	99	79	3		3
32	192	98	93	117	57	60	4	4	
33	221	123	98	161	86	74	6	4	2
34	180	95	85	116	56	60	2	1	1
35-39	**1023**	**542**	**481**	**631**	**360**	**272**	**17**	**14**	**3**
35	221	119	102	133	80	53	6	6	
36	208	103	106	127	68	59	1	1	
37	238	112	125	144	81	64	4	3	1
38	165	102	63	103	59	44	4	2	2
39	191	106	85	124	73	52	3	2	1
40-44	**948**	**537**	**411**	**486**	**309**	**177**	**15**	**10**	**5**
40	226	116	109	131	81	50	2		1
41	211	117	94	110	68	41	1	1	
42	187	108	79	94	61	33	3	2	1
43	174	107	67	69	38	31	3	1	2
44	151	89	62	82	61	21	5	5	1

4-1b 续表 3

单位：人

年 龄	6岁及以上人口			未上过学			小 学		
	合计	男	女	小计	男	女	小计	男	女
45-49	**12480**	**6550**	**5930**	**150**	**26**	**125**	**2981**	**1289**	**1693**
45	2576	1361	1214	34	7	28	544	250	294
46	2486	1326	1160	30	5	25	620	267	353
47	2774	1442	1332	33	9	24	680	310	370
48	2119	1144	975	23	1	21	512	213	299
49	2525	1276	1249	31	3	27	625	248	377
50-54	**10429**	**5436**	**4993**	**153**	**43**	**110**	**2615**	**1059**	**1556**
50	2495	1293	1202	29	9	20	597	248	349
51	2319	1170	1149	31	6	25	597	230	367
52	2623	1376	1248	33	9	24	653	263	390
53	1986	1088	898	36	10	26	487	214	274
54	1006	510	496	23	8	15	280	105	175
55-59	**7095**	**3629**	**3466**	**249**	**54**	**195**	**2328**	**912**	**1416**
55	1210	572	638	28	2	26	330	117	214
56	1146	578	568	35	7	28	344	125	218
57	1704	878	825	64	19	46	587	237	350
58	1613	856	757	58	10	48	541	229	312
59	1422	744	678	63	17	46	526	204	322
60-64	**6442**	**3161**	**3281**	**396**	**78**	**318**	**2930**	**1157**	**1774**
60	1393	682	710	73	18	55	553	209	344
61	1448	709	739	73	14	59	617	237	379
62	1301	639	662	81	16	64	612	251	362
63	1293	643	650	84	17	67	641	255	387
64	1007	488	519	85	13	72	507	204	302
65-69	**4527**	**2302**	**2226**	**441**	**76**	**365**	**2442**	**1116**	**1325**
65	1150	579	571	97	18	79	589	263	326
66	1120	592	528	106	22	84	631	305	326
67	826	418	408	83	11	72	442	200	242
68	745	391	355	67	9	58	404	187	218
69	686	323	364	88	17	71	375	161	214
70-74	**3275**	**1566**	**1708**	**541**	**97**	**444**	**1827**	**854**	**973**
70	794	385	409	106	13	93	453	210	243
71	666	335	331	108	28	80	379	188	191
72	631	283	347	109	16	93	356	152	204
73	610	276	334	119	19	100	309	141	169
74	573	287	287	99	22	77	330	165	166
75-79	**2413**	**1098**	**1315**	**612**	**124**	**488**	**1270**	**595**	**675**
75	584	268	316	124	23	101	312	136	176
76	449	203	246	113	26	87	221	102	119
77	508	237	271	132	23	109	268	136	132
78	479	225	254	123	30	93	256	123	133
79	394	165	228	120	22	98	213	98	115
80-84	**1594**	**669**	**926**	**540**	**88**	**452**	**809**	**393**	**416**
80	418	182	236	116	15	101	229	118	111
81	320	132	188	100	16	84	169	75	94
82	309	149	160	108	26	82	154	86	69
83	290	107	183	118	14	103	131	61	70
84	257	99	158	98	17	82	127	54	73
85及以上	**1080**	**378**	**702**	**527**	**92**	**435**	**471**	**215**	**256**

4-1b 续表 4 单位：人

年 龄	初 中			普通高中			中 职		
	小计	男	女	小计	男	女	小计	男	女
45-49	**6626**	**3570**	**3056**	**1141**	**717**	**424**	**437**	**233**	**205**
45	1396	749	647	254	156	98	95	46	49
46	1265	696	569	228	147	81	103	53	49
47	1465	782	683	247	145	102	94	52	42
48	1163	667	496	184	115	69	72	36	36
49	1336	675	661	228	155	73	74	46	29
50-54	**5064**	**2728**	**2335**	**1589**	**927**	**661**	**309**	**173**	**135**
50	1281	676	605	290	164	126	72	40	32
51	1165	620	545	296	162	134	69	37	31
52	1271	685	586	429	263	166	76	39	37
53	934	529	405	368	221	147	58	38	20
54	412	218	194	206	118	88	33	18	15
55-59	**2911**	**1671**	**1240**	**1158**	**701**	**457**	**195**	**104**	**91**
55	548	291	257	238	121	116	24	12	12
56	479	271	208	213	122	91	33	21	11
57	657	371	285	276	182	93	55	27	28
58	670	402	268	243	147	96	44	22	22
59	557	335	221	188	129	59	40	22	18
60-64	**2193**	**1301**	**893**	**556**	**364**	**192**	**195**	**134**	**61**
60	533	308	225	141	87	54	53	32	21
61	525	304	220	136	82	54	52	40	12
62	432	246	187	109	77	32	27	18	9
63	418	266	151	98	67	31	29	21	8
64	285	176	109	72	50	21	35	24	11
65-69	**1175**	**758**	**417**	**234**	**175**	**59**	**137**	**93**	**44**
65	334	204	130	63	47	17	38	23	15
66	284	193	91	53	39	14	30	16	14
67	192	119	72	62	52	10	28	20	8
68	203	141	62	30	22	8	17	15	2
69	162	100	62	25	15	10	24	19	4
70-74	**608**	**393**	**215**	**142**	**102**	**40**	**104**	**77**	**27**
70	163	109	54	29	20	8	28	22	7
71	122	76	46	29	18	11	20	17	3
72	117	81	36	29	24	5	11	5	6
73	116	67	49	30	21	9	23	18	5
74	90	59	30	26	19	6	21	15	6
75-79	**319**	**208**	**111**	**89**	**69**	**21**	**62**	**51**	**11**
75	81	59	22	29	21	8	19	16	2
76	71	41	30	19	12	7	15	13	2
77	61	37	24	20	18	2	13	9	4
78	64	40	23	13	10	3	7	7	
79	42	30	12	8	7	1	7	5	2
80-84	**169**	**124**	**45**	**35**	**30**	**4**	**17**	**13**	**4**
80	53	35	18	6	5	1	3	2	1
81	39	28	11	6	6		2	2	
82	31	23	9	8	7	1	5	5	
83	29	23	6	8	6	2	5	3	1
84	16	15	1	7	7	1	2	1	1
85及以上	**58**	**48**	**11**	**15**	**15**		**7**	**7**	

4-1b 续表 5

单位：人

年 龄	大学专科			大学本科			研究生		
	小计	男	女	小计	男	女	小计	男	女
45-49	**777**	**461**	**316**	**351**	**241**	**110**	**16**	**14**	**2**
45	166	97	69	81	50	30	5	5	
46	168	108	59	70	47	23	3	2	1
47	173	90	83	77	51	26	5	3	1
48	116	72	44	48	38	10	1	1	
49	153	93	60	76	55	21	2	2	
50-54	**505**	**346**	**159**	**191**	**155**	**36**	**5**	**5**	
50	157	104	54	68	52	16	1	1	
51	117	75	42	42	37	5	2	2	
52	117	80	37	41	33	8	2	2	
53	74	53	21	29	24	6			
54	41	34	7	10	9	1			
55-59	**205**	**149**	**56**	**49**	**38**	**11**			
55	34	23	12	8	7	1			
56	34	27	7	8	5	3			
57	58	36	22	7	5	2			
58	40	32	8	17	14	2			
59	39	31	8	9	6	3			
60-64	**146**	**107**	**40**	**23**	**20**	**4**	**1**	**1**	
60	36	25	11	4	4				
61	40	26	14	4	4		1	1	
62	34	26	8	6	5	1			
63	21	15	5	2	1	1			
64	16	14	1	7	6	2			
65-69	**85**	**69**	**15**	**14**	**13**				
65	23	19	4	5	5				
66	10	10		6	6				
67	19	16	3						
68	22	16	6	1	1				
69	10	8	2	1	1				
70-74	**33**	**32**	**1**	**19**	**12**	**8**			
70	7	7		8	5	3			
71	5	5		3	3				
72	6	5		3	1	2			
73	10	10	1	2	1	1			
74	4	4		3	2	1			
75-79	**42**	**36**	**6**	**19**	**15**	**4**			
75	13	10	3	7	3	3			
76	5	3	2	5	5				
77	9	9		5	4				
78	12	11	1	3	2	1			
79	4	4							
80-84	**20**	**16**	**5**	**4**	**4**				
80	9	4	5	3	3				
81	3	3		1	1				
82	2	2							
83									
84	6	6							
85及以上	**1**	**1**		**1**	**1**				

4-1c 全区分年龄、性别、受教育程度的6岁及以上人口(乡村)

单位：人

年龄	6岁及以上人口			未上过学			小学		
	合计	男	女	小计	男	女	小计	男	女
总计	**286695**	**148333**	**138362**	**19678**	**5041**	**14637**	**113185**	**55579**	**57606**
6-9	**22037**	**11877**	**10160**	**1599**	**906**	**693**	**20438**	**10971**	**9467**
6	5751	3207	2545	1398	783	615	4353	2424	1929
7	5531	2952	2578	135	77	58	5396	2875	2521
8	5234	2757	2476	42	27	14	5192	2730	2462
9	5522	2961	2561	24	18	6	5497	2942	2555
10-14	**25562**	**13561**	**12001**	**103**	**55**	**48**	**15101**	**8093**	**7007**
10	5236	2785	2451	24	13	10	5111	2716	2394
11	5376	2834	2541	23	13	10	4949	2602	2347
12	5143	2816	2327	11	5	6	3361	1858	1504
13	4857	2588	2269	20	8	12	1265	701	564
14	4951	2538	2413	26	15	11	415	217	198
15-19	**20481**	**11126**	**9355**	**81**	**38**	**44**	**798**	**459**	**339**
15	4894	2718	2177	15	8	8	136	86	51
16	4106	2214	1892	12	7	5	121	64	57
17	4130	2241	1890	12	6	6	142	91	51
18	3825	2018	1807	22	10	12	178	94	84
19	3525	1935	1589	20	8	12	221	124	97
20-24	**17144**	**9134**	**8011**	**91**	**50**	**41**	**1444**	**780**	**663**
20	3311	1790	1522	20	13	7	221	131	91
21	3103	1685	1418	16	8	8	254	153	101
22	3344	1750	1594	21	12	9	291	145	146
23	3770	2000	1769	15	8	7	325	166	159
24	3616	1909	1707	19	9	9	352	186	167
25-29	**22306**	**11335**	**10971**	**144**	**65**	**78**	**2522**	**1214**	**1308**
25	4381	2190	2191	21	12	8	412	195	217
26	4209	2114	2095	23	11	11	432	200	232
27	4338	2170	2168	35	13	22	489	237	252
28	4695	2406	2289	34	15	19	578	280	298
29	4683	2455	2227	32	14	18	611	302	309
30-34	**23124**	**11952**	**11172**	**244**	**79**	**165**	**3958**	**1828**	**2130**
30	5079	2602	2476	52	12	40	705	331	375
31	4941	2504	2437	37	19	17	789	377	413
32	4226	2171	2055	40	14	26	731	350	381
33	4524	2340	2184	67	15	52	836	351	485
34	4354	2335	2019	48	19	29	897	421	476
35-39	**20769**	**11149**	**9620**	**392**	**125**	**267**	**5478**	**2554**	**2924**
35	4410	2320	2090	68	26	42	940	428	512
36	4298	2304	1994	71	23	48	1074	496	578
37	4072	2166	1907	78	29	49	1105	496	610
38	3652	1984	1668	92	23	68	1057	503	554
39	4338	2375	1962	83	23	60	1302	632	670
40-44	**22533**	**11927**	**10605**	**575**	**151**	**424**	**7803**	**3568**	**4235**
40	4386	2327	2059	98	26	71	1400	670	730
41	4679	2480	2199	125	31	94	1517	696	821
42	4417	2364	2053	114	32	82	1518	676	842
43	4525	2332	2192	109	27	82	1677	761	916
44	4525	2424	2101	129	35	94	1690	765	925

4-1c 续表 1

单位：人

年龄	初中			普通高中			中职		
	小计	男	女	小计	男	女	小计	男	女
总计	**124864**	**70716**	**54149**	**17310**	**10536**	**6774**	**5353**	**3073**	**2280**
6-9									
6									
7									
8									
9									
10-14	**10220**	**5345**	**4876**	**105**	**50**	**54**	**33**	**18**	**15**
10	102	56	46						
11	404	219	185						
12	1771	954	817						
13	3550	1862	1687	19	13	6	3	3	
14	4394	2254	2141	86	38	48	30	15	15
15-19	**10992**	**6224**	**4768**	**6171**	**3136**	**3034**	**1484**	**812**	**672**
15	3944	2212	1732	605	298	307	179	107	73
16	2245	1255	990	1400	711	689	299	164	135
17	1663	966	697	1892	949	942	355	191	164
18	1507	844	663	1465	746	719	364	200	164
19	1633	947	686	809	433	376	287	150	137
20-24	**10287**	**5565**	**4722**	**1782**	**968**	**815**	**1082**	**573**	**509**
20	1769	982	787	448	250	197	258	132	125
21	1793	1001	792	292	149	143	225	125	100
22	1985	1059	926	358	191	167	198	99	99
23	2391	1292	1099	359	201	158	204	106	98
24	2350	1231	1118	326	176	150	197	111	86
25-29	**15468**	**7891**	**7577**	**1991**	**1071**	**919**	**877**	**447**	**430**
25	2938	1470	1468	449	238	211	213	101	112
26	2912	1467	1446	378	194	184	187	100	87
27	2996	1526	1471	401	187	214	167	91	76
28	3301	1692	1609	397	230	167	163	80	83
29	3320	1736	1584	366	221	144	148	75	73
30-34	**16513**	**8658**	**7855**	**1231**	**731**	**500**	**581**	**296**	**286**
30	3709	1937	1772	308	167	141	143	56	87
31	3525	1777	1748	304	180	123	127	65	62
32	3062	1585	1477	208	117	91	100	58	41
33	3185	1712	1472	212	142	69	107	45	62
34	3033	1646	1386	200	125	75	105	71	33
35-39	**13261**	**7395**	**5866**	**854**	**560**	**294**	**449**	**289**	**160**
35	3043	1637	1406	182	115	67	100	65	35
36	2794	1551	1243	183	123	60	103	66	37
37	2553	1434	1119	178	109	69	95	56	39
38	2224	1268	956	144	95	49	82	53	28
39	2648	1505	1143	167	117	50	69	48	21
40-44	**12931**	**7377**	**5555**	**718**	**512**	**206**	**265**	**163**	**102**
40	2611	1463	1148	141	93	49	72	43	29
41	2774	1565	1209	165	125	40	53	31	22
42	2545	1488	1057	141	100	40	51	35	16
43	2511	1388	1124	133	91	42	51	32	20
44	2491	1473	1018	139	104	35	38	23	15

4-1c 续表 2

单位：人

年 龄	大学专科			大学本科			研究生		
	小计	男	女	小计	男	女	小计	男	女
总 计	**4063**	**2209**	**1854**	**2193**	**1149**	**1044**	**49**	**30**	**19**
6-9									
6									
7									
8									
9									
10-14									
10									
11									
12									
13									
14									
15-19	**607**	**295**	**311**	**345**	**162**	**183**	**3**		**3**
15	11	6	6	2	2		1		1
16	24	10	14	6	3	2			
17	41	23	18	27	15	11			
18	181	83	98	108	41	66			
19	350	174	176	203	100	103	2		2
20-24	**1463**	**724**	**739**	**990**	**471**	**519**	**5**	**2**	**2**
20	373	184	188	223	97	126			
21	338	163	175	186	87	100			
22	291	146	145	200	97	103			
23	266	121	144	207	106	101	2		2
24	196	109	87	174	84	90	2	2	
25-29	**821**	**401**	**420**	**464**	**234**	**230**	**19**	**12**	**7**
25	211	97	114	131	72	60	6	5	2
26	178	98	79	97	41	56	2	2	
27	162	71	92	85	44	40	3	1	2
28	142	72	70	74	33	41	5	3	2
29	128	63	65	76	44	33	3	1	1
30-34	**387**	**229**	**159**	**199**	**127**	**73**	**9**	**4**	**5**
30	99	57	42	58	41	17	4	2	2
31	107	59	48	50	26	24	1		1
32	62	32	29	24	15	9			
33	72	44	28	42	28	14	4	2	2
34	48	36	12	25	17	8			
35-39	**235**	**144**	**91**	**93**	**75**	**18**	**6**	**6**	
35	61	34	27	14	13	1	2	2	
36	44	22	22	27	21	6			
37	40	24	16	23	18	5	1	1	
38	41	29	11	10	8	2	3	3	
39	50	35	15	19	15	4			
40-44	**181**	**106**	**74**	**55**	**46**	**10**	**3**	**3**	
40	44	18	27	16	10	6	3	3	
41	34	23	11	13	9	3			
42	40	25	15	7	7				
43	27	19	8	16	16				
44	35	21	14	4	4				

4-1c 续表 3

单位：人

年 龄	6岁及以上人口			未上过学			小 学		
	合计	男	女	小计	男	女	小计	男	女
45-49	**24349**	**13126**	**11223**	**806**	**207**	**599**	**10105**	**4757**	**5349**
45	4726	2525	2202	154	39	115	1909	926	983
46	4850	2648	2202	144	42	102	2041	997	1044
47	5251	2847	2404	171	49	121	2150	991	1159
48	4326	2346	1980	147	31	115	1814	874	940
49	5195	2760	2436	190	46	145	2191	969	1222
50-54	**21329**	**11159**	**10170**	**845**	**187**	**658**	**8547**	**3580**	**4967**
50	5001	2700	2301	191	49	142	2079	929	1149
51	4800	2397	2402	201	37	164	1920	770	1150
52	5309	2790	2519	197	50	146	2055	854	1201
53	4183	2210	1973	165	32	132	1638	676	962
54	2035	1061	974	92	19	73	855	350	505
55-59	**15743**	**8083**	**7660**	**1148**	**198**	**950**	**7702**	**3263**	**4439**
55	2573	1269	1304	139	22	117	1148	445	703
56	2484	1278	1206	181	26	156	1190	490	700
57	3661	1898	1763	277	50	227	1799	777	1022
58	3751	1979	1772	265	46	220	1858	821	1037
59	3274	1658	1616	286	55	230	1707	731	976
60-64	**15604**	**7795**	**7809**	**1909**	**352**	**1557**	**9189**	**4135**	**5054**
60	3240	1639	1600	333	58	275	1816	784	1033
61	3313	1631	1682	377	74	303	1904	814	1090
62	3148	1585	1564	384	72	312	1878	865	1013
63	3278	1641	1638	417	76	341	2002	913	1089
64	2624	1299	1325	398	72	326	1589	760	829
65-69	**11620**	**5787**	**5833**	**2211**	**500**	**1711**	**7375**	**3678**	**3696**
65	2807	1348	1459	457	85	371	1745	797	949
66	2805	1483	1322	477	119	358	1794	922	872
67	2158	1069	1089	417	100	317	1380	686	694
68	1920	978	942	409	96	313	1232	662	570
69	1931	910	1021	451	99	352	1224	611	612
70-74	**9411**	**4345**	**5066**	**2703**	**630**	**2073**	**5717**	**2928**	**2789**
70	1923	871	1052	486	104	382	1209	587	622
71	2017	956	1061	538	119	419	1272	671	600
72	1925	859	1066	570	142	428	1174	574	601
73	1720	813	907	523	124	399	994	523	471
74	1825	846	979	585	140	446	1068	573	495
75-79	**7030**	**3106**	**3923**	**2673**	**613**	**2060**	**3836**	**2056**	**1780**
75	1637	727	910	568	129	439	922	483	439
76	1338	613	725	464	100	364	764	416	348
77	1457	639	818	582	141	441	784	427	356
78	1325	573	752	529	117	412	711	379	331
79	1273	554	719	529	126	404	656	350	306
80-84	**4565**	**1839**	**2726**	**2252**	**508**	**1744**	**2090**	**1142**	**949**
80	1149	480	670	551	129	422	532	298	234
81	976	399	576	465	102	363	470	263	207
82	943	395	548	459	118	342	434	231	203
83	775	287	488	389	74	315	345	176	169
84	722	278	444	388	85	303	309	173	136
85及以上	**3088**	**1033**	**2055**	**1903**	**378**	**1525**	**1081**	**573**	**509**

4-1c 续表 4

单位：人

年 龄	初 中			普通高中			中 职		
	小计	男	女	小计	男	女	小计	男	女
45-49	**12488**	**7457**	**5031**	**610**	**455**	**156**	**173**	**122**	**51**
45	2486	1433	1053	110	84	26	42	28	15
46	2470	1469	1001	130	97	33	37	21	17
47	2741	1664	1077	133	98	35	27	23	4
48	2212	1321	890	91	72	19	26	22	4
49	2579	1569	1010	146	104	42	41	29	12
50-54	**10182**	**6064**	**4118**	**1513**	**1131**	**381**	**106**	**86**	**20**
50	2446	1497	950	218	172	46	32	25	7
51	2336	1329	1006	279	207	71	26	21	5
52	2581	1527	1054	430	325	106	17	13	4
53	1941	1185	756	399	281	117	20	18	3
54	878	527	352	188	147	41	11	10	1
55-59	**5425**	**3465**	**1959**	**1337**	**1044**	**293**	**91**	**74**	**17**
55	1029	612	418	238	174	64	12	9	3
56	846	544	302	249	205	44	13	10	3
57	1213	776	438	343	270	73	16	14	2
58	1292	848	444	297	234	63	29	21	8
59	1044	686	358	211	161	50	21	20	1
60-64	**3787**	**2684**	**1103**	**608**	**530**	**79**	**78**	**66**	**13**
60	899	637	262	157	135	22	25	18	7
61	872	605	267	144	124	19	12	9	3
62	756	533	223	111	98	13	13	11	2
63	701	511	190	131	114	17	19	18	1
64	558	397	161	65	58	7	9	9	
65-69	**1758**	**1365**	**393**	**208**	**178**	**30**	**56**	**54**	**3**
65	514	384	130	71	63	7	20	18	2
66	455	374	81	54	43	11	17	17	
67	319	243	76	29	29	1	10	9	1
68	244	190	55	26	21	5	7	7	
69	226	175	51	28	23	6	1	1	
70-74	**848**	**655**	**194**	**87**	**80**	**8**	**40**	**38**	**2**
70	198	151	47	17	17		7	7	
71	182	142	40	12	11	1	12	10	2
72	152	117	36	20	18	2	6	6	
73	174	139	35	18	16	2	7	7	
74	141	105	36	19	17	3	8	8	
75-79	**434**	**354**	**80**	**51**	**48**	**2**	**28**	**27**	**2**
75	121	89	32	18	17	1	7	7	
76	95	82	13	10	10		5	5	
77	74	57	17	8	7	1	7	6	2
78	70	61	8	8	8		3	3	
79	74	65	10	7	7		6	6	
80-84	**183**	**151**	**32**	**31**	**29**	**1**	**6**	**6**	
80	55	41	14	10	10		2	2	
81	34	29	5	4	3	1	1	1	
82	41	37	4	6	6		2	2	
83	34	30	4	6	6		1	1	
84	19	14	5	4	4				
85及以上	**86**	**66**	**20**	**13**	**12**	**1**	**3**	**3**	

4-1c 续表5

单位：人

年 龄	大学专科			大学本科			研究生		
	小计	男	女	小计	男	女	小计	男	女
45-49	**148**	**115**	**32**	**20**	**14**	**6**			
45	22	13	8	5	3	2			
46	23	18	5	5	5				
47	26	19	6	4	3	1			
48	34	25	9	2	1	1			
49	43	39	4	5	4	1			
50-54	**116**	**96**	**21**	**18**	**13**	**5**	**2**	**2**	
50	29	23	6	7	5	1			
51	34	29	5	2	2		2	2	
52	22	16	6	8	4	4			
53	19	17	2	1	1				
54	12	10	2						
55-59	**38**	**35**	**3**	**3**	**3**				
55	6	6		1	1				
56	3	2	1	1	1				
57	13	11	2						
58	10	10							
59	5	5							
60-64	**29**	**27**	**3**	**3**	**3**				
60	9	8	1	1	1				
61	3	3		1	1				
62	4	4		1	1				
63	8	8							
64	5	3	2						
65-69	**12**	**12**							
65	1	1							
66	7	7							
67	2	2							
68	2	2							
69									
70-74	**15**	**15**					**1**		**1**
70	5	5					1		1
71	1	1							
72	2	2							
73	3	3							
74	4	4							
75-79	**5**	**5**		**3**	**3**		**1**	**1**	
75	2	2							
76									
77				2	2				
78	3	3		1	1				
79							1	1	
80-84	**4**	**4**							
80									
81	1	1							
82	1	1							
83									
84	1	1							
85及以上	**2**	**2**							

4-2 全区分年龄、性别的15岁及以上文盲人口

单位：人、%

年龄	15岁及以上人口			文盲人口			文盲人口占15岁及以上人口比重		
	合计	男	女	合计	男	女	合计	男	女
总 计	**461936**	**233649**	**228287**	**21512**	**4681**	**16832**	**4.66**	**2.00**	**7.37**
15-19	**33397**	**17861**	**15536**	**89**	**46**	**43**	**0.27**	**0.26**	**0.28**
15	7684	4311	3373	16	9	6	0.20	0.21	0.19
16	6997	4008	2989	16	10	5	0.22	0.25	0.18
17	6696	3628	3068	16	7	9	0.24	0.20	0.28
18	6009	3055	2953	22	12	10	0.36	0.38	0.35
19	6012	2859	3153	20	8	12	0.33	0.28	0.38
20-24	**38004**	**18100**	**19904**	**104**	**54**	**50**	**0.27**	**0.30**	**0.25**
20	7807	3324	4482	24	11	13	0.30	0.32	0.29
21	7835	3497	4338	24	13	10	0.30	0.38	0.24
22	7559	3654	3906	18	9	9	0.24	0.25	0.22
23	7673	3917	3757	17	11	6	0.22	0.28	0.17
24	7130	3708	3422	21	11	11	0.30	0.28	0.32
25-29	**50228**	**25310**	**24918**	**161**	**73**	**88**	**0.32**	**0.29**	**0.35**
25	9497	4799	4698	31	20	11	0.33	0.42	0.24
26	9513	4749	4764	29	15	14	0.30	0.32	0.29
27	9829	4928	4901	30	11	19	0.30	0.22	0.38
28	10724	5461	5263	36	16	20	0.34	0.29	0.38
29	10665	5373	5292	36	11	24	0.33	0.21	0.46
30-34	**48263**	**24427**	**23836**	**267**	**92**	**175**	**0.55**	**0.38**	**0.74**
30	10685	5394	5291	51	12	39	0.48	0.23	0.73
31	10124	5036	5088	42	23	19	0.41	0.45	0.38
32	8759	4412	4347	40	14	26	0.46	0.31	0.60
33	9686	4930	4756	67	21	46	0.69	0.43	0.97
34	9010	4656	4354	68	22	46	0.75	0.47	1.05
35-39	**44524**	**23322**	**21202**	**447**	**143**	**304**	**1.00**	**0.61**	**1.43**
35	9383	4853	4530	73	29	44	0.78	0.60	0.97
36	9306	4859	4446	92	30	62	0.99	0.63	1.39
37	8841	4563	4278	83	26	57	0.94	0.57	1.33
38	7902	4252	3650	105	28	77	1.32	0.66	2.10
39	9093	4795	4298	94	30	65	1.04	0.62	1.51
40-44	**46028**	**24120**	**21908**	**650**	**173**	**478**	**1.41**	**0.72**	**2.18**
40	9302	4856	4446	114	33	80	1.22	0.69	1.81
41	9665	5031	4634	140	39	101	1.45	0.78	2.18
42	9035	4807	4228	138	42	95	1.53	0.88	2.26
43	9096	4708	4388	128	29	99	1.41	0.62	2.26
44	8931	4718	4213	130	29	102	1.46	0.61	2.41

4-2 续表

单位：人、%

年 龄	15岁及以上人口			文盲人口			文盲人口占15岁及以上人口比重		
	合计	男	女	合计	男	女	合计	男	女
45-49	**46624**	**24639**	**21985**	**964**	**249**	**715**	**2.07**	**1.01**	**3.25**
45	9557	5079	4478	180	47	133	1.88	0.92	2.97
46	9319	4955	4364	176	46	130	1.89	0.92	2.98
47	10137	5369	4768	214	70	144	2.11	1.30	3.01
48	8034	4276	3759	174	36	138	2.17	0.84	3.67
49	9576	4961	4616	221	50	171	2.31	1.01	3.70
50-54	**40149**	**20883**	**19266**	**980**	**222**	**758**	**2.44**	**1.06**	**3.94**
50	9441	5036	4405	224	59	165	2.37	1.17	3.75
51	9005	4508	4497	220	34	186	2.44	0.75	4.14
52	10057	5255	4802	226	63	163	2.25	1.19	3.40
53	7773	4100	3673	195	40	155	2.51	0.97	4.23
54	3872	1984	1888	115	27	88	2.98	1.36	4.68
55-59	**28792**	**14615**	**14177**	**1380**	**259**	**1121**	**4.79**	**1.77**	**7.91**
55	4834	2329	2505	174	22	151	3.59	0.95	6.05
56	4643	2366	2277	212	31	181	4.57	1.31	7.96
57	6701	3431	3270	332	64	268	4.95	1.86	8.20
58	6680	3509	3171	321	66	255	4.81	1.89	8.05
59	5935	2980	2955	341	76	265	5.75	2.56	8.96
60-64	**27640**	**13752**	**13888**	**2250**	**415**	**1836**	**8.14**	**3.02**	**13.22**
60	5864	2935	2929	386	70	316	6.59	2.39	10.80
61	5977	2952	3025	451	89	362	7.54	3.02	11.96
62	5622	2788	2834	451	77	374	8.03	2.75	13.21
63	5651	2823	2829	480	87	392	8.49	3.09	13.87
64	4525	2254	2271	482	91	391	10.66	4.05	17.22
65-69	**19819**	**9916**	**9903**	**2604**	**558**	**2046**	**13.14**	**5.62**	**20.66**
65	4948	2408	2540	547	100	447	11.06	4.15	17.62
66	4796	2524	2272	581	141	440	12.12	5.59	19.38
67	3661	1821	1839	501	106	395	13.69	5.84	21.47
68	3246	1658	1588	454	100	354	13.97	6.01	22.29
69	3168	1503	1664	520	111	410	16.43	7.37	24.61
70-74	**14943**	**6955**	**7988**	**3169**	**704**	**2465**	**21.21**	**10.13**	**30.86**
70	3209	1483	1726	586	126	460	18.27	8.53	26.65
71	3135	1514	1620	623	137	486	19.87	9.03	30.00
72	3024	1363	1661	670	156	514	22.15	11.46	30.92
73	2762	1281	1481	618	128	490	22.36	9.98	33.07
74	2814	1314	1500	673	157	516	23.90	11.94	34.38
75-79	**11347**	**5053**	**6294**	**3270**	**709**	**2560**	**28.81**	**14.04**	**40.68**
75	2643	1203	1441	677	141	535	25.59	11.75	37.15
76	2173	986	1188	586	121	465	26.95	12.27	39.13
77	2353	1040	1313	705	159	547	29.98	15.28	41.63
78	2173	968	1205	645	142	503	29.67	14.68	41.71
79	2005	858	1147	657	146	511	32.78	17.04	44.55
80-84	**7328**	**3028**	**4300**	**2746**	**540**	**2206**	**37.47**	**17.84**	**51.30**
80	1863	780	1083	676	137	539	36.31	17.57	49.81
81	1531	631	900	541	105	436	35.34	16.69	48.40
82	1496	670	826	528	116	411	35.27	17.37	49.78
83	1285	485	799	508	80	428	39.56	16.55	53.54
84	1153	462	691	493	101	392	42.73	21.93	56.63
85及以上	**4849**	**1667**	**3182**	**2430**	**444**	**1987**	**50.11**	**26.61**	**62.43**

4-2a 全区分年龄、性别的15岁及以上文盲人口(城市)

单位：人、%

年 龄	15岁及以上人口			文盲人口			文盲人口占15岁及以上人口比重		
	合计	男	女	合计	男	女	合计	男	女
总 计	**103741**	**49969**	**53772**	**1487**	**274**	**1213**	**1.43**	**0.55**	**2.26**
15-19	**6209**	**3210**	**2999**	**6**	**4**	**1**	**0.09**	**0.13**	**0.05**
15	1050	683	367	2	1	1	0.18	0.13	0.28
16	1430	996	434	2	2		0.16	0.23	
17	1350	723	628						
18	1122	443	679				0.04	0.10	
19	1257	365	892	1	1		0.08	0.18	0.04
20-24	**9950**	**3530**	**6420**	**10**	**2**	**7**	**0.10**	**0.07**	**0.11**
20	2222	574	1648						
21	2164	613	1551	6	2	4	0.30	0.40	0.25
22	1976	659	1317	3		3	0.13		0.19
23	1913	870	1043						
24	1675	814	861	1		1	0.04		0.08
25-29	**13414**	**6459**	**6955**	**22**	**16**	**6**	**0.16**	**0.24**	**0.08**
25	2505	1248	1257	6	6		0.24	0.49	
26	2554	1260	1295	3	3	1	0.13	0.23	0.04
27	2682	1301	1381	1	1		0.05	0.10	
28	2836	1367	1469	6	4	2	0.22	0.33	0.12
29	2836	1284	1552	4	1	4	0.16	0.07	0.23
30-34	**12244**	**5831**	**6413**	**10**	**4**	**7**	**0.09**	**0.07**	**0.10**
30	2641	1264	1377				0.01		0.02
31	2528	1181	1347	1	1		0.03	0.06	
32	2154	1024	1131	1		1	0.05		0.10
33	2581	1234	1347	5	3	2	0.18	0.25	0.12
34	2339	1129	1210	4		4	0.15		0.29
35-39	**11532**	**5855**	**5678**	**19**	**8**	**12**	**0.17**	**0.13**	**0.21**
35	2492	1288	1204	4	3	1	0.15	0.21	0.09
36	2457	1248	1209	8	2	7	0.34	0.12	0.55
37	2250	1116	1134	4	2	2	0.18	0.21	0.16
38	2053	1091	962	1		1	0.05		0.12
39	2281	1112	1169	2	1	1	0.09	0.10	0.08
40-44	**10975**	**5638**	**5338**	**29**	**11**	**19**	**0.27**	**0.19**	**0.35**
40	2257	1147	1110	3	1	1	0.12	0.11	0.13
41	2347	1194	1153	5	1	5	0.23	0.06	0.41
42	2213	1154	1058	9	6	3	0.42	0.55	0.29
43	2143	1129	1014	5		5	0.23	0.03	0.45
44	2016	1014	1002	7	2	5	0.36	0.20	0.51

4-2a 续表

单位：人、%

年 龄	15岁及以上人口			文盲人口			文盲人口占15岁及以上人口比重		
	合计	男	女	合计	男	女	合计	男	女
45-49	**9795**	**4964**	**4831**	**42**	**19**	**24**	**0.43**	**0.38**	**0.49**
45	2255	1193	1062	3	1	2	0.13	0.12	0.15
46	1983	981	1002	10	4	5	0.49	0.45	0.53
47	2112	1080	1033	14	9	5	0.68	0.84	0.51
48	1589	785	803	4	1	3	0.28	0.13	0.42
49	1856	925	932	11	3	8	0.59	0.31	0.87
50-54	**8391**	**4288**	**4103**	**35**	**10**	**25**	**0.41**	**0.23**	**0.60**
50	1944	1043	902	6	3	2	0.30	0.33	0.27
51	1887	941	946	10	2	8	0.54	0.24	0.84
52	2125	1090	1035	9	2	8	0.43	0.14	0.74
53	1604	802	802	7	2	5	0.41	0.19	0.64
54	831	413	418	3	1	2	0.36	0.30	0.41
55-59	**5954**	**2903**	**3051**	**96**	**16**	**80**	**1.61**	**0.54**	**2.63**
55	1050	488	563	17	2	15	1.57	0.35	2.63
56	1013	509	503	11	1	10	1.06	0.25	1.89
57	1336	654	682	22	5	17	1.64	0.76	2.49
58	1316	674	643	21	1	19	1.56	0.17	3.02
59	1239	578	661	26	7	20	2.12	1.15	2.98
60-64	**5594**	**2795**	**2799**	**130**	**21**	**108**	**2.32**	**0.76**	**3.87**
60	1232	613	619	19	4	15	1.58	0.65	2.50
61	1216	612	604	31	7	24	2.56	1.12	4.02
62	1172	564	608	26	4	23	2.24	0.63	3.74
63	1080	539	541	20	2	18	1.85	0.31	3.38
64	894	467	427	33	5	27	3.66	1.13	6.42
65-69	**3671**	**1827**	**1844**	**157**	**23**	**134**	**4.28**	**1.25**	**7.28**
65	991	481	510	34	5	29	3.39	0.99	5.66
66	871	450	422	37	6	32	4.27	1.24	7.50
67	677	335	342	44	6	38	6.44	1.77	11.01
68	581	289	291	21	4	16	3.59	1.51	5.66
69	551	271	280	22	2	20	3.96	0.79	7.03
70-74	**2258**	**1044**	**1213**	**184**	**35**	**149**	**8.16**	**3.39**	**12.28**
70	492	227	265	40	12	28	8.15	5.33	10.57
71	451	224	228	33	7	26	7.22	3.02	11.33
72	469	221	248	39	7	32	8.29	3.10	12.90
73	431	192	239	32	5	27	7.44	2.74	11.21
74	415	182	234	41	4	36	9.82	2.44	15.56
75-79	**1904**	**849**	**1055**	**267**	**38**	**230**	**14.04**	**4.43**	**21.78**
75	422	207	215	37	4	33	8.87	1.98	15.52
76	387	170	217	57	8	49	14.62	4.62	22.46
77	388	164	224	48	6	42	12.29	3.60	18.63
78	369	170	199	58	9	49	15.64	5.02	24.74
79	338	138	200	68	11	57	20.11	8.16	28.36
80-84	**1168**	**520**	**648**	**246**	**39**	**207**	**21.03**	**7.53**	**31.86**
80	295	118	177	65	11	54	21.89	8.94	30.53
81	235	99	136	45	6	39	19.22	5.91	28.97
82	244	126	118	41	9	32	16.76	7.17	27.01
83	219	91	128	54	6	48	24.76	7.03	37.43
84	175	85	89	41	7	33	23.30	8.55	37.34
85及以上	**681**	**256**	**425**	**233**	**28**	**205**	**34.28**	**11.10**	**48.22**

4-2b 全区分年龄、性别的15岁及以上文盲人口(镇)

单位：人、%

年龄	15岁及以上人口			文盲人口			文盲人口占15岁及以上人口比重		
	合计	男	女	合计	男	女	合计	男	女
总　计	**119099**	**60784**	**58315**	**3490**	**702**	**2788**	**2.93**	**1.15**	**4.78**
15-19	**6707**	**3525**	**3182**	**13**	**8**	**5**	**0.19**	**0.23**	**0.15**
15	1740	911	829	2	1	1	0.10	0.12	0.07
16	1460	797	663	2	2		0.17	0.31	
17	1215	664	551	3	2	1	0.25	0.24	0.27
18	1061	594	467	2	1	1	0.19	0.17	0.21
19	1230	559	672	4	2	2	0.30	0.35	0.25
20-24	**10910**	**5436**	**5473**	**18**	**12**	**6**	**0.17**	**0.22**	**0.12**
20	2274	961	1313	6	1	5	0.24	0.06	0.37
21	2568	1199	1369	3	2	1	0.13	0.19	0.08
22	2239	1245	994	1	1		0.06	0.10	
23	1990	1046	944	3	3		0.16	0.26	0.05
24	1839	986	853	5	5		0.26	0.48	
25-29	**14508**	**7516**	**6993**	**26**	**11**	**16**	**0.18**	**0.14**	**0.22**
25	2611	1361	1250	8	6	2	0.30	0.42	0.17
26	2750	1375	1374	5	1	3	0.17	0.09	0.25
27	2809	1458	1351	6	2	5	0.22	0.11	0.34
28	3193	1688	1505	3	1	3	0.11	0.03	0.20
29	3146	1634	1512	4	2	3	0.13	0.09	0.17
30-34	**12895**	**6644**	**6251**	**41**	**20**	**21**	**0.32**	**0.30**	**0.34**
30	2965	1528	1437	9	4	5	0.31	0.26	0.36
31	2655	1351	1304	6	2	4	0.24	0.16	0.32
32	2378	1217	1161	6	2	4	0.26	0.19	0.34
33	2581	1356	1225	8	7	1	0.31	0.50	0.11
34	2317	1192	1125	11	5	7	0.49	0.39	0.61
35-39	**12222**	**6319**	**5904**	**56**	**18**	**38**	**0.46**	**0.29**	**0.64**
35	2481	1245	1236	9	1	7	0.35	0.12	0.58
36	2551	1308	1244	17	7	10	0.68	0.56	0.80
37	2519	1281	1237	12	4	9	0.49	0.29	0.70
38	2198	1178	1020	7	4	4	0.34	0.30	0.38
39	2474	1307	1167	10	2	8	0.41	0.16	0.68
40-44	**12521**	**6556**	**5965**	**86**	**30**	**56**	**0.68**	**0.46**	**0.93**
40	2659	1382	1277	18	7	10	0.66	0.53	0.81
41	2639	1358	1281	17	7	9	0.64	0.55	0.73
42	2404	1288	1116	14	4	10	0.58	0.32	0.87
43	2428	1247	1181	20	7	13	0.82	0.53	1.13
44	2389	1280	1109	17	4	13	0.72	0.34	1.17

4-2b 续表

单位：人、%

年 龄	15岁及以上人口			文盲人口			文盲人口占15岁及以上人口比重		
	合计	男	女	合计	男	女	合计	男	女
45-49	**12480**	**6550**	**5930**	**149**	**30**	**119**	**1.20**	**0.47**	**2.01**
45	2576	1361	1214	35	8	27	1.37	0.62	2.20
46	2486	1326	1160	26	4	21	1.03	0.31	1.84
47	2774	1442	1332	31	10	21	1.12	0.72	1.56
48	2119	1144	975	27	4	23	1.29	0.37	2.37
49	2525	1276	1249	30	3	27	1.20	0.26	2.15
50-54	**10429**	**5436**	**4993**	**142**	**37**	**105**	**1.36**	**0.68**	**2.11**
50	2495	1293	1202	31	9	22	1.25	0.71	1.83
51	2319	1170	1149	24	2	22	1.04	0.19	1.91
52	2623	1376	1248	30	8	21	1.13	0.59	1.72
53	1986	1088	898	35	9	26	1.79	0.87	2.90
54	1006	510	496	22	8	14	2.16	1.54	2.79
55-59	**7095**	**3629**	**3466**	**225**	**51**	**174**	**3.17**	**1.39**	**5.02**
55	1210	572	638	27	2	26	2.26	0.31	4.01
56	1146	578	568	34	8	27	3.00	1.36	4.68
57	1704	878	825	58	13	45	3.40	1.43	5.50
58	1613	856	757	50	13	38	3.12	1.48	4.97
59	1422	744	678	55	16	39	3.84	2.11	5.73
60-64	**6442**	**3161**	**3281**	**354**	**68**	**286**	**5.49**	**2.15**	**8.71**
60	1393	682	710	68	15	53	4.88	2.15	7.51
61	1448	709	739	60	11	49	4.16	1.58	6.63
62	1301	639	662	75	16	59	5.80	2.52	8.96
63	1293	643	650	79	15	64	6.09	2.26	9.88
64	1007	488	519	72	12	60	7.11	2.36	11.57
65-69	**4527**	**2302**	**2226**	**397**	**71**	**326**	**8.76**	**3.09**	**14.63**
65	1150	579	571	88	16	72	7.67	2.83	12.58
66	1120	592	528	98	22	76	8.74	3.67	14.43
67	826	418	408	74	11	64	8.99	2.56	15.58
68	745	391	355	59	8	51	7.89	2.07	14.30
69	686	323	364	77	14	63	11.28	4.40	17.38
70-74	**3275**	**1566**	**1708**	**483**	**89**	**394**	**14.75**	**5.69**	**23.05**
70	794	385	409	98	15	82	12.28	4.02	20.07
71	666	335	331	93	22	70	13.89	6.63	21.22
72	631	283	347	102	16	86	16.13	5.58	24.74
73	610	276	334	101	13	88	16.50	4.67	26.28
74	573	287	287	90	23	68	15.77	7.93	23.61
75-79	**2413**	**1098**	**1315**	**551**	**108**	**443**	**22.85**	**9.87**	**33.68**
75	584	268	316	116	19	97	19.94	7.16	30.79
76	449	203	246	100	23	77	22.24	11.40	31.15
77	508	237	271	116	22	94	22.84	9.10	34.84
78	479	225	254	111	27	84	23.25	12.08	33.11
79	394	165	228	108	17	91	27.39	10.47	39.65
80-84	**1594**	**669**	**926**	**468**	**70**	**398**	**29.36**	**10.50**	**42.99**
80	418	182	236	107	14	93	25.67	7.66	39.59
81	320	132	188	84	14	70	26.32	10.78	37.21
82	309	149	160	89	19	70	28.83	12.71	43.80
83	290	107	183	104	8	95	35.68	7.89	51.87
84	257	99	158	84	15	69	32.65	14.84	43.78
85及以上	**1080**	**378**	**702**	**481**	**79**	**402**	**44.51**	**20.84**	**57.26**

4-2c 全区分年龄、性别的15岁及以上文盲人口(乡村)

单位：人、%

年龄	15岁及以上人口			文盲人口			文盲人口占15岁及以上人口比重		
	合计	男	女	合计	男	女	合计	男	女
总 计	**239096**	**122895**	**116200**	**16536**	**3706**	**12830**	**6.92**	**3.02**	**11.04**
15-19	**20481**	**11126**	**9355**	**70**	**34**	**37**	**0.34**	**0.30**	**0.39**
15	4894	2718	2177	12	7	5	0.24	0.27	0.22
16	4106	2214	1892	11	5	5	0.26	0.25	0.28
17	4130	2241	1890	13	6	7	0.31	0.25	0.38
18	3825	2018	1807	19	10	9	0.51	0.50	0.51
19	3525	1935	1589	15	5	10	0.43	0.27	0.62
20-24	**17144**	**9134**	**8011**	**76**	**40**	**36**	**0.44**	**0.44**	**0.45**
20	3311	1790	1522	18	10	8	0.55	0.56	0.54
21	3103	1685	1418	14	8	5	0.44	0.50	0.38
22	3344	1750	1594	14	8	6	0.42	0.45	0.39
23	3770	2000	1769	14	8	6	0.37	0.40	0.34
24	3616	1909	1707	16	6	10	0.44	0.30	0.60
25-29	**22306**	**11335**	**10971**	**114**	**47**	**67**	**0.51**	**0.42**	**0.61**
25	4381	2190	2191	17	8	9	0.40	0.38	0.41
26	4209	2114	2095	21	11	10	0.49	0.52	0.47
27	4338	2170	2168	22	8	14	0.51	0.37	0.66
28	4695	2406	2289	26	11	15	0.56	0.46	0.66
29	4683	2455	2227	27	9	18	0.58	0.35	0.82
30-34	**23124**	**11952**	**11172**	**215**	**68**	**147**	**0.93**	**0.57**	**1.32**
30	5079	2602	2476	41	8	33	0.81	0.32	1.33
31	4941	2504	2437	35	20	15	0.70	0.79	0.61
32	4226	2171	2055	33	11	21	0.77	0.53	1.03
33	4524	2340	2184	54	11	43	1.20	0.48	1.97
34	4354	2335	2019	53	17	35	1.21	0.75	1.74
35-39	**20769**	**11149**	**9620**	**372**	**117**	**255**	**1.79**	**1.05**	**2.65**
35	4410	2320	2090	61	25	36	1.38	1.08	1.71
36	4298	2304	1994	67	21	45	1.55	0.93	2.26
37	4072	2166	1907	66	20	46	1.63	0.92	2.44
38	3652	1984	1668	96	25	72	2.63	1.24	4.29
39	4338	2375	1962	82	27	56	1.90	1.12	2.85
40-44	**22533**	**11927**	**10605**	**535**	**132**	**403**	**2.38**	**1.11**	**3.80**
40	4386	2327	2059	93	25	69	2.13	1.07	3.33
41	4679	2480	2199	118	31	87	2.52	1.25	3.95
42	4417	2364	2053	115	32	83	2.60	1.35	4.03
43	4525	2332	2192	103	22	81	2.29	0.95	3.71
44	4525	2424	2101	106	22	83	2.34	0.92	3.97

4-2c 续表

单位：人、%

年 龄	15岁及以上人口			文盲人口			文盲人口占15岁及以上人口比重		
	合计	男	女	合计	男	女	合计	男	女
45-49	**24349**	**13126**	**11223**	**772**	**199**	**573**	**3.17**	**1.52**	**5.10**
45	4726	2525	2202	141	37	105	2.99	1.46	4.75
46	4850	2648	2202	141	37	103	2.90	1.40	4.70
47	5251	2847	2404	168	51	118	3.20	1.77	4.89
48	4326	2346	1980	142	31	111	3.29	1.31	5.63
49	5195	2760	2436	180	44	136	3.46	1.60	5.58
50-54	**21329**	**11159**	**10170**	**803**	**175**	**628**	**3.76**	**1.57**	**6.18**
50	5001	2700	2301	187	46	141	3.74	1.72	6.11
51	4800	2397	2402	186	29	156	3.87	1.22	6.51
52	5309	2790	2519	187	53	134	3.52	1.89	5.33
53	4183	2210	1973	153	29	124	3.65	1.29	6.29
54	2035	1061	974	91	18	73	4.45	1.68	7.47
55-59	**15743**	**8083**	**7660**	**1060**	**193**	**866**	**6.73**	**2.39**	**11.31**
55	2573	1269	1304	130	19	111	5.04	1.47	8.52
56	2484	1278	1206	167	22	145	6.72	1.71	12.04
57	3661	1898	1763	252	46	206	6.88	2.43	11.68
58	3751	1979	1772	251	52	198	6.68	2.65	11.18
59	3274	1658	1616	260	54	206	7.95	3.26	12.77
60-64	**15604**	**7795**	**7809**	**1767**	**325**	**1442**	**11.32**	**4.17**	**18.46**
60	3240	1639	1600	299	52	247	9.23	3.14	15.46
61	3313	1631	1682	360	71	289	10.86	4.36	17.16
62	3148	1585	1564	349	57	292	11.10	3.60	18.69
63	3278	1641	1638	381	71	310	11.62	4.34	18.92
64	2624	1299	1325	378	74	304	14.40	5.73	22.91
65-69	**11620**	**5787**	**5833**	**2050**	**464**	**1586**	**17.64**	**8.01**	**27.20**
65	2807	1348	1459	425	79	347	15.16	5.84	23.77
66	2805	1483	1322	446	114	332	15.91	7.67	25.15
67	2158	1069	1089	383	90	294	17.77	8.39	26.97
68	1920	978	942	374	87	287	19.47	8.91	30.43
69	1931	910	1021	421	94	327	21.82	10.38	32.00
70-74	**9411**	**4345**	**5066**	**2502**	**580**	**1922**	**26.59**	**13.35**	**37.94**
70	1923	871	1052	449	99	350	23.34	11.36	33.25
71	2017	956	1061	498	108	390	24.68	11.28	36.75
72	1925	859	1066	529	134	396	27.50	15.55	37.13
73	1720	813	907	485	110	375	28.18	13.50	41.33
74	1825	846	979	541	130	412	29.66	15.35	42.02
75-79	**7030**	**3106**	**3923**	**2451**	**563**	**1888**	**34.86**	**18.13**	**48.11**
75	1637	727	910	523	118	405	31.92	16.23	44.46
76	1338	613	725	429	90	339	32.10	14.68	46.83
77	1457	639	818	542	131	410	37.19	20.55	50.20
78	1325	573	752	476	106	369	35.90	18.56	49.11
79	1273	554	719	481	118	364	37.81	21.22	50.61
80-84	**4565**	**1839**	**2726**	**2032**	**431**	**1601**	**44.52**	**23.43**	**58.74**
80	1149	480	670	504	113	392	43.88	23.46	58.50
81	976	399	576	411	85	326	42.18	21.33	56.62
82	943	395	548	398	88	309	42.17	22.38	56.44
83	775	287	488	350	65	285	45.21	22.81	58.38
84	722	278	444	368	79	289	51.02	28.55	65.09
85及以上	**3088**	**1033**	**2055**	**1716**	**336**	**1379**	**55.56**	**32.56**	**67.13**

4-3 全区分学业完成情况、性别、受教育程度的6岁及以上人口

单位：人

学业完成情况	合计			小学		
	合计	男	女	小计	男	女
总计	**512732**	**268260**	**244471**	**168195**	**81536**	**86659**
在校	109652	55720	53932	55398	29889	25509
毕业	378665	199974	178691	99006	45539	53467
肄业	6949	3616	3332	4315	1885	2430
辍学	8881	4538	4342	6158	2718	3440
其他	8585	4412	4173	3318	1505	1813

4-3 续表 1

单位：人

学业完成情况	初中			普通高中			中职		
	小计	男	女	小计	男	女	小计	男	女
总计	**221378**	**121378**	**100000**	**50214**	**28475**	**21740**	**23332**	**13115**	**10217**
在校	25749	13533	12216	11325	5435	5891	3763	2637	1125
毕业	187214	102657	84557	37624	22272	15352	19122	10245	8877
肄业	2217	1458	759	278	185	93	60	40	20
辍学	2428	1631	797	234	143	91	48	35	13
其他	3770	2099	1671	753	440	313	339	158	182

4-3 续表 2

单位：人

学业完成情况	大学专科			大学本科			研究生		
	小计	男	女	小计	男	女	小计	男	女
总计	**26054**	**13279**	**12775**	**22582**	**9931**	**12651**	**976**	**546**	**429**
在校	4225	1609	2616	9055	2546	6509	138	72	66
毕业	21507	11501	10006	13366	7295	6071	825	465	360
肄业	52	30	22	24	17	7	2	1	1
辍学	10	8	2	3	3				
其他	261	133	128	134	70	64	11	8	3

4-3a 全区分学业完成情况、性别、受教育程度的6岁及以上人口(城市)

单位：人

学业完成情况	合计			小学		
	合计	男	女	小计	男	女
总计	**112557**	**55424**	**57133**	**19012**	**8911**	**10101**
在校	20570	9330	11240	7856	4297	3559
毕业	88719	44456	44264	10020	4138	5882
肄业	698	374	323	352	160	191
辍学	575	254	320	381	145	236
其他	1995	1009	985	404	171	233

4-3a 续表 1

单位：人

学业完成情况	初中			普通高中			中职		
	小计	男	女	小计	男	女	小计	男	女
总计	**37189**	**18735**	**18454**	**17802**	**9154**	**8648**	**11400**	**6340**	**5060**
在校	3158	1765	1393	2236	972	1264	1627	1349	279
毕业	33009	16394	16614	15056	7900	7156	9543	4889	4654
肄业	230	138	92	66	41	25	16	11	5
辍学	134	79	55	43	20	23	10	4	6
其他	659	359	300	400	221	179	204	88	117

4-3a 续表 2

单位：人

学业完成情况	大学专科			大学本科			研究生		
	小计	男	女	小计	男	女	小计	男	女
总计	**13507**	**6734**	**6773**	**12838**	**5111**	**7726**	**807**	**438**	**370**
在校	1347	427	920	4246	467	3779	100	54	46
毕业	11943	6192	5751	8451	4567	3883	697	374	323
肄业	20	14	6	13	9	3	1	1	
辍学	5	4	1	2	2				
其他	192	97	95	126	66	61	9	8	1

4-3b 全区分学业完成情况、性别、受教育程度的6岁及以上人口(镇)

单位：人

学业完成情况	合计			小学		
	合计	男	女	小计	男	女
总　计	**133451**	**69711**	**63740**	**36080**	**17086**	**18994**
在　校	28011	14172	13838	12419	6766	5653
毕　业	101587	53554	48033	21504	9389	12115
肄　业	1390	701	689	741	295	446
辍　学	1467	774	694	952	422	529
其　他	996	511	486	464	213	251

4-3b 续表 1

单位：人

学业完成情况	初中			普通高中			中职		
	小计	男	女	小计	男	女	小计	男	女
总　计	**59490**	**32026**	**27464**	**15122**	**8795**	**6327**	**6588**	**3706**	**2881**
在　校	6898	3540	3357	2985	1398	1587	659	485	173
毕　业	51233	27635	23597	11918	7260	4657	5866	3182	2683
肄　业	518	329	189	91	55	36	18	9	8
辍　学	458	312	147	46	28	17	10	10	1
其　他	384	210	174	84	53	30	35	20	16

4-3b 续表 2

单位：人

学业完成情况	大学专科			大学本科			研究生		
	小计	男	女	小计	男	女	小计	男	女
总　计	**8495**	**4345**	**4149**	**7557**	**3674**	**3883**	**119**	**78**	**41**
在　校	1358	437	921	3672	1538	2135	20	8	13
毕　业	7092	3885	3207	3876	2131	1745	98	71	28
肄　业	16	9	7	6	3	2	1		1
辍　学	1	1		1	1				
其　他	28	14	14	2	1	1			

4-3c 全区分学业完成情况、性别、受教育程度的6岁及以上人口(乡村)

单位：人

学业完成情况	合计			小学		
	合计	男	女	小计	男	女
总计	**266724**	**143125**	**123598**	**113103**	**55539**	**57564**
在校	61071	32218	28853	35123	18826	16297
毕业	188360	101965	86395	67482	32012	35470
肄业	4861	2541	2320	3222	1429	1793
辍学	6838	3510	3328	4826	2151	2675
其他	5594	2892	2702	2450	1121	1329

4-3c 续表 1

单位：人

学业完成情况	初中			普通高中			中职		
	小计	男	女	小计	男	女	小计	男	女
总计	**124698**	**70616**	**54082**	**17291**	**10526**	**6765**	**5344**	**3069**	**2276**
在校	15693	8228	7466	6104	3064	3040	1477	803	673
毕业	102973	58627	44346	10650	7111	3538	3714	2174	1540
肄业	1469	991	478	122	89	32	27	20	7
辍学	1835	1240	595	145	95	50	28	21	6
其他	2727	1530	1197	269	166	103	100	50	49

4-3c 续表 2

单位：人

学业完成情况	大学专科			大学本科			研究生		
	小计	男	女	小计	男	女	小计	男	女
总计	**4052**	**2200**	**1852**	**2187**	**1146**	**1041**	**49**	**30**	**19**
在校	1520	745	775	1137	541	595	18	10	7
毕业	2471	1424	1048	1040	597	443	30	20	10
肄业	16	7	9	6	4	1			
辍学	4	3	1						
其他	41	22	19	5	3	2	1		1

5 就业

5-1 各地区分性别、行业门类的就业人口

单位：人

地 区	就业人口			一、农、林、牧、渔业			二、采矿业		
	合计	男	女	小计	男	女	小计	男	女
全 区	**293346**	**162884**	**130462**	**146607**	**76058**	**70550**	**1000**	**811**	**189**
南宁市	**47009**	**25890**	**21119**	**19829**	**10279**	**9551**	**55**	**49**	**7**
兴宁区	2916	1614	1302	576	307	269	2	1	1
青秀区	4868	2520	2348	882	484	399	9	7	1
江南区	4224	2370	1854	1516	819	697	5	4	1
西乡塘区	8237	4718	3519	1191	652	539	2	2	
良庆区	2810	1560	1250	1012	522	490	2	1	1
邕宁区	1886	1018	868	1366	732	634	3	2	1
武鸣县	4012	2120	1892	2671	1396	1275	4	4	
隆安县	2023	1136	887	1206	639	567	12	12	1
马山县	2415	1348	1067	1392	684	708	5	5	
上林县	2246	1225	1020	1235	614	621	8	8	
宾阳县	5219	3080	2139	2744	1424	1319	1	1	
横县	6154	3180	2973	4038	2005	2033	2	2	
柳州市	**25529**	**14387**	**11142**	**11048**	**5996**	**5051**	**40**	**25**	**15**
城中区	1040	587	453	12	7	4	1	1	
鱼峰区	2935	1681	1253	260	144	116	3	2	1
柳南区	3196	1907	1289	42	23	18	3	2	1
柳北区	2505	1375	1130	340	192	149	2	2	
柳江县	4365	2462	1903	2228	1224	1004	7	4	3
柳城县	2709	1446	1264	2088	1107	981	13	6	6
鹿寨县	2356	1296	1060	1542	830	712	5	3	2
融安县	1836	1007	829	1204	656	548	3	2	1
融水苗族自治县	2526	1467	1059	1770	988	783			
三江侗族自治县	2061	1158	902	1561	825	736	2	2	
桂林市	**31694**	**17596**	**14098**	**17338**	**9343**	**7995**	**141**	**123**	**18**
秀峰区	895	492	402	78	45	33			
叠彩区	1053	578	476	54	30	24	3	3	
象山区	1658	904	754	45	31	14	6	5	1
七星区	1480	762	718	335	163	173	1	1	
雁山区	474	283	191	269	148	121			
临桂区	2940	1673	1267	1568	872	696	62	52	10
阳朔县	1951	1105	846	1239	698	541	2	2	
灵川县	2329	1298	1031	1294	681	613	6	5	1
全州县	4455	2463	1992	3084	1651	1433	5	5	
兴安县	2538	1341	1197	1560	774	786	1	1	
永福县	1669	961	708	1157	653	504	2	1	1
灌阳县	1730	967	763	1269	680	589	8	8	
龙胜各族自治县	1118	612	506	759	386	372	15	11	4
资源县	706	423	283	384	238	146	1	1	
平乐县	2646	1517	1128	1514	827	687	18	17	1
荔浦县	2422	1292	1129	1532	797	735	3	3	
恭城瑶族自治县	1630	924	706	1199	672	527	7	7	

5-1 续表 1 单位：人

地 区	三、制造业			四、电力、热力、燃气及水生产和供应业			五、建筑业		
	小计	男	女	小计	男	女	小计	男	女
全 区	**32885**	**18598**	**14287**	**1261**	**905**	**355**	**21079**	**18054**	**3026**
南宁市	**3635**	**2129**	**1506**	**177**	**128**	**49**	**3190**	**2719**	**470**
兴宁区	183	121	61	3	2	1	254	200	54
青秀区	138	71	67	57	41	16	168	111	56
江南区	213	136	76	17	8	9	302	239	63
西乡塘区	921	567	354	25	16	9	513	399	113
良庆区	237	152	85	17	12	4	132	116	16
邕宁区	56	32	24	7	3	4	53	41	11
武鸣县	313	169	144	14	11	3	104	85	18
隆安县	134	81	53	2		2	120	98	22
马山县	302	173	128	12	11	1	330	282	48
上林县	186	110	77	3	3		151	138	13
宾阳县	616	343	273	12	12		658	632	26
横县	336	174	163	10	10		406	377	29
柳州市	**3936**	**2479**	**1458**	**134**	**98**	**36**	**1502**	**1218**	**284**
城中区	161	113	48	7	5	2	70	56	14
鱼峰区	737	467	270	15	11	4	252	197	56
柳南区	1030	695	336	41	27	14	306	248	58
柳北区	591	357	234	12	8	4	285	214	70
柳江县	558	338	220	20	14	6	202	172	30
柳城县	104	59	45				47	43	3
鹿寨县	291	156	136	4	3	1	102	90	12
融安县	240	141	99	13	10	3	62	48	14
融水苗族自治县	177	122	55	9	9		119	101	18
三江侗族自治县	47	31	16	13	10	3	58	50	8
桂林市	**2203**	**1336**	**868**	**186**	**123**	**62**	**1586**	**1295**	**291**
秀峰区	102	56	47	9	7	2	72	57	16
叠彩区	65	38	27	6	4	2	61	54	7
象山区	129	78	50	13	9	4	81	63	18
七星区	111	71	40	7	5	2	47	41	7
雁山区	86	62	24	2	1	1	15	14	1
临桂区	220	114	106	5	4	1	181	149	32
阳朔县	172	94	78	26	18	8	57	46	10
灵川县	180	112	68	1	1		124	106	18
全州县	240	155	85	13	11	2	365	266	99
兴安县	130	96	34	9	6	3	105	85	20
永福县	79	46	33	59	41	18	43	40	2
灌阳县	86	59	27	7	2	5	83	71	12
龙胜各族自治县	54	37	17	4	2	2	60	51	9
资源县	63	39	24	4	1	3	37	34	3
平乐县	162	104	58				131	102	29
荔浦县	250	130	120	8	4	3	87	77	9
恭城瑶族自治县	74	44	30	13	6	7	40	38	2

5-1 续表 2

单位：人

地 区	六、批发和零售业			七、交通运输、仓储和邮政业			八、住宿和餐饮业		
	小计	男	女	小计	男	女	小计	男	女
全 区	**33321**	**15863**	**17457**	**9185**	**7703**	**1482**	**8816**	**4134**	**4681**
南宁市	**6876**	**3393**	**3483**	**1715**	**1343**	**373**	**1915**	**954**	**960**
兴宁区	928	441	487	154	121	33	146	69	77
青秀区	705	376	330	153	97	56	471	228	243
江南区	1114	576	538	94	72	22	219	102	117
西乡塘区	1932	1031	901	505	366	139	360	201	158
良庆区	564	266	298	124	110	14	197	90	107
邕宁区	143	60	83	27	25	2	68	37	31
武鸣县	240	100	140	114	94	19	46	18	28
隆安县	200	90	110	106	85	21	72	38	34
马山县	126	36	90	56	51	6	48	20	28
上林县	116	48	68	52	47	5	30	13	16
宾阳县	521	253	268	138	115	23	180	95	85
横县	287	116	170	192	159	33	78	44	35
柳州市	**3594**	**1647**	**1948**	**861**	**708**	**153**	**754**	**322**	**432**
城中区	212	99	113	27	18	9	48	22	26
鱼峰区	780	360	420	137	119	18	123	60	63
柳南区	865	406	459	231	182	49	131	64	67
柳北区	495	234	261	61	55	6	142	42	99
柳江县	554	243	311	200	162	38	128	54	74
柳城县	169	60	109	41	33	8	64	28	36
鹿寨县	113	43	70	45	41	4	51	22	29
融安县	130	55	75	40	28	11	32	13	19
融水苗族自治县	171	87	83	40	32	8	17	9	8
三江侗族自治县	106	59	47	38	37	1	16	7	9
桂林市	**3635**	**1703**	**1932**	**896**	**734**	**162**	**1067**	**486**	**581**
秀峰区	202	100	103	32	20	12	60	26	34
叠彩区	285	125	160	122	94	28	59	28	31
象山区	530	272	258	84	64	20	152	79	73
七星区	333	142	191	64	51	14	112	53	59
雁山区	35	15	20	7	7	1	28	16	12
临桂区	365	147	218	58	51	6	115	59	56
阳朔县	131	66	65	48	33	15	124	49	74
灵川县	279	133	147	82	72	10	63	19	44
全州县	311	158	152	61	54	7	54	25	29
兴安县	300	146	154	84	70	14	88	37	51
永福县	147	68	78	26	25	1	41	19	22
灌阳县	159	82	78	24	20	3	15	7	8
龙胜各族自治县	68	29	39	27	27		30	14	16
资源县	43	20	23	10	7	3	5	1	4
平乐县	168	85	83	43	39	3	53	24	29
荔浦县	187	73	114	97	79	18	45	21	24
恭城瑶族自治县	92	43	48	26	21	5	23	8	15

5-1 续表 3

单位：人

地　区	九、信息传输、软件和信息技术服务业			十、金融业			十一、房地产业		
	小计	男	女	小计	男	女	小计	男	女
全　区	**1608**	**1036**	**572**	**2491**	**1260**	**1232**	**2166**	**1331**	**835**
南宁市	**503**	**321**	**182**	**745**	**353**	**392**	**622**	**392**	**230**
兴宁区	29	18	11	43	14	29	50	33	17
青秀区	142	80	62	376	201	175	154	89	65
江南区	45	30	14	73	32	41	62	37	24
西乡塘区	165	126	39	170	76	95	201	135	66
良庆区	23	18	5	24	10	14	98	65	33
邕宁区	2	2		9	3	7	8	5	3
武鸣县	55	25	30	17	7	10	18	4	14
隆安县	7	4	3	6	3	2	6	5	2
马山县	7	2	5	3	1	2	2	2	
上林县	7	5	3	3	2	1	10	9	1
宾阳县	11	5	6	12	4	8	4	2	1
横县	12	7	5	9		9	9	5	4
柳州市	**209**	**140**	**68**	**267**	**127**	**140**	**210**	**132**	**78**
城中区	32	25	7	53	23	30	37	28	9
鱼峰区	26	12	14	80	46	34	62	42	20
柳南区	22	15	7	37	13	24	44	27	17
柳北区	28	19	9	36	18	17	13	5	8
柳江县	31	27	3	21	7	13	29	18	11
柳城县	44	33	11	2		2	2	1	1
鹿寨县	4	2	2	17	10	7	9	6	4
融安县	9	3	6	12	5	7	3		3
融水苗族自治县	9	3	6	5	2	3	6	3	3
三江侗族自治县	4	1	3	4	2	2	6	3	3
桂林市	**163**	**103**	**60**	**350**	**174**	**176**	**311**	**190**	**121**
秀峰区	11	9	2	58	31	27	23	14	8
叠彩区	21	11	10	36	12	24	14	8	6
象山区	31	19	12	54	23	31	38	28	11
七星区	21	14	7	93	53	41	32	22	10
雁山区	1		1	1	1	1	2	1	1
临桂区	18	9	9	19	13	6	107	67	40
阳朔县	6	2	3	5	1	4			
灵川县	11	9	1	17	12	5	45	26	19
全州县	12	10	2	7	2	5	2		2
兴安县	6	4	2	20	10	10	21	10	11
永福县				3	1	2	8	4	4
灌阳县				4	2	2	1		1
龙胜各族自治县	5	4	1						
资源县	3		3	5	2	3	3	3	
平乐县	5	3	1	3	2	1	4	2	2
荔浦县	10	6	4	14	6	8	9	4	5
恭城瑶族自治县	3	3		9	4	5	2	1	1

5-1 续表 4 单位：人

地 区	十二、租赁和商务服务业			十三、科学研究和技术服务业			十四、水利、环境和公共设施管理业		
	小计	男	女	小计	男	女	小计	男	女
全 区	**2318**	**1449**	**869**	**1312**	**915**	**396**	**869**	**412**	**457**
南宁市	**644**	**400**	**244**	**436**	**290**	**146**	**236**	**86**	**150**
兴宁区	67	46	21	14	12	2	42	18	24
青秀区	97	56	41	160	117	43	21	10	11
江南区	64	46	18	70	41	29	18	6	12
西乡塘区	231	134	96	127	77	50	52	17	35
良庆区	54	34	20	23	12	11	16	10	5
邕宁区	8	5	2	1	1		5	2	3
武鸣县	25	14	11	4	1	3	12	7	5
隆安县	7	5	2	2	2	1	10	6	5
马山县	7	4	2	10	9	1	4	1	3
上林县	18	5	13	14	11	3	10	6	4
宾阳县	49	40	9	3	2	1	7	1	6
横县	18	11	7	9	5	4	39	2	37
柳州市	**270**	**169**	**101**	**100**	**69**	**31**	**99**	**41**	**58**
城中区	45	26	19	14	7	7	13	7	5
鱼峰区	48	30	18	32	26	6	27	10	17
柳南区	44	30	14	22	15	7	14	5	9
柳北区	56	32	25	16	11	5	14	6	8
柳江县	24	15	9	6	4	2	15	2	13
柳城县	19	11	8	3	2	1			
鹿寨县	15	14	1				6	4	2
融安县	7	5	2				2	1	1
融水苗族自治县	9	4	5	5	2	2	7	4	3
三江侗族自治县	3	3		3	2	2	2	2	
桂林市	**416**	**247**	**170**	**328**	**258**	**70**	**103**	**56**	**47**
秀峰区	49	33	16	7	5	2	10	7	3
叠彩区	67	46	21	12	8	4	15	10	5
象山区	86	45	41	17	12	4	8	4	3
七星区	51	29	21	17	10	7	12	8	4
雁山区	6	5	2	1	1				
临桂区	28	20	8	23	20	4	5	1	5
阳朔县	13	6	7	2	2		3	2	1
灵川县	36	17	19	40	36	4	4	3	1
全州县	14	9	5	2		2	12	2	10
兴安县	25	13	12	3	3		12	2	9
永福县	6	4	2	7	6	1	1		1
灌阳县	3	1	2	2	1	1			
龙胜各族自治县	4	3	1				3	2	1
资源县	9	3	6						
平乐县	8	7	1	185	149	36	3	3	
荔浦县	4	1	3	10	5	4	13	9	4
恭城瑶族自治县	8	4	4				3	3	

5-1 续表 5

单位：人

地　区	十五、居民服务、修理和其他服务业			十六、教育			十七、卫生和社会工作		
	小计	男	女	小计	男	女	小计	男	女
全　区	**7207**	**4039**	**3168**	**8506**	**3363**	**5143**	**4363**	**1561**	**2802**
南宁市	**1311**	**725**	**586**	**1912**	**700**	**1212**	**1210**	**422**	**788**
兴宁区	186	103	83	108	29	79	45	16	29
青秀区	113	40	73	507	154	353	278	103	175
江南区	229	151	78	80	26	54	41	13	28
西乡塘区	223	125	98	460	155	306	222	88	135
良庆区	107	66	42	72	25	46	44	15	29
邕宁区	39	22	18	37	14	23	16	7	9
武鸣县	57	36	21	122	45	77	75	31	44
隆安县	41	21	20	27	10	17	18	7	10
马山县	36	28	8	34	13	21	16	6	10
上林县	47	17	30	267	140	126	30	12	19
宾阳县	82	57	26	88	46	42	44	18	26
横县	148	58	89	110	41	68	382	107	274
柳州市	**633**	**324**	**309**	**740**	**287**	**452**	**382**	**121**	**262**
城中区	63	24	39	80	32	48	56	25	31
鱼峰区	101	51	50	92	25	67	58	25	33
柳南区	105	47	58	96	26	70	57	16	41
柳北区	96	39	58	148	62	86	89	25	64
柳江县	85	50	36	109	44	65	44	14	31
柳城县	41	28	14	35	18	18	7		7
鹿寨县	24	13	11	37	11	26	22	4	17
融安县	30	17	12	12	4	8	14	3	11
融水苗族自治县	19	16	4	98	49	49	25	7	18
三江侗族自治县	67	39	29	33	17	17	11	2	9
桂林市	**863**	**438**	**425**	**622**	**216**	**406**	**596**	**204**	**393**
秀峰区	35	12	22	48	11	37	19	10	9
叠彩区	57	30	27	39	13	25	54	14	40
象山区	147	52	95	69	23	46	47	14	32
七星区	55	28	27	85	28	57	29	7	22
雁山区	8	7	1	6	2	4	1	1	1
临桂区	87	67	20	44	11	33	11	1	9
阳朔县	29	20	9	20	7	13	8	2	5
灵川县	38	17	21	39	19	20	28	5	23
全州县	107	34	73	50	21	28	52	22	31
兴安县	57	34	23	36	11	25	28	7	21
永福县	35	26	9	20	4	16	9	5	4
灌阳县	25	12	13	21	7	14	12	7	5
龙胜各族自治县	8	6	1	21	8	13	18	5	13
资源县	50	28	22	15	4	11	19	2	17
平乐县	47	20	26	34	20	14	230	86	144
荔浦县	62	34	27	38	15	23	19	9	10
恭城瑶族自治县	17	11	6	39	11	28	13	6	6

5-1 续表 6

单位：人

地 区	十八、文化、体育和娱乐业			十九、公共管理、社会保障和社会组织			二十、国际组织		
	小计	男	女	小计	男	女	小计	男	女
全 区	**1392**	**825**	**566**	**6960**	**4567**	**2393**			
南宁市	**738**	**423**	**315**	**1259**	**783**	**476**			
兴宁区	21	13	8	65	50	15			
青秀区	76	47	29	361	208	153			
江南区	21	9	12	41	21	20			
西乡塘区	552	314	238	385	236	148			
良庆区	27	14	13	37	21	16			
邕宁区	3	2	1	36	23	13			
武鸣县	10	6	4	112	67	46			
隆安县	4	2	2	43	29	15			
马山县	1		1	23	19	4			
上林县				58	37	21			
宾阳县	13	8	5	38	24	13			
横县	10	9	2	60	47	13			
柳州市	**122**	**66**	**56**	**628**	**418**	**211**			
城中区	20	11	10	89	55	34			
鱼峰区	26	12	14	75	42	33			
柳南区	29	15	14	77	51	26			
柳北区	14	8	6	67	46	21			
柳江县	10	6	4	95	64	31			
柳城县	11	4	6	18	11	7			
鹿寨县	9	8	2	60	37	23			
融安县				23	15	7			
融水苗族自治县	3	1	1	37	28	9			
三江侗族自治县				88	68	20			
桂林市	**152**	**97**	**56**	**737**	**473**	**264**			
秀峰区	22	15	7	58	36	22			
叠彩区	8	5	3	76	45	30			
象山区	26	15	11	96	68	28			
七星区	19	7	13	54	30	24			
雁山区				6	3	3			
临桂区	5	3	2	21	13	7			
阳朔县	35	33	2	32	22	10			
灵川县	3	1	1	41	26	14			
全州县	4	2	2	59	35	24			
兴安县	5	3	2	50	30	20			
永福县	6	3	3	20	14	6			
灌阳县				11	8	3			
龙胜各族自治县	3	1	1	40	25	15			
资源县	2	1	1	53	38	15			
平乐县	6	2	4	32	25	7			
荔浦县	7	4	3	27	13	13			
恭城瑶族自治县	1	1		62	41	21			

5-1 续表 7

单位：人

地区	就业人口			一、农、林、牧、渔业			二、采矿业		
	合计	男	女	小计	男	女	小计	男	女
梧州市	**16217**	**9115**	**7102**	**8527**	**4514**	**4013**	**35**	**31**	**4**
万秀区	1627	888	739	171	91	80	2	1	2
长洲区	1278	700	578	331	158	172	6	4	2
龙圩区	1650	993	657	1063	606	457	10	10	
苍梧县	1905	1068	837	1400	748	652	2	2	
藤县	5029	2841	2187	3139	1659	1481	6	6	
蒙山县	956	532	423	424	221	203	3	3	
岑溪市	3772	2092	1680	1999	1031	969	5	5	
北海市	**10100**	**5317**	**4784**	**4020**	**2157**	**1863**	**17**	**13**	**4**
海城区	2504	1137	1367	107	72	35	2	1	1
银海区	1068	615	452	347	215	131	2	2	
铁山港区	853	467	386	460	250	210	3	3	
合浦县	5675	3097	2578	3107	1619	1487	11	7	3
防城港市	**4969**	**3099**	**1871**	**1526**	**877**	**649**	**19**	**16**	**2**
港口区	1336	907	429	172	112	60	14	12	2
防城区	1638	998	640	411	241	170	2	2	
上思县	1245	715	530	794	441	353	2	2	
东兴市	750	479	271	150	84	66			
钦州市	**15964**	**9404**	**6561**	**6536**	**3474**	**3062**	**58**	**50**	**8**
钦南区	3343	1959	1384	1050	557	493	20	18	1
钦北区	2842	1751	1091	1117	599	518	19	18	1
灵山县	6052	3537	2514	2571	1373	1198	1	1	
浦北县	3728	2157	1571	1798	945	853	19	13	5
贵港市	**25016**	**13888**	**11129**	**11718**	**5861**	**5857**	**26**	**26**	
港北区	3594	1967	1627	1115	555	560	2	2	
港南区	3349	1788	1562	1372	714	658			
覃塘区	3086	1764	1322	1824	908	916	13	13	
平南县	6872	3853	3019	3451	1713	1738	3	3	
桂平市	8115	4516	3599	3955	1971	1984	8	8	
玉林市	**31616**	**17306**	**14310**	**14482**	**6895**	**7586**	**11**	**9**	**2**
玉州区	4681	2704	1977	641	389	252			
福绵区	2678	1474	1204	1287	668	619	1	1	
容县	3892	2090	1802	2092	1023	1069	1	1	
陆川县	3211	1848	1363	1639	851	788	1	1	
博白县	7860	4096	3764	4394	1976	2418	3	3	
兴业县	3800	2034	1766	2337	1129	1208	1		1
北流市	5495	3061	2434	2092	860	1232	4	3	1

5-1 续表 8

单位：人

地 区	三、制造业			四、电力、热力、燃气及水生产和供应业			五、建筑业		
	小计	男	女	小计	男	女	小计	男	女
梧州市	**2048**	**1159**	**888**	**91**	**69**	**22**	**912**	**785**	**128**
万秀区	321	196	126	22	19	4	56	43	13
长洲区	162	97	65	10	8	2	81	68	14
龙圩区	211	127	84	3	2	1	56	52	5
苍梧县	166	103	63	8	8		37	32	4
藤县	592	332	260	14	10	4	244	222	23
蒙山县	163	91	72	5	1	4	100	78	21
岑溪市	432	214	218	29	22	7	338	290	48
北海市	**1251**	**447**	**804**	**57**	**41**	**16**	**732**	**581**	**151**
海城区	707	148	559	44	32	11	136	109	28
银海区	66	37	30	3	1	1	65	56	9
铁山港区	45	26	20	1			34	29	5
合浦县	432	237	196	10	7	3	497	387	109
防城港市	**632**	**466**	**166**	**50**	**33**	**16**	**243**	**197**	**46**
港口区	196	156	40	9	6	3	63	49	14
防城区	121	81	40	23	16	7	143	116	27
上思县	153	103	50	15	10	5	14	13	1
东兴市	162	126	36	2	1	1	22	19	3
钦州市	**2332**	**1174**	**1157**	**52**	**38**	**15**	**2195**	**1951**	**245**
钦南区	257	176	82	22	13	9	397	337	61
钦北区	468	288	181	9	6	3	301	263	38
灵山县	1139	506	633	16	13	3	885	827	58
浦北县	467	205	262	5	5		612	524	88
贵港市	**4444**	**2493**	**1951**	**48**	**34**	**14**	**2079**	**1718**	**361**
港北区	282	167	115	26	17	9	300	249	51
港南区	974	456	519	2	2		223	167	55
覃塘区	546	399	147	1	1		83	77	6
平南县	1148	636	512	4	4		464	427	37
桂平市	1494	836	658	16	10	6	1010	798	211
玉林市	**4959**	**2509**	**2449**	**74**	**55**	**19**	**3082**	**2876**	**206**
玉州区	721	375	346	26	21	5	284	240	44
福绵区	684	283	400	3	3		275	267	8
容县	495	235	260	7	5	2	408	372	35
陆川县	416	243	172	6	5	1	266	228	37
博白县	965	479	486	7	7		694	673	20
兴业县	470	245	225	5	5		298	283	15
北流市	1208	649	559	20	10	10	858	812	46

5-1 续表 9 单位：人

地区	六、批发和零售业			七、交通运输、仓储和邮政业			八、住宿和餐饮业		
	小计	男	女	小计	男	女	小计	男	女
梧州市	**1756**	**897**	**859**	**458**	**401**	**57**	**409**	**192**	**216**
万秀区	418	183	235	120	100	21	84	36	49
长洲区	259	130	128	54	47	7	48	20	28
龙圩区	110	74	36	37	33	3	34	17	18
苍梧县	135	72	63	27	25	2	32	13	19
藤县	391	207	184	76	69	7	114	62	52
蒙山县	83	38	45	27	22	5	34	15	19
岑溪市	360	192	168	117	105	12	62	29	33
北海市	**1621**	**727**	**894**	**328**	**284**	**44**	**366**	**161**	**205**
海城区	512	234	278	88	68	20	130	60	70
银海区	228	101	126	47	41	6	112	51	61
铁山港区	160	79	81	29	27	2	16	8	7
合浦县	720	312	408	163	148	15	109	42	67
防城港市	**779**	**395**	**384**	**524**	**477**	**47**	**260**	**121**	**139**
港口区	167	79	88	340	312	28	89	36	52
防城区	372	186	186	89	78	11	111	58	53
上思县	59	22	37	33	31	2	32	16	17
东兴市	181	107	74	62	56	6	28	11	17
钦州市	**1867**	**917**	**950**	**647**	**579**	**68**	**478**	**239**	**238**
钦南区	594	251	344	265	228	37	158	64	94
钦北区	344	188	156	137	122	15	93	54	39
灵山县	636	340	296	162	150	11	163	85	78
浦北县	293	138	154	84	79	4	64	36	27
贵港市	**2720**	**1362**	**1359**	**962**	**808**	**154**	**518**	**269**	**249**
港北区	831	403	428	183	144	39	122	68	53
港南区	357	181	176	72	69	3	68	40	28
覃塘区	211	101	110	138	134	5	46	20	26
平南县	783	416	367	409	320	88	145	78	68
桂平市	538	260	278	160	141	19	137	64	74
玉林市	**3938**	**1941**	**1997**	**898**	**784**	**114**	**1088**	**588**	**501**
玉州区	1194	610	584	213	182	31	637	387	250
福绵区	224	120	104	66	61	4	36	17	19
容县	297	130	167	88	71	17	59	18	41
陆川县	392	219	173	88	81	7	65	30	35
博白县	961	420	541	188	150	39	143	71	71
兴业县	275	131	144	96	92	4	39	22	17
北流市	596	312	284	159	147	12	110	42	68

5-1 续表 10

单位：人

地　区	九、信息传输、软件和信息技术服务业			十、金融业			十一、房地产业		
	小计	男	女	小计	男	女	小计	男	女
梧州市	**48**	**26**	**22**	**92**	**48**	**44**	**147**	**105**	**42**
万秀区	14	6	7	31	17	14	39	29	10
长洲区	11	6	4	21	9	12	22	16	6
龙圩区	4	2	2	7	4	3	15	12	3
苍梧县	1	1		2	2		4	3	1
藤县	5	3	2	17	9	8	59	41	18
蒙山县	1		1	1	1		1	1	
岑溪市	13	7	6	12	6	6	7	4	4
北海市	**49**	**28**	**21**	**177**	**81**	**96**	**163**	**89**	**74**
海城区	21	10	11	135	62	72	98	53	45
银海区	17	11	6	15	9	6	42	22	19
铁山港区	2	1		2	1	1			
合浦县	10	6	4	26	10	16	22	13	9
防城港市	**35**	**19**	**16**	**42**	**25**	**17**	**50**	**30**	**20**
港口区	15	10	6	16	9	7	34	21	13
防城区	11	6	6	13	8	4	13	6	6
上思县	6	2	4	7	5	3	2	2	
东兴市	2	1	1	6	4	3	2	1	
钦州市	**40**	**26**	**14**	**80**	**42**	**38**	**68**	**42**	**26**
钦南区	14	8	6	23	8	15	33	23	11
钦北区	4	3	1	9	5	5	20	12	8
灵山县	16	11	5	11	5	6	14	8	6
浦北县	7	5	2	37	25	12	1		1
贵港市	**71**	**45**	**25**	**97**	**53**	**44**	**118**	**69**	**49**
港北区	28	14	13	49	26	23	60	35	25
港南区	11	7	3	7	5	2	10	5	6
覃塘区	1	1					2		2
平南县	22	13	9	15	9	6	10	7	2
桂平市	9	9		26	13	12	35	22	14
玉林市	**112**	**73**	**39**	**179**	**103**	**75**	**123**	**78**	**45**
玉州区	43	30	13	74	36	38	73	45	29
福绵区	2	2		3	2	2			
容县	22	11	11	24	13	11	16	11	5
陆川县	9	8	1	19	11	8	13	10	3
博白县	18	11	7	42	35	7	9	5	4
兴业县	15	8	6	5	3	2	3		3
北流市	4	3	1	12	4	8	8	7	1

5-1 续表 11

单位：人

地　区	十二、租赁和商务服务业			十三、科学研究和技术服务业			十四、水利、环境和公共设施管理业		
	小计	男	女	小计	男	女	小计	男	女
梧州市	**80**	**50**	**30**	**35**	**26**	**9**	**27**	**13**	**13**
万秀区	22	15	7	12	8	4	5	2	2
长洲区	23	9	14	6	4	3	7	2	5
龙圩区	13	7	5	4	3	1			
苍梧县	2	1	1	4	3	1	4	3	1
藤县	8	6	2	8	8		4	2	1
蒙山县	5	5		1		1	3	2	1
岑溪市	7	7		1	1		5	1	4
北海市	**121**	**89**	**32**	**26**	**16**	**9**	**42**	**18**	**24**
海城区	43	27	17	22	13	9	9	5	4
银海区	29	25	5				6	1	5
铁山港区	17	10	6	1		1	14	5	9
合浦县	31	28	4	3	3		14	8	6
防城港市	**50**	**36**	**15**	**16**	**9**	**7**	**36**	**17**	**20**
港口区	10	6	3	11	6	5	10	5	5
防城区	12	11	1	2	1		16	8	8
上思县	8	7	1	2	1	1			
东兴市	21	12	9	1	1		10	3	7
钦州市	**103**	**64**	**39**	**31**	**23**	**8**	**34**	**20**	**13**
钦南区	39	27	12	17	13	4	23	11	12
钦北区	37	21	16	5	3	2	4	3	1
灵山县	18	10	9	5	3	2	4	3	1
浦北县	9	7	3	5	4	1	3	3	
贵港市	**125**	**74**	**51**	**87**	**55**	**31**	**18**	**10**	**8**
港北区	20	12	8	41	24	17	2	1	1
港南区	27	19	8	15	9	6	4	3	1
覃塘区	9	5	4	3	3		4	2	2
平南县	47	27	20	11	9	2	1		1
桂平市	21	11	10	17	11	6	7	4	3
玉林市	**158**	**109**	**49**	**94**	**59**	**35**	**67**	**44**	**23**
玉州区	41	31	11	58	32	26	47	35	12
福绵区	3	2	1				3	1	2
容县	16	7	9	7	5	2	1	1	
陆川县	10	10		1	1		4	1	2
博白县	38	32	6	3	3		3	1	1
兴业县	21	10	11	15	14	2			
北流市	29	17	12	10	5	5	10	4	6

5-1 续表 12

单位：人

地　　区	十五、居民服务、修理和其他服务业			十六、教育			十七、卫生和社会工作		
	小计	男	女	小计	男	女	小计	男	女
梧州市	**310**	**196**	**115**	**556**	**219**	**337**	**210**	**76**	**134**
万秀区	81	41	40	66	27	38	66	18	48
长洲区	50	30	20	37	12	24	42	16	26
龙圩区	15	10	5	17	5	11	5	3	3
苍梧县	26	19	7	35	22	14	5	2	3
藤县	47	31	16	143	64	79	51	28	24
蒙山县	19	13	6	33	9	24	9	2	7
岑溪市	72	51	21	225	79	146	31	8	23
北海市	**331**	**188**	**143**	**288**	**101**	**186**	**160**	**66**	**94**
海城区	112	69	44	126	49	77	51	20	31
银海区	36	21	16	28	10	18	8	3	5
铁山港区	35	13	23	12	3	9	8	3	5
合浦县	146	86	60	122	39	82	93	41	52
防城港市	**204**	**114**	**90**	**196**	**66**	**130**	**53**	**21**	**32**
港口区	43	12	31	53	15	38	10	3	7
防城区	96	61	35	78	27	50	20	9	11
上思县	21	16	5	39	14	25	15	5	10
东兴市	43	25	19	26	9	17	8	4	5
钦州市	**454**	**289**	**165**	**403**	**138**	**265**	**212**	**79**	**134**
钦南区	147	95	52	95	25	69	62	16	46
钦北区	105	70	35	67	31	37	18	6	12
灵山县	122	70	52	126	42	84	75	31	45
浦北县	80	54	26	115	40	75	56	25	31
贵港市	**649**	**372**	**278**	**648**	**231**	**417**	**265**	**112**	**154**
港北区	114	53	61	170	52	118	71	28	43
港南区	58	38	20	56	12	44	22	9	13
覃塘区	41	26	14	88	39	48	63	26	37
平南县	96	64	33	142	58	83	53	27	26
桂平市	340	191	149	192	69	123	56	22	34
玉林市	**654**	**402**	**252**	**772**	**261**	**511**	**325**	**123**	**202**
玉州区	159	84	75	201	73	128	110	34	76
福绵区	33	23	10	32	9	23	10	1	9
容县	72	50	22	136	50	85	31	11	19
陆川县	50	38	12	101	31	71	25	8	16
博白县	150	106	44	109	39	70	49	25	23
兴业县	75	29	46	56	17	39	50	18	32
北流市	115	72	43	138	43	95	51	26	25

5-1　续表 13　　　　单位：人

地　区	十八、文化、体育和娱乐业			十九、公共管理、社会保障和社会组织			二十、国际组织		
	小计	男	女	小计	男	女	小计	男	女
梧州市	**39**	**24**	**15**	**438**	**283**	**154**			
万秀区	14	9	4	80	46	34			
长洲区	7	3	4	102	60	42			
龙圩区				47	28	19			
苍梧县	3	1	2	12	8	4			
藤县	6	6	1	103	77	26			
蒙山县	3	2	1	42	28	15			
岑溪市	6	4	2	51	36	15			
北海市	**22**	**17**	**5**	**330**	**211**	**120**			
海城区	10	6	4	151	98	53			
银海区	2	1	1	16	9	7			
铁山港区	2	2		12	6	5			
合浦县	8	8		152	97	55			
防城港市	**27**	**15**	**12**	**229**	**166**	**63**			
港口区	7	5	1	77	52	25			
防城区	11	7	4	95	76	20			
上思县	6	2	5	35	23	12			
东兴市	2	1	1	22	15	7			
钦州市	**35**	**22**	**13**	**339**	**237**	**103**			
钦南区	12	6	6	115	83	32			
钦北区	7	3	4	79	58	20			
灵山县	14	11	3	74	50	24			
浦北县	3	3		72	45	27			
贵港市	**47**	**30**	**17**	**377**	**266**	**110**			
港北区	26	17	8	153	99	55			
港南区	10	6	4	60	46	15			
覃塘区	4	3	1	9	7	2			
平南县	6	2	3	62	41	21			
桂平市	1	1		92	74	18			
玉林市	**46**	**30**	**16**	**555**	**368**	**188**			
玉州区	16	10	7	142	91	51			
福绵区	5	3	2	12	10	2			
容县	4	3	1	116	72	44			
陆川县	2	1	1	105	71	35			
博白县	9	7	3	77	53	24			
兴业县	4	4		37	26	11			
北流市	6	3	3	66	45	21			

5-1 续表 14

单位：人

地 区	就业人口			一、农、林、牧、渔业			二、采矿业		
	合计	男	女	小计	男	女	小计	男	女
百色市	**22935**	**12471**	**10464**	**13622**	**7029**	**6592**	**262**	**205**	**57**
右江区	2878	1623	1255	1403	709	694	154	126	28
田阳县	2031	1120	911	1384	728	655	5	2	3
田东县	2039	1116	923	1203	636	567	22	16	5
平果县	3333	1748	1586	1303	607	696	10	7	2
德保县	2001	1131	870	1262	684	578	17	11	6
靖西县	3621	1966	1655	2820	1514	1306	33	25	8
那坡县	1047	555	492	551	271	280	1	1	
凌云县	840	458	382	539	269	270	3	2	1
乐业县	636	357	279	444	241	203	1	1	1
田林县	1425	763	662	935	505	430			
西林县	1018	548	470	830	426	403	2	1	1
隆林各族自治县	2064	1085	979	949	440	509	15	13	2
贺州市	**12748**	**7014**	**5734**	**8121**	**4254**	**3868**	**10**	**8**	**2**
八步区	3919	2089	1831	2298	1154	1143	2	2	
平桂管理区	2415	1346	1069	1489	771	719	6	4	1
昭平县	2348	1316	1032	1698	922	776			
钟山县	2280	1281	999	1389	758	630	3	2	1
富川瑶族自治县	1786	983	803	1248	648	600			
河池市	**22714**	**12606**	**10109**	**12677**	**6271**	**6406**	**112**	**84**	**27**
金城江区	2916	1857	1059	893	474	419	26	22	4
南丹县	1643	920	723	1029	533	496	13	9	4
天峨县	945	506	439	710	379	332	1		1
凤山县	875	477	398	559	281	278			
东兰县	1260	673	586	735	353	383	2	2	
罗城仫佬族自治县	1975	1084	891	1271	659	612	2	1	1
环江毛南族自治县	1777	936	841	1128	570	558	17	14	3
巴马瑶族自治县	1359	769	590	675	311	363	6	6	1
都安瑶族自治县	3200	1705	1495	1571	691	880	40	26	14
大化瑶族自治县	2789	1571	1218	1451	690	761	2	2	
宜州市	3976	2106	1870	2654	1330	1324	2	2	
来宾市	**13295**	**7408**	**5886**	**8005**	**4317**	**3688**	**189**	**149**	**40**
兴宾区	5337	3000	2337	3225	1770	1454	2	1	1
忻城县	2099	1131	968	1392	699	693	1	1	
象州县	1938	1088	849	1203	668	535	11	9	2
武宣县	2540	1431	1109	1531	814	717	142	111	31
金秀瑶族自治县	785	432	354	440	245	196	2	1	
合山市	596	327	269	214	120	94	31	26	6
崇左市	**13540**	**7385**	**6154**	**9159**	**4791**	**4368**	**26**	**22**	**3**
江州区	2048	1119	929	1521	820	700			
扶绥县	2390	1322	1068	1845	1007	838	6	5	1
宁明县	2373	1362	1011	1772	990	782	2	2	
龙州县	1661	896	765	1140	602	538	1	1	
大新县	2037	1045	992	1416	698	718	1	1	
天等县	2178	1128	1050	1280	580	700	16	13	3
凭祥市	854	514	340	186	93	93			

5-1 续表 15

单位：人

地 区	三、制造业			四、电力、热力、燃气及水生产和供应业			五、建筑业		
	小计	男	女	小计	男	女	小计	男	女
百色市	**2217**	**1264**	**953**	**180**	**130**	**50**	**1202**	**956**	**246**
右江区	183	113	70	53	35	18	211	176	35
田阳县	119	72	47	11	8	3	47	37	10
田东县	173	93	81	13	11	3	34	27	7
平果县	650	354	296	25	19	6	380	281	99
德保县	257	168	88	9	7	2	116	95	21
靖西县	263	146	117	20	15	5	74	66	9
那坡县	199	107	93	5	4	1	75	62	12
凌云县	62	34	28	5	4	1	88	70	19
乐业县	48	30	18	1		1	22	19	3
田林县	110	61	48	24	18	6	36	29	7
西林县	13	9	4	2	1	1	32	30	3
隆林各族自治县	140	77	62	14	10	4	86	64	22
贺州市	**1131**	**682**	**449**	**48**	**36**	**12**	**567**	**505**	**62**
八步区	353	198	155	24	16	8	134	119	15
平桂管理区	198	127	70	9	9	1	154	142	11
昭平县	159	100	59	8	6	1	50	45	5
钟山县	299	190	109	3	2	1	98	87	10
富川瑶族自治县	121	66	55	5	3	1	132	111	21
河池市	**2280**	**1382**	**898**	**72**	**53**	**19**	**2562**	**2210**	**353**
金城江区	211	132	79	9	6	3	797	758	39
南丹县	92	57	36	6	4	1	71	63	8
天峨县	30	17	13	6	2	3	21	17	4
凤山县	35	21	14	3	2	1	100	74	26
东兰县	99	59	40	3	3		86	74	12
罗城仫佬族自治县	223	113	111	3	3		207	170	37
环江毛南族自治县	119	65	54	4	3	1	126	104	21
巴马瑶族自治县	140	86	54	6	5	1	262	204	58
都安瑶族自治县	325	181	145	15	14	1	471	384	88
大化瑶族自治县	630	426	204	7	4	2	249	208	41
宜州市	376	226	150	9	5	4	173	153	20
来宾市	**1022**	**606**	**416**	**39**	**29**	**10**	**729**	**603**	**127**
兴宾区	388	251	137	9	8	1	319	243	77
忻城县	153	85	69	10	6	4	189	168	21
象州县	158	73	85	2	2		81	72	9
武宣县	182	118	64	5	3	2	100	86	14
金秀瑶族自治县	72	40	32	5	3	1	26	22	3
合山市	68	39	30	7	6	1	15	11	4
崇左市	**796**	**472**	**324**	**53**	**37**	**16**	**496**	**441**	**56**
江州区	71	37	34	9	5	4	29	26	3
扶绥县	83	51	32	7	6	1	36	32	3
宁明县	143	95	48	16	11	5	42	36	6
龙州县	96	54	43	5	4	1	57	46	11
大新县	211	122	89	11	8	4	30	25	5
天等县	155	86	68	3	2	1	186	167	20
凭祥市	38	28	10	2	1		115	108	7

5-1 续表 16

单位：人

地 区	六、批发和零售业			七、交通运输、仓储和邮政业			八、住宿和餐饮业		
	小计	男	女	小计	男	女	小计	男	女
百色市	**1595**	**694**	**901**	**380**	**315**	**65**	**584**	**229**	**355**
右江区	227	102	125	66	56	10	121	50	71
田阳县	83	31	52	35	28	7	25	10	15
田东县	141	68	72	34	25	10	30	12	18
平果县	349	129	220	54	51	3	98	41	58
德保县	88	36	53	21	16	5	45	22	24
靖西县	157	60	98	28	17	10	71	22	49
那坡县	50	17	33	21	18	3	20	7	13
凌云县	27	13	14	19	16	3	20	11	9
乐业县	40	21	19	20	16	4	6	3	3
田林县	101	44	56	18	15	2	96	36	60
西林县	71	42	30	20	16	4	11	4	7
隆林各族自治县	259	129	130	45	41	5	43	13	30
贺州市	**1100**	**515**	**585**	**323**	**274**	**49**	**369**	**154**	**215**
八步区	403	194	209	101	91	10	109	47	63
平桂管理区	267	122	145	70	58	12	104	42	62
昭平县	137	60	76	33	29	5	53	25	28
钟山县	177	74	103	103	82	20	71	25	45
富川瑶族自治县	117	65	52	17	14	3	33	16	17
河池市	**1542**	**645**	**897**	**578**	**472**	**106**	**506**	**185**	**321**
金城江区	303	112	191	104	87	17	128	41	88
南丹县	133	62	71	74	56	18	46	21	25
天峨县	45	22	22	11	6	5	16	5	11
凤山县	41	17	24	18	16	2	9	3	6
东兰县	106	47	59	16	14	3	31	10	20
罗城仫佬族自治县	81	29	52	64	47	16	35	13	22
环江毛南族自治县	128	58	70	55	51	4	27	8	19
巴马瑶族自治县	82	36	46	32	24	8	22	7	15
都安瑶族自治县	311	126	185	85	70	15	76	33	43
大化瑶族自治县	109	45	64	34	28	6	40	14	26
宜州市	204	91	113	84	72	12	76	30	46
来宾市	**1293**	**586**	**707**	**260**	**222**	**38**	**289**	**139**	**150**
兴宾区	644	320	324	90	75	15	107	49	58
忻城县	98	36	62	33	27	6	18	6	12
象州县	156	69	88	46	41	5	91	47	44
武宣县	241	100	140	55	47	7	43	26	17
金秀瑶族自治县	58	24	34	15	13	2	22	9	13
合山市	95	36	59	22	19	3	9	3	6
崇左市	**1006**	**443**	**563**	**355**	**302**	**53**	**212**	**94**	**118**
江州区	157	76	81	58	50	7	36	17	19
扶绥县	143	66	77	54	44	9	25	15	10
宁明县	142	52	91	70	64	6	31	14	17
龙州县	104	42	62	37	31	6	39	17	21
大新县	115	52	64	20	18	2	14	9	5
天等县	191	80	111	50	41	9	36	9	27
凭祥市	153	75	78	66	53	13	31	13	18

5-1 续表 17

单位：人

地　区	九、信息传输、软件和信息技术服务业			十、金融业			十一、房地产业		
	小计	男	女	小计	男	女	小计	男	女
百色市	**57**	**36**	**21**	**164**	**89**	**75**	**176**	**105**	**71**
右江区	12	7	4	25	11	14	20	7	13
田阳县	6	4	2	7	4	3	35	25	10
田东县	11	8	3	48	30	18	7	4	3
平果县	8	4	3	17	8	9	97	64	34
德保县	8	5	3	33	16	17	5	1	4
靖西县	3	3		1	1		7	3	4
那坡县	2	1	1	5	3	3	1	1	
凌云县	2	1	1	3	1	1	1	1	
乐业县				1		1			
田林县	3	1	2	2	2	1	1		1
西林县	1		1	1		1	2		2
隆林各族自治县	2	1	1	23	14	9	1		1
贺州市	**84**	**49**	**35**	**39**	**23**	**16**	**35**	**20**	**15**
八步区	60	35	24	19	10	9	18	9	9
平桂管理区	7	4	3	8	6	3	6	4	1
昭平县	2	1	1	6	2	3	2	1	1
钟山县	9	5	4	3	3		6	4	1
富川瑶族自治县	6	3	3	5	3	1	4	1	3
河池市	**116**	**90**	**26**	**129**	**77**	**52**	**36**	**17**	**19**
金城江区	16	11	5	30	17	12	17	12	5
南丹县	63	60	3	3	1	2			
天峨县	5	3	3	2	1	1			
凤山县	3	1	2	8	6	3	2		2
东兰县	2	1		14	13				
罗城仫佬族自治县	3		3				1		1
环江毛南族自治县	1		1	3	1	2	1		1
巴马瑶族自治县	3	1	3	5	4	1			
都安瑶族自治县	9	8	1	5	1	4	4	1	3
大化瑶族自治县	4	1	3	2	2		1	1	1
宜州市	6	4	2	58	32	26	10	4	6
来宾市	**54**	**27**	**27**	**79**	**36**	**43**	**62**	**38**	**24**
兴宾区	18	8	10	25	9	16	29	14	14
忻城县	8	4	4	13	6	7	3	2	1
象州县	8	5	3	13	7	7	3	1	2
武宣县	6	4	3	8	4	4	8	6	2
金秀瑶族自治县	8	4	4	12	7	5	16	11	5
合山市	5	2	3	6	3	3	3	3	
崇左市	**68**	**53**	**15**	**50**	**26**	**24**	**45**	**25**	**20**
江州区	4	2	2	12	5	6	11	4	8
扶绥县	5	3	2	4	2	2	4	2	2
宁明县	24	22	1	7	4	3	3	2	1
龙州县	4	1	3	6	3	3	2	1	2
大新县	4	2	2	7	5	2	6	6	
天等县	8	6	2	8	6	2	16	10	5
凭祥市	19	16	3	6	1	5	3	1	2

5-1 续表 18

单位：人

地 区	十二、租赁和商务服务业			十三、科学研究和技术服务业			十四、水利、环境和公共设施管理业		
	小计	男	女	小计	男	女	小计	男	女
百色市	**73**	**47**	**26**	**72**	**58**	**14**	**99**	**58**	**41**
右江区	24	14	10	40	37	3	61	39	22
田阳县	6	4	2	8	6	2	2	1	1
田东县	10	7	4	4	3	1	1		1
平果县	8	5	3				4	1	3
德保县	4	3	1	17	10	7	2	1	1
靖西县	2	2					6	4	2
那坡县	4	4		1	1		2	1	2
凌云县	5	2	3	1	1	1	16	9	7
乐业县							1	1	
田林县	1		1				2	1	2
西林县	1	1							
隆林各族自治县	7	5	2	1	1		1	1	
贺州市	**64**	**38**	**26**	**17**	**8**	**9**	**19**	**8**	**11**
八步区	19	12	7	7	3	4	9	4	5
平桂管理区	15	13	2	1	1		1		1
昭平县	8	3	5	4	2	2	3	1	1
钟山县	15	8	6	3	1	3	6	1	4
富川瑶族自治县	7	1	6	1	1		1	1	
河池市	**84**	**42**	**42**	**36**	**26**	**10**	**30**	**14**	**17**
金城江区	25	15	10	1		1	1	1	
南丹县	3		3	4	3	1			
天峨县	3	1	2				2		2
凤山县	1	1							
东兰县	6	2	4	1					
罗城仫佬族自治县	3	2	1	3	2	1	3	2	1
环江毛南族自治县	1	1		7	7		11	4	7
巴马瑶族自治县	1		1	1			2		2
都安瑶族自治县	4	4		7	6	1	6	4	2
大化瑶族自治县	14	10	4	10	7	3	3	2	1
宜州市	23	6	17	1		1	3	1	2
来宾市	**79**	**51**	**29**	**22**	**12**	**11**	**31**	**16**	**14**
兴宾区	33	22	11	3		3	14	7	7
忻城县	7	5	1	2	1	1	3	2	1
象州县	4	2	2	8	5	3	6	3	3
武宣县	23	12	11	8	4	3	2	1	1
金秀瑶族自治县	4	3	2	1		1	3	2	
合山市	9	6	2	1	1		2	1	1
崇左市	**51**	**33**	**18**	**11**	**6**	**5**	**27**	**11**	**17**
江州区	8	5	3	3	2	1	3	2	1
扶绥县	7	5	2	3	2	2	3	2	2
宁明县	6	6		1		1	1		1
龙州县	5	3	1	1		1	2	1	1
大新县	6	1	5	1	1		3	1	2
天等县	10	7	3	1		1	9	4	5
凭祥市	9	5	4	1		1	6	1	5

5-1 续表 19

单位：人

地区	十五、居民服务、修理和其他服务业			十六、教育			十七、卫生和社会工作		
	小计	男	女	小计	男	女	小计	男	女
百色市	**424**	**240**	**184**	**782**	**414**	**368**	**362**	**139**	**223**
右江区	86	49	37	96	42	55	29	5	24
田阳县	52	30	22	132	86	46	26	9	17
田东县	67	41	26	43	18	26	110	55	55
平果县	71	44	27	147	69	78	34	13	21
德保县	26	8	18	31	11	20	25	15	10
靖西县	22	15	7	57	39	17	17	7	10
那坡县	24	8	17	32	20	11	12	2	10
凌云县	7	4	3	19	9	10	6	1	5
乐业县	6	5	1	9	3	6	23	7	16
田林县	10	7	3	18	5	12	10	2	8
西林县	6	5	2	8	3	4	4	2	3
隆林各族自治县	46	26	20	190	108	81	65	21	44
贺州市	**211**	**110**	**101**	**246**	**114**	**132**	**97**	**33**	**64**
八步区	72	40	32	134	71	63	50	17	34
平桂管理区	42	30	12	24	8	16	6	1	6
昭平县	23	15	7	48	21	27	24	12	12
钟山县	55	15	41	16	5	11	8	2	6
富川瑶族自治县	18	10	8	24	8	15	9	1	8
河池市	**566**	**307**	**259**	**719**	**358**	**361**	**197**	**63**	**134**
金城江区	87	52	36	160	68	92	36	12	24
南丹县	26	12	14	25	7	18	12	4	7
天峨县	15	10	5	30	15	15	10	2	8
凤山县	23	11	12	18	8	10	8	2	6
东兰县	54	32	22	46	25	21	8	3	5
罗城仫佬族自治县	27	18	10	16	9	7	11	3	8
环江毛南族自治县	65	17	49	47	13	34	17	6	10
巴马瑶族自治县	58	46	12	23	10	13	10	4	6
都安瑶族自治县	75	47	28	100	59	41	38	11	27
大化瑶族自治县	80	32	48	108	72	36	11	4	7
宜州市	54	30	24	148	72	75	36	11	25
来宾市	**418**	**227**	**191**	**256**	**104**	**153**	**136**	**40**	**96**
兴宾区	246	134	112	77	33	44	46	16	30
忻城县	18	10	8	38	13	25	39	8	31
象州县	46	28	19	20	10	10	15	5	10
武宣县	59	35	24	61	26	36	16	5	12
金秀瑶族自治县	23	10	12	22	7	16	12	3	8
合山市	25	9	16	37	15	22	8	2	6
崇左市	**179**	**107**	**72**	**367**	**155**	**212**	**157**	**64**	**94**
江州区	33	19	13	31	10	21	36	19	17
扶绥县	49	29	21	63	24	39	16	6	10
宁明县	22	12	10	30	13	17	18	6	11
龙州县	25	14	11	23	11	12	16	5	11
大新县	13	7	6	92	31	60	27	11	16
天等县	27	19	8	84	45	39	43	16	27
凭祥市	11	7	3	45	20	24	2		2

5-1 续表 20

单位：人

地 区	十八、文化、体育和娱乐业			十九、公共管理、社会保障和社会组织			二十、国际组织		
	小计	男	女	小计	男	女	小计	男	女
百色市	**45**	**31**	**14**	**638**	**430**	**208**			
右江区	3	1	2	65	46	19			
田阳县	6	4	2	41	30	11			
田东县	4	4		83	59	25			
平果县	2	1	1	75	49	26			
德保县	2	2	1	34	19	15			
靖西县	18	13	4	23	16	8			
那坡县	3	2	1	40	27	13			
凌云县				18	11	7			
乐业县	2	1	1	13	9	4			
田林县	2	1	2	56	36	20			
西林县				16	9	7			
隆林各族自治县	3	2	1	174	120	55			
贺州市	**31**	**19**	**12**	**235**	**165**	**70**			
八步区	16	9	7	93	58	35			
平桂管理区	1		1	8	5	3			
昭平县	8	6	2	83	63	21			
钟山县	4	3	1	15	12	3			
富川瑶族自治县	3	1	1	36	27	9			
河池市	**31**	**16**	**14**	**441**	**293**	**148**			
金城江区	11	4	7	62	32	30			
南丹县	4	1	2	39	26	14			
天峨县	1		1	38	25	13			
凤山县	1		1	44	32	12			
东兰县				51	35	16			
罗城仫佬族自治县	4	3	1	17	11	7			
环江毛南族自治县	4	3	1	15	10	4			
巴马瑶族自治县	2	1	1	30	25	5			
都安瑶族自治县	1	1		57	38	19			
大化瑶族自治县	2	1	1	31	22	9			
宜州市	1	1		57	36	20			
来宾市	**34**	**20**	**14**	**297**	**188**	**109**			
兴宾区	9	6	3	53	33	20			
忻城县	3	3		70	49	22			
象州县	8	5	3	59	37	22			
武宣县	7	3	4	42	25	16			
金秀瑶族自治县	4	1	3	40	24	16			
合山市	4	3	1	33	19	13			
崇左市	**23**	**16**	**7**	**456**	**287**	**169**			
江州区				26	17	8			
扶绥县	4	1	3	33	21	12			
宁明县	5	5	1	38	27	10			
龙州县	2	2	1	96	57	39			
大新县	2	2		58	45	13			
天等县	3	1	2	52	35	17			
凭祥市	7	5	1	154	85	70			

5-1a　各地区分性别、行业门类的就业人口(城市)

单位：人

地　区	就业人口			一、农、林、牧、渔业			二、采矿业		
	合计	男	女	小计	男	女	小计	男	女
全　区	**59607**	**33075**	**26532**	**5041**	**2648**	**2394**	**326**	**266**	**60**
南宁市	17742	9867	7875	652	368	284	20	16	5
柳州市	8956	5132	3824	359	207	152	10	8	2
桂林市	5587	3023	2565	428	221	207	58	47	11
梧州市	4012	2237	1774	687	356	330	10	8	3
北海市	3024	1444	1579	154	116	39	4	4	1
防城港市	1349	777	572	51	27	25	1	1	
钦州市	1629	910	719	153	70	83	21	19	1
贵港市	4481	2530	1951	642	311	331	2	2	
玉林市	4783	2687	2096	291	159	132			
百色市	1698	1015	683	429	219	211	153	125	28
贺州市	1514	823	691	475	241	234	4	3	1
河池市	2470	1319	1151	568	270	298	22	20	3
来宾市	1558	867	691	76	44	32	20	14	6
崇左市	805	443	362	76	39	37			

5-1a　续表 1

单位：人

地　区	三、制造业			四、电力、热力、燃气及水生产和供应业			五、建筑业		
	小计	男	女	小计	男	女	小计	男	女
全　区	**8195**	**4818**	**3378**	**556**	**377**	**179**	**4567**	**3595**	**973**
南宁市	1620	999	621	120	78	42	1295	1002	293
柳州市	2266	1475	791	75	52	24	887	690	197
桂林市	518	313	205	40	28	12	336	276	60
梧州市	606	379	227	60	47	13	220	192	29
北海市	737	169	567	44	32	12	166	133	33
防城港市	59	38	21	18	13	6	78	64	14
钦州市	108	65	43	22	13	9	208	170	38
贵港市	515	329	186	33	21	12	485	343	142
玉林市	932	519	413	32	20	12	277	237	40
百色市	111	73	38	51	33	18	195	163	32
贺州市	108	72	36	21	14	7	28	26	2
河池市	400	254	146	14	9	6	129	109	21
来宾市	173	104	68	14	12	2	228	162	66
崇左市	44	27	17	10	5	4	34	27	6

5-1a 续表 2

单位：人

地区	六、批发和零售业			七、交通运输、仓储和邮政业			八、住宿和餐饮业		
	小计	男	女	小计	男	女	小计	男	女
全区	**14934**	**7257**	**7677**	**3349**	**2669**	**681**	**3983**	**1924**	**2059**
南宁市	4958	2544	2414	955	694	261	1318	660	658
柳州市	2271	1060	1211	439	357	82	438	186	252
桂林市	1478	671	807	320	242	78	411	203	208
梧州市	889	434	454	226	189	37	175	74	101
北海市	707	324	383	110	87	22	181	87	94
防城港市	370	194	176	191	159	32	106	38	67
钦州市	442	194	248	124	111	12	77	28	49
贵港市	1031	508	523	344	297	48	167	92	76
玉林市	1287	640	647	234	193	41	661	380	281
百色市	191	89	102	54	43	10	100	42	57
贺州市	337	160	177	65	58	7	65	26	39
河池市	382	153	229	151	128	23	175	60	115
来宾市	428	209	219	67	56	11	74	33	41
崇左市	164	77	87	70	54	16	35	15	20

5-1a 续表 3

单位：人

地区	九、信息传输、软件和信息技术服务业			十、金融业			十一、房地产业		
	小计	男	女	小计	男	女	小计	男	女
全区	**896**	**573**	**323**	**1718**	**848**	**870**	**1424**	**878**	**545**
南宁市	400	269	131	686	335	351	569	360	209
柳州市	108	71	37	203	100	103	154	100	54
桂林市	95	58	37	255	128	127	179	111	68
梧州市	37	20	17	68	32	36	76	56	20
北海市	35	20	15	147	70	77	133	73	61
防城港市	12	5	8	30	17	13	25	12	13
钦州市	10	5	5	24	11	13	44	28	16
贵港市	29	17	12	65	30	35	77	46	31
玉林市	42	31	11	70	34	35	71	45	27
百色市	12	7	4	24	11	13	19	7	12
贺州市	59	34	25	20	13	7	16	10	6
河池市	17	12	6	85	49	36	24	15	9
来宾市	17	6	11	26	12	13	24	12	12
崇左市	23	18	5	17	6	11	12	3	8

5-1a 续表 4

单位：人

地 区	十二、租赁和商务服务业			十三、科学研究和技术服务业			十四、水利、环境和公共设施管理业		
	小计	男	女	小计	男	女	小计	男	女
全 区	**1320**	**810**	**510**	**760**	**495**	**265**	**457**	**232**	**225**
南宁市	491	307	184	380	247	133	145	60	85
柳州市	191	116	75	83	59	24	65	26	39
桂林市	260	156	104	62	41	20	50	29	20
梧州市	51	29	22	23	15	8	15	6	9
北海市	67	48	19	23	13	9	14	6	8
防城港市	30	19	11	13	7	6	10	5	5
钦州市	32	22	11	14	9	5	14	7	7
贵港市	37	19	18	48	26	21	7	5	2
玉林市	50	32	19	65	35	30	52	37	16
百色市	21	11	10	39	36	3	60	39	21
贺州市	22	16	6	6	3	3	8	3	5
河池市	39	17	21	2		2	2	2	
来宾市	17	13	4				12	4	8
崇左市	12	6	6	3	2	2	3	2	

5-1a 续表 5

单位：人

地 区	十五、居民服务、修理和其他服务业			十六、教育			十七、卫生和社会工作		
	小计	男	女	小计	男	女	小计	男	女
全 区	**2788**	**1429**	**1359**	**3523**	**1204**	**2319**	**1743**	**590**	**1152**
南宁市	737	392	345	1202	376	826	617	228	389
柳州市	359	159	200	410	144	265	252	88	164
桂林市	323	148	175	257	77	180	147	44	104
梧州市	172	98	74	302	109	193	123	35	88
北海市	126	77	49	141	50	91	60	23	37
防城港市	108	48	59	74	12	62	17	6	11
钦州市	65	36	29	88	31	57	58	12	46
贵港市	237	125	112	310	104	206	167	62	105
玉林市	178	86	92	251	89	162	116	36	81
百色市	76	42	34	78	30	49	26	5	21
贺州市	50	28	22	115	63	52	30	4	26
河池市	107	62	46	171	73	98	61	19	42
来宾市	219	108	111	63	23	40	38	15	24
崇左市	32	21	11	61	22	39	31	17	15

5-1a 续表 6

单位：人

地 区	十八、文化、体育和娱乐业			十九、公共管理、社会保障和社会组织			二十、国际组织		
	小计	男	女	小计	男	女	小计	男	女
全 区	**1019**	**576**	**442**	**3008**	**1887**	**1121**			
南宁市	700	399	301	877	533	344			
柳州市	87	45	42	301	190	112			
桂林市	76	42	34	295	186	109			
梧州市	26	16	11	246	143	102			
北海市	13	9	4	162	104	58			
防城港市	10	7	4	146	106	40			
钦州市	18	8	10	109	72	37			
贵港市	31	19	12	252	172	80			
玉林市	19	11	8	154	102	52			
百色市	3	1	2	56	39	17			
贺州市	11	4	7	73	45	28			
河池市	11	6	6	108	64	45			
来宾市	8	5	3	56	36	20			
崇左市	6	5	1	171	96	75			

5-1b 各地区分性别、行业门类的就业人口(镇)

单位：人

地 区	就业人口			一、农、林、牧、渔业			二、采矿业		
	合计	男	女	小计	男	女	小计	男	女
全 区	**75345**	**42291**	**33054**	**27501**	**14221**	**13280**	**395**	**319**	**76**
南宁市	9498	5304	4194	4118	2172	1945	20	19	1
柳州市	5899	3333	2566	1836	983	853	9	7	2
桂林市	7398	4138	3259	2147	1139	1008	45	42	3
梧州市	3706	2099	1607	1603	818	785	8	8	
北海市	2413	1357	1055	627	370	256	2	2	
防城港市	1326	921	405	200	123	77	14	12	2
钦州市	4947	3008	1939	1251	669	582	22	15	6
贵港市	7638	4161	3477	3569	1824	1745	3	3	
玉林市	10195	5567	4628	3979	1886	2093	6	4	2
百色市	6070	3289	2781	1852	960	892	74	55	18
贺州市	3650	2050	1600	1803	966	838			
河池市	5448	3063	2386	1928	943	984	24	19	5
来宾市	3688	2041	1648	1506	801	705	158	123	34
崇左市	3468	1960	1509	1084	566	517	12	10	2

5-1b 续表 1

单位：人

地　区	三、制造业			四、电力、热力、燃气及水生产和供应业			五、建筑业		
	小计	男	女	小计	男	女	小计	男	女
全　区	**9892**	**5641**	**4251**	**521**	**369**	**152**	**5780**	**5038**	**742**
南宁市	845	491	354	44	37	7	759	720	40
柳州市	1080	649	431	41	30	11	374	317	57
桂林市	606	381	225	129	80	49	464	377	87
梧州市	530	305	225	17	13	5	263	228	35
北海市	273	147	125	11	9	3	151	130	22
防城港市	233	181	52	23	15	8	65	53	12
钦州市	780	483	297	20	15	5	613	544	69
贵港市	1542	718	824	6	5	1	424	382	42
玉林市	1632	853	780	19	16	3	929	877	52
百色市	691	396	295	103	75	28	429	313	116
贺州市	409	250	158	16	11	5	201	179	22
河池市	562	363	199	33	22	11	673	536	138
来宾市	352	209	143	19	14	6	187	161	26
崇左市	356	214	142	40	29	11	247	221	25

5-1b 续表 2

单位：人

地　区	六、批发和零售业			七、交通运输、仓储和邮政业			八、住宿和餐饮业		
	小计	男	女	小计	男	女	小计	男	女
全　区	**11558**	**5381**	**6177**	**3342**	**2768**	**574**	**2648**	**1190**	**1458**
南宁市	1112	498	614	312	263	49	323	153	170
柳州市	962	432	530	269	220	49	216	101	115
桂林市	1447	698	749	337	267	71	340	142	197
梧州市	528	282	246	89	73	17	110	55	56
北海市	584	257	326	121	108	14	120	55	65
防城港市	192	99	93	260	254	6	66	33	34
钦州市	932	450	482	324	284	41	189	90	99
贵港市	942	481	462	423	330	93	148	77	71
玉林市	1646	806	839	341	281	60	290	137	153
百色市	862	353	509	179	138	41	330	130	200
贺州市	474	221	253	143	114	29	160	65	96
河池市	716	306	409	236	178	58	151	58	93
来宾市	561	233	328	109	91	18	96	50	46
崇左市	601	264	337	197	168	29	109	43	65

5-1b 续表 3

单位：人

地 区	九、信息传输、软件和信息技术服务业			十、金融业			十一、房地产业		
	小计	男	女	小计	男	女	小计	男	女
全 区	**589**	**393**	**196**	**598**	**327**	**271**	**516**	**299**	**216**
南宁市	94	47	46	41	16	25	41	24	18
柳州市	89	68	21	55	24	31	49	28	22
桂林市	58	39	19	71	36	35	75	38	37
梧州市	10	5	5	21	13	8	56	37	19
北海市	8	6	2	22	7	15	22	12	10
防城港市	12	5	7	10	7	3	3	2	1
钦州市	20	12	8	52	30	22	17	7	9
贵港市	30	20	10	19	11	8	15	9	5
玉林市	59	34	25	90	62	28	35	19	15
百色市	34	24	10	110	60	50	132	83	49
贺州市	16	10	7	13	8	5	12	5	8
河池市	88	73	15	21	12	8	6	3	4
来宾市	30	17	13	45	23	21	29	19	10
崇左市	39	31	9	28	17	11	25	15	10

5-1b 续表 4

单位：人

地 区	十二、租赁和商务服务业			十三、科学研究和技术服务业			十四、水利、环境和公共设施管理业		
	小计	男	女	小计	男	女	小计	男	女
全 区	**562**	**359**	**203**	**416**	**312**	**104**	**228**	**104**	**124**
南宁市	86	55	30	22	13	9	32	14	18
柳州市	49	28	21	15	9	6	24	9	14
桂林市	93	48	45	246	201	46	39	17	22
梧州市	11	7	3	6	4	2	10	6	4
北海市	31	26	5	3	3		16	8	9
防城港市	14	12	2	2	1	1	11	6	5
钦州市	33	22	11	11	7	4	10	6	4
贵港市	54	38	16	19	14	6	4	2	2
玉林市	55	38	17	16	11	5	7	5	2
百色市	40	27	13	29	19	10	21	10	11
贺州市	23	10	13	4	2	2	9	4	5
河池市	19	9	10	24	20	4	17	6	11
来宾市	32	20	13	13	6	7	10	5	5
崇左市	22	17	5	6	2	4	19	6	12

5-1b 续表 5

单位：人

地 区	十五、居民服务、修理和其他服务业			十六、教育			十七、卫生和社会工作		
	小计	男	女	小计	男	女	小计	男	女
全 区	**2328**	**1411**	**918**	**3229**	**1327**	**1901**	**1969**	**683**	**1286**
南宁市	304	196	108	526	251	275	523	156	367
柳州市	199	111	88	258	109	149	98	24	74
桂林市	243	138	105	245	82	163	396	143	253
梧州市	67	44	23	168	73	96	56	25	31
北海市	106	57	49	97	36	62	73	34	39
防城港市	43	31	13	94	43	52	23	8	15
钦州市	184	127	58	201	72	128	90	35	54
贵港市	170	118	51	148	52	96	46	22	24
玉林市	263	161	102	327	98	229	142	50	92
百色市	198	110	88	346	170	176	239	102	137
贺州市	103	54	49	77	27	49	38	14	23
河池市	235	135	100	352	162	190	77	22	55
来宾市	108	63	44	134	51	83	75	14	61
崇左市	106	64	42	256	103	154	95	35	60

5-1b 续表 6

单位：人

地 区	十八、文化、体育和娱乐业			十九、公共管理、社会保障和社会组织			二十、国际组织		
	小计	男	女	小计	男	女	小计	男	女
全 区	**280**	**181**	**99**	**2992**	**1969**	**1023**			
南宁市	27	18	9	271	161	110			
柳州市	33	20	13	242	163	79			
桂林市	37	23	14	381	248	133			
梧州市	12	8	3	140	96	45			
北海市	7	6	1	137	84	53			
防城港市	10	3	6	49	33	15			
钦州市	15	12	3	186	128	58			
贵港市	15	9	6	63	45	18			
玉林市	23	15	8	338	214	124			
百色市	36	27	10	366	238	128			
贺州市	17	13	4	131	97	34			
河池市	15	8	7	272	188	83			
来宾市	20	11	9	205	129	76			
崇左市	14	8	6	213	144	69			

5-1c 各地区分性别、行业门类的就业人口(乡村)

单位：人

地 区	就业人口			一、农、林、牧、渔业			二、采矿业		
	合计	男	女	小计	男	女	小计	男	女
全 区	**158394**	**87517**	**70876**	**114065**	**59189**	**54876**	**279**	**226**	**53**
南宁市	19769	10719	9049	15060	7738	7322	15	14	1
柳州市	10674	5921	4752	8853	4806	4047	21	10	10
桂林市	18709	10435	8274	14762	7982	6780	38	34	4
梧州市	8499	4778	3721	6237	3340	2898	17	16	1
北海市	4664	2515	2149	3239	1671	1568	11	7	3
防城港市	2295	1401	894	1275	727	548	4	4	
钦州市	9388	5485	3903	5132	2735	2397	16	16	
贵港市	12897	7197	5701	7507	3726	3781	21	21	
玉林市	16638	9052	7586	10212	4851	5362	5	5	
百色市	15166	8166	7000	11341	5851	5490	35	25	10
贺州市	7584	4141	3443	5843	3047	2796	6	5	1
河池市	14796	8224	6572	10181	5058	5123	65	46	19
来宾市	8048	4501	3548	6423	3471	2952	11	11	
崇左市	9267	4983	4284	7999	4186	3813	14	12	2

5-1c 续表 1

单位：人

地 区	三、制造业			四、电力、热力、燃气及水生产和供应业			五、建筑业		
	小计	男	女	小计	男	女	小计	男	女
全 区	**14797**	**8139**	**6658**	**184**	**160**	**24**	**10732**	**9421**	**1311**
南宁市	1169	639	530	13	13		1135	997	138
柳州市	590	355	236	19	17	2	241	212	29
桂林市	1080	641	438	17	15	1	787	642	145
梧州市	912	475	437	14	9	4	429	365	64
北海市	241	130	111	2	1	1	414	318	96
防城港市	339	247	93	8	6	3	100	81	19
钦州市	1444	626	818	10	9	1	1374	1236	137
贵港市	2387	1446	941	9	7	2	1169	993	177
玉林市	2395	1137	1257	22	19	4	1876	1762	115
百色市	1414	794	620	27	23	4	578	480	98
贺州市	614	359	255	11	11		338	300	39
河池市	1318	765	553	25	23	2	1760	1565	195
来宾市	497	293	204	5	4	2	314	279	35
崇左市	396	231	165	3	3	1	216	192	24

5-1c 续表 2

单位：人

地 区	六、批发和零售业			七、交通运输、仓储和邮政业			八、住宿和餐饮业		
	小计	男	女	小计	男	女	小计	男	女
全 区	**6829**	**3225**	**3603**	**2494**	**2266**	**228**	**2184**	**1021**	**1164**
南宁市	806	351	456	449	386	63	273	141	132
柳州市	361	154	207	152	130	22	100	35	65
桂林市	710	334	376	239	225	14	317	140	176
梧州市	339	181	158	142	140	2	124	64	59
北海市	330	146	184	96	89	8	65	18	46
防城港市	217	102	114	72	63	9	88	50	38
钦州市	493	272	221	199	184	15	212	122	90
贵港市	747	372	374	195	181	14	203	100	103
玉林市	1005	494	511	323	310	13	138	70	68
百色市	542	252	291	147	133	14	155	57	98
贺州市	289	134	155	115	103	13	144	64	80
河池市	444	186	258	191	166	25	181	67	113
来宾市	304	144	160	85	76	9	120	56	63
崇左市	242	102	139	88	80	8	68	36	33

5-1c 续表 3

单位：人

地 区	九、信息传输、软件和信息技术服务业			十、金融业			十一、房地产业		
	小计	男	女	小计	男	女	小计	男	女
全 区	**123**	**70**	**53**	**175**	**85**	**90**	**226**	**153**	**73**
南宁市	10	5	5	19	3	17	12	9	4
柳州市	11	1	10	10	4	6	6	4	2
桂林市	10	6	4	24	10	13	58	41	17
梧州市				3	3		14	12	2
北海市	6	2	4	9	5	4	7	5	3
防城港市	10	9	1	2	1	1	23	16	6
钦州市	11	9	1	5	2	3	7	6	1
贵港市	11	8	4	13	11	1	26	13	13
玉林市	11	8	4	19	7	12	17	13	3
百色市	11	5	6	30	18	12	24	14	9
贺州市	8	5	3	6	2	4	7	5	2
河池市	11	5	6	23	16	7	6		6
来宾市	7	4	3	9	1	8	10	7	3
崇左市	6	4	2	4	3	1	8	7	2

5-1c 续表 4

单位：人

地 区	十二、租赁和商务服务业			十三、科学研究和技术服务业			十四、水利、环境和公共设施管理业		
	小计	男	女	小计	男	女	小计	男	女
全 区	**436**	**280**	**156**	**136**	**109**	**27**	**184**	**76**	**107**
南宁市	67	38	29	34	30	5	59	12	47
柳州市	30	25	5	2	1	1	11	5	5
桂林市	63	42	21	20	16	4	15	9	5
梧州市	19	14	5	7	7		1	1	
北海市	23	15	7				12	5	7
防城港市	7	4	2	1	1		15	5	10
钦州市	38	20	18	7	7		9	7	2
贵港市	34	17	17	20	15	5	7	3	4
玉林市	52	39	13	13	13		7	2	5
百色市	12	9	3	4	3	1	18	9	9
贺州市	18	12	7	7	3	4	3	1	1
河池市	26	16	10	10	6	4	12	6	6
来宾市	30	18	12	9	5	4	9	7	2
崇左市	17	9	7	2	2		6	2	4

5-1c 续表 5

单位：人

地 区	十五、居民服务、修理和其他服务业			十六、教育			十七、卫生和社会工作		
	小计	男	女	小计	男	女	小计	男	女
全 区	**2090**	**1199**	**891**	**1755**	**832**	**923**	**652**	**288**	**364**
南宁市	270	137	133	184	73	111	70	38	32
柳州市	75	54	22	72	34	38	32	9	23
桂林市	297	153	145	120	56	64	53	17	36
梧州市	71	53	18	85	37	49	32	17	15
北海市	98	53	45	50	16	34	28	10	18
防城港市	53	35	18	28	11	16	13	7	7
钦州市	205	126	79	115	35	80	65	31	33
贵港市	243	129	114	190	74	116	53	28	24
玉林市	213	154	59	194	75	120	66	37	29
百色市	151	89	62	358	215	143	97	33	65
贺州市	58	28	30	54	23	31	29	15	15
河池市	223	110	113	196	122	74	59	23	37
来宾市	91	56	36	59	30	29	23	11	12
崇左市	41	22	19	50	31	19	31	12	19

5-1c 续表 6

单位：人

地　区	十八、文化、体育和娱乐业			十九、公共管理、社会保障和社会组织			二十、国际组织		
	小计	男	女	小计	男	女	小计	男	女
全　区	**93**	**68**	**25**	**960**	**711**	**249**			
南宁市	11	7	4	111	89	22			
柳州市	2		1	85	65	20			
桂林市	40	32	8	61	39	22			
梧州市	1		1	52	45	7			
北海市	2	2		32	23	9			
防城港市	7	5	2	34	27	8			
钦州市	2	2		44	37	8			
贵港市	2	2		61	49	12			
玉林市	4	4		64	52	12			
百色市	6	4	2	216	154	63			
贺州市	3	1	2	31	23	8			
河池市	4	3	1	61	41	20			
来宾市	7	4	3	36	23	13			
崇左市	3	3		72	47	26			

5-2 全区分年龄、性别、行业门类的就业人口

单位：人

年 龄	就业人口			一、农、林、牧、渔业			二、采矿业		
	合计	男	女	小计	男	女	小计	男	女
总 计	**293346**	**162884**	**130462**	**146607**	**76058**	**70550**	**1000**	**811**	**189**
16-19	**5782**	**3318**	**2464**	**2605**	**1561**	**1043**	**9**	**9**	
16	678	400	278	321	208	112	1	1	
17	1243	736	507	615	385	230	2	2	
18	1689	944	745	748	427	321	4	4	
19	2172	1238	934	921	541	380	3	3	
20-24	**20528**	**11485**	**9043**	**7576**	**4210**	**3366**	**27**	**19**	**7**
20	2909	1642	1267	1142	652	490	1	1	
21	3276	1906	1370	1290	773	517	1		1
22	3965	2212	1753	1490	831	659	4	3	1
23	5129	2823	2306	1825	970	855	12	11	1
24	5249	2902	2347	1829	984	845	9	4	5
25-29	**40047**	**21624**	**18423**	**13953**	**7239**	**6713**	**115**	**92**	**23**
25	7390	3978	3411	2442	1247	1195	20	15	5
26	7459	3962	3497	2567	1310	1258	12	11	1
27	7837	4248	3589	2661	1409	1252	28	24	4
28	8665	4701	3964	3113	1580	1533	30	21	9
29	8696	4735	3962	3169	1694	1475	25	20	5
30-34	**40143**	**21652**	**18492**	**16097**	**8054**	**8043**	**166**	**126**	**40**
30	8785	4728	4057	3445	1722	1723	24	23	1
31	8358	4446	3912	3328	1628	1700	41	29	12
32	7253	3902	3350	2960	1461	1499	35	23	12
33	8160	4404	3756	3247	1646	1601	40	33	7
34	7587	4171	3416	3118	1598	1520	26	19	7
35-39	**37975**	**20898**	**17076**	**16137**	**8306**	**7831**	**163**	**135**	**29**
35	7955	4378	3578	3270	1655	1615	36	31	6
36	7944	4349	3595	3316	1703	1613	31	24	7
37	7565	4079	3485	3167	1603	1564	26	24	1
38	6719	3799	2919	2870	1532	1338	34	25	9
39	7792	4293	3500	3514	1813	1701	36	31	6
40-44	**39835**	**21773**	**18062**	**18783**	**9454**	**9329**	**190**	**149**	**41**
40	8050	4386	3665	3601	1800	1800	45	38	7
41	8394	4581	3814	3880	1962	1918	34	21	13
42	7849	4328	3521	3730	1859	1871	36	26	10
43	7883	4253	3630	3810	1871	1939	33	30	3
44	7659	4226	3433	3762	1962	1801	42	34	8
45-49	**39761**	**22001**	**17760**	**21652**	**11023**	**10629**	**157**	**130**	**27**
45	8183	4520	3663	4143	2098	2046	36	30	6
46	8079	4487	3591	4208	2128	2080	24	18	6
47	8650	4763	3887	4775	2456	2319	38	36	2
48	6821	3829	2992	3856	1985	1871	31	27	4
49	8028	4402	3626	4671	2357	2314	28	18	10
50-54	**31355**	**17989**	**13366**	**19479**	**9879**	**9600**	**100**	**83**	**17**
50	7605	4372	3234	4493	2339	2154	32	26	5
51	7066	3914	3152	4376	2102	2274	18	13	5
52	7881	4564	3317	4909	2537	2371	29	24	5
53	5955	3502	2453	3806	1951	1855	12	11	1
54	2848	1638	1210	1895	950	946	10	9	1
55-59	**18941**	**11069**	**7873**	**13822**	**7125**	**6698**	**53**	**49**	**4**
55	3359	1849	1510	2310	1113	1197	10	9	1
56	3125	1824	1301	2211	1127	1084	9	8	1
57	4461	2643	1817	3255	1701	1555	11	11	
58	4391	2649	1742	3275	1754	1521	18	16	2
59	3606	2104	1502	2770	1430	1340	4	4	
60-64	**11310**	**6476**	**4835**	**9632**	**5201**	**4431**	**12**	**12**	
60	2665	1571	1094	2187	1199	988	3	3	
61	2543	1442	1101	2164	1168	996			
62	2223	1275	948	1903	1028	875	1	1	
63	2210	1251	959	1922	1029	893	7	7	
64	1670	937	733	1457	777	680	1	1	
65及以上	**7667**	**4600**	**3067**	**6871**	**4005**	**2866**	**6**	**6**	**1**

5-2 续表 1

单位：人

年 龄	三、制造业			四、电力、热力、燃气及水生产和供应业			五、建筑业		
	小计	男	女	小计	男	女	小计	男	女
总 计	**32885**	**18598**	**14287**	**1261**	**905**	**355**	**21079**	**18054**	**3026**
16-19	**1331**	**710**	**621**	**1**		**1**	**327**	**293**	**34**
16	145	73	72				36	28	8
17	282	144	137				59	58	2
18	396	218	177				100	90	10
19	509	274	235	1		1	132	117	15
20-24	**3982**	**2237**	**1745**	**60**	**48**	**11**	**1349**	**1184**	**164**
20	644	354	289	5	3	2	174	162	12
21	669	362	307	3	3	1	219	192	27
22	749	420	328	10	8	2	289	255	34
23	929	533	396	22	21	1	343	297	45
24	992	567	425	20	14	6	324	278	46
25-29	**6326**	**3583**	**2743**	**153**	**100**	**53**	**2859**	**2483**	**376**
25	1224	728	496	21	17	4	496	444	52
26	1170	638	532	34	13	21	542	462	80
27	1251	708	543	31	23	9	545	474	71
28	1377	774	603	40	30	9	575	484	91
29	1304	734	569	27	17	10	701	618	82
30-34	**5510**	**3079**	**2431**	**165**	**112**	**53**	**3174**	**2691**	**482**
30	1244	676	569	39	27	12	695	602	93
31	1174	642	532	20	13	7	646	535	111
32	1025	606	419	43	27	15	559	478	81
33	1056	597	458	31	17	14	624	526	98
34	1011	557	453	32	27	5	649	550	99
35-39	**4745**	**2551**	**2194**	**250**	**169**	**81**	**3103**	**2604**	**499**
35	1050	571	480	54	44	11	629	542	87
36	1037	560	477	49	36	13	660	547	112
37	902	454	448	59	32	28	566	458	107
38	794	447	347	48	33	15	612	511	101
39	962	520	443	39	25	15	636	546	90
40-44	**4478**	**2418**	**2061**	**246**	**175**	**71**	**3459**	**2874**	**585**
40	929	504	425	51	32	19	710	617	93
41	971	529	442	45	31	14	743	623	120
42	857	473	384	49	37	12	680	561	118
43	856	461	395	55	40	15	690	554	136
44	864	450	414	46	35	10	635	518	117
45-49	**3383**	**1881**	**1502**	**208**	**139**	**69**	**3260**	**2728**	**532**
45	773	420	352	48	34	14	703	587	117
46	755	413	342	48	33	15	705	598	107
47	717	416	301	41	24	17	667	546	121
48	562	316	246	32	23	9	581	491	90
49	576	316	260	39	25	14	603	506	97
50-54	**1915**	**1247**	**668**	**121**	**107**	**14**	**2145**	**1881**	**263**
50	493	305	189	26	22	4	569	493	76
51	480	300	180	28	24	5	452	396	57
52	448	300	147	32	30	3	548	466	82
53	355	251	105	19	16	3	426	388	38
54	139	91	48	16	16		149	138	11
55-59	**801**	**590**	**210**	**51**	**48**	**3**	**939**	**865**	**74**
55	160	104	56	11	11	1	209	181	28
56	141	111	30	7	7		170	157	14
57	166	129	37	9	8	1	212	198	14
58	177	137	39	14	14		201	191	10
59	156	108	48	9	8	1	147	138	9
60-64	**273**	**199**	**74**	**7**	**7**		**374**	**358**	**16**
60	67	55	12	4	4		95	92	3
61	63	44	19				86	79	6
62	58	38	20	2	2		85	83	3
63	42	33	9	2	2		73	69	4
64	44	30	14				35	34	
65及以上	**141**	**104**	**37**	**1**	**1**		**91**	**91**	

5-2 续表 2

单位：人

年 龄	六、批发和零售业			七、交通运输、仓储和邮政业			八、住宿和餐饮业		
	小计	男	女	小计	男	女	小计	男	女
总 计	**33321**	**15863**	**17457**	**9185**	**7703**	**1482**	**8816**	**4134**	**4681**
16-19	**468**	**186**	**282**	**73**	**61**	**12**	**404**	**203**	**201**
16	44	19	25	6	6	1	64	29	35
17	89	42	46	11	11		79	38	41
18	134	44	89	26	21	4	94	42	52
19	201	81	121	30	23	7	168	94	74
20-24	**2706**	**1239**	**1467**	**580**	**480**	**99**	**1023**	**531**	**492**
20	359	162	197	69	59	11	189	97	92
21	412	186	226	96	80	16	164	89	75
22	508	224	285	103	87	16	177	81	96
23	712	327	384	144	115	29	229	129	100
24	715	340	375	168	140	28	263	135	129
25-29	**6276**	**2808**	**3468**	**1379**	**1135**	**245**	**1821**	**925**	**896**
25	1147	523	624	197	152	45	410	207	203
26	1115	519	597	220	194	27	376	201	175
27	1311	581	730	243	213	30	346	175	171
28	1369	614	754	365	308	57	353	174	179
29	1334	571	763	354	267	87	336	168	168
30-34	**5772**	**2557**	**3214**	**1570**	**1347**	**222**	**1411**	**658**	**753**
30	1293	555	738	343	305	37	351	151	200
31	1161	510	651	304	250	54	295	167	128
32	1025	438	587	291	256	36	254	120	134
33	1218	553	665	304	266	39	271	106	165
34	1075	502	573	327	271	57	240	114	126
35-39	**5137**	**2343**	**2793**	**1503**	**1284**	**218**	**1115**	**504**	**611**
35	1112	514	597	307	260	46	253	105	148
36	1065	481	584	318	279	38	231	102	129
37	1080	491	589	319	284	35	219	114	105
38	902	408	494	253	203	50	208	104	103
39	978	448	530	306	258	48	204	79	125
40-44	**4578**	**2166**	**2412**	**1551**	**1258**	**294**	**1076**	**452**	**624**
40	1012	464	547	338	273	64	201	97	104
41	1010	471	539	319	253	65	224	90	134
42	868	428	440	298	258	39	220	95	125
43	851	401	450	308	245	63	230	98	132
44	837	401	436	290	228	62	201	73	129
45-49	**3974**	**1966**	**2008**	**1298**	**1053**	**245**	**955**	**374**	**581**
45	913	440	473	276	221	55	244	95	149
46	821	424	397	291	232	59	203	88	115
47	888	434	454	299	248	51	202	60	142
48	638	331	306	194	158	36	132	56	76
49	714	337	377	237	194	43	174	75	99
50-54	**2661**	**1500**	**1161**	**816**	**706**	**109**	**653**	**310**	**343**
50	696	359	337	193	164	29	186	90	96
51	618	349	269	177	157	21	125	57	68
52	652	377	275	216	188	28	202	91	111
53	471	287	184	159	137	22	104	47	56
54	223	127	96	71	61	10	36	24	12
55-59	**1102**	**696**	**406**	**320**	**288**	**33**	**235**	**98**	**137**
55	244	142	102	64	58	6	50	17	33
56	193	119	74	62	53	9	46	15	31
57	277	175	103	95	85	10	53	18	35
58	232	158	73	60	55	5	47	23	24
59	156	102	54	40	37	3	40	25	15
60-64	**404**	**245**	**159**	**75**	**70**	**5**	**91**	**58**	**34**
60	106	69	37	24	24		33	20	13
61	103	60	43	21	18	2	24	15	9
62	79	47	31	8	8		16	12	4
63	61	36	26	16	14	2	7	5	2
64	55	33	22	6	5		11	6	6
65及以上	**244**	**156**	**88**	**20**	**20**		**31**	**22**	**9**

5-2 续表 3

单位：人

年 龄	九、信息传输、软件和信息技术服务业			十、金融业			十一、房地产业		
	小计	男	女	小计	男	女	小计	男	女
总 计	**1608**	**1036**	**572**	**2491**	**1260**	**1232**	**2166**	**1331**	**835**
16-19	**29**	**21**	**8**	**5**	**1**	**4**	**15**	**9**	**6**
16	4	4					1	1	
17	8	7							
18	7	5	2	1	1		2	2	
19	11	5	5	4		4	11	6	5
20-24	**179**	**111**	**68**	**187**	**75**	**111**	**177**	**103**	**74**
20	16	5	10	14	7	7	13	10	3
21	19	9	10	15	6	9	33	25	8
22	42	36	6	26	9	18	29	14	14
23	43	16	27	77	38	39	50	25	25
24	59	44	15	55	16	39	52	28	24
25-29	**477**	**278**	**199**	**586**	**228**	**358**	**486**	**255**	**232**
25	87	61	26	114	38	76	101	55	46
26	94	46	48	125	48	77	107	57	50
27	99	55	43	125	52	73	90	39	50
28	72	45	27	97	38	59	107	65	43
29	124	70	54	126	52	74	82	39	43
30-34	**384**	**235**	**149**	**398**	**181**	**217**	**392**	**223**	**169**
30	97	51	45	106	56	50	95	58	36
31	88	57	30	99	53	47	84	41	43
32	73	44	29	62	19	43	57	34	24
33	67	49	18	63	22	40	104	59	45
34	59	33	26	68	31	37	52	31	21
35-39	**232**	**155**	**77**	**304**	**146**	**158**	**294**	**184**	**110**
35	61	40	21	67	34	34	60	37	23
36	43	27	16	59	24	35	65	43	22
37	39	26	13	59	29	30	68	43	25
38	48	35	13	55	24	30	54	35	19
39	41	27	14	64	35	29	47	26	21
40-44	**156**	**107**	**48**	**357**	**198**	**160**	**244**	**147**	**96**
40	33	20	12	67	28	39	48	21	27
41	31	23	9	65	30	35	49	37	12
42	37	26	11	70	38	33	64	42	21
43	31	21	10	89	61	28	53	24	29
44	23	18	6	66	41	25	30	23	7
45-49	**94**	**74**	**19**	**349**	**208**	**141**	**251**	**166**	**85**
45	29	24	5	78	45	33	50	32	17
46	16	12	4	72	46	27	59	40	19
47	19	12	6	72	39	33	60	36	24
48	12	12	1	70	44	26	39	27	12
49	17	15	3	56	35	21	44	31	13
50-54	**32**	**30**	**2**	**227**	**155**	**72**	**160**	**120**	**40**
50	10	8	1	64	43	21	32	20	12
51	7	6	1	40	29	11	36	25	11
52	6	6		61	39	22	40	33	7
53	6	6		35	25	10	38	33	5
54	3	3		27	19	8	14	10	5
55-59	**14**	**14**		**77**	**66**	**10**	**110**	**93**	**17**
55	3	3		17	14	3	19	16	3
56	2	2		17	14	3	19	15	4
57				20	18	3	29	24	5
58	4	4		14	12	2	27	25	2
59	5	5		9	9		16	14	2
60-64	**12**	**11**	**1**	**1**	**1**		**27**	**22**	**6**
60	7	7					8	6	2
61	1	1					6	4	2
62	1		1				3	2	1
63	2	2					3	2	1
64							7	7	
65及以上				**1**	**1**		**10**	**8**	**2**

5-2 续表 4 单位：人

年 龄	十二、租赁和商务服务业			十三、科学研究和技术服务业			十四、水利、环境和公共设施管理业		
	小计	男	女	小计	男	女	小计	男	女
总 计	**2318**	**1449**	**869**	**1312**	**915**	**396**	**869**	**412**	**457**
16-19	**19**	**12**	**7**	**22**	**20**	**2**	**1**	**1**	
16	2	2							
17	3	2	1						
18	4	3	1	9	9		1	1	
19	10	5	5	13	12	2			
20-24	**221**	**106**	**115**	**116**	**84**	**32**	**18**	**13**	**5**
20	18	8	10	10	6	4	1	1	
21	37	21	16	7	4	3	2	2	
22	46	18	29	34	20	13	4	3	2
23	60	32	28	36	29	7			
24	60	28	33	30	24	5	10	7	4
25-29	**500**	**282**	**218**	**206**	**122**	**85**	**81**	**53**	**28**
25	80	45	34	49	32	17	16	11	5
26	99	47	52	40	18	22	10	5	6
27	97	54	43	35	25	10	13	11	3
28	109	75	34	43	28	16	18	10	8
29	115	60	54	39	20	20	24	17	6
30-34	**418**	**237**	**181**	**209**	**148**	**60**	**95**	**55**	**39**
30	86	51	34	37	25	13	22	16	6
31	95	54	41	41	31	10	25	14	11
32	63	32	31	31	17	14	11	8	4
33	97	47	50	54	40	13	18	9	9
34	77	52	24	46	36	10	18	9	10
35-39	**351**	**224**	**126**	**174**	**106**	**67**	**111**	**44**	**67**
35	97	70	27	29	18	11	26	14	12
36	67	39	29	35	20	15	21	6	15
37	67	46	21	36	24	12	23	6	17
38	56	31	25	24	16	8	26	10	15
39	63	38	25	50	28	22	15	7	8
40-44	**284**	**168**	**116**	**195**	**136**	**58**	**167**	**55**	**112**
40	47	24	24	43	20	23	31	8	22
41	72	50	22	47	29	17	35	16	19
42	53	30	23	30	23	7	36	14	22
43	62	31	31	44	39	5	34	13	22
44	49	33	16	32	26	7	31	4	27
45-49	**234**	**156**	**78**	**184**	**120**	**65**	**158**	**59**	**99**
45	58	37	21	45	35	10	42	17	25
46	45	33	13	35	21	14	24	6	18
47	56	36	20	45	21	24	24	8	16
48	34	22	12	33	21	12	26	10	16
49	40	28	12	26	21	5	41	17	24
50-54	**147**	**124**	**23**	**128**	**106**	**22**	**115**	**53**	**62**
50	34	27	6	33	27	6	24	12	12
51	34	24	10	45	36	10	39	15	24
52	38	35	3	27	24	3	27	14	13
53	27	25	2	14	11	3	17	9	8
54	14	12	2	8	8		8	4	5
55-59	**107**	**102**	**5**	**55**	**51**	**3**	**65**	**39**	**26**
55	28	25	3	7	6	2	13	8	5
56	15	15		16	16		7	5	2
57	28	28	1	14	14		17	10	8
58	26	25	1	10	9	1	16	8	7
59	10	10		7	6	1	11	7	4
60-64	**31**	**30**	**1**	**16**	**15**	**1**	**31**	**18**	**13**
60	13	12	1	3	3		7	3	3
61	5	5		5	5	1	5	2	3
62	7	7					5	2	2
63	4	4		2	2		8	5	3
64	3	3		5	5		7	4	2
65及以上	**7**	**7**		**7**	**7**		**27**	**22**	**4**

5-2 续表 5

单位：人

年 龄	十五、居民服务、修理和其他服务业			十六、教育			十七、卫生和社会工作		
	小计	男	女	小计	男	女	小计	男	女
总 计	**7207**	**4039**	**3168**	**8506**	**3363**	**5143**	**4363**	**1561**	**2802**
16-19	**197**	**123**	**74**	**133**	**49**	**83**	**65**	**12**	**53**
16	25	9	16	28	19	8	1	1	
17	35	29	6	28	7	21	15		14
18	68	42	27	48	16	31	19	1	17
19	69	43	26	28	6	22	31	9	21
20-24	**715**	**486**	**230**	**489**	**99**	**390**	**481**	**77**	**404**
20	101	69	32	67	13	54	41	6	36
21	116	83	32	53	5	48	63	2	61
22	137	89	48	86	17	69	104	17	87
23	191	137	54	135	29	107	142	24	118
24	170	106	64	148	36	112	131	29	102
25-29	**1239**	**741**	**498**	**1151**	**255**	**896**	**947**	**226**	**721**
25	232	133	99	244	46	198	170	32	138
26	235	148	86	206	34	171	182	37	145
27	238	141	96	222	57	165	223	61	163
28	293	177	116	216	50	167	187	59	128
29	241	141	100	263	69	194	186	39	147
30-34	**1195**	**679**	**516**	**1364**	**369**	**995**	**758**	**254**	**505**
30	249	142	107	222	62	160	183	52	132
31	265	154	111	309	83	226	151	45	105
32	233	135	98	254	70	183	118	34	85
33	233	138	95	314	79	236	173	77	96
34	215	110	106	265	76	189	134	46	87
35-39	**1078**	**584**	**494**	**1496**	**572**	**924**	**631**	**255**	**377**
35	243	133	110	301	123	177	138	53	85
36	238	128	110	290	109	180	155	51	104
37	228	124	105	351	118	234	129	63	66
38	195	113	82	242	92	150	97	42	54
39	174	87	87	311	129	182	113	45	67
40-44	**970**	**495**	**475**	**1406**	**570**	**836**	**585**	**252**	**333**
40	215	118	97	315	122	193	130	51	79
41	201	98	104	330	124	206	120	57	63
42	207	108	99	280	109	170	122	56	66
43	179	89	90	249	105	144	97	42	54
44	167	83	84	233	109	124	117	47	70
45-49	**840**	**408**	**432**	**1189**	**560**	**629**	**381**	**187**	**194**
45	208	108	100	243	121	122	82	37	44
46	186	95	91	236	96	140	98	48	51
47	156	70	86	259	122	138	67	31	36
48	136	64	72	180	76	104	54	29	25
49	154	71	83	271	146	125	81	42	39
50-54	**515**	**267**	**248**	**818**	**497**	**321**	**313**	**161**	**151**
50	146	73	73	223	128	95	88	47	42
51	116	57	60	167	106	60	77	36	41
52	127	66	61	213	125	88	83	43	40
53	77	44	33	150	93	57	45	22	24
54	49	27	22	66	45	20	19	14	6
55-59	**240**	**136**	**104**	**377**	**321**	**57**	**106**	**72**	**34**
55	48	23	26	58	32	26	20	13	7
56	42	25	17	53	41	12	21	14	7
57	57	35	22	87	80	7	20	14	6
58	64	37	27	83	77	6	29	17	12
59	29	16	13	96	90	6	16	13	3
60-64	**114**	**58**	**56**	**64**	**56**	**8**	**40**	**23**	**17**
60	31	11	20	27	23	3	12	6	5
61	28	12	16	9	8	1	8	6	2
62	18	14	4	11	8	3	7	4	3
63	16	6	9	13	12	1	10	4	5
64	21	14	7	5	5		4	2	2
65及以上	**104**	**62**	**42**	**19**	**15**	**4**	**55**	**42**	**13**

5-2 续表 6

单位：人

年 龄	十八、文化、体育和娱乐业			十九、公共管理、社会保障和社会组织			二十、国际组织		
	小计	男	女	小计	男	女	小计	男	女
总 计	**1392**	**825**	**566**	**6960**	**4567**	**2393**			
16–19	**61**	**31**	**30**	**17**	**15**	**2**			
16	1		1	1		1			
17	16	9	7	1	1				
18	21	10	11	9	8	1			
19	23	12	10	6	5	1			
20–24	**324**	**196**	**128**	**321**	**187**	**134**			
20	18	8	10	28	19	9			
21	54	48	6	26	16	10			
22	56	30	25	70	50	20			
23	106	56	50	74	33	41			
24	91	54	37	123	69	53			
25–29	**431**	**245**	**185**	**1060**	**574**	**486**			
25	150	92	58	191	101	89			
26	124	67	57	201	108	93			
27	65	40	25	214	105	108			
28	53	24	28	248	144	104			
29	39	22	17	207	115	92			
30–34	**153**	**92**	**61**	**913**	**553**	**361**			
30	44	29	15	211	126	85			
31	30	19	11	202	121	82			
32	27	15	12	130	84	46			
33	42	25	17	205	114	90			
34	9	3	7	166	107	58			
35–39	**119**	**77**	**42**	**1033**	**654**	**379**			
35	24	16	8	198	118	79			
36	23	13	9	243	156	87			
37	29	18	10	197	121	76			
38	22	13	9	180	124	56			
39	22	17	5	216	135	81			
40–44	**109**	**65**	**43**	**1002**	**634**	**368**			
40	18	10	8	216	138	78			
41	17	12	4	202	126	77			
42	24	16	7	189	127	62			
43	21	9	11	192	119	73			
44	30	17	12	203	124	79			
45–49	**78**	**39**	**39**	**1117**	**730**	**387**			
45	17	10	7	194	128	66			
46	21	9	12	231	149	81			
47	15	10	5	252	159	93			
48	11	5	5	199	131	68			
49	14	5	10	241	164	77			
50–54	**65**	**40**	**25**	**945**	**724**	**222**			
50	14	8	6	248	181	68			
51	24	13	11	208	171	36			
52	13	8	4	211	157	54			
53	11	7	4	183	138	44			
54	5	4		95	76	19			
55–59	**39**	**29**	**10**	**428**	**387**	**41**			
55	8	7	1	79	68	11			
56	8	5	3	86	74	11			
57	5	3	1	103	92	10			
58	5	3	2	90	84	6			
59	12	11	2	71	68	3			
60–64	**10**	**7**	**3**	**95**	**85**	**11**			
60	1	1	1	37	31	6			
61	2	2		13	12	1			
62	3	2	1	18	18	1			
63	4	2	2	18	15	3			
64				9	9				
65及以上	**4**	**4**		**28**	**26**	**2**			

5-2a 全区分年龄、性别、行业门类的就业人口(城市)

单位：人

年 龄	就业人口			一、农、林、牧、渔业			二、采矿业		
	合计	男	女	小计	男	女	小计	男	女
总 计	**59607**	**33075**	**26532**	**5041**	**2648**	**2394**	**326**	**266**	**60**
16-19	**637**	**297**	**339**	**38**	**21**	**17**			
16	58	22	36	2	2				
17	121	61	60	11	4	7			
18	176	79	98	11	5	6			
19	281	136	145	14	10	4			
20-24	**4254**	**2234**	**2021**	**196**	**111**	**85**	**3**	**3**	
20	546	269	277	25	18	7			
21	575	310	265	30	14	16			
22	769	392	377	33	21	12	1	1	
23	1175	634	541	55	28	28	1	1	
24	1189	629	561	53	30	23	1	1	
25-29	**10456**	**5445**	**5011**	**538**	**280**	**258**	**38**	**33**	**5**
25	1938	1028	910	73	39	35	6	5	1
26	1987	1054	933	93	50	43	8	8	
27	2106	1091	1015	99	53	46	9	8	1
28	2207	1159	1048	120	60	60	5	5	1
29	2218	1112	1106	153	79	74	10	8	2
30-34	**9939**	**5149**	**4790**	**579**	**284**	**295**	**52**	**42**	**10**
30	2133	1099	1034	120	54	66	5	4	1
31	2060	1039	1021	94	44	50	11	10	1
32	1727	898	828	112	57	55	10	7	3
33	2109	1092	1017	127	64	63	12	11	1
34	1911	1021	890	127	66	61	15	10	5
35-39	**9452**	**5151**	**4301**	**663**	**364**	**298**	**64**	**49**	**15**
35	2067	1155	912	147	86	61	14	12	2
36	2024	1103	921	133	79	55	9	5	3
37	1834	964	870	118	61	57	10	9	1
38	1668	952	716	112	67	45	18	14	4
39	1859	976	883	152	72	80	14	9	5
40-44	**8966**	**4939**	**4027**	**716**	**357**	**359**	**75**	**58**	**16**
40	1843	1015	828	139	61	79	17	14	3
41	1940	1070	871	142	75	67	9	6	3
42	1824	1006	818	153	81	72	19	15	5
43	1748	977	771	151	74	77	12	10	2
44	1611	872	740	132	67	65	17	13	4
45-49	**7717**	**4262**	**3455**	**820**	**415**	**405**	**46**	**35**	**11**
45	1833	1037	796	174	95	78	7	5	2
46	1605	860	745	169	79	90	5	3	2
47	1646	914	731	182	87	95	11	9	2
48	1231	671	560	130	64	66	10	9	1
49	1402	779	624	165	90	75	13	9	4
50-54	**5098**	**3357**	**1740**	**723**	**397**	**326**	**33**	**30**	**3**
50	1301	833	467	173	95	78	9	8	1
51	1171	768	404	141	80	61	7	7	
52	1310	870	440	186	104	82	11	10	1
53	914	609	305	150	82	67	3	2	1
54	402	278	124	73	36	38	2	2	
55-59	**2206**	**1655**	**551**	**417**	**224**	**192**	**14**	**14**	
55	441	313	128	70	38	32			
56	419	304	115	77	40	37	4	4	
57	494	387	108	92	53	39	2	2	
58	477	370	106	97	52	45	7	7	
59	374	281	94	82	42	40	1	1	
60-64	**609**	**412**	**198**	**223**	**116**	**107**	**1**	**1**	
60	184	140	45	62	35	26			
61	132	89	43	47	25	23			
62	117	73	44	45	24	22			
63	95	54	40	46	20	26	1	1	
64	82	56	26	23	12	10			
65及以上	**273**	**175**	**98**	**128**	**77**	**51**			

5-2a 续表 1

单位：人

年 龄	三、制造业			四、电力、热力、燃气及水生产和供应业			五、建筑业		
	小计	男	女	小计	男	女	小计	男	女
总 计	**8195**	**4818**	**3378**	**556**	**377**	**179**	**4567**	**3595**	**973**
16-19	**128**	**42**	**86**				**32**	**30**	**2**
16	9	3	6				3	3	
17	37	11	26				5	5	
18	28	11	17				8	8	
19	54	17	37				16	15	1
20-24	**727**	**376**	**351**	**17**	**13**	**4**	**221**	**176**	**45**
20	118	56	62	3	1	2	22	22	1
21	109	46	63	1		1	33	26	7
22	133	65	68	2	1	1	49	38	10
23	180	105	74	3	3		52	44	8
24	187	104	83	9	7	2	65	46	18
25-29	**1373**	**792**	**581**	**66**	**30**	**36**	**650**	**499**	**151**
25	221	133	89	6	4	2	91	76	14
26	264	152	112	22	5	18	122	94	28
27	296	166	130	13	8	5	130	104	27
28	291	157	134	14	9	5	145	101	44
29	302	185	117	10	4	7	162	124	38
30-34	**1315**	**744**	**571**	**76**	**50**	**26**	**697**	**532**	**165**
30	272	155	116	17	13	4	147	110	37
31	279	150	128	9	5	4	132	97	35
32	240	129	112	15	9	6	132	100	32
33	269	165	104	18	9	8	132	99	34
34	254	144	110	18	14	4	154	126	28
35-39	**1390**	**788**	**602**	**114**	**73**	**42**	**814**	**628**	**186**
35	301	167	134	17	12	5	176	140	36
36	321	188	134	26	21	5	185	143	42
37	251	116	135	36	19	17	141	103	38
38	229	148	81	20	15	6	156	118	37
39	288	170	117	15	5	10	157	125	32
40-44	**1353**	**787**	**565**	**116**	**81**	**34**	**792**	**616**	**176**
40	262	148	114	27	16	12	168	145	23
41	333	208	124	29	20	9	154	112	41
42	267	154	112	19	14	6	158	119	39
43	254	138	116	23	18	5	159	123	37
44	238	139	99	16	14	3	152	116	36
45-49	**996**	**574**	**422**	**93**	**66**	**27**	**671**	**517**	**154**
45	236	136	100	20	14	6	168	137	31
46	207	111	96	24	21	3	129	92	37
47	212	135	77	22	12	10	134	102	31
48	169	96	74	11	9	1	119	85	35
49	172	96	75	16	10	6	122	101	20
50-54	**578**	**441**	**137**	**54**	**45**	**8**	**451**	**373**	**78**
50	122	81	41	13	12	1	126	107	19
51	161	124	37	14	11	3	98	78	20
52	137	112	25	14	12	2	118	91	26
53	115	92	23	8	6	3	80	68	12
54	43	32	12	4	4		29	29	1
55-59	**244**	**196**	**48**	**18**	**18**	**1**	**191**	**179**	**12**
55	44	32	12	5	5		37	34	4
56	38	32	6	3	3		38	35	2
57	42	39	4	3	3		51	48	3
58	64	59	5	4	4		33	33	
59	55	35	21	4	3	1	31	29	2
60-64	**68**	**56**	**12**	**2**	**2**		**41**	**39**	**3**
60	17	16	1	1	1		14	13	1
61	17	14	3				10	9	1
62	13	11	2				8	7	1
63	9	6	3	1	1		7	7	
64	13	9	4				3	3	
65及以上	**24**	**21**	**3**				**7**	**7**	

5-2a 续表 2

单位：人

年 龄	六、批发和零售业			七、交通运输、仓储和邮政业			八、住宿和餐饮业		
	小计	男	女	小计	男	女	小计	男	女
总 计	**14934**	**7257**	**7677**	**3349**	**2669**	**681**	**3983**	**1924**	**2059**
16-19	**116**	**51**	**65**	**6**	**6**		**144**	**70**	**74**
16	7	1	6				29	12	17
17	23	16	7	1	1		21	12	9
18	33	13	21	2	2		27	9	18
19	54	22	32	4	4		67	37	30
20-24	**1031**	**486**	**545**	**172**	**142**	**30**	**399**	**210**	**189**
20	130	57	73	22	21	1	82	40	41
21	122	49	73	22	20	2	66	35	31
22	173	78	95	27	23	3	64	27	38
23	284	142	143	44	27	17	98	62	36
24	322	160	162	57	50	7	89	46	44
25-29	**2908**	**1341**	**1568**	**465**	**354**	**111**	**873**	**487**	**386**
25	548	264	284	78	52	26	219	124	95
26	498	256	242	65	54	11	194	124	71
27	597	273	324	84	74	9	147	70	77
28	631	293	338	129	102	28	178	102	76
29	634	255	379	109	72	37	135	68	67
30-34	**2743**	**1231**	**1512**	**527**	**421**	**106**	**675**	**321**	**354**
30	590	255	334	103	89	14	198	88	109
31	562	243	319	106	79	26	143	90	53
32	477	219	258	92	72	20	107	46	61
33	585	267	318	101	88	14	132	55	77
34	529	248	282	125	93	32	96	42	54
35-39	**2528**	**1187**	**1341**	**557**	**447**	**111**	**537**	**236**	**301**
35	549	277	272	122	95	26	113	45	68
36	528	243	285	115	98	18	114	54	60
37	533	256	278	102	84	17	107	51	56
38	443	210	233	102	77	25	98	48	50
39	475	202	274	117	93	24	106	37	68
40-44	**2217**	**1066**	**1152**	**622**	**484**	**139**	**483**	**216**	**267**
40	490	232	258	138	113	25	85	45	40
41	504	236	268	138	103	35	103	48	54
42	436	216	220	114	95	19	96	41	55
43	404	205	200	126	94	32	114	55	59
44	382	177	206	107	80	27	86	27	60
45-49	**1805**	**889**	**916**	**495**	**373**	**122**	**450**	**180**	**270**
45	455	221	234	118	92	26	119	52	67
46	367	190	177	114	80	34	92	44	48
47	389	197	192	99	78	21	96	26	70
48	281	137	144	68	50	18	71	32	39
49	314	144	170	97	74	23	71	26	45
50-54	**1051**	**642**	**409**	**330**	**281**	**49**	**288**	**139**	**149**
50	285	169	116	77	69	8	84	42	42
51	243	141	102	71	62	9	56	23	33
52	263	161	102	83	72	12	80	44	36
53	179	119	60	67	52	15	52	17	35
54	81	52	29	31	26	5	16	13	3
55-59	**387**	**278**	**108**	**147**	**135**	**11**	**100**	**40**	**60**
55	91	59	31	29	26	2	24	9	14
56	74	49	25	30	27	3	25	5	20
57	87	66	21	43	39	4	25	11	14
58	78	59	19	22	22		13	7	6
59	57	45	12	23	21	2	14	8	6
60-64	**100**	**65**	**35**	**17**	**16**	**2**	**28**	**19**	**9**
60	29	20	8	6	6		11	10	1
61	22	13	9	6	4	2	2		2
62	19	11	8	4	4		6	5	1
63	15	10	5				2	2	
64	16	10	6	1	1		7	2	5
65及以上	**47**	**23**	**24**	**10**	**10**		**7**	**7**	

5-2a 续表 3 单位：人

年 龄	九、信息传输、软件和信息技术服务业			十、金融业			十一、房地产业		
	小计	男	女	小计	男	女	小计	男	女
总 计	**896**	**573**	**323**	**1718**	**848**	**870**	**1424**	**878**	**545**
16-19	**8**	**5**	**3**	**3**	**1**	**2**	**9**	**5**	**4**
16									
17									
18	4	4		1	1		2	2	
19	5	1	3	2		2	7	3	3
20-24	**88**	**54**	**34**	**116**	**51**	**65**	**112**	**70**	**42**
20	10	2	8	4	3	1	12	9	3
21	11	7	5	9	5	4	23	18	5
22	24	20	3	16	7	9	17	6	11
23	21	10	11	56	28	28	32	19	13
24	22	14	7	31	8	23	29	18	10
25-29	**276**	**162**	**114**	**381**	**147**	**234**	**299**	**165**	**135**
25	44	33	11	77	23	54	59	39	21
26	59	28	30	76	27	49	70	42	28
27	60	33	27	82	36	46	53	22	31
28	37	22	15	71	27	44	61	31	30
29	77	47	30	75	35	40	56	31	25
30-34	**234**	**144**	**89**	**299**	**134**	**165**	**263**	**153**	**110**
30	55	31	25	80	43	37	60	39	20
31	53	33	20	71	34	37	52	25	26
32	47	31	16	44	15	29	43	28	16
33	38	26	12	49	17	32	77	43	34
34	41	25	16	54	25	29	31	18	14
35-39	**132**	**90**	**42**	**210**	**90**	**120**	**204**	**125**	**79**
35	41	26	14	43	23	20	41	23	18
36	27	18	9	46	16	30	49	29	19
37	17	11	5	41	20	21	44	30	14
38	30	21	9	35	10	26	42	27	15
39	18	13	5	44	21	23	28	15	13
40-44	**85**	**54**	**31**	**255**	**132**	**123**	**166**	**96**	**70**
40	20	12	7	48	17	31	34	16	18
41	17	11	6	47	22	25	35	23	12
42	21	15	6	57	31	26	40	23	16
43	14	8	7	54	33	21	35	16	19
44	14	8	5	49	29	20	23	19	4
45-49	**46**	**38**	**8**	**238**	**133**	**105**	**159**	**99**	**60**
45	22	19	3	51	23	28	30	16	14
46	9	7	3	44	21	22	41	25	16
47	6	5	2	54	31	24	31	19	11
48	1	1		49	29	20	28	17	11
49	8	7	1	40	29	12	30	22	8
50-54	**10**	**10**		**157**	**106**	**51**	**114**	**84**	**30**
50	3	3		44	29	15	20	12	7
51	2	2		33	24	9	24	16	7
52	2	2		43	28	15	35	28	7
53	4	4		23	17	7	26	22	4
54				14	9	5	10	6	4
55-59	**8**	**8**		**57**	**51**	**6**	**77**	**67**	**10**
55	3	3		12	12		17	15	2
56	1	1		15	12	3	14	10	4
57				13	11	2	18	17	1
58	4	4		11	10	2	15	13	2
59	1	1		6	6		12	12	1
60-64	**8**	**7**	**1**	**1**	**1**		**13**	**9**	**4**
60	7	7					4	3	1
61							3	3	1
62	1		1				2	1	1
63							1		1
64							3	3	
65及以上				**1**	**1**		**8**	**6**	**2**

5-2a 续表 4

单位：人

年 龄	十二、租赁和商务服务业			十三、科学研究和技术服务业			十四、水利、环境和公共设施管理业		
	小计	男	女	小计	男	女	小计	男	女
总 计	**1320**	**810**	**510**	**760**	**495**	**265**	**457**	**232**	**225**
16-19	**2**	**2**		**6**	**6**				
16	1	1							
17									
18	1	1		2	1				
19	1			5	5				
20-24	**89**	**43**	**46**	**53**	**34**	**20**	**6**	**4**	**2**
20	6	4	3	7	4	3			
21	8	6	1	3	2	1	1	1	
22	22	7	15	13	3	10	2	2	
23	31	17	14	18	16	2			
24	22	9	13	12	9	3	4	2	2
25-29	**265**	**135**	**130**	**124**	**67**	**56**	**54**	**39**	**15**
25	40	21	19	29	18	11	9	7	2
26	52	21	31	23	7	16	9	4	5
27	62	33	29	15	9	6	10	9	1
28	50	35	15	33	19	14	11	9	2
29	60	24	36	24	14	9	16	11	5
30-34	**269**	**148**	**120**	**130**	**88**	**42**	**50**	**32**	**19**
30	55	29	26	22	13	10	14	13	1
31	59	33	26	26	18	8	12	6	6
32	35	18	17	23	15	7	6	4	3
33	67	32	34	29	21	9	6	5	1
34	54	36	17	30	21	8	12	5	7
35-39	**230**	**146**	**84**	**107**	**60**	**47**	**61**	**28**	**33**
35	66	46	20	23	14	9	21	11	10
36	40	23	16	19	7	11	9	3	7
37	44	27	17	17	9	8	8	4	3
38	36	22	14	19	13	6	15	6	9
39	44	27	17	30	17	13	8	4	4
40-44	**164**	**94**	**69**	**116**	**85**	**31**	**103**	**40**	**63**
40	32	15	17	26	13	12	23	7	16
41	40	30	10	29	19	10	22	14	8
42	29	13	16	11	11	1	27	10	17
43	29	15	15	23	20	2	15	8	8
44	33	22	11	27	22	6	15	1	14
45-49	**135**	**93**	**42**	**106**	**55**	**50**	**95**	**42**	**53**
45	33	22	11	18	9	8	24	14	10
46	27	18	9	30	17	13	16	4	11
47	33	22	11	29	13	16	14	6	8
48	20	16	4	14	5	10	22	9	13
49	21	14	7	14	11	3	19	8	11
50-54	**92**	**77**	**15**	**73**	**56**	**17**	**54**	**25**	**29**
50	25	21	4	14	10	5	13	5	7
51	22	16	6	23	14	9	20	8	12
52	20	18	3	19	17	2	16	8	7
53	17	15	2	9	7	2	3	2	1
54	7	7		8	8		3	2	1
55-59	**62**	**60**	**2**	**31**	**29**	**2**	**27**	**18**	**9**
55	16	16		5	3	2	7	4	3
56	9	9		6	6		3	2	
57	18	17	1	8	8		7	5	3
58	14	13	1	9	8	1	8	6	3
59	6	6		4	4		2	1	1
60-64	**12**	**12**		**11**	**11**		**6**	**2**	**3**
60	4	4		1	1		2	2	1
61	4	4		5	5		1		1
62	2	2					2	1	1
63	2	2					1		1
64				5	5				
65及以上	**1**	**1**		**3**	**3**		**1**	**1**	

5-2a 续表 5

单位：人

年 龄	十五、居民服务、修理和其他服务业			十六、教育			十七、卫生和社会工作		
	小计	男	女	小计	男	女	小计	男	女
总 计	**2788**	**1429**	**1359**	**3523**	**1204**	**2319**	**1743**	**590**	**1152**
16-19	**62**	**34**	**28**	**18**	**3**	**15**	**19**	**2**	**17**
16	6		6	1		1			
17	6	5	1	5	1	4	2		1
18	23	15	9	7	1	6	9		9
19	26	13	13	5		4	8	2	7
20-24	**264**	**169**	**95**	**176**	**26**	**150**	**163**	**29**	**133**
20	31	18	13	28	2	25	18		18
21	41	31	10	21	2	18	21		21
22	55	33	22	25	3	22	33	5	28
23	78	51	27	47	8	39	53	13	40
24	60	36	24	56	10	46	38	11	27
25-29	**450**	**227**	**223**	**516**	**121**	**395**	**359**	**107**	**251**
25	86	43	42	88	11	78	59	18	41
26	87	43	44	89	17	72	68	18	50
27	98	47	51	108	31	77	86	24	62
28	91	47	45	104	27	77	83	28	55
29	88	47	41	127	35	92	63	21	43
30-34	**445**	**240**	**205**	**740**	**182**	**557**	**318**	**93**	**225**
30	83	43	40	113	32	81	73	20	53
31	103	56	46	170	33	136	62	13	48
32	82	45	38	132	38	94	52	17	35
33	94	57	37	178	37	142	70	26	44
34	83	39	44	146	42	104	61	17	43
35-39	**446**	**233**	**213**	**584**	**196**	**388**	**260**	**83**	**177**
35	101	48	52	123	44	79	59	18	41
36	91	52	40	125	36	89	63	16	47
37	97	51	46	119	34	85	46	19	28
38	77	45	32	97	37	60	41	15	26
39	80	38	43	121	46	74	50	15	35
40-44	**415**	**190**	**225**	**566**	**204**	**362**	**241**	**90**	**150**
40	90	48	42	96	41	56	59	21	38
41	73	29	44	136	42	94	53	22	30
42	109	47	62	132	47	85	42	15	26
43	81	42	38	105	39	66	42	16	26
44	63	23	39	97	35	62	45	16	30
45-49	**368**	**153**	**215**	**494**	**203**	**291**	**156**	**65**	**90**
45	109	48	61	108	51	57	35	13	22
46	77	35	42	97	31	67	40	19	21
47	70	26	43	112	49	63	29	16	13
48	55	22	33	76	32	44	17	4	13
49	57	22	36	100	40	60	35	12	23
50-54	**211**	**111**	**100**	**295**	**159**	**136**	**161**	**76**	**85**
50	64	34	30	87	46	42	35	14	21
51	51	24	26	62	34	27	41	23	18
52	53	27	25	84	45	39	54	26	28
53	30	18	12	44	25	20	26	9	16
54	13	7	6	17	9	7	6	4	2
55-59	**85**	**51**	**35**	**111**	**92**	**20**	**48**	**35**	**13**
55	18	10	8	18	9	9	10	5	4
56	17	11	6	24	21	3	10	9	1
57	19	13	6	17	13	3	9	6	3
58	26	14	12	17	15	2	13	10	4
59	6	3	3	35	32	3	7	5	1
60-64	**29**	**17**	**12**	**18**	**16**	**2**	**10**	**6**	**4**
60	6	4	2	9	7	1	5	4	1
61	9	6	3	1	1		1	1	
62	7	4	3	3	2	1	2		2
63	4	1	3	3	3		1		1
64	4	3	1	2	2		1	1	
65及以上	**13**	**5**	**8**	**5**	**2**	**3**	**10**	**3**	**6**

5-2a 续表 6

单位：人

年 龄	十八、文化、体育和娱乐业			十九、公共管理、社会保障和社会组织			二十、国际组织		
	小计	男	女	小计	男	女	小计	男	女
总 计	**1019**	**576**	**442**	**3008**	**1887**	**1121**			
16-19	**43**	**19**	**24**	**3**	**2**	**1**			
16	1		1						
17	12	6	6						
18	17	6	11	2	1	1			
19	13	6	7	1	1				
20-24	**266**	**151**	**115**	**155**	**87**	**68**			
20	13	3	10	15	8	7			
21	46	42	4	8	6	2			
22	46	23	23	38	30	8			
23	87	44	43	35	15	20			
24	74	39	35	60	28	31			
25-29	**344**	**190**	**155**	**476**	**268**	**208**			
25	131	83	48	74	37	36			
26	108	57	51	81	51	31			
27	54	32	22	104	60	44			
28	33	11	23	118	75	43			
29	18	7	10	99	46	53			
30-34	**112**	**66**	**46**	**416**	**243**	**173**			
30	33	21	13	93	47	45			
31	21	15	7	96	53	43			
32	18	11	8	60	40	20			
33	34	19	15	91	53	38			
34	5	1	4	76	50	27			
35-39	**80**	**49**	**31**	**469**	**278**	**191**			
35	14	9	5	97	59	38			
36	12	8	4	112	65	46			
37	22	14	8	82	46	36			
38	17	8	9	80	52	27			
39	15	11	4	98	56	43			
40-44	**67**	**38**	**29**	**415**	**250**	**166**			
40	9	4	5	80	47	33			
41	7	6	1	71	41	30			
42	17	12	4	78	47	31			
43	17	8	10	90	58	31			
44	17	8	9	97	57	41			
45-49	**53**	**28**	**25**	**492**	**304**	**188**			
45	13	7	6	96	63	33			
46	16	7	9	101	55	45			
47	8	7	2	114	75	39			
48	6	4	2	85	51	34			
49	9	3	6	97	60	37			
50-54	**33**	**21**	**12**	**390**	**284**	**106**			
50	4	2	1	104	74	30			
51	13	8	5	90	71	19			
52	8	4	3	85	60	25			
53	6	4	2	71	49	22			
54	3	2		40	30	10			
55-59	**16**	**13**	**3**	**166**	**147**	**18**			
55	5	4	1	31	26	4			
56	1	1		32	26	6			
57	4	3	1	37	33	4			
58	3	2	2	38	35	3			
59	3	3		27	25	1			
60-64	**3**	**1**	**2**	**19**	**18**	**1**			
60	1		1	6	6				
61	1	1		2	2				
62	1		1	3	2	1			
63	1		1	2	2				
64				5	5				
65及以上				**8**	**8**				

5-2b 全区分年龄、性别、行业门类的就业人口(镇)

单位：人

年 龄	就业人口			一、农、林、牧、渔业			二、采矿业		
	合计	男	女	小计	男	女	小计	男	女
总 计	**75345**	**42291**	**33054**	**27501**	**14221**	**13280**	**395**	**319**	**76**
16-19	**876**	**553**	**323**	**280**	**178**	**102**			
16	88	55	33	34	22	12			
17	189	118	71	71	46	25			
18	256	167	88	75	47	28			
19	343	212	131	100	64	36			
20-24	**4789**	**2747**	**2042**	**1367**	**774**	**592**	**12**	**9**	**3**
20	577	345	232	188	114	74	1	1	
21	756	456	300	233	138	95	1		1
22	955	574	381	269	162	106	1	1	
23	1194	642	552	342	180	162	6	6	
24	1307	731	577	334	180	155	3	1	2
25-29	**11454**	**6350**	**5104**	**3157**	**1715**	**1442**	**43**	**34**	**9**
25	2002	1112	890	502	279	223	6	5	1
26	2106	1112	995	598	310	288	2	1	1
27	2221	1258	963	620	353	267	11	8	3
28	2566	1437	1129	746	390	356	13	11	2
29	2559	1431	1128	691	383	308	11	8	3
30-34	**10563**	**5803**	**4759**	**3220**	**1650**	**1570**	**77**	**57**	**20**
30	2419	1320	1100	721	372	349	8	8	
31	2136	1179	958	672	332	340	21	15	6
32	1953	1061	892	611	309	302	14	9	6
33	2148	1187	961	637	321	316	23	17	6
34	1906	1058	849	579	316	263	11	9	2
35-39	**10321**	**5619**	**4702**	**3000**	**1505**	**1495**	**45**	**37**	**8**
35	2062	1112	950	591	298	293	9	6	2
36	2144	1158	985	627	308	319	11	9	2
37	2144	1142	1002	579	266	313	7	7	1
38	1867	1054	813	556	298	258	8	7	2
39	2104	1152	952	647	334	313	10	9	1
40-44	**10819**	**5930**	**4889**	**3485**	**1755**	**1730**	**75**	**61**	**14**
40	2295	1239	1056	693	358	335	20	19	1
41	2263	1225	1038	710	360	351	13	9	4
42	2080	1169	911	690	335	355	10	5	5
43	2123	1142	981	703	342	361	12	12	
44	2058	1156	902	689	359	329	20	16	4
45-49	**10543**	**5831**	**4712**	**4086**	**2012**	**2074**	**70**	**61**	**9**
45	2206	1217	989	805	412	393	18	17	1
46	2133	1202	931	730	337	393	12	9	3
47	2349	1265	1084	925	467	458	14	14	
48	1783	1032	751	715	370	345	16	15	1
49	2073	1115	957	911	426	485	10	6	4
50-54	**7959**	**4636**	**3323**	**3663**	**1812**	**1851**	**41**	**31**	**10**
50	1989	1131	858	848	428	420	12	9	4
51	1769	999	770	808	379	429	7	5	2
52	1977	1161	817	912	464	449	12	9	2
53	1498	925	573	733	375	358	6	6	
54	725	420	305	361	166	195	4	3	1
55-59	**4367**	**2640**	**1727**	**2530**	**1314**	**1216**	**23**	**19**	**3**
55	812	436	376	432	203	229	8	7	1
56	733	438	295	402	200	202	2	2	
57	1060	650	409	614	332	282	6	6	
58	973	623	350	580	313	267	5	3	2
59	790	493	297	502	267	236	2	2	
60-64	**2238**	**1303**	**935**	**1609**	**851**	**757**	**6**	**6**	
60	547	335	211	361	198	163	3	3	
61	519	295	224	370	192	177			
62	439	247	193	319	161	158			
63	428	255	173	322	180	141	1	1	
64	305	171	135	238	120	118	1	1	
65及以上	**1418**	**881**	**537**	**1105**	**655**	**450**	**4**	**4**	**1**

5-2b 续表 1　　　　单位：人

年 龄	三、制造业			四、电力、热力、燃气及水生产和供应业			五、建筑业		
	小计	男	女	小计	男	女	小计	男	女
总 计	**9892**	**5641**	**4251**	**521**	**369**	**152**	**5780**	**5038**	**742**
16-19	**210**	**129**	**81**				**68**	**62**	**6**
16	17	8	10				6	4	2
17	44	26	18				15	15	
18	62	38	24				27	25	1
19	87	57	30				21	18	3
20-24	**932**	**586**	**347**	**23**	**17**	**6**	**341**	**311**	**30**
20	129	76	53				36	33	3
21	169	115	54				48	43	5
22	179	110	69	5	4	1	89	82	7
23	200	122	77	10	9	1	73	63	10
24	256	162	94	8	4	4	95	90	5
25-29	**1951**	**1165**	**787**	**58**	**45**	**14**	**873**	**795**	**78**
25	383	248	135	12	10	2	142	133	8
26	342	192	150	6	4	2	171	149	22
27	377	223	153	12	9	3	171	150	20
28	442	272	170	15	12	3	157	148	9
29	407	229	178	13	10	3	232	214	18
30-34	**1629**	**910**	**719**	**58**	**33**	**26**	**861**	**761**	**100**
30	399	227	172	15	8	7	195	175	19
31	319	163	156	8	5	3	179	156	23
32	318	199	119	17	8	9	139	128	11
33	311	174	138	10	5	5	173	151	22
34	282	147	135	8	6	2	176	152	24
35-39	**1452**	**725**	**727**	**100**	**67**	**33**	**846**	**729**	**118**
35	308	154	155	20	15	6	165	146	19
36	291	136	155	17	13	5	198	171	27
37	301	159	142	20	9	10	162	136	26
38	236	123	114	23	16	7	150	131	19
39	315	154	161	20	15	5	170	145	26
40-44	**1468**	**774**	**694**	**112**	**78**	**34**	**987**	**810**	**177**
40	305	155	150	21	14	8	221	186	35
41	309	165	144	14	10	4	207	172	36
42	272	144	128	25	20	6	189	160	29
43	292	161	131	27	18	9	211	167	44
44	291	149	142	25	17	8	159	126	33
45-49	**1183**	**642**	**540**	**84**	**52**	**32**	**872**	**728**	**144**
45	287	144	143	17	10	7	186	152	35
46	275	158	117	18	10	9	188	169	20
47	259	151	108	14	9	4	188	149	39
48	199	106	94	18	13	6	155	129	26
49	162	84	79	17	10	7	154	129	25
50-54	**640**	**403**	**237**	**55**	**50**	**5**	**563**	**505**	**58**
50	192	116	76	11	8	3	143	126	18
51	153	94	59	11	10	1	111	99	11
52	145	90	55	16	15	1	150	132	18
53	107	73	34	10	10		117	109	8
54	43	30	13	7	7		42	38	4
55-59	**276**	**198**	**78**	**27**	**26**	**2**	**241**	**212**	**28**
55	57	31	26	6	6	1	51	37	14
56	63	51	11	3	3		42	39	3
57	61	42	19	5	5	1	53	47	6
58	60	45	15	7	7		57	54	3
59	36	29	7	5	5		38	36	2
60-64	**91**	**66**	**25**	**2**	**2**		**106**	**102**	**4**
60	26	20	7	1	1		30	29	1
61	17	12	5				27	26	1
62	17	10	7				24	23	1
63	16	12	4	1	1		13	13	1
64	14	11	3				12	12	
65及以上	**60**	**44**	**16**	**1**	**1**		**22**	**22**	

5-2b 续表 2

单位：人

年 龄	六、批发和零售业			七、交通运输、仓储和邮政业			八、住宿和餐饮业		
	小计	男	女	小计	男	女	小计	男	女
总 计	**11558**	**5381**	**6177**	**3342**	**2768**	**574**	**2648**	**1190**	**1458**
16-19	**92**	**45**	**47**	**29**	**22**	**7**	**77**	**41**	**36**
16	8	4	4	4	3	1	8	5	2
17	10	5	5	2	2		16	6	10
18	25	13	12	8	5	3	23	14	10
19	48	23	25	15	12	3	31	16	15
20-24	**785**	**381**	**405**	**197**	**161**	**36**	**228**	**114**	**114**
20	98	54	44	20	14	6	37	18	19
21	128	66	63	35	30	5	30	17	13
22	146	74	72	45	34	10	34	17	17
23	212	101	112	51	45	6	51	23	28
24	201	86	115	47	37	9	76	40	37
25-29	**1994**	**906**	**1087**	**523**	**426**	**98**	**489**	**225**	**264**
25	349	161	188	58	46	12	81	31	50
26	360	166	194	81	71	10	93	36	56
27	402	184	218	81	65	16	97	59	38
28	446	194	252	139	121	19	93	36	57
29	437	202	235	163	123	40	126	63	63
30-34	**1852**	**810**	**1043**	**493**	**423**	**69**	**373**	**165**	**208**
30	438	188	250	112	96	16	84	34	49
31	344	151	193	91	79	12	64	30	34
32	346	136	210	86	74	11	76	42	34
33	386	181	205	104	89	15	72	25	47
34	338	154	184	100	84	16	77	33	44
35-39	**1735**	**749**	**986**	**563**	**481**	**82**	**361**	**169**	**191**
35	351	147	204	99	87	13	83	32	51
36	364	156	208	119	104	15	66	31	34
37	351	142	209	133	117	15	78	45	34
38	335	146	188	98	79	19	73	37	36
39	334	157	177	114	95	20	61	25	36
40-44	**1621**	**716**	**905**	**543**	**423**	**120**	**368**	**151**	**217**
40	372	164	208	104	77	27	72	30	42
41	349	149	199	109	87	22	84	31	52
42	291	132	159	107	94	12	75	32	43
43	297	120	177	103	73	30	71	27	43
44	312	150	162	121	91	30	67	30	37
45-49	**1504**	**702**	**802**	**518**	**422**	**96**	**341**	**128**	**213**
45	322	136	187	108	85	24	84	29	55
46	324	165	159	128	105	23	72	28	44
47	355	156	200	120	96	24	75	24	51
48	238	120	118	75	66	10	41	18	23
49	265	125	140	87	71	16	70	30	40
50-54	**1147**	**590**	**556**	**320**	**268**	**51**	**257**	**128**	**129**
50	291	134	157	69	52	17	73	37	36
51	267	138	129	71	61	10	50	25	25
52	283	150	133	88	72	16	90	40	51
53	199	113	87	63	59	5	26	15	11
54	106	56	50	28	25	3	18	11	6
55-59	**522**	**303**	**219**	**116**	**102**	**13**	**90**	**33**	**58**
55	109	59	50	26	24	2	22	5	18
56	87	48	39	24	19	5	11	2	9
57	147	86	61	30	27	3	21	6	15
58	110	72	38	23	21	2	16	6	9
59	69	39	30	12	10	1	20	14	6
60-64	**198**	**110**	**87**	**31**	**30**	**1**	**48**	**28**	**21**
60	48	30	18	13	13		18	7	10
61	55	29	26	11	11	1	16	11	5
62	47	27	20				8	5	2
63	31	16	15	5	5		4	3	2
64	17	9	8	2	2		3	2	1
65及以上	**108**	**68**	**39**	**9**	**9**		**16**	**8**	**8**

5-2b 续表 3

单位：人

年 龄	九、信息传输、软件和信息技术服务业			十、金融业			十一、房地产业		
	小计	男	女	小计	男	女	小计	男	女
总 计	**589**	**393**	**196**	**598**	**327**	**271**	**516**	**299**	**216**
16-19	**17**	**13**	**3**				**2**		**2**
16	4	4							
17	7	6							
18	2	1	1						
19	4	3	1				2		2
20-24	**63**	**41**	**22**	**40**	**9**	**31**	**35**	**16**	**19**
20	2	1		3	1	2			
21	3	1	3	2		2	5	4	1
22	10	10		9	1	7	6	4	2
23	17	5	12	11	3	8	10	3	7
24	31	24	7	15	3	12	14	6	8
25-29	**148**	**87**	**61**	**144**	**57**	**87**	**110**	**47**	**63**
25	30	21	9	22	10	12	24	10	15
26	29	16	12	37	15	22	26	6	20
27	32	19	13	29	11	18	16	8	8
28	18	10	8	21	9	12	27	18	9
29	39	20	19	36	13	23	17	6	11
30-34	**130**	**83**	**47**	**81**	**42**	**40**	**90**	**44**	**46**
30	37	20	18	24	13	12	22	10	12
31	30	23	6	22	15	7	21	8	13
32	18	10	9	14	4	10	10	3	7
33	28	22	6	10	5	4	25	14	10
34	17	9	8	11	5	6	13	9	4
35-39	**93**	**61**	**32**	**70**	**44**	**25**	**70**	**43**	**27**
35	21	14	7	17	8	10	12	7	5
36	16	9	7	9	8	1	11	8	3
37	20	12	8	13	9	5	19	11	8
38	16	13	3	16	11	5	12	8	4
39	20	13	7	14	8	5	16	9	7
40-44	**68**	**50**	**18**	**89**	**55**	**33**	**63**	**41**	**22**
40	11	6	5	19	11	7	11	3	8
41	14	11	3	15	7	8	10	10	
42	17	11	6	12	5	7	20	17	3
43	17	13	4	27	20	7	16	8	8
44	10	9	1	16	11	4	6	3	3
45-49	**43**	**32**	**11**	**102**	**69**	**33**	**77**	**55**	**22**
45	7	4	3	23	19	4	11	9	2
46	7	5	1	29	24	5	15	12	3
47	10	6	5	15	7	8	30	17	13
48	11	10	1	20	14	6	10	9	1
49	8	7	1	15	5	10	12	8	4
50-54	**20**	**17**	**2**	**59**	**41**	**18**	**34**	**25**	**9**
50	6	4	1	17	13	4	11	7	4
51	5	4	1	7	5	2	11	8	3
52	4	4		16	12	4	3	2	
53	3	3		11	7	3	8	7	1
54	3	3		7	4	3	2	1	1
55-59	**6**	**6**		**13**	**9**	**4**	**26**	**20**	**7**
55	1	1		4	1	3	2	1	1
56	2	2		2	2		4	3	
57				3	2	1	8	4	4
58				1	1	1	9	9	
59	4	4		3	3		3	2	1
60-64	**1**	**1**					**8**	**7**	**1**
60							2	1	1
61									
62									
63	1	1					1	1	
64							5	5	
65及以上							**1**	**1**	

5-2b 续表 4

单位：人

年 龄	十二、租赁和商务服务业			十三、科学研究和技术服务业			十四、水利、环境和公共设施管理业		
	小计	男	女	小计	男	女	小计	男	女
总 计	**562**	**359**	**203**	**416**	**312**	**104**	**228**	**104**	**124**
16-19	**2**	**1**	**1**	**12**	**12**				
16									
17									
18	1	1		6	6				
19	1		1	6	6				
20-24	**47**	**28**	**19**	**35**	**27**	**9**	**7**	**5**	**2**
20	2	1	1						
21	11	8	4	1		1			
22	9	4	4	11	9	2	3	1	2
23	11	7	4	15	12	3			
24	14	8	6	8	5	2	4	4	
25-29	**127**	**77**	**50**	**51**	**36**	**15**	**13**	**8**	**4**
25	22	14	8	16	11	4	1	1	
26	26	14	12	7	4	3	1	1	
27	18	11	7	16	12	4	3	1	2
28	36	24	12	5	4	1	2	1	1
29	25	15	11	7	4	3	6	4	1
30-34	**84**	**54**	**30**	**43**	**26**	**16**	**23**	**16**	**7**
30	20	15	5	5	4	1	5	1	4
31	18	12	6	7	4	3	9	6	2
32	12	8	4	8	2	6	4	4	
33	20	9	12	10	5	5	3	3	
34	14	10	4	12	11	2	3	2	1
35-39	**77**	**47**	**30**	**61**	**42**	**19**	**23**	**9**	**14**
35	18	13	5	4	3	1	3	2	1
36	15	8	6	15	11	4	3		3
37	15	13	2	17	14	4	4	2	2
38	16	6	10	4	2	2	8	3	5
39	13	5	8	21	11	9	6	3	3
40-44	**88**	**49**	**39**	**67**	**43**	**24**	**38**	**9**	**29**
40	13	7	6	15	5	11	7	1	5
41	21	12	9	12	7	5	8		8
42	20	13	6	15	10	6	4	3	1
43	24	10	14	20	18	2	9	2	8
44	10	6	4	4	4		10	4	6
45-49	**59**	**36**	**22**	**71**	**57**	**14**	**44**	**13**	**31**
45	13	8	5	25	24	1	10	2	8
46	10	9	2	3	1	1	6		6
47	12	7	5	16	9	8	6	2	4
48	11	5	6	17	15	2	4	1	4
49	12	8	4	10	9	2	17	8	8
50-54	**34**	**27**	**8**	**49**	**45**	**4**	**36**	**18**	**18**
50	7	5	2	17	16	2	6	4	2
51	8	4	4	19	19		13	5	8
52	7	7		7	6	1	6	4	2
53	8	7	1	6	4	1	7	4	3
54	5	3	2				5	2	3
55-59	**29**	**26**	**3**	**21**	**20**	**1**	**22**	**10**	**11**
55	9	6	3	2	2		3	1	2
56	3	3		8	8		4	2	2
57	5	5		7	7		7	3	4
58	10	10		1	1		4	2	2
59	3	3		3	2	1	3	2	1
60-64	**12**	**11**	**1**	**5**	**4**	**1**	**13**	**7**	**6**
60	6	5	1	2	2		2	1	1
61	1	1		1		1	3	1	2
62	4	4					2	1	1
63				2	2		3	3	1
64	1	1					3	2	1
65及以上	**4**	**4**					**9**	**8**	**2**

5-2b 续表 5

单位：人

年 龄	十五、居民服务、修理和其他服务业			十六、教育			十七、卫生和社会工作		
	小计	男	女	小计	男	女	小计	男	女
总 计	**2328**	**1411**	**918**	**3229**	**1327**	**1901**	**1969**	**683**	**1286**
16-19	**43**	**35**	**8**	**17**	**7**	**10**	**18**	**1**	**17**
16	6	4	2	1		1	1	1	
17	10	9	1	2	1	1	9		9
18	12	11	1	8	5	3	4		4
19	16	12	4	6	1	5	5		4
20-24	**191**	**128**	**63**	**136**	**22**	**113**	**212**	**29**	**183**
20	26	16	11	13	5	8	12	2	10
21	33	20	13	14	1	13	25	2	23
22	44	32	11	23	4	18	46	7	40
23	43	31	12	44	7	37	64	9	55
24	45	29	16	42	5	37	65	9	55
25-29	**427**	**292**	**135**	**354**	**61**	**293**	**485**	**95**	**390**
25	82	51	31	79	15	65	88	11	77
26	75	56	19	66	8	58	89	13	76
27	77	60	17	61	13	49	113	30	83
28	117	78	38	74	13	61	94	28	66
29	76	47	29	74	13	61	101	14	87
30-34	**389**	**239**	**149**	**407**	**133**	**274**	**370**	**132**	**238**
30	88	52	36	70	16	54	86	25	61
31	88	59	30	85	41	44	75	28	47
32	78	51	27	80	23	57	58	13	45
33	70	45	25	92	31	61	89	42	47
34	65	32	33	80	21	58	62	24	38
35-39	**371**	**205**	**167**	**706**	**282**	**423**	**275**	**118**	**157**
35	78	42	36	127	55	72	70	29	40
36	83	43	40	131	55	75	68	26	42
37	75	46	29	193	65	128	60	30	30
38	79	47	32	116	49	67	36	18	18
39	56	26	30	139	58	81	41	15	26
40-44	**329**	**183**	**146**	**604**	**254**	**350**	**277**	**134**	**143**
40	73	39	34	158	58	100	59	25	34
41	71	33	38	145	61	84	52	26	26
42	67	39	27	92	37	55	71	36	35
43	54	30	23	107	45	62	44	24	20
44	64	40	24	102	52	49	51	23	28
45-49	**261**	**136**	**124**	**525**	**250**	**275**	**156**	**74**	**82**
45	59	37	22	106	55	51	36	17	19
46	61	27	33	105	46	59	41	18	23
47	38	20	18	115	49	67	31	12	19
48	52	29	23	77	32	45	23	16	7
49	50	23	27	122	68	54	26	12	14
50-54	**169**	**99**	**70**	**330**	**195**	**135**	**101**	**49**	**52**
50	44	23	21	91	47	44	29	16	13
51	42	22	21	63	40	23	27	8	19
52	38	25	12	76	45	31	25	14	11
53	29	18	10	68	40	28	15	8	7
54	17	10	6	32	23	10	5	3	2
55-59	**80**	**52**	**28**	**116**	**94**	**22**	**41**	**30**	**12**
55	15	8	7	23	11	12	10	7	3
56	11	5	6	14	10	4	8	3	5
57	22	15	7	28	26	2	8	7	2
58	15	12	2	29	26	3	9	7	2
59	17	11	5	22	20	2	6	6	
60-64	**32**	**18**	**14**	**23**	**19**	**4**	**14**	**7**	**7**
60	11	5	6	9	8	1	2	1	1
61	5	3	3	3	2		5	3	2
62	5	4	1	4	2	2	2	1	1
63	4	2	2	6	5	1	5	3	2
64	7	4	3	1	1		1		1
65及以上	**38**	**24**	**14**	**12**	**10**	**1**	**19**	**14**	**6**

5-2b 续表 6

单位：人

年 龄	十八、文化、体育和娱乐业			十九、公共管理、社会保障和社会组织			二十、国际组织		
	小计	男	女	小计	男	女	小计	男	女
总 计	**280**	**181**	**99**	**2992**	**1969**	**1023**			
16-19	**7**	**4**	**2**	**2**	**1**	**1**			
16				1		1			
17	3	2	1						
18	2	1	1						
19	2	1	1	1		1			
20-24	**40**	**32**	**9**	**99**	**59**	**40**			
20	4	4		6	5	1			
21	7	6	2	10	6	4			
22	8	6	2	19	11	8			
23	11	6	5	23	9	13			
24	10	10		40	27	13			
25-29	**64**	**40**	**24**	**440**	**237**	**203**			
25	14	7	7	90	49	41			
26	12	8	4	87	40	46			
27	7	4	2	78	37	41			
28	16	10	6	104	58	46			
29	15	10	5	82	53	29			
30-34	**30**	**19**	**11**	**353**	**208**	**145**			
30	8	5	3	83	50	33			
31	8	4	4	75	47	29			
32	7	5	2	57	34	23			
33	6	5	1	80	44	36			
34	2	1	1	58	33	25			
35-39	**27**	**21**	**6**	**446**	**284**	**162**			
35	7	6	1	76	48	29			
36	5	2	3	96	60	36			
37	5	3	2	92	57	35			
38	5	5		79	54	25			
39	5	5		103	66	37			
40-44	**35**	**22**	**13**	**502**	**322**	**180**			
40	7	4	3	116	76	39			
41	9	6	2	111	70	41			
42	7	4	3	96	70	26			
43	3	1	2	87	49	38			
44	9	7	3	92	57	36			
45-49	**22**	**9**	**13**	**525**	**350**	**175**			
45	4	2	1	83	55	29			
46	3	2	1	106	76	30			
47	5	2	3	120	69	51			
48	4	1	4	95	65	30			
49	5	2	3	120	85	36			
50-54	**27**	**14**	**13**	**415**	**319**	**95**			
50	9	4	5	112	81	31			
51	9	3	6	86	70	16			
52	3	2	1	96	68	27			
53	4	2	2	81	67	14			
54	2	2		40	33	7			
55-59	**21**	**15**	**7**	**166**	**151**	**15**			
55	3	3		29	23	6			
56	7	3	3	37	32	4			
57	1		1	34	32	2			
58	2	1	1	35	33	1			
59	10	8	2	31	30	2			
60-64	**4**	**3**	**1**	**37**	**31**	**6**			
60	1	1		13	11	2			
61	1	1		5	4	1			
62	1	1		7	7				
63	2	1	1	9	6	3			
64				2	2				
65及以上	**2**	**2**		**7**	**7**				

5-2c 全区分年龄、性别、行业门类的就业人口(乡村)

单位：人

年 龄	就业人口			一、农、林、牧、渔业			二、采矿业		
	合计	男	女	小计	男	女	小计	男	女
总 计	**158394**	**87517**	**70876**	**114065**	**59189**	**54876**	**279**	**226**	**53**
16-19	**4270**	**2468**	**1802**	**2287**	**1362**	**925**	**9**	**9**	
16	532	323	208	284	185	100	1	1	
17	933	557	376	533	335	198	2	2	
18	1258	698	559	662	375	288	4	4	
19	1548	890	658	808	468	340	3	3	
20-24	**11485**	**6504**	**4981**	**6014**	**3325**	**2689**	**12**	**7**	**4**
20	1786	1029	758	929	519	409			
21	1946	1140	806	1027	620	406			
22	2241	1246	995	1188	648	541	3	2	1
23	2760	1548	1213	1428	763	666	4	3	1
24	2752	1542	1209	1442	775	667	4	2	2
25-29	**18137**	**9829**	**8308**	**10257**	**5244**	**5013**	**34**	**25**	**9**
25	3450	1838	1612	1867	929	937	8	5	3
26	3366	1796	1569	1876	949	927	3	3	
27	3510	1898	1611	1942	1003	939	8	8	
28	3892	2105	1788	2246	1130	1116	12	5	6
29	3919	2191	1728	2326	1232	1094	4	4	
30-34	**19642**	**10700**	**8942**	**12298**	**6120**	**6178**	**37**	**28**	**9**
30	4233	2310	1923	2604	1296	1308	11	11	
31	4162	2228	1934	2561	1251	1310	10	5	5
32	3573	1943	1630	2237	1096	1141	11	7	4
33	3904	2126	1778	2484	1261	1222	4	4	
34	3770	2093	1677	2412	1216	1196	1	1	
35-39	**18202**	**10129**	**8073**	**12474**	**6437**	**6038**	**54**	**49**	**6**
35	3827	2110	1716	2532	1271	1261	14	12	2
36	3776	2088	1688	2556	1316	1240	12	10	2
37	3587	1973	1614	2470	1276	1194	8	8	
38	3183	1793	1390	2202	1167	1035	8	5	3
39	3830	2165	1664	2715	1407	1308	13	13	
40-44	**20050**	**10904**	**9146**	**14582**	**7342**	**7240**	**40**	**29**	**11**
40	3913	2133	1780	2768	1381	1387	8	5	3
41	4191	2286	1905	3028	1528	1501	12	6	6
42	3945	2153	1792	2887	1442	1445	7	6	1
43	4011	2133	1878	2956	1455	1501	9	8	1
44	3990	2198	1791	2942	1536	1406	5	5	
45-49	**21501**	**11908**	**9593**	**16746**	**8596**	**8150**	**40**	**34**	**7**
45	4143	2266	1878	3164	1590	1574	11	8	2
46	4341	2425	1916	3309	1712	1597	7	6	1
47	4656	2584	2072	3667	1903	1765	13	13	
48	3807	2125	1682	3011	1551	1460	5	3	2
49	4553	2508	2045	3595	1841	1754	5	4	1
50-54	**18299**	**9996**	**8303**	**15093**	**7670**	**7424**	**27**	**22**	**5**
50	4315	2408	1908	3472	1815	1657	10	9	1
51	4126	2148	1978	3427	1643	1784	3	1	2
52	4594	2533	2061	3810	1970	1841	6	4	2
53	3543	1968	1575	2923	1494	1429	3	3	
54	1721	940	781	1460	748	713	4	4	
55-59	**12369**	**6774**	**5595**	**10875**	**5586**	**5289**	**16**	**15**	**1**
55	2106	1100	1006	1809	872	937	1	1	
56	1973	1082	892	1732	887	845	4	3	1
57	2907	1607	1300	2549	1316	1234	4	4	
58	2941	1656	1286	2598	1389	1209	6	6	
59	2442	1330	1112	2186	1122	1064	2	2	
60-64	**8463**	**4761**	**3702**	**7801**	**4235**	**3566**	**6**	**6**	
60	1934	1096	837	1765	966	798			
61	1892	1058	834	1747	951	796			
62	1667	955	712	1538	843	695	1	1	
63	1688	941	746	1555	829	726	5	5	
64	1283	710	572	1197	645	552			
65及以上	**5977**	**3544**	**2433**	**5638**	**3273**	**2365**	**2**	**2**	

5-2c 续表 1

单位：人

年 龄	三、制造业			四、电力、热力、燃气及水生产和供应业			五、建筑业		
	小计	男	女	小计	男	女	小计	男	女
总 计	**14797**	**8139**	**6658**	**184**	**160**	**24**	**10732**	**9421**	**1311**
16-19	**993**	**538**	**454**	**1**		**1**	**228**	**201**	**26**
16	118	62	56				27	21	6
17	201	107	94				40	38	2
18	306	170	136				65	57	8
19	367	199	168	1		1	96	85	11
20-24	**2322**	**1275**	**1047**	**20**	**18**	**1**	**787**	**698**	**90**
20	396	223	173	2	2		116	108	8
21	391	201	191	3	3		137	123	15
22	436	245	191	3	3		152	135	17
23	550	306	244	9	9		218	191	27
24	549	301	248	3	2	1	164	142	23
25-29	**3002**	**1626**	**1375**	**29**	**25**	**3**	**1336**	**1189**	**147**
25	620	348	273	4	3	1	264	234	29
26	564	294	270	5	4	1	249	220	29
27	579	319	260	6	6		244	220	24
28	644	345	299	10	9	1	273	234	38
29	595	321	274	3	3		306	280	26
30-34	**2566**	**1425**	**1141**	**30**	**29**	**1**	**1616**	**1398**	**218**
30	574	294	280	7	6	1	353	317	37
31	577	329	248	3	3		336	283	53
32	467	279	188	11	11		288	250	38
33	475	258	216	3	3		319	277	42
34	474	266	209	6	6		319	272	47
35-39	**1903**	**1038**	**866**	**35**	**29**	**6**	**1443**	**1248**	**195**
35	441	250	191	17	17	1	288	256	32
36	425	237	188	5	3	3	277	233	43
37	349	179	170	4	3	1	262	220	43
38	328	176	152	4	2	2	307	262	45
39	359	195	164	5	5		309	277	32
40-44	**1657**	**856**	**801**	**18**	**16**	**2**	**1679**	**1448**	**232**
40	363	201	162	3	3		321	286	35
41	329	156	174	2	1	1	382	339	43
42	319	175	144	4	4		333	282	50
43	311	162	148	5	4	1	319	264	55
44	335	162	173	4	4		325	276	49
45-49	**1204**	**665**	**540**	**31**	**21**	**9**	**1716**	**1482**	**234**
45	250	140	110	12	11	1	349	298	51
46	274	144	129	5	2	3	388	337	51
47	245	130	115	5	3	2	345	294	51
48	193	114	79	3	1	2	307	277	30
49	242	136	107	6	4	1	327	276	51
50-54	**697**	**403**	**294**	**13**	**12**		**1130**	**1003**	**127**
50	180	108	72	2	2		300	261	39
51	165	82	84	3	3		244	218	26
52	165	98	67	2	2		280	242	38
53	134	87	47	1	1		229	211	17
54	53	30	24	4	4		78	71	7
55-59	**281**	**196**	**85**	**5**	**5**		**508**	**474**	**34**
55	60	41	19				120	110	10
56	40	28	13	1	1		91	83	8
57	62	48	14	1	1		108	103	5
58	53	34	19	3	3		111	105	7
59	65	45	20				78	73	5
60-64	**115**	**78**	**37**	**3**	**3**		**227**	**217**	**9**
60	23	19	4	2	2		51	50	2
61	29	18	11				49	45	4
62	27	17	11	2	2		54	53	1
63	17	14	3				53	50	3
64	17	9	8				20	20	
65及以上	**57**	**39**	**18**				**63**	**63**	

5-2c 续表 2

单位：人

年 龄	六、批发和零售业			七、交通运输、仓储和邮政业			八、住宿和餐饮业		
	小计	男	女	小计	男	女	小计	男	女
总 计	**6829**	**3225**	**3603**	**2494**	**2266**	**228**	**2184**	**1021**	**1164**
16-19	**259**	**90**	**170**	**38**	**33**	**5**	**184**	**93**	**91**
16	29	13	16	2	2		27	12	15
17	56	21	34	8	8		42	20	22
18	75	19	56	16	14	1	44	20	24
19	100	36	63	11	8	4	70	41	29
20-24	**889**	**372**	**517**	**210**	**177**	**33**	**396**	**207**	**189**
20	130	51	80	27	23	4	71	38	32
21	162	71	91	39	30	9	69	37	31
22	189	71	119	32	29	3	79	37	41
23	215	85	130	49	43	6	80	44	35
24	193	94	98	64	52	12	98	49	48
25-29	**1374**	**561**	**812**	**391**	**355**	**36**	**459**	**213**	**246**
25	249	98	151	60	54	6	110	52	58
26	258	97	161	74	68	6	89	41	48
27	312	124	188	78	74	4	103	46	57
28	291	128	164	96	86	10	83	37	46
29	263	114	149	82	72	10	75	37	38
30-34	**1177**	**517**	**660**	**550**	**503**	**47**	**363**	**172**	**191**
30	265	111	154	127	120	7	70	29	41
31	254	116	138	107	91	16	88	47	41
32	202	83	119	114	109	5	71	32	40
33	247	106	142	99	89	10	67	26	41
34	208	101	107	103	94	9	67	38	29
35-39	**873**	**407**	**466**	**383**	**357**	**26**	**217**	**99**	**118**
35	211	90	121	86	78	7	57	27	29
36	173	82	91	83	78	6	51	17	34
37	196	94	102	85	83	3	34	18	16
38	124	52	73	54	47	6	37	19	18
39	169	90	79	75	70	4	38	17	20
40-44	**740**	**385**	**356**	**386**	**351**	**35**	**225**	**85**	**140**
40	150	68	82	96	84	13	45	22	23
41	157	85	71	72	63	8	37	10	27
42	141	80	60	77	69	8	49	21	27
43	150	76	74	79	78	1	46	16	30
44	143	75	68	62	57	5	48	16	32
45-49	**665**	**376**	**289**	**284**	**258**	**27**	**164**	**65**	**99**
45	137	83	53	50	45	5	41	14	27
46	130	68	62	49	47	2	39	15	24
47	144	81	63	80	74	6	31	11	21
48	119	74	45	51	43	8	20	7	14
49	135	68	67	54	49	5	33	19	14
50-54	**463**	**268**	**195**	**166**	**158**	**9**	**109**	**43**	**66**
50	120	56	64	47	43	4	29	11	18
51	108	71	38	35	34	1	18	9	10
52	106	66	40	44	44		33	8	25
53	93	56	37	28	26	2	26	16	10
54	36	19	17	12	10	2	3		3
55-59	**193**	**114**	**78**	**58**	**50**	**8**	**45**	**25**	**20**
55	44	23	20	9	8	1	4	3	1
56	32	22	10	7	7	1	10	8	2
57	44	23	20	22	18	4	8	2	6
58	44	28	16	15	12	3	18	10	8
59	29	18	11	6	6		6	3	3
60-64	**106**	**70**	**36**	**27**	**24**	**3**	**16**	**11**	**4**
60	29	19	10	5	5		4	3	2
61	27	18	9	3	3		6	4	2
62	13	9	4	4	4		3	2	1
63	15	10	5	11	9	2	1	1	
64	22	14	7	3	2		2	2	
65及以上	**89**	**65**	**24**				**8**	**7**	**1**

5-2c 续表 3

单位：人

年 龄	九、信息传输、软件和信息技术服务业			十、金融业			十一、房地产业		
	小计	男	女	小计	男	女	小计	男	女
总 计	**123**	**70**	**53**	**175**	**85**	**90**	**226**	**153**	**73**
16–19	**4**	**2**	**2**	**2**		**2**	**4**	**4**	
16							1	1	
17	1	1							
18	1		1						
19	2	1	1	2		2	3	3	
20–24	**28**	**17**	**11**	**31**	**15**	**16**	**30**	**17**	**13**
20	4	2	2	6	2	4	1	1	
21	4	2	2	3	1	3	5	4	1
22	8	6	2	2	1	2	6	5	1
23	5	1	4	10	6	4	8	3	5
24	7	6	1	9	5	4	10	4	6
25–29	**52**	**29**	**23**	**61**	**24**	**37**	**77**	**43**	**34**
25	13	7	6	14	5	9	17	6	11
26	7	2	5	13	7	6	11	10	2
27	7	4	3	14	5	9	20	9	11
28	17	12	5	5	3	2	19	16	3
29	8	4	4	15	4	11	9	2	7
30–34	**21**	**8**	**13**	**18**	**5**	**13**	**39**	**27**	**12**
30	4	1	3	1		1	14	9	5
31	6	2	4	6	3	2	11	8	3
32	8	4	4	4		4	4	3	1
33	1	1		5		5	2	2	
34	1		1	2	1	1	8	5	3
35–39	**7**	**4**	**3**	**24**	**11**	**13**	**20**	**16**	**4**
35				7	2	4	7	7	
36				3		3	6	6	
37	3	3		5		5	5	2	2
38	1		1	3	3				
39	4	1	2	6	6	1	3	1	1
40–44	**3**	**3**		**14**	**11**	**3**	**15**	**10**	**5**
40	2	2		1		1	3	2	1
41	1	1		3	1	2	4	4	
42				1	1		5	2	2
43				8	8		1		1
44				1	1	1	1	1	
45–49	**5**	**4**		**8**	**5**	**3**	**15**	**12**	**2**
45				4	2	1	9	7	1
46							4	4	
47	2	2		2	1	1			
48	1	1		1	1		1	1	
49	1	1		1	1		1		1
50–54	**2**	**2**		**11**	**7**	**4**	**12**	**11**	**2**
50	1	1		3	1	2	2	1	1
51	1	1					1	1	
52				2		2	3	3	
53				1	1		4	4	
54				5	5		2	2	
55–59				**7**	**7**		**7**	**7**	
55									
56							1	1	
57				5	5		4	4	
58				1	1		2	2	
59									
60–64	**2**	**2**					**7**	**6**	**1**
60							2	2	
61	1	1					3	1	1
62							1	1	
63	1	1					1	1	
64									
65及以上							**1**	**1**	

5-2c 续表 4

单位：人

年 龄	十二、租赁和商务服务业			十三、科学研究和技术服务业			十四、水利、环境和公共设施管理业		
	小计	男	女	小计	男	女	小计	男	女
总 计	**436**	**280**	**156**	**136**	**109**	**27**	**184**	**76**	**107**
16-19	**15**	**10**	**5**	**4**	**2**	**1**	**1**	**1**	
16	2	2							
17	3	2	1						
18	3	2	1	1	1		1	1	
19	8	5	3	2	1	1			
20-24	**85**	**36**	**49**	**28**	**23**	**4**	**5**	**4**	**1**
20	10	4	6	3	2	1	1	1	
21	18	7	10	3	2	1	2	2	
22	15	6	9	10	8	1			
23	18	8	10	2	1	1			
24	24	11	14	10	10		2	1	1
25-29	**107**	**69**	**38**	**32**	**18**	**14**	**15**	**6**	**9**
25	17	10	7	5	2	2	6	3	3
26	21	12	10	9	6	3	1		1
27	18	11	7	4	4				
28	23	16	7	5	4	1	6	1	5
29	29	21	8	9	1	7	2	2	
30-34	**65**	**34**	**31**	**36**	**34**	**2**	**21**	**8**	**13**
30	11	7	4	10	8	2	3	2	1
31	18	9	9	8	8		4	1	3
32	17	7	10				1		1
33	11	7	4	15	15		9	2	7
34	9	6	4	4	4		4	2	2
35-39	**44**	**32**	**12**	**5**	**4**	**1**	**27**	**7**	**20**
35	12	11	2	2	2		2	1	1
36	13	7	6	1	1		9	4	5
37	8	6	2	2	1	1	12		12
38	4	3	1	1		1	3	2	1
39	7	5	1				1		1
40-44	**32**	**25**	**7**	**12**	**8**	**4**	**26**	**6**	**21**
40	3	1	1	2	2		1		1
41	11	8	3	5	2	3	5	2	3
42	5	4		3	3		5	1	4
43	9	7	2	1	1		9	3	6
44	6	5	1	1		1	6		6
45-49	**40**	**27**	**13**	**7**	**7**		**20**	**4**	**16**
45	12	8	5	2	2		8	1	7
46	8	6	2	2	2		2	2	
47	10	7	3				4		4
48	3	1	2	1	1				
49	7	6	1	2	2		5	1	4
50-54	**21**	**21**		**5**	**5**	**1**	**25**	**9**	**15**
50	2	2		1	1		6	3	3
51	4	4		3	3	1	6	2	4
52	11	11		1	1		5	2	4
53	2	2					7	3	4
54	2	2							
55-59	**15**	**15**		**3**	**3**		**16**	**10**	**6**
55	3	3					3	2	1
56	3	3		2	2		1	1	
57	6	6					3	2	1
58	2	2					3	1	2
59	1	1		1	1		6	4	2
60-64	**8**	**8**					**13**	**8**	**4**
60	3	3					3	1	1
61							1	1	
62	1	1					1	1	
63	2	2					4	3	1
64	2	2					4	3	1
65及以上	**2**	**2**		**4**	**4**		**16**	**13**	**3**

5-2c 续表 5

单位：人

年 龄	十五、居民服务、修理和其他服务业			十六、教育			十七、卫生和社会工作		
	小计	男	女	小计	男	女	小计	男	女
总 计	**2090**	**1199**	**891**	**1755**	**832**	**923**	**652**	**288**	**364**
16-19	**92**	**54**	**39**	**98**	**39**	**59**	**28**	**9**	**19**
16	13	5	8	26	19	7			
17	19	15	5	22	6	16	4		4
18	33	16	17	33	10	22	6	1	5
19	27	18	9	18	4	13	18	8	10
20-24	**260**	**189**	**71**	**177**	**51**	**126**	**107**	**18**	**88**
20	44	35	9	26	5	20	12	4	8
21	42	33	9	18	1	17	17		17
22	39	24	14	38	10	29	25	5	20
23	71	55	15	45	14	31	24	1	23
24	65	41	24	50	20	30	29	9	20
25-29	**362**	**221**	**141**	**280**	**73**	**207**	**104**	**24**	**80**
25	65	39	25	76	20	56	23	3	20
26	73	49	24	51	10	42	25	6	19
27	62	34	29	53	13	40	24	7	17
28	86	52	33	38	9	29	10	3	7
29	77	47	30	62	21	41	22	4	17
30-34	**361**	**199**	**162**	**217**	**54**	**163**	**71**	**29**	**42**
30	78	47	31	38	13	25	24	7	17
31	74	39	35	54	8	46	14	4	10
32	72	39	33	42	9	33	8	4	4
33	70	36	34	44	11	33	13	9	4
34	67	39	29	39	12	27	11	5	6
35-39	**260**	**146**	**114**	**206**	**93**	**113**	**96**	**53**	**43**
35	64	42	22	51	25	26	9	6	4
36	64	33	31	34	18	16	24	10	14
37	56	27	29	40	19	21	23	14	8
38	39	21	18	29	6	23	19	9	10
39	38	23	14	52	25	27	21	15	6
40-44	**226**	**123**	**103**	**236**	**112**	**124**	**67**	**28**	**40**
40	52	31	21	61	24	37	12	4	8
41	57	35	23	49	21	28	15	8	7
42	31	22	10	55	25	30	10	4	5
43	45	16	29	37	21	16	10	3	8
44	40	19	21	34	21	13	20	8	12
45-49	**211**	**119**	**93**	**171**	**107**	**63**	**69**	**48**	**22**
45	40	23	17	28	15	14	11	8	3
46	48	32	15	34	19	15	18	11	7
47	48	24	24	32	24	8	7	3	4
48	29	14	16	28	12	16	13	9	5
49	47	26	20	49	38	11	20	18	2
50-54	**135**	**57**	**78**	**193**	**143**	**50**	**50**	**36**	**14**
50	38	16	22	44	35	9	25	17	8
51	24	10	13	42	32	10	8	5	3
52	36	13	23	53	35	18	4	3	1
53	18	8	10	38	28	10	5	5	
54	19	10	9	17	14	3	8	7	2
55-59	**75**	**33**	**42**	**150**	**135**	**15**	**17**	**7**	**10**
55	16	5	11	17	11	5	1	1	
56	14	8	5	14	10	5	3	2	1
57	16	7	10	42	40	2	3	1	1
58	24	11	12	38	36	2	7	1	6
59	6	2	4	39	38	1	3	2	1
60-64	**53**	**23**	**30**	**22**	**21**	**1**	**16**	**10**	**6**
60	15	3	12	9	8	1	4	2	3
61	14	4	10	5	4		2	2	
62	7	6		3	3		3	3	
63	7	3	4	4	4		4	2	2
64	10	7	3	1	1		3	2	1
65及以上	**53**	**33**	**19**	**3**	**3**		**26**	**25**	**1**

5-2c 续表 6

单位：人

年 龄	十八、文化、体育和娱乐业			十九、公共管理、社会保障和社会组织			二十、国际组织		
	小计	男	女	小计	男	女	小计	男	女
总 计	**93**	**68**	**25**	**960**	**711**	**249**			
16-19	**11**	**8**	**3**	**12**	**12**				
16									
17	1	1		1	1				
18	2	2		7	7				
19	8	5	3	4	4				
20-24	**18**	**14**	**4**	**67**	**41**	**26**			
20	1	1		7	6	2			
21				7	4	4			
22	2	2		13	10	4			
23	8	6	2	16	9	8			
24	6	4	2	23	14	9			
25-29	**22**	**15**	**7**	**144**	**68**	**76**			
25	5	2	3	27	15	12			
26	4	2	2	33	16	16			
27	4	3	1	31	9	23			
28	3	3		26	11	15			
29	6	4	2	26	16	10			
30-34	**10**	**7**	**4**	**144**	**102**	**42**			
30	3	3		35	29	6			
31	1	1		31	20	10			
32	2		2	13	11	2			
33	2	2		34	17	17			
34	2	1	1	31	24	7			
35-39	**12**	**7**	**5**	**118**	**92**	**26**			
35	2	1	1	25	12	13			
36	6	3	3	35	31	4			
37	2	1	1	23	19	5			
38				21	18	3			
39	2	1		14	13	1			
40-44	**7**	**6**	**1**	**85**	**62**	**22**			
40	2	2		20	15	5			
41	1		1	20	15	6			
42				15	11	5			
43	1	1		16	12	4			
44	3	3	1	13	11	2			
45-49	**3**	**2**	**1**	**100**	**77**	**23**			
45	1	1		15	10	5			
46	1		1	24	18	6			
47	1	1		18	15	4			
48				19	15	4			
49				24	19	5			
50-54	**5**	**5**		**141**	**120**	**20**			
50	1	1		32	25	7			
51	1	1		31	29	2			
52	2	2		31	29	1			
53	1	1		31	23	8			
54				16	13	2			
55-59	**2**	**2**		**96**	**88**	**8**			
55	1	1		19	18	1			
56	1	1		17	15	1			
57				31	27	5			
58				17	15	1			
59				13	13				
60-64	**2**	**2**		**40**	**36**	**4**			
60				17	13	4			
61				6	6				
62	1	1		8	8				
63	1	1		6	6				
64				2	2				
65及以上	**2**	**2**		**13**	**12**	**2**			

5-3 全区分受教育程度、性别、行业门类的就业人口

单位：人

行业门类	就业人口			未上过学			小学		
	合计	男	女	小计	男	女	小计	男	女
总　计	**293346**	**162884**	**130462**	**5164**	**1242**	**3922**	**65632**	**31892**	**33739**
农、林、牧、渔业	146607	76058	70550	4550	1039	3511	50280	23006	27274
采矿业	1000	811	189	2	1	2	182	143	38
制造业	32885	18598	14287	211	51	159	4509	2209	2300
电力、热力、燃气及水生产和供应业	1261	905	355	1	1		39	24	14
建筑业	21079	18054	3026	99	60	38	4018	3251	768
批发和零售业	33321	15863	17457	130	29	102	2986	1303	1683
交通运输、仓储和邮政业	9185	7703	1482	30	19	11	903	757	146
住宿和餐饮业	8816	4134	4681	42	15	26	973	336	637
信息传输、软件和信息技术服务业	1608	1036	572				20	13	7
金融业	2491	1260	1232				12	7	5
房地产业	2166	1331	835	5	3	2	147	88	59
租赁和商务服务业	2318	1449	869	2	1	1	135	106	29
科学研究和技术服务业	1312	915	396				40	29	11
水利、环境和公共设施管理业	869	412	457	10	4	6	138	54	84
居民服务、修理和其他服务业	7207	4039	3168	61	12	49	932	419	512
教育	8506	3363	5143	8	1	7	123	43	80
卫生和社会工作	4363	1561	2802	3	1	2	55	16	39
文化、体育和娱乐业	1392	825	566	3	1	2	39	25	14
公共管理、社会保障和社会组织	6960	4567	2393	7	3	4	101	62	39
国际组织									

5-3 续表 1

单位：人

行业门类	初中			普通高中			中职		
	小计	男	女	小计	男	女	小计	男	女
总　计	**150767**	**87491**	**63276**	**26910**	**17467**	**9443**	**14593**	**8215**	**6378**
农、林、牧、渔业	81986	45583	36402	7207	4833	2374	1734	1057	677
采矿业	487	406	81	133	114	19	92	65	27
制造业	19486	10640	8846	3483	2283	1199	2363	1516	847
电力、热力、燃气及水生产和供应业	259	211	49	236	186	50	197	131	66
建筑业	13090	11463	1627	1975	1783	192	681	579	102
批发和零售业	16742	7633	9109	6243	3230	3013	3130	1426	1705
交通运输、仓储和邮政业	4898	4320	578	1472	1281	191	744	596	148
住宿和餐饮业	4979	2281	2699	1384	739	645	796	429	367
信息传输、软件和信息技术服务业	289	195	94	219	145	74	253	161	93
金融业	177	90	87	293	162	130	227	107	119
房地产业	663	429	234	392	263	128	248	151	97
租赁和商务服务业	698	493	205	365	251	113	250	133	117
科学研究和技术服务业	345	256	89	163	127	37	148	100	47
水利、环境和公共设施管理业	390	140	250	99	61	38	63	39	24
居民服务、修理和其他服务业	3906	2186	1720	1089	665	424	706	460	246
教育	929	283	646	729	342	386	990	368	622
卫生和社会工作	352	152	199	267	152	115	1016	292	724
文化、体育和娱乐业	345	212	132	292	186	106	338	185	154
公共管理、社会保障和社会组织	746	518	228	868	662	206	615	419	196
国际组织									

5-3 续表 2

单位：人

行业门类	大学专科			大学本科			研究生		
	小计	男	女	小计	男	女	小计	男	女
总　计	**17593**	**9602**	**7991**	**11859**	**6504**	**5354**	**829**	**471**	**357**
农、林、牧、渔业	652	419	233	192	117	75	6	3	3
采矿业	72	61	11	31	20	11	1	1	
制造业	1860	1222	638	930	641	289	43	34	9
电力、热力、燃气及水生产和供应业	331	224	107	191	124	68	6	5	1
建筑业	760	581	178	426	312	114	29	24	5
批发和零售业	2966	1587	1379	1104	641	463	18	14	4
交通运输、仓储和邮政业	716	467	249	394	242	151	29	21	8
住宿和餐饮业	476	250	225	160	81	79	6	3	3
信息传输、软件和信息技术服务业	488	298	190	331	216	115	8	8	
金融业	824	395	429	917	478	439	41	20	21
房地产业	470	256	214	234	136	98	7	5	2
租赁和商务服务业	504	272	232	355	189	167	9	4	5
科学研究和技术服务业	269	167	101	302	206	96	45	30	15
水利、环境和公共设施管理业	101	68	32	65	44	21	2	1	2
居民服务、修理和其他服务业	393	231	162	116	64	52	3	1	3
教育	2691	1073	1618	2737	1125	1612	300	128	172
卫生和社会工作	1564	465	1100	1012	428	584	94	54	40
文化、体育和娱乐业	198	106	91	159	100	60	18	11	7
公共管理、社会保障和社会组织	2259	1459	801	2202	1339	863	161	104	56
国际组织									

5-3a 全区分受教育程度、性别、行业门类的就业人口(城市)

单位：人

行业门类	就业人口			未上过学			小学		
	合计	男	女	小计	男	女	小计	男	女
总　计	**59607**	**33075**	**26532**	**166**	**60**	**106**	**4277**	**2164**	**2113**
农、林、牧、渔业	5041	2648	2394	47	13	35	1241	578	664
采矿业	326	266	60	1		1	27	20	7
制造业	8195	4818	3378	7	2	5	573	294	279
电力、热力、燃气及水生产和供应业	556	377	179				9	6	3
建筑业	4567	3595	973	16	8	7	562	413	149
批发和零售业	14934	7257	7677	32	11	21	809	356	453
交通运输、仓储和邮政业	3349	2669	681	13	9	3	219	182	37
住宿和餐饮业	3983	1924	2059	20	14	6	299	74	225
信息传输、软件和信息技术服务业	896	573	323				6	3	3
金融业	1718	848	870				2	2	
房地产业	1424	878	545	4	1	2	78	47	31
租赁和商务服务业	1320	810	510				46	34	13
科学研究和技术服务业	760	495	265				14	11	3
水利、环境和公共设施管理业	457	232	225	3		3	38	7	31
居民服务、修理和其他服务业	2788	1429	1359	18		18	245	94	151
教育	3523	1204	2319	4	1	3	40	11	29
卫生和社会工作	1743	590	1152	1		1	20	3	17
文化、体育和娱乐业	1019	576	442	1		1	12	8	4
公共管理、社会保障和社会组织	3008	1887	1121	1	1	1	35	20	15
国际组织									

5-3a 续表 1

单位：人

行 业 门 类	初 中			普通高中			中 职		
	小计	男	女	小计	男	女	小计	男	女
总 计	**21186**	**11804**	**9382**	**9429**	**5700**	**3729**	**7044**	**3880**	**3163**
农、林、牧、渔业	2870	1525	1344	474	299	175	215	117	98
采矿业	140	116	24	47	40	8	53	39	14
制造业	3403	1793	1610	1240	783	457	1201	763	438
电力、热力、燃气及水生产和供应业	66	52	14	94	76	18	85	53	32
建筑业	2293	1855	438	619	525	95	317	257	60
批发和零售业	5926	2715	3212	3213	1625	1587	1974	890	1084
交通运输、仓储和邮政业	1314	1129	185	671	557	114	422	345	77
住宿和餐饮业	1876	873	1003	780	416	364	559	303	257
信息传输、软件和信息技术服务业	140	103	37	106	68	38	131	79	52
金融业	92	50	42	165	90	75	147	65	82
房地产业	375	242	133	260	172	87	188	120	69
租赁和商务服务业	299	207	92	210	147	63	155	89	66
科学研究和技术服务业	75	44	31	98	70	28	100	64	36
水利、环境和公共设施管理业	199	77	121	58	42	16	39	24	15
居民服务、修理和其他服务业	1292	654	639	516	280	236	367	212	156
教育	328	100	228	254	108	146	256	71	185
卫生和社会工作	110	37	73	104	50	54	293	65	228
文化、体育和娱乐业	164	92	72	237	149	87	295	157	138
公共管理、社会保障和社会组织	225	139	85	283	203	80	246	169	77
国际组织									

5-3a 续表 2

单位：人

行 业 门 类	大学专科			大学本科			研究生		
	小计	男	女	小计	男	女	小计	男	女
总 计	**9382**	**5049**	**4332**	**7419**	**4035**	**3384**	**703**	**382**	**321**
农、林、牧、渔业	139	83	56	52	30	23	3	3	
采矿业	47	41	5	10	9	1	1	1	
制造业	1085	708	377	657	452	205	31	23	8
电力、热力、燃气及水生产和供应业	156	100	56	140	84	55	6	5	1
建筑业	457	329	128	282	191	91	21	16	5
批发和零售业	2119	1139	980	847	511	336	14	10	4
交通运输、仓储和邮政业	433	288	145	258	144	114	20	14	7
住宿和餐饮业	340	189	151	103	52	51	6	3	3
信息传输、软件和信息技术服务业	267	157	110	241	158	83	5	5	
金融业	563	246	316	710	376	334	39	19	20
房地产业	325	183	141	188	107	80	7	5	2
租赁和商务服务业	346	192	154	257	138	119	8	4	4
科学研究和技术服务业	188	110	78	243	169	74	42	28	14
水利、环境和公共设施管理业	70	44	26	47	36	11	2	1	2
居民服务、修理和其他服务业	257	139	119	89	51	38	3	1	3
教育	906	271	635	1445	521	924	289	121	168
卫生和社会工作	547	141	405	587	248	338	80	46	35
文化、体育和娱乐业	159	80	79	134	79	55	17	11	6
公共管理、社会保障和社会组织	979	608	371	1131	679	453	108	68	40
国际组织									

5-3b 全区分受教育程度、性别、行业门类的就业人口(镇)

单位：人

行业门类	就业人口			未上过学			小学		
	合计	男	女	小计	男	女	小计	男	女
总计	**75345**	**42291**	**33054**	**666**	**184**	**482**	**12424**	**5956**	**6468**
农、林、牧、渔业	27501	14221	13280	537	147	390	7722	3453	4270
采矿业	395	319	76				84	67	16
制造业	9892	5641	4251	33	5	28	1322	607	715
电力、热力、燃气及水生产和供应业	521	369	152	1	1		20	12	8
建筑业	5780	5038	742	19	13	6	893	713	180
批发和零售业	11558	5381	6177	34	7	28	1190	464	726
交通运输、仓储和邮政业	3342	2768	574	5	2	3	335	268	67
住宿和餐饮业	2648	1190	1458	10	1	9	316	111	205
信息传输、软件和信息技术服务业	589	393	196				10	7	3
金融业	598	327	271				4	1	3
房地产业	516	299	216	1	1		36	17	20
租赁和商务服务业	562	359	203	1		1	37	29	8
科学研究和技术服务业	416	312	104				18	11	7
水利、环境和公共设施管理业	228	104	124	1		1	51	23	28
居民服务、修理和其他服务业	2328	1411	918	17	5	12	285	132	154
教育	3229	1327	1901	1		1	34	12	21
卫生和社会工作	1969	683	1286	1	1		23	7	16
文化、体育和娱乐业	280	181	99	3	1	2	15	7	8
公共管理、社会保障和社会组织	2992	1969	1023	2		2	30	16	14
国际组织									

5-3b 续表 1

单位：人

行业门类	初中			普通高中			中职		
	小计	男	女	小计	男	女	小计	男	女
总计	**39718**	**22794**	**16923**	**8453**	**5595**	**2859**	**4451**	**2474**	**1976**
农、林、牧、渔业	17056	9193	7863	1586	1042	545	392	246	145
采矿业	167	142	25	68	58	10	34	22	12
制造业	5777	3140	2637	1286	902	384	748	485	263
电力、热力、燃气及水生产和供应业	117	91	26	100	75	25	87	55	32
建筑业	3783	3340	443	647	603	44	199	175	24
批发和零售业	6455	2898	3558	2219	1174	1045	844	402	442
交通运输、仓储和邮政业	1842	1574	268	581	521	60	241	184	57
住宿和餐饮业	1610	707	903	401	209	193	164	87	77
信息传输、软件和信息技术服务业	94	63	31	96	69	27	112	77	35
金融业	47	24	23	102	60	41	66	37	30
房地产业	186	114	72	92	59	32	43	22	21
租赁和商务服务业	185	132	52	96	70	27	66	30	36
科学研究和技术服务业	202	156	47	50	44	6	35	27	8
水利、环境和公共设施管理业	100	34	66	20	9	10	19	11	8
居民服务、修理和其他服务业	1315	798	517	389	255	134	213	150	63
教育	276	87	189	221	92	129	388	132	256
卫生和社会工作	117	46	72	96	60	37	491	136	355
文化、体育和娱乐业	132	84	49	41	27	14	34	21	13
公共管理、社会保障和社会组织	258	173	85	363	267	95	276	176	100
国际组织									

5-3b 续表 2

单位：人

行 业 门 类	大学专科			大学本科			研究生		
	小计	男	女	小计	男	女	小计	男	女
总 计	**6029**	**3292**	**2738**	**3506**	**1927**	**1580**	**98**	**70**	**28**
农、林、牧、渔业	165	112	53	43	28	15			
采矿业	26	20	6	17	10	7			
制造业	513	349	164	205	145	60	9	8	1
电力、热力、燃气及水生产和供应业	153	104	49	43	32	12			
建筑业	153	122	31	81	67	14	5	5	
批发和零售业	621	337	284	191	96	96	4	4	
交通运输、仓储和邮政业	235	142	93	99	73	26	5	4	1
住宿和餐饮业	103	50	53	43	25	19			
信息传输、软件和信息技术服务业	198	128	70	77	47	30	2	2	
金融业	221	130	91	157	74	83	2	1	1
房地产业	120	61	59	38	26	12			
租赁和商务服务业	110	59	51	67	40	27	1		1
科学研究和技术服务业	58	41	17	52	34	18			
水利、环境和公共设施管理业	22	19	4	16	8	8			
居民服务、修理和其他服务业	90	62	28	20	10	9			
教育	1251	526	725	1049	472	577	11	6	4
卫生和社会工作	848	261	587	379	164	216	12	9	4
文化、体育和娱乐业	31	22	9	22	19	3	1		1
公共管理、社会保障和社会组织	1111	747	365	907	559	348	45	30	15
国际组织									

5-3c 全区分受教育程度、性别、行业门类的就业人口(乡村)

单位：人

行 业 门 类	就业人口			未上过学			小 学		
	合计	男	女	小计	男	女	小计	男	女
总 计	**158394**	**87517**	**70876**	**4332**	**998**	**3334**	**48931**	**23773**	**25158**
农、林、牧、渔业	114065	59189	54876	3966	880	3086	41316	18976	22341
采矿业	279	226	53	1	1	1	71	57	15
制造业	14797	8139	6658	171	44	127	2614	1308	1306
电力、热力、燃气及水生产和供应业	184	160	24				10	7	3
建筑业	10732	9421	1311	64	39	25	2564	2125	439
批发和零售业	6829	3225	3603	64	11	53	987	483	505
交通运输、仓储和邮政业	2494	2266	228	12	7	5	349	307	42
住宿和餐饮业	2184	1021	1164	11	1	10	359	151	208
信息传输、软件和信息技术服务业	123	70	53				4	4	1
金融业	175	85	90				6	3	2
房地产业	226	153	73				33	25	9
租赁和商务服务业	436	280	156	1	1	1	52	43	8
科学研究和技术服务业	136	109	27				7	7	
水利、环境和公共设施管理业	184	76	107	7	4	3	49	24	25
居民服务、修理和其他服务业	2090	1199	891	26	7	19	402	194	208
教育	1755	832	923	3		3	49	19	30
卫生和社会工作	652	288	364	1		1	12	6	6
文化、体育和娱乐业	93	68	25				11	9	2
公共管理、社会保障和社会组织	960	711	249	4	2	2	37	26	10
国际组织									

5-3c 续表 1

单位：人

行业门类	初中			普通高中			中职		
	小计	男	女	小计	男	女	小计	男	女
总计	**89863**	**52892**	**36971**	**9027**	**6172**	**2855**	**3098**	**1860**	**1238**
农、林、牧、渔业	62060	34864	27195	5147	3492	1654	1128	693	434
采矿业	180	147	32	18	17	2	5	4	1
制造业	10307	5707	4599	957	598	359	415	269	146
电力、热力、燃气及水生产和供应业	76	67	8	42	35	7	25	23	2
建筑业	7014	6267	747	709	656	53	165	147	18
批发和零售业	4361	2021	2340	811	430	381	313	135	179
交通运输、仓储和邮政业	1742	1616	126	220	203	18	82	67	15
住宿和餐饮业	1494	701	793	202	114	89	72	39	33
信息传输、软件和信息技术服务业	55	30	26	17	8	10	10	5	6
金融业	39	16	22	26	12	14	13	5	8
房地产业	102	73	29	41	32	9	16	9	7
租赁和商务服务业	215	154	61	58	35	24	30	15	15
科学研究和技术服务业	68	57	11	15	13	2	13	10	3
水利、环境和公共设施管理业	91	28	63	21	9	11	6	5	1
居民服务、修理和其他服务业	1299	734	564	184	131	54	126	99	28
教育	326	97	229	253	142	111	346	165	181
卫生和社会工作	124	70	54	67	43	24	232	91	141
文化、体育和娱乐业	48	36	12	14	10	4	9	6	3
公共管理、社会保障和社会组织	263	205	58	223	192	31	93	74	19
国际组织									

5-3c 续表 2

单位：人

行业门类	大学专科			大学本科			研究生		
	小计	男	女	小计	男	女	小计	男	女
总计	**2182**	**1261**	**921**	**933**	**542**	**390**	**28**	**19**	**9**
农、林、牧、渔业	348	223	125	97	60	37	3		3
采矿业				4	1	2			
制造业	262	165	97	69	45	24	4	4	
电力、热力、燃气及水生产和供应业	23	20	3	8	8	1			
建筑业	149	130	20	63	54	9	4	3	1
批发和零售业	226	111	115	66	35	31			
交通运输、仓储和邮政业	48	37	11	37	25	11	3	3	
住宿和餐饮业	32	11	21	14	4	10			
信息传输、软件和信息技术服务业	22	13	9	14	12	2			
金融业	41	19	22	51	28	22			
房地产业	25	12	14	8	3	5			
租赁和商务服务业	49	21	28	32	11	20			
科学研究和技术服务业	23	17	6	6	3	4	3	2	1
水利、环境和公共设施管理业	8	5	3	2		2			
居民服务、修理和其他服务业	45	31	15	7	3	4			
教育	534	276	258	243	132	112	1	1	
卫生和社会工作	170	62	108	45	16	30	2		2
文化、体育和娱乐业	8	5	3	3	2	2			
公共管理、社会保障和社会组织	169	104	65	164	102	62	8	6	2
国际组织									

5-4 各地区分性别、职业大类的就业人口

单位：人

地 区	就业人口			一、党的机关、国家机关、群众团体和社会组织、企事业单位负责人		
	合计	男	女	小计	男	女
全 区	**293346**	**162884**	**130462**	**3923**	**2821**	**1103**
南宁市	**47009**	**25890**	**21119**	**1384**	**988**	**396**
兴宁区	2916	1614	1302	94	64	30
青秀区	4868	2520	2348	367	245	122
江南区	4224	2370	1854	50	33	17
西乡塘区	8237	4718	3519	428	310	117
良庆区	2810	1560	1250	231	161	69
邕宁区	1886	1018	868	17	10	7
武鸣县	4012	2120	1892	39	33	6
隆安县	2023	1136	887	32	29	3
马山县	2415	1348	1067	8	7	1
上林县	2246	1225	1020	13	12	1
宾阳县	5219	3080	2139	35	25	10
横县	6154	3180	2973	71	60	11
柳州市	**25529**	**14387**	**11142**	**282**	**200**	**82**
城中区	1040	587	453	44	30	13
鱼峰区	2935	1681	1253	64	42	22
柳南区	3196	1907	1289	41	35	6
柳北区	2505	1375	1130	64	41	24
柳江县	4365	2462	1903	12	6	5
柳城县	2709	1446	1264	8	6	2
鹿寨县	2356	1296	1060	16	12	4
融安县	1836	1007	829	16	15	1
融水苗族自治县	2526	1467	1059	15	11	4
三江侗族自治县	2061	1158	902	2	2	
桂林市	**31694**	**17596**	**14098**	**409**	**297**	**112**
秀峰区	895	492	402	60	51	9
叠彩区	1053	578	476	61	42	19
象山区	1658	904	754	82	63	19
七星区	1480	762	718	58	34	24
雁山区	474	283	191	12	7	5
临桂区	2940	1673	1267	11	9	2
阳朔县	1951	1105	846	7	5	1
灵川县	2329	1298	1031	21	12	9
全州县	4455	2463	1992	24	17	7
兴安县	2538	1341	1197	1	1	
永福县	1669	961	708	7	4	3
灌阳县	1730	967	763	17	12	4
龙胜各族自治县	1118	612	506	12	9	3
资源县	706	423	283	3	3	
平乐县	2646	1517	1128	10	9	1
荔浦县	2422	1292	1129	8	5	3
恭城瑶族自治县	1630	924	706	16	14	3

5-4 续表 1

单位：人

地　区	二、专业技术人员			三、办事人员和有关人员			四、社会生产服务和生活服务人员		
	小计	男	女	小计	男	女	小计	男	女
全　区	**18757**	**8496**	**10261**	**8694**	**5594**	**3100**	**65347**	**35301**	**30046**
南宁市	**5277**	**2324**	**2953**	**2063**	**1223**	**840**	**13116**	**7121**	**5995**
兴宁区	359	111	248	180	113	67	1422	766	656
青秀区	1398	590	808	532	300	232	1476	770	707
江南区	355	180	175	147	69	78	1841	1023	818
西乡塘区	1423	694	729	700	409	291	3687	2102	1585
良庆区	213	99	114	80	45	35	1025	556	468
邕宁区	63	25	39	55	35	20	299	155	144
武鸣县	231	88	143	138	83	55	579	293	285
隆安县	80	31	49	56	44	12	399	201	198
马山县	118	55	63	25	20	6	263	118	145
上林县	312	165	147	58	33	25	297	154	142
宾阳县	223	138	86	37	26	11	1029	575	454
横县	502	148	354	55	46	9	800	407	393
柳州市	**1931**	**874**	**1057**	**1041**	**662**	**378**	**6728**	**3500**	**3228**
城中区	259	130	128	185	110	75	422	218	203
鱼峰区	338	158	180	169	98	71	1399	761	638
柳南区	360	171	189	167	93	74	1535	829	707
柳北区	371	134	237	169	116	53	863	383	480
柳江县	239	104	135	113	80	33	1100	597	503
柳城县	75	47	28	10	7	3	381	184	197
鹿寨县	66	20	46	74	48	26	301	146	155
融安县	41	16	25	26	19	7	276	128	147
融水苗族自治县	141	72	69	39	25	14	232	119	113
三江侗族自治县	42	22	20	88	66	22	218	135	84
桂林市	**1832**	**784**	**1048**	**861**	**587**	**273**	**7531**	**3914**	**3617**
秀峰区	141	59	83	94	58	36	396	199	197
叠彩区	160	63	97	87	63	25	591	295	296
象山区	235	94	141	119	89	30	1047	536	511
七星区	158	67	90	85	45	40	716	362	354
雁山区	9	6	3	39	35	5	95	52	42
临桂区	110	58	52	47	33	13	745	374	371
阳朔县	48	20	28	25	20	6	411	223	188
灵川县	147	76	72	58	41	17	563	311	253
全州县	128	59	69	32	23	9	573	283	289
兴安县	91	32	59	59	34	26	593	318	275
永福县	70	37	33	12	10	2	284	160	124
灌阳县	31	15	17	12	8	3	234	119	114
龙胜各族自治县	59	23	36	21	15	6	147	82	64
资源县	45	9	36	51	37	15	121	65	56
平乐县	241	100	141	38	29	9	372	189	183
荔浦县	92	42	50	29	18	12	449	238	211
恭城瑶族自治县	64	23	42	50	32	18	196	108	88

5-4 续表 2

单位：人

地 区	五、农、林、牧、渔业生产及辅助人员			六、生产制造及有关人员			七、不便分类的其他从业人员		
	小计	男	女	小计	男	女	小计	男	女
全 区	**146268**	**75882**	**70386**	**49708**	**34394**	**15314**	**648**	**396**	**252**
南宁市	**19656**	**10171**	**9485**	**5308**	**3939**	**1369**	**205**	**124**	**81**
兴宁区	514	270	244	336	280	55	11	9	2
青秀区	853	460	393	158	112	46	84	44	40
江南区	1511	819	692	296	233	64	23	12	11
西乡塘区	1169	636	533	770	524	246	60	43	17
良庆区	1012	520	492	249	179	71			
邕宁区	1362	730	632	90	63	27			
武鸣县	2668	1393	1275	356	229	128	1	1	
隆安县	1172	625	546	274	201	73	10	4	5
马山县	1393	685	708	607	462	145	1	1	
上林县	1234	613	621	332	248	84			
宾阳县	2737	1418	1319	1143	888	255	15	10	5
横县	4030	2000	2031	696	519	177			
柳州市	**10934**	**5924**	**5010**	**4579**	**3205**	**1374**	**33**	**21**	**12**
城中区	10	6	4	116	87	29	5	5	1
鱼峰区	259	144	115	692	470	222	14	9	5
柳南区	38	23	15	1052	753	298	2	2	
柳北区	305	169	136	730	533	198	2		2
柳江县	2215	1217	998	679	455	224	7	3	3
柳城县	2091	1107	984	143	94	49	1	1	
鹿寨县	1542	831	712	357	239	118			
融安县	1204	656	548	273	172	101			
融水苗族自治县	1752	973	780	346	267	79			
三江侗族自治县	1519	797	721	191	135	56	1	1	
桂林市	**17365**	**9370**	**7995**	**3646**	**2613**	**1033**	**51**	**31**	**20**
秀峰区	66	40	26	133	85	48	5	2	3
叠彩区	52	28	24	96	82	14	6	5	1
象山区	43	30	13	128	89	39	5	3	2
七星区	335	163	173	128	91	37	1	1	
雁山区	269	148	121	50	34	16			
临桂区	1564	869	695	450	323	127	15	8	6
阳朔县	1228	692	536	228	143	85	3	2	1
灵川县	1294	681	613	245	177	68	1	1	
全州县	3109	1665	1444	582	409	173	6	6	
兴安县	1563	776	787	231	180	51			
永福县	1159	654	504	136	95	41			
灌阳县	1266	679	587	171	134	37			
龙胜各族自治县	764	391	372	115	92	24			
资源县	383	238	145	95	70	25	8	2	7
平乐县	1546	852	694	439	339	100			
荔浦县	1530	796	734	313	193	119			
恭城瑶族自治县	1197	670	527	107	78	30			

5-4 续表 3 单位：人

地　区	就业人口			一、党的机关、国家机关、群众团体和社会组织、企事业单位负责人		
	合计	男	女	小计	男	女
梧州市	**16217**	**9115**	**7102**	**187**	**141**	**46**
万秀区	1627	888	739	8	7	1
长洲区	1278	700	578	111	80	31
龙圩区	1650	993	657	17	13	5
苍梧县	1905	1068	837	5	4	1
藤县	5029	2841	2187	25	24	1
蒙山县	956	532	423	12	6	6
岑溪市	3772	2092	1680	7	6	1
北海市	**10100**	**5317**	**4784**	**102**	**78**	**24**
海城区	2504	1137	1367	27	20	8
银海区	1068	615	452	6	4	2
铁山港区	853	467	386	2	2	
合浦县	5675	3097	2578	67	52	14
防城港市	**4969**	**3099**	**1871**	**118**	**80**	**38**
港口区	1336	907	429	35	25	10
防城区	1638	998	640	42	26	15
上思县	1245	715	530	38	25	13
东兴市	750	479	271	3	3	
钦州市	**15964**	**9404**	**6561**	**177**	**124**	**53**
钦南区	3343	1959	1384	29	21	8
钦北区	2842	1751	1091	87	64	22
灵山县	6052	3537	2514	35	20	15
浦北县	3728	2157	1571	26	18	8
贵港市	**25016**	**13888**	**11129**	**199**	**154**	**45**
港北区	3594	1967	1627	75	56	19
港南区	3349	1788	1562	6	5	2
覃塘区	3086	1764	1322	20	16	4
平南县	6872	3853	3019	64	48	16
桂平市	8115	4516	3599	34	29	4
玉林市	**31616**	**17306**	**14310**	**303**	**214**	**89**
玉州区	4681	2704	1977	182	117	65
福绵区	2678	1474	1204	5	5	
容县	3892	2090	1802	9	7	2
陆川县	3211	1848	1363	14	12	2
博白县	7860	4096	3764	48	37	11
兴业县	3800	2034	1766	12	9	3
北流市	5495	3061	2434	32	27	5

5-4 续表 4 单位：人

地 区	二、专业技术人员			三、办事人员和有关人员			四、社会生产服务和生活服务人员		
	小计	男	女	小计	男	女	小计	男	女
梧州市	**1050**	**501**	**548**	**566**	**334**	**232**	**3135**	**1804**	**1331**
万秀区	196	80	115	114	66	48	807	430	377
长洲区	158	71	87	104	59	44	384	197	186
龙圩区	49	23	26	69	39	31	223	147	76
苍梧县	61	40	22	7	3	4	243	145	97
藤县	252	137	114	84	63	21	710	411	299
蒙山县	102	56	46	48	33	15	145	72	74
岑溪市	232	94	138	140	72	69	623	402	221
北海市	**629**	**264**	**365**	**329**	**206**	**123**	**3168**	**1660**	**1508**
海城区	244	100	144	155	93	62	1183	624	558
银海区	69	33	36	16	9	7	509	269	240
铁山港区	27	9	17	11	7	4	277	146	131
合浦县	289	122	168	147	97	49	1200	622	578
防城港市	**403**	**207**	**196**	**231**	**160**	**71**	**2028**	**1245**	**783**
港口区	151	84	67	89	56	33	699	456	243
防城区	136	71	65	102	76	26	735	418	317
上思县	68	31	37	16	9	7	192	112	80
东兴市	48	21	27	24	19	6	403	259	144
钦州市	**817**	**329**	**488**	**369**	**259**	**110**	**3549**	**1994**	**1556**
钦南区	252	92	160	143	101	41	1239	663	576
钦北区	121	58	63	84	65	20	593	338	255
灵山县	224	86	138	70	45	25	1150	663	487
浦北县	220	92	128	73	48	24	568	330	238
贵港市	**1148**	**525**	**623**	**576**	**390**	**186**	**4929**	**2764**	**2166**
港北区	271	88	183	262	178	84	1366	729	637
港南区	118	45	73	82	60	22	665	398	267
覃塘区	167	76	90	17	12	5	358	192	166
平南县	310	189	121	41	21	20	1321	765	556
桂平市	283	127	156	174	119	55	1219	680	539
玉林市	**1338**	**518**	**820**	**598**	**399**	**199**	**7112**	**4003**	**3109**
玉州区	428	154	274	161	109	52	2301	1314	986
福绵区	45	13	32	12	10	2	366	230	136
容县	166	61	105	126	73	53	660	364	297
陆川县	145	54	91	110	71	40	711	450	261
博白县	187	84	103	78	55	23	1472	759	713
兴业县	151	63	87	41	27	14	568	298	270
北流市	216	89	127	71	55	16	1034	588	446

5-4 续表 5

单位：人

地 区	五、农、林、牧、渔业生产及辅助人员			六、生产制造及有关人员			七、不便分类的其他从业人员		
	小计	男	女	小计	男	女	小计	男	女
梧州市	**8522**	**4509**	**4013**	**2616**	**1750**	**867**	**141**	**75**	**66**
万秀区	168	90	78	323	207	117	11	7	4
长洲区	324	155	169	172	123	49	25	14	11
龙圩区	1059	603	456	227	165	62	5	4	1
苍梧县	1403	752	651	186	124	62			
藤县	3141	1659	1482	817	548	269			
蒙山县	424	222	203	223	143	81	1	1	
岑溪市	2002	1028	975	668	441	227	99	49	50
北海市	**4117**	**2234**	**1883**	**1728**	**856**	**871**	**27**	**18**	**9**
海城区	202	148	54	674	141	533	19	12	8
银海区	345	213	132	120	85	35	2	2	
铁山港区	457	247	210	74	51	23	5	4	1
合浦县	3113	1626	1487	860	579	281			
防城港市	**1513**	**874**	**639**	**675**	**532**	**143**	**1**		
港口区	154	102	52	208	184	25			
防城区	405	236	169	219	170	49			
上思县	805	452	353	125	85	40	1		
东兴市	149	83	66	123	94	29			
钦州市	**6476**	**3448**	**3029**	**4501**	**3197**	**1304**	**74**	**53**	**21**
钦南区	1011	535	476	631	522	109	38	24	14
钦北区	1116	599	517	840	625	215	2	2	
灵山县	2548	1367	1180	2020	1350	670	6	6	
浦北县	1802	946	856	1011	701	310	29	22	7
贵港市	**11691**	**5848**	**5842**	**6454**	**4198**	**2256**	**20**	**9**	**11**
港北区	1114	554	560	494	357	137	13	5	7
港南区	1373	714	659	1104	566	538	1	1	
覃塘区	1815	904	911	709	564	145			
平南县	3434	1703	1731	1697	1125	572	5	1	3
桂平市	3955	1974	1981	2450	1585	864	2	2	
玉林市	**14462**	**6880**	**7583**	**7782**	**5280**	**2503**	**21**	**13**	**7**
玉州区	622	374	249	987	635	352			
福绵区	1292	671	621	952	542	410	7	4	3
容县	2089	1022	1067	836	561	275	5	2	3
陆川县	1636	848	787	586	406	180	8	7	1
博白县	4389	1973	2416	1686	1188	499			
兴业县	2338	1130	1208	691	508	183			
北流市	2096	862	1234	2045	1440	605			

5-4 续表 6

单位：人

地 区	就业人口			一、党的机关、国家机关、群众团体和社会组织、企事业单位负责人		
	合计	男	女	小计	男	女
百色市	**22935**	**12471**	**10464**	**237**	**160**	**77**
右江区	2878	1623	1255	142	86	56
田阳县	2031	1120	911	10	7	3
田东县	2039	1116	923	12	8	4
平果县	3333	1748	1586	4	4	
德保县	2001	1131	870	16	14	2
靖西县	3621	1966	1655	16	14	2
那坡县	1047	555	492	9	8	1
凌云县	840	458	382	1		1
乐业县	636	357	279	2	2	
田林县	1425	763	662	16	7	9
西林县	1018	548	470			
隆林各族自治县	2064	1085	979	9	9	
贺州市	**12748**	**7014**	**5734**	**201**	**145**	**56**
八步区	3919	2089	1831	100	67	33
平桂管理区	2415	1346	1069	4	4	
昭平县	2348	1316	1032	39	36	3
钟山县	2280	1281	999	11	9	3
富川瑶族自治县	1786	983	803	47	29	18
河池市	**22714**	**12606**	**10109**	**161**	**112**	**49**
金城江区	2916	1857	1059	8	5	3
南丹县	1643	920	723	28	21	7
天峨县	945	506	439	6	6	
凤山县	875	477	398	11	8	2
东兰县	1260	673	586	10	6	4
罗城仫佬族自治县	1975	1084	891	4	3	1
环江毛南族自治县	1777	936	841	5	3	2
巴马瑶族自治县	1359	769	590	28	18	10
都安瑶族自治县	3200	1705	1495	18	9	9
大化瑶族自治县	2789	1571	1218	11	10	1
宜州市	3976	2106	1870	31	21	10
来宾市	**13295**	**7408**	**5886**	**87**	**68**	**20**
兴宾区	5337	3000	2337	14	11	3
忻城县	2099	1131	968	20	17	3
象州县	1938	1088	849	14	12	3
武宣县	2540	1431	1109	11	7	4
金秀瑶族自治县	785	432	354	22	17	5
合山市	596	327	269	6	4	2
崇左市	**13540**	**7385**	**6154**	**76**	**61**	**15**
江州区	2048	1119	929	13	10	3
扶绥县	2390	1322	1068	3	3	1
宁明县	2373	1362	1011	7	6	1
龙州县	1661	896	765	10	8	2
大新县	2037	1045	992	19	16	3
天等县	2178	1128	1050	13	11	2
凭祥市	854	514	340	10	7	3

5-4 续表 7

单位：人

地　区	二、专业技术人员			三、办事人员和有关人员			四、社会生产服务和生活服务人员		
	小计	男	女	小计	男	女	小计	男	女
百色市	**1427**	**723**	**704**	**688**	**465**	**223**	**3550**	**1852**	**1698**
右江区	218	107	110	132	82	50	532	286	245
田阳县	184	112	72	40	31	9	208	112	96
田东县	175	85	90	90	64	26	353	205	149
平果县	175	66	109	90	65	25	764	387	377
德保县	71	32	38	34	18	16	268	136	132
靖西县	71	47	24	32	25	7	364	167	197
那坡县	49	25	23	30	19	11	147	72	76
凌云县	52	25	27	21	14	7	88	51	37
乐业县	29	9	20	14	11	4	88	54	35
田林县	61	32	29	33	19	14	208	91	117
西林县	13	5	8	13	8	5	112	67	46
隆林各族自治县	329	176	154	159	108	50	417	225	191
贺州市	**432**	**202**	**230**	**282**	**191**	**91**	**2126**	**1108**	**1018**
八步区	194	94	101	117	76	41	777	416	361
平桂管理区	40	15	26	46	33	13	497	263	234
昭平县	92	41	52	63	45	18	263	134	129
钟山县	50	27	23	18	17	1	420	202	218
富川瑶族自治县	55	26	29	39	21	18	169	94	76
河池市	**1160**	**620**	**540**	**430**	**302**	**128**	**3728**	**1863**	**1865**
金城江区	309	165	144	53	37	16	754	367	387
南丹县	39	14	25	41	28	13	321	187	135
天峨县	38	16	22	36	25	11	112	52	59
凤山县	49	25	24	22	17	5	100	50	50
东兰县	55	35	20	45	24	21	223	115	108
罗城仫佬族自治县	33	18	15	13	10	3	227	110	116
环江毛南族自治县	66	19	47	16	13	2	277	122	155
巴马瑶族自治县	46	26	20	35	28	7	134	63	71
都安瑶族自治县	167	97	70	64	40	24	608	317	291
大化瑶族自治县	140	93	47	42	34	8	362	165	196
宜州市	219	113	106	64	46	18	610	314	296
来宾市	**691**	**320**	**371**	**301**	**204**	**97**	**2485**	**1292**	**1193**
兴宾区	186	76	110	68	53	15	1096	576	520
忻城县	147	58	89	63	43	20	222	112	110
象州县	54	26	28	57	34	23	405	222	183
武宣县	170	99	71	74	52	22	443	234	208
金秀瑶族自治县	51	20	31	23	13	10	137	58	78
合山市	82	40	42	17	9	7	182	89	93
崇左市	**623**	**305**	**318**	**359**	**211**	**147**	**2163**	**1182**	**980**
江州区	55	29	26	27	15	12	346	186	159
扶绥县	76	36	41	42	25	17	321	179	141
宁明县	61	30	31	33	22	10	310	175	135
龙州县	64	32	31	72	41	31	238	128	110
大新县	146	62	84	51	35	16	224	120	104
天等县	135	68	67	33	19	14	370	190	180
凭祥市	86	48	38	100	54	46	354	203	150

5-4 续表 8

单位：人

地 区	五、农、林、牧、渔业生产及辅助人员			六、生产制造及有关人员			七、不便分类的其他从业人员		
	小计	男	女	小计	男	女	小计	男	女
百色市	**13625**	**7031**	**6594**	**3382**	**2227**	**1155**	**26**	**13**	**13**
右江区	1394	704	690	461	358	104			
田阳县	1381	726	654	197	126	71	11	6	5
田东县	1201	636	565	204	116	88	4	2	1
平果县	1302	606	696	994	617	378	3	2	1
德保县	1263	686	577	345	243	102	5	2	3
靖西县	2824	1514	1310	314	199	115			
那坡县	545	265	280	266	165	101	1	1	
凌云县	539	268	270	140	99	41			
乐业县	442	239	203	60	42	17			
田林县	956	519	437	150	95	55			
西林县	830	428	402	48	41	8	2		2
隆林各族自治县	950	441	509	201	127	74			
贺州市	**8110**	**4243**	**3867**	**1592**	**1119**	**473**	**6**	**6**	
八步区	2286	1146	1140	441	286	155	4	4	
平桂管理区	1490	770	720	338	262	76			
昭平县	1698	922	776	193	138	55			
钟山县	1377	750	628	403	275	127	1	1	
富川瑶族自治县	1258	656	603	218	158	60			
河池市	**12691**	**6277**	**6415**	**4508**	**3406**	**1102**	**37**	**26**	**10**
金城江区	891	485	407	900	798	103			
南丹县	1021	526	495	177	133	44	15	11	4
天峨县	703	373	330	50	33	17			
凤山县	557	280	277	136	96	40	1		1
东兰县	735	353	383	191	141	50			
罗城仫佬族自治县	1263	650	612	436	293	143			
环江毛南族自治县	1141	579	562	268	198	70	4	2	2
巴马瑶族自治县	676	312	364	434	320	114	7	3	4
都安瑶族自治县	1585	693	892	755	546	209	3	3	
大化瑶族自治县	1455	693	762	779	575	204			
宜州市	2664	1333	1331	381	273	108	6	6	
来宾市	**7956**	**4293**	**3663**	**1769**	**1228**	**541**	**5**	**5**	**1**
兴宾区	3224	1771	1453	748	513	236			
忻城县	1348	676	671	296	222	73	3	2	1
象州县	1201	666	534	206	127	79	1	1	
武宣县	1529	813	716	313	225	88			
金秀瑶族自治县	442	248	195	110	76	34			
合山市	212	119	93	96	64	32	1	1	
崇左市	**9150**	**4782**	**4368**	**1169**	**844**	**325**			
江州区	1515	817	698	91	61	30			
扶绥县	1846	1007	839	101	72	29			
宁明县	1771	990	782	191	139	52			
龙州县	1139	601	538	138	86	51			
大新县	1413	696	717	184	116	68			
天等县	1283	581	702	344	260	84			
凭祥市	184	91	93	120	110	10			

5-4a 各地区分性别、职业大类的就业人口(城市)

单位：人

地　区	就业人口			一、党的机关、国家机关、群众团体和社会组织、企事业单位负责人		
	合计	男	女	小计	男	女
全　区	**59607**	**33075**	**26532**	**2450**	**1708**	**743**
南宁市	17742	9867	7875	1159	812	348
柳州市	8956	5132	3824	210	144	65
桂林市	5587	3023	2565	272	197	75
梧州市	4012	2237	1774	121	88	32
北海市	3024	1444	1579	31	22	9
防城港市	1349	777	572	54	35	18
钦州市	1629	910	719	41	29	12
贵港市	4481	2530	1951	101	78	23
玉林市	4783	2687	2096	188	125	63
百色市	1698	1015	683	132	79	53
贺州市	1514	823	691	69	45	24
河池市	2470	1319	1151	36	25	11
来宾市	1558	867	691	17	14	4
崇左市	805	443	362	20	14	6

5-4a 续表 1

单位：人

地　区	二、专业技术人员			三、办事人员和有关人员			四、社会生产服务和生活服务人员		
	小计	男	女	小计	男	女	小计	男	女
全　区	**8972**	**3868**	**5104**	**4642**	**2860**	**1782**	**28375**	**15109**	**13267**
南宁市	3692	1639	2053	1651	946	704	8905	4889	4016
柳州市	1307	586	721	675	407	268	4058	2092	1966
桂林市	751	311	440	440	302	138	3036	1525	1511
梧州市	561	232	329	350	191	159	1568	867	702
北海市	291	120	171	165	99	66	1538	814	724
防城港市	154	60	94	138	97	40	808	445	364
钦州市	225	82	142	140	96	44	774	392	383
贵港市	533	188	345	425	294	131	1830	994	837
玉林市	498	192	306	161	112	48	2490	1355	1135
百色市	196	96	100	118	72	46	455	247	208
贺州市	153	71	82	94	57	37	596	313	283
河池市	323	154	169	111	81	29	1106	551	555
来宾市	169	73	96	56	42	14	784	395	389
崇左市	119	63	56	119	64	55	426	231	195

5-4a 续表 2 单位：人

地 区	五、农、林、牧、渔业生产及辅助人员			六、生产制造及有关人员			七、不便分类的其他从业人员		
	小计	男	女	小计	男	女	小计	男	女
全 区	**4867**	**2557**	**2310**	**9979**	**6783**	**3196**	**321**	**190**	**131**
南宁市	533	288	244	1647	1200	447	155	93	62
柳州市	318	185	133	2363	1702	661	24	16	9
桂林市	412	213	199	654	461	192	22	12	9
梧州市	678	353	325	650	465	185	84	41	43
北海市	245	189	57	731	185	545	22	15	8
防城港市	53	28	25	142	111	30			
钦州市	120	51	69	329	260	69			
贵港市	637	307	330	951	667	285	4	3	1
玉林市	280	149	131	1166	754	413			
百色市	421	214	207	376	307	69			
贺州市	476	240	236	122	93	29	4	4	
河池市	547	260	287	342	242	100	6	6	
来宾市	75	44	31	458	300	158			
崇左市	74	36	37	47	35	12			

5-4b 各地区分性别、职业大类的就业人口(镇)

单位：人

地 区	就业人口			一、党的机关、国家机关、群众团体和社会组织、企事业单位负责人		
	合计	男	女	小计	男	女
全 区	**75345**	**42291**	**33054**	**969**	**732**	**236**
南宁市	9498	5304	4194	125	103	22
柳州市	5899	3333	2566	54	42	12
桂林市	7398	4138	3259	104	74	30
梧州市	3706	2099	1607	30	28	3
北海市	2413	1357	1055	50	39	11
防城港市	1326	921	405	45	31	14
钦州市	4947	3008	1939	99	64	34
贵港市	7638	4161	3477	59	44	15
玉林市	10195	5567	4628	64	47	17
百色市	6070	3289	2781	67	56	11
贺州市	3650	2050	1600	101	76	25
河池市	5448	3063	2386	84	59	25
来宾市	3688	2041	1648	59	46	13
崇左市	3468	1960	1509	28	24	5

5-4b 续表 1

单位：人

地　区	二、专业技术人员			三、办事人员和有关人员			四、社会生产服务和生活服务人员		
	小计	男	女	小计	男	女	小计	男	女
全　区	**6680**	**3011**	**3669**	**2968**	**1961**	**1007**	**22113**	**11833**	**10280**
南宁市	1216	511	704	309	197	112	2323	1214	1109
柳州市	498	233	265	265	176	88	1890	992	899
桂林市	842	352	489	346	237	109	2783	1457	1326
梧州市	318	169	149	144	92	52	891	508	383
北海市	232	99	133	138	91	47	985	509	476
防城港市	173	101	72	47	26	21	651	456	195
钦州市	392	165	228	187	131	55	1677	940	737
贵港市	301	164	137	57	44	14	1584	891	693
玉林市	570	211	360	361	230	132	2719	1496	1223
百色市	706	338	368	346	231	115	1997	1002	995
贺州市	165	73	93	114	78	36	926	470	456
河池市	503	244	258	255	176	79	1432	705	727
来宾市	353	159	194	205	132	73	1032	531	501
崇左市	412	191	220	195	120	75	1223	662	561

5-4b 续表 2

单位：人

地　区	五、农、林、牧、渔业生产及辅助人员			六、生产制造及有关人员			七、不便分类的其他从业人员		
	小计	男	女	小计	男	女	小计	男	女
全　区	**27467**	**14215**	**13252**	**15045**	**10472**	**4573**	**104**	**67**	**37**
南宁市	4089	2155	1935	1435	1123	312	1	1	
柳州市	1824	977	847	1366	910	456	2	2	
桂林市	2173	1160	1013	1150	858	292			
梧州市	1614	824	790	677	464	213	32	15	17
北海市	630	373	257	376	245	131	2	2	
防城港市	179	111	68	232	197	36			
钦州市	1244	666	577	1320	1019	301	29	22	7
贵港市	3558	1825	1733	2074	1191	882	5	3	2
玉林市	3981	1890	2091	2496	1690	806	3	3	
百色市	1850	958	892	1090	696	394	15	8	6
贺州市	1804	965	839	539	387	152			
河池市	1937	949	988	1223	919	304	15	10	5
来宾市	1505	800	705	535	372	162	1	1	
崇左市	1079	562	517	531	400	131			

5-4c 各地区分性别、职业大类的就业人口(乡村)

单位：人

地 区	就业人口			一、党的机关、国家机关、群众团体和社会组织、企事业单位负责人		
	合计	男	女	小计	男	女
全 区	**158394**	**87517**	**70876**	**505**	**381**	**124**
南宁市	19769	10719	9049	99	74	25
柳州市	10674	5921	4752	18	13	5
桂林市	18709	10435	8274	34	26	8
梧州市	8499	4778	3721	35	25	11
北海市	4664	2515	2149	22	18	4
防城港市	2295	1401	894	20	15	5
钦州市	9388	5485	3903	38	30	8
贵港市	12897	7197	5701	40	32	7
玉林市	16638	9052	7586	51	42	9
百色市	15166	8166	7000	38	24	14
贺州市	7584	4141	3443	31	24	7
河池市	14796	8224	6572	41	28	13
来宾市	8048	4501	3548	11	8	3
崇左市	9267	4983	4284	28	23	5

5-4c 续表 1

单位：人

地 区	二、专业技术人员			三、办事人员和有关人员			四、社会生产服务和生活服务人员		
	小计	男	女	小计	男	女	小计	男	女
全 区	**3105**	**1617**	**1488**	**1084**	**772**	**311**	**14859**	**8359**	**6500**
南宁市	369	174	196	103	80	23	1888	1018	870
柳州市	126	55	71	101	79	22	780	416	363
桂林市	239	120	119	75	49	26	1712	932	780
梧州市	171	100	71	72	51	21	675	429	246
北海市	106	45	62	25	15	10	645	337	308
防城港市	76	46	30	47	37	10	570	345	225
钦州市	200	82	118	43	32	11	1098	662	436
贵港市	313	173	140	94	53	41	1515	879	636
玉林市	269	115	155	76	57	19	1902	1151	751
百色市	526	289	236	224	162	62	1098	603	495
贺州市	114	58	56	74	56	18	604	325	278
河池市	334	222	113	64	44	20	1190	607	583
来宾市	170	88	81	41	30	11	669	366	303
崇左市	92	51	42	45	27	17	513	289	225

5-4c 续表 2

单位：人

地　区	五、农、林、牧、渔业生产及辅助人员			六、生产制造及有关人员			七、不便分类的其他从业人员		
	小计	男	女	小计	男	女	小计	男	女
全　区	**113934**	**59110**	**54824**	**24684**	**17139**	**7545**	**223**	**139**	**84**
南宁市	15034	7728	7306	2226	1616	610	49	30	19
柳州市	8792	4762	4030	850	593	258	7	3	3
桂林市	14779	7997	6783	1841	1293	548	29	19	10
梧州市	6230	3332	2898	1289	821	468	26	19	6
北海市	3241	1672	1569	621	426	195	3	2	1
防城港市	1282	735	547	301	224	77	1		
钦州市	5113	2730	2383	2852	1918	934	45	31	14
贵港市	7496	3717	3779	3429	2340	1088	11	3	8
玉林市	10201	4841	5361	4120	2836	1284	18	10	7
百色市	11354	5859	5495	1915	1224	691	12	5	6
贺州市	5830	3037	2792	931	639	292	1	1	
河池市	10207	5068	5139	2943	2245	698	16	10	6
来宾市	6376	3449	2927	776	555	221	5	4	1
崇左市	7998	4184	3814	591	410	181			

5-5 全区分年龄、性别、职业大类的就业人口

单位：人

年 龄	就业人口			一、党的机关、国家机关、群众团体和社会组织、企事业单位负责人		
	合计	男	女	小计	男	女
总 计	**293346**	**162884**	**130462**	**3923**	**2821**	**1103**
16-19	**5782**	**3318**	**2464**	**8**	**5**	**3**
16	678	400	278	1		1
17	1243	736	507	1		1
18	1689	944	745	2	1	1
19	2172	1238	934	3	3	1
20-24	**20528**	**11485**	**9043**	**96**	**62**	**33**
20	2909	1642	1267	7	3	4
21	3276	1906	1370	9	6	4
22	3965	2212	1753	16	12	4
23	5129	2823	2306	23	18	5
24	5249	2902	2347	41	24	17
25-29	**40047**	**21624**	**18423**	**439**	**270**	**169**
25	7390	3978	3411	71	50	21
26	7459	3962	3497	67	40	26
27	7837	4248	3589	91	43	47
28	8665	4701	3964	102	66	36
29	8696	4735	3962	109	71	38
30-34	**40143**	**21652**	**18492**	**537**	**338**	**199**
30	8785	4728	4057	97	72	25
31	8358	4446	3912	103	60	43
32	7253	3902	3350	90	60	29
33	8160	4404	3756	111	61	50
34	7587	4171	3416	136	84	52
35-39	**37975**	**20898**	**17076**	**674**	**495**	**180**
35	7955	4378	3578	144	110	34
36	7944	4349	3595	150	114	36
37	7565	4079	3485	136	94	43
38	6719	3799	2919	119	87	32
39	7792	4293	3500	125	89	36
40-44	**39835**	**21773**	**18062**	**646**	**460**	**186**
40	8050	4386	3665	125	90	35
41	8394	4581	3814	133	88	45
42	7849	4328	3521	130	101	29
43	7883	4253	3630	119	81	38
44	7659	4226	3433	140	101	40
45-49	**39761**	**22001**	**17760**	**662**	**488**	**175**
45	8183	4520	3663	137	103	34
46	8079	4487	3591	130	89	41
47	8650	4763	3887	125	86	39
48	6821	3829	2992	128	100	28
49	8028	4402	3626	143	110	33
50-54	**31355**	**17989**	**13366**	**526**	**407**	**119**
50	7605	4372	3234	131	110	21
51	7066	3914	3152	121	96	26
52	7881	4564	3317	135	104	31
53	5955	3502	2453	95	62	33
54	2848	1638	1210	44	36	8
55-59	**18941**	**11069**	**7873**	**243**	**218**	**25**
55	3359	1849	1510	42	36	7
56	3125	1824	1301	51	47	4
57	4461	2643	1817	52	46	6
58	4391	2649	1742	53	49	4
59	3606	2104	1502	44	41	4
60-64	**11310**	**6476**	**4835**	**69**	**58**	**11**
60	2665	1571	1094	22	17	5
61	2543	1442	1101	17	14	3
62	2223	1275	948	9	9	
63	2210	1251	959	11	11	
64	1670	937	733	10	7	3
65及以上	**7667**	**4600**	**3067**	**22**	**20**	**2**

5-5 续表 1

单位：人

年 龄	二、专业技术人员			三、办事人员和有关人员			四、社会生产服务和生活服务人员		
	小计	男	女	小计	男	女	小计	男	女
总 计	**18757**	**8496**	**10261**	**8694**	**5594**	**3100**	**65347**	**35301**	**30046**
16-19	**213**	**76**	**137**	**44**	**19**	**25**	**1245**	**634**	**611**
16	18	11	7	3	1	2	144	69	76
17	42	15	27	11	3	7	246	143	103
18	70	20	50	13	7	6	345	164	181
19	84	31	53	17	7	10	509	258	251
20-24	**1509**	**471**	**1038**	**541**	**272**	**269**	**5852**	**3232**	**2620**
20	135	34	100	60	34	26	782	415	367
21	174	50	124	63	39	24	904	519	385
22	290	88	201	104	56	48	1087	583	505
23	434	132	302	136	62	74	1524	852	672
24	476	166	310	178	81	97	1555	863	691
25-29	**3556**	**1230**	**2326**	**1528**	**831**	**696**	**12251**	**6404**	**5846**
25	701	248	453	302	161	141	2331	1202	1129
26	673	209	463	307	169	137	2303	1215	1088
27	727	268	458	317	163	154	2434	1277	1157
28	680	233	447	331	196	135	2622	1403	1219
29	775	271	504	271	142	129	2561	1307	1254
30-34	**3202**	**1258**	**1945**	**1285**	**729**	**556**	**11093**	**5940**	**5153**
30	667	272	395	295	159	136	2534	1332	1202
31	692	262	431	299	160	138	2292	1256	1036
32	541	205	336	187	105	82	2017	1067	950
33	708	289	419	284	167	117	2246	1184	1062
34	594	230	364	220	137	83	2004	1100	904
35-39	**2967**	**1302**	**1666**	**1246**	**780**	**466**	**9644**	**5066**	**4579**
35	628	282	346	273	170	103	2089	1102	987
36	628	261	367	271	162	109	2036	1058	978
37	651	271	380	237	141	96	1978	1051	927
38	499	227	272	225	158	67	1707	900	808
39	562	261	301	240	149	92	1834	955	879
40-44	**2779**	**1311**	**1468**	**1164**	**752**	**412**	**9039**	**4789**	**4250**
40	632	274	358	247	175	73	1939	1007	932
41	596	265	331	221	144	77	1953	1006	947
42	551	268	282	230	142	87	1756	968	787
43	522	260	261	224	142	83	1750	938	811
44	478	243	235	241	149	93	1641	869	772
45-49	**2195**	**1206**	**989**	**1270**	**834**	**436**	**7686**	**3960**	**3726**
45	504	278	226	263	170	93	1727	882	846
46	447	223	224	260	167	93	1659	893	765
47	487	271	216	268	169	99	1690	843	847
48	307	165	142	218	141	76	1214	642	572
49	450	269	180	261	186	75	1396	701	695
50-54	**1505**	**949**	**557**	**977**	**784**	**194**	**5105**	**3041**	**2064**
50	388	233	155	256	186	70	1356	762	594
51	339	211	129	232	191	41	1131	659	472
52	406	251	155	236	193	43	1278	759	518
53	255	169	86	164	135	28	910	583	327
54	118	85	33	90	78	12	431	278	153
55-59	**597**	**502**	**95**	**494**	**459**	**35**	**2219**	**1443**	**776**
55	101	62	39	78	70	9	475	290	185
56	100	84	16	89	77	12	387	243	144
57	128	122	7	120	113	8	578	376	202
58	127	105	21	124	122	2	473	323	151
59	140	129	11	83	78	5	306	210	96
60-64	**138**	**114**	**24**	**111**	**103**	**7**	**760**	**481**	**279**
60	55	48	7	42	38	4	216	142	74
61	20	18	2	21	21		179	107	72
62	17	12	5	17	17	1	143	96	47
63	30	22	7	19	17	2	113	67	45
64	17	15	3	12	12		109	69	40
65及以上	**96**	**78**	**18**	**35**	**31**	**4**	**454**	**312**	**142**

5-5 续表 2

单位：人

年 龄	五、农、林、牧、渔业生产及辅助人员			六、生产制造及有关人员			七、不便分类的其他从业人员		
	小计	男	女	小计	男	女	小计	男	女
总 计	**146268**	**75882**	**70386**	**49708**	**34394**	**15314**	**648**	**396**	**252**
16-19	**2603**	**1560**	**1043**	**1612**	**991**	**621**	**58**	**33**	**25**
16	319	207	112	179	101	79	13	11	2
17	610	382	228	319	189	130	15	4	11
18	749	428	321	494	315	180	16	9	7
19	925	543	382	619	387	233	14	10	4
20-24	**7578**	**4212**	**3366**	**4898**	**3197**	**1701**	**55**	**40**	**15**
20	1133	647	487	780	503	277	12	6	6
21	1287	770	517	830	518	313	8	5	3
22	1495	834	661	964	630	334	10	10	1
23	1833	976	857	1169	777	392	10	7	4
24	1830	985	845	1155	770	385	14	12	2
25-29	**13898**	**7212**	**6686**	**8277**	**5610**	**2667**	**98**	**66**	**33**
25	2429	1245	1184	1542	1063	479	13	9	4
26	2560	1308	1252	1524	999	525	26	21	5
27	2647	1397	1251	1606	1088	517	15	10	5
28	3096	1568	1529	1812	1222	590	22	13	8
29	3165	1694	1471	1793	1238	554	22	11	11
30-34	**16064**	**8034**	**8030**	**7881**	**5306**	**2575**	**81**	**47**	**34**
30	3442	1720	1722	1728	1161	567	21	11	10
31	3329	1635	1694	1621	1061	560	22	12	10
32	2947	1453	1494	1464	1006	458	7	6	2
33	3230	1628	1602	1568	1067	501	14	8	6
34	3116	1598	1518	1500	1011	489	17	10	7
35-39	**16061**	**8260**	**7802**	**7283**	**4936**	**2347**	**99**	**61**	**38**
35	3256	1647	1609	1543	1056	486	22	10	12
36	3294	1696	1598	1548	1050	498	17	8	10
37	3155	1599	1555	1372	897	476	35	26	9
38	2854	1516	1338	1304	901	403	11	10	1
39	3503	1801	1702	1515	1032	484	13	6	7
40-44	**18738**	**9435**	**9303**	**7379**	**4979**	**2401**	**90**	**49**	**42**
40	3588	1796	1792	1505	1037	468	14	7	7
41	3874	1960	1913	1597	1102	495	21	15	5
42	3716	1853	1864	1445	984	461	22	12	10
43	3806	1868	1938	1443	955	488	19	8	11
44	3755	1957	1797	1389	900	489	15	6	8
45-49	**21625**	**11019**	**10606**	**6249**	**4458**	**1791**	**74**	**36**	**37**
45	4143	2098	2045	1396	980	415	13	9	3
46	4206	2134	2072	1366	974	392	11	6	5
47	4758	2446	2312	1309	942	367	14	6	8
48	3859	1989	1870	1078	786	292	17	6	11
49	4659	2352	2307	1101	775	326	18	8	10
50-54	**19447**	**9862**	**9585**	**3750**	**2915**	**835**	**45**	**31**	**13**
50	4480	2333	2147	987	742	245	8	7	1
51	4370	2097	2273	853	648	206	18	12	6
52	4903	2535	2368	914	713	201	10	8	2
53	3805	1952	1853	720	598	123	7	3	4
54	1889	945	944	275	215	60	1	1	
55-59	**13779**	**7091**	**6688**	**1582**	**1332**	**250**	**27**	**23**	**4**
55	2305	1107	1198	353	282	71	4	3	1
56	2198	1118	1081	293	248	44	7	7	
57	3247	1694	1553	329	288	42	7	5	1
58	3263	1747	1516	346	298	48	5	5	
59	2767	1426	1341	261	216	45	4	3	1
60-64	**9621**	**5202**	**4419**	**601**	**512**	**89**	**10**	**5**	**5**
60	2178	1194	984	148	132	15	4	1	3
61	2158	1165	993	145	116	29	4	2	2
62	1904	1030	874	131	110	21	2	2	
63	1924	1032	891	114	101	13	1	1	
64	1457	781	676	64	54	10			
65及以上	**6855**	**3996**	**2859**	**196**	**158**	**38**	**11**	**5**	**5**

5-5a 全区分年龄、性别、职业大类的就业人口(城市)

单位：人

年 龄	就业人口			一、党的机关、国家机关、群众团体和社会组织、企事业单位负责人		
	合计	男	女	小计	男	女
总 计	**59607**	**33075**	**26532**	**2450**	**1708**	**743**
16-19	**637**	**297**	**339**	**3**	**3**	**1**
16	58	22	36			
17	121	61	60			
18	176	79	98	2	1	1
19	281	136	145	1	1	
20-24	**4254**	**2234**	**2021**	**59**	**39**	**20**
20	546	269	277	3	2	1
21	575	310	265	6	4	2
22	769	392	377	10	6	4
23	1175	634	541	13	10	3
24	1189	629	561	27	17	11
25-29	**10456**	**5445**	**5011**	**283**	**173**	**110**
25	1938	1028	910	53	40	13
26	1987	1054	933	36	19	18
27	2106	1091	1015	61	28	33
28	2207	1159	1048	67	45	21
29	2218	1112	1106	66	41	25
30-34	**9939**	**5149**	**4790**	**381**	**237**	**144**
30	2133	1099	1034	74	57	17
31	2060	1039	1021	69	39	29
32	1727	898	828	61	38	23
33	2109	1092	1017	78	41	37
34	1911	1021	890	99	62	37
35-39	**9452**	**5151**	**4301**	**417**	**307**	**110**
35	2067	1155	912	86	71	15
36	2024	1103	921	95	70	25
37	1834	964	870	86	59	27
38	1668	952	716	78	58	20
39	1859	976	883	73	49	24
40-44	**8966**	**4939**	**4027**	**423**	**284**	**139**
40	1843	1015	828	83	55	27
41	1940	1070	871	91	57	35
42	1824	1006	818	84	62	22
43	1748	977	771	74	47	27
44	1611	872	740	92	63	29
45-49	**7717**	**4262**	**3455**	**446**	**314**	**131**
45	1833	1037	796	96	70	26
46	1605	860	745	79	49	30
47	1646	914	731	92	61	31
48	1231	671	560	93	73	21
49	1402	779	624	85	62	24
50-54	**5098**	**3357**	**1740**	**288**	**219**	**69**
50	1301	833	467	74	62	11
51	1171	768	404	65	50	15
52	1310	870	440	73	55	18
53	914	609	305	51	31	21
54	402	278	124	25	21	5
55-59	**2206**	**1655**	**551**	**117**	**103**	**13**
55	441	313	128	28	22	6
56	419	304	115	24	21	3
57	494	387	108	25	23	2
58	477	370	106	25	24	2
59	374	281	94	15	14	
60-64	**609**	**412**	**198**	**25**	**19**	**6**
60	184	140	45	9	7	2
61	132	89	43	5	4	1
62	117	73	44	2	2	
63	95	54	40	3	3	
64	82	56	26	7	4	3
65及以上	**273**	**175**	**98**	**7**	**7**	

5-5a 续表 1

单位：人

年 龄	二、专业技术人员			三、办事人员和有关人员			四、社会生产服务和生活服务人员		
	小计	男	女	小计	男	女	小计	男	女
总 计	**8972**	**3868**	**5104**	**4642**	**2860**	**1782**	**28375**	**15109**	**13267**
16-19	**53**	**19**	**34**	**16**	**7**	**10**	**377**	**182**	**195**
16	1	1	1				43	14	30
17	12	6	5	6	2	4	63	40	22
18	15		14	4	3	2	106	48	57
19	25	11	14	6	2	4	166	80	86
20-24	**649**	**212**	**437**	**271**	**121**	**149**	**2345**	**1310**	**1035**
20	63	12	51	28	15	12	296	151	144
21	71	25	46	20	9	11	316	187	129
22	108	31	78	61	30	31	421	229	192
23	204	75	129	70	28	42	661	381	280
24	203	69	134	92	38	54	652	363	289
25-29	**1740**	**623**	**1117**	**814**	**442**	**372**	**5585**	**2904**	**2681**
25	311	118	193	147	74	73	1126	600	526
26	333	113	220	159	99	60	1076	583	493
27	359	139	220	180	99	80	1105	569	536
28	347	112	235	184	106	78	1148	609	539
29	390	141	249	144	64	80	1130	544	586
30-34	**1762**	**667**	**1095**	**719**	**369**	**350**	**4957**	**2602**	**2354**
30	338	135	203	161	76	85	1129	575	553
31	374	125	249	165	70	95	1048	573	475
32	302	124	177	111	60	52	859	447	412
33	400	154	246	161	91	70	1028	531	497
34	349	129	220	120	72	48	893	476	418
35-39	**1459**	**598**	**861**	**695**	**396**	**298**	**4455**	**2293**	**2162**
35	322	132	190	164	94	69	975	522	453
36	328	133	195	146	74	71	936	481	455
37	282	107	175	123	66	57	888	457	431
38	261	114	147	125	86	39	788	416	372
39	266	111	155	137	76	61	868	418	450
40-44	**1339**	**605**	**733**	**595**	**366**	**230**	**4100**	**2148**	**1952**
40	285	126	160	113	77	36	872	462	410
41	278	114	163	101	64	37	927	486	440
42	273	132	140	131	69	62	814	426	388
43	272	128	144	118	75	43	789	434	355
44	232	106	126	132	80	53	699	340	358
45-49	**1017**	**512**	**505**	**682**	**440**	**242**	**3387**	**1636**	**1750**
45	268	143	124	159	107	52	811	398	413
46	205	92	114	147	87	60	735	371	365
47	231	123	108	137	90	46	724	351	373
48	122	54	68	114	71	43	525	245	280
49	191	100	91	126	84	41	591	272	319
50-54	**664**	**392**	**273**	**521**	**412**	**110**	**2051**	**1269**	**782**
50	147	80	67	131	95	36	548	323	224
51	160	94	66	124	102	22	468	275	193
52	211	128	83	128	102	27	515	325	190
53	103	60	43	87	70	17	373	245	128
54	44	30	14	51	43	8	148	102	46
55-59	**228**	**192**	**37**	**270**	**250**	**20**	**832**	**580**	**252**
55	42	26	16	43	38	5	191	129	62
56	52	45	7	50	44	7	157	98	58
57	42	39	3	62	59	3	205	148	56
58	36	30	6	73	71	2	169	121	48
59	57	52	5	42	39	3	110	83	27
60-64	**37**	**34**	**3**	**43**	**42**	**1**	**199**	**130**	**68**
60	22	20	2	16	16		56	42	14
61	5	5		12	12		39	25	14
62	4	2	2	4	4	1	45	27	18
63	5	5		4	4		24	14	11
64	2	2		5	5		34	23	11
65及以上	**23**	**15**	**8**	**17**	**16**	**1**	**87**	**52**	**35**

5-5a 续表 2

单位：人

年 龄	五、农、林、牧、渔业生产及辅助人员			六、生产制造及有关人员			七、不便分类的其他从业人员		
	小计	男	女	小计	男	女	小计	男	女
总 计	**4867**	**2557**	**2310**	**9979**	**6783**	**3196**	**321**	**190**	**131**
16-19	**37**	**20**	**17**	**147**	**66**	**81**	**2**	**1**	**1**
16	2	2		11	5	6			
17	10	3	7	30	9	21			
18	11	5	6	38	20	18	1	1	
19	14	10	4	68	32	36	1		1
20-24	**203**	**116**	**87**	**711**	**422**	**289**	**16**	**13**	**3**
20	25	18	7	128	68	60	4	2	2
21	31	14	16	129	69	60	3	2	1
22	35	23	13	131	72	59	3	2	1
23	59	30	29	165	107	58	3	3	
24	53	31	22	158	106	52	5	5	
25-29	**507**	**262**	**245**	**1483**	**1013**	**470**	**45**	**27**	**18**
25	71	39	32	226	157	69	4	1	3
26	86	46	40	282	183	99	15	12	2
27	89	47	42	304	205	99	7	4	3
28	111	52	59	342	230	112	8	4	4
29	149	78	71	328	239	90	11	5	6
30-34	**565**	**281**	**284**	**1509**	**964**	**545**	**46**	**28**	**19**
30	122	59	63	297	191	106	12	5	6
31	95	48	47	298	175	123	11	8	3
32	107	51	56	284	177	107	2	1	2
33	120	59	62	312	210	102	10	7	3
34	121	65	56	317	210	107	11	7	4
35-39	**612**	**333**	**278**	**1746**	**1180**	**566**	**68**	**42**	**25**
35	131	77	55	371	251	121	18	9	9
36	129	76	53	379	262	117	12	7	5
37	107	57	49	325	200	125	22	17	5
38	98	55	43	312	219	92	6	5	1
39	147	69	78	359	248	111	9	4	5
40-44	**691**	**344**	**348**	**1766**	**1168**	**598**	**52**	**24**	**28**
40	135	58	78	347	233	114	8	3	5
41	139	73	67	398	272	126	6	4	3
42	146	81	65	360	229	131	17	7	10
43	149	74	75	336	214	121	11	5	6
44	122	59	63	326	220	106	9	4	5
45-49	**792**	**405**	**387**	**1351**	**937**	**415**	**42**	**17**	**26**
45	169	93	76	323	222	102	8	4	3
46	168	82	87	267	179	88	2	1	2
47	171	81	90	281	203	78	10	4	6
48	128	64	64	238	162	76	11	3	8
49	156	85	70	242	171	71	11	4	7
50-54	**713**	**391**	**322**	**828**	**652**	**176**	**31**	**22**	**9**
50	171	93	78	227	177	50	4	3	1
51	139	77	61	200	158	41	16	11	5
52	183	102	81	193	152	41	7	6	1
53	150	86	64	145	115	31	4	2	2
54	71	32	38	63	50	13			
55-59	**403**	**216**	**187**	**341**	**299**	**42**	**15**	**14**	**1**
55	63	33	30	74	65	10	2	2	
56	73	39	34	60	55	5	2	2	
57	90	51	38	66	61	5	5	5	
58	96	52	45	75	70	5	3	3	
59	81	41	40	66	49	17	4	3	1
60-64	**222**	**116**	**106**	**81**	**69**	**12**	**3**	**1**	**1**
60	60	35	25	20	19	1			
61	47	24	23	22	18	4	2	1	1
62	45	24	21	17	14	3	1	1	
63	46	21	26	12	8	4			
64	23	12	11	10	10				
65及以上	**121**	**71**	**50**	**16**	**13**	**3**			

5-5b 全区分年龄、性别、职业大类的就业人口(镇)

单位：人

年 龄	就业人口			一、党的机关、国家机关、群众团体和社会组织、企事业单位负责人		
	合计	男	女	小计	男	女
总 计	**75345**	**42291**	**33054**	**969**	**732**	**236**
16-19	**876**	**553**	**323**	**2**		**1**
16	88	55	33	1		1
17	189	118	71			
18	256	167	88			
19	343	212	131	1		1
20-24	**4789**	**2747**	**2042**	**22**	**14**	**8**
20	577	345	232	1		1
21	756	456	300	3	1	2
22	955	574	381	2	2	
23	1194	642	552	5	4	1
24	1307	731	577	10	7	3
25-29	**11454**	**6350**	**5104**	**106**	**66**	**40**
25	2002	1112	890	10	3	7
26	2106	1112	995	22	17	5
27	2221	1258	963	24	14	11
28	2566	1437	1129	19	11	8
29	2559	1431	1128	30	21	9
30-34	**10563**	**5803**	**4759**	**107**	**70**	**37**
30	2419	1320	1100	19	13	6
31	2136	1179	958	22	13	9
32	1953	1061	892	21	16	4
33	2148	1187	961	22	15	7
34	1906	1058	849	23	13	10
35-39	**10321**	**5619**	**4702**	**183**	**137**	**46**
35	2062	1112	950	40	27	12
36	2144	1158	985	35	31	4
37	2144	1142	1002	33	21	13
38	1867	1054	813	36	27	9
39	2104	1152	952	39	31	8
40-44	**10819**	**5930**	**4889**	**166**	**135**	**31**
40	2295	1239	1056	32	27	6
41	2263	1225	1038	31	24	7
42	2080	1169	911	35	30	5
43	2123	1142	981	30	23	7
44	2058	1156	902	39	31	8
45-49	**10543**	**5831**	**4712**	**143**	**116**	**27**
45	2206	1217	989	30	24	5
46	2133	1202	931	35	28	7
47	2349	1265	1084	23	17	6
48	1783	1032	751	20	16	4
49	2073	1115	957	35	30	5
50-54	**7959**	**4636**	**3323**	**146**	**115**	**31**
50	1989	1131	858	39	32	7
51	1769	999	770	34	24	10
52	1977	1161	817	40	31	9
53	1498	925	573	21	16	4
54	725	420	305	12	11	1
55-59	**4367**	**2640**	**1727**	**70**	**60**	**10**
55	812	436	376	5	4	1
56	733	438	295	15	14	1
57	1060	650	409	15	12	4
58	973	623	350	20	17	3
59	790	493	297	16	14	2
60-64	**2238**	**1303**	**935**	**16**	**13**	**3**
60	547	335	211	4	3	1
61	519	295	224	5	5	1
62	439	247	193	2	2	
63	428	255	173	4	4	
64	305	171	135	1	1	1
65及以上	**1418**	**881**	**537**	**8**	**6**	**2**

5-5b 续表 1

单位：人

年 龄	二、专业技术人员			三、办事人员和有关人员			四、社会生产服务和生活服务人员		
	小计	男	女	小计	男	女	小计	男	女
总 计	**6680**	**3011**	**3669**	**2968**	**1961**	**1007**	**22113**	**11833**	**10280**
16-19	**42**	**13**	**28**	**4**	**1**	**3**	**242**	**137**	**105**
16	2	1	1	1		1	23	15	8
17	12	2	10				44	28	16
18	14	7	7	2	1	1	65	37	28
19	14	4	10	2		2	111	58	53
20-24	**477**	**137**	**340**	**156**	**88**	**68**	**1544**	**853**	**691**
20	33	13	21	18	12	7	180	101	79
21	55	16	39	18	15	3	242	138	103
22	100	35	65	26	14	12	292	171	121
23	129	25	103	40	18	22	393	206	187
24	160	48	112	53	29	24	438	237	201
25-29	**1210**	**370**	**840**	**486**	**269**	**218**	**3791**	**1999**	**1792**
25	236	76	160	99	49	50	664	342	322
26	220	52	169	98	47	51	688	353	335
27	240	74	166	93	49	43	705	386	319
28	249	89	160	107	66	42	855	456	399
29	264	80	185	89	58	31	879	462	417
30-34	**1001**	**408**	**594**	**369**	**218**	**151**	**3527**	**1868**	**1659**
30	225	84	141	81	40	41	837	433	404
31	213	105	109	88	56	31	687	372	315
32	168	56	112	53	27	26	671	352	319
33	216	90	126	88	58	30	697	376	321
34	179	73	106	59	37	22	635	336	299
35-39	**1145**	**510**	**635**	**416**	**272**	**144**	**3369**	**1736**	**1633**
35	228	105	123	77	52	25	682	336	346
36	224	89	135	86	57	30	701	358	343
37	296	121	175	94	60	34	697	373	324
38	181	92	89	76	50	27	648	339	309
39	217	103	113	83	54	29	641	330	311
40-44	**1088**	**521**	**567**	**470**	**307**	**163**	**3237**	**1675**	**1562**
40	265	114	152	108	75	33	710	346	363
41	231	105	126	100	62	38	674	329	345
42	210	103	107	85	62	23	625	345	280
43	193	97	96	87	53	34	614	305	309
44	189	103	86	90	55	35	614	349	265
45-49	**889**	**491**	**398**	**496**	**321**	**175**	**2888**	**1483**	**1405**
45	189	107	81	85	49	36	633	314	320
46	180	94	87	87	59	28	632	347	285
47	207	112	95	124	74	50	642	299	342
48	137	77	59	90	60	30	457	257	200
49	176	101	75	110	79	31	524	266	258
50-54	**557**	**339**	**218**	**358**	**286**	**72**	**2072**	**1187**	**885**
50	154	83	71	101	72	29	544	296	249
51	116	69	46	84	71	13	463	257	206
52	134	81	52	81	66	14	524	299	225
53	107	73	34	65	54	11	340	211	129
54	46	32	13	27	23	4	200	124	76
55-59	**191**	**160**	**31**	**157**	**147**	**9**	**935**	**579**	**356**
55	43	25	18	27	24	3	202	111	91
56	29	24	5	29	26	3	158	93	64
57	38	38		34	32	2	253	153	100
58	43	37	6	34	34		191	136	55
59	38	36	2	33	31	2	131	86	45
60-64	**50**	**38**	**12**	**44**	**40**	**4**	**325**	**196**	**129**
60	15	13	2	15	13	2	99	63	36
61	8	7	2	4	4		90	53	37
62	6	4	3	9	9		62	39	23
63	13	9	4	11	9	2	44	23	21
64	7	6	1	5	5		31	18	12
65及以上	**30**	**23**	**8**	**12**	**11**	**1**	**184**	**121**	**62**

5-5b 续表 2

单位：人

年 龄	五、农、林、牧、渔业生产及辅助人员			六、生产制造及有关人员			七、不便分类的其他从业人员		
	小计	男	女	小计	男	女	小计	男	女
总 计	**27467**	**14215**	**13252**	**15045**	**10472**	**4573**	**104**	**67**	**37**
16-19	**281**	**179**	**101**	**303**	**219**	**84**	**3**	**2**	
16	34	21	12	27	16	10	1	1	
17	71	46	25	61	42	20			
18	75	47	28	99	75	24	1	1	
19	100	64	36	116	86	30			
20-24	**1368**	**778**	**590**	**1213**	**872**	**341**	**10**	**5**	**4**
20	187	114	73	154	105	50	3	1	2
21	234	139	95	203	147	56	1		1
22	268	162	105	265	186	78	3	3	
23	344	183	161	281	204	76	2	1	1
24	335	180	155	311	230	80	1	1	
25-29	**3154**	**1717**	**1437**	**2692**	**1918**	**774**	**15**	**12**	**4**
25	502	280	222	488	360	128	3	2	1
26	600	314	286	473	327	146	4	2	2
27	619	350	269	538	383	155	2	2	
28	741	388	353	590	425	165	4	3	1
29	691	385	306	603	423	180	2	2	
30-34	**3203**	**1635**	**1568**	**2342**	**1595**	**746**	**15**	**9**	**5**
30	719	372	347	537	376	160	2	2	
31	670	332	338	451	299	152	5	2	3
32	606	305	301	431	302	129	3	3	
33	633	315	318	490	333	157	3	1	2
34	576	312	264	434	286	148	1	1	
35-39	**2990**	**1500**	**1490**	**2198**	**1452**	**746**	**20**	**11**	**9**
35	591	300	291	443	292	150	2		2
36	622	305	317	471	318	153	5	1	5
37	579	268	311	436	292	144	9	7	1
38	556	298	257	369	246	122	3	3	
39	643	329	314	479	303	176	1		1
40-44	**3479**	**1751**	**1728**	**2361**	**1530**	**831**	**18**	**11**	**7**
40	692	358	334	484	316	168	3	2	1
41	706	358	348	515	341	173	6	5	1
42	688	333	355	436	294	142	2	2	
43	704	342	362	492	320	172	4	1	2
44	689	360	329	435	258	176	2		2
45-49	**4099**	**2025**	**2074**	**2011**	**1382**	**629**	**18**	**13**	**5**
45	807	414	393	460	306	155	2	2	
46	735	342	393	459	329	129	5	4	1
47	921	465	456	429	295	134	3	2	1
48	721	376	345	354	243	111	5	2	2
49	915	428	488	309	209	101	3	3	
50-54	**3655**	**1808**	**1847**	**1168**	**899**	**269**	**3**	**2**	**1**
50	846	430	416	303	217	86	1	1	
51	806	376	430	264	200	65	1	1	
52	912	464	449	286	219	66	1	1	
53	731	373	357	233	197	36	1		1
54	359	164	195	82	66	16			
55-59	**2523**	**1309**	**1215**	**489**	**384**	**105**	**2**	**1**	**1**
55	431	203	229	104	69	35			
56	400	197	202	101	82	19	1	1	
57	613	332	281	106	85	21	1		1
58	577	312	265	108	88	20			
59	502	265	237	70	60	10			
60-64	**1606**	**851**	**754**	**195**	**163**	**32**	**2**	**1**	**1**
60	358	196	162	56	48	8			
61	367	191	176	44	36	8	1		1
62	323	163	160	37	30	7			
63	321	180	141	34	29	5	1	1	
64	238	121	116	24	20	4			
65及以上	**1110**	**661**	**449**	**73**	**58**	**15**			

5-5c 全区分年龄、性别、职业大类的就业人口(乡村)

单位：人

年龄	就业人口			一、党的机关、国家机关、群众团体和社会组织、企事业单位负责人		
	合计	男	女	小计	男	女
总计	**158394**	**87517**	**70876**	**505**	**381**	**124**
16-19	**4270**	**2468**	**1802**	**3**	**2**	**1**
16	532	323	208			
17	933	557	376	1		1
18	1258	698	559			
19	1548	890	658	2	2	
20-24	**11485**	**6504**	**4981**	**14**	**9**	**6**
20	1786	1029	758	3	1	2
21	1946	1140	806	1	1	
22	2241	1246	995	3	3	
23	2760	1548	1213	4	3	1
24	2752	1542	1209	3	1	2
25-29	**18137**	**9829**	**8308**	**51**	**31**	**19**
25	3450	1838	1612	8	6	1
26	3366	1796	1569	8	5	3
27	3510	1898	1611	5	1	4
28	3892	2105	1788	16	9	7
29	3919	2191	1728	13	9	4
30-34	**19642**	**10700**	**8942**	**49**	**30**	**19**
30	4233	2310	1923	4	2	2
31	4162	2228	1934	13	8	5
32	3573	1943	1630	8	6	2
33	3904	2126	1778	11	5	6
34	3770	2093	1677	14	9	5
35-39	**18202**	**10129**	**8073**	**74**	**50**	**24**
35	3827	2110	1716	18	12	7
36	3776	2088	1688	20	13	7
37	3587	1973	1614	17	14	3
38	3183	1793	1390	6	3	3
39	3830	2165	1664	13	9	4
40-44	**20050**	**10904**	**9146**	**57**	**41**	**16**
40	3913	2133	1780	10	8	2
41	4191	2286	1905	11	8	4
42	3945	2153	1792	11	8	3
43	4011	2133	1878	15	11	4
44	3990	2198	1791	10	7	3
45-49	**21501**	**11908**	**9593**	**74**	**58**	**17**
45	4143	2266	1878	11	8	3
46	4341	2425	1916	16	12	3
47	4656	2584	2072	10	8	2
48	3807	2125	1682	14	11	4
49	4553	2508	2045	23	18	5
50-54	**18299**	**9996**	**8303**	**92**	**73**	**19**
50	4315	2408	1908	18	15	3
51	4126	2148	1978	23	22	1
52	4594	2533	2061	22	17	4
53	3543	1968	1575	23	15	8
54	1721	940	781	6	4	2
55-59	**12369**	**6774**	**5595**	**56**	**54**	**2**
55	2106	1100	1006	10	10	
56	1973	1082	892	12	12	
57	2907	1607	1300	11	11	
58	2941	1656	1286	8	8	
59	2442	1330	1112	14	12	2
60-64	**8463**	**4761**	**3702**	**28**	**25**	**2**
60	1934	1096	837	9	8	1
61	1892	1058	834	6	5	1
62	1667	955	712	6	6	
63	1688	941	746	4	4	
64	1283	710	572	2	2	
65及以上	**5977**	**3544**	**2433**	**7**	**7**	

5-5c 续表 1

单位：人

年 龄	二、专业技术人员			三、办事人员和有关人员			四、社会生产服务和生活服务人员		
	小计	男	女	小计	男	女	小计	男	女
总 计	**3105**	**1617**	**1488**	**1084**	**772**	**311**	**14859**	**8359**	**6500**
16-19	**118**	**44**	**74**	**23**	**12**	**12**	**626**	**315**	**311**
16	15	10	5	2	1	1	79	40	38
17	17	6	11	4	1	3	140	75	65
18	41	12	29	7	4	3	175	79	95
19	45	16	29	10	6	4	233	120	113
20-24	**383**	**122**	**261**	**115**	**63**	**52**	**1962**	**1068**	**894**
20	38	9	29	14	7	7	306	162	144
21	48	9	39	25	15	10	347	194	153
22	82	23	59	17	11	6	374	183	191
23	101	31	70	26	16	10	470	266	204
24	114	49	64	33	14	19	465	263	201
25-29	**606**	**236**	**369**	**228**	**121**	**107**	**2875**	**1502**	**1373**
25	155	54	100	56	38	18	540	260	280
26	119	45	75	49	24	25	540	279	260
27	127	55	72	44	15	30	624	323	302
28	84	32	52	39	24	15	618	338	280
29	121	50	71	38	20	19	552	301	251
30-34	**439**	**183**	**256**	**197**	**142**	**55**	**2610**	**1470**	**1140**
30	105	54	51	53	43	10	569	324	245
31	105	31	73	46	34	12	557	312	246
32	71	25	46	22	18	4	487	269	218
33	92	46	47	36	19	17	521	277	244
34	66	28	39	41	29	12	475	288	187
35-39	**364**	**194**	**170**	**136**	**111**	**25**	**1820**	**1037**	**783**
35	79	45	34	33	24	9	432	245	187
36	76	39	37	39	31	8	399	220	179
37	73	43	30	19	15	5	393	221	172
38	57	21	35	24	23	1	272	145	126
39	79	46	33	21	18	2	325	206	118
40-44	**353**	**184**	**168**	**98**	**78**	**19**	**1702**	**966**	**736**
40	81	34	47	26	22	4	357	199	159
41	88	46	42	20	17	3	353	190	162
42	69	34	35	13	11	2	317	197	119
43	57	35	22	20	13	6	346	199	147
44	58	35	23	19	14	5	329	180	149
45-49	**289**	**203**	**86**	**92**	**73**	**20**	**1412**	**841**	**570**
45	48	27	21	20	14	6	283	170	113
46	61	38	23	27	21	5	291	175	116
47	49	35	13	7	5	2	324	193	132
48	48	33	15	14	10	4	232	140	92
49	82	68	14	25	23	3	281	163	118
50-54	**284**	**218**	**66**	**98**	**85**	**12**	**982**	**584**	**398**
50	86	70	16	24	19	5	264	143	121
51	63	47	16	23	18	5	199	127	73
52	61	41	20	27	26	1	239	136	103
53	44	36	8	12	10	1	197	127	70
54	29	24	5	12	12		83	52	31
55-59	**177**	**150**	**27**	**67**	**62**	**5**	**453**	**284**	**169**
55	16	11	5	9	8	1	83	51	32
56	19	15	4	10	8	2	72	52	21
57	49	45	4	24	22	3	120	75	45
58	48	38	10	17	17		114	66	48
59	46	41	5	8	8		65	41	24
60-64	**51**	**43**	**9**	**24**	**21**	**3**	**237**	**155**	**81**
60	18	14	3	11	8	3	61	37	24
61	6	6		4	4		51	30	21
62	7	6	1	4	4		36	30	6
63	12	9	3	3	3		44	30	14
64	9	7	2	2	2		44	28	16
65及以上	**42**	**40**	**2**	**6**	**4**	**2**	**183**	**138**	**45**

5-5c 续表 2

单位：人

年 龄	五、农、林、牧、渔业生产及辅助人员			六、生产制造及有关人员			七、不便分类的其他从业人员		
	小计	男	女	小计	男	女	小计	男	女
总 计	**113934**	**59110**	**54824**	**24684**	**17139**	**7545**	**223**	**139**	**84**
16-19	**2285**	**1361**	**924**	**1162**	**706**	**456**	**53**	**30**	**24**
16	283	184	99	142	79	63	12	9	2
17	528	333	196	227	138	89	14	4	11
18	663	376	288	358	220	138	14	7	6
19	810	468	342	435	269	166	13	9	4
20-24	**6008**	**3318**	**2690**	**2974**	**1903**	**1071**	**29**	**21**	**8**
20	922	515	407	497	330	167	6	4	2
21	1022	617	405	499	302	197	4	3	2
22	1192	649	543	568	372	196	5	5	
23	1429	763	666	724	466	258	6	3	3
24	1442	774	668	686	433	253	9	7	2
25-29	**10238**	**5233**	**5004**	**4102**	**2679**	**1423**	**38**	**27**	**11**
25	1856	927	930	828	546	282	6	6	
26	1874	948	925	769	489	279	7	6	1
27	1939	1000	939	763	501	263	7	4	2
28	2244	1128	1117	881	567	314	10	6	4
29	2325	1231	1094	861	576	285	8	4	4
30-34	**12296**	**6118**	**6178**	**4031**	**2747**	**1284**	**20**	**10**	**10**
30	2602	1290	1312	894	593	301	7	4	3
31	2564	1255	1310	872	588	284	6	2	4
32	2234	1097	1137	750	527	222	2	2	
33	2477	1255	1222	766	524	242	1	1	1
34	2419	1222	1198	749	515	234	5	2	3
35-39	**12459**	**6426**	**6033**	**3339**	**2304**	**1035**	**11**	**7**	**4**
35	2534	1271	1264	729	513	216	1	1	
36	2544	1315	1229	699	470	229			
37	2469	1274	1195	611	404	206	4	2	2
38	2200	1163	1037	624	435	188	2	2	
39	2713	1403	1309	677	480	196	3	2	1
40-44	**14568**	**7340**	**7228**	**3253**	**2281**	**972**	**20**	**14**	**7**
40	2761	1380	1381	675	488	187	3	2	1
41	3028	1530	1498	684	489	195	8	6	2
42	2883	1439	1444	649	461	188	3	3	
43	2953	1453	1500	616	421	195	4	1	3
44	2943	1538	1405	628	422	206	3	2	1
45-49	**16733**	**8588**	**8145**	**2887**	**2139**	**748**	**14**	**7**	**7**
45	3167	1590	1576	612	453	159	3	3	
46	3303	1710	1593	640	466	174	4	2	2
47	3665	1899	1766	599	444	155	1		1
48	3010	1549	1462	486	381	106	2	1	1
49	3588	1839	1749	549	395	154	4	1	3
50-54	**15079**	**7663**	**7416**	**1754**	**1364**	**389**	**10**	**7**	**3**
50	3463	1810	1653	457	348	109	3	3	
51	3426	1644	1782	390	290	100	2	1	1
52	3807	1969	1838	435	342	94	2	1	1
53	2923	1492	1431	342	286	56	2	1	1
54	1460	748	712	130	100	31	1	1	
55-59	**10853**	**5566**	**5287**	**752**	**649**	**103**	**9**	**8**	**1**
55	1811	872	939	175	148	27	3	1	1
56	1725	881	844	131	111	20	4	4	
57	2544	1311	1234	157	142	15	1	1	
58	2589	1383	1206	163	140	23	2	2	
59	2184	1120	1064	126	108	17			
60-64	**7793**	**4234**	**3559**	**325**	**279**	**45**	**6**	**3**	**3**
60	1760	963	798	71	65	6	4	1	3
61	1744	950	794	80	62	18	1	1	
62	1536	843	694	77	66	11	1	1	
63	1556	832	725	68	63	5			
64	1196	647	549	30	24	5			
65及以上	**5623**	**3263**	**2360**	**106**	**87**	**19**	**10**	**5**	**5**

5-6 全区分受教育程度、性别、职业大类的就业人口

单位：人

职业大类	就业人口			未上过学			小学		
	合计	男	女	小计	男	女	小计	男	女
总计	**293346**	**162884**	**130462**	**5164**	**1242**	**3922**	**65632**	**31892**	**33739**
党的机关、国家机关、群众团体和社会组织、企事业单位负责人	3923	2821	1103	3		3	171	113	57
专业技术人员	18757	8496	10261	26	9	18	301	178	123
办事人员和有关人员	8694	5594	3100	9	6	3	268	207	61
社会生产服务和生活服务人员	65347	35301	30046	282	73	209	6350	3049	3301
农、林、牧、渔业生产及辅助人员	146268	75882	70386	4535	1037	3498	50206	22968	27237
生产制造及有关人员	49708	34394	15314	297	112	184	8267	5339	2928
不便分类的其他从业人员	648	396	252	12	4	8	69	38	31

5-6 续表 1

单位：人

职业大类	初中			普通高中			中职		
	小计	男	女	小计	男	女	小计	男	女
总计	**150767**	**87491**	**63276**	**26910**	**17467**	**9443**	**14593**	**8215**	**6378**
党的机关、国家机关、群众团体和社会组织、企事业单位负责人	1030	709	321	718	545	174	375	238	136
专业技术人员	2127	1188	939	1614	879	735	2666	1029	1637
办事人员和有关人员	1452	1082	370	1121	837	284	854	500	354
社会生产服务和生活服务人员	32450	17097	15354	11225	6573	4652	6434	3540	2895
农、林、牧、渔业生产及辅助人员	81929	45558	36371	7127	4775	2352	1710	1048	662
生产制造及有关人员	31520	21701	9819	4971	3777	1194	2503	1829	674
不便分类的其他从业人员	259	157	102	135	82	53	51	32	19

5-6 续表 2

单位：人

职业大类	大学专科			大学本科			研究生		
	小计	男	女	小计	男	女	小计	男	女
总计	**17593**	**9602**	**7991**	**11859**	**6504**	**5354**	**829**	**471**	**357**
党的机关、国家机关、群众团体和社会组织、企事业单位负责人	829	607	222	708	536	172	90	72	17
专业技术人员	6076	2437	3640	5464	2534	2930	482	243	239
办事人员和有关人员	2515	1548	967	2300	1310	990	176	104	72
社会生产服务和生活服务人员	5963	3393	2570	2581	1538	1043	61	39	22
农、林、牧、渔业生产及辅助人员	606	399	207	151	97	53	5		5
生产制造及有关人员	1543	1178	364	594	446	149	14	12	1
不便分类的其他从业人员	61	40	21	61	44	17	1		1

5-6a 全区分受教育程度、性别、职业大类的就业人口(城市)

单位：人

职业大类	就业人口			未上过学			小学		
	合计	男	女	小计	男	女	小计	男	女
总计	**59607**	**33075**	**26532**	**166**	**60**	**106**	**4277**	**2164**	**2113**
党的机关、国家机关、群众团体和社会组织、企事业单位负责人	2450	1708	743	2		2	91	56	35
专业技术人员	8972	3868	5104	3		3	83	43	40
办事人员和有关人员	4642	2860	1782	5	3	1	101	82	19
社会生产服务和生活服务人员	28375	15109	13267	83	28	55	1788	781	1007
农、林、牧、渔业生产及辅助人员	4867	2557	2310	44	13	31	1232	575	657
生产制造及有关人员	9979	6783	3196	29	16	13	972	625	347
不便分类的其他从业人员	321	190	131	2		2	11	3	8

5-6a 续表 1

单位：人

职业大类	初中			普通高中			中职		
	小计	男	女	小计	男	女	小计	男	女
总计	**21186**	**11804**	**9382**	**9429**	**5700**	**3729**	**7044**	**3880**	**3163**
党的机关、国家机关、群众团体和社会组织、企事业单位负责人	565	387	177	417	298	119	260	157	103
专业技术人员	732	397	335	712	356	356	1017	403	614
办事人员和有关人员	678	510	168	576	404	172	445	244	200
社会生产服务和生活服务人员	11158	5636	5521	5641	3187	2454	3915	2109	1806
农、林、牧、渔业生产及辅助人员	2833	1506	1327	425	262	162	201	113	88
生产制造及有关人员	5115	3312	1803	1585	1146	439	1172	836	336
不便分类的其他从业人员	105	55	50	73	46	27	34	18	16

5-6a 续表 2

单位：人

职业大类	大学专科			大学本科			研究生		
	小计	男	女	小计	男	女	小计	男	女
总计	**9382**	**5049**	**4332**	**7419**	**4035**	**3384**	**703**	**382**	**321**
党的机关、国家机关、群众团体和社会组织、企事业单位负责人	569	396	173	477	357	121	70	56	13
专业技术人员	2697	983	1714	3294	1474	1819	435	212	223
办事人员和有关人员	1298	754	544	1398	782	616	141	80	61
社会生产服务和生活服务人员	3915	2226	1689	1828	1114	714	47	27	20
农、林、牧、渔业生产及辅助人员	108	71	37	23	17	5	2		2
生产制造及有关人员	749	586	163	350	256	94	6	6	
不便分类的其他从业人员	46	33	13	50	34	15	1		1

5-6b 全区分受教育程度、性别、职业大类的就业人口(镇)

单位：人

职业大类	就业人口			未上过学			小学		
	合计	男	女	小计	男	女	小计	男	女
总计	**75345**	**42291**	**33054**	**666**	**184**	**482**	**12424**	**5956**	**6468**
党的机关、国家机关、群众团体和社会组织、企事业单位负责人	969	732	236	1		1	47	31	16
专业技术人员	6680	3011	3669	6	3	2	92	51	42
办事人员和有关人员	2968	1961	1007	2	1	1	82	58	24
社会生产服务和生活服务人员	22113	11833	10280	76	16	61	2252	1019	1233
农、林、牧、渔业生产及辅助人员	27467	14215	13252	533	146	386	7727	3456	4271
生产制造及有关人员	15045	10472	4573	47	16	31	2202	1327	875
不便分类的其他从业人员	104	67	37				21	13	7

5-6b 续表 1

单位：人

职业大类	初中			普通高中			中职		
	小计	男	女	小计	男	女	小计	男	女
总计	**39718**	**22794**	**16923**	**8453**	**5595**	**2859**	**4451**	**2474**	**1976**
党的机关、国家机关、群众团体和社会组织、企事业单位负责人	237	166	71	163	131	32	77	51	26
专业技术人员	655	395	260	510	285	225	1027	342	685
办事人员和有关人员	389	286	103	403	314	89	310	184	126
社会生产服务和生活服务人员	11765	6103	5661	4012	2412	1600	1840	1039	801
农、林、牧、渔业生产及辅助人员	17058	9203	7855	1568	1032	536	385	243	143
生产制造及有关人员	9558	6606	2953	1783	1411	372	806	610	196
不便分类的其他从业人员	55	35	20	15	11	4	5	4	1

5-6b 续表 2

单位：人

职业大类	大学专科			大学本科			研究生		
	小计	男	女	小计	男	女	小计	男	女
总计	**6029**	**3292**	**2738**	**3506**	**1927**	**1580**	**98**	**70**	**28**
党的机关、国家机关、群众团体和社会组织、企事业单位负责人	213	172	41	215	168	47	16	13	3
专业技术人员	2561	1055	1506	1793	855	938	36	24	12
办事人员和有关人员	1022	678	344	734	423	311	25	16	10
社会生产服务和生活服务人员	1595	909	686	559	323	235	13	11	2
农、林、牧、渔业生产及辅助人员	159	113	47	36	23	13			
生产制造及有关人员	475	364	111	166	132	34	7	6	1
不便分类的其他从业人员	3		3	3	2	1			

5-6c　全区分受教育程度、性别、职业大类的就业人口(乡村)

单位：人

职业大类	就业人口			未上过学			小学		
	合计	男	女	小计	男	女	小计	男	女
总　计	**158394**	**87517**	**70876**	**4332**	**998**	**3334**	**48931**	**23773**	**25158**
党的机关、国家机关、群众团体和社会组织、企事业单位负责人	505	381	124	1		1	33	27	6
专业技术人员	3105	1617	1488	18	5	13	126	85	41
办事人员和有关人员	1084	772	311	2	2	1	85	66	19
社会生产服务和生活服务人员	14859	8359	6500	123	29	93	2310	1249	1061
农、林、牧、渔业生产及辅助人员	113934	59110	54824	3958	878	3080	41246	18937	22309
生产制造及有关人员	24684	17139	7545	221	81	140	5093	3387	1706
不便分类的其他从业人员	223	139	84	10	4	6	37	22	15

5-6c　续表 1

单位：人

职业大类	初中			普通高中			中职		
	小计	男	女	小计	男	女	小计	男	女
总　计	**89863**	**52892**	**36971**	**9027**	**6172**	**2855**	**3098**	**1860**	**1238**
党的机关、国家机关、群众团体和社会组织、企事业单位负责人	229	156	73	138	115	23	38	30	8
专业技术人员	740	395	345	392	238	154	622	283	339
办事人员和有关人员	384	285	99	141	119	22	99	71	28
社会生产服务和生活服务人员	9528	5357	4171	1572	974	598	680	392	288
农、林、牧、渔业生产及辅助人员	62037	34848	27189	5135	3481	1653	1124	692	431
生产制造及有关人员	16846	11783	5063	1604	1220	384	524	382	142
不便分类的其他从业人员	99	66	32	47	25	22	11	9	2

5-6c　续表 2

单位：人

职业大类	大学专科			大学本科			研究生		
	小计	男	女	小计	男	女	小计	男	女
总　计	**2182**	**1261**	**921**	**933**	**542**	**390**	**28**	**19**	**9**
党的机关、国家机关、群众团体和社会组织、企事业单位负责人	48	39	9	15	11	4	3	2	1
专业技术人员	819	398	420	378	204	173	11	8	3
办事人员和有关人员	195	116	79	167	105	62	9	8	1
社会生产服务和生活服务人员	452	257	195	195	101	94	1	1	
农、林、牧、渔业生产及辅助人员	339	216	123	92	57	35	3		3
生产制造及有关人员	318	228	90	78	57	21	1		1
不便分类的其他从业人员	11	6	5	8	7	1			

5-7 各地区分性别、受教育程度的就业人口

单位：人

地 区	就业人口			未上过学			小 学		
	合计	男	女	小计	男	女	小计	男	女
全 区	**293346**	**162884**	**130462**	**5164**	**1242**	**3922**	**65632**	**31892**	**33739**
南宁市	**47009**	**25890**	**21119**	**325**	**74**	**250**	**6399**	**2921**	**3478**
兴宁区	2916	1614	1302	7	4	3	235	102	134
青秀区	4868	2520	2348				190	74	116
江南区	4224	2370	1854	16	6	10	485	239	246
西乡塘区	8237	4718	3519	6	3	3	585	257	328
良庆区	2810	1560	1250	3	2	1	303	143	160
邕宁区	1886	1018	868	4	2	2	403	178	225
武鸣县	4012	2120	1892	16	6	10	421	187	234
隆安县	2023	1136	887	40	15	25	433	200	233
马山县	2415	1348	1067	85	13	72	729	368	360
上林县	2246	1225	1020	17	4	13	320	137	183
宾阳县	5219	3080	2139	17	1	16	970	436	534
横县	6154	3180	2973	115	19	95	1325	601	725
柳州市	**25529**	**14387**	**11142**	**612**	**143**	**469**	**5169**	**2776**	**2393**
城中区	1040	587	453				35	21	14
鱼峰区	2935	1681	1253	16	6	10	264	141	123
柳南区	3196	1907	1289	18	6	12	288	152	136
柳北区	2505	1375	1130	7		7	151	83	69
柳江县	4365	2462	1903	113	24	89	854	449	405
柳城县	2709	1446	1264	30	5	25	622	313	309
鹿寨县	2356	1296	1060	35	6	29	643	325	319
融安县	1836	1007	829	24	3	21	564	284	280
融水苗族自治县	2526	1467	1059	200	40	160	1016	632	384
三江侗族自治县	2061	1158	902	170	55	115	732	377	355
桂林市	**31694**	**17596**	**14098**	**601**	**164**	**437**	**7227**	**3679**	**3548**
秀峰区	895	492	402	2	1	2	75	34	41
叠彩区	1053	578	476				45	23	22
象山区	1658	904	754	11		11	73	32	41
七星区	1480	762	718	13	1	12	152	70	81
雁山区	474	283	191	11	4	8	146	71	75
临桂区	2940	1673	1267	126	17	109	894	495	399
阳朔县	1951	1105	846	51	14	36	598	327	270
灵川县	2329	1298	1031	15	6	9	395	189	206
全州县	4455	2463	1992	113	41	72	1106	518	588
兴安县	2538	1341	1197	18	7	12	447	220	228
永福县	1669	961	708	52	12	40	701	403	297
灌阳县	1730	967	763	28	15	13	409	191	218
龙胜各族自治县	1118	612	506	61	15	46	433	228	206
资源县	706	423	283	19	6	13	193	105	88
平乐县	2646	1517	1128	63	16	47	671	330	341
荔浦县	2422	1292	1129	12	6	6	411	197	214
恭城瑶族自治县	1630	924	706	5	4	1	477	245	233

5-7 续表 1

单位：人

地　区	初　中			普通高中			中　职		
	小计	男	女	小计	男	女	小计	男	女
全　区	**150767**	**87491**	**63276**	**26910**	**17467**	**9443**	**14593**	**8215**	**6378**
南宁市	**23138**	**13262**	**9876**	**4963**	**3162**	**1801**	**3235**	**1785**	**1451**
兴宁区	1219	740	479	532	317	215	260	132	127
青秀区	1183	619	564	389	230	158	422	213	209
江南区	2128	1225	903	577	335	242	300	155	145
西乡塘区	2674	1581	1093	1133	749	385	1139	642	497
良庆区	1402	775	627	457	274	183	221	122	99
邕宁区	1128	624	504	177	126	52	81	40	40
武鸣县	2577	1388	1189	349	219	130	227	129	98
隆安县	1216	711	504	194	134	60	55	27	28
马山县	1300	763	537	170	122	48	50	27	23
上林县	1303	740	564	152	100	52	93	42	50
宾阳县	3386	2089	1297	441	286	155	238	164	74
横县	3623	2007	1616	392	270	122	151	92	59
柳州市	**12171**	**7000**	**5170**	**1949**	**1215**	**734**	**2152**	**1299**	**853**
城中区	214	113	102	82	49	33	124	69	56
鱼峰区	1287	730	557	362	222	140	390	232	158
柳南区	1280	747	533	372	234	137	479	319	160
柳北区	999	543	456	327	196	131	392	232	160
柳江县	2454	1454	1000	262	157	105	307	174	133
柳城县	1757	944	813	136	89	48	94	56	38
鹿寨县	1323	763	560	100	60	40	139	79	61
融安县	1000	583	417	105	64	41	57	31	26
融水苗族自治县	981	593	388	122	87	36	85	50	35
三江侗族自治县	876	531	345	80	58	22	85	57	28
桂林市	**15628**	**8991**	**6637**	**3434**	**2197**	**1236**	**1356**	**708**	**648**
秀峰区	248	135	113	158	90	68	74	40	33
叠彩区	349	191	159	209	123	86	93	56	37
象山区	430	224	206	328	205	123	193	103	90
七星区	559	289	271	203	127	77	138	74	64
雁山区	230	148	82	48	32	16	16	10	6
临桂区	1352	821	531	306	200	106	91	51	41
阳朔县	1015	617	398	150	69	81	43	31	12
灵川县	1338	759	579	204	129	75	127	80	47
全州县	2393	1362	1031	497	334	162	105	68	37
兴安县	1518	795	723	308	205	103	74	31	43
永福县	691	406	285	108	76	32	30	12	18
灌阳县	965	552	413	233	156	76	30	13	17
龙胜各族自治县	449	274	175	68	43	25	39	16	23
资源县	297	195	101	83	57	26	29	10	19
平乐县	1364	855	509	193	136	57	141	58	83
荔浦县	1563	849	713	250	159	91	78	29	49
恭城瑶族自治县	870	519	350	88	55	33	56	26	30

5-7 续表 2

单位：人

地 区	大学专科			大学本科			研究生		
	小计	男	女	小计	男	女	小计	男	女
全 区	**17593**	**9602**	**7991**	**11859**	**6504**	**5354**	**829**	**471**	**357**
南宁市	**4641**	**2412**	**2229**	**3841**	**2024**	**1818**	**465**	**249**	**216**
兴宁区	432	207	225	216	102	114	15	9	5
青秀区	976	476	500	1478	771	706	231	137	94
江南区	455	254	201	254	150	104	8	6	1
西乡塘区	1399	803	596	1115	603	511	187	81	106
良庆区	290	165	125	126	73	53	9	6	3
邕宁区	52	26	25	41	21	20			
武鸣县	219	107	112	198	82	116	4	1	3
隆安县	65	38	27	21	10	10	1	1	
马山县	59	43	16	23	11	11			
上林县	211	113	98	147	90	58	2		2
宾阳县	124	75	49	43	29	14			
横县	359	104	255	181	81	100	9	7	2
柳州市	**1972**	**1095**	**878**	**1415**	**809**	**606**	**88**	**49**	**39**
城中区	296	172	124	270	153	117	19	11	8
鱼峰区	332	188	144	272	157	115	12	7	5
柳南区	423	233	190	314	201	113	22	15	7
柳北区	369	194	175	241	120	121	18	7	11
柳江县	259	141	117	114	61	53	2	1	1
柳城县	46	28	18	20	9	11	4	1	2
鹿寨县	68	36	32	43	25	18	4	3	2
融安县	63	33	31	23	10	12			
融水苗族自治县	58	33	25	60	31	30	4	1	2
三江侗族自治县	59	37	22	57	41	16	3	3	
桂林市	**2040**	**1086**	**954**	**1331**	**729**	**602**	**76**	**42**	**35**
秀峰区	149	88	61	175	97	79	13	8	5
叠彩区	231	117	113	113	58	54	14	9	5
象山区	335	177	158	262	156	107	27	8	19
七星区	236	102	135	169	94	75	9	6	3
雁山区	14	11	2	9	7	2	1	1	
临桂区	91	47	44	80	43	37			
阳朔县	56	29	27	39	17	21			
灵川县	163	84	79	84	47	37	3	3	
全州县	146	88	59	95	52	43			
兴安县	118	60	58	52	22	30	3	2	1
永福县	56	37	19	30	14	16	1		1
灌阳县	43	26	17	22	13	9			
龙胜各族自治县	49	23	26	19	13	6			
资源县	41	24	17	41	21	20	4	4	
平乐县	164	95	68	49	26	22			
荔浦县	71	35	36	37	17	20			
恭城瑶族自治县	77	42	35	57	33	24	1	1	

5-7 续表 3 单位：人

地　区	就业人口			未上过学			小　学		
	合计	男	女	小计	男	女	小计	男	女
梧州市	**16217**	**9115**	**7102**	**145**	**51**	**93**	**4088**	**2000**	**2088**
万秀区	1627	888	739	2		2	119	57	62
长洲区	1278	700	578	5	1	4	198	95	103
龙圩区	1650	993	657	18	11	7	454	245	209
苍梧县	1905	1068	837	17	1	16	727	328	399
藤县	5029	2841	2187	75	25	50	1661	831	830
蒙山县	956	532	423	6	2	4	174	84	90
岑溪市	3772	2092	1680	21	11	10	756	361	395
北海市	**10100**	**5317**	**4784**	**122**	**40**	**82**	**1344**	**620**	**724**
海城区	2504	1137	1367	3	1	2	118	52	65
银海区	1068	615	452	38	14	24	165	86	79
铁山港区	853	467	386	7	4	3	157	67	90
合浦县	5675	3097	2578	74	21	53	904	414	489
防城港市	**4969**	**3099**	**1871**	**72**	**23**	**49**	**751**	**391**	**360**
港口区	1336	907	429	19	8	11	102	53	49
防城区	1638	998	640	31	8	23	339	183	156
上思县	1245	715	530	14	5	9	172	82	91
东兴市	750	479	271	8	2	6	137	73	64
钦州市	**15964**	**9404**	**6561**	**324**	**100**	**224**	**4459**	**2447**	**2012**
钦南区	3343	1959	1384	48	5	43	667	342	326
钦北区	2842	1751	1091	50	20	30	747	427	319
灵山县	6052	3537	2514	185	63	122	2032	1151	880
浦北县	3728	2157	1571	41	11	29	1014	527	486
贵港市	**25016**	**13888**	**11129**	**193**	**59**	**133**	**5205**	**2470**	**2735**
港北区	3594	1967	1627	22	5	18	483	199	284
港南区	3349	1788	1562	14	4	10	536	224	312
覃塘区	3086	1764	1322	23	8	15	781	386	395
平南县	6872	3853	3019	47	11	35	1558	788	770
桂平市	8115	4516	3599	86	31	55	1847	874	974
玉林市	**31616**	**17306**	**14310**	**160**	**56**	**103**	**6119**	**3013**	**3106**
玉州区	4681	2704	1977	20	18	2	329	176	153
福绵区	2678	1474	1204	25	11	14	642	330	313
容县	3892	2090	1802	39	8	31	987	496	491
陆川县	3211	1848	1363	2	2		446	245	201
博白县	7860	4096	3764	31	6	25	2030	951	1079
兴业县	3800	2034	1766	33	7	26	680	312	368
北流市	5495	3061	2434	9	4	4	1004	502	502

5-7 续表 4

单位：人

地 区	初 中			普通高中			中 职		
	小计	男	女	小计	男	女	小计	男	女
梧州市	**8383**	**4901**	**3482**	**1343**	**894**	**449**	**762**	**437**	**325**
万秀区	615	324	291	260	156	104	240	147	93
长洲区	456	252	204	172	105	67	164	89	76
龙圩区	936	585	351	102	69	33	36	25	12
苍梧县	986	611	375	69	56	13	53	40	13
藤县	2466	1472	995	379	252	128	120	61	58
蒙山县	585	337	247	59	37	21	41	21	20
岑溪市	2339	1319	1020	301	219	83	107	54	53
北海市	**5132**	**2724**	**2408**	**1480**	**879**	**601**	**778**	**399**	**379**
海城区	867	325	541	507	266	241	364	159	205
银海区	495	295	200	133	83	50	82	47	36
铁山港区	545	312	233	79	55	24	22	8	14
合浦县	3225	1791	1434	762	476	286	309	185	124
防城港市	**2599**	**1672**	**926**	**616**	**456**	**161**	**341**	**203**	**137**
港口区	585	419	165	266	204	62	131	75	56
防城区	847	529	318	147	110	38	81	52	29
上思县	779	458	321	104	70	34	84	50	34
东兴市	388	265	123	100	72	27	45	26	19
钦州市	**7708**	**4776**	**2932**	**1504**	**995**	**509**	**718**	**410**	**308**
钦南区	1345	854	491	437	290	147	300	176	123
钦北区	1439	929	510	303	195	108	110	55	56
灵山县	2945	1806	1140	467	301	166	148	80	69
浦北县	1979	1187	792	297	209	88	159	99	60
贵港市	**14918**	**8505**	**6412**	**2569**	**1686**	**882**	**677**	**384**	**293**
港北区	1786	1026	759	505	314	191	247	135	112
港南区	2134	1132	1002	425	291	134	63	37	26
覃塘区	1810	1069	741	198	146	52	118	74	44
平南县	4202	2402	1800	707	450	257	102	53	49
桂平市	4985	2876	2109	734	486	248	148	84	63
玉林市	**18610**	**10291**	**8319**	**3281**	**2051**	**1230**	**1302**	**716**	**586**
玉州区	2079	1240	839	868	506	362	470	261	209
福绵区	1625	897	727	262	158	104	84	56	28
容县	2118	1151	967	321	208	113	153	87	66
陆川县	1947	1084	863	506	357	149	102	47	55
博白县	4686	2469	2217	637	406	231	198	106	91
兴业县	2529	1387	1142	289	180	109	136	74	62
北流市	3626	2062	1564	397	236	161	159	86	73

5-7 续表 5

单位：人

地 区	大学专科			大学本科			研究生		
	小计	男	女	小计	男	女	小计	男	女
梧州市	**871**	**492**	**380**	**603**	**327**	**276**	**21**	**12**	**9**
万秀区	244	126	118	141	75	65	5	2	3
长洲区	149	80	69	125	72	54	8	6	2
龙圩区	60	35	25	42	24	19	2		2
苍梧县	39	23	16	14	8	5			
藤县	231	146	84	97	54	42			
蒙山县	53	32	21	38	19	19			
岑溪市	95	49	46	146	75	71	6	4	3
北海市	**725**	**381**	**345**	**507**	**267**	**240**	**12**	**7**	**4**
海城区	344	177	166	295	152	143	7	5	3
银海区	98	56	42	54	33	21	2	2	1
铁山港区	29	15	14	13	5	8			
合浦县	255	133	122	145	76	69	2	1	1
防城港市	**369**	**225**	**144**	**218**	**126**	**91**	**5**	**3**	**2**
港口区	134	86	48	97	60	37	3	2	1
防城区	113	71	42	78	44	33	1	1	1
上思县	71	39	32	21	10	11	1	1	
东兴市	51	29	22	22	12	10			
钦州市	**837**	**462**	**375**	**405**	**206**	**199**	**10**	**8**	**2**
钦南区	351	192	159	188	94	94	8	6	2
钦北区	140	92	48	53	32	20			
灵山县	175	89	86	99	47	51	1	1	
浦北县	172	90	81	66	32	34	1	1	
贵港市	**913**	**499**	**414**	**530**	**275**	**255**	**12**	**9**	**4**
港北区	356	187	169	190	97	93	5	4	1
港南区	103	61	42	73	39	34	1		1
覃塘区	93	56	37	62	25	37			
平南县	170	99	71	82	45	37	4	4	
桂平市	189	96	94	123	68	54	3	1	1
玉林市	**1422**	**781**	**641**	**694**	**379**	**316**	**29**	**20**	**9**
玉州区	598	330	268	302	163	139	15	10	5
福绵区	28	14	14	12	9	3			
容县	141	74	68	128	64	64	4	3	1
陆川县	145	77	68	61	35	26			
博白县	195	116	79	78	36	41	6	6	
兴业县	100	52	48	32	21	11			
北流市	215	118	97	81	51	30	4	1	3

5-7 续表 6 单位：人

地 区	就业人口			未上过学			小 学		
	合计	男	女	小计	男	女	小计	男	女
百色市	**22935**	**12471**	**10464**	**945**	**208**	**737**	**7526**	**3567**	**3959**
右江区	2878	1623	1255	36	7	30	651	308	343
田阳县	2031	1120	911	30	7	23	701	328	373
田东县	2039	1116	923	71	17	54	689	338	351
平果县	3333	1748	1586	54	9	46	845	361	484
德保县	2001	1131	870	19	9	10	648	327	321
靖西县	3621	1966	1655	79	23	56	1234	570	664
那坡县	1047	555	492	26	3	23	477	233	244
凌云县	840	458	382	87	17	70	377	196	180
乐业县	636	357	279	27	4	23	255	116	139
田林县	1425	763	662	66	13	53	498	220	278
西林县	1018	548	470	146	37	109	448	227	221
隆林各族自治县	2064	1085	979	303	64	239	705	344	361
贺州市	**12748**	**7014**	**5734**	**326**	**73**	**253**	**3718**	**1735**	**1983**
八步区	3919	2089	1831	71	9	62	1134	513	621
平桂管理区	2415	1346	1069	66	21	45	554	274	281
昭平县	2348	1316	1032	20	7	14	614	293	321
钟山县	2280	1281	999	68	10	58	859	413	446
富川瑶族自治县	1786	983	803	100	26	75	557	243	314
河池市	**22714**	**12606**	**10109**	**888**	**154**	**734**	**7003**	**3297**	**3706**
金城江区	2916	1857	1059	33	7	26	492	229	263
南丹县	1643	920	723	57	16	41	531	224	307
天峨县	945	506	439	94	16	78	358	170	188
凤山县	875	477	398	58	5	53	335	150	185
东兰县	1260	673	586	120	30	90	354	171	183
罗城仫佬族自治县	1975	1084	891	49	3	46	718	359	360
环江毛南族自治县	1777	936	841	70	18	52	477	252	226
巴马瑶族自治县	1359	769	590	81	8	73	464	221	242
都安瑶族自治县	3200	1705	1495	79	5	74	1012	486	526
大化瑶族自治县	2789	1571	1218	127	20	106	1040	488	551
宜州市	3976	2106	1870	119	25	94	1223	548	675
来宾市	**13295**	**7408**	**5886**	**192**	**46**	**146**	**3067**	**1409**	**1658**
兴宾区	5337	3000	2337	92	25	67	1266	538	728
忻城县	2099	1131	968	50	8	42	571	257	314
象州县	1938	1088	849	15	4	11	515	261	253
武宣县	2540	1431	1109	22	6	16	442	218	224
金秀瑶族自治县	785	432	354	8	3	5	205	100	105
合山市	596	327	269	6	1	5	68	34	33
崇左市	**13540**	**7385**	**6154**	**259**	**48**	**210**	**3555**	**1566**	**1989**
江州区	2048	1119	929	18	2	16	471	209	262
扶绥县	2390	1322	1068	25	6	19	566	276	290
宁明县	2373	1362	1011	32	6	26	680	306	373
龙州县	1661	896	765	44	11	33	456	192	264
大新县	2037	1045	992	58	11	47	492	180	313
天等县	2178	1128	1050	70	12	58	723	320	403
凭祥市	854	514	340	12	1	11	167	83	84

5-7 续表 7

单位：人

地　区	初　中			普通高中			中　职		
	小计	男	女	小计	男	女	小计	男	女
百色市	**10271**	**6152**	**4118**	**1328**	**906**	**422**	**1062**	**597**	**465**
右江区	1423	851	572	199	138	60	241	135	106
田阳县	895	515	380	146	108	37	108	62	46
田东县	788	464	324	149	102	47	110	70	40
平果县	1754	980	774	272	173	99	177	103	74
德保县	1046	632	414	101	60	41	50	26	23
靖西县	1975	1168	807	155	100	55	83	43	40
那坡县	378	218	160	47	33	14	41	21	20
凌云县	251	166	84	42	29	13	40	26	14
乐业县	261	181	80	31	23	8	33	16	17
田林县	650	406	243	66	43	22	50	26	24
西林县	320	218	102	43	28	15	30	23	7
隆林各族自治县	532	354	178	78	67	11	100	46	53
贺州市	**6725**	**4008**	**2717**	**846**	**552**	**294**	**431**	**232**	**199**
八步区	1986	1135	851	259	170	89	172	90	82
平桂管理区	1451	848	603	217	128	88	65	35	29
昭平县	1350	794	556	128	86	42	80	42	38
钟山县	1071	676	395	132	87	44	52	34	17
富川瑶族自治县	867	555	312	111	81	31	63	30	33
河池市	**10729**	**6531**	**4198**	**1536**	**1066**	**470**	**741**	**458**	**283**
金城江区	1445	1003	443	283	207	76	184	106	78
南丹县	789	502	287	90	64	26	89	60	29
天峨县	358	230	128	32	23	9	26	18	7
凤山县	334	228	106	48	35	13	15	8	7
东兰县	544	316	229	86	60	26	28	16	13
罗城仫佬族自治县	1010	595	415	102	75	27	32	18	14
环江毛南族自治县	1010	554	456	105	63	42	40	25	15
巴马瑶族自治县	630	411	218	81	56	25	35	23	12
都安瑶族自治县	1616	900	716	222	158	64	78	49	29
大化瑶族自治县	1086	673	413	188	130	57	110	81	29
宜州市	1907	1119	788	299	195	104	105	55	50
来宾市	**7581**	**4450**	**3131**	**938**	**639**	**299**	**577**	**341**	**236**
兴宾区	3017	1821	1196	377	265	111	236	143	94
忻城县	1132	669	463	118	86	33	77	31	45
象州县	1120	643	477	111	74	37	73	46	26
武宣县	1636	933	703	179	121	57	107	71	36
金秀瑶族自治县	389	224	166	62	42	20	32	17	15
合山市	286	161	125	91	50	41	52	32	20
崇左市	**7175**	**4227**	**2948**	**1123**	**768**	**355**	**460**	**247**	**214**
江州区	1232	708	523	163	104	58	81	50	31
扶绥县	1392	800	592	228	151	77	70	33	37
宁明县	1352	847	506	161	113	48	61	37	24
龙州县	838	507	330	137	87	50	50	28	22
大新县	1042	600	443	147	108	39	116	50	66
天等县	955	520	435	188	129	59	50	31	19
凭祥市	363	245	118	99	75	24	33	18	15

5-7 续表 8

单位：人

地 区	大学专科			大学本科			研究生		
	小计	男	女	小计	男	女	小计	男	女
百色市	**1111**	**637**	**473**	**661**	**383**	**278**	**31**	**20**	**10**
右江区	167	97	70	146	75	71	17	12	5
田阳县	84	59	25	66	41	25	1		1
田东县	150	86	64	80	38	42	3	1	1
平果县	179	95	84	50	27	23	1		1
德保县	84	50	35	51	27	24	2	1	1
靖西县	59	32	28	37	31	6			
那坡县	52	33	19	25	14	11	2	1	1
凌云县	36	19	17	8	4	4			
乐业县	24	13	10	6	4	1			
田林县	61	32	28	32	21	11	2	2	1
西林县	22	9	13	9	6	3			
隆林各族自治县	193	112	81	152	95	56	3	3	
贺州市	**388**	**213**	**175**	**275**	**172**	**103**	**39**	**29**	**10**
八步区	145	78	67	118	70	48	33	23	10
平桂管理区	38	22	16	22	16	6	2	2	
昭平县	91	55	36	65	40	26	1	1	
钟山县	56	26	31	40	32	8	3	3	
富川瑶族自治县	58	34	24	29	15	15			
河池市	**1099**	**654**	**445**	**693**	**431**	**262**	**25**	**15**	**10**
金城江区	298	191	107	175	111	64	5	4	1
南丹县	56	38	19	31	16	15			
天峨县	45	30	16	30	18	12	1	1	1
凤山县	64	37	28	19	13	6			
东兰县	64	41	23	61	39	22	1	1	
罗城仫佬族自治县	48	28	19	17	7	10			
环江毛南族自治县	63	19	44	12	6	5			
巴马瑶族自治县	49	34	16	17	14	3	2	2	
都安瑶族自治县	127	71	56	67	37	31			
大化瑶族自治县	142	98	44	90	74	16	7	7	
宜州市	143	69	74	173	96	78	8		8
来宾市	**605**	**340**	**265**	**328**	**179**	**149**	**8**	**5**	**3**
兴宾区	226	135	91	120	72	48	2	1	1
忻城县	95	51	44	54	28	26	2	2	
象州县	67	43	25	34	16	18	2	1	1
武宣县	88	47	41	66	35	32	1	1	
金秀瑶族自治县	55	26	29	33	19	14	1		1
合山市	73	38	35	20	10	10			
崇左市	**601**	**326**	**275**	**358**	**198**	**160**	**9**	**5**	**4**
江州区	58	32	26	25	13	12	1	1	
扶绥县	70	32	38	39	22	17	1	1	
宁明县	68	42	26	19	10	8	1	1	
龙州县	81	44	36	54	26	28	1		1
大新县	125	63	62	52	32	20	4	2	2
天等县	114	69	45	77	48	30	1		1
凭祥市	85	44	42	93	47	46	1	1	

5-7a　各地区分性别、受教育程度的就业人口(城市)

单位：人

地　区	就业人口			未上过学			小　学		
	合计	男	女	小计	男	女	小计	男	女
全　区	**59607**	**33075**	**26532**	**166**	**60**	**106**	**4277**	**2164**	**2113**
南宁市	17742	9867	7875	12	6	6	574	276	298
柳州市	8956	5132	3824	36	12	24	629	342	287
桂林市	5587	3023	2565	18	1	17	418	193	225
梧州市	4012	2237	1774	8	1	7	421	224	197
北海市	3024	1444	1579	11	4	6	152	77	75
防城港市	1349	777	572	8	1	7	136	76	60
钦州市	1629	910	719	9	3	6	168	82	85
贵港市	4481	2530	1951	11	7	4	429	204	226
玉林市	4783	2687	2096	19	17	2	304	175	129
百色市	1698	1015	683	6	2	4	262	150	113
贺州市	1514	823	691	2	1	2	144	74	70
河池市	2470	1319	1151	10	3	7	380	168	212
来宾市	1558	867	691	10	1	9	194	92	102
崇左市	805	443	362	5	1	4	66	30	36

5-7a　续表 1

单位：人

地　区	初　中			普通高中			中　职		
	小计	男	女	小计	男	女	小计	男	女
全　区	**21186**	**11804**	**9382**	**9429**	**5700**	**3729**	**7044**	**3880**	**3163**
南宁市	4979	2864	2115	2801	1704	1097	2215	1190	1025
柳州市	3293	1853	1441	1104	673	431	1339	818	521
桂林市	1749	947	802	994	589	405	543	298	246
梧州市	1538	865	673	600	363	236	475	268	207
北海市	1082	451	631	599	323	276	427	192	234
防城港市	512	289	222	258	172	86	118	62	55
钦州市	572	339	233	264	167	97	212	100	112
贵港市	1913	1092	821	808	514	294	394	224	170
玉林市	2017	1143	874	944	529	415	505	268	237
百色市	765	462	303	150	110	40	212	121	91
贺州市	714	371	342	262	154	108	123	70	53
河池市	1075	589	486	261	158	103	226	122	104
来宾市	669	366	302	264	170	94	173	98	75
崇左市	308	172	136	120	75	45	82	49	33

5-7a 续表 2

单位：人

地　区	大学专科			大学本科			研究生		
	小计	男	女	小计	男	女	小计	男	女
全　区	**9382**	**5049**	**4332**	**7419**	**4035**	**3384**	**703**	**382**	**321**
南宁市	3516	1880	1636	3197	1708	1489	449	239	209
柳州市	1396	770	626	1089	626	462	71	40	31
桂林市	1017	521	496	785	444	341	63	30	33
梧州市	520	273	246	430	230	200	21	12	9
北海市	409	215	194	334	175	160	10	6	3
防城港市	174	98	76	139	75	64	4	2	2
钦州市	283	157	126	115	59	57	5	3	2
贵港市	566	309	257	351	177	175	8	4	4
玉林市	680	378	302	302	170	132	12	7	6
百色市	143	85	59	142	74	68	17	12	5
贺州市	124	66	58	113	65	48	32	23	9
河池市	272	139	133	238	139	99	8	1	7
来宾市	167	96	71	79	43	35	2	1	1
崇左市	116	63	53	105	50	55	2	2	

5-7b 各地区分性别、受教育程度的就业人口(镇)

单位：人

地　区	就业人口			未上过学			小　学		
	合计	男	女	小计	男	女	小计	男	女
全　区	**75345**	**42291**	**33054**	**666**	**184**	**482**	**12424**	**5956**	**6468**
南宁市	9498	5304	4194	47	7	41	1223	581	642
柳州市	5899	3333	2566	39	10	29	1006	525	481
桂林市	7398	4138	3259	73	22	51	1096	558	537
梧州市	3706	2099	1607	22	6	16	889	396	493
北海市	2413	1357	1055	29	11	18	216	100	116
防城港市	1326	921	405	21	10	10	106	54	52
钦州市	4947	3008	1939	83	31	52	802	464	338
贵港市	7638	4161	3477	38	15	23	1461	674	787
玉林市	10195	5567	4628	22	7	14	1621	774	846
百色市	6070	3289	2781	57	13	45	1067	476	591
贺州市	3650	2050	1600	73	17	56	809	381	428
河池市	5448	3063	2386	127	25	102	1123	497	626
来宾市	3688	2041	1648	17	5	12	598	301	297
崇左市	3468	1960	1509	19	4	15	408	175	233

5-7b 续表 1

单位：人

地　区	初　中			普通高中			中　职		
	小计	男	女	小计	男	女	小计	男	女
全　区	**39718**	**22794**	**16923**	**8453**	**5595**	**2859**	**4451**	**2474**	**1976**
南宁市	5326	3155	2171	917	596	321	511	289	222
柳州市	3087	1767	1320	477	298	180	531	312	219
桂林市	3357	1907	1449	1076	691	385	549	256	293
梧州市	1903	1119	784	315	233	83	162	93	69
北海市	1121	617	504	491	314	177	194	123	71
防城港市	670	487	183	196	165	31	145	87	58
钦州市	2356	1471	885	689	460	229	322	200	122
贵港市	4863	2666	2198	873	566	307	125	79	46
玉林市	5945	3255	2690	1285	839	446	443	221	222
百色市	2895	1620	1275	559	352	207	499	268	231
贺州市	1994	1177	817	289	191	98	169	91	78
河池市	2562	1495	1068	449	321	129	309	204	106
来宾市	2052	1153	899	285	184	101	237	128	109
崇左市	1587	906	681	551	386	165	256	125	131

5-7b 续表 2

单位：人

地　区	大学专科			大学本科			研究生		
	小计	男	女	小计	男	女	小计	男	女
全　区	**6029**	**3292**	**2738**	**3506**	**1927**	**1580**	**98**	**70**	**28**
南宁市	874	385	489	588	285	303	13	7	5
柳州市	479	268	211	269	147	122	11	6	5
桂林市	803	458	344	433	235	198	12	10	2
梧州市	275	175	100	140	78	63			
北海市	223	119	104	137	72	65	2	1	1
防城港市	137	85	52	50	32	18	1	1	
钦州市	442	245	197	250	134	116	4	4	
贵港市	168	98	70	106	59	47	4	4	
玉林市	540	291	249	327	169	158	14	12	2
百色市	650	360	290	332	196	136	11	5	6
贺州市	184	102	81	127	86	40	4	3	1
河池市	534	310	225	333	203	130	10	9	1
来宾市	303	166	137	191	100	91	6	4	2
崇左市	418	229	189	223	131	92	6	3	3

5-7c 各地区分性别、受教育程度的就业人口(乡村)

单位:人

地区	就业人口			未上过学			小学		
	合计	男	女	小计	男	女	小计	男	女
全区	**158394**	**87517**	**70876**	**4332**	**998**	**3334**	**48931**	**23773**	**25158**
南宁市	19769	10719	9049	266	62	204	4603	2065	2537
柳州市	10674	5921	4752	538	122	416	3534	1909	1625
桂林市	18709	10435	8274	510	141	369	5714	2928	2786
梧州市	8499	4778	3721	115	44	71	2778	1380	1399
北海市	4664	2515	2149	82	24	58	976	443	533
防城港市	2295	1401	894	43	12	31	509	260	248
钦州市	9388	5485	3903	232	66	166	3490	1901	1588
贵港市	12897	7197	5701	144	38	106	3315	1592	1723
玉林市	16638	9052	7586	119	32	87	4195	2063	2131
百色市	15166	8166	7000	882	194	688	6197	2941	3256
贺州市	7584	4141	3443	250	55	195	2765	1281	1484
河池市	14796	8224	6572	751	126	625	5500	2633	2868
来宾市	8048	4501	3548	165	40	125	2275	1016	1259
崇左市	9267	4983	4284	235	43	192	3082	1361	1721

5-7c 续表 1

单位:人

地区	初中			普通高中			中职		
	小计	男	女	小计	男	女	小计	男	女
全区	**89863**	**52892**	**36971**	**9027**	**6172**	**2855**	**3098**	**1860**	**1238**
南宁市	12833	7243	5590	1246	863	383	509	306	204
柳州市	5790	3380	2410	368	245	123	282	170	113
桂林市	10523	6137	4386	1364	917	447	264	154	110
梧州市	4942	2918	2025	428	298	130	125	76	50
北海市	2930	1656	1273	390	241	148	158	84	74
防城港市	1417	896	521	162	119	43	78	54	24
钦州市	4780	2966	1814	551	368	183	184	110	74
贵港市	8141	4747	3394	888	607	281	158	81	77
玉林市	10648	5893	4756	1053	684	369	354	227	127
百色市	6611	4070	2540	619	444	175	351	208	142
贺州市	4017	2460	1558	295	207	88	140	71	68
河池市	7092	4447	2645	825	587	238	206	133	74
来宾市	4860	2931	1929	389	285	104	167	115	52
崇左市	5279	3149	2130	451	307	144	122	72	50

5-7c 续表 2

单位：人

地 区	大学专科			大学本科			研究生		
	小计	男	女	小计	男	女	小计	男	女
全 区	**2182**	**1261**	**921**	**933**	**542**	**390**	**28**	**19**	**9**
南宁市	252	148	104	57	31	26	3	2	1
柳州市	98	57	41	57	35	22	6	3	3
桂林市	220	107	114	113	51	62	1	1	
梧州市	77	43	33	33	19	13	1		1
北海市	94	47	46	35	20	16			
防城港市	58	42	16	28	19	9			
钦州市	111	60	51	39	13	26	1	1	
贵港市	179	92	87	72	39	34			
玉林市	202	112	90	65	40	25	3	1	2
百色市	317	192	124	188	113	74	3	3	
贺州市	81	45	36	34	21	14	2	2	
河池市	293	205	88	122	89	34	7	5	2
来宾市	135	78	57	58	36	22			
崇左市	67	33	33	31	17	14	1		1

6 婚姻

6-1 全区分年龄、性别、婚姻状况的人口

单位：人

年龄	合计			未婚		
	合计	男	女	小计	男	女
总 计	**461303**	**233319**	**227984**	**103651**	**62737**	**40914**
15-19	**33330**	**17820**	**15510**	**32468**	**17595**	**14874**
15	7670	4301	3369	7643	4290	3354
16	6981	4001	2980	6918	3983	2935
17	6682	3617	3065	6561	3583	2978
18	5999	3050	2949	5743	2997	2747
19	5998	2851	3147	5603	2742	2860
20-24	**37944**	**18064**	**19880**	**30507**	**15680**	**14826**
20	7800	3320	4480	7133	3155	3979
21	7828	3494	4334	6898	3220	3678
22	7542	3642	3900	6145	3214	2931
23	7661	3908	3753	5648	3235	2413
24	7113	3700	3414	4682	2856	1826
25-29	**50183**	**25288**	**24895**	**21536**	**13868**	**7668**
25	9491	4793	4697	5604	3400	2204
26	9508	4747	4761	4688	2890	1799
27	9823	4927	4896	4139	2703	1435
28	10709	5455	5253	3844	2633	1211
29	10653	5365	5288	3262	2242	1019
30-34	**48209**	**24396**	**23813**	**8675**	**6438**	**2237**
30	10672	5385	5287	2591	1872	719
31	10117	5032	5085	2069	1480	590
32	8749	4406	4342	1477	1093	384
33	9673	4924	4748	1449	1110	339
34	8999	4649	4350	1089	883	206
35-39	**44479**	**23296**	**21182**	**3765**	**3038**	**727**
35	9376	4848	4528	1028	812	217
36	9300	4856	4443	857	673	183
37	8827	4558	4270	705	567	138
38	7892	4247	3645	617	527	90
39	9083	4787	4296	558	459	99
40-44	**45948**	**24088**	**21860**	**2253**	**1965**	**288**
40	9291	4853	4438	520	443	78
41	9650	5025	4625	521	450	71
42	9024	4799	4225	417	370	47
43	9076	4703	4372	404	348	56
44	8907	4708	4199	390	354	36
45-49	**46559**	**24606**	**21953**	**1497**	**1371**	**126**
45	9541	5075	4466	357	326	31
46	9305	4950	4356	292	264	28
47	10126	5363	4763	355	325	30
48	8019	4265	3753	225	207	18
49	9567	4953	4614	268	249	19
50-54	**40055**	**20829**	**19226**	**885**	**807**	**78**
50	9409	5014	4394	265	233	32
51	8983	4495	4488	213	199	14
52	10043	5248	4795	192	174	18
53	7755	4093	3662	142	138	5
54	3865	1979	1886	72	62	10
55-59	**28762**	**14595**	**14167**	**561**	**536**	**24**
55	4831	2327	2504	97	89	8
56	4639	2364	2276	87	81	6
57	6698	3428	3270	117	114	3
58	6667	3501	3165	137	132	5
59	5928	2975	2953	123	121	2
60-64	**27599**	**13735**	**13864**	**584**	**559**	**25**
60	5854	2929	2924	101	98	2
61	5971	2952	3019	130	123	7
62	5619	2787	2832	121	115	6
63	5640	2818	2822	128	126	2
64	4515	2249	2267	105	97	8
65及以上	**58236**	**26602**	**31634**	**919**	**879**	**41**

6-1 续表　　　　单位：人

年 龄	有配偶			离 婚			丧 偶		
	小计	男	女	小计	男	女	小计	男	女
总 计	**321334**	**158593**	**162741**	**6802**	**4062**	**2740**	**29517**	**7927**	**21589**
15-19	**857**	**222**	**635**	**4**	**3**	**1**			
15	26	10	15	1	1				
16	63	18	45						
17	120	34	86	1	1				
18	254	53	201	1		1			
19	394	107	287	2	2				
20-24	**7367**	**2351**	**5016**	**63**	**28**	**34**	**8**	**5**	**4**
20	661	161	500	4	3	1	2	1	1
21	925	270	655	4	3	2	1	1	
22	1385	424	961	9	3	7	3	1	1
23	1990	663	1327	19	8	11	2	1	1
24	2405	831	1573	26	11	15	1	1	
25-29	**28148**	**11156**	**16992**	**463**	**253**	**211**	**36**	**11**	**25**
25	3835	1368	2467	47	25	21	5		5
26	4756	1827	2929	59	30	29	4		4
27	5589	2176	3412	89	43	46	6	4	2
28	6725	2749	3976	132	72	60	7	1	7
29	7243	3035	4208	136	82	54	13	7	7
30-34	**38559**	**17405**	**21154**	**863**	**517**	**346**	**112**	**36**	**76**
30	7915	3420	4495	146	84	62	20	9	11
31	7838	3432	4405	187	115	72	24	5	18
32	7101	3223	3878	153	87	66	18	3	15
33	8012	3690	4321	192	113	79	21	12	9
34	7694	3640	4054	187	119	68	30	7	23
35-39	**39298**	**19450**	**19847**	**1134**	**732**	**401**	**282**	**76**	**207**
35	8108	3890	4218	198	132	65	42	14	28
36	8143	4003	4141	249	165	84	50	15	36
37	7863	3848	4015	215	137	78	44	6	38
38	6970	3544	3427	237	156	81	68	21	48
39	8213	4166	4047	235	142	93	77	20	57
40-44	**42037**	**21279**	**20759**	**1123**	**692**	**431**	**535**	**153**	**382**
40	8476	4257	4219	216	129	87	79	24	55
41	8766	4375	4391	259	168	92	103	32	71
42	8281	4261	4020	221	140	81	105	28	77
43	8339	4197	4142	214	124	90	119	35	84
44	8175	4188	3987	213	131	82	129	35	95
45-49	**42893**	**22282**	**20611**	**1053**	**629**	**424**	**1115**	**323**	**792**
45	8756	4537	4219	262	163	99	167	48	118
46	8590	4497	4093	205	126	79	218	62	156
47	9309	4837	4472	223	133	89	240	68	172
48	7418	3898	3520	182	105	77	194	56	138
49	8820	4513	4307	182	102	81	297	89	208
50-54	**36703**	**19116**	**17586**	**826**	**470**	**357**	**1642**	**436**	**1205**
50	8640	4590	4050	202	112	89	301	79	223
51	8228	4097	4131	188	106	82	354	93	261
52	9219	4853	4366	212	123	89	420	98	322
53	7096	3766	3331	152	87	65	364	102	263
54	3520	1811	1708	72	41	31	201	64	137
55-59	**25544**	**13153**	**12392**	**510**	**288**	**222**	**2147**	**617**	**1529**
55	4309	2100	2210	109	59	50	315	79	236
56	4139	2148	1992	82	46	36	331	90	242
57	5976	3094	2882	110	64	45	495	156	339
58	5924	3150	2774	112	67	45	494	152	342
59	5195	2661	2534	98	51	47	512	141	371
60-64	**23367**	**12039**	**11328**	**336**	**211**	**125**	**3311**	**926**	**2386**
60	5079	2628	2451	80	46	34	594	157	436
61	5099	2601	2498	72	42	30	670	186	484
62	4695	2390	2305	66	49	16	738	233	505
63	4741	2458	2283	69	45	24	702	188	514
64	3752	1962	1790	50	29	22	608	162	446
65及以上	**36561**	**20140**	**16421**	**427**	**239**	**188**	**20329**	**5344**	**14984**

6-1a 全区分年龄、性别、婚姻状况的人口(城市)

单位：人

年 龄	合 计			未 婚		
	合计	男	女	小计	男	女
总 计	**103522**	**49872**	**53649**	**25151**	**12436**	**12716**
15-19	**6200**	**3205**	**2996**	**6141**	**3187**	**2953**
15	1047	682	366	1044	679	365
16	1428	995	434	1419	992	427
17	1350	723	628	1344	721	623
18	1121	443	678	1106	439	667
19	1253	362	891	1228	356	872
20-24	**9945**	**3527**	**6418**	**8891**	**3183**	**5708**
20	2222	574	1648	2159	559	1600
21	2164	613	1551	2068	588	1480
22	1974	657	1317	1789	596	1193
23	1912	870	1042	1597	769	828
24	1673	812	861	1278	671	607
25-29	**13407**	**6457**	**6951**	**6409**	**3715**	**2694**
25	2505	1248	1257	1737	964	773
26	2553	1258	1295	1428	807	621
27	2681	1301	1380	1253	730	523
28	2832	1366	1466	1083	676	407
29	2836	1283	1552	909	539	369
30-34	**12226**	**5820**	**6405**	**2118**	**1305**	**813**
30	2637	1261	1376	644	396	248
31	2524	1178	1346	524	330	194
32	2151	1021	1129	346	199	148
33	2577	1233	1344	362	228	134
34	2337	1126	1210	241	151	90
35-39	**11521**	**5852**	**5669**	**840**	**546**	**295**
35	2492	1288	1204	250	168	82
36	2454	1247	1207	207	122	85
37	2245	1116	1129	166	111	55
38	2050	1090	960	121	83	38
39	2280	1111	1169	96	62	34
40-44	**10934**	**5624**	**5309**	**377**	**248**	**129**
40	2252	1147	1105	87	50	37
41	2339	1193	1147	85	60	26
42	2207	1150	1057	82	60	22
43	2132	1126	1007	68	44	24
44	2003	1009	994	55	35	20
45-49	**9774**	**4959**	**4815**	**164**	**106**	**58**
45	2246	1193	1053	52	37	15
46	1978	981	998	35	22	12
47	2111	1079	1032	42	27	15
48	1586	784	802	13	8	5
49	1852	921	931	23	12	11
50-54	**8341**	**4257**	**4084**	**109**	**70**	**39**
50	1920	1027	893	30	15	16
51	1876	936	940	30	24	6
52	2122	1087	1035	23	16	7
53	1595	798	797	12	8	4
54	827	409	418	14	7	7
55-59	**5941**	**2893**	**3047**	**39**	**28**	**10**
55	1049	486	563	7	3	4
56	1013	509	503	6	3	3
57	1336	654	682	11	8	2
58	1307	668	639	7	6	1
59	1236	575	661	8	8	
60-64	**5572**	**2789**	**2782**	**33**	**24**	**9**
60	1224	609	615	3	3	
61	1211	612	599	12	10	2
62	1169	563	606	6	4	2
63	1075	539	536	5	4	2
64	893	466	427	7	3	4
65及以上	**9662**	**4490**	**5172**	**30**	**23**	**7**

6-1a 续表 单位：人

年 龄	有配偶			离 婚			丧 偶		
	小计	男	女	小计	男	女	小计	男	女
总 计	**71943**	**35647**	**36296**	**2288**	**950**	**1337**	**4140**	**839**	**3301**
15-19	**60**	**18**	**42**						
15	3	2	1						
16	9	3	7						
17	6	2	5						
18	15	4	11						
19	26	6	19						
20-24	**1048**	**343**	**704**	**5**	**1**	**5**	**1**		**1**
20	61	15	46	1		1	1		1
21	96	25	72						
22	184	61	122	1		1			
23	313	101	213	2	1	1			
24	393	141	252	2		2			
25-29	**6912**	**2708**	**4204**	**79**	**33**	**45**	**7**		**7**
25	761	280	481	6	4	1	1		1
26	1119	450	669	4	1	3	2		2
27	1408	565	843	20	6	14			
28	1724	678	1046	25	13	12	1		1
29	1900	735	1165	25	9	15	3		3
30-34	**9919**	**4436**	**5483**	**179**	**76**	**104**	**10**	**4**	**6**
30	1967	856	1112	23	8	15	3	2	1
31	1953	833	1120	41	14	27	5		5
32	1773	810	963	31	13	18			
33	2177	983	1194	38	21	17			
34	2048	954	1094	45	20	26	2	1	
35-39	**10333**	**5150**	**5183**	**310**	**149**	**162**	**37**	**7**	**31**
35	2185	1084	1101	54	34	20	2	1	1
36	2181	1094	1087	59	31	28	8	1	7
37	2009	976	1033	63	27	36	6	2	4
38	1853	978	875	67	27	40	9	2	7
39	2105	1019	1086	67	29	37	12	1	11
40-44	**10119**	**5204**	**4915**	**374**	**160**	**214**	**64**	**12**	**52**
40	2083	1066	1016	78	30	48	5	1	4
41	2146	1084	1061	87	46	42	21	3	18
42	2050	1059	992	67	30	36	8	1	7
43	1987	1053	934	65	25	40	12	4	8
44	1853	942	911	77	30	47	18	3	15
45-49	**9027**	**4673**	**4354**	**425**	**160**	**265**	**158**	**20**	**138**
45	2067	1112	955	107	43	64	21	2	19
46	1825	923	902	82	30	52	36	5	31
47	1947	1009	939	87	39	49	34	5	29
48	1480	753	727	64	20	44	29	3	26
49	1707	875	832	84	29	56	38	5	33
50-54	**7615**	**4001**	**3614**	**368**	**143**	**225**	**248**	**42**	**206**
50	1758	971	787	88	33	54	44	8	36
51	1702	867	834	79	32	47	65	13	53
52	1948	1028	920	97	34	63	55	9	45
53	1464	748	716	70	31	39	49	10	39
54	743	387	356	35	13	22	35	3	33
55-59	**5322**	**2714**	**2608**	**270**	**106**	**163**	**310**	**44**	**266**
55	932	454	478	58	25	33	52	5	47
56	919	486	433	45	16	28	43	4	39
57	1206	616	590	52	19	33	67	11	57
58	1166	619	547	69	34	35	65	10	55
59	1098	539	559	47	13	34	83	15	67
60-64	**4902**	**2589**	**2313**	**148**	**67**	**81**	**488**	**109**	**379**
60	1090	574	516	39	15	24	92	17	75
61	1076	575	501	28	9	19	95	18	77
62	1001	499	502	32	21	11	130	39	92
63	952	503	449	22	10	12	95	22	73
64	783	437	345	28	12	16	76	14	62
65及以上	**6687**	**3811**	**2876**	**129**	**55**	**74**	**2816**	**601**	**2215**

6-1b 全区分年龄、性别、婚姻状况的人口(镇)

单位：人

年 龄	合 计			未 婚		
	合计	男	女	小计	男	女
总 计	**118957**	**60703**	**58255**	**25885**	**15474**	**10411**
15-19	**6694**	**3517**	**3177**	**6574**	**3477**	**3097**
15	1738	909	828	1737	908	828
16	1457	796	661	1445	791	654
17	1211	661	551	1196	657	539
18	1058	593	465	1020	581	439
19	1229	557	672	1176	540	636
20-24	**10895**	**5430**	**5465**	**9140**	**4844**	**4296**
20	2271	960	1311	2138	927	1211
21	2565	1199	1366	2359	1142	1217
22	2235	1243	992	1888	1122	766
23	1986	1043	943	1518	888	630
24	1837	985	852	1237	765	472
25-29	**14495**	**7508**	**6987**	**6178**	**4028**	**2150**
25	2609	1359	1250	1555	954	601
26	2748	1375	1373	1362	826	536
27	2808	1458	1350	1154	782	373
28	3190	1687	1503	1165	806	359
29	3140	1629	1511	942	661	281
30-34	**12881**	**6636**	**6244**	**2129**	**1574**	**555**
30	2962	1526	1436	690	492	198
31	2653	1350	1302	504	353	151
32	2378	1217	1161	364	274	90
33	2574	1351	1223	339	264	75
34	2314	1191	1123	232	190	41
35-39	**12206**	**6306**	**5900**	**731**	**559**	**173**
35	2480	1244	1236	201	155	46
36	2549	1306	1244	176	132	43
37	2513	1278	1235	122	90	33
38	2194	1176	1018	137	115	22
39	2470	1303	1167	96	67	29
40-44	**12510**	**6550**	**5960**	**382**	**309**	**73**
40	2657	1381	1276	94	78	16
41	2636	1355	1280	100	79	21
42	2404	1288	1116	62	53	9
43	2424	1246	1179	69	46	23
44	2388	1279	1109	58	53	5
45-49	**12464**	**6541**	**5923**	**286**	**250**	**36**
45	2573	1360	1212	64	55	10
46	2483	1325	1158	53	47	7
47	2766	1437	1329	64	59	5
48	2118	1143	975	45	35	10
49	2524	1275	1249	60	55	5
50-54	**10418**	**5429**	**4989**	**145**	**127**	**18**
50	2493	1292	1201	47	39	8
51	2315	1166	1149	38	33	5
52	2621	1374	1248	25	21	5
53	1984	1088	895	24	24	
54	1005	509	496	11	11	1
55-59	**7085**	**3623**	**3462**	**95**	**90**	**6**
55	1209	572	637	15	13	2
56	1145	578	567	16	12	3
57	1701	875	825	22	22	
58	1608	854	754	19	19	1
59	1422	743	678	24	24	
60-64	**6432**	**3155**	**3277**	**96**	**93**	**3**
60	1391	681	710	16	15	1
61	1448	709	739	23	22	1
62	1301	639	662	15	15	
63	1291	642	649	22	22	
64	1000	484	516	20	19	1
65及以上	**12880**	**6008**	**6872**	**128**	**124**	**4**

6-1b 续表

单位：人

年龄	有配偶			离婚			丧偶		
	小计	男	女	小计	男	女	小计	男	女
总计	**84959**	**42652**	**42308**	**1734**	**985**	**749**	**6379**	**1591**	**4787**
15-19	**120**	**40**	**80**						
15	1	1							
16	12	5	8						
17	16	4	11						
18	38	12	26						
19	53	17	35						
20-24	**1737**	**578**	**1159**	**15**	**6**	**9**	**2**	**1**	**1**
20	133	32	101				1	1	
21	205	56	149	1	1		1	1	
22	344	120	224	4	1	3			
23	459	152	307	7	2	5	1		1
24	597	218	379	4	2	2			
25-29	**8179**	**3409**	**4770**	**133**	**70**	**63**	**5**	**1**	**4**
25	1040	398	642	13	7	7	1		1
26	1367	540	826	19	9	10			
27	1626	663	962	26	12	14	2	1	1
28	1987	863	1124	38	18	20			
29	2159	944	1215	37	24	12	2		2
30-34	**10451**	**4902**	**5549**	**271**	**153**	**117**	**30**	**7**	**22**
30	2210	1001	1210	56	30	26	5	3	2
31	2089	968	1120	54	29	26	6		6
32	1959	910	1049	51	33	19	4	1	3
33	2171	1053	1118	61	34	27	4	1	3
34	2023	970	1053	48	28	20	11	2	9
35-39	**11117**	**5566**	**5551**	**299**	**171**	**128**	**58**	**10**	**48**
35	2212	1055	1157	55	33	21	12	1	11
36	2311	1143	1168	51	27	24	12	3	9
37	2325	1151	1174	58	35	23	8	1	6
38	1980	1024	955	63	35	28	14	1	13
39	2290	1193	1097	72	40	32	12	4	9
40-44	**11660**	**6030**	**5630**	**319**	**174**	**145**	**149**	**37**	**112**
40	2474	1259	1216	64	37	27	25	8	17
41	2434	1229	1205	78	42	35	24	6	18
42	2251	1192	1059	65	35	30	27	8	19
43	2260	1166	1094	56	24	33	39	10	29
44	2241	1184	1057	55	35	20	34	6	28
45-49	**11653**	**6066**	**5586**	**254**	**163**	**91**	**271**	**62**	**209**
45	2411	1257	1153	55	38	17	43	11	32
46	2330	1228	1102	51	36	15	49	14	35
47	2573	1322	1251	67	44	23	63	12	50
48	1982	1072	910	40	23	18	51	14	37
49	2357	1187	1170	41	23	18	66	10	56
50-54	**9685**	**5109**	**4576**	**198**	**105**	**93**	**390**	**88**	**302**
50	2317	1216	1101	46	22	24	84	16	68
51	2147	1085	1062	57	32	25	73	16	57
52	2450	1304	1146	44	26	18	101	23	79
53	1843	1032	812	35	14	21	81	18	63
54	927	472	455	15	11	5	51	16	36
55-59	**6445**	**3346**	**3099**	**93**	**53**	**40**	**451**	**134**	**317**
55	1102	530	573	25	13	12	67	17	50
56	1049	536	514	16	12	4	64	18	46
57	1528	795	732	24	14	10	127	44	83
58	1469	792	677	16	8	8	105	35	70
59	1296	693	603	13	6	7	88	20	68
60-64	**5579**	**2861**	**2718**	**65**	**40**	**26**	**691**	**161**	**530**
60	1236	632	604	13	8	5	126	25	101
61	1263	647	616	19	12	7	143	28	115
62	1128	580	548	11	7	4	147	38	110
63	1100	570	530	17	9	8	152	41	111
64	852	432	420	6	4	2	123	30	93
65及以上	**8334**	**4745**	**3589**	**87**	**50**	**37**	**4331**	**1089**	**3242**

6-1c 全区分年龄、性别、婚姻状况的人口(乡村)

单位：人

年 龄	合 计			未 婚		
	合计	男	女	小计	男	女
总 计	**238824**	**122744**	**116080**	**52614**	**34827**	**17787**
15-19	**20436**	**11098**	**9338**	**19754**	**10931**	**8823**
15	4884	2710	2175	4863	2702	2160
16	4095	2210	1885	4054	2200	1854
17	4120	2233	1887	4022	2205	1816
18	3820	2014	1806	3618	1977	1641
19	3516	1932	1585	3198	1846	1352
20-24	**17105**	**9108**	**7997**	**12476**	**7654**	**4822**
20	3307	1787	1521	2837	1669	1168
21	3099	1682	1417	2471	1490	981
22	3333	1743	1591	2469	1497	971
23	3762	1995	1768	2533	1578	955
24	3603	1903	1700	2167	1420	747
25-29	**22281**	**11324**	**10958**	**8949**	**6124**	**2825**
25	4377	2187	2190	2312	1482	830
26	4207	2113	2093	1898	1257	641
27	4334	2169	2165	1731	1192	539
28	4686	2402	2285	1596	1151	445
29	4678	2453	2225	1411	1042	369
30-34	**23103**	**11939**	**11163**	**4428**	**3559**	**869**
30	5073	2597	2475	1256	984	273
31	4941	2504	2437	1041	796	245
32	4220	2167	2053	766	620	146
33	4521	2340	2181	747	617	130
34	4349	2331	2018	616	541	75
35-39	**20752**	**11138**	**9613**	**2193**	**1933**	**260**
35	4404	2316	2088	577	489	88
36	4296	2303	1993	474	419	55
37	4070	2165	1905	416	366	50
38	3649	1981	1667	359	329	30
39	4333	2373	1960	367	331	36
40-44	**22504**	**11914**	**10590**	**1494**	**1408**	**86**
40	4381	2325	2056	340	315	25
41	4675	2476	2198	336	312	24
42	4413	2361	2052	274	257	16
43	4519	2332	2187	267	258	9
44	4516	2420	2096	277	266	11
45-49	**24321**	**13106**	**11215**	**1047**	**1015**	**32**
45	4722	2521	2201	241	235	6
46	4844	2644	2200	204	195	9
47	5249	2846	2402	249	239	10
48	4315	2338	1977	167	164	3
49	5191	2757	2435	185	181	4
50-54	**21297**	**11143**	**10154**	**630**	**610**	**20**
50	4995	2695	2300	188	180	8
51	4792	2393	2399	145	143	2
52	5300	2787	2512	144	138	7
53	4177	2207	1970	107	106	1
54	2033	1061	972	46	45	2
55-59	**15736**	**8078**	**7658**	**426**	**418**	**8**
55	2572	1268	1304	75	73	3
56	2482	1276	1206	66	66	
57	3661	1898	1763	85	84	1
58	3751	1979	1772	110	108	3
59	3270	1656	1614	91	89	2
60-64	**15595**	**7791**	**7804**	**455**	**442**	**13**
60	3239	1639	1599	81	80	2
61	3312	1631	1681	94	91	4
62	3148	1585	1564	100	96	4
63	3274	1637	1637	100	100	
64	2622	1299	1323	79	75	3
65及以上	**35694**	**16104**	**19590**	**762**	**732**	**29**

6-1c 续表 单位：人

年 龄	有配偶			离 婚			丧 偶		
	小计	男	女	小计	男	女	小计	男	女
总 计	**164432**	**80294**	**84137**	**2781**	**2126**	**654**	**18998**	**5497**	**13501**
15-19	**678**	**164**	**513**	**4**	**3**	**1**			
15	21	7	14	1	1				
16	42	11	31						
17	98	27	71	1	1				
18	201	37	165	1		1			
19	316	83	233	2	2				
20-24	**4582**	**1429**	**3152**	**42**	**21**	**21**	**5**	**3**	**2**
20	467	114	353	3	3				
21	625	190	434	3	2	2			
22	857	242	615	5	2	3	3	1	1
23	1218	411	807	10	5	5	1	1	
24	1415	472	943	20	9	11	1	1	
25-29	**13057**	**5040**	**8017**	**251**	**149**	**102**	**24**	**11**	**14**
25	2034	690	1344	27	14	13	3		3
26	2270	836	1434	36	20	16	2		2
27	2554	948	1607	44	26	18	4	3	1
28	3014	1209	1805	70	41	28	6	1	5
29	3184	1357	1827	74	48	26	8	7	2
30-34	**18189**	**8068**	**10122**	**413**	**288**	**125**	**73**	**25**	**48**
30	3737	1563	2174	67	46	21	12	4	8
31	3796	1631	2165	91	72	19	13	5	8
32	3369	1504	1866	70	41	29	14	2	12
33	3664	1654	2010	93	57	36	17	11	6
34	3623	1715	1908	93	71	22	17	4	13
35-39	**17848**	**8734**	**9114**	**524**	**413**	**112**	**187**	**59**	**128**
35	3711	1751	1960	89	65	24	28	12	16
36	3652	1766	1886	139	108	32	31	11	20
37	3529	1721	1808	94	75	19	30	3	28
38	3137	1542	1596	107	93	13	46	18	28
39	3818	1954	1864	96	72	24	52	16	37
40-44	**20258**	**10045**	**10214**	**430**	**358**	**73**	**322**	**104**	**218**
40	3918	1932	1986	74	63	11	50	16	34
41	4187	2062	2125	94	79	14	58	23	35
42	3980	2011	1970	89	74	15	70	19	51
43	4092	1978	2114	92	75	17	68	21	47
44	4081	2063	2019	81	66	15	77	25	51
45-49	**22214**	**11543**	**10670**	**375**	**306**	**68**	**685**	**241**	**444**
45	4278	2168	2110	101	83	17	102	36	67
46	4435	2345	2090	71	60	11	133	43	90
47	4788	2506	2283	68	51	18	143	51	92
48	3956	2073	1883	78	62	15	114	38	76
49	4756	2451	2305	57	50	7	193	74	119
50-54	**19403**	**10006**	**9397**	**260**	**221**	**39**	**1003**	**306**	**698**
50	4565	2403	2162	68	57	11	174	55	119
51	4379	2144	2234	52	42	11	216	65	151
52	4820	2521	2300	70	63	8	264	66	198
53	3789	1986	1803	47	42	5	234	73	161
54	1850	953	897	22	18	4	115	46	69
55-59	**13777**	**7092**	**6685**	**147**	**129**	**19**	**1385**	**439**	**947**
55	2275	1116	1159	26	22	4	196	57	139
56	2170	1126	1045	21	17	4	224	68	157
57	3242	1682	1560	34	32	2	300	101	199
58	3289	1739	1550	27	25	2	324	107	217
59	2800	1429	1371	39	32	6	341	106	235
60-64	**12886**	**6589**	**6297**	**122**	**104**	**18**	**2132**	**656**	**1476**
60	2754	1422	1332	27	23	5	376	115	261
61	2760	1379	1381	25	21	4	432	140	292
62	2566	1311	1255	23	22	2	460	156	304
63	2688	1384	1304	30	27	4	455	126	329
64	2118	1093	1025	16	12	4	409	118	291
65及以上	**21540**	**11584**	**9956**	**211**	**134**	**77**	**13181**	**3654**	**9527**

6-2 全区分性别、受教育程度、婚姻状况的人口

单位：人

受教育程度	合 计			未 婚		
	合计	男	女	小计	男	女
总 计	**461303**	**233319**	**227984**	**103651**	**62737**	**40914**
未上过学	23493	5179	18314	1190	1005	185
小 学	112222	51317	60906	8455	7085	1370
初 中	202880	111711	91169	42877	29190	13686
普通高中	49868	28309	21559	18682	10199	8483
中 职	23230	13047	10183	9042	5766	3276
大学专科	26053	13279	12774	10188	4843	5345
大学本科	22581	9931	12650	12922	4507	8415
研 究 生	976	546	429	296	143	153

6-2 续表

单位：人

受教育程度	有配偶			离 婚			丧 偶		
	小计	男	女	小计	男	女	小计	男	女
总 计	**321334**	**158593**	**162741**	**6802**	**4062**	**2740**	**29517**	**7927**	**21589**
未上过学	12596	2845	9752	159	68	91	9547	1261	8286
小 学	87982	38734	49248	1471	1032	439	14315	4466	9849
初 中	152324	78721	73604	3312	2103	1210	4367	1698	2669
普通高中	29523	17347	12176	863	436	427	799	327	472
中 职	13530	7006	6523	404	191	213	254	83	171
大学专科	15339	8237	7102	362	127	236	164	73	91
大学本科	9381	5307	4074	212	98	114	65	19	46
研 究 生	658	395	262	17	7	10	5	1	4

6-2a 全区分性别、受教育程度、婚姻状况的人口(城市)

单位：人

受教育程度	合计			未婚		
	合计	男	女	小计	男	女
总　计	**103522**	**49872**	**53649**	**25151**	**12436**	**12716**
未上过学	1657	310	1347	66	45	21
小　学	11080	4568	6512	435	363	73
初　中	34519	17269	17251	4544	2879	1665
普通高中	17740	9119	8621	4604	2394	2210
中　职	11372	6323	5049	4262	2880	1382
大学专科	13507	6734	6773	4525	2162	2363
大学本科	12838	5111	7726	6496	1613	4883
研究生	807	438	370	219	100	119

6-2a 续表

单位：人

受教育程度	有配偶			离婚			丧偶		
	小计	男	女	小计	男	女	小计	男	女
总　计	**71943**	**35647**	**36296**	**2288**	**950**	**1337**	**4140**	**839**	**3301**
未上过学	815	204	611	17	2	15	759	59	701
小　学	8741	3754	4987	220	102	119	1683	349	1333
初　中	28009	13767	14242	900	372	528	1066	251	815
普通高中	12282	6407	5875	509	221	288	345	97	248
中　职	6720	3304	3416	243	103	140	147	36	111
大学专科	8656	4459	4196	235	79	155	92	34	59
大学本科	6150	3420	2730	149	65	83	43	13	30
研究生	570	331	239	15	6	9	3		3

6-2b 全区分性别、受教育程度、婚姻状况的人口(镇)

单位：人

受教育程度	合 计			未 婚		
	合计	男	女	小计	男	女
总 计	**118957**	**60703**	**58255**	**25885**	**15474**	**10411**
未上过学	3873	791	3082	176	148	27
小 学	23553	10258	13295	1451	1183	268
初 中	53875	29168	24707	9511	6650	2861
普通高中	14940	8714	6226	5052	2843	2209
中 职	6547	3673	2874	1852	1216	637
大学专科	8494	4345	4149	3055	1333	1722
大学本科	7556	3674	3882	4740	2074	2667
研 究 生	119	78	41	47	27	21

6-2b 续表

单位：人

受教育程度	有配偶			离 婚			丧 偶		
	小计	男	女	小计	男	女	小计	男	女
总 计	**84959**	**42652**	**42308**	**1734**	**985**	**749**	**6379**	**1591**	**4787**
未上过学	1957	449	1508	34	15	20	1706	179	1527
小 学	18658	8014	10644	306	191	115	3138	870	2268
初 中	42332	21576	20756	884	545	339	1148	397	751
普通高中	9430	5673	3757	233	118	115	225	80	145
中 职	4504	2370	2134	112	57	55	78	30	48
大学专科	5267	2945	2322	111	36	75	60	31	30
大学本科	2743	1573	1170	52	23	29	21	5	16
研 究 生	69	51	18	2	1	1	1		1

6-2c 全区分性别、受教育程度、婚姻状况的人口(乡村)

单位：人

受教育程度	合计			未婚		
	合计	男	女	小计	男	女
总　计	**238824**	**122744**	**116080**	**52614**	**34827**	**17787**
未上过学	17963	4077	13885	948	811	137
小　学	77589	36491	41099	6568	5539	1029
初　中	114486	65275	49211	28822	19661	9161
普通高中	17187	10475	6712	9026	4962	4064
中　职	5311	3050	2261	2928	1670	1257
大学专科	4052	2200	1852	2608	1348	1260
大学本科	2187	1146	1041	1686	820	866
研究生	49	30	19	29	16	13

6-2c 续表

单位：人

受教育程度	有配偶			离婚			丧偶		
	小计	男	女	小计	男	女	小计	男	女
总　计	**164432**	**80294**	**84137**	**2781**	**2126**	**654**	**18998**	**5497**	**13501**
未上过学	9825	2192	7633	108	51	57	7082	1023	6059
小　学	60583	26966	33617	945	739	206	9493	3246	6247
初　中	81983	43378	38606	1529	1186	342	2153	1050	1102
普通高中	7812	5268	2544	122	97	25	228	149	79
中　职	2306	1332	974	50	31	18	28	17	11
大学专科	1416	832	584	17	11	5	11	9	3
大学本科	488	314	174	12	10	1	1	1	
研究生	19	13	6				1	1	

6-3 全区分性别、职业、婚姻状况的人口

单位：人

职业大类	合计			未婚		
	合计	男	女	小计	男	女
总 计	**293663**	**163098**	**130565**	**53183**	**36134**	**17048**
党的机关、国家机关、群众团体和社会组织、企事业单位负责人	3923	2821	1103	368	233	134
专业技术人员	18779	8507	10272	4169	1642	2527
办事人员和有关人员	8696	5595	3100	1855	1066	789
社会生产服务和生活服务人员	65403	35331	30072	14595	8762	5833
农、林、牧、渔业生产及辅助人员	146445	76009	70436	20290	15469	4821
生产制造及有关人员	49752	34425	15326	11701	8816	2885
不便分类的其他从业人员	665	409	256	206	148	58

6-3 续表

单位：人

职业大类	有配偶			离婚			丧偶		
	小计	男	女	小计	男	女	小计	男	女
总 计	**229023**	**121574**	**107449**	**4729**	**3074**	**1655**	**6728**	**2316**	**4413**
党的机关、国家机关、群众团体和社会组织、企事业单位负责人	3462	2539	923	74	41	33	19	7	12
专业技术人员	14166	6729	7437	332	113	219	113	24	89
办事人员和有关人员	6595	4385	2211	187	119	68	58	25	33
社会生产服务和生活服务人员	48797	25774	23023	1329	629	699	683	166	516
农、林、牧、渔业生产及辅助人员	118730	57135	61594	1971	1523	448	5454	1883	3572
生产制造及有关人员	36846	24769	12076	817	636	181	389	205	184
不便分类的其他从业人员	427	243	185	19	12	7	12	6	7

6-3a 全区分性别、职业、婚姻状况的人口(城市)

单位：人

职业大类	合计			未婚		
	合计	男	女	小计	男	女
总 计	**59622**	**33084**	**26538**	**12317**	**7126**	**5191**
党的机关、国家机关、群众团体和社会组织、企事业单位负责人	2450	1708	743	259	163	96
专业技术人员	8972	3868	5104	2057	823	1234
办事人员和有关人员	4644	2862	1782	1009	562	448
社会生产服务和生活服务人员	28385	15113	13272	6690	3941	2749
农、林、牧、渔业生产及辅助人员	4869	2558	2311	520	378	142
生产制造及有关人员	9980	6784	3196	1715	1210	504
不便分类的其他从业人员	322	191	132	67	49	18

6-3a 续表

单位：人

职业大类	有配偶			离婚			丧偶		
	小计	男	女	小计	男	女	小计	男	女
总 计	**45585**	**25218**	**20367**	**1298**	**622**	**676**	**422**	**119**	**303**
党的机关、国家机关、群众团体和社会组织、企事业单位负责人	2122	1509	613	64	35	29	6	1	5
专业技术人员	6692	2983	3709	185	55	130	37	7	30
办事人员和有关人员	3499	2216	1283	109	70	39	26	14	12
社会生产服务和生活服务人员	20858	10849	10009	660	286	375	177	38	139
农、林、牧、渔业生产及辅助人员	4147	2105	2042	73	37	36	129	38	91
生产制造及有关人员	8023	5420	2603	197	135	62	45	19	26
不便分类的其他从业人员	244	136	108	10	4	6	2	2	

6-3b 全区分性别、职业、婚姻状况的人口(镇)

单位：人

职业大类	合计			未婚		
	合计	男	女	小计	男	女
总　计	**75368**	**42308**	**33060**	**12391**	**8409**	**3981**
党的机关、国家机关、群众团体和社会组织、企事业单位负责人	969	732	236	64	37	28
专业技术人员	6681	3011	3671	1236	453	784
办事人员和有关人员	2968	1961	1007	520	304	216
社会生产服务和生活服务人员	22121	11840	10281	3751	2318	1433
农、林、牧、渔业生产及辅助人员	27476	14220	13256	3674	2755	919
生产制造及有关人员	15049	10476	4573	3121	2524	598
不便分类的其他从业人员	104	67	37	23	19	4

6-3b 续表

单位：人

职业大类	有配偶			离婚			丧偶		
	小计	男	女	小计	男	女	小计	男	女
总　计	**60388**	**32760**	**27628**	**1221**	**725**	**496**	**1369**	**414**	**955**
党的机关、国家机关、群众团体和社会组织、企事业单位负责人	888	689	198	9	4	5	8	3	5
专业技术人员	5296	2513	2783	113	40	74	36	5	30
办事人员和有关人员	2371	1620	751	57	30	27	20	8	12
社会生产服务和生活服务人员	17629	9252	8377	452	210	242	289	59	229
农、林、牧、渔业生产及辅助人员	22565	10917	11648	349	259	90	888	290	598
生产制造及有关人员	11567	7725	3841	236	179	57	125	48	77
不便分类的其他从业人员	74	44	29	4	3	1	3	1	2

6-3c 全区分性别、职业、婚姻状况的人口(乡村)

单位：人

职业大类	合计			未婚		
	合计	男	女	小计	男	女
总计	**158672**	**87705**	**70967**	**28475**	**20599**	**7876**
党的机关、国家机关、群众团体和社会组织、企事业单位负责人	505	381	124	45	34	11
专业技术人员	3126	1628	1498	875	366	509
办事人员和有关人员	1084	772	311	325	200	125
社会生产服务和生活服务人员	14897	8377	6520	4154	2502	1651
农、林、牧、渔业生产及辅助人员	114100	59231	54869	16096	12336	3760
生产制造及有关人员	24723	17165	7558	6865	5081	1783
不便分类的其他从业人员	239	151	87	116	81	36

6-3c 续表

单位：人

职业大类	有配偶			离婚			丧偶		
	小计	男	女	小计	男	女	小计	男	女
总计	**123049**	**63596**	**59454**	**2211**	**1727**	**483**	**4937**	**1783**	**3154**
党的机关、国家机关、群众团体和社会组织、企事业单位负责人	453	341	111	2	2		5	4	2
专业技术人员	2178	1233	945	33	18	15	41	12	29
办事人员和有关人员	726	549	177	21	20	1	12	3	8
社会生产服务和生活服务人员	10310	5672	4637	217	134	83	217	69	148
农、林、牧、渔业生产及辅助人员	92018	44114	47905	1549	1226	322	4437	1555	2882
生产制造及有关人员	17256	11624	5632	384	322	62	218	137	81
不便分类的其他从业人员	110	63	47	5	5		8	3	5

7 家庭

7-1 各地区家庭户规模

单位：户

地 区	家庭户户 数	一人户	二人户	三人户	四人户	五人户	六人户	七人户	八人户	九人户	十人及以上户
全 区	**161758**	**20334**	**30280**	**36718**	**33919**	**20601**	**10595**	**4544**	**2218**	**1090**	**1460**
南宁市	**25533**	**3567**	**5237**	**6929**	**5322**	**2584**	**1114**	**407**	**188**	**83**	**103**
兴宁区	1686	340	374	455	256	166	50	24	7	9	4
青秀区	2652	296	523	1022	459	234	69	26	19	3	1
江南区	2204	305	384	585	534	235	97	41	14	5	3
西乡塘区	4640	766	1028	1435	847	356	106	26	17	10	49
良庆区	1271	140	202	379	318	159	44	15	6	7	2
邕宁区	950	118	154	208	231	121	76	26	11	1	4
武鸣县	2158	277	491	595	471	194	86	23	14	6	1
隆安县	1110	132	219	275	254	123	54	35	12	6	1
马山县	1484	185	306	336	347	196	84	23	4	2	1
上林县	1288	198	252	312	247	145	67	37	19	6	4
宾阳县	2866	405	601	547	668	337	190	60	31	17	10
横县	3224	404	703	779	691	318	190	70	34	11	23
柳州市	**14570**	**2129**	**2976**	**4031**	**2781**	**1454**	**685**	**276**	**125**	**59**	**54**
城中区	605	92	129	206	93	51	20	7	5	1	2
鱼峰区	1869	307	421	570	326	151	52	25	6	4	6
柳南区	2275	486	572	723	280	148	42	17	6		1
柳北区	1892	342	454	654	260	121	46	12	1	1	1
柳江县	1879	217	213	431	467	268	133	60	42	25	23
柳城县	1322	146	307	316	277	149	74	34	12	4	2
鹿寨县	1167	124	234	269	252	127	83	46	12	13	7
融安县	1128	176	249	280	204	127	65	10	15	2	1
融水苗族自治县	1402	142	219	352	352	179	98	32	15	6	7
三江侗族自治县	1032	96	178	228	272	134	72	34	13	2	3
桂林市	**18056**	**2421**	**4024**	**4564**	**3665**	**1950**	**905**	**307**	**136**	**50**	**33**
秀峰区	584	76	125	184	111	61	20	4	2		
叠彩区	734	89	212	236	99	65	22	7	3	2	
象山区	1179	171	286	393	191	94	28	13	1	1	1
七星区	1017	128	218	333	184	93	47	7	5	1	1
雁山区	203	27	30	41	47	33	12	10	1	1	
临桂区	1584	231	254	308	355	229	133	42	18	11	2
阳朔县	986	104	181	220	244	146	53	22	13	3	
灵川县	1230	118	249	376	255	142	56	22	5	2	4
全州县	2735	514	777	520	563	208	84	39	19	4	6
兴安县	1322	174	313	351	273	131	54	18	6		1
永福县	930	177	188	214	160	105	57	20	7	2	1
灌阳县	937	107	247	230	227	71	40	12	1		1
龙胜各族自治县	645	116	173	147	108	56	26	7	4	5	3
资源县	572	82	129	132	120	60	33	7	7	2	
平乐县	1257	113	238	307	261	163	115	27	21	7	5
荔浦县	1251	114	243	322	279	174	69	30	12	3	3
恭城瑶族自治县	889	80	162	248	188	120	56	19	8	4	4

7-1 续表 1

单位：户

地　区	家庭户户　数	一人户	二人户	三人户	四人户	五人户	六人户	七人户	八人户	九人户	十人及以上户
梧州市	**10119**	**1523**	**1794**	**2108**	**1950**	**1344**	**715**	**360**	**190**	**64**	**68**
万秀区	1345	221	323	458	211	96	24	5	3	2	3
长洲区	769	122	150	213	151	79	34	12	5	1	1
龙圩区	983	170	163	183	202	139	78	30	12	5	3
苍梧县	1068	150	175	191	212	156	97	47	23	12	5
藤县	2772	409	471	454	534	383	259	125	72	30	37
蒙山县	707	109	123	146	162	92	41	20	9	4	2
岑溪市	2475	342	390	465	479	400	183	121	67	10	18
北海市	**4865**	**457**	**741**	**1063**	**1090**	**686**	**357**	**195**	**119**	**54**	**103**
海城区	1180	154	200	372	223	119	53	24	17	8	10
银海区	573	50	85	136	143	77	35	14	14	4	16
铁山港区	485	45	82	103	118	63	38	18	9	4	4
合浦县	2626	208	373	452	606	427	232	138	79	38	73
防城港市	**2738**	**272**	**386**	**573**	**666**	**377**	**205**	**114**	**55**	**38**	**51**
港口区	495	53	71	130	126	63	27	12	6	4	3
防城区	1134	103	164	231	250	159	92	59	27	17	31
上思县	644	59	86	127	169	98	53	23	12	10	8
东兴市	465	57	65	85	121	57	33	21	10	7	9
钦州市	**9765**	**1211**	**1519**	**1674**	**1953**	**1476**	**900**	**441**	**258**	**136**	**198**
钦南区	1618	154	245	313	345	240	139	69	46	26	40
钦北区	2049	252	292	319	444	292	179	97	82	27	66
灵山县	3535	381	492	600	697	605	387	175	86	50	63
浦北县	2563	424	490	442	467	339	195	99	44	33	29
贵港市	**13785**	**1683**	**2401**	**2577**	**2958**	**2079**	**1128**	**449**	**214**	**136**	**159**
港北区	1874	164	305	414	420	265	144	76	30	23	32
港南区	1678	183	317	334	377	242	127	47	24	13	16
覃塘区	1344	141	263	239	299	206	106	38	24	14	14
平南县	4090	629	784	776	882	584	276	76	38	17	28
桂平市	4798	566	732	814	979	783	475	212	98	70	69
玉林市	**16407**	**1400**	**2510**	**2997**	**3511**	**2532**	**1481**	**770**	**457**	**242**	**506**
玉州区	2149	127	321	581	560	294	130	57	31	22	26
福绵区	1061	70	109	154	265	179	123	73	37	19	33
容县	2178	257	499	400	433	262	152	63	47	23	42
陆川县	2505	290	434	487	480	427	176	83	62	26	39
博白县	3591	256	517	513	665	601	398	235	130	77	198
兴业县	1760	135	228	341	462	293	162	73	31	15	22
北流市	3162	264	402	520	646	478	340	186	120	60	145

7-1 续表 2

单位：户

地 区	家庭户户数	一人户	二人户	三人户	四人户	五人户	六人户	七人户	八人户	九人户	十人及以上户
百色市	**12336**	**1439**	**2110**	**2846**	**2815**	**1786**	**899**	**288**	**93**	**41**	**18**
右江区	1306	139	201	331	282	221	84	24	15	7	3
田阳县	1250	200	274	328	240	133	55	17	3		
田东县	1421	244	289	359	251	158	80	26	8	4	1
平果县	1467	107	211	353	406	221	121	29	11	4	2
德保县	1085	135	202	247	225	160	90	20	4	2	
靖西县	1775	234	308	381	396	236	117	66	27	5	5
那坡县	513	32	78	123	133	87	37	19	3	1	
凌云县	577	40	69	96	162	101	77	24	3	5	
乐业县	484	42	64	91	132	84	50	10	6	2	3
田林县	746	59	111	172	173	138	67	16	6	4	
西林县	420	18	42	73	128	92	41	19	3	3	2
隆林各族自治县	1292	190	261	294	287	153	79	18	4	4	3
贺州市	**6409**	**698**	**1094**	**1166**	**1384**	**962**	**550**	**285**	**137**	**72**	**61**
八步区	2074	251	382	389	407	309	164	92	38	24	20
平桂管理区	1217	127	170	182	291	204	112	63	32	19	17
昭平县	1193	151	214	247	259	159	96	40	18	4	5
钟山县	1059	91	150	171	242	177	109	57	32	14	16
富川瑶族自治县	866	78	178	177	185	114	69	33	18	11	3
河池市	**12193**	**1697**	**2284**	**2678**	**2643**	**1643**	**778**	**292**	**108**	**38**	**32**
金城江区	1270	251	247	309	272	111	43	18	10	4	4
南丹县	926	88	136	194	230	157	74	27	13	2	4
天峨县	511	39	75	108	126	101	38	16	3	2	2
凤山县	574	72	103	104	144	86	39	14	8	2	
东兰县	777	108	173	182	168	95	39	9	2	1	
罗城仫佬族自治县	1149	176	252	251	242	120	69	28	4	4	1
环江毛南族自治县	1081	181	246	230	224	129	45	17	5	1	3
巴马瑶族自治县	733	68	111	168	160	120	64	25	12	5	2
都安瑶族自治县	1882	306	343	360	380	266	130	59	21	6	10
大化瑶族自治县	1211	149	188	239	287	181	102	39	15	6	5
宜州市	2079	259	409	531	410	276	135	39	13	4	2
来宾市	**7557**	**931**	**1617**	**1606**	**1608**	**893**	**492**	**225**	**74**	**55**	**58**
兴宾区	3250	379	709	668	674	399	211	118	35	24	35
忻城县	1180	160	262	277	238	134	69	24	9	5	2
象州县	1032	153	191	221	225	111	77	26	9	11	8
武宣县	1194	115	251	228	276	154	91	43	14	12	10
金秀瑶族自治县	455	58	91	102	109	55	26	7	4	2	1
合山市	448	65	113	110	86	40	18	8	2	2	2
崇左市	**7426**	**907**	**1586**	**1908**	**1573**	**834**	**386**	**134**	**62**	**22**	**14**
江州区	1095	101	213	327	269	109	42	20	6	4	4
扶绥县	1395	148	258	365	351	143	79	26	16	6	3
宁明县	1244	142	281	287	259	142	75	32	19	3	4
龙州县	837	120	159	225	154	113	45	14	6	1	1
大新县	1189	179	287	295	203	146	56	18	3		1
天等县	1218	145	274	283	271	138	75	19	9	3	2
凭祥市	449	73	115	125	65	42	15	5	3	5	1

7-1a 各地区家庭户规模(城市)

单位：户

地 区	家庭户户 数	一人户	二人户	三人户	四人户	五人户	六人户	七人户	八人户	九人户	十人及以上户
全 区	**35397**	**5052**	**7200**	**10708**	**6457**	**3466**	**1305**	**533**	**283**	**164**	**230**
南宁市	10264	1656	2144	3400	1783	863	232	70	44	21	51
柳州市	6236	1096	1511	2070	896	434	146	52	15	6	9
桂林市	3807	555	884	1181	635	353	137	39	13	6	3
梧州市	2925	412	591	872	536	307	113	49	28	8	10
北海市	1442	174	245	459	276	149	69	29	22	9	12
防城港市	777	72	112	188	185	100	50	29	11	10	20
钦州市	967	130	162	218	202	113	65	33	15	10	17
贵港市	2355	280	406	543	520	304	158	63	30	30	21
玉林市	2360	148	345	624	545	337	152	69	57	31	54
百色市	813	102	135	228	172	116	34	11	9	5	1
贺州市	811	89	148	166	169	123	52	28	13	11	13
河池市	1257	179	230	355	269	137	39	28	12	5	3
来宾市	882	93	181	241	179	84	47	25	10	9	14
崇左市	501	66	108	163	91	45	13	8	3	3	2

7-1b 各地区家庭户规模(镇)

单位：户

地 区	家庭户户 数	一人户	二人户	三人户	四人户	五人户	六人户	七人户	八人户	九人户	十人及以上户
全 区	**38826**	**4488**	**6581**	**8708**	**8474**	**5108**	**2793**	**1211**	**664**	**324**	**474**
南宁市	4775	617	856	1183	1148	511	285	91	45	20	20
柳州市	3131	409	563	857	664	325	167	60	52	24	10
桂林市	4203	495	925	1153	865	424	199	77	39	18	7
梧州市	1969	232	284	375	409	300	182	95	52	22	18
北海市	1317	119	211	308	274	189	83	51	36	12	35
防城港市	671	74	82	139	166	101	45	23	14	13	14
钦州市	2558	345	335	455	528	412	218	114	62	28	60
贵港市	3754	460	635	638	836	554	346	123	66	35	62
玉林市	4823	347	668	829	1032	789	487	243	151	84	193
百色市	3221	402	536	834	704	425	195	69	36	12	9
贺州市	1796	183	288	327	398	274	162	84	43	22	14
河池市	2675	340	452	628	619	341	181	74	24	10	6
来宾市	1968	232	386	420	420	242	143	65	23	16	20
崇左市	1966	234	361	560	412	221	101	40	23	8	6

7-1c 各地区家庭户规模(乡村)

单位：户

地 区	家庭户户数	一人户	二人户	三人户	四人户	五人户	六人户	七人户	八人户	九人户	十人及以上户
全 区	**87535**	**10794**	**16498**	**17302**	**18987**	**12027**	**6497**	**2800**	**1270**	**602**	**756**
南宁市	10494	1293	2238	2345	2391	1210	597	246	99	42	32
柳州市	5203	624	902	1104	1221	695	372	164	58	28	34
桂林市	10045	1371	2215	2230	2165	1173	569	190	84	26	23
梧州市	5225	880	920	861	1005	737	421	216	110	34	41
北海市	2105	165	285	296	541	348	205	115	62	33	56
防城港市	1290	126	192	245	315	176	110	63	31	15	18
钦州市	6241	736	1022	1000	1223	951	617	293	180	97	121
贵港市	7675	943	1360	1396	1602	1222	624	264	118	72	75
玉林市	9224	906	1497	1544	1934	1407	842	459	250	127	259
百色市	8302	935	1439	1785	1939	1244	670	208	49	24	9
贺州市	3802	426	659	673	817	565	337	173	81	38	34
河池市	8260	1177	1602	1694	1755	1165	558	190	72	24	23
来宾市	4708	606	1050	945	1009	566	302	134	41	29	24
崇左市	4960	607	1117	1185	1070	568	272	86	37	11	7

7-2 各地区家庭户类别

单位：户

地　区	家庭户户数	一代户	二代户	三代户	四代户	五代及以上户
全　区	**161758**	**42283**	**80632**	**37191**	**1650**	**2**
南宁市	**25533**	**7635**	**13036**	**4708**	**153**	
兴宁区	1686	645	760	274	6	
青秀区	2652	764	1426	454	7	
江南区	2204	637	1177	374	16	
西乡塘区	4640	1573	2403	649	15	
良庆区	1271	303	768	198	3	
邕宁区	950	230	521	191	7	
武鸣县	2158	653	1046	440	18	
隆安县	1110	280	550	262	18	
马山县	1484	366	794	307	17	
上林县	1288	363	585	330	10	
宾阳县	2866	881	1448	528	9	
横县	3224	940	1558	700	25	
柳州市	**14570**	**4342**	**7142**	**2962**	**124**	
城中区	605	201	282	120	2	
鱼峰区	1869	644	917	302	5	
柳南区	2275	939	1078	255	3	
柳北区	1892	686	931	273	2	
柳江县	1879	375	1004	485	14	
柳城县	1322	370	602	332	18	
鹿寨县	1167	276	544	332	15	
融安县	1128	340	547	223	17	
融水苗族自治县	1402	278	709	386	29	
三江侗族自治县	1032	232	528	253	19	
桂林市	**18056**	**5243**	**8431**	**4184**	**198**	
秀峰区	584	167	296	118	2	
叠彩区	734	242	361	128	4	
象山区	1179	388	611	174	5	
七星区	1017	262	517	228	10	
雁山区	203	48	95	54	6	
临桂区	1584	406	688	464	27	
阳朔县	986	206	465	302	13	
灵川县	1230	298	593	328	11	
全州县	2735	1132	1209	388	7	
兴安县	1322	410	605	293	14	
永福县	930	305	393	215	17	
灌阳县	937	283	514	135	6	
龙胜各族自治县	645	238	229	165	13	
资源县	572	173	260	132	6	
平乐县	1257	262	592	381	22	
荔浦县	1251	249	563	416	23	
恭城瑶族自治县	889	173	440	264	12	

7-2 续表 1

单位：户

地 区	家庭户户数	一代户	二代户	三代户	四代户	五代及以上户
梧州市	**10119**	**2791**	**5155**	**2105**	**69**	
万秀区	1345	449	697	194	5	
长洲区	769	226	398	141	3	
龙圩区	983	296	499	185	3	
苍梧县	1068	288	498	275	8	
藤县	2772	723	1428	592	29	
蒙山县	707	183	329	184	11	
岑溪市	2475	625	1305	534	10	
北海市	**4865**	**1071**	**2571**	**1179**	**43**	
海城区	1180	323	618	229	10	
银海区	573	131	322	115	4	
铁山港区	485	108	266	107	4	
合浦县	2626	509	1364	728	25	
防城港市	**2738**	**554**	**1457**	**698**	**28**	
港口区	495	110	276	105	4	
防城区	1134	225	580	316	13	
上思县	644	114	354	169	5	
东兴市	465	105	246	108	6	
钦州市	**9765**	**2421**	**4921**	**2346**	**78**	
钦南区	1618	342	844	420	12	
钦北区	2049	481	983	560	25	
灵山县	3535	790	1896	825	24	
浦北县	2563	807	1198	541	17	
贵港市	**13785**	**3451**	**7372**	**2842**	**119**	
港北区	1874	409	966	477	23	
港南区	1678	417	868	383	11	
覃塘区	1344	344	626	344	30	
平南县	4090	1230	2250	586	24	
桂平市	4798	1052	2661	1052	33	
玉林市	**16407**	**3335**	**8538**	**4360**	**174**	
玉州区	2149	404	1211	529	5	
福绵区	1061	146	539	366	10	
容县	2178	630	1034	493	21	
陆川县	2505	617	1406	465	16	
博白县	3591	678	1796	1058	59	
兴业县	1760	300	883	554	23	
北流市	3162	560	1668	894	40	

7-2 续表 2

单位：户

地　区	家庭户户数	一代户	二代户	三代户	四代户	五代及以上户
百色市	**12336**	**2773**	**5896**	**3497**	**169**	**1**
右江区	1306	278	594	417	17	
田阳县	1250	361	551	324	15	
田东县	1421	425	654	317	25	
平果县	1467	222	846	383	15	
德保县	1085	250	503	317	15	
靖西县	1775	426	822	510	17	
那坡县	513	69	244	189	9	1
凌云县	577	80	292	200	4	
乐业县	484	92	262	123	7	
田林县	746	120	346	265	15	
西林县	420	43	210	158	9	
隆林各族自治县	1292	407	571	293	22	
贺州市	**6409**	**1431**	**3080**	**1778**	**119**	**1**
八步区	2074	520	902	612	40	
平桂管理区	1217	243	637	313	24	
昭平县	1193	270	605	303	15	
钟山县	1059	177	539	322	20	1
富川瑶族自治县	866	221	398	228	20	
河池市	**12193**	**3091**	**5870**	**3069**	**164**	
金城江区	1270	402	599	264	5	
南丹县	926	183	478	253	12	
天峨县	511	89	258	155	9	
凤山县	574	140	290	138	5	
东兰县	777	209	394	167	7	
罗城仫佬族自治县	1149	312	528	284	24	
环江毛南族自治县	1081	319	461	282	19	
巴马瑶族自治县	733	135	347	239	12	
都安瑶族自治县	1882	524	912	427	18	
大化瑶族自治县	1211	253	648	298	11	
宜州市	2079	523	954	560	41	
来宾市	**7557**	**2107**	**3562**	**1785**	**104**	
兴宾区	3250	954	1547	721	28	
忻城县	1180	337	501	313	29	
象州县	1032	281	471	264	15	
武宣县	1194	285	601	290	18	
金秀瑶族自治县	455	111	219	115	9	
合山市	448	139	223	81	4	
崇左市	**7426**	**2038**	**3600**	**1679**	**109**	
江州区	1095	238	608	238	11	
扶绥县	1395	391	754	238	11	
宁明县	1244	331	632	269	12	
龙州县	837	229	366	227	14	
大新县	1189	363	467	329	29	
天等县	1218	335	560	297	27	
凭祥市	449	151	214	80	4	

7-2a 各地区家庭户类别(城市)

单位：户

地 区	家庭户户数	一代户	二代户	三代户	四代户	五代及以上户
全 区	**35397**	**10682**	**18088**	**6456**	**171**	
南宁市	10264	3459	5311	1462	32	
柳州市	6236	2289	3053	883	11	
桂林市	3807	1188	1883	715	22	
梧州市	2925	823	1578	511	13	
北海市	1442	384	763	284	11	
防城港市	777	157	426	188	6	
钦州市	967	247	486	228	5	
贵港市	2355	572	1207	558	19	
玉林市	2360	436	1294	616	14	
百色市	813	205	373	232	4	
贺州市	811	210	360	223	19	
河池市	1257	331	634	281	11	
来宾市	882	238	456	185	3	
崇左市	501	145	263	91	2	

7-2b 各地区家庭户类别(镇)

单位：户

地 区	家庭户户数	一代户	二代户	三代户	四代户	五代及以上户
全 区	**38826**	**9290**	**19524**	**9570**	**442**	**1**
南宁市	4775	1225	2474	1031	45	
柳州市	3131	824	1586	687	34	
桂林市	4203	1182	2029	951	41	
梧州市	1969	432	1034	488	15	
北海市	1317	301	653	349	13	
防城港市	671	130	352	182	7	
钦州市	2558	611	1268	657	22	
贵港市	3754	917	2000	793	44	
玉林市	4823	847	2498	1404	73	
百色市	3221	750	1597	846	27	
贺州市	1796	360	873	527	35	1
河池市	2675	649	1285	704	37	
来宾市	1968	510	910	519	29	
崇左市	1966	551	965	432	18	

7-2c 各地区家庭户类别(乡村)

单位：户

地　区	家庭户户数	一代户	二代户	三代户	四代户	五代及以上户
全　区	**87535**	**22311**	**43021**	**21164**	**1037**	**1**
南宁市	10494	2950	5252	2215	76	
柳州市	5203	1230	2503	1391	79	
桂林市	10045	2874	4519	2517	135	
梧州市	5225	1535	2543	1106	40	
北海市	2105	386	1154	546	18	
防城港市	1290	267	679	328	16	
钦州市	6241	1562	3167	1461	51	
贵港市	7675	1962	4165	1492	57	
玉林市	9224	2053	4746	2339	87	
百色市	8302	1818	3926	2419	138	1
贺州市	3802	861	1847	1029	65	
河池市	8260	2110	3951	2084	115	
来宾市	4708	1359	2196	1081	72	
崇左市	4960	1343	2372	1156	89	

7-3 各地区家庭户中民族混合户户数

单位：户、%

地 区	合 计	单一民族户		二个民族户		三个民族户		四个及以上民族户	
		户数	比重	户数	比重	户数	比重	户数	比重
全 区	**161758**	**142538**	**88.12**	**18804**	**11.63**	**405**	**0.25**	**11**	**0.01**
南宁市	**25533**	**21241**	**83.19**	**4251**	**16.65**	**41**	**0.16**		
兴宁区	1686	1413	83.80	270	16.02	3	0.18		
青秀区	2652	2015	75.99	631	23.80	6	0.21		
江南区	2204	1647	74.71	552	25.07	5	0.23		
西乡塘区	4640	3634	78.33	988	21.28	18	0.39		
良庆区	1271	1051	82.69	218	17.18	2	0.13		
邕宁区	950	884	93.06	66	6.94				
武鸣县	2158	1944	90.05	213	9.89	1	0.06		
隆安县	1110	1086	97.85	24	2.15				
马山县	1484	1294	87.19	188	12.65	2	0.15		
上林县	1288	1078	83.67	207	16.11	3	0.22		
宾阳县	2866	2516	87.80	348	12.16	1	0.04		
横县	3224	2679	83.11	544	16.89				
柳州市	**14570**	**11198**	**76.85**	**3283**	**22.53**	**85**	**0.58**	**4**	**0.03**
城中区	605	457	75.64	143	23.61	5	0.75		
鱼峰区	1869	1378	73.73	480	25.70	11	0.57		
柳南区	2275	1842	80.96	429	18.84	5	0.20		
柳北区	1892	1434	75.79	452	23.91	6	0.30		
柳江县	1879	1430	76.13	443	23.60	5	0.28		
柳城县	1322	1013	76.65	302	22.85	7	0.50		
鹿寨县	1167	850	72.84	310	26.56	7	0.60		
融安县	1128	796	70.58	315	27.92	15	1.32	2	0.18
融水苗族自治县	1402	1161	82.83	222	15.82	17	1.20	2	0.15
三江侗族自治县	1032	835	80.97	187	18.15	9	0.88		
桂林市	**18056**	**15714**	**87.03**	**2276**	**12.60**	**65**	**0.36**	**1**	**0.01**
秀峰区	584	514	88.02	70	11.98				
叠彩区	734	665	90.53	68	9.21	2	0.26		
象山区	1179	1056	89.56	122	10.34	1	0.09		
七星区	1017	915	89.93	100	9.85	2	0.22		
雁山区	203	186	91.45	17	8.55				
临桂区	1584	1478	93.33	106	6.67				
阳朔县	986	763	77.37	220	22.28	3	0.35		
灵川县	1230	1111	90.33	112	9.14	7	0.53		
全州县	2735	2688	98.25	48	1.75				
兴安县	1322	1275	96.47	47	3.53				
永福县	930	776	83.48	149	15.99	5	0.53		
灌阳县	937	829	88.47	107	11.41	1	0.12		
龙胜各族自治县	645	433	67.11	189	29.24	22	3.43	1	0.21
资源县	572	450	78.73	120	20.95	2	0.33		
平乐县	1257	967	76.92	285	22.65	5	0.43		
荔浦县	1251	1033	82.60	213	17.05	4	0.35		
恭城瑶族自治县	889	575	64.63	304	34.19	11	1.18		

7-3 续表 1

单位：户、%

地　区	合　计	单一民族户		二个民族户		三个民族户		四个及以上民族户	
		户数	比重	户数	比重	户数	比重	户数	比重
梧州市	**10119**	**9857**	**97.41**	**260**	**2.57**	**2**	**0.02**		
万秀区	1345	1314	97.71	31	2.29				
长洲区	769	751	97.69	17	2.18	1	0.13		
龙圩区	983	975	99.22	8	0.78				
苍梧县	1068	1055	98.78	13	1.22				
藤县	2772	2717	98.02	55	1.98				
蒙山县	707	605	85.54	101	14.25	1	0.20		
岑溪市	2475	2439	98.55	36	1.45				
北海市	**4865**	**4777**	**98.21**	**83**	**1.70**	**2**	**0.05**	**2**	**0.04**
海城区	1180	1158	98.14	22	1.86				
银海区	573	555	96.88	14	2.37	2	0.41	2	0.35
铁山港区	485	481	99.18	4	0.82				
合浦县	2626	2583	98.35	43	1.65				
防城港市	**2738**	**2116**	**77.30**	**598**	**21.83**	**24**	**0.87**		
港口区	495	425	85.92	69	13.90	1	0.18		
防城区	1134	772	68.13	345	30.47	16	1.40		
上思县	644	586	90.97	57	8.82	1	0.21		
东兴市	465	333	71.55	127	27.24	6	1.21		
钦州市	**9765**	**8985**	**92.01**	**774**	**7.93**	**5**	**0.06**		
钦南区	1618	1402	86.68	215	13.26	1	0.06		
钦北区	2049	1613	78.69	432	21.09	4	0.22		
灵山县	3535	3439	97.28	96	2.72				
浦北县	2563	2531	98.77	31	1.23				
贵港市	**13785**	**12664**	**91.87**	**1113**	**8.07**	**8**	**0.06**		
港北区	1874	1569	83.72	304	16.20	1	0.07		
港南区	1678	1635	97.40	43	2.54	1	0.05		
覃塘区	1344	1056	78.59	287	21.36	1	0.06		
平南县	4090	3907	95.52	178	4.36	5	0.12		
桂平市	4798	4497	93.72	301	6.28				
玉林市	**16407**	**16168**	**98.55**	**232**	**1.41**	**6**	**0.04**		
玉州区	2149	2100	97.69	49	2.26	1	0.05		
福绵区	1061	1039	97.94	22	2.06				
容县	2178	2117	97.18	61	2.82				
陆川县	2505	2490	99.41	12	0.50	2	0.09		
博白县	3591	3547	98.78	41	1.13	3	0.08		
兴业县	1760	1733	98.48	27	1.52				
北流市	3162	3142	99.36	20	0.64				

7-3 续表 2

单位：户、%

地 区	合 计	单一民族户		二个民族户		三个民族户		四个及以上民族户	
		户数	比重	户数	比重	户数	比重	户数	比重
百色市	**12336**	**11396**	**92.38**	**932**	**7.56**	**8**	**0.06**		
右江区	1306	1102	84.36	203	15.50	2	0.14		
田阳县	1250	1163	93.00	88	7.00				
田东县	1421	1242	87.38	179	12.62				
平果县	1467	1384	94.37	83	5.63				
德保县	1085	1062	97.95	22	2.05				
靖西县	1775	1757	98.98	18	1.02				
那坡县	513	483	94.18	30	5.82				
凌云县	577	551	95.47	26	4.53				
乐业县	484	440	90.83	44	9.17				
田林县	746	640	85.79	105	14.11	1	0.10		
西林县	420	385	91.63	32	7.62	3	0.75		
隆林各族自治县	1292	1188	91.94	102	7.90	2	0.15		
贺州市	**6409**	**5701**	**88.95**	**691**	**10.78**	**17**	**0.26**		
八步区	2074	1944	93.72	128	6.15	3	0.13		
平桂管理区	1217	1118	91.90	99	8.10				
昭平县	1193	1098	92.05	93	7.78	2	0.17		
钟山县	1059	935	88.35	122	11.52	1	0.13		
富川瑶族自治县	866	605	69.89	250	28.87	11	1.24		
河池市	**12193**	**10087**	**82.73**	**2016**	**16.53**	**87**	**0.72**	**2**	**0.02**
金城江区	1270	1044	82.22	218	17.18	8	0.60		
南丹县	926	725	78.25	191	20.64	10	1.11		
天峨县	511	402	78.65	106	20.82	3	0.53		
凤山县	574	527	91.78	47	8.14		0.08		
东兰县	777	745	95.81	33	4.19				
罗城仫佬族自治县	1149	742	64.61	373	32.44	33	2.85	1	0.10
环江毛南族自治县	1081	868	80.24	209	19.28	5	0.48		
巴马瑶族自治县	733	687	93.62	47	6.38				
都安瑶族自治县	1882	1664	88.41	214	11.37	4	0.22		
大化瑶族自治县	1211	1112	91.80	98	8.10	1	0.10		
宜州市	2079	1573	75.69	481	23.14	23	1.11	1	0.06
来宾市	**7557**	**5897**	**78.03**	**1618**	**21.40**	**42**	**0.55**	**1**	**0.01**
兴宾区	3250	2639	81.21	601	18.48	10	0.31		
忻城县	1180	974	82.53	192	16.31	13	1.09	1	0.07
象州县	1032	728	70.61	296	28.72	7	0.67		
武宣县	1194	903	75.63	290	24.25	2	0.13		
金秀瑶族自治县	455	311	68.41	135	29.67	9	1.92		
合山市	448	342	76.41	104	23.22	2	0.38		
崇左市	**7426**	**6737**	**90.71**	**678**	**9.13**	**11**	**0.15**		
江州区	1095	931	84.98	161	14.67	4	0.34		
扶绥县	1395	1181	84.66	210	15.05	4	0.29		
宁明县	1244	1106	88.91	137	11.04	1	0.05		
龙州县	837	796	95.12	41	4.88				
大新县	1189	1144	96.27	44	3.73				
天等县	1218	1209	99.26	9	0.74				
凭祥市	449	370	82.38	76	16.96	3	0.66		

7-3a 各地区家庭户中民族混合户户数(城市)

单位：户、%

地　区	合　计	单一民族户		二个民族户		三个民族户		四个及以上民族户	
		户数	比重	户数	比重	户数	比重	户数	比重
全　区	**35397**	**29703**	**83.91**	**5606**	**15.84**	**87**	**0.25**	**1**	
南宁市	10264	7923	77.20	2310	22.51	31	0.30		
柳州市	6236	4872	78.13	1342	21.52	22	0.35		
桂林市	3807	3423	89.91	379	9.95	5	0.14		
梧州市	2925	2859	97.72	66	2.26	1	0.02		
北海市	1442	1415	98.08	28	1.92				
防城港市	777	593	76.28	181	23.32	3	0.40		
钦州市	967	841	87.00	124	12.82	2	0.18		
贵港市	2355	2057	87.34	297	12.60	1	0.06		
玉林市	2360	2321	98.37	38	1.63				
百色市	813	641	78.85	171	21.04	1	0.11		
贺州市	811	765	94.32	45	5.56	1	0.12		
河池市	1257	935	74.40	307	24.40	14	1.11	1	0.10
来宾市	882	676	76.67	202	22.96	3	0.38		
崇左市	501	382	76.17	116	23.18	3	0.65		

7-3b 各地区家庭户中民族混合户户数(镇)

单位：户、%

地　区	合　计	单一民族户		二个民族户		三个民族户		四个及以上民族户	
		户数	比重	户数	比重	户数	比重	户数	比重
全　区	**38826**	**34051**	**87.70**	**4652**	**11.98**	**119**	**0.31**	**4**	**0.01**
南宁市	4775	4166	87.24	606	12.68	4	0.07		
柳州市	3131	2095	66.93	998	31.87	35	1.11	3	0.09
桂林市	4203	3647	86.77	533	12.68	23	0.55		
梧州市	1969	1919	97.46	50	2.54				
北海市	1317	1297	98.48	17	1.29	2	0.15	1	0.08
防城港市	671	504	75.10	159	23.69	8	1.21		
钦州市	2558	2375	92.87	181	7.09	1	0.03		
贵港市	3754	3630	96.68	125	3.32				
玉林市	4823	4773	98.98	47	0.97	2	0.04		
百色市	3221	2826	87.74	393	12.20	2	0.06		
贺州市	1796	1579	87.93	211	11.75	6	0.32		
河池市	2675	2124	79.41	533	19.92	18	0.67		
来宾市	1968	1436	72.99	518	26.30	14	0.71		
崇左市	1966	1678	85.37	282	14.35	5	0.28		

7-3c 各地区家庭户中民族混合户户数(乡村)

单位：户、%

地 区	合 计	单一民族户		二个民族户		三个民族户		四个及以上民族户	
		户数	比重	户数	比重	户数	比重	户数	比重
全 区	**87535**	**80191**	**91.61**	**7195**	**8.22**	**144**	**0.16**	**4**	
南宁市	10494	9395	89.53	1094	10.43	4	0.04		
柳州市	5203	4372	84.03	808	15.52	22	0.42	1	0.03
桂林市	10045	8821	87.81	1198	11.93	26	0.25	1	0.01
梧州市	5225	5111	97.81	114	2.17	1	0.01		
北海市	2105	2070	98.32	35	1.68				
防城港市	1290	1043	80.82	238	18.42	10	0.76		
钦州市	6241	5815	93.19	422	6.77	3	0.05		
贵港市	7675	7067	92.07	603	7.86	5	0.07		
玉林市	9224	9099	98.64	121	1.31	4	0.05		
百色市	8302	8022	96.63	277	3.33	3	0.04		
贺州市	3802	3432	90.26	363	9.55	7	0.19		
河池市	8260	7266	87.96	950	11.50	44	0.53	1	0.01
来宾市	4708	3941	83.71	751	15.96	15	0.32		
崇左市	4960	4738	95.53	221	4.45	1	0.02		

7-4 各地区分年龄、性别的一人户

单位：户

地 区	合 计			14岁及以下			15-19岁		
	小计	男	女	小计	男	女	小计	男	女
全 区	**20334**	**11889**	**8445**	**1127**	**672**	**455**	**492**	**320**	**173**
南宁市	**3567**	**2078**	**1489**	**170**	**108**	**62**	**110**	**81**	**29**
兴宁区	340	195	145	3	1	1	6	6	
青秀区	296	144	152	1		1	4	4	
江南区	305	200	105	1	1		6	4	2
西乡塘区	766	431	335	2		2	21	11	10
良庆区	140	84	56	3		3	2	2	
邕宁区	118	72	46	12	6	6	6	5	1
武鸣县	277	161	117	20	13	7	10	9	1
隆安县	132	81	51	12	9	3	2	1	1
马山县	185	113	72	34	19	15	7	6	1
上林县	198	118	80	9	7	1	9	9	
宾阳县	405	253	152	29	15	14	14	9	4
横县	404	226	179	43	36	8	23	16	8
柳州市	**2129**	**1297**	**832**	**75**	**48**	**28**	**24**	**16**	**8**
城中区	92	42	49				1	1	
鱼峰区	307	187	121	2	2		5	2	3
柳南区	486	284	202	8	6	2	3	3	
柳北区	342	199	143	4	3	1	2	1	1
柳江县	217	151	67	3	2	1	3	3	
柳城县	146	80	67	15	8	8	1		1
鹿寨县	124	63	61	12	4	7	3	2	1
融安县	176	120	57	10	8	2	2	1	1
融水苗族自治县	142	110	32	12	8	4	1	1	
三江侗族自治县	96	63	34	9	7	2	1	1	
桂林市	**2421**	**1341**	**1080**	**123**	**74**	**49**	**27**	**11**	**15**
秀峰区	76	39	36				2	1	1
叠彩区	89	31	57				3	2	1
象山区	171	73	98	1		1	1		1
七星区	128	52	76	1	1		1		1
雁山区	27	19	9	1	1		1		1
临桂区	231	145	86	9	6	3	2	1	1
阳朔县	104	69	35	8	5	3	1		1
灵川县	118	63	55	4	4				
全州县	514	255	259	25	10	15	2		2
兴安县	174	87	87	12	6	6			
永福县	177	127	50	11	8	3	3		3
灌阳县	107	61	46	4	3	1	3	3	
龙胜各族自治县	116	65	51	7	3	4	1	1	
资源县	82	45	37	9	6	3	3	1	2
平乐县	113	76	38	23	17	6			
荔浦县	114	74	40	5	3	2	3	1	1
恭城瑶族自治县	80	60	20	3	2	1	2	1	1

7-4 续表 1 单位：户

地 区	20-24岁			25-29岁			30-34岁		
	小计	男	女	小计	男	女	小计	男	女
全 区	**827**	**491**	**336**	**1512**	**936**	**576**	**1338**	**889**	**449**
南宁市	**233**	**149**	**84**	**449**	**264**	**185**	**360**	**230**	**130**
兴宁区	22	16	6	66	26	40	64	40	24
青秀区	17	10	7	55	20	35	28	13	16
江南区	38	26	12	60	41	19	46	31	15
西乡塘区	100	58	42	158	105	53	99	64	35
良庆区	7	5	2	20	10	10	17	11	6
邕宁区	1	1		8	7	1	6	6	
武鸣县	6	1	4	15	4	11	21	18	3
隆安县	4	3	1	6	5	1	8	7	2
马山县	2	2		5	5		11	6	5
上林县	5	1	4	13	7	5	18	7	11
宾阳县	12	12		28	27	1	23	21	2
横县	17	12	5	16	7	9	18	5	12
柳州市	**125**	**68**	**57**	**216**	**135**	**81**	**164**	**114**	**50**
城中区	10	1	9	20	10	10	14	8	6
鱼峰区	26	17	10	38	25	13	33	21	12
柳南区	43	30	13	90	56	34	44	33	11
柳北区	17	7	10	30	16	14	33	19	14
柳江县	10	7	3	11	8	3	13	10	2
柳城县	1		1	2	2		4	3	1
鹿寨县	2		2	3	2	1	3	1	2
融安县	6	2	4	11	6	5	10	9	1
融水苗族自治县	6	2	4	4	4	1	7	6	1
三江侗族自治县	2	2		7	7		3	2	1
桂林市	**75**	**48**	**27**	**140**	**89**	**51**	**121**	**76**	**45**
秀峰区	5	4	1	12	9	3	10	4	6
叠彩区	2	1	1	8	4	4	6	2	4
象山区	3	2	1	15	9	6	18	11	7
七星区	12	7	5	20	7	13	14	8	7
雁山区	1	1		1	1				
临桂区	16	8	8	33	18	14	12	10	2
阳朔县	2	2		2	2		2	1	1
灵川县	4	3	1	8	6	1	3		3
全州县	2	2		11	9	2	15	15	
兴安县	4	4		2	2		4	4	
永福县	8	5	3	14	10	4	10	7	3
灌阳县	7	7		1	1		3	3	
龙胜各族自治县				1	1		3	1	1
资源县	4	1	3	3	1	1	9	4	6
平乐县	1	1		4	4		4	3	1
荔浦县	3	1	2	5	4	1	6	2	4
恭城瑶族自治县	2		2	2	2		2	2	1

7-4 续表 2

单位：户

地 区	35-39岁			40-44岁			45-49岁		
	小计	男	女	小计	男	女	小计	男	女
全 区	**1253**	**857**	**396**	**1411**	**983**	**428**	**1746**	**1141**	**604**
南宁市	**275**	**180**	**94**	**269**	**178**	**91**	**278**	**176**	**101**
兴宁区	39	23	16	24	15	9	34	22	12
青秀区	45	26	18	33	16	17	28	12	16
江南区	22	19	4	28	19	9	20	14	6
西乡塘区	64	41	24	44	32	12	47	22	25
良庆区	16	15	1	18	11	7	7	5	2
邕宁区	8	4	4	5	4	1	7	5	1
武鸣县	10	4	5	17	11	5	19	11	8
隆安县	7	5	2	7	7		19	11	8
马山县	5	5		14	7	7	14	8	6
上林县	28	19	9	25	17	8	15	15	
宾阳县	21	17	4	34	31	4	38	34	4
横县	10	3	7	20	7	13	30	17	13
柳州市	**183**	**123**	**59**	**194**	**128**	**66**	**231**	**158**	**74**
城中区	8	6	3	5	5	1	8	4	4
鱼峰区	33	20	13	39	29	11	35	22	13
柳南区	40	25	16	37	18	19	44	27	18
柳北区	40	32	8	35	22	13	40	23	17
柳江县	25	16	9	28	18	10	28	21	7
柳城县	9	5	3	9	3	5	13	12	1
鹿寨县	2		2	11	7	4	12	10	2
融安县	11	7	4	15	14	1	22	15	7
融水苗族自治县	7	7		7	7		19	18	1
三江侗族自治县	8	6	2	8	6	2	9	6	3
桂林市	**115**	**75**	**40**	**127**	**94**	**33**	**195**	**114**	**80**
秀峰区	5	4	1	4	3	1	6	2	4
叠彩区	6	4	2	7	3	4	2		2
象山区	20	10	11	12	5	6	16	7	9
七星区	7	3	3	10	7	3	18	5	12
雁山区	2	2		1	1		1		1
临桂区	17	9	8	10	7	3	16	9	7
阳朔县	4	3	1	9	8	1	16	15	1
灵川县	9	8	1	4	2	1	5	4	1
全州县	13	10	2	15	11	4	36	22	14
兴安县	6	4	2	3	1	2	13	6	7
永福县	6	3	3	20	20		13	11	2
灌阳县	8	3	4	6	2	3	8	3	4
龙胜各族自治县	3	1	1	11	10	2	14	6	8
资源县	3	3		3	3		3	2	1
平乐县	1	1		3	3		12	8	4
荔浦县	2	2		6	4	3	11	10	1
恭城瑶族自治县	5	5		4	4		6	4	2

7-4 续表 3 单位：户

地 区	50-54岁			55-59岁			60-64岁			65岁及以上		
	小计	男	女	小计	男	女	小计	男	女	小计	男	女
全 区	**1656**	**1037**	**619**	**1364**	**870**	**494**	**1672**	**1003**	**669**	**5937**	**2691**	**3246**
南宁市	**241**	**146**	**94**	**186**	**104**	**81**	**240**	**146**	**95**	**757**	**315**	**441**
兴宁区	21	15	6	14	9	5	11	10	1	35	12	24
青秀区	22	15	7	13	5	8	11	6	6	40	19	21
江南区	14	7	7	12	7	5	24	14	10	34	19	16
西乡塘区	42	18	24	37	15	22	41	28	14	110	37	73
良庆区	12	6	6	5	2	3	5	3	2	29	14	15
邕宁区	8	6	1	4	1	3	13	6	7	41	20	21
武鸣县	27	17	11	22	15	7	24	15	8	86	41	45
隆安县	7	5	1	7	6	1	12	6	6	40	16	24
马山县	13	11	2	12	6	6	14	11	3	54	28	26
上林县	18	13	5	13	7	6	13	7	6	32	8	24
宾阳县	30	18	12	23	18	6	28	16	12	124	35	90
横县	27	17	11	23	13	10	46	26	19	131	67	64
柳州市	**196**	**133**	**64**	**160**	**110**	**50**	**146**	**80**	**66**	**414**	**185**	**230**
城中区	6	2	4	7	3	4	5	1	3	7	2	5
鱼峰区	34	21	13	16	13	3	14	2	12	32	12	20
柳南区	40	26	14	39	20	19	24	14	10	72	27	46
柳北区	27	15	12	21	17	5	27	14	13	66	30	36
柳江县	25	20	5	21	15	6	9	6	3	40	24	16
柳城县	13	4	9	11	8	3	16	11	6	51	23	28
鹿寨县	16	14	2	5	3	2	10	5	4	46	15	31
融安县	21	19	2	16	13	3	16	9	8	38	18	19
融水苗族自治县	11	9	1	18	15	3	15	14	1	34	18	15
三江侗族自治县	4	3	2	6	5	2	9	3	7	30	16	14
桂林市	**232**	**133**	**99**	**203**	**132**	**71**	**260**	**146**	**114**	**803**	**349**	**453**
秀峰区	7	3	4	10	2	8	4	2	2	11	6	5
叠彩区	3	1	2	10	5	6	7	3	4	36	8	29
象山区	20	6	14	14	3	11	20	7	13	30	12	18
七星区	12	5	7	7	1	5	10	4	6	18	4	13
雁山区	5	4	1	1	1		6	6	1	8	3	5
临桂区	27	20	7	18	15	3	17	16	1	56	26	30
阳朔县	8	5	3	10	7	3	5	2	2	37	19	18
灵川县	14	9	5	6	5	1	13	9	4	50	14	36
全州县	48	26	22	50	39	10	67	22	45	230	88	143
兴安县	16	10	7	13	7	5	28	13	15	73	30	43
永福县	21	16	5	9	9		19	16	4	44	23	21
灌阳县	4	1	3	6	3	2	11	8	3	46	22	23
龙胜各族自治县	11	7	4	15	9	5	15	9	6	35	16	19
资源县	9	6	3	5	4	1	5	3	2	26	11	15
平乐县	10	4	5	8	6	2	12	7	4	36	21	15
荔浦县	9	5	4	11	7	5	9	8	1	43	27	16
恭城瑶族自治县	8	5	3	12	8	4	11	10	1	25	19	6

7-4 续表 4

单位：户

地区	合计			14岁及以下			15-19岁		
	小计	男	女	小计	男	女	小计	男	女
梧州市	**1523**	**926**	**597**	**60**	**35**	**25**	**42**	**22**	**20**
万秀区	221	94	127	2	1	2	2		2
长洲区	122	62	60	2	2	1	2	2	
龙圩区	170	121	49	2	2				
苍梧县	150	109	41	7	6	1	5	3	2
藤县	409	282	127	23	14	9	13	8	5
蒙山县	109	64	45	4	2	1	4	2	2
岑溪市	342	195	147	20	9	12	15	6	9
北海市	**457**	**235**	**222**	**13**	**6**	**7**	**7**	**3**	**4**
海城区	154	79	75	6	4	2	1		1
银海区	50	29	21	1			1		1
铁山港区	45	19	26	1	1		1		1
合浦县	208	109	100	5	1	4	4	2	2
防城港市	**272**	**161**	**111**	**11**	**7**	**4**	**6**	**3**	**2**
港口区	53	31	22	2	2		1		1
防城区	103	55	47	5	3	3	3	1	1
上思县	59	41	18	4	3	1			
东兴市	57	33	23	1			2	1	
钦州市	**1211**	**724**	**487**	**66**	**32**	**34**	**38**	**29**	**9**
钦南区	154	103	51	5	3	2	6	5	1
钦北区	252	149	103	9	5	5	8	7	1
灵山县	381	228	153	30	12	18	14	9	6
浦北县	424	244	180	22	12	10	10	8	2
贵港市	**1683**	**1035**	**649**	**98**	**57**	**41**	**51**	**33**	**18**
港北区	164	104	61	8	5	3	2	2	1
港南区	183	109	74	16	6	9	8	6	3
覃塘区	141	79	61	12	8	4	5	3	2
平南县	629	373	256	42	28	15	16	11	5
桂平市	566	370	196	20	10	9	19	11	8
玉林市	**1400**	**837**	**563**	**79**	**45**	**35**	**41**	**30**	**11**
玉州区	127	74	53	1		1	4	2	2
福绵区	70	44	26	1		1	1		1
容县	257	157	100	15	9	6	10	8	2
陆川县	290	165	125	23	14	10	6	5	1
博白县	256	162	94	13	10	3	4	4	
兴业县	135	88	47	7	5	2	7	7	
北流市	264	147	117	18	7	11	8	4	4

7-4 续表 5 单位：户

地 区	20-24岁			25-29岁			30-34岁		
	小计	男	女	小计	男	女	小计	男	女
梧州市	**68**	**43**	**25**	**98**	**57**	**42**	**69**	**42**	**27**
万秀区	9	4	5	13	4	9	9	6	3
长洲区	9	8	1	15	8	7	9	4	6
龙圩区	17	12	5	26	21	5	17	11	5
苍梧县	3	2	1	3	1	2	1		1
藤县	10	6	4	18	9	9	12	10	2
蒙山县	5	3	2	7	3	4	5	3	2
岑溪市	15	9	6	16	10	6	16	9	7
北海市	**12**	**5**	**7**	**41**	**25**	**16**	**27**	**15**	**11**
海城区	9	3	6	28	17	11	12	9	3
银海区	1	1	1	5	3	1	3	3	1
铁山港区									
合浦县	1	1		7	4	4	11	4	7
防城港市	**9**	**5**	**4**	**20**	**11**	**9**	**20**	**12**	**8**
港口区	2	1	1	4	2	2	6	4	2
防城区	1		1	5	3	2	4	2	2
上思县	1	1		3	1	1	2	2	
东兴市	5	2	2	8	4	4	8	4	4
钦州市	**57**	**38**	**19**	**73**	**44**	**29**	**74**	**48**	**26**
钦南区	8	5	2	12	6	5	16	9	6
钦北区	5	3	2	16	11	5	20	15	5
灵山县	19	15	4	24	15	10	26	17	8
浦北县	25	14	11	22	12	9	12	6	6
贵港市	**44**	**28**	**16**	**97**	**68**	**28**	**128**	**92**	**36**
港北区	8	6	3	21	16	5	16	9	7
港南区	4	2	2	9	8	1	12	9	3
覃塘区	7	1	7	14	5	8	8	6	2
平南县	16	12	4	22	19	4	41	29	12
桂平市	9	7	1	30	20	11	51	39	12
玉林市	**37**	**26**	**11**	**83**	**58**	**25**	**68**	**50**	**19**
玉州区	3	2	1	8	5	3	13	9	4
福绵区	3	1	2	2	1	1	3	3	1
容县	6	5	1	9	4	5	5	5	
陆川县	7	6	1	28	20	8	18	13	5
博白县	4	4		18	15	3	18	13	6
兴业县	4	2	2	10	5	4	5	3	2
北流市	10	6	4	8	8		5	4	1

7-4 续表 6

单位：户

地　区	35-39岁			40-44岁			45-49岁		
	小计	男	女	小计	男	女	小计	男	女
梧州市	**71**	**43**	**28**	**97**	**71**	**26**	**117**	**83**	**35**
万秀区	14	7	7	13	7	6	22	11	10
长洲区	11	5	6	10	5	6	9	2	7
龙圩区	6	6		9	8	1	13	9	4
苍梧县	4	4		7	6	1	12	12	
藤县	13	7	6	26	22	4	28	23	5
蒙山县	6	3	3	10	8	2	11	9	3
岑溪市	16	10	6	21	15	6	21	16	5
北海市	**27**	**20**	**7**	**24**	**13**	**11**	**24**	**12**	**12**
海城区	17	12	5	12	6	5	10	4	6
银海区	3	1	1	3	3	1	3	2	1
铁山港区				1	1		1	1	
合浦县	7	6	1	8	3	5	10	6	4
防城港市	**23**	**17**	**6**	**19**	**14**	**5**	**23**	**15**	**7**
港口区	5	4	2	5	4	1	5	4	1
防城区	7	6	1	6	4	2	9	6	3
上思县	5	5	1	3	3		6	4	2
东兴市	5	3	2	5	4	2	2	1	1
钦州市	**54**	**39**	**15**	**80**	**55**	**25**	**88**	**58**	**30**
钦南区	10	6	4	14	12	2	8	6	2
钦北区	13	10	4	23	12	12	19	14	4
灵山县	15	11	3	27	21	6	32	21	11
浦北县	16	12	4	16	11	5	29	16	13
贵港市	**89**	**67**	**22**	**127**	**92**	**36**	**120**	**75**	**45**
港北区	16	10	6	16	13	3	11	7	4
港南区	6	6		9	5	4	17	9	8
覃塘区	8	6	3	8	6	2	14	6	8
平南县	27	18	9	37	25	12	36	22	14
桂平市	32	28	4	57	42	15	43	31	11
玉林市	**59**	**33**	**26**	**59**	**38**	**21**	**113**	**71**	**42**
玉州区	8	5	3	8	8		17	9	7
福绵区				1	1		6	3	3
容县	16	8	8	18	8	10	19	11	8
陆川县	18	11	8	11	8	2	21	11	10
博白县	10	9	1	9	6	3	16	14	1
兴业县	1	1		4	3	1	18	13	5
北流市	5		5	8	4	4	17	9	8

7-4 续表 7

单位：户

地 区	50-54岁			55-59岁			60-64岁			65岁及以上		
	小计	男	女	小计	男	女	小计	男	女	小计	男	女
梧州市	**114**	**78**	**36**	**100**	**71**	**29**	**147**	**106**	**41**	**541**	**277**	**264**
万秀区	22	9	13	21	9	12	19	6	13	74	29	45
长洲区	12	6	6	10	6	4	6	4	3	27	12	15
龙圩区	11	9	2	5	3	2	19	14	5	46	26	21
苍梧县	14	11	3	13	13		18	18		63	34	29
藤县	28	21	6	25	21	4	47	42	6	165	98	66
蒙山县	10	6	4	7	5	2	6	3	3	34	17	17
岑溪市	19	16	2	20	15	5	31	19	12	131	61	70
北海市	**27**	**18**	**9**	**30**	**18**	**12**	**26**	**16**	**10**	**199**	**83**	**116**
海城区	7	4	3	16	9	7	4	1	3	32	9	23
银海区	4	2	2	4	2	2	4	3	1	17	8	10
铁山港区	2	1	1				3	1	2	33	12	21
合浦县	14	11	3	10	7	3	16	11	5	116	54	62
防城港市	**22**	**17**	**6**	**17**	**11**	**6**	**18**	**9**	**9**	**83**	**39**	**44**
港口区	5	3	2	2	2	1	4	2	2	11	4	7
防城区	9	6	3	5	3	2	7	3	4	42	18	24
上思县	4	4		5	5		7	3	3	18	10	8
东兴市	4	4	1	4	1	3				12	7	5
钦州市	**85**	**57**	**28**	**65**	**42**	**23**	**107**	**64**	**44**	**423**	**219**	**204**
钦南区	8	5	3	5	4	1	16	11	5	47	30	16
钦北区	21	13	8	22	15	7	18	8	10	78	38	41
灵山县	19	17	2	19	13	7	40	22	18	115	54	60
浦北县	37	22	14	18	10	8	33	23	10	183	96	87
贵港市	**110**	**67**	**43**	**98**	**69**	**29**	**151**	**99**	**52**	**570**	**288**	**282**
港北区	12	6	6	10	7	3	14	8	6	30	15	15
港南区	16	11	6	12	9	3	18	8	10	55	30	25
覃塘区	9	7	2	11	8	3	12	7	4	33	17	16
平南县	35	19	16	31	20	11	75	50	25	251	120	131
桂平市	39	24	15	33	25	8	32	25	7	202	107	95
玉林市	**109**	**71**	**38**	**96**	**52**	**44**	**116**	**76**	**39**	**540**	**286**	**254**
玉州区	11	4	7	8	5	3	10	5	5	34	19	16
福绵区	3	3	1	7	4	3	9	7	2	35	21	13
容县	32	21	11	15	9	6	26	20	6	86	49	37
陆川县	15	10	4	14	5	10	14	6	7	115	57	58
博白县	11	8	3	18	10	7	11	4	7	125	65	60
兴业县	13	11	2	7	4	3	17	14	3	41	19	22
北流市	24	14	10	27	15	12	29	19	9	105	56	48

7-4 续表 8

单位：户

地 区	合 计			14岁及以下			15-19岁		
	小计	男	女	小计	男	女	小计	男	女
百色市	**1439**	**865**	**574**	**117**	**69**	**47**	**44**	**32**	**13**
右江区	139	88	50	5	3	2	1	1	
田阳县	200	120	81	16	11	5	5	5	
田东县	244	140	104	22	15	7	5		5
平果县	107	55	52	1		1			
德保县	135	95	41	7	4	3	2	2	
靖西县	234	167	67	19	14	5	12	10	2
那坡县	32	18	14	3	2	1	4	3	1
凌云县	40	20	19	1	1		1	1	
乐业县	42	18	23	2	1	1	1	1	
田林县	59	34	25	3	2	2	1	1	
西林县	18	12	6						
隆林各族自治县	190	97	93	38	17	21	11	7	4
贺州市	**698**	**429**	**269**	**38**	**23**	**15**	**13**	**3**	**10**
八步区	251	145	105	14	5	9	5	2	4
平桂管理区	127	75	52	2	2		1		1
昭平县	151	106	45	12	8	4	2		2
钟山县	91	59	31	3	3	1	2	1	2
富川瑶族自治县	78	43	35	7	6	1	2	1	1
河池市	**1697**	**934**	**762**	**142**	**93**	**49**	**48**	**31**	**18**
金城江区	251	130	121	7	5	2	4	4	1
南丹县	88	50	38	4	2	2	1		1
天峨县	39	21	18	2	2	1	2	1	2
凤山县	72	30	42	6	5	1	3	2	1
东兰县	108	57	51	17	10	7	5	3	2
罗城仫佬族自治县	176	110	66	26	15	11	6	6	
环江毛南族自治县	181	106	75	11	7	3	9	3	5
巴马瑶族自治县	68	40	27	7	6		1	1	
都安瑶族自治县	306	162	144	28	16	12	8	5	3
大化瑶族自治县	149	80	69	9	5	4	4	1	3
宜州市	259	148	111	26	20	5	5	5	
来宾市	**931**	**535**	**396**	**78**	**41**	**37**	**23**	**15**	**8**
兴宾区	379	219	160	41	24	17	8	7	2
忻城县	160	95	65	11	5	6	6	2	4
象州县	153	93	61	9	4	5	3	2	1
武宣县	115	60	55	10	5	6	5	3	1
金秀瑶族自治县	58	37	22	4	2	2			
合山市	65	32	33	2	2				
崇左市	**907**	**492**	**415**	**56**	**34**	**22**	**19**	**11**	**8**
江州区	101	63	38	4	2	2	1	1	
扶绥县	148	77	71	6	2	5	1		1
宁明县	142	82	60	7	5	3	4	2	2
龙州县	120	64	56	3	2	1	1		1
大新县	179	88	90	16	9	7	7	3	3
天等县	145	75	70	16	11	4	5	3	2
凭祥市	73	42	31	4	3	2	2	2	

7-4 续表 9　　　　单位：户

地　区	20-24岁			25-29岁			30-34岁		
	小计	男	女	小计	男	女	小计	男	女
百色市	**54**	**28**	**26**	**91**	**62**	**28**	**91**	**63**	**28**
右江区	5	3	3	13	10	4	12	9	3
田阳县	4	2	2	6	4	2	13	11	2
田东县	12	5	7	18	13	5	20	11	9
平果县	1		1	8	6	2	14	12	2
德保县	6	3	3	19	12	7	7	5	2
靖西县	5	4	1	9	8	1	4	4	
那坡县	3	1	3	1	1		1	1	
凌云县	2	1	1	3	2	1	2	1	1
乐业县				3		3	4	1	3
田林县	2	2		2	2		5	2	3
西林县	2	2		2	2		2	1	
隆林各族自治县	11	5	6	8	4	4	7	5	2
贺州市	**23**	**12**	**12**	**33**	**24**	**9**	**33**	**24**	**9**
八步区	6	4	2	16	12	4	15	11	4
平桂管理区	2	1	1	3	2	1	4	3	1
昭平县	6	1	5	4	2	2	9	7	2
钟山县	3	2	1	7	6	1	1	1	1
富川瑶族自治县	7	4	3	3	2	1	3	2	1
河池市	**42**	**12**	**29**	**84**	**45**	**38**	**102**	**62**	**39**
金城江区	17	5	12	25	8	17	27	11	17
南丹县	1	1		4	4		7	5	1
天峨县				1	1		3	2	1
凤山县	1	1	1	3	2	1	2	1	1
东兰县	2	1	1	5	1	3			
罗城仫佬族自治县	3	1	2	7	4	3	10	6	4
环江毛南族自治县				1	1		12	7	4
巴马瑶族自治县	1		1	4	4	1	4	4	1
都安瑶族自治县	6		6	11	6	5	21	19	2
大化瑶族自治县	5	3	2	7	5	2	8	5	3
宜州市	5	1	4	16	8	7	8	2	6
来宾市	**26**	**15**	**10**	**38**	**26**	**12**	**43**	**32**	**12**
兴宾区	6	4	2	15	11	4	12	9	3
忻城县	7	5	2	4	3	1	5	4	1
象州县	8	4	4	7	4	3	8	5	2
武宣县	2	1	1	5	3	2	8	7	1
金秀瑶族自治县	2	1	1	2	2		6	3	3
合山市	1		1	5	3	3	5	3	2
崇左市	**23**	**14**	**9**	**50**	**28**	**22**	**38**	**28**	**9**
江州区	2	2	1	4	4	1	5	5	
扶绥县	2		2	7	4	2	12	10	2
宁明县	3	3		6	3	3	1	1	
龙州县	5	1	3	13	6	7	8	4	3
大新县	4	2	2	2	2	1	4	3	1
天等县	4	4		8	4	4	2	2	1
凭祥市	3	3	1	10	5	5	6	3	3

7-4 续表 10

单位：户

地　区	35-39岁			40-44岁			45-49岁		
	小计	男	女	小计	男	女	小计	男	女
百色市	**104**	**79**	**25**	**108**	**85**	**24**	**155**	**104**	**52**
右江区	11	9	3	17	14	4	15	11	5
田阳县	11	7	4	19	16	3	26	17	10
田东县	24	17	7	16	13	3	21	16	5
平果县	7	6	1	6	3	2	10	6	4
德保县	13	12	1	7	7		12	7	5
靖西县	7	7		13	12	1	26	22	4
那坡县				4	3	1	4	1	3
凌云县	4	3	1	2	1	1	4	4	
乐业县	4	1	3	3	2	1	6	3	3
田林县	5	4	1	6	5	2	8	5	2
西林县	3	2		2	1	1	2	2	1
隆林各族自治县	17	12	5	14	8	6	21	10	11
贺州市	**32**	**26**	**6**	**51**	**41**	**11**	**76**	**55**	**21**
八步区	11	8	4	18	16	2	30	20	10
平桂管理区	6	5	1	15	11	4	15	12	3
昭平县	10	9	1	9	6	2	16	13	3
钟山县	2	2		7	5	3	7	5	2
富川瑶族自治县	3	2	1	3	3	1	9	6	3
河池市	**108**	**72**	**36**	**130**	**89**	**41**	**141**	**95**	**46**
金城江区	24	15	9	22	17	5	27	20	8
南丹县	8	5	3	13	8	4	14	6	8
天峨县	2	2		4	4	1	4	3	1
凤山县	6	1	5	8	2	6	7	3	5
东兰县	6	5	1	5	4	1	7	4	3
罗城仫佬族自治县	7	3	4	14	12	2	12	9	4
环江毛南族自治县	7	5	2	13	10	3	20	18	2
巴马瑶族自治县	5	5		4	3	1	8	6	3
都安瑶族自治县	17	15	3	19	13	6	16	13	3
大化瑶族自治县	13	10	3	13	6	7	13	5	7
宜州市	11	6	5	15	10	5	12	9	3
来宾市	**63**	**47**	**17**	**61**	**43**	**18**	**92**	**62**	**30**
兴宾区	29	23	6	22	18	4	39	27	12
忻城县	6	6		11	9	2	18	11	7
象州县	13	9	4	14	10	4	17	12	5
武宣县	4	1	3	4	1	3	8	6	2
金秀瑶族自治县	5	4	1	5	3	3	4	3	1
合山市	6	4	2	5	3	3	6	3	2
崇左市	**50**	**37**	**13**	**63**	**43**	**21**	**92**	**63**	**29**
江州区	7	6	1	11	9	2	5	4	2
扶绥县	3	3	1	9	7	3	11	10	2
宁明县	12	11	1	12	8	4	17	10	7
龙州县	9	6	3	12	7	4	16	14	2
大新县	6	4	2	8	5	3	15	10	5
天等县	5	2	2	5	2	2	18	10	8
凭祥市	8	5	3	6	5	2	10	5	4

7-4 续表 11

单位：户

地 区	50-54岁			55-59岁			60-64岁			65岁及以上		
	小计	男	女	小计	男	女	小计	男	女	小计	男	女
百色市	**129**	**79**	**51**	**106**	**68**	**38**	**121**	**66**	**55**	**318**	**131**	**187**
右江区	16	13	3	6	5	2	12	4	8	24	7	16
田阳县	13	8	4	10	7	3	18	8	9	57	22	36
田东县	18	10	8	19	15	4	21	7	14	47	18	29
平果县	19	10	9	10	6	4	4	2	2	28	6	22
德保县	11	8	2	6	6		11	7	4	34	20	15
靖西县	18	13	5	32	18	13	28	23	5	62	32	30
那坡县	3	3	1	1	1		1	1	1	6	1	5
凌云县	3	1	2	3	1	2	6	3	3	9	1	8
乐业县	3	1	3	2	1	1	3	3		11	7	5
田林县	3	2	2	8	4	5	5	4	2	12	4	8
西林县	2		2				2	1		2	1	1
隆林各族自治县	22	11	11	8	4	4	10	3	7	25	12	13
贺州市	**64**	**39**	**25**	**49**	**36**	**12**	**56**	**36**	**20**	**229**	**110**	**119**
八步区	21	10	11	16	10	5	19	12	7	80	36	44
平桂管理区	11	9	2	9	6	2	8	4	4	52	20	32
昭平县	16	13	3	11	10	1	15	11	4	41	26	16
钟山县	10	6	4	8	7	2	8	6	2	32	18	14
富川瑶族自治县	7	2	5	5	3	2	6	4	2	23	9	14
河池市	**168**	**106**	**62**	**127**	**79**	**49**	**122**	**62**	**60**	**484**	**189**	**296**
金城江区	23	13	10	14	9	4	17	9	8	43	16	27
南丹县	10	7	4	8	4	4	5	3	2	13	5	8
天峨县	2	2	1	2	1	2	3	1	2	12	3	9
凤山县	6	2	4	3	1	2	6	4	2	22	6	16
东兰县	8	5	3	3	2		12	4	8	36	16	20
罗城仫佬族自治县	9	6	2	17	10	6	8	5	3	58	33	24
环江毛南族自治县	34	24	10	11	7	3	11	3	7	54	19	35
巴马瑶族自治县	3	2	2	4	1	3	4	3	1	22	7	15
都安瑶族自治县	26	13	14	30	18	12	21	11	10	103	33	70
大化瑶族自治县	13	12	1	11	5	6	11	7	5	41	15	26
宜州市	33	21	13	24	19	5	23	12	11	80	35	46
来宾市	**73**	**41**	**32**	**65**	**45**	**20**	**79**	**50**	**29**	**288**	**118**	**170**
兴宾区	33	16	17	19	11	8	29	17	12	125	52	73
忻城县	13	10	3	12	9	2	13	8	5	54	22	32
象州县	10	7	3	10	8	2	14	12	2	39	14	24
武宣县	6	3	3	15	10	5	16	9	7	32	11	21
金秀瑶族自治县	5	3	2	5	4		3	3		17	9	9
合山市	6	2	4	4	2	3	4	1	3	21	10	12
崇左市	**83**	**51**	**32**	**62**	**32**	**30**	**83**	**48**	**36**	**288**	**103**	**185**
江州区	11	8	4	5	3	2	7	5	2	39	16	23
扶绥县	10	5	4	12	6	5	17	11	6	57	18	39
宁明县	15	10	5	7	4	3	12	7	5	46	20	26
龙州县	9	7	2	7	3	4	9	6	3	30	8	22
大新县	20	10	10	12	7	5	23	11	12	62	22	40
天等县	11	9	2	14	5	9	12	6	6	46	16	30
凭祥市	7	3	4	5	4	2	3	2	1	8	3	5

7-4a 各地区分年龄、性别的一人户(城市)

单位：户

地 区	合 计			14岁及以下			15-19岁		
	小计	男	女	小计	男	女	小计	男	女
全 区	**5052**	**2724**	**2327**	**39**	**23**	**17**	**75**	**42**	**34**
南宁市	1656	922	734	4	1	3	28	16	13
柳州市	1096	618	479	10	7	3	12	8	4
桂林市	555	254	302	2	1	1	8	3	5
梧州市	412	195	217	4	2	2	6	3	3
北海市	174	94	80	4	3	1	1		1
防城港市	72	35	37	1	1		2	1	1
钦州市	130	83	47	1		1	4	3	1
贵港市	280	163	118	6	4	2	5	2	3
玉林市	148	80	68	1		1	4	2	2
百色市	102	65	37	1		1	1	1	
贺州市	89	48	41	1		1	2	1	1
河池市	179	87	92	2	2		3	3	1
来宾市	93	47	45	2	1	1			
崇左市	66	34	31	1	1				

7-4a 续表 1

单位：户

地 区	20-24岁			25-29岁			30-34岁		
	小计	男	女	小计	男	女	小计	男	女
全 区	**396**	**224**	**172**	**818**	**465**	**353**	**600**	**369**	**231**
南宁市	183	114	69	359	202	157	246	155	91
柳州市	88	46	42	165	97	68	117	76	41
桂林市	34	19	15	81	43	38	60	34	26
梧州市	20	12	7	41	21	20	27	14	14
北海市	10	3	6	31	20	11	15	11	4
防城港市	4	2	3	10	6	4	9	5	4
钦州市	6	5	1	20	13	7	25	17	8
贵港市	19	9	10	40	23	17	31	19	13
玉林市	4	2	2	11	8	3	11	6	5
百色市	5	3	3	11	8	4	10	7	3
贺州市	4	2	2	10	7	3	7	5	2
河池市	13	4	9	22	9	13	23	10	13
来宾市	3	1	2	8	6	2	10	5	5
崇左市	2	2		9	4	5	7	6	1

7-4a 续表 2　　　　单位：户

地　区	35-39岁			40-44岁			45-49岁		
	小计	男	女	小计	男	女	小计	男	女
全　区	**507**	**318**	**189**	**431**	**269**	**162**	**441**	**231**	**210**
南宁市	179	113	66	128	75	53	121	62	59
柳州市	114	79	34	103	64	39	107	61	46
桂林市	50	27	23	36	19	17	51	20	32
梧州市	34	15	19	31	17	14	37	19	17
北海市	19	14	6	14	9	5	12	5	6
防城港市	6	4	2	8	4	5	5	3	2
钦州市	13	8	5	17	10	7	10	6	4
贵港市	26	17	9	33	23	10	27	15	12
玉林市	8	4	4	9	9		18	9	10
百色市	11	9	3	13	11	3	12	9	4
贺州市	8	5	3	9	8	2	8	5	3
河池市	20	13	8	11	8	3	16	8	8
来宾市	12	6	6	10	6	4	11	7	4
崇左市	6	4	2	8	6	2	5	2	2

7-4a 续表 3　　　　单位：户

地　区	50-54岁			55-59岁			60-64岁			65岁及以上		
	小计	男	女	小计	男	女	小计	男	女	小计	男	女
全　区	**392**	**199**	**193**	**306**	**151**	**155**	**283**	**140**	**143**	**763**	**294**	**468**
南宁市	96	50	46	69	31	37	70	38	32	171	64	107
柳州市	91	52	39	66	37	29	61	26	35	162	65	96
桂林市	47	21	26	43	14	29	43	21	22	99	32	67
梧州市	39	20	19	32	14	18	31	14	16	112	44	68
北海市	8	3	5	18	10	8	5	4	2	37	12	25
防城港市	6	3	3	3	2	2	4	1	2	13	4	9
钦州市	11	6	5	6	3	2	5	3	2	13	9	4
贵港市	27	12	15	18	12	6	17	9	8	30	18	12
玉林市	14	6	8	21	11	10	12	7	5	33	16	17
百色市	9	7	2	4	3	2	8	4	4	16	4	11
贺州市	9	1	8	7	6	2	5	2	2	18	6	12
河池市	18	8	10	9	6	3	13	7	6	29	11	18
来宾市	11	6	5	7	3	5	7	2	5	11	5	7
崇左市	6	3	2	2		2	2	2		19	4	15

7-4b 各地区分年龄、性别的一人户(镇)

单位：户

地　区	合　计			14岁及以下			15-19岁		
	小计	男	女	小计	男	女	小计	男	女
全　区	**4488**	**2643**	**1846**	**160**	**97**	**63**	**59**	**30**	**29**
南宁市	617	383	234	19	13	6	4	1	3
柳州市	409	276	133	15	8	7	2	1	1
桂林市	495	254	240	9	4	4	1	1	
梧州市	232	147	85	7	4	3	9	4	5
北海市	119	50	68	3	1	1	1		1
防城港市	74	45	29	2	1	1	1		1
钦州市	345	208	137	11	6	5	6	5	1
贵港市	460	291	169	18	10	8	6	4	3
玉林市	347	191	155	14	8	5	6	5	1
百色市	402	233	169	21	14	7	4		4
贺州市	183	108	75	4	1	3	5	1	5
河池市	340	192	148	20	14	7	4	2	2
来宾市	232	126	105	14	10	4	5	3	2
崇左市	234	136	98	3	2	1	3	2	1

7-4b　续表 1

单位：户

地　区	20-24岁			25-29岁			30-34岁		
	小计	男	女	小计	男	女	小计	男	女
全　区	**170**	**87**	**83**	**366**	**221**	**145**	**344**	**232**	**112**
南宁市	16	7	9	60	39	21	58	39	20
柳州市	19	14	6	33	25	8	31	26	5
桂林市	17	8	9	37	27	10	25	13	12
梧州市	8	5	3	16	5	11	11	7	4
北海市				7	3	4	7	3	4
防城港市	4	2	2	6	2	4	6	5	2
钦州市	20	7	13	32	15	17	29	21	8
贵港市	10	7	3	14	11	4	41	30	12
玉林市	11	7	4	34	22	12	19	14	5
百色市	28	12	16	54	32	22	36	20	15
贺州市	10	4	6	13	9	4	9	8	2
河池市	7	3	3	22	10	12	33	19	14
来宾市	11	5	6	15	8	8	18	13	5
崇左市	9	5	4	22	13	9	20	15	5

7-4b 续表 2

单位：户

地 区	35-39岁			40-44岁			45-49岁		
	小计	男	女	小计	男	女	小计	男	女
全 区	**366**	**238**	**128**	**374**	**250**	**124**	**460**	**305**	**156**
南宁市	64	44	20	73	51	22	78	54	24
柳州市	44	26	18	42	31	10	54	38	16
桂林市	26	16	10	25	15	11	52	30	22
梧州市	16	10	6	14	11	3	18	15	3
北海市	4	3	1	8	2	6	6	4	2
防城港市	11	8	3	5	5		9	6	3
钦州市	24	19	5	37	28	8	24	19	6
贵港市	32	22	9	34	25	10	33	24	9
玉林市	21	9	12	20	12	9	28	16	12
百色市	41	30	10	27	17	10	44	30	14
贺州市	8	6	2	13	9	4	15	11	3
河池市	33	18	15	35	20	15	40	22	18
来宾市	19	11	8	17	10	8	28	17	11
崇左市	24	17	7	24	16	8	31	18	14

7-4b 续表 3

单位：户

地 区	50-54岁			55-59岁			60-64岁			65岁及以上		
	小计	男	女	小计	男	女	小计	男	女	小计	男	女
全 区	**417**	**257**	**159**	**299**	**223**	**76**	**337**	**205**	**132**	**1136**	**498**	**639**
南宁市	62	39	23	35	26	9	42	27	15	106	43	62
柳州市	45	32	14	33	23	10	29	17	12	61	35	27
桂林市	58	33	25	37	31	6	42	21	21	166	55	111
梧州市	18	12	6	18	17	2	16	13	3	79	42	37
北海市	11	8	3	8	5	3	10	5	4	56	16	39
防城港市	4	3	1	2	1	1	4	2	2	19	10	10
钦州市	22	16	7	16	12	3	25	16	9	100	45	55
贵港市	31	21	9	32	28	4	52	32	21	156	78	78
玉林市	27	15	12	16	10	6	19	12	7	131	62	69
百色市	39	18	21	33	25	8	21	14	7	55	21	34
贺州市	18	12	6	16	12	4	18	11	6	54	24	30
河池市	40	25	15	26	16	10	25	14	11	55	29	26
来宾市	20	9	11	16	11	5	14	8	6	54	21	32
崇左市	22	14	7	11	7	4	21	13	8	44	15	29

7-4c 各地区分年龄、性别的一人户(乡村)

单位：户

地　区	合　计			14岁及以下			15-19岁		
	小计	男	女	小计	男	女	小计	男	女
全　区	**10794**	**6522**	**4272**	**927**	**553**	**374**	**358**	**248**	**110**
南宁市	1293	773	521	146	93	53	78	64	14
柳州市	624	404	220	50	33	17	10	8	2
桂林市	1371	833	538	112	69	44	18	8	11
梧州市	880	585	295	49	28	21	26	14	12
北海市	165	92	73	7	2	5	5	3	2
防城港市	126	80	45	8	5	3	3	3	
钦州市	736	433	303	54	26	28	29	21	8
贵港市	943	580	362	74	43	31	39	27	12
玉林市	906	566	340	65	36	28	30	23	7
百色市	935	566	368	95	56	39	39	30	9
贺州市	426	272	153	33	22	11	5	2	4
河池市	1177	655	522	119	78	42	41	26	15
来宾市	606	361	245	62	30	31	18	11	7
崇左市	607	321	286	53	31	21	16	9	7

7-4c 续表 1

单位：户

地　区	20-24岁			25-29岁			30-34岁		
	小计	男	女	小计	男	女	小计	男	女
全　区	**260**	**179**	**81**	**328**	**250**	**78**	**394**	**288**	**106**
南宁市	33	27	6	30	23	7	56	37	19
柳州市	18	8	9	19	14	5	16	12	4
桂林市	23	20	3	22	19	3	36	29	7
梧州市	40	26	14	42	31	11	30	22	9
北海市	2	1		2	2	1	5	1	4
防城港市	1	1		4	3	1	5	3	2
钦州市	31	25	5	22	16	5	20	11	10
贵港市	15	12	3	42	35	8	55	44	11
玉林市	22	18	4	38	29	9	37	29	8
百色市	21	13	8	25	23	3	45	35	10
贺州市	9	6	4	10	7	2	17	11	5
河池市	22	5	17	39	26	13	45	33	12
来宾市	12	9	2	14	12	2	16	13	3
崇左市	11	6	5	19	11	8	12	8	4

7-4c 续表 2

单位：户

地 区	35-39岁			40-44岁			45-49岁		
	小计	男	女	小计	男	女	小计	男	女
全 区	**379**	**301**	**78**	**607**	**464**	**142**	**844**	**605**	**238**
南宁市	31	23	8	68	52	17	78	60	18
柳州市	25	18	7	49	33	16	70	58	12
桂林市	39	32	7	66	60	6	92	65	27
梧州市	20	18	2	52	43	9	62	48	14
北海市	4	4	1	2	2		6	3	3
防城港市	6	5	1	7	6		8	6	2
钦州市	17	12	5	26	17	9	54	33	21
贵港市	31	28	4	60	44	16	60	36	24
玉林市	29	20	9	30	18	12	67	47	21
百色市	52	40	13	68	57	11	99	64	35
贺州市	16	15	2	29	24	5	53	38	15
河池市	54	42	13	84	61	23	85	65	20
来宾市	33	30	2	34	27	7	53	38	15
崇左市	20	17	3	32	21	11	56	43	13

7-4c 续表 3

单位：户

地 区	50-54岁			55-59岁			60-64岁			65岁及以上		
	小计	男	女	小计	男	女	小计	男	女	小计	男	女
全 区	**847**	**581**	**266**	**759**	**496**	**264**	**1053**	**658**	**395**	**4038**	**1899**	**2139**
南宁市	83	58	25	82	47	35	128	81	47	480	208	272
柳州市	60	49	11	61	50	11	56	38	18	191	84	107
桂林市	126	78	48	123	87	36	175	104	71	538	263	275
梧州市	57	46	11	50	41	9	100	78	22	350	191	159
北海市	8	7	1	4	3	1	12	8	4	106	55	51
防城港市	12	10	2	12	9	3	10	5	5	51	25	26
钦州市	52	36	16	44	27	17	77	44	32	310	165	145
贵港市	53	34	19	48	29	19	82	58	24	384	192	192
玉林市	69	51	18	59	31	28	84	57	27	376	208	169
百色市	81	54	28	69	41	28	93	48	44	247	105	141
贺州市	38	26	12	25	19	6	34	23	11	157	80	77
河池市	109	73	37	92	57	36	85	41	44	400	149	252
来宾市	42	26	16	42	31	11	58	40	18	223	92	131
崇左市	55	33	22	49	25	24	60	33	27	226	84	141

7-5 全区不同规模的家庭户类别

单位：户

户规模	家庭户户数	一代户	二代户	三代户	四代户	五代及以上户
总 计	**161758**	**42283**	**80632**	**37191**	**1650**	**2**
一人户	20334	20334				
二人户	30280	20117	10163			
三人户	36718	1187	33752	1779		
四人户	33919	369	25254	8268	28	
五人户	20601	137	8222	11956	286	
六人户	10595	67	2261	7800	466	
七人户	4544	25	633	3472	413	1
八人户	2218	26	193	1780	220	
九人户	1090	5	78	900	107	1
十人及以上户	1460	16	78	1236	129	

7-5a 全区不同规模的家庭户类别(城市)

单位：户

户规模	家庭户户数	一代户	二代户	三代户	四代户	五代及以上户
总 计	**35397**	**10682**	**18088**	**6456**	**171**	
一人户	5052	5052				
二人户	7200	5137	2063			
三人户	10708	276	10105	327		
四人户	6457	114	4540	1798	5	
五人户	3466	62	1023	2359	22	
六人户	1305	22	209	1025	50	
七人户	533	7	65	423	38	
八人户	283	5	27	226	25	
九人户	164	4	21	126	14	
十人及以上户	230	4	36	172	18	

7-5b 全区不同规模的家庭户类别(镇)

单位：户

户规模	家庭户户 数	一代户	二代户	三代户	四代户	五代及以上户
总 计	**38826**	**9290**	**19524**	**9570**	**442**	**1**
一人户	4488	4488				
二人户	6581	4373	2208			
三人户	8708	241	8104	363		
四人户	8474	91	6386	1992	5	
五人户	5108	29	2044	2969	67	
六人户	2793	27	551	2106	108	
七人户	1211	12	151	928	119	
八人户	664	16	45	535	68	
九人户	324		16	274	33	1
十人及以上户	474	12	18	403	41	

7-5c 全区不同规模的家庭户类别(乡村)

单位：户

户规模	家庭户户 数	一代户	二代户	三代户	四代户	五代及以上户
总 计	**87535**	**22311**	**43021**	**21164**	**1037**	**1**
一人户	10794	10794				
二人户	16498	10607	5892			
三人户	17302	670	15544	1089		
四人户	18987	163	14328	4477	19	
五人户	12027	47	5155	6627	197	
六人户	6497	18	1501	4670	308	
七人户	2800	6	416	2120	257	1
八人户	1270	5	121	1019	126	
九人户	602	1	41	501	60	
十人及以上户	756		24	662	70	

7-6 各地区有60岁及以上老年人口的家庭户

单位：户

地区	合计	一个60岁及以上老年人的户				二个60岁及以上老年人的户				其他
		小计	单身老人户	一个老年人与未成年的亲属户	其他	小计	只有一对老夫妇的户	一对老夫妇与未成年的亲属户	其他	
全区	**61492**	**36941**	**7609**	**1122**	**28210**	**23898**	**6568**	**1148**	**16182**	**652**
南宁市	**8594**	**4956**	**997**	**137**	**3822**	**3553**	**1058**	**163**	**2332**	**85**
兴宁区	512	297	46	1	250	211	43	4	165	3
青秀区	793	442	51	10	380	345	95	8	242	6
江南区	617	355	58		297	251	39	3	209	11
西乡塘区	1327	752	151	3	597	558	170	18	371	17
良庆区	314	182	33	5	144	128	41	5	82	4
邕宁区	357	208	54	2	152	143	49	4	89	6
武鸣县	911	498	110	11	377	407	151	17	240	6
隆安县	465	271	52	11	208	189	48	10	131	4
马山县	591	380	68	27	285	206	43	13	150	6
上林县	544	317	45	11	261	218	34	21	162	10
宾阳县	951	521	152	11	358	428	182	18	228	2
横县	1212	733	176	45	512	468	164	43	261	11
柳州市	**5076**	**2969**	**560**	**64**	**2345**	**2060**	**580**	**93**	**1388**	**47**
城中区	157	88	12	1	76	68	17	2	49	1
鱼峰区	558	317	46	5	266	236	75	7	154	4
柳南区	590	345	97	2	246	241	90	6	145	4
柳北区	582	314	93	2	219	260	94	10	156	8
柳江县	645	367	49	3	315	274	48	5	221	3
柳城县	567	327	67	5	254	234	73	13	148	5
鹿寨县	501	305	55	15	235	191	42	12	137	4
融安县	485	275	54	5	216	205	66	12	127	5
融水苗族自治县	602	398	49	17	332	198	29	12	157	5
三江侗族自治县	390	232	39	7	185	152	46	14	93	6
桂林市	**7681**	**4593**	**1063**	**76**	**3455**	**2993**	**991**	**102**	**1901**	**95**
秀峰区	207	121	15		106	84	24	1	60	2
叠彩区	314	181	43	3	135	131	58	2	71	3
象山区	393	215	50	2	163	174	70	4	101	3
七星区	361	231	27	1	203	121	28	4	89	9
雁山区	88	53	14		39	33	5	2	26	2
临桂区	677	405	73	6	326	259	39	17	203	13
阳朔县	454	277	42	5	231	176	35	7	134	1
灵川县	564	356	62	3	291	206	77	3	127	2
全州县	1138	679	297	11	372	454	248	11	195	4
兴安县	582	320	101		219	257	112	7	137	6
永福县	407	247	63	5	179	154	24	6	124	5
灌阳县	338	183	57	7	119	150	88	3	59	4
龙胜各族自治县	335	232	50	8	174	100	28	5	67	3
资源县	232	139	31	1	107	90	39	3	47	3
平乐县	606	360	48	14	298	239	53	16	169	7
荔浦县	572	342	52	8	282	215	45	5	166	14
恭城瑶族自治县	412	251	36	4	211	149	17	5	127	12

7-6 续表 1

单位：户

地区	合计	一个60岁及以上老年人的户				二个60岁及以上老年人的户				其他
		小计	单身老人户	一个老年人与未成年的亲属户	其他	小计	只有一对老夫妇的户	一对老夫妇与未成年的亲属户	其他	
梧州市	**3824**	**2425**	**687**	**76**	**1662**	**1374**	**428**	**77**	**869**	**25**
万秀区	580	319	93	3	223	257	115	3	139	4
长洲区	237	141	33	1	107	95	31	4	60	1
龙圩区	357	230	65	7	158	126	43	9	74	1
苍梧县	445	293	81	15	197	149	26	18	105	2
藤县	1093	719	212	26	481	365	106	29	231	9
蒙山县	280	178	40	4	133	98	20	9	69	4
岑溪市	832	545	162	20	363	284	87	5	191	4
北海市	**1856**	**1014**	**225**	**8**	**781**	**813**	**228**	**20**	**564**	**29**
海城区	372	211	36	1	174	154	39	3	112	6
银海区	171	90	21		68	78	25		53	2
铁山港区	204	115	36	1	78	89	30	1	58	1
合浦县	1109	599	132	6	461	492	134	16	341	19
防城港市	**968**	**565**	**101**	**11**	**452**	**397**	**95**	**14**	**288**	**6**
港口区	147	87	15	1	71	59	14	1	43	1
防城区	461	263	49	6	208	196	49	8	139	2
上思县	221	139	24	4	110	80	16	2	62	2
东兴市	139	76	12	1	62	62	16	3	44	1
钦州市	**3585**	**2070**	**530**	**36**	**1504**	**1475**	**407**	**80**	**988**	**40**
钦南区	583	325	63	3	260	254	68	10	175	4
钦北区	779	446	96	9	341	318	74	18	226	14
灵山县	1231	715	155	9	552	501	122	25	354	14
浦北县	992	583	217	16	351	402	143	26	233	7
贵港市	**5009**	**2883**	**721**	**93**	**2069**	**2062**	**624**	**121**	**1317**	**64**
港北区	648	363	44	9	310	275	70	11	195	10
港南区	633	364	73	15	277	263	86	19	158	7
覃塘区	504	274	44	9	221	223	64	14	145	7
平南县	1517	891	326	42	523	601	223	33	345	24
桂平市	1706	990	234	19	737	699	182	44	473	17
玉林市	**6335**	**3577**	**655**	**99**	**2822**	**2661**	**602**	**111**	**1947**	**98**
玉州区	768	399	45	4	350	361	87	5	269	7
福绵区	471	250	43	2	205	217	39	5	173	3
容县	869	506	112	24	370	340	110	14	217	23
陆川县	871	529	129	18	382	332	91	23	217	10
博白县	1382	729	136	20	573	628	141	27	460	25
兴业县	743	472	58	11	403	258	38	7	213	12
北流市	1233	692	133	21	538	523	96	29	398	17

7-6 续表 2　　单位：户

地　区	合　计	一个60岁及以上老年人的户				二个60岁及以上老年人的户				其　他
		小　计	单身老人户	一个老年人与未成年的亲属户	其　他	小　计	只有一对老夫妇的户	一对老夫妇与未成年的亲属户	其　他	
百色市	**4846**	**3138**	**439**	**128**	**2572**	**1671**	**346**	**68**	**1257**	**38**
右江区	506	309	36	10	263	194	36	3	155	3
田阳县	553	384	75	23	286	166	41	17	107	3
田东县	567	356	69	11	276	208	56	12	140	4
平果县	500	305	32	6	268	189	40	2	148	6
德保县	517	322	46	9	268	187	32	4	151	7
靖西县	827	512	90	31	391	310	57	19	234	5
那坡县	200	143	7	7	129	53	5	1	47	3
凌云县	218	145	15	1	129	71	19		52	3
乐业县	156	107	14	3	90	48	14	2	31	1
田林县	282	206	17	5	185	73	12		61	2
西林县	125	87	4		83	38	5	1	32	
隆林各族自治县	396	262	35	22	205	133	29	7	97	1
贺州市	**2610**	**1629**	**284**	**54**	**1290**	**952**	**214**	**51**	**687**	**29**
八步区	859	553	99	22	433	299	75	22	202	6
平桂管理区	469	288	61	4	223	176	43	4	129	5
昭平县	493	325	57	16	252	162	31	9	122	7
钟山县	444	271	40	7	224	168	22	8	138	5
富川瑶族自治县	345	192	29	6	157	147	44	8	95	6
河池市	**4965**	**3402**	**606**	**166**	**2629**	**1531**	**335**	**79**	**1117**	**32**
金城江区	464	329	60	4	264	136	36	7	93	
南丹县	345	236	18	6	213	107	23	5	78	2
天峨县	208	159	15	8	136	47	8		39	2
凤山县	213	136	28	4	104	76	17	3	56	2
东兰县	353	234	49	21	165	116	35	7	74	2
罗城仫佬族自治县	508	342	66	18	258	160	38	8	114	6
环江毛南族自治县	468	330	65	17	248	135	33	6	96	3
巴马瑶族自治县	308	216	26	19	170	90	21	4	66	2
都安瑶族自治县	750	541	124	35	382	202	45	13	144	6
大化瑶族自治县	440	286	53	4	230	151	21	5	125	4
宜州市	907	593	103	31	459	311	59	21	232	3
来宾市	**3084**	**1783**	**367**	**70**	**1345**	**1268**	**375**	**91**	**802**	**33**
兴宾区	1288	721	154	37	530	556	192	44	320	10
忻城县	558	355	67	16	272	198	50	13	135	5
象州县	427	241	53	6	183	179	34	10	135	7
武宣县	451	254	48	6	200	190	51	16	124	7
金秀瑶族自治县	182	108	20	2	85	71	17	4	50	4
合山市	178	104	25	3	76	73	32	3	38	
崇左市	**3058**	**1938**	**372**	**103**	**1463**	**1089**	**284**	**79**	**726**	**31**
江州区	433	264	46	5	214	164	47	9	108	5
扶绥县	519	294	75	3	216	218	69	5	144	7
宁明县	462	261	58	10	193	199	55	16	129	2
龙州县	337	238	39	5	194	98	27	7	64	1
大新县	607	421	85	32	304	178	28	20	130	8
天等县	589	391	58	46	287	193	50	20	123	5
凭祥市	111	70	11	4	55	40	9	2	29	2

7-6a 各地区有60岁及以上老年人口的家庭户(城市)

单位：户

地 区	合 计	一个60岁及以上老年人的户				二个60岁及以上老年人的户				其 他
		小 计	单身老人户	一个老年人与未成年的亲属户	其 他	小 计	只有一对老夫妇的户	一对老夫妇与未成年的亲属户	其 他	
全 区	**10923**	**6263**	**1046**	**65**	**5152**	**4540**	**1299**	**112**	**3130**	**119**
南宁市	2772	1582	242	8	1332	1154	286	23	845	37
柳州市	1797	996	223	10	763	784	273	26	485	18
桂林市	1322	806	143	8	656	499	169	11	319	17
梧州市	1033	600	142	9	448	426	162	9	255	7
北海市	453	260	42	1	216	184	45	3	136	9
防城港市	229	127	17		109	100	23	3	75	2
钦州市	253	138	18	2	118	110	18	2	91	4
贵港市	725	416	47	3	365	300	74	10	217	9
玉林市	877	447	45	2	400	422	93	8	321	8
百色市	283	172	24	3	146	109	26	3	81	2
贺州市	317	183	22	3	157	130	35	2	94	4
河池市	435	288	41	4	243	147	42	7	98	
来宾市	277	155	19	8	129	118	38	7	73	3
崇左市	150	93	21	2	70	56	15		41	1

7-6b 各地区有60岁及以上老年人口的家庭户(镇)

单位：户

地 区	合 计	一个60岁及以上老年人的户				二个60岁及以上老年人的户				其 他
		小 计	单身老人户	一个老年人与未成年的亲属户	其 他	小 计	只有一对老夫妇的户	一对老夫妇与未成年的亲属户	其 他	
全 区	**14009**	**8295**	**1473**	**184**	**6638**	**5550**	**1412**	**231**	**3908**	**164**
南宁市	1607	926	148	30	749	664	194	28	441	17
柳州市	1045	620	90	13	517	418	103	13	302	7
桂林市	1621	920	208	11	702	680	237	19	425	21
梧州市	689	445	95	5	345	236	47	15	175	7
北海市	545	288	65	1	222	242	54	7	181	15
防城港市	240	141	23	5	112	98	17	2	80	1
钦州市	902	529	125	6	397	368	92	16	259	6
贵港市	1396	797	208	22	567	577	180	21	376	23
玉林市	1873	1035	150	25	860	810	160	31	619	28
百色市	1102	697	76	12	609	395	94	13	288	10
贺州市	695	448	72	11	365	243	53	14	176	4
河池市	940	624	80	22	522	307	53	23	230	10
来宾市	703	422	67	12	343	270	71	16	182	12
崇左市	649	402	65	9	328	242	57	13	172	5

7-6c 各地区有60岁及以上老年人口的家庭户(乡村)

单位：户

地区	合计	一个60岁及以上老年人的户				二个60岁及以上老年人的户				其他
		小计	单身老人户	一个老年人与未成年的亲属户	其他	小计	只有一对老夫妇的户	一对老夫妇与未成年的亲属户	其他	
全区	**36560**	**22383**	**5091**	**874**	**16419**	**13807**	**4043**	**979**	**8785**	**369**
南宁市	4215	2448	608	99	1741	1735	598	130	1007	32
柳州市	2233	1353	247	40	1065	859	215	59	585	22
桂林市	4738	2867	713	57	2097	1814	614	90	1110	57
梧州市	2102	1380	450	61	869	711	221	63	427	10
北海市	858	466	118	6	342	386	131	10	246	6
防城港市	499	297	61	6	230	198	56	11	131	3
钦州市	2430	1403	387	28	988	997	297	67	632	30
贵港市	2888	1670	465	68	1136	1184	378	99	707	33
玉林市	3585	2094	460	72	1562	1429	363	86	980	62
百色市	3461	2270	339	113	1818	1166	254	75	837	26
贺州市	1598	998	190	39	768	579	132	47	399	22
河池市	3589	2490	485	140	1865	1077	268	76	733	22
来宾市	2104	1206	281	51	874	880	289	79	512	19
崇左市	2259	1442	286	92	1064	792	226	86	480	25

7-7 各地区有65岁及以上老年人口的家庭户

单位：户

地　区	合 计	一个65岁及以上老年人的户				二个65岁及以上老年人的户				其 他
		小 计	单身老人户	一个老年人与未成年的亲属户	其 他	小 计	只有一对老夫妇的户	一对老夫妇与未成年的亲属户	其 他	
全 区	**44379**	**30478**	**5937**	**776**	**23765**	**13706**	**4214**	**511**	**8981**	**196**
南宁市	**6034**	**3911**	**757**	**100**	**3054**	**2092**	**686**	**78**	**1328**	**30**
兴宁区	346	227	35		192	118	24	2	92	1
青秀区	550	331	40	8	284	218	72		146	
江南区	409	280	34		246	127	19	2	106	2
西乡塘区	834	558	110	2	446	271	93	8	169	5
良庆区	217	143	29	4	111	74	31	3	40	
邕宁区	235	163	41	2	120	70	31	1	38	2
武鸣县	657	420	86	6	328	237	99	8	130	
隆安县	343	221	40	7	174	120	31	7	82	2
马山县	454	325	54	20	251	126	26	7	93	2
上林县	399	257	32	10	215	136	23	10	103	7
宾阳县	712	429	124	9	295	282	135	11	137	1
横县	877	556	131	34	392	314	102	19	192	7
柳州市	**3604**	**2430**	**414**	**41**	**1975**	**1163**	**365**	**39**	**760**	**11**
城中区	107	69	7	1	62	38	10	1	27	
鱼峰区	375	240	32		208	136	39	3	93	
柳南区	387	260	72	1	186	125	52	3	69	2
柳北区	426	276	66	1	209	149	55	3	91	1
柳江县	443	307	40	1	266	136	32	2	101	1
柳城县	409	269	51	3	215	140	51	8	81	
鹿寨县	359	264	46	12	206	93	26	3	64	2
融安县	350	227	38	3	187	122	49	2	72	1
融水苗族自治县	463	328	34	13	281	134	21	8	106	1
三江侗族自治县	284	191	30	5	156	91	29	6	56	3
桂林市	**5391**	**3774**	**803**	**44**	**2927**	**1591**	**575**	**32**	**984**	**26**
秀峰区	133	89	11		78	42	9	1	32	2
叠彩区	213	134	36	2	96	78	37	1	39	1
象山区	256	170	30		140	84	40	2	42	2
七星区	237	170	18		153	67	20		47	
雁山区	64	44	8		36	20	3		17	1
临桂区	500	359	56	5	298	137	14	4	120	4
阳朔县	319	232	37	2	192	87	20	2	64	
灵川县	418	308	50	1	257	110	50	3	58	
全州县	768	515	230	7	278	253	149	4	100	
兴安县	396	278	73		206	118	57	3	58	
永福县	301	210	44	5	161	91	15	3	73	
灌阳县	236	160	46	3	111	75	47		28	1
龙胜各族自治县	240	188	35	5	148	51	14	3	34	1
资源县	161	109	26	1	82	50	22	1	27	2
平乐县	422	299	36	9	253	119	36	4	79	4
荔浦县	413	286	43	1	242	123	34		89	4
恭城瑶族自治县	314	223	25	3	195	87	9	1	77	3

7-7 续表 1

单位：户

地 区	合 计	一个65岁及以上老年人的户				二个65岁及以上老年人的户				其 他
		小 计	单 身老人户	一个老年人与未成年的亲属户	其 他	小 计	只有一对老夫妇的户	一对老夫妇与未成年的亲属户	其 他	
梧州市	**2795**	**1978**	**541**	**52**	**1386**	**806**	**286**	**35**	**486**	**10**
万秀区	421	279	74	2	203	140	70	1	68	2
长洲区	173	122	27	1	94	51	20	1	30	1
龙圩区	254	182	46	4	132	72	33	5	35	1
苍梧县	318	230	63	11	156	87	17	7	63	1
藤县	794	566	165	18	384	224	74	11	139	4
蒙山县	214	155	34	4	116	59	11	6	41	1
岑溪市	621	445	131	13	301	175	61	4	110	1
北海市	**1336**	**840**	**199**	**6**	**635**	**488**	**163**	**10**	**315**	**8**
海城区	270	183	32	1	150	86	22	2	62	1
银海区	117	69	17		51	47	17		31	1
铁山港区	157	100	33		66	57	23	1	33	
合浦县	792	488	116	4	368	298	102	7	189	6
防城港市	**690**	**464**	**83**	**8**	**373**	**224**	**60**	**7**	**158**	**1**
港口区	97	61	11		50	36	10	1	25	
防城区	334	229	42	5	182	104	30	4	70	1
上思县	155	108	18	3	88	47	10		37	
东兴市	104	66	12	1	53	38	10	2	26	
钦州市	**2575**	**1728**	**423**	**29**	**1276**	**836**	**284**	**37**	**514**	**11**
钦南区	426	274	47	3	225	150	47	4	98	2
钦北区	556	376	78	6	291	179	55	7	116	2
灵山县	876	596	115	7	474	276	87	13	176	4
浦北县	717	483	183	13	286	232	95	13	124	2
贵港市	**3658**	**2461**	**570**	**60**	**1831**	**1183**	**421**	**52**	**710**	**14**
港北区	466	303	30	8	265	159	43	4	112	4
港南区	430	290	55	6	229	138	58	8	72	2
覃塘区	366	243	33	4	206	122	39	6	77	1
平南县	1112	760	251	30	480	349	138	16	195	2
桂平市	1283	864	202	12	650	414	142	18	254	5
玉林市	**4592**	**3034**	**540**	**75**	**2419**	**1524**	**397**	**46**	**1080**	**34**
玉州区	530	329	34	2	292	198	62	1	135	3
福绵区	331	205	35	2	169	124	28	3	93	2
容县	660	444	86	21	338	208	71	7	129	8
陆川县	644	447	115	15	316	194	53	16	126	3
博白县	1010	643	125	14	504	362	94	9	259	5
兴业县	551	376	41	8	327	170	28	4	138	5
北流市	866	590	105	13	473	268	60	7	202	7

7-7 续表 2

单位：户

地 区	合 计	一个65岁及以上老年人的户				二个65岁及以上老年人的户				其 他
		小 计	单 身老人户	一个老年人与未成年的亲属户	其 他	小 计	只有一对老夫妇的户	一对老夫妇与未成年的亲属户	其 他	
百色市	**3586**	**2584**	**318**	**84**	**2183**	**990**	**204**	**26**	**760**	**11**
右江区	348	238	24	7	207	107	23		84	3
田阳县	401	314	57	20	237	87	23	5	58	
田东县	413	307	47	7	253	103	28	4	71	3
平果县	370	256	28	4	224	113	26	2	85	1
德保县	410	282	34	5	242	126	21	1	103	2
靖西县	626	428	62	19	347	197	31	8	158	1
那坡县	153	118	6	6	106	34	5	1	29	1
凌云县	157	114	9		105	44	13		31	
乐业县	121	87	11	2	74	34	9	2	23	
田林县	210	167	12	1	155	42	6		36	
西林县	86	66	2		64	20	3		17	
隆林各族自治县	292	208	25	13	171	83	16	3	64	1
贺州市	**1911**	**1381**	**229**	**39**	**1113**	**521**	**127**	**17**	**377**	**9**
八步区	612	465	80	14	371	145	39	6	100	2
平桂管理区	345	245	52	3	190	101	29	1	71	
昭平县	369	272	41	12	219	94	21	4	69	3
钟山县	329	237	32	5	200	90	10	2	77	2
富川瑶族自治县	256	162	23	5	134	92	28	4	60	2
河池市	**3699**	**2801**	**484**	**118**	**2199**	**887**	**211**	**36**	**640**	**11**
金城江区	319	250	43	2	205	70	21	3	46	
南丹县	268	203	13	3	187	62	11	2	49	2
天峨县	165	135	12	7	116	29	6		23	1
凤山县	163	117	22	2	92	46	10	2	34	1
东兰县	276	204	36	14	154	69	23	3	43	2
罗城仫佬族自治县	395	289	58	13	218	105	26	4	75	1
环江毛南族自治县	360	275	54	13	208	83	19	5	59	2
巴马瑶族自治县	234	177	22	17	138	57	14	2	41	
都安瑶族自治县	558	434	103	24	307	124	31	8	85	
大化瑶族自治县	327	240	41	3	196	84	12	1	72	2
宜州市	634	477	80	20	377	157	37	7	113	
来宾市	**2291**	**1522**	**288**	**54**	**1180**	**756**	**254**	**58**	**444**	**12**
兴宾区	985	622	125	26	471	357	141	36	181	5
忻城县	430	304	54	14	236	123	29	7	87	3
象州县	302	205	39	5	161	96	21	4	71	1
武宣县	319	213	32	5	177	105	33	8	64	1
金秀瑶族自治县	131	93	17	2	74	37	11	2	24	1
合山市	123	85	21	3	61	38	20	1	18	
崇左市	**2220**	**1570**	**288**	**68**	**1213**	**643**	**180**	**39**	**424**	**7**
江州区	328	223	39	4	180	105	34	7	64	1
扶绥县	366	228	57	1	170	136	48	2	86	2
宁明县	329	213	46	9	158	116	34	9	73	
龙州县	248	190	30	5	156	57	16	3	39	
大新县	432	326	62	17	247	103	16	8	79	3
天等县	440	333	46	30	257	105	29	9	67	2
凭祥市	78	57	8	3	46	22	5	2	15	

7-7a 各地区有65岁及以上老年人口的家庭户(城市)

单位：户

地区	合计	一个65岁及以上老年人的户				二个65岁及以上老年人的户				其他
		小计	单身老人户	一个老年人与未成年的亲属户	其他	小计	只有一对老夫妇的户	一对老夫妇与未成年的亲属户	其他	
全区	**7372**	**4883**	**763**	**38**	**4083**	**2452**	**783**	**47**	**1622**	**37**
南宁市	1760	1134	171	4	958	618	169	9	440	9
柳州市	1237	797	162	3	633	436	155	12	270	3
桂林市	879	610	99	4	507	265	102	4	159	5
梧州市	745	506	112	5	389	234	103	4	127	5
北海市	320	213	37	1	174	106	27	2	77	2
防城港市	155	102	13		89	51	13	2	37	1
钦州市	176	110	13	2	95	65	12	1	52	1
贵港市	501	329	30	3	295	167	45	4	118	5
玉林市	584	357	33	1	323	226	64	2	159	2
百色市	190	128	16	2	110	61	17		44	2
贺州市	211	150	18	2	130	60	18		42	1
河池市	300	238	29	2	208	62	25	3	34	
来宾市	204	131	11	7	113	70	25	4	42	2
崇左市	109	79	19	2	58	30	9		21	

7-7b 各地区有65岁及以上老年人口的家庭户(镇)

单位：户

地区	合计	一个65岁及以上老年人的户				二个65岁及以上老年人的户				其他
		小计	单身老人户	一个老年人与未成年的亲属户	其他	小计	只有一对老夫妇的户	一对老夫妇与未成年的亲属户	其他	
全区	**9970**	**6830**	**1136**	**131**	**5563**	**3097**	**909**	**100**	**2088**	**42**
南宁市	1122	731	106	19	606	384	125	13	246	7
柳州市	739	507	61	10	435	232	75	4	154	1
桂林市	1130	764	166	6	592	361	139	8	214	5
梧州市	497	369	79	5	284	127	30	8	89	1
北海市	405	244	56	1	188	156	35	3	119	5
防城港市	164	112	19	3	90	52	11	1	40	
钦州市	627	432	100	5	327	195	58	8	129	
贵港市	1006	695	156	12	527	309	122	6	182	2
玉林市	1331	862	131	19	712	460	113	10	337	10
百色市	792	562	55	10	497	227	57	7	163	3
贺州市	525	384	54	10	320	141	30	4	106	1
河池市	691	516	55	15	446	172	28	13	131	2
来宾市	504	352	54	8	290	148	51	7	90	5
崇左市	436	302	44	7	250	134	36	8	90	1

7-7c 各地区有65岁及以上老年人口的家庭户(乡村)

单位：户

地 区	合 计	一个65岁及以上老年人的户				二个65岁及以上老年人的户				其 他
		小 计	单 身老人户	一个老年人与未成年的亲属户	其 他	小 计	只有一对老夫妇的户	一对老夫妇与未成年的亲属户	其 他	
全 区	**27038**	**18765**	**4038**	**608**	**14119**	**8156**	**2677**	**490**	**4989**	**117**
南宁市	3151	2046	480	77	1489	1090	413	69	608	15
柳州市	1628	1126	191	28	907	495	145	26	323	7
桂林市	3381	2400	538	34	1828	965	356	33	576	16
梧州市	1553	1103	350	41	712	445	155	32	259	5
北海市	611	383	106	4	273	226	102	5	119	2
防城港市	371	250	51	5	194	121	37	4	79	
钦州市	1772	1187	310	22	854	576	214	32	329	10
贵港市	2151	1437	384	45	1009	707	258	48	402	7
玉林市	2676	1815	376	55	1384	839	231	42	566	22
百色市	2604	1895	247	72	1576	703	156	36	511	6
贺州市	1174	847	157	26	664	320	84	20	217	7
河池市	2708	2046	400	101	1545	652	180	39	433	9
来宾市	1582	1040	223	39	778	538	199	56	283	5
崇左市	1675	1189	226	58	906	479	147	48	284	7

7-8 全区家庭户户主年龄、性别构成

单位：人、%

年 龄	人口数			户 主			户主率		
	合计	男	女	合计	男	女	合计	男	女
总 计	**567364**	**292590**	**274774**	**149628**	**125133**	**24495**	**26.37**	**42.77**	**8.91**
14岁及以下	**132206**	**71597**	**60609**	**68**	**47**	**21**	**0.05**	**0.07**	**0.03**
15-19	**28473**	**15890**	**12583**	**238**	**170**	**68**	**0.84**	**1.07**	**0.54**
15	6745	3816	2928	46	33	13	0.68	0.86	0.44
16	5713	3205	2508	43	34	8	0.75	1.07	0.34
17	5759	3223	2536	30	21	9	0.53	0.66	0.37
18	5303	2908	2396	53	36	17	1.01	1.24	0.73
19	4954	2738	2216	66	46	20	1.33	1.67	0.92
20-24	**29219**	**15631**	**13588**	**1256**	**880**	**376**	**4.30**	**5.63**	**2.77**
20	5430	2988	2443	135	96	38	2.48	3.22	1.58
21	5261	2867	2393	129	95	33	2.45	3.33	1.40
22	5697	3058	2639	235	157	78	4.12	5.13	2.95
23	6460	3406	3054	367	252	115	5.68	7.39	3.78
24	6370	3311	3059	391	280	111	6.14	8.46	3.62
25-29	**46373**	**23095**	**23277**	**5412**	**4069**	**1343**	**11.67**	**17.62**	**5.77**
25	8435	4216	4218	649	456	193	7.69	10.80	4.58
26	8704	4326	4379	872	633	240	10.02	14.62	5.48
27	9136	4536	4600	1031	777	254	11.28	17.12	5.53
28	10081	5032	5049	1362	1030	332	13.51	20.47	6.57
29	10017	4985	5031	1498	1174	324	14.95	23.54	6.45
30-34	**46022**	**23013**	**23009**	**10349**	**8498**	**1851**	**22.49**	**36.93**	**8.04**
30	10125	5053	5072	1673	1359	314	16.53	26.89	6.20
31	9641	4739	4902	1901	1561	340	19.72	32.93	6.94
32	8410	4187	4224	1939	1578	361	23.06	37.69	8.55
33	9173	4609	4564	2308	1881	427	25.17	40.82	9.35
34	8672	4424	4247	2527	2119	408	29.13	47.88	9.60
35-39	**42763**	**22153**	**20610**	**15251**	**13022**	**2229**	**35.66**	**58.78**	**10.81**
35	8975	4575	4400	2739	2336	403	30.52	51.07	9.15
36	8927	4629	4299	3021	2583	438	33.84	55.81	10.19
37	8458	4331	4127	3007	2568	439	35.55	59.28	10.64
38	7623	4041	3583	2907	2461	446	38.13	60.91	12.44
39	8780	4578	4201	3577	3073	504	40.74	67.13	11.99
40-44	**44351**	**23053**	**21299**	**19965**	**17387**	**2578**	**45.02**	**75.42**	**12.11**
40	8959	4632	4327	3786	3244	542	42.25	70.03	12.52
41	9352	4834	4517	4094	3542	552	43.77	73.26	12.22
42	8700	4581	4119	3968	3473	495	45.61	75.82	12.01
43	8744	4482	4262	3972	3493	480	45.43	77.93	11.26
44	8597	4523	4074	4145	3635	510	48.22	80.37	12.52
45-49	**45171**	**23640**	**21531**	**22734**	**19966**	**2768**	**50.33**	**84.46**	**12.86**
45	9250	4871	4378	4559	3974	585	49.29	81.58	13.36
46	8946	4698	4247	4409	3854	555	49.29	82.03	13.07
47	9823	5154	4669	4954	4350	604	50.43	84.41	12.93
48	7803	4108	3695	4027	3564	463	51.61	86.77	12.53
49	9350	4809	4541	4786	4224	561	51.18	87.84	12.36
50-54	**39184**	**20186**	**18998**	**20360**	**17776**	**2584**	**51.96**	**88.06**	**13.60**
50	9173	4848	4325	4835	4262	572	52.70	87.91	13.23
51	8817	4370	4447	4370	3793	577	49.56	86.79	12.97
52	9771	5049	4722	5120	4450	670	52.40	88.14	14.19
53	7606	3977	3629	4073	3551	522	53.55	89.29	14.39
54	3816	1942	1875	1962	1719	243	51.42	88.55	12.96
55-59	**28322**	**14330**	**13992**	**14693**	**12646**	**2047**	**51.88**	**88.25**	**14.63**
55	4740	2267	2474	2379	2000	379	50.19	88.26	15.32
56	4528	2299	2229	2373	2042	331	52.40	88.81	14.84
57	6620	3398	3222	3471	3012	459	52.43	88.62	14.26
58	6582	3441	3141	3483	3043	440	52.92	88.44	14.01
59	5850	2924	2926	2986	2549	438	51.05	87.16	14.95
60-64	**27323**	**13544**	**13779**	**13991**	**11625**	**2366**	**51.21**	**85.83**	**17.17**
60	5794	2887	2908	2982	2514	468	51.46	87.07	16.10
61	5903	2904	2999	2987	2501	486	50.60	86.11	16.21
62	5573	2758	2815	2910	2390	520	52.22	86.68	18.45
63	5592	2787	2805	2868	2369	499	51.28	85.00	17.78
64	4460	2209	2252	2245	1852	393	50.32	83.83	17.45
65及以上	**57957**	**26458**	**31499**	**25311**	**19046**	**6264**	**43.67**	**71.99**	**19.89**

7-8a 全区家庭户户主年龄、性别构成(城市)

单位：人、%

年 龄	人口数			户 主			户主率		
	合计	男	女	合计	男	女	合计	男	女
总 计	**111742**	**56340**	**55403**	**35218**	**25147**	**10072**	**31.52**	**44.63**	**18.18**
14岁及以下	**21067**	**11430**	**9636**	**9**	**5**	**3**	**0.04**	**0.05**	**0.04**
15-19	**3025**	**1767**	**1257**	**66**	**37**	**29**	**2.19**	**2.09**	**2.34**
15	708	400	308	5	2	2	0.64	0.59	0.70
16	590	350	240	6	3	3	1.05	0.78	1.46
17	611	373	238	7	2	4	1.12	0.65	1.87
18	570	335	235	19	12	7	3.36	3.57	3.05
19	546	310	236	30	17	12	5.41	5.62	5.14
20-24	**5219**	**2769**	**2451**	**676**	**431**	**246**	**12.96**	**15.56**	**10.02**
20	873	481	392	65	40	24	7.39	8.39	6.17
21	908	497	411	69	47	23	7.63	9.39	5.52
22	975	520	454	124	73	51	12.77	14.10	11.25
23	1216	633	583	202	123	79	16.61	19.41	13.57
24	1248	638	609	216	148	68	17.32	23.15	11.22
25-29	**11296**	**5319**	**5977**	**2486**	**1606**	**879**	**22.01**	**30.20**	**14.71**
25	1837	905	932	333	204	128	18.10	22.56	13.77
26	2063	997	1066	451	289	162	21.86	29.01	15.17
27	2322	1121	1201	511	348	164	22.01	30.99	13.63
28	2510	1162	1348	601	380	221	23.93	32.69	16.39
29	2563	1133	1430	590	385	205	23.03	34.02	14.32
30-34	**11310**	**5332**	**5978**	**3531**	**2421**	**1110**	**31.22**	**45.40**	**18.57**
30	2384	1133	1251	628	443	185	26.36	39.12	14.80
31	2311	1065	1246	686	468	218	29.68	43.95	17.48
32	2026	946	1080	638	425	212	31.48	44.95	19.67
33	2362	1118	1244	768	520	247	32.50	46.55	19.88
34	2227	1069	1158	811	564	247	36.42	52.74	21.37
35-39	**10967**	**5515**	**5451**	**4329**	**3153**	**1176**	**39.47**	**57.16**	**21.57**
35	2335	1187	1148	851	633	218	36.44	53.33	18.98
36	2321	1170	1151	889	635	253	38.29	54.28	22.02
37	2136	1068	1068	833	594	238	38.97	55.65	22.30
38	1975	1026	949	823	610	214	41.69	59.42	22.52
39	2200	1064	1136	933	681	253	42.42	63.96	22.24
40-44	**10547**	**5387**	**5160**	**4924**	**3649**	**1275**	**46.68**	**67.73**	**24.71**
40	2182	1098	1085	981	709	272	44.93	64.56	25.07
41	2272	1153	1119	1033	765	268	45.46	66.33	23.95
42	2111	1080	1031	973	719	255	46.11	66.54	24.70
43	2052	1087	965	1006	776	231	49.04	71.37	23.89
44	1930	970	960	931	681	250	48.23	70.23	26.01
45-49	**9385**	**4739**	**4647**	**4775**	**3508**	**1266**	**50.87**	**74.03**	**27.26**
45	2152	1136	1017	1104	822	282	51.27	72.35	27.72
46	1906	945	961	951	683	268	49.91	72.35	27.87
47	2031	1022	1010	1046	748	297	51.48	73.25	29.45
48	1515	750	764	756	561	195	49.93	74.79	25.54
49	1781	887	894	918	694	224	51.55	78.25	25.07
50-54	**8070**	**4076**	**3994**	**4103**	**3043**	**1060**	**50.84**	**74.66**	**26.54**
50	1860	985	875	991	771	221	53.29	78.19	25.24
51	1820	889	931	894	656	239	49.14	73.75	25.62
52	2023	1020	1002	1036	756	279	51.21	74.13	27.87
53	1543	772	771	783	572	211	50.74	74.14	27.31
54	824	409	415	399	288	111	48.39	70.44	26.66
55-59	**5815**	**2845**	**2971**	**2922**	**2148**	**774**	**50.24**	**75.50**	**26.05**
55	1027	468	559	529	362	167	51.54	77.38	29.88
56	973	493	480	503	375	128	51.68	76.01	26.71
57	1309	654	655	653	483	170	49.91	73.88	25.97
58	1295	656	639	652	494	158	50.33	75.30	24.66
59	1210	573	638	584	433	151	48.25	75.62	23.66
60-64	**5447**	**2702**	**2745**	**2729**	**2056**	**673**	**50.11**	**76.11**	**24.51**
60	1189	582	607	576	440	136	48.39	75.52	22.36
61	1180	588	592	593	454	139	50.20	77.16	23.41
62	1141	549	592	591	427	164	51.79	77.85	27.65
63	1072	535	537	540	413	127	50.37	77.19	23.62
64	864	447	417	430	322	108	49.79	72.08	25.88
65及以上	**9594**	**4459**	**5135**	**4670**	**3089**	**1580**	**48.67**	**69.29**	**30.77**

7-8b 全区家庭户户主年龄、性别构成(镇)

单位：人、%

年　龄	人口数			户　主			户主率		
	合计	男	女	合计	男	女	合计	男	女
总　计	**139958**	**72584**	**67374**	**37416**	**30954**	**6461**	**26.73**	**42.65**	**9.59**
14岁及以下	**31794**	**17380**	**14414**	**16**	**8**	**8**	**0.05**	**0.04**	**0.06**
15-19	**5023**	**3035**	**1988**	**66**	**56**	**10**	**1.31**	**1.84**	**0.50**
15	1145	699	447	16	15	1	1.40	2.20	0.15
16	1032	653	379	21	20	1	2.01	3.03	0.25
17	1033	619	414	8	8	1	0.82	1.22	0.23
18	916	559	357	11	6	5	1.17	1.08	1.30
19	897	505	391	10	7	3	1.10	1.42	0.68
20-24	**7090**	**3901**	**3188**	**289**	**198**	**91**	**4.08**	**5.07**	**2.86**
20	1273	736	537	34	23	11	2.69	3.11	2.10
21	1280	714	566	29	21	8	2.23	2.95	1.33
22	1410	819	590	55	38	17	3.91	4.69	2.83
23	1547	820	727	77	52	26	5.01	6.32	3.53
24	1580	812	768	94	64	30	5.94	7.84	3.92
25-29	**13175**	**6721**	**6455**	**1365**	**1016**	**349**	**10.36**	**15.12**	**5.41**
25	2331	1204	1127	153	106	47	6.58	8.82	4.20
26	2500	1262	1238	209	148	62	8.38	11.70	4.99
27	2560	1293	1267	242	179	62	9.44	13.87	4.91
28	2951	1522	1429	346	264	82	11.74	17.34	5.77
29	2833	1439	1394	414	319	95	14.62	22.14	6.84
30-34	**11984**	**6011**	**5973**	**2578**	**2104**	**474**	**21.51**	**34.99**	**7.94**
30	2747	1380	1367	436	346	89	15.85	25.08	6.55
31	2455	1210	1245	457	375	82	18.63	31.03	6.58
32	2230	1121	1109	502	414	88	22.52	36.93	7.94
33	2385	1212	1173	579	466	113	24.28	38.42	9.66
34	2168	1089	1079	604	503	101	27.86	46.15	9.40
35-39	**11454**	**5816**	**5638**	**4095**	**3395**	**700**	**35.75**	**58.37**	**12.42**
35	2322	1141	1181	678	558	121	29.21	48.87	10.22
36	2393	1209	1184	782	660	122	32.68	54.55	10.34
37	2336	1169	1167	836	703	134	35.82	60.15	11.45
38	2091	1106	985	834	676	158	39.90	61.17	16.02
39	2312	1191	1120	963	798	165	41.67	66.98	14.76
40-44	**11628**	**5989**	**5639**	**5294**	**4508**	**786**	**45.53**	**75.27**	**13.94**
40	2470	1262	1208	1055	877	178	42.73	69.50	14.77
41	2484	1258	1226	1108	932	176	44.59	74.10	14.31
42	2251	1193	1058	1052	918	134	46.74	76.94	12.67
43	2215	1095	1120	981	836	146	44.30	76.32	13.00
44	2208	1181	1027	1097	945	152	49.70	80.02	14.83
45-49	**11775**	**6038**	**5736**	**5848**	**5067**	**781**	**49.66**	**83.91**	**13.62**
45	2425	1254	1170	1193	1028	165	49.22	81.96	14.11
46	2278	1175	1103	1073	935	138	47.07	79.52	12.50
47	2609	1337	1272	1300	1124	176	49.84	84.08	13.85
48	2000	1043	958	1046	912	134	52.31	87.47	14.02
49	2462	1229	1233	1235	1067	168	50.17	86.88	13.60
50-54	**10056**	**5151**	**4905**	**5259**	**4524**	**736**	**52.30**	**87.82**	**14.99**
50	2400	1231	1168	1256	1071	185	52.34	86.99	15.81
51	2255	1120	1135	1133	963	170	50.23	85.96	14.99
52	2510	1293	1217	1312	1140	172	52.27	88.13	14.17
53	1910	1020	889	1055	914	142	55.25	89.54	15.91
54	981	486	495	503	436	67	51.28	89.81	13.48
55-59	**6905**	**3516**	**3389**	**3598**	**3128**	**470**	**52.10**	**88.96**	**13.87**
55	1153	542	611	560	472	88	48.59	87.02	14.46
56	1098	549	549	568	490	79	51.76	89.18	14.31
57	1676	871	805	898	782	116	53.56	89.72	14.43
58	1581	835	746	846	749	97	53.50	89.66	13.00
59	1396	718	678	725	635	90	51.95	88.49	13.25
60-64	**6321**	**3080**	**3241**	**3224**	**2651**	**574**	**51.01**	**86.07**	**17.70**
60	1372	668	704	703	583	119	51.23	87.33	16.94
61	1414	686	728	730	596	135	51.65	86.84	18.49
62	1289	627	662	666	544	122	51.63	86.73	18.40
63	1259	622	637	647	530	117	51.38	85.11	18.43
64	987	477	510	479	398	80	48.52	83.55	15.77
65及以上	**12754**	**5946**	**6808**	**5785**	**4302**	**1483**	**45.36**	**72.36**	**21.78**

7-8c 全区家庭户户主年龄、性别构成(乡村)

单位：人、%

年 龄	人口数			户 主			户主率		
	合计	男	女	合计	男	女	合计	男	女
总 计	**315664**	**163667**	**151997**	**76994**	**69032**	**7962**	**24.39**	**42.18**	**5.24**
14岁及以下	**79346**	**42787**	**36559**	**44**	**35**	**9**	**0.06**	**0.08**	**0.03**
15-19	**20426**	**11088**	**9337**	**106**	**77**	**29**	**0.52**	**0.70**	**0.31**
15	4891	2718	2173	25	15	10	0.51	0.56	0.46
16	4091	2202	1889	16	12	4	0.39	0.54	0.21
17	4115	2232	1884	15	11	4	0.37	0.50	0.21
18	3818	2014	1804	23	18	6	0.62	0.89	0.31
19	3510	1922	1588	27	21	5	0.76	1.09	0.35
20-24	**16910**	**8961**	**7949**	**291**	**252**	**39**	**1.72**	**2.81**	**0.49**
20	3285	1771	1514	36	33	3	1.10	1.87	0.20
21	3072	1657	1416	31	28	3	1.01	1.67	0.23
22	3313	1719	1594	55	45	10	1.66	2.63	0.62
23	3697	1953	1743	88	77	11	2.38	3.95	0.61
24	3543	1861	1682	81	69	12	2.29	3.69	0.74
25-29	**21901**	**11056**	**10845**	**1561**	**1447**	**115**	**7.13**	**13.08**	**1.06**
25	4266	2107	2159	163	145	18	3.82	6.89	0.82
26	4141	2067	2075	212	196	16	5.12	9.47	0.79
27	4254	2121	2133	278	250	28	6.54	11.77	1.33
28	4619	2348	2271	415	386	28	8.97	16.46	1.24
29	4621	2413	2208	494	470	24	10.69	19.46	1.10
30-34	**22728**	**11670**	**11058**	**4240**	**3974**	**267**	**18.66**	**34.05**	**2.41**
30	4994	2540	2454	610	570	40	12.20	22.43	1.62
31	4875	2464	2411	758	717	41	15.54	29.10	1.68
32	4155	2119	2035	800	739	61	19.25	34.85	3.00
33	4426	2280	2147	962	896	66	21.73	39.29	3.09
34	4277	2267	2011	1111	1052	59	25.99	46.43	2.94
35-39	**20342**	**10822**	**9520**	**6827**	**6474**	**353**	**33.56**	**59.83**	**3.71**
35	4318	2247	2071	1210	1146	64	28.02	50.99	3.10
36	4213	2249	1964	1351	1289	62	32.06	57.29	3.16
37	3986	2095	1892	1338	1270	67	33.55	60.65	3.55
38	3557	1909	1649	1249	1175	74	35.12	61.56	4.50
39	4268	2323	1945	1680	1595	86	39.37	68.66	4.40
40-44	**22177**	**11677**	**10500**	**9748**	**9230**	**517**	**43.95**	**79.05**	**4.93**
40	4307	2273	2034	1749	1658	91	40.62	72.95	4.49
41	4596	2423	2172	1953	1845	108	42.50	76.12	4.99
42	4338	2308	2030	1943	1837	106	44.78	79.59	5.22
43	4476	2300	2177	1985	1881	104	44.34	81.80	4.76
44	4460	2373	2087	2118	2010	108	47.48	84.68	5.17
45-49	**24011**	**12863**	**11148**	**12112**	**11391**	**720**	**50.44**	**88.56**	**6.46**
45	4673	2481	2191	2262	2124	138	48.41	85.61	6.30
46	4761	2578	2183	2385	2236	149	50.10	86.72	6.83
47	5183	2795	2387	2608	2478	130	50.32	88.64	5.45
48	4288	2315	1973	2224	2091	133	51.88	90.33	6.76
49	5107	2694	2413	2632	2463	170	51.54	91.42	7.03
50-54	**21057**	**10959**	**10098**	**10997**	**10209**	**789**	**52.23**	**93.16**	**7.81**
50	4913	2631	2282	2587	2420	167	52.66	91.99	7.31
51	4741	2360	2380	2342	2174	168	49.40	92.10	7.06
52	5238	2736	2503	2773	2554	218	52.93	93.38	8.71
53	4153	2185	1969	2235	2065	170	53.81	94.52	8.63
54	2011	1047	964	1060	995	65	52.72	95.04	6.79
55-59	**15602**	**7969**	**7632**	**8174**	**7371**	**803**	**52.39**	**92.49**	**10.52**
55	2560	1256	1304	1290	1166	124	50.38	92.85	9.48
56	2457	1257	1200	1301	1178	124	52.97	93.67	10.32
57	3635	1873	1762	1920	1747	173	52.82	93.26	9.82
58	3706	1950	1757	1986	1800	186	53.58	92.34	10.56
59	3243	1633	1610	1677	1480	197	51.70	90.62	12.22
60-64	**15555**	**7762**	**7793**	**8037**	**6918**	**1119**	**51.67**	**89.12**	**14.36**
60	3233	1636	1597	1704	1490	213	52.68	91.07	13.35
61	3308	1630	1679	1664	1451	213	50.30	89.04	12.68
62	3143	1582	1561	1654	1420	234	52.61	89.73	14.98
63	3261	1629	1632	1680	1426	255	51.54	87.53	15.61
64	2610	1285	1325	1336	1131	205	51.18	88.03	15.45
65及以上	**35609**	**16053**	**19556**	**14856**	**11655**	**3201**	**41.72**	**72.60**	**16.37**

8 生育

8-1 各地区分性别、孩次的出生人口
(2014.11.1-2015.10.31)

单位：人

地 区	出生人数				第一孩			
	合计	男	女	性别比(女=100)	合计	男	女	性别比(女=100)
全 区	**6716**	**3665**	**3051**	**120.13**	**2998**	**1613**	**1384**	**116.53**
南宁市	**963**	**518**	**446**	**116.21**	**512**	**263**	**249**	**105.64**
兴宁区	52	33	19	170.71	35	19	16	123.71
青秀区	83	43	40	107.06	57	30	27	112.97
江南区	78	48	31	154.12	32	18	15	120.44
西乡塘区	183	92	92	99.69	108	48	60	80.17
良庆区	72	41	30	136.16	38	23	15	154.81
邕宁区	46	26	20	127.49	26	16	11	147.93
武鸣县	64	38	26	147.41	47	27	20	132.35
隆安县	39	20	19	102.11	14	6	8	73.86
马山县	40	17	24	70.55	16	7	9	79.54
上林县	47	26	21	123.31	19	8	11	72.65
宾阳县	113	61	51	120.29	42	23	19	124.12
横县	146	74	72	102.62	79	39	40	95.87
柳州市	**494**	**263**	**231**	**113.63**	**264**	**138**	**125**	**110.36**
城中区	28	16	12	138.15	21	13	8	176.63
鱼峰区	57	33	24	135.61	31	13	18	74.54
柳南区	63	31	31	101.34	44	22	22	101.03
柳北区	61	27	34	78.53	41	18	23	78.50
柳江县	77	38	38	100.03	37	16	21	77.56
柳城县	43	22	21	105.45	21	10	11	85.92
鹿寨县	46	25	21	120.56	16	10	6	155.55
融安县	40	24	16	145.91	24	19	5	396.75
融水苗族自治县	33	20	13	162.55	8	4	3	117.45
三江侗族自治县	47	26	21	121.63	23	13	9	146.25
桂林市	**746**	**403**	**342**	**117.81**	**357**	**205**	**152**	**135.33**
秀峰区	26	17	10	173.55	18	10	8	125.95
叠彩区	24	15	9	157.92	16	8	8	109.76
象山区	36	21	14	148.10	26	17	9	190.11
七星区	54	31	23	135.09	20	11	9	124.88
雁山区	8	6	3	224.03	1	1		
临桂区	118	61	57	106.60	48	30	18	165.07
阳朔县	45	22	23	93.95	20	8	13	60.16
灵川县	56	29	27	108.36	23	14	9	167.16
全州县	69	26	43	60.52	37	15	22	67.77
兴安县	39	26	13	202.69	18	12	6	211.50
永福县	37	20	17	119.45	11	6	5	128.30
灌阳县	26	14	12	119.40	14	8	6	123.30
龙胜各族自治县	26	18	8	233.44	16	13	3	411.19
资源县	31	17	14	116.94	16	8	8	99.43
平乐县	75	34	40	85.58	36	20	17	117.98
荔浦县	50	33	18	184.24	29	20	9	212.94
恭城瑶族自治县	24	13	11	116.18	8	5	3	164.02

8-1 续表 1

单位：人

地区	第二孩				第三孩			
	合计	男	女	性别比（女=100）	合计	男	女	性别比（女=100）
全 区	**2783**	**1492**	**1292**	**115.47**	**723**	**423**	**300**	**140.65**
南宁市	**392**	**213**	**179**	**118.94**	**53**	**37**	**16**	**238.01**
兴宁区	15	12	4	338.94	1	1		
青秀区	23	10	13	72.45	3	3		
江南区	40	24	16	148.82	6	6		
西乡塘区	74	42	32	130.40	2	2		
良庆区	31	17	15	113.50	3	2	1	201.17
邕宁区	15	8	8	104.02	3	1	2	56.01
武鸣县	17	11	6	200.69				
隆安县	21	11	10	117.26	4	3	2	143.94
马山县	19	8	11	74.80	5	1	4	35.11
上林县	26	15	10	150.97	3	3		
宾阳县	62	30	31	97.06	8	6	1	510.76
横县	48	24	24	101.28	15	9	6	156.70
柳州市	**209**	**112**	**97**	**115.38**	**17**	**9**	**7**	**132.14**
城中区	7	3	4	67.12				
鱼峰区	24	17	7	263.27	1	1		
柳南区	16	8	8	102.51	2	1	1	99.03
柳北区	19	9	10	87.84	1		1	
柳江县	40	22	18	126.06				
柳城县	22	12	10	128.29				
鹿寨县	26	14	12	116.55	3	1	2	47.64
融安县	15	5	10	46.42	1		1	
融水苗族自治县	23	15	8	190.46	3	2	1	117.32
三江侗族自治县	17	6	10	59.33	4	4		
桂林市	**346**	**171**	**175**	**97.86**	**39**	**23**	**16**	**147.37**
秀峰区	8	6	2	347.09	1	1		
叠彩区	7	5	2	286.18	2	2		
象山区	10	5	6	81.60				
七星区	31	17	14	117.10	3	3		
雁山区	8	5	3	199.03				
临桂区	55	23	32	70.71	14	7	7	100.70
阳朔县	23	13	10	124.92	1	1		
灵川县	30	13	17	79.31	3	1	1	96.59
全州县	25	9	16	54.34	5		5	
兴安县	19	12	7	175.15	1	1		
永福县	25	13	12	104.59	1	1		
灌阳县	10	6	5	122.05	2	1	1	87.40
龙胜各族自治县	9	5	5	107.89				
资源县	15	9	6	161.13	1		1	
平乐县	36	12	24	49.65	3	3		
荔浦县	20	12	8	137.73	1	1		
恭城瑶族自治县	15	8	7	109.54	1		1	

8-1 续表 2

单位：人

地 区	第四孩				第五孩及以上			
	合计	男	女	性别比(女=100)	合计	男	女	性别比(女=100)
全 区	**155**	**103**	**52**	**199.90**	**58**	**35**	**23**	**151.37**
南宁市	**6**	**4**	**2**	**180.25**	**1**	**1**		
兴宁区								
青秀区								
江南区								
西乡塘区								
良庆区								
邕宁区					1	1		
武鸣县								
隆安县								
马山县								
上林县								
宾阳县	2	2						
横县	4	2	2	96.59				
柳州市	**4**	**3**	**1**	**346.20**	**1**		**1**	
城中区								
鱼峰区	1	1						
柳南区								
柳北区								
柳江县								
柳城县								
鹿寨县								
融安县								
融水苗族自治县								
三江侗族自治县	3	2	1	219.78	1		1	
桂林市	**4**	**4**						
秀峰区								
叠彩区								
象山区								
七星区								
雁山区								
临桂区	1	1						
阳朔县								
灵川县								
全州县	2	2						
兴安县								
永福县								
灌阳县								
龙胜各族自治县								
资源县								
平乐县								
荔浦县								
恭城瑶族自治县								

8-1 续表 3 单位：人

地　区	出生人数				第一孩			
	合计	男	女	性别比（女=100）	合计	男	女	性别比（女=100）
梧州市	**445**	**243**	**202**	**119.78**	**196**	**107**	**88**	**121.09**
万秀区	37	20	17	120.74	20	10	9	114.85
长洲区	35	21	14	157.35	20	14	6	246.91
龙圩区	19	11	9	120.29	7	2	5	47.58
苍梧县	47	25	21	119.73	18	11	8	138.56
藤县	168	86	82	105.79	70	34	36	95.87
蒙山县	24	10	14	74.24	9	4	5	81.71
岑溪市	116	69	47	146.04	51	31	20	154.26
北海市	**273**	**148**	**125**	**118.26**	**135**	**65**	**69**	**93.92**
海城区	77	40	37	109.27	51	24	26	92.55
银海区	21	10	10	101.17	10	5	5	94.97
铁山港区	30	17	13	127.73	15	8	7	123.99
合浦县	146	81	65	124.20	60	28	32	88.60
防城港市	**159**	**86**	**73**	**118.41**	**53**	**28**	**25**	**110.48**
港口区	31	14	17	83.54	14	7	7	92.78
防城区	78	44	34	130.37	23	14	8	175.48
上思县	25	16	9	173.97	7	3	4	82.33
东兴市	26	13	13	94.04	10	4	6	60.94
钦州市	**472**	**258**	**214**	**120.38**	**161**	**85**	**76**	**111.16**
钦南区	92	43	49	87.96	30	14	16	88.91
钦北区	95	62	33	191.89	36	24	12	199.69
灵山县	159	89	70	126.63	57	34	23	145.04
浦北县	126	64	63	101.54	38	13	25	51.52
贵港市	**596**	**349**	**247**	**140.98**	**264**	**151**	**113**	**134.46**
港北区	142	80	62	128.68	73	46	27	168.16
港南区	54	23	31	75.88	20	8	12	68.89
覃塘区	63	35	28	126.00	33	18	15	118.42
平南县	168	113	55	206.25	64	39	25	154.91
桂平市	169	97	72	135.42	74	41	33	122.54
玉林市	**764**	**425**	**338**	**125.78**	**257**	**142**	**116**	**122.35**
玉州区	109	64	45	141.85	48	26	23	113.22
福绵区	49	28	21	135.17	14	11	3	415.19
容县	98	47	51	91.38	38	14	24	57.81
陆川县	107	63	44	144.55	38	24	14	171.86
博白县	157	87	70	123.27	46	27	19	138.63
兴业县	57	36	22	163.86	21	14	7	188.89
北流市	187	101	86	118.49	52	27	26	102.60

8-1 续表 4

单位：人

地　区	第二孩				第三孩			
	合计	男	女	性别比（女=100）	合计	男	女	性别比（女=100）
梧州市	**168**	**93**	**75**	**123.68**	**57**	**30**	**27**	**112.82**
万秀区	17	10	7	127.96				
长洲区	13	7	6	117.52	1		1	
龙圩区	4	3	1	295.48	5	4	1	355.63
苍梧县	19	11	8	143.23	7	2	5	45.82
藤县	62	34	29	117.74	24	13	10	125.37
蒙山县	14	6	8	74.64	1		1	
岑溪市	39	23	16	140.37	21	12	10	118.26
北海市	**105**	**65**	**40**	**161.52**	**26**	**13**	**13**	**99.76**
海城区	23	13	9	142.97	3	2	1	148.56
银海区	9	5	5	98.88	1	1	1	105.65
铁山港区	12	7	5	121.42	1		1	48.51
合浦县	61	41	21	194.11	20	10	10	97.67
防城港市	**69**	**39**	**30**	**131.46**	**26**	**13**	**13**	**98.23**
港口区	14	6	8	68.19	3	2	1	129.48
防城区	29	16	12	131.16	18	8	9	89.37
上思县	15	11	4	266.45	2	1	1	100.00
东兴市	11	6	5	123.80	4	2	2	121.56
钦州市	**184**	**104**	**81**	**128.74**	**96**	**51**	**45**	**112.40**
钦南区	32	12	20	60.12	20	12	8	145.44
钦北区	37	25	12	213.31	16	10	6	162.80
灵山县	66	36	30	120.43	27	13	13	99.22
浦北县	50	31	19	161.78	33	16	18	89.37
贵港市	**216**	**127**	**89**	**143.10**	**91**	**55**	**36**	**154.43**
港北区	52	29	24	120.83	13	4	9	46.53
港南区	26	13	12	105.68	7	1	6	13.82
覃塘区	17	10	7	147.14	12	7	5	142.98
平南县	57	39	18	213.25	35	27	8	361.09
桂平市	64	36	28	131.73	23	15	8	194.24
玉林市	**288**	**153**	**134**	**114.17**	**163**	**91**	**72**	**126.96**
玉州区	44	26	18	145.35	12	8	4	174.76
福绵区	20	8	12	69.59	13	8	5	148.49
容县	41	22	20	108.15	14	7	7	89.29
陆川县	37	21	16	132.92	22	16	6	244.98
博白县	54	24	29	83.80	37	20	18	113.45
兴业县	22	11	11	100.59	13	11	2	476.85
北流市	69	41	28	143.33	51	23	28	79.22

8-1 续表 5

单位：人

地区	第四孩				第五孩及以上			
	合计	男	女	性别比（女=100）	合计	男	女	性别比（女=100）
梧州市	**14**	**7**	**7**	**108.96**	**10**	**5**	**5**	**90.49**
万秀区								
长洲区					1		1	
龙圩区	1		1		3	2	1	215.44
苍梧县	2	1	1	126.60				
藤县	7	4	4	100.35	4	1	3	46.29
蒙山县								
岑溪市	4	3	1	200.00	1	1		
北海市	**6**	**3**	**2**	**159.11**	**1**	**1**		
海城区	1	1						
银海区								
铁山港区	1	1						
合浦县	3	1	2	47.10	1	1		
防城港市	**7**	**4**	**3**	**151.90**	**4**	**2**	**2**	**115.47**
港口区								
防城区	5	3	2	164.56	4	2	2	98.55
上思县								
东兴市	1		1	49.68				
钦州市	**25**	**17**	**8**	**202.18**	**6**	**2**	**4**	**49.74**
钦南区	9	5	4	133.23	1		1	
钦北区	5	4	1	391.13	2		2	
灵山县	7	4	2	197.89	2	1	1	94.20
浦北县	5	3	1	291.94	1	1		
贵港市	**20**	**12**	**8**	**153.28**	**6**	**3**	**3**	**129.10**
港北区	4	2	2	68.03				
港南区	1	1						
覃塘区	1		1		1	1		
平南县	8	5	3	196.71	4	3	1	219.27
桂平市	6	5	2	287.43	1		1	
玉林市	**38**	**28**	**10**	**275.78**	**18**	**11**	**6**	**183.96**
玉州区	4	4						
福绵区	2	1	1	106.15				
容县	4	4			1	1		
陆川县	7	1	6	17.11	2	1	1	100.00
博白县	9	7	1	557.14	11	8	3	278.66
兴业县					1		1	
北流市	12	10	2	659.66	2	1	1	101.17

8-1 续表 6

单位：人

地 区	出生人数				第一孩			
	合计	男	女	性别比（女=100）	合计	男	女	性别比（女=100）
百色市	**398**	**203**	**196**	**103.64**	**156**	**93**	**63**	**147.96**
右江区	41	23	19	122.73	18	13	5	276.96
田阳县	38	21	17	118.84	14	11	3	370.26
田东县	38	20	19	105.84	15	10	6	172.30
平果县	54	25	29	86.62	14	7	7	113.98
德保县	33	14	19	71.25	9	5	4	107.18
靖西县	32	19	13	145.45	11	9	2	429.74
那坡县	18	9	9	108.37	8	4	4	88.91
凌云县	21	9	12	75.44	7	3	4	61.41
乐业县	24	12	12	96.19	8	3	5	56.59
田林县	25	15	10	149.35	11	8	3	256.12
西林县	18	8	10	85.86	5	2	3	58.45
隆林各族自治县	56	28	27	104.10	35	18	16	112.92
贺州市	**339**	**187**	**152**	**122.85**	**155**	**79**	**76**	**103.55**
八步区	128	62	66	93.58	65	31	34	90.09
平桂管理区	79	46	33	137.98	33	16	17	97.25
昭平县	41	23	18	128.06	16	7	9	77.80
钟山县	49	35	14	245.09	22	16	5	313.74
富川瑶族自治县	41	21	20	103.19	19	8	11	76.66
河池市	**510**	**263**	**247**	**106.81**	**218**	**111**	**107**	**103.52**
金城江区	28	18	10	174.36	9	5	4	142.97
南丹县	43	28	15	185.86	14	9	6	143.58
天峨县	17	9	8	118.33	7	3	4	83.03
凤山县	20	13	7	178.11	7	5	1	438.06
东兰县	34	15	19	77.57	15	6	9	61.70
罗城仫佬族自治县	52	24	28	83.87	27	14	13	110.52
环江毛南族自治县	44	23	21	114.14	11	5	6	78.66
巴马瑶族自治县	44	25	19	134.97	18	9	9	100.77
都安瑶族自治县	89	41	48	85.51	40	19	21	89.15
大化瑶族自治县	52	23	29	79.25	19	9	10	87.52
宜州市	89	45	44	103.72	52	28	24	113.08
来宾市	**305**	**170**	**134**	**127.04**	**155**	**83**	**72**	**116.09**
兴宾区	134	77	57	134.24	70	37	33	112.45
忻城县	43	22	21	104.20	19	9	10	94.81
象州县	37	18	19	92.50	18	8	10	83.49
武宣县	51	28	22	125.84	27	15	12	122.62
金秀瑶族自治县	18	10	8	133.72	10	6	4	157.39
合山市	22	15	7	235.29	10	7	3	262.90
崇左市	**253**	**149**	**103**	**144.61**	**116**	**63**	**53**	**118.78**
江州区	40	22	19	113.80	20	9	10	87.49
扶绥县	54	36	19	188.63	24	15	9	165.61
宁明县	44	22	22	100.93	20	9	10	93.97
龙州县	22	16	6	255.14	9	7	3	247.58
大新县	44	28	17	168.77	20	12	8	140.26
天等县	31	18	13	134.21	15	7	8	80.80
凭祥市	16	8	7	113.03	9	5	5	106.88

8-1 续表 7 单位：人

地区	第二孩				第三孩			
	合计	男	女	性别比(女=100)	合计	男	女	性别比(女=100)
百色市	**217**	**90**	**127**	**71.00**	**22**	**16**	**6**	**281.54**
右江区	23	9	14	64.13	1	1		
田阳县	22	8	13	63.67	2	1	1	87.69
田东县	23	10	13	77.17				
平果县	36	13	23	59.03	3	3		
德保县	20	7	13	59.04	3	1	2	36.82
靖西县	20	9	11	82.79	1	1		
那坡县	9	5	4	113.32	1	1		
凌云县	13	5	7	72.45	2	1	1	180.95
乐业县	13	7	6	109.02	3	2	1	401.64
田林县	13	6	7	89.52	1	1		
西林县	8	2	6	35.66	3	3		
隆林各族自治县	18	8	10	79.14	2	1	1	109.89
贺州市	**123**	**67**	**56**	**120.47**	**48**	**31**	**17**	**181.61**
八步区	44	19	25	73.83	18	11	7	157.13
平桂管理区	31	19	12	160.16	10	6	3	202.13
昭平县	14	9	5	186.12	8	4	4	116.00
钟山县	19	12	6	195.95	7	6	1	408.12
富川瑶族自治县	15	8	8	105.27	6	4	2	197.89
河池市	**227**	**118**	**109**	**107.42**	**51**	**28**	**23**	**125.00**
金城江区	18	12	7	178.05	1	1		
南丹县	18	12	6	201.43	9	7	2	284.24
天峨县	7	4	3	140.31	2	1	1	244.08
凤山县	9	5	4	150.28	4	2	2	120.66
东兰县	12	6	6	105.06	6	2	4	48.53
罗城仫佬族自治县	25	9	15	61.77				
环江毛南族自治县	31	18	13	141.25	1		1	
巴马瑶族自治县	19	11	7	154.41	7	4	3	157.78
都安瑶族自治县	35	20	16	126.41	8	1	6	17.21
大化瑶族自治县	22	8	14	57.36	7	4	4	100.36
宜州市	30	11	19	58.78	6	6		
来宾市	**113**	**61**	**53**	**115.51**	**25**	**17**	**7**	**233.50**
兴宾区	43	22	21	102.77	13	10	3	335.37
忻城县	22	13	10	131.55	1		1	
象州县	16	9	8	111.23	2	1	1	52.37
武宣县	15	8	7	101.38	7	5	2	346.30
金秀瑶族自治县	7	3	3	94.81	1	1		240.24
合山市	10	7	3	213.34	1			109.85
崇左市	**126**	**79**	**47**	**166.03**	**9**	**6**	**3**	**218.91**
江州区	20	12	8	136.70	1	1		
扶绥县	27	18	9	202.47	4	3	1	269.62
宁明县	22	11	11	103.59	2	1	1	72.72
龙州县	12	9	4	240.59	1	1		
大新县	24	15	8	186.58	1	1		
天等县	15	10	5	205.41				
凭祥市	5	3	2	154.94	1		1	46.81

8-1 续表 8 单位：人

地　区	第四孩				第五孩及以上			
	合计	男	女	性别比（女=100）	合计	男	女	性别比（女=100）
百色市	**2**	**2**			**2**	**2**	**1**	**268.81**
右江区								
田阳县								
田东县								
平果县	1	1						
德保县	1	1						
靖西县								
那坡县								
凌云县								
乐业县					1		1	
田林县								
西林县	1	1			1	1		
隆林各族自治县					1	1		
贺州市	**8**	**6**	**2**	**305.72**	**4**	**3**	**1**	**443.47**
八步区	2	2						
平桂管理区	3	2	1	359.77	3	2	1	247.25
昭平县	1	1			1	1		
钟山县	2	1	1	51.88				
富川瑶族自治县					1	1		
河池市	**10**	**4**	**6**	**60.34**	**3**	**3**	**1**	**314.55**
金城江区								
南丹县					2	1	1	100.00
天峨县								
凤山县	1		1					
东兰县	1	1						
罗城仫佬族自治县								
环江毛南族自治县								
巴马瑶族自治县	1	1			1	1		
都安瑶族自治县	6	1	5	24.48				
大化瑶族自治县	3	1	1	98.24	1	1		
宜州市								
来宾市	**10**	**8**	**2**	**315.83**	**1**	**1**		
兴宾区	7	7			1	1		
忻城县	1		1					
象州县								
武宣县	2	1	2	54.17				
金秀瑶族自治县								
合山市								
崇左市	**1**	**1**						
江州区								
扶绥县								
宁明县	1	1						
龙州县								
大新县								
天等县	1	1						
凭祥市								

8-1a 各地区分性别、孩次的出生人口 (2014.11.1-2015.10.31)(城市)

单位：人

地 区	出生人数				第一孩			
	合计	男	女	性别比(女=100)	合计	男	女	性别比(女=100)
全 区	**1487**	**821**	**666**	**123.18**	**831**	**435**	**396**	**109.79**
南宁市	393	216	177	121.66	248	132	116	113.46
柳州市	186	99	87	113.64	127	64	63	101.28
桂林市	158	92	66	138.25	87	48	39	124.08
梧州市	120	71	49	145.00	64	35	29	120.99
北海市	86	46	40	114.11	56	27	28	95.62
防城港市	40	22	18	125.36	15	7	7	102.89
钦州市	48	25	22	113.64	17	8	10	78.90
贵港市	172	94	78	121.78	89	46	43	108.20
玉林市	109	57	52	110.63	48	24	24	102.22
百色市	28	15	14	108.44	11	7	4	187.21
贺州市	33	19	14	129.45	17	9	8	116.99
河池市	41	24	17	143.46	17	9	7	129.71
来宾市	50	31	19	162.57	23	13	10	123.95
崇左市	22	9	13	73.14	13	5	8	59.79

8-1a 续表 1

单位：人

地 区	第二孩				第三孩			
	合计	男	女	性别比(女=100)	合计	男	女	性别比(女=100)
全 区	**545**	**312**	**233**	**134.13**	**92**	**59**	**33**	**176.19**
南宁市	135	75	60	124.18	10	9	1	931.40
柳州市	53	32	22	146.14	5	2	2	95.72
桂林市	65	37	27	136.69	6	6		
梧州市	43	27	15	179.77	12	8	4	193.95
北海市	27	17	10	172.20	2	1	2	39.82
防城港市	18	10	8	130.80	6	4	2	154.48
钦州市	17	11	6	170.23	11	6	5	115.50
贵港市	65	42	24	176.81	15	6	9	62.66
玉林市	47	23	24	97.84	10	6	5	123.61
百色市	17	7	10	69.69	1	1		
贺州市	14	7	7	108.70	2	2		
河池市	21	11	10	118.61	3	3		
来宾市	14	7	7	112.66	8	6	2	271.12
崇左市	9	5	4	116.55	1		1	

8-1a 续表 2

单位：人

地 区	第四孩				第五孩及以上			
	合计	男	女	性别比(女=100)	合计	男	女	性别比(女=100)
全 区	**16**	**12**	**3**	**365.39**	**4**	**3**	**1**	**324.19**
南宁市								
柳州市	1	1						
桂林市								
梧州市					2	1	1	102.61
北海市	1	1						
防城港市					1	1		
钦州市	2	1	1	79.51				
贵港市	3	1	2	33.13				
玉林市	4	4						
百色市								
贺州市	1	1						
河池市								
来宾市	4	4			1	1		
崇左市								

8-1b 各地区分性别、孩次的出生人口 (2014.11.1-2015.10.31)(镇)

单位：人

地 区	出生人数				第一孩			
	合计	男	女	性别比(女=100)	合计	男	女	性别比(女=100)
全 区	**1634**	**885**	**749**	**118.11**	**697**	**371**	**326**	**113.91**
南宁市	173	86	86	99.70	94	43	50	86.38
柳州市	126	56	70	79.52	51	22	29	78.07
桂林市	182	98	84	116.13	86	51	36	141.68
梧州市	95	58	37	157.18	46	29	18	161.63
北海市	69	36	33	110.38	27	12	15	81.40
防城港市	35	18	17	107.40	13	6	7	85.95
钦州市	118	61	57	106.40	37	15	22	69.57
贵港市	142	86	55	156.19	61	41	20	210.78
玉林市	224	119	106	112.77	72	36	36	99.69
百色市	99	52	47	110.04	44	23	21	113.98
贺州市	98	53	45	116.32	46	23	23	99.43
河池市	115	64	51	125.11	49	25	24	103.11
来宾市	80	44	35	126.49	31	17	14	126.49
崇左市	79	54	25	212.21	40	27	13	211.62

8-1b 续表 1

单位：人

地　区	第二孩				第三孩			
	合计	男	女	性别比（女=100）	合计	男	女	性别比（女=100）
全　区	**725**	**390**	**336**	**116.21**	**172**	**100**	**71**	**140.36**
南宁市	67	34	33	103.84	12	9	3	265.16
柳州市	71	31	40	76.78	3	2	1	218.93
桂林市	91	45	46	97.83	5	2	2	85.55
梧州市	34	24	11	224.63	9	3	5	61.95
北海市	32	16	16	99.89	10	7	2	354.76
防城港市	15	8	7	118.55	5	2	2	108.33
钦州市	54	30	24	128.71	21	11	11	97.85
贵港市	51	28	23	121.19	25	16	9	175.35
玉林市	97	59	38	152.80	43	18	25	73.72
百色市	49	23	27	84.52	5	5		
贺州市	35	18	17	103.83	15	10	4	252.34
河池市	53	30	23	130.78	11	7	4	183.40
来宾市	40	21	19	112.37	7	5	2	226.31
崇左市	37	24	13	189.27	2	2		

8-1b 续表 2

单位：人

地　区	第四孩				第五孩及以上			
	合计	男	女	性别比（女=100）	合计	男	女	性别比（女=100）
全　区	**28**	**17**	**10**	**170.45**	**13**	**6**	**6**	**99.86**
南宁市								
柳州市								
桂林市								
梧州市	6	2	3	69.24				
北海市	1	1						
防城港市	2	1	1	230.95				
钦州市	4	4	1	490.37	1	1		
贵港市	3	1	1	121.59	3		3	
玉林市	6	4	2	149.42	6	2	4	62.56
百色市					2	2		
贺州市	2	1	1	55.60	1	1		
河池市	2	2						
来宾市	2	1	1	151.89				
崇左市	1	1						

8-1c 各地区分性别、孩次的出生人口 (2014.11.1-2015.10.31)(乡村)

单位：人

地 区	出生人数				第一孩			
	合计	男	女	性别比(女=100)	合计	男	女	性别比(女=100)
全 区	**3596**	**1960**	**1636**	**119.81**	**1470**	**807**	**662**	**121.85**
南宁市	398	216	182	118.74	170	88	83	106.36
柳州市	183	108	74	145.74	86	52	34	154.66
桂林市	406	214	192	111.47	183	106	77	138.07
梧州市	230	113	116	97.30	85	43	42	103.94
北海市	118	66	52	126.48	52	26	26	99.09
防城港市	84	46	38	120.00	25	14	11	131.77
钦州市	306	172	135	127.42	106	62	44	138.73
贵港市	282	168	114	146.63	114	64	50	126.93
玉林市	430	249	181	137.74	138	82	56	145.28
百色市	270	136	135	100.90	101	62	38	162.38
贺州市	208	115	92	125.02	92	47	45	103.31
河池市	354	176	179	98.15	153	77	76	101.16
来宾市	175	95	80	118.91	101	53	48	111.41
崇左市	151	86	65	132.38	63	31	32	96.82

8-1c 续表 1

单位：人

地 区	第二孩				第三孩			
	合计	男	女	性别比(女=100)	合计	男	女	性别比(女=100)
全 区	**1513**	**790**	**724**	**109.12**	**460**	**264**	**196**	**134.73**
南宁市	190	104	86	121.06	31	19	11	169.70
柳州市	84	49	35	140.69	8	5	4	129.60
桂林市	190	89	102	87.39	29	15	13	114.50
梧州市	91	42	49	84.82	37	19	18	109.08
北海市	46	32	14	224.99	15	5	9	53.90
防城港市	36	21	15	137.56	16	7	9	80.93
钦州市	113	62	51	123.53	63	34	29	117.24
贵港市	99	57	42	136.10	51	34	18	190.70
玉林市	144	71	72	98.94	109	67	42	158.88
百色市	150	60	90	67.13	16	11	6	186.12
贺州市	75	43	32	131.57	32	19	13	145.90
河池市	154	76	77	99.14	36	18	19	94.51
来宾市	60	32	27	118.35	11	7	3	215.30
崇左市	81	50	31	162.87	6	4	2	200.14

8-1c 续表 2

单位：人

地 区	第四孩				第五孩及以上			
	合计	男	女	性别比（女=100）	合计	男	女	性别比（女=100）
全 区	**112**	**74**	**38**	**193.13**	**41**	**26**	**16**	**162.28**
南宁市	6	4	2	180.25	1	1		
柳州市	3	2	1	219.78	1		1	
桂林市	4	4						
梧州市	9	5	4	145.33	8	4	4	87.92
北海市	4	2	2	88.30	1	1		
防城港市	4	3	2	153.12	3	1	2	66.66
钦州市	19	12	7	187.30	5	1	4	27.45
贵港市	15	10	5	215.68	3	3		
玉林市	27	20	8	258.66	12	9	3	362.49
百色市	2	2			1		1	
贺州市	5	5	1	652.42	3	2	1	292.80
河池市	9	2	6	33.64	3	3	1	314.55
来宾市	4	3	2	145.16				
崇左市	1	1						

8-2 全区育龄妇女分年龄、孩次的生育状况
(2014.11.1-2015.10.31)

单位：人、‰

年 龄	平均育龄妇女人数	出生人数	生育率	第一孩		第二孩		第三孩及以上	
				出生数	生育率	出生数	生育率	出生数	生育率
总 计	**149805**	**6726**	**44.90**	**3000**	**20.03**	**2787**	**18.60**	**939**	**6.27**
15-19	**16091**	**324**	**20.16**	**262**	**16.28**	**57**	**3.56**	**5**	**0.31**
15	3181	9	2.95	8	2.48	1	0.46		
16	3029	31	10.36	29	9.55	2	0.80		
17	3011	68	22.56	58	19.29	9	3.09	1	0.18
18	3053	88	28.92	71	23.10	17	5.64	1	0.18
19	3818	127	33.37	97	25.30	27	7.03	4	1.04
20-24	**20012**	**1407**	**70.30**	**887**	**44.31**	**434**	**21.70**	**86**	**4.29**
20	4410	184	41.66	138	31.31	36	8.25	9	2.10
21	4122	238	57.86	166	40.18	60	14.45	13	3.24
22	3831	283	73.90	185	48.20	84	21.87	15	3.82
23	3589	294	82.00	173	48.29	106	29.53	15	4.18
24	4060	407	100.29	225	55.45	148	36.57	34	8.28
25-29	**25215**	**2538**	**100.67**	**1185**	**46.98**	**1064**	**42.21**	**290**	**11.48**
25	4731	521	110.15	285	60.19	190	40.12	47	9.84
26	4833	520	107.53	264	54.60	207	42.86	49	10.07
27	5082	505	99.44	236	46.35	214	42.07	56	11.02
28	5277	500	94.84	214	40.49	221	41.91	66	12.43
29	5291	492	92.93	187	35.28	232	43.91	73	13.74
30-34	**23455**	**1543**	**65.79**	**454**	**19.36**	**777**	**33.14**	**312**	**13.29**
30	5189	425	81.90	143	27.48	215	41.43	67	12.99
31	4717	332	70.42	107	22.65	165	34.90	61	12.87
32	4551	286	62.82	87	19.01	138	30.22	62	13.60
33	4555	264	57.97	67	14.61	134	29.51	63	13.85
34	4442	236	53.12	52	11.62	126	28.30	59	13.19
35-39	**21160**	**653**	**30.87**	**149**	**7.03**	**333**	**15.76**	**171**	**8.08**
35	4488	197	43.97	42	9.47	100	22.19	55	12.31
36	4362	161	36.98	36	8.24	81	18.47	45	10.28
37	3964	126	31.75	33	8.30	64	16.19	29	7.26
38	3974	95	24.00	23	5.89	49	12.28	23	5.84
39	4372	73	16.78	14	3.23	40	9.24	19	4.30
40-44	**21924**	**167**	**7.64**	**35**	**1.61**	**82**	**3.75**	**50**	**2.27**
40	4540	56	12.36	10	2.12	32	7.12	14	3.12
41	4431	44	9.96	8	1.77	24	5.36	13	2.83
42	4308	26	5.98	6	1.35	12	2.70	8	1.93
43	4300	19	4.36	6	1.30	6	1.40	7	1.66
44	4345	23	5.21	6	1.49	8	1.96	8	1.76
45-49	**21948**	**92**	**4.21**	**28**	**1.29**	**38**	**1.74**	**26**	**1.18**
45	4421	23	5.15	6	1.43	11	2.48	5	1.24
46	4566	18	3.96	4	0.84	10	2.21	4	0.91
47	4264	16	3.77	5	1.21	6	1.47	5	1.09
48	4187	16	3.70	6	1.44	4	1.01	5	1.25
49	4510	20	4.43	7	1.52	7	1.49	6	1.42

8-2a 全区育龄妇女分年龄、孩次的生育状况
(2014.11.1-2015.10.31)(城市)

单位：人、‰

年 龄	平均育龄妇女人数	出生人数	生育率	第一孩		第二孩		第三孩及以上	
				出生数	生育率	出生数	生育率	出生数	生育率
总 计	**38901**	**1492**	**38.36**	**834**	**21.43**	**546**	**14.05**	**112**	**2.89**
15-19	**3639**	**19**	**5.25**	**16**	**4.35**	**3**	**0.82**		**0.08**
15	400		0.64				0.64		
16	531	1	2.70	1	2.70				
17	653	2	3.77	2	3.25		0.52		
18	786	5	6.15	4	5.39	1	0.76		
19	1270	10	7.98	8	6.34	2	1.41		0.23
20-24	**6225**	**189**	**30.38**	**141**	**22.62**	**44**	**7.02**	**5**	**0.74**
20	1599	17	10.34	13	8.08	3	1.75	1	0.51
21	1434	29	19.98	23	15.74	6	3.87	1	0.37
22	1180	40	33.49	31	25.99	9	7.50		
23	952	42	44.03	31	33.02	10	11.01		
24	1059	62	59.01	43	40.79	16	15.15	3	3.08
25-29	**7015**	**611**	**87.15**	**381**	**54.25**	**198**	**28.20**	**33**	**4.70**
25	1276	94	73.94	63	49.66	25	19.97	5	4.30
26	1338	117	87.79	76	56.84	35	26.25	6	4.70
27	1425	135	94.94	82	57.55	47	33.23	6	4.16
28	1511	141	93.08	85	56.19	48	31.97	7	4.93
29	1465	124	84.37	74	50.68	42	28.35	8	5.34
30-34	**6326**	**395**	**62.42**	**187**	**29.62**	**175**	**27.67**	**32**	**5.13**
30	1362	101	73.99	54	39.87	43	31.60	3	2.52
31	1239	87	70.02	44	35.62	39	31.24	4	3.16
32	1239	75	60.84	40	32.26	28	22.27	8	6.31
33	1279	67	52.71	30	23.15	28	22.08	10	7.48
34	1207	65	53.48	19	16.04	37	31.02	8	6.42
35-39	**5630**	**192**	**34.18**	**76**	**13.45**	**88**	**15.65**	**29**	**5.07**
35	1207	56	46.72	18	14.94	33	27.11	6	4.68
36	1171	46	39.60	16	14.07	22	19.13	7	6.40
37	1048	38	36.50	17	16.36	14	13.37	7	6.77
38	1065	29	26.96	15	14.17	9	8.57	4	4.22
39	1139	23	19.94	9	7.91	10	8.68	4	3.36
40-44	**5314**	**56**	**10.55**	**18**	**3.31**	**29**	**5.43**	**10**	**1.81**
40	1131	19	16.87	5	4.80	10	9.16	3	2.92
41	1106	15	13.23	4	3.38	8	7.67	2	2.18
42	1036	8	7.74	3	2.68	4	4.18	1	0.89
43	1008	7	6.45	2	2.14	3	2.85	1	1.46
44	1032	8	7.58	3	3.38	3	2.71	2	1.49
45-49	**4751**	**29**	**6.17**	**16**	**3.29**	**10**	**2.09**	**4**	**0.79**
45	1032	8	7.67	4	4.24	3	2.88	1	0.55
46	1017	6	6.20	3	2.97	3	2.89		0.34
47	918	4	4.07	2	2.22	1	1.47		0.38
48	867	3	3.52	2	2.32		0.40	1	0.80
49	917	8	9.08	4	4.57	2	2.54	2	1.98

8-2b 全区育龄妇女分年龄、孩次的生育状况 (2014.11.1-2015.10.31)(镇)

单位：人、‰

年 龄	平均育龄妇女人数	出生人数	生育率	第一孩		第二孩		第三孩及以上	
				出生数	生育率	出生数	生育率	出生数	生育率
总 计	**39884**	**1637**	**41.05**	**699**	**17.52**	**726**	**18.20**	**212**	**5.33**
15-19	**3424**	**32**	**9.32**	**27**	**7.98**	**3**	**1.02**	**1**	**0.33**
15	746	1	1.37	1	1.37				
16	607	3	5.60	3	5.60				
17	509	7	13.35	7	12.82		0.53		
18	569	8	14.51	7	12.73	1	1.78		
19	992	12	12.54	9	9.20	2	2.21	1	1.12
20-24	**5442**	**338**	**62.17**	**219**	**40.19**	**103**	**18.85**	**17**	**3.13**
20	1341	30	22.38	23	16.89	6	4.11	2	1.38
21	1181	58	49.18	38	31.76	18	15.54	2	1.88
22	969	73	75.00	47	47.98	23	23.50	3	3.51
23	899	70	77.61	45	50.16	22	24.02	3	3.43
24	1052	108	102.47	67	63.65	34	32.68	6	6.14
25-29	**7086**	**646**	**91.18**	**318**	**44.86**	**263**	**37.12**	**65**	**9.20**
25	1312	138	104.93	86	65.60	43	32.53	9	6.81
26	1363	130	95.55	73	53.90	48	34.94	9	6.70
27	1428	130	91.19	63	44.15	55	38.73	12	8.30
28	1508	128	84.55	53	35.27	58	38.57	16	10.71
29	1474	120	81.69	42	28.56	59	40.16	19	12.97
30-34	**6150**	**388**	**63.03**	**98**	**15.91**	**219**	**35.59**	**71**	**11.53**
30	1370	103	75.10	33	24.08	54	39.26	16	11.76
31	1232	87	70.39	24	19.67	49	39.51	14	11.21
32	1193	75	62.90	16	13.47	44	36.53	15	12.90
33	1175	65	55.25	14	11.90	37	31.28	14	12.07
34	1180	58	49.21	11	8.95	36	30.56	11	9.70
35-39	**5924**	**174**	**29.36**	**26**	**4.33**	**111**	**18.80**	**37**	**6.22**
35	1240	48	38.48	6	5.13	29	23.41	12	9.94
36	1241	42	33.62	8	6.42	25	20.12	9	7.07
37	1129	36	32.30	8	6.88	23	20.77	5	4.66
38	1093	27	24.41	2	2.20	19	17.36	5	4.86
39	1222	21	17.48	1	0.95	15	12.27	5	4.26
40-44	**5934**	**45**	**7.58**	**7**	**1.23**	**20**	**3.29**	**18**	**3.06**
40	1279	18	13.80	2	1.60	9	7.27	6	4.93
41	1199	13	10.50	1	1.19	5	4.37	6	4.93
42	1149	7	6.20	1	0.83	3	2.25	4	3.12
43	1145	4	3.57	1	1.25	1	1.24	1	1.08
44	1162	4	3.03	1	1.22	1	0.83	1	0.98
45-49	**5924**	**14**	**2.39**	**4**	**0.68**	**7**	**1.19**	**3**	**0.51**
45	1187	5	3.80	1	0.80	2	1.66	2	1.35
46	1246	3	2.04			2	1.40	1	0.65
47	1154	2	1.63	1	0.65	1	0.98		
48	1112	2	1.82	1	0.68	1	1.15		
49	1225	3	2.59	2	1.30	1	0.77	1	0.52

8-2c 全区育龄妇女分年龄、孩次的生育状况(2014.11.1-2015.10.31)(乡村)

单位：人、‰

年 龄	平均育龄妇女人数	出生人数	生育率	第一孩		第二孩		第三孩及以上	
				出生数	生育率	出生数	生育率	出生数	生育率
总 计	**71020**	**3596**	**50.64**	**1468**	**20.67**	**1515**	**21.33**	**614**	**8.65**
15-19	**9028**	**273**	**30.27**	**219**	**24.24**	**51**	**5.62**	**4**	**0.40**
15	2034	8	3.98	7	3.38	1	0.60		
16	1891	27	14.03	24	12.74	2	1.29		
17	1849	59	31.73	49	26.74	9	4.70	1	0.29
18	1698	75	44.27	59	34.77	16	9.18	1	0.32
19	1555	105	67.38	79	51.05	23	14.68	3	1.66
20-24	**8345**	**879**	**105.38**	**527**	**63.18**	**288**	**34.49**	**64**	**7.70**
20	1470	137	93.33	103	69.75	28	19.09	7	4.50
21	1506	152	100.75	105	70.04	36	23.67	11	7.04
22	1682	171	101.62	107	63.92	52	31.02	11	6.68
23	1738	183	105.07	97	55.68	74	42.53	12	6.86
24	1949	237	121.55	115	58.98	98	50.31	24	12.26
25-29	**11114**	**1281**	**115.25**	**486**	**43.74**	**603**	**54.30**	**191**	**17.22**
25	2143	289	134.90	135	63.14	122	56.76	32	15.00
26	2132	272	127.57	114	53.63	124	58.34	33	15.60
27	2229	240	107.61	91	40.61	111	49.86	38	17.14
28	2258	232	102.88	76	33.48	115	50.80	42	18.60
29	2352	248	105.30	70	29.91	132	55.95	46	19.44
30-34	**10978**	**761**	**69.28**	**169**	**15.39**	**383**	**34.92**	**208**	**18.97**
30	2457	221	90.09	55	22.51	118	48.09	48	19.49
31	2246	159	70.66	38	17.13	77	34.39	43	19.14
32	2120	136	63.94	30	14.39	66	31.31	39	18.25
33	2102	132	62.68	23	10.93	69	33.04	39	18.72
34	2054	113	55.15	22	10.56	52	25.40	39	19.19
35-39	**9605**	**287**	**29.87**	**47**	**4.94**	**134**	**13.95**	**105**	**10.98**
35	2042	93	45.68	18	8.87	38	18.54	37	18.27
36	1950	73	37.56	12	5.90	33	17.02	29	14.64
37	1787	51	28.61	8	4.47	27	14.96	16	9.18
38	1815	40	22.01	6	3.25	21	11.39	13	7.37
39	2011	29	14.55	4	1.98	15	7.71	10	4.87
40-44	**10677**	**66**	**6.22**	**11**	**0.99**	**34**	**3.17**	**22**	**2.06**
40	2129	19	9.10	2	1.01	13	5.95	5	2.14
41	2126	17	7.96	3	1.26	10	4.72	4	1.98
42	2123	11	5.00	2	0.99	5	2.22	4	1.79
43	2147	8	3.81	2	0.94	2	0.80	4	2.06
44	2151	11	5.24	2	0.73	5	2.20	5	2.31
45-49	**11273**	**49**	**4.34**	**9**	**0.76**	**21**	**1.89**	**19**	**1.69**
45	2202	10	4.70	1	0.46	6	2.74	3	1.50
46	2303	9	4.00	1	0.36	5	2.35	3	1.29
47	2192	10	4.76	2	1.08	4	1.73	4	1.95
48	2208	10	4.72	3	1.47	3	1.19	5	2.06
49	2368	8	3.58	1	0.45	3	1.45	4	1.68

8-3 各地区按活产子女数分的15-50岁妇女人数

单位：人

地 区	合 计	活产0个	活产1个	活产2个	活产3个	活产4个	活产5个及以上	妇女平均活产子女数
全 区	**153488**	**50373**	**40610**	**44401**	**13464**	**3556**	**1084**	**1.23**
南宁市	**24283**	**8736**	**8014**	**6240**	**1085**	**174**	**34**	**1.01**
兴宁区	1542	592	625	284	36	4		0.85
青秀区	4177	2344	1337	417	69	10		0.58
江南区	2116	707	739	585	75	8	3	1.03
西乡塘区	4577	1750	1833	903	84	7		0.86
良庆区	1361	341	514	398	90	17	1	1.21
邕宁区	835	256	218	245	78	31	7	1.32
武鸣县	1680	451	734	422	68	3	1	1.07
隆安县	814	197	251	315	48	2		1.27
马山县	1102	343	237	411	95	14	1	1.28
上林县	1047	327	362	303	47	8		1.09
宾阳县	2375	779	452	876	215	41	13	1.30
横县	2657	649	713	1079	179	29	8	1.34
柳州市	**13034**	**3925**	**5058**	**3466**	**483**	**87**	**15**	**1.06**
城中区	1058	684	290	76	5	1		0.44
鱼峰区	1590	443	720	356	61	11		1.04
柳南区	1747	410	923	330	65	16	4	1.07
柳北区	1565	452	858	237	17	1		0.89
柳江县	2012	727	662	533	73	16	1	1.00
柳城县	1079	206	367	448	51	5	1	1.34
鹿寨县	994	246	374	337	36	1		1.17
融安县	857	216	306	281	49	4	1	1.21
融水苗族自治县	1244	364	352	477	40	9	2	1.18
三江侗族自治县	888	177	205	392	85	22	6	1.54
桂林市	**18320**	**7590**	**5624**	**4641**	**423**	**36**	**6**	**0.89**
秀峰区	624	254	262	105	3			0.77
叠彩区	554	171	294	79	10			0.87
象山区	984	297	484	192	11			0.92
七星区	2407	1744	451	201	10	1		0.37
雁山区	1504	1368	52	75	8	1		0.15
临桂区	1416	398	401	532	77	7		1.22
阳朔县	859	212	329	299	16	3		1.15
灵川县	2057	1294	449	296	18			0.53
全州县	1694	387	482	720	95	8	2	1.33
兴安县	994	241	452	287	13	1		1.07
永福县	664	171	207	248	35	3		1.24
灌阳县	690	173	185	308	24		1	1.27
龙胜各族自治县	403	44	190	167	2			1.32
资源县	464	87	163	189	21	4		1.33
平乐县	1171	288	420	399	56	5	3	1.21
荔浦县	1092	303	514	268	5	3		0.98
恭城瑶族自治县	741	159	289	275	17	1		1.21

8-3 续表 1

单位：人

地 区	合 计	活产0个	活产1个	活产2个	活产3个	活产4个	活产5个及以上	妇女平均活产子女数
梧州市	**8922**	**3100**	**1845**	**2159**	**1221**	**425**	**173**	**1.39**
万秀区	954	290	449	186	26	3	1	0.96
长洲区	666	198	248	179	32	6	3	1.11
龙圩区	776	275	138	175	110	52	26	1.49
苍梧县	891	329	107	222	144	58	31	1.54
藤县	2542	882	391	627	435	150	56	1.51
蒙山县	591	174	156	215	42	4		1.23
岑溪市	2502	952	355	555	433	151	57	1.46
北海市	**5831**	**2062**	**1462**	**1616**	**545**	**118**	**28**	**1.19**
海城区	1764	735	548	387	75	17	2	0.92
银海区	666	245	190	181	40	10	1	1.07
铁山港区	447	120	86	168	57	13	2	1.47
合浦县	2954	962	639	879	374	78	23	1.33
防城港市	**2823**	**777**	**656**	**1006**	**333**	**40**	**11**	**1.37**
港口区	597	204	180	163	45	3	1	1.10
防城区	1063	259	214	400	158	24	8	1.53
上思县	664	198	153	227	76	9	2	1.32
东兴市	500	116	109	216	54	4		1.44
钦州市	**9086**	**2934**	**1410**	**2424**	**1549**	**569**	**200**	**1.56**
钦南区	1810	526	410	540	260	65	10	1.42
钦北区	1782	559	264	481	332	109	37	1.59
灵山县	3490	1254	412	791	598	303	132	1.62
浦北县	2003	595	324	612	359	93	21	1.55
贵港市	**13181**	**4462**	**2150**	**3890**	**1970**	**567**	**143**	**1.43**
港北区	1951	584	530	545	215	60	18	1.33
港南区	1973	623	300	765	243	39	4	1.38
覃塘区	1261	350	229	417	192	55	17	1.54
平南县	3299	1192	440	950	536	156	25	1.42
桂平市	4697	1713	651	1214	783	256	80	1.46
玉林市	**16815**	**5035**	**2975**	**4972**	**2747**	**849**	**237**	**1.53**
玉州区	2509	761	833	739	155	18	3	1.14
福绵区	1097	316	165	405	170	36	5	1.51
容县	1856	516	351	657	242	71	18	1.49
陆川县	2245	755	307	526	455	166	36	1.59
博白县	4040	1238	526	937	871	349	120	1.73
兴业县	1694	524	274	683	195	16	2	1.36
北流市	3375	926	519	1025	658	193	54	1.65

8-3 续表 2

单位：人

地 区	合 计	活产0个	活产1个	活产2个	活产3个	活产4个	活产5个及以上	妇女平均活产子女数
百色市	**11408**	**3019**	**3711**	**3888**	**665**	**99**	**26**	**1.23**
右江区	1285	324	580	346	29	6		1.08
田阳县	909	153	435	305	16	1		1.21
田东县	1147	259	475	367	43	3		1.18
平果县	1567	436	467	539	106	15	3	1.24
德保县	918	257	327	272	54	6	1	1.16
靖西县	1463	482	326	510	127	16	2	1.23
那坡县	509	136	200	165	8			1.09
凌云县	648	206	107	239	76	13	7	1.39
乐业县	519	151	87	197	67	11	6	1.46
田林县	792	219	239	299	33	2	1	1.19
西林县	494	118	118	221	30	6	2	1.38
隆林各族自治县	1156	278	351	428	77	19	4	1.32
贺州市	**5961**	**1796**	**1162**	**1937**	**797**	**208**	**61**	**1.44**
八步区	1893	526	438	618	214	75	20	1.44
平桂管理区	1282	431	208	390	194	45	14	1.42
昭平县	960	281	205	297	133	35	8	1.44
钟山县	1058	372	165	310	151	44	15	1.41
富川瑶族自治县	767	184	146	321	105	8	3	1.50
河池市	**10712**	**3002**	**2821**	**3835**	**768**	**197**	**89**	**1.31**
金城江区	1105	315	408	354	24	3	1	1.09
南丹县	887	235	211	317	99	17	7	1.40
天峨县	488	102	110	201	62	9	4	1.55
凤山县	526	142	111	197	61	11	3	1.42
东兰县	988	543	159	226	50	8	1	0.81
罗城仫佬族自治县	923	220	274	383	42	4		1.28
环江毛南族自治县	786	161	248	329	40	7	1	1.35
巴马瑶族自治县	681	155	167	287	56	12	4	1.44
都安瑶族自治县	1462	414	282	485	170	73	37	1.53
大化瑶族自治县	1170	315	312	393	94	31	25	1.39
宜州市	1696	400	539	661	69	21	6	1.29
来宾市	**6340**	**1486**	**1747**	**2293**	**607**	**151**	**56**	**1.43**
兴宾区	2673	620	584	935	374	112	46	1.59
忻城县	909	213	295	361	35	4		1.25
象州县	903	224	305	323	49	2		1.22
武宣县	1066	234	242	427	125	29	10	1.53
金秀瑶族自治县	423	111	159	141	11	2		1.13
合山市	365	83	162	105	13	2		1.15
崇左市	**6771**	**2447**	**1975**	**2035**	**271**	**38**	**5**	**1.04**
江州区	2052	1343	362	318	29			0.53
扶绥县	1058	247	321	431	52	6	2	1.30
宁明县	888	185	233	353	95	21	1	1.48
龙州县	712	193	309	198	10	1		1.04
大新县	818	158	351	294	15	1		1.21
天等县	845	229	223	330	55	7	2	1.28
凭祥市	398	92	176	112	15	2		1.14

8-4 全区按年龄和活产子女数分的15-50岁妇女人数

单位：人

年 龄	合 计	活产0个	活产1个	活产2个	活产3个	活产4个	活产5个及以上
总 计	**153488**	**50373**	**40610**	**44401**	**13464**	**3556**	**1084**
15-19	**15510**	**15028**	**385**	**83**	**7**	**5**	**1**
15	3369	3362	6	2			
16	2980	2949	26	5			
17	3065	2992	63	8	1		
18	2949	2793	121	27	2	5	
19	3147	2932	169	42	4		1
20-24	**19880**	**15820**	**2838**	**1046**	**153**	**20**	**3**
20	4480	4071	329	66	12	2	
21	4334	3807	402	107	19		
22	3900	3124	559	184	27	5	2
23	3753	2696	735	281	33	7	
24	3414	2122	813	409	61	7	1
25-29	**24895**	**10487**	**8109**	**5157**	**942**	**170**	**30**
25	4697	2666	1255	634	114	26	3
26	4761	2338	1431	844	123	15	10
27	4896	2045	1651	993	178	24	5
28	5253	1852	1826	1267	253	50	6
29	5288	1586	1947	1419	273	56	7
30-34	**23813**	**4365**	**8499**	**8339**	**2081**	**410**	**119**
30	5287	1261	1941	1645	342	76	22
31	5085	1063	1824	1693	415	68	22
32	4342	763	1568	1551	366	70	24
33	4748	715	1697	1773	467	70	26
34	4350	562	1469	1677	491	126	25
35-39	**21182**	**2020**	**7076**	**8720**	**2511**	**685**	**171**
35	4528	549	1467	1835	537	110	30
36	4443	477	1480	1797	509	151	31
37	4270	398	1488	1694	513	143	33
38	3645	296	1228	1534	425	132	30
39	4296	301	1413	1860	527	149	47
40-44	**21860**	**1330**	**6699**	**9458**	**3145**	**928**	**300**
40	4438	336	1432	1859	593	169	49
41	4625	284	1499	1982	624	186	50
42	4225	252	1301	1822	627	152	70
43	4372	238	1271	1923	642	234	64
44	4199	220	1196	1872	657	187	67
45-49	**21953**	**1104**	**5947**	**9724**	**3731**	**1093**	**354**
45	4466	232	1335	1918	692	215	74
46	4356	236	1222	1944	706	191	56
47	4763	234	1305	2107	790	240	87
48	3753	182	958	1665	706	184	59
49	4614	220	1127	2090	836	263	78
50	**4394**	**219**	**1057**	**1873**	**895**	**245**	**105**

8-5 各地区按存活子女数分的15-50岁妇女人数

单位：人

地 区	合 计	存活0个	存活1个	存活2个	存活3个	存活4个	存活5个及以上	妇女平均存活子女数
全 区	**153488**	**50782**	**40665**	**44201**	**13304**	**3501**	**1035**	**1.23**
南宁市	**24283**	**8797**	**8012**	**6203**	**1073**	**171**	**27**	**1.01**
兴宁区	1542	598	627	277	36	4		0.85
青秀区	4177	2348	1340	410	69	10		0.58
江南区	2116	713	738	584	70	8	3	1.02
西乡塘区	4577	1763	1834	893	80	7		0.85
良庆区	1361	345	512	398	91	15	1	1.21
邕宁区	835	268	212	241	79	30	5	1.29
武鸣县	1680	453	734	423	67	3		1.07
隆安县	814	198	256	311	48	2		1.26
马山县	1102	347	235	411	94	13	1	1.27
上林县	1047	332	361	301	46	8		1.08
宾阳县	2375	784	447	878	213	42	12	1.29
横县	2657	649	716	1078	179	29	6	1.34
柳州市	**13034**	**3955**	**5068**	**3434**	**478**	**86**	**15**	**1.06**
城中区	1058	684	292	75	5	1		0.44
鱼峰区	1590	448	717	352	62	10		1.04
柳南区	1747	412	924	326	65	16	4	1.06
柳北区	1565	453	861	234	16	1		0.88
柳江县	2012	736	664	522	73	16	1	0.99
柳城县	1079	207	370	447	49	5	1	1.33
鹿寨县	994	250	376	331	36	1		1.16
融安县	857	217	306	281	48	4	1	1.21
融水苗族自治县	1244	367	351	477	38	9	2	1.18
三江侗族自治县	888	180	207	388	84	22	6	1.53
桂林市	**18320**	**7644**	**5628**	**4599**	**407**	**38**	**4**	**0.89**
秀峰区	624	256	262	103	3			0.77
叠彩区	554	172	293	79	10			0.87
象山区	984	299	483	191	11			0.91
七星区	2407	1745	451	201	9	1		0.37
雁山区	1504	1368	52	75	8	1		0.15
临桂区	1416	406	400	527	76	7		1.21
阳朔县	859	215	330	295	16	3		1.14
灵川县	2057	1298	452	292	15			0.53
全州县	1694	398	486	707	93	11		1.31
兴安县	994	248	446	289	10	1		1.06
永福县	664	172	207	247	35	3		1.23
灌阳县	690	176	184	307	23		1	1.26
龙胜各族自治县	403	45	196	160	2			1.30
资源县	464	87	165	191	18	4		1.32
平乐县	1171	292	418	397	56	5	3	1.21
荔浦县	1092	306	515	263	5	3		0.98
恭城瑶族自治县	741	159	290	274	16	1		1.20

8-5 续表 1 单位：人

地 区	合 计	存活0个	存活1个	存活2个	存活3个	存活4个	存活5个及以上	妇女平均存活子女数
梧州市	**8922**	**3122**	**1841**	**2158**	**1209**	**423**	**169**	**1.38**
万秀区	954	290	451	185	25	3	1	0.95
长洲区	666	200	249	177	31	6	3	1.11
龙圩区	776	276	136	175	110	52	26	1.49
苍梧县	891	333	104	223	144	57	30	1.53
藤县	2542	887	392	627	430	150	54	1.50
蒙山县	591	179	154	213	41	4		1.21
岑溪市	2502	957	355	556	429	150	55	1.45
北海市	**5831**	**2072**	**1467**	**1609**	**546**	**113**	**25**	**1.18**
海城区	1764	740	547	385	75	15	1	0.91
银海区	666	246	190	180	40	10	1	1.07
铁山港区	447	121	85	168	57	12	2	1.47
合浦县	2954	965	644	876	374	75	20	1.33
防城港市	**2823**	**781**	**659**	**1008**	**326**	**39**	**10**	**1.37**
港口区	597	205	180	165	42	3	1	1.09
防城区	1063	260	214	401	156	24	7	1.52
上思县	664	199	154	225	76	8	2	1.31
东兴市	500	117	110	217	51	4		1.43
钦州市	**9086**	**2980**	**1406**	**2408**	**1536**	**560**	**195**	**1.55**
钦南区	1810	531	408	542	259	62	8	1.41
钦北区	1782	571	262	480	326	108	37	1.58
灵山县	3490	1277	411	779	594	299	130	1.60
浦北县	2003	602	326	607	356	92	21	1.54
贵港市	**13181**	**4489**	**2157**	**3877**	**1961**	**559**	**139**	**1.42**
港北区	1951	587	529	544	213	61	17	1.32
港南区	1973	628	300	762	240	39	4	1.38
覃塘区	1261	352	232	418	189	55	16	1.53
平南县	3299	1198	443	948	531	156	24	1.42
桂平市	4697	1725	653	1205	788	247	79	1.45
玉林市	**16815**	**5066**	**2984**	**4974**	**2725**	**835**	**230**	**1.52**
玉州区	2509	764	835	739	152	17	2	1.14
福绵区	1097	319	166	404	168	35	5	1.50
容县	1856	517	358	653	240	70	18	1.48
陆川县	2245	759	310	524	453	163	36	1.58
博白县	4040	1246	524	943	865	348	115	1.72
兴业县	1694	525	274	683	196	14	2	1.35
北流市	3375	936	518	1029	651	189	52	1.64

8-5 续表 2

单位：人

地 区	合 计	存活0个	存活1个	存活2个	存活3个	存活4个	存活5个及以上	妇女平均存活子女数
百色市	**11408**	**3033**	**3733**	**3879**	**643**	**96**	**25**	**1.22**
右江区	1285	325	581	345	27	6		1.07
田阳县	909	156	433	305	14	1		1.20
田东县	1147	260	478	363	43	3		1.17
平果县	1567	437	467	538	106	15	3	1.24
德保县	918	258	331	270	52	5	1	1.15
靖西县	1463	483	327	511	125	15	2	1.23
那坡县	509	136	200	165	8			1.09
凌云县	648	207	110	238	75	12	7	1.38
乐业县	519	152	87	198	65	12	5	1.45
田林县	792	220	240	298	32	2	1	1.19
西林县	494	120	120	220	27	6	2	1.36
隆林各族自治县	1156	279	360	427	68	19	3	1.30
贺州市	**5961**	**1816**	**1159**	**1929**	**790**	**207**	**60**	**1.43**
八步区	1893	528	441	617	212	75	19	1.43
平桂管理区	1282	435	205	392	192	45	14	1.41
昭平县	960	290	203	291	133	35	8	1.42
钟山县	1058	376	163	311	149	44	15	1.40
富川瑶族自治县	767	187	147	318	103	8	3	1.49
河池市	**10712**	**3029**	**2839**	**3820**	**755**	**192**	**78**	**1.30**
金城江区	1105	317	406	354	24	3	1	1.09
南丹县	887	243	210	315	97	16	6	1.38
天峨县	488	103	113	198	63	8	3	1.53
凤山县	526	147	110	196	60	12	2	1.40
东兰县	988	543	160	227	49	8	1	0.81
罗城仫佬族自治县	923	222	279	380	38	4		1.27
环江毛南族自治县	786	163	248	326	42	6	1	1.34
巴马瑶族自治县	681	155	168	288	55	12	4	1.43
都安瑶族自治县	1462	417	290	487	166	70	31	1.50
大化瑶族自治县	1170	315	312	393	95	31	24	1.39
宜州市	1696	404	543	657	67	21	5	1.28
来宾市	**6340**	**1512**	**1756**	**2280**	**592**	**147**	**53**	**1.41**
兴宾区	2673	635	586	933	364	111	44	1.57
忻城县	909	216	297	356	35	4		1.25
象州县	903	225	308	322	47	2		1.22
武宣县	1066	237	245	423	124	28	9	1.52
金秀瑶族自治县	423	113	159	139	10	2		1.12
合山市	365	85	161	106	12	1		1.13
崇左市	**6771**	**2486**	**1957**	**2024**	**264**	**36**	**5**	**1.03**
江州区	2052	1343	364	315	29			0.53
扶绥县	1058	255	317	429	50	6	2	1.28
宁明县	888	187	235	350	94	21	1	1.47
龙州县	712	217	288	197	10			1.00
大新县	818	159	352	292	15	1		1.20
天等县	845	232	224	329	52	7	2	1.27
凭祥市	398	94	177	111	14	1		1.13

8-6 全区按年龄和存活子女数分的15-50岁妇女人数

单位：人

年　龄	合计	存活0个	存活1个	存活2个	存活3个	存活4个	存活5个及以上
总　计	**153488**	**50782**	**40665**	**44201**	**13304**	**3501**	**1035**
15-19	**15510**	**15030**	**387**	**79**	**7**	**5**	**1**
15	3369	3362	6	2			
16	2980	2949	27	4			
17	3065	2992	63	8	1		
18	2949	2794	123	25	2	5	
19	3147	2933	169	40	4		1
20-24	**19880**	**15843**	**2832**	**1034**	**148**	**19**	**3**
20	4480	4072	330	64	12	2	
21	4334	3810	401	106	17		
22	3900	3127	561	180	25	5	2
23	3753	2704	731	278	33	6	
24	3414	2130	810	406	60	7	1
25-29	**24895**	**10553**	**8083**	**5143**	**924**	**166**	**27**
25	4697	2673	1251	638	110	23	3
26	4761	2348	1427	840	122	15	8
27	4896	2055	1649	989	174	24	5
28	5253	1873	1820	1259	249	48	5
29	5288	1604	1936	1417	269	56	6
30-34	**23813**	**4435**	**8519**	**8294**	**2049**	**402**	**114**
30	5287	1273	1945	1636	336	74	22
31	5085	1077	1828	1685	410	65	20
32	4342	773	1572	1547	357	71	23
33	4748	736	1707	1753	458	69	26
34	4350	575	1468	1672	489	123	23
35-39	**21182**	**2107**	**7085**	**8675**	**2474**	**680**	**162**
35	4528	565	1473	1822	528	110	29
36	4443	494	1483	1783	504	153	27
37	4270	416	1491	1684	506	141	31
38	3645	312	1227	1533	417	127	29
39	4296	320	1410	1852	520	149	45
40-44	**21860**	**1389**	**6721**	**9433**	**3120**	**912**	**285**
40	4438	345	1438	1855	584	168	47
41	4625	300	1506	1970	621	182	45
42	4225	264	1306	1814	624	148	69
43	4372	250	1272	1928	638	227	58
44	4199	231	1198	1866	653	186	66
45-49	**21953**	**1191**	**5979**	**9665**	**3696**	**1079**	**342**
45	4466	250	1339	1910	687	208	73
46	4356	255	1229	1929	704	184	56
47	4763	250	1313	2099	779	239	84
48	3753	195	968	1653	699	182	56
49	4614	241	1130	2074	829	266	74
50	**4394**	**233**	**1058**	**1878**	**885**	**238**	**102**

8-7 全区按年龄分的15-50岁妇女平均活产子女数和平均存活子女数

单位：人

年 龄	活产子女总数			存活子女总数			存活子女数占活产子女数的百分比	妇女平均活产子女数	妇女平均存活子女数
	合计	男	女	合计	男	女			
总 计	**189932**	**104571**	**85361**	**188579**	**103894**	**84685**	**99.29**	**1.24**	**1.23**
15-19	**601**	**333**	**268**	**594**	**330**	**265**	**98.90**	**0.04**	**0.04**
15	9	2	7	9	2	7	100.00		
16	36	17	19	35	16	19	97.59	0.01	0.01
17	82	52	30	82	52	30	100.00	0.03	0.03
18	204	106	98	201	103	97	98.23	0.07	0.07
19	270	157	113	268	157	111	99.21	0.09	0.09
20-24	**5486**	**2891**	**2595**	**5439**	**2871**	**2568**	**99.13**	**0.28**	**0.27**
20	505	260	244	502	258	243	99.42	0.11	0.11
21	673	365	308	666	362	304	99.00	0.16	0.15
22	1036	527	509	1026	523	503	99.00	0.27	0.26
23	1424	793	631	1410	788	622	99.03	0.38	0.38
24	1849	946	903	1835	939	896	99.26	0.54	0.54
25-29	**22093**	**11938**	**10155**	**21944**	**11863**	**10082**	**99.33**	**0.89**	**0.88**
25	2986	1601	1384	2964	1594	1370	99.29	0.64	0.63
26	3596	1955	1642	3575	1945	1630	99.41	0.76	0.75
27	4297	2243	2054	4275	2231	2043	99.48	0.88	0.87
28	5353	2879	2474	5302	2852	2450	99.04	1.02	1.01
29	5861	3259	2602	5828	3239	2589	99.45	1.11	1.10
30-34	**33695**	**18227**	**15468**	**33465**	**18104**	**15360**	**99.32**	**1.41**	**1.41**
30	6677	3644	3033	6638	3624	3014	99.41	1.26	1.26
31	6852	3644	3209	6801	3614	3187	99.24	1.35	1.34
32	6174	3333	2841	6135	3315	2820	99.37	1.42	1.41
33	7057	3823	3234	6995	3788	3208	99.13	1.49	1.47
34	6934	3783	3151	6895	3764	3131	99.44	1.59	1.58
35-39	**35723**	**19525**	**16198**	**35457**	**19389**	**16068**	**99.26**	**1.69**	**1.67**
35	7351	3953	3398	7298	3923	3375	99.28	1.62	1.61
36	7370	3985	3386	7319	3961	3358	99.30	1.66	1.65
37	7161	3967	3193	7107	3941	3166	99.24	1.68	1.66
38	6271	3401	2870	6218	3374	2844	99.15	1.72	1.71
39	7570	4218	3352	7516	4191	3325	99.28	1.76	1.75
40-44	**40434**	**22348**	**18086**	**40158**	**22235**	**17923**	**99.32**	**1.85**	**1.84**
40	7870	4364	3506	7830	4344	3487	99.50	1.77	1.76
41	8371	4666	3705	8280	4645	3635	98.92	1.81	1.79
42	7813	4317	3496	7770	4295	3475	99.44	1.85	1.84
43	8347	4531	3816	8279	4499	3779	99.19	1.91	1.89
44	8033	4470	3563	7999	4451	3547	99.57	1.91	1.90
45-49	**42859**	**24131**	**18728**	**42547**	**23957**	**18590**	**99.27**	**1.95**	**1.94**
45	8505	4735	3770	8440	4703	3737	99.24	1.90	1.89
46	8294	4709	3585	8229	4678	3551	99.21	1.90	1.89
47	9327	5201	4127	9264	5159	4105	99.32	1.96	1.94
48	7458	4224	3234	7399	4193	3205	99.21	1.99	1.97
49	9275	5263	4012	9215	5224	3992	99.36	2.01	2.00
50	**9040**	**5177**	**3863**	**8975**	**5146**	**3829**	**99.27**	**2.06**	**2.04**

8-8 全区按年龄、夫妇为独生子女情况和存活子女数分的15-50岁妇女人数

单位：人

年 龄	合 计							双 独	
	合 计	存活0个	存活1个	存活2个	存活3个	存活4个	存活5个及以上	小 计	存活0个
总 计	**109064**	**9480**	**39001**	**43176**	**12987**	**3417**	**1003**	**984**	**227**
15-19	**635**	**157**	**387**	**79**	**7**	**5**	**1**	**5**	**3**
15	15	8	6	2					
16	45	15	27	4				1	1
17	86	14	63	8	1				
18	201	47	122	25	2	5		1	
19	287	73	169	40	4		1	3	2
20-24	**5016**	**1005**	**2808**	**1032**	**148**	**19**	**3**	**43**	**14**
20	500	94	329	63	12	2		1	1
21	655	132	399	106	17			5	1
22	961	196	553	180	25	5	2	7	2
23	1327	287	724	277	33	6		15	5
24	1573	297	803	405	60	7	1	15	5
25-29	**16992**	**2817**	**7948**	**5117**	**917**	**166**	**27**	**236**	**89**
25	2467	465	1234	632	110	23	3	34	12
26	2929	535	1412	838	122	15	8	36	12
27	3412	607	1619	984	173	24	5	54	29
28	3976	642	1783	1250	248	48	5	50	16
29	4208	569	1901	1413	264	56	6	62	20
30-34	**21154**	**2100**	**8288**	**8210**	**2041**	**401**	**114**	**355**	**89**
30	4495	534	1907	1624	334	74	22	68	22
31	4405	466	1775	1670	409	65	20	84	21
32	3878	376	1530	1525	353	71	23	53	13
33	4321	372	1654	1744	456	69	26	94	15
34	4054	352	1421	1647	488	122	23	57	18
35-39	**19847**	**1253**	**6763**	**8561**	**2443**	**668**	**159**	**133**	**19**
35	4218	328	1430	1802	522	108	29	43	4
36	4141	275	1427	1760	502	150	27	23	4
37	4015	249	1429	1664	503	139	31	23	5
38	3427	201	1148	1512	410	126	29	21	3
39	4047	200	1330	1823	506	145	43	23	3
40-44	**20759**	**1019**	**6356**	**9175**	**3047**	**889**	**272**	**104**	**7**
40	4219	253	1368	1813	574	165	47	20	2
41	4391	213	1423	1923	608	180	44	25	1
42	4020	196	1240	1767	609	143	66	20	1
43	4142	175	1198	1868	623	226	53	15	
44	3987	182	1127	1804	633	177	63	23	3
45-49	**20611**	**957**	**5493**	**9248**	**3543**	**1041**	**330**	**93**	**3**
45	4219	190	1252	1843	658	205	71	21	2
46	4093	206	1126	1844	685	179	54	17	
47	4472	199	1209	2007	746	229	83	22	1
48	3520	159	887	1578	669	176	52	15	1
49	4307	204	1019	1977	784	252	71	18	
50	**4050**	**172**	**958**	**1753**	**842**	**228**	**97**	**16**	**3**

8-8 续表 1

单位：人

年 龄	双独					单独			
	存活1个	存活2个	存活3个	存活4个	存活5个及以上	小 计	存活0个	存活1个	存活2个
总 计	**562**	**156**	**24**	**12**	**3**	**3360**	**567**	**2065**	**608**
15-19	**1**					**29**	**5**	**21**	**2**
15						1			1
16									
17						7	2	5	
18	1					12	3	10	
19	1					9	1	5	1
20-24	**26**	**3**				**261**	**67**	**162**	**29**
20	1					31	7	18	5
21	3	1				29	4	23	
22	4	1				49	11	34	5
23	9	1				63	17	37	8
24	9	1				90	28	50	11
25-29	**116**	**28**	**2**	**2**		**912**	**246**	**542**	**107**
25	18	3	2			130	39	70	18
26	19	5				162	48	91	21
27	20	5				179	42	115	19
28	26	6		2		199	68	109	21
29	33	9				242	49	158	27
30-34	**214**	**47**	**2**	**3**		**1019**	**148**	**653**	**191**
30	35	11				219	39	134	38
31	54	7	1			239	44	138	52
32	30	9		1		187	28	120	34
33	67	12				181	19	126	32
34	29	9	1	1		192	18	135	35
35-39	**73**	**30**	**10**	**1**		**555**	**53**	**354**	**128**
35	32	7	1			150	15	101	28
36	12	7				140	12	99	28
37	7	5	5	1		114	9	74	25
38	11	5	2			77	9	41	23
39	12	5	2			74	8	39	24
40-44	**63**	**26**	**5**	**3**		**329**	**29**	**200**	**77**
40	9	7		2		75	9	41	18
41	16	6	1	2		88	6	56	17
42	14	4	2			51	5	35	8
43	7	5	2			60	6	38	13
44	17	4				55	2	29	21
45-49	**59**	**19**	**6**	**3**	**2**	**219**	**17**	**117**	**64**
45	12	5	1	1		54	3	31	16
46	13	3			1	36	6	20	6
47	17	3	1			49	4	24	14
48	8	5	2			32	3	13	14
49	9	4	3	2	1	49	1	27	14
50	**9**	**3**			**1**	**36**	**2**	**19**	**10**

8-8 续表 2

单位：人

年 龄	单 独			均非独生子女						
	存活3个	存活4个	存活5个及以上	小 计	存活0个	存活1个	存活2个	存活3个	存活4个	存活5个及以上
总 计	**88**	**26**	**5**	**104720**	**8686**	**36373**	**42412**	**12874**	**3379**	**995**
15-19			**1**	**602**	**148**	**365**	**77**	**7**	**5**	
15				15	8	6	1			
16				44	13	26	4			
17				79	12	58	8	1		
18				189	45	112	25	2	5	
19			1	275	70	163	39	4		
20-24	**2**	**1**		**4712**	**925**	**2620**	**1000**	**146**	**18**	**3**
20				468	86	310	58	12	2	
21	1			621	126	373	105	17		
22				905	183	515	175	25	5	2
23	1			1249	265	678	269	32	6	
24		1		1469	264	744	394	60	6	1
25-29	**12**	**5**		**15844**	**2482**	**7290**	**4982**	**903**	**159**	**27**
25	1	1		2303	414	1146	611	107	22	3
26	1	1		2731	475	1302	812	121	14	8
27	3			3179	535	1483	961	171	24	5
28	1			3727	558	1648	1223	247	46	5
29	6	2		3904	500	1710	1376	258	53	6
30-34	**22**	**6**		**19779**	**1863**	**7421**	**7972**	**2017**	**393**	**114**
30	7	1		4209	473	1738	1575	328	72	22
31	5			4083	401	1583	1610	404	65	20
32	5	1		3638	335	1381	1483	349	68	23
33	2	2		4046	338	1462	1700	454	68	26
34	4	1		3805	316	1258	1604	484	120	23
35-39	**15**	**2**	**3**	**19160**	**1181**	**6337**	**8403**	**2418**	**665**	**156**
35	4		2	4025	309	1297	1767	517	108	27
36	1			3977	259	1316	1725	500	150	27
37	5			3879	235	1348	1634	493	138	31
38	1	2		3328	189	1096	1484	407	124	29
39	2		1	3951	190	1279	1793	502	145	42
40-44	**21**	**3**		**20326**	**984**	**6093**	**9072**	**3021**	**883**	**272**
40	6	1		4123	241	1318	1787	568	162	47
41	6	2		4278	206	1351	1900	601	176	44
42	2			3949	190	1191	1756	605	143	66
43	2			4068	169	1152	1850	618	226	53
44	3			3908	177	1080	1780	630	177	63
45-49	**14**	**8**		**20298**	**936**	**5317**	**9165**	**3523**	**1029**	**328**
45	3	1		4144	185	1210	1822	653	203	71
46	1	2		4040	200	1092	1835	684	177	53
47	5	2		4401	194	1167	1989	741	227	83
48	1	1		3472	155	865	1559	667	175	52
49	4	3		4240	203	983	1960	777	247	70
50	**3**	**1**		**3999**	**167**	**930**	**1740**	**838**	**227**	**96**

9 老年人口

9-1 各地区分性别、身体健康状况的60岁及以上老年人口

单位：人

地　区	合　计			健　康		
	合计	男	女	小计	男	女
全　区	**85835**	**40337**	**45497**	**28142**	**14899**	**13243**
南宁市	**12152**	**5725**	**6426**	**4908**	**2557**	**2352**
兴宁区	700	346	354	259	145	114
青秀区	1114	523	591	477	242	235
江南区	864	417	447	478	246	231
西乡塘区	1867	917	950	982	502	480
良庆区	499	234	265	161	81	80
邕宁区	505	235	270	169	83	87
武鸣县	1309	631	678	439	241	198
隆安县	657	297	360	190	103	87
马山县	803	351	452	268	150	118
上林县	776	358	417	232	132	101
宾阳县	1370	615	755	595	307	288
横县	1688	801	886	658	325	333
柳州市	**7056**	**3332**	**3724**	**2756**	**1448**	**1308**
城中区	216	98	118	136	67	68
鱼峰区	774	371	403	356	181	175
柳南区	808	386	422	415	213	203
柳北区	819	397	422	348	187	162
柳江县	912	440	472	254	135	119
柳城县	798	380	418	310	166	144
鹿寨县	682	300	383	258	125	134
融安县	691	334	358	275	146	129
融水苗族自治县	804	373	431	232	132	99
三江侗族自治县	551	255	297	173	96	76
桂林市	**10705**	**5023**	**5682**	**3981**	**2074**	**1907**
秀峰区	282	133	149	198	98	100
叠彩区	434	199	235	190	94	97
象山区	550	261	288	225	113	112
七星区	479	218	261	220	107	114
雁山区	131	57	73	74	37	37
临桂区	958	446	512	195	115	80
阳朔县	624	285	339	211	100	112
灵川县	765	338	427	282	138	144
全州县	1581	736	845	515	275	240
兴安县	839	397	442	288	157	131
永福县	567	273	293	266	144	122
灌阳县	490	252	238	117	67	49
龙胜各族自治县	438	210	228	206	106	100
资源县	325	157	167	108	56	53
平乐县	859	411	448	368	197	171
荔浦县	801	368	433	284	152	132
恭城瑶族自治县	581	279	302	233	119	114

9-1 续表 1 单位：人

地 区	基本健康			不健康，但生活能自理			生活不能自理		
	小计	男	女	小计	男	女	小计	男	女
全 区	**41882**	**18940**	**22942**	**13851**	**5684**	**8167**	**1959**	**814**	**1144**
南宁市	**5406**	**2440**	**2966**	**1635**	**640**	**995**	**202**	**88**	**114**
兴宁区	391	181	210	41	16	25	9	4	5
青秀区	474	211	263	152	65	86	11	5	6
江南区	296	137	159	85	30	55	4	3	2
西乡塘区	748	355	393	94	41	52	44	19	25
良庆区	275	124	151	52	23	29	12	6	6
邕宁区	252	122	130	72	24	48	11	6	5
武鸣县	632	291	341	223	95	128	15	4	11
隆安县	328	152	176	131	40	90	9	2	7
马山县	385	156	230	137	40	97	12	6	7
上林县	388	169	219	143	53	90	13	5	8
宾阳县	617	252	365	135	49	86	24	8	17
横县	621	292	329	371	163	208	38	22	16
柳州市	**3298**	**1504**	**1794**	**870**	**329**	**541**	**131**	**51**	**81**
城中区	64	26	39	12	4	8	4	1	4
鱼峰区	380	176	204	29	12	17	9	2	7
柳南区	322	149	174	59	21	38	12	3	9
柳北区	394	174	221	64	31	33	12	6	7
柳江县	490	239	250	154	59	94	15	6	9
柳城县	391	173	217	89	35	53	8	5	3
鹿寨县	274	124	150	130	43	87	20	8	12
融安县	340	154	186	65	28	37	11	6	6
融水苗族自治县	381	176	205	164	54	110	27	10	17
三江侗族自治县	263	114	148	104	40	64	12	4	8
桂林市	**4987**	**2215**	**2772**	**1481**	**643**	**838**	**256**	**91**	**165**
秀峰区	68	29	38	13	5	8	4	1	3
叠彩区	205	89	117	27	13	15	12	5	7
象山区	273	131	143	41	15	25	10	2	8
七星区	217	94	123	36	14	22	6	4	2
雁山区	36	14	23	14	6	8	6	1	6
临桂区	558	245	313	179	74	105	25	11	14
阳朔县	364	160	204	44	24	20	6	1	4
灵川县	378	165	213	94	34	60	11	1	10
全州县	774	325	449	254	116	139	37	20	17
兴安县	408	177	231	129	56	73	13	7	6
永福县	178	81	97	110	46	63	13	2	11
灌阳县	205	102	103	152	72	80	17	11	7
龙胜各族自治县	171	79	92	46	22	24	15	3	12
资源县	155	74	81	50	23	27	11	4	7
平乐县	371	166	205	92	43	50	27	5	22
荔浦县	352	149	203	143	58	85	23	10	13
恭城瑶族自治县	273	135	138	57	21	35	18	3	15

9-1 续表 2

单位：人

地 区	合 计			健 康		
	合计	男	女	小计	男	女
梧州市	**5145**	**2552**	**2593**	**1536**	**849**	**688**
万秀区	812	394	419	479	247	232
长洲区	323	153	170	89	48	41
龙圩区	476	246	230	147	78	70
苍梧县	585	285	300	191	106	85
藤县	1461	769	692	338	208	130
蒙山县	382	181	201	78	43	35
岑溪市	1105	524	582	214	119	95
北海市	**2664**	**1301**	**1362**	**994**	**540**	**454**
海城区	516	237	279	308	153	156
银海区	247	120	128	123	64	58
铁山港区	292	138	154	90	50	39
合浦县	1609	808	801	473	273	201
防城港市	**1365**	**686**	**679**	**505**	**287**	**218**
港口区	212	107	105	67	42	26
防城区	648	330	318	302	168	134
上思县	303	145	158	67	39	28
东兴市	202	104	98	68	39	30
钦州市	**5078**	**2550**	**2528**	**1550**	**874**	**676**
钦南区	836	434	402	289	164	124
钦北区	1105	544	561	288	156	133
灵山县	1739	839	900	568	318	250
浦北县	1398	732	665	406	236	169
贵港市	**7200**	**3471**	**3729**	**2256**	**1213**	**1043**
港北区	919	433	486	405	211	194
港南区	900	441	459	267	148	119
覃塘区	731	339	392	161	88	73
平南县	2241	1081	1160	758	397	361
桂平市	2410	1177	1232	664	370	295
玉林市	**9204**	**4566**	**4637**	**2563**	**1419**	**1144**
玉州区	1237	591	646	410	219	191
福绵区	681	350	331	187	114	73
容县	1237	614	623	186	105	81
陆川县	1204	614	591	156	79	77
博白县	2067	1041	1026	776	432	343
兴业县	1013	467	547	235	138	97
北流市	1765	891	874	613	332	281

9-1 续表 3

单位：人

地　　区	基本健康			不健康，但生活能自理			生活不能自理		
	小计	男	女	小计	男	女	小计	男	女
梧州市	**2529**	**1221**	**1308**	**942**	**427**	**515**	**137**	**55**	**82**
万秀区	262	116	146	59	27	32	12	4	8
长洲区	186	89	98	42	14	28	6	3	3
龙圩区	228	123	104	91	41	49	10	3	6
苍梧县	293	137	157	85	37	48	17	6	11
藤县	785	392	393	302	151	152	36	19	17
蒙山县	194	91	103	95	41	54	15	6	9
岑溪市	582	275	307	268	117	151	42	13	29
北海市	**1187**	**555**	**632**	**438**	**187**	**250**	**46**	**19**	**26**
海城区	175	72	103	27	9	19	6	3	3
银海区	92	42	50	28	11	16	5	2	3
铁山港区	115	55	60	81	29	51	6	3	3
合浦县	805	386	418	302	138	164	29	11	18
防城港市	**634**	**298**	**336**	**197**	**84**	**113**	**29**	**17**	**12**
港口区	117	53	63	25	11	14	3	1	2
防城区	268	125	144	59	26	33	19	12	7
上思县	146	69	77	85	35	51	5	2	2
东兴市	103	50	53	28	13	15	3	2	
钦州市	**2607**	**1245**	**1362**	**808**	**373**	**435**	**112**	**58**	**55**
钦南区	395	199	196	135	59	76	18	12	5
钦北区	573	270	304	219	107	112	24	11	13
灵山县	850	372	477	274	128	146	48	21	27
浦北县	789	404	385	180	78	102	23	13	9
贵港市	**3834**	**1791**	**2043**	**958**	**397**	**561**	**152**	**70**	**83**
港北区	433	191	242	65	25	40	15	6	10
港南区	438	208	230	172	76	96	22	8	14
覃塘区	440	203	237	116	42	74	14	6	8
平南县	1189	534	655	249	130	119	45	20	25
桂平市	1334	654	680	356	124	232	56	30	26
玉林市	**4921**	**2362**	**2559**	**1544**	**696**	**848**	**176**	**89**	**87**
玉州区	670	311	359	134	45	89	23	16	7
福绵区	360	176	184	121	55	66	12	4	8
容县	798	406	392	226	94	132	27	10	17
陆川县	761	400	361	252	116	137	35	19	17
博白县	950	438	513	320	162	158	21	10	11
兴业县	504	217	287	247	101	146	27	11	17
北流市	878	415	463	243	123	120	31	21	11

9-1 续表 4

单位：人

地　区	合　计			健　康		
	合计	男	女	小计	男	女
百色市	**6615**	**2841**	**3774**	**1403**	**729**	**674**
右江区	699	314	385	258	134	124
田阳县	751	308	443	101	55	46
田东县	774	329	446	212	108	104
平果县	719	301	418	187	97	89
德保县	717	317	400	172	91	81
靖西县	1150	519	631	200	109	91
那坡县	258	103	154	25	11	14
凌云县	293	123	170	34	16	18
乐业县	204	92	112	13	6	7
田林县	358	147	210	63	31	31
西林县	162	67	95	21	12	9
隆林各族自治县	530	220	309	116	57	59
贺州市	**3563**	**1669**	**1894**	**1154**	**609**	**545**
八步区	1149	528	621	490	252	239
平桂管理区	643	300	343	127	69	59
昭平县	660	311	349	123	71	53
钟山县	614	289	325	203	103	100
富川瑶族自治县	497	242	255	210	115	96
河池市	**6520**	**2756**	**3764**	**1812**	**893**	**919**
金城江区	598	272	326	288	147	141
南丹县	450	192	257	107	56	52
天峨县	258	97	162	26	16	10
凤山县	292	127	165	67	37	30
东兰县	472	203	269	179	80	99
罗城仫佬族自治县	675	306	369	114	57	57
环江毛南族自治县	607	253	353	127	67	60
巴马瑶族自治县	403	164	239	64	32	31
都安瑶族自治县	957	387	569	248	119	129
大化瑶族自治县	598	253	345	89	51	38
宜州市	1210	500	710	503	230	273
来宾市	**4385**	**2023**	**2362**	**1378**	**698**	**680**
兴宾区	1841	837	1004	652	319	333
忻城县	769	349	420	141	80	61
象州县	616	295	321	236	121	115
武宣县	652	300	352	146	71	75
金秀瑶族自治县	259	123	136	136	71	66
合山市	248	120	128	66	37	29
崇左市	**4186**	**1842**	**2343**	**1345**	**708**	**637**
江州区	601	261	339	205	117	89
扶绥县	739	342	397	246	127	119
宁明县	659	294	365	216	119	98
龙州县	431	182	249	119	62	57
大新县	814	351	463	247	124	123
天等县	788	342	446	257	133	124
凭祥市	153	70	83	54	26	28

9-1　续表 5　　　　单位：人

地　区	基本健康			不健康，但生活能自理			生活不能自理		
	小计	男	女	小计	男	女	小计	男	女
百色市	**3426**	**1438**	**1988**	**1601**	**592**	**1009**	**185**	**83**	**103**
右江区	337	140	198	93	37	56	11	4	7
田阳县	471	188	284	158	52	106	21	13	7
田东县	364	141	223	178	69	109	20	11	10
平果县	334	121	213	167	64	103	31	18	13
德保县	406	183	223	119	36	83	20	7	13
靖西县	504	243	261	423	159	264	23	7	16
那坡县	183	79	104	44	11	33	5	1	4
凌云县	194	77	117	55	24	31	9	6	3
乐业县	89	42	47	92	40	52	11	4	7
田林县	221	86	135	65	28	37	8	2	6
西林县	82	34	48	54	19	35	5	2	3
隆林各族自治县	240	104	137	153	52	100	20	7	13
贺州市	**1780**	**791**	**989**	**564**	**245**	**319**	**64**	**23**	**41**
八步区	449	183	266	179	85	94	31	8	22
平桂管理区	430	194	235	78	34	45	7	3	4
昭平县	406	186	220	120	51	68	12	4	8
钟山县	301	139	162	104	43	61	6	4	2
富川瑶族自治县	194	89	105	83	33	51	8	5	3
河池市	**3156**	**1315**	**1841**	**1325**	**466**	**859**	**226**	**82**	**144**
金城江区	249	104	144	47	17	30	15	4	10
南丹县	238	103	136	94	32	62	11	2	8
天峨县	180	61	120	43	16	27	8	4	5
凤山县	147	64	83	63	21	42	16	5	10
东兰县	192	80	112	79	33	47	21	10	11
罗城仫佬族自治县	424	187	237	127	56	70	11	6	5
环江毛南族自治县	286	124	162	172	56	115	22	6	16
巴马瑶族自治县	270	106	164	63	23	40	6	2	3
都安瑶族自治县	415	167	248	252	86	166	42	16	26
大化瑶族自治县	299	134	165	191	60	131	19	8	11
宜州市	457	186	271	195	67	129	55	17	38
来宾市	**2124**	**948**	**1176**	**746**	**323**	**424**	**137**	**55**	**82**
兴宾区	833	357	476	309	140	169	47	21	26
忻城县	422	187	234	172	69	104	33	12	21
象州县	268	126	142	98	42	56	13	6	8
武宣县	381	176	205	96	43	53	29	10	19
金秀瑶族自治县	87	41	46	29	9	20	6	2	4
合山市	132	60	72	42	20	22	9	3	5
崇左市	**1993**	**818**	**1175**	**743**	**282**	**461**	**104**	**34**	**70**
江州区	278	110	168	105	31	73	12	3	9
扶绥县	380	171	209	94	37	58	19	8	11
宁明县	324	132	192	107	39	68	12	4	8
龙州县	194	78	116	103	38	65	15	4	11
大新县	360	147	213	183	72	111	24	7	16
天等县	379	147	232	136	58	78	17	4	13
凭祥市	78	34	44	16	7	8	6	3	2

9-1a 各地区分性别、身体健康状况的60岁及以上老年人口(城市)

单位：人

地　区	合　计			健　康		
	合计	男	女	小计	男	女
全　区	**15234**	**7279**	**7955**	**7623**	**3890**	**3733**
南宁市	3845	1885	1960	2095	1072	1023
柳州市	2507	1202	1305	1171	609	562
桂林市	1784	830	954	831	413	418
梧州市	1412	675	737	706	357	349
北海市	626	292	334	380	191	189
防城港市	321	154	167	187	94	92
钦州市	359	171	188	201	98	103
贵港市	1012	485	527	493	260	233
玉林市	1399	692	707	522	278	243
百色市	389	182	208	182	98	84
贺州市	434	200	234	209	103	106
河池市	561	253	309	312	155	157
来宾市	384	172	212	215	104	111
崇左市	200	87	112	120	57	63

9-1a　续表

单位：人

地　区	基本健康			不健康，但生活能自理			生活不能自理		
	小计	男	女	小计	男	女	小计	男	女
全　区	**6268**	**2822**	**3446**	**1116**	**463**	**652**	**227**	**104**	**123**
南宁市	1465	687	778	242	106	136	43	20	23
柳州市	1144	514	630	159	68	91	33	11	22
桂林市	795	355	440	126	51	76	32	11	21
梧州市	516	240	276	158	66	91	32	11	21
北海市	203	83	120	36	13	23	7	5	3
防城港市	117	52	65	12	4	7	5	3	2
钦州市	128	60	67	28	11	17	3	2	1
贵港市	434	190	244	75	32	43	11	4	7
玉林市	698	329	369	149	63	86	30	21	8
百色市	180	74	106	25	8	17	3	2	2
贺州市	183	80	103	34	14	21	8	3	4
河池市	203	80	123	37	14	23	9	4	6
来宾市	134	52	82	29	12	16	7	4	3
崇左市	70	26	44	8	2	5	2	2	

9-1b 各地区分性别、身体健康状况的60岁及以上老年人口(镇)

单位：人

地 区	合 计			健 康		
	合计	男	女	小计	男	女
全 区	**19312**	**9163**	**10149**	**7333**	**3840**	**3493**
南宁市	2215	1020	1195	929	494	435
柳州市	1414	685	729	650	339	312
桂林市	2253	1039	1214	1088	527	561
梧州市	898	446	451	264	156	108
北海市	785	376	409	311	170	141
防城港市	339	169	169	132	77	55
钦州市	1231	614	618	466	261	206
贵港市	2048	1014	1033	733	385	347
玉林市	2662	1311	1351	761	415	347
百色市	1485	661	825	492	254	238
贺州市	908	425	484	278	146	132
河池市	1227	549	678	404	192	212
来宾市	966	446	520	373	192	180
崇左市	880	408	472	451	232	218

9-1b 续表

单位：人

地 区	基本健康			不健康，但生活能自理			生活不能自理		
	小计	男	女	小计	男	女	小计	男	女
全 区	**9165**	**4117**	**5048**	**2428**	**1033**	**1394**	**386**	**173**	**214**
南宁市	1007	415	592	247	97	150	32	15	17
柳州市	644	297	348	101	40	61	19	10	9
桂林市	893	390	503	222	103	119	51	20	31
梧州市	477	221	255	131	56	75	26	13	13
北海市	336	148	189	127	55	72	10	3	8
防城港市	159	72	87	40	17	24	6	3	3
钦州市	534	250	283	206	91	115	25	12	14
贵港市	1064	506	559	209	102	107	42	22	21
玉林市	1385	667	719	475	212	263	41	17	23
百色市	738	305	433	207	76	132	48	26	22
贺州市	518	228	290	96	42	54	16	9	8
河池市	601	273	329	191	74	117	30	11	19
来宾市	455	197	257	114	47	66	25	10	15
崇左市	353	150	204	62	22	40	14	3	11

9-1c 各地区分性别、身体健康状况的60岁及以上老年人口(乡村)

单位：人

地 区	合 计			健 康		
	合计	男	女	小计	男	女
全 区	**51289**	**23895**	**27394**	**13186**	**7169**	**6017**
南宁市	6092	2820	3272	1885	991	893
柳州市	3134	1444	1690	934	500	434
桂林市	6667	3153	3514	2062	1134	928
梧州市	2835	1431	1405	566	336	231
北海市	1253	634	619	303	179	124
防城港市	706	363	343	186	116	70
钦州市	3487	1765	1722	883	516	367
贵港市	4140	1972	2168	1031	568	463
玉林市	5143	2564	2579	1279	726	553
百色市	4740	1999	2741	729	376	353
贺州市	2221	1044	1177	667	359	307
河池市	4731	1954	2777	1096	545	550
来宾市	3035	1405	1630	790	402	388
崇左市	3106	1348	1758	774	419	355

9-1c 续表

单位：人

地 区	基本健康			不健康，但生活能自理			生活不能自理		
	小计	男	女	小计	男	女	小计	男	女
全 区	**26449**	**12000**	**14449**	**10308**	**4187**	**6121**	**1346**	**538**	**808**
南宁市	2934	1339	1595	1146	437	709	127	53	75
柳州市	1510	694	816	611	221	390	79	29	50
桂林市	3299	1470	1830	1133	489	644	173	60	113
梧州市	1537	760	777	654	305	349	79	31	48
北海市	647	324	324	275	119	156	28	12	16
防城港市	358	173	184	145	63	82	17	11	6
钦州市	1946	934	1012	574	271	303	84	44	40
贵港市	2336	1096	1240	674	263	411	99	44	55
玉林市	2838	1367	1471	920	421	499	106	51	55
百色市	2508	1059	1449	1369	508	860	134	55	79
贺州市	1079	483	597	434	190	244	40	11	29
河池市	2352	962	1390	1097	379	718	187	68	119
来宾市	1535	698	837	604	263	341	105	41	64
崇左市	1570	642	928	673	258	416	88	29	59

9-2 全区分年龄、性别、身体健康状况的60岁及以上老年人口

单位：人

年龄	合计			健康		
	合计	男	女	小计	男	女
总计	**85835**	**40337**	**45497**	**28142**	**14899**	**13243**
60-64	**27599**	**13735**	**13864**	**13465**	**7189**	**6275**
60	5854	2929	2924	3025	1634	1392
61	5971	2952	3019	3083	1617	1466
62	5619	2787	2832	2643	1409	1234
63	5640	2818	2822	2672	1423	1248
64	4515	2249	2267	2042	1106	936
65-69	**19795**	**9907**	**9888**	**7217**	**3938**	**3279**
65	4937	2405	2533	2053	1096	957
66	4794	2523	2272	1849	1054	795
67	3657	1821	1835	1279	679	600
68	3240	1656	1584	1083	607	476
69	3167	1503	1664	953	502	451
70-74	**14934**	**6951**	**7983**	**3723**	**1964**	**1759**
70	3207	1482	1725	905	463	442
71	3132	1512	1620	797	441	356
72	3024	1363	1661	737	385	352
73	2760	1281	1479	648	333	315
74	2811	1313	1499	637	342	295
75-79	**11343**	**5051**	**6292**	**2195**	**1075**	**1120**
75	2642	1202	1441	536	272	264
76	2172	986	1186	443	211	231
77	2351	1039	1313	459	222	237
78	2173	968	1205	404	213	191
79	2005	858	1147	352	156	196
80-84	**7320**	**3026**	**4294**	**1101**	**526**	**575**
80	1861	780	1082	273	120	153
81	1528	630	898	238	119	119
82	1494	670	824	231	135	96
83	1283	485	798	182	75	107
84	1153	462	691	177	76	101
85-89	**3368**	**1223**	**2145**	**342**	**165**	**177**
85	995	396	600	105	52	53
86	732	250	482	66	30	36
87	668	239	429	70	38	32
88	578	210	368	58	26	32
89	395	128	266	43	20	23
90-94	**1127**	**355**	**771**	**80**	**35**	**45**
90	357	115	242	29	13	15
91	250	86	164	18	9	9
92	211	58	153	14	6	8
93	159	58	101	13	7	6
94	150	39	111	6		6
95-99	**284**	**77**	**207**	**13**	**5**	**8**
95	115	31	84	7	4	3
96	65	19	46	3	1	2
97	42	12	30			
98	33	9	24	2		2
99	29	5	24			
100及以上	**66**	**11**	**54**	**8**	**1**	**7**

9-2 续表 单位：人

年龄	基本健康			不健康，但生活能自理			生活不能自理		
	小计	男	女	小计	男	女	小计	男	女
总计	**41882**	**18940**	**22942**	**13851**	**5684**	**8167**	**1959**	**814**	**1144**
60-64	**12105**	**5581**	**6524**	**1836**	**853**	**983**	**193**	**111**	**82**
60	2471	1129	1342	319	144	174	39	22	16
61	2497	1149	1348	352	163	188	39	22	16
62	2521	1159	1362	413	192	221	42	28	15
63	2519	1185	1334	411	191	220	38	18	20
64	2096	958	1138	341	163	178	36	21	15
65-69	**10133**	**4790**	**5343**	**2235**	**1056**	**1179**	**210**	**122**	**87**
65	2437	1094	1342	420	199	221	28	16	12
66	2362	1180	1182	528	254	275	55	35	20
67	1895	892	1002	438	223	215	45	27	18
68	1723	833	890	394	187	207	39	28	12
69	1717	790	927	455	194	261	42	16	26
70-74	**8140**	**3670**	**4470**	**2788**	**1169**	**1618**	**283**	**147**	**136**
70	1720	786	933	522	202	320	61	30	30
71	1712	784	928	562	263	299	61	24	37
72	1643	722	921	585	222	363	60	34	25
73	1526	687	839	531	231	301	54	30	25
74	1540	691	848	588	251	337	47	29	19
75-79	**6021**	**2696**	**3325**	**2783**	**1121**	**1662**	**344**	**159**	**185**
75	1480	683	797	558	212	346	68	34	34
76	1155	528	626	520	215	305	55	31	24
77	1241	533	707	574	251	324	77	32	45
78	1131	480	651	560	238	322	77	36	41
79	1015	472	544	571	205	366	67	25	41
80-84	**3466**	**1470**	**1995**	**2377**	**891**	**1486**	**377**	**139**	**238**
80	932	392	540	570	234	336	86	34	52
81	729	304	424	503	192	312	57	14	43
82	703	305	398	481	194	287	80	36	44
83	622	249	372	416	136	280	64	25	39
84	481	219	261	407	136	271	89	30	59
85-89	**1449**	**547**	**902**	**1261**	**424**	**837**	**316**	**88**	**229**
85	477	202	276	340	116	224	73	26	47
86	303	111	192	291	95	196	72	14	58
87	273	97	177	261	84	177	64	21	43
88	233	84	149	224	85	139	63	16	47
89	162	53	109	146	45	101	44	10	33
90-94	**435**	**146**	**289**	**454**	**139**	**315**	**157**	**35**	**122**
90	139	45	95	153	49	104	36	8	27
91	102	33	68	94	34	60	36	9	27
92	76	24	52	92	23	69	28	4	24
93	71	25	46	51	21	31	24	6	18
94	47	19	28	64	13	51	33	8	26
95-99	**116**	**35**	**81**	**98**	**24**	**74**	**57**	**13**	**45**
95	50	12	38	37	12	26	21	3	18
96	30	13	17	17	3	14	16	3	13
97	18	5	13	17	4	13	6	3	3
98	11	4	7	13	3	11	6	2	4
99	8	1	6	13	3	10	8	1	7
100及以上	**17**	**5**	**12**	**19**	**5**	**14**	**21**		**21**

9-2a 全区分年龄、性别、身体健康状况的60岁及以上老年人口(城市)

单位：人

年 龄	合 计			健 康		
	合计	男	女	小计	男	女
总 计	**15234**	**7279**	**7955**	**7623**	**3890**	**3733**
60-64	**5572**	**2789**	**2782**	**3550**	**1837**	**1713**
60	1224	609	615	796	414	382
61	1211	612	599	839	425	414
62	1169	563	606	721	361	360
63	1075	539	536	655	338	316
64	893	466	427	540	299	242
65-69	**3660**	**1824**	**1836**	**1968**	**1044**	**924**
65	985	479	506	554	282	272
66	871	450	422	493	278	215
67	677	335	342	354	183	171
68	576	289	287	299	159	140
69	551	271	280	268	141	126
70-74	**2257**	**1043**	**1213**	**999**	**484**	**515**
70	492	227	265	236	118	118
71	451	224	228	204	103	101
72	469	221	248	211	101	110
73	431	192	239	180	83	97
74	414	181	234	167	78	90
75-79	**1901**	**848**	**1053**	**657**	**311**	**346**
75	421	206	215	160	80	81
76	385	170	215	137	65	72
77	388	164	224	131	59	72
78	369	170	199	116	59	58
79	338	138	200	112	49	63
80-84	**1166**	**518**	**647**	**334**	**158**	**176**
80	294	118	176	77	29	47
81	234	98	136	81	39	42
82	244	126	118	67	39	29
83	219	91	128	58	27	31
84	175	85	89	51	25	27
85-89	**471**	**183**	**288**	**88**	**45**	**43**
85	151	76	75	29	18	11
86	101	41	60	20	12	8
87	91	28	63	14	7	7
88	76	21	55	15	3	12
89	52	17	34	10	6	5
90-94	**166**	**61**	**105**	**21**	**10**	**11**
90	50	24	26	8	4	3
91	36	12	25	3	2	
92	38	10	28	6	1	5
93	21	12	9	3	3	
94	21	4	17	2		2
95-99	**33**	**12**	**22**	**4**	**1**	**3**
95	14	6	8	1		1
96	8	3	5	1	1	
97	3	1	2			
98	5	1	4	1		1
99	3	1	3			
100及以上	**8**		**8**	**2**		**2**

9-2a 续表

单位：人

年 龄	基本健康			不健康，但生活能自理			生活不能自理		
	小计	男	女	小计	男	女	小计	男	女
总 计	**6268**	**2822**	**3446**	**1116**	**463**	**652**	**227**	**104**	**123**
60-64	**1832**	**866**	**966**	**162**	**71**	**92**	**28**	**16**	**11**
60	386	173	213	35	18	17	7	3	4
61	343	171	172	23	12	11	6	4	2
62	400	185	214	42	14	28	7	3	3
63	382	183	199	36	16	20	3	2	1
64	321	153	168	27	10	16	5	4	1
65-69	**1489**	**672**	**817**	**181**	**91**	**89**	**22**	**16**	**6**
65	393	175	217	35	19	16	4	3	1
66	322	146	176	52	23	29	4	2	2
67	277	127	150	41	21	19	5	4	1
68	243	111	132	27	13	14	7	6	1
69	254	113	141	26	16	11	3	1	2
70-74	**1055**	**466**	**589**	**167**	**75**	**93**	**36**	**20**	**17**
70	215	83	132	34	22	12	6	4	2
71	214	108	107	27	10	17	6	3	3
72	212	101	111	33	12	21	13	6	7
73	206	86	120	41	22	19	3		3
74	207	88	119	32	9	23	8	7	1
75-79	**983**	**436**	**547**	**217**	**84**	**133**	**44**	**18**	**27**
75	213	106	107	39	17	23	9	5	4
76	196	83	112	50	20	30	3	2	1
77	208	83	125	39	17	23	9	5	4
78	196	88	108	49	22	27	8	1	7
79	171	76	95	39	8	31	16	5	11
80-84	**573**	**253**	**320**	**222**	**91**	**130**	**37**	**16**	**21**
80	154	64	90	54	22	31	9	2	7
81	98	37	61	48	20	29	7	3	4
82	125	60	64	45	22	23	7	5	2
83	117	49	68	40	12	28	5	4	1
84	79	43	36	35	16	20	9	2	7
85-89	**239**	**94**	**144**	**108**	**31**	**77**	**36**	**12**	**24**
85	86	39	47	27	13	14	10	6	3
86	50	19	31	23	7	16	8	3	5
87	39	13	26	27	7	21	11	2	9
88	36	13	24	20	4	16	4	1	3
89	27	11	16	10	1	9	4		4
90-94	**81**	**29**	**52**	**44**	**16**	**28**	**20**	**6**	**14**
90	23	9	14	12	8	5	7	3	4
91	18	7	11	10	2	8	6	1	5
92	19	6	13	10	2	8	4	1	3
93	12	6	5	5	2	3	1		1
94	10	1	9	7	2	5	3	1	2
95-99	**15**	**6**	**9**	**13**	**4**	**8**	**2**		**2**
95	7	3	4	5	3	2	2		2
96	6	2	4	1		1			
97	1	1		2		2			
98	2		2	2	1	1			
99				3	1	2			
100及以上	**2**		**2**	**2**		**2**	**2**		**2**

9-2b 全区分年龄、性别、身体健康状况的60岁及以上老年人口(镇)

单位：人

年 龄	合 计			健 康		
	合计	男	女	小计	男	女
总 计	**19312**	**9163**	**10149**	**7333**	**3840**	**3493**
60-64	**6432**	**3155**	**3277**	**3373**	**1774**	**1599**
60	1391	681	710	772	403	370
61	1448	709	739	779	404	374
62	1301	639	662	662	358	304
63	1291	642	649	674	359	315
64	1000	484	516	486	251	236
65-69	**4520**	**2298**	**2222**	**1910**	**1031**	**879**
65	1147	578	569	538	290	248
66	1119	591	528	480	262	218
67	824	418	406	332	167	166
68	743	389	355	314	183	131
69	686	323	364	246	129	116
70-74	**3273**	**1566**	**1707**	**1008**	**542**	**467**
70	794	385	409	275	148	127
71	665	334	331	211	121	90
72	631	283	347	191	100	92
73	610	276	334	176	81	95
74	573	287	287	155	92	63
75-79	**2413**	**1098**	**1315**	**614**	**297**	**317**
75	584	268	316	153	81	72
76	449	203	246	122	56	66
77	508	237	271	134	69	65
78	479	225	254	108	53	55
79	394	165	228	97	39	58
80-84	**1593**	**669**	**925**	**297**	**138**	**159**
80	418	182	236	73	35	39
81	320	132	188	58	28	30
82	308	149	159	63	37	25
83	290	107	183	47	17	31
84	257	99	158	56	22	34
85-89	**735**	**266**	**469**	**99**	**47**	**52**
85	221	76	144	33	14	19
86	145	50	95	14	5	9
87	163	58	104	24	13	12
88	120	50	69	21	12	9
89	87	31	56	7	3	4
90-94	**268**	**88**	**179**	**21**	**6**	**15**
90	88	24	65	5	1	4
91	53	19	34	5	1	4
92	42	16	26	3	3	
93	46	16	29	5	1	4
94	39	13	25	2		2
95-99	**58**	**17**	**41**	**5**	**3**	**3**
95	25	9	16	3	3	
96	17	5	13	2		2
97	6	2	4			
98	7	2	5	1		1
99	3		3			
100及以上	**20**	**7**	**14**	**4**	**1**	**3**

9-2b 续表 单位：人

年龄	基本健康			不健康，但生活能自理			生活不能自理		
	小计	男	女	小计	男	女	小计	男	女
总计	**9165**	**4117**	**5048**	**2428**	**1033**	**1394**	**386**	**173**	**214**
60-64	**2654**	**1163**	**1492**	**370**	**197**	**173**	**35**	**21**	**14**
60	543	237	306	70	37	34	5	4	1
61	593	263	330	69	37	32	8	5	3
62	556	240	316	78	39	38	6	2	4
63	526	235	291	80	41	38	11	7	4
64	437	188	249	73	43	30	4	3	1
65-69	**2167**	**1048**	**1119**	**389**	**183**	**206**	**54**	**36**	**18**
65	520	249	271	78	33	45	10	5	5
66	535	275	261	89	41	48	15	13	2
67	404	200	204	76	43	33	12	8	3
68	354	164	190	67	35	32	8	6	2
69	353	160	193	79	30	48	9	3	6
70-74	**1737**	**802**	**935**	**477**	**198**	**278**	**51**	**23**	**27**
70	401	197	204	106	37	69	11	3	9
71	358	169	188	87	40	47	9	4	5
72	336	140	195	93	37	56	10	6	5
73	329	149	181	95	41	54	10	6	4
74	313	146	167	95	44	52	10	5	5
75-79	**1294**	**578**	**716**	**430**	**185**	**245**	**74**	**36**	**38**
75	325	143	182	95	38	58	10	6	4
76	244	110	133	72	31	41	12	6	6
77	265	124	142	87	37	50	22	8	14
78	264	118	146	93	47	45	14	6	7
79	196	83	113	83	33	51	17	10	7
80-84	**814**	**345**	**468**	**407**	**159**	**248**	**75**	**26**	**49**
80	232	99	134	102	45	57	11	4	6
81	167	73	94	82	26	56	13	5	8
82	149	64	85	84	41	43	12	6	6
83	151	59	91	74	27	47	18	4	14
84	115	50	64	65	20	45	22	7	15
85-89	**343**	**125**	**218**	**244**	**77**	**168**	**48**	**17**	**31**
85	123	45	78	53	14	39	12	4	8
86	72	24	48	51	19	32	8	2	6
87	61	25	36	66	16	50	12	5	7
88	53	22	31	37	14	23	8	3	5
89	34	9	25	38	15	23	8	4	4
90-94	**120**	**45**	**75**	**93**	**29**	**64**	**34**	**9**	**25**
90	38	13	25	34	8	26	11	2	10
91	29	10	19	12	6	6	6	1	4
92	17	8	10	18	6	12	4		4
93	23	7	16	11	5	6	7	3	4
94	13	7	6	18	4	14	6	3	3
95-99	**25**	**8**	**17**	**13**	**3**	**11**	**13**	**4**	**10**
95	9	3	7	6	1	4	7	2	5
96	8	3	4	3		3	5	1	4
97	3	1	2	2	1	1	1	1	
98	2	1	1	3	1	2	1		1
99	3		3						
100及以上	**10**	**3**	**7**	**4**	**2**	**2**	**2**		**2**

9-2c 全区分年龄、性别、身体健康状况的60岁及以上老年人口(乡村)

单位：人

年龄	合计			健康		
	合计	男	女	小计	男	女
总计	**51289**	**23895**	**27394**	**13186**	**7169**	**6017**
60-64	**15595**	**7791**	**7804**	**6541**	**3578**	**2963**
60	3239	1639	1599	1457	817	640
61	3312	1631	1681	1465	788	677
62	3148	1585	1564	1261	690	571
63	3274	1637	1637	1343	726	617
64	2622	1299	1323	1016	557	459
65-69	**11615**	**5785**	**5830**	**3338**	**1863**	**1475**
65	2805	1347	1458	961	523	438
66	2804	1482	1322	876	514	362
67	2156	1069	1087	592	329	263
68	1920	978	942	469	265	204
69	1930	909	1021	440	232	208
70-74	**9404**	**4342**	**5062**	**1715**	**938**	**777**
70	1921	870	1051	393	197	196
71	2016	955	1061	382	216	166
72	1925	859	1066	334	184	150
73	1718	813	905	291	169	123
74	1824	845	979	315	172	142
75-79	**7029**	**3105**	**3923**	**923**	**466**	**457**
75	1637	727	910	223	112	111
76	1338	613	725	183	90	93
77	1456	638	818	194	94	100
78	1325	573	752	179	102	78
79	1273	554	719	143	68	75
80-84	**4561**	**1839**	**2722**	**470**	**230**	**240**
80	1149	480	670	123	57	67
81	974	399	575	99	52	47
82	943	395	547	101	60	42
83	773	287	486	76	31	45
84	722	278	444	70	30	40
85-89	**2162**	**774**	**1388**	**154**	**73**	**81**
85	623	243	380	43	20	23
86	486	160	326	33	13	20
87	414	153	262	32	19	14
88	383	139	244	22	11	11
89	256	80	176	25	11	14
90-94	**693**	**206**	**487**	**38**	**19**	**19**
90	219	67	151	16	8	8
91	161	55	106	10	5	5
92	131	32	98	6	3	3
93	93	30	63	5	3	2
94	90	21	69	1		1
95-99	**193**	**48**	**145**	**4**	**2**	**2**
95	77	16	61	4	2	2
96	41	12	29			
97	33	9	23			
98	20	6	14			
99	23	5	18			
100及以上	**37**	**5**	**33**	**2**		**2**

9-2c 续表 单位：人

年 龄	基本健康			不健康，但生活能自理			生活不能自理		
	小计	男	女	小计	男	女	小计	男	女
总 计	**26449**	**12000**	**14449**	**10308**	**4187**	**6121**	**1346**	**538**	**808**
60-64	**7619**	**3553**	**4066**	**1304**	**585**	**718**	**131**	**74**	**57**
60	1542	719	823	214	89	124	26	15	12
61	1562	715	846	260	114	146	25	14	11
62	1566	734	832	293	138	154	29	22	7
63	1611	767	844	296	134	162	24	10	14
64	1338	617	721	242	110	132	27	14	12
65-69	**6477**	**3070**	**3407**	**1666**	**782**	**884**	**134**	**70**	**64**
65	1523	669	854	307	147	160	14	7	7
66	1504	759	745	387	189	198	36	20	17
67	1213	565	648	322	159	163	28	15	13
68	1126	558	568	300	139	161	25	16	9
69	1110	517	592	350	148	202	31	12	19
70-74	**5349**	**2403**	**2946**	**2143**	**896**	**1247**	**196**	**104**	**92**
70	1103	506	597	381	143	238	43	24	19
71	1140	507	633	448	214	234	46	17	28
72	1096	480	616	458	173	286	37	23	14
73	991	453	538	395	168	227	41	24	17
74	1019	457	562	460	199	262	29	17	13
75-79	**3744**	**1682**	**2062**	**2136**	**852**	**1284**	**225**	**105**	**121**
75	942	434	508	423	158	265	49	23	26
76	715	335	381	399	165	234	40	24	17
77	767	327	440	448	197	251	47	20	27
78	672	275	397	418	168	250	56	28	27
79	648	312	336	448	164	284	34	10	24
80-84	**2079**	**872**	**1208**	**1748**	**641**	**1107**	**264**	**97**	**167**
80	545	229	317	414	166	248	66	28	38
81	464	195	269	373	146	227	38	6	32
82	429	180	248	352	130	222	61	25	36
83	354	141	213	302	98	204	41	17	24
84	287	126	160	307	101	206	58	21	37
85-89	**867**	**327**	**539**	**909**	**316**	**593**	**233**	**58**	**174**
85	269	118	151	260	90	171	51	16	36
86	181	68	112	216	69	147	56	9	47
87	173	59	114	168	61	106	41	14	27
88	143	49	94	166	67	99	52	13	39
89	101	33	68	98	29	69	32	7	25
90-94	**234**	**72**	**163**	**317**	**95**	**222**	**103**	**21**	**82**
90	78	22	56	107	33	73	18	4	14
91	54	16	38	72	26	45	24	7	17
92	40	10	30	64	15	48	20	3	17
93	37	12	25	35	13	22	16	3	13
94	24	11	14	39	7	33	25	4	21
95-99	**75**	**21**	**55**	**72**	**17**	**55**	**42**	**9**	**33**
95	34	6	27	27	8	19	12	1	12
96	16	7	9	13	3	11	11	2	9
97	14	3	11	13	4	10	6	3	3
98	7	3	4	8	1	7	5	2	3
99	5	1	3	11	2	8	8	1	6
100及以上	**6**	**2**	**4**	**13**	**3**	**10**	**18**		**18**

9-3 各地区分性别、主要生活来源的60岁及以上老年人口

单位：人

地 区	合 计			劳动收入			离退休金养老金		
	合计	男	女	小计	男	女	小计	男	女
全 区	**85835**	**40337**	**45497**	**14515**	**8768**	**5747**	**17225**	**9437**	**7788**
南宁市	**12152**	**5725**	**6426**	**2267**	**1302**	**964**	**3744**	**1992**	**1752**
兴宁区	700	346	354	57	38	19	402	221	181
青秀区	1114	523	591	71	46	24	751	365	387
江南区	864	417	447	166	85	81	441	245	195
西乡塘区	1867	917	950	190	109	81	1240	644	596
良庆区	499	234	265	79	48	31	105	50	56
邕宁区	505	235	270	92	57	35	80	34	46
武鸣县	1309	631	678	278	169	110	264	149	115
隆安县	657	297	360	148	91	57	81	47	34
马山县	803	351	452	146	87	58	64	40	24
上林县	776	358	417	226	123	103	76	55	21
宾阳县	1370	615	755	257	145	112	153	88	65
横县	1688	801	886	557	305	252	87	54	32
柳州市	**7056**	**3332**	**3724**	**904**	**547**	**357**	**2896**	**1480**	**1416**
城中区	216	98	118	2	2		185	88	97
鱼峰区	774	371	403	46	25	21	594	293	301
柳南区	808	386	422	23	16	6	658	335	323
柳北区	819	397	422	23	13	10	678	350	328
柳江县	912	440	472	123	76	47	221	122	99
柳城县	798	380	418	156	104	51	207	100	106
鹿寨县	682	300	383	193	101	91	87	48	39
融安县	691	334	358	73	43	31	154	78	77
融水苗族自治县	804	373	431	127	85	42	39	27	12
三江侗族自治县	551	255	297	139	81	58	73	39	34
桂林市	**10705**	**5023**	**5682**	**2271**	**1386**	**885**	**2607**	**1387**	**1220**
秀峰区	282	133	149	10	6	4	246	121	125
叠彩区	434	199	235	16	11	5	357	174	183
象山区	550	261	288	18	13	5	458	223	234
七星区	479	218	261	49	24	25	299	153	146
雁山区	131	57	73	24	15	9	16	10	6
临桂区	958	446	512	167	112	54	76	60	16
阳朔县	624	285	339	213	131	82	56	32	25
灵川县	765	338	427	191	112	80	205	103	102
全州县	1581	736	845	497	283	213	256	134	122
兴安县	839	397	442	224	147	76	126	63	63
永福县	567	273	293	130	80	49	119	70	49
灌阳县	490	252	238	194	110	84	22	14	8
龙胜各族自治县	438	210	228	140	83	57	59	31	28
资源县	325	157	167	39	25	14	36	32	5
平乐县	859	411	448	142	97	46	72	45	28
荔浦县	801	368	433	150	94	56	143	82	61
恭城瑶族自治县	581	279	302	67	42	26	60	40	20

9-3 续表 1

单位：人

地 区	最低生活保障金			财产性收入			家庭其他成员供养			其 他		
	小计	男	女	小计	男	女	小计	男	女	小计	男	女
全 区	**4587**	**2494**	**2093**	**363**	**204**	**159**	**44997**	**17432**	**27565**	**4148**	**2003**	**2145**
南宁市	**355**	**213**	**143**	**110**	**61**	**49**	**5090**	**1897**	**3193**	**585**	**260**	**325**
兴宁区	22	11	11	23	11	12	162	55	107	35	11	24
青秀区	10	6	3	1	1		245	90	155	36	15	22
江南区	8	3	5	5	2	2	189	58	131	55	22	33
西乡塘区	28	18	9	27	16	11	335	117	218	47	13	34
良庆区	13	10	4	16	10	7	227	91	136	58	26	32
邕宁区	15	10	5	3	1	2	286	114	172	29	19	10
武鸣县	32	22	10	1	1		720	281	439	13	8	5
隆安县	25	14	10	17	7	10	379	134	244	8	3	4
马山县	25	15	11	4	3	1	512	183	329	51	22	29
上林县	58	31	27	1		1	404	145	259	10	4	5
宾阳县	41	21	20	9	7	2	762	282	479	148	72	76
横县	78	50	27	2	2		869	345	524	95	44	51
柳州市	**240**	**123**	**117**	**58**	**33**	**25**	**2757**	**1051**	**1707**	**201**	**98**	**103**
城中区	1	1					25	6	20	3	1	2
鱼峰区	3	1	2	2	1	1	125	50	75	3		3
柳南区	1		1				103	24	79	23	11	13
柳北区	2	2		1		1	108	31	77	7	1	5
柳江县	40	24	16	43	23	20	435	167	268	50	28	22
柳城县	14	9	4				412	163	249	10	3	6
鹿寨县	23	13	10				377	137	240	3	1	2
融安县	16	10	6	1	1		426	192	235	20	10	10
融水苗族自治县	72	33	39	5	4	1	490	188	302	71	36	35
三江侗族自治县	68	30	38	5	4	1	256	94	162	10	5	5
桂林市	**504**	**299**	**205**	**36**	**21**	**15**	**4928**	**1757**	**3171**	**359**	**173**	**186**
秀峰区				2	2	1	23	5	18	2		2
叠彩区	7	3	5	2	2		48	9	39	4		4
象山区	8	4	4	15	8	7	38	9	29	11	3	8
七星区	2	1	1	9	4	5	116	33	83	4	3	1
雁山区	9	5	3	1		1	80	27	53	1		1
临桂区	46	28	19				657	242	415	12	4	7
阳朔县	29	15	14	1	1		313	103	210	13	3	9
灵川县	55	23	32	1	1		267	78	189	46	21	25
全州县	42	27	15				694	245	448	92	47	46
兴安县	58	36	22				392	134	258	39	18	21
永福县	61	32	29				246	86	161	11	6	5
灌阳县	37	23	15				219	95	125	18	10	8
龙胜各族自治县	5	4	1	1		1	226	88	138	7	3	4
资源县	7	6	1	1	1		230	89	141	12	5	7
平乐县	59	44	16				568	217	351	17	8	8
荔浦县	42	26	16	2	2		410	133	277	55	32	23
恭城瑶族自治县	35	23	11	1		1	402	164	238	16	10	6

9-3 续表 2

单位：人

地　　区	合　计			劳动收入			离退休金养老金		
	合计	男	女	小计	男	女	小计	男	女
梧州市	**5145**	**2552**	**2593**	**746**	**489**	**257**	**1140**	**610**	**530**
万秀区	812	394	419	32	14	17	675	339	336
长洲区	323	153	170	35	24	11	199	101	98
龙圩区	476	246	230	77	55	22	40	27	13
苍梧县	585	285	300	113	70	44	45	25	19
藤县	1461	769	692	296	193	103	79	51	28
蒙山县	382	181	201	43	28	16	32	24	8
岑溪市	1105	524	582	150	106	44	72	43	29
北海市	**2664**	**1301**	**1362**	**482**	**306**	**176**	**815**	**425**	**390**
海城区	516	237	279	38	25	13	349	169	180
银海区	247	120	128	42	24	18	97	51	47
铁山港区	292	138	154	50	32	19	63	32	31
合浦县	1609	808	801	350	224	126	306	174	133
防城港市	**1365**	**686**	**679**	**195**	**131**	**64**	**316**	**189**	**127**
港口区	212	107	105	17	15	3	72	46	26
防城区	648	330	318	95	64	32	162	96	66
上思县	303	145	158	50	30	20	36	20	16
东兴市	202	104	98	33	23	10	45	27	19
钦州市	**5078**	**2550**	**2528**	**854**	**561**	**294**	**604**	**340**	**264**
钦南区	836	434	402	152	108	44	138	88	51
钦北区	1105	544	561	140	89	50	124	65	60
灵山县	1739	839	900	290	175	114	216	114	102
浦北县	1398	732	665	273	188	85	125	74	52
贵港市	**7200**	**3471**	**3729**	**1238**	**791**	**447**	**803**	**477**	**326**
港北区	919	433	486	83	52	31	265	155	110
港南区	900	441	459	129	88	40	96	55	41
覃塘区	731	339	392	207	123	84	38	24	14
平南县	2241	1081	1160	408	255	153	239	146	94
桂平市	2410	1177	1232	411	273	138	165	98	67
玉林市	**9204**	**4566**	**4637**	**1307**	**852**	**455**	**1340**	**778**	**562**
玉州区	1237	591	646	103	69	34	600	321	278
福绵区	681	350	331	231	143	88	21	15	6
容县	1237	614	623	247	156	91	131	81	50
陆川县	1204	614	591	64	50	14	103	65	38
博白县	2067	1041	1026	299	194	106	133	87	46
兴业县	1013	467	547	173	115	58	81	49	32
北流市	1765	891	874	191	125	66	271	160	111

9-3 续表 3

单位：人

地　　区	最低生活保障金			财产性收入			家庭其他成员供养			其　他		
	小计	男	女	小计	男	女	小计	男	女	小计	男	女
梧州市	**345**	**226**	**119**	**9**	**6**	**3**	**2654**	**1077**	**1577**	**250**	**144**	**106**
万秀区	7	2	5	1	1		91	32	59	7	6	1
长洲区	2		2				86	27	59	1		
龙圩区	50	35	16	1	1		286	115	172	22	15	7
苍梧县	45	30	15				349	139	210	34	21	13
藤县	108	83	24	4	3	1	895	387	507	79	52	28
蒙山县	38	17	20				242	97	145	27	15	12
岑溪市	96	58	38	2	1	1	705	281	425	80	35	45
北海市	**235**	**116**	**119**	**4**	**2**	**1**	**998**	**386**	**612**	**130**	**66**	**64**
海城区	6	3	3	1		1	106	34	72	16	6	10
银海区	5	2	2				86	35	52	17	8	9
铁山港区	17	7	10				146	58	87	15	8	7
合浦县	207	104	104	3	2	1	660	259	401	82	45	37
防城港市	**197**	**93**	**103**	**17**	**12**	**6**	**523**	**201**	**323**	**116**	**60**	**56**
港口区	31	11	20	2	1	1	77	27	50	13	6	7
防城区	93	45	48	12	8	4	240	92	148	45	25	20
上思县	55	27	28	1	1		138	55	82	24	13	11
东兴市	18	10	7	2	2		69	26	43	35	16	19
钦州市	**472**	**263**	**209**	**21**	**14**	**7**	**2609**	**1097**	**1511**	**517**	**275**	**242**
钦南区	143	71	72	3	2	1	324	128	196	76	39	38
钦北区	49	26	23	2	2		609	267	341	181	94	87
灵山县	121	72	49	11	6	5	930	383	548	171	90	81
浦北县	159	94	65	6	5	1	746	320	426	89	52	37
贵港市	**391**	**240**	**151**	**20**	**9**	**11**	**4209**	**1692**	**2517**	**540**	**262**	**277**
港北区	11	7	3	7	4	3	496	186	310	58	29	29
港南区	35	23	12	1	1		608	257	350	31	16	15
覃塘区	30	16	13	1		1	438	166	272	18	10	7
平南县	186	112	75	7	2	5	1116	443	673	285	124	161
桂平市	129	82	47	5	1	3	1552	640	912	148	83	65
玉林市	**445**	**258**	**188**	**31**	**14**	**17**	**5638**	**2442**	**3196**	**442**	**223**	**219**
玉州区	25	11	14	8	4	4	463	170	293	38	15	23
福绵区	43	27	15				359	151	208	28	14	14
容县	62	46	16	5	3	2	758	305	453	33	23	10
陆川县	124	68	55				834	395	439	79	35	45
博白县	76	39	36	13	4	9	1468	678	790	79	39	39
兴业县	43	24	19	1		1	655	251	404	61	28	33
北流市	73	42	32	4	3	1	1100	492	609	125	70	55

9-3 续表 4

单位：人

地　区	合　计			劳动收入			离退休金养老金		
	合计	男	女	小计	男	女	小计	男	女
百色市	**6615**	**2841**	**3774**	**757**	**417**	**340**	**898**	**508**	**391**
右江区	699	314	385	82	45	37	205	118	87
田阳县	751	308	443	71	36	35	107	46	61
田东县	774	329	446	98	59	39	167	82	85
平果县	719	301	418	130	61	69	120	76	44
德保县	717	317	400	91	55	36	80	50	30
靖西县	1150	519	631	139	84	55	89	49	41
那坡县	258	103	154	8	5	3	20	12	8
凌云县	293	123	170	25	14	11	23	16	7
乐业县	204	92	112	6	4	3	8	7	1
田林县	358	147	210	23	14	9	25	17	8
西林县	162	67	95	16	9	7	19	11	8
隆林各族自治县	530	220	309	66	31	35	34	22	12
贺州市	**3563**	**1669**	**1894**	**656**	**391**	**266**	**416**	**248**	**168**
八步区	1149	528	621	198	123	75	214	118	96
平桂管理区	643	300	343	49	30	19	70	41	29
昭平县	660	311	349	168	101	67	35	26	10
钟山县	614	289	325	128	67	62	32	24	8
富川瑶族自治县	497	242	255	113	70	43	65	40	25
河池市	**6520**	**2756**	**3764**	**1086**	**607**	**479**	**628**	**393**	**235**
金城江区	598	272	326	114	64	50	208	115	93
南丹县	450	192	257	55	29	26	67	35	32
天峨县	258	97	162	27	14	14	20	13	7
凤山县	292	127	165	28	19	9	18	14	4
东兰县	472	203	269	66	37	29	19	14	5
罗城仫佬族自治县	675	306	369	63	36	27	34	29	5
环江毛南族自治县	607	253	353	94	59	35	43	33	10
巴马瑶族自治县	403	164	239	27	15	12	19	15	4
都安瑶族自治县	957	387	569	240	118	122	24	18	7
大化瑶族自治县	598	253	345	89	53	36	62	35	26
宜州市	1210	500	710	281	162	119	113	71	42
来宾市	**4385**	**2023**	**2362**	**823**	**471**	**351**	**493**	**309**	**184**
兴宾区	1841	837	1004	273	149	123	168	98	69
忻城县	769	349	420	194	112	81	65	43	23
象州县	616	295	321	140	81	59	58	37	21
武宣县	652	300	352	136	82	53	56	37	19
金秀瑶族自治县	259	123	136	64	36	28	34	21	13
合山市	248	120	128	16	11	5	111	73	39
崇左市	**4186**	**1842**	**2343**	**929**	**516**	**413**	**524**	**302**	**222**
江州区	601	261	339	108	66	42	86	52	35
扶绥县	739	342	397	160	100	60	111	65	45
宁明县	659	294	365	171	94	78	51	33	18
龙州县	431	182	249	55	33	22	115	57	58
大新县	814	351	463	160	82	78	88	50	37
天等县	788	342	446	261	131	130	31	23	8
凭祥市	153	70	83	15	10	4	42	21	20

9-3 续表 5 单位：人

地区	最低生活保障金			财产性收入			家庭其他成员供养			其他		
	小计	男	女	小计	男	女	小计	男	女	小计	男	女
百色市	**561**	**267**	**294**	**10**	**4**	**6**	**4066**	**1505**	**2561**	**322**	**139**	**182**
右江区	44	20	24	1		1	314	111	203	53	20	33
田阳县	36	14	22				528	208	320	9	4	5
田东县	41	22	19				425	146	279	42	19	23
平果县	46	18	28	6	3	3	393	129	264	23	12	11
德保县	86	46	40				442	160	282	18	6	12
靖西县	158	76	81	1		1	700	279	420	63	30	33
那坡县	1	1					224	83	142	4	2	2
凌云县	31	14	17				156	56	100	57	22	35
乐业县	58	27	31	1		1	127	54	74	4	1	3
田林县	12	7	5	1	1		280	101	179	16	8	8
西林县	15	4	11				109	41	68	3	2	1
隆林各族自治县	33	18	15				367	137	231	30	14	16
贺州市	**158**	**85**	**72**	**6**	**3**	**2**	**2229**	**890**	**1339**	**98**	**52**	**46**
八步区	49	23	26	2		2	676	257	419	10	7	4
平桂管理区	39	20	19	2	2		458	194	265	25	14	12
昭平县	27	18	9	1	1		411	155	256	19	11	8
钟山县	21	12	9	1	1		392	167	225	39	18	21
富川瑶族自治县	22	12	9	1		1	292	117	175	4	2	2
河池市	**345**	**145**	**199**	**29**	**15**	**14**	**4118**	**1466**	**2652**	**314**	**130**	**184**
金城江区	24	8	17	15	6	8	227	74	153	10	5	5
南丹县	22	14	9				263	90	173	43	25	18
天峨县	14	4	10				189	62	127	7	3	5
凤山县	13	5	7				220	83	137	14	6	8
东兰县	20	9	11	1		1	297	114	182	68	28	40
罗城仫佬族自治县	23	12	11	2	2		502	206	296	50	22	28
环江毛南族自治县	50	21	29	1	1		402	134	268	16	5	11
巴马瑶族自治县	35	15	20	2	1		303	111	192	16	7	9
都安瑶族自治县	57	21	36	7	4	3	611	219	393	17	8	9
大化瑶族自治县	59	23	36				380	139	241	9	3	6
宜州市	26	14	12	1		1	726	235	491	63	18	45
来宾市	**196**	**98**	**98**	**10**	**7**	**3**	**2687**	**1059**	**1628**	**177**	**79**	**98**
兴宾区	57	28	29	3	2	1	1270	521	750	70	39	31
忻城县	20	9	11	2	1	1	461	174	287	27	9	18
象州县	35	22	13	2	1	1	347	142	205	33	12	21
武宣县	31	19	12	2	2		418	155	262	10	5	5
金秀瑶族自治县	31	15	16				106	41	65	23	10	12
合山市	21	6	15	1	1		85	26	59	14	4	10
崇左市	**143**	**68**	**76**	**3**	**2**	**1**	**2489**	**912**	**1577**	**97**	**42**	**55**
江州区	22	7	14				373	132	241	12	4	8
扶绥县	61	31	30				383	136	247	24	10	14
宁明县	14	6	8	1	1		416	157	259	6	4	2
龙州县	9	5	3	1		1	223	73	151	28	14	14
大新县	19	10	9	1	1		539	203	336	8	4	3
天等县	13	6	7	1	1		469	178	291	14	4	10
凭祥市	6	2	3				86	34	53	5	2	3

9-3a 各地区分性别、主要生活来源的60岁及以上老年人口(城市)

单位：人

地区	合计			劳动收入			离退休金养老金		
	合计	男	女	小计	男	女	小计	男	女
全　区	**15234**	**7279**	**7955**	**705**	**482**	**224**	**10156**	**5270**	**4886**
南宁市	3845	1885	1960	117	88	30	2928	1520	1408
柳州市	2507	1202	1305	60	42	19	2097	1057	1040
桂林市	1784	830	954	85	55	30	1336	663	673
梧州市	1412	675	737	42	26	16	951	487	465
北海市	626	292	334	45	29	16	425	210	215
防城港市	321	154	167	22	16	6	157	87	70
钦州市	359	171	188	17	13	4	146	86	60
贵港市	1012	485	527	71	55	16	412	227	185
玉林市	1399	692	707	84	63	21	793	427	365
百色市	389	182	208	33	23	10	177	104	72
贺州市	434	200	234	42	24	18	188	96	92
河池市	561	253	309	62	31	31	278	151	126
来宾市	384	172	212	13	8	4	161	96	65
崇左市	200	87	112	12	8	4	106	57	49

9-3a 续表

单位：人

地区	最低生活保障金			财产性收入			家庭其他成员供养			其他		
	小计	男	女	小计	男	女	小计	男	女	小计	男	女
全　区	**178**	**69**	**109**	**155**	**84**	**71**	**3516**	**1173**	**2343**	**524**	**202**	**322**
南宁市	16	4	13	74	41	33	548	178	370	161	54	107
柳州市	7	4	3	3	1	2	311	89	222	29	10	19
桂林市	16	8	8	29	16	13	294	79	215	25	10	15
梧州市	29	16	13	2	2		318	115	202	70	30	41
北海市	11	4	7	1		1	128	42	86	17	7	10
防城港市	35	12	23	11	7	4	76	20	56	20	11	9
钦州市	9	3	5	2	1	1	132	46	86	53	22	32
贵港市	14	8	7	7	4	3	467	171	296	41	19	22
玉林市	15	7	9	8	4	4	461	174	287	37	16	21
百色市	3	1	3	1		1	142	43	99	33	10	23
贺州市	6	2	4	1	1		184	70	114	12	7	5
河池市	4	1	4	15	6	9	196	63	133	6	1	6
来宾市	13	1	11	2	1	1	187	63	125	8	2	6
崇左市							72	19	53	9	3	6

9-3b 各地区分性别、主要生活来源的60岁及以上老年人口(镇)

单位：人

地　区	合　计			劳动收入			离退休金养老金		
	合计	男	女	小计	男	女	小计	男	女
全　区	**19312**	**9163**	**10149**	**2835**	**1748**	**1087**	**4945**	**2811**	**2134**
南宁市	2215	1020	1195	408	238	170	601	329	272
柳州市	1414	685	729	187	124	63	543	287	256
桂林市	2253	1039	1214	253	153	99	995	525	470
梧州市	898	446	451	151	98	53	118	78	40
北海市	785	376	409	118	74	45	312	169	143
防城港市	339	169	169	25	20	5	96	58	38
钦州市	1231	614	618	167	115	52	281	159	122
贵港市	2048	1014	1033	412	253	158	277	163	114
玉林市	2662	1311	1351	397	249	147	371	223	148
百色市	1485	661	825	150	84	66	452	271	181
贺州市	908	425	484	112	72	40	139	90	49
河池市	1227	549	678	203	114	89	219	144	75
来宾市	966	446	520	135	78	57	219	132	87
崇左市	880	408	472	117	77	41	322	185	137

9-3b　续表

单位：人

地　区	最低生活保障金			财产性收入			家庭其他成员供养			其　他		
	小计	男	女	小计	男	女	小计	男	女	小计	男	女
全　区	**783**	**397**	**385**	**89**	**58**	**32**	**9608**	**3660**	**5947**	**1052**	**489**	**563**
南宁市	34	15	19	12	10	2	1054	376	678	107	54	53
柳州市	21	11	10	3	2	1	581	224	356	80	37	43
桂林市	49	22	28	5	3	1	846	290	556	106	47	59
梧州市	49	32	17	5	3	2	518	203	315	57	32	25
北海市	70	32	38	2	1	1	262	90	172	21	10	10
防城港市	77	34	43	2	2		114	44	70	25	11	13
钦州市	76	35	40	11	9	3	615	249	366	81	46	34
贵港市	116	73	42	8	4	3	1020	428	592	216	92	124
玉林市	104	54	50	13	5	8	1664	725	939	114	56	58
百色市	48	19	29	7	4	3	750	248	501	78	35	44
贺州市	50	24	26	4	1	2	566	222	344	37	16	22
河池市	39	21	18	12	9	4	686	229	457	68	33	35
来宾市	41	20	20	5	4	1	528	197	330	39	15	25
崇左市	10	5	5	1	1	1	406	134	272	24	7	17

9-3c 各地区分性别、主要生活来源的60岁及以上老年人口(乡村)

单位：人

地　区	合　计			劳动收入			离退休金养老金		
	合计	男	女	小计	男	女	小计	男	女
全　区	**51289**	**23895**	**27394**	**10975**	**6538**	**4437**	**2124**	**1356**	**768**
南宁市	6092	2820	3272	1742	977	765	214	143	71
柳州市	3134	1444	1690	657	382	275	256	136	121
桂林市	6667	3153	3514	1933	1177	756	276	199	77
梧州市	2835	1431	1405	553	365	188	71	45	26
北海市	1253	634	619	318	203	115	78	46	32
防城港市	706	363	343	148	95	53	63	45	19
钦州市	3487	1765	1722	670	432	237	177	95	82
贵港市	4140	1972	2168	755	482	273	114	87	27
玉林市	5143	2564	2579	826	540	286	176	128	48
百色市	4740	1999	2741	573	310	264	269	132	137
贺州市	2221	1044	1177	502	295	207	89	62	27
河池市	4731	1954	2777	821	462	359	131	98	34
来宾市	3035	1405	1630	675	386	290	113	81	32
崇左市	3106	1348	1758	800	432	368	96	60	36

9-3c 续表

单位：人

地　区	最低生活保障金			财产性收入			家庭其他成员供养			其　他		
	小计	男	女	小计	男	女	小计	男	女	小计	男	女
全　区	**3626**	**2028**	**1598**	**119**	**62**	**57**	**31873**	**12598**	**19275**	**2572**	**1312**	**1260**
南宁市	305	195	111	24	10	14	3489	1343	2146	318	152	165
柳州市	211	108	103	51	30	22	1866	737	1129	92	51	40
桂林市	438	270	169	3	2	1	3788	1388	2400	228	117	111
梧州市	267	178	89	2	1	1	1819	759	1060	123	82	40
北海市	155	80	75	2	2		608	254	354	92	49	43
防城港市	85	47	38	4	3	1	334	137	197	71	38	33
钦州市	388	224	164	8	4	3	1861	802	1059	383	207	176
贵港市	261	159	102	5		5	2722	1092	1630	282	151	131
玉林市	327	198	129	10	5	5	3513	1543	1970	291	151	140
百色市	510	248	262	2	1	2	3174	1214	1961	211	95	116
贺州市	101	59	42	1	1		1479	598	881	48	29	19
河池市	301	124	178	2	1	1	3236	1174	2063	239	96	144
来宾市	143	77	66	2	1	1	1973	800	1173	129	62	68
崇左市	133	63	70	2	2		2011	759	1252	64	33	32

9-4 全区分年龄、性别、主要生活来源的60岁及以上老年人口

单位：人

年 龄	合 计			劳动收入			离退休金养老金		
	合计	男	女	小计	男	女	小计	男	女
总 计	**85835**	**40337**	**45497**	**14515**	**8768**	**5747**	**17225**	**9437**	**7788**
60-64	**27599**	**13735**	**13864**	**9198**	**5414**	**3784**	**6099**	**3213**	**2886**
60	5854	2929	2924	2227	1343	885	1239	605	634
61	5971	2952	3019	2092	1206	886	1371	700	671
62	5619	2787	2832	1798	1074	725	1259	649	610
63	5640	2818	2822	1745	1029	716	1214	671	543
64	4515	2249	2267	1336	763	573	1016	587	429
65-69	**19795**	**9907**	**9888**	**3716**	**2330**	**1386**	**4418**	**2523**	**1894**
65	4937	2405	2533	1183	707	476	1159	633	526
66	4794	2523	2272	999	655	344	1044	602	442
67	3657	1821	1835	620	406	214	813	488	325
68	3240	1656	1584	519	333	187	722	417	305
69	3167	1503	1664	394	229	165	680	383	296
70-74	**14934**	**6951**	**7983**	**1131**	**719**	**413**	**2746**	**1493**	**1253**
70	3207	1482	1725	271	169	101	639	344	296
71	3132	1512	1620	264	175	89	559	317	243
72	3024	1363	1661	234	131	103	530	288	243
73	2760	1281	1479	176	115	61	539	284	255
74	2811	1313	1499	186	128	59	478	261	216
75-79	**11343**	**5051**	**6292**	**342**	**225**	**117**	**2174**	**1198**	**975**
75	2642	1202	1441	116	77	39	532	307	225
76	2172	986	1186	60	39	22	437	230	208
77	2351	1039	1313	69	45	24	434	230	204
78	2173	968	1205	63	40	23	436	248	189
79	2005	858	1147	34	24	9	334	184	149
80-84	**7320**	**3026**	**4294**	**100**	**66**	**34**	**1223**	**707**	**516**
80	1861	780	1082	29	17	13	311	167	143
81	1528	630	898	23	14	9	263	135	129
82	1494	670	824	16	11	4	268	174	94
83	1283	485	798	18	13	5	206	122	83
84	1153	462	691	14	11	3	176	109	67
85-89	**3368**	**1223**	**2145**	**29**	**14**	**14**	**428**	**230**	**198**
85	995	396	600	12	8	4	125	82	43
86	732	250	482	4	1	3	107	53	54
87	668	239	429	9	2	7	74	39	36
88	578	210	368	1	1		78	33	46
89	395	128	266	3	2	1	44	24	19
90-94	**1127**	**355**	**771**				**116**	**63**	**53**
90	357	115	242				39	24	15
91	250	86	164				23	16	7
92	211	58	153				22	6	16
93	159	58	101				20	12	8
94	150	39	111				12	5	7
95-99	**284**	**77**	**207**				**20**	**9**	**11**
95	115	31	84				10	5	5
96	65	19	46				5	3	1
97	42	12	30				1	1	
98	33	9	24				3		3
99	29	5	24				1		1
100及以上	**66**	**11**	**54**				**3**		**3**

9-4 续表

单位：人

年 龄	最低生活保障金			财产性收入			家庭其他成员供养			其 他		
	小计	男	女	小计	男	女	小计	男	女	小计	男	女
总 计	**4587**	**2494**	**2093**	**363**	**204**	**159**	**44997**	**17432**	**27565**	**4148**	**2003**	**2145**
60-64	**923**	**561**	**363**	**173**	**106**	**67**	**9826**	**3756**	**6069**	**1381**	**686**	**695**
60	169	101	69	41	26	15	1855	681	1174	323	174	149
61	178	112	65	41	28	12	2003	767	1236	287	138	149
62	186	105	81	29	13	16	2080	816	1264	266	129	137
63	210	140	70	38	23	15	2152	815	1337	282	140	141
64	180	103	78	24	15	8	1736	677	1059	224	104	120
65-69	**910**	**556**	**354**	**92**	**47**	**45**	**9658**	**3923**	**5735**	**1002**	**528**	**474**
65	199	121	78	27	11	16	2113	793	1320	256	139	117
66	212	133	80	16	11	5	2281	991	1291	241	131	110
67	167	95	71	18	11	8	1856	728	1128	182	93	89
68	164	112	52	12	6	6	1662	703	959	160	84	76
69	168	95	73	19	8	11	1744	708	1037	162	80	82
70-74	**988**	**562**	**426**	**56**	**33**	**23**	**9268**	**3782**	**5486**	**745**	**362**	**383**
70	187	106	81	13	10	3	1949	781	1168	148	72	76
71	192	121	71	13	9	4	1932	805	1127	172	86	86
72	201	104	97	14	7	7	1889	755	1134	155	78	77
73	188	112	76	11	4	7	1713	711	1002	132	54	78
74	220	120	100	5	4	1	1785	729	1056	138	71	67
75-79	**780**	**407**	**374**	**24**	**12**	**12**	**7502**	**2983**	**4519**	**522**	**227**	**295**
75	173	98	76	3	1	2	1699	664	1035	119	56	63
76	134	71	63	9	5	4	1426	590	836	105	51	54
77	160	83	77	5	4	2	1571	639	931	112	38	74
78	160	81	79	1		1	1428	564	864	84	35	49
79	153	75	78	6	2	3	1377	525	852	102	47	55
80-84	**545**	**240**	**304**	**12**	**5**	**8**	**5135**	**1873**	**3261**	**306**	**135**	**171**
80	133	63	69	1		1	1296	489	808	91	44	48
81	114	56	58	3		3	1061	399	662	64	26	38
82	127	64	63	3	1	2	1021	387	635	60	32	28
83	77	21	57	6	3	2	927	307	620	48	18	30
84	94	36	58				828	291	536	42	15	27
85-89	**288**	**120**	**168**	**4**	**1**	**3**	**2491**	**807**	**1684**	**130**	**51**	**78**
85	84	38	46				727	250	477	48	18	30
86	53	26	26	2	1	1	536	154	382	30	14	15
87	66	20	46				504	172	332	15	6	9
88	47	22	25	1		1	428	148	280	24	7	16
89	39	14	25				296	83	214	13	5	8
90-94	**123**	**38**	**85**	**3**		**3**	**838**	**244**	**594**	**47**	**10**	**37**
90	40	10	30	2		2	265	79	186	11	2	9
91	23	11	12	1		1	188	54	134	16	5	11
92	23	7	16				157	43	115	9	2	7
93	19	6	13				115	40	75	4		4
94	18	4	14				113	29	84	7	1	7
95-99	**25**	**9**	**16**				**225**	**54**	**170**	**14**	**4**	**10**
95	12	4	8				88	22	66	6		6
96	7	3	4				49	11	38	4	2	2
97	3	2	1				35	7	27	3	2	1
98	1		1				27	9	18	1		1
99	2		2				25	5	20			
100及以上	**5**	**1**	**4**				**56**	**10**	**45**	**2**		**2**

9-4a　全区分年龄、性别、主要生活来源的60岁及以上老年人口(城市)

单位：人

年　龄	合　计			劳动收入			离退休金养老金		
	合计	男	女	小计	男	女	小计	男	女
总　计	**15234**	**7279**	**7955**	**705**	**482**	**224**	**10156**	**5270**	**4886**
60-64	**5572**	**2789**	**2782**	**512**	**348**	**164**	**3785**	**1956**	**1829**
60	1224	609	615	159	119	40	804	387	418
61	1211	612	599	115	78	37	838	425	413
62	1169	563	606	94	59	35	780	400	380
63	1075	539	536	80	50	29	742	400	341
64	893	466	427	64	42	22	621	344	277
65-69	**3660**	**1824**	**1836**	**136**	**89**	**46**	**2547**	**1366**	**1181**
65	985	479	506	36	22	14	715	367	348
66	871	450	422	46	33	13	586	321	265
67	677	335	342	25	18	7	456	253	202
68	576	289	287	17	12	6	412	221	191
69	551	271	280	11	5	7	378	203	175
70-74	**2257**	**1043**	**1213**	**41**	**33**	**8**	**1523**	**758**	**765**
70	492	227	265	8	8		338	162	176
71	451	224	228	11	9	2	302	157	145
72	469	221	248	8	5	3	313	163	151
73	431	192	239	9	7	2	295	142	153
74	414	181	234	5	3	2	274	135	139
75-79	**1901**	**848**	**1053**	**13**	**9**	**5**	**1270**	**658**	**612**
75	421	206	215	6	4	2	302	163	139
76	385	170	215	1	1	1	257	130	127
77	388	164	224	1	1		258	126	131
78	369	170	199	4	3	1	244	131	114
79	338	138	200	1		1	208	108	101
80-84	**1166**	**518**	**647**	**3**	**3**		**705**	**371**	**334**
80	294	118	176	1	1		167	80	88
81	234	98	136				154	72	82
82	244	126	118	1	1		161	95	66
83	219	91	128	1	1		116	63	52
84	175	85	89				107	61	46
85-89	**471**	**183**	**288**	**1**	**1**	**1**	**254**	**124**	**130**
85	151	76	75	1	1		75	48	27
86	101	41	60				64	32	32
87	91	28	63	1		1	45	19	26
88	76	21	55				42	13	29
89	52	17	34				27	12	15
90-94	**166**	**61**	**105**				**61**	**32**	**30**
90	50	24	26				21	13	7
91	36	12	25				12	7	5
92	38	10	28				12	3	10
93	21	12	9				10	6	3
94	21	4	17				7	2	5
95-99	**33**	**12**	**22**				**9**	**5**	**4**
95	14	6	8				5	4	1
96	8	3	5				1	1	
97	3	1	2						
98	5	1	4				3		3
99	3	1	3						
100及以上	**8**		**8**				**2**		**2**

9-4a 续表

单位：人

年 龄	最低生活保障金			财产性收入			家庭其他成员供养			其 他		
	小计	男	女	小计	男	女	小计	男	女	小计	男	女
总 计	**178**	**69**	**109**	**155**	**84**	**71**	**3516**	**1173**	**2343**	**524**	**202**	**322**
60-64	**42**	**22**	**21**	**85**	**48**	**37**	**938**	**329**	**609**	**210**	**87**	**123**
60	9	5	4	18	10	8	193	73	121	40	17	23
61	9	5	4	19	15	3	183	67	116	45	21	25
62	7	3	4	20	7	12	227	76	151	42	18	25
63	6	5	1	15	8	7	188	57	131	45	19	26
64	12	4	7	13	7	6	147	56	91	37	13	24
65-69	**27**	**13**	**14**	**42**	**19**	**23**	**789**	**281**	**508**	**119**	**55**	**63**
65	6	2	4	12	4	7	183	65	118	33	18	15
66	6	2	4	5	3	2	196	77	119	32	13	19
67	9	4	5	7	3	4	154	45	108	26	11	16
68	3	3	1	8	3	4	123	43	80	13	7	6
69	2	1	1	11	6	5	134	50	84	14	7	7
70-74	**29**	**12**	**17**	**19**	**12**	**7**	**584**	**210**	**374**	**61**	**19**	**42**
70	6	2	4	6	3	3	125	50	75	9	3	6
71	4	1	2	5	4	1	116	46	70	14	6	7
72	6	2	4	4	2	2	121	42	79	16	7	9
73	6	2	3	3	2	1	109	37	72	9	1	8
74	7	3	4	1	1		113	36	78	14	3	11
75-79	**33**	**12**	**21**	**4**	**4**	**1**	**512**	**145**	**367**	**69**	**21**	**48**
75	4	1	3				94	33	61	15	5	9
76	8	2	6	2	2		98	31	68	18	5	13
77	6	3	3	2	2		113	30	83	9	2	7
78	10	4	5				101	29	72	11	4	7
79	6	2	4				105	23	82	17	5	12
80-84	**22**	**6**	**16**	**2**	**1**	**1**	**393**	**122**	**271**	**41**	**16**	**25**
80	7	2	5				106	31	75	12	4	8
81	4	1	3				68	23	45	8	2	6
82	4		4	1	1		68	23	45	9	6	3
83	3	2	1	1		1	92	23	69	6	2	4
84	4	1	3				58	22	36	6	1	5
85-89	**12**	**2**	**10**				**192**	**52**	**140**	**12**	**4**	**8**
85	4	2	2				67	23	44	5	3	2
86	2		2				33	8	25	2	1	1
87	4		4				39	8	31	2		2
88	1	1					32	7	25	1		1
89	2		2				22	6	16	2		2
90-94	**9**	**1**	**8**	**2**		**2**	**83**	**28**	**55**	**10**		**10**
90	1		1	1		1	25	10	15	2		2
91	3		3	1		1	19	4	14	2		2
92	2		2				21	7	14	2		2
93							8	5	3	2		2
94	3		2				10	2	8	2		2
95-99	**4**	**1**	**3**				**19**	**6**	**13**	**2**		**2**
95	2	1	1				4	1	4	2		2
96	2		2				5	2	3			
97							3	1	2			
98							2	1	1			
99							3	1	3			
100及以上							**6**		**6**			

9-4b 全区分年龄、性别、主要生活来源的60岁及以上老年人口(镇)

单位：人

年 龄	合 计			劳动收入			离退休金养老金		
	合计	男	女	小计	男	女	小计	男	女
总 计	**19312**	**9163**	**10149**	**2835**	**1748**	**1087**	**4945**	**2811**	**2134**
60-64	**6432**	**3155**	**3277**	**1849**	**1098**	**751**	**1743**	**897**	**846**
60	1391	681	710	470	293	176	346	161	185
61	1448	709	739	435	248	187	413	209	205
62	1301	639	662	360	208	152	372	190	183
63	1291	642	649	345	217	128	330	173	157
64	1000	484	516	239	131	108	281	164	116
65-69	**4520**	**2298**	**2222**	**699**	**460**	**240**	**1311**	**782**	**528**
65	1147	578	569	233	148	85	323	186	137
66	1119	591	528	171	114	56	310	179	131
67	824	418	406	114	76	38	247	160	87
68	743	389	355	105	73	32	227	144	83
69	686	323	364	77	48	29	203	114	90
70-74	**3273**	**1566**	**1707**	**204**	**136**	**68**	**812**	**471**	**341**
70	794	385	409	57	40	18	198	118	81
71	665	334	331	41	29	13	170	102	68
72	631	283	347	33	17	16	144	81	62
73	610	276	334	35	22	12	160	87	74
74	573	287	287	38	28	10	139	82	57
75-79	**2413**	**1098**	**1315**	**62**	**40**	**22**	**613**	**366**	**248**
75	584	268	316	19	12	7	152	94	58
76	449	203	246	15	10	5	136	75	61
77	508	237	271	11	7	4	121	69	52
78	479	225	254	9	6	2	126	78	47
79	394	165	228	8	5	3	79	49	30
80-84	**1593**	**669**	**925**	**16**	**11**	**4**	**324**	**212**	**112**
80	418	182	236	8	6	3	92	57	35
81	320	132	188	2	1	1	63	37	25
82	308	149	159	1	1		71	54	17
83	290	107	183	1		1	53	31	21
84	257	99	158	3	3		45	32	14
85-89	**735**	**266**	**469**	**4**	**3**	**1**	**102**	**60**	**42**
85	221	76	144	2	2		30	19	11
86	145	50	95	1		1	23	11	12
87	163	58	104	1	1		15	10	5
88	120	50	69				22	12	10
89	87	31	56				11	8	3
90-94	**268**	**88**	**179**				**35**	**21**	**14**
90	88	24	65				10	4	6
91	53	19	34				6	5	1
92	42	16	26				6	4	2
93	46	16	29				8	5	3
94	39	13	25				5	3	2
95-99	**58**	**17**	**41**				**6**	**3**	**3**
95	25	9	16				2	1	1
96	17	5	13				3	1	1
97	6	2	4				1	1	
98	7	2	5						
99	3		3						
100及以上	**20**	**7**	**14**						

9-4b 续表

单位：人

年 龄	最低生活保障金			财产性收入			家庭其他成员供养			其 他		
	小计	男	女	小计	男	女	小计	男	女	小计	男	女
总 计	**783**	**397**	**385**	**89**	**58**	**32**	**9608**	**3660**	**5947**	**1052**	**489**	**563**
60-64	**158**	**88**	**69**	**47**	**33**	**13**	**2271**	**860**	**1412**	**365**	**179**	**186**
60	37	25	12	13	10	3	435	151	284	91	41	50
61	30	15	15	12	8	4	475	186	288	83	42	40
62	35	18	17	4	2	2	459	189	269	72	32	40
63	30	14	15	13	10	3	502	189	312	71	38	33
64	27	16	11	4	4	1	401	143	258	48	25	22
65-69	**142**	**90**	**53**	**24**	**13**	**11**	**2084**	**840**	**1244**	**259**	**114**	**146**
65	32	20	12	9	2	7	489	188	300	61	34	27
66	28	20	7	6	5	1	526	230	296	79	42	37
67	34	21	13	7	5	2	379	142	237	44	14	30
68	25	15	10	1	1		346	144	202	39	12	27
69	24	14	11	1		1	345	135	209	36	12	24
70-74	**174**	**95**	**79**	**15**	**9**	**7**	**1880**	**758**	**1122**	**188**	**97**	**91**
70	37	19	18	4	4		456	189	267	42	16	26
71	34	20	14	3	2	1	372	158	214	45	23	22
72	33	21	13	4	1	3	387	143	244	30	20	10
73	24	13	11	1		1	349	133	216	42	22	20
74	47	22	24	3	2	1	317	136	182	29	16	13
75-79	**131**	**62**	**69**	**4**	**3**	**1**	**1481**	**573**	**908**	**123**	**55**	**68**
75	27	13	14				354	137	217	32	12	20
76	21	11	10	1	1		257	97	160	19	9	11
77	31	14	17	2	1	1	311	133	178	32	14	18
78	28	12	16				297	117	180	20	11	9
79	23	11	12				262	90	173	21	10	11
80-84	**109**	**43**	**66**				**1069**	**374**	**695**	**75**	**29**	**47**
80	27	13	14				270	96	173	22	11	11
81	18	9	9				223	79	144	15	5	10
82	22	10	12				198	76	123	15	8	7
83	19	4	15				207	68	139	11	4	7
84	24	8	16				171	55	116	13	1	12
85-89	**45**	**15**	**31**				**555**	**175**	**379**	**28**	**13**	**16**
85	19	7	12				158	43	114	12	6	6
86	6	2	4				107	32	75	8	4	4
87	12	2	11				131	45	86	3	1	3
88	4	1	2				91	36	55	2	1	2
89	4	3	2				69	19	50	2	1	1
90-94	**19**	**4**	**15**				**204**	**61**	**143**	**10**	**2**	**8**
90	6	1	4				70	17	53	2	1	1
91	4		4				39	13	26	4	1	3
92	3		3				32	12	19	2		2
93	2	2	1				35	10	25			
94	4	1	3				28	9	19	2		2
95-99	**4**	**1**	**3**				**45**	**13**	**32**	**3**	**1**	**2**
95	2		2				20	8	12			
96	1	1					13	3	10	1		1
97							5	1	4	1	1	
98	1		1				5	2	3	1		1
99							3		3			
100及以上	**1**		**1**				**18**	**7**	**12**	**1**		**1**

9-4c 全区分年龄、性别、主要生活来源的60岁及以上老年人口(乡村)

单位：人

年 龄	合 计			劳动收入			离退休金养老金		
	合计	男	女	小计	男	女	小计	男	女
总 计	**51289**	**23895**	**27394**	**10975**	**6538**	**4437**	**2124**	**1356**	**768**
60-64	**15595**	**7791**	**7804**	**6837**	**3968**	**2869**	**571**	**360**	**211**
60	3239	1639	1599	1599	931	668	89	58	31
61	3312	1631	1681	1542	880	662	120	66	53
62	3148	1585	1564	1345	807	538	107	60	47
63	3274	1637	1637	1320	761	558	142	98	44
64	2622	1299	1323	1033	590	443	114	79	35
65-69	**11615**	**5785**	**5830**	**2881**	**1781**	**1100**	**560**	**375**	**185**
65	2805	1347	1458	914	536	378	120	80	40
66	2804	1482	1322	783	508	275	148	102	46
67	2156	1069	1087	481	312	169	110	74	36
68	1920	978	942	397	248	149	84	52	31
69	1930	909	1021	306	176	129	98	67	31
70-74	**9404**	**4342**	**5062**	**886**	**550**	**336**	**411**	**264**	**147**
70	1921	870	1051	206	122	84	103	64	39
71	2016	955	1061	212	138	74	87	57	30
72	1925	859	1066	193	109	84	73	44	30
73	1718	813	905	133	86	47	84	56	28
74	1824	845	979	143	96	47	65	44	21
75-79	**7029**	**3105**	**3923**	**266**	**176**	**90**	**290**	**175**	**115**
75	1637	727	910	91	60	30	78	49	28
76	1338	613	725	43	28	16	44	25	20
77	1456	638	818	57	38	19	56	35	21
78	1325	573	752	51	31	20	66	39	28
79	1273	554	719	25	20	5	46	27	19
80-84	**4561**	**1839**	**2722**	**81**	**52**	**29**	**195**	**124**	**70**
80	1149	480	670	20	10	10	52	31	21
81	974	399	575	21	13	8	46	25	21
82	943	395	547	14	9	4	36	25	11
83	773	287	486	16	12	4	37	28	10
84	722	278	444	10	7	3	24	16	8
85-89	**2162**	**774**	**1388**	**23**	**11**	**13**	**72**	**46**	**26**
85	623	243	380	9	6	4	19	15	5
86	486	160	326	3	1	2	20	10	9
87	414	153	262	7	1	6	14	9	4
88	383	139	244	1	1		14	7	6
89	256	80	176	3	2	1	6	5	1
90-94	**693**	**206**	**487**				**19**	**10**	**9**
90	219	67	151				8	6	2
91	161	55	106				5	3	1
92	131	32	98				4		4
93	93	30	63				3	1	2
94	90	21	69						
95-99	**193**	**48**	**145**				**5**	**1**	**4**
95	77	16	61				2		2
96	41	12	29				1	1	
97	33	9	23						
98	20	6	14						
99	23	5	18				1		1
100及以上	**37**	**5**	**33**						

9-4c 续表

单位：人

年 龄	最低生活保障金			财产性收入			家庭其他成员供养			其 他		
	小计	男	女	小计	男	女	小计	男	女	小计	男	女
总 计	**3626**	**2028**	**1598**	**119**	**62**	**57**	**31873**	**12598**	**19275**	**2572**	**1312**	**1260**
60-64	**723**	**451**	**272**	**41**	**24**	**17**	**6616**	**2567**	**4049**	**806**	**420**	**386**
60	123	71	52	10	7	3	1226	457	769	192	116	75
61	138	92	46	9	5	5	1345	513	831	158	75	83
62	145	84	61	6	4	2	1394	551	844	151	79	72
63	175	121	53	10	5	6	1462	569	894	165	83	82
64	142	83	59	6	4	1	1189	478	711	139	66	73
65-69	**741**	**453**	**288**	**26**	**15**	**11**	**6784**	**2802**	**3983**	**623**	**359**	**264**
65	161	99	62	6	5	2	1442	539	902	162	88	74
66	178	110	69	6	4	2	1559	683	876	130	75	54
67	124	70	54	4	2	2	1324	541	783	112	69	43
68	136	94	41	3	2	1	1193	516	677	108	66	42
69	141	80	62	7	2	4	1266	522	744	112	61	51
70-74	**785**	**455**	**330**	**21**	**12**	**9**	**6804**	**2814**	**3991**	**496**	**246**	**251**
70	144	84	60	3	3		1368	543	826	97	54	43
71	155	99	56	5	3	2	1445	602	843	113	56	57
72	161	81	80	6	4	2	1382	571	811	109	51	58
73	159	97	62	7	2	5	1255	542	714	81	31	50
74	166	94	72	1	1		1354	557	797	95	53	43
75-79	**617**	**333**	**284**	**17**	**6**	**11**	**5509**	**2265**	**3244**	**330**	**151**	**179**
75	142	84	59	3	1	2	1251	493	757	73	39	34
76	106	58	48	5	2	4	1071	463	608	68	38	30
77	123	65	58	2	1	1	1147	477	670	72	22	49
78	123	64	58	1		1	1031	419	612	53	20	33
79	123	61	62	5	2	3	1010	412	598	64	32	32
80-84	**413**	**191**	**222**	**10**	**3**	**6**	**3673**	**1378**	**2295**	**189**	**91**	**98**
80	99	48	51	1		1	921	362	559	57	29	28
81	93	46	46	3		3	770	297	473	41	18	23
82	100	54	46	2		2	755	288	466	36	18	18
83	55	15	40	4	3	1	629	216	413	31	12	19
84	66	27	39				599	214	384	23	13	10
85-89	**230**	**103**	**127**	**4**	**1**	**3**	**1744**	**579**	**1164**	**90**	**35**	**55**
85	61	29	32				502	183	319	31	10	21
86	45	24	21	2	1	1	397	115	282	19	9	10
87	50	19	32				334	119	215	10	5	5
88	42	20	22	1		1	305	105	200	20	6	14
89	33	11	21				206	58	148	9	4	5
90-94	**95**	**33**	**61**	**1**		**1**	**551**	**155**	**396**	**27**	**8**	**19**
90	33	9	24	1		1	170	52	118	7	1	6
91	16	11	6				130	37	93	10	4	6
92	18	7	11				104	23	81	5	2	3
93	17	5	12				72	24	47	2		2
94	11	2	9				75	18	57	3	1	3
95-99	**17**	**7**	**10**				**161**	**36**	**125**	**9**	**4**	**6**
95	8	3	5				64	13	50	3		3
96	4	2	3				31	7	25	3	2	1
97	3	2	1				27	5	21	3	2	1
98							20	6	14			
99	2		2				19	5	14			
100及以上	**4**	**1**	**3**				**31**	**4**	**28**	**2**		**2**

9-5 各地区分性别、婚姻状况的60岁及以上老年人口

单位：人

地区	合计			未婚		
	合计	男	女	小计	男	女
全区	**85835**	**40337**	**45497**	**1504**	**1438**	**65**
南宁市	**12152**	**5725**	**6426**	**149**	**137**	**13**
兴宁区	700	346	354	5	4	1
青秀区	1114	523	591	3	2	1
江南区	864	417	447	8	7	1
西乡塘区	1867	917	950	13	10	3
良庆区	499	234	265	3	3	
邕宁区	505	235	270	14	13	1
武鸣县	1309	631	678	14	11	3
隆安县	657	297	360	3	3	
马山县	803	351	452	13	10	2
上林县	776	358	417	6	6	
宾阳县	1370	615	755	17	17	
横县	1688	801	886	52	52	
柳州市	**7056**	**3332**	**3724**	**78**	**71**	**7**
城中区	216	98	118	1	1	
鱼峰区	774	371	403	3	1	2
柳南区	808	386	422	3	1	2
柳北区	819	397	422	1	1	
柳江县	912	440	472	11	11	
柳城县	798	380	418	13	12	1
鹿寨县	682	300	383	7	7	
融安县	691	334	358	9	9	1
融水苗族自治县	804	373	431	21	21	
三江侗族自治县	551	255	297	9	8	1
桂林市	**10705**	**5023**	**5682**	**198**	**197**	**1**
秀峰区	282	133	149			
叠彩区	434	199	235			
象山区	550	261	288	1	1	
七星区	479	218	261			
雁山区	131	57	73	4	4	
临桂区	958	446	512	20	20	
阳朔县	624	285	339	11	11	
灵川县	765	338	427	15	15	
全州县	1581	736	845	19	19	
兴安县	839	397	442	17	17	
永福县	567	273	293	28	28	
灌阳县	490	252	238	13	12	1
龙胜各族自治县	438	210	228	5	5	
资源县	325	157	167	2	2	
平乐县	859	411	448	19	19	
荔浦县	801	368	433	25	25	
恭城瑶族自治县	581	279	302	21	21	

9-5 续表 1

单位：人

地 区	有配偶			离 婚			丧 偶		
	小计	男	女	小计	男	女	小计	男	女
全 区	**59928**	**32179**	**27749**	**763**	**450**	**313**	**23640**	**6270**	**17370**
南宁市	**8771**	**4769**	**4002**	**124**	**58**	**67**	**3107**	**762**	**2345**
兴宁区	524	304	220	14	6	8	157	32	125
青秀区	857	464	393	12	5	7	242	52	189
江南区	621	340	281	6	3	2	229	67	162
西乡塘区	1438	824	615	37	11	26	379	72	307
良庆区	395	206	190	3	2	1	99	24	75
邕宁区	353	186	167	2	1	1	136	35	101
武鸣县	929	512	417	9	6	4	356	102	255
隆安县	464	245	220	8	2	6	183	48	134
马山县	505	267	238	7	2	5	278	71	207
上林县	546	298	249	4	1	3	219	54	166
宾阳县	989	517	473	8	6	2	356	75	280
横县	1146	608	539	15	13	2	475	129	346
柳州市	**5033**	**2727**	**2306**	**119**	**68**	**51**	**1825**	**465**	**1360**
城中区	163	88	75	7	3	4	45	6	39
鱼峰区	601	335	266	20	5	15	150	30	120
柳南区	587	331	256	22	14	8	196	40	156
柳北区	623	344	280	24	12	12	171	40	131
柳江县	671	360	311	10	8	2	219	60	159
柳城县	570	300	269	10	6	3	206	62	144
鹿寨县	449	241	208	8	6	2	219	46	173
融安县	509	274	235	9	7	2	164	44	120
融水苗族自治县	478	257	221	8	5	2	297	88	208
三江侗族自治县	382	197	185	2	2		159	48	110
桂林市	**7498**	**4030**	**3467**	**140**	**81**	**59**	**2868**	**714**	**2154**
秀峰区	201	113	88	11	5	5	71	15	55
叠彩区	318	179	139	12	5	7	105	16	88
象山区	419	231	189	26	12	14	103	17	85
七星区	349	191	158	15	7	7	116	20	96
雁山区	94	49	45				32	4	28
临桂区	662	357	305	7	5	1	269	65	205
阳朔县	459	236	223	4	2	2	150	35	115
灵川县	520	280	240	11	6	5	219	38	182
全州县	1111	589	522	11	6	5	440	122	318
兴安县	587	309	277	5	2	3	230	69	161
永福县	366	200	166	6	6		166	39	127
灌阳县	368	196	172	1	1		108	43	65
龙胜各族自治县	283	164	119	4	3	1	146	38	108
资源县	233	127	106	3	3		87	26	61
平乐县	588	316	272	7	3	4	245	72	172
荔浦县	529	276	253	13	10	3	235	57	178
恭城瑶族自治县	410	218	193	4	4	1	146	38	109

9-5 续表 2

单位：人

地区	合计			未婚		
	合计	男	女	小计	男	女
梧州市	**5145**	**2552**	**2593**	**232**	**230**	**2**
万秀区	812	394	419	6	6	1
长洲区	323	153	170	5	5	
龙圩区	476	246	230	34	34	
苍梧县	585	285	300	29	29	
藤县	1461	769	692	103	102	1
蒙山县	382	181	201	6	6	
岑溪市	1105	524	582	47	47	
北海市	**2664**	**1301**	**1362**	**41**	**38**	**3**
海城区	516	237	279	2	1	1
银海区	247	120	128	1	1	
铁山港区	292	138	154	5	4	
合浦县	1609	808	801	34	32	2
防城港市	**1365**	**686**	**679**	**11**	**10**	**1**
港口区	212	107	105	1	1	
防城区	648	330	318	6	6	
上思县	303	145	158	2	2	
东兴市	202	104	98	2	2	
钦州市	**5078**	**2550**	**2528**	**142**	**139**	**3**
钦南区	836	434	402	22	20	2
钦北区	1105	544	561	23	23	
灵山县	1739	839	900	35	33	1
浦北县	1398	732	665	62	62	
贵港市	**7200**	**3471**	**3729**	**170**	**168**	**2**
港北区	919	433	486	6	5	1
港南区	900	441	459	8	8	
覃塘区	731	339	392	7	7	
平南县	2241	1081	1160	76	76	
桂平市	2410	1177	1232	73	71	2
玉林市	**9204**	**4566**	**4637**	**176**	**175**	**1**
玉州区	1237	591	646	3	3	
福绵区	681	350	331	22	22	
容县	1237	614	623	38	38	
陆川县	1204	614	591	39	39	
博白县	2067	1041	1026	14	13	1
兴业县	1013	467	547	28	28	
北流市	1765	891	874	32	32	

9-5　续表 3　　　　单位：人

地　区	有配偶			离　婚			丧　偶		
	小计	男	女	小计	男	女	小计	男	女
梧州市	**3464**	**1864**	**1600**	**62**	**43**	**19**	**1388**	**415**	**973**
万秀区	599	329	270	25	11	14	182	48	134
长洲区	231	127	104	5	3	2	82	18	64
龙圩区	304	163	140	6	5	1	132	43	89
苍梧县	394	208	187	1		1	160	48	112
藤县	974	526	448	10	10		374	131	242
蒙山县	263	139	124	2	2		111	34	76
岑溪市	699	372	327	13	13		347	91	255
北海市	**1968**	**1084**	**884**	**20**	**9**	**11**	**634**	**170**	**465**
海城区	382	212	170	9	2	7	123	21	102
银海区	195	107	89	1	1	1	49	11	38
铁山港区	206	112	95				80	22	59
合浦县	1184	654	531	9	7	3	382	116	266
防城港市	**1004**	**571**	**433**	**13**	**8**	**5**	**337**	**97**	**241**
港口区	158	92	66	2	2		51	12	39
防城区	493	282	211	6	3	3	144	40	104
上思县	203	111	92	4	2	1	95	30	65
东兴市	151	86	65	1			48	15	33
钦州市	**3618**	**2000**	**1618**	**29**	**19**	**10**	**1288**	**392**	**896**
钦南区	639	363	275	5	2	3	171	49	121
钦北区	772	426	345	4	4		307	91	216
灵山县	1239	674	565	13	6	6	453	126	327
浦北县	969	536	433	8	7	1	358	127	231
贵港市	**5152**	**2743**	**2409**	**43**	**31**	**12**	**1835**	**529**	**1306**
港北区	693	370	323	9	6	3	211	53	159
港南区	670	365	305	5	4	1	217	64	153
覃塘区	512	266	245	7	4	3	205	62	143
平南县	1572	825	747	16	11	5	576	169	408
桂平市	1705	917	788	7	7		625	182	443
玉林市	**6692**	**3674**	**3018**	**60**	**43**	**17**	**2275**	**675**	**1600**
玉州区	967	524	443	6	1	5	260	63	198
福绵区	508	279	229	8	6	2	144	43	101
容县	843	468	375	15	14	1	341	94	247
陆川县	840	464	376	14	12	3	311	99	212
博白县	1553	854	699	5	3	3	494	172	322
兴业县	677	361	316	4	2	2	304	75	229
北流市	1303	723	580	8	6	2	422	130	292

9-5 续表 4

单位：人

地 区	合 计			未 婚		
	合计	男	女	小计	男	女
百色市	**6615**	**2841**	**3774**	**83**	**69**	**13**
右江区	699	314	385	9	5	4
田阳县	751	308	443	9	7	2
田东县	774	329	446	6	1	4
平果县	719	301	418	3	3	
德保县	717	317	400	21	19	1
靖西县	1150	519	631	19	18	1
那坡县	258	103	154	1	1	
凌云县	293	123	170	2	2	
乐业县	204	92	112	2	2	
田林县	358	147	210	5	5	
西林县	162	67	95	2	2	
隆林各族自治县	530	220	309	5	4	1
贺州市	**3563**	**1669**	**1894**	**69**	**69**	
八步区	1149	528	621	23	23	
平桂管理区	643	300	343	5	5	
昭平县	660	311	349	22	22	
钟山县	614	289	325	12	12	
富川瑶族自治县	497	242	255	7	7	
河池市	**6520**	**2756**	**3764**	**74**	**61**	**13**
金城江区	598	272	326	7	6	1
南丹县	450	192	257	3	3	
天峨县	258	97	162	4	3	1
凤山县	292	127	165	4	4	
东兰县	472	203	269	3	2	1
罗城仫佬族自治县	675	306	369	5	5	
环江毛南族自治县	607	253	353	6	6	
巴马瑶族自治县	403	164	239	6	4	2
都安瑶族自治县	957	387	569	17	9	8
大化瑶族自治县	598	253	345	9	8	1
宜州市	1210	500	710	10	10	
来宾市	**4385**	**2023**	**2362**	**45**	**42**	**3**
兴宾区	1841	837	1004	5	3	2
忻城县	769	349	420	9	8	1
象州县	616	295	321	15	15	
武宣县	652	300	352	11	11	
金秀瑶族自治县	259	123	136	3	3	
合山市	248	120	128	2	2	
崇左市	**4186**	**1842**	**2343**	**34**	**32**	**1**
江州区	601	261	339	5	5	
扶绥县	739	342	397	12	12	
宁明县	659	294	365	1	1	
龙州县	431	182	249	5	5	1
大新县	814	351	463	5	5	
天等县	788	342	446	5	4	1
凭祥市	153	70	83			

9-5 续表 5

单位：人

地　区	有配偶			离　婚			丧　偶		
	小计	男	女	小计	男	女	小计	男	女
百色市	**4328**	**2198**	**2130**	**31**	**19**	**12**	**2172**	**555**	**1618**
右江区	510	264	246	3	2	1	178	43	134
田阳县	446	228	218	10	6	3	285	66	220
田东县	550	281	269				219	46	173
平果县	471	243	228	1		1	243	54	189
德保县	447	223	224	4	3	1	245	72	173
靖西县	772	389	384	6	5	1	353	108	245
那坡县	153	77	76	1	1	1	102	25	78
凌云县	177	86	90	2		2	112	34	78
乐业县	137	72	65	1		1	65	19	46
田林县	214	108	105	2	1	1	138	34	104
西林县	111	59	53	1		1	48	6	42
隆林各族自治县	340	168	172	1	1		183	47	136
贺州市	**2405**	**1283**	**1123**	**34**	**26**	**8**	**1054**	**290**	**764**
八步区	783	422	362	11	8	3	332	75	257
平桂管理区	428	225	203	6	5	1	204	65	139
昭平县	438	237	201	7	5	2	192	46	146
钟山县	399	207	192	8	6	1	195	64	131
富川瑶族自治县	357	192	164	3	2	1	131	41	90
河池市	**4140**	**2157**	**1983**	**44**	**22**	**23**	**2261**	**516**	**1745**
金城江区	424	231	193	5	3	2	162	32	130
南丹县	293	158	134	4	3	1	151	28	122
天峨县	150	71	78	2	1	1	103	21	82
凤山县	191	98	93	3	1	2	95	25	70
东兰县	299	149	151	3	1	2	166	51	115
罗城仫佬族自治县	452	232	220	3	3		216	67	149
环江毛南族自治县	370	194	175	1	1		230	52	178
巴马瑶族自治县	234	118	117	1		1	161	42	119
都安瑶族自治县	530	285	246	11	4	7	398	90	309
大化瑶族自治县	381	200	180				209	45	164
宜州市	817	421	396	13	6	7	370	63	307
来宾市	**3092**	**1630**	**1462**	**27**	**15**	**12**	**1222**	**336**	**886**
兴宾区	1327	684	643	6	1	5	503	149	354
忻城县	493	265	228	5	3	1	263	72	191
象州县	444	234	210	7	5	2	150	41	109
武宣县	470	250	221	3	3	1	168	37	131
金秀瑶族自治县	181	97	83	5	3	2	71	21	50
合山市	177	100	77	1		1	68	17	51
崇左市	**2763**	**1447**	**1316**	**16**	**8**	**7**	**1373**	**355**	**1018**
江州区	391	212	180	2	1	2	203	44	158
扶绥县	523	280	244	3	2	2	200	49	152
宁明县	455	236	219	2	2		201	55	146
龙州县	271	146	125	3	1	2	152	30	121
大新县	519	260	259	3	1	2	287	84	203
天等县	489	253	236	1	1		293	84	208
凭祥市	113	60	53	2	1	1	38	9	29

9-5a 各地区分性别、婚姻状况的60岁及以上老年人口(城市)

单位：人

地　区	合　计			未　婚		
	合计	男	女	小计	男	女
全　区	**15234**	**7279**	**7955**	**63**	**47**	**16**
南宁市	3845	1885	1960	14	6	8
柳州市	2507	1202	1305	8	4	4
桂林市	1784	830	954	3	3	
梧州市	1412	675	737	18	17	1
北海市	626	292	334	2	2	1
防城港市	321	154	167	4	4	
钦州市	359	171	188	3	1	1
贵港市	1012	485	527	8	8	
玉林市	1399	692	707	1	1	
百色市	389	182	208	3	1	2
贺州市	434	200	234	1	1	
河池市	561	253	309			
来宾市	384	172	212			
崇左市	200	87	112			

9-5a 续表

单位：人

地　区	有配偶			离　婚			丧　偶		
	小计	男	女	小计	男	女	小计	男	女
全　区	**11588**	**6400**	**5189**	**277**	**122**	**155**	**3305**	**711**	**2594**
南宁市	3011	1696	1315	64	21	42	757	161	595
柳州市	1905	1057	848	73	34	40	521	108	413
桂林市	1290	717	573	62	30	32	430	81	349
梧州市	1016	554	462	29	13	16	349	91	259
北海市	471	262	209	9	2	7	144	26	118
防城港市	248	138	110	4	3	1	65	9	56
钦州市	283	151	132	3	1	1	71	18	53
贵港市	780	422	358	9	6	3	215	48	167
玉林市	1121	614	507	7	1	6	270	75	194
百色市	302	164	139				84	17	67
贺州市	315	172	143	5	4	1	113	23	90
河池市	413	220	193	11	6	5	137	27	111
来宾市	288	153	135	1		1	95	19	76
崇左市	145	79	66	1		1	54	8	46

9-5b 各地区分性别、婚姻状况的60岁及以上老年人口(镇)

单位：人

地区	合计			未婚		
	合计	男	女	小计	男	女
全区	**19312**	**9163**	**10149**	**224**	**217**	**7**
南宁市	2215	1020	1195	17	15	1
柳州市	1414	685	729	16	15	1
桂林市	2253	1039	1214	15	15	
梧州市	898	446	451	37	37	
北海市	785	376	409	10	9	1
防城港市	339	169	169	2	2	
钦州市	1231	614	618	17	17	
贵港市	2048	1014	1033	48	47	1
玉林市	2662	1311	1351	24	24	
百色市	1485	661	825	8	6	2
贺州市	908	425	484	11	11	
河池市	1227	549	678	12	12	
来宾市	966	446	520	5	4	1
崇左市	880	408	472	3	3	

9-5b 续表

单位：人

地区	有配偶			离婚			丧偶		
	小计	男	女	小计	男	女	小计	男	女
全区	**13914**	**7606**	**6307**	**152**	**90**	**62**	**5022**	**1250**	**3772**
南宁市	1600	872	728	22	9	13	577	124	453
柳州市	1024	571	453	15	9	6	359	90	270
桂林市	1670	896	775	24	11	12	545	118	427
梧州市	618	339	279	2	2		241	69	172
北海市	588	316	271	5	3	2	182	47	135
防城港市	250	144	106	3	1	3	83	23	60
钦州市	891	505	386	8	4	4	315	87	228
贵港市	1501	808	693	10	8	2	489	151	338
玉林市	1996	1097	899	20	16	5	623	175	448
百色市	1014	547	467	8	6	2	456	102	354
贺州市	610	334	276	11	7	4	276	72	204
河池市	819	452	366	9	7	3	388	79	309
来宾市	691	375	317	10	6	4	259	62	198
崇左市	643	351	292	4	2	2	230	52	178

9-5c 各地区分性别、婚姻状况的60岁及以上老年人口(乡村)

单位：人

地 区	合 计			未 婚		
	合计	男	女	小计	男	女
全 区	**51289**	**23895**	**27394**	**1216**	**1174**	**42**
南宁市	6092	2820	3272	119	115	4
柳州市	3134	1444	1690	54	52	2
桂林市	6667	3153	3514	181	180	1
梧州市	2835	1431	1405	177	176	1
北海市	1253	634	619	29	28	2
防城港市	706	363	343	5	5	
钦州市	3487	1765	1722	122	120	2
贵港市	4140	1972	2168	114	113	2
玉林市	5143	2564	2579	152	150	1
百色市	4740	1999	2741	73	63	10
贺州市	2221	1044	1177	57	57	
河池市	4731	1954	2777	63	49	13
来宾市	3035	1405	1630	39	38	2
崇左市	3106	1348	1758	31	29	1

9-5c 续表

单位：人

地 区	有配偶			离 婚			丧 偶		
	小计	男	女	小计	男	女	小计	男	女
全 区	**34426**	**18173**	**16253**	**333**	**238**	**95**	**15313**	**4310**	**11004**
南宁市	4160	2201	1959	39	27	11	1774	476	1297
柳州市	2104	1100	1004	31	25	6	945	267	678
桂林市	4538	2418	2120	55	40	15	1894	515	1378
梧州市	1830	971	859	31	29	2	797	255	542
北海市	909	506	403	6	3	2	308	96	212
防城港市	506	289	217	6	4	2	189	65	124
钦州市	2444	1344	1100	18	14	5	903	288	615
贵港市	2872	1513	1358	23	16	7	1130	329	801
玉林市	3576	1962	1613	33	26	6	1383	425	958
百色市	3012	1487	1524	24	13	10	1632	436	1196
贺州市	1480	777	704	18	15	3	665	195	470
河池市	2908	1485	1424	25	10	15	1736	410	1326
来宾市	2112	1103	1010	16	9	7	867	256	611
崇左市	1975	1017	958	10	6	4	1090	295	795

9-6 全区分年龄、性别、婚姻状况的60岁及以上老年人口

单位：人

年龄	合计			未婚		
	合计	男	女	小计	男	女
总计	**85835**	**40337**	**45497**	**1504**	**1438**	**65**
60-64	**27599**	**13735**	**13864**	**584**	**559**	**25**
60	5854	2929	2924	101	98	2
61	5971	2952	3019	130	123	7
62	5619	2787	2832	121	115	6
63	5640	2818	2822	128	126	2
64	4515	2249	2267	105	97	8
65-69	**19795**	**9907**	**9888**	**360**	**351**	**9**
65	4937	2405	2533	104	103	1
66	4794	2523	2272	88	86	2
67	3657	1821	1835	63	60	3
68	3240	1656	1584	51	49	2
69	3167	1503	1664	54	53	1
70-74	**14934**	**6951**	**7983**	**261**	**254**	**7**
70	3207	1482	1725	55	55	
71	3132	1512	1620	66	65	1
72	3024	1363	1661	41	41	1
73	2760	1281	1479	48	44	3
74	2811	1313	1499	51	50	1
75-79	**11343**	**5051**	**6292**	**182**	**175**	**7**
75	2642	1202	1441	54	50	4
76	2172	986	1186	39	38	1
77	2351	1039	1313	32	31	1
78	2173	968	1205	27	26	1
79	2005	858	1147	31	31	
80-84	**7320**	**3026**	**4294**	**74**	**69**	**5**
80	1861	780	1082	20	18	2
81	1528	630	898	14	14	
82	1494	670	824	17	16	1
83	1283	485	798	10	10	
84	1153	462	691	14	11	3
85-89	**3368**	**1223**	**2145**	**35**	**25**	**9**
85	995	396	600	14	10	4
86	732	250	482	3	2	1
87	668	239	429	8	6	2
88	578	210	368	9	7	2
89	395	128	266			
90-94	**1127**	**355**	**771**	**7**	**3**	**4**
90	357	115	242	2	1	1
91	250	86	164	1	1	
92	211	58	153	1	1	
93	159	58	101	1		1
94	150	39	111	1		1
95-99	**284**	**77**	**207**	**1**	**1**	
95	115	31	84	1	1	
96	65	19	46			
97	42	12	30			
98	33	9	24			
99	29	5	24			
100及以上	**66**	**11**	**54**			

9-6 续表

单位：人

年 龄	有配偶			离 婚			丧 偶		
	小计	男	女	小计	男	女	小计	男	女
总 计	**59928**	**32179**	**27749**	**763**	**450**	**313**	**23640**	**6270**	**17370**
60-64	**23367**	**12039**	**11328**	**336**	**211**	**125**	**3311**	**926**	**2386**
60	5079	2628	2451	80	46	34	594	157	436
61	5099	2601	2498	72	42	30	670	186	484
62	4695	2390	2305	66	49	16	738	233	505
63	4741	2458	2283	69	45	24	702	188	514
64	3752	1962	1790	50	29	22	608	162	446
65-69	**15651**	**8458**	**7193**	**180**	**106**	**74**	**3604**	**992**	**2612**
65	4019	2063	1956	42	21	21	773	218	555
66	3839	2170	1669	53	35	18	815	232	582
67	2884	1550	1334	34	17	17	676	194	481
68	2503	1399	1104	29	20	9	658	188	470
69	2407	1276	1131	22	14	9	683	160	523
70-74	**10180**	**5415**	**4765**	**110**	**62**	**48**	**4383**	**1219**	**3164**
70	2309	1200	1109	33	18	15	811	210	601
71	2222	1199	1023	25	17	8	819	231	587
72	2046	1076	970	22	12	10	916	235	681
73	1835	970	866	12	6	6	864	260	604
74	1767	970	798	19	10	9	973	283	690
75-79	**6389**	**3612**	**2778**	**63**	**35**	**28**	**4709**	**1230**	**3479**
75	1595	884	711	22	15	7	971	252	719
76	1316	742	573	5	1	4	812	205	608
77	1312	756	556	12	6	6	996	247	749
78	1161	658	503	14	9	5	971	276	696
79	1006	572	434	9	4	5	959	251	708
80-84	**3146**	**1891**	**1255**	**33**	**18**	**15**	**4067**	**1049**	**3018**
80	860	494	366	7	2	4	975	265	710
81	719	418	302	4	3	1	791	195	596
82	633	408	225	8	6	2	836	239	597
83	490	275	214	10	4	7	773	197	576
84	444	295	148	4	3	2	692	153	539
85-89	**942**	**595**	**347**	**33**	**16**	**17**	**2359**	**587**	**1771**
85	325	210	116	7	5	3	648	171	477
86	200	125	75	11	5	6	518	118	401
87	177	118	59	7	2	4	476	112	363
88	140	81	59	8	4	4	422	118	304
89	99	60	39				295	68	227
90-94	**221**	**149**	**72**	**8**	**3**	**5**	**891**	**200**	**691**
90	91	61	31	2	1	2	261	53	208
91	46	30	16	1	1		201	53	148
92	33	21	12	3		3	174	36	138
93	30	25	5	1	1		127	32	94
94	20	12	8	1		1	128	27	102
95-99	**26**	**16**	**10**				**257**	**59**	**198**
95	12	9	3				102	21	81
96	6	4	3				59	16	43
97	5	1	4				37	11	26
98	1	1					32	8	24
99	2	2					27	4	24
100及以上	**6**	**4**	**2**				**60**	**8**	**52**

9-6a 全区分年龄、性别、婚姻状况的60岁及以上老年人口(城市)

单位：人

年 龄	合 计			未 婚		
	合计	男	女	小计	男	女
总 计	**15234**	**7279**	**7955**	**63**	**47**	**16**
60-64	**5572**	**2789**	**2782**	**33**	**24**	**9**
60	1224	609	615	3	3	
61	1211	612	599	12	10	2
62	1169	563	606	6	4	2
63	1075	539	536	5	4	2
64	893	466	427	7	3	4
65-69	**3660**	**1824**	**1836**	**17**	**11**	**6**
65	985	479	506	2	2	
66	871	450	422	9	7	2
67	677	335	342	3	1	2
68	576	289	287	2		2
69	551	271	280	1	1	
70-74	**2257**	**1043**	**1213**	**5**	**5**	
70	492	227	265	1	1	
71	451	224	228	1	1	
72	469	221	248	2	2	
73	431	192	239			
74	414	181	234			
75-79	**1901**	**848**	**1053**	**6**	**5**	**1**
75	421	206	215	1	1	
76	385	170	215	2	2	
77	388	164	224	1	1	
78	369	170	199	1		1
79	338	138	200	2	2	
80-84	**1166**	**518**	**647**	**2**	**2**	**1**
80	294	118	176	1	1	
81	234	98	136			
82	244	126	118	1		1
83	219	91	128			
84	175	85	89	1	1	
85-89	**471**	**183**	**288**			
85	151	76	75			
86	101	41	60			
87	91	28	63			
88	76	21	55			
89	52	17	34			
90-94	**166**	**61**	**105**			
90	50	24	26			
91	36	12	25			
92	38	10	28			
93	21	12	9			
94	21	4	17			
95-99	**33**	**12**	**22**			
95	14	6	8			
96	8	3	5			
97	3	1	2			
98	5	1	4			
99	3	1	3			
100及以上	**8**		**8**			

9-6a 续表

单位：人

年 龄	有配偶			离 婚			丧 偶		
	小计	男	女	小计	男	女	小计	男	女
总 计	**11588**	**6400**	**5189**	**277**	**122**	**155**	**3305**	**711**	**2594**
60-64	**4902**	**2589**	**2313**	**148**	**67**	**81**	**488**	**109**	**379**
60	1090	574	516	39	15	24	92	17	75
61	1076	575	501	28	9	19	95	18	77
62	1001	499	502	32	21	11	130	39	92
63	952	503	449	22	10	12	95	22	73
64	783	437	345	28	12	16	76	14	62
65-69	**3053**	**1669**	**1384**	**64**	**28**	**35**	**527**	**116**	**411**
65	853	438	415	14	4	10	116	34	81
66	729	412	316	15	8	7	120	22	97
67	564	314	250	16	6	10	94	15	79
68	463	259	204	12	7	5	99	22	77
69	444	246	198	7	3	4	99	22	77
70-74	**1631**	**896**	**735**	**33**	**11**	**22**	**588**	**132**	**456**
70	358	194	164	12	6	6	120	26	94
71	338	196	142	5	1	4	107	25	82
72	349	192	156	4	2	2	114	24	90
73	312	160	151	5	1	4	114	29	84
74	275	153	122	7	1	6	133	27	106
75-79	**1197**	**707**	**490**	**18**	**9**	**9**	**681**	**128**	**553**
75	277	167	110	6	4	2	137	34	103
76	267	149	118	1	1		116	19	97
77	240	140	100	3	1	2	144	22	122
78	222	139	83	4	3	2	142	28	114
79	191	111	79	3		3	142	25	117
80-84	**589**	**387**	**203**	**8**	**4**	**4**	**566**	**126**	**440**
80	151	84	68	2	1	1	140	32	108
81	122	72	50				111	26	85
82	123	95	29	2	1	1	118	30	88
83	102	66	36	3	1	2	115	25	90
84	90	70	20	1	1		83	13	69
85-89	**170**	**117**	**53**	**6**	**3**	**3**	**295**	**63**	**232**
85	65	48	18	3	3		83	26	58
86	44	32	13	2		2	55	9	46
87	29	15	13	1		1	61	12	49
88	16	9	7	1		1	59	12	47
89	16	13	2				36	4	32
90-94	**42**	**32**	**11**	**1**		**1**	**123**	**30**	**93**
90	20	15	5				30	9	22
91	4	3					33	8	24
92	7	2	5	1		1	30	7	23
93	10	9	1				11	3	8
94	2	2					19	3	17
95-99	**5**	**4**	**1**				**28**	**8**	**21**
95	4	3	1				10	3	7
96							8	3	5
97	1	1					2		2
98							5	1	4
99							3	1	3
100及以上							**8**		**8**

9-6b 全区分年龄、性别、婚姻状况的60岁及以上老年人口(镇)

单位：人

年龄	合计			未婚		
	合计	男	女	小计	男	女
总 计	**19312**	**9163**	**10149**	**224**	**217**	**7**
60-64	**6432**	**3155**	**3277**	**96**	**93**	**3**
60	1391	681	710	16	15	1
61	1448	709	739	23	22	1
62	1301	639	662	15	15	
63	1291	642	649	22	22	
64	1000	484	516	20	19	1
65-69	**4520**	**2298**	**2222**	**49**	**49**	
65	1147	578	569	13	13	
66	1119	591	528	11	11	
67	824	418	406	13	13	
68	743	389	355	4	4	
69	686	323	364	8	8	
70-74	**3273**	**1566**	**1707**	**38**	**38**	
70	794	385	409	5	5	
71	665	334	331	12	12	
72	631	283	347	5	5	
73	610	276	334	6	6	
74	573	287	287	10	10	
75-79	**2413**	**1098**	**1315**	**25**	**24**	**1**
75	584	268	316	9	7	1
76	449	203	246	3	3	
77	508	237	271	6	6	
78	479	225	254	3	3	
79	394	165	228	4	4	
80-84	**1593**	**669**	**925**	**12**	**11**	**1**
80	418	182	236	2	2	1
81	320	132	188	3	3	
82	308	149	159	3	3	
83	290	107	183	1	1	
84	257	99	158	2	2	
85-89	**735**	**266**	**469**	**3**	**2**	**1**
85	221	76	144	1	1	
86	145	50	95	1	1	
87	163	58	104	1	1	1
88	120	50	69			
89	87	31	56			
90-94	**268**	**88**	**179**	**1**		**1**
90	88	24	65			
91	53	19	34			
92	42	16	26			
93	46	16	29			
94	39	13	25	1		1
95-99	**58**	**17**	**41**			
95	25	9	16			
96	17	5	13			
97	6	2	4			
98	7	2	5			
99	3		3			
100及以上	**20**	**7**	**14**			

9-6b 续表

单位：人

年 龄	有配偶			离 婚			丧 偶		
	小计	男	女	小计	男	女	小计	男	女
总 计	**13914**	**7606**	**6307**	**152**	**90**	**62**	**5022**	**1250**	**3772**
60-64	**5579**	**2861**	**2718**	**65**	**40**	**26**	**691**	**161**	**530**
60	1236	632	604	13	8	5	126	25	101
61	1263	647	616	19	12	7	143	28	115
62	1128	580	548	11	7	4	147	38	110
63	1100	570	530	17	9	8	152	41	111
64	852	432	420	6	4	2	123	30	93
65-69	**3667**	**2024**	**1644**	**32**	**20**	**13**	**771**	**206**	**565**
65	967	523	444	8	5	3	159	37	122
66	913	519	394	10	6	4	185	55	130
67	659	359	300	6	3	4	145	43	102
68	594	346	249	4	2	1	142	37	105
69	534	277	257	4	4		141	34	107
70-74	**2302**	**1273**	**1029**	**24**	**15**	**8**	**909**	**239**	**670**
70	596	330	266	8	5	3	185	45	140
71	473	269	204	6	4	2	174	50	124
72	426	231	195	7	4	3	193	44	149
73	425	225	200	2	2		177	44	134
74	381	218	164	2	2		180	57	123
75-79	**1391**	**822**	**569**	**13**	**5**	**8**	**984**	**247**	**737**
75	369	208	161	4	1	3	202	51	151
76	263	157	106	1		1	181	42	139
77	285	174	112	2	1	1	214	56	158
78	274	164	110	4	3	1	198	55	143
79	199	119	81	1		1	190	43	147
80-84	**692**	**438**	**254**	**10**	**6**	**4**	**880**	**213**	**666**
80	182	118	64	1		1	233	63	170
81	165	100	64	4	3	1	149	25	123
82	131	89	42	3	3		171	53	118
83	123	67	55	1		1	165	39	127
84	92	63	29				162	33	129
85-89	**228**	**146**	**81**	**6**	**3**	**3**	**498**	**114**	**384**
85	73	43	30	2	1	1	145	31	114
86	40	28	12	2	1	1	103	20	83
87	47	34	13	2	1	1	113	23	90
88	39	25	13	1		1	80	25	55
89	29	16	13				57	15	42
90-94	**49**	**37**	**12**	**2**	**1**	**1**	**216**	**51**	**166**
90	16	12	5	1		1	71	12	59
91	11	8	3				42	11	31
92	8	7	1				34	9	25
93	7	6	1	1	1		38	10	28
94	6	5	2	1		1	31	9	22
95-99	**4**	**4**	**1**				**53**	**13**	**40**
95	2	2					22	6	16
96	1	1					16	3	13
97	1		1				5	2	3
98							7	2	5
99							3		3
100及以上	**1**	**1**					**19**	**5**	**14**

9-6c 全区分年龄、性别、婚姻状况的60岁及以上老年人口(乡村)

单位：人

年 龄	合 计			未 婚		
	合计	男	女	小计	男	女
总 计	**51289**	**23895**	**27394**	**1216**	**1174**	**42**
60-64	**15595**	**7791**	**7804**	**455**	**442**	**13**
60	3239	1639	1599	81	80	2
61	3312	1631	1681	94	91	4
62	3148	1585	1564	100	96	4
63	3274	1637	1637	100	100	
64	2622	1299	1323	79	75	3
65-69	**11615**	**5785**	**5830**	**294**	**291**	**3**
65	2805	1347	1458	89	88	1
66	2804	1482	1322	68	67	1
67	2156	1069	1087	46	46	
68	1920	978	942	45	45	
69	1930	909	1021	45	44	1
70-74	**9404**	**4342**	**5062**	**218**	**211**	**7**
70	1921	870	1051	48	48	
71	2016	955	1061	53	51	1
72	1925	859	1066	34	34	1
73	1718	813	905	41	38	3
74	1824	845	979	41	40	1
75-79	**7029**	**3105**	**3923**	**150**	**146**	**5**
75	1637	727	910	44	42	2
76	1338	613	725	34	33	1
77	1456	638	818	25	24	1
78	1325	573	752	23	23	
79	1273	554	719	25	25	
80-84	**4561**	**1839**	**2722**	**60**	**57**	**4**
80	1149	480	670	17	16	1
81	974	399	575	11	11	
82	943	395	547	13	13	
83	773	287	486	9	9	
84	722	278	444	11	8	3
85-89	**2162**	**774**	**1388**	**32**	**23**	**9**
85	623	243	380	13	9	4
86	486	160	326	2	1	1
87	414	153	262	7	6	2
88	383	139	244	9	7	2
89	256	80	176			
90-94	**693**	**206**	**487**	**6**	**3**	**3**
90	219	67	151	2	1	1
91	161	55	106	1	1	
92	131	32	98	1	1	
93	93	30	63	1		1
94	90	21	69			
95-99	**193**	**48**	**145**	**1**	**1**	
95	77	16	61	1	1	
96	41	12	29			
97	33	9	23			
98	20	6	14			
99	23	5	18			
100及以上	**37**	**5**	**33**			

9-6c 续表

单位：人

年 龄	有配偶			离 婚			丧 偶		
	小计	男	女	小计	男	女	小计	男	女
总 计	**34426**	**18173**	**16253**	**333**	**238**	**95**	**15313**	**4310**	**11004**
60-64	**12886**	**6589**	**6297**	**122**	**104**	**18**	**2132**	**656**	**1476**
60	2754	1422	1332	27	23	5	376	115	261
61	2760	1379	1381	25	21	4	432	140	292
62	2566	1311	1255	23	22	2	460	156	304
63	2688	1384	1304	30	27	4	455	126	329
64	2118	1093	1025	16	12	4	409	118	291
65-69	**8931**	**4765**	**4166**	**84**	**58**	**27**	**2306**	**670**	**1635**
65	2199	1101	1097	19	12	8	498	146	352
66	2197	1239	958	28	21	8	510	155	355
67	1660	877	783	12	9	3	437	137	300
68	1445	795	651	13	10	3	417	128	289
69	1430	754	676	11	7	5	444	104	339
70-74	**6247**	**3246**	**3001**	**54**	**36**	**18**	**2885**	**848**	**2037**
70	1355	676	679	13	7	6	505	139	367
71	1411	735	677	14	12	2	538	157	381
72	1271	652	619	11	6	5	608	167	442
73	1098	584	514	6	3	2	573	187	386
74	1111	599	513	11	8	3	660	199	462
75-79	**3802**	**2083**	**1718**	**32**	**21**	**11**	**3044**	**855**	**2189**
75	948	509	440	12	10	2	633	167	466
76	786	436	350	3	1	3	515	143	372
77	787	442	345	7	4	3	637	169	469
78	665	354	310	5	3	2	632	192	439
79	616	342	274	5	4	1	627	184	444
80-84	**1864**	**1066**	**798**	**16**	**7**	**8**	**2621**	**709**	**1912**
80	527	293	234	3	1	2	602	170	432
81	432	245	187				531	144	388
82	379	224	155	3	2	1	547	156	391
83	265	142	123	6	3	3	493	133	360
84	261	162	99	3	2	2	447	106	341
85-89	**545**	**332**	**213**	**20**	**9**	**11**	**1566**	**410**	**1155**
85	187	119	68	2		2	420	115	305
86	116	65	50	7	4	3	361	90	271
87	102	69	33	4	1	3	301	77	225
88	86	48	38	6	4	2	282	81	202
89	54	31	24				201	49	152
90-94	**130**	**81**	**50**	**5**	**2**	**3**	**551**	**120**	**431**
90	55	34	21	2	1	1	159	32	128
91	31	18	13	1	1		127	34	93
92	18	12	7	2		2	109	19	90
93	14	10	4				77	20	58
94	11	6	5				79	15	63
95-99	**17**	**9**	**8**				**175**	**38**	**137**
95	5	3	2				70	12	58
96	5	2	3				36	10	26
97	4		3				29	9	20
98	1	1					19	5	14
99	2	2					21	3	18
100及以上	**5**	**2**	**2**				**33**	**3**	**30**

9-7 各地区分性别、受教育程度的60岁及以上老年人口

单位：人

地　区	60岁及以上人口			未上过学			小　学		
	合计	男	女	小计	男	女	小计	男	女
全　区	**85926**	**40371**	**45555**	**18055**	**3745**	**14310**	**44310**	**20909**	**23402**
南宁市	**12158**	**5729**	**6429**	**1833**	**277**	**1556**	**5778**	**2568**	**3211**
兴宁区	704	348	356	72	8	65	303	127	176
青秀区	1114	523	591	51	1	49	340	124	216
江南区	864	417	447	91	12	79	370	154	216
西乡塘区	1867	917	950	101	10	91	629	255	375
良庆区	501	235	266	67	11	57	257	105	152
邕宁区	505	235	270	94	19	76	323	150	173
武鸣县	1309	631	678	178	17	162	635	301	334
隆安县	657	297	360	182	45	137	352	159	193
马山县	803	351	452	286	48	238	397	207	191
上林县	776	358	417	111	19	91	434	180	254
宾阳县	1372	616	755	240	28	213	757	317	440
横县	1688	801	886	357	59	298	979	489	491
柳州市	**7071**	**3338**	**3733**	**1404**	**303**	**1101**	**2884**	**1330**	**1554**
城中区	218	98	120	13		13	48	17	32
鱼峰区	774	371	403	42	7	34	202	70	132
柳南区	808	386	422	61	9	52	244	90	154
柳北区	824	399	425	45	3	41	245	102	143
柳江县	912	440	472	226	48	178	350	165	185
柳城县	798	380	418	176	26	150	387	194	193
鹿寨县	690	303	387	114	19	96	410	170	240
融安县	691	334	358	88	7	80	445	205	240
融水苗族自治县	804	373	431	391	106	285	311	193	118
三江侗族自治县	551	255	297	249	78	171	241	122	119
桂林市	**10706**	**5023**	**5684**	**2188**	**500**	**1688**	**5503**	**2560**	**2943**
秀峰区	282	133	149	19	5	14	59	15	43
叠彩区	434	199	235	32	1	31	107	38	69
象山区	550	261	288	31	1	30	141	45	96
七星区	479	218	261	64	5	59	177	70	107
雁山区	131	57	73	43	3	40	62	33	29
临桂区	958	446	512	344	58	286	452	251	201
阳朔县	624	285	339	197	44	152	326	173	152
灵川县	765	338	427	106	22	84	410	158	252
全州县	1581	736	845	341	100	240	912	415	497
兴安县	839	397	442	135	38	98	485	217	268
永福县	567	273	293	179	33	146	304	173	130
灌阳县	490	252	238	105	47	58	316	153	162
龙胜各族自治县	438	210	228	107	23	84	237	126	110
资源县	325	157	167	87	21	66	161	77	84
平乐县	861	411	450	300	82	218	425	215	209
荔浦县	801	368	433	72	12	60	497	211	286
恭城瑶族自治县	581	279	302	25	4	21	434	188	246

9-7 续表 1 单位：人

地 区	初 中			普通高中			中 职		
	小计	男	女	小计	男	女	小计	男	女
全 区	**16546**	**10782**	**5763**	**3753**	**2648**	**1105**	**1584**	**1044**	**539**
南宁市	**2852**	**1783**	**1069**	**676**	**457**	**219**	**389**	**223**	**165**
兴宁区	211	130	81	67	48	19	31	21	11
青秀区	224	112	112	127	68	59	84	34	50
江南区	278	166	112	72	46	26	29	20	8
西乡塘区	581	323	258	197	118	79	152	79	73
良庆区	137	90	48	25	20	5	6	4	2
邕宁区	69	52	17	10	7	3	6	5	1
武鸣县	367	221	147	45	34	11	31	22	9
隆安县	96	72	24	17	14	3	8	5	3
马山县	78	61	17	30	27	3	3	2	1
上林县	183	119	64	32	27	5	13	10	3
宾阳县	327	228	99	26	23	3	12	10	1
横县	301	210	91	28	25	4	15	12	3
柳州市	**1952**	**1143**	**808**	**399**	**259**	**140**	**204**	**128**	**76**
城中区	74	33	41	32	17	15	21	11	11
鱼峰区	358	189	169	89	51	38	23	11	12
柳南区	331	169	161	77	50	27	54	32	22
柳北区	338	170	169	90	51	39	47	27	20
柳江县	267	172	95	42	32	10	15	13	2
柳城县	201	132	69	16	14	2	9	6	2
鹿寨县	137	92	45	20	15	4	4	4	
融安县	126	94	32	18	16	2	10	8	3
融水苗族自治县	74	55	20	8	6	2	13	8	4
三江侗族自治县	45	39	7	8	8		8	8	
桂林市	**1994**	**1278**	**716**	**530**	**366**	**164**	**225**	**129**	**96**
秀峰区	99	55	44	50	26	24	16	6	10
叠彩区	153	80	73	47	23	24	35	18	16
象山区	195	100	95	82	47	36	33	17	15
七星区	121	71	50	50	32	18	32	17	16
雁山区	11	10	1	12	9	4	1	1	
临桂区	113	92	21	30	26	3	9	9	1
阳朔县	84	57	27	12	5	6	4	3	1
灵川县	192	119	72	35	23	11	21	14	7
全州县	258	168	89	53	42	11	9	6	2
兴安县	169	107	62	29	22	7	8	4	4
永福县	64	48	15	16	14	2	4	4	
灌阳县	57	43	14	10	7	3	1	1	
龙胜各族自治县	60	38	22	19	15	4	13	5	8
资源县	43	30	13	19	17	2	6	5	1
平乐县	96	84	11	22	20	2	17	8	9
荔浦县	188	111	77	33	25	8	8	7	1
恭城瑶族自治县	93	64	28	13	13		8	5	3

9-7 续表 2

单位：人

地　区	大学专科			大学本科			研究生及以上		
	小计	男	女	小计	男	女	小计	男	女
全　区	**1212**	**892**	**320**	**452**	**339**	**114**	**14**	**12**	**2**
南宁市	**409**	**266**	**144**	**213**	**148**	**66**	**8**	**8**	
兴宁区	14	11	3	4	3	1	1	1	
青秀区	172	105	66	114	76	38	3	3	
江南区	14	9	5	9	8	1			
西乡塘区	138	87	52	64	41	23	5	5	
良庆区	8	6	2						
邕宁区	3	2	1	1	1				
武鸣县	38	26	13	14	11	3			
隆安县	2	2		1	1				
马山县	7	5	2	1	1				
上林县	2	2							
宾阳县	9	9		1	1				
横县	2	2		5	5				
柳州市	**176**	**137**	**39**	**51**	**38**	**13**	**1**		**1**
城中区	23	17	6	7	4	3			
鱼峰区	43	31	12	16	11	5			
柳南区	36	30	6	6	6				
柳北区	43	32	11	16	13	3			
柳江县	11	10	1	1		1			
柳城县	9	7	1	1	1				
鹿寨县	4	3	2	1	1				
融安县	3	3		1		1			
融水苗族自治县	4	4		1	1	1	1		1
三江侗族自治县	1	1							
桂林市	**192**	**134**	**58**	**74**	**55**	**19**	**1**	**1**	
秀峰区	18	11	7	22	15	7	1	1	
叠彩区	38	25	13	22	14	8			
象山区	48	35	13	19	16	3			
七星区	30	18	12	5	5				
雁山区	1	1							
临桂区	10	10							
阳朔县	2	1	1						
灵川县	1	1		1	1				
全州县	9	5	5						
兴安县	11	9	2	1	1				
永福县	1	1							
灌阳县	1	1							
龙胜各族自治县	3	3							
资源县	7	6	1	1	1				
平乐县	1		1						
荔浦县	3	2	1	1	1				
恭城瑶族自治县	7	4	3	1	1	1			

9-7 续表 3

单位：人

地区	60岁及以上人口			未上过学			小学		
	合计	男	女	小计	男	女	小计	男	女
梧州市	**5154**	**2557**	**2597**	**748**	**174**	**574**	**2974**	**1401**	**1572**
万秀区	814	395	419	30	2	28	296	105	191
长洲区	323	153	170	30	5	26	140	60	80
龙圩区	476	246	230	40	7	33	313	148	164
苍梧县	593	289	304	93	6	87	401	202	199
藤县	1461	769	692	271	79	191	892	464	428
蒙山县	382	181	201	79	18	61	226	103	123
岑溪市	1105	524	582	205	56	149	707	320	388
北海市	**2665**	**1302**	**1363**	**496**	**104**	**391**	**1179**	**563**	**616**
海城区	517	237	280	50	8	43	173	64	110
银海区	247	120	128	71	18	53	90	44	46
铁山港区	292	138	154	83	14	69	134	68	66
合浦县	1609	808	801	292	65	227	781	387	394
防城港市	**1367**	**687**	**681**	**333**	**82**	**251**	**576**	**281**	**296**
港口区	212	107	105	56	10	46	76	37	38
防城区	649	330	318	148	40	107	265	126	139
上思县	303	145	158	76	19	56	134	63	71
东兴市	203	104	99	54	12	41	101	54	47
钦州市	**5084**	**2552**	**2531**	**1165**	**300**	**865**	**2877**	**1520**	**1358**
钦南区	837	435	402	193	39	154	428	236	193
钦北区	1108	545	563	317	79	238	613	336	277
灵山县	1742	840	901	403	118	285	1026	512	514
浦北县	1398	732	665	252	63	188	810	436	374
贵港市	**7201**	**3471**	**3730**	**1228**	**245**	**982**	**4362**	**2114**	**2248**
港北区	919	433	486	152	19	132	455	204	251
港南区	900	441	459	139	25	114	508	240	267
覃塘区	731	339	392	155	25	130	446	219	227
平南县	2241	1081	1160	273	72	201	1527	726	801
桂平市	2410	1177	1232	508	103	405	1426	725	702
玉林市	**9232**	**4573**	**4659**	**1281**	**340**	**941**	**5388**	**2591**	**2797**
玉州区	1260	595	665	115	28	87	535	219	317
福绵区	686	353	333	105	27	78	439	226	213
容县	1237	614	623	126	20	106	786	395	392
陆川县	1204	614	591	138	37	102	758	391	367
博白县	2067	1041	1026	406	129	278	1205	601	605
兴业县	1013	467	547	214	45	169	549	249	300
北流市	1765	891	874	176	54	122	1114	511	604

9-7 续表 4

单位：人

地　　区	初　中			普通高中			中　职		
	小计	男	女	小计	男	女	小计	男	女
梧州市	**1012**	**683**	**328**	**247**	**171**	**77**	**94**	**63**	**31**
万秀区	318	177	142	89	60	29	48	26	22
长洲区	87	47	40	39	22	17	10	6	4
龙圩区	96	71	25	21	16	5	4	3	2
苍梧县	80	62	18	9	9		8	8	
藤县	224	168	56	52	37	15	7	6	1
蒙山县	59	46	13	9	8	1	5	3	1
岑溪市	147	113	34	29	20	9	11	10	1
北海市	**653**	**402**	**251**	**234**	**152**	**82**	**51**	**38**	**13**
海城区	165	82	83	75	44	31	22	14	7
银海区	55	36	20	18	12	6	4	3	1
铁山港区	59	42	17	12	10	3	2	2	
合浦县	375	243	131	128	86	42	24	19	5
防城港市	**292**	**200**	**92**	**106**	**81**	**24**	**37**	**24**	**13**
港口区	47	34	13	22	17	5	6	4	2
防城区	146	94	52	57	45	12	18	13	5
上思县	66	46	21	17	11	6	10	5	5
东兴市	33	26	7	10	8	2	3	2	1
钦州市	**760**	**527**	**233**	**201**	**147**	**53**	**59**	**38**	**20**
钦南区	158	116	42	36	27	9	16	13	3
钦北区	127	97	30	33	23	10	14	6	8
灵山县	237	153	84	53	41	12	18	13	5
浦北县	238	162	76	79	56	22	11	6	4
贵港市	**1276**	**859**	**417**	**226**	**170**	**56**	**79**	**59**	**20**
港北区	207	131	76	60	46	14	31	22	10
港南区	193	136	57	29	19	10	27	17	10
覃塘区	108	73	35	20	19	1	3	3	
平南县	378	234	144	54	41	13	5	5	
桂平市	391	286	105	64	45	19	13	13	
玉林市	**1996**	**1229**	**766**	**377**	**264**	**113**	**103**	**75**	**28**
玉州区	417	225	192	123	71	52	39	26	13
福绵区	119	82	37	19	15	5	1	1	
容县	245	142	103	46	31	15	19	15	4
陆川县	242	137	106	42	29	13	13	11	2
博白县	358	232	126	63	53	10	16	10	6
兴业县	212	142	70	28	23	5	6	4	3
北流市	402	269	133	55	42	13	10	9	1

9-7 续表 5 单位：人

地 区	大学专科			大学本科			研究生及以上		
	小计	男	女	小计	男	女	小计	男	女
梧州市	**67**	**53**	**14**	**13**	**12**				
万秀区	24	16	9	9	9				
长洲区	14	12	2	2	2				
龙圩区	2	2							
苍梧县	2	2							
藤县	16	15	1						
蒙山县	4	3	1	1	1				
岑溪市	6	5	1						
北海市	**38**	**30**	**7**	**14**	**12**	**2**	**1**		**1**
海城区	25	20	6	6	6		1		1
银海区	5	4	1	4	3	1			
铁山港区	2	1	1	1	1				
合浦县	6	6		3	2	1			
防城港市	**21**	**17**	**4**	**2**	**2**				
港口区	5	4	1						
防城区	13	11	3	2	2				
上思县	1	1							
东兴市	2	2	1						
钦州市	**21**	**19**	**2**	**2**	**2**				
钦南区	5	5	1						
钦北区	4	4							
灵山县	3	2	1	2	2				
浦北县	9	8	1						
贵港市	**25**	**19**	**6**	**6**	**5**	**1**			
港北区	13	10	3	1	1				
港南区	2	2		3	2	1			
覃塘区									
平南县	4	3	1						
桂平市	6	4	2	1	1				
玉林市	**69**	**58**	**11**	**18**	**16**	**2**	**1**	**1**	
玉州区	26	22	4	5	5				
福绵区	3	3							
容县	9	6	4	5	4	1	1	1	
陆川县	7	7		3	2	1			
博白县	14	13	1	4	4				
兴业县	3	3		2	2				
北流市	7	5	2						

9-7 续表 6

单位：人

地　区	60岁及以上人口			未上过学			小　学		
	合计	男	女	小计	男	女	小计	男	女
百色市	**6617**	**2843**	**3775**	**2195**	**465**	**1730**	**3119**	**1455**	**1665**
右江区	699	314	385	125	19	106	327	142	186
田阳县	751	308	443	221	27	194	396	179	217
田东县	774	329	446	183	23	160	407	180	227
平果县	719	301	418	206	29	177	331	147	184
德保县	717	317	400	174	41	133	393	181	212
靖西县	1153	521	632	279	61	218	662	295	367
那坡县	258	103	154	117	25	92	121	64	57
凌云县	293	123	170	140	34	106	115	57	58
乐业县	204	92	112	106	31	75	68	36	32
田林县	358	147	210	188	43	145	121	68	53
西林县	162	67	95	102	25	78	40	26	14
隆林各族自治县	530	220	309	354	106	248	139	81	58
贺州市	**3563**	**1669**	**1894**	**873**	**190**	**683**	**2007**	**987**	**1020**
八步区	1149	528	621	247	44	203	632	296	336
平桂管理区	643	300	343	148	45	104	343	161	182
昭平县	660	311	349	150	32	118	401	191	210
钟山县	614	289	325	177	35	142	371	198	173
富川瑶族自治县	497	242	255	151	35	116	260	141	119
河池市	**6526**	**2758**	**3767**	**2348**	**438**	**1910**	**3130**	**1526**	**1604**
金城江区	598	272	326	98	17	81	271	107	164
南丹县	454	193	261	140	32	108	243	114	129
天峨县	258	97	162	140	33	107	97	45	52
凤山县	292	127	165	141	26	114	117	70	46
东兰县	472	203	269	224	56	168	188	97	90
罗城仫佬族自治县	675	306	369	215	36	180	372	192	180
环江毛南族自治县	607	253	353	237	42	195	283	139	144
巴马瑶族自治县	403	164	239	251	57	194	117	78	39
都安瑶族自治县	957	387	569	286	48	238	571	264	308
大化瑶族自治县	598	253	345	186	29	158	351	173	178
宜州市	1212	502	710	430	62	367	520	247	273
来宾市	**4392**	**2026**	**2367**	**845**	**151**	**694**	**2455**	**1086**	**1369**
兴宾区	1841	837	1004	344	59	285	1064	453	610
忻城县	775	350	425	205	32	173	416	203	214
象州县	617	296	321	105	15	90	359	169	190
武宣县	652	300	352	89	26	63	360	141	218
金秀瑶族自治县	259	123	136	56	9	47	138	67	70
合山市	248	120	128	46	10	37	119	52	66
崇左市	**4189**	**1844**	**2346**	**1118**	**177**	**941**	**2078**	**928**	**1151**
江州区	601	261	339	148	19	129	298	126	173
扶绥县	741	343	398	149	21	129	366	157	209
宁明县	659	294	365	182	25	157	324	147	177
龙州县	432	183	250	157	21	136	160	75	85
大新县	815	351	464	264	48	215	400	189	211
天等县	788	342	446	190	39	152	457	200	257
凭祥市	153	70	83	28	4	24	73	33	40

9-7 续表 7

单位：人

地区	初中			普通高中			中职		
	小计	男	女	小计	男	女	小计	男	女
百色市	**891**	**607**	**284**	**193**	**146**	**47**	**137**	**108**	**30**
右江区	177	104	73	31	25	7	19	9	9
田阳县	97	75	23	23	17	6	10	8	2
田东县	104	64	41	43	34	9	23	18	5
平果县	109	70	38	21	13	8	39	33	5
德保县	100	58	42	17	12	5	19	14	5
靖西县	174	137	37	29	22	7	4	3	1
那坡县	9	6	3	4	4	1	5	3	1
凌云县	25	19	5	8	8	1	3	3	1
乐业县	22	17	5	2	2	1	2	2	
田林县	38	28	11	6	5	1	4	4	
西林县	15	11	3				4	4	
隆林各族自治县	21	19	2	7	6	1	7	7	
贺州市	**519**	**366**	**153**	**102**	**77**	**25**	**32**	**23**	**9**
八步区	188	130	58	40	27	13	18	11	7
平桂管理区	124	76	48	24	16	8	2	1	1
昭平县	84	65	19	17	16	1	6	6	1
钟山县	56	47	9	8	7	1	1	1	
富川瑶族自治县	68	49	18	12	11	1	4	4	
河池市	**723**	**543**	**180**	**180**	**131**	**50**	**72**	**58**	**14**
金城江区	139	91	48	48	25	24	15	10	4
南丹县	47	30	17	13	7	6	6	6	
天峨县	8	6	1	9	8	1	2	2	1
凤山县	18	16	2	7	6		4	4	
东兰县	42	35	7	11	8	2	5	4	2
罗城仫佬族自治县	58	53	5	17	15	2	9	6	2
环江毛南族自治县	62	50	12	17	16	1	7	7	
巴马瑶族自治县	19	16	3	7	6	1	6	5	
都安瑶族自治县	73	55	18	19	15	5	2	2	1
大化瑶族自治县	52	44	8	6	5	2	2	2	
宜州市	204	147	57	26	19	6	14	10	3
来宾市	**890**	**624**	**266**	**137**	**110**	**26**	**37**	**30**	**8**
兴宾区	374	271	102	50	44	6	4	4	
忻城县	113	82	31	25	20	5	8	7	2
象州县	122	87	35	17	13	4	9	8	1
武宣县	168	104	64	25	22	4	9	6	3
金秀瑶族自治县	51	37	14	9	6	3	4	3	1
合山市	63	43	20	10	6	4	3	2	1
崇左市	**736**	**536**	**200**	**147**	**117**	**30**	**65**	**50**	**15**
江州区	109	82	27	29	23	6	10	7	3
扶绥县	179	128	51	26	21	6	13	11	2
宁明县	127	99	28	15	14	1	7	5	3
龙州县	79	57	22	19	16	4	8	5	3
大新县	98	72	26	32	25	7	12	10	1
天等县	110	80	31	17	14	4	10	7	2
凭祥市	34	18	16	9	6	2	6	5	1

9-7 续表 8

单位：人

地 区	大学专科			大学本科			研究生及以上		
	小计	男	女	小计	男	女	小计	男	女
百色市	**69**	**54**	**14**	**13**	**7**	**6**			
右江区	16	14	3	3	3	1			
田阳县	4	2	2						
田东县	10	9	1	4	1	3			
平果县	12	7	5	1	1				
德保县	11	9	2	3	2	1			
靖西县	5	4	1	1		1			
那坡县	1	1		1		1			
凌云县	1	1							
乐业县	5	5							
田林县	1	1							
西林县									
隆林各族自治县	3	2	1						
贺州市	**18**	**15**	**3**	**11**	**10**	**1**	**1**	**1**	
八步区	12	9	3	10	9	1	1	1	
平桂管理区	2	1	1						
昭平县	3	3							
钟山县				1	1				
富川瑶族自治县	2	2							
河池市	**48**	**40**	**9**	**24**	**23**	**1**			
金城江区	18	13	5	8	8				
南丹县	3	3	1	1	1				
天峨县	3	3							
凤山县	6	4	2						
东兰县	3	3							
罗城仫佬族自治县	4	4		1	1				
环江毛南族自治县									
巴马瑶族自治县	1	1		1	1				
都安瑶族自治县	2	2		2	2				
大化瑶族自治县	1	1		1	1				
宜州市	9	8	1	9	8	1			
来宾市	**21**	**19**	**2**	**5**	**5**		**1**	**1**	
兴宾区	3	3		2	2				
忻城县	6	5	1	1	1		1	1	
象州县	3	2		2	2				
武宣县	1	1							
金秀瑶族自治县	2	1							
合山市	6	6		1	1				
崇左市	**37**	**31**	**7**	**7**	**5**	**2**			
江州区	6	4	1	1		1			
扶绥县	5	4	1	3	2	1			
宁明县	4	4							
龙州县	8	8	1	1	1	1			
大新县	10	6	3						
天等县	3	3	1	1	1				
凭祥市	2	2		1	1				

9-7a 各地区分性别、受教育程度的60岁及以上老年人口(城市)

单位：人

地　区	60岁及以上人口			未上过学			小　学		
	合计	男	女	小计	男	女	小计	男	女
全　区	**15277**	**7292**	**7985**	**1348**	**209**	**1138**	**5273**	**2068**	**3205**
南宁市	3850	1888	1963	243	29	213	1086	422	664
柳州市	2515	1205	1310	136	17	119	701	265	436
桂林市	1784	830	954	153	18	135	528	182	347
梧州市	1413	676	738	96	15	80	607	239	368
北海市	628	293	335	68	11	57	202	78	124
防城港市	322	154	168	55	10	46	100	41	59
钦州市	360	172	188	73	20	53	150	66	83
贵港市	1012	485	527	146	21	124	444	192	253
玉林市	1423	696	727	128	38	90	588	240	348
百色市	389	182	208	38	4	34	168	68	100
贺州市	434	200	234	43	5	38	207	88	119
河池市	561	253	309	64	8	57	230	86	145
来宾市	384	172	212	83	11	72	184	78	106
崇左市	200	87	112	22	2	20	77	23	54

9-7a　续表 1

单位：人

地　区	初　中			普通高中			中　职		
	小计	男	女	小计	男	女	小计	男	女
全　区	**4927**	**2676**	**2252**	**1685**	**1018**	**667**	**850**	**476**	**373**
南宁市	1208	649	559	465	276	189	302	157	145
柳州市	1058	531	527	285	167	118	145	80	65
桂林市	559	304	254	231	130	102	114	59	56
梧州市	439	246	194	150	95	56	68	40	28
北海市	202	102	100	88	50	37	25	17	8
防城港市	88	48	40	46	33	14	15	9	6
钦州市	81	51	31	27	17	11	21	12	9
贵港市	252	151	100	97	68	29	54	37	17
玉林市	490	273	216	150	93	57	39	27	12
百色市	122	67	55	23	18	6	19	9	9
贺州市	113	63	50	39	24	15	14	6	8
河池市	161	93	69	46	21	25	20	13	7
来宾市	91	62	29	20	16	4	2	2	
崇左市	64	36	28	17	11	6	12	8	4

9-7a 续表 2

单位：人

地　区	大学专科			大学本科			研究生及以上		
	小计	男	女	小计	男	女	小计	男	女
全　区	**817**	**566**	**251**	**367**	**268**	**98**	**11**	**10**	**1**
南宁市	347	218	129	192	129	63	8	8	
柳州市	145	110	35	46	35	11			
桂林市	132	89	42	66	48	18	1	1	
梧州市	42	30	12	11	10				
北海市	32	24	7	11	10	1	1		1
防城港市	15	11	4	2	2				
钦州市	7	6	1						
贵港市	16	12	3	4	3	1			
玉林市	24	20	4	5	5				
百色市	15	13	3	3	3	1			
贺州市	9	6	3	8	7	1	1	1	
河池市	23	17	6	16	15	1			
来宾市	3	3							
崇左市	6	6	1	2	1	1			

9-7b 各地区分性别、受教育程度的60岁及以上老年人口(镇)

单位：人

地　区	60岁及以上人口			未上过学			小　学		
	合计	男	女	小计	男	女	小计	男	女
全　区	**19332**	**9174**	**10158**	**3057**	**556**	**2501**	**9749**	**4330**	**5419**
南宁市	2216	1021	1195	309	34	275	1094	460	634
柳州市	1416	685	731	193	27	166	651	279	372
桂林市	2253	1039	1214	351	74	278	1097	468	629
梧州市	905	450	455	100	15	85	554	254	300
北海市	785	376	409	119	19	100	301	131	170
防城港市	339	169	169	68	14	54	134	57	78
钦州市	1235	615	621	268	72	196	541	267	274
贵港市	2048	1014	1033	247	58	189	1255	612	643
玉林市	2666	1313	1353	306	73	233	1502	702	800
百色市	1487	662	825	290	37	253	635	254	382
贺州市	908	425	484	226	47	179	494	235	259
河池市	1227	549	678	303	47	256	643	300	343
来宾市	966	446	520	154	26	128	482	191	291
崇左市	881	408	472	122	14	109	365	120	244

9-7b 续表 1

单位：人

地　区	初　中			普通高中			中　职		
	小计	男	女	小计	男	女	小计	男	女
全　区	**4522**	**2831**	**1691**	**1071**	**754**	**317**	**523**	**376**	**147**
南宁市	574	348	226	93	70	22	65	45	19
柳州市	425	266	159	69	52	17	46	34	11
桂林市	523	308	215	155	111	44	69	37	32
梧州市	167	116	51	46	32	14	15	13	3
北海市	229	135	94	105	67	38	22	16	5
防城港市	90	64	26	28	22	7	15	9	6
钦州市	295	185	110	95	64	31	23	15	8
贵港市	479	294	185	53	37	16	8	8	
玉林市	629	373	256	137	97	39	48	33	15
百色市	321	196	125	86	55	30	98	78	20
贺州市	133	97	36	32	25	7	14	13	2
河池市	169	116	53	54	39	15	34	26	7
来宾市	243	166	77	44	30	14	26	18	8
崇左市	246	166	80	75	54	21	41	30	11

9-7b 续表 2

单位：人

地　区	大学专科			大学本科			研究生及以上		
	小计	男	女	小计	男	女	小计	男	女
全　区	**328**	**261**	**67**	**80**	**65**	**16**	**1**	**1**	
南宁市	60	45	15	22	19	3			
柳州市	28	24	4	5	3	3			
桂林市	51	35	16	8	7	1			
梧州市	21	19	2	2	2				
北海市	6	6		3	2	1			
防城港市	4	4							
钦州市	12	10	2	2	2				
贵港市	4	3	1	1	1				
玉林市	30	23	7	13	11	2	1	1	
百色市	48	37	11	10	5	5			
贺州市	7	6	1	2	2				
河池市	18	15	3	5	5				
来宾市	14	12	1	3	3				
崇左市	28	22	6	5	3	1			

9-7c 各地区分性别、受教育程度的60岁及以上老年人口(乡村)

单位：人

地 区	60岁及以上人口			未上过学			小 学		
	合计	男	女	小计	男	女	小计	男	女
全 区	**51318**	**23906**	**27412**	**13651**	**2980**	**10671**	**29289**	**14511**	**14778**
南宁市	6092	2820	3272	1281	214	1067	3598	1686	1912
柳州市	3140	1448	1692	1076	259	816	1532	785	747
桂林市	6669	3153	3516	1683	408	1275	3878	1910	1967
梧州市	2836	1431	1405	552	143	409	1813	908	905
北海市	1253	634	619	309	74	234	676	354	322
防城港市	707	363	343	210	58	152	342	183	159
钦州市	3489	1766	1723	823	208	615	2187	1186	1001
贵港市	4141	1972	2169	835	166	669	2662	1310	1353
玉林市	5143	2564	2579	847	228	619	3297	1649	1648
百色市	4741	1999	2742	1867	424	1443	2316	1133	1183
贺州市	2221	1044	1177	604	139	466	1306	664	642
河池市	4737	1957	2781	1981	384	1597	2256	1141	1116
来宾市	3042	1407	1634	608	114	495	1789	817	972
崇左市	3109	1349	1761	974	162	813	1637	784	852

9-7c 续表 1

单位：人

地 区	初 中			普通高中			中 职		
	小计	男	女	小计	男	女	小计	男	女
全 区	**7096**	**5275**	**1821**	**997**	**876**	**121**	**211**	**192**	**19**
南宁市	1070	786	285	118	111	7	22	21	1
柳州市	469	346	123	45	40	5	14	14	
桂林市	913	666	247	144	126	18	42	34	8
梧州市	405	321	84	51	44	7	11	10	1
北海市	223	166	57	41	35	6	4	4	
防城港市	114	87	26	31	27	4	7	6	2
钦州市	383	292	92	78	67	12	15	11	3
贵港市	546	413	132	76	65	11	17	14	3
玉林市	877	584	293	90	73	17	16	15	1
百色市	449	344	104	83	73	10	21	20	1
贺州市	273	207	67	31	28	3	4	4	
河池市	393	334	58	80	71	9	18	18	
来宾市	556	396	160	72	64	8	10	10	
崇左市	427	334	92	56	53	3	12	12	

9-7c 续表 2 单位：人

地 区	大学专科			大学本科			研究生及以上		
	小计	男	女	小计	男	女	小计	男	女
全 区	**67**	**65**	**3**	**5**	**5**		**2**	**1**	**1**
南宁市	3	3							
柳州市	3	3					1		1
桂林市	9	9							
梧州市	4	4							
北海市									
防城港市	2	2							
钦州市	2	2							
贵港市	5	3	2						
玉林市	16	16							
百色市	6	5	1						
贺州市	2	2		1	1				
河池市	7	7		2	2				
来宾市	4	4		2	2		1	1	
崇左市	3	3							

9-8 全区分年龄、性别、受教育程度的60岁及以上老年人口

单位：人

年龄	60岁及以上人口			未上过学			小学		
	合计	男	女	小计	男	女	小计	男	女
总计	**85926**	**40371**	**45555**	**18055**	**3745**	**14310**	**44310**	**20909**	**23402**
60-64	**27640**	**13752**	**13888**	**2450**	**457**	**1993**	**13561**	**5842**	**7720**
60	5864	2935	2929	428	82	347	2638	1097	1541
61	5977	2952	3025	481	94	387	2803	1156	1647
62	5622	2788	2834	496	94	402	2803	1226	1578
63	5651	2823	2829	524	96	428	2950	1280	1671
64	4525	2254	2271	520	92	428	2366	1083	1283
65-69	**19819**	**9916**	**9903**	**2817**	**599**	**2218**	**11146**	**5338**	**5808**
65	4948	2408	2540	586	110	476	2675	1190	1485
66	4796	2524	2272	619	142	477	2750	1365	1385
67	3661	1821	1839	544	117	427	2065	990	1075
68	3246	1658	1588	500	112	388	1843	930	913
69	3168	1503	1664	568	118	450	1813	863	951
70-74	**14943**	**6955**	**7988**	**3436**	**763**	**2673**	**8486**	**4144**	**4342**
70	3209	1483	1726	631	129	503	1872	870	1003
71	3135	1514	1620	678	153	525	1845	941	904
72	3024	1363	1661	720	163	557	1725	808	918
73	2762	1281	1481	679	153	526	1476	727	748
74	2814	1314	1500	729	166	562	1568	798	770
75-79	**11347**	**5053**	**6294**	**3593**	**781**	**2812**	**5867**	**2914**	**2954**
75	2643	1203	1441	738	157	581	1387	678	709
76	2173	986	1188	639	136	503	1131	564	567
77	2353	1040	1313	779	173	606	1197	605	592
78	2173	968	1205	715	156	559	1133	567	566
79	2005	858	1147	722	158	563	1018	499	519
80-84	**7328**	**3028**	**4300**	**3072**	**642**	**2430**	**3409**	**1753**	**1656**
80	1863	780	1083	736	154	582	891	459	433
81	1531	631	900	616	127	489	736	374	362
82	1496	670	826	614	152	462	709	383	326
83	1285	485	799	569	98	470	566	275	290
84	1153	462	691	536	110	426	506	262	244
85-89	**3370**	**1223**	**2147**	**1768**	**346**	**1423**	**1356**	**692**	**664**
85	995	396	600	489	102	388	413	215	197
86	732	250	482	388	68	320	294	146	148
87	668	239	429	348	60	287	279	146	133
88	580	210	370	319	71	248	223	110	112
89	395	128	266	224	44	180	149	75	74
90-94	**1128**	**355**	**773**	**676**	**124**	**552**	**392**	**183**	**209**
90	357	115	243	208	32	176	131	68	63
91	250	86	164	143	28	115	95	48	47
92	212	58	154	123	22	101	79	28	51
93	159	58	101	99	24	75	47	23	23
94	150	39	111	103	18	85	41	16	25
95-99	**285**	**77**	**208**	**192**	**29**	**164**	**79**	**37**	**41**
95	115	31	84	77	11	66	30	13	17
96	66	19	47	42	7	34	22	9	13
97	42	12	30	33	7	26	8	4	4
98	33	9	24	17	1	16	12	7	6
99	29	5	24	23	2	21	5	4	2
100及以上	**66**	**11**	**54**	**50**	**5**	**45**	**14**	**6**	**8**

9-8 续表 1

单位：人

年 龄	初 中			普通高中			中 职		
	小计	男	女	小计	男	女	小计	男	女
总 计	**16546**	**10782**	**5763**	**3753**	**2648**	**1105**	**1584**	**1044**	**539**
60-64	**8367**	**5235**	**3132**	**2004**	**1370**	**634**	**554**	**353**	**202**
60	1957	1200	757	515	347	167	154	93	61
61	1905	1181	723	495	323	173	121	80	41
62	1706	1046	660	374	264	110	98	61	38
63	1582	1024	558	374	265	109	107	69	38
64	1217	783	434	246	171	75	74	50	24
65-69	**4198**	**2809**	**1390**	**846**	**604**	**242**	**447**	**297**	**150**
65	1231	789	442	240	181	59	115	68	47
66	1042	744	298	205	142	63	104	69	34
67	730	479	252	166	126	41	92	62	29
68	638	433	205	120	78	42	79	59	20
69	557	364	193	115	78	38	57	38	19
70-74	**2066**	**1382**	**684**	**431**	**308**	**123**	**285**	**181**	**105**
70	501	339	163	91	64	27	61	43	19
71	433	296	137	78	56	22	54	34	20
72	388	258	130	92	71	21	45	25	19
73	400	259	141	91	63	28	68	44	24
74	343	230	113	80	55	25	57	35	22
75-79	**1148**	**796**	**351**	**284**	**213**	**72**	**204**	**152**	**51**
75	301	206	94	92	67	26	52	39	12
76	251	174	77	58	42	16	48	35	13
77	222	145	77	61	48	13	47	32	15
78	198	141	57	43	31	13	28	23	5
79	177	130	46	30	25	4	29	23	6
80-84	**559**	**408**	**151**	**127**	**104**	**23**	**75**	**49**	**27**
80	163	112	51	32	27	5	18	11	7
81	119	83	36	23	17	5	17	11	6
82	109	86	24	29	24	4	19	11	8
83	103	77	26	24	17	7	15	11	4
84	65	50	14	21	19	1	7	5	1
85-89	**161**	**118**	**43**	**46**	**38**	**8**	**15**	**10**	**5**
85	58	47	11	20	17	2	4	3	1
86	32	23	8	12	8	4	3	1	2
87	28	22	7	7	5	1	5	4	1
88	28	22	7	5	4	1	1	1	
89	15	4	11	3	3		3	2	1
90-94	**39**	**28**	**11**	**9**	**9**		**3**	**3**	
90	10	6	4	4	4		1	1	
91	10	8	2	1	1		1	1	
92	7	6	1	1	1				
93	7	5	2	3	3		1	1	
94	4	3	1	1	1		1	1	
95-99	**7**	**6**	**2**	**3**	**2**	**2**			
95	4	3	1	1	1				
96	2	2							
97									
98				2	1	2			
99	1		1						
100及以上	**1**	**1**		**1**		**1**			

9-8 续表 2

单位：人

年 龄	大学专科			大学本科			研究生及以上		
	小计	男	女	小计	男	女	小计	男	女
总 计	**1212**	**892**	**320**	**452**	**339**	**114**	**14**	**12**	**2**
60–64	**557**	**388**	**169**	**137**	**99**	**39**	**9**	**8**	**1**
60	133	89	44	38	26	12	2	2	
61	132	89	43	37	26	11	3	2	1
62	114	75	39	27	19	8	3	3	
63	93	71	22	20	17	3	1	1	
64	85	64	21	15	11	5	1	1	
65–69	**284**	**207**	**76**	**80**	**61**	**19**	**1**	**1**	
65	81	56	25	20	14	5			
66	53	39	13	25	23	2			
67	52	39	13	12	9	3			
68	55	40	15	11	6	6			
69	43	34	10	13	9	4	1	1	
70–74	**140**	**109**	**30**	**97**	**67**	**30**	**1**		**1**
70	27	24	3	24	16	8	1		1
71	25	18	7	21	15	6			
72	30	23	8	24	16	8			
73	35	27	9	12	8	4			
74	22	18	4	16	12	3			
75–79	**149**	**116**	**33**	**102**	**82**	**20**	**1**	**1**	
75	48	38	10	25	17	9			
76	24	14	11	22	20	2			
77	27	22	5	19	15	4			
78	33	29	5	23	22	1			
79	17	13	3	13	8	5	1	1	
80–84	**57**	**48**	**9**	**27**	**23**	**4**	**2**	**2**	
80	15	10	5	8	7	1			
81	13	12	1	5	5		2	2	
82	9	8	1	7	6	1			
83	5	5		3	2	1			
84	15	12	2	4	3	1			
85–89	**14**	**12**	**2**	**8**	**7**	**2**			
85	11	10	1	1	1				
86	1	1		3	3				
87	1	1		1	1				
88	1		1	4	2	2			
89									
90–94	**8**	**8**							
90	4	4							
91									
92	1	1							
93	3	2							
94									
95–99	**3**	**3**		**1**	**1**				
95	3	3							
96									
97				1	1				
98									
99									
100及以上									

9-8a 全区分年龄、性别、受教育程度的60岁及以上老年人口(城市)

单位：人

年 龄	60岁及以上人口			未上过学			小 学		
	合计	男	女	小计	男	女	小计	男	女
总 计	**15277**	**7292**	**7985**	**1348**	**209**	**1138**	**5273**	**2068**	**3205**
60-64	**5594**	**2795**	**2799**	**145**	**27**	**118**	**1442**	**550**	**892**
60	1232	613	619	23	6	16	268	104	164
61	1216	612	604	31	6	25	283	105	178
62	1172	564	608	32	6	26	313	110	203
63	1080	539	541	23	2	21	307	112	195
64	894	467	427	37	7	30	270	119	152
65-69	**3671**	**1827**	**1844**	**164**	**23**	**141**	**1330**	**543**	**786**
65	991	481	510	32	6	26	341	130	210
66	871	450	422	36	1	34	325	137	187
67	677	335	342	44	6	38	243	103	139
68	581	289	291	24	7	16	207	82	125
69	551	271	280	29	2	27	215	90	125
70-74	**2258**	**1044**	**1213**	**193**	**37**	**157**	**942**	**362**	**580**
70	492	227	265	39	12	27	211	73	137
71	451	224	228	32	6	27	195	82	112
72	469	221	248	41	5	36	195	83	113
73	431	192	239	36	9	27	172	63	108
74	415	182	234	44	4	40	169	60	109
75-79	**1904**	**849**	**1055**	**308**	**44**	**265**	**762**	**263**	**498**
75	422	207	215	46	5	41	154	60	94
76	387	170	217	62	10	52	147	47	100
77	388	164	224	66	9	56	146	42	104
78	369	170	199	62	9	53	167	64	102
79	338	138	200	72	11	62	149	51	98
80-84	**1168**	**520**	**648**	**280**	**46**	**234**	**510**	**218**	**291**
80	295	118	177	69	10	59	131	42	88
81	235	99	136	51	9	43	98	36	62
82	244	126	118	47	8	39	121	67	55
83	219	91	128	62	10	52	90	39	51
84	175	85	89	50	8	42	70	35	35
85-89	**472**	**183**	**289**	**152**	**18**	**135**	**215**	**96**	**118**
85	152	76	76	46	9	37	66	37	30
86	101	41	60	29	3	26	47	19	28
87	91	28	63	32	2	30	43	17	26
88	77	21	56	31	2	29	30	11	19
89	52	17	34	14	2	12	29	13	16
90-94	**166**	**61**	**105**	**82**	**13**	**69**	**63**	**30**	**32**
90	50	24	26	23	4	19	19	13	6
91	36	12	25	19	3	16	15	7	8
92	38	10	28	21	3	17	14	4	10
93	21	12	9	8	2	6	6	5	1
94	21	4	17	12	1	11	8	2	6
95-99	**34**	**12**	**23**	**16**	**2**	**14**	**11**	**5**	**7**
95	14	6	8	5		5	5	2	3
96	9	3	6	5	1	3	3	1	2
97	3	1	2	3	1	2			
98	5	1	4	1		1	3	1	2
99	3	1	3	2		2	1	1	
100及以上	**8**		**8**	**7**		**7**			

9-8a 续表 1

单位：人

年 龄	初 中			普通高中			中 职		
	小计	男	女	小计	男	女	小计	男	女
总 计	**4927**	**2676**	**2252**	**1685**	**1018**	**667**	**850**	**476**	**373**
60-64	**2386**	**1251**	**1136**	**840**	**477**	**363**	**281**	**153**	**128**
60	524	255	269	217	125	92	76	43	33
61	508	272	236	215	116	99	57	31	26
62	517	267	250	154	89	65	59	32	26
63	463	247	217	145	84	60	59	30	29
64	374	210	163	109	62	47	30	16	14
65-69	**1265**	**685**	**580**	**405**	**251**	**154**	**253**	**150**	**103**
65	384	201	183	106	71	35	57	27	30
66	303	177	126	98	60	39	56	36	21
67	220	117	103	75	45	30	53	33	20
68	191	102	89	64	35	29	54	37	17
69	168	88	80	62	40	22	32	17	15
70-74	**610**	**335**	**275**	**202**	**127**	**75**	**142**	**66**	**76**
70	140	79	62	45	26	18	26	13	12
71	129	78	51	37	27	10	22	7	15
72	119	60	59	42	28	14	28	14	13
73	110	53	57	43	26	17	38	19	19
74	112	66	46	35	19	15	28	12	16
75-79	**395**	**234**	**161**	**144**	**96**	**49**	**113**	**74**	**39**
75	99	58	41	46	29	17	26	16	10
76	85	50	34	29	20	9	27	16	11
77	87	51	36	32	23	10	26	17	9
78	64	39	25	22	13	9	18	13	5
79	60	35	25	15	12	3	16	12	4
80-84	**207**	**132**	**75**	**62**	**45**	**17**	**53**	**30**	**23**
80	55	36	19	16	11	4	13	7	6
81	46	26	20	12	8	4	14	8	6
82	37	25	11	15	12	3	12	4	8
83	40	24	16	10	5	5	10	7	3
84	29	21	9	9	8	1	4	4	
85-89	**50**	**29**	**21**	**25**	**19**	**7**	**8**	**3**	**5**
85	16	11	4	11	9	2	2	1	1
86	13	11	2	6	4	2	2	1	2
87	9	5	5	3	2	1	2	1	1
88	7	2	5	3	2	1	1	1	
89	6	1	5	2	2		1		1
90-94	**11**	**7**	**4**	**4**	**4**		**1**	**1**	
90	2	1	1	4	4				
91	1	1	1	1	1				
92	3	2	1						
93	4	2	1				1	1	
94	1	1							
95-99	**2**	**2**	**1**	**2**		**2**			
95	1	1							
96	1	1							
97									
98				2		2			
99	1		1						
100及以上				**1**		**1**			

9-8a 续表 2 单位：人

年 龄	大学专科			大学本科			研究生及以上		
	小计	男	女	小计	男	女	小计	男	女
总 计	**817**	**566**	**251**	**367**	**268**	**98**	**11**	**10**	**1**
60-64	**382**	**255**	**126**	**111**	**76**	**35**	**8**	**8**	**1**
60	88	57	32	34	22	12	2	2	
61	88	60	28	32	21	11	2	1	1
62	76	45	31	20	13	7	3	3	
63	64	47	17	18	16	3	1	1	
64	65	47	18	8	5	3	1	1	
65-69	**187**	**126**	**61**	**67**	**48**	**19**	**1**	**1**	
65	57	36	21	15	9	5			
66	35	22	13	19	17	2			
67	31	20	10	12	9	3			
68	31	22	9	10	5	5			
69	33	25	7	11	8	4	1	1	
70-74	**92**	**63**	**29**	**78**	**56**	**22**			
70	15	12	3	16	11	5			
71	18	11	7	18	12	6			
72	23	15	7	21	15	6			
73	22	14	8	11	7	4			
74	14	10	4	13	10	2			
75-79	**102**	**74**	**28**	**80**	**64**	**16**			
75	33	27	7	19	13	5			
76	20	11	9	17	15	2			
77	18	13	5	13	9	4			
78	18	14	4	19	19				
79	13	9	3	13	8	5			
80-84	**33**	**28**	**4**	**23**	**18**	**4**	**2**	**2**	
80	6	6		6	5	1			
81	9	8	1	3	3		2	2	
82	6	5	1	6	5	1			
83	5	5		3	2	1			
84	7	5	2	4	3	1			
85-89	**14**	**11**	**2**	**8**	**7**	**2**			
85	10	9	1	1	1				
86	1	1		3	3				
87	1	1		1	1				
88	1		1	4	2	2			
89									
90-94	**6**	**6**							
90	2	2							
91									
92	1	1							
93	2	2							
94									
95-99	**3**	**3**							
95	3	3							
96									
97									
98									
99									
100及以上									

9-8b 全区分年龄、性别、受教育程度的60岁及以上老年人口(镇)

单位：人

年 龄	60岁及以上人口			未上过学			小 学		
	合计	男	女	小计	男	女	小计	男	女
总 计	**19332**	**9174**	**10158**	**3057**	**556**	**2501**	**9749**	**4330**	**5419**
60-64	**6442**	**3161**	**3281**	**396**	**78**	**318**	**2930**	**1157**	**1774**
60	1393	682	710	73	18	55	553	209	344
61	1448	709	739	73	14	59	617	237	379
62	1301	639	662	81	16	64	612	251	362
63	1293	643	650	84	17	67	641	255	387
64	1007	488	519	85	13	72	507	204	302
65-69	**4527**	**2302**	**2226**	**441**	**76**	**365**	**2442**	**1116**	**1325**
65	1150	579	571	97	18	79	589	263	326
66	1120	592	528	106	22	84	631	305	326
67	826	418	408	83	11	72	442	200	242
68	745	391	355	67	9	58	404	187	218
69	686	323	364	88	17	71	375	161	214
70-74	**3275**	**1566**	**1708**	**541**	**97**	**444**	**1827**	**854**	**973**
70	794	385	409	106	13	93	453	210	243
71	666	335	331	108	28	80	379	188	191
72	631	283	347	109	16	93	356	152	204
73	610	276	334	119	19	100	309	141	169
74	573	287	287	99	22	77	330	165	166
75-79	**2413**	**1098**	**1315**	**612**	**124**	**488**	**1270**	**595**	**675**
75	584	268	316	124	23	101	312	136	176
76	449	203	246	113	26	87	221	102	119
77	508	237	271	132	23	109	268	136	132
78	479	225	254	123	30	93	256	123	133
79	394	165	228	120	22	98	213	98	115
80-84	**1594**	**669**	**926**	**540**	**88**	**452**	**809**	**393**	**416**
80	418	182	236	116	15	101	229	118	111
81	320	132	188	100	16	84	169	75	94
82	309	149	160	108	26	82	154	86	69
83	290	107	183	118	14	103	131	61	70
84	257	99	158	98	17	82	127	54	73
85-89	**735**	**266**	**469**	**341**	**59**	**282**	**338**	**158**	**179**
85	221	76	144	100	16	84	103	45	59
86	145	50	95	63	10	53	73	34	39
87	163	58	104	82	11	70	70	36	34
88	120	50	69	51	11	41	54	26	28
89	87	31	56	45	11	34	37	17	20
90-94	**268**	**88**	**179**	**135**	**27**	**108**	**112**	**45**	**67**
90	88	24	65	52	9	42	34	11	22
91	53	19	34	21	2	19	27	13	13
92	42	16	26	22	6	16	16	7	10
93	46	16	29	20	4	16	23	10	12
94	39	13	25	20	5	15	13	3	10
95-99	**58**	**17**	**41**	**37**	**4**	**34**	**16**	**9**	**7**
95	25	9	16	14	2	12	9	5	4
96	17	5	13	11	1	10	5	3	3
97	6	2	4	5	1	4			
98	7	2	5	4		4	2	1	1
99	3		3	3		3			
100及以上	**20**	**7**	**14**	**13**	**3**	**11**	**6**	**3**	**3**

9-8b 续表 1

单位：人

年 龄	初 中			普通高中			中 职		
	小计	男	女	小计	男	女	小计	男	女
总 计	**4522**	**2831**	**1691**	**1071**	**754**	**317**	**523**	**376**	**147**
60-64	**2193**	**1301**	**893**	**556**	**364**	**192**	**195**	**134**	**61**
60	533	308	225	141	87	54	53	32	21
61	525	304	220	136	82	54	52	40	12
62	432	246	187	109	77	32	27	18	9
63	418	266	151	98	67	31	29	21	8
64	285	176	109	72	50	21	35	24	11
65-69	**1175**	**758**	**417**	**234**	**175**	**59**	**137**	**93**	**44**
65	334	204	130	63	47	17	38	23	15
66	284	193	91	53	39	14	30	16	14
67	192	119	72	62	52	10	28	20	8
68	203	141	62	30	22	8	17	15	2
69	162	100	62	25	15	10	24	19	4
70-74	**608**	**393**	**215**	**142**	**102**	**40**	**104**	**77**	**27**
70	163	109	54	29	20	8	28	22	7
71	122	76	46	29	18	11	20	17	3
72	117	81	36	29	24	5	11	5	6
73	116	67	49	30	21	9	23	18	5
74	90	59	30	26	19	6	21	15	6
75-79	**319**	**208**	**111**	**89**	**69**	**21**	**62**	**51**	**11**
75	81	59	22	29	21	8	19	16	2
76	71	41	30	19	12	7	15	13	2
77	61	37	24	20	18	2	13	9	4
78	64	40	23	13	10	3	7	7	
79	42	30	12	8	7	1	7	5	2
80-84	**169**	**124**	**45**	**35**	**30**	**4**	**17**	**13**	**4**
80	53	35	18	6	5	1	3	2	1
81	39	28	11	6	6		2	2	
82	31	23	9	8	7	1	5	5	
83	29	23	6	8	6	2	5	3	1
84	16	15	1	7	7	1	2	1	1
85-89	**40**	**33**	**7**	**11**	**11**		**6**	**6**	
85	11	10	1	5	5		2	2	
86	6	3	3	3	3				
87	8	8		1	1		2	2	
88	12	12	1	2	2				
89	2		2	1	1		2	2	
90-94	**16**	**12**	**4**	**2**	**2**		**2**	**2**	
90	2	2							
91	5	3	2				1	1	
92	3	3	1	1	1				
93	2	2	1						
94	3	2	1	1	1		1	1	
95-99	**2**	**2**		**2**	**2**				
95	1	1		1	1				
96	1	1							
97									
98				1	1				
99									
100及以上	**1**	**1**							

9-8b 续表 2 单位：人

年 龄	大学专科			大学本科			研究生及以上		
	小计	男	女	小计	男	女	小计	男	女
总 计	**328**	**261**	**67**	**80**	**65**	**16**	**1**	**1**	
60-64	**146**	**107**	**40**	**23**	**20**	**4**	**1**	**1**	
60	36	25	11	4	4				
61	40	26	14	4	4		1	1	
62	34	26	8	6	5	1			
63	21	15	5	2	1	1			
64	16	14	1	7	6	2			
65-69	**85**	**69**	**15**	**14**	**13**				
65	23	19	4	5	5				
66	10	10		6	6				
67	19	16	3						
68	22	16	6	1	1				
69	10	8	2	1	1				
70-74	**33**	**32**	**1**	**19**	**12**	**8**			
70	7	7		8	5	3			
71	5	5		3	3				
72	6	5		3	1	2			
73	10	10	1	2	1	1			
74	4	4		3	2	1			
75-79	**42**	**36**	**6**	**19**	**15**	**4**			
75	13	10	3	7	3	3			
76	5	3	2	5	5				
77	9	9		5	4				
78	12	11	1	3	2	1			
79	4	4							
80-84	**20**	**16**	**5**	**4**	**4**				
80	9	4	5	3	3				
81	3	3		1	1				
82	2	2							
83									
84	6	6							
85-89									
85									
86									
87									
88									
89									
90-94	**1**	**1**							
90	1	1							
91									
92									
93									
94									
95-99				**1**	**1**				
95									
96									
97				1	1				
98									
99									
100及以上									

9-8c 全区分年龄、性别、受教育程度的60岁及以上老年人口(乡村)

单位：人

年龄	60岁及以上人口			未上过学			小学		
	合计	男	女	小计	男	女	小计	男	女
总计	**51318**	**23906**	**27412**	**13651**	**2980**	**10671**	**29289**	**14511**	**14778**
60-64	**15604**	**7795**	**7809**	**1909**	**352**	**1557**	**9189**	**4135**	**5054**
60	3240	1639	1600	333	58	275	1816	784	1033
61	3313	1631	1682	377	74	303	1904	814	1090
62	3148	1585	1564	384	72	312	1878	865	1013
63	3278	1641	1638	417	76	341	2002	913	1089
64	2624	1299	1325	398	72	326	1589	760	829
65-69	**11620**	**5787**	**5833**	**2211**	**500**	**1711**	**7375**	**3678**	**3696**
65	2807	1348	1459	457	85	371	1745	797	949
66	2805	1483	1322	477	119	358	1794	922	872
67	2158	1069	1089	417	100	317	1380	686	694
68	1920	978	942	409	96	313	1232	662	570
69	1931	910	1021	451	99	352	1224	611	612
70-74	**9411**	**4345**	**5066**	**2703**	**630**	**2073**	**5717**	**2928**	**2789**
70	1923	871	1052	486	104	382	1209	587	622
71	2017	956	1061	538	119	419	1272	671	600
72	1925	859	1066	570	142	428	1174	574	601
73	1720	813	907	523	124	399	994	523	471
74	1825	846	979	585	140	446	1068	573	495
75-79	**7030**	**3106**	**3923**	**2673**	**613**	**2060**	**3836**	**2056**	**1780**
75	1637	727	910	568	129	439	922	483	439
76	1338	613	725	464	100	364	764	416	348
77	1457	639	818	582	141	441	784	427	356
78	1325	573	752	529	117	412	711	379	331
79	1273	554	719	529	126	404	656	350	306
80-84	**4565**	**1839**	**2726**	**2252**	**508**	**1744**	**2090**	**1142**	**949**
80	1149	480	670	551	129	422	532	298	234
81	976	399	576	465	102	363	470	263	207
82	943	395	548	459	118	342	434	231	203
83	775	287	488	389	74	315	345	176	169
84	722	278	444	388	85	303	309	173	136
85-89	**2163**	**774**	**1389**	**1275**	**269**	**1006**	**804**	**438**	**366**
85	623	243	380	344	77	266	243	134	109
86	486	160	326	296	55	241	174	93	80
87	414	153	262	234	47	186	165	92	73
88	384	139	244	236	59	178	139	73	66
89	256	80	176	166	31	135	83	45	38
90-94	**694**	**206**	**488**	**459**	**84**	**375**	**218**	**108**	**110**
90	220	67	152	133	18	115	78	44	34
91	161	55	106	103	23	80	53	27	26
92	131	32	99	81	13	68	50	18	32
93	93	30	63	71	18	53	18	8	10
94	90	21	69	71	12	59	19	10	9
95-99	**193**	**48**	**145**	**139**	**23**	**116**	**51**	**24**	**27**
95	77	16	61	58	10	48	17	6	11
96	41	12	29	26	5	21	14	6	8
97	33	9	23	25	5	19	8	4	4
98	20	6	14	12	1	11	8	5	3
99	23	5	18	18	2	16	5	3	2
100及以上	**37**	**5**	**33**	**30**	**2**	**28**	**8**	**3**	**5**

9-8c 续表 1

单位：人

年 龄	初 中			普通高中			中 职		
	小计	男	女	小计	男	女	小计	男	女
总 计	**7096**	**5275**	**1821**	**997**	**876**	**121**	**211**	**192**	**19**
60-64	**3787**	**2684**	**1103**	**608**	**530**	**79**	**78**	**66**	**13**
60	899	637	262	157	135	22	25	18	7
61	872	605	267	144	124	19	12	9	3
62	756	533	223	111	98	13	13	11	2
63	701	511	190	131	114	17	19	18	1
64	558	397	161	65	58	7	9	9	
65-69	**1758**	**1365**	**393**	**208**	**178**	**30**	**56**	**54**	**3**
65	514	384	130	71	63	7	20	18	2
66	455	374	81	54	43	11	17	17	
67	319	243	76	29	29	1	10	9	1
68	244	190	55	26	21	5	7	7	
69	226	175	51	28	23	6	1	1	
70-74	**848**	**655**	**194**	**87**	**80**	**8**	**40**	**38**	**2**
70	198	151	47	17	17		7	7	
71	182	142	40	12	11	1	12	10	2
72	152	117	36	20	18	2	6	6	
73	174	139	35	18	16	2	7	7	
74	141	105	36	19	17	3	8	8	
75-79	**434**	**354**	**80**	**51**	**48**	**2**	**28**	**27**	**2**
75	121	89	32	18	17	1	7	7	
76	95	82	13	10	10		5	5	
77	74	57	17	8	7	1	7	6	2
78	70	61	8	8	8		3	3	
79	74	65	10	7	7		6	6	
80-84	**183**	**151**	**32**	**31**	**29**	**1**	**6**	**6**	
80	55	41	14	10	10		2	2	
81	34	29	5	4	3	1	1	1	
82	41	37	4	6	6		2	2	
83	34	30	4	6	6		1	1	
84	19	14	5	4	4				
85-89	**71**	**56**	**15**	**10**	**9**	**1**	**2**	**2**	
85	31	26	5	4	4				
86	13	9	4	3	1	1	1	1	
87	11	9	2	3	3		1	1	
88	9	8	1						
89	7	3	4						
90-94	**12**	**9**	**3**	**3**	**3**		**1**	**1**	
90	6	3	3				1	1	
91	4	4							
92	1	1							
93	1	1		3	3				
94									
95-99	**3**	**2**	**1**						
95	2	1	1						
96	1	1							
97									
98									
99									
100及以上									

9-8c 续表 2 单位：人

年 龄	大学专科			大学本科			研究生及以上		
	小计	男	女	小计	男	女	小计	男	女
总 计	**67**	**65**	**3**	**5**	**5**		**2**	**1**	**1**
60-64	**29**	**27**	**3**	**3**	**3**				
60	9	8	1	1	1				
61	3	3		1	1				
62	4	4		1	1				
63	8	8							
64	5	3	2						
65-69	**12**	**12**							
65	1	1							
66	7	7							
67	2	2							
68	2	2							
69									
70-74	**15**	**15**					**1**		**1**
70	5	5					1		1
71	1	1							
72	2	2							
73	3	3							
74	4	4							
75-79	**5**	**5**		**3**	**3**		**1**	**1**	
75	2	2							
76									
77				2	2				
78	3	3		1	1				
79							1	1	
80-84	**4**	**4**							
80									
81	1	1							
82	1	1							
83									
84	1	1							
85-89	**1**	**1**							
85	1	1							
86									
87									
88									
89									
90-94	**1**	**1**							
90	1	1							
91									
92									
93									
94									
95-99									
95									
96									
97									
98									
99									
100及以上									

10 死亡

10-1 各地区分年龄、性别的死亡人口
(2014.11.1-2015.10.31)

单位：人

地 区	死亡人口			0岁			1-4岁		
	合计	男	女	小计	男	女	小计	男	女
全 区	**3141**	**1883**	**1259**	**12**	**8**	**4**	**11**	**5**	**7**
南宁市	**469**	**294**	**175**				**1**	**1**	
兴宁区	29	20	9						
青秀区	39	22	17						
江南区	40	25	15						
西乡塘区	76	54	22						
良庆区	19	13	6						
邕宁区	18	9	9						
武鸣县	43	21	22						
隆安县	20	14	5						
马山县	28	17	11						
上林县	28	17	11						
宾阳县	62	35	28				1	1	
横县	67	47	20						
柳州市	**224**	**120**	**104**				**1**		**1**
城中区	2	1	1						
鱼峰区	26	13	12						
柳南区	24	15	9						
柳北区	21	12	9						
柳江县	20	13	8						
柳城县	34	17	17						
鹿寨县	25	12	13						
融安县	24	12	12						
融水苗族自治县	34	17	17				1		1
三江侗族自治县	15	7	7						
桂林市	**382**	**223**	**159**	**2**	**2**	**1**			
秀峰区	9	6	3						
叠彩区	19	9	10						
象山区	15	9	6						
七星区	18	13	6						
雁山区	4	2	2						
临桂区	36	14	22						
阳朔县	26	14	12						
灵川县	15	9	6						
全州县	46	28	17						
兴安县	27	18	8	2	2				
永福县	23	14	9						
灌阳县	15	7	8						
龙胜各族自治县	26	15	11						
资源县	9	6	3						
平乐县	31	16	16						
荔浦县	34	23	11						
恭城瑶族自治县	28	20	8	1		1			

10-1 续表 1

单位：人

地区	5-9岁			10-14岁			15-19岁			20-24岁		
	小计	男	女	小计	男	女	小计	男	女	小计	男	女
全　区	**9**	**5**	**4**	**12**	**11**	**1**	**9**	**8**	**1**	**11**	**9**	**2**
南宁市							**3**	**3**		**2**	**1**	**1**
兴宁区												
青秀区												
江南区												
西乡塘区							2	2				
良庆区										1	1	
邕宁区												
武鸣县												
隆安县										1		1
马山县							1	1				
上林县												
宾阳县												
横县												
柳州市				**1**		**1**	**1**	**1**				
城中区												
鱼峰区												
柳南区												
柳北区												
柳江县												
柳城县				1		1						
鹿寨县												
融安县							1	1				
融水苗族自治县												
三江侗族自治县												
桂林市	**1**	**1**		**3**	**3**					**1**		**1**
秀峰区												
叠彩区												
象山区												
七星区												
雁山区										1		1
临桂区												
阳朔县	1	1										
灵川县												
全州县				2	2							
兴安县												
永福县												
灌阳县												
龙胜各族自治县												
资源县												
平乐县												
荔浦县												
恭城瑶族自治县				1	1							

10-1 续表 2 单位：人

地区	25-29岁			30-34岁			35-39岁			40-44岁		
	小计	男	女	小计	男	女	小计	男	女	小计	男	女
全 区	**26**	**21**	**4**	**32**	**26**	**6**	**55**	**42**	**13**	**95**	**79**	**16**
南宁市	**4**	**3**	**1**	**4**	**3**	**1**	**5**	**5**		**15**	**15**	
兴宁区							4	4		1	1	
青秀区												
江南区												
西乡塘区										3	3	
良庆区	1	1										
邕宁区												
武鸣县				1	1					1	1	
隆安县				1		1	1	1		1	1	
马山县										1	1	
上林县	1		1							1	1	
宾阳县										4	4	
横县	2	2		2	2					2	2	
柳州市	**3**	**3**		**2**	**1**	**1**	**1**	**1**		**8**	**7**	**1**
城中区	1	1										
鱼峰区										2	2	
柳南区										1	1	
柳北区												
柳江县				1	1					1	1	
柳城县	1	1		1		1	1	1				
鹿寨县												
融安县										3	2	1
融水苗族自治县												
三江侗族自治县	1	1								1	1	
桂林市	**3**	**3**		**3**	**3**		**9**	**6**	**3**	**5**	**4**	**1**
秀峰区												
叠彩区												
象山区												
七星区												
雁山区												
临桂区												
阳朔县										1	1	
灵川县												
全州县												
兴安县				2	2							
永福县				1	1		1		1	1	1	
灌阳县										1		1
龙胜各族自治县	1	1										
资源县										1	1	
平乐县	2	2					3	2	2			
荔浦县							3	3				
恭城瑶族自治县							2	2				

10-1 续表 3

单位：人

地　区	45-49岁			50-54岁			55-59岁			60-64岁		
	小计	男	女	小计	男	女	小计	男	女	小计	男	女
全　区	**128**	**92**	**36**	**156**	**122**	**34**	**191**	**134**	**57**	**244**	**155**	**88**
南宁市	**24**	**16**	**8**	**16**	**15**	**2**	**30**	**22**	**9**	**36**	**24**	**12**
兴宁区				1	1		2	2		6	2	3
青秀区	5		5				1	1				
江南区	3	3					3	3		3	1	1
西乡塘区	3	3		2	2		5	4	2	11	7	4
良庆区	1	1		1	1					1	1	
邕宁区	1		1	2	2		2		2			
武鸣县	1	1					7	4	3	1		1
隆安县				1	1							
马山县				2	2		2	2		4	2	1
上林县							3	1	1	4	4	
宾阳县	6	4	2	5	3	2	2	2		3	1	2
横县	4	4		2	2		2	2		4	4	
柳州市	**10**	**6**	**5**	**15**	**10**	**5**	**11**	**4**	**7**	**23**	**14**	**9**
城中区												
鱼峰区	2	1	1	1	1					1	1	
柳南区	1	1		1		1				2	1	1
柳北区	1	1					1		1	5	4	1
柳江县				2	2		2	2		3	3	
柳城县	1	1		3	3		1		1	3	1	2
鹿寨县				2	1	1				3	1	2
融安县	1		1	1	1		3	1	2	1	1	
融水苗族自治县	3		3	4	1	2	1		1	3	1	2
三江侗族自治县	1	1		1		1	2	1	1	1	1	
桂林市	**14**	**11**	**2**	**16**	**10**	**6**	**26**	**16**	**10**	**32**	**22**	**10**
秀峰区				1		1						
叠彩区							2	2		1	1	
象山区	1	1		1	1		1		1	1	1	
七星区				2	2					2	1	1
雁山区	1	1								1	1	
临桂区				1	1		1		1	3	1	1
阳朔县	2	2		1	1					1		1
灵川县							1	1		1	1	
全州县							2		2	5	5	
兴安县	2	2					5	3	2	3	2	2
永福县	1		1				3	3				
灌阳县	1	1		2		2	3	3				
龙胜各族自治县	1	1		3	1	1				4	1	3
资源县												
平乐县	3	3		2		2	2	2		5	3	2
荔浦县	1		1	2	2		4	1	3	3	3	
恭城瑶族自治县				1	1		1	1		2	1	1

10-1 续表 4

单位：人

地 区	65-69岁			70-74岁			75-79岁			80-84岁		
	小计	男	女	小计	男	女	小计	男	女	小计	男	女
全 区	**284**	**186**	**97**	**334**	**190**	**144**	**475**	**295**	**181**	**513**	**261**	**252**
南宁市	**44**	**34**	**10**	**45**	**28**	**16**	**88**	**55**	**33**	**69**	**34**	**35**
兴宁区	1	1					3	3		5	3	2
青秀区	7	6	1	5	3	2	8	7	1	10	3	7
江南区	7	5	2	3	1	1	3	1	1	9	4	4
西乡塘区	5	5		7	5	2	15	12	3	12	5	7
良庆区	2	2		2	1	1	7	4	3	2	1	1
邕宁区				6	3	2	2	1	1	2	1	1
武鸣县	4	1	3				10	4	6	3	3	
隆安县	4	4		3	3		2	2		2	1	1
马山县	1	1		2		2	7	4	4	1	1	
上林县	3		3	6	6		4	3	1	3	1	1
宾阳县	5	3	2	2	2		9	3	6	14	8	6
横县	6	6		10	4	6	18	12	6	6	2	4
柳州市	**18**	**11**	**7**	**18**	**12**	**6**	**29**	**19**	**10**	**35**	**14**	**21**
城中区										1		1
鱼峰区	4	2	2	3	2	1	4	2	2	1		1
柳南区	1	1		3	1	2	2	2		5	4	1
柳北区	2	2		1	1		4	2	1	4		4
柳江县	1	1					2	1	1	4	1	3
柳城县	2	1	1	1	1		3	2	1	6	1	5
鹿寨县	3	2	1	1	1		4	2	2	8	4	4
融安县	1		1	3	3		3	2	1	2	1	1
融水苗族自治县	1	1		3	1	1	5	4	1	3	3	
三江侗族自治县	2		2	2	1	1	1		1	2	1	1
桂林市	**30**	**23**	**7**	**43**	**20**	**23**	**55**	**35**	**20**	**68**	**32**	**36**
秀峰区	1	1					3	3		1	1	
叠彩区	1		1	5	1	4	3	2	1	3	1	2
象山区				4	2	2	1	1		1	1	
七星区	1	1		2	1	1	5	5				
雁山区				1	1					1		1
临桂区	5	3	1	4		4	2		2	9	4	5
阳朔县	2	1	1	3	2	1	4	1	2	6	3	2
灵川县	3	3		1	1		6		6	3	3	
全州县	6	4	2	4		4	13	9	5	6	2	4
兴安县	1	1		4	4		2	2		3		3
永福县				1	1					8	3	5
灌阳县	2	2		2		2				1		1
龙胜各族自治县	4	2	1	4	3	1	3	3		3	1	1
资源县				2	1	1	1		1	3	2	1
平乐县							3	2	2	6	2	4
荔浦县	2	2		2	1	1	2	2		7	5	2
恭城瑶族自治县	2	2		2	1	1	7	6	1	7	5	3

10-1 续表 5

单位：人

地 区	85-89岁			90-94岁			95-99岁			100岁及以上		
	小计	男	女	小计	男	女	小计	男	女	小计	男	女
全 区	**310**	**167**	**142**	**166**	**55**	**111**	**52**	**8**	**44**	**15**	**1**	**14**
南宁市	**44**	**24**	**19**	**27**	**8**	**18**	**10**	**2**	**8**	**1**		**1**
兴宁区	3	2	1	2		2						
青秀区	2	2										
江南区	6	4	1	5	1	4						
西乡塘区	5	2	4	4	2	2	2	2				
良庆区	1	1		2		2						
邕宁区	2	1	1									
武鸣县	10	3	7	1	1					1		1
隆安县	3	3	1	1		1	1		1			
马山县	1	1		2		2	1		1			
上林县				1		1	1		1			
宾阳县	4	2	2	3	2	2	5		5			
横县	6	4	2	4	2	2						
柳州市	**31**	**15**	**16**	**10**	**3**	**7**	**3**		**3**	**2**		**2**
城中区	1	1										
鱼峰区	3	1	2	2		2						
柳南区	6	3	2				1		1			
柳北区	2	1	1									
柳江县				2		2	1		1			
柳城县	4	3	1				1		1	2		2
鹿寨县	1		1	2	1	1						
融安县	3		3	2		2						
融水苗族自治县	9	4	4	1	1							
三江侗族自治县	2	1	1									
桂林市	**46**	**27**	**19**	**21**	**5**	**16**	**2**		**2**	**1**		**1**
秀峰区	2	1	1	3	1	2						
叠彩区				4	2	2				1		1
象山区	3	1	2									
七星区	3	1	2	1	1		1		1			
雁山区												
临桂区	8	4	4	2		2						
阳朔县	3		3									
灵川县												
全州县	6	6										
兴安县	5	3	2									
永福县	3	3		3	1	1						
灌阳县	1		1									
龙胜各族自治县				3		3						
资源县	2	2										
平乐县	3	2	2	3		3						
荔浦县	3	2	1	2		2						
恭城瑶族自治县	2	1	1				1		1			

10-1 续表 6

单位：人

地 区	死亡人口			0岁			1-4岁		
	合计	男	女	小计	男	女	小计	男	女
梧州市	**197**	**104**	**93**	**1**	**1**				
万秀区	17	8	9						
长洲区	6	3	3						
龙圩区	14	8	6						
苍梧县	27	16	11						
藤县	68	37	31						
蒙山县	15	12	3						
岑溪市	51	21	30	1	1				
北海市	**72**	**48**	**24**				**1**		**1**
海城区	18	13	5				1		1
银海区	8	4	4						
铁山港区	7	3	4						
合浦县	40	28	11						
防城港市	**51**	**31**	**20**	**1**	**1**		**1**		**1**
港口区	9	4	5						
防城区	27	18	10				1		1
上思县	10	7	3	1	1				
东兴市	5	2	2						
钦州市	**174**	**121**	**53**				**2**		**2**
钦南区	28	19	9						
钦北区	34	26	8						
灵山县	52	38	14				1		1
浦北县	59	39	21				1		1
贵港市	**253**	**151**	**102**	**1**		**1**	**1**		**1**
港北区	21	11	9	1		1	1		1
港南区	25	13	12						
覃塘区	25	18	7						
平南县	91	53	38						
桂平市	91	56	34						
玉林市	**340**	**217**	**123**				**1**	**1**	
玉州区	32	19	13						
福绵区	24	16	9						
容县	48	32	16						
陆川县	43	28	15						
博白县	65	41	24						
兴业县	34	19	15						
北流市	93	62	31				1	1	

10-1 续表 7 单位：人

地　区	5-9岁			10-14岁			15-19岁			20-24岁		
	小计	男	女	小计	男	女	小计	男	女	小计	男	女
梧州市												
万秀区												
长洲区												
龙圩区												
苍梧县												
藤县												
蒙山县												
岑溪市												
北海市												
海城区												
银海区												
铁山港区												
合浦县												
防城港市												
港口区												
防城区												
上思县												
东兴市												
钦州市	**2**		**2**	**1**	**1**		**1**		**1**	**1**	**1**	
钦南区							1		1			
钦北区	1		1									
灵山县				1	1					1	1	
浦北县	1		1									
贵港市	**2**	**2**					**1**	**1**		**2**	**2**	
港北区												
港南区							1	1				
覃塘区												
平南县												
桂平市	2	2								2	2	
玉林市	**1**		**1**	**1**	**1**		**1**	**1**		**3**	**3**	
玉州区												
福绵区												
容县												
陆川县												
博白县										3	3	
兴业县				1	1		1	1				
北流市	1		1									

10-1 续表 8 单位：人

地 区	25-29岁			30-34岁			35-39岁			40-44岁		
	小计	男	女	小计	男	女	小计	男	女	小计	男	女
梧州市				**1**	**1**		**6**	**3**	**3**	**7**	**5**	**2**
万秀区												
长洲区										1	1	1
龙圩区												
苍梧县							2	2		1		1
藤县							1		1			
蒙山县				1	1					1	1	
岑溪市							3	1	1	4	4	
北海市										**2**	**2**	
海城区										1	1	
银海区												
铁山港区												
合浦县										1	1	
防城港市	**1**	**1**		**2**	**1**	**1**	**1**	**1**				
港口区												
防城区	1	1		1	1		1	1				
上思县												
东兴市				1								
钦州市				**4**	**4**		**2**	**2**		**11**	**9**	**1**
钦南区							1	1		2	2	
钦北区				2	2		1	1		1	1	
灵山县				1	1					4	4	
浦北县				1	1					3	2	1
贵港市	**1**	**1**		**2**	**2**		**7**	**7**		**6**	**6**	
港北区												
港南区												
覃塘区	1	1		1	1		1	1		1	1	
平南县							3	3		4	4	
桂平市				2	2		3	3		2	2	
玉林市	**3**	**1**	**2**	**1**	**1**		**5**	**3**	**1**	**13**	**10**	**3**
玉州区	1	1					1	1		1		1
福绵区										2	1	1
容县				1	1					2	1	1
陆川县							1	1		2	2	
博白县	2		2							3	3	
兴业县							1	1				
北流市							1		1	3	3	

10-1　续表 9　　　　单位：人

地　区	45-49岁			50-54岁			55-59岁			60-64岁		
	小计	男	女	小计	男	女	小计	男	女	小计	男	女
梧州市	**3**	**1**	**2**	**7**	**5**	**2**	**10**	**5**	**4**	**8**	**8**	
万秀区	1	1		1	1		1		1	1	1	
长洲区				1		1				1	1	
龙圩区							2	1	1	1	1	
苍梧县				1	1					2	2	
藤县	1		1	1		1	3	1	1	3	3	
蒙山县	1	1	1				1	1		1	1	
岑溪市				3	3		4	3	1			
北海市	**3**	**3**		**6**	**3**	**2**	**6**	**4**	**2**	**8**	**8**	
海城区				2	2		1	1	1	1	1	
银海区										1	1	
铁山港区							1	1				
合浦县	2	2		3	1	2	3	2	1	6	6	
防城港市	**3**	**2**	**1**	**3**	**3**		**3**	**3**		**6**	**4**	**2**
港口区							1	1		1		1
防城区	2	1	1	1	1		2	2		5	3	1
上思县	1	1		1	1					1	1	
东兴市												
钦州市	**9**	**7**	**2**	**11**	**7**	**3**	**11**	**10**	**1**	**15**	**8**	**6**
钦南区	1		1	1	1		1	1		1	1	
钦北区	3	3					6	5	1	4	3	1
灵山县	1	1		5	3	2	1	1		8	4	3
浦北县	4	3	1	4	3	1	3	3		2		2
贵港市	**12**	**8**	**4**	**13**	**10**	**3**	**21**	**14**	**8**	**24**	**9**	**15**
港北区	4	2	1	1	1	1	2	2		1	1	1
港南区	3	1	2	1	1					1	1	
覃塘区	2	1	1				1	1		3	2	1
平南县	1	1		5	4	1	6	5	1	10	3	7
桂平市	3	3		6	5	1	12	6	7	9	3	6
玉林市	**8**	**7**	**1**	**9**	**8**	**1**	**17**	**14**	**3**	**23**	**16**	**7**
玉州区				2	2		2	2		4	4	
福绵区	1	1		2	2					3	2	1
容县	1	1		2	1	1	2	2		3	2	1
陆川县	1	1								1	1	
博白县							9	6	3	3	2	2
兴业县							1	1		3	2	1
北流市	5	4	1	3	3		3	3		5	2	3

10-1 续表 10　　单位：人

地 区	65-69岁			70-74岁			75-79岁			80-84岁		
	小计	男	女	小计	男	女	小计	男	女	小计	男	女
梧州市	**13**	**10**	**3**	**23**	**9**	**15**	**32**	**19**	**13**	**36**	**19**	**17**
万秀区	1	1	1	2		2	2	1	1	3	2	1
长洲区							1	1		1		1
龙圩区	1	1		2	1	1	2	2		3	1	2
苍梧县				1		1	4	2	2	8	8	
藤县	4	4		9	4	5	14	9	6	14	7	7
蒙山县	2	2		1	1		3	3		2	1	1
岑溪市	5	3	3	8	3	5	5	1	4	5		5
北海市	**4**	**2**	**2**	**4**	**1**	**2**	**12**	**10**	**2**	**13**	**8**	**5**
海城区	1	1		1	1	1	3	3		3	2	1
银海区	1		1				2	1	1	1	1	1
铁山港区				1						1	1	
合浦县	1		1	1		1	6	5	1	7	4	3
防城港市	**5**	**2**	**3**	**7**	**6**	**1**	**5**	**4**	**1**	**7**	**3**	**4**
港口区				2	1	1	1	1	1	1	1	1
防城区	3	1	2	3	2	1	2	2		5	2	3
上思县	1			2	2		1	1				
东兴市	1		1	1	1							
钦州市	**11**	**10**	**2**	**16**	**13**	**3**	**23**	**16**	**7**	**32**	**17**	**15**
钦南区	4	3	1	1	1		6	5	1	7	3	3
钦北区	2	2		5	4	1	6	4	2	4	2	2
灵山县	3	3		7	5	1	4	1	3	8	5	3
浦北县	2	1	1	4	3	1	8	7	1	14	7	7
贵港市	**28**	**18**	**10**	**24**	**10**	**13**	**26**	**17**	**9**	**47**	**31**	**16**
港北区	3	3					1		1	3	2	1
港南区	3	2	1	3	2	1	5	3	3	6	3	4
覃塘区	5	3	2	1	1		4	3	1	4	2	1
平南县	6	4	2	12	6	6	10	6	4	21	14	7
桂平市	11	6	5	8	2	6	7	5	2	13	10	3
玉林市	**31**	**21**	**10**	**39**	**27**	**12**	**57**	**35**	**22**	**64**	**33**	**31**
玉州区	2	1	1	4	2	2	3	2	1	6	2	4
福绵区	3	3		3	1	2	5	3	3	4	3	1
容县	2	1	1	8	5	3	9	7	2	5	3	2
陆川县	7	3	4	5	4	1	7	5	2	8	5	3
博白县	3	1	2	4	3	2	9	6	3	13	6	7
兴业县	3	2	1	2	2		8	3	5	7	3	3
北流市	11	10	1	12	11	1	15	9	5	20	11	9

10-1 续表 11

单位：人

地　区	85-89岁			90-94岁			95-99岁			100岁及以上		
	小计	男	女	小计	男	女	小计	男	女	小计	男	女
梧州市	**29**	**13**	**17**	**12**	**3**	**9**	**4**	**2**	**2**	**5**		**5**
万秀区	2	1	1	2		2	2	1	1			
长洲区	2	1	1									
龙圩区	4	2	2									
苍梧县	2		2	3		3				1		1
藤县	11	7	4	6	3	3				1		1
蒙山县	2	1	1				1		1			
岑溪市	8	1	6	1		1	1	1		3		3
北海市	**10**	**6**	**4**	**3**	**2**	**1**	**2**		**2**			
海城区	1		1	1	1	1						
银海区	1	1										
铁山港区	2		2				1		1			
合浦县	6	5	1	1	1		1		1			
防城港市	**4**	**1**	**3**	**2**	**1**	**1**						
港口区	2	1	1	1		1						
防城区	1		1	1	1							
上思县	1		1									
东兴市	1		1									
钦州市	**11**	**9**	**2**	**7**	**4**	**3**	**3**	**1**	**2**			
钦南区	1	1	1	1		1	1		1			
钦北区	2	1	1									
灵山县	3	3		2	2							
浦北县	4	4		4	2	2	2	1	1			
贵港市	**17**	**8**	**9**	**14**	**5**	**8**	**2**		**2**	**3**	**1**	**2**
港北区	3	1	2	1		1	1		1			
港南区	1		1	2		2				1	1	
覃塘区	2	1	1	2	1	1						
平南县	6	4	2	5		5	1		1			
桂平市	6	3	3	5	5					2		2
玉林市	**40**	**29**	**11**	**15**	**4**	**11**	**7**	**1**	**6**			
玉州区	2	1	1	1		1	1		1			
福绵区				3	2	1	1		1			
容县	4	3	1	3	2	1	2	1	1			
陆川县	7	5	2	2		2						
博白县	15	12	3	2		2						
兴业县	4	2	2	2		2						
北流市	7	5	1	2		2	3		3			

10-1 续表 12

单位：人

地 区	死亡人口			0岁			1-4岁		
	合计	男	女	小计	男	女	小计	男	女
百色市	**289**	**175**	**114**	**2**	**2**		**1**		**1**
右江区	24	12	13						
田阳县	35	29	7						
田东县	39	20	19	1	1				
平果县	33	20	12						
德保县	20	12	8						
靖西县	49	32	17				1		1
那坡县	16	7	9						
凌云县	14	9	5						
乐业县	3	2	1	1	1				
田林县	23	12	11						
西林县	7	4	3						
隆林各族自治县	25	16	9						
贺州市	**120**	**69**	**51**	**1**	**1**		**1**	**1**	
八步区	50	25	25						
平桂管理区	28	19	8				1	1	
昭平县	17	11	6	1	1				
钟山县	16	9	7						
富川瑶族自治县	9	5	4						
河池市	**254**	**149**	**105**	**1**	**1**				
金城江区	16	9	8						
南丹县	26	17	8	1	1				
天峨县	9	4	5						
凤山县	7	4	4						
东兰县	12	7	5						
罗城仫佬族自治县	32	18	14						
环江毛南族自治县	22	11	11						
巴马瑶族自治县	19	11	8						
都安瑶族自治县	53	33	20						
大化瑶族自治县	21	13	8						
宜州市	36	23	13						
来宾市	**160**	**89**	**70**	**4**	**1**	**3**	**1**	**1**	
兴宾区	60	33	26	3	1	2			
忻城县	33	13	20						
象州县	21	12	9						
武宣县	25	17	8				1	1	
金秀瑶族自治县	12	8	4						
合山市	9	6	3						
崇左市	**156**	**89**	**67**				**1**	**1**	
江州区	15	9	5						
扶绥县	22	11	11						
宁明县	33	18	15						
龙州县	23	12	12						
大新县	31	15	15						
天等县	26	20	6				1	1	
凭祥市	7	5	3						

10-1 续表 13

单位：人

地　区	5-9岁			10-14岁			15-19岁			20-24岁		
	小计	男	女	小计	男	女	小计	男	女	小计	男	女
百色市	**1**	**1**		**2**	**2**					**1**	**1**	
右江区												
田阳县												
田东县				1	1							
平果县												
德保县												
靖西县										1	1	
那坡县												
凌云县	1	1										
乐业县												
田林县				1	1							
西林县												
隆林各族自治县												
贺州市	**1**	**1**										
八步区	1	1										
平桂管理区												
昭平县												
钟山县												
富川瑶族自治县												
河池市	**1**		**1**	**1**	**1**		**1**	**1**				
金城江区												
南丹县							1	1				
天峨县												
凤山县												
东兰县												
罗城仫佬族自治县												
环江毛南族自治县												
巴马瑶族自治县	1		1									
都安瑶族自治县												
大化瑶族自治县							1	1				
宜州市				1	1							
来宾市				**2**	**2**		**1**	**1**		**1**	**1**	
兴宾区				2	2							
忻城县				1	1							
象州县							1	1				
武宣县												
金秀瑶族自治县												
合山市												
崇左市										**1**	**1**	
江州区												
扶绥县												
宁明县												
龙州县										1	1	
大新县												
天等县												
凭祥市												

10-1 续表 14

单位：人

地 区	25-29岁			30-34岁			35-39岁			40-44岁		
	小计	男	女	小计	男	女	小计	男	女	小计	男	女
百色市				**7**	**6**	**1**	**7**	**3**	**3**	**8**	**6**	**1**
右江区										2	2	
田阳县												
田东县				3	1	1	1		1			
平果县							1	1				
德保县										1		1
靖西县				2	2		2		2	1	1	
那坡县				1	1							
凌云县				1	1					1	1	1
乐业县												
田林县				1	1					1	1	
西林县							1	1		1	1	
隆林各族自治县							1	1		1	1	
贺州市	**3**	**2**	**1**	**1**	**1**	**1**				**4**	**2**	**2**
八步区	2	1	1							2	1	1
平桂管理区										1	1	1
昭平县	1	1										
钟山县				1		1						
富川瑶族自治县				1	1					1		1
河池市	**4**	**4**					**5**	**3**	**2**	**4**	**2**	**2**
金城江区	1	1					1		1			
南丹县							1	1		1	1	
天峨县												
凤山县												
东兰县										1		1
罗城仫佬族自治县							1	1				
环江毛南族自治县												
巴马瑶族自治县							1	1		1		1
都安瑶族自治县	1	1								2	2	
大化瑶族自治县							1	1	1			
宜州市	2	2										
来宾市	**5**	**5**		**1**	**1**		**4**	**4**		**6**	**5**	**1**
兴宾区	3	3								3	3	
忻城县	1	1					2	2				
象州县				1	1		1	1		2	1	1
武宣县	1	1										
金秀瑶族自治县										1	1	
合山市												
崇左市				**3**	**2**	**1**	**4**	**2**	**2**	**6**	**5**	**1**
江州区										1	1	
扶绥县										1	1	
宁明县				1	1		2	1	2	1	1	
龙州县				1		1				1	1	
大新县												
天等县				1	1		2	2		2	2	1
凭祥市												

10-1 续表 15

单位：人

地　区	45-49岁			50-54岁			55-59岁			60-64岁		
	小计	男	女	小计	男	女	小计	男	女	小计	男	女
百色市	**9**	**8**	**1**	**18**	**15**	**3**	**18**	**13**	**5**	**20**	**13**	**7**
右江区	1	1		1	1		2	2		1		1
田阳县	1	1		2	1	1	2	2		2	2	
田东县				3	1	1	4	3	1	4	3	1
平果县	1	1		2	2		1	1		1	1	
德保县	1	1		1	1		2	1	1	3	2	1
靖西县	1	1		3	3		1	1		3	2	1
那坡县							1	1		1	1	1
凌云县	1	1					1	1		1		1
乐业县				1	1		1	1		1		1
田林县	1		1	2	1	1	1		1	2	1	1
西林县				1	1		1	1	1	1	1	
隆林各族自治县	2	2		3	3		1		1			
贺州市	**7**	**4**	**4**	**7**	**6**	**1**	**5**	**5**		**5**	**3**	**2**
八步区	5	1	4	1	1		2	2		3	2	1
平桂管理区	1	1		3	3		1	1		1		1
昭平县	1	1		1	1		2	2				
钟山县	1	1		1	1		1	1		1	1	
富川瑶族自治县				1	1	1				1	1	1
河池市	**10**	**7**	**3**	**18**	**16**	**2**	**17**	**12**	**5**	**18**	**11**	**7**
金城江区				1		1	1		1	3	2	1
南丹县	2	2		2	2		2	2		1	1	
天峨县				1	1							
凤山县							1	1				
东兰县	1	1		1	1							
罗城仫佬族自治县							2	1	1	5	3	1
环江毛南族自治县				2	2					3	2	1
巴马瑶族自治县	1	1	1	1	1					3	2	1
都安瑶族自治县	3	1	2	5	5		5	5		2		2
大化瑶族自治县	1	1		3	2	1	2	2		1	1	
宜州市	2	2		2	2		4	2	2	2		2
来宾市	**10**	**8**	**2**	**10**	**9**	**1**	**10**	**6**	**4**	**10**	**6**	**5**
兴宾区	4	4		5	4	1	4	3	1	4	3	2
忻城县	1		1	1	1		3	2	1	2		2
象州县	2	1	1				1	1	1	1	1	
武宣县	2	2		2	2		1	1		1	1	
金秀瑶族自治县	1	1					1					
合山市				2	2					2	1	1
崇左市	**6**	**4**	**2**	**7**	**5**	**1**	**7**	**6**		**14**	**8**	**6**
江州区				1	1		1	1				
扶绥县							2	2		1	1	
宁明县	2		2	2	2					2	2	1
龙州县				1		1				5	3	2
大新县	3	3		2	1	1	2	2		3	2	2
天等县	1	1		2	2		1	1		2	1	1
凭祥市							1			1		

10-1 续表 16 单位：人

地区	65-69岁			70-74岁			75-79岁			80-84岁		
	小计	男	女	小计	男	女	小计	男	女	小计	男	女
百色市	**33**	**19**	**14**	**41**	**23**	**18**	**47**	**28**	**19**	**43**	**22**	**20**
右江区	4	1	3	4	2	2	5	2	3	2	1	1
田阳县	9	8	1	7	6	1	7	4	2	4	3	1
田东县	6		6	7	4	3	4	3	1			
平果县				6	2	3	7	5	2	10	6	5
德保县	1	1		2	1	1	3	2	1	1	1	
靖西县	6	6		6	4	2	8	5	3	8	3	5
那坡县	1	1		3	1	2	3	1	2	3	1	3
凌云县	1	1		1	1	1	1	1	1	2	1	1
乐业县				1	1					1		1
田林县	1		1	2		2	4	3	1	6	3	2
西林县				1	1		1		1	2	1	1
隆林各族自治县	5	2	3	2	2		5	3	2	3	2	1
贺州市	**9**	**7**	**2**	**16**	**10**	**6**	**17**	**9**	**9**	**20**	**9**	**10**
八步区	4	2	2	5	3	2	6	3	3	10	5	6
平桂管理区	2	2		4	3	1	6	5	1	4	2	2
昭平县	1	1		4	3	1	2		2	3	1	1
钟山县	3	3		2	1	1	3	1	2	3	1	1
富川瑶族自治县				1	1	1	1	1				
河池市	**28**	**16**	**13**	**28**	**15**	**13**	**45**	**27**	**18**	**31**	**13**	**17**
金城江区	3	3		4	1	3	1	1				
南丹县	2	1	1	4	2	2	6	3	3	1		1
天峨县	1	1					1	1	1	3	1	2
凤山县	1		1	2	1	1	1		1	1	1	
东兰县	3	2	1	2	1	1	3	1	2	1	1	
罗城仫佬族自治县				3	2	1	8	4	3	8	5	3
环江毛南族自治县	7	2	4				3	1	2	2		2
巴马瑶族自治县	3	1	2	4	2	2	3	2	1	1		1
都安瑶族自治县	5	2	3	4	3	2	10	9	2	6	3	3
大化瑶族自治县	1	1		2	1	1	4	2	2	2	1	1
宜州市	3	3		4	2	2	5	3	2	6	1	4
来宾市	**11**	**5**	**6**	**18**	**6**	**12**	**19**	**12**	**7**	**21**	**9**	**11**
兴宾区	4	3	2	3		3	5	5		9	3	6
忻城县	4	1	3	4	1	4	6	2	3	5	2	3
象州县	1		1	3	1	2	3	3	1	2	1	2
武宣县	1	1		4	2	2	4	2	2	2	2	
金秀瑶族自治县	1			2	1	1				3	2	
合山市				1	1		1			1		
崇左市	**18**	**9**	**8**	**13**	**9**	**4**	**21**	**10**	**11**	**28**	**15**	**12**
江州区	2	1	1	3	2	1	3	2	2	3	2	1
扶绥县	2	1	1				4	2	3	6	4	2
宁明县	4	3	1	3	3		4	2	2	6	2	4
龙州县	3	2	1	2	1	1	3	1	2	4	2	2
大新县	4	1	3	4	3	2	2	1	2	3	2	1
天等县	1	1	1	1	1		3	2	1	5	3	2
凭祥市	1	1					1			2	1	1

10-1 续表 17 单位：人

地区	85-89岁			90-94岁			95-99岁			100岁及以上		
	小计	男	女	小计	男	女	小计	男	女	小计	男	女
百色市	**17**	**9**	**8**	**11**	**3**	**8**	**3**		**3**			
右江区	1		1				2		2			
田阳县	1	1										
田东县				3	1	1						
平果县	1	1		1		1	1		1			
德保县	4	1	2	1	1	1						
靖西县	3	1	2	2	1	1						
那坡县	2	2		1		1						
凌云县	2	1	1									
乐业县												
田林县	2	2		2		2						
西林县	1		1									
隆林各族自治县	1		1	1		1						
贺州市	**9**	**4**	**4**	**12**	**5**	**8**	**2**	**1**	**2**			
八步区	5	3	2	5	2	3	2		2			
平桂管理区	2	1	1	2	1	1	1	1				
昭平县	1		1	2	2	1						
钟山县	1		1	1		1						
富川瑶族自治县	1	1		2	1	1						
河池市	**22**	**12**	**11**	**12**	**6**	**6**	**6**		**6**	**2**		**2**
金城江区	1	1								1		1
南丹县	2	2	1	1	1		1		1			
天峨县	2		2	1		1						
凤山县							1		1			
东兰县												
罗城仫佬族自治县	2	1	1	2		2	1		1			
环江毛南族自治县	3	2	1	1	1							
巴马瑶族自治县	2	1	1	1	1	1						
都安瑶族自治县	3		3	4	3	2	3		3			
大化瑶族自治县	1	1	1	2	1	1				1		1
宜州市	6	5	1									
来宾市	**16**	**5**	**11**	**9**	**3**	**6**	**1**		**1**	**1**		**1**
兴宾区	6		6	5	2	3						
忻城县	3	1	2	1	1	1						
象州县				1		1						
武宣县	4	3	1	2	1	2	1		1	1		1
金秀瑶族自治县	1											
合山市	1		1									
崇左市	**13**	**5**	**8**	**10**	**3**	**7**	**5**	**1**	**3**			
江州区				2		2						
扶绥县	3	1	2	2		2	2		2			
宁明县	4	2	2	2	1	1	1		1			
龙州县	1	1	1	1	1	1						
大新县	3	1	3	2		2	1	1				
天等县	2	1	1	2	2		1	1	1			
凭祥市												

10-1a 各地区分年龄、性别的死亡人口 (2014.11.1-2015.10.31)(城市)

单位：人

地 区	死亡人口			0岁			1-4岁		
	合计	男	女	小计	男	女	小计	男	女
全 区	**466**	**282**	**184**	**1**		**1**	**1**		**1**
南宁市	147	98	49						
柳州市	70	42	28						
桂林市	60	34	25						
梧州市	26	11	16						
北海市	19	13	6				1		1
防城港市	14	9	5						
钦州市	7	6	1						
贵港市	23	12	11	1		1			
玉林市	52	30	22						
百色市	13	6	7						
贺州市	14	7	7						
河池市	13	9	5						
来宾市	4	2	1						
崇左市	5	4							

10-1a 续表 1

单位：人

地 区	5-9岁			10-14岁			15-19岁			20-24岁		
	小计	男	女	小计	男	女	小计	男	女	小计	男	女
全 区	**1**	**1**		**1**	**1**		**2**	**2**				
南宁市							2	2				
柳州市												
桂林市												
梧州市												
北海市												
防城港市												
钦州市												
贵港市												
玉林市												
百色市												
贺州市	1	1										
河池市				1	1							
来宾市												
崇左市												

10-1a 续表 2

单位：人

地区	25-29岁			30-34岁			35-39岁			40-44岁		
	小计	男	女	小计	男	女	小计	男	女	小计	男	女
全　区	**2**	**2**		**1**	**1**	**1**	**2**	**1**	**1**	**8**	**7**	**1**
南宁市							1	1		1	1	
柳州市	1	1								3	3	
桂林市												
梧州市										1	1	1
北海市										1	1	
防城港市												
钦州市										1	1	
贵港市				1	1							
玉林市										1	1	
百色市												
贺州市												
河池市							1		1			
来宾市	1	1										
崇左市												

10-1a 续表 3

单位：人

地区	45-49岁			50-54岁			55-59岁			60-64岁		
	小计	男	女	小计	男	女	小计	男	女	小计	男	女
全　区	**17**	**12**	**5**	**20**	**16**	**4**	**26**	**18**	**7**	**43**	**28**	**15**
南宁市	5	2	2	4	4		9	7	2	18	10	8
柳州市	5	3	1	2	1	1	1		1	8	6	2
桂林市	1	1		4	3	1	3	2	1	3	2	1
梧州市				1	1	1	2		2	1	1	
北海市				2	2		1	1	1	2	2	
防城港市							2	2		1	1	
钦州市	1	1					1	1				
贵港市	4	2	1	2	2	1	1	1		1	1	1
玉林市	1	1		2	2		3	3		6	5	1
百色市												
贺州市	1	1		1	1		1	1		1		1
河池市				1		1						
来宾市							1		1			
崇左市												

10-1a 续表 4

单位：人

地 区	65-69岁			70-74岁			75-79岁			80-84岁		
	小计	男	女	小计	男	女	小计	男	女	小计	男	女
全 区	**46**	**35**	**11**	**56**	**32**	**24**	**75**	**56**	**19**	**75**	**37**	**38**
南宁市	15	14	1	15	10	5	27	22	5	27	15	12
柳州市	8	6	2	7	5	2	10	7	3	9	3	5
桂林市	2	1	1	11	4	6	10	10		6	3	3
梧州市	1		1	2		2	3	3	1	5	3	2
北海市	1	1		1	1	1	3	3		4	2	2
防城港市	1	1		2	1	1	1	1		3	1	2
钦州市	1	1	1	1	1		2	1	1	1	1	
贵港市	5	3	2	1		1	1	1		4	3	1
玉林市	4	3	1	8	5	4	8	3	4	9	3	6
百色市	3	1	2	3	2	1	5	2	3	2	1	1
贺州市	1	1		1	1		2		2	3	1	2
河池市	3	3		1		1	2	2		1		1
来宾市	1	1										
崇左市				2	2		1	1		1		

10-1a 续表 5

单位：人

地 区	85-89岁			90-94岁			95-99岁			100岁及以上		
	小计	男	女	小计	男	女	小计	男	女	小计	男	女
全 区	**50**	**23**	**27**	**29**	**7**	**22**	**9**	**3**	**6**	**1**		**1**
南宁市	13	7	7	8	1	6	2	2				
柳州市	12	6	6	2		2	1		1			
桂林市	9	3	6	9	4	5	1		1			
梧州市	5	1	4	3		3	2	1	1			
北海市	1		1	1	1	1						
防城港市	1		1	2	1							
钦州市												
贵港市	1		1	1		1						
玉林市	3	2	1	2		2	2		2			
百色市							1		1			
贺州市	1	1		2		2						
河池市	2	2								1		1
来宾市												
崇左市												

10-1b 各地区分年龄、性别的死亡人口
(2014.11.1-2015.10.31)(镇)

单位：人

地 区	死亡人口			0岁			1-4岁		
	合计	男	女	小计	男	女	小计	男	女
全 区	**610**	**366**	**243**	**4**	**2**	**3**	**3**	**2**	**1**
南宁市	66	39	27				1	1	
柳州市	44	20	24						
桂林市	53	33	20						
梧州市	40	22	18						
北海市	14	9	5						
防城港市	14	8	7	1	1				
钦州市	42	32	10				1		1
贵港市	80	45	35						
玉林市	88	58	30						
百色市	47	31	16						
贺州市	24	12	12				1	1	
河池市	44	25	19						
来宾市	32	20	12	4	1	3	1	1	
崇左市	21	11	10						

10-1b 续表 1

单位：人

地 区	5-9岁			10-14岁			15-19岁			20-24岁		
	小计	男	女	小计	男	女	小计	男	女	小计	男	女
全 区				**1**	**1**		**1**	**1**				
南宁市												
柳州市												
桂林市												
梧州市												
北海市												
防城港市												
钦州市				1	1							
贵港市							1	1				
玉林市												
百色市												
贺州市												
河池市												
来宾市												
崇左市												

10-1b 续表 2 单位：人

地 区	25-29岁			30-34岁			35-39岁			40-44岁		
	小计	男	女	小计	男	女	小计	男	女	小计	男	女
全 区	**7**	**5**	**1**	**5**	**4**	**1**	**9**	**6**	**3**	**18**	**14**	**4**
南宁市	1		1	1	1					4	4	
柳州市	1	1		1		1	1	1		2	1	1
桂林市										1	1	
梧州市							1	1				
北海市												
防城港市												
钦州市				1	1					2	2	
贵港市	1	1										
玉林市	1	1					2	1	1	4	2	2
百色市							2	1	1	2	2	
贺州市				1	1					1		1
河池市	1	1					1	1				
来宾市	1	1					1	1		2	1	
崇左市				1	1		1		1			

10-1b 续表 3 单位：人

地 区	45-49岁			50-54岁			55-59岁			60-64岁		
	小计	男	女	小计	男	女	小计	男	女	小计	男	女
全 区	**32**	**26**	**6**	**28**	**22**	**6**	**42**	**29**	**14**	**47**	**29**	**19**
南宁市	4	2	1	1	1		5	4	1	2	1	1
柳州市				3	2	1	1		1	6	2	4
桂林市	5	4	1	3	3		5	1	4	6	6	1
梧州市	1	1					4	2	2	2	2	
北海市							2	1	1	2	2	
防城港市	1	1		1	1		1	1		2	1	1
钦州市	4	4		4	3	1	2	2		5	2	3
贵港市	1	1		6	4	3	11	10	1	11	3	8
玉林市	6	4	1	1	1		3	1	1	2	2	
百色市	2	2		2	2		2	2		4	3	1
贺州市	2	2					1	1		1	1	
河池市	5	2	2	2	2		3	2		1	1	
来宾市	2	2		2	1	1	2	2	1	1	1	
崇左市	1	1		1	1	1	1	1		2	1	1

10-1b 续表 4

单位：人

地 区	65-69岁			70-74岁			75-79岁			80-84岁		
	小计	男	女	小计	男	女	小计	男	女	小计	男	女
全 区	**60**	**45**	**15**	**64**	**33**	**30**	**86**	**56**	**30**	**91**	**43**	**48**
南宁市	6	4	1	3	1	2	10	7	3	9	4	6
柳州市	2	2		4	3	1	4	2	2	12	4	8
桂林市	7	7		4	1	3	6	1	5	8	4	3
梧州市	6	5	1	3		3	9	8	1	3	3	
北海市				1		1	2	2		2	2	
防城港市	2	1	2	3	2	1				2		2
钦州市	2	2		5	5		6	4	2	5	3	2
贵港市	10	6	4	9	2	6	8	5	3	9	5	4
玉林市	10	9	1	7	7		16	12	4	19	8	11
百色市	6	4	2	11	6	5	6	5	2	3	2	1
贺州市	2	1	1	3	1	2	3	1	1	7	3	4
河池市	3	3	1	5	2	4	10	5	5	6	2	4
来宾市	1		1	4	2	2	2	2	1	4	1	3
崇左市	3	1	2	2	1	1	5	2	2	2	1	1

10-1b 续表 5

单位：人

地 区	85-89岁			90-94岁			95-99岁			100岁及以上		
	小计	男	女	小计	男	女	小计	男	女	小计	男	女
全 区	**69**	**37**	**32**	**29**	**11**	**18**	**10**	**2**	**8**	**4**		**4**
南宁市	11	5	6	4	2	2	1		1	1		1
柳州市	5	3	2				1		1	1		1
桂林市	5	3	2	1		1						
梧州市	8	2	7	2		2				1		1
北海市	2	1	1	1	1		2		2			
防城港市	2	1	1									
钦州市	3	3	1	2	1	1						
贵港市	10	4	6	4	3	1						
玉林市	9	7	2	4		4	3	1	2			
百色市	4	3	1	4	1	2						
贺州市	1	1	1	1		1	2	1	1			
河池市	5	3	2	3	1	2						
来宾市	2	1	1	2	1	1						
崇左市				1	1	1	1	1	1			

10-1c 各地区分年龄、性别的死亡人口
(2014.11.1-2015.10.31)(乡村)

单位：人

地 区	死亡人口			0岁			1-4岁		
	合计	男	女	小计	男	女	小计	男	女
全 区	**2066**	**1235**	**831**	**7**	**6**	**1**	**7**	**2**	**5**
南宁市	256	157	99						
柳州市	110	58	52				1		1
桂林市	269	156	113	2	2	1			
梧州市	131	71	59	1	1				
北海市	39	26	13						
防城港市	23	15	8				1		1
钦州市	125	84	41				1		1
贵港市	150	94	56				1		1
玉林市	200	129	71				1	1	
百色市	229	138	90	2	2		1		1
贺州市	82	50	32	1	1				
河池市	197	116	82	1	1				
来宾市	123	67	57						
崇左市	131	74	57				1	1	

10-1c 续表 1

单位：人

地 区	5-9岁			10-14岁			15-19岁			20-24岁		
	小计	男	女	小计	男	女	小计	男	女	小计	男	女
全 区	**8**	**4**	**4**	**10**	**9**	**1**	**7**	**5**	**1**	**11**	**9**	**2**
南宁市							1	1		2	1	1
柳州市				1		1	1	1				
桂林市	1	1		3	3					1		1
梧州市												
北海市												
防城港市												
钦州市	2		2				1		1	1	1	
贵港市	2	2								2	2	
玉林市	1		1	1	1		1	1		3	3	
百色市	1	1		2	2					1	1	
贺州市												
河池市	1		1				1	1				
来宾市				2	2		1	1		1	1	
崇左市										1	1	

10-1c　续表 2　　　　单位：人

地　区	25-29岁			30-34岁			35-39岁			40-44岁		
	小计	男	女	小计	男	女	小计	男	女	小计	男	女
全　区	**18**	**15**	**3**	**26**	**22**	**4**	**44**	**35**	**9**	**69**	**58**	**11**
南宁市	3	3		3	2	1	4	4		10	10	
柳州市	1	1		1	1					3	3	
桂林市	3	3		3	3		9	6	3	4	3	1
梧州市				1	1		5	3	3	6	5	1
北海市										1	1	
防城港市	1	1		1	1		1	1				
钦州市				3	3		2	2		8	7	1
贵港市				2	2		7	7		6	6	
玉林市	2		2	1	1		2	2		8	7	1
百色市				7	6	1	4	2	2	6	4	1
贺州市	3	2	1	1		1				3	2	2
河池市	3	3					3	3	1	4	2	2
来宾市	2	2		1	1		3	3		4	3	1
崇左市				2	2	1	3	2	1	6	5	1

10-1c　续表 3　　　　单位：人

地　区	45-49岁			50-54岁			55-59岁			60-64岁		
	小计	男	女	小计	男	女	小计	男	女	小计	男	女
全　区	**79**	**54**	**25**	**108**	**84**	**24**	**123**	**87**	**35**	**154**	**99**	**55**
南宁市	15	12	4	12	10	2	16	11	5	15	12	3
柳州市	6	2	4	10	7	4	9	4	4	9	6	2
桂林市	7	6	1	9	3	5	18	13	5	22	14	9
梧州市	3	1	2	5	4	1	4	4		5	5	
北海市	3	3		3	1	2	3	2		5	5	
防城港市	2	1	1	2	2					3	2	1
钦州市	4	2	2	7	4	2	8	7	1	10	6	3
贵港市	7	5	3	5	5		10	3	7	12	6	7
玉林市	1	1		6	4	1	11	10	2	14	8	6
百色市	7	6	1	16	13	3	16	12	5	16	10	6
贺州市	5	1	4	7	6	1	3	3		4	2	2
河池市	5	5	1	15	14	1	14	10	4	18	11	7
来宾市	7	6	2	7	7		6	4	2	8	4	4
崇左市	6	4	2	5	4	1	6	5	1	12	7	5

10-1c 续表 4

单位：人

地 区	65-69岁			70-74岁			75-79岁			80-84岁		
	小计	男	女	小计	男	女	小计	男	女	小计	男	女
全 区	**177**	**107**	**71**	**215**	**125**	**90**	**314**	**182**	**132**	**347**	**181**	**166**
南宁市	23	16	8	26	17	10	51	26	25	32	16	17
柳州市	8	3	5	7	4	3	15	10	5	14	7	7
桂林市	21	15	6	29	15	14	39	23	15	55	25	30
梧州市	6	5	1	18	9	9	19	8	11	29	13	15
北海市	2		2	1	1		7	5	2	7	4	3
防城港市	2		1	3	3		3	2	1	2	1	1
钦州市	8	7	1	11	7	3	16	12	4	26	14	13
贵港市	13	9	4	14	8	5	17	10	7	34	23	12
玉林市	17	9	8	23	15	8	33	20	13	36	22	14
百色市	24	15	9	27	16	12	36	21	15	38	20	18
贺州市	6	5	1	12	8	4	13	8	5	9	5	4
河池市	22	10	12	22	13	9	33	20	13	23	11	12
来宾市	9	4	5	14	4	10	16	10	7	17	8	9
崇左市	15	8	7	10	7	3	15	7	8	24	14	11

10-1c 续表 5

单位：人

地 区	85-89岁			90-94岁			95-99岁			100岁及以上		
	小计	男	女	小计	男	女	小计	男	女	小计	男	女
全 区	**191**	**108**	**83**	**108**	**37**	**71**	**33**	**4**	**30**	**10**	**1**	**9**
南宁市	19	13	6	15	5	10	7		7			
柳州市	14	6	8	8	3	5	1		1	1		1
桂林市	31	21	10	11	1	10	1		1	1		1
梧州市	15	9	6	7	3	4	3	1	1	4		4
北海市	7	5	2									
防城港市	1		1									
钦州市	8	7	1	6	3	2	3	1	2			
贵港市	6	4	2	9	2	6	2		2	3	1	2
玉林市	27	19	8	9	4	5	1		1			
百色市	14	6	8	8	2	6	2		2			
贺州市	6	2	4	9	5	4	1		1			
河池市	15	7	9	9	5	4	6		6	1		1
来宾市	14	3	10	7	2	6	1		1	1		1
崇左市	13	5	8	9	2	7	3	1	3			

10-2 全区分年龄、性别的死亡人口状况
(2014.11.1-2015.10.31)

单位：人、‰

年 龄	2015年5月1日人口			死亡人口			死亡率		
	合计	男	女	合计	男	女	合计	男	女
总 计	**594913**	**305510**	**289403**	**3141**	**1883**	**1259**	**5.28**	**6.16**	**4.35**
0-4	**44717**	**24319**	**20397**	**24**	**13**	**11**	**0.53**	**0.53**	**0.53**
0	4568	2499	2069	12	8	4	2.67	3.22	2.00
1	9222	5134	4088	2	1	2	0.25	0.11	0.42
2	10032	5430	4602	2	1	1	0.21	0.12	0.31
3	11011	5960	5052	3	2	1	0.30	0.38	0.20
4	9884	5297	4587	4	1	2	0.38	0.23	0.54
5-9	**43898**	**23761**	**20137**	**9**	**5**	**4**	**0.20**	**0.19**	**0.20**
5	9023	4904	4119	4	2	3	0.48	0.34	0.64
6	9185	5098	4086	1		1	0.06		0.13
7	8859	4760	4099						
8	8329	4389	3941	3	2	1	0.32	0.40	0.24
9	8503	4610	3892	1	1		0.14	0.26	
10-14	**42712**	**22782**	**19930**	**12**	**11**	**1**	**0.29**	**0.49**	**0.05**
10	8472	4547	3925	5	5		0.55	1.03	
11	8472	4540	3932	1	1		0.15	0.28	
12	8371	4564	3807	3	2	1	0.39	0.47	0.29
13	8370	4519	3851	2	2		0.24	0.44	
14	9026	4613	4414	1	1		0.12	0.24	
15-19	**33401**	**17865**	**15536**	**9**	**8**	**1**	**0.27**	**0.45**	**0.07**
15	7686	4314	3373	3	3		0.33	0.59	
16	6997	4008	2989	4	3	1	0.52	0.66	0.34
17	6697	3629	3068	1	1		0.18	0.34	
18	6009	3055	2953	2	2		0.28	0.55	
19	6012	2859	3153						
20-24	**38009**	**18104**	**19905**	**11**	**9**	**2**	**0.29**	**0.52**	**0.08**
20	7808	3326	4482	2	2		0.21	0.50	
21	7835	3497	4338	2	2		0.28	0.63	
22	7559	3654	3906				0.06	0.12	
23	7675	3918	3757	3	3		0.38	0.74	
24	7132	3709	3422	4	2	2	0.53	0.58	0.47
25-29	**50244**	**25322**	**24922**	**26**	**21**	**4**	**0.51**	**0.85**	**0.17**
25	9498	4800	4698	2	2		0.25	0.50	
26	9519	4754	4764	7	7		0.78	1.57	
27	9832	4931	4901	5	5		0.51	1.02	
28	10728	5462	5266	6	3	3	0.54	0.53	0.54
29	10668	5376	5292	5	4	1	0.49	0.69	0.28

10-2 续表 1

单位：人、‰

年 龄	2015年5月1日人口			死亡人口			死亡率		
	合计	男	女	合计	男	女	合计	男	女
30-34	**48286**	**24447**	**23839**	**32**	**26**	**6**	**0.67**	**1.07**	**0.25**
30	10688	5397	5291	7	5	2	0.61	0.85	0.37
31	10126	5037	5088	1	1		0.14	0.21	0.07
32	8767	4420	4347	9	8	1	0.98	1.80	0.16
33	9690	4932	4758	6	5	1	0.65	0.99	0.30
34	9016	4661	4355	9	8	2	1.02	1.63	0.37
35-39	**44558**	**23352**	**21206**	**55**	**42**	**13**	**1.24**	**1.79**	**0.63**
35	9388	4857	4531	10	7	2	1.02	1.48	0.54
36	9310	4862	4448	12	6	5	1.24	1.27	1.21
37	8845	4567	4278	8	7	1	0.93	1.57	0.24
38	7911	4261	3650	11	11		1.36	2.52	
39	9103	4804	4299	15	10	5	1.65	2.17	1.07
40-44	**46084**	**24166**	**21918**	**95**	**79**	**16**	**2.06**	**3.28**	**0.72**
40	9310	4862	4448	14	12	2	1.52	2.41	0.56
41	9671	5036	4635	13	12	1	1.35	2.36	0.25
42	9047	4816	4231	20	13	7	2.18	2.64	1.67
43	9107	4719	4388	20	18	2	2.25	3.90	0.48
44	8949	4733	4216	28	25	3	3.08	5.19	0.70
45-49	**46689**	**24690**	**21999**	**128**	**92**	**36**	**2.75**	**3.73**	**1.65**
45	9570	5091	4479	27	20	7	2.80	3.95	1.49
46	9324	4960	4364	24	18	7	2.61	3.58	1.51
47	10155	5379	4776	27	14	13	2.66	2.67	2.65
48	8044	4282	3762	16	12	4	1.93	2.75	0.99
49	9596	4977	4619	35	28	7	3.62	5.63	1.44
50-54	**40240**	**20951**	**19289**	**156**	**122**	**34**	**3.88**	**5.83**	**1.76**
50	9462	5053	4409	39	32	7	4.15	6.35	1.64
51	9022	4517	4505	31	20	11	3.42	4.32	2.51
52	10085	5276	4809	40	31	9	3.94	5.85	1.86
53	7789	4112	3676	26	21	4	3.29	5.18	1.18
54	3883	1993	1890	20	18	2	5.27	9.23	1.09
55-59	**28886**	**14678**	**14208**	**191**	**134**	**57**	**6.60**	**9.14**	**3.98**
55	4850	2341	2509	31	18	13	6.40	7.81	5.09
56	4652	2371	2282	20	13	7	4.27	5.54	2.96
57	6721	3444	3277	44	30	13	6.50	8.81	4.07
58	6707	3530	3178	48	36	13	7.19	10.06	3.99
59	5956	2994	2962	48	37	11	8.03	12.32	3.70
60-64	**27774**	**13843**	**13931**	**244**	**155**	**88**	**8.77**	**11.21**	**6.35**
60	5889	2952	2936	54	36	18	9.24	12.36	6.10
61	5998	2963	3035	42	23	19	7.07	7.75	6.40
62	5655	2808	2848	49	31	17	8.64	11.21	6.11
63	5679	2843	2836	47	30	16	8.19	10.62	5.76
64	4553	2276	2277	51	34	17	11.30	14.98	7.62

10-2 续表 2 单位：人、‰

年 龄	2015年5月1日人口			死亡人口			死亡率		
	合计	男	女	合计	男	女	合计	男	女
65-69	**19965**	**10017**	**9948**	**284**	**186**	**97**	**14.21**	**18.61**	**9.78**
65	4984	2434	2550	59	37	21	11.76	15.30	8.38
66	4833	2549	2284	62	42	20	12.90	16.42	8.96
67	3693	1845	1848	62	46	16	16.86	24.81	8.92
68	3268	1673	1595	48	29	19	14.61	17.09	12.02
69	3187	1516	1671	53	33	20	16.53	21.72	11.82
70-74	**15126**	**7053**	**8073**	**334**	**190**	**144**	**22.11**	**26.94**	**17.89**
70	3239	1496	1742	54	24	29	16.63	16.34	16.88
71	3175	1536	1639	63	34	29	19.88	22.05	17.84
72	3067	1388	1679	71	45	26	23.25	32.68	15.45
73	2794	1297	1497	77	43	34	27.64	32.98	23.02
74	2851	1336	1515	69	44	25	24.18	32.62	16.74
75-79	**11587**	**5206**	**6381**	**475**	**295**	**181**	**41.00**	**56.59**	**28.29**
75	2691	1232	1459	95	62	33	35.41	50.31	22.84
76	2206	1006	1201	83	51	32	37.51	50.84	26.35
77	2406	1075	1331	104	64	40	43.04	59.45	29.79
78	2224	1001	1222	94	57	37	42.16	56.46	30.44
79	2060	893	1168	100	61	39	48.42	68.46	33.11
80-84	**7586**	**3163**	**4423**	**513**	**261**	**252**	**67.64**	**82.56**	**56.96**
80	1919	809	1109	114	51	63	59.59	63.27	56.90
81	1572	655	917	87	52	35	55.62	80.14	38.14
82	1554	698	856	115	60	55	74.23	86.14	64.52
83	1345	515	830	106	47	59	78.94	91.82	70.94
84	1196	486	710	90	50	40	75.07	103.00	55.95
85-89	**3548**	**1311**	**2237**	**310**	**167**	**142**	**87.34**	**127.71**	**63.68**
85	1039	417	623	76	41	35	72.96	97.96	56.24
86	772	269	503	62	34	29	80.92	125.03	57.27
87	708	257	451	62	30	33	87.95	115.28	72.39
88	611	227	384	55	31	24	89.20	135.24	61.95
89	417	141	276	55	33	22	131.26	231.42	80.28
90-94	**1220**	**386**	**834**	**166**	**55**	**111**	**136.34**	**142.42**	**133.52**
90	384	121	263	46	13	32	118.65	109.47	122.86
91	268	95	173	37	14	23	138.68	151.75	131.53
92	228	64	164	26	9	17	115.21	139.38	105.81
93	175	63	112	32	8	23	182.02	132.86	209.85
94	165	44	121	26	10	15	154.61	231.29	126.88
95-99	**312**	**82**	**230**	**52**	**8**	**44**	**166.89**	**102.83**	**189.66**
95	126	33	93	18	3	15	144.82	87.14	165.64
96	73	21	52	13	2	11	178.51	87.31	215.79
97	44	12	32	8	2	6	176.74	138.74	191.75
98	35	9	26	4		4	104.96		140.26
99	34	6	28	9	2	7	272.79	318.42	263.06
100及以上	**73**	**11**	**61**	**15**	**1**	**14**	**210.47**	**116.80**	**228.00**

10-2a 全区分年龄、性别的死亡人口状况 (2014.11.1-2015.10.31)(城市)

单位：人、‰

年 龄	2015年5月1日人口			死亡人口			死亡率		
	合计	男	女	合计	男	女	合计	男	女
总 计	**124733**	**61377**	**63356**	**466**	**282**	**184**	**3.74**	**4.59**	**2.91**
0-4	**8401**	**4471**	**3930**	**1**		**1**	**0.16**		**0.35**
0	888	483	405	1		1	0.80		1.75
1	1760	951	809						
2	1850	958	892						
3	2152	1122	1030						
4	1751	956	795	1		1	0.39		0.85
5-9	**6397**	**3505**	**2891**	**1**	**1**		**0.16**	**0.29**	
5	1310	720	591						
6	1383	765	617						
7	1348	748	600						
8	1217	646	571	1	1		0.84	1.58	
9	1139	626	512						
10-14	**5956**	**3293**	**2663**	**1**	**1**		**0.21**	**0.38**	
10	1296	701	595						
11	1178	664	514	1	1		1.06	1.88	
12	1175	640	535						
13	1128	641	487						
14	1179	647	532						
15-19	**6209**	**3210**	**2999**	**2**	**2**		**0.29**	**0.55**	
15	1050	683	367						
16	1430	996	434	2	2		1.24	1.78	
17	1350	723	628						
18	1122	443	679						
19	1257	365	892						
20-24	**9950**	**3530**	**6420**						
20	2222	574	1648						
21	2164	613	1551						
22	1976	659	1317						
23	1913	870	1043						
24	1675	814	861						
25-29	**13414**	**6459**	**6955**	**2**	**2**		**0.13**	**0.26**	
25	2505	1248	1257						
26	2554	1260	1295						
27	2682	1301	1381	1	1		0.38	0.78	
28	2836	1367	1469	1	1		0.24	0.50	
29	2836	1284	1552						

10-2a 续表 1

单位：人、‰

年 龄	2015年5月1日人口			死亡人口			死亡率		
	合计	男	女	合计	男	女	合计	男	女
30-34	**12245**	**5832**	**6413**	**1**	**1**	**1**	**0.11**	**0.12**	**0.11**
30	2641	1264	1377				0.13		0.25
31	2528	1181	1347				0.14		0.26
32	2154	1024	1131						
33	2582	1235	1347	1	1		0.26	0.55	
34	2339	1129	1210						
35-39	**11534**	**5856**	**5679**	**2**	**1**	**1**	**0.17**	**0.18**	**0.16**
35	2492	1288	1204						
36	2457	1248	1209	1		1	0.36		0.73
37	2250	1116	1134						
38	2054	1092	962	1	1		0.52	0.98	
39	2281	1112	1169						
40-44	**10980**	**5641**	**5338**	**8**	**7**	**1**	**0.73**	**1.28**	**0.16**
40	2258	1148	1110	2	1	1	0.78	1.08	0.48
41	2348	1195	1153	1	1		0.46	0.90	
42	2214	1156	1058	2	2		1.00	1.92	
43	2144	1130	1014	1	1		0.39	0.75	
44	2016	1014	1003	2	2		1.07	1.81	0.31
45-49	**9801**	**4968**	**4833**	**17**	**12**	**5**	**1.78**	**2.50**	**1.03**
45	2257	1195	1062	5	4	1	2.23	3.61	0.67
46	1983	981	1002	3	2	1	1.67	1.87	1.48
47	2113	1081	1033	1	1		0.52	1.03	
48	1590	786	804	3	2	1	1.90	2.94	0.88
49	1858	925	933	5	3	2	2.66	3.10	2.22
50-54	**8404**	**4297**	**4107**	**20**	**16**	**4**	**2.40**	**3.74**	**1.01**
50	1948	1043	905	6	4	3	3.22	3.36	3.05
51	1890	942	947	3	2	1	1.62	1.79	1.45
52	2126	1091	1035	2	2		0.73	1.43	
53	1605	804	802	4	4		2.25	4.49	
54	835	417	418	6	6		6.84	13.70	
55-59	**5965**	**2910**	**3055**	**26**	**18**	**7**	**4.30**	**6.27**	**2.43**
55	1052	489	563	2	2	1	2.28	3.11	1.57
56	1015	511	503	4	3	1	4.15	6.72	1.53
57	1338	655	683	7	5	2	5.08	7.81	2.47
58	1317	674	644	4	3	1	3.18	4.44	1.86
59	1243	580	662	8	5	3	6.49	8.92	4.37
60-64	**5615**	**2810**	**2805**	**43**	**28**	**15**	**7.59**	**9.88**	**5.29**
60	1241	620	622	15	12	3	12.05	19.26	4.87
61	1217	613	604	5	3	2	4.21	4.75	3.67
62	1178	567	611	10	6	4	8.33	10.35	6.47
63	1082	541	541	4	4		3.98	7.96	
64	897	469	427	8	3	6	9.36	5.86	13.21

10-2a 续表 2

单位：人、‰

年龄	2015年5月1日人口			死亡人口			死亡率		
	合计	男	女	合计	男	女	合计	男	女
65-69	**3695**	**1845**	**1850**	**46**	**35**	**11**	**12.44**	**18.84**	**6.07**
65	1000	490	511	11	9	2	11.42	18.36	4.78
66	879	455	424	10	7	3	11.38	16.37	6.04
67	679	336	343	7	5	2	10.08	14.95	5.31
68	583	291	292	7	5	2	12.54	18.25	6.85
69	554	274	280	10	8	2	18.77	29.20	8.58
70-74	**2285**	**1056**	**1228**	**56**	**32**	**24**	**24.48**	**29.91**	**19.81**
70	498	228	270	9	3	6	17.85	14.50	20.68
71	454	226	229	9	6	3	20.77	26.47	15.13
72	476	225	251	12	8	4	24.68	33.99	16.31
73	435	193	243	17	11	6	39.24	56.08	25.87
74	421	185	236	9	4	5	20.82	20.83	20.82
75-79	**1943**	**879**	**1064**	**75**	**56**	**19**	**38.58**	**63.92**	**17.63**
75	423	209	215	10	10	1	24.72	45.76	4.30
76	392	175	218	13	11	2	32.83	61.59	9.78
77	393	168	225	15	10	4	37.05	61.43	18.89
78	380	178	202	16	10	5	41.63	58.99	26.37
79	354	150	204	21	15	6	59.92	100.44	30.01
80-84	**1204**	**538**	**666**	**75**	**37**	**38**	**62.34**	**68.75**	**57.16**
80	307	123	183	18	8	9	58.25	68.73	51.21
81	241	103	137	19	10	9	78.26	96.99	64.21
82	251	130	122	14	5	9	54.79	38.85	71.76
83	226	93	133	14	6	8	61.48	68.54	56.56
84	180	89	90	11	7	4	59.65	79.78	39.68
85-89	**504**	**197**	**307**	**50**	**23**	**27**	**99.81**	**116.54**	**89.05**
85	157	79	78	14	7	7	86.50	82.99	90.09
86	104	42	62	5	3	2	45.67	63.49	33.61
87	99	28	71	10	1	9	99.65	39.46	123.48
88	86	26	60	12	7	5	144.82	271.36	89.85
89	58	22	36	10	6	4	166.80	256.36	113.01
90-94	**184**	**65**	**119**	**29**	**7**	**22**	**158.78**	**110.89**	**185.06**
90	55	26	29	7	3	4	126.81	131.63	122.42
91	43	13	30	11	2	8	248.59	173.13	282.44
92	41	10	31	5		5	120.56		158.53
93	22	12	11	3	1	2	151.60	126.73	178.55
94	23	4	18	3		3	141.54		174.24
95-99	**39**	**14**	**25**	**9**	**3**	**6**	**229.34**	**180.88**	**257.04**
95	16	8	8	5	3	2	292.46	306.22	278.25
96	9	3	7	2		2	203.60		293.92
97	3	1	2						
98	5	1	4						
99	4	1	4	2		2	503.50		595.21
100及以上	**8**		**8**	**1**		**1**	**147.61**		**147.61**

10-2b 全区分年龄、性别的死亡人口状况 (2014.11.1-2015.10.31)(镇)

单位：人、‰

年 龄	2015年5月1日人口			死亡人口			死亡率		
	合计	男	女	合计	男	女	合计	男	女
总 计	**152541**	**78856**	**73685**	**610**	**366**	**243**	**4.00**	**4.64**	**3.30**
0-4	**12158**	**6655**	**5503**	**7**	**4**	**3**	**0.61**	**0.60**	**0.62**
0	1203	649	554	4	2	3	3.37	2.38	4.54
1	2519	1429	1090	1	1	1	0.58	0.40	0.82
2	2807	1555	1252	1	1		0.24	0.43	
3	2990	1627	1364						
4	2638	1394	1244	1	1		0.47	0.89	
5-9	**9756**	**5291**	**4465**						
5	2004	1096	908						
6	2050	1126	924						
7	1980	1060	920						
8	1878	985	893						
9	1843	1024	819						
10-14	**11185**	**5921**	**5265**	**1**	**1**		**0.10**	**0.18**	
10	1936	1056	880						
11	1919	1042	877						
12	2049	1106	944						
13	2385	1290	1095	1	1		0.45	0.82	
14	2896	1426	1469						
15-19	**6708**	**3526**	**3182**	**1**	**1**		**0.12**	**0.23**	
15	1740	911	829	1	1		0.47	0.89	
16	1460	797	663						
17	1215	664	551						
18	1061	594	467						
19	1230	559	672						
20-24	**10910**	**5436**	**5473**						
20	2274	961	1313						
21	2568	1199	1369						
22	2239	1245	994						
23	1990	1046	944						
24	1839	986	853						
25-29	**14509**	**7516**	**6993**	**7**	**5**	**1**	**0.45**	**0.67**	**0.21**
25	2611	1361	1250						
26	2751	1376	1374	2	2		0.80	1.59	
27	2809	1458	1351	1	1		0.38	0.74	
28	3193	1688	1505	1	1		0.21	0.40	
29	3146	1634	1512	3	1	1	0.83	0.68	0.99

10-2b 续表 1

单位：人、‰

年 龄	2015年5月1日人口			死亡人口			死亡率		
	合计	男	女	合计	男	女	合计	男	女
30-34	**12898**	**6647**	**6251**	**5**	**4**	**1**	**0.37**	**0.54**	**0.19**
30	2965	1528	1437	1	1		0.20	0.39	
31	2655	1351	1304						
32	2380	1219	1161	2	2		0.66	1.29	
33	2581	1356	1225	1	1		0.54	1.03	
34	2317	1192	1125	1		1	0.50		1.04
35-39	**12228**	**6323**	**5905**	**9**	**6**	**3**	**0.74**	**0.90**	**0.56**
35	2482	1246	1236	2	2		0.77	1.53	
36	2551	1308	1244						
37	2519	1282	1237	1	1		0.24	0.47	
38	2199	1179	1020	2	2		0.68	1.28	
39	2477	1308	1168	5	2	3	2.01	1.28	2.82
40-44	**12530**	**6564**	**5966**	**18**	**14**	**4**	**1.42**	**2.08**	**0.69**
40	2660	1383	1277	1	1		0.41	0.79	
41	2640	1359	1281	2	2		0.94	1.82	
42	2409	1292	1117	7	3	3	2.87	2.67	3.11
43	2429	1248	1181	3	2	1	1.17	1.76	0.55
44	2392	1283	1109	4	4		1.85	3.45	
45-49	**12496**	**6565**	**5932**	**32**	**26**	**6**	**2.55**	**3.94**	**1.02**
45	2582	1367	1214	9	9		3.32	6.28	
46	2487	1327	1160	7	4	3	2.68	3.07	2.23
47	2776	1445	1332	3	3		1.18	2.26	
48	2121	1144	977	4	3	1	1.82	2.29	1.28
49	2531	1282	1249	10	7	2	3.77	5.71	1.78
50-54	**10443**	**5446**	**4996**	**28**	**22**	**6**	**2.71**	**4.05**	**1.25**
50	2499	1297	1202	9	8	1	3.55	6.24	0.65
51	2323	1173	1150	8	6	2	3.43	4.87	1.96
52	2626	1377	1248	5	4	2	2.05	2.63	1.42
53	1988	1090	898	3	3		1.27	2.31	
54	1008	510	498	4	2	1	3.51	4.10	2.90
55-59	**7112**	**3641**	**3471**	**42**	**29**	**14**	**5.96**	**7.87**	**3.95**
55	1214	576	638	7	6	1	5.56	9.81	1.73
56	1148	579	568	6	5	2	5.30	7.87	2.69
57	1706	880	826	8	4	4	4.74	4.56	4.92
58	1618	860	758	10	8	2	6.37	9.41	2.92
59	1428	747	681	11	6	5	7.81	8.52	7.03
60-64	**6471**	**3177**	**3294**	**47**	**29**	**19**	**7.34**	**9.03**	**5.71**
60	1395	684	711	10	5	5	7.04	7.62	6.48
61	1450	709	741	6	4	2	3.88	5.09	2.72
62	1308	645	663	10	8	1	7.30	13.01	1.74
63	1301	646	655	12	6	6	9.08	8.78	9.39
64	1017	494	523	11	6	5	10.51	11.77	9.32

10-2b 续表 2

单位：人、‰

年 龄	2015年5月1日人口			死亡人口			死亡率		
	合计	男	女	合计	男	女	合计	男	女
65-69	**4562**	**2326**	**2236**	**60**	**45**	**15**	**13.24**	**19.30**	**6.93**
65	1156	582	574	12	7	5	10.56	12.77	8.31
66	1130	598	532	17	11	6	15.03	17.73	11.99
67	836	427	409	15	13	2	18.51	30.77	5.73
68	749	395	355	6	6		8.62	16.36	
69	690	325	366	9	7	2	13.42	22.37	5.47
70-74	**3313**	**1586**	**1726**	**64**	**33**	**30**	**19.19**	**20.99**	**17.53**
70	799	387	413	9	2	7	11.04	4.12	17.54
71	673	337	336	11	6	5	16.89	18.50	15.26
72	641	289	352	17	9	8	27.21	32.67	22.72
73	620	282	338	17	9	7	26.87	32.82	21.92
74	580	291	288	9	7	2	15.99	23.26	8.65
75-79	**2466**	**1131**	**1335**	**86**	**56**	**30**	**34.91**	**49.72**	**22.36**
75	607	282	325	30	17	13	49.93	61.06	40.29
76	452	205	247	12	9	3	26.63	42.24	13.67
77	516	242	274	14	9	5	26.95	36.63	18.42
78	489	233	256	15	13	3	31.27	54.50	10.11
79	402	169	233	15	9	6	36.17	52.00	24.63
80-84	**1645**	**691**	**954**	**91**	**43**	**48**	**55.08**	**61.97**	**50.09**
80	435	191	244	27	12	16	62.90	61.02	64.37
81	325	134	191	10	8	3	32.00	56.48	14.82
82	316	151	165	17	8	9	52.65	51.70	53.52
83	305	112	193	20	7	13	65.13	63.25	66.22
84	264	103	161	16	9	8	61.96	84.55	47.48
85-89	**780**	**290**	**490**	**69**	**37**	**32**	**87.87**	**126.97**	**64.78**
85	229	79	150	12	5	8	54.07	61.91	49.97
86	157	56	100	14	9	5	88.26	158.78	48.67
87	178	67	111	22	13	9	123.36	197.52	78.41
88	126	54	72	9	5	4	74.33	90.14	62.39
89	91	33	57	11	5	6	121.66	144.62	108.29
90-94	**287**	**99**	**187**	**29**	**11**	**18**	**102.63**	**110.10**	**98.67**
90	91	24	68	4		4	46.86		63.19
91	60	24	36	11	5	6	185.03	208.17	169.29
92	45	17	27	4	1	2	82.50	78.25	85.24
93	48	19	29	6	2	3	117.66	128.82	110.63
94	43	15	27	5	2	3	110.66	138.44	95.01
95-99	**64**	**19**	**45**	**10**	**2**	**8**	**155.26**	**116.20**	**171.29**
95	28	9	19	4		4	153.21		225.15
96	19	6	13	3	1	2	141.57	179.54	125.92
97	6	2	4	1	1		96.54	276.24	
98	7	2	5	1		1	119.92		155.94
99	5	1	4	2	1	1	354.50	1000.00	256.75
100及以上	**23**	**7**	**16**	**4**		**4**	**166.61**		**234.47**

10-2c 全区分年龄、性别的死亡人口状况 (2014.11.1-2015.10.31)(乡村)

单位：人、‰

年 龄	2015年5月1日人口			死亡人口			死亡率		
	合计	男	女	合计	男	女	合计	男	女
总 计	**317640**	**165277**	**152363**	**2066**	**1235**	**831**	**6.50**	**7.47**	**5.45**
0-4	**24158**	**13194**	**10964**	**15**	**9**	**6**	**0.61**	**0.66**	**0.55**
0	2476	1366	1110	7	6	1	2.99	4.75	0.82
1	4943	2754	2190	1		1	0.17		0.38
2	5375	2916	2458	1		1	0.26		0.57
3	5869	3210	2658	3	2	1	0.56	0.71	0.39
4	5495	2947	2548	2		2	0.33		0.71
5-9	**27746**	**14965**	**12781**	**8**	**4**	**4**	**0.28**	**0.24**	**0.32**
5	5708	3088	2620	4	2	3	0.75	0.53	1.01
6	5751	3207	2545	1		1	0.09		0.21
7	5531	2952	2578						
8	5234	2757	2477	2	1	1	0.32	0.27	0.38
9	5522	2961	2561	1	1		0.21	0.40	
10-14	**25570**	**13568**	**12002**	**10**	**9**	**1**	**0.39**	**0.65**	**0.09**
10	5240	2789	2451	5	5		0.89	1.67	
11	5376	2834	2541						
12	5146	2818	2328	3	2	1	0.63	0.76	0.47
13	4857	2588	2269	1	1		0.19	0.35	
14	4952	2539	2413	1	1		0.22	0.43	
15-19	**20484**	**11129**	**9355**	**7**	**5**	**1**	**0.32**	**0.49**	**0.11**
15	4896	2719	2177	2	2		0.35	0.63	
16	4106	2214	1892	2	1	1	0.46	0.39	0.54
17	4132	2242	1890	1	1		0.30	0.54	
18	3825	2018	1807	2	2		0.44	0.83	
19	3525	1935	1589						
20-24	**17149**	**9138**	**8011**	**11**	**9**	**2**	**0.64**	**1.03**	**0.20**
20	3313	1791	1522	2	2		0.50	0.92	
21	3103	1685	1418	2	2		0.72	1.32	
22	3344	1750	1594				0.13	0.26	
23	3771	2002	1769	3	3		0.77	1.45	
24	3618	1910	1708	4	2	2	1.04	1.13	0.94
25-29	**22321**	**11347**	**10974**	**18**	**15**	**3**	**0.79**	**1.30**	**0.26**
25	4382	2191	2191	2	2		0.54	1.09	
26	4214	2119	2095	5	5		1.25	2.48	
27	4341	2172	2168	3	3		0.68	1.36	
28	4699	2407	2292	4	2	3	0.94	0.64	1.25
29	4685	2458	2227	3	3		0.55	1.05	

10-2c 续表 1

单位：人、‰

年 龄	2015年5月1日人口			死亡人口			死亡率		
	合计	男	女	合计	男	女	合计	男	女
30-34	**23143**	**11969**	**11175**	**26**	**22**	**4**	**1.13**	**1.82**	**0.38**
30	5082	2605	2477	6	4	2	1.10	1.53	0.65
31	4942	2505	2437	1	1		0.22	0.43	
32	4232	2177	2055	7	6	1	1.67	2.93	0.33
33	4528	2342	2186	4	3	1	0.94	1.20	0.66
34	4360	2340	2020	8	8		1.85	3.25	0.23
35-39	**20796**	**11173**	**9623**	**44**	**35**	**9**	**2.13**	**3.13**	**0.96**
35	4414	2323	2091	8	5	2	1.75	2.27	1.17
36	4302	2306	1995	11	6	4	2.48	2.68	2.24
37	4076	2169	1907	8	7	1	1.86	3.02	0.54
38	3659	1991	1668	8	8		2.23	4.11	
39	4346	2384	1962	10	9	1	2.32	3.67	0.67
40-44	**22574**	**11960**	**10614**	**69**	**58**	**11**	**3.07**	**4.89**	**1.01**
40	4391	2331	2060	11	9	2	2.58	4.02	0.95
41	4683	2483	2201	10	8	1	2.03	3.37	0.53
42	4424	2368	2056	11	7	4	2.40	2.98	1.74
43	4534	2341	2193	17	15	1	3.71	6.57	0.65
44	4541	2437	2104	21	18	3	4.61	7.52	1.25
45-49	**24391**	**13157**	**11235**	**79**	**54**	**25**	**3.24**	**4.09**	**2.25**
45	4732	2529	2202	13	7	6	2.79	2.86	2.70
46	4854	2652	2202	14	12	3	2.97	4.48	1.14
47	5265	2854	2411	23	10	13	4.29	3.49	5.24
48	4333	2352	1981	9	7	2	2.00	2.92	0.90
49	5208	2770	2438	20	18	2	3.88	6.45	0.97
50-54	**21394**	**11208**	**10186**	**108**	**84**	**24**	**5.03**	**7.50**	**2.31**
50	5016	2713	2303	24	20	4	4.82	7.54	1.61
51	4810	2402	2408	20	12	8	4.12	5.05	3.20
52	5333	2807	2525	33	26	7	6.15	9.14	2.83
53	4196	2219	1976	19	15	4	4.65	6.84	2.19
54	2040	1066	974	11	11	1	5.50	9.93	0.64
55-59	**15809**	**8127**	**7681**	**123**	**87**	**35**	**7.76**	**10.73**	**4.61**
55	2584	1275	1309	22	11	11	8.47	8.71	8.25
56	2490	1280	1210	10	5	4	3.85	4.02	3.67
57	3676	1909	1767	29	21	8	7.83	11.12	4.29
58	3772	1996	1776	34	24	9	8.94	12.24	5.22
59	3286	1666	1619	29	25	3	8.72	15.20	2.04
60-64	**15688**	**7856**	**7832**	**154**	**99**	**55**	**9.79**	**12.57**	**6.99**
60	3252	1649	1603	30	19	10	9.11	11.74	6.42
61	3331	1641	1690	32	16	15	9.50	10.02	9.00
62	3169	1597	1573	30	17	12	9.31	10.80	7.81
63	3296	1656	1640	30	20	10	9.23	12.21	6.22
64	2640	1313	1327	32	26	7	12.26	19.44	5.15

10-2c 续表 2

单位：人、‰

年 龄	2015年5月1日人口			死亡人口			死亡率		
	合计	男	女	合计	男	女	合计	男	女
65-69	**11709**	**5847**	**5862**	**177**	**107**	**71**	**15.14**	**18.26**	**12.03**
65	2828	1363	1465	35	21	14	12.37	15.29	9.66
66	2824	1497	1327	35	24	12	12.51	15.91	8.68
67	2178	1083	1095	40	28	12	18.34	25.52	11.25
68	1936	987	949	34	17	17	17.56	17.03	18.11
69	1943	917	1025	33	18	15	16.99	19.26	14.96
70-74	**9528**	**4410**	**5118**	**215**	**125**	**90**	**22.56**	**28.37**	**17.55**
70	1942	882	1060	36	20	17	18.62	22.18	15.66
71	2047	973	1075	42	22	21	20.66	22.25	19.22
72	1950	873	1076	42	28	14	21.60	32.34	12.88
73	1739	822	917	44	23	21	25.02	27.63	22.67
74	1851	860	990	51	33	18	27.51	38.32	18.12
75-79	**7179**	**3196**	**3983**	**314**	**182**	**132**	**43.75**	**57.01**	**33.12**
75	1661	742	919	55	35	19	32.83	47.50	21.00
76	1362	626	736	58	32	26	42.47	50.65	35.51
77	1497	665	832	75	45	30	50.15	67.24	36.49
78	1354	590	764	63	33	29	46.24	56.47	38.33
79	1304	573	731	64	37	27	49.08	64.93	36.66
80-84	**4737**	**1934**	**2803**	**347**	**181**	**166**	**73.34**	**93.77**	**59.26**
80	1177	495	682	69	31	38	58.71	62.78	55.75
81	1006	417	589	58	35	23	57.85	83.58	39.62
82	987	418	569	85	47	38	86.10	113.29	66.15
83	814	310	504	72	34	39	88.95	109.15	76.54
84	753	294	459	63	34	29	83.34	116.55	62.11
85-89	**2264**	**824**	**1440**	**191**	**108**	**83**	**84.38**	**130.64**	**57.90**
85	654	259	395	50	29	21	76.31	113.50	51.95
86	511	171	340	44	22	22	85.84	129.04	64.11
87	431	162	270	30	15	15	70.70	94.41	56.45
88	400	147	253	33	19	14	81.96	127.87	55.22
89	268	85	183	34	22	12	126.83	259.05	64.99
90-94	**749**	**222**	**528**	**108**	**37**	**71**	**143.72**	**166.16**	**134.28**
90	238	71	167	34	10	25	144.38	137.74	147.21
91	165	57	108	15	7	8	93.18	122.85	77.47
92	143	37	106	18	8	10	123.90	205.94	95.60
93	104	33	71	23	5	18	218.28	137.33	255.66
94	100	24	76	18	8	10	176.35	330.84	126.80
95-99	**209**	**49**	**160**	**33**	**4**	**30**	**158.91**	**75.39**	**184.52**
95	82	16	66	9		9	112.53	22.44	134.83
96	45	13	32	8	1	8	188.90	67.11	237.66
97	35	9	25	7	1	6	206.96	124.40	237.07
98	22	6	16	3		3	125.43		171.46
99	25	5	21	6	1	4	219.06	276.81	205.73
100及以上	**41**	**5**	**37**	**10**	**1**	**9**	**247.23**	**276.31**	**243.39**

10-3 各地区分性别、受教育程度的6岁及以上死亡人口
(2014.11.1-2015.10.31)

单位：人

地　区	6岁及以上死亡人口			未上过学			小　学		
	合计	男	女	小计	男	女	小计	男	女
全　区	**3113**	**1868**	**1245**	**807**	**252**	**555**	**1520**	**973**	**547**
南宁市	**468**	**293**	**175**	**104**	**21**	**82**	**191**	**131**	**60**
兴宁区	29	20	9	4	1	2	7	5	2
青秀区	39	22	17	6	2	4	13	6	7
江南区	40	25	15	12	3	9	15	11	4
西乡塘区	76	54	22	10	4	6	24	17	7
良庆区	19	13	6	2	1	1	8	5	4
邕宁区	18	9	9	4	1	3	9	5	4
武鸣县	43	21	22	9		9	20	9	12
隆安县	20	14	5	3	1	3	10	9	1
马山县	28	17	11	12	4	8	8	7	1
上林县	28	17	11	7		7	13	12	1
宾阳县	61	33	28	18	3	15	28	17	11
横县	67	47	20	16	2	14	35	29	6
柳州市	**223**	**120**	**102**	**60**	**16**	**45**	**96**	**52**	**44**
城中区	2	1	1						
鱼峰区	26	13	12	2		2	9	3	6
柳南区	24	15	9				14	7	7
柳北区	21	12	9	3		3	8	4	5
柳江县	20	13	8	9	1	8	3	3	
柳城县	34	17	17	11	2	9	11	7	5
鹿寨县	25	12	13	4	2	2	20	10	10
融安县	24	12	12	6	1	5	10	5	5
融水苗族自治县	32	17	15	20	8	12	12	9	3
三江侗族自治县	15	7	7	6	2	4	8	5	4
桂林市	**379**	**221**	**158**	**112**	**33**	**79**	**172**	**112**	**61**
秀峰区	9	6	3	1		1	5	4	1
叠彩区	19	9	10	3		3	8	4	4
象山区	15	9	6	2	1	1	4	1	3
七星区	18	13	6	1		1	8	3	5
雁山区	4	2	2	1		1	1	1	
临桂区	36	14	22	21	2	19	12	9	3
阳朔县	26	14	12	14	4	10	7	6	1
灵川县	15	9	6	3		3	9	5	4
全州县	46	28	17	13	4	9	24	17	6
兴安县	25	17	8	3	2	2	14	9	5
永福县	23	14	9	12	5	7	9	6	3
灌阳县	15	7	8	2	1	1	8	3	5
龙胜各族自治县	26	15	11	11	6	6	12	8	4
资源县	9	6	3	4	2	2	3	2	1
平乐县	31	16	16	9	3	6	16	8	8
荔浦县	34	23	11	7	1	6	13	10	3
恭城瑶族自治县	27	20	7	5	2	3	19	15	4

10-3 续表 1　　　　　　　　　　　　　　　　　　　　　　单位：人

地 区	初 中			普通高中			中 职		
	小计	男	女	小计	男	女	小计	男	女
全 区	**632**	**511**	**121**	**94**	**80**	**14**	**27**	**22**	**5**
南宁市	**136**	**104**	**31**	**21**	**21**		**3**	**2**	**1**
兴宁区	15	11	4	2	2				
青秀区	10	5	4	1	1		1		1
江南区	12	11	1						
西乡塘区	28	19	9	9	9		2	2	
良庆区	7	5	2	2	2				
邕宁区	5	3	2						
武鸣县	11	10	1	1	1				
隆安县	5	4	2	1	1				
马山县	5	3	1	2	2				
上林县	8	5	3						
宾阳县	15	13	2						
横县	14	14		2	2				
柳州市	**53**	**43**	**10**	**7**	**4**	**3**	**5**	**3**	**1**
城中区	1	1	1	1	1				
鱼峰区	11	9	2	2	1	1	1		1
柳南区	7	6	1	1		1	2	2	
柳北区	7	6	1	1	1				
柳江县	8	8					1	1	
柳城县	11	8	3						
鹿寨县	1	1							
融安县	6	5	1	2	1	1			
融水苗族自治县									
三江侗族自治县	1	1							
桂林市	**72**	**59**	**12**	**13**	**9**	**4**	**3**	**2**	**1**
秀峰区	2	1	1				1	1	
叠彩区	3	2	1	3	2	1	1		1
象山区	3	3		1		1	1	1	
七星区	5	5		1	1				
雁山区	2	1	1						
临桂区	2	2							
阳朔县	5	5							
灵川县	4	4							
全州县	7	7		2		2			
兴安县	7	5	2	2	2				
永福县	3	3							
灌阳县	3	1	2	1	1				
龙胜各族自治县	3	1	1						
资源县	2	2							
平乐县	4	3	2	2	2				
荔浦县	13	11	2	1	1				
恭城瑶族自治县	4	4							

10-3 续表 2 单位：人

地 区	大学专科			大学本科			研究生		
	小计	男	女	小计	男	女	小计	男	女
全 区	**26**	**21**	**4**	**8**	**8**				
南宁市	**10**	**10**		**3**	**3**				
兴宁区	1	1							
青秀区	4	4		3	3				
江南区									
西乡塘区	4	4							
良庆区									
邕宁区									
武鸣县	1	1							
隆安县									
马山县									
上林县									
宾阳县									
横县									
柳州市	**1**	**1**							
城中区									
鱼峰区									
柳南区									
柳北区	1	1							
柳江县									
柳城县									
鹿寨县									
融安县									
融水苗族自治县									
三江侗族自治县									
桂林市	**4**	**3**	**1**	**3**	**3**				
秀峰区	1		1						
叠彩区	1	1							
象山区	1	1		1	1				
七星区	1	1		2	2				
雁山区									
临桂区									
阳朔县									
灵川县									
全州县									
兴安县									
永福县									
灌阳县									
龙胜各族自治县									
资源县									
平乐县									
荔浦县									
恭城瑶族自治县									

10-3 续表 3

单位：人

地　区	6岁及以上死亡人口			未上过学			小　学		
	合计	男	女	小计	男	女	小计	男	女
梧州市	**196**	**103**	**93**	**52**	**14**	**38**	**105**	**60**	**45**
万秀区	17	8	9				10	3	7
长洲区	6	3	3	2	1	1	2	1	1
龙圩区	14	8	6				9	5	5
苍梧县	27	16	11	7	1	5	18	12	6
藤县	68	37	31	19	6	14	38	24	14
蒙山县	15	12	3	2		2	7	7	
岑溪市	49	20	30	22	7	16	21	8	13
北海市	**72**	**48**	**24**	**18**	**8**	**10**	**30**	**21**	**9**
海城区	17	13	4	1	1	1	6	5	1
银海区	8	4	4	2	1	1	3	2	1
铁山港区	7	3	4	3		3	3	2	1
合浦县	40	28	11	12	6	5	18	13	5
防城港市	**50**	**31**	**19**	**11**	**4**	**7**	**23**	**13**	**10**
港口区	9	4	5	2		2	5	3	2
防城区	27	18	9	3	1	2	12	6	6
上思县	9	7	3	3	2	1	3	2	1
东兴市	5	2	2	2		1	3	2	1
钦州市	**171**	**121**	**50**	**42**	**17**	**25**	**87**	**68**	**19**
钦南区	28	19	9	5	1	4	19	14	6
钦北区	34	26	8	10	6	5	17	13	4
灵山县	51	38	13	15	8	7	21	17	4
浦北县	57	39	19	12	2	10	30	25	6
贵港市	**250**	**150**	**100**	**41**	**19**	**22**	**153**	**85**	**68**
港北区	19	11	8	2	1	1	7	5	3
港南区	25	13	12	6	1	5	14	8	6
覃塘区	25	18	7	4	1	2	13	9	4
平南县	91	53	38	13	6	6	61	32	28
桂平市	89	55	34	16	10	6	57	31	26
玉林市	**337**	**216**	**121**	**65**	**29**	**36**	**198**	**127**	**70**
玉州区	32	19	13	5	2	3	17	9	9
福绵区	24	16	9	7	3	4	15	11	4
容县	48	32	16	3	2	1	32	19	13
陆川县	43	28	15	9	5	3	26	16	10
博白县	65	41	24	16	6	11	41	28	13
兴业县	34	19	15	8	1	7	19	14	5
北流市	90	61	30	16	9	6	47	31	16

10-3 续表 4 单位：人

地区	初中			普通高中			中职		
	小计	男	女	小计	男	女	小计	男	女
梧州市	**34**	**25**	**9**	**3**	**3**		**2**	**1**	**1**
万秀区	5	3	2	2	2				
长洲区	2	1	1				1		1
龙圩区	5	4	1						
苍梧县	2	2							
藤县	9	6	3	1	1				
蒙山县	5	4	1				1	1	
岑溪市	7	5	1						
北海市	**14**	**12**	**3**	**6**	**4**	**3**	**2**	**2**	
海城区	5	3	1	3	3	1			
银海区	2	1	1	1		1			
铁山港区	1	1							
合浦县	6	6		2	1	1	2	2	
防城港市	**13**	**10**	**3**	**3**	**3**		**1**	**1**	
港口区	1	1	1						
防城区	9	8	1	2	2				
上思县	2	1	1	1	1		1	1	
东兴市									
钦州市	**35**	**30**	**5**	**4**	**4**		**2**	**2**	
钦南区	3	3							
钦北区	6	6		1	1				
灵山县	12	10	2	1	1		2	2	
浦北县	13	10	3	2	2				
贵港市	**48**	**40**	**9**	**4**	**2**	**2**	**1**	**1**	
港北区	8	4	4	1	1				
港南区	3	3	1	1	1		1	1	
覃塘区	5	5	1	1	1		1	1	
平南县	18	14	4						
桂平市	14	14		2		2			
玉林市	**70**	**55**	**15**	**4**	**4**				
玉州区	10	9	1						
福绵区	3	3							
容县	10	8	2	2	2				
陆川县	8	6	2						
博白县	7	7							
兴业县	7	4	2						
北流市	24	17	7	1	1				

10-3 续表 5

单位：人

地区	大学专科			大学本科			研究生		
	小计	男	女	小计	男	女	小计	男	女
梧州市									
万秀区									
长洲区									
龙圩区									
苍梧县									
藤县									
蒙山县									
岑溪市									
北海市	**1**	**1**							
海城区	1	1							
银海区									
铁山港区									
合浦县									
防城港市									
港口区									
防城区									
上思县									
东兴市									
钦州市									
钦南区									
钦北区									
灵山县									
浦北县									
贵港市	**2**	**2**							
港北区	1	1							
港南区									
覃塘区	1	1							
平南县									
桂平市									
玉林市	**1**	**1**							
玉州区									
福绵区									
容县									
陆川县									
博白县									
兴业县									
北流市	1	1							

10-3 续表 6　　单位：人

地　区	6岁及以上死亡人口			未上过学			小 学		
	合计	男	女	小计	男	女	小计	男	女
百色市	**286**	**173**	**113**	**104**	**41**	**63**	**123**	**84**	**39**
右江区	24	12	13	10	3	7	7	4	3
田阳县	35	29	7	6	1	4	24	22	2
田东县	37	19	19	6	3	3	20	7	13
平果县	33	20	12	15	6	9	9	6	3
德保县	20	12	8	7	1	5	10	8	2
靖西县	48	32	16	18	8	10	19	14	4
那坡县	16	7	9	6	1	5	8	5	3
凌云县	14	9	5	7	4	3	6	4	2
乐业县	3	2	1	1	1	1			
田林县	23	12	11	11	7	4	10	3	7
西林县	7	4	3	3	1	3	2	2	
隆林各族自治县	25	16	9	14	5	9	8	8	
贺州市	**118**	**68**	**51**	**33**	**10**	**23**	**63**	**39**	**24**
八步区	50	25	25	16	6	9	26	12	14
平桂管理区	27	19	8	6	3	4	12	9	3
昭平县	16	11	6	2	1	2	13	8	4
钟山县	16	9	7	5		5	9	7	2
富川瑶族自治县	9	5	4	4	1	3	3	3	1
河池市	**253**	**148**	**105**	**87**	**25**	**62**	**126**	**86**	**40**
金城江区	16	9	8	4	1	3	8	5	3
南丹县	25	17	8	7	3	4	9	5	5
天峨县	9	4	5	6	2	4	2	1	1
凤山县	7	4	4	4	1	3	2	2	1
东兰县	12	7	5	7	3	4	5	4	1
罗城仫佬族自治县	32	18	14	11	5	6	20	12	8
环江毛南族自治县	22	11	11	11	2	9	7	4	2
巴马瑶族自治县	19	11	8	8	2	6	8	6	2
都安瑶族自治县	53	33	20	15	3	12	32	25	7
大化瑶族自治县	21	13	8	4	1	3	15	10	5
宜州市	36	23	13	10	2	8	17	12	5
来宾市	**155**	**88**	**68**	**29**	**4**	**26**	**85**	**49**	**35**
兴宾区	57	32	24	11		11	34	23	11
忻城县	33	13	20	8	1	7	19	7	11
象州县	20	12	8	1		1	13	8	4
武宣县	25	17	8	3	1	2	11	6	6
金秀瑶族自治县	12	8	4	4	2	2	4	3	2
合山市	9	6	3	2		2	3	2	1
崇左市	**155**	**89**	**67**	**49**	**11**	**38**	**68**	**45**	**22**
江州区	15	9	5	4		4	6	5	2
扶绥县	22	11	11	10	3	7	7	4	4
宁明县	33	18	15	11	2	10	14	11	2
龙州县	23	12	12	6	2	3	11	5	6
大新县	31	15	15	10	3	8	13	6	7
天等县	25	19	6	6	2	5	12	11	1
凭祥市	7	5	3	2		2	4	3	1

10-3 续表 7

单位：人

地 区	初 中			普通高中			中 职		
	小计	男	女	小计	男	女	小计	男	女
百色市	**44**	**37**	**7**	**9**	**8**	**1**	**2**	**1**	**1**
右江区	6	5	1						
田阳县	5	5							
田东县	7	4	3	3	3				
平果县	7	7		1	1				
德保县	2	2	1	1	1				
靖西县	9	7	2	2	2				
那坡县	1	1		1		1	1		1
凌云县	1	1							
乐业县	1		1	1	1				
田林县	2	2							
西林县	2	2							
隆林各族自治县	2	2					1	1	
贺州市	**18**	**16**	**3**	**2**	**2**				
八步区	7	7	1						
平桂管理区	7	5	1	1	1				
昭平县	2	2							
钟山县	1	1		1	1				
富川瑶族自治县	1	1	1						
河池市	**31**	**29**	**2**	**4**	**3**		**4**	**4**	
金城江区	3	2	1	1	1				
南丹县	7	7					2	2	
天峨县							1	1	
凤山县	1	1							
东兰县									
罗城仫佬族自治县	1	1							
环江毛南族自治县	2	2		1	1		1	1	
巴马瑶族自治县	3	3					1	1	
都安瑶族自治县	6	5	1						
大化瑶族自治县	2	2							
宜州市	7	7		1	1				
来宾市	**31**	**25**	**6**	**9**	**8**	**1**	**2**	**2**	
兴宾区	11	9	2						
忻城县	3	2	1	4	3	1			
象州县	5	3	2	1	1				
武宣县	5	4	1	4	4		1	1	
金秀瑶族自治县	2	2							
合山市	4	4							
崇左市	**32**	**26**	**6**	**5**	**5**		**1**	**1**	
江州区	3	3		1	1		1	1	
扶绥县	5	5							
宁明县	7	5	2						
龙州县	6	4	2						
大新县	4	3	1	3	3				
天等县	6	5	1	1	1				
凭祥市	1	1							

10-3 续表 8 单位：人

地区	大学专科			大学本科			研究生		
	小计	男	女	小计	男	女	小计	男	女
百色市	**3**	**1**	**2**	**1**	**1**				
右江区	2		2						
田阳县									
田东县				1	1				
平果县	1	1							
德保县									
靖西县									
那坡县									
凌云县									
乐业县									
田林县									
西林县									
隆林各族自治县									
贺州市	**1**		**1**	**1**	**1**				
八步区	1		1						
平桂管理区									
昭平县									
钟山县									
富川瑶族自治县				1	1				
河池市	**1**		**1**						
金城江区	1		1						
南丹县									
天峨县									
凤山县									
东兰县									
罗城仫佬族自治县									
环江毛南族自治县									
巴马瑶族自治县									
都安瑶族自治县									
大化瑶族自治县									
宜州市									
来宾市									
兴宾区									
忻城县									
象州县									
武宣县									
金秀瑶族自治县									
合山市									
崇左市									
江州区									
扶绥县									
宁明县									
龙州县									
大新县									
天等县									
凭祥市									

10-4 各地区分性别、婚姻状况的15岁及以上死亡人口（2014.11.1-2015.10.31）

单位：人

地 区	15岁及以上死亡人口			未 婚		
	合计	男	女	小计	男	女
全 区	**3097**	**1854**	**1243**	**159**	**149**	**10**
南宁市	**468**	**293**	**175**	**26**	**26**	
兴宁区	29	20	9	2	2	
青秀区	39	22	17			
江南区	40	25	15			
西乡塘区	76	54	22	5	5	
良庆区	19	13	6	2	2	
邕宁区	18	9	9	1	1	
武鸣县	43	21	22	3	3	
隆安县	20	14	5	1	1	
马山县	28	17	11	2	2	
上林县	28	17	11	3	3	
宾阳县	61	33	28	1	1	
横县	67	47	20	6	6	
柳州市	**222**	**120**	**101**	**10**	**9**	**1**
城中区	2	1	1			
鱼峰区	26	13	12	1		1
柳南区	24	15	9	1	1	
柳北区	21	12	9			
柳江县	20	13	8	1	1	
柳城县	33	17	16	2	2	
鹿寨县	25	12	13			
融安县	24	12	12	3	3	
融水苗族自治县	32	17	15			
三江侗族自治县	15	7	7	2	2	
桂林市	**375**	**217**	**158**	**15**	**14**	**1**
秀峰区	9	6	3			
叠彩区	19	9	10			
象山区	15	9	6	1	1	
七星区	18	13	6			
雁山区	4	2	2	1	1	1
临桂区	36	14	22			
阳朔县	25	13	12	2	2	
灵川县	15	9	6	1	1	
全州县	43	26	17			
兴安县	25	17	8	2	2	
永福县	23	14	9	3	3	
灌阳县	15	7	8			
龙胜各族自治县	26	15	11	1	1	
资源县	9	6	3			
平乐县	31	16	16			
荔浦县	34	23	11	3	3	
恭城瑶族自治县	26	19	7	1	1	

10-4 续表 1 单位：人

地 区	有配偶			离 婚			丧 偶		
	小计	男	女	小计	男	女	小计	男	女
全 区	**1774**	**1229**	**545**	**56**	**43**	**12**	**1108**	**432**	**676**
南宁市	**272**	**197**	**75**	**13**	**8**	**5**	**156**	**61**	**96**
兴宁区	17	12	5	1	1		8	4	4
青秀区	29	18	12				10	4	6
江南区	23	18	5	1		1	16	6	9
西乡塘区	43	37	5	5	4	2	24	8	15
良庆区	9	7	2				8	4	5
邕宁区	10	5	6				7	3	3
武鸣县	26	14	12				14	4	10
隆安县	14	12	2				4	1	4
马山县	14	12	2				11	2	8
上林县	17	13	4				8	1	7
宾阳县	28	21	7	3	1	2	29	10	20
横县	42	28	14	2	2		18	12	6
柳州市	**116**	**80**	**35**	**9**	**6**	**3**	**86**	**25**	**61**
城中区	1	1					1		1
鱼峰区	12	10	2	2	2		10	1	9
柳南区	12	11	1	1		1	10	3	7
柳北区	12	10	2	4	2	1	5		5
柳江县	13	11	2	1		1	5	1	4
柳城县	16	10	6	1	1		14	3	10
鹿寨县	11	7	4				13	5	8
融安县	14	8	6				7	1	6
融水苗族自治县	15	7	8				17	10	7
三江侗族自治县	9	6	4				4		4
桂林市	**212**	**142**	**70**	**10**	**8**	**2**	**138**	**52**	**85**
秀峰区	5	5					4	1	3
叠彩区	8	5	3	1		1	10	4	6
象山区	10	7	3				3	1	2
七星区	13	11	1	1	1		5		5
雁山区	2	1	1	1	1				
临桂区	18	9	10				18	5	13
阳朔县	13	7	6				9	3	6
灵川县	10	5	5				4	3	1
全州县	24	13	11				20	13	7
兴安县	18	12	5				6	3	3
永福县	12	8	4				9	4	5
灌阳县	10	6	5	1	1		3		3
龙胜各族自治县	11	8	3	1	1		13	4	8
资源县	4	3	1				5	3	2
平乐县	17	12	5	2	2		12	2	11
荔浦县	19	14	4	2	1	1	11	5	6
恭城瑶族自治县	19	16	3	1	1		5	2	4

10-4 续表 2

单位：人

地区	15岁及以上死亡人口			未婚		
	合计	男	女	小计	男	女
梧州市	**196**	**103**	**93**	**7**	**7**	**1**
万秀区	17	8	9			
长洲区	6	3	3	1	1	1
龙圩区	14	8	6			
苍梧县	27	16	11	1	1	
藤县	68	37	31	3	3	
蒙山县	15	12	3			
岑溪市	49	20	30	3	3	
北海市	**72**	**48**	**24**	**5**	**5**	
海城区	17	13	4	1	1	
银海区	8	4	4			
铁山港区	7	3	4			
合浦县	40	28	11	4	4	
防城港市	**50**	**31**	**19**	**5**	**5**	
港口区	9	4	5	1	1	
防城区	27	18	9	3	3	
上思县	9	7	3	1	1	
东兴市	5	2	2			
钦州市	**169**	**120**	**49**	**11**	**10**	**1**
钦南区	28	19	9	3	2	1
钦北区	33	26	7	3	3	
灵山县	50	37	13	3	3	
浦北县	57	39	19	2	2	
贵港市	**250**	**150**	**100**	**12**	**12**	
港北区	19	11	8			
港南区	25	13	12	1	1	
覃塘区	25	18	7	1	1	
平南县	91	53	38	5	5	
桂平市	89	55	34	5	5	
玉林市	**336**	**215**	**121**	**19**	**17**	**2**
玉州区	32	19	13	1	1	
福绵区	24	16	9			
容县	48	32	16	1	1	
陆川县	43	28	15	1	1	
博白县	65	41	24	6	5	2
兴业县	33	18	15	2	2	
北流市	90	61	30	7	7	

10-4 续表 3

单位：人

地　区	有配偶			离　婚			丧　偶		
	小计	男	女	小计	男	女	小计	男	女
梧州市	**102**	**60**	**42**	**3**	**3**		**84**	**34**	**50**
万秀区	9	5	5	1	1		7	2	4
长洲区	2	1	1				3	1	2
龙圩区	7	5	2				7	4	4
苍梧县	13	7	6				12	7	5
藤县	44	24	20				22	11	11
蒙山县	9	8	1	1	1		5	3	2
岑溪市	18	10	8	1	1		27	5	22
北海市	**44**	**32**	**12**	**1**		**1**	**22**	**11**	**11**
海城区	11	10	1	1		1	5	2	3
银海区	6	4	3				2	1	1
铁山港区	3	2	1				4	1	3
合浦县	24	16	7				12	7	4
防城港市	**31**	**22**	**9**	**2**	**1**	**1**	**12**	**3**	**9**
港口区	4	3	2				4	1	3
防城区	18	13	5	1	1	1	5	1	4
上思县	6	4	2				2	1	1
东兴市	3	2	1				1		1
钦州市	**112**	**90**	**22**	**2**	**2**		**43**	**18**	**25**
钦南区	15	13	2	1	1		9	2	7
钦北区	25	21	4				6	2	4
灵山县	35	28	8	1	1		10	5	6
浦北县	36	27	9				19	9	10
贵港市	**151**	**102**	**50**	**1**	**1**		**85**	**35**	**51**
港北区	16	10	5				4	1	3
港南区	16	10	6				9	3	6
覃塘区	13	11	1				11	5	6
平南县	54	33	21	1	1		31	14	17
桂平市	53	38	16				31	12	19
玉林市	**194**	**135**	**59**	**2**	**2**		**121**	**60**	**61**
玉州区	18	13	5				13	5	8
福绵区	18	13	5				6	3	3
容县	30	22	8	1	1		16	8	8
陆川县	27	20	7	1	1		14	6	8
博白县	37	21	16				22	16	6
兴业县	16	11	5				15	6	9
北流市	48	37	11				35	17	19

10-4 续表 4

单位：人

地 区	15岁及以上死亡人口			未 婚		
	合计	男	女	小计	男	女
百色市	**283**	**170**	**113**	**13**	**10**	**3**
右江区	24	12	13			
田阳县	35	29	7	3	3	
田东县	36	17	19			
平果县	33	20	12	2	2	
德保县	20	12	8			
靖西县	48	32	16	3	3	
那坡县	16	7	9	2	1	1
凌云县	13	8	5	1	1	
乐业县	3	2	1			
田林县	22	11	11	1		1
西林县	7	4	3			
隆林各族自治县	25	16	9	1		1
贺州市	**117**	**67**	**51**	**4**	**3**	**1**
八步区	49	24	25	1	1	
平桂管理区	27	19	8	1	1	
昭平县	16	11	6	2	2	
钟山县	16	9	7	1		1
富川瑶族自治县	9	5	4			
河池市	**252**	**147**	**105**	**14**	**13**	**1**
金城江区	16	9	8	1	1	
南丹县	25	17	8	1	1	
天峨县	9	4	5			
凤山县	7	4	4	1	1	
东兰县	12	7	5			
罗城仫佬族自治县	32	18	14	2	1	1
环江毛南族自治县	22	11	11			
巴马瑶族自治县	18	11	8	1	1	
都安瑶族自治县	53	33	20	3	3	
大化瑶族自治县	21	13	8	2	2	
宜州市	35	22	13	4	4	
来宾市	**153**	**85**	**68**	**14**	**14**	
兴宾区	55	31	24	5	5	
忻城县	32	12	20	2	2	
象州县	20	12	8	2	2	
武宣县	25	17	8	3	3	
金秀瑶族自治县	12	8	4	1	1	
合山市	9	6	3	1	1	
崇左市	**155**	**89**	**67**	**3**	**3**	
江州区	15	9	5			
扶绥县	22	11	11			
宁明县	33	18	15			
龙州县	23	12	12	1	1	
大新县	31	15	15	1	1	
天等县	25	19	6	1	1	
凭祥市	7	5	3			

10-4 续表 5

单位：人

地 区	有配偶			离 婚			丧 偶		
	小计	男	女	小计	男	女	小计	男	女
百色市	**174**	**119**	**55**	**5**	**5**		**90**	**36**	**55**
右江区	15	9	6	1	1		9	2	7
田阳县	20	18	2	1	1		11	6	4
田东县	23	11	11	1	1		11	4	7
平果县	18	11	7				12	7	6
德保县	11	8	3				9	4	5
靖西县	33	24	9				12	5	7
那坡县	9	6	3				5		5
凌云县	7	5	2				5	2	3
乐业县	2	1	1	1	1		1		1
田林县	15	7	8				6	4	2
西林县	6	4	1				2		2
隆林各族自治县	16	14	2	1	1		7	1	6
贺州市	**67**	**48**	**19**				**47**	**16**	**31**
八步区	27	18	10				20	5	15
平桂管理区	15	12	3				11	5	5
昭平县	8	6	2				7	3	4
钟山县	9	8	1				6	1	5
富川瑶族自治县	6	3	3				3	1	1
河池市	**133**	**93**	**40**	**1**	**1**		**104**	**40**	**64**
金城江区	9	6	4				6	2	4
南丹县	13	10	3				11	6	5
天峨县	4	2	2				5	1	4
凤山县	3	2	1				4	1	3
东兰县	9	7	2				3		3
罗城仫佬族自治县	14	8	5				16	8	8
环江毛南族自治县	12	9	3				10	2	8
巴马瑶族自治县	12	8	4	1	1		6	2	4
都安瑶族自治县	30	20	10				21	10	10
大化瑶族自治县	9	6	2	1	1		9	4	6
宜州市	19	15	4				12	3	9
来宾市	**86**	**55**	**30**	**3**	**3**		**50**	**13**	**37**
兴宾区	29	21	9	2	2		19	3	16
忻城县	17	8	10				13	2	11
象州县	15	10	5				3		3
武宣县	13	10	4	1	1		8	3	5
金秀瑶族自治县	5	3	2				5	4	2
合山市	6	5	1				2		2
崇左市	**80**	**54**	**27**	**3**	**2**	**1**	**69**	**29**	**40**
江州区	8	5	2	1		1	6	4	2
扶绥县	13	8	5				9	3	6
宁明县	16	9	7	1	1		16	8	8
龙州县	13	9	3	1	1		9	1	8
大新县	14	8	6	1	1		15	6	9
天等县	13	11	2				11	7	4
凭祥市	5	3	1				3	1	2

11 住房

11-1 各地区家庭户按住房间数分的户数

单位：户、间/户

地 区	合 计	住房间数										平均每户住房间数
		一间	二间	三间	四间	五间	六间	七间	八间	九间	十 间及以上	
全 区	**158892**	**11070**	**28639**	**36511**	**27088**	**14953**	**18641**	**4676**	**8258**	**2717**	**6339**	**4.15**
南宁市	**25064**	**2316**	**5141**	**6186**	**4036**	**1904**	**2562**	**464**	**1119**	**413**	**924**	**3.88**
兴宁区	1639	321	494	410	104	68	132	33	48	12	15	3.03
青秀区	2609	82	460	742	711	211	132	26	75	75	95	3.96
江南区	2189	440	345	695	245	116	98	24	72	30	123	3.48
西乡塘区	4616	768	1649	1402	432	94	84	8	71	29	79	2.74
良庆区	1263	121	364	374	183	71	77	21	25	11	15	3.27
邕宁区	950	63	170	190	132	96	126	29	62	30	52	4.45
武鸣县	2148	33	198	526	380	206	528	42	160	39	36	4.66
隆安县	1097	56	282	200	187	53	204	37	49	7	22	4.00
马山县	1472	125	283	484	302	144	93	11	21	2	7	3.37
上林县	1148	38	172	312	173	106	197	47	78	6	17	4.27
宾阳县	2857	184	232	439	706	427	410	91	200	34	135	4.64
横县	3076	84	491	411	480	311	480	96	258	138	327	5.17
柳州市	**14307**	**1763**	**3879**	**3843**	**1890**	**1007**	**1084**	**300**	**334**	**103**	**103**	**3.28**
城中区	595	119	95	305	40	13	18	1	2	1	1	2.69
鱼峰区	1848	368	726	440	101	42	86	30	18	17	20	2.69
柳南区	2252	484	883	725	79	18	24	12	11	6	10	2.35
柳北区	1875	228	882	465	101	86	79	13	10	3	9	2.66
柳江县	1775	148	297	439	224	109	212	124	161	35	26	4.23
柳城县	1313	63	279	255	284	202	155	20	48		6	3.85
鹿寨县	1142	45	144	262	167	187	249	38	31	14	5	4.29
融安县	1121	154	258	202	232	96	90	36	21	17	15	3.52
融水苗族自治县	1382	93	163	436	392	171	97	10	11	2	6	3.60
三江侗族自治县	1003	61	153	315	271	84	73	15	20	7	4	3.62
桂林市	**17967**	**1035**	**3406**	**4622**	**2913**	**1482**	**2266**	**571**	**865**	**237**	**570**	**4.07**
秀峰区	582	150	139	84	89	24	51	14	14	9	9	3.16
叠彩区	734	54	220	402	21	15	6	5	7	1	4	2.77
象山区	1169	74	466	459	59	15	25	2	11	5	52	3.01
七星区	1015	108	224	369	49	45	65	15	34	8	98	3.84
雁山区	195	17	32	26	43	16	31	5	15	1	9	4.38
临桂区	1584	173	261	299	342	101	172	66	123	18	31	4.05
阳朔县	979	53	132	138	161	72	188	72	92	29	43	4.89
灵川县	1229	57	404	362	148	80	114	12	32	7	11	3.38
全州县	2731	69	371	789	353	268	418	112	167	40	143	4.52
兴安县	1317	79	246	311	225	122	216	26	37	18	36	4.04
永福县	899	47	199	194	194	95	119	17	19	5	9	3.79
灌阳县	936	2	110	179	188	141	128	32	104	14	36	4.84
龙胜各族自治县	642	23	59	128	181	112	74	27	18	8	13	4.33
资源县	568	16	72	172	144	54	70	17	13	5	5	3.98
平乐县	1248	13	95	233	258	126	267	93	98	28	38	4.99
荔浦县	1250	66	209	238	288	130	191	40	55	15	18	4.15
恭城瑶族自治县	889	34	167	240	171	65	131	15	26	24	15	4.01

11-1 续表 1

单位：户、间/户

地区	合计	住房间数										平均每户住房间数
		一间	二间	三间	四间	五间	六间	七间	八间	九间	十间及以上	
梧州市	**9935**	**550**	**1634**	**1945**	**1354**	**698**	**1250**	**306**	**1010**	**372**	**816**	**4.81**
万秀区	1341	265	572	275	63	22	59	7	23	18	36	2.77
长洲区	763	8	151	269	96	41	94	12	49	13	31	4.15
龙圩区	978	33	189	218	204	89	94	15	52	26	58	4.32
苍梧县	1036	14	58	118	159	67	180	70	195	61	114	6.06
藤县	2687	118	331	433	396	238	388	116	345	116	205	5.16
蒙山县	690	34	84	140	74	47	112	28	54	71	45	5.14
岑溪市	2441	79	250	492	362	194	322	58	290	68	325	5.33
北海市	**4663**	**277**	**996**	**1243**	**602**	**454**	**500**	**165**	**223**	**69**	**135**	**3.99**
海城区	1085	39	214	495	131	54	81	40	17	3	11	3.49
银海区	570	46	152	142	98	59	30	12	11	5	16	3.54
铁山港区	483	25	76	105	74	98	51	18	24	7	7	4.19
合浦县	2524	168	554	501	299	242	337	95	170	55	102	4.26
防城港市	**2682**	**141**	**451**	**781**	**475**	**250**	**312**	**63**	**96**	**29**	**83**	**3.99**
港口区	474	28	112	160	59	25	27	16	21	4	21	3.78
防城区	1119	66	175	289	243	114	127	22	38	12	35	4.01
上思县	636	27	104	221	95	51	86	4	19	9	22	3.97
东兴市	453	22	60	112	78	60	72	21	19	3	6	4.21
钦州市	**9470**	**621**	**1503**	**1801**	**1606**	**970**	**1249**	**274**	**598**	**218**	**631**	**4.52**
钦南区	1563	100	304	343	258	148	203	37	78	18	76	4.17
钦北区	1965	110	283	356	332	247	263	59	138	38	137	4.65
灵山县	3389	189	455	600	633	401	460	105	234	63	249	4.68
浦北县	2553	223	461	502	383	174	324	73	147	99	168	4.41
贵港市	**13541**	**673**	**1552**	**2395**	**2315**	**1545**	**2070**	**697**	**1112**	**360**	**822**	**4.84**
港北区	1841	108	219	468	304	171	255	48	122	55	91	4.49
港南区	1673	68	252	305	291	209	244	56	112	51	84	4.63
覃塘区	1304	48	92	163	213	181	280	71	145	21	91	5.30
平南县	4043	215	441	824	642	539	567	307	258	90	160	4.66
桂平市	4681	235	547	634	866	445	724	215	475	143	397	5.09
玉林市	**16170**	**627**	**2049**	**2886**	**2856**	**1862**	**2273**	**623**	**1344**	**391**	**1260**	**4.88**
玉州区	2044	82	386	516	340	143	235	47	153	26	116	4.32
福绵区	1050	23	122	134	196	154	154	56	91	29	90	5.18
容县	2156	130	265	438	364	203	342	91	157	33	132	4.64
陆川县	2504	76	290	492	531	368	321	82	146	64	134	4.67
博白县	3535	137	318	503	547	499	544	142	382	90	371	5.32
兴业县	1730	87	237	295	368	176	291	72	101	28	75	4.55
北流市	3153	93	431	507	511	319	385	134	312	120	340	5.19

11-1 续表 2

单位：户、间/户

地 区	合 计	住房间数										平均每户住房间数
		一间	二间	三间	四间	五间	六间	七间	八间	九间	十 间及以上	
百色市	**12072**	**958**	**2197**	**3143**	**2619**	**1330**	**1182**	**231**	**223**	**76**	**113**	**3.66**
右江区	1278	143	174	353	301	124	119	27	19	14	4	3.60
田阳县	1229	95	300	291	391	93	51	3	2	1	3	3.23
田东县	1355	180	272	310	306	178	60	21	15	3	11	3.34
平果县	1461	252	340	324	187	64	180	6	43	14	51	3.47
德保县	1022	60	165	291	246	106	90	35	20	4	5	3.72
靖西县	1762	96	426	496	396	186	128	16	14		3	3.39
那坡县	511	8	74	170	127	56	51	18	5	1	1	3.80
凌云县	576	20	105	143	130	90	61	9	8	7	3	3.85
乐业县	470	20	71	116	89	78	65	8	15	3	6	4.05
田林县	740	14	135	195	151	108	94	24	18	1	1	3.92
西林县	396	14	21	134	99	55	44	8	7	10	5	4.14
隆林各族自治县	1272	55	115	321	198	192	239	55	58	20	21	4.45
贺州市	**6346**	**209**	**787**	**1083**	**1078**	**667**	**1052**	**301**	**535**	**199**	**434**	**4.97**
八步区	2047	74	252	357	329	195	315	104	176	56	188	5.06
平桂管理区	1215	49	145	201	189	141	193	64	102	62	68	4.99
昭平县	1175	42	165	242	216	108	205	51	68	29	49	4.58
钟山县	1056	19	130	144	221	122	187	26	120	30	57	5.03
富川瑶族自治县	854	24	95	140	123	101	152	56	68	22	72	5.16
河池市	**11948**	**863**	**2379**	**2981**	**2312**	**1335**	**1253**	**279**	**336**	**86**	**123**	**3.74**
金城江区	1245	183	267	392	188	83	90	13	20	5	4	3.16
南丹县	878	39	186	146	169	144	67	30	82	7	8	4.17
天峨县	507	18	56	129	114	92	61	19	8	5	5	4.12
凤山县	564	25	77	204	110	80	39	13	10	3	3	3.70
东兰县	767	48	156	184	164	75	67	25	21	6	20	3.85
罗城仫佬族自治县	1120	41	195	277	173	122	238	27	20	20	7	4.10
环江毛南族自治县	1070	91	145	256	206	209	96	39	14	9	6	3.85
巴马瑶族自治县	721	42	90	121	249	135	61	6	8	3	6	3.91
都安瑶族自治县	1855	136	580	483	305	125	130	30	44	6	16	3.31
大化瑶族自治县	1171	185	314	304	204	83	62	11	8		1	2.96
宜州市	2051	55	313	487	430	186	341	66	103	23	47	4.29
来宾市	**7389**	**430**	**1143**	**1513**	**1332**	**797**	**1030**	**306**	**396**	**145**	**296**	**4.38**
兴宾区	3165	157	453	658	643	286	416	110	190	68	183	4.51
忻城县	1158	69	183	254	188	196	159	52	37	9	12	4.09
象州县	1022	72	144	182	157	112	176	52	51	34	44	4.56
武宣县	1180	58	135	232	215	117	181	66	97	29	50	4.71
金秀瑶族自治县	446	40	76	70	97	57	65	19	14	3	5	4.01
合山市	418	35	153	117	31	29	32	7	8	3	2	3.15
崇左市	**7339**	**607**	**1522**	**2091**	**1700**	**652**	**559**	**94**	**66**	**19**	**29**	**3.40**
江州区	1091	36	233	309	262	117	77	20	17	8	13	3.67
扶绥县	1387	210	292	342	255	109	150	8	16	3	2	3.25
宁明县	1227	73	293	309	272	119	125	18	11	1	8	3.51
龙州县	788	83	211	239	167	61	24	2		1	1	3.00
大新县	1183	42	218	354	345	102	72	32	13	2	3	3.58
天等县	1214	86	223	408	319	82	78	7	5	4	1	3.34
凭祥市	448	78	51	130	81	62	34	7	4	1	2	3.36

11-1a 各地区家庭户按住房间数分的户数(城市)

单位: 户、间/户

地区	合计	住房间数										平均每户住房间数
		一间	二间	三间	四间	五间	六间	七间	八间	九间	十间及以上	
全区	**34683**	**4205**	**9761**	**10916**	**3458**	**1521**	**1902**	**544**	**871**	**437**	**1068**	**3.31**
南宁市	10137	1651	3079	3166	1251	351	203	44	135	102	155	2.87
柳州市	6177	1066	2529	1900	280	127	129	54	34	23	36	2.52
桂林市	3787	532	1102	1377	210	111	155	28	71	24	177	3.15
梧州市	2899	311	858	871	262	91	210	37	96	39	123	3.45
北海市	1347	34	286	574	185	94	93	42	28	1	11	3.51
防城港市	757	36	131	243	114	61	72	22	33	11	34	4.07
钦州市	896	56	201	244	96	56	94	23	38	21	67	4.18
贵港市	2273	160	317	554	323	210	317	75	141	53	125	4.43
玉林市	2254	66	478	606	277	146	227	69	172	63	150	4.42
百色市	787	135	132	258	138	47	34	19	10	10	4	3.18
贺州市	804	28	139	162	88	55	162	54	49	35	32	4.72
河池市	1229	90	239	486	122	85	123	42	23	7	13	3.53
来宾市	837	16	152	244	61	65	53	31	35	44	136	5.01
崇左市	500	25	119	231	52	21	31	5	7	5	5	3.27

11-1b 各地区家庭户按住房间数分的户数(镇)

单位: 户、间/户

地区	合计	住房间数										平均每户住房间数
		一间	二间	三间	四间	五间	六间	七间	八间	九间	十间及以上	
全区	**37533**	**2275**	**5731**	**8882**	**6248**	**3556**	**4658**	**1326**	**2259**	**737**	**1861**	**4.36**
南宁市	4465	245	648	1007	835	409	536	119	287	105	272	4.47
柳州市	3055	326	459	847	427	262	335	142	157	58	41	3.93
桂林市	4164	129	798	1457	577	327	467	94	141	54	119	3.92
梧州市	1883	69	187	388	261	149	251	74	222	85	197	5.27
北海市	1222	92	251	291	169	86	150	27	77	19	60	4.13
防城港市	645	36	90	223	122	55	72	16	19	4	8	3.81
钦州市	2407	153	391	517	365	172	312	52	162	77	206	4.61
贵港市	3733	151	319	661	574	388	565	317	381	126	252	5.17
玉林市	4707	123	480	859	872	561	677	224	389	108	415	5.06
百色市	3035	255	651	816	550	303	307	37	47	13	55	3.58
贺州市	1756	42	215	267	290	216	317	83	153	43	130	5.07
河池市	2594	242	393	572	571	262	301	59	126	17	50	3.94
来宾市	1914	140	323	379	319	251	268	72	86	25	51	4.18
崇左市	1953	272	526	596	316	114	100	10	11	3	5	2.96

11-1c 各地区家庭户按住房间数分的户数(乡村)

单位：户、间/户

地 区	合 计	住房间数										平均每户住房间数
		一间	二间	三间	四间	五间	六间	七间	八间	九间	十 间及以上	
全 区	**86677**	**4590**	**13148**	**16713**	**17382**	**9876**	**12082**	**2806**	**5128**	**1544**	**3409**	**4.40**
南宁市	10463	420	1414	2012	1950	1143	1823	302	696	206	496	4.61
柳州市	5075	372	891	1096	1183	618	620	105	142	22	26	3.81
桂林市	10017	375	1506	1788	2126	1044	1643	449	653	159	274	4.48
梧州市	5153	170	589	686	831	458	789	195	692	249	497	5.40
北海市	2094	152	460	377	248	273	257	97	118	49	64	4.20
防城港市	1280	69	230	316	239	134	168	25	44	14	41	4.04
钦州市	6167	412	911	1040	1146	742	842	198	398	121	357	4.53
贵港市	7535	362	916	1180	1419	948	1189	305	591	181	446	4.81
玉林市	9210	439	1091	1421	1707	1155	1369	330	783	220	695	4.91
百色市	8250	568	1413	2069	1932	980	842	174	166	53	53	3.74
贺州市	3785	138	433	654	700	396	574	165	333	121	272	4.97
河池市	8124	531	1747	1924	1618	988	829	178	188	61	61	3.70
来宾市	4638	274	669	889	952	481	708	203	275	76	110	4.34
崇左市	4886	310	876	1264	1332	517	428	79	48	11	19	3.60

11-2 各地区家庭户按人均住房面积分的户数

单位：户

地 区	合 计	人均住房建筑面积(平方米)									
		8及以下	9-12	13-16	17-19	20-29	30-39	40-49	50-59	60-69	70及以上
全 区	**158892**	**3767**	**7470**	**11914**	**6276**	**35897**	**27080**	**20178**	**11878**	**10577**	**23857**
南宁市	**25064**	**518**	**1140**	**1648**	**1069**	**5573**	**4231**	**3111**	**1902**	**1738**	**4135**
兴宁区	1639	26	112	155	119	477	262	151	96	78	163
青秀区	2609	10	64	133	101	546	395	399	198	268	496
江南区	2189	109	167	144	118	555	394	259	135	100	207
西乡塘区	4616	225	422	410	235	1121	868	451	177	189	518
良庆区	1263	26	58	127	69	340	258	112	62	52	158
邕宁区	950	15	57	84	47	268	193	124	66	34	61
武鸣县	2148	1	11	44	31	273	353	336	283	199	616
隆安县	1097	18	42	82	30	240	182	150	97	109	148
马山县	1472	4	15	88	45	363	290	202	118	96	252
上林县	1148	27	58	107	49	226	211	157	97	83	134
宾阳县	2857	30	50	100	45	561	459	431	328	269	584
横县	3076	25	84	175	178	603	367	339	245	261	799
柳州市	**14307**	**653**	**895**	**1262**	**673**	**3428**	**2450**	**1743**	**825**	**783**	**1595**
城中区	595	31	23	34	27	127	128	91	39	23	70
鱼峰区	1848	183	197	163	56	404	299	182	100	91	172
柳南区	2252	197	208	276	100	647	294	211	82	60	178
柳北区	1875	137	139	211	133	511	284	168	96	38	158
柳江县	1775	34	72	129	93	374	348	268	97	173	188
柳城县	1313	8	26	78	65	280	233	192	132	97	202
鹿寨县	1142	11	51	77	24	281	162	180	82	89	186
融安县	1121	16	73	92	55	246	231	141	62	68	138
融水苗族自治县	1382	21	52	120	78	358	310	200	70	62	112
三江侗族自治县	1003	17	54	83	42	200	161	108	66	82	191
桂林市	**17967**	**283**	**658**	**1096**	**684**	**3865**	**3200**	**2412**	**1569**	**1330**	**2870**
秀峰区	582	42	42	61	22	104	70	65	30	33	114
叠彩区	734	16	36	51	62	175	132	111	62	33	57
象山区	1169	4	34	100	74	307	246	107	100	76	121
七星区	1015	43	68	59	73	224	193	66	95	64	129
雁山区	195	4	8	11	1	47	39	16	23	11	34
临桂区	1584	35	78	137	57	414	248	224	103	111	177
阳朔县	979	23	37	73	27	209	149	116	98	74	173
灵川县	1229	19	62	46	83	286	196	167	102	100	168
全州县	2731	32	76	136	78	563	550	363	278	230	425
兴安县	1317	3	34	88	29	306	263	200	103	84	206
永福县	899	22	51	73	23	183	134	106	76	59	173
灌阳县	936	2	32	46	23	196	215	159	87	77	98
龙胜各族自治县	642	13	9	16	17	85	125	94	58	59	167
资源县	568	2	14	33	10	107	109	70	66	37	119
平乐县	1248	6	9	37	30	200	190	222	129	88	336
荔浦县	1250	7	31	64	40	246	169	212	98	128	253
恭城瑶族自治县	889	9	36	64	34	213	173	113	61	66	120

11-2 续表 1

单位：户

地 区	合 计	人均住房建筑面积(平方米)									
		8及以下	9-12	13-16	17-19	20-29	30-39	40-49	50-59	60-69	70及以上
梧州市	**9935**	**203**	**477**	**717**	**452**	**2315**	**1765**	**1201**	**666**	**682**	**1457**
万秀区	1341	60	83	132	125	389	196	105	75	47	128
长洲区	763	2	10	28	23	153	142	121	60	66	158
龙圩区	978	33	78	81	34	213	168	124	48	70	129
苍梧县	1036	6	27	59	31	188	182	146	87	87	223
藤县	2687	43	116	182	99	627	499	355	189	208	369
蒙山县	690	7	29	48	27	144	138	87	62	49	99
岑溪市	2441	51	135	188	113	601	438	264	146	156	350
北海市	**4663**	**133**	**311**	**423**	**185**	**1101**	**723**	**592**	**317**	**281**	**598**
海城区	1085	10	35	53	68	266	198	173	72	58	153
银海区	570	27	39	45	16	129	93	65	35	28	94
铁山港区	483	9	23	37	16	94	69	65	40	44	87
合浦县	2524	88	215	287	85	613	363	288	170	151	264
防城港市	**2682**	**88**	**194**	**275**	**101**	**592**	**411**	**286**	**165**	**153**	**417**
港口区	474	7	38	49	21	104	85	54	31	26	58
防城区	1119	42	71	112	41	260	172	112	66	63	181
上思县	636	35	65	89	28	148	83	59	32	30	69
东兴市	453	4	20	24	11	81	71	61	37	34	109
钦州市	**9470**	**492**	**677**	**933**	**398**	**2294**	**1446**	**1023**	**486**	**538**	**1183**
钦南区	1563	59	116	119	62	347	278	209	75	93	206
钦北区	1965	130	141	177	75	428	278	226	124	109	276
灵山县	3389	193	222	419	149	927	515	308	160	163	333
浦北县	2553	110	198	218	112	592	375	281	126	172	369
贵港市	**13541**	**203**	**509**	**907**	**448**	**2965**	**2340**	**1855**	**1216**	**934**	**2165**
港北区	1841	31	68	120	59	377	326	270	180	116	295
港南区	1673	27	68	103	61	344	288	234	158	142	248
覃塘区	1304	21	25	62	32	269	232	191	126	115	229
平南县	4043	54	145	194	98	735	700	586	385	306	839
桂平市	4681	70	203	428	197	1240	794	574	366	255	554
玉林市	**16170**	**529**	**1027**	**1638**	**722**	**4229**	**2770**	**1833**	**1033**	**862**	**1526**
玉州区	2044	78	105	206	60	471	350	207	170	105	292
福绵区	1050	23	74	95	45	314	231	88	62	49	69
容县	2156	77	111	197	90	550	324	243	132	126	305
陆川县	2504	40	128	230	118	705	471	351	144	123	191
博白县	3535	136	293	392	177	890	602	401	192	210	241
兴业县	1730	69	99	154	69	487	272	190	120	95	175
北流市	3153	107	217	364	163	811	519	353	212	154	253

11-2 续表 2

单位：户

地　区	合　计	人均住房建筑面积(平方米)									
		8及以下	9-12	13-16	17-19	20-29	30-39	40-49	50-59	60-69	70及以上
百色市	**12072**	**161**	**477**	**1009**	**517**	**2965**	**2136**	**1494**	**765**	**757**	**1791**
右江区	1278	35	69	129	64	305	243	144	75	77	137
田阳县	1229	5	28	79	52	295	206	205	79	94	186
田东县	1355	13	49	91	58	293	227	152	85	119	267
平果县	1461	24	48	141	54	429	256	160	72	72	207
德保县	1022	11	17	61	16	229	188	151	87	63	199
靖西县	1762	7	57	113	61	416	298	244	132	130	304
那坡县	511	1	3	23	23	123	104	53	52	33	95
凌云县	576	21	56	90	31	174	90	46	14	22	32
乐业县	470	6	40	76	24	131	65	47	21	25	36
田林县	740	4	35	58	48	225	153	94	38	35	52
西林县	396	7	25	61	31	125	66	33	21	15	11
隆林各族自治县	1272	26	50	86	56	221	241	166	90	71	264
贺州市	**6346**	**63**	**208**	**396**	**246**	**1283**	**1094**	**891**	**556**	**423**	**1187**
八步区	2047	23	55	110	58	388	369	267	198	119	460
平桂管理区	1215	16	57	86	51	254	240	200	95	76	140
昭平县	1175	8	40	73	56	221	166	192	96	97	226
钟山县	1056	8	35	78	61	271	185	123	89	67	140
富川瑶族自治县	854	8	22	50	20	149	133	109	78	63	222
河池市	**11948**	**212**	**402**	**765**	**375**	**2566**	**2024**	**1705**	**911**	**898**	**2090**
金城江区	1245	43	59	64	65	335	203	150	65	84	177
南丹县	878	28	62	96	43	239	158	91	40	38	82
天峨县	507	4	17	45	18	95	89	82	48	27	82
凤山县	564	3	10	18	17	106	119	95	49	54	92
东兰县	767	6	10	20	12	144	116	122	60	66	211
罗城仫佬族自治县	1120	7	33	91	41	262	170	138	85	82	210
环江毛南族自治县	1070	36	43	64	34	172	212	154	82	75	198
巴马瑶族自治县	721	7	21	34	25	140	126	119	61	65	122
都安瑶族自治县	1855	42	49	108	24	381	288	256	169	178	358
大化瑶族自治县	1171	33	74	119	44	286	222	156	66	62	109
宜州市	2051	1	25	106	51	407	321	340	185	166	449
来宾市	**7389**	**100**	**227**	**466**	**190**	**1377**	**1197**	**1064**	**667**	**603**	**1497**
兴宾区	3165	29	95	198	80	582	506	469	282	282	642
忻城县	1158	21	27	68	29	213	165	182	93	95	265
象州县	1022	14	34	64	28	187	179	131	118	65	203
武宣县	1180	14	31	53	27	199	213	180	104	106	253
金秀瑶族自治县	446	6	7	31	12	78	83	62	37	40	91
合山市	418	16	32	52	14	119	53	40	32	16	44
崇左市	**7339**	**130**	**266**	**379**	**216**	**1344**	**1293**	**970**	**799**	**596**	**1346**
江州区	1091	3	29	46	32	206	188	172	126	98	190
扶绥县	1387	76	79	61	49	250	242	170	179	99	184
宁明县	1227	20	52	109	27	247	217	152	93	78	233
龙州县	788	19	39	65	20	180	146	94	73	52	100
大新县	1183	1	18	26	40	112	177	174	162	131	342
天等县	1214	7	40	54	37	277	249	155	116	93	185
凭祥市	448	4	9	18	12	71	75	53	50	45	112

11-2a 各地区家庭户按人均住房面积分的户数(城市)

单位：户

地 区	合 计	人均住房建筑面积(平方米)									
		8及以下	9-12	13-16	17-19	20-29	30-39	40-49	50-59	60-69	70及以上
全 区	**34683**	**1253**	**2007**	**2792**	**1774**	**8515**	**5932**	**4035**	**2108**	**1848**	**4418**
南宁市	10137	354	715	839	625	2676	1760	1089	479	480	1120
柳州市	6177	472	514	669	312	1636	960	615	296	206	498
桂林市	3787	126	216	281	221	864	690	435	293	226	435
梧州市	2899	92	152	236	194	777	489	310	153	161	334
北海市	1347	11	34	57	72	325	254	212	86	71	225
防城港市	757	14	44	66	27	148	107	84	41	45	180
钦州市	896	26	12	33	36	172	151	142	54	72	196
贵港市	2273	25	51	103	57	437	398	322	243	207	430
玉林市	2254	65	127	256	81	550	381	258	136	123	277
百色市	787	33	46	82	18	164	140	94	56	50	103
贺州市	804	14	29	46	35	170	185	119	59	40	108
河池市	1229	18	44	68	61	341	202	163	73	69	190
来宾市	837	1	7	29	13	134	124	140	89	72	227
崇左市	500	2	15	27	23	121	91	51	49	26	95

11-2b 各地区家庭户按人均住房面积分的户数(镇)

单位：户

地 区	合 计	人均住房建筑面积(平方米)									
		8及以下	9-12	13-16	17-19	20-29	30-39	40-49	50-59	60-69	70及以上
全 区	**37533**	**837**	**1607**	**2670**	**1473**	**7964**	**6170**	**4659**	**2971**	**2676**	**6505**
南宁市	4465	38	112	225	96	985	708	556	439	404	902
柳州市	3055	100	135	157	121	557	543	437	198	266	539
桂林市	4164	66	167	222	204	883	712	548	322	284	755
梧州市	1883	17	54	111	74	445	343	239	151	144	305
北海市	1222	39	55	107	45	255	193	158	91	88	190
防城港市	645	24	48	69	24	131	105	74	46	40	85
钦州市	2407	87	158	246	95	517	327	248	134	172	423
贵港市	3733	44	117	222	121	715	661	534	387	256	677
玉林市	4707	126	271	520	252	1303	783	510	267	227	448
百色市	3035	61	142	255	149	646	482	367	176	201	555
贺州市	1756	12	49	110	53	328	281	235	156	137	395
河池市	2594	88	104	186	104	509	398	336	223	178	469
来宾市	1914	49	79	127	41	306	294	227	186	166	438
崇左市	1953	85	116	113	94	385	340	190	194	114	324

11-2c　各地区家庭户按人均住房面积分的户数(乡村)

单位：户

地　区	合　计	人均住房建筑面积(平方米)									
		8及以下	9-12	13-16	17-19	20-29	30-39	40-49	50-59	60-69	70及以上
全　区	**86677**	**1677**	**3855**	**6451**	**3029**	**19417**	**14978**	**11485**	**6798**	**6052**	**12934**
南宁市	10463	126	313	584	347	1912	1763	1466	984	854	2113
柳州市	5075	81	245	436	240	1236	947	691	331	311	558
桂林市	10017	91	275	592	259	2118	1799	1429	954	820	1680
梧州市	5153	93	272	371	184	1092	932	652	362	377	817
北海市	2094	82	222	259	68	522	276	221	139	121	184
防城港市	1280	50	102	141	51	313	199	127	78	67	152
钦州市	6167	379	506	653	267	1605	968	634	298	294	563
贵港市	7535	134	342	582	270	1813	1282	999	585	471	1059
玉林市	9210	339	628	863	388	2377	1606	1065	630	512	801
百色市	8250	67	289	672	350	2154	1514	1033	532	506	1133
贺州市	3785	37	131	240	158	785	627	537	341	246	684
河池市	8124	106	254	510	210	1717	1425	1205	615	652	1431
来宾市	4638	50	141	310	137	936	778	697	392	365	832
崇左市	4886	43	135	239	100	838	862	729	557	456	926

11-3 各地区家庭户按代数和住房间数分的户数

单位：户

地 区	合 计	一代户				
		一间	二间	三间	四间	五 间及以上
全 区	**158892**	**6896**	**10222**	**9510**	**5566**	**8410**
南宁市	**25064**	**1644**	**1719**	**1720**	**937**	**1346**
兴宁区	1639	248	181	104	13	57
青秀区	2609	67	144	222	178	127
江南区	2189	307	96	138	52	39
西乡塘区	4616	558	454	399	105	49
良庆区	1263	72	101	79	23	24
邕宁区	950	45	63	45	24	53
武鸣县	2148	28	105	224	106	180
隆安县	1097	19	114	49	37	58
马山县	1472	53	106	96	55	45
上林县	1148	20	62	67	34	78
宾阳县	2857	151	124	166	164	270
横县	3076	75	168	131	145	364
柳州市	**14307**	**1113**	**1288**	**1012**	**340**	**412**
城中区	595	64	30	88	8	3
鱼峰区	1848	245	226	112	22	23
柳南区	2252	313	340	226	19	28
柳北区	1875	157	295	153	19	54
柳江县	1775	73	55	62	23	67
柳城县	1313	53	123	63	68	60
鹿寨县	1142	32	44	71	43	79
融安县	1121	104	88	66	42	37
融水苗族自治县	1382	47	49	88	44	35
三江侗族自治县	1003	24	38	83	51	26
桂林市	**17967**	**667**	**1284**	**1460**	**792**	**987**
秀峰区	582	67	36	18	27	18
叠彩区	734	30	75	126	5	4
象山区	1169	49	172	135	10	15
七星区	1015	65	84	91	7	14
雁山区	195	9	10	5	5	13
临桂区	1584	123	81	66	67	69
阳朔县	979	39	43	30	38	52
灵川县	1229	30	122	102	19	24
全州县	2731	60	233	413	145	278
兴安县	1317	67	100	69	81	88
永福县	899	29	76	68	59	62
灌阳县	936	2	59	88	67	66
龙胜各族自治县	642	18	25	43	73	78
资源县	568	9	26	66	41	29
平乐县	1248	12	31	61	74	77
荔浦县	1250	36	52	40	56	65
恭城瑶族自治县	889	22	59	39	17	36

11-3 续表 1

单位：户

地　区	二代户					三代户				
	一间	二间	三间	四间	五　间及以上	一间	二间	三间	四间	五　间及以上
全　区	**3623**	**14721**	**19824**	**14140**	**27381**	**539**	**3630**	**7012**	**7074**	**18693**
南宁市	**612**	**2822**	**3373**	**2202**	**3869**	**58**	**590**	**1078**	**875**	**2065**
兴宁区	56	253	231	60	155	17	60	75	29	91
青秀区	16	266	375	398	359		50	143	133	126
江南区	130	203	430	136	270	2	47	124	56	144
西乡塘区	208	978	776	241	185	2	216	225	86	120
良庆区	47	238	224	115	138	2	23	70	44	58
邕宁区	15	86	113	80	226	2	20	33	26	110
武鸣县	4	72	239	197	532		19	61	77	284
隆安县	24	136	107	98	176	12	33	44	47	126
马山县	59	142	290	167	136	12	34	96	77	89
上林县	14	81	163	81	207	4	29	79	57	159
宾阳县	33	98	214	405	694		8	58	135	326
横县	6	269	210	225	793	4	50	69	108	433
柳州市	**577**	**2088**	**2079**	**970**	**1357**	**71**	**497**	**739**	**547**	**1095**
城中区	45	50	156	15	15	10	14	60	17	18
鱼峰区	121	413	236	51	91	2	86	90	26	97
柳南区	162	449	396	37	26	9	94	102	22	26
柳北区	69	478	230	61	86	2	108	81	20	59
柳江县	57	174	280	142	343	18	67	96	58	246
柳城县	9	130	132	126	199	1	25	57	84	164
鹿寨县	10	82	118	75	246	3	18	73	46	187
融安县	47	137	101	121	137	2	32	34	64	92
融水苗族自治县	33	97	262	193	120	12	17	85	142	131
三江侗族自治县	24	78	166	148	94	11	35	63	67	76
桂林市	**321**	**1653**	**2271**	**1341**	**2817**	**48**	**463**	**869**	**745**	**2052**
秀峰区	73	75	43	43	60	10	28	23	17	41
叠彩区	22	113	203	7	16	2	31	72	8	16
象山区	24	240	262	34	50	1	55	62	14	41
七星区	43	113	212	23	125	1	26	65	18	117
雁山区	6	17	13	22	36	1	5	7	15	24
临桂区	41	140	149	146	212	9	39	81	125	210
阳朔县	12	68	72	77	234	2	20	35	44	200
灵川县	21	200	186	77	109	6	83	73	51	114
全州县	9	130	306	167	597		9	70	39	269
兴安县	11	116	159	92	228	1	30	79	51	132
永福县	15	94	81	83	103	3	26	43	52	88
灌阳县		45	74	104	292		7	18	17	94
龙胜各族自治县	4	25	59	60	80	1	8	26	43	86
资源县	6	33	82	70	67	1	13	23	32	64
平乐县		53	112	116	309	2	11	60	63	246
荔浦县	24	110	118	131	178	6	46	73	97	194
恭城瑶族自治县	11	80	139	90	119	2	27	60	60	115

11-3 续表 2

单位：户

地 区	四代户					五代及以上户				
	一间	二间	三间	四间	五 间 及以上	一间	二间	三间	四间	五 间 及以上
全 区	**12**	**66**	**164**	**308**	**1099**			**1**		**1**
南宁市	**2**	**10**	**15**	**21**	**105**					
兴宁区			1	1	4					
青秀区			1	3	3					
江南区			4	2	11					
西乡塘区		2	2		12					
良庆区		1		1	1					
邕宁区				2	5					
武鸣县		1	1		16					
隆安县	1		1	5	11					
马山县	1	1	2	3	9					
上林县			3	1	7					
宾阳县		2		1	6					
横县		4		2	20					
柳州市	**2**	**7**	**13**	**34**	**67**					
城中区		1	1							
鱼峰区		1	1	1	2					
柳南区			2		1					
柳北区				1	1					
柳江县		1	1		11					
柳城县		1	3	5	9					
鹿寨县				3	12					
融安县		1	1	5	10					
融水苗族自治县	1		1	13	13					
三江侗族自治县	1	2	3	5	8					
桂林市		**6**	**22**	**35**	**135**					
秀峰区				2	1					
叠彩区		1	1	1	1					
象山区				1	4					
七星区			2	1	8					
雁山区			1	1	4					
临桂区		1	3	4	19					
阳朔县			1	2	10					
灵川县				1	10					
全州县				2	4					
兴安县			4	1	8					
永福县		3	2		12					
灌阳县				1	4					
龙胜各族自治县		1		5	7					
资源县				1	5					
平乐县				5	17					
荔浦县			7	4	13					
恭城瑶族自治县			2	4	6					

11-3 续表 3

单位：户

地区	合计	一代户				
		一间	二间	三间	四间	五间及以上
梧州市	**9935**	**366**	**650**	**552**	**341**	**775**
万秀区	1341	154	180	61	16	36
长洲区	763	7	61	63	30	60
龙圩区	978	24	75	68	53	74
苍梧县	1036	10	34	46	53	135
藤县	2687	93	142	126	88	218
蒙山县	690	23	36	43	12	59
岑溪市	2441	56	122	145	89	192
北海市	**4663**	**155**	**331**	**275**	**77**	**141**
海城区	1085	25	82	134	17	14
银海区	570	21	53	25	18	13
铁山港区	483	18	28	25	11	25
合浦县	2524	91	167	91	31	90
防城港市	**2682**	**77**	**133**	**156**	**67**	**93**
港口区	474	16	36	27	9	11
防城区	1119	33	53	57	32	48
上思县	636	12	23	48	11	14
东兴市	453	15	22	24	15	19
钦州市	**9470**	**427**	**643**	**402**	**283**	**489**
钦南区	1563	67	109	62	34	53
钦北区	1965	64	133	83	50	105
灵山县	3389	122	181	115	108	158
浦北县	2553	174	220	141	91	172
贵港市	**13541**	**433**	**686**	**710**	**498**	**977**
港北区	1841	53	66	119	75	90
港南区	1673	48	108	82	51	124
覃塘区	1304	24	45	45	52	144
平南县	4043	144	213	298	185	346
桂平市	4681	163	254	166	134	274
玉林市	**16170**	**405**	**783**	**657**	**456**	**921**
玉州区	2044	36	93	98	39	86
福绵区	1050	17	42	22	22	40
容县	2156	90	109	120	93	204
陆川县	2504	69	153	134	110	150
博白县	3535	94	148	146	81	184
兴业县	1730	42	53	42	44	108
北流市	3153	58	185	94	67	150

11-3 续表 4

单位：户

地 区	二代户					三代户				
	一间	二间	三间	四间	五 间及以上	一间	二间	三间	四间	五 间及以上
梧州市	**171**	**801**	**1068**	**711**	**2340**	**13**	**182**	**320**	**296**	**1281**
万秀区	102	314	159	31	89	9	77	52	16	39
长洲区	1	75	160	42	119		14	46	23	58
龙圩区	8	97	113	114	164	1	17	37	37	93
苍梧县	4	18	47	77	334		6	25	29	211
藤县	25	144	237	224	773		44	67	81	395
蒙山县	9	41	76	35	161	2	8	20	26	128
岑溪市	22	110	275	188	700	1	16	71	85	358
北海市	**97**	**555**	**711**	**332**	**791**	**24**	**108**	**249**	**187**	**588**
海城区	11	111	282	69	105	3	21	76	43	83
银海区	22	80	92	56	72	3	19	24	24	46
铁山港区	6	43	57	46	115	1	5	22	17	62
合浦县	59	322	280	162	500	17	63	127	104	397
防城港市	**56**	**273**	**463**	**252**	**394**	**8**	**43**	**161**	**152**	**326**
港口区	11	70	95	34	57	1	6	37	16	44
防城区	27	100	171	126	150	5	21	62	83	138
上思县	11	69	128	49	95	2	11	45	33	78
东兴市	6	34	70	43	92		5	17	20	65
钦州市	**182**	**696**	**1065**	**895**	**1993**	**12**	**159**	**326**	**414**	**1405**
钦南区	31	167	206	152	262	2	27	74	70	236
钦北区	44	122	206	179	402	2	27	67	98	356
灵山县	60	220	394	370	820	6	53	89	150	517
浦北县	47	186	259	194	509	2	52	96	96	295
贵港市	**216**	**731**	**1357**	**1347**	**3640**	**25**	**132**	**319**	**455**	**1895**
港北区	46	120	252	160	367	9	31	92	67	271
港南区	17	113	167	173	397	3	31	55	64	230
覃塘区	21	35	90	100	376	4	12	27	56	243
平南县	64	200	455	362	1167	6	28	71	93	387
桂平市	69	264	394	553	1333	3	30	75	175	764
玉林市	**203**	**1059**	**1697**	**1713**	**3769**	**20**	**205**	**517**	**666**	**2925**
玉州区	45	240	309	209	363	1	53	107	90	269
福绵区	5	64	82	114	270	1	16	28	59	258
容县	36	140	237	206	410	5	16	78	63	328
陆川县	7	129	309	335	626		7	49	83	326
博白县	41	141	282	333	977	3	29	73	131	813
兴业县	39	152	174	185	313	6	31	77	132	308
北流市	30	192	305	330	809	4	53	105	107	623

11-3 续表 5　　单位：户

地　区	四代户					五代及以上户				
	一间	二间	三间	四间	五间及以上	一间	二间	三间	四间	五间及以上
梧州市		**1**	**5**	**5**	**57**					
万秀区			2	1	2					
长洲区				1	2					
龙圩区					3					
苍梧县					8					
藤县			3	3	24					
蒙山县				1	11					
岑溪市		1			9					
北海市	**1**	**2**	**8**	**6**	**25**					
海城区			3	2	5					
银海区			1	1	2					
铁山港区			1		3					
合浦县	1	2	3	2	16					
防城港市		**2**	**1**	**4**	**21**					
港口区			1	1	2					
防城区		1		2	10					
上思县		1		1	3					
东兴市				1	5					
钦州市		**5**	**8**	**13**	**52**					
钦南区		1	1	2	7					
钦北区		1		5	20					
灵山县		1	1	5	16					
浦北县		2	5	1	9					
贵港市		**2**	**7**	**15**	**95**					
港北区		2	5	1	14					
港南区			2	2	6					
覃塘区				4	26					
平南县				2	21					
桂平市				5	28					
玉林市		**1**	**14**	**21**	**137**					
玉州区			2	1	2					
福绵区			2	2	7					
容县			2	2	17					
陆川县			1	2	12					
博白县			3	1	54					
兴业县			2	6	15					
北流市		1	3	7	30					

11-3 续表 6

单位：户

地 区	合 计	一代户				
		一间	二间	三间	四间	五 间及以上
百色市	**12072**	**359**	**633**	**660**	**457**	**482**
右江区	1278	62	53	65	49	34
田阳县	1229	51	113	59	102	22
田东县	1355	41	89	93	77	61
平果县	1461	56	41	54	26	43
德保县	1022	40	63	46	27	36
靖西县	1762	43	144	119	64	47
那坡县	511	3	12	27	14	11
凌云县	576	13	17	19	15	14
乐业县	470	7	19	14	15	24
田林县	740	8	33	43	16	16
西林县	396	2	5	16	4	5
隆林各族自治县	1272	30	43	106	47	169
贺州市	**6346**	**147**	**315**	**285**	**211**	**435**
八步区	2047	53	104	92	77	178
平桂管理区	1215	41	69	61	30	41
昭平县	1175	30	55	56	43	75
钟山县	1056	12	43	36	31	52
富川瑶族自治县	854	11	43	41	30	89
河池市	**11948**	**491**	**793**	**686**	**438**	**558**
金城江区	1245	125	98	102	39	26
南丹县	878	22	40	24	26	46
天峨县	507	10	13	16	15	34
凤山县	564	15	37	32	34	18
东兰县	767	24	55	37	43	46
罗城仫佬族自治县	1120	30	58	76	42	87
环江毛南族自治县	1070	57	58	78	43	77
巴马瑶族自治县	721	18	27	33	35	18
都安瑶族自治县	1855	78	210	103	56	61
大化瑶族自治县	1171	76	76	50	19	14
宜州市	2051	35	123	135	84	131
来宾市	**7389**	**258**	**456**	**417**	**326**	**545**
兴宾区	3165	87	192	187	173	256
忻城县	1158	35	65	86	43	96
象州县	1022	52	67	41	40	74
武宣县	1180	32	46	65	47	85
金秀瑶族自治县	446	30	22	11	19	24
合山市	418	21	63	25	4	11
崇左市	**7339**	**356**	**508**	**519**	**343**	**248**
江州区	1091	22	73	74	39	27
扶绥县	1387	134	93	77	39	42
宁明县	1227	37	104	76	51	52
龙州县	788	43	56	51	24	19
大新县	1183	28	80	100	100	51
天等县	1214	42	84	103	73	30
凭祥市	448	50	19	38	17	26

11-3 续表 7　　　　单位：户

地区	二代户					三代户				
	一间	二间	三间	四间	五间及以上	一间	二间	三间	四间	五间及以上
百色市	**472**	**1138**	**1636**	**1206**	**1385**	**123**	**419**	**825**	**902**	**1204**
右江区	65	92	183	130	115	16	28	104	113	152
田阳县	39	137	144	158	66	5	49	86	124	59
田东县	112	147	135	131	127	24	37	79	88	89
平果县	150	218	167	113	196	46	82	98	44	111
德保县	15	83	174	109	108	5	19	70	105	107
靖西县	39	194	259	189	141	13	87	118	139	150
那坡县	4	46	94	49	51	1	16	47	60	65
凌云县	6	63	80	66	77	1	24	44	45	86
乐业县	10	36	70	47	96	3	14	31	25	50
田林县	4	61	101	73	106	2	38	51	60	116
西林县	9	9	80	46	55	3	6	36	45	65
隆林各族自治县	20	53	149	94	247	5	20	61	53	154
贺州市	**48**	**389**	**590**	**572**	**1458**	**13**	**80**	**203**	**279**	**1199**
八步区	19	122	190	152	409	3	25	73	95	415
平桂管理区	7	62	114	123	329	1	13	26	35	237
昭平县	9	91	141	107	251	3	18	44	61	174
钟山县	5	74	76	127	256	1	13	30	60	218
富川瑶族自治县	8	40	69	63	212	5	11	30	28	155
河池市	**307**	**1187**	**1609**	**1164**	**1503**	**63**	**387**	**664**	**681**	**1253**
金城江区	51	131	215	99	91	8	38	73	48	95
南丹县	11	110	92	82	165	6	36	29	60	119
天峨县	6	33	79	53	84	1	10	31	45	68
凤山县	10	36	118	51	69		4	51	24	57
东兰县	22	79	103	88	98	3	22	42	30	70
罗城仫佬族自治县	10	95	138	75	200	1	40	62	52	130
环江毛南族自治县	25	59	119	96	156	8	25	58	61	128
巴马瑶族自治县	21	43	56	129	92	3	20	31	84	100
都安瑶族自治县	45	272	254	164	167	11	96	119	83	116
大化瑶族自治县	88	180	172	119	71	21	57	79	63	76
宜州市	18	148	261	208	310	2	39	88	132	293
来宾市	**157**	**546**	**794**	**618**	**1394**	**16**	**140**	**293**	**372**	**954**
兴宾区	62	206	348	303	605	8	55	122	164	368
忻城县	29	82	109	79	193	4	34	56	58	160
象州县	18	66	108	68	207	1	10	32	48	172
武宣县	25	70	124	106	271	1	18	40	60	169
金秀瑶族自治县	10	45	39	46	76		8	18	31	58
合山市	13	77	65	15	42	1	14	25	12	27
崇左市	**205**	**785**	**1110**	**816**	**670**	**46**	**225**	**449**	**501**	**449**
江州区	12	131	175	153	136	2	29	58	68	82
扶绥县	62	169	201	150	170	14	28	64	62	69
宁明县	31	147	179	136	135	3	43	53	79	89
龙州县	31	108	118	71	32	10	47	65	68	32
大新县	10	96	160	126	72	4	42	91	105	88
天等县	33	108	205	141	72	11	29	98	96	62
凭祥市	25	25	71	39	53	2	8	20	23	28

11-3 续表 8

单位：户

地 区	四代户					五代及以上户				
	一间	二间	三间	四间	五 间及以上	一间	二间	三间	四间	五 间及以上
百色市	**4**	**7**	**21**	**54**	**83**			**1**		
右江区			1	9	7					
田阳县		1	3	6	4					
田东县	3		3	10	10					
平果县			4	3	8					
德保县			1	4	9					
靖西县	1	1	1	5	9					
那坡县			1	3	5			1		
凌云县		1		3	1					
乐业县		1		1	5					
田林县		4	1	2	8					
西林县			2	3	4					
隆林各族自治县			4	4	14					
贺州市		**4**	**4**	**15**	**96**					**1**
八步区		1	2	5	32					
平桂管理区		1		1	22					
昭平县		1	1	4	10					
钟山县			1	3	16					1
富川瑶族自治县		1	1	2	16					
河池市	**2**	**12**	**23**	**29**	**98**					
金城江区			1	2	3					
南丹县		1	2	2	8					
天峨县		1	3	1	4					
凤山县			3		3					
东兰县			2	3	2					
罗城仫佬族自治县		2	1	4	17					
环江毛南族自治县		2		5	12					
巴马瑶族自治县			1	2	9					
都安瑶族自治县	2	2	6	2	7					
大化瑶族自治县	1	1	3	2	4					
宜州市		3	2	5	31					
来宾市		**2**	**9**	**16**	**77**					
兴宾区				4	25					
忻城县		1	3	8	16					
象州县			1		15					
武宣县			2	2	14					
金秀瑶族自治县			1	2	6					
合山市			2	1	1					
崇左市	**1**	**4**	**13**	**39**	**52**					
江州区			2	2	7					
扶绥县		2		3	6					
宁明县	1		2	5	4					
龙州县			5	4	5					
大新县			3	14	13					
天等县		2	2	9	14					
凭祥市				2	2					

11-3a 各地区家庭户按代数和住房间数分的户数(城市)

单位：户

地　区	合　计	一代户				
		一间	二间	三间	四间	五　间及以上
全　区	**34683**	**2765**	**3184**	**2792**	**705**	**846**
南宁市	10137	1205	897	820	289	172
柳州市	6177	694	862	567	56	70
桂林市	3787	313	376	380	47	55
梧州市	2899	185	284	181	61	102
北海市	1347	20	114	151	26	22
防城港市	757	24	36	41	19	30
钦州市	896	34	85	49	14	35
贵港市	2273	80	90	162	71	127
玉林市	2254	31	143	95	28	85
百色市	787	60	45	49	26	11
贺州市	804	19	63	49	26	46
河池市	1229	74	80	117	18	30
来宾市	837	9	74	61	14	48
崇左市	500	17	36	70	8	13

11-3a 续表 1

单位：户

地　区	二代户					三代户				
	一间	二间	三间	四间	五　间及以上	一间	二间	三间	四间	五　间及以上
全　区	**1332**	**5391**	**6075**	**1885**	**3139**	**107**	**1177**	**2023**	**843**	**2247**
南宁市	424	1807	1760	720	554	22	373	578	237	247
柳州市	349	1368	998	144	180	23	297	331	78	151
桂林市	196	571	748	101	263	23	155	248	56	233
梧州市	116	469	531	139	309	10	104	157	63	175
北海市	11	147	332	96	136	3	24	88	60	106
防城港市	11	80	153	66	109	1	15	48	28	90
钦州市	20	101	140	57	140	2	15	55	23	120
贵港市	74	190	286	174	452	7	35	102	76	328
玉林市	32	273	378	169	397	2	62	130	77	336
百色市	60	68	125	63	47	15	19	84	48	63
贺州市	8	60	77	40	174	1	15	37	20	149
河池市	17	126	281	58	138		32	87	44	116
来宾市	7	64	140	30	202		13	42	17	111
崇左市	8	66	125	27	38	1	18	36	16	21

11-3a 续表 2

单位：户

地 区	四代户					五代及以上户				
	一间	二间	三间	四间	五 间及以上	一间	二间	三间	四间	五 间及以上
全 区		**9**	**26**	**26**	**110**					
南宁市		2	8	5	17					
柳州市		2	4	2	2					
桂林市		1	1	5	15					
梧州市		1	2		10					
北海市			3	3	6					
防城港市				1	4					
钦州市				1	4					
贵港市		1	3	1	12					
玉林市			2	3	9					
百色市				1	3					
贺州市				2	17					
河池市		1	1	2	7					
来宾市			1		2					
崇左市				1	1					

11-3b 各地区家庭户按代数和住房间数分的户数(镇)

单位：户

地 区	合 计	一代户				
		一间	二间	三间	四间	五 间及以上
全 区	**37533**	**1376**	**1988**	**2214**	**1155**	**1828**
南宁市	4465	177	237	261	165	215
柳州市	3055	204	173	210	77	118
桂林市	4164	93	284	466	135	187
梧州市	1883	55	67	96	53	115
北海市	1222	39	80	62	25	58
防城港市	645	20	28	36	13	19
钦州市	2407	112	142	101	50	108
贵港市	3733	103	149	217	155	274
玉林市	4707	81	186	166	130	232
百色市	3035	79	170	170	87	111
贺州市	1756	30	74	58	57	119
河池市	2594	130	123	150	99	106
来宾市	1914	80	118	99	67	117
崇左市	1953	173	156	123	43	47

11-3b 续表 1 单位：户

地区	二代户					三代户				
	一间	二间	三间	四间	五间及以上	一间	二间	三间	四间	五间及以上
全 区	**771**	**2991**	**4921**	**3279**	**7128**	**126**	**740**	**1708**	**1737**	**5129**
南宁市	59	330	556	473	953	9	79	187	189	529
柳州市	113	249	474	226	491	9	36	160	112	368
桂林市	33	407	730	288	553	3	106	253	148	436
梧州市	14	90	219	144	535	1	30	73	64	313
北海市	32	137	175	89	182	20	31	53	55	171
防城港市	15	52	135	59	80	1	9	52	49	69
钦州市	38	203	332	205	449	4	45	81	107	408
贵港市	44	145	365	292	1152	4	24	77	121	565
玉林市	38	256	513	528	1117	4	38	175	207	964
百色市	145	363	444	252	357	31	118	200	202	278
贺州市	11	119	153	150	424	2	21	54	80	369
河池市	93	199	309	279	370	19	71	109	186	315
来宾市	55	157	184	149	344	5	47	94	97	271
崇左市	83	284	332	145	120	15	86	140	118	71

11-3b 续表 2 单位：户

地区	四代户					五代及以上户				
	一间	二间	三间	四间	五间及以上	一间	二间	三间	四间	五间及以上
全 区	**2**	**11**	**39**	**76**	**312**					**1**
南宁市		3	3	8	31					
柳州市		1	3	12	18					
桂林市			9	6	26					
梧州市					15					
北海市	1	2	1		8					
防城港市		1	1	1	5					
钦州市		1	3	3	15					
贵港市		1	2	6	36					
玉林市			5	7	61					
百色市	1		3	8	16					
贺州市		1	2	3	30					1
河池市		1	4	8	24					
来宾市		1	2	5	21					
崇左市	1	1	1	10	5					

11-3c 各地区家庭户按代数和住房间数分的户数(乡村)

单位：户

地 区	合 计	一代户				
		一间	二间	三间	四间	五 间及以上
全 区	**86677**	**2755**	**5051**	**4504**	**3706**	**5736**
南宁市	10463	263	585	639	484	959
柳州市	5075	215	253	235	207	225
桂林市	10017	260	624	614	610	745
梧州市	5153	126	299	275	228	557
北海市	2094	96	136	62	26	61
防城港市	1280	33	70	78	35	43
钦州市	6167	281	417	252	219	346
贵港市	7535	250	447	331	271	575
玉林市	9210	292	454	396	298	604
百色市	8250	220	417	441	344	360
贺州市	3785	98	177	179	128	270
河池市	8124	287	591	419	320	422
来宾市	4638	169	264	256	245	380
崇左市	4886	166	316	326	293	188

11-3c 续表 1

单位：户

地 区	二代户					三代户				
	一间	二间	三间	四间	五 间及以上	一间	二间	三间	四间	五 间及以上
全 区	**1520**	**6339**	**8828**	**8975**	**17114**	**305**	**1712**	**3281**	**4495**	**11318**
南宁市	128	686	1057	1009	2362	27	137	312	449	1289
柳州市	116	471	607	600	687	39	163	248	356	576
桂林市	92	674	793	952	2001	23	202	368	540	1383
梧州市	42	241	319	428	1495	2	49	90	170	793
北海市	55	271	204	147	473	1	53	107	73	312
防城港市	29	141	175	127	206	7	19	62	75	166
钦州市	125	391	593	634	1404	7	99	190	284	876
贵港市	98	396	706	881	2036	14	73	141	259	1002
玉林市	133	530	806	1016	2255	14	105	212	382	1625
百色市	267	707	1066	890	981	78	282	542	653	863
贺州市	29	209	360	382	860	11	44	113	179	681
河池市	197	862	1018	827	995	45	285	468	451	822
来宾市	95	324	470	439	847	11	79	157	258	572
崇左市	115	435	653	644	513	30	122	273	366	357

11-3c　续表 2

单位：户

地　区	四代户					五代及以上户				
	一间	二间	三间	四间	五　间及以上	一间	二间	三间	四间	五　间及以上
全　区	**10**	**46**	**99**	**205**	**677**			**1**		
南宁市	2	6	4	8	56					
柳州市	2	4	6	19	47					
桂林市		5	12	24	93					
梧州市			3	5	32					
北海市			4	3	12					
防城港市		1		3	12					
钦州市		4	5	9	33					
贵港市			2	8	46					
玉林市		1	7	11	67					
百色市	3	7	19	45	64			1		
贺州市		3	2	11	49					
河池市	2	9	18	19	66					
来宾市		1	6	11	54					
崇左市		3	12	29	45					

11-4　全区按户主的受教育程度分的家庭户住房状况

受教育程度	户　数（户）	人　数（人）	平均每户住房间数（间/户）	人均住房建筑面积（平方米/人）	人均住房间　数（间/人）
总　计	**39877**	**139941**	**4.17**	**34.28**	**1.19**
未上过学	4715	13319	3.45	33.84	1.22
小　学	20546	72783	4.22	32.86	1.19
初　中	10295	39096	4.46	34.86	1.18
普通高中	2331	8489	4.18	36.90	1.15
中　职	859	2792	4.08	44.28	1.25
大学专科	810	2504	3.88	44.55	1.25
大学本科	310	929	3.83	45.06	1.28
研 究 生	11	29	3.61	48.68	1.42

11-4a 全区按户主的受教育程度分的家庭户住房状况(城市)

受教育程度	户 数 (户)	人 数 (人)	平均每户 住房间数 (间/户)	人均住房 建筑面积 (平方米/人)	人均住房 间 数 (间/人)
总 计	**7643**	**25624**	**3.64**	**34.81**	**1.09**
未上过学	402	1309	4.01	34.05	1.23
小 学	2328	8203	3.87	33.51	1.10
初 中	2733	9267	3.51	33.08	1.04
普通高中	942	3143	3.46	35.27	1.04
中 职	454	1368	3.54	41.83	1.18
大学专科	522	1560	3.51	41.52	1.17
大学本科	250	746	3.56	42.87	1.19
研 究 生	10	28	3.39	42.05	1.26

11-4b 全区按户主的受教育程度分的家庭户住房状况(镇)

受教育程度	户 数 (户)	人 数 (人)	平均每户 住房间数 (间/户)	人均住房 建筑面积 (平方米/人)	人均住房 间 数 (间/人)
总 计	**9286**	**34748**	**4.51**	**37.44**	**1.20**
未上过学	863	2370	3.48	36.95	1.27
小 学	4420	16538	4.48	35.17	1.20
初 中	2745	11278	4.84	37.53	1.18
普通高中	652	2509	4.61	42.09	1.20
中 职	297	1050	4.44	48.40	1.26
大学专科	251	833	4.56	50.97	1.37
大学本科	56	169	4.84	54.70	1.62
研 究 生	1	1	6.00	255.94	6.40

11-4c 全区按户主的受教育程度分的家庭户住房状况(乡村)

受教育程度	户 数 (户)	人 数 (人)	平均每户 住房间数 (间/户)	人均住房 建筑面积 (平方米/人)	人均住房 间 数 (间/人)
总 计	**22947**	**79569**	**4.22**	**32.72**	**1.22**
未上过学	3450	9639	3.38	33.05	1.21
小 学	13798	48042	4.19	31.95	1.20
初 中	4816	18551	4.79	34.13	1.24
普通高中	736	2837	4.74	34.12	1.23
中 职	107	375	5.32	41.69	1.53
大学专科	37	110	4.46	38.88	1.48
大学本科	4	15	6.63	45.54	1.78
研 究 生					

11-5 各地区按住房类型、建筑层数分的家庭户户数

单位：户

地 区	住房类型				建筑层数				
	普通住宅	集体宿舍和工棚	工作地住宿	无住房	平房	2-3层楼房	4-6层楼房	7-9层楼房	10层以上楼房
全 区	**158892**	**806**	**1223**	**471**	**46255**	**74445**	**24179**	**9476**	**4537**
南宁市	**25064**	**110**	**303**	**12**	**4718**	**9639**	**5627**	**2773**	**2307**
兴宁区	1639	43	1		131	459	615	108	325
青秀区	2609	38			86	383	739	518	883
江南区	2189	10	5		194	594	951	299	151
西乡塘区	4616	14			255	683	1481	1340	858
良庆区	1263			2	130	350	428	354	1
邕宁区	950				296	478	89		86
武鸣县	2148		9		746	1164	115	121	1
隆安县	1097	1	12		240	626	232		
马山县	1472			7	469	962	42		
上林县	1148	1	134		345	636	166	1	
宾阳县	2857	2		3	945	1553	325	32	1
横县	3076	2	142		881	1752	443		
柳州市	**14307**	**119**	**83**	**16**	**2942**	**5232**	**3882**	**2059**	**191**
城中区	595	1	2	1	2	43	238	198	113
鱼峰区	1848	12	5		56	527	856	408	
柳南区	2252	1	13	1	140	420	1101	591	1
柳北区	1875	2	6	3	91	410	868	505	1
柳江县	1775	89	14		602	567	350	181	75
柳城县	1313		1	6	469	707	136	1	
鹿寨县	1142		3	2	431	625	86		
融安县	1121	4		3	431	538	146	7	
融水苗族自治县	1382	4	16		684	585	7	106	
三江侗族自治县	1003	6	22		35	810	95	62	1
桂林市	**17967**	**35**	**23**	**15**	**5507**	**7401**	**3173**	**1439**	**447**
秀峰区	582				2	198	309	74	
叠彩区	734				21	42	369	225	77
象山区	1169		4		11	102	610	246	200
七星区	1015	1	1		40	287	400	254	34
雁山区	195		7	1	86	108			1
临桂区	1584				563	683	224	4	110
阳朔县	979	1		5	234	601	144		
灵川县	1229			1	467	312	130	320	
全州县	2731		4		1191	1201	289	50	
兴安县	1317		2		477	589	172	55	24
永福县	899	29	2		498	284	117		
灌阳县	936			1	456	452	28		
龙胜各族自治县	642	3			81	459	39	63	
资源县	568		1	3	191	278	99		
平乐县	1248	1		3	385	680	101	81	1
荔浦县	1250		1		439	693	81	37	
恭城瑶族自治县	889			1	365	431	61	31	

11-5 续表 1

单位：户

地 区	住房类型				建筑层数				
	普通住宅	集体宿舍和工棚	工作地住宿	无住房	平房	2-3层楼房	4-6层楼房	7-9层楼房	10层以上楼房
梧州市	**9935**	**22**	**71**	**47**	**2397**	**4957**	**1177**	**1098**	**306**
万秀区	1341		1		36	190	496	618	1
长洲区	763		5	1	58	316	67	87	234
龙圩区	978				258	548	17	106	50
苍梧县	1036	4		7	312	669	52	2	
藤县	2687	8	46	19	801	1591	206	89	
蒙山县	690		1	16	182	387	72	31	18
岑溪市	2441	9	18	4	750	1256	268	165	3
北海市	**4663**	**154**	**16**	**25**	**1570**	**1824**	**631**	**303**	**335**
海城区	1085	64	9	18	118	269	359	223	117
银海区	570		2		202	191	50	58	70
铁山港区	483			2	253	211	19	1	
合浦县	2524	90	5	5	997	1154	204	21	148
防城港市	**2682**	**41**	**3**	**7**	**888**	**1112**	**505**	**127**	**50**
港口区	474	20	1		131	152	143	49	
防城区	1119	13		1	401	533	133	52	
上思县	636	1		6	285	225	126		1
东兴市	453	7	2		72	203	103	27	49
钦州市	**9470**	**33**	**143**	**87**	**3771**	**4464**	**854**	**128**	**253**
钦南区	1563	21	23	1	421	697	219	64	162
钦北区	1965	6	18	48	779	997	96	20	73
灵山县	3389	3	101	30	1513	1588	255	14	18
浦北县	2553	2		8	1057	1182	284	30	
贵港市	**13541**	**91**	**75**	**72**	**4087**	**7649**	**1260**	**216**	**329**
港北区	1841	5	28		294	786	541	94	126
港南区	1673	2	2	2	430	1036	207		
覃塘区	1304		37		336	925	42		1
平南县	4043	20	1	27	1483	2261	191	104	3
桂平市	4681	65	7	43	1545	2640	278	18	200
玉林市	**16170**	**57**	**150**	**14**	**6352**	**7435**	**1938**	**368**	**77**
玉州区	2044	51	51	1	358	807	739	73	68
福绵区	1050	1		2	591	442	17		
容县	2156	2	14	3	890	937	238	91	
陆川县	2504			1	1350	909	149	96	
博白县	3535	1	55		1459	1780	201	94	
兴业县	1730		30	1	703	921	105		
北流市	3153	1		5	1001	1639	489	14	10

11-5 续表 2

单位：户

地 区	住房类型				建筑层数				
	普通住宅	集体宿舍和工棚	工作地住宿	无住房	平房	2-3层楼房	4-6层楼房	7-9层楼房	10层以上楼房
百色市	**12072**	**57**	**135**	**32**	**3424**	**6863**	**1443**	**267**	**74**
右江区	1278	10	17	2	227	650	330	1	71
田阳县	1229	2	1	1	327	767	114	21	
田东县	1355	27	24	1	290	780	284		
平果县	1461	4	1		543	488	337	92	
德保县	1022	3	60		296	650	74		1
靖西县	1762	5			708	1036	18		
那坡县	511		2		117	317	29	48	
凌云县	576	1			135	420	21		
乐业县	470	1	11	2	157	288	25		
田林县	740	2	1	3	155	491	46	45	3
西林县	396		1	23	117	220	57	1	
隆林各族自治县	1272	1	18		351	755	107	58	
贺州市	**6346**	**6**	**37**	**18**	**2160**	**3392**	**654**	**140**	**1**
八步区	2047		20	5	631	981	311	124	
平桂管理区	1215			2	409	741	64		
昭平县	1175	1	10	8	461	579	120	14	1
钟山县	1056			3	362	598	95	1	
富川瑶族自治县	854	6	7		296	492	64	1	
河池市	**11948**	**41**	**78**	**101**	**3483**	**6910**	**1287**	**227**	**41**
金城江区	1245	18	3		185	514	388	154	3
南丹县	878	7	12	18	305	499	57	17	
天峨县	507	4			82	343	36	8	37
凤山县	564		5	4	98	396	66	4	
东兰县	767		8	2	165	493	103	7	
罗城仫佬族自治县	1120		26		406	656	57	1	
环江毛南族自治县	1070	1	9	1	241	763	61	5	
巴马瑶族自治县	721		8	4	116	520	85		
都安瑶族自治县	1855	8		20	765	972	117	1	
大化瑶族自治县	1171	3	3	33	505	606	59		1
宜州市	2051		4	19	615	1147	259	30	
来宾市	**7389**	**7**	**98**	**9**	**2774**	**3541**	**793**	**156**	**124**
兴宾区	3165		57	6	1421	1355	263	56	71
忻城县	1158			1	439	625	93		
象州县	1022	1	4		284	576	163		
武宣县	1180	2	6		341	659	78	48	54
金秀瑶族自治县	446		5	2	156	222	38	30	
合山市	418	3	26		134	104	158	22	
崇左市	**7339**	**33**	**8**	**16**	**2182**	**4026**	**955**	**175**	**1**
江州区	1091			2	305	609	138	39	
扶绥县	1387		2	1	463	733	147	44	1
宁明县	1227		1	2	429	643	153	3	
龙州县	788	30	2	11	303	408	77		
大新县	1183	2		1	233	761	189		
天等县	1214	1	3		375	604	163	72	
凭祥市	448				74	269	89	16	

11-5a 各地区按住房类型、建筑层数分的家庭户户数(城市)

单位：户

地　　区	住房类型				建筑层数				
	普　通 住　宅	集体宿舍 和 工 棚	工作地 住　宿	无住房	平　房	2-3层 楼　房	4-6层 楼　房	7-9层 楼　房	10层以 上楼房
全　区	**34683**	**317**	**251**	**72**	**1918**	**7152**	**14369**	**7120**	**4123**
南宁市	10137	103			167	914	4135	2619	2302
柳州市	6177	16	16	3	215	1143	3003	1702	115
桂林市	3787	1	12		74	619	1870	802	421
梧州市	2899	9	11	1	217	714	766	916	285
北海市	1347	64	10	17	174	347	398	241	186
防城港市	757	17	1		108	226	247	127	49
钦州市	896	12	11	46	100	306	188	84	218
贵港市	2273	15	67		188	761	886	111	326
玉林市	2254	51	51	1	226	809	1063	78	77
百色市	787	10	17		125	261	329	1	71
贺州市	804		6		73	305	302	124	
河池市	1229	18	6	2	125	348	573	182	2
来宾市	837		43	1	58	241	389	78	71
崇左市	500			1	68	158	219	55	

11-5b 各地区按住房类型、建筑层数分的家庭户户数(镇)

单位：户

地　　区	住房类型				建筑层数				
	普　通 住　宅	集体宿舍 和 工 棚	工作地 住　宿	无住房	平　房	2-3层 楼　房	4-6层 楼　房	7-9层 楼　房	10层以 上楼房
全　区	**37533**	**259**	**881**	**61**	**8839**	**17495**	**8471**	**2331**	**398**
南宁市	4465	3	301		868	2321	1118	154	3
柳州市	3055	11	59		631	1157	840	351	75
桂林市	4164	32	6		694	1565	1244	635	26
梧州市	1883	3	59		433	917	336	179	18
北海市	1222	89	4	2	292	517	206	61	147
防城港市	645	23	1	2	165	336	143		1
钦州市	2407	17	115	10	738	1031	558	44	35
贵港市	3733	16	2	4	1133	2271	226	103	
玉林市	4707	3	97	4	1574	2095	748	290	
百色市	3035	42	97	26	600	1148	1026	260	1
贺州市	1756	6	30	3	474	958	309	15	1
河池市	2594	9	62	8	427	1466	622	40	39
来宾市	1914	4	41		434	959	389	78	54
崇左市	1953		5	4	376	754	705	119	

11-5c 各地区按住房类型、建筑层数分的家庭户户数(乡村)

单位：户

地区	住房类型				建筑层数				
	普通住宅	集体宿舍和工棚	工作地住宿	无住房	平房	2-3层楼房	4-6层楼房	7-9层楼房	10层以上楼房
全区	**86677**	**230**	**91**	**338**	**35498**	**49798**	**1340**	**25**	**16**
南宁市	10463	4	1	12	3683	6403	373		3
柳州市	5075	92	8	13	2096	2933	40	6	1
桂林市	10017	1	4	15	4739	5217	60	1	
梧州市	5153	9	1	46	1746	3326	75	2	3
北海市	2094	1	2	6	1104	961	27	1	1
防城港市	1280	1	1	6	616	550	115		
钦州市	6167	4	17	31	2933	3127	107		
贵港市	7535	60	7	67	2766	4617	148	1	3
玉林市	9210	2	1	8	4553	4530	126		
百色市	8250	6	20	6	2699	5454	88	6	3
贺州市	3785		1	15	1612	2129	43	1	
河池市	8124	14	10	91	2931	5096	92	5	1
来宾市	4638	3	14	8	2282	2341	15		
崇左市	4886	32	3	12	1738	3114	31	1	1

11-6 各地区家庭户按住房建成时间分的住房状况

单位：户、间、平方米

地 区	合 计			1949年以前			1949-1959年		
	户数	间数	面积	户数	间数	面积	户数	间数	面积
全 区	**158892**	**673234**	**19997608**	**1049**	**2548**	**72175**	**1016**	**2629**	**67819**
南宁市	**25064**	**99764**	**3069967**	**51**	**133**	**3259**	**57**	**135**	**4684**
兴宁区	1639	5093	151393				2	7	298
青秀区	2609	10654	346843				2	6	103
江南区	2189	8011	233195						
西乡塘区	4616	13027	430171						
良庆区	1263	4166	135487	10	20	598			
邕宁区	950	4405	96750	13	38	905	6	20	417
武鸣县	2148	10067	339067	4	13	362	12	25	1730
隆安县	1097	4436	135904				3	6	139
马山县	1472	4972	186492	1	2	96	4	7	335
上林县	1148	4914	132460	4	12	407	10	19	543
宾阳县	2857	13472	418144	5	11	212	4	10	433
横县	3076	16546	464059	13	36	680	15	34	686
柳州市	**14307**	**47091**	**1493393**	**153**	**330**	**9462**	**126**	**315**	**9099**
城中区	595	1602	59778						16
鱼峰区	1848	4997	164852				13	28	650
柳南区	2252	5342	157408						
柳北区	1875	4991	141849						
柳江县	1775	7537	244609	6	6	227	29	58	1982
柳城县	1313	5057	162937	26	52	1652	9	13	490
鹿寨县	1142	4915	152805	36	78	2619	3	7	234
融安县	1121	3996	125235	55	117	3065	19	48	1331
融水苗族自治县	1382	5020	147411	19	50	1150	17	47	1192
三江侗族自治县	1003	3634	136509	10	27	748	35	114	3204
桂林市	**17967**	**74653**	**2196726**	**360**	**971**	**27545**	**247**	**738**	**19245**
秀峰区	582	1852	70859						
叠彩区	734	2039	67947	2	6	217	1	1	37
象山区	1169	3731	119755			11			11
七星区	1015	4292	116686	3	9	230	1	1	55
雁山区	195	889	28875	8	20	597			
临桂区	1584	6489	177767	97	259	8661	57	201	4372
阳朔县	979	4854	131917	1	5	116	1	1	21
灵川县	1229	4182	150427	74	203	4201	48	124	4172
全州县	2731	12658	300106	44	122	2761	51	135	2906
兴安县	1317	5416	157981	32	72	2341	5	14	338
永福县	899	3418	102203	54	149	4646	21	70	1499
灌阳县	936	4596	104971	6	17	488	8	23	446
龙胜各族自治县	642	2794	81652	5	16	526	12	42	1505
资源县	568	2263	75899	5	19	573	21	69	2308
平乐县	1248	6333	215935	5	11	252	6	23	639
荔浦县	1250	5203	182255	10	31	979	6	14	446
恭城瑶族自治县	889	3643	111491	13	32	946	10	18	491

11-6 续表 1

单位：户、间、平方米

地区	1960-1969年			1970-1979年			1980-1989年		
	户数	间数	面积	户数	间数	面积	户数	间数	面积
全　区	**2444**	**6307**	**169251**	**5888**	**15538**	**409499**	**13920**	**42896**	**1182884**
南宁市	**293**	**587**	**18984**	**577**	**1550**	**41958**	**2277**	**6263**	**195690**
兴宁区	72	75	3101	4	13	406	149	308	9812
青秀区	12	36	1303	17	56	1840	313	885	23873
江南区	2	3	146	6	19	599	245	426	9970
西乡塘区	59	115	3930	236	490	11462	367	827	22710
良庆区	6	11	301	29	58	2779	32	85	2700
邕宁区	5	14	357	37	142	1902	120	281	6931
武鸣县	44	131	4207	102	309	11727	208	678	22720
隆安县	2	5	171	6	18	676	80	258	7821
马山县	7	16	646	27	62	1802	72	228	13114
上林县	34	52	2131	26	88	2023	95	337	8458
宾阳县	16	55	1231	40	145	3665	445	1320	51700
横县	34	74	1461	46	150	3077	151	631	15881
柳州市	**302**	**779**	**22469**	**912**	**2156**	**60519**	**1904**	**5022**	**132496**
城中区	7	20	573	16	57	1731	48	132	3566
鱼峰区	4	16	482	24	56	1915	386	734	17021
柳南区	39	78	1989	117	156	5296	189	403	9359
柳北区				105	226	5041	388	863	19502
柳江县	84	155	5143	106	222	6537	108	368	10779
柳城县	19	51	1678	78	211	6318	145	433	13522
鹿寨县	14	44	1220	60	167	4405	87	259	7069
融安县	57	156	4568	182	364	10566	167	479	13821
融水苗族自治县	44	139	3315	78	257	5855	210	725	17612
三江侗族自治县	33	120	3500	145	440	12856	174	627	20244
桂林市	**530**	**1591**	**43143**	**976**	**2868**	**77566**	**2296**	**7381**	**197041**
秀峰区				19	31	984	101	168	6062
叠彩区	1	3	88	10	19	386	127	368	7761
象山区	2	9	153	1	6	321	146	558	12982
七星区				34	82	1999	84	265	6691
雁山区	2	3	101	7	25	866	22	64	1675
临桂区	53	134	3735	77	245	6954	209	552	15494
阳朔县	15	30	831	33	89	2608	104	311	8433
灵川县	79	196	7336	57	140	4553	89	257	8344
全州县	86	278	6403	189	558	12306	421	1423	32979
兴安县	18	43	1281	81	198	5557	167	526	14834
永福县	74	213	5358	112	332	8058	133	391	10718
灌阳县	51	147	2330	65	199	3961	119	486	9982
龙胜各族自治县	20	84	2376	80	311	9354	151	607	15473
资源县	69	270	7764	31	104	3571	54	214	6829
平乐县	31	102	2868	22	71	1903	63	220	6388
荔浦县	14	42	1241	85	263	8588	216	728	24613
恭城瑶族自治县	15	37	1277	73	195	5598	89	245	7783

11-6 续表 2

单位：户、间、平方米

地 区	1990-1999年			2000-2009年			2010年以后		
	户数	间数	面积	户数	间数	面积	户数	间数	面积
全 区	**32119**	**127186**	**3685457**	**64679**	**296851**	**8987643**	**37777**	**179281**	**5422881**
南宁市	**4898**	**19191**	**559531**	**11572**	**47725**	**1490735**	**5340**	**24180**	**755127**
兴宁区	441	1240	34909	663	2180	67483	306	1269	35384
青秀区	484	1788	48585	1439	6489	221166	343	1394	49974
江南区	518	1525	41160	1162	4472	139219	256	1564	42100
西乡塘区	700	2041	53631	2398	7351	257619	856	2203	80819
良庆区	98	343	10368	900	2705	84114	188	944	34628
邕宁区	150	697	14437	341	1785	41627	278	1429	30174
武鸣县	570	2508	92595	763	4013	127606	444	2391	78120
隆安县	297	1482	40840	521	2030	64391	188	637	21866
马山县	278	987	41855	606	2121	73825	478	1550	54820
上林县	256	1304	34367	397	1844	48039	325	1257	36492
宾阳县	561	2364	68679	1087	5435	164645	700	4132	127579
横县	544	2911	78104	1295	7300	201001	978	5409	163170
柳州市	**3718**	**11775**	**366660**	**4754**	**17838**	**597874**	**2439**	**8874**	**294814**
城中区	193	526	19421	157	496	18879	174	372	15591
鱼峰区	564	1405	45223	755	2260	85366	102	499	14196
柳南区	855	2170	65015	812	2024	63216	241	511	12533
柳北区	657	1601	47550	303	1131	33913	422	1169	35843
柳江县	402	2141	67719	709	3338	109622	330	1249	42598
柳城县	360	1394	44882	447	1933	61730	230	969	32664
鹿寨县	158	602	15889	554	2632	87591	229	1126	33777
融安县	256	990	32139	178	923	32807	206	918	26938
融水苗族自治县	205	698	20838	623	2247	70848	187	857	26603
三江侗族自治县	69	248	7984	217	854	33903	319	1204	54071
桂林市	**3965**	**14808**	**414210**	**6231**	**28717**	**887860**	**3362**	**17580**	**530116**
秀峰区	200	644	21263	215	873	37747	47	136	4804
叠彩区	286	653	21017	292	895	34653	15	95	3789
象山区	497	1445	41786	417	1342	50385	107	370	14105
七星区	425	1293	34296	269	1565	44872	198	1077	28542
雁山区	32	135	4237	82	402	13832	43	241	7565
临桂区	159	777	22030	596	2546	70690	336	1775	45831
阳朔县	104	446	11023	426	2370	61405	295	1602	47480
灵川县	215	624	19723	462	1547	61553	205	1091	40545
全州县	691	2879	67045	809	4435	108167	440	2828	67539
兴安县	311	1405	35990	437	1972	62094	266	1186	35546
永福县	143	526	15904	202	976	32294	161	761	23726
灌阳县	133	684	14981	371	1940	47612	184	1100	25171
龙胜各族自治县	109	485	13519	155	677	22815	109	571	16084
资源县	140	448	14398	141	646	23070	106	493	17385
平乐县	180	972	29090	619	3169	101329	323	1765	73466
荔浦县	188	795	30968	414	1907	67101	317	1423	48319
恭城瑶族自治县	154	597	16939	323	1453	48240	211	1066	30218

11-6　续表 3　　　　单位：户、间、平方米

地　　区	合　计			1949年以前			1949-1959年		
	户数	间数	面积	户数	间数	面积	户数	间数	面积
梧州市	**9935**	**49545**	**1218861**	**42**	**89**	**2319**	**20**	**60**	**1133**
万秀区	1341	3823	116585	23	34	1113	1	2	45
长洲区	763	3203	100455						
龙圩区	978	4347	103008	5	16	489	2	4	70
苍梧县	1036	6463	151816	5	20	266	2	6	98
藤县	2687	14216	351633	9	17	386	10	37	686
蒙山县	690	3618	85508	1	2	65	2	2	40
岑溪市	2441	13875	309856				4	10	194
北海市	**4663**	**18805**	**615335**	**25**	**57**	**1700**	**20**	**57**	**1506**
海城区	1085	3803	134390	1	2	46	3	8	332
银海区	570	2047	76955						11
铁山港区	483	2030	70874				3	10	283
合浦县	2524	10924	333117	24	55	1654	14	39	881
防城港市	**2682**	**10959**	**371482**	**12**	**24**	**719**	**21**	**60**	**1504**
港口区	474	1826	62523	3	7	157	1	2	36
防城区	1119	4595	158090	2	4	118	7	18	530
上思县	636	2596	72202	3	6	120	12	36	853
东兴市	453	1942	78667	4	7	323	1	4	84
钦州市	**9470**	**44007**	**1186157**	**112**	**227**	**6098**	**98**	**254**	**4945**
钦南区	1563	6598	208945	15	28	578	8	16	371
钦北区	1965	9431	260513	12	36	608	33	104	1552
灵山县	3389	16397	415724	11	27	584	19	44	860
浦北县	2553	11581	300975	74	135	4329	39	90	2161
贵港市	**13541**	**66941**	**1852252**	**50**	**146**	**4464**	**36**	**87**	**2251**
港北区	1841	8409	267335	18	51	1752	7	20	599
港南区	1673	7931	224275	19	64	1838	2	4	104
覃塘区	1304	6982	186918	2	6	147	8	14	294
平南县	4043	19105	572957	10	24	679	13	34	894
桂平市	4681	24513	600766	2	2	48	5	15	360
玉林市	**16170**	**81714**	**2054229**	**32**	**71**	**1537**	**61**	**128**	**2863**
玉州区	2044	9064	291640	12	30	621	11	21	482
福绵区	1050	5570	132735				3	12	267
容县	2156	10313	263493	8	19	367	16	30	631
陆川县	2504	11996	283184	4	7	133	10	22	375
博白县	3535	19575	457928				11	22	665
兴业县	1730	8007	219403	4	8	203	7	15	336
北流市	3153	17187	405846	4	8	214	2	6	107

11-6 续表 4

单位：户、间、平方米

地 区	1960-1969年			1970-1979年			1980-1989年		
	户数	间数	面积	户数	间数	面积	户数	间数	面积
梧州市	**181**	**478**	**10816**	**420**	**997**	**23746**	**778**	**2493**	**61071**
万秀区	34	48	961	179	253	7143	284	612	18124
长洲区	3	15	240	11	30	577	43	228	5076
龙圩区	28	90	1850	41	156	3436	65	194	4247
苍梧县	4	11	208	20	82	1589	71	355	7099
藤县	76	189	4898	73	193	4684	104	325	8846
蒙山县	14	34	858	35	109	2688	82	257	6042
岑溪市	22	92	1800	61	174	3629	130	521	11637
北海市	**89**	**227**	**5761**	**269**	**741**	**19311**	**612**	**1938**	**55826**
海城区	5	19	921	59	145	4308	159	453	14042
银海区	4	11	248	40	118	2704	66	194	6278
铁山港区	14	38	926	44	145	3795	88	284	8412
合浦县	66	159	3666	127	333	8503	299	1007	27095
防城港市	**45**	**119**	**2810**	**99**	**300**	**6620**	**315**	**1008**	**31709**
港口区	2	7	192	5	11	257	63	166	3956
防城区	18	39	880	53	162	3922	158	571	20687
上思县	23	64	1473	32	101	1805	62	195	4205
东兴市	3	8	265	9	26	635	33	77	2861
钦州市	**204**	**483**	**9750**	**392**	**1013**	**22434**	**808**	**2520**	**64089**
钦南区	21	49	1182	53	143	3888	131	446	14075
钦北区	64	173	3491	64	264	4645	177	672	18790
灵山县	44	97	1871	154	335	7273	224	709	14639
浦北县	74	163	3206	120	271	6628	275	694	16585
贵港市	**155**	**403**	**9848**	**503**	**1416**	**35362**	**916**	**3269**	**86490**
港北区	23	92	2126	65	229	5398	177	614	18878
港南区	9	23	474	47	106	2289	78	286	7712
覃塘区	16	40	1100	42	112	2835	59	240	6401
平南县	52	121	3233	177	474	13850	278	933	26908
桂平市	55	128	2915	172	494	10990	323	1196	26590
玉林市	**98**	**283**	**5951**	**424**	**1332**	**28750**	**1417**	**5626**	**132795**
玉州区	11	29	725	134	334	8167	263	987	27293
福绵区	5	12	250	27	94	2154	97	408	11046
容县	19	59	1036	44	114	2525	141	531	11624
陆川县	12	36	629	65	256	4849	169	745	15649
博白县	27	86	1969	83	342	6769	255	981	21518
兴业县	14	29	674	47	120	2842	166	521	15058
北流市	9	33	667	24	72	1445	326	1452	30608

11-6 续表 5

单位：户、间、平方米

地　区	1990-1999年			2000-2009年			2010年以后		
	户数	间数	面积	户数	间数	面积	户数	间数	面积
梧州市	**1729**	**7906**	**198830**	**4120**	**22458**	**553020**	**2645**	**15064**	**367926**
万秀区	299	862	26761	386	1543	47370	136	469	15068
长洲区	111	526	18393	339	1355	43842	256	1051	32326
龙圩区	195	857	18632	417	1901	45656	225	1129	28628
苍梧县	111	646	14110	422	2753	66657	400	2589	61789
藤县	466	2472	62769	1250	7257	165170	699	3726	104195
蒙山县	96	440	10407	296	1699	42456	165	1075	22953
岑溪市	451	2102	47759	1009	5949	141869	765	5025	102967
北海市	**1139**	**4403**	**136088**	**1395**	**6338**	**218109**	**1113**	**5044**	**177034**
海城区	372	1308	42860	361	1427	56978	127	441	14902
银海区	152	522	20466	141	532	20096	167	671	27152
铁山港区	60	208	6352	133	624	23802	141	721	27304
合浦县	556	2365	66409	760	3755	117233	678	3211	107676
防城港市	**587**	**2229**	**76006**	**911**	**4127**	**153590**	**691**	**3092**	**98525**
港口区	114	336	10567	171	813	30973	113	484	16384
防城区	324	1328	49721	336	1374	46818	222	1099	35414
上思县	102	385	8875	232	1091	36342	171	717	18528
东兴市	47	180	6843	172	849	39456	185	791	28199
钦州市	**1865**	**8116**	**212206**	**3554**	**18854**	**509434**	**2437**	**12540**	**357201**
钦南区	347	1428	42547	571	2610	82329	417	1878	63975
钦北区	442	1909	50691	756	4209	114848	417	2063	65888
灵山县	568	2460	59369	1401	7398	187916	967	5328	143212
浦北县	508	2320	59599	826	4637	124341	637	3271	84127
贵港市	**3146**	**14708**	**404156**	**6071**	**32200**	**904051**	**2665**	**14711**	**405629**
港北区	433	1884	60505	777	3886	126297	341	1634	51779
港南区	428	1937	56631	799	3998	110036	290	1514	45190
覃塘区	369	2039	53365	549	3063	83671	258	1468	39105
平南县	911	3769	112566	1813	9536	294894	787	4213	119933
桂平市	1004	5080	121089	2133	11718	289152	988	5881	149622
玉林市	**4084**	**19045**	**496603**	**6675**	**35592**	**911576**	**3378**	**19637**	**474153**
玉州区	603	2639	83885	821	4012	141863	187	1012	28605
福绵区	334	1533	35919	414	2456	56431	171	1056	26668
容县	590	2976	90296	757	3502	89655	582	3083	67359
陆川县	604	2570	65169	1153	5682	134794	487	2678	61586
博白县	708	3161	68682	1390	8098	193924	1059	6885	164401
兴业县	436	1835	52608	788	3953	106508	267	1527	41175
北流市	809	4330	100044	1353	7890	188402	625	3396	84359

11-6 续表 6

单位：户、间、平方米

地 区	合 计			1949年以前			1949-1959年		
	户数	间数	面积	户数	间数	面积	户数	间数	面积
百色市	**12072**	**44690**	**1454649**	**13**	**27**	**957**	**16**	**45**	**1151**
右江区	1278	4608	143647	1	1	26			
田阳县	1229	4073	132051	1	1	66	2	3	99
田东县	1355	4561	171721	3	5	164			
平果县	1461	5167	189751	2	6	176			
德保县	1022	3809	135701				2	9	233
靖西县	1762	6062	221392	3	8	302	4	10	226
那坡县	511	1941	77441						
凌云县	576	2257	56185						
乐业县	470	1906	50962		2	59	2	5	152
田林县	740	2901	80707	2	4	163	2	6	153
西林县	396	1655	43112						
隆林各族自治县	1272	5748	151980				4	12	289
贺州市	**6346**	**32189**	**961895**	**48**	**119**	**3150**	**102**	**247**	**3603**
八步区	2047	10579	328955	36	84	2280	6	14	359
平桂管理区	1215	6191	173538	1	1	22	92	222	2825
昭平县	1175	5451	169937	3	9	254	1	3	66
钟山县	1056	5407	149396	3	10	294	2	6	206
富川瑶族自治县	854	4561	140070	5	14	300	1	3	147
河池市	**11948**	**44855**	**1527172**	**89**	**205**	**6469**	**68**	**170**	**5336**
金城江区	1245	3932	127992	2	3	169	5	20	512
南丹县	878	3668	99946				1	2	32
天峨县	507	2094	70328				2	3	95
凤山县	564	2092	77334					2	38
东兰县	767	2988	123153				4	9	333
罗城仫佬族自治县	1120	4622	128622	27	72	1885	3	7	167
环江毛南族自治县	1070	4123	123638	11	18	611	9	18	493
巴马瑶族自治县	721	2836	103656				2	3	72
都安瑶族自治县	1855	6177	246210	18	37	1128	25	70	2152
大化瑶族自治县	1171	3472	129318	10	11	531	4	6	329
宜州市	2051	8852	296973	22	64	2144	14	29	1113
来宾市	**7389**	**32905**	**1038600**	**47**	**120**	**3621**	**60**	**144**	**4439**
兴宾区	3165	14621	446096	3	8	270	16	40	1420
忻城县	1158	4760	160970	27	70	2080	27	66	1983
象州县	1022	4749	144339		1	52	2	7	216
武宣县	1180	5643	181442	6	13	462	1	3	78
金秀瑶族自治县	446	1808	65600	6	22	560	4	13	438
合山市	418	1324	40153	3	6	197	10	16	305
崇左市	**7339**	**25119**	**956890**	**16**	**29**	**877**	**83**	**189**	**6058**
江州区	1091	4029	150910	9	13	455	16	30	950
扶绥县	1387	4521	164196	4	9	212	45	105	3443
宁明县	1227	4334	161226	2	5	129	5	12	335
龙州县	788	2435	93047	1	1	22			
大新县	1183	4237	183615				5	13	406
天等县	1214	4052	143679	1	2	59	12	30	925
凭祥市	448	1510	60216						

11-6 续表 7 单位：户、间、平方米

地 区	1960-1969年			1970-1979年			1980-1989年		
	户数	间数	面积	户数	间数	面积	户数	间数	面积
百色市	**67**	**173**	**5603**	**151**	**369**	**10167**	**499**	**1354**	**42071**
右江区				1	8	81	148	367	10802
田阳县	5	9	393	18	35	981	35	83	2552
田东县	8	19	509	19	38	1112	63	143	4926
平果县	1	3	88	21	35	936	26	79	2393
德保县	4	9	269	15	29	982	40	115	4063
靖西县	11	19	816	14	31	1095	60	151	5124
那坡县	14	36	1604	12	42	1345	38	146	5135
凌云县	1	4	139	9	23	582	25	77	2189
乐业县	12	49	1107	21	78	1738	10	32	776
田林县	5	14	376	9	22	491	17	54	1334
西林县	1	2	72	1	3	58	6	21	469
隆林各族自治县	4	8	229	12	25	766	31	85	2307
贺州市	**69**	**185**	**4586**	**155**	**376**	**10562**	**408**	**1388**	**40587**
八步区	15	38	1089	54	97	2811	121	455	15072
平桂管理区	19	35	702	7	15	365	30	91	2680
昭平县	20	57	1258	48	143	3545	109	346	8774
钟山县	5	18	469	22	59	1946	70	237	6771
富川瑶族自治县	11	37	1068	25	62	1895	78	259	7290
河池市	**172**	**428**	**13041**	**416**	**979**	**31878**	**783**	**2109**	**63569**
金城江区	14	27	1108	97	248	8373	231	630	16596
南丹县	2	5	117	20	49	1416	51	136	3689
天峨县	1	4	96	2	6	143	4	10	430
凤山县	1	3	98	4	15	405	10	19	623
东兰县	15	34	1026	17	35	1071	20	48	1629
罗城仫佬族自治县	23	73	2017	59	178	5235	120	364	10223
环江毛南族自治县	17	44	1101	36	76	2654	39	109	2891
巴马瑶族自治县	2	2	93	7	13	382	17	47	1562
都安瑶族自治县	37	120	3086	74	155	5413	123	312	11086
大化瑶族自治县	30	50	1619	63	107	3458	65	120	5178
宜州市	30	66	2680	38	96	3327	103	313	9664
来宾市	**153**	**374**	**10810**	**293**	**724**	**21203**	**420**	**1260**	**39476**
兴宾区	61	157	4514	158	398	12488	181	527	17888
忻城县	35	83	2351	37	114	3090	67	188	6148
象州县	7	18	574	28	62	1540	72	243	7124
武宣县	4	7	164	22	51	1352	35	119	3261
金秀瑶族自治县	36	86	2691	25	61	1873	35	99	2797
合山市	10	23	516	23	37	860	29	84	2258
崇左市	**86**	**198**	**5679**	**302**	**718**	**19423**	**485**	**1264**	**39973**
江州区	19	44	1268	75	163	4674	62	152	5324
扶绥县	13	25	853	90	219	4905	120	366	11997
宁明县	25	63	1380	70	172	4547	87	244	6388
龙州县	7	17	407	16	37	907	59	121	3857
大新县	2	3	135	22	53	2040	78	179	5807
天等县	14	37	1313	27	72	2285	34	83	3603
凭祥市	6	9	323	1	2	64	45	118	2998

11-6 续表 8 单位：户、间、平方米

地 区	1990-1999年			2000-2009年			2010年以后		
	户数	间数	面积	户数	间数	面积	户数	间数	面积
百色市	**1597**	**5013**	**174093**	**5984**	**22809**	**739934**	**3745**	**14899**	**480672**
右江区	231	643	19548	597	2409	71318	300	1180	41872
田阳县	131	382	11984	819	2750	89825	218	810	26151
田东县	226	670	23009	726	2750	106150	310	935	35850
平果县	280	853	40768	695	2708	95282	436	1483	50107
德保县	114	411	19203	443	1476	56049	404	1760	54902
靖西县	145	459	16138	935	3247	119596	591	2136	78093
那坡县	58	175	6848	221	863	30012	167	679	32497
凌云县	105	407	10272	261	1091	25796	174	656	17206
乐业县	45	156	3821	225	881	24140	154	704	19168
田林县	103	333	8648	399	1643	44559	202	827	24981
西林县	73	263	6636	201	776	19355	115	589	16522
隆林各族自治县	87	262	7216	463	2216	57853	672	3140	83321
贺州市	**899**	**3881**	**112620**	**2519**	**14356**	**428091**	**2146**	**11636**	**358696**
八步区	347	1405	39880	785	4737	147789	684	3748	119674
平桂管理区	194	899	27060	507	3075	87886	364	1852	51998
昭平县	74	281	8428	468	2412	78862	452	2200	68749
钟山县	169	765	22029	511	2684	69403	275	1628	48278
富川瑶族自治县	115	531	15223	248	1447	44150	370	2208	69996
河池市	**1996**	**6786**	**219250**	**4971**	**20464**	**701845**	**3451**	**13715**	**485783**
金城江区	287	845	25341	443	1551	53313	166	607	22581
南丹县	157	693	24992	347	1650	37722	302	1133	31978
天峨县	42	141	4002	203	897	30589	253	1033	34972
凤山县	60	170	5944	279	1059	40818	209	823	29409
东兰县	95	297	11899	296	1356	58182	320	1208	49014
罗城仫佬族自治县	99	386	8959	436	1843	51126	352	1698	49009
环江毛南族自治县	227	642	17369	424	1918	52670	307	1299	45849
巴马瑶族自治县	67	192	6265	427	1787	63972	200	793	31309
都安瑶族自治县	217	628	24315	717	2442	100783	644	2414	98247
大化瑶族自治县	268	825	27075	439	1391	54748	292	961	36380
宜州市	478	1967	63089	960	4570	157921	407	1746	57035
来宾市	**1309**	**5532**	**172159**	**2951**	**14599**	**464488**	**2156**	**10152**	**322403**
兴宾区	538	2245	67132	1432	7405	223327	775	3841	119057
忻城县	143	493	14470	409	1843	65954	413	1903	64893
象州县	228	925	28566	367	1896	57812	318	1598	48455
武宣县	270	1364	42455	493	2404	79053	349	1681	54617
金秀瑶族自治县	62	282	12894	104	497	19282	174	748	25065
合山市	68	223	6642	146	554	19060	128	381	10316
崇左市	**1188**	**3792**	**143043**	**2970**	**10772**	**427037**	**2209**	**8157**	**314800**
江州区	161	551	19249	356	1531	58429	393	1546	60562
扶绥县	252	845	30005	586	2047	77315	277	906	35466
宁明县	161	450	17450	399	1433	55826	478	1955	75172
龙州县	178	457	17584	247	740	30588	280	1062	39683
大新县	191	645	26647	600	2341	104306	285	1004	44275
天等县	156	533	19150	555	1962	70179	414	1334	46166
凭祥市	88	311	12959	226	720	30395	82	350	13477

11-6a 各地区家庭户按住房建成时间分的住房状况(城市)

单位：户、间、平方米

地区	合计			1949年以前			1949-1959年		
	户数	间数	面积	户数	间数	面积	户数	间数	面积
全区	**34683**	**117816**	**3843311**	**60**	**137**	**3966**	**44**	**113**	**3426**
南宁市	10137	30078	976514				1	2	204
柳州市	6177	15625	487765				13	28	650
桂林市	3787	12613	404354	3	9	230	1	1	55
梧州市	2899	10397	304767	23	37	1063	2	4	125
北海市	1347	4750	177458	1	2	46	3	8	332
防城港市	757	3178	127780	1	2	52	2	7	195
钦州市	896	3813	135807				2	5	120
贵港市	2273	10241	347565	17	51	1709	5	16	521
玉林市	2254	10230	317025	12	30	621	12	27	626
百色市	787	2515	91350	1	1	26			
贺州市	804	3854	113194	1	3	49			
河池市	1229	4380	151895	2	3	169	1	3	114
来宾市	837	4499	146784				2	13	484
崇左市	500	1642	61055						

11-6a 续表 1

单位：户、间、平方米

地区	1960-1969年			1970-1979年			1980-1989年		
	户数	间数	面积	户数	间数	面积	户数	间数	面积
全区	**279**	**533**	**15961**	**1151**	**2435**	**65991**	**4238**	**11184**	**309147**
南宁市	131	190	7031	235	486	11436	986	2071	57086
柳州市	50	114	3045	260	485	13700	1000	2086	48185
桂林市	21	35	512	50	92	2491	532	1492	37293
梧州市	38	65	1175	206	344	8701	372	976	27385
北海市	6	20	950	64	161	4828	185	581	18970
防城港市	2	6	175	19	63	1514	136	500	18889
钦州市	2	5	204	11	42	1796	84	306	11478
贵港市	8	33	968	40	135	3518	184	659	20422
玉林市	11	35	790	131	325	8046	240	1080	27535
百色市							142	347	10343
贺州市	3	7	205	28	38	1203	54	233	7740
河池市	4	9	424	68	185	6755	215	536	13674
来宾市	3	12	414	2	5	208	41	160	5606
崇左市	2	2	68	36	74	1794	66	156	4540

11-6a 续表 2

单位：户、间、平方米

地区	1990-1999年			2000-2009年			2010年以后		
	户数	间数	面积	户数	间数	面积	户数	间数	面积
全区	**8929**	**28938**	**882216**	**14730**	**55608**	**1922699**	**5252**	**18868**	**639904**
南宁市	1672	4334	123660	5618	18419	625549	1493	4577	151547
柳州市	2208	5434	169763	1881	5376	185511	765	2104	66911
桂林市	1357	3864	114969	1438	5314	192903	385	1806	55901
梧州市	608	2170	63292	1075	4670	138650	574	2131	64375
北海市	422	1520	53258	448	1767	72080	219	691	26993
防城港市	199	804	29814	272	1299	56714	127	499	20427
钦州市	169	747	24362	298	1414	49411	330	1293	48436
贵港市	624	3087	97324	1035	4605	159595	359	1654	63509
玉林市	671	3570	100346	880	4019	147461	296	1144	31599
百色市	183	461	15263	303	1070	38012	157	636	27706
贺州市	321	1150	33145	323	1922	57640	74	501	13212
河池市	319	966	28314	496	2075	80139	123	603	22306
来宾市	58	413	12446	549	3249	103114	182	649	24511
崇左市	117	418	16260	112	409	15920	167	581	22472

11-6b 各地区家庭户按住房建成时间分的住房状况(镇)

单位：户、间、平方米

地区	合计			1949年以前			1949-1959年		
	户数	间数	面积	户数	间数	面积	户数	间数	面积
全区	**37533**	**167528**	**5307694**	**237**	**561**	**17597**	**183**	**468**	**13758**
南宁市	4465	20434	672637	12	33	599	10	18	665
柳州市	3055	12100	419884	60	118	4193	16	38	1106
桂林市	4164	16636	541212	11	24	678	36	107	3109
梧州市	1883	10332	280330	3	11	346	11	36	695
北海市	1222	5146	172597	18	45	1332	9	26	649
防城港市	645	2478	86619	3	5	271	1	2	63
钦州市	2407	11474	356543	39	77	3325	11	38	1185
贵港市	3733	19797	538785	22	70	1948	8	16	457
玉林市	4707	24721	635381	10	27	635	8	19	641
百色市	3035	11029	405232	6	14	502	6	21	478
贺州市	1756	9151	297102	43	104	2756	3	11	333
河池市	2594	10302	361652	3	7	213	11	25	861
来宾市	1914	8131	297947	8	22	675	15	29	697
崇左市	1953	5798	241774	2	4	124	37	82	2819

11-6b 续表 1 单位：户、间、平方米

地区	1960-1969年			1970-1979年			1980-1989年		
	户数	间数	面积	户数	间数	面积	户数	间数	面积
全区	**440**	**1126**	**33719**	**1355**	**3667**	**98264**	**3328**	**10987**	**331293**
南宁市	103	246	8219	152	464	15559	718	2144	80910
柳州市	28	77	2383	154	286	9002	213	600	20590
桂林市	67	199	6456	187	570	16264	585	1960	53043
梧州市	25	55	1698	58	154	3992	99	353	9451
北海市	17	52	1401	71	188	5206	164	585	18148
防城港市	5	12	374	28	88	1620	82	240	6222
钦州市	37	78	1542	166	395	9375	223	744	22307
贵港市	47	97	2695	163	459	13042	240	911	26199
玉林市	21	78	1760	93	415	7778	385	1645	37508
百色市	30	90	2950	72	165	4127	125	345	10578
贺州市	9	28	722	39	106	2774	82	315	10042
河池市	13	36	1162	36	91	2711	152	425	13018
来宾市	27	53	1469	53	95	2620	75	242	7671
崇左市	12	24	888	82	191	4193	186	479	15606

11-6b 续表 2 单位：户、间、平方米

地区	1990-1999年			2000-2009年			2010年以后		
	户数	间数	面积	户数	间数	面积	户数	间数	面积
全区	**8592**	**37324**	**1167767**	**15377**	**74441**	**2417521**	**8020**	**38955**	**1227775**
南宁市	853	4093	136591	1797	9200	294566	819	4236	135528
柳州市	643	3002	99284	1235	5451	194171	707	2527	89154
桂林市	1066	4007	113044	1622	6724	239203	592	3045	109414
梧州市	311	1578	46085	770	4402	117689	605	3743	100375
北海市	299	1315	43703	379	1858	61514	265	1075	40644
防城港市	159	584	20549	247	1004	39067	120	544	18454
钦州市	537	2549	76931	794	4727	151424	600	2867	90455
贵港市	934	4612	131018	1613	9418	259113	707	4215	104312
玉林市	1415	7009	195742	1879	10157	260096	895	5371	131222
百色市	630	2138	84598	1475	5642	210109	692	2614	91889
贺州市	197	927	29583	875	4812	156388	508	2850	94503
河池市	718	2460	78391	1144	4998	179145	517	2260	86150
来宾市	492	2007	69877	774	3629	139892	472	2054	75046
崇左市	338	1043	42371	773	2419	115145	522	1555	60628

11-6c 各地区家庭户按住房建成时间分的住房状况(乡村)

单位：户、间、平方米

地 区	合 计			1949年以前			1949-1959年		
	户数	间数	面积	户数	间数	面积	户数	间数	面积
全 区	**86677**	**387890**	**10846603**	**752**	**1850**	**50612**	**789**	**2047**	**50634**
南宁市	10463	49252	1420815	39	99	2659	46	115	3814
柳州市	5075	19365	585744	94	212	5269	97	249	7344
桂林市	10017	45403	1251160	346	938	26637	210	630	16081
梧州市	5153	28816	633764	16	41	910	7	20	313
北海市	2094	8909	265280	6	9	321	8	23	525
防城港市	1280	5302	157083	8	17	396	19	51	1246
钦州市	6167	28721	693807	74	150	2773	85	212	3640
贵港市	7535	36902	965902	11	25	807	22	54	1272
玉林市	9210	46763	1101823	10	15	281	41	81	1596
百色市	8250	31146	958067	6	11	428	10	25	673
贺州市	3785	19183	551599	5	12	345	99	237	3270
河池市	8124	30173	1013626	85	195	6086	56	143	4362
来宾市	4638	20276	593869	39	99	2947	43	102	3259
崇左市	4886	17679	654062	14	24	753	46	107	3239

11-6c 续表 1

单位：户、间、平方米

地 区	1960-1969年			1970-1979年			1980-1989年		
	户数	间数	面积	户数	间数	面积	户数	间数	面积
全 区	**1725**	**4648**	**119571**	**3382**	**9436**	**245244**	**6353**	**20725**	**542444**
南宁市	59	151	3733	190	600	14963	573	2049	57693
柳州市	224	588	17041	497	1386	37817	691	2336	63720
桂林市	443	1356	36175	739	2206	58812	1180	3929	106705
梧州市	118	359	7943	156	500	11053	307	1163	24236
北海市	66	155	3410	134	391	9276	263	772	18709
防城港市	39	100	2261	52	150	3485	97	268	6599
钦州市	165	399	8005	214	576	11263	501	1471	30303
贵港市	101	273	6185	300	821	18803	491	1700	39869
玉林市	66	170	3400	200	591	12926	792	2901	67753
百色市	37	83	2653	79	204	6040	233	662	21150
贺州市	58	149	3659	87	232	6585	272	840	22805
河池市	155	383	11455	311	703	22412	416	1148	36877
来宾市	122	310	8927	239	623	18374	304	859	26198
崇左市	72	172	4723	184	453	13436	233	628	19827

11-6c 续表 2

单位：户、间、平方米

地 区	1990-1999年			2000-2009年			2010年以后		
	户数	间数	面积	户数	间数	面积	户数	间数	面积
全 区	**14597**	**60924**	**1635473**	**34572**	**166802**	**4647422**	**24505**	**121458**	**3555202**
南宁市	2372	10764	299279	4157	20107	570621	3027	15367	468052
柳州市	867	3340	97613	1639	7012	218192	967	4243	138750
桂林市	1541	6936	186197	3172	16679	455754	2386	12729	364801
梧州市	810	4158	89453	2274	13385	296681	1466	9190	203176
北海市	418	1568	39128	568	2713	84514	629	3278	109397
防城港市	230	842	25643	391	1825	57809	444	2049	59644
钦州市	1158	4820	110914	2462	12713	308599	1508	8381	218311
贵港市	1587	7009	175814	3423	18177	485344	1599	8842	237808
玉林市	1998	8467	200515	3917	21417	504020	2187	13122	311332
百色市	784	2414	74232	4206	16098	491812	2896	11650	361077
贺州市	380	1804	49892	1320	7622	214062	1564	8286	250981
河池市	959	3359	112545	3331	13391	442561	2811	10852	377328
来宾市	759	3112	89836	1629	7721	221482	1503	7450	222846
崇左市	733	2331	84412	2085	7944	295972	1519	6020	231700

11-7 各地区家庭户住房设施状况

单位：户

地 区	合 计	住房内有无厨房			住房内有无厕所				
		本户独立使用	本户与其他户合用	无	独立使用抽水/冲水式	合用抽水/冲水式	独立使用其他样式	合用其他样式	无
全 区	**158892**	**135645**	**5218**	**18029**	**103931**	**8767**	**17791**	**5005**	**23398**
南宁市	**25064**	**23322**	**508**	**1234**	**18986**	**1104**	**2290**	**434**	**2251**
兴宁区	1639	1576	3	59	1445	11	111	3	68
青秀区	2609	2581	18	10	2287	14	253	5	50
江南区	2189	2099	11	79	1524	201	232	101	131
西乡塘区	4616	4376	14	227	3982	11	278	5	341
良庆区	1263	1185	58	19	1140	48	9	4	62
邕宁区	950	863	15	72	555	5	112	78	200
武鸣县	2148	2057	38	53	1541	62	303	13	230
隆安县	1097	951	36	111	721	187	61	12	116
马山县	1472	1341	54	78	638	38	515	83	197
上林县	1148	974	15	159	664	130	154		199
宾阳县	2857	2607	153	97	2238	304	28	13	273
横县	3076	2713	93	271	2250	91	235	117	383
柳州市	**14307**	**12291**	**394**	**1622**	**10614**	**511**	**1100**	**333**	**1749**
城中区	595	549	14	32	560	8	1	12	12
鱼峰区	1848	1570	38	240	1690	31	3	7	117
柳南区	2252	2080	57	115	2077	50	29	39	57
柳北区	1875	1691	22	163	1708	24	3	17	123
柳江县	1775	1416	11	348	1254	33	34	4	450
柳城县	1313	1198	57	59	1070	86	51	10	97
鹿寨县	1142	866	49	227	787	44	42	35	234
融安县	1121	906	63	152	474	32	329	62	224
融水苗族自治县	1382	1115	47	220	578	133	229	137	306
三江侗族自治县	1003	902	35	66	414	71	380	8	130
桂林市	**17967**	**15328**	**429**	**2211**	**10880**	**266**	**2550**	**535**	**3736**
秀峰区	582	581	1	1	580		2		
叠彩区	734	731	2	1	643	2	82		8
象山区	1169	1163	5	1	1130	3	34		2
七星区	1015	997	9	9	917	4	52	2	39
雁山区	195	169	17	10	136	2	4	5	48
临桂区	1584	1418	56	110	956	20	166	104	338
阳朔县	979	778	30	171	601	16	141	36	185
灵川县	1229	1084	63	81	779	25	78	17	330
全州县	2731	2023	42	666	812	29	548	94	1247
兴安县	1317	1127	3	186	708	41	222	40	306
永福县	899	537	46	317	447	4	57	15	376
灌阳县	936	647	26	263	477	23	43	6	386
龙胜各族自治县	642	555	21	66	431	10	189	10	1
资源县	568	524	32	12	257	9	207	72	22
平乐县	1248	1098	7	143	698	9	345	12	184
荔浦县	1250	1174	46	30	765	51	211	76	146
恭城瑶族自治县	889	721	21	146	542	16	167	45	119

11-7 续表 1

单位：户

地　区	合　计	住房内有无厨房			住房内有无厕所				
		本户独立使用	本户与其他户合用	无	独立使用抽水/冲水式	合用抽水/冲水式	独立使用其他样式	合用其他样式	无
梧州市	**9935**	**8689**	**748**	**497**	**6039**	**1015**	**1362**	**537**	**982**
万秀区	1341	1308	29	4	1156	59	99	2	23
长洲区	763	741	4	18	595	24	91	19	34
龙圩区	978	711	249	18	296	41	232	284	124
苍梧县	1036	954	45	36	598	81	172	28	156
藤县	2687	2292	217	178	1683	456	124	63	362
蒙山县	690	568	14	108	430	88	55	15	102
岑溪市	2441	2115	191	135	1280	265	590	125	181
北海市	**4663**	**3919**	**89**	**655**	**3090**	**154**	**386**	**117**	**916**
海城区	1085	1012	28	46	904	22	85	13	62
银海区	570	541	10	19	484	19	29	16	22
铁山港区	483	385	14	84	317	16	15	12	123
合浦县	2524	1981	37	506	1385	97	258	75	709
防城港市	**2682**	**2321**	**77**	**283**	**1853**	**57**	**345**	**42**	**385**
港口区	474	418	31	25	371	19	44	4	36
防城区	1119	989	29	102	804	22	143	25	125
上思县	636	485	4	148	318	2	93	12	211
东兴市	453	430	13	10	360	14	65	1	13
钦州市	**9470**	**7418**	**329**	**1724**	**6083**	**373**	**633**	**458**	**1923**
钦南区	1563	1161	49	353	1031	33	84	43	372
钦北区	1965	1548	95	321	1129	123	114	163	435
灵山县	3389	2771	101	517	2350	135	192	119	592
浦北县	2553	1937	83	533	1573	82	242	133	523
贵港市	**13541**	**11852**	**731**	**958**	**8246**	**1596**	**1219**	**675**	**1804**
港北区	1841	1713	12	116	1257	296	22	31	235
港南区	1673	1416	30	227	1228	75	110	33	226
覃塘区	1304	1240	29	35	1017	64	109	40	74
平南县	4043	3449	364	230	2089	759	470	254	471
桂平市	4681	4035	297	349	2656	402	508	316	798
玉林市	**16170**	**14570**	**718**	**882**	**11599**	**1333**	**1208**	**432**	**1599**
玉州区	2044	1974	52	19	1699	166	136	26	17
福绵区	1050	947	48	55	711	127	62	23	126
容县	2156	1915	158	82	1319	223	254	77	282
陆川县	2504	2093	130	281	1676	140	260	93	335
博白县	3535	3213	32	289	2761	194	200	47	333
兴业县	1730	1508	106	116	1070	158	148	94	259
北流市	3153	2921	191	41	2363	324	147	71	248

11-7 续表 2 单位：户

地区	合计	住房内有无厨房			住房内有无厕所				
		本户独立使用	本户与其他户合用	无	独立使用抽水/冲水式	合用抽水/冲水式	独立使用其他样式	合用其他样式	无
百色市	**12072**	**10117**	**218**	**1737**	**7004**	**545**	**1953**	**484**	**2086**
右江区	1278	1068	9	201	769	101	220	25	162
田阳县	1229	947	20	262	449	127	374	39	240
田东县	1355	1094	33	229	693	66	307	72	216
平果县	1461	1333	4	123	1187	21	79	12	162
德保县	1022	973	13	35	781	46	140	15	39
靖西县	1762	1671	11	80	1273	74	216	8	191
那坡县	511	424	14	73	295	1	131	3	81
凌云县	576	476	15	86	249	37	71	90	130
乐业县	470	317	51	102	199	37	85	42	107
田林县	740	672	15	54	382	28	44	105	181
西林县	396	271	2	123	250	3	43	3	97
隆林各族自治县	1272	871	32	369	477	4	242	69	480
贺州市	**6346**	**5144**	**218**	**984**	**4059**	**486**	**544**	**216**	**1040**
八步区	2047	1788	67	192	1329	172	203	65	277
平桂管理区	1215	987	45	182	792	133	121	77	92
昭平县	1175	932	49	194	787	96	23	9	260
钟山县	1056	774	48	234	553	76	163	36	228
富川瑶族自治县	854	663	9	181	596	10	35	29	183
河池市	**11948**	**8692**	**414**	**2842**	**5904**	**639**	**2187**	**452**	**2767**
金城江区	1245	1070	16	159	983	28	59	45	129
南丹县	878	576	8	294	66	28	325	88	371
天峨县	507	470	1	36	350		87	1	69
凤山县	564	436	40	88	356	50	59	46	52
东兰县	767	578	46	144	466	17	136	24	123
罗城仫佬族自治县	1120	463	50	607	387	23	63	7	640
环江毛南族自治县	1070	590	12	469	364	118	162	17	410
巴马瑶族自治县	721	672	2	47	525	22	87	10	77
都安瑶族自治县	1855	1513	107	234	705	265	627	46	213
大化瑶族自治县	1171	854	95	223	600	51	202	106	212
宜州市	2051	1470	38	542	1101	37	380	62	471
来宾市	**7389**	**5505**	**219**	**1665**	**4259**	**331**	**1286**	**140**	**1373**
兴宾区	3165	2524	40	602	1716	140	675	63	572
忻城县	1158	811	57	290	545	58	402	36	116
象州县	1022	628	21	373	587	29	101	16	289
武宣县	1180	900	57	222	814	78	99	10	179
金秀瑶族自治县	446	292	34	120	288	17	8	1	132
合山市	418	349	11	58	310	9		13	85
崇左市	**7339**	**6477**	**126**	**736**	**5315**	**357**	**729**	**152**	**786**
江州区	1091	986	5	100	794	56	105	18	118
扶绥县	1387	1036	64	287	999	119	40	28	201
宁明县	1227	1116	32	80	635	71	250	30	242
龙州县	788	681	6	101	537	32	102	14	103
大新县	1183	1066	14	102	1053	35	21	12	61
天等县	1214	1182	4	28	910	31	208	46	19
凭祥市	448	409	2	38	386	13	2	5	41

11-7a 各地区家庭户住房设施状况(城市)

单位：户

地　区	合 计	住房内有无厨房			住房内有无厕所				
		本户独立使用	本户与其他户合用	无	独立使用抽水/冲水式	合用抽水/冲水式	独立使用其他样式	合用其他样式	无
全　区	**34683**	**33214**	**430**	**1039**	**31101**	**825**	**1498**	**404**	**856**
南宁市	10137	10061	14	62	9405	10	575	76	71
柳州市	6177	5626	104	446	5786	76	34	76	204
桂林市	3787	3745	24	18	3545	18	170	13	41
梧州市	2899	2743	129	27	2264	194	184	180	77
北海市	1347	1274	25	48	1173	16	84	13	62
防城港市	757	725	28	3	692	16	43	2	4
钦州市	896	833	12	50	808	10	14	8	56
贵港市	2273	2196	15	62	1944	239	17	7	66
玉林市	2254	2199	37	18	1905	200	119	6	24
百色市	787	683	2	102	595	11	130		50
贺州市	804	715	26	63	648	20	69	7	60
河池市	1229	1104	8	117	1063	8	32	8	117
来宾市	837	815	5	17	817	1	6		13
崇左市	500	495	1	4	457	3	21	8	11

11-7b 各地区家庭户住房设施状况(镇)

单位：户

地　区	合 计	住房内有无厨房			住房内有无厕所				
		本户独立使用	本户与其他户合用	无	独立使用抽水/冲水式	合用抽水/冲水式	独立使用其他样式	合用其他样式	无
全　区	**37533**	**33856**	**1182**	**2495**	**27935**	**1810**	**3822**	**1053**	**2914**
南宁市	4465	4215	40	210	3653	116	350	35	311
柳州市	3055	2783	108	163	2237	208	308	130	171
桂林市	4164	3856	82	226	3316	69	308	119	352
梧州市	1883	1754	92	37	1360	119	273	46	85
北海市	1222	1121	26	76	912	22	146	18	126
防城港市	645	595	19	31	551	27	22	2	43
钦州市	2407	1979	89	339	1806	112	127	66	296
贵港市	3733	3338	244	151	2118	399	614	209	394
玉林市	4707	4269	234	204	3663	310	294	118	322
百色市	3035	2689	77	269	2321	32	423	63	196
贺州市	1756	1567	78	111	1308	147	70	100	131
河池市	2594	2227	53	314	1695	164	421	104	209
来宾市	1914	1651	30	233	1227	72	389	37	188
崇左市	1953	1811	12	130	1766	13	78	7	90

11-7c 各地区家庭户住房设施状况(乡村)

单位：户

地 区	合 计	住房内有无厨房			住房内有无厕所				
		本户独立使用	本户与其他户合用	无	独立使用抽水/冲水式	合用抽水/冲水式	独立使用其他样式	合用其他样式	无
全 区	**86677**	**68575**	**3606**	**14495**	**44895**	**6133**	**12471**	**3549**	**19628**
南宁市	10463	9046	454	962	5929	977	1365	322	1869
柳州市	5075	3881	181	1013	2591	227	757	127	1374
桂林市	10017	7727	323	1966	4019	179	2071	403	3344
梧州市	5153	4193	527	434	2414	702	906	311	820
北海市	2094	1525	38	531	1006	117	157	86	729
防城港市	1280	1001	30	249	610	14	280	38	338
钦州市	6167	4605	228	1334	3469	251	492	384	1572
贵港市	7535	6318	473	745	4185	958	588	459	1344
玉林市	9210	8103	447	660	6031	822	795	308	1254
百色市	8250	6745	139	1365	4087	502	1400	421	1839
贺州市	3785	2861	115	810	2103	320	405	109	849
河池市	8124	5360	353	2410	3145	466	1733	339	2440
来宾市	4638	3039	184	1415	2215	257	891	103	1172
崇左市	4886	4170	114	602	3092	341	631	138	684

11-8 各地区家庭户按住房来源分的户数

单位：户

地 区	合 计	购买新建商品房	购买二手房	购买原公有住房	购买经济适用房、两限房	自建住房	租赁廉租房、公租房	租赁其他住房	其 他
全 区	**158892**	**11838**	**2067**	**7418**	**1350**	**120679**	**2608**	**9083**	**3850**
南宁市	**25064**	**2789**	**326**	**2675**	**247**	**14791**	**685**	**2858**	**693**
兴宁区	1639	209	70	297		600	63	374	25
青秀区	2609	980	42	466	14	517	4	313	272
江南区	2189	205	40	419	9	885	16	516	99
西乡塘区	4616	831	90	1011	122	1042	34	1304	183
良庆区	1263	283	47	20		641	2	264	5
邕宁区	950	84	3	56		785	2	15	5
武鸣县	2148	13	13	339	4	1728	1	20	29
隆安县	1097		1	30		871	128	13	55
马山县	1472	1	10	14		1419	16	6	6
上林县	1148	1	10	23	97	963	27	25	1
宾阳县	2857	3				2663	180	5	6
横县	3076	177	2		2	2677	209	3	6
柳州市	**14307**	**2009**	**492**	**1443**	**165**	**7373**	**158**	**2341**	**326**
城中区	595	294	59	30		61	1	106	45
鱼峰区	1848	610	50	196		311	24	649	7
柳南区	2252	339	140	550	163	153	11	821	76
柳北区	1875	270	134	530		296	94	451	100
柳江县	1775	284	32		2	1330	1	107	19
柳城县	1313	4	56	47		1130	22	51	3
鹿寨县	1142	2	8	81		996	1	7	47
融安县	1121	7	7	8		953	1	137	9
融水苗族自治县	1382	106	6	1		1239	2	10	18
三江侗族自治县	1003	94		1		904	1	2	2
桂林市	**17967**	**1818**	**342**	**1056**	**416**	**12669**	**203**	**1107**	**357**
秀峰区	582	154	23	156	2	91	29	123	3
叠彩区	734	154	35	129	215	55	9	70	67
象山区	1169	557	73	194	3	141	2	93	106
七星区	1015	161	76	142	69	352	23	176	16
雁山区	195					192	1	3	
临桂区	1584	85	2	47		1217	8	209	16
阳朔县	979	15	12	44	13	844	3	43	6
灵川县	1229	226	40	5	111	766	3	74	4
全州县	2731	100	33	248	2	2122	22	137	66
兴安县	1317	106	7	19		1123	1	38	23
永福县	899	3	13	16		790	53	21	3
灌阳县	936	52	1	1		837	1	39	4
龙胜各族自治县	642	48	3	1		558	3	21	7
资源县	568	1	3	33		485	32	12	3
平乐县	1248	89	2			1140	5	4	6
荔浦县	1250	41	8	5		1136	8	27	24
恭城瑶族自治县	889	23	11	15	1	818	1	14	5

11-8 续表 1

单位：户

地　区	合　计	购买新建商品房	购买二手房	购买原公有住房	购买经济适用房、两限房	自建住房	租赁廉租房、公租房	租赁其他住房	其　他
梧州市	**9935**	**1155**	**147**	**421**	**103**	**7476**	**129**	**203**	**302**
万秀区	1341	381	121	299	86	232	91	92	39
长洲区	763	321	5	31	14	343	1	46	3
龙圩区	978	148	1			784	4	4	37
苍梧县	1036					1017	1	8	9
藤县	2687	84	1	41		2463		11	87
蒙山县	690	74	11	4		571	4	15	11
岑溪市	2441	147	8	46	4	2065	29	26	115
北海市	**4663**	**638**	**145**	**191**	**2**	**3210**	**101**	**222**	**154**
海城区	1085	291	88	164	1	354	22	108	58
银海区	570	120	23	8	1	289	38	74	18
铁山港区	483	1	6			468	2	6	1
合浦县	2524	226	28	18		2100	40	35	76
防城港市	**2682**	**255**	**44**	**81**	**2**	**1989**	**59**	**181**	**71**
港口区	474	71	20	33	1	230	4	75	40
防城区	1119	63	12	36	1	915	9	67	17
上思县	636	50	1	10		534	29	9	4
东兴市	453	70	11	3		310	18	29	11
钦州市	**9470**	**447**	**67**	**193**	**10**	**8132**	**59**	**226**	**337**
钦南区	1563	253	18	41	2	1067	4	108	70
钦北区	1965	90	4	16	1	1740	2	57	54
灵山县	3389	101	16	64	2	3005	8	43	150
浦北县	2553	3	28	72	5	2319	45	18	63
贵港市	**13541**	**561**	**95**	**130**	**2**	**12112**	**105**	**257**	**279**
港北区	1841	263	37	129		1237	7	164	5
港南区	1673	50	34	1		1551	14	15	7
覃塘区	1304	1	2	1		1262	19	4	15
平南县	4043	90	8		2	3703	16	22	200
桂平市	4681	156	14			4358	48	52	52
玉林市	**16170**	**793**	**78**	**261**	**3**	**14333**	**251**	**347**	**105**
玉州区	2044	326	8	235		1296	29	145	5
福绵区	1050	2	1			1037	4		6
容县	2156	104	9		1	1955	27	42	18
陆川县	2504	85	2		2	2307	27	70	10
博白县	3535	37	53	26		3300	14	82	22
兴业县	1730	74	1			1617	4	1	33
北流市	3153	165	4			2821	147	7	9

11-8 续表 2

单位：户

地　　区	合　计	购买新建商品房	购　买二手房	购买原公有住房	购买经济适用房、两限房	自建住房	租赁廉租房、公租房	租　赁其他住房	其　他
百色市	**12072**	**404**	**70**	**241**	**118**	**10499**	**118**	**436**	**186**
右江区	1278	92	12	72	114	763	30	156	38
田阳县	1229	96	12	11	1	1074		32	3
田东县	1355	3	20	76	1	1150	22	72	11
平果县	1461	85	2	15		1229	14	99	17
德保县	1022	2	1	8		977	3	26	4
靖西县	1762	1			1	1753	3	3	1
那坡县	511	41	12	14		432		11	1
凌云县	576	3	1	1	1	536	1	8	28
乐业县	470	1	1			465	1	1	2
田林县	740	3	4	40		643		14	36
西林县	396		1	1		346	42	6	
隆林各族自治县	1272	79	5	3		1129	3	8	46
贺州市	**6346**	**72**	**60**	**159**	**28**	**5645**	**222**	**105**	**53**
八步区	2047	27	35	125	7	1738	61	45	9
平桂管理区	1215	6	8	27	1	1067	95	4	6
昭平县	1175	37	3			1076	2	35	22
钟山县	1056	1	2	2	1	971	64	9	7
富川瑶族自治县	854	1	12	6	20	793	1	12	9
河池市	**11948**	**141**	**86**	**371**	**127**	**10392**	**143**	**405**	**283**
金城江区	1245	42	21	168	125	619	77	167	27
南丹县	878	12	4	13		798	14	25	12
天峨县	507	44		8		435	2	7	10
凤山县	564	3		13		524	2	20	1
东兰县	767	2		3		725	10	25	3
罗城仫佬族自治县	1120	26	7	11		1049	1	7	19
环江毛南族自治县	1070	4	14	14		967		63	7
巴马瑶族自治县	721	1	3	6		684		22	4
都安瑶族自治县	1855	1	2		1	1814	1	23	13
大化瑶族自治县	1171	7	23	3		1094	22	13	10
宜州市	2051		12	130		1683	14	35	177
来宾市	**7389**	**330**	**43**	**49**	**1**	**6174**	**181**	**184**	**426**
兴宾区	3165	116	11			2694	16	42	286
忻城县	1158		2	14		1088	34	15	4
象州县	1022	3	1	5	1	836	58	77	41
武宣县	1180	97	8			1037	1	35	2
金秀瑶族自治县	446	47	12			309	1	7	70
合山市	418	68	10	29		209	70	8	23
崇左市	**7339**	**427**	**74**	**147**	**125**	**5884**	**194**	**211**	**278**
江州区	1091	90	23	22	38	844	1	17	55
扶绥县	1387	2	24	33	3	1090	35	46	154
宁明县	1227	50	6	7	53	1079	8	18	7
龙州县	788	38	12	22	2	672	3	37	1
大新县	1183	107	7	28	1	948	75	12	3
天等县	1214	138	1			970	70	1	34
凭祥市	448	1	1	34	27	281	1	81	22

11-8a 各地区家庭户按住房来源分的户数(城市)

单位：户

地 区	合 计	购买新建商品房	购买二手房	购买原公有住房	购买经济适用房、两限房	自建住房	租赁廉租房、公租房	租赁其他住房	其 他
全 区	**34683**	**8343**	**1361**	**5755**	**1010**	**9165**	**905**	**6655**	**1489**
南宁市	10137	2587	289	2267	145	1392	118	2758	582
柳州市	6177	1513	382	1306	163	603	124	1882	204
桂林市	3787	1110	209	582	290	659	65	669	203
梧州市	2899	932	133	377	102	913	120	168	155
北海市	1347	402	100	164	2	427	23	170	60
防城港市	757	161	30	65	1	366	5	111	18
钦州市	896	327	19	56		354	3	112	25
贵港市	2273	466	81	129		1296	82	209	11
玉林市	2254	415	12	235		1269	166	150	7
百色市	787	92	12	72	114	274	30	156	36
贺州市	804	27	35	151	4	489	57	36	5
河池市	1229	39	31	295	125	524	27	166	23
来宾市	837	183	13			450	83	22	86
崇左市	500	91	17	56	65	150	1	45	75

11-8b 各地区家庭户按住房来源分的户数(镇)

单位：户

地 区	合 计	购买新建商品房	购买二手房	购买原公有住房	购买经济适用房、两限房	自建住房	租赁廉租房、公租房	租赁其他住房	其 他
全 区	**37533**	**3363**	**650**	**1644**	**319**	**27238**	**1259**	**2298**	**762**
南宁市	4465	187	37	405	99	3219	349	101	67
柳州市	3055	487	107	136		1756	30	455	83
桂林市	4164	683	130	472	126	2176	125	421	31
梧州市	1883	219	13	44		1554	5	35	13
北海市	1222	230	38	17		761	77	48	52
防城港市	645	78	11	15		448	24	45	24
钦州市	2407	114	28	137	4	1917	51	106	50
贵港市	3733	84	10	1	1	3565	15	32	26
玉林市	4707	365	65	26	1	3971	58	194	26
百色市	3035	305	54	168	3	2094	83	258	70
贺州市	1756	41	24	7	25	1514	68	59	19
河池市	2594	91	50	76	2	2000	96	224	55
来宾市	1914	147	28	49		1375	95	157	64
崇左市	1953	333	55	89	57	889	184	163	183

11-8c 各地区家庭户按住房来源分的户数(乡村)

单位：户

地 区	合 计	购买新建商品房	购 买 二手房	购买原公有住房	购买经济适用房、两限房	自建住房	租赁廉租房、公租房	租 赁 其他住房	其 他
全 区	**86677**	**133**	**56**	**19**	**20**	**84276**	**444**	**130**	**1599**
南宁市	10463	15		3	3	10180	217		44
柳州市	5075	10	3	1	2	5015	3	3	39
桂林市	10017	25	3	1		9834	12	17	124
梧州市	5153	4	1		1	5010	4		133
北海市	2094	6	6	9		2023	2	5	42
防城港市	1280	16	2	2	1	1175	30	25	29
钦州市	6167	7	19		5	5860	5	8	262
贵港市	7535	11	4	1	1	7251	8	16	243
玉林市	9210	12	1		2	9092	27	2	73
百色市	8250	8	4		1	8131	5	22	80
贺州市	3785	5	1	1		3643	98	9	29
河池市	8124	11	5			7868	19	16	205
来宾市	4638		3		1	4349	3	5	277
崇左市	4886	3	3	2	2	4845	8	3	20

11-9 全区按户主的受教育程度、住房来源分的家庭户户数

单位：户

受教育程度	合 计	购买新建商品房	购 买 二手房	购买原公有住房	购买经济适用房、两限房	自建住房	租赁廉租房、公租房	租 赁 其他住房	其 他
总 计	**147776**	**11729**	**2033**	**7323**	**1338**	**110080**	**2565**	**9011**	**3697**
未上过学	5838	43	12	107	18	5316	67	84	191
小 学	44498	761	233	805	194	39972	448	1161	924
初 中	65826	2753	680	2196	452	53189	1065	4268	1223
普通高中	14437	2193	374	1549	271	7963	357	1327	402
中 职	5400	1283	200	764	147	1752	186	800	268
大学专科	6802	2546	278	1036	165	1400	222	846	310
大学本科	4577	2022	236	774	86	468	209	478	303
研 究 生	399	128	19	91	6	19	12	46	77

11-9a 全区按户主的受教育程度、住房来源分的家庭户户数(城市)

单位：户

受教育程度	合 计	购买新建商品房	购 买二手房	购买原公有住房	购买经济适用房、两限房	自建住房	租赁廉租房、公租房	租 赁其他住房	其 他
总 计	**34319**	**8277**	**1345**	**5674**	**1001**	**9035**	**902**	**6607**	**1480**
未上过学	475	22	3	78	12	259	28	49	23
小 学	4434	405	120	603	138	2131	173	725	140
初 中	12640	1747	413	1711	353	4556	376	3040	443
普通高中	5847	1588	250	1194	203	1231	127	1011	245
中 职	2960	921	142	593	112	363	50	637	141
大学专科	4257	1889	198	773	117	345	57	702	176
大学本科	3347	1591	199	634	60	145	81	400	238
研究生	360	115	19	87	6	4	10	43	75

11-9b 全区按户主的受教育程度、住房来源分的家庭户户数(镇)

单位：户

受教育程度	合 计	购买新建商品房	购 买二手房	购买原公有住房	购买经济适用房、两限房	自建住房	租赁廉租房、公租房	租 赁其他住房	其 他
总 计	**36113**	**3336**	**637**	**1632**	**317**	**25923**	**1238**	**2280**	**751**
未上过学	1047	18	8	28	2	912	32	28	18
小 学	9052	327	94	197	48	7691	154	404	136
初 中	16857	952	248	480	91	13212	454	1165	255
普通高中	4158	589	119	354	66	2458	182	308	84
中 职	1650	360	54	167	35	652	126	158	97
大学专科	2162	650	77	262	48	722	161	138	104
大学本科	1149	427	37	141	27	262	126	76	54
研究生	37	13		4		13	2	3	2

11-9c 全区按户主的受教育程度、住房来源分的家庭户户数(乡村)

单位：户

受教育程度	合 计	购买新建商品房	购买二手房	购买原公有住房	购买经济适用房、两限房	自建住房	租赁廉租房、公租房	租赁其他住房	其 他
总 计	**77344**	**116**	**51**	**18**	**20**	**75123**	**425**	**124**	**1467**
未上过学	4316	4		1	3	4145	6	7	150
小 学	31012	29	20	5	7	30150	121	32	648
初 中	36329	55	19	6	8	35420	234	62	525
普通高中	4431	17	6	1	2	4275	48	9	73
中 职	790	1	3	4		737	10	5	30
大学专科	383	6	3	1		332	4	7	30
大学本科	80	4				61	2	2	11
研究生	2					2			

11-10 全区按户主的职业、住房来源分的家庭户户数

单位：户

职 业	合 计	购买新建商品房	购买二手房	购买原公有住房	购买经济适用房、两限房	自建住房	租赁廉租房、公租房	租赁其他住房	其 他
总 计	**103570**	**8267**	**1381**	**3081**	**686**	**78808**	**1681**	**7557**	**2108**
党的机关、国家机关、群众团体和社会组织、企事业单位负责人	2001	652	71	149	36	728	31	295	38
专业技术人员	5888	1742	227	769	130	1590	349	684	398
办事人员和有关人员	3406	1112	148	436	62	1063	124	264	198
社会生产服务和生活服务人员	20424	3439	667	1061	298	9578	636	4264	481
农、林、牧、渔业生产及辅助人员	54872	208	63	70	17	53550	128	117	719
生产制造及有关人员	16774	1055	204	582	144	12204	410	1910	264
不便分类的其他从业人员	205	59	2	14		94	3	23	9

11-10a 全区按户主的职业、住房来源分的家庭户户数(城市)

单位：户

职 业	合 计	购买新建商品房	购买二手房	购买原公有住房	购买经济适用房、两限房	自建住房	租赁廉租房、公租房	租赁其他住房	其 他
总 计	**21569**	**5698**	**911**	**2274**	**496**	**5275**	**491**	**5606**	**819**
党的机关、国家机关、群众团体和社会组织、企事业单位负责人	1259	557	58	134	17	195	15	255	29
专业技术人员	3219	1195	157	590	86	256	122	553	260
办事人员和有关人员	1850	737	115	310	39	280	37	203	129
社会生产服务和生活服务人员	9377	2421	443	781	239	1815	224	3171	282
农、林、牧、渔业生产及辅助人员	1874	63	7	12	1	1727	8	35	22
生产制造及有关人员	3868	670	130	434	114	981	83	1368	88
不便分类的其他从业人员	122	54	1	14		21	3	20	9

11-10b 全区按户主的职业、住房来源分的家庭户户数(镇)

单位：户

职 业	合 计	购买新建商品房	购买二手房	购买原公有住房	购买经济适用房、两限房	自建住房	租赁廉租房、公租房	租赁其他住房	其 他
总 计	**24949**	**2481**	**434**	**794**	**175**	**17888**	**907**	**1860**	**409**
党的机关、国家机关、群众团体和社会组织、企事业单位负责人	462	92	12	16	19	261	16	37	9
专业技术人员	1913	543	68	175	44	646	218	124	96
办事人员和有关人员	1252	372	33	126	23	500	78	60	59
社会生产服务和生活服务人员	6850	985	212	275	55	3827	304	1061	131
农、林、牧、渔业生产及辅助人员	9742	120	38	56	6	9369	54	57	42
生产制造及有关人员	4697	364	71	148	29	3259	236	519	72
不便分类的其他从业人员	34	5	1			25	1	2	

11-10c 全区按户主的职业、住房来源分的家庭户户数(乡村)

单位：户

职　　业	合　计	购买新建商品房	购买二手房	购买原公有住房	购买经济适用房、两限房	自建住房	租赁廉租房、公租房	租赁其他住房	其　他
总　计	**57052**	**88**	**36**	**13**	**15**	**55645**	**283**	**92**	**881**
党的机关、国家机关、群众团体和社会组织、企事业单位负责人	280	4	1			271		4	
专业技术人员	756	4	2	5		689	9	6	42
办事人员和有关人员	305	2				282	9	1	11
社会生产服务和生活服务人员	4197	33	12	5	4	3937	108	31	68
农、林、牧、渔业生产及辅助人员	43257	25	18	3	10	42455	66	25	655
生产制造及有关人员	8209	21	3		1	7963	91	24	105
不便分类的其他从业人员	49					48		1	

11-11 全区按户主的职业分的家庭户住房状况

职　　业	户　数(户)	人　数(人)	平均每户住房间数(间/户)	人均住房建筑面积(平方米/人)	人均住房间数(间/人)
总　计	**103570**	**382823**	**4.32**	**34.96**	**1.17**
党的机关、国家机关、群众团体和社会组织、企事业单位负责人	2001	6858	3.95	42.35	1.15
专业技术人员	5888	17457	3.43	39.68	1.16
办事人员和有关人员	3406	10588	3.76	43.65	1.21
社会生产服务和生活服务人员	20424	69448	3.78	36.04	1.11
农、林、牧、渔业生产及辅助人员	54872	213964	4.69	34.27	1.20
生产制造及有关人员	16774	63812	4.28	32.61	1.12
不便分类的其他从业人员	205	696	3.76	33.63	1.11

11-11a 全区按户主的职业分的家庭户住房状况(城市)

职 业	户 数 (户)	人 数 (人)	平均每户住房间数 (间/户)	人均住房建筑面积 (平方米/人)	人 均 住房间数 (间/人)
总 计	**21569**	**67992**	**3.32**	**34.58**	**1.05**
党的机关、国家机关、群众团体和社会组织、企事业单位负责人	1259	3979	3.38	39.54	1.07
专业技术人员	3219	9033	2.98	36.94	1.06
办事人员和有关人员	1850	5556	3.33	39.73	1.11
社会生产服务和生活服务人员	9377	28621	3.05	32.91	1.00
农、林、牧、渔业生产及辅助人员	1874	7692	5.59	40.16	1.36
生产制造及有关人员	3868	12724	3.14	29.54	0.96
不便分类的其他从业人员	122	387	3.36	33.49	1.06

11-11b 全区按户主的职业分的家庭户住房状况(镇)

职 业	户 数 (户)	人 数 (人)	平均每户住房间数 (间/户)	人均住房建筑面积 (平方米/人)	人 均 住房间数 (间/人)
总 计	**24949**	**92956**	**4.51**	**38.46**	**1.21**
党的机关、国家机关、群众团体和社会组织、企事业单位负责人	462	1725	4.69	52.54	1.26
专业技术人员	1913	5730	3.71	45.27	1.24
办事人员和有关人员	1252	3867	4.19	52.07	1.35
社会生产服务和生活服务人员	6850	24487	4.21	40.79	1.18
农、林、牧、渔业生产及辅助人员	9742	39345	4.97	35.28	1.23
生产制造及有关人员	4697	17675	4.39	35.79	1.17
不便分类的其他从业人员	34	126	4.31	35.44	1.15

11-11c　全区按户主的职业分的家庭户住房状况(乡村)

职　业	户　数 (户)	人　数 (人)	平均每户 住房间数 (间/户)	人均住房 建筑面积 (平方米/人)	人　均 住房间数 (间/人)
总　计	**57052**	**221875**	**4.62**	**33.61**	**1.19**
党的机关、国家机关、群众团体和社会组织、企事业单位负责人	280	1154	5.29	36.84	1.28
专业技术人员	756	2694	4.65	36.98	1.30
办事人员和有关人员	305	1165	4.64	34.35	1.21
社会生产服务和生活服务人员	4197	16340	4.67	34.40	1.20
农、林、牧、渔业生产及辅助人员	43257	166926	4.58	33.76	1.19
生产制造及有关人员	8209	33412	4.75	32.09	1.17
不便分类的其他从业人员	49	183	4.37	32.70	1.17

11-12　全区按户主职业、人均住房面积分的家庭户户数

单位：户

职　业	合　计	人均住房面积(平方米)									
		8及以下	9-12	13-16	17-19	20-29	30-39	40-49	50-59	60-69	70及以上
总　计	**103570**	**2653**	**5035**	**7975**	**4271**	**24386**	**18352**	**13242**	**7669**	**6637**	**13350**
党的机关、国家机关、群众团体和社会组织、企事业单位负责人	2001	34	51	104	77	420	396	248	127	132	411
专业技术人员	5888	85	169	288	259	1338	1167	906	382	379	913
办事人员和有关人员	3406	47	97	150	112	715	595	526	245	266	654
社会生产服务和生活服务人员	20424	780	1295	1706	950	4787	3325	2169	1326	1213	2871
农、林、牧、渔业生产及辅助人员	54872	974	2331	4205	2134	12849	9964	7515	4451	3736	6714
生产制造及有关人员	16774	727	1084	1509	725	4227	2865	1859	1126	896	1754
不便分类的其他从业人员	205	6	8	13	13	50	40	19	12	14	31

11-12a 全区按户主职业、人均住房面积分的家庭户户数(城市)

单位：户

职业	合计	人均住房面积(平方米)									
		8及以下	9-12	13-16	17-19	20-29	30-39	40-49	50-59	60-69	70及以上
总 计	**21569**	**947**	**1335**	**1725**	**1038**	**5399**	**3795**	**2481**	**1204**	**1084**	**2562**
党的机关、国家机关、群众团体和社会组织、企事业单位负责人	1259	20	27	67	52	288	269	163	75	72	226
专业技术人员	3219	42	79	174	151	827	686	516	171	170	405
办事人员和有关人员	1850	32	55	71	65	441	347	296	133	144	265
社会生产服务和生活服务人员	9377	492	776	868	511	2446	1488	860	459	395	1082
农、林、牧、渔业生产及辅助人员	1874	19	47	102	63	372	382	282	172	153	283
生产制造及有关人员	3868	338	347	436	191	993	600	349	186	143	285
不便分类的其他从业人员	122	3	4	7	5	32	24	14	9	8	17

11-12b 全区按户主职业、人均住房面积分的家庭户户数(镇)

单位：户

职业	合计	人均住房面积(平方米)									
		8及以下	9-12	13-16	17-19	20-29	30-39	40-49	50-59	60-69	70及以上
总 计	**24949**	**507**	**1036**	**1818**	**971**	**5489**	**4275**	**3198**	**1967**	**1767**	**3920**
党的机关、国家机关、群众团体和社会组织、企事业单位负责人	462	2	11	22	14	78	75	60	31	34	135
专业技术人员	1913	24	53	65	82	361	357	268	151	150	400
办事人员和有关人员	1252	10	30	54	28	200	196	198	86	101	348
社会生产服务和生活服务人员	6850	156	298	504	275	1384	1083	820	545	535	1252
农、林、牧、渔业生产及辅助人员	9742	150	368	782	378	2289	1785	1322	828	681	1160
生产制造及有关人员	4697	164	276	389	189	1168	773	528	325	266	620
不便分类的其他从业人员	34	1	1	3	3	9	7	2	1	1	6

11-12c 全区按户主职业、人均住房面积分的家庭户户数(乡村)

单位：户

职业	合计	人均住房面积(平方米)									
		8及以下	9-12	13-16	17-19	20-29	30-39	40-49	50-59	60-69	70及以上
总 计	**57052**	**1199**	**2664**	**4432**	**2263**	**13498**	**10282**	**7564**	**4498**	**3785**	**6868**
党的机关、国家机关、群众团体和社会组织、企事业单位负责人	280	12	13	15	11	54	53	25	21	25	50
专业技术人员	756	19	37	49	27	150	124	122	60	60	108
办事人员和有关人员	305	4	12	26	18	73	53	32	25	21	41
社会生产服务和生活服务人员	4197	132	222	335	164	957	754	489	322	284	538
农、林、牧、渔业生产及辅助人员	43257	805	1916	3321	1693	10188	7798	5912	3450	2902	5272
生产制造及有关人员	8209	225	461	684	345	2066	1492	982	616	488	849
不便分类的其他从业人员	49	1	3	4	5	9	10	3	2	5	9

11-13 各地区按住房来源分的同时拥有厨房和厕所的家庭户户数比重

单位：%

地区	合计	购买新建商品房	购买二手房	购买原公有住房	购买经济适用房、两限房	自建住房	租赁廉租房、公租房	租赁其他住房	其他
全区	**73.57**	**98.68**	**96.54**	**98.94**	**98.46**	**67.70**	**86.96**	**88.35**	**66.55**
南宁市	**83.55**	**99.79**	**97.15**	**99.89**	**99.21**	**72.93**	**99.63**	**99.06**	**89.97**
兴宁区	94.64	99.02	95.59	100.00		87.00	100.00	99.73	85.48
青秀区	96.97	100.00	100.00	100.00	100.00	85.00	100.00	99.55	100.00
江南区	79.96	100.00	100.00	100.00	100.00	57.02	100.00	99.04	46.25
西乡塘区	91.89	99.80	100.00	99.83	100.00	64.89	100.00	99.74	99.07
良庆区	88.63	100.00	100.00	100.00		77.90	100.00	99.68	82.04
邕宁区	69.03	97.48	100.00	100.00		62.81	100.00	100.00	100.00
武鸣县	85.62	100.00	100.00	99.61	100.00	82.28	100.00	100.00	95.47
隆安县	65.87			100.00		57.19	99.31	100.00	100.00
马山县	75.10	100.00	100.00	100.00		74.25	100.00	100.00	80.00
上林县	68.06	100.00	44.44	100.00	100.00	64.23	100.00	39.13	
宾阳县	78.00	100.00				76.46	99.09	100.00	100.00
横县	78.53	100.00	100.00			75.62	100.00	100.00	
柳州市	**78.33**	**96.71**	**98.17**	**99.63**	**98.69**	**66.85**	**96.54**	**79.64**	**72.01**
城中区	91.48	99.78	98.90	97.83		80.72	100.00	67.68	94.09
鱼峰区	83.82	99.83	97.87	100.00		78.19	100.00	64.87	85.71
柳南区	91.47	99.67	100.00	99.80	99.32	99.27	60.00	84.44	26.47
柳北区	89.28	100.00	98.83	99.78		48.88	100.00	89.59	100.00
柳江县	69.80	100.00	100.00		50.00	62.19		73.08	88.79
柳城县	83.34	100.00	96.00	100.00		81.32	100.00	91.30	66.18
鹿寨县	69.87	50.00	100.00	97.85		67.28	100.00	84.06	69.60
融安县	68.94	100.00	71.19	100.00		64.70	100.00	97.78	22.22
融水苗族自治县	49.61	40.85	75.00			49.65	100.00	78.57	68.79
三江侗族自治县	78.71	100.00		100.00		76.58	100.00	100.00	
桂林市	**72.48**	**99.81**	**98.82**	**98.53**	**99.77**	**63.21**	**92.70**	**86.54**	**73.44**
秀峰区	99.72	100.00	100.00	100.00	100.00	100.00	100.00	99.35	75.00
叠彩区	98.61	100.00	100.00	100.00	99.56	85.01	100.00	98.65	100.00
象山区	99.28	100.00	97.06	99.45	100.00	97.89	100.00	98.81	98.99
七星区	95.13	100.00	100.00	100.00	100.00	88.44	95.24	95.65	100.00
雁山区	70.21					70.01	100.00	75.96	
临桂区	69.34	98.95	100.00	96.23		63.30	49.19	87.45	62.05
阳朔县	72.41	100.00	100.00	95.24	100.00	70.39	100.00	65.85	39.62
灵川县	69.22	99.42	100.00		100.00	52.82	50.00	89.62	67.19
全州县	48.51	100.00	100.00	99.04	100.00	39.54	88.89	50.22	23.63
兴安县	69.55	100.00	100.00	90.00		65.77	100.00	82.93	65.01
永福县	48.13	100.00	85.71	100.00		42.34	98.21	72.73	
灌阳县	52.29	100.00	100.00			46.75	100.00	100.00	100.00
龙胜各族自治县	85.66	100.00	100.00	100.00		83.93	100.00	95.83	81.04
资源县	80.13	100.00	100.00	100.00		77.32	100.00	100.00	
平乐县	81.81	100.00	100.00			81.28	20.59	25.00	
荔浦县	76.33	96.93	100.00	100.00		75.22	100.00	84.62	63.49
恭城瑶族自治县	73.64	100.00	100.00	100.00	100.00	71.79	50.00	100.00	40.79

11-13 续表 1

单位：%

地 区	合 计	购买新建商品房	购买二手房	购买原公有住房	购买经济适用房、两限房	自建住房	租赁廉租房、公租房	租赁其他住房	其 他
梧州市	**72.90**	**99.03**	**96.99**	**95.23**	**100.00**	**66.03**	**82.81**	**91.77**	**73.94**
万秀区	93.52	100.00	96.95	94.07	100.00	91.36	81.30	83.20	66.63
长洲区	89.49	99.84	100.00	100.00	100.00	76.92	100.00	100.00	80.00
龙圩区	51.91	100.00	100.00			43.83	23.63	100.00	26.93
苍梧县	73.43					73.40	100.00	100.00	50.00
藤县	65.48	100.00	100.00	100.00		63.40		100.00	70.35
蒙山县	66.99	100.00	93.30	100.00		60.73	100.00	100.00	77.14
岑溪市	74.40	92.76	100.00	94.87	100.00	70.79	91.36	95.45	95.79
北海市	**72.56**	**94.81**	**95.35**	**98.61**	**100.00**	**64.77**	**91.57**	**84.45**	**59.29**
海城区	89.91	88.91	98.53	98.82	100.00	89.80	94.12	80.95	72.22
银海区	88.30	100.00	100.00	91.30	100.00	82.32	95.58	92.32	57.80
铁山港区	64.90	100.00	100.00			63.95	100.00	100.00	33.33
合浦县	63.02	99.60	80.74	100.00		58.33	86.10	76.20	50.31
防城港市	**79.62**	**99.38**	**93.64**	**97.76**	**100.00**	**75.34**	**97.93**	**84.23**	**71.79**
港口区	84.47	100.00	100.00	98.18	100.00	78.67	100.00	81.74	74.20
防城区	81.57	99.03	79.19	96.56	100.00	79.81	85.79	87.85	54.22
上思县	63.66	98.08	100.00	100.00		57.18	100.00	100.00	62.14
东兴市	92.16	100.00	97.06	100.00	100.00	90.97	100.00	77.47	93.98
钦州市	**66.71**	**99.50**	**88.78**	**94.73**	**56.47**	**63.84**	**91.03**	**73.68**	**63.43**
钦南区	67.35	99.46	96.30	75.41	40.35	54.94	66.67	91.82	91.32
钦北区	60.56	99.03	100.00	100.00		58.95	100.00	49.23	45.23
灵山县	70.54	100.00	100.00	100.00	47.83	68.89	100.00	61.94	69.17
浦北县	65.96	100.00	75.34	100.00	76.59	65.04	91.24	70.35	34.56
贵港市	**67.77**	**96.69**	**95.32**	**100.00**	**52.95**	**66.13**	**99.17**	**91.12**	**23.11**
港北区	68.32	93.81	100.00	100.00		54.55	100.00	97.44	83.20
港南区	75.81	100.00	100.00	100.00		74.40	93.90	84.18	36.27
覃塘区	84.78	100.00	66.67	100.00		84.44	100.00	100.00	90.71
平南县	61.72	97.49	70.69		52.95	63.41	100.00	94.12	7.50
桂平市	65.16	100.00	90.00			63.48	100.00	71.33	55.95
玉林市	**77.39**	**99.53**	**100.00**	**97.42**	**100.00**	**75.27**	**87.98**	**93.69**	**52.68**
玉州区	88.87	99.68	100.00	98.25		85.07	21.65	97.87	40.32
福绵区	69.86	100.00	100.00			69.57	100.00		85.71
容县	71.65	100.00	100.00		100.00	69.41	96.50	95.45	44.33
陆川县	75.42	100.00	100.00		100.00	73.60	95.24	98.18	62.50
博白县	81.10	95.97	100.00	90.00		80.57	79.72	80.95	80.49
兴业县	69.28	100.00	100.00			68.54	72.68	100.00	35.13
北流市	78.22	99.28	100.00			75.96	99.00	100.00	40.80

11-13 续表 2

单位：%

地　区	合　计	购买新建商品房	购买二手房	购买原公有住房	购买经济适用房、两限房	自建住房	租赁廉租房、公租房	租赁其他住房	其　他
百色市	**70.40**	**99.81**	**90.54**	**98.53**	**93.82**	**67.56**	**47.01**	**88.34**	**81.12**
右江区	72.59	100.00	100.00	95.12	94.57	59.54	91.18	88.14	72.28
田阳县	61.47	100.00	90.69	100.00		56.43		100.00	
田东县	69.48	100.00	93.33	100.00	100.00	65.10	76.47	96.36	74.22
平果县	84.61	100.00	100.00	100.00		84.57	7.69	80.00	86.63
德保县	88.72	100.00	100.00	100.00		88.44	100.00	100.00	42.07
靖西县	83.54	100.00			100.00	83.46	100.00	100.00	100.00
那坡县	79.98	100.00	100.00	100.00		76.46		94.83	100.00
凌云县	53.33	100.00	100.00	100.00	100.00	50.79	100.00	61.54	92.03
乐业县	56.89	100.00				57.20	100.00	50.00	
田林县	56.47	75.00	80.00	100.00		50.62		89.01	95.65
西林县	54.34		50.00	100.00		60.04		92.31	
隆林各族自治县	50.59	100.00	58.49	100.00		45.56	100.00	50.00	82.80
贺州市	**68.41**	**99.08**	**96.91**	**99.56**	**98.09**	**67.17**	**55.99**	**83.06**	**39.88**
八步区	70.83	100.00	100.00	100.00	100.00	66.45	98.60	82.56	40.52
平桂管理区	72.58	100.00	86.67	97.38	50.00	77.93	0.57	100.00	88.84
昭平县	67.24	100.00	72.47			66.59	63.70	78.25	27.23
钟山县	59.39	47.76	100.00	100.00	100.00	56.76	97.03	80.00	30.52
富川瑶族自治县	69.44	100.00	100.00	100.00	100.00	67.81	100.00	95.00	43.35
河池市	**62.42**	**96.18**	**94.36**	**100.00**	**99.16**	**59.58**	**71.61**	**74.11**	**53.13**
金城江区	79.41	100.00	100.00	100.00	100.00	67.82	65.72	82.65	93.63
南丹县	43.33	100.00	83.33	100.00		40.51	67.02	65.71	23.55
天峨县	82.47	100.00		100.00		79.61	100.00	100.00	100.00
凤山县	68.82	100.00	100.00	100.00	100.00	67.59	100.00	72.73	41.41
东兰县	70.63	100.00		100.00		69.18	100.00	100.00	33.33
罗城仫佬族自治县	31.68	95.70	100.00	100.00		27.67	100.00	100.00	73.13
环江毛南族自治县	40.12		71.29	100.00		39.83		27.85	27.87
巴马瑶族自治县	84.08	100.00	100.00	100.00	100.00	83.94	100.00	82.22	74.19
都安瑶族自治县	68.41	100.00	100.00			68.58		74.64	38.62
大化瑶族自治县	62.96	100.00	100.00	100.00		62.35	61.20	58.43	18.75
宜州市	65.57		100.00	100.00		63.60	100.00	94.81	48.15
来宾市	**66.79**	**99.37**	**95.33**	**98.17**	**38.03**	**63.61**	**80.15**	**88.95**	**65.95**
兴宾区	70.66	99.17	100.00			69.79	100.00	95.35	60.88
忻城县	66.24		100.00	100.00		66.17	46.67	94.80	18.40
象州县	55.84	100.00	100.00	90.91		49.56	73.81	91.79	83.34
武宣县	68.47	100.00	100.00			65.21		74.55	29.79
金秀瑶族自治县	57.86	97.60	100.00	100.00		42.16	31.41	89.47	90.62
合山市	70.64	100.00	78.85	98.57	100.00	50.79	98.80	79.67	35.19
崇左市	**78.08**	**99.73**	**89.37**	**94.30**	**99.27**	**76.00**	**93.82**	**87.00**	**50.19**
江州区	80.58	100.00	100.00	96.67	100.00	77.44	100.00	95.65	63.92
扶绥县	66.26	100.00	73.33	97.56	72.81	69.64	95.29	58.93	29.63
宁明县	68.41	100.00	100.00	100.00	100.00	64.74	100.00	89.17	22.50
龙州县	75.11	100.00	88.61	96.93	100.00	71.35	100.00	95.59	100.00
大新县	85.87	100.00	100.00	84.25	100.00	84.12	86.28	93.20	75.00
天等县	90.65	99.17	100.00			88.87	100.00		88.90
凭祥市	85.69	100.00	100.00	95.00	100.00	78.82	100.00	96.31	100.00

11-13a 各地区按住房来源分的同时拥有厨房和厕所的家庭户户数比重(城市)

单位：%

地 区	合 计	购买新建商品房	购 买二手房	购买原公有住房	购买经济适用房、两限房	自建住房	租赁廉租房、公租房	租 赁其他住房	其 他
全 区	**92.68**	**99.24**	**99.03**	**99.14**	**99.18**	**82.94**	**94.12**	**90.74**	**88.53**
南宁市	98.28	99.82	98.94	99.93	100.00	93.02	100.00	99.58	90.36
柳州市	90.38	99.81	99.55	99.78	99.32	79.92	100.00	77.50	79.69
桂林市	97.86	99.92	98.97	99.51	99.67	94.70	98.32	94.84	98.20
梧州市	83.71	99.82	97.22	94.67	100.00	56.70	84.11	90.08	89.79
北海市	92.19	91.98	98.72	98.82	100.00	93.88	94.29	84.75	72.44
防城港市	95.24	100.00	100.00	100.00	100.00	95.19	88.19	85.06	93.24
钦州市	90.99	99.32	96.47	81.91		91.56	100.00	68.88	88.44
贵港市	85.35	96.50	99.19	100.00		76.46	100.00	95.08	93.93
玉林市	89.57	99.47	100.00	98.25		84.33	86.39	97.94	34.17
百色市	85.54	100.00	100.00	95.12	94.57	73.63	91.18	88.14	70.73
贺州市	86.33	100.00	100.00	100.00	100.00	78.32	100.00	89.29	100.00
河池市	87.69	100.00	100.00	100.00	100.00	74.49	81.31	92.33	100.00
来宾市	96.96	100.00	100.00			94.55	98.98	100.00	100.00
崇左市	94.91	100.00	100.00	95.66	100.00	98.94	100.00	91.80	76.35

11-13b 各地区按住房来源分的同时拥有厨房和厕所的家庭户户数比重(镇)

单位：%

地 区	合 计	购买新建商品房	购 买二手房	购买原公有住房	购买经济适用房、两限房	自建住房	租赁廉租房、公租房	租 赁其他住房	其 他
全 区	**81.82**	**97.57**	**93.85**	**98.47**	**99.14**	**78.35**	**87.76**	**83.31**	**68.46**
南宁市	89.06	100.00	83.30	99.67	100.00	85.58	100.00	84.79	98.03
柳州市	81.13	86.99	94.66	98.18		75.90	81.99	88.61	70.23
桂林市	86.16	99.81	98.53	97.55	100.00	79.51	94.92	75.38	81.11
梧州市	85.11	95.67	100.00	100.00		82.79	100.00	100.00	71.88
北海市	85.60	99.61	85.62	100.00		81.30	91.91	84.09	73.86
防城港市	87.75	98.56	75.34	87.72		86.15	97.41	81.59	90.32
钦州市	74.68	100.00	100.00	100.00	100.00	70.48	94.02	78.77	63.87
贵港市	71.64	97.31	74.38	100.00		70.95	100.00	95.19	39.01
玉林市	81.96	100.00	100.00	90.00	100.00	79.36	96.10	90.98	72.60
百色市	84.69	100.00	93.37	100.00	100.00	82.33	27.86	89.32	94.74
贺州市	75.73	100.00	95.42	100.00	97.78	73.08	98.20	89.29	49.70
河池市	75.48	100.00	92.46	100.00	46.91	74.06	74.18	63.73	88.38
来宾市	79.94	98.58	98.48	98.17	100.00	77.34	64.12	89.03	71.93
崇左市	88.77	99.65	88.05	95.06	100.00	92.89	94.41	85.95	39.45

11-13c 各地区按住房来源分的同时拥有厨房和厕所的家庭户户数比重(乡村)

单位：%

地区	合计	购买新建商品房	购买二手房	购买原公有住房	购买经济适用房、两限房	自建住房	租赁廉租房、公租房	租赁其他住房	其他
全区	**62.36**	**91.54**	**67.19**	**78.83**	**51.50**	**62.60**	**70.11**	**55.14**	**45.17**
南宁市	66.92	92.20		100.00	42.05	66.18	98.83		72.53
柳州市	61.99	100.00	37.80	100.00	50.00	62.11	100.00	62.35	35.50
桂林市	57.20	94.93	100.00			57.49	40.15	36.47	30.96
梧州市	62.36	100.00			100.00	62.53	28.97		55.66
北海市	52.32	100.00	100.00	92.29		52.42	50.00	77.09	22.42
防城港市	66.29	97.18	100.00	100.00	100.00	65.04	100.00	85.25	42.53
钦州市	60.07	100.00	64.66		21.39	59.99	58.23	73.55	60.94
贵港市	60.54	100.00	70.23	100.00	100.00	61.91	89.22	31.58	18.30
玉林市	72.07	87.73	100.00		100.00	72.22	80.35	45.40	47.32
百色市	63.70	89.91	26.21			63.55	100.00	78.00	73.88
贺州市	61.20	87.13				63.22	0.88	17.22	22.75
河池市	54.42	51.92	79.48			54.90	45.41	29.91	38.39
来宾市	55.92	100.00	49.64			56.07	66.86	32.43	54.04
崇左市	72.09	100.00	51.56		48.99	72.19	80.12	71.87	50.61

11-14 各地区按拥有家用汽车情况分的家庭户户数

单位：户

地 区	合 计	100万元以上	50万－100万元	30万－50万元	20万－30万元	10万－20万元	10万元以下	没有汽车
全 区	**158892**	**29**	**138**	**345**	**1028**	**6044**	**12082**	**139225**
南宁市	**25064**	**8**	**68**	**153**	**316**	**1803**	**2460**	**20256**
兴宁区	1639	1	1	4	8	93	164	1368
青秀区	2609	3	44	84	130	591	316	1442
江南区	2189	2	4	15	25	143	213	1787
西乡塘区	4616		12	34	82	500	434	3554
良庆区	1263		2	4	17	112	143	984
邕宁区	950		1		6	27	76	840
武鸣县	2148	1		1	4	124	352	1664
隆安县	1097		1	3	8	9	48	1029
马山县	1472			1	7	15	120	1330
上林县	1148				3	30	93	1022
宾阳县	2857		3	6	15	74	229	2529
横县	3076			2	10	86	271	2707
柳州市	**14307**	**2**	**9**	**27**	**102**	**666**	**1724**	**11777**
城中区	595		3	8	23	127	140	294
鱼峰区	1848			2	17	95	262	1471
柳南区	2252		3	8	12	132	250	1846
柳北区	1875		1	1	11	100	258	1504
柳江县	1775			4	10	92	322	1346
柳城县	1313		1		3	11	167	1132
鹿寨县	1142	1	1	1	3	41	112	982
融安县	1121	1		2	13	40	98	966
融水苗族自治县	1382				5	12	58	1307
三江侗族自治县	1003			1	2	15	57	928
桂林市	**17967**	**2**	**11**	**49**	**149**	**780**	**1541**	**15435**
秀峰区	582		2	8	35	108	39	390
叠彩区	734	1		3	8	70	89	563
象山区	1169		3	6	32	134	102	892
七星区	1015			2	12	65	94	842
雁山区	195				1	2	10	182
临桂区	1584			1	7	56	181	1339
阳朔县	979		2		2	32	89	854
灵川县	1229	1		4	14	54	137	1019
全州县	2731				7	21	94	2610
兴安县	1317		2	3	11	50	129	1121
永福县	899			2	1	12	71	813
灌阳县	936			1		11	42	881
龙胜各族自治县	642			3		24	28	587
资源县	568			2	4	21	48	494
平乐县	1248		1	10	7	49	100	1081
荔浦县	1250			3	5	34	177	1029
恭城瑶族自治县	889				3	37	110	738

11-14 续表 1

单位：户

地　　区	合　计	100万元以　　上	50万-100万元	30万-50万元	20万-30万元	10万-20万元	10万元以　下	没有汽车
梧州市	**9935**		**4**	**6**	**33**	**219**	**511**	**9161**
万秀区	1341			1	4	33	59	1244
长洲区	763		1	1	7	47	65	642
龙圩区	978				3	16	24	935
苍梧县	1036				1	6	34	995
藤县	2687		1	2	8	30	106	2539
蒙山县	690		1	1	6	32	29	622
岑溪市	2441		1	1	4	56	194	2185
北海市	**4663**	**5**	**4**	**9**	**62**	**281**	**416**	**3886**
海城区	1085	2	1	3	16	111	142	810
银海区	570	2	2	4	12	40	43	467
铁山港区	483				3	23	21	436
合浦县	2524	1		3	31	108	208	2173
防城港市	**2682**	**1**	**4**	**4**	**19**	**118**	**263**	**2273**
港口区	474		2	1	6	31	50	383
防城区	1119		1	1	6	37	123	952
上思县	636				2	14	41	579
东兴市	453	1	1	2	5	36	50	359
钦州市	**9470**	**1**	**1**	**7**	**43**	**198**	**499**	**8721**
钦南区	1563		1	6	23	76	127	1331
钦北区	1965				4	44	101	1815
灵山县	3389	1		1	12	49	154	3172
浦北县	2553				5	29	117	2403
贵港市	**13541**		**10**	**18**	**41**	**240**	**683**	**12549**
港北区	1841			5	24	93	167	1552
港南区	1673		1	2	2	38	114	1516
覃塘区	1304		1		1	13	70	1219
平南县	4043		5	7	9	48	170	3803
桂平市	4681		3	4	4	49	161	4459
玉林市	**16170**	**2**	**6**	**26**	**87**	**464**	**1214**	**14370**
玉州区	2044		1	5	31	195	257	1556
福绵区	1050	1	2	2	3	17	110	914
容县	2156		1	2	11	52	165	1926
陆川县	2504		1	8	3	40	153	2299
博白县	3535	1		7	12	63	192	3259
兴业县	1730				7	34	107	1582
北流市	3153		1	2	20	63	231	2835

11-14 续表 2

单位：户

地 区	合 计	100万元以上	50万-100万元	30万-50万元	20万-30万元	10万-20万元	10万元以下	没有汽车
百色市	**12072**	**1**	**6**	**8**	**43**	**358**	**705**	**10950**
右江区	1278			1	14	102	120	1040
田阳县	1229		1		4	28	96	1099
田东县	1355	1	1	3	4	58	68	1220
平果县	1461		2	1	3	43	80	1331
德保县	1022		2		6	19	40	955
靖西县	1762			1	3	13	68	1676
那坡县	511			1	2	12	49	448
凌云县	576				1	9	20	546
乐业县	470				1	10	31	428
田林县	740				1	26	41	672
西林县	396				1	9	24	363
隆林各族自治县	1272			2	3	29	67	1171
贺州市	**6346**			**7**	**7**	**167**	**386**	**5778**
八步区	2047			3	3	105	127	1809
平桂管理区	1215			1	1	18	75	1121
昭平县	1175			2	3	14	57	1099
钟山县	1056			1		11	45	999
富川瑶族自治县	854			1	1	19	82	750
河池市	**11948**	**2**	**6**	**14**	**56**	**303**	**681**	**10885**
金城江区	1245		1	2	9	36	93	1103
南丹县	878	1			2	30	45	800
天峨县	507			1	3	7	16	479
凤山县	564		1		1	14	17	531
东兰县	767				1	9	43	714
罗城仫佬族自治县	1120				2	10	73	1035
环江毛南族自治县	1070		1			21	55	993
巴马瑶族自治县	721				2	19	27	673
都安瑶族自治县	1855	1		3	13	40	93	1705
大化瑶族自治县	1171				1	8	27	1135
宜州市	2051		4	8	22	108	191	1717
来宾市	**7389**	**2**	**6**	**7**	**36**	**202**	**539**	**6596**
兴宾区	3165		4	3	12	79	192	2876
忻城县	1158		1	1	3	24	86	1044
象州县	1022			1	5	26	90	900
武宣县	1180	2	2	2	14	50	91	1019
金秀瑶族自治县	446				2	14	48	383
合山市	418				1	10	32	374
崇左市	**7339**	**3**	**3**	**10**	**32**	**244**	**459**	**6587**
江州区	1091			1	2	29	53	1006
扶绥县	1387				4	30	72	1281
宁明县	1227			1	1	23	30	1172
龙州县	788		1		4	25	55	704
大新县	1183	1	1	1	2	64	146	968
天等县	1214	1	1	3	5	33	40	1131
凭祥市	448	1	1	5	15	40	61	325

11-14a 各地区按拥有家用汽车情况分的家庭户户数(城市)

单位：户

地　区	合　计	100万元以　上	50万-100万元	30万-50万元	20万-30万元	10万-20万元	10万元以　下	没有汽车
全　区	**34683**	**12**	**93**	**215**	**606**	**3398**	**3863**	**26496**
南宁市	10137	5	61	135	261	1401	1061	7214
柳州市	6177		7	17	64	448	853	4788
桂林市	3787	1	6	20	90	407	353	2909
梧州市	2899		2	2	18	125	234	2518
北海市	1347	4	4	5	27	156	161	991
防城港市	757	1	3	3	10	75	94	571
钦州市	896		1	4	20	79	110	683
贵港市	2273		2	5	27	137	234	1868
玉林市	2254			8	30	182	305	1729
百色市	787			1	14	80	76	616
贺州市	804			2	1	72	78	651
河池市	1229		4	8	26	113	150	928
来宾市	837		2	3	7	70	107	647
崇左市	500		1	2	11	55	47	383

11-14b 各地区按拥有家用汽车情况分的家庭户户数(镇)

单位：户

地　区	合　计	100万以上	50-100万元	30-50万元	20-30万元	10-20万元	10万元以下	没有汽车
全　区	**37533**	**13**	**25**	**95**	**261**	**1736**	**3311**	**32091**
南宁市	4465	3	2	10	22	252	534	3642
柳州市	3055	1	1	9	26	180	459	2379
桂林市	4164	1	3	24	45	252	446	3392
梧州市	1883		1	2	9	59	95	1718
北海市	1222	1		2	30	89	128	973
防城港市	645			1	4	16	65	559
钦州市	2407	1		2	10	67	167	2160
贵港市	3733		5	10	8	51	157	3502
玉林市	4707		2	14	35	173	338	4144
百色市	3035	1	6	5	18	200	234	2572
贺州市	1756			3	4	47	137	1565
河池市	2594	2	2	5	14	127	167	2278
来宾市	1914	2	2	2	19	97	218	1576
崇左市	1953	1	1	7	17	127	170	1630

11-14c 各地区按拥有家用汽车情况分的家庭户户数(乡村)

单位：户

地　区	合 计	100万元以上	50万-100万元	30万-50万元	20万-30万元	10万-20万元	10万元以下	没有汽车
全 区	**86677**	**5**	**21**	**35**	**161**	**910**	**4907**	**80638**
南宁市	10463		5	8	33	151	865	9400
柳州市	5075	1	1	1	12	38	412	4610
桂林市	10017		3	5	13	121	742	9133
梧州市	5153		1	2	7	36	182	4926
北海市	2094			2	6	37	127	1922
防城港市	1280				5	27	105	1142
钦州市	6167			1	13	52	223	5878
贵港市	7535		3	2	5	53	293	7180
玉林市	9210	2	4	4	22	108	571	8497
百色市	8250			2	11	79	396	7763
贺州市	3785			2	2	48	171	3562
河池市	8124			2	16	63	363	7680
来宾市	4638		2	2	11	35	214	4373
崇左市	4886	2	1	2	4	62	242	4574

12 迁移和户口登记地

12-1 全区按现住地、户口登记地、性别分的户口登记地在外乡镇街道的人口

单位：人

现住地	户口登记地					
	合计			省内		
				省内		
	合计	男	女	合计	男	女
全　区	**85534**	**41511**	**44023**	**72143**	**34151**	**37992**
南宁市	**20227**	**10393**	**9834**	**16872**	**8298**	**8574**
兴宁区	2245	1206	1039	1913	1003	910
青秀区	4319	1967	2352	3602	1631	1971
江南区	2098	1061	1037	1722	845	877
西乡塘区	6470	3492	2978	5440	2844	2596
良庆区	1814	952	862	1619	832	786
邕宁区	156	69	86	136	63	74
武鸣县	208	72	135	192	69	123
隆安县	279	125	154	259	119	141
马山县	176	94	82	165	90	75
上林县	641	295	346	555	244	311
宾阳县	1016	765	251	508	281	227
横县	807	294	513	759	277	483
柳州市	**12302**	**6009**	**6293**	**10651**	**5178**	**5472**
城中区	1338	462	876	987	380	607
鱼峰区	2506	1321	1186	2268	1174	1094
柳南区	3304	1748	1556	2788	1425	1363
柳北区	2274	1111	1163	2084	1014	1071
柳江县	1553	803	750	1425	727	697
柳城县	371	138	233	321	118	203
鹿寨县	353	127	226	251	76	174
融安县	359	158	201	319	141	178
融水苗族自治县	10	5	4	4		4
三江侗族自治县	236	136	100	204	122	82
桂林市	**13008**	**5175**	**7832**	**10441**	**4099**	**6342**
秀峰区	1042	560	482	962	513	448
叠彩区	608	276	331	516	225	291
象山区	784	389	395	579	274	305
七星区	2156	335	1821	1772	282	1490
雁山区	2575	1247	1328	1963	989	974
临桂区	794	383	411	602	275	327
阳朔县	214	91	123	191	79	112
灵川县	1951	468	1483	1571	381	1190
全州县	694	338	356	590	290	300
兴安县	324	143	181	301	136	165
永福县	185	92	93	169	84	85
灌阳县	163	83	80	122	58	65
龙胜各族自治县	214	107	107	184	97	88
资源县	150	57	93	119	49	70
平乐县	678	391	287	431	209	222
荔浦县	311	141	170	251	114	138
恭城瑶族自治县	163	72	91	116	45	72

12-1　续表 1　　　　单位：人

现住地	户口登记地								
	省内						省外		
	市区内人户分离			省内-市区内人户分离					
	合计	男	女	合计	男	女	合计	男	女
全　区	**12846**	**5934**	**6912**	**59297**	**28217**	**31079**	**13391**	**7360**	**6032**
南宁市	**2974**	**1551**	**1423**	**13898**	**6746**	**7151**	**3356**	**2096**	**1260**
兴宁区	465	234	231	1448	769	679	331	203	128
青秀区	1173	720	453	2429	911	1518	716	336	380
江南区	165	68	97	1558	777	781	376	216	160
西乡塘区	776	349	427	4664	2495	2169	1030	648	382
良庆区	356	161	194	1263	671	592	196	120	76
邕宁区	39	19	21	97	44	53	19	7	13
武鸣县				192	69	123	15	3	13
隆安县				259	119	141	19	6	13
马山县				165	90	75	12	5	7
上林县				555	244	311	85	51	35
宾阳县				508	281	227	507	484	23
横县				759	277	483	48	18	30
柳州市	**2536**	**1149**	**1387**	**8115**	**4030**	**4085**	**1651**	**830**	**821**
城中区	304	134	169	684	246	438	350	81	269
鱼峰区	641	289	352	1627	885	742	238	147	92
柳南区	641	305	337	2147	1121	1026	515	322	193
柳北区	950	421	530	1134	593	541	190	98	92
柳江县				1425	727	697	128	75	53
柳城县				321	118	203	50	20	30
鹿寨县				251	76	174	102	51	51
融安县				319	141	178	40	17	23
融水苗族自治县				4		4	5	5	
三江侗族自治县				204	122	82	32	14	18
桂林市	**1962**	**855**	**1107**	**8479**	**3244**	**5235**	**2567**	**1077**	**1490**
秀峰区	666	345	321	296	169	127	81	47	34
叠彩区	271	104	167	245	121	124	92	52	40
象山区	270	119	151	309	154	155	205	115	90
七星区	395	118	278	1377	164	1213	384	53	331
雁山区	235	134	101	1728	855	873	612	258	354
临桂区	124	35	89	478	240	238	192	108	84
阳朔县				191	79	112	24	12	12
灵川县				1571	381	1190	380	87	293
全州县				590	290	300	104	48	56
兴安县				301	136	165	23	7	16
永福县				169	84	85	16	9	7
灌阳县				122	58	65	40	25	15
龙胜各族自治县				184	97	88	30	10	20
资源县				119	49	70	32	8	23
平乐县				431	209	222	247	182	65
荔浦县				251	114	138	60	27	33
恭城瑶族自治县				116	45	72	46	27	19

12-1 续表 2

单位：人

现住地	户口登记地 合计 合计	户口登记地 合计 男	户口登记地 合计 女	省内 省内 合计	省内 省内 男	省内 省内 女
梧州市	**2621**	**1129**	**1492**	**2255**	**965**	**1290**
万秀区	753	351	403	698	320	378
长洲区	506	250	256	439	217	222
龙圩区	183	85	98	171	78	93
苍梧县	34	2	32	25	1	24
藤县	494	173	321	366	126	240
蒙山县	170	75	95	157	71	86
岑溪市	480	193	287	399	152	247
北海市	**3742**	**1634**	**2107**	**2881**	**1192**	**1689**
海城区	1820	681	1139	1466	524	942
银海区	822	446	376	429	217	211
铁山港区	123	57	66	102	47	56
合浦县	976	450	526	884	404	480
防城港市	**2385**	**1378**	**1007**	**1978**	**1093**	**885**
港口区	980	652	329	741	473	268
防城区	657	326	331	618	306	312
上思县	286	128	159	274	121	153
东兴市	462	273	189	345	193	152
钦州市	**3966**	**1930**	**2037**	**3428**	**1592**	**1835**
钦南区	1932	1046	886	1638	825	813
钦北区	722	353	369	614	296	319
灵山县	890	377	514	810	336	474
浦北县	421	153	268	364	136	229
贵港市	**3902**	**2142**	**1760**	**3096**	**1573**	**1522**
港北区	1037	509	529	960	466	494
港南区	1058	564	495	999	521	478
覃塘区	488	378	110	252	180	72
平南县	468	250	218	278	130	148
桂平市	851	441	409	606	276	330
玉林市	**5675**	**2740**	**2935**	**4892**	**2313**	**2579**
玉州区	2684	1397	1287	2229	1124	1105
福绵区	37	15	22	31	13	18
容县	536	221	314	481	199	281
陆川县	603	269	334	518	224	294
博白县	576	283	293	515	250	266
兴业县	88	38	50	70	28	42
北流市	1152	518	634	1048	476	573

12-1 续表 3 单位：人

现住地	户口登记地								
	省内						省外		
	市区内人户分离			省内-市区内人户分离					
	合计	男	女	合计	男	女	合计	男	女
梧州市	**811**	**367**	**444**	**1444**	**598**	**846**	**366**	**164**	**202**
万秀区	459	204	255	239	116	123	56	31	25
长洲区	286	135	151	153	82	71	67	33	34
龙圩区	66	28	38	105	50	55	12	6	6
苍梧县				25	1	24	8	1	7
藤县				366	126	240	128	47	81
蒙山县				157	71	86	13	4	9
岑溪市				399	152	247	81	41	40
北海市	**675**	**325**	**350**	**2206**	**867**	**1339**	**860**	**442**	**418**
海城区	425	206	219	1041	318	723	354	157	197
银海区	201	95	106	228	122	105	393	229	165
铁山港区	49	24	25	53	22	31	21	10	11
合浦县				884	404	480	92	46	46
防城港市	**413**	**177**	**236**	**1565**	**916**	**649**	**407**	**285**	**122**
港口区	123	51	72	617	422	195	239	178	61
防城区	289	126	163	328	180	149	39	20	19
上思县				274	121	153	12	6	6
东兴市				345	193	152	117	80	37
钦州市	**726**	**304**	**422**	**2701**	**1288**	**1413**	**539**	**337**	**201**
钦南区	454	198	257	1184	627	557	294	221	73
钦北区	272	106	165	343	189	153	108	57	51
灵山县				810	336	474	80	41	39
浦北县				364	136	229	57	18	39
贵港市	**787**	**346**	**441**	**2309**	**1227**	**1082**	**807**	**569**	**238**
港北区	376	167	209	584	299	284	78	43	35
港南区	405	178	227	594	343	251	59	42	17
覃塘区	6	1	4	247	179	68	236	198	38
平南县				278	130	148	189	120	69
桂平市				606	276	330	245	166	79
玉林市	**1000**	**451**	**549**	**3892**	**1861**	**2030**	**783**	**427**	**356**
玉州区	999	451	548	1229	672	557	455	273	182
福绵区	1		1	30	13	17	6	2	4
容县				481	199	281	55	22	33
陆川县				518	224	294	85	45	40
博白县				515	250	266	60	33	27
兴业县				70	28	42	18	10	8
北流市				1048	476	573	104	42	62

12-1 续表 4

单位：人

现住地	户口登记地					
	合计			省内		
				省内		
	合计	男	女	合计	男	女
百色市	**4238**	**2121**	**2117**	**3813**	**1910**	**1904**
右江区	1217	676	541	1112	618	493
田阳县	286	131	155	255	113	142
田东县	439	202	237	384	172	211
平果县	773	376	397	746	363	383
德保县	296	138	158	233	106	127
靖西县	182	87	95	158	78	81
那坡县	128	57	72	106	49	57
凌云县	58	30	28	47	23	23
乐业县	35	7	28	28	7	21
田林县	151	69	82	145	67	78
西林县	146	72	74	121	60	61
隆林各族自治县	528	277	251	479	254	225
贺州市	**1547**	**742**	**805**	**1198**	**571**	**626**
八步区	624	258	366	533	226	308
平桂管理区	285	152	132	134	65	68
昭平县	243	126	117	211	111	100
钟山县	172	96	77	140	82	59
富川瑶族自治县	223	110	112	180	88	91
河池市	**5304**	**2833**	**2472**	**4592**	**2400**	**2192**
金城江区	1438	998	440	1270	851	419
南丹县	295	156	140	232	124	108
天峨县	179	74	105	161	66	95
凤山县	121	61	60	81	38	43
东兰县	554	91	463	512	71	441
罗城仫佬族自治县	345	189	156	271	152	119
环江毛南族自治县	294	147	146	231	114	117
巴马瑶族自治县	290	178	113	238	145	93
都安瑶族自治县	654	328	326	571	279	291
大化瑶族自治县	453	296	157	418	270	148
宜州市	680	313	367	606	289	318
来宾市	**3283**	**1672**	**1611**	**2988**	**1506**	**1482**
兴宾区	1736	892	844	1667	857	810
忻城县	211	79	132	196	72	123
象州县	416	209	207	360	181	179
武宣县	590	341	249	499	284	215
金秀瑶族自治县	182	87	95	152	69	83
合山市	148	64	85	114	42	72
崇左市	**3334**	**1613**	**1721**	**3060**	**1461**	**1599**
江州区	811	171	640	780	158	623
扶绥县	611	421	191	586	408	178
宁明县	324	155	169	289	130	158
龙州县	391	188	203	356	170	186
大新县	247	130	118	222	114	108
天等县	544	301	244	525	290	235
凭祥市	405	249	157	302	191	110

12-1 续表 5

单位：人

现住地	户口登记地								
	省内						省外		
	市区内人户分离			省内-市区内人户分离					
	合计	男	女	合计	男	女	合计	男	女
百色市	**271**	**118**	**153**	**3543**	**1791**	**1751**	**425**	**211**	**213**
右江区	271	118	153	841	500	341	106	58	48
田阳县				255	113	142	30	18	13
田东县				384	172	211	55	29	26
平果县				746	363	383	27	13	14
德保县				233	106	127	63	33	30
靖西县				158	78	81	23	9	14
那坡县				106	49	57	22	8	14
凌云县				47	23	23	11	7	5
乐业县				28	7	21	7		7
田林县				145	67	78	5	2	4
西林县				121	60	61	25	12	13
隆林各族自治县				479	254	225	49	23	26
贺州市	**191**	**84**	**106**	**1007**	**487**	**520**	**350**	**171**	**179**
八步区	179	79	100	354	146	208	91	33	59
平桂管理区	12	5	6	122	60	62	151	87	64
昭平县				211	111	100	33	16	17
钟山县				140	82	59	32	14	18
富川瑶族自治县				180	88	91	43	22	21
河池市	**140**	**57**	**83**	**4452**	**2343**	**2109**	**713**	**433**	**280**
金城江区	140	57	83	1130	794	336	168	148	21
南丹县				232	124	108	63	31	32
天峨县				161	66	95	18	8	10
凤山县				81	38	43	40	22	17
东兰县				512	71	441	42	20	22
罗城仫佬族自治县				271	152	119	74	37	37
环江毛南族自治县				231	114	117	62	33	29
巴马瑶族自治县				238	145	93	52	33	20
都安瑶族自治县				571	279	291	84	49	35
大化瑶族自治县				418	270	148	35	27	8
宜州市				606	289	318	74	25	49
来宾市	**167**	**81**	**86**	**2821**	**1425**	**1396**	**295**	**166**	**129**
兴宾区	167	81	86	1500	776	724	69	35	34
忻城县				196	72	123	15	7	8
象州县				360	181	179	56	29	27
武宣县				499	284	215	90	57	34
金秀瑶族自治县				152	69	83	30	18	12
合山市				114	42	72	34	22	13
崇左市	**193**	**67**	**127**	**2866**	**1394**	**1472**	**274**	**152**	**122**
江州区	193	67	127	587	91	496	30	13	17
扶绥县				586	408	178	25	13	13
宁明县				289	130	158	35	25	11
龙州县				356	170	186	35	18	17
大新县				222	114	108	25	16	10
天等县				525	290	235	19	11	8
凭祥市				302	191	110	104	57	46

12-2 全区按户口登记地年龄、性别分的户口登记地在外乡镇街道的人口

单位：人

年龄	户口登记地											
	合计			省内						省外		
				省内			其中：市区内人户分离					
	合计	男	女	小计	男	女	小计	男	女	小计	男	女
总计	**85534**	**41511**	**44023**	**72143**	**34151**	**37992**	**12846**	**5934**	**6912**	**13391**	**7360**	**6032**
0-4	**4491**	**2431**	**2059**	**3958**	**2148**	**1810**	**1368**	**730**	**638**	**533**	**284**	**249**
0	339	173	166	298	153	145	101	54	47	41	20	21
1	843	497	347	738	436	302	302	186	116	105	61	45
2	1066	553	513	936	493	443	330	170	160	130	60	70
3	1215	647	568	1078	574	504	339	169	171	137	72	64
4	1028	562	466	908	491	416	296	151	145	120	71	50
5-9	**3993**	**2202**	**1791**	**3538**	**1928**	**1610**	**1051**	**566**	**485**	**455**	**275**	**180**
5	824	449	375	729	388	341	212	116	96	95	61	34
6	844	457	386	750	406	343	235	126	109	94	51	43
7	837	487	350	746	432	314	215	126	89	91	55	37
8	747	396	351	663	341	322	197	95	102	85	56	29
9	741	413	328	651	361	290	192	105	88	90	53	38
10-14	**3592**	**1927**	**1665**	**3208**	**1710**	**1499**	**985**	**523**	**462**	**384**	**217**	**167**
10	827	453	374	730	397	334	228	112	116	97	56	41
11	681	376	305	605	335	271	193	104	89	76	41	34
12	712	388	324	622	340	282	203	111	92	91	49	42
13	592	324	269	541	291	250	153	85	67	51	32	18
14	780	386	394	710	347	362	208	110	98	70	39	32
15-19	**5564**	**2478**	**3085**	**4920**	**2220**	**2700**	**1281**	**835**	**446**	**644**	**258**	**386**
15	875	532	343	828	505	323	256	175	81	47	27	20
16	1209	722	486	1162	697	465	411	305	106	47	26	21
17	1148	576	572	1054	515	539	317	222	95	94	61	33
18	1000	335	665	873	272	602	187	88	99	127	63	64
19	1331	313	1019	1003	233	770	111	45	66	328	80	248
20-24	**11675**	**4195**	**7480**	**9182**	**3216**	**5966**	**961**	**374**	**587**	**2493**	**979**	**1514**
20	2690	656	2034	2017	493	1524	204	81	123	674	163	511
21	2889	924	1965	2269	718	1551	220	91	130	620	206	414
22	2339	906	1434	1912	714	1199	239	83	156	427	192	235
23	2087	929	1158	1689	718	971	159	62	97	398	211	187
24	1670	780	889	1295	573	722	138	57	81	375	207	168
25-29	**12092**	**5583**	**6510**	**9874**	**4310**	**5564**	**1134**	**405**	**729**	**2219**	**1273**	**946**
25	2425	1154	1271	1943	887	1056	184	79	104	482	267	215
26	2338	1057	1281	1937	837	1101	206	67	140	401	220	181
27	2364	1081	1283	1953	854	1099	242	86	156	411	228	184
28	2471	1171	1299	1987	871	1115	245	91	154	484	300	184
29	2495	1119	1375	2054	861	1193	257	81	175	441	259	182

12-2 续表 1 单位：人

年龄	户口登记地											
	合计			省内						省外		
				省内			其中：市区内人户分离					
	合计	男	女	小计	男	女	小计	男	女	小计	男	女
30-34	**10411**	**4878**	**5533**	**8762**	**3957**	**4805**	**1035**	**326**	**709**	**1649**	**921**	**728**
30	2363	1109	1254	2009	916	1093	213	70	142	354	193	161
31	2201	1012	1190	1873	834	1040	213	65	148	328	178	150
32	1868	840	1027	1570	679	891	195	60	135	298	161	136
33	2094	985	1109	1725	785	940	214	58	156	369	200	169
34	1885	933	953	1585	744	841	201	74	127	301	189	112
35-39	**8797**	**4542**	**4255**	**7483**	**3727**	**3756**	**954**	**357**	**597**	**1314**	**816**	**499**
35	1951	974	977	1678	792	886	210	82	127	273	182	91
36	1891	964	926	1579	786	793	188	62	126	311	178	133
37	1764	859	905	1499	697	803	185	66	118	264	162	102
38	1529	854	675	1328	725	603	171	76	95	201	128	73
39	1663	891	772	1399	727	672	201	70	131	264	164	100
40-44	**7405**	**4049**	**3356**	**6111**	**3228**	**2883**	**853**	**344**	**509**	**1294**	**821**	**473**
40	1618	856	762	1342	685	657	186	54	132	277	171	106
41	1598	855	744	1339	698	642	178	76	103	259	157	102
42	1481	835	646	1235	679	556	153	61	92	246	156	90
43	1426	806	620	1171	635	536	168	87	82	255	171	84
44	1281	698	583	1023	531	492	167	67	100	258	166	91
45-49	**5887**	**3292**	**2595**	**4762**	**2574**	**2189**	**720**	**317**	**403**	**1125**	**718**	**407**
45	1385	768	617	1122	609	513	159	66	93	263	160	103
46	1249	715	535	1018	552	466	160	69	90	232	163	69
47	1281	714	567	1015	561	454	145	65	79	266	153	114
48	940	541	399	731	394	337	125	58	68	209	147	62
49	1031	554	478	877	458	419	132	59	73	155	96	59
50-54	**4116**	**2333**	**1784**	**3524**	**1934**	**1590**	**686**	**324**	**362**	**592**	**398**	**194**
50	1031	595	436	885	494	391	158	62	95	145	101	44
51	935	504	431	791	415	375	142	70	72	144	89	56
52	1080	635	446	907	519	388	175	88	86	173	116	57
53	753	427	326	657	355	302	139	65	74	96	72	24
54	317	172	146	284	151	133	73	38	35	33	21	13
55-59	**2286**	**1153**	**1132**	**1988**	**964**	**1024**	**517**	**221**	**296**	**297**	**189**	**108**
55	425	213	212	357	169	189	79	34	45	67	44	23
56	389	217	172	320	168	152	92	47	46	68	49	19
57	543	264	279	489	236	253	130	55	75	54	28	26
58	513	252	261	448	216	232	119	50	69	65	36	29
59	417	207	209	374	176	198	96	35	61	43	31	11
60-64	**1940**	**949**	**990**	**1756**	**846**	**911**	**470**	**220**	**250**	**184**	**104**	**80**
60	422	218	204	378	193	185	96	44	52	44	25	19
61	427	207	220	391	190	200	123	57	66	36	16	20
62	420	195	225	374	165	209	98	49	50	46	30	16
63	371	178	193	340	156	184	81	37	43	31	22	9
64	300	152	148	273	141	133	72	34	38	27	11	15

12-2 续表 2

单位：人

年 龄	户口登记地											
	合 计			省 内						省 外		
				省 内			其中：市区内人户分离					
	合计	男	女	小计	男	女	小计	男	女	小计	男	女
65-69	**1367**	**660**	**707**	**1254**	**597**	**657**	**323**	**153**	**170**	**113**	**62**	**51**
65	357	177	180	334	162	172	81	36	45	24	15	8
66	333	158	175	309	146	163	69	30	39	24	12	12
67	275	139	136	239	121	118	68	34	34	36	18	18
68	215	110	105	200	100	100	63	32	31	15	11	5
69	186	75	111	172	69	103	42	20	22	14	7	7
70-74	**823**	**376**	**447**	**780**	**355**	**426**	**210**	**108**	**101**	**43**	**21**	**22**
70	207	94	112	198	88	110	55	25	30	9	6	2
71	152	69	83	144	66	78	37	18	18	8	3	5
72	171	72	99	164	67	97	44	23	21	6	4	2
73	156	77	78	144	70	73	38	18	20	12	7	5
74	138	64	75	130	62	68	36	23	13	8	1	7
75-79	**581**	**260**	**322**	**559**	**249**	**310**	**150**	**73**	**77**	**23**	**11**	**12**
75	149	69	80	142	66	76	36	16	20	7	3	4
76	118	56	62	114	53	61	30	17	13	4	3	1
77	104	41	63	96	38	57	22	9	12	8	2	6
78	115	55	60	114	53	60	35	20	15	1	1	
79	95	39	56	93	38	55	27	11	16	2	1	1
80-84	**316**	**138**	**179**	**301**	**129**	**172**	**95**	**41**	**55**	**15**	**8**	**7**
80	91	35	56	88	33	54	30	12	18	3	2	1
81	63	28	34	62	28	34	21	6	15	1		
82	60	27	33	53	23	30	16	7	8	7	5	2
83	63	26	37	61	26	35	16	7	9	3		3
84	40	20	19	38	19	19	12	8	5	2	1	1
85-89	**140**	**48**	**92**	**130**	**46**	**84**	**36**	**12**	**25**	**10**	**2**	**8**
85	42	16	26	39	15	23	6	4	3	4	1	3
86	32	13	19	31	12	18	10	5	5	2	1	1
87	32	8	24	29	8	22	10	3	7	2		2
88	22	6	17	22	6	16	8		8			
89	11	6	5	9	5	4	2		2	2		1
90-94	**45**	**15**	**30**	**41**	**14**	**28**	**15**	**6**	**9**	**4**	**2**	**2**
90	13	5	8	12	5	7	7	3	4	1		1
91	5	1	5	5	1	4				1		1
92	13	4	9	11	2	9	4	1	2	2	2	
93	10	5	5	10	5	5	3	1	2			
94	4		4	4		4	2		2			
95-99	**7**	**1**	**6**	**7**	**1**	**6**						
95	3		3	3		3						
96	2	1	1	2	1	1						
97	2		2	2		2						
98												
99	1		1	1		1						
100及以上	**5**		**5**	**5**		**5**	**2**		**2**			

12-3 全区按现住地、性别分的户口登记地在外省的人口

单位：人

现住地	户口登记地											
	合计			北京			天津			河北		
	合计	男	女	小计	男	女	小计	男	女	小计	男	女
全区	**13391**	**7360**	**6032**	**34**	**13**	**21**	**31**	**8**	**22**	**554**	**399**	**155**
南宁市	**3356**	**2096**	**1260**	**8**	**3**	**5**	**8**	**4**	**5**	**287**	**247**	**40**
兴宁区	331	203	128	1		1	1		1	8	6	2
青秀区	716	336	380	1	1					48	24	24
江南区	376	216	160	1	1					4	1	2
西乡塘区	1030	648	382	2		2	7	4	4	37	26	10
良庆区	196	120	76	1		1				3	3	1
邕宁区	19	7	13									
武鸣县	15	3	13									
隆安县	19	6	13									
马山县	12	5	7									
上林县	85	51	35	2		2						
宾阳县	507	484	23							187	187	
横县	48	18	30									
柳州市	**1651**	**830**	**821**	**1**	**1**					**33**	**7**	**26**
城中区	350	81	269							24		24
鱼峰区	238	147	92							4	4	
柳南区	515	322	193							4	2	1
柳北区	190	98	92							1		1
柳江县	128	75	53									
柳城县	50	20	30									
鹿寨县	102	51	51	1	1							
融安县	40	17	23									
融水苗族自治县	5	5										
三江侗族自治县	32	14	18									
桂林市	**2567**	**1077**	**1490**	**17**	**6**	**12**	**15**		**15**	**86**	**28**	**58**
秀峰区	81	47	34									
叠彩区	92	52	40	2	1	1						
象山区	205	115	90	2	1	1				3	2	1
七星区	384	53	331	1	1					16		16
雁山区	612	258	354				6		6	17	14	3
临桂区	192	108	84	5	3	2				10	7	3
阳朔县	24	12	12									
灵川县	380	87	293	8		8	9		9	38	4	34
全州县	104	48	56									
兴安县	23	7	16									
永福县	16	9	7									
灌阳县	40	25	15									
龙胜各族自治县	30	10	20							3	1	1
资源县	32	8	23									
平乐县	247	182	65									
荔浦县	60	27	33									
恭城瑶族自治县	46	27	19									

12-3 续表 1

单位：人

现住地	户口登记地											
	山西			内蒙古			辽宁			吉林		
	小计	男	女	小计	男	女	小计	男	女	小计	男	女
全区	**157**	**85**	**72**	**91**	**47**	**45**	**139**	**80**	**60**	**162**	**65**	**98**
南宁市	**22**	**17**	**5**	**22**	**15**	**7**	**28**	**20**	**8**	**22**	**12**	**11**
兴宁区	3	2	1	2	1	1				1	1	
青秀区	1	1		3	1	1	14	9	5	6	3	3
江南区	4	1	3	5	2	2	5	4	1	6	3	4
西乡塘区							7	5	2	4		4
良庆区				3	1	2	1	1		3	3	1
邕宁区												
武鸣县												
隆安县												
马山县												
上林县										2	2	
宾阳县	13	12	1	10	10							
横县							2	2				
柳州市	**28**	**8**	**20**	**8**	**8**		**18**	**7**	**11**	**7**	**5**	**2**
城中区	17		17	7	7		1	1		1	1	
鱼峰区				1	1		4	4		2	1	1
柳南区	6	5	1							1	1	
柳北区	5	3	1				11	2	8	3	2	1
柳江县							2		2			
柳城县												
鹿寨县												
融安县												
融水苗族自治县												
三江侗族自治县												
桂林市	**19**	**5**	**14**	**42**	**12**	**30**	**38**	**15**	**22**	**82**	**21**	**61**
秀峰区	1	1					1		1			
叠彩区	1	1										
象山区	5	3	2				1		1	3	1	2
七星区	4		4	14		14	4		4	9	2	6
雁山区	7		7	20	12	8				36	3	33
临桂区	1		1				21	14	7	24	14	10
阳朔县												
灵川县				6		6	11	1	9	9		9
全州县				2		2						
兴安县												
永福县												
灌阳县												
龙胜各族自治县												
资源县												
平乐县												
荔浦县												
恭城瑶族自治县												

12-3　续表 2　　单位：人

现住地	户口登记地											
	黑龙江			上海			江苏			浙江		
	小计	男	女	小计	男	女	小计	男	女	小计	男	女
全　区	**210**	**111**	**100**	**48**	**28**	**20**	**236**	**101**	**135**	**571**	**305**	**266**
南宁市	**35**	**24**	**11**	**6**	**3**	**3**	**86**	**39**	**47**	**193**	**104**	**89**
兴宁区	1	1					7	5	2	18	10	7
青秀区	10	4	6				41	12	29	26	15	12
江南区	1	1					20	9	12	8	4	5
西乡塘区	22	17	5	2	2		14	10	4	128	69	59
良庆区	1	1		2	1	1	2	1	1	7	3	4
邕宁区										2	1	1
武鸣县												
隆安县												
马山县												
上林县										1	1	
宾阳县							1	1				
横县				2		2				2	2	
柳州市	**16**	**7**	**9**	**5**	**5**		**31**	**16**	**15**	**80**	**47**	**33**
城中区	2		2	1	1		12	1	10	8	1	7
鱼峰区							5	3	2	31	22	9
柳南区	10	5	6				7	5	2	13	7	7
柳北区	2	1	1	1	1		5	5		5	2	2
柳江县	1	1		1	1		1	1		14	8	6
柳城县				1	1							
鹿寨县							1		1	3	3	
融安县										3	3	
融水苗族自治县												
三江侗族自治县										2	2	1
桂林市	**73**	**28**	**45**	**17**	**4**	**13**	**46**	**7**	**39**	**97**	**26**	**71**
秀峰区	3	2	1				6	3	3	3	2	1
叠彩区	1		1							8	3	5
象山区	13	5	7	1	1					10	5	5
七星区	6	1	5	3		3	6	2	4	15		15
雁山区	6		6	3		3	11		11	29	3	26
临桂区	20	14	6				2		2	9	8	1
阳朔县	4	3	1									
灵川县	21	3	19	6		6	14		14	9	1	7
全州县							2		2	10	2	8
兴安县										2		2
永福县												
灌阳县				2	1	1						
龙胜各族自治县							1		1			
资源县				1	1		1		1			
平乐县							1	1				
荔浦县				1	1		1		1	1		1
恭城瑶族自治县										1	1	

12-3 续表 3 单位：人

现住地	户口登记地											
	安 徽			福 建			江 西			山 东		
	小计	男	女	小计	男	女	小计	男	女	小计	男	女
全 区	**340**	**171**	**169**	**690**	**436**	**254**	**625**	**326**	**299**	**287**	**143**	**144**
南宁市	**99**	**43**	**57**	**144**	**92**	**52**	**151**	**71**	**80**	**119**	**69**	**50**
兴宁区	4	3	1	20	13	7	32	15	17	1	1	
青秀区	31	8	22	16	10	6	35	8	26	36		36
江南区	5	3	3	36	19	17	29	17	11	12	5	7
西乡塘区	53	27	26	61	44	17	35	21	14	12	11	2
良庆区	4	2	2	6	3	3	7	3	3	11	6	5
邕宁区												
武鸣县	2		2									
隆安县	1		1	3	2	1	3		3			
马山县												
上林县							7	4	4			
宾阳县										46	46	
横县				2	2		3	2	2			
柳州市	**78**	**52**	**26**	**42**	**18**	**23**	**89**	**37**	**52**	**19**	**8**	**11**
城中区	9	6	3	21	3	18	26	3	22	12	3	9
鱼峰区	13	9	4				2	1	1			
柳南区	32	21	11	10	8	2	49	29	20	4	2	2
柳北区	20	14	6	2	1	1	7	3	3	2	2	
柳江县	1		1	4	4		1		1			
柳城县				1	1		1		1			
鹿寨县	1		1	3	1	2	3		3	1	1	
融安县	1	1										
融水苗族自治县												
三江侗族自治县												
桂林市	**55**	**15**	**40**	**74**	**30**	**44**	**149**	**86**	**63**	**57**	**11**	**46**
秀峰区	1		1	4	3	2	7	3	4			
叠彩区	1		1	5	2	3	5	2	3	2	1	1
象山区				18	13	5	7	4	2			
七星区	23	3	19	14		14	12	3	9	23		23
雁山区	11	3	7	6		6	58	41	17	13		13
临桂区	2	2		2	1	1	1	1		12	7	5
阳朔县	1	1					1	1		1	1	
灵川县	14	4	10	18	9	9	6		6	5	2	3
全州县	2	2		2		2						
兴安县	1		1				1		1			
永福县							3	1	2			
灌阳县				2	1	1	9	5	5			
龙胜各族自治县												
资源县				1	1		1	1		1		1
平乐县							34	23	11			
荔浦县							2	1	1			
恭城瑶族自治县				1	1		2		2			

12-3 续表 4

单位：人

现住地	户口登记地											
	河南			湖北			湖南			广东		
	小计	男	女	小计	男	女	小计	男	女	小计	男	女
全区	**644**	**395**	**248**	**637**	**328**	**309**	**2454**	**1381**	**1073**	**3086**	**1723**	**1363**
南宁市	**202**	**171**	**32**	**211**	**115**	**95**	**616**	**354**	**261**	**584**	**352**	**232**
兴宁区	7	3	4	27	13	14	76	46	30	65	40	25
青秀区	8	4	4	64	26	39	241	123	118	55	35	20
江南区	34	22	11	43	27	17	67	44	23	43	20	23
西乡塘区	26	17	9	41	17	24	184	121	63	221	152	69
良庆区				4	3	1	31	17	14	49	28	21
邕宁区							7	2	5	6	4	2
武鸣县							3		3	7	1	6
隆安县	1		1	1		1	1		1	4	2	3
马山县										10	5	5
上林县	1	1					3		3	66	42	24
宾阳县	123	123		31	31		1	1		26	11	14
横县	2		2				2		2	33	10	23
柳州市	**76**	**43**	**33**	**105**	**46**	**60**	**562**	**294**	**268**	**202**	**116**	**86**
城中区	34	19	15	22	3	19	50	8	42	16	10	6
鱼峰区	6	2	3	9	5	3	124	67	57	17	12	5
柳南区	25	16	10	43	28	15	224	136	88	18	11	7
柳北区				26	7	19	68	37	31	14	8	6
柳江县	4	3	1	5	3	2	40	22	17	37	22	15
柳城县	7	3	4	1		1	18	8	10	4	1	3
鹿寨县							12	4	8	70	39	31
融安县							11	4	7	18	8	11
融水苗族自治县										5	5	
三江侗族自治县							15	8	7	3		3
桂林市	**118**	**40**	**78**	**133**	**54**	**79**	**656**	**386**	**271**	**289**	**145**	**144**
秀峰区	7	4	3	2	2		38	21	17	1	1	
叠彩区	1		1	6	4	2	50	30	20	7	6	1
象山区	7	4	2	8	5	3	79	43	36	9	4	5
七星区	19	1	18	29	1	28	84	29	55	16	1	15
雁山区	53	24	30	45	30	16	69	43	27	20	16	5
临桂区	2	1	1	9	7	2	31	16	16	17	4	13
阳朔县	4		4				9	4	5	3	1	2
灵川县	17		17	23	3	20	69	35	34	37	18	19
全州县							17	10	7	62	34	28
兴安县	5	4	1				7	1	6	3		3
永福县	1		1	1	1		6	5	1	2		2
灌阳县				1		1	12	9	3	11	9	2
龙胜各族自治县				1		1	11	4	8	13	5	8
资源县	1	1					13	3	9	7	1	6
平乐县				3		3	148	128	20	9	3	6
荔浦县	1	1		3		3	1		1	42	22	20
恭城瑶族自治县	1		1	1	1		10	4	6	29	19	9

12-3 续表 5 单位：人

现住地	户口登记地											
	广西			海南			重庆			四川		
	小计	男	女	小计	男	女	小计	男	女	小计	男	女
全区				**157**	**79**	**79**	**322**	**149**	**173**	**698**	**375**	**323**
南宁市				**40**	**23**	**17**	**63**	**44**	**19**	**220**	**149**	**70**
兴宁区							19	13	5	13	11	3
青秀区				12	5	6	4	3	1	23	15	8
江南区				11	5	6	19	14	5	11	8	3
西乡塘区				9	9		12	5	6	122	71	51
良庆区				2	1	1	2	1	1	14	13	1
邕宁区				1		1				1		1
武鸣县										3	1	2
隆安县				5	3	3						
马山县												
上林县										1		1
宾阳县							7	7		30	30	
横县												
柳州市				**14**	**7**	**6**	**36**	**23**	**13**	**78**	**28**	**50**
城中区							7	3	3	33	3	31
鱼峰区							9	6	3	1	1	
柳南区				5	3	2	17	11	6	17	14	3
柳北区				1	1		2	1	1	6	1	5
柳江县				2		2	2	2		9	4	5
柳城县				3	1	2				8	5	3
鹿寨县				2	2					3	1	2
融安县										1		1
融水苗族自治县												
三江侗族自治县												
桂林市				**22**	**4**	**18**	**106**	**25**	**81**	**109**	**40**	**69**
秀峰区							3	2	1	5	4	1
叠彩区										2	2	
象山区							16	8	8	8	6	2
七星区				5		5	20	2	18	15	2	12
雁山区				10	3	7	46	13	33	48	15	33
临桂区							2	1	1	12	4	8
阳朔县												
灵川县				3		3	17		17	10	4	6
全州县							2		2	2		2
兴安县							1		1	3	2	1
永福县												
灌阳县				2	1	1						
龙胜各族自治县												
资源县				1		1				3		3
平乐县												
荔浦县										2	1	1
恭城瑶族自治县				1		1						

12-3 续表 6 单位：人

现住地	户口登记地											
	贵州			云南			西藏			陕西		
	小计	男	女	小计	男	女	小计	男	女	小计	男	女
全区	**605**	**329**	**276**	**301**	**128**	**173**	**2**	**1**	**1**	**141**	**67**	**74**
南宁市	**54**	**35**	**19**	**47**	**27**	**21**				**36**	**26**	**10**
兴宁区	5	2	3	14	13	1						
青秀区	19	15	5	11	5	6				8	6	2
江南区	1	1								9	4	5
西乡塘区	12	9	4	3	2	2				5	3	2
良庆区	4	3	1	3	1	3				2	1	1
邕宁区	1		1	1		1						
武鸣县				1		1						
隆安县	1		1									
马山县				2		2						
上林县	2		2									
宾阳县	8	5	3	12	7	5				12	12	
横县												
柳州市	**68**	**33**	**35**	**21**	**1**	**20**	**2**	**1**	**1**	**27**	**11**	**16**
城中区	12	6	7	17		17				15	1	14
鱼峰区	7	6	1				2	1	1			
柳南区	15	9	6	2		2				11	10	1
柳北区	6	4	2							1		1
柳江县	3	3		1	1							
柳城县	5		5									
鹿寨县	3		3									
融安县	4	1	3									
融水苗族自治县												
三江侗族自治县	12	5	7									
桂林市	**99**	**41**	**58**	**79**	**25**	**54**				**34**	**7**	**28**
秀峰区												
叠彩区				1		1						
象山区	2	2		2	1	1				4	3	1
七星区	12	1	11	12		12				1	1	
雁山区	24	6	18	41	23	18				18		18
临桂区	6	3	3	2		2				2	1	1
阳朔县												
灵川县	1		1	11		11				7	1	6
全州县				2		2						
兴安县												
永福县	3	1	1									
灌阳县												
龙胜各族自治县												
资源县	3		3									
平乐县	46	26	20	5		5						
荔浦县	1		1	2	1	1				1		1
恭城瑶族自治县	1	1		1		1						

12-3 续表 7

单位：人

现住地	户口登记地											
	甘肃			青海			宁夏			新疆		
	小计	男	女	小计	男	女	小计	男	女	小计	男	女
全区	**60**	**36**	**25**	**20**	**9**	**11**	**4**		**3**	**82**	**42**	**40**
南宁市	**13**	**8**	**4**				**1**		**1**	**38**	**28**	**10**
兴宁区							1		1	3	2	1
青秀区	1	1								1	1	
江南区												
西乡塘区	5	3	2							5	2	3
良庆区	6	3	3							28	23	6
邕宁区												
武鸣县												
隆安县												
马山县												
上林县												
宾阳县												
横县												
柳州市	**1**		**1**	**2**		**2**	**1**		**1**	**1**	**1**	
城中区				2		2				1	1	
鱼峰区												
柳南区												
柳北区	1		1									
柳江县												
柳城县												
鹿寨县												
融安县							1		1			
融水苗族自治县												
三江侗族自治县												
桂林市	**16**	**5**	**11**	**5**	**3**	**3**				**32**	**7**	**25**
秀峰区												
叠彩区												
象山区	3	1	2							2	1	1
七星区				3		3				19		19
雁山区	3	3		3	3					8	6	2
临桂区												
阳朔县												
灵川县	10	1	9							3		3
全州县												
兴安县												
永福县												
灌阳县												
龙胜各族自治县												
资源县												
平乐县												
荔浦县												
恭城瑶族自治县												

12-3 续表 8

单位：人

现住地	户口登记地											
	合计			北京			天津			河北		
	合计	男	女	小计	男	女	小计	男	女	小计	男	女
梧州市	**366**	**164**	**202**	**1**		**1**				**4**	**2**	**1**
万秀区	56	31	25							1	1	1
长洲区	67	33	34	1		1				2	2	1
龙圩区	12	6	6									
苍梧县	8	1	7									
藤县	128	47	81									
蒙山县	13	4	9									
岑溪市	81	41	40									
北海市	**860**	**442**	**418**	**3**	**1**	**2**	**4**	**3**	**1**	**36**	**14**	**22**
海城区	354	157	197				2	2		22	9	13
银海区	393	229	165	2	1	1	1	1	1	12	6	6
铁山港区	21	10	11									
合浦县	92	46	46	1		1				2		2
防城港市	**407**	**285**	**122**							**7**	**5**	**2**
港口区	239	178	61							6	4	2
防城区	39	20	19									
上思县	12	6	6									
东兴市	117	80	37									
钦州市	**539**	**337**	**201**				**1**	**1**		**4**	**3**	**1**
钦南区	294	221	73							1	1	
钦北区	108	57	51				1	1		3	2	1
灵山县	80	41	39									
浦北县	57	18	39									
贵港市	**807**	**569**	**238**							**89**	**86**	**3**
港北区	78	43	35							4	4	
港南区	59	42	17									
覃塘区	236	198	38							85	83	3
平南县	189	120	69									
桂平市	245	166	79									
玉林市	**783**	**427**	**356**	**2**	**1**	**1**				**3**	**1**	**2**
玉州区	455	273	182	2	1	1				2	1	1
福绵区	6	2	4									
容县	55	22	33							1		1
陆川县	85	45	40									
博白县	60	33	27									
兴业县	18	10	8									
北流市	104	42	62									

12-3 续表 9　　单位：人

现住地	户口登记地											
	山西			内蒙古			辽宁			吉林		
	小计	男	女	小计	男	女	小计	男	女	小计	男	女
梧州市	**1**		**1**				**1**	**1**		**3**	**1**	**2**
万秀区										1	1	
长洲区							1	1		2		2
龙圩区												
苍梧县												
藤县												
蒙山县												
岑溪市	1		1									
北海市	**61**	**36**	**25**	**16**	**8**	**7**	**21**	**11**	**10**	**29**	**16**	**13**
海城区	10	3	7	12	7	5	11	4	7	11	6	5
银海区	50	33	17	4	2	2	9	7	3	17	10	7
铁山港区												
合浦县	1		1							1		1
防城港市	**1**	**1**		**1**	**1**	**1**	**3**	**1**	**2**	**3**	**2**	**1**
港口区	1	1		1	1	1	1	1	1	3	2	1
防城区												
上思县												
东兴市							1		1			
钦州市	**3**	**1**	**1**				**23**	**20**	**3**	**2**	**1**	**2**
钦南区	3	1	1				23	20	3	1	1	1
钦北区										1		1
灵山县												
浦北县												
贵港市	**10**	**9**	**1**							**1**	**1**	
港北区	1	1	1							1	1	
港南区												
覃塘区	7	7										
平南县	1	1										
桂平市												
玉林市	**6**	**4**	**2**				**1**		**1**	**1**	**1**	
玉州区	2	2					1		1	1	1	
福绵区												
容县												
陆川县												
博白县	3	1	2									
兴业县	1	1										
北流市												

12-3 续表10 单位：人

现住地	户口登记地											
	黑龙江			上海			江苏			浙江		
	小计	男	女	小计	男	女	小计	男	女	小计	男	女
梧州市				**1**	**1**		**4**	**3**	**1**	**12**	**7**	**5**
万秀区							1	1		2	1	2
长洲区							4	3	1	4	2	2
龙圩区												
苍梧县												
藤县				1	1					6	4	1
蒙山县												
岑溪市												
北海市	**34**	**19**	**15**	**1**		**1**	**13**	**4**	**9**	**25**	**15**	**10**
海城区	12	5	6	1		1	5		5	1	1	1
银海区	22	14	9				8	4	4	20	11	9
铁山港区										3	2	1
合浦县										1	1	
防城港市	**8**	**7**	**2**				**4**	**3**	**1**	**9**	**7**	**2**
港口区	7	6	1				3	2	1	5	3	2
防城区										2	2	
上思县												
东兴市	2	1	1				1	1		3	2	1
钦州市	**6**	**4**	**2**	**11**	**10**	**1**	**7**	**1**	**6**	**9**	**7**	**2**
钦南区	5	4	1	9	9		3		3	7	6	1
钦北区	1		1	1	1		2	1	2	2	1	1
灵山县				1		1						
浦北县							1		1			
贵港市	**2**	**1**	**1**	**5**	**5**		**10**	**9**	**1**	**4**	**2**	**2**
港北区	1		1				1	1		2	1	1
港南区												
覃塘区							5	5		1	1	
平南县	1	1		2	2		4	3	1	1		1
桂平市				3	3							
玉林市	**20**	**11**	**8**	**1**		**1**	**1**		**1**	**18**	**13**	**5**
玉州区	20	11	8							10	10	
福绵区												
容县				1		1				1		1
陆川县										2	1	1
博白县										5	2	3
兴业县												
北流市							1		1			

12-3 续表 11

单位：人

现住地	户口登记地											
	安徽			福建			江西			山东		
	小计	男	女	小计	男	女	小计	男	女	小计	男	女
梧州市	**14**	**8**	**6**	**19**	**12**	**7**	**16**	**9**	**6**	**2**	**1**	**1**
万秀区	5	2	2	3	2	1	10	6	4			
长洲区	8	4	4				2	1	1			
龙圩区												
苍梧县												
藤县												
蒙山县				3	1	1				1		1
岑溪市	1	1		13	8	5	4	3	1	1	1	
北海市	**15**	**8**	**7**	**21**	**14**	**7**	**17**	**8**	**9**	**39**	**19**	**20**
海城区	5	3	2	10	8	1	9	5	4	23	10	13
银海区	10	5	5	4	2	2	3	1	2	15	8	7
铁山港区												
合浦县				8	4	4	5	2	3	1	1	
防城港市	**16**	**11**	**5**	**32**	**25**	**7**	**25**	**18**	**7**	**9**	**5**	**4**
港口区	15	10	4	16	13	3	13	9	4	5	3	2
防城区				1	1	1	4	2	2	2	2	
上思县												
东兴市	1		1	15	12	3	7	6	1	1		1
钦州市	**6**	**5**	**2**	**51**	**46**	**6**	**9**	**6**	**3**	**16**	**14**	**2**
钦南区	3	3	1	42	36	6	7	5	2	16	14	2
钦北区	2	1	1	8	8		2	1	1			
灵山县	1	1		1	1							
浦北县												
贵港市	**1**	**1**		**80**	**61**	**20**	**17**	**4**	**13**			
港北区	1	1		4	3	1	4	3	1			
港南区				16	13	3						
覃塘区				55	43	13						
平南县				5	2	2	3		3			
桂平市							10	1	8			
玉林市	**22**	**9**	**13**	**108**	**62**	**45**	**69**	**43**	**26**	**4**	**2**	**2**
玉州区	15	6	9	105	62	43	59	37	22	4	2	2
福绵区												
容县							1		1			
陆川县				1		1						
博白县	7	2	4				3	1	1			
兴业县							7	5	2			
北流市				1		1						

12-3　续表 12　　　　单位：人

现住地	户口登记地											
	河南			湖北			湖南			广东		
	小计	男	女	小计	男	女	小计	男	女	小计	男	女
梧州市	**5**	**2**	**3**	**3**		**2**	**32**	**11**	**21**	**177**	**71**	**107**
万秀区	2	1	1				5	2	3	16	8	7
长洲区	2	1	1	1		1	15	7	7	19	9	10
龙圩区							2	1	1	10	5	5
苍梧县							1		1	5	1	4
藤县	1		1	1		1	3		3	88	28	60
蒙山县							1	1		5	1	4
岑溪市							6		6	34	18	17
北海市	**34**	**21**	**13**	**20**	**9**	**11**	**43**	**17**	**25**	**222**	**114**	**108**
海城区	15	11	4	10	5	5	16	5	11	103	47	55
银海区	18	9	9	8	3	5	19	10	9	49	28	21
铁山港区				1		1	2	1	1	13	6	7
合浦县	1	1		1		1	5	1	4	57	33	24
防城港市	**20**	**16**	**4**	**52**	**47**	**5**	**54**	**36**	**18**	**62**	**35**	**27**
港口区	16	14	2	47	45	2	23	14	10	25	17	8
防城区				4	2	2	6	4	2	16	6	10
上思县							4	2	2	7	4	3
东兴市	4	2	2	1		1	20	15	4	13	8	5
钦州市	**39**	**28**	**11**	**9**	**5**	**4**	**45**	**22**	**23**	**194**	**98**	**96**
钦南区	32	26	5	3	3		29	17	11	47	25	22
钦北区	5	2	3	2		2	10	4	6	56	32	24
灵山县	1		1	2	1	1	2	1	1	49	25	24
浦北县	2		2	2	1	1	4		4	42	16	26
贵港市	**1**		**1**	**14**	**7**	**7**	**35**	**24**	**11**	**435**	**294**	**141**
港北区				11	6	6	15	8	7	15	9	5
港南区							11	10	2	17	10	7
覃塘区	1		1	1		1	4	3	1	33	19	14
平南县				2	1	1	1		1	153	102	51
桂平市							3	3		218	154	64
玉林市	**74**	**33**	**40**	**22**	**8**	**13**	**69**	**46**	**23**	**255**	**136**	**119**
玉州区	62	26	37	18	7	10	27	19	8	59	43	16
福绵区										5	2	3
容县	3	2	1				19	14	5	19	5	14
陆川县				4	1	3	11	6	4	62	34	28
博白县	6	6					3	3		25	15	10
兴业县							1		1	9	4	5
北流市	2		2				10	5	5	77	34	43

12-3 续表 13

单位：人

现住地	户口登记地											
	广西			海南			重庆			四川		
	小计	男	女	小计	男	女	小计	男	女	小计	男	女
梧州市				**1**		**1**	**4**	**2**	**2**	**19**	**6**	**13**
万秀区										7	4	3
长洲区							2	1	1	4	1	2
龙圩区												
苍梧县										1		1
藤县				1		1				4		4
蒙山县							2	1	1	1		1
岑溪市										4	1	2
北海市				**28**	**18**	**10**	**28**	**16**	**13**	**52**	**21**	**31**
海城区				2	1	1	11	6	5	28	10	18
银海区				25	17	8	16	9	7	21	12	9
铁山港区				1		1						
合浦县							1	1		3		3
防城港市				**6**	**3**	**3**	**8**	**5**	**3**	**53**	**38**	**14**
港口区				2	1	1	7	4	3	20	13	7
防城区				1		1				1	1	
上思县												
东兴市				3	2	1	1	1		32	24	8
钦州市				**6**	**3**	**3**	**3**	**2**	**1**	**43**	**32**	**12**
钦南区				1		1	3	2	1	29	25	3
钦北区				2	1	1				3	1	2
灵山县				2	1	1				10	6	4
浦北县				1	1					2		2
贵港市				**6**	**3**	**2**	**19**	**7**	**12**	**6**	**3**	**3**
港北区				1		1	6	2	4	3	2	1
港南区				1	1		2	2	1			
覃塘区				1	1		5	2	3	2	1	1
平南县				1	1		4	1	2			
桂平市				1		1	3		3			
玉林市				**15**	**8**	**7**	**21**	**10**	**11**	**33**	**17**	**16**
玉州区				3	1	2	17	10	7	27	15	12
福绵区												
容县										3	1	2
陆川县				1	1		1		1	1	1	
博白县				4	2	2	1		1			
兴业县												
北流市				7	4	4	1		1	1		1

12-3 续表 14 单位：人

现住地	户口登记地											
	贵州			云南			西藏			陕西		
	小计	男	女	小计	男	女	小计	男	女	小计	男	女
梧州市	**40**	**23**	**17**	**4**		**4**				**1**	**1**	
万秀区	1	1										
长洲区	1	1	1							1	1	
龙圩区												
苍梧县	1		1									
藤县	19	13	6	4		4						
蒙山县	1		1									
岑溪市	17	9	8									
北海市	**60**	**29**	**31**	**9**	**3**	**6**				**14**	**7**	**7**
海城区	24	7	16	4	1	4				5	1	4
银海区	33	20	13	5	2	2				8	6	3
铁山港区												
合浦县	3	1	2									
防城港市	**14**	**9**	**5**	**15**	**7**	**8**				**4**	**3**	**1**
港口区	9	7	3	7	4	3				4	3	1
防城区	1		1									
上思县				1		1						
东兴市	4	2	2	7	3	4						
钦州市	**21**	**9**	**12**	**18**	**13**	**5**				**8**	**7**	**1**
钦南区	10	8	2	11	8	3				6	6	
钦北区	4	1	3	1		1				2	1	1
灵山县	6		6	5	5							
浦北县	1		1	1		1						
贵港市	**34**	**21**	**13**	**33**	**26**	**7**				**4**	**3**	**1**
港北区	4	1	3	3		3						
港南区	11	7	4									
覃塘区	14	13	1	21	20	1				1		1
平南县	3		3	9	5	4						
桂平市	3		3	2	2					3	3	
玉林市	**14**	**4**	**10**	**7**	**1**	**6**				**2**		**2**
玉州区	6	4	1	2		2						
福绵区	1		1									
容县	3		3	2		2				1		1
陆川县										1		1
博白县	1		1	1		1						
兴业县				1	1							
北流市	3		3									

12-3 续表 15

单位：人

现住地	户口登记地											
	甘肃			青海			宁夏			新疆		
	小计	男	女	小计	男	女	小计	男	女	小计	男	女
梧州市				**3**	**1**	**1**						
万秀区				3	1	1						
长洲区												
龙圩区												
苍梧县												
藤县												
蒙山县												
岑溪市												
北海市	**8**	**5**	**3**	**7**	**3**	**3**				**2**	**1**	**1**
海城区	3	1	1									
银海区	4	3	1	7	3	3				2	1	1
铁山港区												
合浦县	1	1										
防城港市										**2**	**2**	
港口区										2	2	
防城区												
上思县												
东兴市												
钦州市	**3**	**1**	**2**							**2**		**2**
钦南区	1		1							2		2
钦北区	2	1	1									
灵山县												
浦北县												
贵港市				**1**	**1**					**1**	**1**	**1**
港北区				1	1					1	1	1
港南区												
覃塘区												
平南县												
桂平市												
玉林市	**13**	**13**					**1**		**1**	**1**	**1**	
玉州区	13	13								1	1	
福绵区												
容县												
陆川县												
博白县							1		1			
兴业县												
北流市												

12-3 续表 16　　　　单位：人

现住地	户口登记地											
	合 计			北 京			天 津			河 北		
	合计	男	女	小计	男	女	小计	男	女	小计	男	女
百色市	**425**	**211**	**213**				**2**		**2**	**2**	**1**	**1**
右江区	106	58	48									
田阳县	30	18	13									
田东县	55	29	26									
平果县	27	13	14				2		2			
德保县	63	33	30							1		1
靖西县	23	9	14									
那坡县	22	8	14							1	1	
凌云县	11	7	5									
乐业县	7		7									
田林县	5	2	4									
西林县	25	12	13									
隆林各族自治县	49	23	26									
贺州市	**350**	**171**	**179**				**1**	**1**				
八步区	91	33	59									
平桂管理区	151	87	64									
昭平县	33	16	17				1	1				
钟山县	32	14	18									
富川瑶族自治县	43	22	21									
河池市	**713**	**433**	**280**							**1**	**1**	
金城江区	168	148	21									
南丹县	63	31	32									
天峨县	18	8	10									
凤山县	40	22	17									
东兰县	42	20	22									
罗城仫佬族自治县	74	37	37									
环江毛南族自治县	62	33	29									
巴马瑶族自治县	52	33	20									
都安瑶族自治县	84	49	35									
大化瑶族自治县	35	27	8									
宜州市	74	25	49							1	1	
来宾市	**295**	**166**	**129**	**2**	**1**	**1**				**3**	**2**	
兴宾区	69	35	34							1	1	
忻城县	15	7	8									
象州县	56	29	27	2	1	1						
武宣县	90	57	34									
金秀瑶族自治县	30	18	12									
合山市	34	22	13							1	1	
崇左市	**274**	**152**	**122**									
江州区	30	13	17									
扶绥县	25	13	13									
宁明县	35	25	11									
龙州县	35	18	17									
大新县	25	16	10									
天等县	19	11	8									
凭祥市	104	57	46									

12-3 续表 17

单位：人

现住地	户口登记地											
	山西			内蒙古			辽宁			吉林		
	小计	男	女	小计	男	女	小计	男	女	小计	男	女
百色市				**1**	**1**		**4**	**3**	**1**			
右江区							3	2	1			
田阳县												
田东县				1	1		1	1				
平果县												
德保县												
靖西县												
那坡县												
凌云县												
乐业县												
田林县												
西林县												
隆林各族自治县												
贺州市							**3**	**1**	**2**	**2**		**2**
八步区										2		2
平桂管理区							3	1	2			
昭平县												
钟山县												
富川瑶族自治县												
河池市	**4**	**2**	**2**							**8**	**5**	**3**
金城江区										3	3	
南丹县												
天峨县												
凤山县												
东兰县	2	2								5	2	3
罗城仫佬族自治县												
环江毛南族自治县												
巴马瑶族自治县	1		1									
都安瑶族自治县	1		1									
大化瑶族自治县												
宜州市												
来宾市	**2**	**1**	**1**				**1**	**1**		**1**	**1**	**1**
兴宾区	2	1	1									
忻城县												
象州县										1	1	1
武宣县							1	1				
金秀瑶族自治县												
合山市												
崇左市										**1**		
江州区												
扶绥县												
宁明县												
龙州县												
大新县												
天等县												
凭祥市										1		

12-3 续表 18 单位：人

现住地	户口登记地											
	黑龙江			上海			江苏			浙江		
	小计	男	女	小计	男	女	小计	男	女	小计	男	女
百色市	**10**	**5**	**5**				**4**	**2**	**1**	**14**	**9**	**5**
右江区	7	3	4				1	1				
田阳县										6	3	3
田东县							3	1	1	4	3	1
平果县												
德保县												
靖西县												
那坡县												
凌云县												
乐业县												
田林县												
西林县										1	1	
隆林各族自治县	3	2	1							4	3	1
贺州市	**1**		**1**							**19**	**11**	**8**
八步区										5	2	3
平桂管理区										5	5	
昭平县										8	4	4
钟山县	1		1							1	1	1
富川瑶族自治县												
河池市	**4**	**4**		**1**		**1**	**27**	**16**	**12**	**43**	**28**	**15**
金城江区										15	13	2
南丹县	1	1					1	1		3	2	1
天峨县				1		1						
凤山县												
东兰县												
罗城仫佬族自治县	4	4					1		1	19	9	11
环江毛南族自治县												
巴马瑶族自治县							21	14	7	2	1	1
都安瑶族自治县												
大化瑶族自治县												
宜州市							4		4	4	4	
来宾市	**1**	**1**		**1**			**1**	**1**		**10**	**7**	**3**
兴宾区										3	2	1
忻城县							1	1				
象州县										4	2	2
武宣县	1	1										
金秀瑶族自治县										1	1	
合山市										2	2	
崇左市	**1**		**1**				**2**	**1**	**1**	**39**	**21**	**17**
江州区	1		1				2	1	1			
扶绥县										2	2	
宁明县												
龙州县												
大新县										7	4	2
天等县												
凭祥市										30	15	15

12-3 续表 19　　　　单位：人

现住地	户口登记地											
	安徽			福建			江西			山东		
	小计	男	女	小计	男	女	小计	男	女	小计	男	女
百色市	**2**	**2**	**1**	**22**	**13**	**8**	**11**	**4**	**7**	**12**	**4**	**8**
右江区										5	4	1
田阳县							1		1			
田东县				11	7	4	1		1			
平果县				2	2							
德保县	2	2	1				3	2	2			
靖西县				3	1	2	2	1	1	7		7
那坡县												
凌云县												
乐业县												
田林县							1		1			
西林县				3	2	1	2	1	1			
隆林各族自治县				3	1	2						
贺州市	**6**	**2**	**4**	**5**	**3**	**2**	**7**	**3**	**4**	**1**	**1**	
八步区	5	2	3	3	2	1	5	3	2			
平桂管理区				1		1						
昭平县	1		1				1	1				
钟山县				1	1		1		1			
富川瑶族自治县							1		1	1	1	
河池市	**16**	**11**	**5**	**54**	**32**	**22**	**14**	**11**	**3**	**7**	**7**	
金城江区	3	3		9	7	3	7	6	1	3	3	
南丹县	8	5	3									
天峨县				1		1	2	2	1	1	1	
凤山县	2	1	1									
东兰县				11	6	5	2	1	1			
罗城仫佬族自治县										1	1	
环江毛南族自治县	2	1	1	5	2	3	1	1				
巴马瑶族自治县				11	8	3						
都安瑶族自治县				7	3	3				2	2	
大化瑶族自治县				1	1							
宜州市	1	1		10	5	5	1	1				
来宾市	**2**	**1**	**1**	**16**	**13**	**3**	**40**	**20**	**20**			
兴宾区	1		1	7	6	1	19	9	10			
忻城县												
象州县				2	1		1	1				
武宣县				4	2	2	19	10	10			
金秀瑶族自治县	1						1		1			
合山市				4	4							
崇左市	**8**	**5**	**3**	**23**	**14**	**8**	**12**	**6**	**5**	**1**	**1**	
江州区	3	2	1	7	4	3						
扶绥县				1	1		3	1	2			
宁明县				3	1	1						
龙州县				2	1	1	1	1	1	1	1	
大新县	5	3	2	6	4	1						
天等县							2	1	1			
凭祥市				5	3	2	6	4	3	1		

12-3　续表 20　　　　单位：人

现住地	户口登记地											
	河南			湖北			湖南			广东		
	小计	男	女	小计	男	女	小计	男	女	小计	男	女
百色市	**12**	**8**	**4**	**17**	**9**	**8**	**102**	**59**	**43**	**60**	**27**	**34**
右江区	3	1	2	9	5	4	12	10	2	14	7	7
田阳县							17	12	5	3		3
田东县	1	1		4	3	1	14	7	6	8	3	5
平果县							10	6	5	2	1	1
德保县	2	1	1				29	15	14	9	4	5
靖西县				2	1	1				10	6	4
那坡县	4	4								5	2	4
凌云县							1		1	5	3	2
乐业县				1		1	1		1	1		1
田林县							1		1	1	1	
西林县	1	1	1	2	1	1	4	2	2			
隆林各族自治县							13	7	6	2		2
贺州市	**9**	**5**	**3**	**8**	**3**	**4**	**57**	**29**	**28**	**205**	**98**	**107**
八步区	4	2	2	6	2	4	18	8	10	30	5	26
平桂管理区	2	2					3	1	3	136	78	58
昭平县	1	1					9	7	2	12	2	10
钟山县				1	1		6	2	4	20	9	11
富川瑶族自治县	2	1	1	1	1		21	12	9	7	4	3
河池市	**24**	**13**	**12**	**28**	**15**	**14**	**86**	**42**	**44**	**229**	**137**	**92**
金城江区	6	4	2	4	3	1	15	8	7	24	19	5
南丹县	1		1	1	1		28	14	14	6	1	5
天峨县							3	1	2	2	2	
凤山县							1		1	34	19	15
东兰县				7	4	3	2	1	1	10	4	6
罗城仫佬族自治县	7	4	4	1		1	14	6	8	15	5	10
环江毛南族自治县	4	2	2				3	2	1	37	21	16
巴马瑶族自治县				2	1	2	8	4	4	6	4	2
都安瑶族自治县				9	5	5				58	37	21
大化瑶族自治县				1		1	5	5		27	20	6
宜州市	6	3	3	3	1	2	7	1	6	10	5	5
来宾市	**12**	**7**	**5**	**8**	**5**	**2**	**51**	**29**	**22**	**84**	**48**	**36**
兴宾区							6	3	3	17	9	8
忻城县	3	1	2				6	2	4	5	2	3
象州县				1	1		5	2	2	21	14	7
武宣县	3	2	1	4	3	1	21	12	8	11	7	5
金秀瑶族自治县	6	3	2	2	1	1	13	9	5	4	2	2
合山市				1						25	14	11
崇左市	**18**	**8**	**11**	**8**	**4**	**4**	**46**	**31**	**15**	**86**	**51**	**35**
江州区	1		1	4	2	2	3		3	6	3	3
扶绥县				1		1	3	1	2	12	6	5
宁明县	1		1				17	17		11	6	5
龙州县	1		1				1	1		27	15	12
大新县							2	2	1	3	2	1
天等县							2		2	10	8	2
凭祥市	16	8	9	3	2	1	18	11	7	17	11	6

12-3 续表 21

单位：人

现住地	户口登记地											
	广西			海南			重庆			四川		
	小计	男	女	小计	男	女	小计	男	女	小计	男	女
百色市				**3**	**1**	**2**	**4**	**1**	**3**	**38**	**21**	**17**
右江区							4	1	3	9	5	5
田阳县										3	2	1
田东县				3	1	1						
平果县										1	1	
德保县										16	10	6
靖西县												
那坡县												
凌云县												
乐业县				1		1				1		1
田林县										1	1	1
西林县										1	1	1
隆林各族自治县										5	2	3
贺州市				**4**	**4**		**1**		**1**	**13**	**6**	**7**
八步区				4	4					3	1	2
平桂管理区							1		1			
昭平县										1		1
钟山县												
富川瑶族自治县										9	5	5
河池市				**8**	**3**	**4**	**19**	**11**	**8**	**16**	**6**	**10**
金城江区							3	3		4	4	
南丹县							2	2		1		1
天峨县							3	2	1	1		1
凤山县				1	1		1					
东兰县												
罗城仫佬族自治县							4	3	1	1		1
环江毛南族自治县				1		1	4	1	3			
巴马瑶族自治县												
都安瑶族自治县				4	3	2				1		1
大化瑶族自治县												
宜州市				2		2	2		2	7	2	6
来宾市				**1**		**1**	**5**	**2**	**3**	**10**	**5**	**5**
兴宾区										3	2	1
忻城县							1	1				
象州县							2		1	5	3	2
武宣县				1		1	2	1	2	1	1	1
金秀瑶族自治县												
合山市										1		1
崇左市				**4**	**1**	**3**	**3**		**3**	**9**	**3**	**6**
江州区										3	1	2
扶绥县				1		1				1		1
宁明县				2		2	1		1			
龙州县							1		1	2	1	1
大新县												
天等县				1	1	1				1		1
凭祥市							1		1	2	2	

12-3 续表 22

单位：人

现住地	户口登记地											
	贵州			云南			西藏			陕西		
	小计	男	女	小计	男	女	小计	男	女	小计	男	女
百色市	**59**	**27**	**32**	**42**	**14**	**28**				**1**		**1**
右江区	16	11	5	23	10	13						
田阳县	1	1										
田东县	1		1	3		3						
平果县	6	2	3							1		1
德保县												
靖西县												
那坡县	1		1	10	1	10						
凌云县	3	2	1	1	1	1						
乐业县	3		3									
田林县	1		1									
西林县	7	2	5	3	2	2						
隆林各族自治县	19	8	11	1	1							
贺州市	**6**	**1**	**5**	**1**		**1**				**4**	**3**	**1**
八步区	3		3							4	3	1
平桂管理区												
昭平县												
钟山县	1	1	1									
富川瑶族自治县	1		1	1		1						
河池市	**97**	**79**	**17**	**15**	**5**	**10**				**2**		**2**
金城江区	68	67	1									
南丹县	9	4	5	3	1	1						
天峨县	5	1	4									
凤山县												
东兰县	1		1									
罗城仫佬族自治县	5	5	1	1	1							
环江毛南族自治县	2	1	1	1	1							
巴马瑶族自治县				3	1	1						
都安瑶族自治县												
大化瑶族自治县	2	1	1									
宜州市	4		4	7		7				2		2
来宾市	**33**	**16**	**17**	**9**	**5**	**4**				**3**	**1**	**2**
兴宾区	7	2	5	2		2				3	1	2
忻城县												
象州县	9	1	8	1		1						
武宣县	16	13	3	6	5	1						
金秀瑶族自治县												
合山市												
崇左市	**8**	**3**	**5**	**1**	**1**					**3**		**3**
江州区												
扶绥县	2	1	1	1	1							
宁明县										1		1
龙州县												
大新县	2		2							1		1
天等县	3	1	2									
凭祥市	2	1	1									

12-3 续表 23

单位：人

现住地	户口登记地											
	甘 肃			青 海			宁 夏			新 疆		
	小计	男	女	小计	男	女	小计	男	女	小计	男	女
百色市				**2**	**1**	**1**						
右江区												
田阳县												
田东县												
平果县				2	1	1						
德保县												
靖西县												
那坡县												
凌云县												
乐业县												
田林县												
西林县												
隆林各族自治县												
贺州市												
八步区												
平桂管理区												
昭平县												
钟山县												
富川瑶族自治县												
河池市	**7**	**3**	**3**							**3**	**1**	**1**
金城江区	3	3										
南丹县												
天峨县												
凤山县												
东兰县	2		2									
罗城仫佬族自治县												
环江毛南族自治县										1	1	
巴马瑶族自治县												
都安瑶族自治县										1		1
大化瑶族自治县												
宜州市	2		2									
来宾市												
兴宾区												
忻城县												
象州县												
武宣县												
金秀瑶族自治县												
合山市												
崇左市												
江州区												
扶绥县												
宁明县												
龙州县												
大新县												
天等县												
凭祥市												

12-4 全区按现住地、离开户口登记地时间分的户口登记地在外乡镇街道的人口

单位：人

现住地	离开户口登记地时间							
	合计							
	合计	半年至一年	一年至二年	二年至三年	三年至四年	四年至五年	五年至十年	十年以上
全区	**85534**	**10825**	**13846**	**12161**	**7729**	**9918**	**15585**	**15470**
南宁市	**20227**	**3055**	**3558**	**2185**	**1611**	**3209**	**3632**	**2977**
兴宁区	2245	140	262	361	157	402	455	468
青秀区	4319	1148	1223	218	256	379	632	463
江南区	2098	199	250	312	194	501	399	243
西乡塘区	6470	733	1337	849	572	1024	1117	838
良庆区	1814	67	194	136	126	386	523	381
邕宁区	156	4	15	14	45	14	29	35
武鸣县	208	8	15	23	28	52	38	44
隆安县	279	19	31	58	32	68	35	37
马山县	176	30	34	30	6	13	22	42
上林县	641	132	68	90	74	138	68	72
宾阳县	1016	530	31	24	28	35	95	272
横县	807	44	100	71	95	197	218	82
柳州市	**12302**	**823**	**1584**	**1155**	**1067**	**1582**	**2644**	**3447**
城中区	1338	94	341	227	182	109	197	188
鱼峰区	2506	165	175	207	151	312	568	929
柳南区	3304	166	382	258	227	298	750	1223
柳北区	2274	174	322	150	276	320	478	554
柳江县	1553	85	188	150	101	433	371	226
柳城县	371	22	55	55	25	36	64	115
鹿寨县	353	40	54	43	32	26	69	88
融安县	359	59	49	36	59	33	80	44
融水苗族自治县	10	5	1				3	
三江侗族自治县	236	13	16	29	15	16	64	83
桂林市	**13008**	**890**	**2387**	**3779**	**1394**	**806**	**1853**	**1900**
秀峰区	1042	70	166	229	49	59	255	214
叠彩区	608	34	57	61	68	82	130	175
象山区	784	76	83	53	42	105	133	293
七星区	2156	43	431	915	266	56	136	309
雁山区	2575	174	406	1403	543	7	21	20
临桂区	794	51	179	167	80	64	125	129
阳朔县	214	20	24	20	24	16	59	51
灵川县	1951	48	549	607	64	177	324	182
全州县	694	97	66	68	52	74	181	156
兴安县	324	47	39	33	41	25	59	80
永福县	185	22	23	26	14	15	34	52
灌阳县	163	47	29	16	11	8	23	29
龙胜各族自治县	214	39	39	20	21	14	34	47
资源县	150	72	10	17	5	6	21	20
平乐县	678	18	235	74	39	37	216	59
荔浦县	311	21	40	57	48	39	58	48
恭城瑶族自治县	163	12	12	14	26	22	43	35

12-4 续表 1

单位：人

现住地	离开户口登记地时间							
	省内							
	小计	半年至一年	一年至二年	二年至三年	三年至四年	四年至五年	五年至十年	十年以上
全　区	**72143**	**8218**	**11177**	**10233**	**6622**	**8658**	**13653**	**13581**
南宁市	**16872**	**2110**	**3121**	**1840**	**1379**	**2799**	**3105**	**2518**
兴宁区	1913	124	223	335	130	338	395	368
青秀区	3602	910	1083	148	204	331	537	390
江南区	1722	161	197	274	150	397	327	216
西乡塘区	5440	647	1209	665	498	886	898	636
良庆区	1619	51	138	123	113	352	484	356
邕宁区	136	4	11	13	41	13	21	32
武鸣县	192	7	15	22	25	47	37	40
隆安县	259	17	29	52	28	62	34	37
马山县	165	19	33	30	6	13	22	42
上林县	555	71	66	87	72	133	61	65
宾阳县	508	61	23	21	24	33	89	257
横县	759	39	94	69	87	193	199	78
柳州市	**10651**	**670**	**1213**	**1035**	**918**	**1422**	**2309**	**3084**
城中区	987	77	171	194	129	93	164	159
鱼峰区	2268	138	137	193	138	294	515	852
柳南区	2788	129	314	222	192	257	615	1060
柳北区	2084	154	297	145	264	276	429	520
柳江县	1425	70	165	140	89	406	343	212
柳城县	321	20	44	49	20	29	59	100
鹿寨县	251	21	27	30	20	23	57	73
融安县	319	53	44	33	52	31	73	33
融水苗族自治县	4	3					1	
三江侗族自治县	204	6	14	28	14	14	53	75
桂林市	**10441**	**714**	**1723**	**2986**	**1198**	**665**	**1599**	**1556**
秀峰区	962	69	157	219	45	55	230	187
叠彩区	516	33	52	53	62	71	112	133
象山区	579	59	66	43	32	67	92	221
七星区	1772	35	332	729	244	51	116	266
雁山区	1963	106	266	1119	442	1	14	15
临桂区	602	43	108	104	66	55	113	113
阳朔县	191	13	22	18	20	14	56	47
灵川县	1571	37	466	440	55	149	280	142
全州县	590	84	57	59	50	62	158	120
兴安县	301	44	35	29	41	25	52	75
永福县	169	22	21	21	14	15	30	46
灌阳县	122	35	21	12	9	7	14	24
龙胜各族自治县	184	36	34	20	21	10	28	36
资源县	119	65	8	12	3	2	15	14
平乐县	431	8	32	60	37	37	206	51
荔浦县	251	15	37	38	43	32	52	35
恭城瑶族自治县	116	9	11	10	14	11	30	31

12-4 续表 2

单位：人

现住地	离开户口登记地时间							
	省外							
	小计	半年至一年	一年至二年	二年至三年	三年至四年	四年至五年	五年至十年	十年以上
全　区	**13391**	**2607**	**2668**	**1928**	**1107**	**1260**	**1932**	**1889**
南宁市	**3356**	**945**	**438**	**345**	**232**	**410**	**527**	**459**
兴宁区	331	16	39	25	27	65	60	99
青秀区	716	238	140	70	52	48	95	73
江南区	376	39	53	38	44	104	72	27
西乡塘区	1030	86	128	184	75	137	218	202
良庆区	196	16	56	13	12	35	39	25
邕宁区	19		3	1	4	1	7	3
武鸣县	15	1		1	3	4	1	4
隆安县	19	2	3	5	3	5	1	
马山县	12	11	1					
上林县	85	62	1	3	2	5	7	7
宾阳县	507	469	8	3	3	3	6	15
横县	48	6	6	2	7	4	20	4
柳州市	**1651**	**153**	**371**	**120**	**149**	**160**	**335**	**363**
城中区	350	18	170	33	53	16	33	28
鱼峰区	238	27	38	13	13	18	53	76
柳南区	515	37	68	36	34	41	135	163
柳北区	190	20	25	5	12	45	49	34
柳江县	128	15	23	10	12	26	28	14
柳城县	50	2	11	6	5	6	5	15
鹿寨县	102	19	27	14	12	4	12	15
融安县	40	6	5	3	7	2	7	10
融水苗族自治县	5	3	1				1	
三江侗族自治县	32	7	3	1	1	2	11	7
桂林市	**2567**	**176**	**663**	**793**	**196**	**141**	**254**	**343**
秀峰区	81	2	9	10	4	4	25	27
叠彩区	92	1	5	8	6	12	18	42
象山区	205	17	17	10	10	38	41	72
七星区	384	8	99	186	22	5	20	43
雁山区	612	69	140	284	101	6	7	5
临桂区	192	7	71	63	15	8	12	16
阳朔县	24	7	2	2	4	1	3	4
灵川县	380	11	83	167	8	28	44	39
全州县	104	13	8	9	2	11	24	37
兴安县	23	2	4	4			7	5
永福县	16		2	4			4	6
灌阳县	40	12	8	4	2	1	9	5
龙胜各族自治县	30	3	5			5	6	11
资源县	32	6	2	5	2	4	6	7
平乐县	247	10	203	14	2		10	8
荔浦县	60	6	4	19	5	7	6	13
恭城瑶族自治县	46	3	1	4	12	10	13	4

12-4 续表 3

单位：人

现住地	离开户口登记地时间							
	合 计							
	合 计	半年至一年	一年至二年	二年至三年	三年至四年	四年至五年	五年至十年	十年以上
梧州市	**2621**	**275**	**351**	**350**	**307**	**357**	**512**	**468**
万秀区	753	55	78	97	84	103	170	166
长洲区	506	44	95	76	53	70	87	81
龙圩区	183	30	18	38	6	10	71	11
苍梧县	34	2	2	11	4	2	4	8
藤县	494	50	39	49	104	37	100	116
蒙山县	170	5	14	35	28	61	15	13
岑溪市	480	89	105	45	28	75	66	74
北海市	**3742**	**576**	**813**	**437**	**293**	**301**	**642**	**679**
海城区	1820	299	404	239	133	142	344	260
银海区	822	115	219	106	57	52	125	148
铁山港区	123	12	20	12	12	7	25	35
合浦县	976	150	170	80	91	101	148	237
防城港市	**2385**	**265**	**396**	**280**	**188**	**382**	**457**	**417**
港口区	980	130	183	115	75	144	173	160
防城区	657	55	62	69	44	125	149	153
上思县	286	53	25	32	34	65	43	35
东兴市	462	26	126	65	36	48	92	69
钦州市	**3966**	**428**	**764**	**566**	**386**	**523**	**662**	**637**
钦南区	1932	199	326	260	164	367	368	249
钦北区	722	94	114	113	81	62	125	134
灵山县	890	82	250	154	95	66	116	128
浦北县	421	53	74	39	46	29	54	126
贵港市	**3902**	**836**	**584**	**360**	**367**	**315**	**850**	**592**
港北区	1037	97	114	130	81	103	244	268
港南区	1058	307	86	28	99	85	317	136
覃塘区	488	195	188	49	7	10	28	12
平南县	468	39	95	81	51	55	110	36
桂平市	851	198	100	72	129	62	151	140
玉林市	**5675**	**571**	**768**	**741**	**597**	**848**	**1159**	**990**
玉州区	2684	275	399	334	244	363	614	455
福绵区	37	4	4	10	8	4	6	1
容县	536	70	82	51	59	31	122	121
陆川县	603	136	66	57	49	93	85	116
博白县	576	25	107	102	69	65	118	90
兴业县	88	7	10	7	2	9	38	15
北流市	1152	54	100	180	167	283	175	192

12-4 续表 4　　　　单位：人

现住地	离开户口登记地时间							
	省内							
	小计	半年至一年	一年至二年	二年至三年	三年至四年	四年至五年	五年至十年	十年以上
梧州市	**2255**	**191**	**308**	**312**	**272**	**325**	**452**	**395**
万秀区	698	51	70	88	78	95	159	157
长洲区	439	42	84	72	47	64	64	65
龙圩区	171	28	15	34	6	8	69	11
苍梧县	25	2	1	9	2		3	8
藤县	366	13	32	37	96	30	81	77
蒙山县	157	3	12	34	24	60	12	11
岑溪市	399	50	93	38	19	67	64	68
北海市	**2881**	**370**	**531**	**344**	**225**	**257**	**573**	**582**
海城区	1466	199	291	203	107	123	312	230
银海区	429	33	65	61	27	38	97	108
铁山港区	102	9	19	10	9	5	21	30
合浦县	884	129	156	69	82	92	142	214
防城港市	**1978**	**211**	**301**	**228**	**157**	**326**	**398**	**356**
港口区	741	87	146	86	55	108	142	116
防城区	618	51	58	63	43	118	138	147
上思县	274	51	24	28	32	62	41	34
东兴市	345	21	73	51	28	38	76	59
钦州市	**3428**	**329**	**665**	**504**	**321**	**436**	**571**	**601**
钦南区	1638	162	271	235	134	301	300	236
钦北区	614	70	90	94	67	49	115	130
灵山县	810	65	238	142	82	60	108	114
浦北县	364	32	66	34	38	26	48	121
贵港市	**3096**	**575**	**403**	**214**	**272**	**282**	**800**	**549**
港北区	960	91	98	116	77	95	232	250
港南区	999	291	74	23	95	83	304	130
覃塘区	252	64	131	14	3	7	23	9
平南县	278	26	34	21	30	44	100	24
桂平市	606	102	67	40	66	54	141	136
玉林市	**4892**	**422**	**602**	**653**	**523**	**733**	**1033**	**925**
玉州区	2229	194	286	297	193	289	527	443
福绵区	31	3	3	9	6	3	5	1
容县	481	53	74	47	56	26	110	114
陆川县	518	105	61	48	45	82	77	101
博白县	515	19	88	92	62	64	114	77
兴业县	70	5	3	5	2	6	34	15
北流市	1048	43	87	156	159	263	166	174

12-4 续表 5

单位：人

现住地	离开户口登记地时间							
	省外							
	小计	半年至一年	一年至二年	二年至三年	三年至四年	四年至五年	五年至十年	十年以上
梧州市	**366**	**85**	**43**	**38**	**35**	**33**	**60**	**72**
万秀区	56	5	8	9	7	7	11	10
长洲区	67	1	11	4	6	6	23	16
龙圩区	12	2	3	4		2	2	
苍梧县	8		1	2	2	2	1	
藤县	128	36	7	12	8	7	20	39
蒙山县	13	2	2	1	3	1	3	2
岑溪市	81	39	12	6	9	8	1	6
北海市	**860**	**206**	**282**	**94**	**68**	**44**	**69**	**97**
海城区	354	100	112	35	26	19	32	29
银海区	393	82	154	45	30	14	28	40
铁山港区	21	3	2	3	3	1	4	5
合浦县	92	21	14	10	9	9	5	23
防城港市	**407**	**54**	**95**	**52**	**31**	**56**	**59**	**60**
港口区	239	43	36	29	21	36	31	44
防城区	39	4	4	6	1	7	11	6
上思县	12	2	1	3	2	2	1	
东兴市	117	6	53	14	8	10	16	10
钦州市	**539**	**99**	**99**	**62**	**65**	**87**	**91**	**36**
钦南区	294	37	55	25	30	65	68	13
钦北区	108	24	24	18	14	13	9	5
灵山县	80	17	12	13	13	5	8	13
浦北县	57	21	9	5	7	3	6	5
贵港市	**807**	**261**	**180**	**146**	**95**	**32**	**49**	**43**
港北区	78	6	16	14	4	9	12	17
港南区	59	16	13	5	4	2	14	6
覃塘区	236	131	57	35	3	2	5	3
平南县	189	13	61	60	21	11	10	13
桂平市	245	96	32	32	63	8	9	5
玉林市	**783**	**149**	**166**	**88**	**74**	**115**	**126**	**65**
玉州区	455	81	114	37	51	74	87	12
福绵区	6	1	1	1	2	1	1	
容县	55	18	8	3	3	4	12	7
陆川县	85	31	5	10	4	11	8	16
博白县	60	6	20	11	7	1	4	13
兴业县	18	2	7	2		3	4	
北流市	104	11	13	24	8	20	9	18

12-4 续表 6　　　　单位：人

现住地	离开户口登记地时间							
	合计							
	合　计	半年至一年	一年至二年	二年至三年	三年至四年	四年至五年	五年至十年	十年以上
百色市	**4238**	**571**	**553**	**438**	**441**	**437**	**877**	**921**
右江区	1217	191	183	121	109	88	173	351
田阳县	286	33	40	27	30	10	130	15
田东县	439	51	30	41	44	70	77	127
平果县	773	57	77	96	136	83	149	174
德保县	296	71	52	22	26	21	53	50
靖西县	182	11	6	15	10	27	106	7
那坡县	128	16	15	12	15	17	38	16
凌云县	58	23	6	6	4	3	7	9
乐业县	35	4	2	3	3	5	6	11
田林县	151	43	56	13	11	13	10	3
西林县	146	10	20	8	20	12	22	54
隆林各族自治县	528	60	64	74	34	87	107	103
贺州市	**1547**	**289**	**189**	**174**	**109**	**165**	**323**	**300**
八步区	624	50	83	90	54	69	164	114
平桂管理区	285	172	11	8	5	16	38	35
昭平县	243	27	39	42	20	43	26	46
钟山县	172	21	30	20	16	13	41	31
富川瑶族自治县	223	18	25	13	13	24	54	74
河池市	**5304**	**1157**	**1216**	**522**	**485**	**388**	**726**	**809**
金城江区	1438	82	727	113	47	55	128	286
南丹县	295	28	23	23	36	30	49	106
天峨县	179	26	24	14	18	11	47	39
凤山县	121	40	23	10	7	9	22	9
东兰县	554	401	28	18	14	21	34	38
罗城仫佬族自治县	345	180	29	33	15	15	31	42
环江毛南族自治县	294	84	34	27	14	32	54	49
巴马瑶族自治县	290	26	118	41	25	20	33	27
都安瑶族自治县	654	179	55	92	80	80	123	45
大化瑶族自治县	453	21	38	60	174	68	58	36
宜州市	680	90	117	92	56	46	147	131
来宾市	**3283**	**223**	**302**	**326**	**299**	**424**	**807**	**902**
兴宾区	1736	86	114	160	149	242	495	491
忻城县	211	28	20	42	28	24	35	35
象州县	416	59	44	45	27	52	83	106
武宣县	590	18	69	48	68	67	124	196
金秀瑶族自治县	182	20	34	15	14	27	35	36
合山市	148	13	21	16	15	11	34	39
崇左市	**3334**	**867**	**381**	**847**	**184**	**181**	**442**	**431**
江州区	811	36	36	566	61	16	43	53
扶绥县	611	316	38	43	26	39	52	97
宁明县	324	18	41	59	14	26	68	99
龙州县	391	75	55	31	20	38	99	72
大新县	247	18	31	62	24	36	52	25
天等县	544	292	104	51	11	12	66	7
凭祥市	405	112	76	36	28	14	61	78

12-4 续表 7

单位：人

现住地	离开户口登记地时间							
	省内							
	小计	半年至一年	一年至二年	二年至三年	三年至四年	四年至五年	五年至十年	十年以上
百色市	**3813**	**499**	**496**	**395**	**395**	**387**	**803**	**838**
右江区	1112	169	168	113	98	84	152	328
田阳县	255	29	34	14	25	10	129	15
田东县	384	38	26	36	37	59	74	113
平果县	746	56	71	92	136	77	149	164
德保县	233	69	41	16	21	18	32	36
靖西县	158	4	3	15	4	20	106	7
那坡县	106	10	14	11	10	14	37	11
凌云县	47	15	6	6	3	3	6	8
乐业县	28	4	2	2	2	5	4	10
田林县	145	41	56	13	11	12	9	2
西林县	121	8	16	7	17	9	16	48
隆林各族自治县	479	56	60	72	32	78	89	93
贺州市	**1198**	**125**	**151**	**156**	**89**	**140**	**279**	**258**
八步区	533	43	69	81	45	52	142	101
平桂管理区	134	36	7	7	5	14	34	30
昭平县	211	24	36	40	14	39	23	34
钟山县	140	11	18	18	15	12	39	28
富川瑶族自治县	180	11	21	9	10	22	41	66
河池市	**4592**	**999**	**1041**	**440**	**428**	**348**	**614**	**721**
金城江区	1270	72	618	97	45	53	115	270
南丹县	232	25	20	19	32	21	37	79
天峨县	161	25	22	12	16	9	44	33
凤山县	81	28	14	9	5	9	12	4
东兰县	512	389	24	16	12	18	21	31
罗城仫佬族自治县	271	169	21	14	8	12	20	27
环江毛南族自治县	231	51	25	24	14	27	48	44
巴马瑶族自治县	238	24	107	28	16	19	20	24
都安瑶族自治县	571	122	54	87	76	73	113	45
大化瑶族自治县	418	18	36	57	148	67	56	36
宜州市	606	80	100	77	55	39	129	127
来宾市	**2988**	**201**	**268**	**301**	**275**	**380**	**738**	**825**
兴宾区	1667	83	106	155	142	233	467	481
忻城县	196	27	19	38	26	23	30	32
象州县	360	46	35	38	22	45	76	97
武宣县	499	16	65	46	63	52	110	146
金秀瑶族自治县	152	16	30	13	12	19	29	33
合山市	114	12	13	11	9	8	25	35
崇左市	**3060**	**803**	**353**	**825**	**169**	**158**	**379**	**372**
江州区	780	32	31	561	58	14	37	47
扶绥县	586	310	38	40	26	35	44	93
宁明县	289	18	37	56	13	25	59	80
龙州县	356	49	53	31	19	36	96	72
大新县	222	17	27	61	24	29	43	21
天等县	525	281	102	50	11	10	66	6
凭祥市	302	96	65	25	18	9	35	53

12-4 续表 8 单位：人

现住地	离开户口登记地时间							
	省外							
	小计	半年至一年	一年至二年	二年至三年	三年至四年	四年至五年	五年至十年	十年以上
百色市	**425**	**72**	**57**	**43**	**46**	**49**	**74**	**84**
右江区	106	22	15	8	11	4	21	24
田阳县	30	4	7	13	6		1	
田东县	55	13	4	6	6	10	2	13
平果县	27	1	5	4		7		10
德保县	63	1	12	7	5	3	21	14
靖西县	23	7	3		6	7		
那坡县	22	6	2	1	5	4	1	5
凌云县	11	8	1		1		1	1
乐业县	7	1		1	1	1	2	2
田林县	5	2				1	2	1
西林县	25	2	5	1	3	3	5	6
隆林各族自治县	49	4	4	2	2	10	18	10
贺州市	**350**	**164**	**38**	**18**	**19**	**25**	**44**	**42**
八步区	91	8	14	9	9	16	22	13
平桂管理区	151	136	4	1		1	4	5
昭平县	33	3	3	2	5	4	3	12
钟山县	32	10	12	2	1	1	1	4
富川瑶族自治县	43	7	5	4	3	2	13	9
河池市	**713**	**158**	**175**	**83**	**56**	**40**	**112**	**88**
金城江区	168	10	109	16	2	2	13	16
南丹县	63	3	3	4	4	9	12	27
天峨县	18	2	2	2	2	2	3	6
凤山县	40	12	10	1	1		10	5
东兰县	42	13	4	2	1	3	12	7
罗城仫佬族自治县	74	12	7	19	7	3	11	15
环江毛南族自治县	62	34	9	3		5	6	5
巴马瑶族自治县	52	2	11	13	8	1	13	3
都安瑶族自治县	84	57	1	5	4	7	10	
大化瑶族自治县	35	3	2	2	26	1	2	
宜州市	74	11	17	15	2	7	19	4
来宾市	**295**	**22**	**34**	**25**	**24**	**44**	**69**	**77**
兴宾区	69	2	8	5	6	9	28	10
忻城县	15	1	1	3	1	2	5	2
象州县	56	13	9	7	4	8	7	8
武宣县	90	2	4	2	4	15	14	49
金秀瑶族自治县	30	4	4	2	2	8	6	3
合山市	34		9	5	5	3	9	4
崇左市	**274**	**64**	**27**	**23**	**15**	**24**	**62**	**59**
江州区	30	4	5	5	3	2	6	5
扶绥县	25	5		3		5	8	5
宁明县	35		4	3	1	1	9	18
龙州县	35	26	2		1	2	3	1
大新县	25	1	4	1		7	10	4
天等县	19	11	1	1	1	2	1	2
凭祥市	104	16	11	11	10	4	26	25

12-5 全区按户口登记地、受教育程度、性别分的户口登记地在外乡镇街道的人口

单位：人

受教育程度	户口登记地					
	合　计			省　内		
				省　内		
	合计	男	女	小计	男	女
总　计	**80219**	**38630**	**41589**	**67456**	**31615**	**35841**
未上过学	1245	298	947	1081	240	840
小　学	12437	5690	6747	10761	4833	5929
初　中	29203	14780	14423	23679	11488	12192
普通高中	10894	5755	5138	9223	4644	4579
中　职	7211	4140	3071	6476	3674	2802
大学专科	8565	3840	4725	7514	3312	4202
大学本科	10356	3954	6402	8474	3294	5179
研 究 生	309	173	137	248	129	119

12-5　续表

单位：人

受教育程度	户口登记地					
	省　内			省　外		
	其中：市区内人户分离					
	小计	男	女	小计	男	女
总　计	**11266**	**5088**	**6178**	**12763**	**7015**	**5748**
未上过学	170	56	114	164	58	107
小　学	1935	888	1047	1676	857	818
初　中	2604	1026	1579	5524	3293	2231
普通高中	2065	921	1144	1670	1111	559
中　职	1391	828	563	734	466	269
大学专科	1512	642	870	1051	528	523
大学本科	1494	678	816	1882	660	1223
研 究 生	95	49	46	61	43	18

12-6 全区分年龄、性别、迁移原因的户口登记地在外乡镇街道的人口

单位：人

年龄	合计			工作就业			学习培训		
	合计	男	女	小计	男	女	小计	男	女
总计	**85534**	**41511**	**44023**	**35282**	**21462**	**13820**	**11197**	**3687**	**7509**
0-4	**4491**	**2431**	**2059**						
0	339	173	166						
1	843	497	347						
2	1066	553	513						
3	1215	647	568						
4	1028	562	466						
5-9	**3993**	**2202**	**1791**				**608**	**367**	**240**
5	824	449	375						
6	844	457	386				134	77	57
7	837	487	350				165	109	56
8	747	396	351				146	78	68
9	741	413	328				163	103	59
10-14	**3592**	**1927**	**1665**				**945**	**490**	**455**
10	827	453	374				181	105	76
11	681	376	305				152	88	65
12	712	388	324				170	89	81
13	592	324	269				151	83	68
14	780	386	394				290	126	164
15-19	**5564**	**2478**	**3085**	**678**	**349**	**328**	**3321**	**1241**	**2079**
15	875	532	343	23	17	5	467	260	207
16	1209	722	486	69	35	34	767	459	309
17	1148	576	572	122	68	54	723	335	388
18	1000	335	665	179	91	88	557	116	440
19	1331	313	1019	286	139	147	807	71	735
20-24	**11675**	**4195**	**7480**	**3591**	**1995**	**1596**	**5917**	**1424**	**4494**
20	2690	656	2034	488	234	254	1815	254	1561
21	2889	924	1965	519	327	192	1984	452	1532
22	2339	906	1434	658	373	284	1276	398	878
23	2087	929	1158	954	532	422	636	219	416
24	1670	780	889	972	528	444	207	100	107
25-29	**12092**	**5583**	**6510**	**7534**	**4267**	**3267**	**288**	**107**	**181**
25	2425	1154	1271	1572	889	683	106	38	69
26	2338	1057	1281	1496	825	671	80	21	59
27	2364	1081	1283	1429	809	620	48	21	27
28	2471	1171	1299	1529	881	647	37	18	19
29	2495	1119	1375	1509	863	646	17	9	8

12-6 续表 1

单位：人

年 龄	随同迁移			房屋拆迁			改善住房		
	小计	男	女	小计	男	女	小计	男	女
总 计	**17090**	**7841**	**9249**	**553**	**285**	**268**	**5888**	**3486**	**2402**
0-4	**3472**	**1883**	**1589**	**19**	**9**	**11**	**73**	**40**	**33**
0	264	137	127	4	3	1	5	4	1
1	675	407	268	2	1	1	13	8	5
2	852	435	417	3		3	17	11	5
3	942	507	435	7	3	4	18	11	7
4	739	397	342	3	1	2	20	4	16
5-9	**2778**	**1515**	**1263**	**24**	**15**	**10**	**65**	**36**	**29**
5	611	342	269	4	1	3	11	6	6
6	607	324	283	5	5		16	7	9
7	564	320	244	3	2	2	13	9	4
8	510	273	237	3	1	3	11	6	5
9	485	255	231	8	6	2	12	8	5
10-14	**2209**	**1198**	**1011**	**11**	**4**	**7**	**81**	**41**	**40**
10	550	295	255	2	1	1	14	8	6
11	451	243	209	3	1	2	11	4	7
12	453	256	197	1		1	13	6	7
13	361	192	168	3	2	1	21	15	7
14	394	212	182	2		1	21	8	13
15-19	**892**	**527**	**365**	**9**	**7**	**1**	**43**	**29**	**15**
15	222	131	91	2	1	1	6	5	2
16	199	115	84	1		1	8	6	2
17	169	103	66	2	2		9	5	5
18	165	97	68	3	3		14	10	4
19	136	80	56	2	2		6	3	3
20-24	**972**	**535**	**437**	**10**	**5**	**5**	**112**	**74**	**38**
20	222	127	95	2	1	1	19	14	4
21	195	105	89				23	16	7
22	161	89	72	1	1	1	17	10	6
23	197	115	81	5	3	2	23	16	7
24	196	98	98	2	1	1	31	18	13
25-29	**1273**	**608**	**664**	**36**	**17**	**20**	**375**	**223**	**151**
25	253	139	114	3	2	1	36	20	16
26	248	109	138	6	2	4	69	42	26
27	252	123	129	7	1	5	89	52	37
28	262	128	135	8	7	2	77	49	28
29	258	109	149	12	5	7	104	60	44

12-6 续表 2

单位：人

年 龄	寄挂户口			婚姻嫁娶			为子女就学			其 他		
	小计	男	女	小计	男	女	小计	男	女	小计	男	女
总 计	**273**	**146**	**128**	**7802**	**827**	**6975**	**933**	**396**	**536**	**6516**	**3380**	**3135**
0-4	**36**	**20**	**16**							**891**	**480**	**410**
0	1	1								64	28	36
1	8	5	3							145	75	70
2	3	3								191	103	87
3	11	6	5							236	119	117
4	11	4	7							255	155	100
5-9	**25**	**12**	**13**							**494**	**258**	**236**
5	5	1	4							192	100	93
6	2	1	1							79	43	37
7	5	2	3							86	45	41
8	5	2	3							72	36	36
9	9	7	2							64	35	29
10-14	**23**	**9**	**13**							**323**	**184**	**140**
10	4	2	3							75	42	34
11	3	2	1							61	38	23
12	13	5	8							62	33	29
13	1		1							55	32	24
14	2	1	1							70	39	31
15-19	**4**	**3**	**1**	**134**	**2**	**132**	**1**		**1**	**483**	**319**	**164**
15	1	1		2		2				152	117	35
16	1	1		10		10				154	107	48
17				24		24				99	63	36
18				36		36	1		1	45	17	28
19	1		1	62	2	60				32	15	17
20-24	**10**	**4**	**6**	**770**	**14**	**756**	**12**	**4**	**8**	**282**	**140**	**142**
20				101		101				44	26	18
21	2	1	1	118	2	116				49	21	28
22	2	1	2	153	3	150	3	2	1	67	29	38
23	3	1	2	205	5	200	3		3	61	37	24
24	2	1	1	193	5	189	5	2	3	62	28	33
25-29	**19**	**13**	**6**	**1963**	**91**	**1872**	**64**	**15**	**49**	**541**	**242**	**299**
25	3		3	337	13	324	11	3	8	103	50	53
26	5	3	1	336	10	327	5	1	4	94	43	50
27	4	3	1	417	24	393	16	3	13	104	46	58
28	5	5		416	25	390	17	2	15	119	56	63
29	2	2		457	19	438	16	6	9	121	47	74

12-6 续表 3

单位：人

年龄	合计			工作就业			学习培训		
	合计	男	女	小计	男	女	小计	男	女
30-34	**10411**	**4878**	**5533**	**6376**	**3757**	**2619**	**52**	**23**	**29**
30	2363	1109	1254	1458	857	601	13	8	5
31	2201	1012	1190	1360	798	562	12	6	6
32	1868	840	1027	1088	626	462	4	1	3
33	2094	985	1109	1305	758	547	15	2	13
34	1885	933	953	1165	719	446	8	6	2
35-39	**8797**	**4542**	**4255**	**5345**	**3339**	**2007**	**26**	**18**	**9**
35	1951	974	977	1206	727	478	6	6	
36	1891	964	926	1154	724	431	8	5	3
37	1764	859	905	1066	649	417	3		3
38	1529	854	675	943	620	323	2	1	1
39	1663	891	772	976	618	358	6	6	1
40-44	**7405**	**4049**	**3356**	**4521**	**2911**	**1609**	**21**	**13**	**9**
40	1618	856	762	969	623	346	6	4	2
41	1598	855	744	971	615	356	6	4	2
42	1481	835	646	890	584	306	3	2	1
43	1426	806	620	881	570	311	4	2	1
44	1281	698	583	809	518	290	3		2
45-49	**5887**	**3292**	**2595**	**3536**	**2290**	**1246**	**7**	**3**	**5**
45	1385	768	617	875	556	319	4	1	2
46	1249	715	535	748	495	253	2		2
47	1281	714	567	759	483	276	2	2	
48	940	541	399	589	400	189			
49	1031	554	478	565	356	209			
50-54	**4116**	**2333**	**1784**	**2167**	**1489**	**678**	**1**		**1**
50	1031	595	436	586	402	184			
51	935	504	431	514	333	181			
52	1080	635	446	574	404	170			
53	753	427	326	364	261	103	1		1
54	317	172	146	128	88	41			
55-59	**2286**	**1153**	**1132**	**806**	**542**	**264**	**6**		**6**
55	425	213	212	176	118	58			
56	389	217	172	161	106	55	4		4
57	543	264	279	177	116	61	3		2
58	513	252	261	165	112	53			
59	417	207	209	127	90	36			
60-64	**1940**	**949**	**990**	**425**	**310**	**115**	**2**		**2**
60	422	218	204	99	84	16	1		1
61	427	207	220	97	64	33			
62	420	195	225	82	56	25	1		1
63	371	178	193	73	52	21			
64	300	152	148	74	54	21			
65及以上	**3284**	**1497**	**1787**	**304**	**213**	**91**	**2**	**1**	**1**

12-6 续表 4 单位：人

年 龄	随同迁移			房屋拆迁			改善住房		
	小计	男	女	小计	男	女	小计	男	女
30-34	**921**	**328**	**594**	**49**	**20**	**29**	**553**	**315**	**238**
30	228	83	145	5	1	4	107	65	42
31	193	73	120	11	6	5	98	55	42
32	173	54	119	8	3	5	115	75	39
33	171	75	96	12	2	10	108	47	61
34	157	44	113	13	7	6	125	72	53
35-39	**715**	**197**	**518**	**59**	**39**	**21**	**759**	**455**	**304**
35	153	47	107	14	10	4	145	88	57
36	155	51	105	11	6	5	145	74	71
37	134	31	103	21	14	7	152	83	69
38	127	39	88	6	3	2	148	99	50
39	145	29	116	8	6	2	169	111	58
40-44	**575**	**123**	**451**	**51**	**29**	**22**	**813**	**510**	**303**
40	111	15	97	7	3	4	173	104	69
41	136	24	112	9	5	3	175	110	65
42	126	36	90	15	10	5	161	104	58
43	108	36	71	10	8	2	164	102	61
44	93	12	81	12	3	8	140	89	51
45-49	**497**	**101**	**396**	**57**	**32**	**26**	**796**	**469**	**327**
45	88	21	68	10	7	4	162	90	72
46	110	25	85	13	9	4	162	101	61
47	91	17	74	9	6	3	176	96	80
48	88	17	71	12	5	7	130	76	54
49	120	22	99	13	6	7	166	107	59
50-54	**446**	**104**	**342**	**64**	**30**	**35**	**776**	**447**	**329**
50	89	25	64	11	5	7	189	101	89
51	111	25	87	12	6	6	155	90	65
52	115	23	92	21	12	8	198	115	84
53	90	21	69	17	7	11	152	90	61
54	40	11	30	4	1	3	82	51	31
55-59	**435**	**100**	**335**	**56**	**23**	**33**	**464**	**263**	**200**
55	75	18	57	10	1	9	72	37	35
56	61	13	48	6	4	2	86	53	32
57	103	22	81	20	7	13	115	69	46
58	118	29	88	11	6	5	108	60	48
59	78	17	61	10	6	4	84	44	40
60-64	**542**	**163**	**379**	**33**	**17**	**15**	**389**	**228**	**161**
60	123	37	86	7	4	3	89	51	38
61	101	23	78	8	5	3	91	56	35
62	119	36	83	12	6	7	83	47	36
63	124	39	85	2		2	65	39	26
64	75	28	47	3	3		61	36	25
65及以上	**1364**	**459**	**906**	**73**	**38**	**35**	**591**	**357**	**234**

12-6 续表 5

单位：人

年 龄	寄挂户口			婚姻嫁娶			为子女就学			其 他		
	小计	男	女	小计	男	女	小计	男	女	小计	男	女
30-34	**15**	**7**	**9**	**1813**	**130**	**1683**	**166**	**63**	**103**	**465**	**235**	**230**
30	6	3	3	396	28	368	34	12	22	116	52	64
31	5	3	3	403	25	378	34	12	22	85	34	51
32	1	1		365	19	346	27	11	15	87	50	38
33	2		2	348	28	320	34	14	20	98	58	40
34	1		1	301	30	270	37	13	24	79	42	37
35-39	**19**	**11**	**8**	**1246**	**149**	**1096**	**199**	**87**	**112**	**428**	**248**	**180**
35	5	1	3	296	33	263	35	12	23	91	49	42
36	3	2	1	288	36	252	37	19	18	89	48	41
37	4	2	2	277	28	250	38	17	20	68	34	34
38	6	4	2	189	26	162	41	19	22	68	42	26
39	1	1		196	26	169	49	19	30	112	75	38
40-44	**21**	**12**	**9**	**821**	**143**	**678**	**190**	**85**	**104**	**393**	**223**	**169**
40	5	4	1	220	35	185	45	17	28	82	51	31
41	2	1	2	173	29	144	45	23	22	81	44	38
42	2		2	157	29	128	39	16	23	87	54	33
43	6	4	2	144	26	118	35	18	16	76	39	37
44	6	4	2	127	24	103	26	11	15	66	36	31
45-49	**11**	**6**	**5**	**468**	**128**	**340**	**89**	**41**	**49**	**425**	**223**	**202**
45	4	3	2	120	29	92	23	13	10	97	49	48
46				106	32	74	18	9	8	91	44	47
47	2		2	110	38	72	23	11	12	109	61	48
48	3	2	1	54	10	44	9	2	7	56	30	26
49	1	1	1	77	19	59	16	5	11	72	39	33
50-54	**19**	**9**	**10**	**222**	**54**	**169**	**73**	**35**	**38**	**348**	**165**	**183**
50	5	3	2	47	5	43	27	12	15	77	44	33
51	2	1	1	62	14	48	16	5	11	63	31	33
52	8	4	4	55	20	36	12	10	3	96	47	50
53	3	1	2	39	11	28	12	8	4	75	27	48
54	1		1	19	4	15	6	1	6	36	16	20
55-59	**13**	**7**	**6**	**114**	**46**	**68**	**35**	**16**	**19**	**357**	**156**	**201**
55				26	8	18	8	2	6	57	28	29
56	3	2	1	9	2	7	2	2		58	36	23
57	5	2	2	31	14	18	6	4	2	84	30	54
58	3	2	1	21	8	14	10	5	5	78	31	46
59	2	1	1	26	15	11	9	3	6	80	31	50
60-64	**23**	**14**	**9**	**101**	**26**	**75**	**44**	**22**	**22**	**381**	**168**	**213**
60	4	3	1	23	6	17	10	7	3	66	27	39
61	4	2	1	19	7	12	16	6	10	91	43	48
62	8	3	4	21	5	16	6	3	3	88	38	50
63	6	6	1	18	3	15	7	4	3	76	36	40
64	2		1	20	4	16	4	2	2	60	24	35
65及以上	**35**	**18**	**17**	**151**	**44**	**106**	**59**	**28**	**31**	**705**	**339**	**366**

12-7　全区按现住地、性别、迁移原因分的户口登记地在本省其他乡镇街道人口

单位：人

现 住 地	合　计			工作就业			学习培训		
	合计	男	女	小计	男	女	小计	男	女
全　区	**72143**	**34151**	**37992**	**27569**	**16113**	**11455**	**9400**	**3240**	**6160**
南宁市	**16872**	**8298**	**8574**	**7925**	**4303**	**3621**	**2139**	**1047**	**1092**
兴宁区	1913	1003	910	898	466	431	61	33	28
青秀区	3602	1631	1971	899	419	480	1512	711	801
江南区	1722	845	877	1037	562	475	103	58	45
西乡塘区	5440	2844	2596	3407	1961	1446	273	158	115
良庆区	1619	832	786	824	462	361	71	42	29
邕宁区	136	63	74	52	25	27	1	1	
武鸣县	192	69	123	99	47	52	2	1	1
隆安县	259	119	141	112	62	50	17	10	7
马山县	165	90	75	43	33	9	12	6	6
上林县	555	244	311	204	113	91	69	13	56
宾阳县	508	281	227	95	84	11	3	2	1
横县	759	277	483	255	69	187	12	10	2
柳州市	**10651**	**5178**	**5472**	**4673**	**2741**	**1933**	**489**	**131**	**358**
城中区	987	380	607	326	185	141	270	25	244
鱼峰区	2268	1174	1094	1091	661	431	49	29	20
柳南区	2788	1425	1363	1350	771	579	55	30	25
柳北区	2084	1014	1071	803	459	345	50	17	33
柳江县	1425	727	697	706	421	285	14	8	6
柳城县	321	118	203	96	53	43	8	2	6
鹿寨县	251	76	174	44	23	21	4	1	3
融安县	319	141	178	174	105	70	36	17	19
融水苗族自治县	4		4						
三江侗族自治县	204	122	82	82	63	18	4	2	1
桂林市	**10441**	**4099**	**6342**	**2574**	**1435**	**1139**	**4339**	**1184**	**3155**
秀峰区	962	513	448	202	117	85	282	153	129
叠彩区	516	225	291	184	94	90	8	2	6
象山区	579	274	305	222	118	105	22	5	17
七星区	1772	282	1490	289	150	139	1184	1	1183
雁山区	1963	989	974	64	42	22	1867	929	938
临桂区	602	275	327	290	169	121	19	9	10
阳朔县	191	79	112	60	35	25	5	3	2
灵川县	1571	381	1190	292	173	119	810	9	801
全州县	590	290	300	301	177	124	82	45	36
兴安县	301	136	165	95	53	43	6	1	5
永福县	169	84	85	66	39	27	10	6	4
灌阳县	122	58	65	60	29	31	7	2	5
龙胜各族自治县	184	97	88	63	36	27	12	5	7
资源县	119	49	70	39	20	19			
平乐县	431	209	222	216	114	103	6	5	1
荔浦县	251	114	138	96	55	41	18	6	12
恭城瑶族自治县	116	45	72	33	15	18	1	1	1

12-7 续表 1

单位：人

现 住 地	随同迁移			房屋拆迁			改善住房		
	小计	男	女	小计	男	女	小计	男	女
全 区	**15302**	**6989**	**8313**	**530**	**270**	**260**	**5800**	**3431**	**2369**
南宁市	**3084**	**1407**	**1677**	**96**	**49**	**47**	**910**	**547**	**364**
兴宁区	203	109	94	8	4	4	131	69	62
青秀区	447	201	245	11	3	9	222	114	108
江南区	291	134	157	14	6	7	32	21	11
西乡塘区	1016	444	572	46	26	20	142	78	64
良庆区	313	159	154	2	2	1	100	61	38
邕宁区	47	21	26				19	11	8
武鸣县	31	12	19	1		1	3	3	
隆安县	44	18	26				30	16	14
马山县	66	29	37				14	11	3
上林县	145	65	80	1		1	65	39	26
宾阳县	252	125	127	2	2		69	63	6
横县	228	89	139	10	7	4	83	61	22
柳州市	**2747**	**1280**	**1467**	**100**	**59**	**42**	**918**	**521**	**397**
城中区	174	74	101	8	5	3	99	57	42
鱼峰区	671	301	371	24	16	8	163	98	65
柳南区	792	388	404	14	9	6	185	103	82
柳北区	588	281	307	41	22	19	299	167	132
柳江县	374	173	201	1		1	106	62	44
柳城县	30	16	14	2		2	29	11	18
鹿寨县	42	16	26	4	4		3	2	1
融安县	11	4	7	5	2	3	2	1	1
融水苗族自治县									
三江侗族自治县	64	28	36				32	19	13
桂林市	**1528**	**691**	**837**	**53**	**27**	**26**	**591**	**316**	**276**
秀峰区	202	111	91	8	4	4	178	93	86
叠彩区	122	48	74	5	2	3	89	38	51
象山区	144	71	73	6	3	3	72	40	31
七星区	148	60	88	5	3	2	35	18	17
雁山区	14	9	6				5	3	2
临桂区	156	62	94	2		2	4	2	2
阳朔县	56	18	37	2	1	1	4	2	2
灵川县	219	110	109	11	4	7	96	49	47
全州县	101	34	68				15	10	5
兴安县	91	36	54	8	6	3	22	17	5
永福县	38	19	19	1	1		5	2	3
灌阳县	35	20	15	1	1		4	2	2
龙胜各族自治县	23	9	13						
资源县	18	9	9						
平乐县	87	43	44	1		1	51	32	19
荔浦县	40	16	24	3	2	1	9	5	3
恭城瑶族自治县	35	16	19				3	2	1

12-7 续表 2

单位：人

现住地	寄挂户口			婚姻嫁娶			为子女就学			其 他		
	小计	男	女	小计	男	女	小计	男	女	小计	男	女
全 区	**253**	**135**	**118**	**6825**	**726**	**6099**	**858**	**364**	**494**	**5607**	**2883**	**2724**
南宁市	**15**	**7**	**8**	**840**	**86**	**754**	**157**	**65**	**92**	**1706**	**787**	**919**
兴宁区	2	1	1	62	17	46	21	9	11	527	293	234
青秀区				107	22	85	7	1	6	397	159	238
江南区	2		2	47	4	43	24	9	15	172	50	121
西乡塘区	2	2		185	12	173	53	19	34	315	145	170
良庆区	6	2	4	101	5	95	11	5	7	190	95	96
邕宁区				9		9	1	1		7	4	3
武鸣县	1	1		52	4	48				3	1	1
隆安县				43	5	39	2	2		11	6	6
马山县				20	7	14	3		3	6	4	2
上林县				55	5	50	5	3	2	11	6	5
宾阳县	3	1	2	79	1	78	1		1	4	3	1
横县				80	4	76	28	15	12	62	21	41
柳州市	**51**	**27**	**24**	**1077**	**151**	**926**	**75**	**36**	**38**	**521**	**232**	**288**
城中区	1	1		57	11	46	11	4	7	40	17	24
鱼峰区	5	2	3	170	24	146	14	8	6	80	37	43
柳南区	8	6	2	195	28	166	12	5	7	179	86	93
柳北区	23	9	15	205	29	176	9	4	6	65	26	39
柳江县	2	1	1	118	11	108	5	5		97	46	51
柳城县				144	28	116	3	2	1	9	6	3
鹿寨县	2	2		125	19	106	8	4	4	17	4	13
融安县	7	5	2	50	1	49	7		7	27	7	20
融水苗族自治县				3		3				1		1
三江侗族自治县	2	1	1	10		10	5	5		6	3	2
桂林市	**28**	**16**	**13**	**714**	**129**	**586**	**93**	**38**	**55**	**519**	**265**	**255**
秀峰区	3	1	3	41	12	29	7	3	3	39	20	20
叠彩区	1	1	1	43	8	35	5	3	2	58	29	29
象山区	1		1	51	8	43	7	1	5	54	28	25
七星区				47	19	28	6	3	2	58	27	31
雁山区	1	1	1	8	4	4	2	1	1	1	1	1
临桂区	2	1	1	73	5	68	8	4	4	48	24	24
阳朔县	3	1	2	40	7	33				21	11	9
灵川县	1	1		78	5	73	8	3	5	55	26	29
全州县				45		45	4		4	42	24	17
兴安县	2	1	1	51	9	42	9	4	6	16	9	7
永福县	9	7	3	30	5	25	1		1	9	6	3
灌阳县				5		5	5		5	5	3	2
龙胜各族自治县				25	10	16	25	12	13	37	25	12
资源县				21	3	17	4	1	2	37	15	22
平乐县				46	8	38				24	7	17
荔浦县	2	2		74	20	53				10	6	4
恭城瑶族自治县				37	7	30	4	3	1	4	1	3

12-7 续表 3

单位：人

现住地	合计			工作就业			学习培训		
	合计	男	女	小计	男	女	小计	男	女
梧州市	**2255**	**965**	**1290**	**449**	**253**	**196**	**120**	**39**	**81**
万秀区	698	320	378	144	79	64	2		2
长洲区	439	217	222	107	65	42	7	4	3
龙圩区	171	78	93	54	33	21	2	2	
苍梧县	25	1	24	5	1	4			
藤县	366	126	240	66	32	34	8	5	3
蒙山县	157	71	86	23	13	10	3	1	1
岑溪市	399	152	247	49	30	20	99	27	72
北海市	**2881**	**1192**	**1689**	**1075**	**399**	**676**	**91**	**60**	**31**
海城区	1466	524	942	713	183	530	33	25	8
银海区	429	217	211	135	81	55	16	9	6
铁山港区	102	47	56	19	9	10	8	4	3
合浦县	884	404	480	208	125	82	34	21	13
防城港市	**1978**	**1093**	**885**	**815**	**595**	**220**	**56**	**35**	**21**
港口区	741	473	268	493	374	119	30	17	13
防城区	618	306	312	159	112	47	12	9	3
上思县	274	121	153	45	24	21	11	8	4
东兴市	345	193	152	119	85	33	2	1	1
钦州市	**3428**	**1592**	**1835**	**1325**	**797**	**528**	**111**	**56**	**54**
钦南区	1638	825	813	686	443	244	45	20	25
钦北区	614	296	319	194	146	48	30	18	12
灵山县	810	336	474	364	173	192	27	14	12
浦北县	364	136	229	80	35	45	9	4	5
贵港市	**3096**	**1573**	**1522**	**980**	**619**	**361**	**330**	**188**	**142**
港北区	960	466	494	317	181	136	24	14	10
港南区	999	521	478	278	164	114	278	157	120
覃塘区	252	180	72	197	167	31	3	1	2
平南县	278	130	148	58	39	19	11	9	2
桂平市	606	276	330	129	68	61	15	7	8
玉林市	**4892**	**2313**	**2579**	**1426**	**851**	**574**	**225**	**114**	**111**
玉州区	2229	1124	1105	832	504	328	85	44	41
福绵区	31	13	18	14	8	6	1		1
容县	481	199	281	116	61	55	11	4	7
陆川县	518	224	294	126	79	48	34	16	18
博白县	515	250	266	157	95	62	58	34	24
兴业县	70	28	42	17	8	9	6	2	4
北流市	1048	476	573	164	96	67	30	14	17

12-7　续表 4　　单位：人

现住地	随同迁移			房屋拆迁			改善住房		
	小计	男	女	小计	男	女	小计	男	女
梧州市	**688**	**293**	**395**	**57**	**22**	**35**	**448**	**264**	**184**
万秀区	199	89	110	52	21	32	160	94	66
长洲区	132	54	79	1		1	148	80	68
龙圩区	54	22	32				29	15	14
苍梧县									
藤县	117	46	71	2	1	1	36	27	9
蒙山县	61	25	36				31	21	10
岑溪市	124	56	67	1		1	44	27	17
北海市	**765**	**344**	**421**	**21**	**10**	**11**	**424**	**274**	**150**
海城区	330	157	173	2	1	1	169	106	63
银海区	156	72	84	4	2	1	78	46	32
铁山港区	30	18	12	1			18	13	5
合浦县	249	97	152	14	6	8	159	110	50
防城港市	**417**	**190**	**227**	**6**	**3**	**3**	**227**	**134**	**93**
港口区	116	44	72	3	2	2	25	16	8
防城区	145	73	72	1		1	119	69	51
上思县	32	14	19	1		1	48	25	24
东兴市	123	59	64	1	1		34	24	10
钦州市	**795**	**360**	**434**	**11**	**7**	**4**	**433**	**244**	**189**
钦南区	378	167	211	2	1	1	232	125	107
钦北区	198	82	116	5	4	2	40	24	16
灵山县	152	76	75	3	2	1	77	46	31
浦北县	67	36	32				84	49	35
贵港市	**786**	**354**	**432**	**23**	**11**	**12**	**402**	**256**	**145**
港北区	299	133	167	12	5	7	119	71	48
港南区	191	91	99	3	1	2	139	83	57
覃塘区	16	5	11				11	7	4
平南县	77	30	47	1	1		39	29	10
桂平市	203	95	108	7	4	3	94	67	27
玉林市	**1405**	**641**	**764**	**51**	**29**	**23**	**519**	**336**	**183**
玉州区	683	292	391	14	13	1	247	163	84
福绵区	6	4	3						
容县	175	72	103				75	51	25
陆川县	129	70	59				47	26	21
博白县	108	56	52	5	4	1	46	28	18
兴业县	16	7	10				5	3	2
北流市	286	140	146	32	12	20	98	65	33

12-7 续表 5　　单位：人

现住地	寄挂户口			婚姻嫁娶			为子女就学			其他		
	小计	男	女	小计	男	女	小计	男	女	小计	男	女
梧州市	**13**	**6**	**7**	**346**	**18**	**328**	**16**	**9**	**6**	**118**	**62**	**57**
万秀区	6	2	4	76	5	70	7	3	4	52	26	26
长洲区				25	3	22	1	1		18	11	8
龙圩区				20	1	20	2	2		10	4	6
苍梧县				20		20						
藤县	2	1	1	115	1	114	4	2	2	14	10	4
蒙山县	2	1	1	26	4	22	1			10	5	5
岑溪市	3	1	1	64	4	60	1	1		14	6	8
北海市	**15**	**10**	**5**	**300**	**15**	**285**	**14**	**7**	**7**	**176**	**73**	**103**
海城区	8	6	2	103	8	96	7	4	3	101	34	66
银海区	1			30	2	28				9	5	4
铁山港区	1	1		24		24				1		1
合浦县	5	3	2	142	5	138	7	3	4	65	34	31
防城港市	**8**	**7**	**2**	**220**	**14**	**206**	**31**	**19**	**12**	**198**	**98**	**100**
港口区	3	2		38	2	36				34	17	17
防城区	4	4	1	115	6	109	2	1	1	60	33	27
上思县				31		31	29	18	11	78	34	44
东兴市	2	1	1	37	6	31				27	15	12
钦州市	**12**	**6**	**6**	**543**	**14**	**528**	**39**	**18**	**21**	**160**	**90**	**70**
钦南区	7	3	4	182	4	178	23	11	12	82	51	31
钦北区	3	1	2	103	5	97	11	4	7	32	13	19
灵山县				154	3	151	5	3	2	28	18	10
浦北县	2	2		104	2	102				18	8	10
贵港市	**18**	**8**	**10**	**318**	**14**	**304**	**13**	**7**	**6**	**226**	**117**	**110**
港北区	2	1	1	60	1	59	7	4	3	119	56	63
港南区	2	1	1	62		62				46	24	22
覃塘区				24		24				1		1
平南县	7	1	5	50	1	49	2	1	1	33	18	15
桂平市	7	4	3	121	11	110	3	1	2	27	18	9
玉林市	**37**	**24**	**13**	**693**	**36**	**657**	**76**	**32**	**43**	**461**	**250**	**211**
玉州区	6	4	2	218	24	194	12	6	5	131	73	58
福绵区				9		9				2	2	
容县	3	2	1	89	5	84	2	1	1	10	3	7
陆川县	2	1	1	128	3	125	8	2	5	44	26	18
博白县	7	1	6	64		64	44	20	24	25	11	14
兴业县	1	1		14	1	13	5	3	3	5	3	2
北流市	17	13	4	171	2	168	5		5	245	133	113

12-7 续表 6 单位：人

现 住 地	合 计			工作就业			学习培训		
	合计	男	女	小计	男	女	小计	男	女
百色市	**3813**	**1910**	**1904**	**1761**	**1085**	**676**	**199**	**116**	**83**
右江区	1112	618	493	640	431	209	79	51	29
田阳县	255	113	142	84	46	38	6	1	4
田东县	384	172	211	119	72	47	20	12	8
平果县	746	363	383	256	143	113	48	26	21
德保县	233	106	127	131	70	61	16	8	8
靖西县	158	78	81	32	21	10	1	1	
那坡县	106	49	57	33	20	13	5	4	2
凌云县	47	23	23	22	11	11	5	3	2
乐业县	28	7	21	1		1			
田林县	145	67	78	102	50	52	3	2	1
西林县	121	60	61	42	35	7	4	2	2
隆林各族自治县	479	254	225	300	185	115	13	6	7
贺州市	**1198**	**571**	**626**	**504**	**314**	**190**	**34**	**15**	**19**
八步区	533	226	308	227	108	119	10	6	4
平桂管理区	134	65	68	44	35	10	9	4	6
昭平县	211	111	100	80	55	25	4	1	3
钟山县	140	82	59	82	58	23	3	2	1
富川瑶族自治县	180	88	91	72	58	14	7	2	5
河池市	**4592**	**2400**	**2192**	**2211**	**1556**	**654**	**520**	**105**	**415**
金城江区	1270	851	419	898	709	188	27	22	4
南丹县	232	124	108	93	56	36	31	26	5
天峨县	161	66	95	43	27	16	4	3	1
凤山县	81	38	43	28	14	13	14	8	6
东兰县	512	71	441	59	32	27	379	5	374
罗城仫佬族自治县	271	152	119	170	119	50	4	4	
环江毛南族自治县	231	114	117	124	63	61	19	12	7
巴马瑶族自治县	238	145	93	163	112	50	11	8	3
都安瑶族自治县	571	279	291	154	87	67	21	11	10
大化瑶族自治县	418	270	148	249	191	58	8	5	3
宜州市	606	289	318	231	144	88	2	2	
来宾市	**2988**	**1506**	**1482**	**1078**	**652**	**426**	**157**	**80**	**77**
兴宾区	1667	857	810	546	320	226	76	44	33
忻城县	196	72	123	43	20	22	37	9	28
象州县	360	181	179	192	106	86	26	17	9
武宣县	499	284	215	212	163	49	10	7	3
金秀瑶族自治县	152	69	83	56	30	26	3	1	2
合山市	114	42	72	30	13	17	4	2	2
崇左市	**3060**	**1461**	**1599**	**773**	**513**	**260**	**590**	**70**	**520**
江州区	780	158	623	65	40	25	486	11	475
扶绥县	586	408	178	84	56	28	26	12	14
宁明县	289	130	158	83	51	32	4	1	3
龙州县	356	170	186	116	63	54	32	19	13
大新县	222	114	108	72	44	28	8	6	2
天等县	525	290	235	150	103	48	31	19	12
凭祥市	302	191	110	203	157	45	3	2	1

12-7 续表 7

单位：人

现住地	随同迁移			房屋拆迁			改善住房		
	小计	男	女	小计	男	女	小计	男	女
百色市	**815**	**349**	**466**	**9**	**4**	**5**	**144**	**84**	**61**
右江区	160	62	97	5	2	3	14	8	6
田阳县	75	32	43				41	23	18
田东县	47	24	23				37	20	17
平果县	186	93	94	2	1	1	26	17	10
德保县	47	18	29				1	1	
靖西县	83	32	51						
那坡县	39	12	27				7	5	1
凌云县	3	3					1	1	1
乐业县	3	2	2						
田林县	17	7	10						
西林县	32	10	22	1	1	1	14	7	7
隆林各族自治县	122	54	68	1	1		4	2	2
贺州市	**257**	**121**	**137**	**4**	**3**	**1**	**84**	**46**	**38**
八步区	132	64	68	3	2	1	47	26	21
平桂管理区	21	11	10				7	4	3
昭平县	63	29	35	1	1		20	11	9
钟山县	3	1	2				4	1	3
富川瑶族自治县	38	16	22				5	3	2
河池市	**773**	**350**	**423**	**75**	**34**	**41**	**173**	**105**	**67**
金城江区	163	71	92	1	1		27	15	13
南丹县	43	19	24				4	2	2
天峨县	63	24	38	2	1	1	3	2	1
凤山县	9	2	7				4	2	2
东兰县	31	17	14	8	5	3	5	3	2
罗城仫佬族自治县	19	6	13				1	1	
环江毛南族自治县	35	18	17				1	1	
巴马瑶族自治县	34	13	21	1	1	1	5	3	1
都安瑶族自治县	174	84	90	47	17	30	81	53	27
大化瑶族自治县	86	44	42	11	7	4	15	10	5
宜州市	117	52	65	5	2	2	27	13	14
来宾市	**735**	**384**	**350**	**17**	**9**	**8**	**168**	**92**	**76**
兴宾区	499	271	228	3	2	1	83	43	40
忻城县	45	18	27	4	2	2	3	3	1
象州县	43	24	19	2	1	1	2	2	
武宣县	94	48	46				59	32	26
金秀瑶族自治县	24	12	12	5	3	2	6	4	2
合山市	29	11	19	3		2	15	8	7
崇左市	**508**	**227**	**281**	**6**	**3**	**3**	**358**	**212**	**145**
江州区	43	23	19				46	28	18
扶绥县	75	32	43				24	18	7
宁明县	71	35	36	1		1	70	35	35
龙州县	52	22	30	1		1	72	42	30
大新县	65	32	33	4	2	2	35	19	16
天等县	156	62	94	1	1		104	67	37
凭祥市	47	21	26				6	4	2

12-7 续表 8　　　　单位：人

现住地	寄挂户口			婚姻嫁娶			为子女就学			其他		
	小计	男	女	小计	男	女	小计	男	女	小计	男	女
百色市	**15**	**9**	**6**	**382**	**38**	**343**	**69**	**20**	**49**	**419**	**204**	**215**
右江区	1		1	83	11	71	6	3	4	124	51	73
田阳县				38	5	33	5	2	3	7	3	4
田东县	10	8	3	90	5	85	12	3	9	49	29	20
平果县	2	1	1	51	1	49	20	6	15	155	75	80
德保县				12	1	11	9	1	8	17	7	10
靖西县	1		1	4	1	3	1	1		37	22	15
那坡县				11	2	9	7	3	4	3	2	1
凌云县				12	4	9	1		1	2	2	1
乐业县	1		1	22	3	18	1	1				
田林县				12	4	9	1		1	10	5	5
西林县				18		18	3	1	2	7	4	4
隆林各族自治县				29	1	28	3	1	2	7	3	4
贺州市	**7**	**6**	**1**	**222**	**21**	**201**	**13**	**8**	**5**	**72**	**37**	**34**
八步区	3	3		98	10	87	4	3	1	10	3	7
平桂管理区	1	1		38	1	36				13	9	4
昭平县	1		1	23	4	19	5	3	2	13	6	7
钟山县				18	3	16	1	1	1	28	16	12
富川瑶族自治县	2	2		46	3	43	3	2	1	7	3	4
河池市	**14**	**6**	**9**	**536**	**99**	**437**	**83**	**35**	**47**	**207**	**109**	**99**
金城江区				117	15	101	18	6	12	21	12	8
南丹县	1		1	38	6	32	2	1	1	21	13	8
天峨县	1		1	36	3	33	6	3	3	4	2	2
凤山县							12	5	7	14	7	7
东兰县				12	1	11	5	1	4	12	6	6
罗城仫佬族自治县				66	15	51	1	1		10	6	4
环江毛南族自治县				24	6	18	14	5	8	14	9	5
巴马瑶族自治县				17	3	14	4	2	2	4	3	1
都安瑶族自治县	6	2	3	43	7	36	14	6	8	32	12	20
大化瑶族自治县	2	1	1	34	5	29	5	3	2	7	4	3
宜州市	5	1	3	150	39	110	1	1		68	34	34
来宾市	**16**	**4**	**12**	**371**	**56**	**315**	**106**	**37**	**69**	**341**	**192**	**149**
兴宾区	7	1	6	174	27	148	73	23	50	206	127	79
忻城县	7	1	6	35	8	27	13	6	7	9	4	4
象州县				51	8	43	5	1	3	39	22	17
武宣县	1	1		61	5	57	13	6	7	49	22	27
金秀瑶族自治县	1	1		24	4	20	2		2	31	14	18
合山市				26	5	21				7	3	4
崇左市	**5**	**2**	**2**	**263**	**34**	**229**	**75**	**34**	**42**	**482**	**367**	**115**
江州区	3	2	2	37	4	33	12	5	7	89	46	43
扶绥县	1	1		73	8	65	15	8	7	288	273	15
宁明县				53	6	48	2	1	1	5	1	4
龙州县				36	6	30	13	5	8	34	13	21
大新县				25	6	19	1		1	11	5	6
天等县				6		6	29	13	16	48	26	22
凭祥市	1		1	32	4	28	3		3	7	3	4

12-8 全区按现住地、性别、迁移原因分的户口登记地在外省人口

单位：人

现住地	合计			工作就业			学习培训		
	合计	男	女	小计	男	女	小计	男	女
全　区	**13391**	**7360**	**6032**	**7714**	**5349**	**2365**	**1797**	**448**	**1349**
南宁市	**3356**	**2096**	**1260**	**2152**	**1582**	**570**	**266**	**77**	**189**
兴宁区	331	203	128	176	105	70	4	2	2
青秀区	716	336	380	251	160	91	201	34	167
江南区	376	216	160	265	168	97	25	16	9
西乡塘区	1030	648	382	719	504	215	28	21	7
良庆区	196	120	76	131	86	44	3	2	1
邕宁区	19	7	13	9	6	3			
武鸣县	15	3	13	4	1	3			
隆安县	19	6	13	11	6	4			
马山县	12	5	7	8	4	5	2	1	1
上林县	85	51	35	59	44	15	3	2	1
宾阳县	507	484	23	484	482	3			
横县	48	18	30	35	16	19			
柳州市	**1651**	**830**	**821**	**826**	**541**	**285**	**241**	**14**	**227**
城中区	350	81	269	75	56	19	222	2	220
鱼峰区	238	147	92	156	105	51	4	4	
柳南区	515	322	193	303	209	94	7	5	2
柳北区	190	98	92	132	68	64	4	3	1
柳江县	128	75	53	82	54	27			
柳城县	50	20	30	26	15	11			
鹿寨县	102	51	51	26	17	9	2		2
融安县	40	17	23	17	10	7	2		2
融水苗族自治县	5	5		5	5				
三江侗族自治县	32	14	18	5	3	3			
桂林市	**2567**	**1077**	**1490**	**918**	**619**	**299**	**1102**	**244**	**857**
秀峰区	81	47	34	46	31	15	5	1	3
叠彩区	92	52	40	58	36	22			
象山区	205	115	90	119	76	42	3	2	1
七星区	384	53	331	52	31	21	280	1	279
雁山区	612	258	354	36	27	9	565	229	336
临桂区	192	108	84	92	65	27	7	2	5
阳朔县	24	12	12	8	3	4			
灵川县	380	87	293	90	61	29	226	2	224
全州县	104	48	56	59	36	23	11	5	6
兴安县	23	7	16	2	2		1	1	
永福县	16	9	7	7	4	3	1	1	
灌阳县	40	25	15	34	21	13			
龙胜各族自治县	30	10	20	16	8	9			
资源县	32	8	23	8	4	4	2		2
平乐县	247	182	65	231	175	56			
荔浦县	60	27	33	31	15	15	1	1	
恭城瑶族自治县	46	27	19	31	24	7			

12-8 续表 1

单位：人

现住地	随同迁移			房屋拆迁			改善住房		
	小计	男	女	小计	男	女	小计	男	女
全　区	**1788**	**852**	**937**	**23**	**15**	**8**	**88**	**55**	**33**
南宁市	**487**	**240**	**246**	**4**	**3**	**1**	**8**	**4**	**4**
兴宁区	43	23	19	1		1	2	1	1
青秀区	160	86	74				4	1	3
江南区	61	25	36						
西乡塘区	182	87	96	3	3		2	2	
良庆区	22	13	9						
邕宁区	5	1	4						
武鸣县	2		2						
隆安县	1		1						
马山县									
上林县	4	3	1						
宾阳县	7	2	5						
横县									
柳州市	**320**	**159**	**161**	**3**	**2**	**1**	**31**	**24**	**7**
城中区	35	17	18	1	1		1	1	1
鱼峰区	55	26	28	1		1	1	1	
柳南区	138	68	69				6	3	2
柳北区	35	18	17	1	1				
柳江县	31	17	14				1	1	
柳城县	10	6	4						
鹿寨县	6	2	4				20	17	3
融安县	5	2	3						
融水苗族自治县									
三江侗族自治县	6	2	4				2	1	1
桂林市	**253**	**114**	**138**	**2**	**2**		**10**	**3**	**7**
秀峰区	24	14	10				1		1
叠彩区	25	11	14						
象山区	45	19	26				3	2	1
七星区	30	11	19	1	1		1		1
雁山区	5	1	3				1		1
临桂区	37	15	21	1	1				
阳朔县	7	3	4						
灵川县	35	15	19				4	1	3
全州县	3	3							
兴安县	6		6						
永福县									
灌阳县	5	4	1						
龙胜各族自治县	5	3	3						
资源县	2	2							
平乐县	10	6	4						
荔浦县	6	4	3						
恭城瑶族自治县	7	2	5						

12-8 续表 2 单位：人

现住地	寄挂户口			婚姻嫁娶			为子女就学			其他		
	小计	男	女	小计	男	女	小计	男	女	小计	男	女
全　区	**20**	**10**	**10**	**977**	**102**	**876**	**75**	**32**	**43**	**909**	**497**	**412**
南宁市	**5**	**2**	**3**	**119**	**10**	**110**	**17**	**9**	**7**	**298**	**168**	**130**
兴宁区				6	2	4	5	5		95	64	31
青秀区	1		1	3	1	1	2		2	95	54	41
江南区				3		3	5	3	3	17	5	12
西乡塘区				36	2	34	3	2	2	55	27	28
良庆区	1	1		12	2	10				27	16	11
邕宁区				6		6						
武鸣县				8	1	7				2		2
隆安县				5		5				3		3
马山县				1		1						
上林县				15	1	14	1		1	2	1	1
宾阳县				14		14				2		2
横县	3	1	2	10		10						
柳州市	**5**	**2**	**3**	**102**	**21**	**81**	**31**	**14**	**17**	**91**	**52**	**39**
城中区				10	3	7	1	1		6	1	5
鱼峰区				8	2	5	2		2	12	8	4
柳南区				13	7	6				50	29	21
柳北区	2	1	1	9	2	6				6	4	2
柳江县				10	1	8				5	2	3
柳城县				14		14				1		1
鹿寨县				21	2	19	27	13	14			
融安县	3	1	2	9	1	8				4	3	1
融水苗族自治县												
三江侗族自治县				10	3	8	2	1	1	6	5	2
桂林市	**2**		**2**	**147**	**27**	**120**	**8**	**4**	**4**	**126**	**63**	**63**
秀峰区				2		2				4	1	3
叠彩区				3	1	2				5	3	3
象山区				10	2	7	1	1		24	12	11
七星区				7	4	2				12	5	8
雁山区				4	1	3				1	1	1
临桂区				11		11	3	1	2	42	25	17
阳朔县				5	2	2				4	3	1
灵川县				20	4	16	2	1	1	4	3	1
全州县				18		18				13	5	8
兴安县				9	1	8	2	1	1	3	2	1
永福县				7	2	4				1	1	
灌阳县				1		1						
龙胜各族自治县	1		1	5		5				2		2
资源县	1		1	17	3	14				3		3
平乐县				4	1	3				2		2
荔浦县				18	4	14				3	2	1
恭城瑶族自治县				8	1	7				1		1

12-8 续表 3

单位：人

现住地	合计			工作就业			学习培训		
	合计	男	女	小计	男	女	小计	男	女
梧州市	**366**	**164**	**202**	**213**	**124**	**89**	**20**	**12**	**8**
万秀区	56	31	25	36	22	13	1	1	
长洲区	67	33	34	40	22	18	1	1	1
龙圩区	12	6	6	5	4	2			
苍梧县	8	1	7	3	1	2			
藤县	128	47	81	84	46	39			
蒙山县	13	4	9	2	2				
岑溪市	81	41	40	43	28	15	18	10	7
北海市	**860**	**442**	**418**	**459**	**255**	**203**	**78**	**51**	**26**
海城区	354	157	197	216	101	115	8	6	2
银海区	393	229	165	194	127	67	62	40	22
铁山港区	21	10	11	10	6	4	1	1	
合浦县	92	46	46	40	21	18	6	5	2
防城港市	**407**	**285**	**122**	**305**	**242**	**64**	**5**	**2**	**3**
港口区	239	178	61	200	160	40	4	1	3
防城区	39	20	19	16	13	3			
上思县	12	6	6	7	4	3			
东兴市	117	80	37	82	64	18			
钦州市	**539**	**337**	**201**	**327**	**248**	**80**	**8**	**4**	**4**
钦南区	294	221	73	181	150	31	3	1	1
钦北区	108	57	51	77	52	25	2	2	
灵山县	80	41	39	47	32	16	2	1	1
浦北县	57	18	39	22	14	8	1		1
贵港市	**807**	**569**	**238**	**670**	**532**	**138**	**13**	**5**	**8**
港北区	78	43	35	48	33	14	1		1
港南区	59	42	17	55	41	14	2	1	1
覃塘区	236	198	38	219	198	22			
平南县	189	120	69	149	111	38	9	4	5
桂平市	245	166	79	198	148	50	2		2
玉林市	**783**	**427**	**356**	**482**	**312**	**170**	**9**	**6**	**3**
玉州区	455	273	182	328	212	117	2	1	1
福绵区	6	2	4	2	1	1			
容县	55	22	33	23	18	5	1		1
陆川县	85	45	40	47	27	21	4	4	
博白县	60	33	27	32	24	9	1		1
兴业县	18	10	8	10	7	4	1	1	
北流市	104	42	62	39	24	15			

12-8 续表 4

单位：人

现住地	随同迁移			房屋拆迁			改善住房		
	小计	男	女	小计	男	女	小计	男	女
梧州市	**42**	**19**	**23**				**4**	**3**	**2**
万秀区	12	7	5						
长洲区	19	9	11				2	1	1
龙圩区	1	1					3	2	1
苍梧县									
藤县	4	1	3						
蒙山县	1	1							
岑溪市	4		4						
北海市	**179**	**73**	**106**	**1**	**1**		**19**	**11**	**9**
海城区	71	26	45				11	6	6
银海区	93	38	55				7	4	3
铁山港区	6	3	3						
合浦县	10	6	3	1	1		1	1	
防城港市	**61**	**29**	**31**				**7**	**4**	**3**
港口区	22	12	10				1	1	
防城区	11	4	6				4	2	2
上思县	2	1	1						
东兴市	26	13	14				2	1	1
钦州市	**47**	**19**	**28**				**5**	**4**	**1**
钦南区	27	12	15				3	3	1
钦北区	10	3	7						
灵山县	5	2	3				1	1	
浦北县	5	2	3						
贵港市	**41**	**17**	**25**	**5**	**3**	**1**	**1**		**1**
港北区	17	7	11				1		1
港南区	2	1	1						
覃塘区	6		6						
平南县	3	1	2	5	3	1			
桂平市	13	8	5						
玉林市	**124**	**65**	**58**	**6**	**3**	**3**	**1**	**1**	
玉州区	79	44	35						
福绵区	3	1	2						
容县	8	3	5						
陆川县	7	3	4	6	3	3			
博白县	15	7	8				1	1	
兴业县	2	2							
北流市	11	5	5						

12-8 续表 5　　单位：人

现住地	寄挂户口			婚姻嫁娶			为子女就学			其他		
	小计	男	女	小计	男	女	小计	男	女	小计	男	女
梧州市				**76**	**2**	**74**	**1**		**1**	**9**	**4**	**5**
万秀区				6	1	5				1	1	1
长洲区				3		3				2	1	1
龙圩区				3		3						
苍梧县				5		5						
藤县				40		40						
蒙山县				8		8				1	1	1
岑溪市				12	1	10	1		1	4	1	2
北海市	**1**	**1**		**34**	**2**	**32**	**6**	**2**	**4**	**83**	**46**	**37**
海城区				10		10	6	2	4	32	17	15
银海区				6	1	5				33	19	13
铁山港区				4		4						
合浦县	1	1		15	1	14				18	10	8
防城港市				**15**		**14**				**14**	**7**	**7**
港口区				3		3				9	4	5
防城区				8		8						
上思县				1		1				2	2	1
东兴市				3		3				2	1	1
钦州市	**2**	**2**		**77**	**3**	**73**	**2**	**1**	**1**	**71**	**56**	**15**
钦南区				21	1	19				59	53	5
钦北区				15		15				4	1	4
灵山县	2	2		18	1	17	1	1		3	1	2
浦北县				23	1	22	1		1	4	1	3
贵港市				**56**	**2**	**54**				**21**	**10**	**11**
港北区				7	1	6				4	2	2
港南区				1		1						
覃塘区				10		10						
平南县				20		20				4		4
桂平市				19	1	17				13	8	5
玉林市	**3**	**2**	**1**	**71**		**71**	**4**		**4**	**84**	**38**	**46**
玉州区				5		5				41	16	24
福绵区				2		2						
容县	2	1	1	19		19				2		2
陆川县				11		11	1		1	8	8	
博白县				8		8	1		1	1	1	
兴业县				4		4				1	1	
北流市	1	1		21		21	1		1	31	12	19

12-8 续表 6

单位：人

现住地	合计			工作就业			学习培训		
	合计	男	女	小计	男	女	小计	男	女
百色市	**425**	**211**	**213**	**249**	**155**	**95**	**12**	**7**	**5**
右江区	106	58	48	68	48	19	2	2	
田阳县	30	18	13	18	15	3			
田东县	55	29	26	33	22	11	2	1	1
平果县	27	13	14	15	8	7	2	1	1
德保县	63	33	30	45	26	19	1		1
靖西县	23	9	14	13	6	8			
那坡县	22	8	14	12	5	8			
凌云县	11	7	5	6	3	3	2	2	
乐业县	7		7	1					
田林县	5	2	4	1	1				
西林县	25	12	13	7	5	2	3	1	2
隆林各族自治县	49	23	26	30	15	15			
贺州市	**350**	**171**	**179**	**220**	**141**	**79**	**11**	**6**	**4**
八步区	91	33	59	38	23	16	5	4	1
平桂管理区	151	87	64	119	81	37	2		1
昭平县	33	16	17	16	8	7	4	2	1
钟山县	32	14	18	23	12	11	1		1
富川瑶族自治县	43	22	21	24	16	8			
河池市	**713**	**433**	**280**	**506**	**354**	**152**	**16**	**7**	**9**
金城江区	168	148	21	152	138	14			
南丹县	63	31	32	39	19	20	5	2	3
天峨县	18	8	10	6	5	1			
凤山县	40	22	17	24	16	9	5	2	3
东兰县	42	20	22	21	11	11	1		1
罗城仫佬族自治县	74	37	37	45	24	21			
环江毛南族自治县	62	33	29	41	25	16			
巴马瑶族自治县	52	33	20	36	27	10	1	1	
都安瑶族自治县	84	49	35	68	43	26	2	2	
大化瑶族自治县	35	27	8	29	26	4	1		1
宜州市	74	25	49	43	21	22	2		2
来宾市	**295**	**166**	**129**	**194**	**127**	**68**	**7**	**5**	**2**
兴宾区	69	35	34	38	24	14			
忻城县	15	7	8	6	3	3			
象州县	56	29	27	41	22	19	1		
武宣县	90	57	34	67	48	20	3	3	
金秀瑶族自治县	30	18	12	16	12	4	2	1	
合山市	34	22	13	26	18	8	2	1	1
崇左市	**274**	**152**	**122**	**193**	**118**	**74**	**10**	**7**	**4**
江州区	30	13	17	15	7	8	4	3	2
扶绥县	25	13	13	14	9	5	1	1	
宁明县	35	25	11	24	21	3	1		1
龙州县	35	18	17	29	15	14	1	1	1
大新县	25	16	10	12	7	4	2	2	
天等县	19	11	8	15	10	5			
凭祥市	104	57	46	84	49	36	1		1

12-8 续表 7

单位：人

现住地	随同迁移			房屋拆迁			改善住房		
	小计	男	女	小计	男	女	小计	男	女
百色市	**75**	**31**	**43**						
右江区	14	5	9						
田阳县	4	2	3						
田东县	7	4	4						
平果县	2	1	1						
德保县	15	6	9						
靖西县									
那坡县	4	2	2						
凌云县	1		1						
乐业县	1		1						
田林县									
西林县	8	4	5						
隆林各族自治县	18	8	10						
贺州市	**28**	**13**	**15**				**1**		**1**
八步区	11	3	7						
平桂管理区	6	1	5						
昭平县	5	4	1						
钟山县	1	1	1						
富川瑶族自治县	5	3	2				1		1
河池市	**76**	**40**	**35**	**2**	**1**	**1**			
金城江区	10	6	4						
南丹县	5	4	2						
天峨县	4	1	2	1	1				
凤山县	4	3	1						
东兰县	8	5	3						
罗城仫佬族自治县	10	7	3						
环江毛南族自治县	8	4	4						
巴马瑶族自治县	11	5	6	1		1			
都安瑶族自治县	9	5	4						
大化瑶族自治县	2		2	1		1			
宜州市	4		4						
来宾市	**31**	**15**	**16**						
兴宾区	10	5	5						
忻城县	5	3	2						
象州县	2	1	1						
武宣县	9	3	5						
金秀瑶族自治县	3	1	2						
合山市	2	1	1						
崇左市	**25**	**16**	**9**				**2**	**1**	**1**
江州区	2	1	1				1		1
扶绥县	2	1	1						
宁明县	4	2	2						
龙州县	1	1							
大新县	5	4	1				1	1	
天等县	1	1							
凭祥市	11	6	5						

12-8 续表 8　　　　单位：人

现住地	寄挂户口			婚姻嫁娶			为子女就学			其他		
	小计	男	女	小计	男	女	小计	男	女	小计	男	女
百色市				**53**	**7**	**45**	**2**	**1**	**1**	**35**	**10**	**25**
右江区				12	1	11				10	2	8
田阳县				4	1	3				4		4
田东县				9		9				4	2	1
平果县				2	1	1				6	2	4
德保县				2		2						
靖西县										10	3	7
那坡县				5	1	5	1	1				
凌云县				2	1	1						
乐业县				5		5						
田林县				5	1	4						
西林县				4	1	3	1	1	1	1	1	1
隆林各族自治县				2	1	1						
贺州市				**78**	**8**	**70**	**2**		**2**	**11**	**3**	**9**
八步区				35	3	32	1		1	2		2
平桂管理区				15	1	14	1		1	9	3	6
昭平县				8	1	7				1		1
钟山县				7	1	6						
富川瑶族自治县				13	3	11						
河池市				**79**	**8**	**71**				**33**	**22**	**11**
金城江区				4	2	3				2	2	
南丹县				6	1	6				7	5	1
天峨县				9	1	8						
凤山县										6	2	4
东兰县				5		5				7	4	2
罗城仫佬族自治县				16	3	13				2	2	
环江毛南族自治县				8		8				5	4	1
巴马瑶族自治县				1		1				2		2
都安瑶族自治县				5		5						
大化瑶族自治县				1		1				2	1	1
宜州市				23	2	21				1	1	
来宾市				**38**	**5**	**32**	**1**		**1**	**23**	**13**	**10**
兴宾区				16	1	15				5	4	1
忻城县				4	1	3						
象州县				4	2	3				8	4	5
武宣县				9	1	7				3	2	1
金秀瑶族自治县				4	1	3	1		1	5	3	2
合山市				2		2				2	1	1
崇左市				**32**	**5**	**28**				**11**	**5**	**6**
江州区				4		4				4	2	2
扶绥县				7	1	6				2	1	1
宁明县				6	2	5						
龙州县				4	1	3						
大新县				5		5				1	1	
天等县				4		4						
凭祥市				2	1	1				4	1	3

12-9 全区按现住地、户口登记地类型分的迁移人口

单位：人

现住地	合计				本县			
	合计	城市	镇	乡村	小计	城市	镇	乡村
全 区	**85534**	**19616**	**21799**	**44118**	**26514**	**4891**	**5812**	**15811**
南宁市	**20227**	**4998**	**5366**	**9863**	**3090**	**918**	**555**	**1617**
兴宁区	2245	699	750	796	74	49	9	16
青秀区	4319	1515	871	1933	487	376	8	103
江南区	2098	380	629	1089	67	19	22	26
西乡塘区	6470	1457	1762	3251	466	363	39	64
良庆区	1814	474	518	822	226	107	19	99
邕宁区	156	38	57	60	19	3	6	10
武鸣县	208	57	75	75	93		42	51
隆安县	279	110	59	110	147		43	103
马山县	176	33	32	112	99		15	84
上林县	641	105	189	347	466		157	309
宾阳县	1016	61	226	729	375		58	317
横县	807	69	200	539	571		136	435
柳州市	**12302**	**3310**	**2689**	**6303**	**2447**	**1028**	**515**	**904**
城中区	1338	454	326	558	56	54		2
鱼峰区	2506	613	558	1335	251	235	3	13
柳南区	3304	728	615	1961	346	329	13	4
柳北区	2274	1023	385	866	450	410	19	21
柳江县	1553	287	506	759	671		318	353
柳城县	371	41	93	237	176		57	119
鹿寨县	353	118	83	152	104		36	68
融安县	359	35	72	252	226		31	195
融水苗族自治县	10	7	1	1				
三江侗族自治县	236	4	50	181	166		37	129
桂林市	**13008**	**3661**	**3579**	**5767**	**2457**	**319**	**659**	**1480**
秀峰区	1042	514	158	370	117	117		
叠彩区	608	215	155	238	60	50		10
象山区	784	290	193	301	81	81		
七星区	2156	622	556	978	73	68	4	
雁山区	2575	774	873	928	8			8
临桂区	794	220	208	366	254	3	43	208
阳朔县	214	14	51	149	146		31	115
灵川县	1951	475	550	926	191		95	96
全州县	694	268	201	226	305		132	173
兴安县	324	30	64	230	224		41	183
永福县	185	23	34	128	84		19	65
灌阳县	163	41	41	81	92		23	69
龙胜各族自治县	214	15	30	170	157		20	137
资源县	150	19	32	99	100		19	81
平乐县	678	31	249	398	329		107	222
荔浦县	311	65	135	110	162		94	68
恭城瑶族自治县	163	44	50	69	76		30	46

12-9 续表 1 单位：人

现住地	本省其他县				省外			
	小计	城市	镇	乡村	小计	城市	镇	乡村
全 区	**45628**	**10035**	**12644**	**22949**	**13396**	**4693**	**3343**	**5360**
南宁市	**13782**	**3042**	**3952**	**6787**	**3356**	**1038**	**859**	**1459**
兴宁区	1839	520	636	683	329	129	104	96
青秀区	3115	873	728	1513	715	264	134	316
江南区	1655	269	506	879	376	90	101	185
西乡塘区	4974	776	1427	2771	1030	317	295	418
良庆区	1393	298	445	650	196	70	56	75
邕宁区	117	32	43	42	19	3	8	8
武鸣县	99	51	27	22	16	8	6	2
隆安县	113	96	11	5	21	15	5	1
马山县	66	25	15	26	12	8	1	2
上林县	89	37	25	27	86	67	7	12
宾阳县	133	17	38	78	507	45	129	331
横县	188	47	51	90	48	22	13	13
柳州市	**8204**	**1821**	**1780**	**4603**	**1651**	**462**	**392**	**796**
城中区	931	284	219	428	351	115	107	128
鱼峰区	2017	333	482	1202	237	45	73	118
柳南区	2442	307	484	1651	513	91	117	304
柳北区	1634	552	322	760	190	61	44	84
柳江县	754	239	167	347	129	48	20	60
柳城县	145	31	29	85	49	9	7	33
鹿寨县	147	53	33	60	103	65	13	24
融安县	93	17	33	43	40	18	8	14
融水苗族自治县	4	1	1	1	5	5		
三江侗族自治县	37	3	10	24	32	1	3	28
桂林市	**7983**	**2435**	**2241**	**3307**	**2565**	**906**	**680**	**982**
秀峰区	844	379	137	328	82	17	23	43
叠彩区	456	156	125	175	92	10	30	53
象山区	499	142	138	219	203	64	55	81
七星区	1700	393	466	842	385	162	86	137
雁山区	1955	594	687	674	611	182	186	247
临桂区	348	98	123	128	192	119	43	32
阳朔县	44	10	16	18	23	4	4	14
灵川县	1380	337	353	690	382	140	103	144
全州县	285	204	45	36	103	63	24	16
兴安县	77	25	23	29	23	6		17
永福县	85	20	14	52	16	3	1	11
灌阳县	30	15	9	6	39	25	9	5
龙胜各族自治县	28	3	7	18	29	12	3	14
资源县	19	7	8	4	33	13	5	15
平乐县	102	12	43	47	246	19	98	129
荔浦县	89	29	33	27	58	36	7	14
恭城瑶族自治县	41	14	13	13	48	31	7	10

12-9 续表 2 单位：人

现住地	合计				本县			
	合计	城市	镇	乡村	小计	城市	镇	乡村
梧州市	**2621**	**1002**	**635**	**983**	**1222**	**459**	**269**	**495**
万秀区	753	469	135	149	374	343	14	18
长洲区	506	287	104	116	40	32	4	4
龙圩区	183	52	51	81	57	33	4	20
苍梧县	34	8	10	16	5		1	4
藤县	494	77	157	261	281		116	165
蒙山县	170	9	52	109	135		42	94
岑溪市	480	101	127	252	330	51	88	190
北海市	**3742**	**904**	**821**	**2017**	**1022**	**281**	**218**	**523**
海城区	1820	428	332	1060	307	276	8	22
银海区	822	277	219	326	44	3	33	8
铁山港区	123	34	30	60	47	2	2	44
合浦县	976	165	240	571	624		175	449
防城港市	**2385**	**449**	**599**	**1337**	**785**	**168**	**124**	**492**
港口区	980	211	272	497	144	60	17	68
防城区	657	161	130	366	360	97	55	207
上思县	286	13	50	223	227		38	190
东兴市	462	63	148	251	53	11	14	28
钦州市	**3966**	**721**	**1019**	**2227**	**1702**	**232**	**411**	**1059**
钦南区	1932	387	517	1028	708	212	137	359
钦北区	722	206	163	354	243	20	81	142
灵山县	890	68	248	574	554		160	394
浦北县	421	60	91	270	197		32	165
贵港市	**3902**	**885**	**961**	**2056**	**1603**	**82**	**435**	**1085**
港北区	1037	167	311	559	194	12	35	147
港南区	1058	197	177	685	657	34	114	509
覃塘区	488	124	46	318	37	9	1	26
平南县	468	155	161	151	199		85	114
桂平市	851	242	266	343	516	27	199	289
玉林市	**5675**	**1396**	**1751**	**2529**	**2906**	**717**	**767**	**1422**
玉州区	2684	745	841	1097	721	442	54	225
福绵区	37	29	3	5	1	1		
容县	536	45	151	340	371		112	259
陆川县	603	135	214	254	357		152	205
博白县	576	57	230	289	454		200	255
兴业县	88	19	38	31	36		25	11
北流市	1152	366	273	513	965	274	223	467

12-9 续表 3

单位：人

现住地	本省其他县				省外			
	小计	城市	镇	乡村	小计	城市	镇	乡村
梧州市	**1032**	**394**	**270**	**368**	**369**	**150**	**98**	**123**
万秀区	323	108	98	118	57	20	24	14
长洲区	399	236	72	91	69	20	29	21
龙圩区	114	12	44	58	12	7	3	3
苍梧县	20	5	8	8	8	3	1	4
藤县	85	17	21	47	128	59	19	48
蒙山县	22	3	7	11	14	5	4	5
岑溪市	69	12	21	36	81	36	19	26
北海市	**1860**	**331**	**375**	**1154**	**856**	**292**	**226**	**340**
海城区	1160	48	241	871	355	102	83	170
银海区	385	157	65	163	389	115	119	155
铁山港区	55	24	16	16	20	8	12	
合浦县	260	102	53	106	92	63	13	16
防城港市	**1193**	**172**	**350**	**671**	**407**	**110**	**122**	**174**
港口区	597	90	179	327	239	63	73	103
防城区	258	52	66	139	40	12	9	19
上思县	46	7	8	32	12	6	4	2
东兴市	292	23	97	172	116	29	35	50
钦州市	**1725**	**295**	**485**	**945**	**539**	**195**	**125**	**223**
钦南区	930	114	300	517	294	63	81	151
钦北区	371	128	63	180	110	58	19	34
灵山县	256	27	73	156	80	40	15	25
浦北县	167	26	49	92	56	34	8	14
贵港市	**1493**	**321**	**405**	**767**	**808**	**482**	**123**	**204**
港北区	765	115	258	393	79	39	20	19
港南区	342	130	56	157	58	33	7	19
覃塘区	216	32	18	166	236	84	25	127
平南县	79	23	32	24	190	132	44	13
桂平市	90	22	41	28	246	193	26	26
玉林市	**1986**	**349**	**764**	**873**	**783**	**333**	**218**	**232**
玉州区	1508	144	638	726	456	160	149	146
福绵区	30	24	2	4	6	4	1	1
容县	109	26	33	51	54	19	6	28
陆川县	161	92	40	30	84	44	22	18
博白县	61	29	14	18	60	29	16	14
兴业县	33	12	5	17	19	8	8	3
北流市	84	23	33	27	103	69	17	17

12-9 续表 4

单位：人

现住地	合计				本县			
	合计	城市	镇	乡村	小计	城市	镇	乡村
百色市	**4238**	**401**	**1209**	**2628**	**2354**	**193**	**560**	**1602**
右江区	1217	244	387	586	333	193	23	116
田阳县	286	10	94	181	171		71	100
田东县	439	46	182	211	207		113	93
平果县	773	11	145	617	637		112	525
德保县	296	19	98	179	157		37	120
靖西县	182	14	4	164	149		1	148
那坡县	128	2	17	109	93		4	90
凌云县	58	12	26	20	25		12	13
乐业县	35	3	8	24	17		3	15
田林县	151	13	26	111	112		23	88
西林县	146	9	23	113	52		4	48
隆林各族自治县	528	17	198	313	403		157	245
贺州市	**1547**	**482**	**452**	**613**	**667**	**137**	**242**	**289**
八步区	624	230	190	205	280	128	78	73
平桂管理区	285	184	32	68	19	8	1	10
昭平县	243	20	103	120	180		86	94
钟山县	172	29	55	89	76		36	40
富川瑶族自治县	223	19	72	131	113		41	72
河池市	**5304**	**617**	**1283**	**3404**	**2199**	**68**	**376**	**1755**
金城江区	1438	149	334	955	251	52	24	175
南丹县	295	19	127	149	103		38	65
天峨县	179	9	31	139	130		20	110
凤山县	121	28	23	70	68		3	65
东兰县	554	22	58	474	454		33	421
罗城仫佬族自治县	345	52	61	231	57		22	35
环江毛南族自治县	294	75	59	160	145		34	111
巴马瑶族自治县	290	12	43	236	121		4	117
都安瑶族自治县	654	128	210	317	371		120	251
大化瑶族自治县	453	32	164	257	129		14	115
宜州市	680	91	173	416	368	16	64	289
来宾市	**3283**	**417**	**667**	**2199**	**2235**	**188**	**379**	**1669**
兴宾区	1736	244	255	1238	1433	182	174	1077
忻城县	211	27	37	147	101		9	92
象州县	416	45	116	255	236		68	168
武宣县	590	42	168	381	350		104	246
金秀瑶族自治县	182	12	52	119	86		19	67
合山市	148	49	40	60	29	6	5	18
崇左市	**3334**	**374**	**768**	**2191**	**1825**	**101**	**303**	**1421**
江州区	811	119	160	531	384	97	45	242
扶绥县	611	67	218	326	231		70	160
宁明县	324	31	58	235	215		28	186
龙州县	391	44	54	292	293		34	260
大新县	247	15	75	157	175		51	124
天等县	544	33	86	425	463		63	400
凭祥市	405	65	117	224	64	4	11	48

12-9 续表 5

单位：人

现住地	本省其他县				省外			
	小计	城市	镇	乡村	小计	城市	镇	乡村
百色市	**1459**	**127**	**525**	**808**	**424**	**81**	**124**	**219**
右江区	779	27	318	434	106	24	46	37
田阳县	84	8	19	58	31	2	5	24
田东县	177	33	64	80	55	14	4	36
平果县	109	3	23	82	25	7	9	10
德保县	77	17	34	26	62	3	28	33
靖西县	10	2	1	7	24	12	2	10
那坡县	13		6	7	21	2	7	13
凌云县	22	6	11	5	10	7	3	3
乐业县	11	1	2	7	8	2	3	4
田林县	33	10	2	21	5	3	1	2
西林县	69	8	14	47	24	2	6	18
隆林各族自治县	76	12	30	34	50	6	10	34
贺州市	**530**	**179**	**143**	**209**	**353**	**167**	**69**	**117**
八步区	253	75	83	95	92	27	29	37
平桂管理区	115	65	22	28	151	110	11	31
昭平县	31	4	10	16	34	16	8	10
钟山县	64	22	12	30	32	6	8	19
富川瑶族自治县	67	12	16	39	44	8	16	22
河池市	**2393**	**278**	**727**	**1388**	**713**	**273**	**181**	**261**
金城江区	1019	60	258	701	167	38	52	78
南丹县	129	10	64	55	64	10	26	30
天峨县	31	6	8	17	19	5	3	11
凤山县	13	7	5	2	39	21	16	2
东兰县	58	6	18	35	42	17	7	18
罗城仫佬族自治县	214	20	31	163	73	32	8	32
环江毛南族自治县	86	41	12	33	61	34	12	15
巴马瑶族自治县	117	4	23	90	54	7	15	30
都安瑶族自治县	199	72	84	44	83	55	6	22
大化瑶族自治县	289	14	139	135	36	19	10	8
宜州市	238	40	84	114	73	37	23	13
来宾市	**753**	**133**	**210**	**410**	**296**	**96**	**79**	**122**
兴宾区	234	43	71	120	71	19	10	41
忻城县	95	23	24	48	16	4	4	8
象州县	124	24	30	70	54	21	18	17
武宣县	149	17	32	100	90	25	33	36
金秀瑶族自治县	66	7	24	36	28	3	8	16
合山市	85	19	29	37	34	23	6	5
崇左市	**1235**	**159**	**418**	**658**	**273**	**112**	**49**	**113**
江州区	397	12	114	270	30	11	2	17
扶绥县	356	54	143	159	26	14	5	7
宁明县	74	17	23	34	36	14	7	15
龙州县	63	15	20	28	36	28	1	7
大新县	47	10	16	21	27	5	9	13
天等县	62	19	21	22	19	12	2	5
凭祥市	238	32	80	126	100	28	23	49

12-10 全区按现住地和一年前常住地分的人口

单位：人

地区	合计			现住房			本乡(镇、街道)其他调查小区			本县(市、区)其他乡(镇、街道)		
	合计	男	女	小计	男	女	小计	男	女	小计	男	女
全　区	**587926**	**301603**	**286323**	**566275**	**291190**	**275085**	**4500**	**2003**	**2498**	**4155**	**1740**	**2415**
南宁市	**86687**	**44745**	**41942**	**82710**	**42781**	**39929**	**346**	**154**	**191**	**439**	**220**	**219**
兴宁区	5147	2659	2487	4906	2544	2362	45	16	28	15	8	7
青秀区	10845	5047	5798	9663	4676	4987	32	19	13	59	38	21
江南区	7256	3819	3437	7027	3744	3283	16	6	10	26	9	17
西乡塘区	15329	8007	7322	14681	7654	7026	126	68	58	105	60	45
良庆区	4686	2457	2229	4354	2282	2072	10	5	6	87	43	44
邕宁区	3297	1734	1563	3260	1722	1538	8	3	6	3		3
武鸣县	6647	3401	3246	6482	3345	3138	37	11	26	33	12	20
隆安县	3702	1936	1766	3534	1850	1685	26	13	13	19	11	8
马山县	4841	2560	2281	4755	2515	2241	6	2	4	10	6	3
上林县	4283	2207	2076	4155	2155	2000	9	3	5	47	15	31
宾阳县	9905	5440	4465	9305	4881	4425	16	7	10	13	9	4
横县	10751	5478	5273	10587	5414	5173	14	2	12	23	8	15
柳州市	**47036**	**23962**	**23074**	**45041**	**22974**	**22066**	**455**	**224**	**231**	**369**	**161**	**207**
城中区	2425	993	1432	2219	889	1330	22	10	12	8	2	6
鱼峰区	5667	2900	2767	5411	2737	2674	77	50	27	44	16	28
柳南区	6103	3188	2915	5737	2991	2745	114	57	57	66	37	30
柳北区	5226	2612	2614	5047	2531	2516	45	19	26	40	17	24
柳江县	7076	3674	3402	6785	3520	3265	89	55	34	80	41	39
柳城县	4342	2221	2121	4194	2166	2028	25	8	17	25	7	18
鹿寨县	4016	2036	1980	3787	1940	1847	49	12	38	36	11	25
融安县	3509	1782	1728	3229	1662	1567	31	13	18	53	22	31
融水苗族自治县	4964	2622	2343	4944	2610	2334	1		1	9	6	3
三江侗族自治县	3706	1935	1771	3687	1926	1761	1		1	8	4	4
桂林市	**63004**	**30563**	**32441**	**60098**	**29351**	**30748**	**363**	**144**	**219**	**508**	**244**	**264**
秀峰区	2062	1041	1021	1749	871	878	22	12	10	18	10	8
叠彩区	2117	1008	1109	2077	992	1085	10	2	8	1		1
象山区	3361	1643	1718	3277	1611	1667	19	7	12	3	1	2
七星区	4567	1434	3133	4107	1410	2696	3		3	5	4	1
雁山区	3252	1585	1666	3191	1550	1642						
临桂区	5617	2863	2754	5433	2785	2647	49	19	29	22	11	11
阳朔县	3380	1727	1653	3307	1691	1616	8	3	5	23	13	10
灵川县	5018	1985	3033	4746	1861	2885	61	26	35	76	38	38
全州县	7869	4016	3853	7386	3762	3624	39	17	22	109	55	54
兴安县	4057	2024	2033	3992	1994	1997	15	6	9	8	3	4
永福县	2881	1521	1360	2713	1440	1274	51	17	34	45	25	20
灌阳县	2873	1523	1350	2785	1477	1309	20	10	10	42	21	21
龙胜各族自治县	1893	956	937	1821	920	901	13	3	10	17	9	8
资源县	1810	920	890	1658	850	808	19	10	9	20	4	17
平乐县	4921	2552	2369	4828	2515	2313	14	4	10	15	4	11
荔浦县	4264	2179	2085	4066	2088	1978	12	3	8	83	40	44
恭城瑶族自治县	3064	1584	1479	2963	1534	1429	9	4	5	21	7	14

12-10 续表 1

单位: 人

地　　区	本地(市)其他县(市、区)			本省其他地(市)			省　外			港澳台或国外		
	小计	男	女	小计	男	女	小计	男	女	小计	男	女
全　区	**3593**	**1746**	**1847**	**3734**	**1702**	**2033**	**5535**	**3166**	**2370**	**133**	**57**	**76**
南宁市	**978**	**472**	**506**	**1032**	**349**	**682**	**1150**	**757**	**393**	**33**	**12**	**21**
兴宁区	122	55	67	32	21	12	24	15	9	2		2
青秀区	223	133	90	652	141	511	213	41	172	3		3
江南区	79	18	61	71	28	43	36	13	23	2	2	
西乡塘区	125	61	64	155	82	73	131	81	50	5		5
良庆区	151	76	75	29	18	11	54	33	21	1		1
邕宁区	20	7	14				5	2	2			
武鸣县	54	16	38	14	4	10	17	10	7	10	4	7
隆安县	90	45	45	5	2	3	25	13	12	3	2	1
马山县	21	11	9	14	7	6	36	19	17			
上林县	23	9	13	9		9	36	21	15	4	3	1
宾阳县	19	16	3	50	45	5	499	480	18	2	2	
横县	49	23	27	2	2		76	30	46			
柳州市	**510**	**241**	**269**	**228**	**115**	**113**	**420**	**241**	**179**	**14**	**6**	**8**
城中区	89	44	44	46	18	28	39	29	10	2	1	2
鱼峰区	46	27	20	55	42	13	29	26	2	4	1	3
柳南区	104	53	51	38	23	15	42	26	17	1	1	
柳北区	61	37	24	20	3	17	11	5	7			
柳江县	70	28	42	18	7	11	34	22	12			
柳城县	52	22	30	9	6	3	38	13	24			
鹿寨县	27	9	17	9	4	5	105	57	48	3	2	1
融安县	57	19	38	25	9	16	113	57	57	1		1
融水苗族自治县	4	1	3	1		1	3	3		2	1	1
三江侗族自治县				5	3	2	6	2	4			
桂林市	**808**	**396**	**412**	**584**	**141**	**443**	**621**	**281**	**340**	**22**	**6**	**16**
秀峰区	253	139	114	10	6	4	8	2	5	3	1	2
叠彩区	21	11	10	6	2	4	2	1	1	1		1
象山区	38	13	25	7	5	2	12	5	6	3		3
七星区	44	9	35	303	2	301	105	8	97	1	1	
雁山区	29	15	14	14	11	3	16	10	6	1		1
临桂区	62	29	33	21	5	16	30	13	17			
阳朔县	19	8	11	8	3	5	14	7	7	1	1	
灵川县	86	38	48	16	9	7	31	13	18	3	1	1
全州县	118	69	49	88	48	40	130	65	65			
兴安县	19	8	11	9	5	4	15	8	6			
永福县	37	20	17	23	13	11	10	7	3	1		1
灌阳县	8	4	3	9	4	4	9	7	2			
龙胜各族自治县	11	7	4	5	3	2	25	14	11	1		1
资源县	21	10	11	16	6	10	75	41	34	1		1
平乐县	8	5	3	11	2	8	44	21	23	1	1	
荔浦县	22	8	14	28	13	14	54	27	27			
恭城瑶族自治县	13	3	9	9	3	5	46	32	13	3		3

12-10 续表 2 单位：人

地区	合计			现住房			本乡(镇、街道)其他调查小区			本县(市、区)其他乡(镇、街道)		
	合计	男	女	小计	男	女	小计	男	女	小计	男	女
梧州市	**36595**	**18751**	**17844**	**35839**	**18399**	**17440**	**155**	**58**	**98**	**137**	**75**	**62**
万秀区	3722	1842	1881	3635	1796	1839	6	4	2	22	13	10
长洲区	2355	1184	1171	2295	1159	1136	22	8	13	1	1	1
龙圩区	3313	1794	1519	3268	1771	1497	10	5	5	7	4	3
苍梧县	3814	2003	1811	3697	1943	1754	29	12	16	4	3	1
藤县	10313	5405	4909	10045	5286	4759	58	18	40	59	32	27
蒙山县	2376	1229	1148	2319	1204	1116	8	4	4	11	5	6
岑溪市	10701	5294	5407	10579	5242	5338	24	6	18	33	18	14
北海市	**19983**	**10161**	**9821**	**19100**	**9805**	**9295**	**146**	**54**	**93**	**199**	**85**	**114**
海城区	5001	2436	2565	4668	2329	2338	33	17	16	79	44	35
银海区	2279	1184	1096	2091	1074	1016	15	7	9	4	2	2
铁山港区	1770	919	852	1722	899	823	13	6	7	4		4
合浦县	10932	5623	5309	10620	5503	5117	85	24	61	113	39	74
防城港市	**11667**	**6374**	**5293**	**11252**	**6168**	**5084**	**173**	**81**	**92**	**80**	**38**	**41**
港口区	2582	1489	1093	2418	1407	1011	109	49	60	10	3	7
防城区	4565	2422	2144	4417	2347	2071	35	20	15	49	23	26
上思县	2603	1413	1190	2540	1383	1157	13	5	8	14	8	6
东兴市	1917	1050	867	1877	1032	846	16	7	10	8	4	4
钦州市	**38763**	**20596**	**18167**	**37745**	**20109**	**17636**	**235**	**78**	**157**	**143**	**59**	**85**
钦南区	6999	3759	3240	6687	3593	3093	68	27	41	74	31	44
钦北区	8294	4450	3844	8032	4314	3718	49	18	31	24	9	15
灵山县	14426	7601	6824	14175	7507	6668	79	18	61	24	5	18
浦北县	9044	4785	4258	8852	4695	4157	38	14	24	21	13	8
贵港市	**52380**	**27356**	**25025**	**50063**	**26083**	**23980**	**938**	**475**	**464**	**441**	**205**	**236**
港北区	7185	3672	3512	6895	3519	3376	193	96	98	19	13	6
港南区	7053	3607	3447	6469	3294	3176	233	122	111	230	122	108
覃塘区	5271	2811	2461	5004	2624	2380	20	9	10	13	5	9
平南县	14381	7605	6776	13713	7258	6454	377	195	182	47	18	29
桂平市	18490	9661	8829	17982	9388	8594	115	53	63	131	48	83
玉林市	**68842**	**35792**	**33050**	**67661**	**35261**	**32400**	**190**	**54**	**136**	**280**	**94**	**186**
玉州区	9310	4810	4500	9090	4708	4382	44	20	23	66	23	43
福绵区	4649	2503	2146	4553	2446	2107	3		3	2		2
容县	7822	4042	3780	7612	3960	3651	36	11	25	57	20	37
陆川县	9289	4754	4535	9142	4706	4436	19	1	18	40	9	31
博白县	16857	8725	8132	16732	8663	8069	23	6	18	19	10	9
兴业县	6918	3664	3255	6805	3593	3212	11	3	8	5	2	3
北流市	13997	7294	6702	13727	7184	6542	54	13	41	90	30	61

12-10 续表 3

单位：人

地区	本地(市)其他县(市、区)			本省其他地(市)			省外			港澳台或国外		
	小计	男	女	小计	男	女	小计	男	女	小计	男	女
梧州市	**104**	**43**	**61**	**72**	**24**	**48**	**286**	**149**	**136**	**3**	**2**	**1**
万秀区	20	7	12	8	4	4	30	18	12	1		1
长洲区	31	14	16	2	1	2	5	2	3			
龙圩区	7	3	3	7	3	4	14	9	5			
苍梧县	27	12	16	8	1	7	47	30	17	2	2	
藤县	16	5	10	23	9	14	113	55	58			
蒙山县				8	3	5	31	13	17			
岑溪市	4	1	2	16	4	12	45	22	23			
北海市	**214**	**63**	**151**	**102**	**39**	**63**	**217**	**113**	**104**	**4**	**1**	**3**
海城区	108	8	99	51	13	38	61	23	38	2	1	1
银海区	36	19	16	15	10	6	116	71	45	2	1	1
铁山港区	20	8	12	8	5	4	3	1	1			
合浦县	50	27	23	27	12	15	37	18	19			
防城港市	**53**	**26**	**27**	**46**	**21**	**25**	**62**	**39**	**23**	**1**	**1**	**1**
港口区	12	5	7	13	9	4	21	16	5			
防城区	32	17	15	16	8	9	16	8	8	1		1
上思县	5	3	2	14	4	10	18	11	7			
东兴市	4	1	3	3	1	2	7	5	3			
钦州市	**132**	**77**	**55**	**209**	**108**	**101**	**287**	**159**	**128**	**11**	**6**	**5**
钦南区	49	34	15	74	49	25	45	24	21	1	1	1
钦北区	54	32	21	55	31	25	79	45	34	1	1	
灵山县	14	6	9	40	13	27	86	48	37	8	4	4
浦北县	15	5	10	40	16	24	77	42	36			
贵港市	**116**	**62**	**54**	**223**	**155**	**68**	**592**	**372**	**219**	**8**	**3**	**5**
港北区	22	15	7	13	5	8	42	24	18			
港南区	55	30	25	19	11	8	44	27	17	3	1	2
覃塘区	22	10	12	103	92	11	109	70	39			
平南县	6	4	3	48	22	26	186	105	81	4	2	1
桂平市	11	3	8	39	24	15	210	146	65	2		2
玉林市	**140**	**68**	**72**	**182**	**89**	**93**	**379**	**224**	**154**	**11**	**3**	**8**
玉州区	57	27	30	33	16	16	21	15	5			
福绵区	23	13	11	30	15	15	37	29	8			
容县	7	4	3	35	19	16	71	26	45	3	1	2
陆川县	13	3	11	31	15	16	43	21	22	1		1
博白县	10	7	3	22	10	12	47	29	17	4		4
兴业县	9	6	3	9	2	7	79	57	22			
北流市	20	9	11	22	11	11	81	46	35	3	1	1

12-10 续表 4 单位：人

地区	合计			现住房			本乡(镇、街道)其他调查小区			本县(市、区)其他乡(镇、街道)		
	合计	男	女	小计	男	女	小计	男	女	小计	男	女
百色市	**44007**	**22578**	**21430**	**42643**	**21897**	**20746**	**357**	**160**	**197**	**372**	**192**	**180**
右江区	4853	2512	2341	4639	2365	2274	20	13	7	78	52	26
田阳县	3991	2005	1986	3723	1870	1854	161	69	92	46	29	18
田东县	4455	2236	2219	4218	2140	2078	27	9	17	70	25	44
平果县	5589	2883	2706	5403	2795	2608	60	28	32	41	21	19
德保县	3751	1970	1780	3642	1920	1721	25	13	12	33	14	19
靖西县	6285	3287	2998	6233	3264	2969	15	8	7	7	4	3
那坡县	1900	968	932	1828	929	899	6	2	4	14	6	8
凌云县	2313	1202	1111	2263	1174	1089	16	10	6	5	4	1
乐业县	1846	942	904	1833	936	897	2		2	4	2	2
田林县	2826	1397	1428	2769	1377	1391	9	4	5	29	11	18
西林县	1725	892	833	1701	879	822	3	1	2	6	3	4
隆林各族自治县	4475	2282	2193	4391	2247	2144	14	3	11	39	21	18
贺州市	**24190**	**12425**	**11765**	**23592**	**12133**	**11459**	**92**	**45**	**47**	**102**	**43**	**59**
八步区	7590	3785	3805	7343	3682	3661	52	27	25	58	25	33
平桂管理区	4825	2492	2333	4774	2467	2307	10	3	7	6	3	4
昭平县	4215	2209	2006	4172	2187	1985	6	4	2	13	7	6
钟山县	4373	2292	2080	4200	2195	2005	11	5	6	13	7	7
富川瑶族自治县	3188	1646	1542	3102	1603	1499	13	6	7	11	1	10
河池市	**43103**	**22151**	**20952**	**41167**	**21396**	**19771**	**447**	**185**	**262**	**678**	**149**	**530**
金城江区	4605	2631	1974	4390	2521	1870	107	54	53	28	14	13
南丹县	3481	1824	1657	3351	1764	1587	57	32	25	30	9	21
天峨县	1920	992	929	1850	962	889	28	12	16	23	9	14
凤山县	1990	1006	984	1944	982	962	3	1	2	12	4	8
东兰县	2944	1334	1611	2393	1257	1135	93	28	64	384	14	370
罗城仫佬族自治县	3768	1928	1840	3651	1874	1777	8	1	8	14	4	10
环江毛南族自治县	3335	1660	1675	3195	1591	1604	42	16	26	21	10	12
巴马瑶族自治县	2900	1515	1386	2861	1489	1371	12	9	3	15	8	7
都安瑶族自治县	6406	3233	3173	6149	3093	3056	32	11	21	80	46	33
大化瑶族自治县	4731	2518	2213	4600	2451	2149	16	5	11	17	5	12
宜州市	7021	3510	3511	6783	3411	3371	48	15	33	54	25	30
来宾市	**26296**	**13494**	**12802**	**25211**	**12965**	**12246**	**384**	**183**	**202**	**166**	**63**	**103**
兴宾区	11401	5889	5511	10993	5702	5291	172	85	88	81	30	52
忻城县	3864	1915	1949	3707	1836	1871	15	3	11	22	8	14
象州县	3533	1830	1703	3377	1743	1634	15	7	9	25	11	14
武宣县	4555	2380	2175	4443	2325	2118	20	9	11	23	9	14
金秀瑶族自治县	1555	782	773	1519	764	755	14	8	6	5	2	3
合山市	1388	697	691	1173	596	577	148	71	77	10	4	5
崇左市	**25373**	**12655**	**12717**	**24153**	**11867**	**12286**	**218**	**109**	**110**	**240**	**111**	**129**
江州区	4740	1869	2871	4661	1844	2817	3	1	2	17	4	13
扶绥县	4593	2525	2068	4224	2221	2003	34	12	21	23	9	13
宁明县	4144	2226	1918	3989	2133	1856	19	9	10	14	6	9
龙州县	2695	1350	1345	2620	1317	1303	4	1	2	25	8	17
大新县	3710	1837	1873	3672	1820	1852	13	6	6	7	3	3
天等县	4023	2057	1966	3642	1835	1807	143	78	64	144	76	68
凭祥市	1468	792	676	1344	696	649	3		3	10	6	4

12-10 续表 5

单位：人

地区	本地(市)其他县(市、区)			本省其他地(市)			省外			港澳台或国外		
	小计	男	女	小计	男	女	小计	男	女	小计	男	女
百色市	**135**	**73**	**61**	**162**	**84**	**79**	**334**	**171**	**164**	**4**	**1**	**2**
右江区	24	19	6	33	27	6	58	36	22	1		1
田阳县	19	9	10	4	1	3	35	26	9	2	1	1
田东县	24	12	13	37	18	19	79	32	47			
平果县	6	2	3	35	15	20	45	22	23			
德保县	19	9	11	17	8	9	15	7	8			
靖西县				1		1	29	11	18			
那坡县	8	3	5	5	5		38	23	16			
凌云县	5	3	2	11	3	8	12	8	5			
乐业县	5	3	2				2	1	1			
田林县	7	2	5	6	1	5	7	2	5			
西林县	8	7	1	3	1	2	5	2	3	1		1
隆林各族自治县	10	5	5	11	4	7	10	2	7			
贺州市	**40**	**17**	**23**	**79**	**38**	**41**	**278**	**145**	**134**	**6**	**4**	**2**
八步区	14	4	10	42	20	22	78	27	51	3	1	2
平桂管理区	11	4	7	3	2		21	13	8			
昭平县	1	1		5	1	3	17	8	9	1	1	
钟山县	11	6	5	13	6	7	124	73	51	1	1	
富川瑶族自治县	4	2	2	17	8	9	39	24	15	1	1	
河池市	**174**	**81**	**93**	**238**	**112**	**126**	**390**	**220**	**169**	**8**	**7**	**1**
金城江区	20	9	11	21	8	13	35	22	13	3	2	1
南丹县	10	3	6	16	8	8	17	8	9			
天峨县	4		4	8	4	4	6	4	2	1	1	
凤山县	4	3	1	11	6	6	15	10	5	1	1	
东兰县	19	9	10	20	8	12	36	17	19			
罗城仫佬族自治县	4	2	2	15	3	12	76	44	32			
环江毛南族自治县	15	4	11	12	5	6	50	34	16			
巴马瑶族自治县	3	3		5	3	2	5	2	3			
都安瑶族自治县	65	36	29	48	23	25	28	20	8	3	3	
大化瑶族自治县	14	7	7	41	23	17	42	25	17	1	1	
宜州市	16	5	11	40	20	20	80	34	45			
来宾市	**41**	**11**	**30**	**222**	**123**	**99**	**269**	**146**	**122**	**3**	**2**	
兴宾区	7		7	62	29	33	85	44	41			
忻城县	4	1	3	65	41	25	50	24	25	2	2	
象州县	9	5	4	55	35	20	52	29	23			
武宣县	6	2	5	18	7	11	45	28	16			
金秀瑶族自治县	3	2	1	4	2	2	9	4	5			
合山市	12	2	11	18	9	9	28	16	12			
崇左市	**147**	**115**	**32**	**356**	**303**	**53**	**251**	**148**	**103**	**7**	**3**	**4**
江州区	18		18	16	7	9	23	13	10	2		2
扶绥县	98	98		183	168	15	32	16	15			
宁明县	10	7	3	17	10	8	94	61	32			
龙州县	3	2	1	6	2	4	37	19	17			
大新县	3		3	8	4	4	8	4	3	1		1
天等县	3	2	1	49	40	10	39	24	15	3	2	1
凭祥市	12	6	6	76	72	4	20	11	10	2	1	1

12-11 全区按现住地和五年前常住地分的人口

单位：人

现住地	五年前常住地											
	合计	现住房	本县其他地区	本省其他县	省外							
					北京	天津	河北	山西	内蒙古	辽宁	吉林	黑龙江
全区	**547825**	**482475**	**28677**	**25961**	**56**	**29**	**439**	**134**	**78**	**132**	**160**	**157**
南宁市	**81572**	**66999**	**4310**	**7661**	**20**	**11**	**255**	**20**	**14**	**30**	**24**	**21**
兴宁区	4890	3629	308	824	6	1	1		2		10	
青秀区	10376	6716	594	2345	7	5	30	8		14	3	3
江南区	6806	5666	128	760	3	3	5		6	6	6	1
西乡塘区	14518	10253	902	2767	2	2	33			10		15
良庆区	4375	3714	121	419	1				1		1	2
邕宁区	3118	3040	10	60								
武鸣县	6317	6109	90	89								
隆安县	3453	3039	306	58								
马山县	4504	4332	104	44								
上林县	4040	3456	475	61								
宾阳县	9314	8315	389	90	1		187	12	5		5	
横县	9861	8729	882	144								
柳州市	**44355**	**37587**	**2616**	**3163**	**4**		**28**	**20**	**5**	**17**		**11**
城中区	2325	1218	122	683	1		24	16	5	2		2
鱼峰区	5328	4260	331	593	1		2			5		
柳南区	5741	4258	517	738	1			2				9
柳北区	4951	3622	568	699	1			1		10		
柳江县	6706	6070	389	203								
柳城县	4079	3794	156	97								
鹿寨县	3749	3500	113	50			2					
融安县	3330	2952	244	65								
融水苗族自治县	4712	4696	7	4								
三江侗族自治县	3434	3217	171	31								
桂林市	**59492**	**49408**	**2199**	**5743**	**18**	**11**	**76**	**29**	**44**	**33**	**96**	**56**
秀峰区	1939	1368	86	458								
叠彩区	1999	1744	70	168	3							1
象山区	3195	2659	245	231	2		2	1			2	4
七星区	4356	2637	56	1322		1	12	8	17	4	9	4
雁山区	3205	658	12	1919		3	19	10	17		49	6
临桂区	5205	4605	237	214	2		6	1		19	22	21
阳朔县	3176	3044	77	27								4
灵川县	4800	3386	146	954	10	6	37	9	6	9	14	16
全州县	7402	6894	254	147					2			
兴安县	3814	3533	216	42								
永福县	2712	2505	137	60	1							
灌阳县	2749	2623	91	12		1			1	1		
龙胜各族自治县	1789	1609	125	16								
资源县	1665	1459	90	40								
平乐县	4582	3993	248	69								
荔浦县	4028	3877	77	51								
恭城瑶族自治县	2876	2812	32	13								

12-11　续表 1　　　　单位：人

现住地	五年前常住地											
	省外											
	上海	江苏	浙江	安徽	福建	江西	山东	河南	湖北	湖南	广东	广西
全区	**148**	**195**	**401**	**188**	**325**	**388**	**256**	**445**	**439**	**1111**	**3920**	
南宁市	**21**	**75**	**81**	**79**	**38**	**102**	**103**	**174**	**163**	**296**	**678**	
兴宁区	4	5	5	1	3	19		5		19	33	
青秀区	6	44	43	48	9	35	36	20	85	153	95	
江南区	4	9	11	6	17	20	5	10	25	28	77	
西乡塘区	4	12	18	23	8	24	4	14	19	81	161	
良庆区	3	1	1			3	12		1	10	43	
邕宁区		3							1		3	
武鸣县											20	
隆安县			1	1		1		1			43	
马山县									1	1	18	
上林县								1			42	
宾阳县		1					46	123	31	1	42	
横县			2							2	100	
柳州市	**12**	**28**	**60**	**17**	**31**	**42**	**15**	**34**	**49**	**170**	**316**	
城中区	6	8	8	1	19	22	9	25	20	44	23	
鱼峰区	1	6	23	1	1	2		2	3	39	41	
柳南区	3	7	6	9	4	18	3	4	20	42	69	
柳北区	1	4		5	1		1		4	16	9	
柳江县			14		3					6	20	
柳城县					1			2	1	9	16	
鹿寨县		1	5		2		1			4	70	
融安县		2	4	1						3	57	
融水苗族自治县											4	
三江侗族自治县										6	6	
桂林市	**18**	**46**	**110**	**42**	**37**	**121**	**59**	**106**	**125**	**332**	**339**	
秀峰区	1		2	1		4		2	1	6	3	
叠彩区		2	2		1					5	1	
象山区	2		2			2			6	18	2	
七星区	3	7	15	14	14	8	28	19	35	42	23	
雁山区	3	8	29	11	6	58	13	59	45	63	21	
临桂区		4	8	1	1		12		10	15	13	
阳朔县			2			2	1	2		2	13	
灵川县	7	17	12	11	10	6	4	17	19	14	37	
全州县		4	15	2	2				5	15	58	
兴安县	1		2	1	1	1		2			12	
永福县						4				1	4	
灌阳县		1								5	9	
龙胜各族自治县			4						1	1	31	
资源县	1	1	17		1	3			1	8	38	
平乐县				2		32		3	2	133	51	
荔浦县		2				1		1		1	14	
恭城瑶族自治县								1		3	11	

12-11 续表 2 单位：人

现住地	五年前常住地											
	省外											港澳台或国外
	海南	重庆	四川	贵州	云南	西藏	陕西	甘肃	青海	宁夏	新疆	
全区	**137**	**181**	**470**	**390**	**228**		**104**	**36**	**18**	**1**	**79**	**67**
南宁市	**42**	**28**	**172**	**32**	**22**		**29**	**8**		**1**	**38**	**23**
兴宁区	1	2	1	4	2			1			1	1
青秀区	12	11	18	11	8		8	3			1	3
江南区		2	1				2					1
西乡塘区	23	5	106	9	3		4	2			9	8
良庆区	1		11		2		1	2			27	
邕宁区				1								
武鸣县			3							1		5
隆安县	1						1					1
马山县	2				1							
上林县			1				1					1
宾阳县		7	30	7	7		12					2
横县	2											
柳州市	**5**	**5**	**35**	**22**	**28**		**24**	**3**	**2**		**1**	**5**
城中区		1	28	3	17		14	2	2			1
鱼峰区	1	1		7	4							1
柳南区	4	2	5	2	2		11				1	1
柳北区		1	1	2	3			1				
柳江县				1								
柳城县				2								
鹿寨县				1								1
融安县				2	1							
融水苗族自治县												1
三江侗族自治县			1	1								
桂林市	**29**	**85**	**85**	**88**	**71**		**26**	**13**	**5**		**31**	**11**
秀峰区		2	3		1							2
叠彩区					1							1
象山区		2	5	1	2		3				1	
七星区	5	18	14	8	12				3		19	1
雁山区	10	41	47	24	41		16	6	3		8	
临桂区		1	6	6			1					1
阳朔县												1
灵川县	3	17	3	2	9		6	8			3	
全州县		3	2									
兴安县			3									
永福县												1
灌阳县	3	1										
龙胜各族自治县					1							
资源县	5		1	1								
平乐县	2			46								1
荔浦县			1		2							
恭城瑶族自治县	2				1							2

12-11 续表 3

单位：人

现住地	五年前常住地											
	合计	现住房	本县其他地区	本省其他县	省外							
					北京	天津	河北	山西	内蒙古	辽宁	吉林	黑龙江
梧州市	**33845**	**29557**	**3270**	**673**						**1**	**1**	**1**
万秀区	3514	2928	373	166							1	
长洲区	2179	1694	145	319						1		
龙圩区	3045	2845	134	55								
苍梧县	3509	3381	61	30								1
藤县	9459	8731	534	55								
蒙山县	2188	2070	80	12								
岑溪市	9951	7907	1942	36								
北海市	**18803**	**15971**	**1032**	**1128**	**5**	**3**	**33**	**50**	**12**	**19**	**25**	**27**
海城区	4771	3420	243	815		2	19	7	10	11	8	8
银海区	2138	1557	88	179	5	1	14	42	2	8	16	19
铁山港区	1638	1581	23	24								
合浦县	10256	9413	678	111				1			1	
防城港市	**10749**	**8848**	**990**	**601**	**1**		**10**		**2**	**5**	**2**	**4**
港口区	2434	1491	392	356			10		1	1	2	2
防城区	4126	3781	213	100					1	4		
上思县	2436	2214	198	16								
东兴市	1753	1362	187	129	1							2
钦州市	**35652**	**32142**	**2108**	**951**		**3**	**6**			**23**		**4**
钦南区	6430	4960	756	481		1	3			23		3
钦北区	7575	6984	244	255		1	3					1
灵山县	13372	12262	903	129		1						
浦北县	8275	7935	204	86								
贵港市	**48778**	**45456**	**1955**	**636**			**21**	**7**			**1**	
港北区	6676	6017	375	225			1				1	
港南区	6617	5769	665	122								
覃塘区	4894	4266	86	201			20	7				
平南县	13406	12749	444	48								
桂平市	17185	16657	385	40								
玉林市	**62623**	**59240**	**1950**	**858**	**3**			**5**				**20**
玉州区	8634	7433	394	580	1			1				20
福绵区	4286	4224	14	38								
容县	7143	6672	311	69								
陆川县	8375	8243	69	41								
博白县	15019	14450	472	34	2			3				
兴业县	6495	6361	35	35				1				
北流市	12671	11857	656	61								

12-11 续表 4 单位：人

现住地	五年前常住地											
	省外											
	上海	江苏	浙江	安徽	福建	江西	山东	河南	湖北	湖南	广东	广西
梧州市		**1**	**2**	**2**	**4**	**6**	**3**	**4**	**4**	**13**	**265**	
万秀区			2	2	3	4		1	1	2	26	
长洲区								2	1	1	10	
龙圩区										1	10	
苍梧县									1	1	32	
藤县		1					1	1	1	2	127	
蒙山县							1				22	
岑溪市					1	1	1			6	37	
北海市	**2**	**11**	**27**	**12**	**16**	**10**	**29**	**23**	**14**	**28**	**172**	
海城区	1	5	2	4	6	5	13	12	6	11	98	
银海区		6	22	9	4	3	15	10	7	15	35	
铁山港区			3						1		4	
合浦县					6	2	1	1		2	36	
防城港市	**1**	**6**	**7**	**8**	**15**	**15**	**5**	**11**	**24**	**33**	**96**	
港口区	1	5	4	8	9	6	3	8	20	14	71	
防城区			1		2	3			4	3	13	
上思县											7	
东兴市		1	2	1	5	6	2	2		16	6	
钦州市	**9**	**4**	**5**	**3**	**25**	**5**	**17**	**36**	**4**	**31**	**198**	
钦南区	9	1	4	3	23	3	17	29	3	24	40	
钦北区		3				2		3		2	64	
灵山县					2			1		3	54	
浦北县			1					2	2	2	40	
贵港市	**66**	**6**	**1**	**1**	**75**	**11**		**1**	**3**	**19**	**448**	
港北区	1	1			2	3		1	2	6	34	
港南区					16					7	27	
覃塘区	66	5		1	57	1		1	1	3	139	
平南县			1								158	
桂平市						6				3	90	
玉林市	**2**	**1**	**16**	**4**	**32**	**41**	**1**	**25**	**18**	**45**	**302**	
玉州区			8		32	36	1	18	17	24	34	
福绵区											9	
容县	1	1		1		2		1	1	12	63	
陆川县										4	15	
博白县			4	2		3		6		4	33	
兴业县	1		1			1				1	59	
北流市			3	1				1		1	88	

12-11 续表 5

单位：人

现住地	五年前常住地											
	省外											港澳台或国外
	海南	重庆	四川	贵州	云南	西藏	陕西	甘肃	青海	宁夏	新疆	
梧州市		**1**	**13**	**19**	**2**			**1**	**3**			**1**
万秀区			2						3			1
长洲区			4	3								
龙圩区												
苍梧县			1	1								
藤县			1	1	1							
蒙山县			1	1								
岑溪市		1	4	13				1				
北海市	**12**	**17**	**37**	**48**	**11**		**11**	**5**	**6**		**2**	**3**
海城区	3	6	21	23	5		4	3				1
银海区	8	10	15	25	6		7	3	6		2	1
铁山港区	1											
合浦县	1	1	1									
防城港市	**2**	**3**	**38**	**8**	**10**		**1**				**2**	
港口区		2	11	4	9		1				2	
防城区	2											
上思县												
东兴市		1	27	4	1							
钦州市	**7**	**6**	**34**	**8**	**13**		**4**				**1**	**5**
钦南区	4	6	22	1	10		3				1	
钦北区	2		2	5	2		1					1
灵山县	1		10	2								4
浦北县			1		1							
贵港市		**12**	**2**	**26**	**23**		**2**		**1**		**1**	**3**
港北区		1	1	2	1		1		1		1	
港南区				10								1
覃塘区		7	1	13	20		1					
平南县		1			1							2
桂平市		3			2							
玉林市	**12**	**10**	**19**	**10**	**6**						**1**	**2**
玉州区	1	10	17	4	1						1	
福绵区												
容县	4			1	4							
陆川县	1			1								1
博白县	4			3								1
兴业县					1							
北流市	1		1	1								

12-11 续表 6　　　　单位：人

现住地	五年前常住地											
	合计	现住房	本县其他地区	本省其他县	省外							
					北京	天津	河北	山西	内蒙古	辽宁	吉林	黑龙江
百色市	**41423**	**38336**	**1903**	**737**	**2**		**1**					**7**
右江区	4554	3842	261	373								7
田阳县	3768	3436	186	48								
田东县	4193	3798	199	78	1							
平果县	5246	4823	366	43								
德保县	3593	3393	113	60			1					
靖西县	5918	5863	35	5								
那坡县	1770	1673	63	6	1							
凌云县	2190	2134	34	18								
乐业县	1726	1704	17	2								
田林县	2683	2513	142	20								
西林县	1627	1543	42	21								
隆林各族自治县	4155	3615	446	62								
贺州市	**22200**	**21100**	**576**	**254**		**1**				**3**	**2**	
八步区	6894	6414	229	148							1	
平桂管理区	4488	4383	67	20						3		
昭平县	3882	3697	155	16								
钟山县	4032	3886	43	22		1						
富川瑶族自治县	2903	2720	82	50							1	
河池市	**40133**	**35799**	**2171**	**1568**			**2**	**2**			**8**	**5**
金城江区	4365	3209	349	668							3	
南丹县	3250	3034	135	61								1
天峨县	1810	1605	188	9								
凤山县	1844	1718	67	24								
东兰县	2782	2169	520	50				2			5	
罗城仫佬族自治县	3510	3181	77	173								4
环江毛南族自治县	3071	2862	125	25								
巴马瑶族自治县	2675	2482	93	65								
都安瑶族自治县	5882	5475	274	105			1					
大化瑶族自治县	4407	3993	125	241								
宜州市	6536	6072	218	146			1					
来宾市	**24354**	**21950**	**1625**	**424**	**2**		**4**	**1**	**1**	**1**		**1**
兴宾区	10526	9667	644	116			1					1
忻城县	3588	3302	134	82	2					1		
象州县	3312	2999	145	79			1		1			
武宣县	4169	3691	339	83			1	1				
金秀瑶族自治县	1453	1253	152	26								
合山市	1305	1038	212	37			1					
崇左市	**23845**	**20081**	**1973**	**1561**	**2**		**2**				**1**	**1**
江州区	4514	3048	451	972			2					1
扶绥县	4344	3752	264	297								
宁明县	3861	3575	217	39								
龙州县	2561	2398	136	22								
大新县	3465	3185	249	18								
天等县	3735	3029	596	57	1							
凭祥市	1366	1094	60	157	1						1	

12-11 续表 7 单位：人

现住地	五年前常住地											
	省外											
	上海	江苏	浙江	安徽	福建	江西	山东	河南	湖北	湖南	广东	广西
百色市	**1**	**3**	**7**	**2**	**16**	**6**	**11**	**7**	**7**	**47**	**264**	
右江区		1					3	2	4	1	31	
田阳县		1			6	1	1			16	68	
田东县	1		6		5			1	1	6	94	
平果县		1			1					8	2	
德保县			1	2		3				6	13	
靖西县						2	7				6	
那坡县								4			12	
凌云县											1	
乐业县										1	2	
田林县										1	5	
西林县			1		4				2	2	8	
隆林各族自治县										6	24	
贺州市	**1**		**7**	**2**	**3**	**4**	**2**	**5**	**4**	**23**	**193**	
八步区			1	2	1	4		3	2	8	69	
平桂管理区			5								11	
昭平县							2	1		3	8	
钟山县	1		1						1	2	74	
富川瑶族自治县			1		2	1		1	1	9	30	
河池市	**10**	**8**	**36**	**11**	**16**	**9**	**9**	**15**	**19**	**39**	**276**	
金城江区			10	3	3	6	3	3		11	17	
南丹县				8					1	1	1	
天峨县	1									1	3	
凤山县										1	31	
东兰县					1		1		4	1	26	
罗城仫佬族自治县		1	14				1	4		9	42	
环江毛南族自治县			1				4				47	
巴马瑶族自治县	1	8			9			4	2	3	6	
都安瑶族自治县	4								7		13	
大化瑶族自治县	2					1			1	5	38	
宜州市	2		11		3	1		4	5	6	53	
来宾市	**1**	**1**	**24**	**2**	**5**	**8**	**1**	**4**	**2**	**19**	**248**	
兴宾区			8	1	3	2				6	71	
忻城县		1	1					1		3	59	
象州县			12			2			1	3	54	
武宣县			2			4		1	1	1	42	
金秀瑶族自治县			1	1				2		6	8	
合山市	1		1		1						13	
崇左市	**5**	**4**	**18**	**1**	**12**	**8**	**1**		**4**	**15**	**126**	
江州区		2		1	7				3	6	7	
扶绥县						2			1	1	25	
宁明县					1						27	
龙州县		1				1					3	
大新县					1					1	9	
天等县	3	1	2			2				2	40	
凭祥市	2	1	16		3	4	1			5	14	

12-11 续表 8

单位：人

现住地	五年前常住地											
	省外											港澳台或国外
	海南	重庆	四川	贵州	云南	西藏	陕西	甘肃	青海	宁夏	新疆	
百色市	**5**	**3**	**10**	**23**	**21**		**1**					**2**
右江区		3	5	15	6							1
田阳县			4									1
田东县	3											
平果县							1					
德保县			1									
靖西县					1							
那坡县	2				8							
凌云县				2	1							
乐业县				1								
田林县			1	1	2							
西林县				1	3							
隆林各族自治县				3								
贺州市	**4**		**2**	**3**	**3**		**1**	**1**	**1**			**5**
八步区	4		1	1	2		1	1				3
平桂管理区												
昭平县												1
钟山县				1								1
富川瑶族自治县			1	2	1				1			1
河池市	**6**	**6**	**12**	**80**	**14**		**2**	**5**			**1**	**1**
金城江区	4	3	3	65				3				
南丹县			1	3	4							
天峨县			1	2								
凤山县				1	1							
东兰县								2				
罗城仫佬族自治县			1	3	2							
环江毛南族自治县	1	2		4								1
巴马瑶族自治县					2							
都安瑶族自治县	1										1	
大化瑶族自治县				1								
宜州市			6		5		2					
来宾市	**4**	**3**	**6**	**13**	**2**		**1**					**1**
兴宾区	2	2		2			1					
忻城县		1	1	1								1
象州县			3	9	1							
武宣县	1	1	1	2	1							
金秀瑶族自治县	2											
合山市			1									
崇左市	**9**	**1**	**5**	**9**	**3**		**1**					**4**
江州区	7			5	3							1
扶绥县			2	1								
宁明县	1	1										
龙州县			1									
大新县	1						1					1
天等县				2								1
凭祥市	1		1	2								1

附录

国务院办公厅关于开展2015年全国1%人口抽样调查的通知

国办发〔2014〕33号

各省、自治区、直辖市人民政府，国务院各部委、各直属机构：

根据《全国人口普查条例》的规定，国务院决定于2015年开展全国1%人口抽样调查。现将有关事项通知如下：

一、调查目的

了解2010年以来我国人口在数量、素质、结构、分布以及居住等方面的变化情况，为制定国民经济和社会发展规划提供科学准确的统计信息支持。

二、对象和范围

在我国境内抽取约6万个调查小区，调查对象为小区内的全部人口（不包括港澳台居民和外国人），共约1400万人。

三、内容和时间

调查内容为人口和住户的基本情况，主要包括姓名、性别、年龄、民族、受教育程度、行业、职业、迁移流动、社会保障、婚姻、生育、死亡、住房情况等。调查时点为2015年11月1日零时。

四、组织和实施

按照“统一领导、分工协作、分级负责、共同参与”的原则，做好调查的组织和实施工作。

为加强领导和协调，由统计局会同有关部门成立2015年全国1%人口抽样调查工作协调小组（以下简称协调小组）。协调小组办公室设在统计局，负责调查的组织实施和日常工作，督促落实协调小组议定事项。发展改革部门负责做好调查方案与国民经济和社会发展总体规划及有关专项规划编制实施的衔接；公安部门负责提供各级户籍人口、流动人口等资料并协助做好现场登记；宣传部门负责做好新闻宣传，以及新闻媒体的组织协调。其他部门按照职能分工，认真做好相关工作。

县级以上地方各级人民政府要切实加强组织领导，建立相应机构，确保调查任务顺利完成。

五、经费保障

2015年全国1%人口抽样调查所需经费，按照分级负担原则，由中央和地方各级人民政府共同负担，并列入相应年度的财政预算，按时拨付、确保到位。

六、工作要求

坚持依法调查。要严格执行《中华人民共和国统计法》和《全国人口普查条例》的有关规定。调查取得的数据，严格限定用于调查目的，不得作为任何部门和单位对各级行政管理工作实施考核、奖惩的依据，不得作为对调查对象实施处罚的依据；各级调查机构及其工作人员，必须严格履行保密义务。

做好宣传引导。要通过报刊、广播、电视和网络等方式，广泛深入宣传调查的重要意义和工作要求，引导广大调查对象依法配合调查，如实申报调查项目，为调查工作顺利实施创造良好舆论环境。

附件：2015年全国1%人口抽样调查工作协调小组组成人员名单

国务院办公厅
2014年6月23日
（此件公开发布）

附件

2015年全国1%人口抽样调查工作协调小组组成人员名单

组　长：马建堂　统计局局长

副组长：朱之鑫　发展改革委副主任

黄　明　公安部副部长

孙志刚　卫生计生委副主任

成　员：蔡名照　中央宣传部副部长、新闻办主任

鲁　昕　教育部副部长

罗黎明　国家民委副主任

宫蒲光　民政部副部长

刘红薇　财政部部长助理

杨志明　人力资源社会保障部副部长

齐　骥　住房城乡建设部副部长

孙鸿志　工商总局副局长

田　进　新闻出版广电总局副局长

张为民　统计局副局长

协调小组办公室主任由统计局副局长张为民兼任。

广西壮族自治区人民政府办公厅关于
做好2015年我区1%人口抽样调查工作的通知

桂政办发〔2014〕78号

各市、县人民政府，自治区农垦局，自治区人民政府各组成部门、各直属机构：

根据《国务院办公厅关于开展2015年全国1%人口抽样调查的通知》(国办发〔2014〕33号)精神，为做好2015年我区1%人口抽样调查工作，经自治区人民政府同意，现将有关事项通知如下：

一、充分认识1%人口抽样调查的重要意义

2015年是“十二五”规划完成、“十三五”规划开启的承上启下之年。开展1%人口抽样调查对掌握区情、制定经济社会发展政策、推动全面建成小康社会具有十分重要的意义，在经济转型、社会发展的过程中发挥重要的决策参考作用。开展1%人口抽样调查有助于了解劳动力供给变化情况，为完善就业政策提供依据；有助于摸清老年人口规模，推动健康养老服务业的发展；有助于掌握流动人口变化情况，推进城乡统筹发展；有助于反映城镇化发展情况，更好地推动新型城镇化发展；有助于摸清人口生育情况，为制定和完善人口政策提供依据；有助于科学制定“十三五”规划。

二、认真制定调查方案，精心组织实施

各级调查机构要按照国家及自治区的要求，结合各地的实际，认真设计实施方案，进行调查试点。各级各有关部门要根据调查工作要求，精心选调熟悉统计业务的调查指导员和调查员，切实加强对调查人员的业务培训，精心组织实施。在1%人口抽样调查工作中遇到的问题和困难，要及时采取措施加以解决；对重大问题，自身无法解决的，要及时向自治区统计局报告。

三、确保调查工作经费到位

1%人口抽样调查是一项重大的国情国力调查，将历时3年，需要投入大量的人力、物力、财力。按照国务院规定，1%人口抽样调查所需经费，按照分级负担原则，由中央和地方各级人民政府共同负担，并列入相应年度的财政预算，按时拨付、确保到位。各级人民政府要保障必要的经费开支，不能因为经费问题影响调查工作的开展。各级调查机构要本着精打细算和勤俭节约的原则，科学做好调查经费预算，合理安排使用。

四、依法调查，确保数据质量

各级调查机构要坚持依法调查，严格执行《中华人民共和国统计法》和《全国人口普查条例》的有关

规定；对调查取得的数据，严格限定用于调查目的，不得作为任何部门和单位对各级行政管理工作实施考核、奖惩的依据，不得作为对调查对象实施处罚的依据；各级调查机构及其工作人员必须严格履行保密义务。任何单位和个人都要积极配合和支持1%人口抽样调查工作，不得干扰调查机构和调查人员的工作；对虚报、瞒报和伪造、篡改调查数据的弄虚作假行为要依法查处。

五、加强组织保障

1%人口抽样调查涉及到千家万户，专业技术要求高，工作难度大，任务繁重。各级各有关部门要高度重视，切实加强领导。按照“统一领导、分工协作、分级负责、共同参与”的原则，做好调查的组织和实施工作。

自治区人民政府分管领导负责领导我区2015年1%人口抽样调查工作，自治区统计局牵头负责组织实施和日常事务。自治区发展改革委负责做好调查方案与国民经济和社会发展总体规划及有关专项规划编制实施的衔接；自治区公安厅负责提供户籍人口、流动人口等资料并协助做好现场登记；自治区卫生计生委负责提供出生人口、死亡人口等资料；自治区财政厅负责调查经费保障工作；自治区党委宣传部负责做好新闻宣传，以及新闻媒体的组织协调。自治区教育厅、民委、民政厅、人力资源社会保障厅、住房城乡建设厅、工商局、新闻出版广电局、测绘地理信息局等部门按照职责分工，认真做好相关工作。

各市、县（市、区）人民政府要明确相应的领导机构，精心组织，周密部署，切实加强对1%人口抽样调查工作的领导。

2014年8月5日

2015年全国1%人口抽样调查方案

根据《国务院办公厅关于开展2015年全国1%人口抽样调查的通知》(国办发〔2014〕33号)和《全国人口普查条例》(中华人民共和国国务院令第576号),制定2015年全国1%人口抽样调查方案。

一、调查目的和组织实施

(一)2015年全国1%人口抽样调查的目的是了解2010年以来我国人口在数量、素质、结构、分布以及居住等方面的变化情况,为制定国民经济和社会发展规划提供科学准确的统计信息支持。

(二)调查工作按照“统一领导、分工协作、分级负责、共同参与”的原则组织实施。

国家和县以上地方各级人民政府成立2015年全国1%人口抽样调查工作领导机构及其办公室,被抽中的乡、镇和街道办事处成立1%人口抽样调查办公室,领导和组织实施全国和本地区的1%人口抽样调查工作。

2015年全国1%人口抽样调查领导机构各成员单位要按照各自职能分工,认真做好相关工作。

(三)2015年全国1%人口抽样调查所需经费,按照分级负担原则,由中央和地方各级人民政府共同负担,并列入相应年度的财政预算,按时拨付、确保到位。

(四)各级调查机构及其工作人员要坚持依法调查。严格执行《中华人民共和国统计法》和《全国人口普查条例》的有关规定。调查取得的数据,严格限定用于调查目的,不得作为任何部门和单位对各级行政管理工作实施考核、奖惩的依据,不得作为对调查对象实施处罚的依据。

(五)各级宣传部门和调查机构应采取多种方式,积极做好1%人口抽样调查的宣传工作,为1%人口抽样调查工作的开展营造良好的社会氛围。

(六)各级1%人口抽样调查领导机构对本行政区域的调查数据质量负责,确保调查数据真实、准确、完整、及时。

二、调查标准时点、对象、内容和方式

(七)调查的标准时点为2015年11月1日零时。

(八)调查对象为抽中调查小区内的全部人口(不包括港澳台居民和外国人)。

应在抽中调查小区内登记的人包括:2015年10月31日晚居住在本调查小区的人;户口在本调查小区,2015年10月31日晚未居住在本调查小区的人。

中国人民解放军现役军人由军队领导机关统一进行调查。

(九)调查内容主要包括姓名、性别、年龄、民族、受教育程度、行业、职业、迁移流动、社会保障、婚姻、生育、死亡、住房情况等。

（十）调查以户为单位进行登记，户分为家庭户和集体户。

（十一）调查采用调查员手持电子终端设备（PDA）入户登记与互联网自主填报相结合的方式。

住户可以选择由调查员手持电子终端设备（PDA）入户登记的方式，也可以选择在互联网上填写调查表直接上报的方式。

（十二）调查表分为《2015年全国1%人口抽样调查表》、《2015年全国1%人口抽样调查死亡人口调查表》。

三、抽样方法、调查小区划分和绘图

（十三）全国调查的样本量约占全国总人口的1%左右。调查以全国为总体，各地级市为子总体，采取分层、二阶段、概率比例、整群抽样方法，其中群即最终样本单位为调查小区。

（十四）二阶段抽样的方法为：第一阶段抽取村级单位，第二阶段抽取调查小区。在第一阶段抽样时，抽取方法为分层、概率比例抽样。

样本的抽取由全国1%人口抽样调查办公室负责实施。

（十五）调查小区的划分、编码和绘图。2015年全国1%人口抽样调查小区规模划分原则为80个住房单元，常住人口大约250人左右。在划分调查小区的同时，绘制抽中村级单位内调查小区分布图、并给调查小区升序编码，绘制抽中调查小区内所有建筑物的分布图。

四、调查的宣传、试点和物资准备

（十六）各级宣传部门和调查机构要组织协调新闻媒体，通过报刊、广播、电视、互联网、新媒体和户外广告等多种渠道，宣传调查的重大意义、政策规定和工作要求，积极营造良好的调查氛围。

（十七）全国1%人口抽样调查办公室负责组织国家级试点。省级1%人口抽样调查办公室负责组织本地区的试点。

（十八）调查所需的物资由各级1%人口抽样调查办公室根据所承担的工作任务负责准备。

五、调查指导员和调查员的借调、招聘和培训

（十九）每个调查小区至少配备一名调查员，每个被抽中的乡、镇、街道至少配备一名调查指导员。

（二十）调查指导员和调查员应当由具有初中以上文化水平、身体健康、经培训能够使用手持电子终端设备（PDA），工作认真负责、能够胜任调查工作的人员担任。

（二十一）调查指导员和调查员的借调、招聘工作由县级1%人口抽样调查领导机构负责。

（二十二）调查指导员和调查员可以从党政机关、社会团体、企业事业单位借调，也可以从村民委员会、居民委员会或者社会招聘。

（二十三）培训工作分级进行。全国1%人口抽样调查办公室负责对省级1%人口抽样调查办公室的业务骨干进行培训；省级1%人口抽样调查办公室负责对市、县级1%人口抽样调查办公室的业务骨干进行培训；市、县级1%人口抽样调查办公室共同负责培训调查指导员和调查员。

培训工作应于2015年10月15日前完成。

六、调查摸底、登记

（二十四）调查登记以前，调查员和调查指导员要对调查小区的人口状况进行摸底工作，明确调查登记的范围、绘制调查小区图、编制调查小区户主姓名底册。

摸底工作应于2015年10月31日前完成。

（二十五）现场登记工作从2015年11月1日开始，采用调查员手持PDA入户询问、现场填报，或由住户通过互联网自主填报的方式进行。

对完成PDA登记的住户，调查指导员应及时组织调查员进行复查，经核实无误后上报。

选择互联网填报的住户应于2015年11月7日前完成调查表的填写和提交。对在规定时间内没有完成的住户，调查员将再次入户使用PDA进行登记。

全部登记工作应于11月15日前完成。

七、事后质量抽查

（二十六）登记工作完成后进行事后质量抽查。全国1%人口抽样调查办公室负责事后质量抽查样本的抽取，省级1%人口抽样调查办公室负责事后质量抽查工作的组织实施。

（二十七）事后质量抽查工作应于2015年11月25日以前完成。

（二十八）事后质量抽查结果只作为评价全国调查数据质量的依据。

八、调查数据的汇总、发布和管理

（二十九）登记工作结束后，县级1%人口抽样调查办公室负责组织调查表的行业和职业编码。编码前应对编码人员进行严格培训。

编码工作应于2015年11月20日以前完成。

（三十）调查数据的处理工作由1%人口抽样调查办公室负责。汇总程序由全国1%人口抽样调查办公室统一下发。

（三十一）国家统计局和全国1%人口抽样调查办公室对数据进行审核后发布主要数据公报。各省、自治区、直辖市的主要数据应于国家公报发布之后发布。

（三十二）调查的原始数据由全国和省级1%人口抽样调查办公室负责管理。

九、其他

（三十三）调查工作全部结束后，各级1%人口抽样调查办公室要对这次调查工作进行全面的总结，并报同级人民政府和上级调查领导机构。

（三十四）交通极为不便的地区，需采用其他登记时间和方法的，须报请全国1%人口抽样调查工作协调小组批准。

（三十五）全国1%人口抽样调查办公室根据本方案制定各项工作实施细则和有关技术文件。

（三十六）本方案由全国1%人口抽样调查办公室负责解释。

2015年全国1%人口抽样调查表

表　　号：R 5 0 1 表
制定机关：国 家 统 计 局
文　　号：国统字（2015）50号
有效期至：2015 年12 月

一、住户项目

问题1 您家现住房的详细地址？____________________

问题2 您家2014年11月1日至2015年10月31日期间的人口变化情况？

出生人口______人

死亡人口______人

问题3 您家的住户类别？

○ 家庭户

○ 集体户（转至个人项目）

问题4 您家的住房类型？

○ 普通住宅

○ 集体宿舍和工棚（转至个人项目）

○ 工作地住宿（转至个人项目）

○ 无住房（转至个人项目）

问题5 您家住房的建筑面积？______平方米

问题6 您家的住房间数？______间

问题7 您家住房所在的建筑物一共有多少层？

○ 平房

○ 2-3层楼房

○ 4-6层楼房

○ 7-9层楼房

○ 10层以上楼房

问题8 您家住房的建成年代？

○ 1949年以前

○ 1949-1959年

○ 1960-1969年

○ 1970-1979年

○ 1980-1989年

○ 1990-1999年

○ 2000-2009年

○ 2010年以后

问题9 您家住房内有无厨房？

○ 独立使用

○ 与其他户合用

○ 无

问题10 您家住房内有无厕所？

○ 独立使用抽水/冲水式

○ 合用抽水/冲水式

○ 独立使用其他样式

○ 合用其他样式

○ 无

问题11 您家住房的来源？

○ 购买新建商品房

○ 购买二手房

○ 购买原公有住房

○ 购买经济适用房、两限房

○ 自建住房

○ 租赁廉租房、公租房

○ 租赁其他住房

○ 其他

问题12 您家拥有家用汽车的情况？

○ 拥有100万元以上的汽车

○ 拥有50-100万元的汽车

○ 拥有30-50万元的汽车

○ 拥有20-30万元的汽车

○ 拥有10-20万元的汽车

○ 拥有10万元以下的汽车

○ 没有汽车

二、个人项目

每个人都填报的项目（问题1—问题11）

问题1 姓名？

姓名_______

问题2 与户主关系?

○ 户主

○ 配偶

○ 子女

○ 父母

○ 岳父母或公婆

○ 祖父母

○ 媳婿

○ 孙子女

○ 兄弟姐妹

○ 其他

问题3 性别?

○ 男

○ 女

问题4 出生年月?

出生年_______

出生月_______

问题5 民族?

_______族

问题6 户口登记地址?

○ 户口登记地址与本户现住房地址相同

○ 户口登记地址与本户现住房地址不同(请填报户口登记地址)(跳至问题8)

_____省(区、市)

_____市(地)

_____县(市、区)

_____乡(镇、街道)

_____村(居)委会

○ 户口待定(跳至问题11)

问题7 调查时点居住地址?

○ 现住房

○ 其他地区(请填报具体地址)

_____省(区、市)

_____市(地)

_____县(市、区)

(跳至问题9)

问题8 在本市居住时间?

○ 不满半年

○ 半年至一年

○ 一至二年

○ 二至三年

○ 三至四年

○ 四至五年

○ 五至十年

○ 十年以上

问题9 离开户口登记地的时间？

○ 没有离开户口登记地（跳至问题11）

○ 不满半年

○ 半年至一年

○ 一至二年

○ 二至三年

○ 三至四年

○ 四至五年

○ 五至十年

○ 十年以上

问题10 离开户口登记地的原因？

○ 工作就业

○ 学习培训

○ 随同迁移

○ 房屋拆迁

○ 改善住房

○ 寄挂户口

○ 婚姻嫁娶

○ 为子女就学

○ 其他

问题11 是否有农村土地承包权？

○ 有

○ 无

1周岁及以上的人填报的项目（问题12）

问题12 一年前常住地？

○ 现住房

○ 其他地区（请填报具体地址）

_____省（区、市）

_____市（地）

_____县（市、区）

_____乡（镇、街道）

_____村（居）委会

5周岁及以上的人填报的项目（问题13）

问题13 五年前常住地？

○ 现住房

○ 其他地区（请填报具体地址）

_____省（区、市）

_____市（地）

_____县（市、区）

6周岁及以上的人填报的项目（问题14—问题16）

问题14 是否识字？

○ 是

○ 否

问题15 受教育程度？

○ 未上过学（跳至问题17）

○ 小学

○ 初中

○ 普通高中

○ 中职

○ 大学专科

○ 大学本科

○ 研究生

问题16 学业完成情况？

○ 在校

○ 毕业

○ 肄业

○ 辍学

○ 其他

15周岁及以上的人填报的项目（问题17—问题27）

问题17 上周工作情况？

○ 在工作

○ 在职休假、在职学习培训、临时停工或季节性歇业

○ 未做任何工作（跳至问题22）

问题18 行业？

单位详细名称：_______

单位的主要产品或主要业务：_______

问题19 职业？

本人从事的具体工作：_______

（设区的地级市和直辖市以外的人跳至问题25）

问题20 工作地点？

○ 现住房所在的街道（乡、镇）

○ 本市其他街道（乡、镇）（请填报具体地址）

_____区（县）

_____街道（乡、镇）

○ 本市以外

问题21 前往工作地所乘主要交通工具及所需时间？

○ 步行

○ 自行车

○ 电动车

○ 摩托车

○ 小轿车

○ 公共汽车

○ 轨道交通

○ 其他

时间：_______分钟

（跳至问题25）

问题22 未工作原因？

○ 在校学习（跳至问题25）

○ 丧失工作能力（跳至问题25）

○ 毕业后未工作

○ 因单位原因失去工作

○ 因本人原因失去工作

○ 承包土地被征用

○ 离退休

○ 料理家务

○ 其他

问题23 三个月内是否找过工作？

○ 在职业介绍机构求职

○ 委托亲友找工作

○ 应答或刊登广告

○ 参加招聘会

○ 为自己经营作准备

○ 其他

○ 未找过工作

问题24 如果有合适的工作，能否在两周内开始工作？

○ 能

○ 不能

问题25 参加社会养老保险的情况？

○ 城镇职工基本养老保险

○ 城镇（乡）居民社会养老保险

○ 新型农村社会养老保险

○ 机关事业单位养老保险

○ 未参加以上四种社会养老保险

问题26 参加社会医疗保险的情况？

○ 职工基本医疗保险

○ 城镇（乡）居民基本医疗保险

○ 新型农村合作医疗

○ 公费医疗

○ 未参加以上四种基本医疗保险

问题27 婚姻状况？

○ 未婚（跳至问题31）

○ 有配偶

○ 离婚（跳至问题29）

○ 丧偶（跳至问题29）

15-50周岁的妇女填报的项目（问题28—问题30）

问题28 夫妇为独生子女情况？

○ 双独

○ 单独，女方为独生子女

○ 单独，男方为独生子女

○ 均非独生子女

问题29 生育子女数？

○ 未生育（结束）

○ 有生育（请填报生育的子女数）

生过几个孩子：

男______人

女______人

其中现在存活几个孩子：

男______人

女______人

问题30 过去一年（2014年11月1日至2015年10月31日期间）的生育情况？

○ 未生育（结束）

○ 有生育（请填报生育时间和孩子的性别）

生育时间是：

____月

婴儿性别是：

○ 男

○ 女

如果一年内有两次生育或生育多胞胎的，请填报其他孩子的生育时间和性别。

60周岁及以上的人填报的项目（问题31—问题32）

问题31 主要生活来源？

○ 劳动收入

○ 离退休金养老金

○ 最低生活保障金

○ 财产性收入

○ 家庭其他成员供养

○ 其他

问题32 身体健康状况？

○ 健康

○ 基本健康

○ 不健康，但生活能自理

○ 生活不能自理

2015年全国1%人口抽样调查死亡人口调查表

(2014.11.01-2015.10.31死亡的人口登记)

表　　号：R 5 0 2 表
制定机关：国 家 统 计 局
文　　号：国统字（2015）50号
有效期至：2015 年12 月

每个死亡人口都登记的项目（问题1—问题5）

问题1 姓名？

姓名_______

问题2 性别？

○ 男

○ 女

问题3 出生年月？

出生年_______

出生月_______

问题4 死亡时间？

死亡月_______

问题5 民族？

_______族

死亡时满6周岁的人登记的项目（问题6）

问题6 受教育程度？

○ 未上过学

○ 小学

○ 初中

○ 普通高中

○ 中职

○ 大学专科

○ 大学本科

○ 研究生

死亡时满15周岁的人登记的项目（问题7）

问题7 婚姻状况？

○ 未婚

○ 有配偶

○ 离婚

○ 丧偶

2015年全国1%人口抽样调查表填写说明

一、调查表的种类

2015年全国1%人口抽样调查的表式分为:《2015年全国1%人口抽样调查表》(以下简称调查表)和《2015年全国1%人口抽样调查死亡人口调查表》(以下简称死亡表)两种表。

二、标准时点

2015年全国1%人口抽样调查的标准时点为：2015年11月1日零时。调查员在掌握调查标准时点时，应该注意以下两点：

(一)2015年11月1日零时以后出生的人不登记；2015年11月1日零时以后死亡的人仍要登记调查表。

(二)2015年11月1日零时以后发生迁移的人，仍在原住地登记。

三、调查登记对象

(一)调查表的登记对象

登记对象为调查小区内的全部人口。即2015年10月31日晚住本调查小区的人口和户口登记在本调查小区但2015年10月31日晚未住本调查小区人口。分为两种情况：

1. 2015年10月31日晚住在本调查小区的人，不管其户口登记在何处。

2. 户口登记在本调查小区，但2015年10月31日晚未住本调查小区的人，无论其外出时间长短、外出原因如何，均调查登记。

为便于理解登记对象，并考虑到调查中可能遇到的特殊情况，调查员在入户登记时可采取以下方式询问住户：

本次调查应在您家登记的人包括：

· 2015年10月31日晚住在您家里的人，但不包括由于临时出差、探亲或旅游等2015年10月31日晚暂住在您家的人。

· 户口登记在您家现住房地址的人。

· 经常居住在您家，由于临时出差、探亲、旅游或值夜班等2015年10月31日晚未住在您家的人。

· 幼儿园全托孩子、小学和初中住校生。

不包括：

· 现役军人和武警。

· 港澳台居民和外国人。

• 2015年11月1日零时以后出生的人。

（二）死亡表的登记对象

死亡表的登记对象是在2014年11月1日至2015年10月31日这12月中本调查小区的死亡人口。

四、调查表的填写方法

（一）调查表以户为单位进行登记，采用调查员手持PDA入户询问、现场填报，或由住户通过互联网自主填报的登记方式。

（二）调查表填写按户记录、人记录的顺序进行。先填写户记录，再逐人填写人记录。填写按人登记的项目时，表内第一人应填户主，然后填户主的配偶和其他亲属。

（三）调查员每填完一户，应即刻进行审核,将通过审核的信息，向申报人当面宣读，核对无误后，由申报人在PDA中手写签字确认。

（四）调查表每户最多可以填写45人。对于超过45人的大集体户，可酌情分成若干集体户填写。

（五）有标准答案的项目，根据实际情况填报，并且每个问题只能选择一个标准答案。户口登记地址、调查时点居住地址、一年前常住地、五年前常住地和工作地点等项目可根据行政区划地址列表栏进行选择。没有标准答案的项目，用文字或阿拉伯数字据情填写。

填写文字的项目，包括您家现住房的详细地址、姓名、行业和职业。其中，姓名不能填写非汉字字符。

（六）如果填写错误或发生逻辑关系异常，PDA程序或互联网填报程序会给出审核提示。若为强制性审核错误，请根据提示信息对错误项目进行修改；若为确认性审核提示，可根据提示信息对异常项目进行确认，若情况属实，可忽略该条确认性审核提示。

五、调查表的指标解释

（一）按户填报的项目

问题1 您家现住房的详细地址—您家现住房是指调查时被登记人居住的房屋，详细地址请填写到门牌号。

问题2 您家2014年11月1日至2015年10月31日期间的人口变化情况—填写本户在2014年11月1日至2015年10月31日期间出生和死亡的人数。若本户在此期间没有出生和死亡人口，请填写“0”。

特别注意不要漏掉出生时有某种生命现象（如在胎儿脱离母体时，有呼吸或心跳，脐带搏动、随意肌收缩等），不久即死亡的婴儿，既要填写出生数，也要填写死亡数。

问题3 您家的住户类别—按家庭户、集体户的类别填报。

家庭户：以家庭成员关系为主，居住一处共同生活的人口，作为一个家庭户。单身居住独自生活的，也作为一个家庭户。

集体户：相互之间没有家庭成员关系，集体居住共同生活的人口作为一个集体户。填报此项的人，不再填报后面的户记录项目。

这里的住户类别与户口本上的“户别”无关，集体户口未必是集体户，应以实际居住情况为准。

问题4 您家的住房类型—按居住的住房类型填报。

普通住宅：指人工建造的，有墙、顶、门、窗等结构，具有独立入口，专门供人居住的房屋或场所。

如公寓、四合院、筒子楼等传统意义上的住宅。

集体宿舍和工棚：指厂区内、工地上临时或永久搭建供雇工住宿用的住房。

工作地住宿：指餐馆、发廊、商铺、办公楼等可供人居住的工作场所。

无住房：指居无定所的户（如流动人口中那些睡在桥下、公园、车站或睡在运载货物、商品车辆上的人等）。

本题填报“普通住宅”以外答案的，不再填报后面的户记录项目。

问题5 您家住房的建筑面积—住房的建筑面积按住房的外墙计算。

建筑面积应填报1-999之间的整数，不为整数时四舍五入。

若只知道使用面积的，可用使用面积乘以1.33，换算成建筑面积。

合住在同一所住房里的住户，其建筑面积为各户所独立使用的房间面积加上公共使用面积（包括厨房、厕所、门厅、阳台等）的一部分：两户合住的，各按二分之一计算；三户合住的各按三分之一计算；四户及以上合住的依此类推。

在租借的房屋居住的户，按现住房的实际情况填写住房建筑面积。

问题6 您家的住房间数—指您家现住房中除厨房、厕所、过道和厅以外的自然间数（包括扩建的房间）。填报范围是1-99。

合住同一所住房的住户，在填写住房间数时，填写您家独立使用的房间数。

在租借的房屋居住的户，按现住房的实际情况填写住房间数。

问题7 您家住房所在的建筑物一共有多少层—指住房所属建筑物的层数。

层数是指房屋的自然层数，一般按室内地坪以上计算。

采光窗在室外地坪以上的半地下室，其室内层高在2.20m以上（不含2.20m）的，计算自然层数；假层、附层（夹层）、插层、阁楼（暗楼）、装饰性塔楼，以及突出屋面的楼梯间、水箱间不计层数。

问题8 您家住房的建成年代—指住房所属建筑的建成时间。

住房翻修过的，按翻修时的年份填报；住房经过改建的，如改建面积大于原面积的，建成时间填报改建时的时间；如改建面积小于原面积的，建成时间填报原住房的建成时间。

问题9 您家住房内有无厨房—厨房是指专供做饭使用，不论是否装有上下水道及固定灶具的房间。

在过道、客堂等处烧饭的和在庭院、路边搭建的、低矮的临时简陋设施中做饭的都不算有厨房。

问题10 您家住房内有无厕所—厕所是指住房内的正式厕所（可以是抽水或冲水式的，也可以是其他形式的），露天的简易厕所不算有厕所。

问题11 您家住房的来源—指获取住房的几种情况。

购买新建商品房：指个人从房地产开发部门以市场价购买的房屋，享有对房屋的全部产权。

购买二手房：指购买那些进入房屋市场进行交易，第二次及以上进行产权登记的房屋，包括二手商品房、允许上市交易的已售公房、经济适用房。

购买原公有住房：指个人以成本价或优惠价购买的企事业单位原作为福利分配给本单位职工的住房，享有对房屋的全部产权或部分产权。

购买经济适用房、两限房：指购买政府为中低收入住房困难家庭所提供的保障性住房，包括经济适用房、两限房、安居工程住房和集资合作建设住房。

自建住房：指城镇或农村中个人自筹资金建造的住房，其产权属于个人所有。

租赁廉租房、公租房：指政府以租金补贴或实物配租的方式，向符合城镇居民最低生活保障标准且住房困难的家庭提供社会保障性质的住房。

租赁其他住房：指本户住房是向私人、单位或房地产开发部门租借，并按市场价格交纳房租的。

其他：指不属于以上几种房屋产权性质的填报此项。

问题12 您家拥有家用汽车的情况—家用汽车是指供家庭生活使用的汽车。

如果有多辆家用汽车，则按照多辆汽车的价值总和进行填写。汽车价值请按购买时的价格计算。

注意，每个选项的区间范围包含下限，不包含上限，如10-20万元，应为小于20万元且大于等于10万元的区间范围。

（二）按人填报的项目

每个人都填报的项目（问题1—问题11）

问题1 姓名—填写被登记人的正式姓名。没有正式姓名的可填小名或某某氏，但不能填笔名、代号等。婴儿未起名的，可填“未取名”。

问题2 与户主关系—指被登记人与本户户主的关系。根据申报人的回答据情填报。申报人不是户主的，在填写本户家庭成员时，应注意填写每个家庭成员与户主的关系，而不应填写成与申报人的关系。例如，某一户的申报人张顺来，该户户主是张顺来的爸爸张长远，张顺来在填报他的弟弟张顺强时，与户主关系应选择与户主张长远的关系，即子女，而不是选择与申报人张顺来的关系即兄弟姐妹。

设有十个标准答案：

户主：按家庭日常生活习惯确定户主。

配偶：指户主的妻子或丈夫。

子女：指户主的子女。

父母：指户主的父母或继父母、养父母。

岳父母或公婆：指户主配偶的父母或继父母、养父母。

祖父母：指户主或配偶的祖父母、外祖父母、曾祖父母、外曾祖父母。

媳婿：指户主子女的配偶。

孙子女：指户主的孙子女、外孙子女、孙媳婿、外孙媳婿、重孙子女、重孙媳婿、重外孙子女、重外孙媳婿。

兄弟姐妹：指户主及其配偶的兄弟姐妹以及他们的配偶。

其他：指本户除以上九种人以外的成员。

如果户主的配偶也在本户登记，应登记为第二人，填报“配偶”；然后再登记该户的其他成员。如果户主没有配偶，或户主配偶不在本户登记，第二人也可登记本户其他成员。

在登记集体户时，第一人登记为户主，本户其他成员与户主关系一律登记为其他。

问题3 性别—指被登记人的性别。

问题4 出生年月—指被登记人的出生年、月，在年月列表栏中选择。

出生年月按公历填写，只知道农历的，要换算成公历。按照一般的规律，农历的月份与公历的月份相差一个月左右，换算时农历的月份加1即可作为公历的月份，但要注意农历的12月应当是公历下一年的1月。

问题5 民族—指被登记人的民族成份，在民族列表栏中选择。

外国人加入中国籍，其民族和我国的某一民族相同的，就填某一民族；没有相同民族的，按外国人加入中国籍填写，简填“入籍”。

问题6 户口登记地址—指被登记人居民户口簿上的登记住址。

若户口登记地址与本户现住房地址不同，请依据居民户口簿据实填报户口登记地址。对于农村地区，户口登记在本村委会或村民小组的，视为户口登记地址与本户现住房地址相同。

户口登记地址需填报到村（居）委会一级，可在行政区划地址列表中选择。填报完五级户口登记地址后，直接跳至问题8。

户口待定是指在任何地方都没有登记常住户口的人。包括手持户口迁移证、出生证、退伍证、释放证等情况的人。选择“户口待定”项的人直接跳至问题11。

问题7 调查时点居住地址—指被登记人2015年10月31日晚居住在何处。

经常居住在现住房，由于临时出差、探亲、旅游或值夜班等2015年10月31日晚未住此处的人，也应选择现住房。

选择其他地区的，可在行政区划地址列表中选择具体居住地址。居住在港澳台或国外的，也应在地址列表中选择。

填完本题，直接跳至问题9。

问题8 在本市居住时间—指到调查标准时点为止，被登记人在本市的累计居住时间。

本市是指本地级市或直辖市的全部行政区域，包括区、县和县级市。若曾离开过本市半年以上，应从最近一次来本市的时间算起。

本题仅要求设区地级市中的跨市外来人口或直辖市中的跨省外来人口填报。

半年至一年是指半年以上（含半年），但不满一年。一至二年是指一年以上（含一年），但不满二年。其余依此类推。

问题9 离开户口登记地的时间—指到调查标准时点为止，被登记人离开户口登记地的时间。

没有离开户口登记地是指户口登记地址与本户现住房地址相同、调查时点居住在现住房。填报此项的人直接跳至问题11。

如果常年外出的人由于农忙或节假日等原因偶尔回家的，还应该从第一次离开户口登记地的时间开始计算。如果回家半年以上后再外出的，才能按再外出的时间算起。

半年至一年是指半年以上（含半年），但不满一年。一至二年是指一年以上（含一年），但不满二年。其余依此类推。

问题10 离开户口登记地的原因—指被登记人居住地与户口登记地不一致的原因。

凡具有两种以上原因的，按其主要的原因选择一个答案。被登记人有过多次迁移的，应填报其离开户口登记地时的原因，而不应填报到现住地的原因。

工作就业：指十五周岁及以上因务工经商、工作招聘、调动、入伍等工作原因离开户口登记地的人。

学习培训：指六周岁及以上因考入各级各类学校或参加本地各单位举办的各种学习班、培训班，而离开户口登记地的人。

随同迁移：指随同家人而离开户口登记地的人。

房屋拆迁：指因房屋拆迁、改造而离开户口登记地的人。

改善住房：指因改善住房条件及环境而离开户口登记地的人。

寄挂户口：指户口登记地与居住地不一致，但户口落在集体户或落在与其无直接亲戚关系的家庭户中的人，以及没有在户口登记地居住、只在户口登记地落户口的人。

婚姻嫁娶：指十五周岁及以上因结婚而离开户口登记地的人。

为子女就学：指为方便子女就学而离开户口登记地的人。

其他：指除上述以外的其他原因。

问题11 是否有农村土地承包权—指被登记人户口所在的家庭是否有农村土地承包权。

户口所在家庭应以被登记人的户口簿为准，单独一个户口簿的，按本人情况填报。拥有农村土地承包权是指被登记人户口登记地在农村地区或以前的农村地区，其本人或户口所在家庭曾经是农业户口，目前本人或户口所在家庭拥有农村土地承包权。

拥有农村土地承包权的人或家庭，目前可能实际经营承包地，也可能因各种原因不再经营承包地。以转包、转让、出租、入股、托管等方式出让了所承包土地经营权的也视为拥有农村土地承包权。

1周岁及以上（2014年10月31日以前出生）的人填报的项目（问题12）

问题12 一年前常住地—填写被登记人在调查标准时点的一年前，即2014年11月1日零时的常住地。

填报“其他地区”的，请填报具体地址。具体地址需填报到村（居）委会一级，可在行政区划地址列表中选择。

一年前居住在我国大陆以外地方的，可在地址栏中选择“香港”、“澳门”、“台湾”或“国外”。

5周岁及以上（2010年10月31日以前出生）的人填报的项目（问题13）

问题13 五年前常住地—填写被登记人在调查标准时点的五年前，即2010年11月1日零时的常住地。

填报“其他地区”的，请填报具体地址。具体地址需填报到县（市、区）一级，可在行政区划地址列表中选择。

五年前居住在我国大陆以外地方的，可在地址栏中选择“香港”、“澳门”、“台湾”或“国外”。

6周岁及以上（2009年10月31日以前出生）的人填报的项目（问题14—问题16）

问题14 是否识字—指被登记人是否达到国家规定的脱盲标准（城市居民和乡、镇企业职工识字2000个，乡村居民识字1500个）。

登记时可询问，日常生活中是否能读懂简单的书信或书写简短的句子。如果能阅读通俗书报、能写便条就认为具有识字能力。

小学在校学生无论几年级，都应选择“是”。

问题15 受教育程度—指按照国家教育体制，被登记人接受教育的最高学历。通过自学或成人学历教育经国家统一考试合格的，分别归入相应的受教育程度。

在问题14填报了“否”的人，只能选择本项目标准答案“未上过学”或“小学”。

未上过学：指从未接受过国家或其他办学机构实施的各级各类学校教育的人。包括参加过各种扫盲班或成人识字班学习，且以后再没有接受过各级各类学校教育的人。

小学：指接受的最高一级教育为小学，无论其是否在校、毕业、肄业或辍学的人。

初中：指接受的最高一级教育为初中，无论其是否在校、毕业、肄业或辍学的人。相当于初中程度的技工学校，也填报此标准答案。

普通高中：指接受的最高一级教育为普通高中，无论其是否在校、毕业、肄业或辍学的人。

中职：指接受的最高一级教育为中等职业学校，包括职业高中、中等专业学校和技工学校，无论其是否在校、毕业、肄业或辍学。

大学专科：指接受的最高一级教育为大学专科。在普通高等学校学习大学专科的，无论其是否在校、毕业、肄业或辍学的人，都填报此标准答案。

凡在国家授权承认学历的广播电视大学、职工大学、高等院校举办的函授大学、夜大学和其他形式的大学，按教育部颁布的大学专科教学大纲进行授课的，其毕业生填报此标准答案；其肄业生、在校生按原有受教育程度填报。

通过自学，经国家统一举办的自学考试合格，并取得大学专科毕业证书的，也填报此标准答案。

大学本科：指接受的最高一级教育为大学本科。在普通高等学校学习大学本科的，无论其是否在校、毕业、肄业或辍学，均填报此标准答案。

凡在国家授权承认学历的广播电视大学、职工大学、高等院校举办的函授大学、夜大学和其他形式的大学，按教育部颁布的大学本科教学大纲进行授课的，其毕业生填报此标准答案；其肄业生、在校生按原有受教育程度填报。

通过自学和进修大学课程，经考试合格，并取得大学本科毕业证书的，也填报此标准答案。

研究生：指接受的最高一级教育为硕士、博士研究生，无论其是否在校、毕业、肄业或辍学，均填报此标准答案。

在职接受研究生教育的，其毕业生填报此标准答案；肄业生和在校生按原有受教育程度填报。

凡是没有按教育部的教学大纲培训或只学单科的人，不能填报“大学专科”、“大学本科”或“研究生”，一律按原有受教育程度填报。

填报选项“未上过学”的人，直接跳至问题17。

问题16 学业完成情况—具有小学以上受教育程度的人填报此题。

在校：指正在接受各级各类学校教育并有学籍的人。

毕业：指已修完全部课程，并经过考试鉴定合格者。

肄业：指修完全部课程,但考试不及格或因种种原因未取得毕业资格的人。

辍学：指未能修完所规定的全部课程,中途退学的人。

其他：指私塾、自学等其他方式获得某种文化程度的人。

15周岁及以上（2000年10月31日以前出生）的人填报的项目（问题17—问题27）

问题17 上周工作情况—指被登记人在10月25—31日期间，即调查标准时点前一周，是否为取得收入而工作了1小时以上。

这里所说的工作是指为获取工资、实物报酬或经营收入而实际从事的各种生产、经营和服务性活动。义务劳动和公益性劳动都不是以取得收入为目的的，所以不属于这里所说的工作。

为取得收入而工作，是强调工作的目的性。只要是目的在于取得收入的工作，无论实际是否取得了收入，都应属于这里所说的工作。

对于平时主要在家做家务，有时也从事一些临时性工作（如干农活、销售商品）的人，只要在10月25—31日期间，工作时间达到一个小时，就算进行了工作。

在工作：指在10月25—31日期间，为取得收入而做过固定的、临时的或兼职的工作，并且工作时间达到了一小时。有正式学籍的在校学生利用课余或假期以及正式办理离休、退休手续的人为取得收入而从事了工作，也填报此项。

家庭成员在自家经营的摊位、商店、门市部、工厂劳动，即使没有任何收入，也应视作为取得收入而工作。

在职休假、在职学习培训、临时停工或季节性歇业：

休假是指在10月25—31日期间，因各种原因休假未工作(包括正常的年休假、疗养假及空勤人员、船员、火车乘务人员的轮休假等)以及各种原因的请假未工作(包括病假、工伤假、产假、事假、婚丧假、探亲假等)。个人档案、人事关系已在某单位，但因各种原因本人尚未到新单位报到上班，如军人转业或工作调动等，可视为休假。

在职学习培训是指有工作单位，在10月25—31日期间正参加脱产学习或培训。

临时停工是指在10月25—31日期间，由于机械或电力故障、原料或燃料短缺、天气灾害或其他灾害等原因引起的暂时未工作。

季节性歇业指从事季节性工作，在10月25—31日期间，正值歇业。

承包土地的农民，如果从事农活或其他工作的时间超过一个小时，则填报“在工作”；如果外出打工，但在10月25—31日期间，未从事任何工作，则填报“未做任何工作”；如果在10月25—31日期间，没有外出打工，且未干任何农活或从事其他任何有收入的工作，则填报本项。

未做任何工作：指没有工作单位，且在10月25—31日期间未从事过任何临时性工作的人，填报此项。对于未与原单位解除劳动关系，在原单位已无工作岗位的下岗、内退人员，在10月25—31日期间未从事任何工作的，也填报此项。填报此标准答案的人，直接跳至问题22。

问题18 行业—行业是根据被登记人的工作单位或其本人的经济活动的同一性进行分类，不是按其所属的行政管理系统来分的。

填写行业时应注意以下几种情况：

1.有工作单位的，既要填写单位名称，也要填写单位的主要产品或从事的主要业务。

单位名称要填写全称，并要具体到分厂或车间，不能笼统地只填写总厂名称。

单位的主要产品或从事的主要业务也要详细填写，如“生产服装”或“服装批发”、“服装零售”，不能简写为“服装”。

保密单位，填写其公开使用的名称和公开的主要产品或从事的主要业务。

2.没有工作单位的，有招牌的要在单位名称处按招牌填写，如“××鞋铺”，并在主要产品或从事的主要业务处填写具体的产品或业务，如“做鞋”或“修鞋”。没有招牌的，应在主要产品或从事的主要业务处填写其所从事的具体业务。

工作变动频繁的人，要按在10月25—31日期间所从事的主要工作填写。

务农人员不能笼统地填写“农业”，要根据其具体的农业生产活动或农户具体从事的主要业务填写。如种粮食、养猪等。

3.如果在10月25—31日期间在一个以上单位工作的，按工作时间最长的单位填写。不能确定时间长短的，可按经济收入较多的填写。

4.遇到申报人对本人或本户其他成员的行业不清楚时，不要急于登记，经询问查明后再填报。

问题19 职业—职业是按被登记人所从事的具体工作性质的同一性进行分类的。所谓“同一性”，是指不论其所在工作单位是什么经济类型，不论用工形式是固定工还是临时工，也不论其隶属于哪个行业，凡是从事同一性质工作的人都划分为同一类。

填写职业时应注意以下几种情况：

1.应填写被登记人所从事的主要工作，填写职业要具体、详细。不能笼统地填写“工人”、“杂工”等，而应具体填写其实际工作种类，如“铸轧工”、“采煤工”等；机关工作人员不能笼统填写“干部”，应详细填写其工作性质和种类，如：“打字员”、“统计工作者”；专业技术人员，不能笼统地填写“研究员”、“工程师”等，而应把他们研究或从事的专业和学科也填上，如“通信工程技术员”等。

2.具有各类专业技术职务的人员，同时担任行政负责人的，按行政职务填写其职业；同时担任党和行政职务的领导干部，应按主要职务填写其职业。

3.工种尚未确定，暂时又无具体工作的，要填写“工种未定”。

4.工作变动频繁的人，填写具体所做的工作时要按在10月25—31日期间所从事的主要工作填写。

5.如果在10月25—31日期间同时从事一种以上工作的，按所从事时间最长的工作填写；不能确定时间长短的，可按经济收入较多的工作填写。在同一工作场所，从事一种以上职业的，按技术性较高的工作填写。

6.遇到申报人对本人或本户其他成员的职业不清楚时，不要急于登记，经询问查明后再填写。

设区的地级市和直辖市以外的人填完此题，直接跳至问题25。

问题20 工作地点—指被登记人10月25-31日期间所从事主要工作的具体地点。

选择“本市其他街道（乡、镇）”的请填报具体地址，要求填到街道、乡、镇一级，可在行政区划地址列表中选择。

本题仅要求设区的地级市或直辖市的人填报。

问题21 前往工作地所乘主要交通工具及所需时间—指被登记人从家到工作地点经常乘坐的交通工具及单程花费的平均时间。

若前往工作地乘坐多种交通工具的，请选择乘坐距离最长的一种。

前往工作地所需时间的填报范围是0-300。超过300分钟的，请直接填报为300。

本题仅要求设区的地级市或直辖市的人填报。

填完此题的人，直接跳至问题25。

问题22 未工作原因—指被登记人在10月25—31日期间没有工作的主要原因。

在校学习：即在校学生，指在各级教育主管部门承认的各级各类学校学习，并有正式学籍的人员。不包括有工作单位，脱产学习的人员。填报此项的人，直接跳至问题25。

丧失工作能力：指经专门机构鉴定或虽未鉴定但本人或其法定监护人认为，其因生理或心理疾患已丧失了从事劳动的能力。包括年老体弱生活不能自理的人员，但不包括离休、退休人员，这些人不论是身体残疾还是年老体弱生活不能自理，均填报“离退休”。填报此项的人，直接跳至问题25。

毕业后未工作：指从学校毕业后从未工作过的人。

因单位原因失去工作：指用人单位或雇主提出与劳动者本人中断劳动关系而失去原工作的人。包括被原单位或雇主辞退、除名、开除的人，劳动合同到期后单位或雇主不同意续签劳动合同的人，因单位破产而失去工作的人，单位要求其“内退”的人，以及仍与原工作单位保留劳动关系的下岗人员。

因本人原因失去工作：指本人因各种原因提出与单位中断劳动关系而失去原工作的人。包括辞职的人、劳动合同到期后本人不同意与单位续签劳动合同的人，以及本人提出要求而 “内退”的人。

承包土地被征用：指本人承包或转包、租用他人的土地被有关部门和单位依据土地征用制度规定征作公益性用地或经营性用地，而失去工作。受雇在别人承包的土地上工作，因土地被征用而失去工作的人，不填报此项，而应填报“因单位原因失去原工作”。

离退休：指已正式办理离休、退休手续，定期领取离退休生活费，且未从事任何有收入劳动的人。单位“内退”人员，由于没有正式办理离、退休手续，不能作为离、退休人员，故不填报此项，而应据情填报本项中的“因单位原因失去工作”或“因本人原因失去工作”。

料理家务：指主要在自己家里从事家务劳动，且没有劳动收入的人。离、退休人员从事家务劳动的不填此项，而填“离退休”。为自家经营的摊位、商店、门市部、工厂工作的人，农村中既料理家务又务农或从事家庭副业的人，在别人家干家务活的临时工或小时工，均属于有工作的人，不填报此项。

对于料理家务的人要从严掌握，年龄男在五十岁以下，女在四十五岁以下者如申报为料理家务，应仔细询问，认真核对。

其他：指除以上几种情况之外的其他未工作的原因。

问题23 三个月内是否找过工作—被登记人如果已在职业介绍机构登记，无论是否又采取了其他方式，均填报“在职业介绍机构求职”，采用多种方式寻找工作但未在职业介绍机构登记的，只填一种本人认为最主要的方式。

在职业介绍机构求职：指通过劳动保障部门和其他政府部门以及私人开办的职业介绍机构登记找工作。

委托亲友找工作：指通过亲戚朋友向有关单位推荐找工作，这种委托可以是口头的。

应答或刊登广告：指通过应答各种媒体(电视、报纸、网络等) 或其他渠道的招聘广告或在各种媒体上刊登求职广告寻找工作。

参加招聘会：指通过参加各种形式的招聘会找工作。

为自己经营作准备：指正在为自己开公司和做生意做准备。

其他：指以上未涉及的找工作方式，如查看报刊、广告栏或店头的招聘广告，去自发的劳务市场等活等。

未找过工作：没有采取任何找工作的行动。

问题24 如果有合适的工作，能否在两周内开始工作—被登记人根据自己目前所处的客观条件去判断，如果有就业机会是否能在两周内开始工作。这里不考虑具体是什么工作。这里的两周指的是调查时点的前一周和后一周，即10月25日—11月7日期间。

能：指被登记人目前没有不能脱身的事，如必须在家照顾家人或上学读书等，而且也没有妨碍工作的伤病，能够在两周内开始工作。

不能：指被登记人有事或有病，即使有适合的工作在两周内也不能开始工作。

此项一般情况下都应填报“能”，只有当被登记人因还有不能脱身的事务或有妨碍工作的伤病等而不能工作时，才可填报“不能”。为自己经营作准备的，均应视作能够工作。

问题25 参加社会养老保险的情况—指调查标准时点被登记人参加社会养老保险的情况。

城镇职工基本养老保险：指由政府推行的、面向城镇职工的养老保险制度。

城镇（乡）居民社会养老保险：指由政府推行的、面向城乡居民的养老保险制度。

新型农村社会养老保险：简称“新农保”，指由政府推行的、面向农村居民的养老保险制度。

机关事业单位养老保险：指国家机关或事业单位人员等能享受养老保障的情况。

问题26 参加社会医疗保险的情况—指调查标准时点被登记人参加社会医疗保险的情况。

职工基本医疗保险：指由政府推行的、面向企业职工的医疗保险制度。

城镇（乡）居民基本医疗保险：指由政府推行的、面向城镇居民的医疗保险制度。部分地区推行的、统一面向城乡居民的基本医疗保险制度，也归为此类。

新型农村合作医疗：简称“新农合”，指由政府推行的、面向农村居民的合作医疗制度。

公费医疗：指面向部分国家公职人员的医疗保险制度。

问题27 婚姻状况—指被登记人在调查标准时点的实际婚姻状况。

未婚：指从未结过婚的人。填报此项的人，直接跳至问题31。

有配偶：指有配偶，处于婚姻中的人。

离婚：指曾经结过婚，但到调查标准时点已办理了离婚手续且没有再婚，或正在办理离婚手续的人。填报此项的人，直接跳至问题29。

丧偶：指配偶已去世，且到调查标准时点没有再婚的人。填报此项的人，直接跳至问题29。

这里的婚姻是指事实婚姻，不是单指法律意义上的婚姻，对不到法定结婚年龄，或未办理结婚手续而实际结婚、同居的人，应根据其在调查标准时点的实际情况，依照申报人的申报填报。

15-50周岁（1964年11月1日-2000年10月31日出生）的妇女填报的项目（问题28—问题30）

问题28 夫妇为独生子女情况—指被登记人与其配偶是否为独生子女。

双独：指夫妇双方均为独生子女。

单独，女方为独生子女：指夫妇双方中，女方为独生子女，男方不是独生子女。

单独，男方为独生子女：指夫妇双方中，男方为独生子女，女方不是独生子女。

均非独生子女：指夫妇双方均不是独生子女。

问题29 生育子女数—指截止到调查标准时点，15至50周岁妇女生育子女数。

填报“未生育”的，本人调查项目到此结束。

填报“有生育”的，还要填写生过的孩子数和存活的孩子数。

生过几个孩子填写妇女生育的活产男孩和女孩数，包括产后不久就死亡的婴儿。胎儿脱离母体时（不管孕期长短），凡有过呼吸或心跳、脐带搏动、随意肌收缩等生命现象的，都视为“活产”。这里所说的“子女”是指该妇女的亲生子女，不包括丈夫前妻的子女和领养的子女，但鉴于有些家庭不愿公开领养关系,可尊重填报人的意愿，按亲生子女填报。

其中现在存活的孩子数填报活产子女中仍然存活的男孩和女孩数。包括与父母住在一起的孩子，也包括没有与父母住在一起的孩子。到调查标准时点已死亡的孩子不包括在内。无存活子女的填写“0”。

问题30 过去一年（2014年11月1日至2015年10月31日期间）的生育情况－此题登记调查标准时点前12个月以内15-50周岁妇女是否有过生育。

填报“未生育”的，本人调查项目到此结束。

填报“有生育”的，还要填写生育孩子的月份和所生孩子的性别。

如果一年内有两次生育或生育多胞胎的，请填报其他孩子的生育时间和性别。最多可以填报三个孩子，第四个及以上的孩子可忽略不计。

60周岁以上（1955年10月31日以前出生）的人填报的项目（问题31—问题32）

问题31 主要生活来源－指被登记人主要依靠什么生活。

如果被登记人同时有几种生活来源，选择其认为最主要的一项填报，当被登记人难以确定时，按收入最高的填报。

劳动收入：指主要依靠劳动报酬、经营利润或家庭收益（包括现金和实物收入）生活。

离退休金养老金：指办理了离休、退休或退职手续，主要依靠从原工作单位或社会保险经办机构领取的离退休金（包括退职费）生活。

最低生活保障金：指建立最低生活保障制度的地区，家庭人均收入低于当地规定的最低生活保障线，主要依靠从政府有关部门或集体领取最低生活保障金生活的人，以及依靠民政部门发放的烈军属、五保户、残疾人等的生活抚恤金等生活。

财产性收入：指以资金储蓄、借贷入股以及财产运营、房屋租赁等所取得的利息、股息、红利、租金等收入。

家庭其他成员供养：指主要依靠家庭其他成员或亲属的供养和资助生活。

其他：指依靠以上几种情况之外的其他收入生活。

问题32 身体健康状况－指被登记人根据自身健康状况对过去一个月能否保证正常生活做出的自我判断。

健康：指过去一个月健康状况良好，完全可以保证日常的生活。

基本健康：指过去一个月健康状况一般，可以保证日常的生活。

不健康，但生活能自理：指过去一个月健康状况不是太好，但可以基本保证正常的生活。

生活不能自理：指过去一个月健康状况较差，不能照顾自己日常的生活起居，如吃饭、穿衣、自行走动等。

六、死亡表的指标解释

凡在调查表户记录“问题2 您家2014年11月1日至2015年10月31日期间的人口变化情况”登记了死亡人口的户，还要登记死亡人口的具体情况。

采用互联网调查的户，如果有死亡人口，也由住户通过互联网自主申报。

死亡表共有七个项目：

问题1 姓名－填写死亡人口的姓名。

问题2 性别－填写死亡人口的性别。

问题3 出生年月－填写死亡人口出生时的年份和月份。

问题4 死亡时间—填写死亡人口死亡时的月份。

问题5 民族—填写死亡人口的民族成份。具体填写要求与调查表按人填报的项目问题5相同。

问题6 受教育程度—填写死亡人口死亡时的受教育程度。具体填写要求与调查表按人填报的项目问题15相同。

问题7 婚姻状况—填写死亡人口死亡时的婚姻状况。具体填写要求与调查表按人填报的项目问题27相同。

为了保证死亡人口的登记质量，调查员在入户登记时应该特别注意以下几点：

1.登记死亡人口时，一般以死亡人口死亡前的经常居住地为其登记地，而不以死亡发生时的地点（如医院等）为登记地。

2.本户常住人口中有死亡的，不论其与该户有无亲属关系，都应该作为该户的死亡人口予以登记。

3.对于无法确定死亡人口经常居住地，或调查登记时与死亡人口的经常居住地联系不上的，如孤寡老人、流动人口死亡的，一律在死亡发生地登记。

广西2015年全国1%人口抽样调查主要数据公报[1]

广西壮族自治区统计局
2016年4月25日

根据《全国人口普查条例》和《国务院办公厅关于开展2015年全国1%人口抽样调查的通知》，自治区人民政府印发了《广西壮族自治区人民政府办公厅关于做好2015年我区1%人口抽样调查工作的通知》，成立了自治区、市、县三级人口抽样调查机构，以2015年11月1日零时为标准时点进行了全国1%人口抽样调查。这次调查以全区为总体，以14个地级市为子总体，采取分层、二阶段、概率比例、整群抽样方法。调查样本量(常住人口)为60万人，占全区常住人口的1.25%。在自治区党委和人民政府的正确领导下，在各级政府的精心组织和调查对象的支持配合下，经过广大调查人员的艰苦努力，目前已基本完成各项调查任务。现将根据这次调查推算的人口主要数据公布如下：

一、常住人口

2015年末全自治区常住人口[2]为4796万人。与2010年同期相比，五年共增加186万人，增长4.03%，年均增长0.79%。

二、人口地区分布

根据人口抽样调查推算，2015年末全区14个市常住人口分布如下：

地　区	年末常住人口(万人)	地　区	年末常住人口(万人)
南宁市	698.61	贵港市	429.37
柳州市	392.27	玉林市	570.72
桂林市	496.16	百色市	359.67
梧州市	299.94	贺州市	202.59
北海市	162.57	河池市	347.68
防城港市	91.84	来宾市	218.20
钦州市	320.93	崇左市	205.45

三、家庭户人口

2015年全自治区共有家庭户[3]1298.54万户，家庭户人口为4557.88万人，平均每个家庭户的人口为3.51人，与2010年第六次全国人口普查相比，每个家庭户增加0.17人。

四、性别构成

常住人口中，男性人口为2493.1万人，占51.98%；女性人口为2302.9万人，占48.02%。常住人口性别比

（以女性为100，男性对女性的比例）为108.26。与2010年第六次全国人口普查持平。

五、年龄构成

常住人口中，0-14岁人口为1059.4万人，占22.09%；15-59岁人口为3027.27万人，占63.12%；60岁及以上人口为709.33万人，占14.79%，其中65岁及以上人口为478.2万人，占9.97%。同2010年第六次全国人口普查相比，0-14岁人口比重提高0.38个百分点，15-59岁人口比重下降2.06个百分点，60岁及以上人口比重上升1.68个百分点，65岁及以上人口比重上升0.73个百分点。

六、民族构成

常住人口中，汉族人口为3014.77万人，占62.86%；各少数民族人口为1781.23万人，占37.14%。其中，壮族人口1508.82万人，占31.46%。同2010年第六次全国人口普查相比，汉族人口增加123.16万人，增长4.26%；各少数民族人口增加70.18万人，增长4.10%。

七、各种受教育程度人口

常住人口中，接受大学（指大专以上）文化教育人口为347.83万人；接受高中（含中职）文化教育人口为587.61万人；接受初中文化教育人口为1791.83万人；接受小学文化教育人口为1400.61万人（以上各种受教育程度的人包括各类学校的毕业生、肄业生和在校生）。

同2010年第六次全国人口普查相比，每10万人中接受大学文化教育人口由5977人上升为7253人；接受高中文化教育人口由11033人上升为12252人；接受初中文化教育人口由38764人下降为37361人；接受小学文化教育人口由31680人下降为29204人。

八、城乡人口

2015年末常住人口中，居住在城镇的人口[4]为2257万人，占47.06%；居住在乡村的人口为2539万人，占52.94%。与2010年相比，城镇人口增加408万人，增长22.07%；乡村人口减少222万人，减少8.04%。城镇人口比重上升6.95个百分点。

注释：

[1]本公报中数据均为根据调查结果的推算数。

[2]人口调查常住人口包括：1.在调查小区居住并且户口在本乡(镇、街道)的人口；2.在调查小区居住半年以上，户口在外乡(镇、街道)的人口；3.在调查小区居住不满半年，离开户口登记地半年以上的人口；4.在调查小区居住，户口待定的人口。

[3]家庭户是指以家庭成员关系为主、居住一处共同生活的人组成的户。

[4]城乡人口是指居住在广西城镇、乡村地域上的人口，城镇、乡村是按2008年国家统计局《统计上划分城乡的规定》划分的。